CURSO de DIREITO PROCESSUAL CIVIL

Edições anteriores

1ª edição – 1985
2ª edição – 1986
3ª edição – 1987
4ª edição – 1988
5ª edição – 1989
6ª edição – 1990
7ª edição – 1991
8ª edição – 1992
9ª edição – 1992
10ª edição – 1993
11ª edição – 1993
12ª edição – 1994
13ª edição – 1994
13ª edição – 1995 – 2ª tir.
14ª edição – 1995
15ª edição – 1996
16ª edição – 1996
17ª edição – 1996
18ª edição – 1997
19ª edição – 1997
20ª edição – 1997
20ª edição – 1997 – 2ª tir.
21ª edição – 1998
22ª edição – 1998
23ª edição – 1999
24ª edição – 1999
25ª edição – 1999
26ª edição – 1999
27ª edição – 1999
27ª edição – 2000 – 2ª tir.
28ª edição – 2000
29ª edição – 2000
30ª edição – 2000
31ª edição – 2001
31ª edição – 2001 – 2ª tir.
31ª edição – 2001 – 3ª tir.
32ª edição – 2001
33ª edição – 2002
33ª edição – 2002 – 2ª tir.
33ª edição – 2002 – 3ª tir.
33ª edição – 2002 – 4ª tir.
33ª edição – 2002 – 5ª tir.
34ª edição – 2003
34ª edição – 2003 – 2ª tir.
34ª edição – 2003 – 3ª tir.
35ª edição – 2003
35ª edição – 2003 – 2ª tir.
36ª edição – 2004
36ª edição – 2004 – 2ª tir.
36ª edição – 2004 – 3ª tir.
36ª edição – 2004 – 4ª tir.
36ª edição – 2004 – 5ª tir.
37ª edição – 2005
38ª edição – 2005
38ª edição – 2005 – 2ª tir.
39ª edição – 2006
39ª edição – 2006 – 2ª tir.
40ª edição – 2006
40ª edição – 2006 – 2ª tir.
40ª edição – 2007 – 3ª tir.
41ª edição – 2007
41ª edição – 2007 – 2ª tir.
41ª edição – 2007 – 3ª tir.
41ª edição – 2007 – 4ª tir.
42ª edição – 2008
42ª edição – 2008 – 2ª tir.
43ª edição – 2008
44ª edição – 2009
44ª edição – 2009 – 2ª tir.
45ª edição – 2010
45ª edição – 2010 – 2ª tir.
45ª edição – 2010 – 3ª tir.
45ª edição – 2010 – 4ª tir.
46ª edição – 2011
47ª edição – 2012
48ª edição – 2013
49ª edição – 2014
50ª edição – 2016 – 2ª tir.
51ª edição – 2017
52ª edição – 2018
53ª edição – 2019
54ª edição – 2020
55ª edição – 2021
56ª edição – 2022
57ª edição – 2023
58ª edição – 2024

O GEN | Grupo Editorial Nacional – maior plataforma editorial brasileira no segmento científico, técnico e profissional – publica conteúdos nas áreas de concursos, ciências jurídicas, humanas, exatas, da saúde e sociais aplicadas, além de prover serviços direcionados à educação continuada.

As editoras que integram o GEN, das mais respeitadas no mercado editorial, construíram catálogos inigualáveis, com obras decisivas para a formação acadêmica e o aperfeiçoamento de várias gerações de profissionais e estudantes, tendo se tornado sinônimo de qualidade e seriedade.

A missão do GEN e dos núcleos de conteúdo que o compõem é prover a melhor informação científica e distribuí-la de maneira flexível e conveniente, a preços justos, gerando benefícios e servindo a autores, docentes, livreiros, funcionários, colaboradores e acionistas.

Nosso comportamento ético incondicional e nossa responsabilidade social e ambiental são reforçados pela natureza educacional de nossa atividade e dão sustentabilidade ao crescimento contínuo e à rentabilidade do grupo.

HUMBERTO THEODORO JÚNIOR

Professor Titular aposentado da Faculdade de Direito da UFMG.
Desembargador aposentado do Tribunal de Justiça do Estado de Minas Gerais.
Membro da comissão de juristas encarregados pelo Senado Federal da elaboração
do Anteprojeto do novo Código de Processo Civil brasileiro.
Doutor. Advogado (Parecerista).

CURSO de DIREITO PROCESSUAL CIVIL

Vol. II

59ª edição
revista, atualizada e ampliada

Procedimentos Especiais

- Codificados – Jurisdição Contenciosa e Jurisdição Voluntária
- Legislação Extravagante – Arbitragem, Juizados Especiais, Ações Constitucionais, Ações Coletivas e Ações Imobiliárias

- O autor deste livro e a editora empenharam seus melhores esforços para assegurar que as informações e os procedimentos apresentados no texto estejam em acordo com os padrões aceitos à época da publicação, e todos os dados foram atualizados pelo autor até a data de fechamento do livro. Entretanto, tendo em conta a evolução das ciências, as atualizações legislativas, as mudanças regulamentares governamentais e o constante fluxo de novas informações sobre os temas que constam do livro, recomendamos enfaticamente que os leitores consultem sempre outras fontes fidedignas, de modo a se certificarem de que as informações contidas no texto estão corretas e de que não houve alterações nas recomendações ou na legislação regulamentadora.

- Fechamento desta edição: *10.10.2024*

- O Autor e a editora se empenharam para citar adequadamente e dar o devido crédito a todos os detentores de direitos autorais de qualquer material utilizado neste livro, dispondo-se a possíveis acertos posteriores caso, inadvertida e involuntariamente, a identificação de algum deles tenha sido omitida.

- **Atendimento ao cliente: (11) 5080-0751 | faleconosco@grupogen.com.br**

Editora Forense Ltda.
Uma editora integrante do GEN | Grupo Editorial Nacional
Travessa do Ouvidor, 11 – Térreo e 6º andar
Rio de Janeiro – RJ – 20040-040
www.grupogen.com.br

1ª edição – 1985
59ª edição – 2025

- Capa: Danilo Oliveira

- **CIP-BRASIL. CATALOGAÇÃO NA PUBLICAÇÃO
SINDICATO NACIONAL DOS EDITORES DE LIVROS, RJ**

T355c
59. ed.
v. 2

Theodoro Júnior, Humberto
Curso de direito processual civil / Humberto Theodoro Júnior. - 59. ed., rev., atual. e ampl. - Rio de Janeiro : Forense, 2025.
920 p. ; 24 cm. (Curso de direito processual civil ; 2)

Sequência de: Curso de direito processual civil, volume I
Continua com: Curso de direito processual civil, volume III
Inclui bibliografia
Inclui índice dos fluxogramas
ISBN 978-85-3099-560-7

1. Direito processual civil - Brasil. I. Título. II. Série.

24-94315 CDU: 347.9(81)

Meri Gleice Rodrigues de Souza - Bibliotecária - CRB-7/6439

04/10/2024 04/10/2024

Aos meus pais,

HUMBERTO THEODORO GOMES

e

ZENÓBIA FRATTARI GOMES,

a homenagem da mais profunda
gratidão pela lição de vida que,
sabiamente, me prestaram e
continuam a prestar;

e

a tentativa modesta de externar
o verdadeiro afeto filial, em pálida
retribuição pelo irresgatável carinho
com que sempre me cercaram.

Apresentação à 59ª edição

Este *Curso* encontra-se amoldado ao regime do Código de Processo Civil de 2015 (Lei nº 13.105, de 16 de março de 2015), assim como ao texto da Lei nº 13.256, de 4 de fevereiro de 2016, da Lei nº 13.363, de 25 de novembro de 2016, da Lei nº 13.465, de 11 de julho de 2017, da Lei nº 13.793, de 3 de janeiro de 2019, da Lei nº 13.894, de 29 de outubro de 2019, da Lei nº 14.133, de 1º de abril de 2021, da Lei nº 14.195, de 26 de agosto de 2021, da Lei nº 14.341, de 18 de maio de 2022, da Lei nº 14.365, de 2 de junho de 2022, da Lei nº 14.620, de 16 de março de 2023, das Leis nº 14.711 e nº 14.713, ambas de 30 de outubro de 2023, da Lei nº 14.833, de 27 de março de 2024, da Lei nº 14.879, de 4 de junho de 2024, da Lei nº 14.939, de 30 de julho de 2024, e da Lei nº 14.976, de 18 de setembro de 2024, que alteraram o Código atual.

A distribuição dos temas procurou, quando possível, respeitar a adotada pelo atual diploma processual brasileiro. O plano da obra é o seguinte:

Volume I

1. Teoria geral do processo civil:
   (a) Parte geral do CPC;
   (b) Síntese da história do direito processual de origem românica;
   (c) Evolução do processo civil brasileiro;
   (d) Fontes, princípios e categorias básicas do direito processual civil.
2. Processo de conhecimento e procedimento comum.

Volume II

Procedimentos especiais:
   (a) Codificados (de jurisdição contenciosa e de jurisdição voluntária);
   (b) De legislação extravagante.

Volume III

1. Execução forçada:
   (a) Cumprimento da sentença;
   (b) Execução dos títulos extrajudiciais.
2. Processos nos tribunais.
3. Recursos.
4. Direito intertemporal.

O Código de Processo Civil de 1973 foi identificado no texto, na maioria das vezes, pela sigla CPC/1973; e o atual, pela abreviatura CPC/2015. Os artigos citados sem explicitação de fonte referem-se, quase sempre, ao atual Código de Processo Civil, podendo, algumas vezes, referir-se a outra lei antes mencionada no próprio parágrafo do texto em que a remissão se deu.

Em linhas gerais, este ***Curso*** se empenha em ressaltar a constitucionalização do processo, levada a cabo pelo moderno Estado Democrático de Direito, no qual as metas perseguidas são, antes de tudo, a efetividade da tutela jurisdicional e a presteza de sua promoção pelo Poder Judiciário. Valoriza-se, sempre, o processo justo, em função muito mais da observância de seus princípios fundamentais do que da simples subserviência às regras procedimentais da lei comum. A forma, naturalmente, continua significativa, mas sua real relevância só se mantém enquanto garantia das normas fundamentais presentes na ordem constitucional, a que se vincula o devido processo legal. Daí a importância, constantemente ressaltada, de que o aprendizado e a aplicação da nova lei processual se façam, com predominância, segundo o viés do acesso à justiça assegurado pela Constituição.

Nos últimos tempos, intenso tem sido o movimento inovador no terreno da legislação tanto substancial como processual. Na nova edição deste *Curso*, teve-se o cuidado de atualizá-lo com os impactos dessas mudanças na doutrina e na jurisprudência.

Como, em matéria de procedimentos especiais, as estruturas formais são antigas e tradicionais, a tendência das reformas legislativas é, quase sempre, de afetá-las apenas parcialmente. Daí que continuam relevantes muitas lições do passado ministradas em sede de doutrina e jurisprudência.

Por isso, na presente atualização da obra, cuidou-se de arrolar as teses mais recentes adotadas nos tribunais. Conservaram-se, porém, aquelas mais antigas, cujo enunciado se mantém válido e atual.

O Autor

Outubro de 2024

Índice da Matéria

PROCEDIMENTOS ESPECIAIS

Parte I – Procedimentos Especiais de Jurisdição Contenciosa

CAPÍTULO I – PROCEDIMENTOS ESPECIAIS

CAPÍTULO II – AÇÃO DE CONSIGNAÇÃO EM PAGAMENTO

CAPÍTULO III – AÇÃO DE EXIGIR CONTAS

CAPÍTULO IV – AÇÕES POSSESSÓRIAS

CAPÍTULO V - AÇÃO DE DIVISÃO E DA DEMARCAÇÃO DE TERRAS PARTICULARES

CAPÍTULO VI - DISSOLUÇÃO PARCIAL DE SOCIEDADE

CAPÍTULO VII - INVENTÁRIO E PARTILHA

CAPÍTULO IX – OPOSIÇÃO

CAPÍTULO X – HABILITAÇÃO

CAPÍTULO XI – TIPIFICAÇÃO DO PROCEDIMENTO DAS AÇÕES PERTINENTES AO DIREITO DE FAMÍLIA

CAPÍTULO XII - AÇÃO MONITÓRIA

CAPÍTULO XIII - HOMOLOGAÇÃO DO PENHOR LEGAL

CAPÍTULO XIV - DANOS OCORRIDOS DURANTE A NAVEGAÇÃO

CAPÍTULO XV - RESTAURAÇÃO DE AUTOS

Parte II - Procedimentos de Jurisdição Voluntária

CAPÍTULO XVI - JURISDIÇÃO VOLUNTÁRIA

CAPÍTULO XVII - NOTIFICAÇÃO E INTERPELAÇÃO

CAPÍTULO XVIII - ALIENAÇÕES JUDICIAIS

CAPÍTULO XXVI – ORGANIZAÇÃO E FISCALIZAÇÃO DAS FUNDAÇÕES

CAPÍTULO XXVII – RATIFICAÇÃO DOS PROTESTOS MARÍTIMOS E DOS PROCESSOS TESTEMUNHÁVEIS FORMADOS A BORDO

CAPÍTULO XXVII-A – USUCAPIÃO

CAPÍTULO XXVII-B – ADJUDICAÇÃO COMPULSÓRIA EXTRAJUDICIAL

Parte III – A Arbitragem no Direito Brasileiro

CAPÍTULO XXVIII – O JUÍZO ARBITRAL

Parte IV – Juizado Especial Civil

CAPÍTULO XXIX – AS PEQUENAS CAUSAS E O ACESSO À JUSTIÇA

Parte V – Alguns Procedimentos Especiais Disciplinados Fora do Código de Processo Civil

CAPÍTULO XXXII – AÇÕES CONSTITUCIONAIS

CAPÍTULO XXXIII - AÇÕES COLETIVAS

CAPÍTULO XXXIV – AÇÕES LOCATÍCIAS

CAPÍTULO XXXV – AÇÕES DECORRENTES DE *LEASING* E ALIENAÇÃO FIDUCIÁRIA

PROCEDIMENTOS ESPECIAIS

Parte I

Procedimentos Especiais de Jurisdição Contenciosa

Capítulo I
PROCEDIMENTOS ESPECIAIS

§ 1º GENERALIDADES

1. Introdução

Prevê o Código de Processo Civil de 2015, em matéria de processo de conhecimento, um procedimento *comum* (Livro I, Título I, da Parte Especial) e vários procedimentos *especiais* (Livro I, Título III, também da Parte Especial). O antigo procedimento *sumário*, de que se ocupavam os arts. 275 a 281 do Código anterior, foi extinto, de modo que desapareceu a dicotomia do procedimento comum em procedimento ordinário e procedimento sumário, passando a existir um único procedimento comum.

Contudo, as ações propostas e não sentenciadas até a entrada em vigor do Código atual continuarão observando o procedimento sumário, nos moldes do Código de 1973 (CPC/2015, art. 1.046, § 1º).

O procedimento comum foi longamente exposto e analisado na abordagem do processo de conhecimento levada a efeito no volume I deste Curso. Resta, agora, examinar os procedimentos especiais, que o Código divide em procedimentos *especiais* de *jurisdição contenciosa* e de *jurisdição voluntária*.

A primeira parte do volume II do *Curso* será dedicada aos procedimentos de jurisdição contenciosa, que são aqueles em que realmente se desenvolve função jurisdicional, ou seja, atividade estatal em busca de solução jurídica a ser imposta soberanamente na solução de situações litigiosas. A "jurisdição" dita voluntária ou graciosa nem mesmo é jurisdição, no sentido técnico da expressão. Por meio dela o que se dá é atividade administrativa desempenhada excepcionalmente pelos órgãos jurisdicionais. Sua presença nas leis processuais prende-se unicamente ao aspecto subjetivo dos agentes que dela se encarregam, e não à natureza da função. Substancialmente, a atividade é administrativa. Apenas subjetivamente é judicial.

Diante desse tipo de função, portanto, pode-se falar em "procedimento", e nunca em "processo", expressão que a ciência jurídica atual reserva, com propriedade, para o método específico de compor "litígios" por meio da soberania estatal.

Processo é, com efeito, o método jurídico utilizado pelo Estado para desempenhar a função jurisdicional, ou seja, a que corresponde à *tutela* dos direitos ameaçados ou lesados, assegurada pelo art. 5º, XXXV, da Constituição da República. Consiste o processo, intrinsecamente, numa relação jurídica de direito público, formada entre autor, réu e juiz. Objetivamente, compõe-se de uma sucessão de atos que se encadeiam desde a postulação das partes até o provimento final do órgão judicante, que porá fim ao litígio, tudo presidido pela obrigatória dinâmica do contraditório.

O procedimento é justamente a maneira de estipular os atos necessários e de concatená-los, de forma a estabelecer o *iter* a ser percorrido pelos litigantes e pelo juiz ao longo do desenrolar da relação processual.

Para o geral dos litígios, o Código prevê o procedimento *comum*. A par do procedimento comum, no entanto, disciplina em título próprio, vários procedimentos destinados a orientar a tramitação judicial de certas pretensões que não encontrariam tratamento processual condizente dentro dos parâmetros do procedimento ordinário. Leis extravagantes, por sua vez, estabelecem diversos outros procedimentos especiais, principalmente no âmbito dos direitos públicos (mandado de segurança, ação popular, ação civil pública etc.), mas não apenas nesse segmento do ordenamento jurídico (há procedimentos especiais também instituídos em legislação especial para tutela de direitos privados, como as ações a cargo dos juizados especiais, as ações locatícias, as pertinentes aos contratos de alienação fiduciária etc.).

Procedimentos especiais contenciosos, portanto, na estrutura do Código de Processo Civil, são aqueles que se acham submetidos a trâmites específicos e que se revelam total ou parcialmente distintos do procedimento comum.[1]

2. Razão de ser dos procedimentos especiais

Por maior autonomia que se dê ao processo e à ação, o certo é que ditos institutos não existem por si nem se exaurem em si. Todo mecanismo processual nasceu e se aperfeiçoou em razão da necessidade de eliminar, no seio da sociedade, os conflitos jurídicos, o que se consegue por meio de definição e execução, feitas por agentes estatais, dos direitos materiais envolvidos no litígio. Em última análise, o objeto visado pela prestação jurisdicional é, pois, o direito subjetivo dos litigantes em nível substancial ou material, sempre que se sinta ameaçado ou lesado (CF, art. 5º, XXXV).

Sem dúvida, a lei, adequada à ciência processual moderna, procura instituir sistema de tramitação das causas na Justiça que se mostre o mais simples e o mais universal possível, de maneira a permitir que o maior número imaginável de pretensões possa ser acolhido, apreendido e solucionado segundo um único rito.

Contudo, haverá sempre algum detalhe da mecânica do direito material que, eventualmente, reclamará forma especial de exercício no processo. O processo como disciplina *formal* não pode ignorar essas exigências de origem *substancial*, porque é da própria natureza das coisas que a *forma* se ajuste e se harmonize à *substância*.

Positivada, destarte, a realidade da insuficiência do procedimento comum, não consegue o legislador fugir do único caminho a seu alcance, que é o de criar procedimentos outros cuja índole específica seja a adequação às peculiaridades de certos direitos materiais a serem disputados em juízo. Os atos processuais são, aí, concebidos e coordenados segundo um plano ritualístico que tenha em vista unicamente a declaração e execução daquele direito subjetivo de que se cuida.

Curva-se, portanto, a ordem jurídica processual ao dever de "guardar simetria com as regras do direito material",[2] promovendo o desígnio de uma adequada garantia de eficácia,

---

[1] PALACIO, Lino *Manual de derecho procesal civil*. 4. ed. Buenos Aires: Abeledo-Perrot, 1977, v. II, n. 471, p. 307.

[2] ARRUDA ALVIM, José Manoel de. *Tratado de direito processual civil*. 2. ed. São Paulo: Ed. RT, 1990, v. I, n. 4.7.6, p. 260. No mesmo sentido: DINAMARCO, Cândido Rangel. *A instrumentalidade do processo*. 15. ed.

dentro da finalidade *do devido processo legal*. A essa garantia fundamental, com efeito, correspondem atributos que se manifestam tanto no plano do direito processual como no do direito material, impondo, por consequência, o reconhecimento de uma automática e necessária correlação, no terreno do processo, com o *procedimento adequado*, entendendo-se como tal o que seja capaz de proporcionar a *efetiva* realização, *in concreto*, do direito material lesado ou ameaçado.[3] Só assim se cumprirá, em realidade, a tutela jurisdicional garantida pelo art. 5º, inciso XXXV, da Constituição. Na visão contemporânea do Estado Democrático de Direito, incumbe à Justiça não apenas a proclamação dos direitos, mas sobretudo, a prestação de uma garantia efetiva, somente realizável quando o processo disponibilize "formas de *tutela* ou de *proteção* que os direitos materiais reclamam quando violados ou expostos a violação".[4] Nessa ordem de ideias, os procedimentos especiais não podem ser vistos como simples capricho legislativo, já que, quando bem concebidos e estruturados, correspondem a exigência de plena e eficaz tutela aos direitos subjetivos materiais. Assim, como anota José Alberto dos Reis, a criação de procedimentos especiais "obedece ao pensamento de ajustar a *forma* ao *objeto* da ação, de estabelecer correspondência harmônica entre os trâmites do processo e a configuração do direito que se pretende fazer reconhecer ou efetivar. É a *fisionomia especial do direito* que postula a forma especial do processo".[5]

3. Casuísmo do Código

No direito positivo brasileiro, como já visto, há procedimentos especiais disciplinados no Código de Processo Civil e em leis extravagantes, como, *v.g.*, o mandado de segurança, a ação popular, a busca e apreensão de bem gravado de alienação fiduciária, a execução fiscal etc.

Aqui e agora, o estudo ficará restrito aos "procedimentos especiais de jurisdição contenciosa" codificados, que são os seguintes:

(a) ação de consignação em pagamento (arts. 539-549);
(b) ação de exigir contas (arts. 550-553);
(c) ações possessórias (arts. 554-568);
(d) ação de divisão e de demarcação de terras particulares (arts. 569-598);
(e) ação de dissolução parcial de sociedade (arts. 599-609);
(f) inventário e partilha (arts. 610-673);
(g) embargos de terceiro (arts. 674-681);

São Paulo: Malheiros, 2013, n. 3, 42 e 45, p. 366, 375 e 377 (respectivamente); BEDAQUE, José Roberto dos Santos. *Direito e processo*: influência do direito material sobre o processo. 6. ed. São Paulo: Malheiros, 2011, n. 32.2, p. 182.

3 MEDINA, José Miguel Garcia; ARAÚJO, Fábio Caldas de; GAJARDONI, Fernando da Fonseca. *Procedimentos cautelares e especiais*. São Paulo: Ed. RT, 2009, p. 209.

4 MARINONI, Luiz Guilherme; ARENHART, Sérgio Cruz; MITIDIERO, Daniel. *Novo curso de processo civil*. São Paulo: Ed. RT, 2015, v. 3, p. 31, nota 1. Ensinam esses autores que, a partir do momento em que se passou a ver na ação a garantia de acesso à tutela prometida pelo direito material, concluiu-se que "o direito de ação deve, necessariamente, contar com o procedimento e técnicas processuais idôneas à particular tutela do direito substancial", sob pena de tal tutela não ser efetivamente prestada. Superou-se de tal modo, em definitivo, a teoria abstrata do *direito de ação* que se limitava a nele ver simples garantia de "uma resposta do juiz". Assim, "o direito de ação tem como corolário o *direito ao procedimento e às técnicas processuais adequadas*, e, portanto, deles depende" MARINONI, Luiz Guilherme; ARENHART, Sérgio Cruz; MITIDIERO, Daniel. *Novo curso de processo civil*. São Paulo: Ed. RT, 2015, v. 3, p. 35-36). Daí que, sempre que insuficiente o procedimento comum para proporcionar a tutela adequada ao direito material em conflito, terá o legislador de franquear ao respectivo titular um procedimento diferenciado.

5 REIS, José Alberto dos. *Processos especiais*. Coimbra: Coimbra Editora, 1982, v. I, n. 1, p. 2.

(h) oposição (arts. 682-686);
(i) habilitação (arts. 687-692);
(j) ações de família (arts. 693-699);
(k) ação monitória (arts. 700-702);
(l) homologação do penhor legal (arts. 703-706);
(m) regulação de avaria grossa (arts. 707-711);
(n) restauração de autos (arts. 712-718).

Ao nomear o Livro I da Parte Especial, o Código atribuiu, adequadamente, ao Título III o rótulo de "procedimentos especiais". Mas ao dar denominação a cada um dos procedimentos, em relação a muitos deles o legislador deixou-se levar pela antiga praxe de tratá-los como "ações especiais". Essa impropriedade terminológica, num Código moderno como o nosso, poderia, perfeitamente, ter sido evitada.

Na verdade, sendo una a jurisdição, como poder do Estado, uno também deve ser o direito de a ela se recorrer. O que variam são apenas as maneiras de exercitar esse mesmo direito, conforme a diversidade dos atos reclamados para adequar a forma à substância do direito subjetivo litigioso.

O uso de expressões como "ação de consignação", "ação de exigir contas" etc., denota apenas reminiscência do anacrônico e superado conceito civilístico de ação, segundo o qual a cada direito material corresponderia uma ação para protegê-lo na eventualidade de sua violação. Na verdade, porém, o que hoje se admite são procedimentos variados para deduzir pretensões relativas a certos direitos materiais, pelo que o correto seria dizer "procedimento da consignação em pagamento", "procedimento da exigência de contas" etc. em lugar de "ação de consignação em pagamento", "ação de exigir contas" etc.

Comparado o elenco do Código novo com o do Código de 1973, constata-se a exclusão do rol de procedimentos especiais das ações de depósito, de anulação e substituição de títulos ao portador, de nunciação de obra nova, de usucapião e de vendas a crédito com reserva de domínio. Todas passam, por isso, a se sujeitar ao procedimento comum, sem embargo de reclamarem pequenas adaptações no tocante ao pedido e às citações necessárias, para se adequarem a peculiaridades do direito material.

4. Técnicas de especialização procedimental

Além da criação de atos para a mais perfeita adequação do rito à pretensão da parte, os procedimentos especiais costumam inspirar-se em alguns outros objetivos, como, por exemplo:

(a) *simplificação* e *agilização* dos trâmites processuais, por meio de expedientes como o da liminar antecipatória de efeitos da tutela, o da redução de prazos e o da eliminação de atos desnecessários;
(b) *delimitação do tema* que se pode deduzir na inicial e na contestação;
(c) *explicitação dos requisitos* materiais e processuais para que o procedimento especial seja eficazmente utilizado.

Outra característica de vários procedimentos especiais situa-se no fato de restar anulada a dicotomia entre ação de cognição e ação de execução. Numa única relação processual, procedimentos como o das ações possessórias, da monitória, dos embargos de terceiro etc. permitem que as atividades de declaração do direito e de sua execução se façam, desde logo, tornando desnecessária a *actio iudicati* em processo autônomo posterior. Da sentença, às vezes, decorre imediatamente o mandado executivo, a exemplo das ações de despejo e do mandado de segurança.

Tais procedimentos prestam-se, assim, a desenvolver método de compor lides tanto com o *direito* como com a *força*.[6] Compreendem, por isso, casos de "acertamento com preponderante função executiva".[7]

Essa tônica das chamadas ações executivas *lato sensu* faz que não se possam conceituar os procedimentos especiais como simples apêndice do processo de conhecimento. Mesclam-se em seu ritual, com efeito, as funções de declaração e realização do direito, a tal ponto que a citação se transforma em mandado de pagamento ou de cumprimento de prestação, liminarmente deferido. Pense-se na ação monitória e na ação de exigir contas.

Não cabe, outrossim, censura alguma a essa orientação unitária do legislador em tema de procedimentos especiais. Isto porque, segundo advertência de Ronaldo Cunha Campos, impõe-se reconhecer "um caráter artificial na suposta autonomia da execução de sentença. O processo de condenação é, na verdade, um só. O processo dito de condenação contém a lide onde a pretensão é *contestada* e também *insatisfeita*, de tal sorte que sua plenitude apenas se exaure quando, encerrada a execução, a pretensão é satisfeita. A prolação de sentença não esgota a função do processo quando encerre esta lide, pois, a um só tempo, contesta-se e lesa-se uma pretensão". De tal sorte, e em essência, "a execução é sem dúvida uma parte do processo", parte necessária, de modo que somente quando se executa é que propriamente se exercita a Justiça, segundo a velha e clássica lição de Pereira e Souza.[8] Essa visão unitária do processo, no dizer de Ronaldo Cunha Campos, não representa uma posição de retorno ao passado do direito processual. É muito mais "a tentativa de superar inúteis e trabalhosas cisões no esforço único de entregar a prestação jurisdicional".[9]

Sobre a atualidade do tema da unidade da jurisdição e da inconveniência de manter-se a dualidade do processo de condenação e de execução de sentença, ver nosso *O Cumprimento da Sentença e a Garantia do Devido Processo Legal*.[10] Foi, aliás, esse sentido o que prevaleceu nas reformas impostas ao Código de Processo Civil nos últimos anos do século XX e nos primeiros do século XXI: a execução de sentença deixou de ser objeto de uma ação separada para tornar-se simples incidente ou complemento da ação em que se obtém a condenação de uma parte a realizar certa prestação em favor da outra (art. 475-I do CPC/1973, com texto da Lei nº 11.232, de 22.12.2005). Pode-se registrar que o unitarismo que caracteriza algumas ações especiais tornou-se regra geral aplicável a todos os procedimentos condenatórios, inclusive os que seguem o rito ordinário. E é nesse rumo o tratamento procedimental que, em regra, o CPC/2015 dispensa ao cumprimento da sentença (arts. 513 e ss.).

Uma técnica que, nos últimos tempos, tem sido adotada na política de redução da litigiosidade e no estímulo de autocomposição de conflitos, é a que se emprega nos procedimentos especiais de natureza monitória. Consiste, essa técnica procedimental, em evitar a contenciosidade na abertura do processo, transformando a citação inicial num convite ao demandado a acatar, de plano, a pretensão do autor, com algum prêmio para a adesão proposta, como, por exemplo, evitar ou minimizar os encargos sucumbenciais. Em qualquer caso, evita-se o acertamento

---

[6] SATTA, Salvatore. *Direito processual civil*. Trad. de Luiz Autuori, da. 7. ed. de Padova. Rio de Janeiro: Borsoi, 1973, v. II, n. 449, p. 681.

[7] SATTA, Salvatore. *Direito processual civil*. Trad. de Luiz Autuori, da. 7. ed. de Padova. Rio de Janeiro: Borsoi, 1973, v. II, n. 450, p. 682.

[8] PEREIRA E SOUZA, Joaquim José Caetano. *Primeiras linhas sobre o processo civil*, anotadas por Teixeira de Freitas. 9. ed. Rio de Janeiro: Garnier, 1907, p. 305, nota 707.

[9] Voto proferido na Apel. Civ. 20.873, do Tribunal de Alçada de Minas Gerais, ac. 22.06.1982.

[10] THEODORO JÚNIOR, Humberto. *O cumprimento da sentença e a garantia do devido processo legal*. 3. ed. Belo Horizonte: Mandamentos, 2007.

contencioso do litígio e, por simples comportamento omisso do demandado, a situação jurídica material anunciada pelo autor se estabiliza, independentemente de debate e sentença.

É o que se passa com a tutela sumária antecipada de urgência (CPC, art. 304). O autor evidencia que, de imediato, não propõe uma ação no sentido de instaurar necessariamente uma disputa contenciosa com o demandado. Desde logo, aponta na inicial o direito que afirma ter em relação ao citando e esclarece que sua pretensão se limita à medida liminar qualificada como de extrema urgência. Se, assim, o demandado não recorrer da liminar, o processo se extinguirá e a medida urgente deferida *in limine litis* se estabilizará, sem coisa julgada e sem encargos de sucumbência. Não se trata, portanto, de um procedimento contencioso originariamente, mas de um procedimento que se inicia e pode se extinguir sem caráter contencioso. Ao demandado é que se confere a possibilidade de torná-lo eventualmente contencioso, ao se recusar a aderir à pretensão inicial do autor.

Outro clássico modelo de procedimento da espécie é a chamada ação monitória (CPC, art. 700 a 702), em que o autor apresentando prova de seu crédito, pede a expedição de uma ordem judicial de pagamento, mesmo sem o pressuposto da existência de título executivo. Se o devedor não resiste por meio de embargos, pode se livrar, em boa parte, dos encargos processuais, e a ordem de pagamento se converte, por preclusão, em título executivo judicial definitivo. Também aqui só haverá contenciosidade por iniciativa do devedor, que acontecerá caso sejam opostos, em tempo hábil, embargos à pretensão do credor (CPC, art. 702, § 1º).

Como se vê, ocorre na técnica monitória uma inversão da iniciativa de instaurar o contraditório, transferindo-a do autor para o réu[11].

5. Complementação das regras procedimentais

As regras do Código sobre os procedimentos especiais não abrangem, evidentemente, todos os termos do processo. Cuidam, em princípio, apenas daquilo que especializa o rito para adequá-lo à pretensão a cuja disciplina em juízo se destina. Por isso, naquilo em que o procedimento especial for omisso incidirão as regras do procedimento comum. É o que dispõe o art. 318, parágrafo único: "O procedimento comum aplica-se subsidiariamente aos demais procedimentos especiais e ao processo de execução".

Por outro lado, prevê o art. 327, § 2º, a possibilidade de cumulação de pedidos correspondentes a procedimentos diversos, se o autor "empregar o procedimento comum", caso em que se torna possível "o emprego das técnicas processuais diferenciadas previstas nos procedimentos especiais a que se sujeitam um ou mais pedidos cumulados". A condição imposta é apenas a de que tais técnicas diferenciadas não sejam "incompatíveis com as disposições sobre o procedimento comum".

Sendo assim, o CPC/2015 reconhece ao procedimento comum uma estrutura flexível ou modulável, capaz de absorver alterações para incorporar técnicas diferenciadas extraídas dos procedimentos especiais, quando necessárias à adequação ao cúmulo de pedidos. De tal sorte, o regime do Código de 2015 confere duplo papel ao procedimento comum, em face dos procedimentos especiais: (a) o de completar os especiais, naquilo em que estes forem omissos; e (b) a aptidão para incorporar técnicas diferenciadas extraídas de procedimentos especiais, com vistas à melhor adequação às exigências de cumulação de pedidos sujeitos a procedimentos diversos.

---

11 DIDIER JR., Fredie; CABRAL, Antonio do Passo; CUNHA, Leonardo Carneiro da. *Por uma nova teoria dos procedimentos especiais:* dos procedimentos às técnicas. 2. ed. Salvador: JusPodivm, 2021, p. 131; GOUVEIA FILHO, Roberto P. Campos.; DI SPIRITO, Marco Paulo Denucci. Sobre negócio jurídico de espraiamento sentencial. *Revista Brasileira de Direito Processual*, n. 100, p. 269, Belo Horizonte, 2017.

É, pois, recíproca a interferência entre o procedimento comum e os procedimentos especiais: tanto há influência do procedimento comum sobre os especiais, como estes podem provocar inovações ou modulações no procedimento comum, em determinadas circunstâncias. O sistema adotado pelo CPC/2015, a propósito do tema, pode ser visto como evidenciador de uma "cláusula geral de adaptação procedimental" incidente sobre o procedimento comum, que só não prevalecerá quando a pretensão de cumulação de pedidos esbarrar nos procedimentos especiais "indisponíveis", e, por isso mesmo, irredutíveis ao procedimento comum.[12]

6. Pressupostos dos procedimentos especiais

Na busca de adequar a forma ao objeto da pretensão material do litigante, a lei, na realidade, impõe ao autor a satisfação de dois níveis de requisitos para o uso regular e eficaz do procedimento especial, a saber:

(a) requisitos materiais: a *pretensão* tem de situar-se no plano de direito material a que corresponde o rito. Mas a inexistência ou não comprovação do suporte substancial dessa pretensão é matéria de mérito, que conduz à *improcedência do pedido* e não à carência de ação;

(b) requisitos processuais: os dados formais do procedimento especial costumam ser ligados a requisitos que condicionam a forma e o desenvolvimento válidos do processo até o julgamento de mérito. A falta desses requisitos conduz à ineficácia da relação processual e à sua extinção prematura, sem julgamento de mérito, como, por exemplo, se dá com a ação de consignação em pagamento, em que o autor não promove o depósito no prazo legal, ou na ação monitória, quando o promovente não exibe, com a inicial, a prova escrita do direito exercitado contra o réu.

7. Erro na adoção do procedimento

Não é fatal nem irremediável o erro na escolha do procedimento feito pelo autor ao propor a ação. No sistema do Código, a regra a observar é a do art. 283, onde se dispõe que "o erro de forma do processo acarreta unicamente a anulação dos atos que não possam ser aproveitados". Ao juiz, segundo o mesmo dispositivo legal, incumbe ordenar a submissão do processo ao procedimento correto, "a fim de se observarem as prescrições legais". Sem embargo do desrespeito à forma legal, prevê ainda o parágrafo único do art. 283 que serão aproveitados os "atos praticados desde que não resulte prejuízo à defesa de qualquer parte".

A boa doutrina entende, sobre a matéria, que, de fato, "o procedimento não fica à escolha da parte"; mas ao juiz toca o dever de "determinar a conversão, quando possível".[13] No mesmo sentido, também a jurisprudência preconiza que a erronia de ritos não conduz inapelavelmente à invalidade do processo e que ao juiz incumbe proceder à adequação ao procedimento regular no momento em que for detectada a irregularidade, aproveitando-se os atos já praticados, que sejam úteis.[14]

---

[12] "Indisponibilidade procedimental decorre da ausência da autonomia do autor na opção pela cumulação de pedidos, considerando os procedimentos cuja finalidade é proteger o sujeito passivo (paciente) da demanda. A faculdade pela cumulação resultaria em intolerável lesão ao interesse do réu, alinhado especialmente com as garantias do contraditório e da ampla defesa" (CERQUEIRA, Társis Silva de. A nova face do procedimento comum do novo Código de Processo Civil diante dos procedimentos especiais: uma proposta de interpretação do art. 327, § 2º, em combinação com o art. 1.049, parágrafo único, ambos do CPC. *Revista de Processo*, v. 273, p. 139, São Paulo, nov./2017).

[13] NEGRÃO, Theotonio. *Código de Processo Civil e legislação processual em vigor*. 18. ed. São Paulo: Ed. RT, 1988, p. 148.

[14] TJSP, AI 56.763-1, ac. 13.03.1985, Rel. Des. Oliveira Lima, *RT* 597/68. Mais importante que a submissão às formas procedimentais é a garantia constitucional de que "a lei não excluirá da apreciação do Poder

Naqueles casos em que o rito especial tenha por fito apenas abreviar a solução do litígio, a adoção do rito comum, em caráter de substituição facultativa, não é vedada às partes, mesmo porque a ampliação do debate não lhes causa prejuízo algum. Aliás, a submissão do caso ao rito comum, em hipótese de previsão legal de rito especial, consta de regra expressa do Código, no que diz respeito à cumulação de pedidos: "Quando, para cada pedido, corresponder tipo diverso de procedimento, será admitida a cumulação se o autor empregar o procedimento comum" (art. 327, § 2º). Logo, conclui-se que, para o nosso ordenamento jurídico, o procedimento especial, salvo hipóteses especialíssimas, não é imposição absoluta.

O atual Código, para facilitar a cumulação de ações, contém regra interessante e prática: o cúmulo de pedidos sujeitos a procedimentos diversos permite que ao procedimento comum seja agregado o "emprego das técnicas processuais diferenciadas previstas nos procedimentos especiais a que se sujeitam um ou mais pedidos cumulados, que não forem incompatíveis com as disposições sobre o procedimento comum" (art. 327, § 2º, *in fine*). Com isso, tornam-se flexíveis e amoldáveis às circunstâncias do caso, tanto o procedimento comum quanto os especiais.

Correta, nessa ordem de ideias, a jurisprudência que admite, em havendo concordância das partes, a adoção do rito ordinário para pretensão a que a lei previu procedimento especial.[15] Naturalmente, quando o procedimento especial corresponder a atos imprescindíveis ao processamento lógico da pretensão, essa substituição não será admissível. É o que ocorre, por exemplo, com os termos próprios e insubstituíveis da ação de divisão e demarcação, ou do inventário e partilha, frente aos quais o rito comum revela-se totalmente inadequado.

Já o inverso é sempre impossível. Se o pedido não está previsto para algum procedimento especial, somente pelo comum haverá de ser processado em juízo. Se o ordinário é a vala comum onde deságuam todos os pedidos para os quais a lei não tenha cogitado de rito especial, o certo é que os procedimentos especiais somente podem ser utilizados nas hipóteses especificamente delimitadas pela lei. Não têm as partes o poder de desviá-los para litígios estranhos à previsão legal. O juiz, no entanto, não invalidará de plano o processo. Diligenciará, ao contrário, para que a imperfeição formal seja corrigida e superada, como já se demonstrou.

Deve-se, outrossim, evitar o fetichismo do apego exagerado ao nome das ações. Hoje, o direito processual é totalmente avesso à antiga praxe de nominar as ações conforme o direito material questionado entre as partes. O que importa é o *pedido* e a possibilidade, em tese, de sua apreciação na Justiça. Assim, se o autor errou, dando à causa nome de alguma ação especial, mas formulou, de fato, pedido dentro de termos que configuram o procedimento comum, ou procedimento especial diverso, nenhuma nulidade se decretará.[16]

Judiciário lesão ou ameaça a direito" (CF de 1988, art. 5º, XXXV). "O direito de ação é um direito subjetivo público, consequentemente nenhuma decisão pode impedir o acesso do cidadão às vias jurisdicionais" (*A Constituição na visão dos tribunais*: interpretação e julgados artigo por artigo. Brasília: Saraiva, 1997, p. 76). "A errônea denominação da ação não retira do autor o direito à prestação jurisdicional postulada" (STJ, 1ª T., REsp 402.390/SE, Rel. Min. Teori Albino Zavascki, ac. 04.11.2003, *DJU* 24.11.2003, p. 217).

15 NEGRÃO, Theotonio. *Código de Processo Civil e legislação processual em vigor*. 18. ed. São Paulo: Ed. RT, 1988, p. 148. "Não há nulidade na adoção do rito ordinário ao invés do sumário, salvo se demonstrado prejuízo, notadamente porque o ordinário é mais amplo do que o sumário e propicia maior dilação probatória" (STJ, 3ª T., REsp 737.260/MG, Rel. Min. Nancy Andrighi, ac. 21.06.2005, *DJU* 01.07.2005, p. 533).

16 "Desnecessário é nomear-se a ação, sendo mesmo irrelevante o nome que se lhe dê. A denominação da ação é fórmula convencional, que não prejudica os direitos das partes quando são expostos com precisão" (TJSP, AI 71.726-2, Rel. Des. Luiz Tâmbara, ac. 04.04.1984, *RT* 586/79). "O erro de nome não anula a ação, desde que o pedido foi formulado em termos hábeis" (STF, 1ª T., AgRg no AI 91.528/SP, Rel. Min. Alfredo Buzaid, ac. 19.04.1983, *DJU* 13.05.1983, p. 6.502, *RTJ* 107/646). No mesmo sentido: STJ, 4ª T., REsp 262.669/CE, Rel. Min. Sálvio de Figueiredo, ac. 13.09.2000, *DJU* 16.10.2000, p. 317; STJ, 1ª T., REsp 402.390/SE, Rel. Min. Teori Albino Zavascki, ac. 04.11.2003, *DJU* 24.11.2003, p. 217.

Se, por exemplo, a parte apresentou ação com o nome de embargos de terceiro, quando por sua condição de codevedor deveria propor embargos à execução, nada impede que sua ação erroneamente denominada seja processada como aquela que corresponde à efetiva pretensão da parte, ou seja, como embargos de devedor. Isto é possível, naturalmente, desde que o ajuizamento tenha ocorrido em tempo útil e sob as demais condições de procedibilidade da ação incidental própria.[17]

É, enfim, o *pedido* que serve para definir a adoção correta, ou não, do procedimento especial. Se o pedido não corresponde à ação indicada pelo autor, cabe ao juiz ordenar a retificação do rito. Quando, porém, o pedido é impossível de ser atendido, porque o autor, materialmente, não detém o direito subjetivo arrolado na inicial, a hipótese não é de carência de ação, nem de inadequação do rito, mas simplesmente de improcedência do pedido. Assim, se alguém propõe ação especial possessória sem ser, realmente, possuidor, ou se reivindica posse de área que ainda depende juridicamente de demarcação ou divisão, dá-se a improcedência do pedido, porque na realidade o pedido foi formulado dentro dos limites e requisitos do procedimento escolhido. O que inexistia era o suporte fático-jurídico para a acolhida do pedido. A sentença será, destarte, de mérito, e não meramente terminativa.[18]

Há que se considerar, ainda, a hipótese de escolha de ação especial irredutível ao procedimento comum. Se o autor não atende aos requisitos de admissibilidade do remédio processual proposto, dar-se-á a carência de ação, porque a inadequação da tutela pretendida é considerada como hipótese de falta de interesse. Se, *v.g.*, o demandante lança mão do mandado de segurança, sem a prova pré-constituída do pretenso direito líquido e certo,[19] será havido como carecedor da ação mandamental, já que esta não se presta ao acertamento de direito subjetivo que não se apoie em prova documental completa, desde logo deduzida em juízo.

7-A. Flexibilidade dos procedimentos especiais

Se no direito antigo a regulação do procedimento era matéria de exclusiva competência da lei, hoje no regime do CPC/2015 a orientação é completamente diversa. O processo, em lugar de ser visto como instrumento da jurisdição estatal, estruturado com base apenas na vontade normativa da autoridade pública, é, ao contrário, idealizado como terreno propício à colaboração entre partes e juiz, com objetivo de otimizar a busca da solução justa, célere e efetiva do litígio (CPC, art. 6º)[20].

Dessa norma fundamental decorre a abertura de espaço para que a iniciativa privada também assuma papel relevante na adequação do procedimento às peculiaridades dos casos concretos deduzidos em juízo. A negociabilidade e não a rigidez passa a ser a tônica da procedibilidade judicial: "Versando o processo sobre direitos que admitam autocomposição, é lícito às partes plenamente capazes estipular mudanças no procedimento para ajustá-lo às especificidades da causa" – dispõe expressamente o art. 190 do atual CPC. Quanto ao juiz, cabe-lhe controlar a validade das convenções, apenas para impedir nulidade ou abuso de cláusulas ajustadas em face de manifesta situação de vulnerabilidade (art. 190, parágrafo único).

A par disso, nos casos de cumulação de pedidos, o Código autoriza a unificação de processos de rito comum e de rito especial, desde que, sendo possível, se adote o procedimento

---

17 NEGRÃO, Theotonio. *Código de Processo Civil e legislação processual em vigor*. 18. ed. São Paulo: Ed. RT, 1988, p. 411, nota 7 ao art. 1.046.

18 REIS, José Alberto dos. *Processos especiais*. Coimbra: Coimbra Ed., 1982, v. I, n. 3, p. 15.

19 Lei nº 12.016/2009, art. 1º.

20 "Art. 6º Todos os sujeitos do processo devem cooperar entre si para que se obtenha, em tempo razoável, decisão de mérito justa e efetiva."

comum para todos os pleitos reunidos. E o mais interessante é que, ao fazer prevalecer o procedimento comum, a lei enseja oportunidade de alterá-lo, com objetivo de viabilizar o emprego, dentro dele, de técnicas diferenciadas próprias dos procedimentos especiais (art. 327, § 2º). Assim, para o processo de nosso tempo, não apenas o procedimento comum é negociável, mas também o especial segue o mesmo princípio, de modo que ambos admitem recíprocas interferências, podendo cada um deles funcionar tanto em caráter complementar um do outro, como em função integrativa e inovativa.

Não é, portanto, só para preencher lacunas que um se presta a interferir no outro, mas também para alterar e adequá-los às particularidades e exigências do caso concreto[21].

Em outros termos, a adaptação dos procedimentos especiais, como a do procedimento comum, se apresenta como uma das principais características do CPC de 2015, que a franqueia tanto através da iniciativa do juiz (*case management*)[22], como das partes, nos moldes da cláusula geral do art. 190[23].

Há procedimentos especiais realmente indispensáveis, como o das sucessões hereditárias e dos juízos divisórios e demarcatórios, mas mesmo esses, em alguns passos podem ser negociados pelas partes, sem prejuízo da sua essencialidade. Também não se pode simplesmente desprezar a técnica legislativa tradicional de genericamente traçar as regras de diversificação procedimental. "A ideia é combiná-la com outras formas de adaptação, tanto aquela, operada pelo juiz na função de *case management*, como, sobretudo, a negocial"[24].

Há, enfim, o consenso atual em torno de que a previsão em abstrato de um rol taxativo de procedimentos especiais não é capaz de abarcar todas as especificidades das situações jurídicas submetidas à solução jurisdicional; situação que impõe o reconhecimento de uma "necessária margem de flexibilização para que o juiz e as partes possam ajustar o processo às peculiaridades da relação jurídica material"[25]. Reconhece a doutrina, nessa perspectiva, a existência atual de três espécies de flexibilização dos procedimentos judiciais: a flexibilização legal, a judicial e a voluntária.

A *legal* ocorre quando a própria lei permite, em determinadas circunstâncias, a alteração ou simplificação do procedimento, como quando, por exemplo, prevê a rejeição liminar do pedido

---

[21] A negociabilidade dos procedimentos é uma exigência do processo moderno, que pretende ser "justo e efetivo", o que só é factível quando existam procedimentos adequáveis às particularidades do caso concreto. "Atualmente, os procedimentos especiais, para servirem ao propósito de adequação, devem ajustar-se, também, às *necessidades das partes*. Não é possível um sistema que se organize e se estruture apenas pelo que o Estado entende ser melhor e mais adequado para os indivíduos" (DIDIER JR., Fredie; CABRAL, António do Passo; CUNHA, Leonardo Carneiro da. *Por uma nova teoria dos procedimentos especiais*: dos procedimentos às técnicas. 2. ed. Salvador: JusPodivm, 2021, p. 91; cf. também MEDINA, José Miguel Garcia. *Direito processual civil moderno*. São Paulo: Ed. RT, 2015, p. 115; MARINONI, Luiz Guilherme; ARENHART, Sérgio Cruz; MITIDIERO, Daniel. *Curso de Processo Civil*. São Paulo: Ed. RT, 2015, v. 3, p. 54).

[22] Situações como a do calendário procedimental (art. 191), da inversão do ônus da prova (art. 373, § 1º), do julgamento fracionado do mérito da causa (art. 356), do saneamento do processo em audiência especial com a colaboração das partes (art. 357, § 3º), entre outros, permitem o chamado gerenciamento judicial do processo.

[23] Por meio da cláusula geral do art. 190 do CPC é permitida às partes "a criação de 'especializações procedimentais especiais'"; e a partir de negócios jurídicos, "é possível que se criem adaptações ao procedimento comum e, com isso, transformá-lo em procedimento especial por convenção processual" (DIDIER JR., Fredie; CABRAL, António do Passo; CUNHA, Leonardo Carneiro da. *Por uma nova teoria dos procedimentos especiais*: dos procedimentos às técnicas. 2. ed. Salvador: JusPodivm, 2021, p. 90).

[24] DIDIER JR., Fredie; CABRAL, António do Passo; CUNHA, Leonardo Carneiro da. *Por uma nova teoria dos procedimentos especiais*: dos procedimentos às técnicas. 2. ed. Salvador: JusPodivm, 2021, p. 91, nota 149).

[25] SCHMITT, Francine Sgnaolin. A improvisação da dança procedimental. *Revista dos Tribunais*, São Paulo, v. 1.066, ago. 2024, p. 148.

(art. 332), o julgamento antecipado da lide, total ou parcial (arts. 355 e 356), a decretação de ofício da prescrição ou decadência (art. 487, II) etc. A flexibilização *judicial* – que nem sempre depende de autorização legal – se dá por iniciativa do juiz, quando, por exemplo, salva um procedimento especial mal proposto pela parte convertendo-o em ordinário, ou vice-versa, ou ainda quando o tribunal conhece de um recurso inadequado, pelo princípio da fungibilidade. E a flexibilização *voluntária*, por sua vez, apoia-se na autonomia negocial das partes em torno dos direitos disponíveis, inclusive no âmbito do processo, atualmente exercitável com largueza no que se relaciona com os direitos e deveres processuais, e, portanto, com os procedimentos judiciais (art. 190)[26].

8. Ações especiais suprimidas pelo CPC/2015

No sistema do CPC/2015 não mais existem procedimentos especiais para as ações de depósito, de anulação e substituição de títulos ao portador, de nunciação de obra nova, de usucapião e de oferecimento de contas. Todas estas, portanto, serão processadas segundo o procedimento comum.[27] Isto, porém, não exclui a possibilidade, ou necessidade, de alguns ajustes no procedimento comum para compatibilizá-lo com certas peculiaridades do direito material a ser tutelado. Seguem alguns exemplos:

I – Ação de depósito (arts. 901 e ss. do CPC/1973)

Em razão da tutela de evidência pertinente ao regime material desse tipo de contrato, o autor poderá, exibindo prova documental, requerer na petição inicial, a expedição de ordem liminar de entrega do objeto custodiado pelo demandado, sob cominação de multa (CPC/2015, art. 311, III). Essa liminar se justifica pela disciplina legal do contrato de depósito, que assegura ao depositante, a qualquer tempo, direito à pronta restituição da coisa confiada à guarda do depositário (CC, art. 629). Não há, por isso, necessidade de o autor comprovar o *periculum in mora*, para obter a liminar, segundo se depreende do art. 311, *caput*, do CPC/2015.

II – Ação de anulação e substituição de título ao portador (arts. 907 e ss. do CPC/1973)

A razão de ser dessa modalidade de ação encontra-se no regime traçado pelo Código Civil, segundo o qual o proprietário do título ao portador tem o direito de recorrer ao Judiciário, para anulá-lo e substituí-lo, quando vítima de injusto desapossamento, inclusive no caso de perda ou destruição. Com isso, impede-se que, no caso de extravio, o respectivo valor ou rendimento seja pago a outrem (CC, art. 909). No caso de dilaceração, o que se garante é a substituição do título para legitimar a cobrança, já que o emitente não é obrigado ao pagamento, senão mediante exibição do título. A publicação de editais é, pois, uma exigência da natureza do direito material envolvido no litígio e uma imposição do CPC/2015, art. 259, II.

A pretensão dirige-se ao atual detentor e quaisquer outros a quem o título venha a ser transferido. E, para que a medida judicial seja eficaz, é necessário que o emitente e a Bolsa de Valores sejam intimados da ação proposta.

Por isso, ao promover a ação, *in casu*, o autor deverá requerer a citação do atual detentor (se conhecido), dos terceiros interessados, por edital, além da intimação do devedor e da Bolsa

---

[26] A autotutela hoje permitida pela lei "remete à necessidade de municiar o jurisdicionado com técnicas processuais que assegurem a efetividade dos seus direitos e, de certo modo, um melhor funcionamento da justiça" (SCHMITT, Francine Sgnaolin. A improvisação da dança procedimental. *Revista dos Tribunais*, São Paulo, v. 1.066, ago. 2024, p. 149).

[27] NERY JR., Nelson; NERY, Rosa Maria Andrade. *Comentários ao Código de Processo Civil*. São Paulo: Ed. RT, 2015, p. 1.354.

de Valores. Estes últimos não são tratados como réus, mas como alguém que não deve pagar ou negociar o título extraviado. Por isso, são intimados e não citados.

III – Ação de nunciação de obra nova (arts. 934 e ss. do CPC/1973)

A antiga ação especial de nunciação de obra nova instrumentalizava o direito do vizinho de fazer cessar as interferências, derivadas de edificação em imóvel contíguo, que afetassem a segurança, o sossego e a saúde do confinante (CC, art. 1.277).[28]

Para adequar-se às exigências do direito material, é necessário que o vizinho prejudicado pela construção planejada ou iniciada no imóvel confinante possa contar com expediente judicial de força inibitória imediata. Por isso, mesmo agora que não mais existe uma ação de rito especial a seu dispor, poderá pleitear e obter, em procedimento comum, *in limine litis*, embargo judicial. Essa liminar, requerida na petição inicial, como efeito derivado diretamente do direito subjetivo a tutelar, não ficará condicionada à prévia demonstração do requisito do *periculum in mora*, desde que exista comprovação, ainda que superficial, da situação de vizinhança e da interferência nociva da obra na esfera jurídica do promovente.

IV – Ação de usucapião de imóvel (arts. 941 e ss. do CPC/1973)

É preciso observar os requisitos do procedimento-edital, bem como o litisconsórcio necessário entre o titular do imóvel constante do registro de imóveis e os confinantes da área usucapienda. Diante da oponibilidade *erga omnes* da propriedade adquirida, pela prescrição aquisitiva, torna-se necessária a citação editalícia de eventuais terceiros interessados (CPC/2015, art. 259, I e III). Como essa modalidade de aquisição originária de domínio importa extinção da propriedade constante da matrícula no Registro Imobiliário, aquele que figura no registro público como proprietário é parte passiva obrigatória da ação de usucapião. Daí a indispensabilidade de se requerer, na inicial, a citação tanto do proprietário como dos confinantes do imóvel usucapiendo.

Em face da convocação editalícia, não cabe na ação de usucapião o manejo pelo terceiro interessado da oposição, como ação de impugnação à pretensão do usucapiente, segundo entendimento do STJ.[29]

Quanto ao confrontante, apesar de ser recomendável a citação, entende a jurisprudência do STJ que sua falta não acarretará, por si, irremediável nulidade da sentença declaratória de usucapião. No entanto, por não integrar a relação processual, o confrontante não se sujeitará

---

[28] "1. O exercício dos direitos decorrentes da violação das regras e proibições insertas no capítulo relativo ao direito de construir tem origem no direito de propriedade. 2. A proibição inserta no art. 1.301, *caput*, do Código Civil – de não construir janelas a menos de um metro e meio do terreno vizinho - possui caráter objetivo, traduzindo verdadeira presunção de devassamento, que não se limita à visão, englobando outras espécies de invasão (auditiva, olfativa e principalmente física). 3. A aferição do descumprimento do disposto na referida regra legal independe da aferição de aspectos subjetivos relativos à eventual atenuação do devassamento visual, se direto ou oblíquo, se efetivo ou potencial. 4. Recurso especial conhecido em parte e, na parte conhecida, provido" (STJ, 3ª T., REsp 1.531.094/SP, Rel. Min. Ricardo Villas Bôas Cueva, ac. 18.10.2016, *DJe* 24.10.2016).

[29] "(...) 5. O opoente carece de interesse processual para o oferecimento de oposição na ação de usucapião porque, estando tal ação incluída nos chamados juízos universais (em que são convocados a integrar o polo passivo por meio de edital toda a universalidade de eventuais interessados), sua pretensão poderia ser deduzida por meio de contestação. 6. A previsão da convocação, por meio edital, de toda a universalidade de sujeitos indeterminados para que integrem o polo passivo da demanda se assim desejarem elimina a figura do terceiro no procedimento da ação de usucapião" (STJ, 3ª T., REsp 1.726.292/CE, Rel. Min. Ricardo Villas Bôas Cueva, ac. 12.02.2019, *DJe* 15.02.2019).

aos efeitos da coisa julgada, e poderá a qualquer tempo reivindicar eventual área indevidamente incluída no perímetro da gleba usucapida.[30]

Outrossim, como nem sempre se mostra fácil apartar, aprioristicamente, as terras particulares das terras públicas, há necessidade, na ação de usucapião, de cientificar a Fazenda Pública (União, Estado e Município) do respectivo ajuizamento. Uma vez, ainda, que o reconhecimento da aquisição originária da propriedade exige exata individuação do imóvel usucapiendo, o que se dá por meio de planta e memorial descritivo, essas peças instruirão, necessariamente, a petição inicial.[31]

Observadas tais cautelas iniciais, a ação de usucapião se desenvolverá segundo o procedimento comum. Abriu o CPC/2015, outrossim, oportunidade para o reconhecimento extrajudicial de usucapião sobre imóveis (ver, adiante, o item 8.1).

Quanto à juntada de documentos pelo autor, após a citação, a jurisprudência do STJ[32] assentou o seguinte:

(a) "É admissível a determinação de emenda à petição inicial, mesmo após a citação do réu e a apresentação de defesa, quando não houver alteração no pedido ou na causa de pedir".

(b) "Eventuais alterações no memorial descritivo do imóvel podem ser feitas unilateralmente antes da angularização da relação jurídico-processual ou, depois da citação, somente com a anuência explícita do réu".

(c) "Na hipótese, não há como concluir que a mera juntada da planta do memorial descritivo georreferenciado implicou alteração objetiva da demanda, ou seja, do pedido formulado na petição inicial da ação de usucapião".

(d) "No caso concreto, inexiste prejuízo aos litigantes, visto que, depois da apresentação dos documentos, o magistrado de primeiro grau determinou a intimação do demandado, dos confinantes e das Fazendas Públicas, em observância ao devido processo legal, ao contraditório e à ampla defesa".

Embora deva o pedido de reconhecimento de usucapião ser instruído com descrição adequada da área usucapida, pode ser que afinal não se reconheça a precisão dos limites entre dita área e o restante do imóvel, do demandado, embora seja induvidosa a posse *ad usucapionem* do demandante. Em situação como essa, reconheceu o STJ a possibilidade de a sentença de

---

30 STJ, 4ª T., REsp 1.432.579/MG, Rel. Min, Luís Felipe Salomão, ac. 24.10.2017, *DJe* 23.11.2017.

31 "Recurso especial (...) Usucapião extraordinária (...) Prazo. Implementação. Curso da demanda. Possibilidade. Fato superveniente (...) 3. A decisão deve refletir o estado de fato e de direito no momento de julgar a demanda, desde que guarde pertinência com a causa de pedir e com o pedido. Precedentes. 4. O prazo, na ação de usucapião, pode ser completado no curso do processo, em conformidade com o disposto no art. 462 do CPC/1973 [correspondente ao art. 493 do CPC/2015]. 5. A contestação não tem a capacidade de exprimir a resistência do demandado à posse exercida pelo autor, mas apenas a sua discordância com a aquisição do imóvel pela usucapião. 6. A interrupção do prazo da prescrição aquisitiva somente poderia ocorrer na hipótese em que o proprietário do imóvel usucapiendo conseguisse reaver a posse para si. Precedentes. 7. Na hipótese, havendo o transcurso do lapso vintenário na data da prolação da sentença e sendo reconhecido pelo tribunal de origem que estão presentes todos os demais requisitos da usucapião, deve ser julgado procedente o pedido autoral. (...) 9. Recurso especial provido" (STJ, 3ª T., REsp 1.361.226/MG, Rel. Min. Ricardo Villas Bôas Cueva, ac. 05.06.2018, *DJe* 09.08.2018).

32 STJ, 3ª T., REsp 1.685.140/MG, Rel. Min. Ricardo Villas Bôas Cueva, ac. 25.08.2020, *DJe* 31.08.2020.

procedência da ação determinar que se proceda em liquidação à individuação exata da área usucapida, "ainda que não haja pedido expresso na inicial"[33].

Os bens públicos são imprescritíveis, razão pela qual a aquisição da propriedade por meio da usucapião só se aplica aos imóveis do domínio privado. A jurisprudência do STJ, todavia, estende o conceito de *bens públicos* aos imóveis da Caixa Econômica Federal vinculados ao Sistema Financeiro de Habitação, sem embargo de se tratar, na espécie, de empresa pública com personalidade de direito privado. Assim, ditos imóveis são qualificados, por aquela Corte, como insuscetíveis de serem usucapidos.[34]

Algo similar ocorre com os bens arrecadados pela massa falida. Decretada a falência, deixa de correr contra os direitos que recaem sobre o patrimônio do insolvente tanto a prescrição extintiva como a aquisitiva. Assim, o prazo de usucapião em curso é interrompido, porquanto a posse (seja do falido, seja de terceiro) é perdida em favor da massa, posta sob a administração estatal.[35] É claro que se a usucapião já teria se consumado antes da quebra, nenhum prejuízo ocorrerá para o usucapiente. Mas, se o prazo estiver incompleto, não fluirá mais, inviabilizando o aperfeiçoamento da usucapião.

Também não se pode pretender prosseguir na ação de usucapião depois que o imóvel usucapiendo tenha sido confiscado, em ação penal contra o antigo proprietário, por ter sido adquirido com proventos do crime (art. 125, do CPP). No caso a repressão criminal prevalece sobre o interesse do terceiro possuidor, razão pela qual ocorre a "perda de objeto da ação de usucapião após a superveniência do confisco do imóvel"[36].

Caso extraordinário de suspensão do prazo de usucapião em suas diversas modalidades legais foi previsto pela Lei nº 14.010, de 10.06.2020, que instituiu o Regime Jurídico Emergencial e Transitório das relações jurídicas de Direito Privado (RJET) no período da pandemia da Covid-19. Segundo o art. 10 da referida Lei, "suspendem-se os prazos de aquisição para a propriedade imobiliária ou mobiliária, nas diversas espécies de usucapião, a partir da entrada em vigor desta Lei até 30 de outubro de 2020". Portanto, os prazos ainda em curso tiveram sua contagem suspensa entre 12.06.2020 e 30.10.2020. A partir desse termo final, o prazo voltou a correr, devendo computar-se, porém, o lapso temporal transcorrido antes da suspensão emergencial.

Quanto à apuração do prazo da posse *ad usucapionem*, prevalece o critério objetivo, que leva em conta o efetivo exercício da posse do usucapiente, sendo irrelevante a data em que o proprietário tenha tomado ciência da violação de seu direito dominial. Inaplicável, pois, à ação

---

33 STJ, 4ª T., AgInt no REsp 1.802.192/MG, Rel. Min. João Otávio de Noronha, ac. 12.12.2022, DJe 15.12.2022: Constou do fundamento do acórdão o precedente assentado no AgInt no REsp 1.823.194/SP, também da 4ª T., que não viola os limite da causa o julgado que reconhece os pedidos implícitos formulados na petição inicial, visto que a resolução do processo não fica restrita ao que está expresso no capítulo referente aos pedidos, "sendo-lhe permitido extrair da interpretação lógico - sistemática da peça inicial aquilo que se pretende obter com a demanda, aplicando o princípio da equidade" (STJ, 4ª T., Rel. Min. Luis Felipe Salomão, ac. 14.02.2022, DJe 17.02.2022).

34 "(...) Ação de usucapião. Imóvel da Caixa Econômica Federal vinculado ao SFH. Imprescritibilidade. (...) 4. Não obstante se trate de empresa pública, com personalidade jurídica de direito privado, a Caixa Econômica Federal, ao atuar como agente financeiro dos programas oficiais de habitação e órgão de execução da política habitacional, explora serviço público, de relevante função social, regulamentado por normas especiais previstas na Lei 4.380/64. 5. O imóvel da Caixa Econômica Federal vinculado ao Sistema Financeiro de Habitação, porque afetado à prestação de serviço público, deve ser tratado como bem público, sendo, pois, imprescritível" (STJ, 3ª T., REsp 1.448.026/PE, Rel. Min. Nancy Andrighi, ac. 17.11.2016, *DJe* 21.11.2016).

35 STJ, 3ª T., REsp 1.680.357/RJ, Rel. Min. Nancy Andrighi, ac. 10.10.2017, *DJe* 16.10.2017.

36 STJ, 3ª T., REsp 1.471.563/AL, Rel. Min. Paulo de Tarso Sanseverino, ac. 26.09.2017, *DJe* 10.10.2017.

de usucapião a teoria subjetiva da *actio nata*, que somente considera fluente o prazo prescricional depois que o titular do direito tenha efetivo conhecimento da ofensa contra ele praticada[37].

São firmes, outrossim, os seguintes entendimentos assentados pelo STJ[38]:

(a) "O fato de os possuidores serem proprietários de metade do imóvel usucapiendo não recai na vedação de não possuir 'outro imóvel' urbano, contida no art. 1.240 do Código Civil";

(b) É "admissível a usucapião de bem em condomínio, desde que o condômino exerça a posse do bem com exclusividade";

(c) "A posse exercida pelo locatário pode se transmudar em posse com *animus domini* na hipótese em que ocorrer substancial alteração da situação fática";

(d) "É possível o reconhecimento da prescrição aquisitiva ainda que o prazo exigido por lei se complete apenas no curso da ação de usucapião";

(e) "A contestação não tem a capacidade de exprimir a resistência do demandado à posse exercida pelo autor, mas apenas a sua discordância com a aquisição do imóvel pela usucapião".

V – Usucapião de coisa móvel furtada ou roubada

Possuidor que adquiriu coisa móvel objeto de furto ou roubo, se exerceu posse mansa e pacífica durante prazo suficiente para a usucapião, adquire a propriedade, independentemente de conhecer ou não a origem delituosa da posse do alienante.

Segundo assentou o STJ,[39] a propósito de automóvel furtado, cuja localização pelo dono ocorreu depois de vinte anos da ocorrência do delito, que "a usucapião é instituto destinado a dar segurança e estabilidade à propriedade, bem como consolidar as aquisições e facilitar a prova do domínio, de modo que, entre os requisitos materiais, não há nenhuma menção à conduta ou inércia do proprietário. Doutrina". A tese foi assim fundamentada:

> "(...) 3. Nos termos do art. 1.261 do CC/2002, aquele que exercer a posse de bem móvel, interrupta e incontestadamente, por 5 (cinco) anos, adquire a propriedade originária do bem, fazendo sanar todo e qualquer vício anterior.
>
> 4. A apreensão física da coisa por meio de clandestinidade (furto) ou violência (roubo) somente induz a posse após cessado o vício (art. 1.208 do CC/2002), de maneira que o exercício ostensivo do bem é suficiente para caracterizar a posse mesmo que o objeto tenha sido proveniente de crime".

A conclusão do acórdão do STJ, em face do caso concreto, foi de que, tendo havido exercício de posse ostensiva do veículo adquirido por meio de financiamento bancário com emissão de registro perante órgão público competente, ao longo de mais de oito anos, esses dados "são suficientes para assegurar a aquisição do direito originário de propriedade, sendo irrelevante se perquirir se houve a inércia do anterior proprietário ou se o usucapiente conhecia a ação criminosa anterior à sua posse".

---

37 STJ, 3ª T., REsp. 1.837.425/PR, Rel. Min. Marco Aurélio Bellizze, ac. 13.06.2023, DJe 22.06.2023.

38 STJ, 3ª T., REsp 1.909.276/RJ, Rel. Min. Ricardo Villas Bôas Cueva, ac. 27.09.2022, *DJe* 30.09.2022.

39 STJ, 3ª T., REsp 1.637.370/RJ, Rel. Min. Marco Aurélio Bellizze, ac. 10.09.2019, *DJe* 13.09.2019.

VI – Hipoteca e outros gravames sobre o bem usucapido

Consumada a usucapião, extinguem-se a hipoteca e outros ônus reais constituídos pelo antigo proprietário do bem usucapido por terceiro. Com efeito, "a usucapião é forma de aquisição originária da propriedade, de modo que não permanecem os ônus que gravavam o imóvel antes da sua declaração"[40].

Devem, no entanto, ser mantidos os direitos reais efetivamente exercitados pelos respectivos titulares e respeitados pelo possuidor durante o tempo de aperfeiçoamento da usucapião, em casos especiais como as servidões aparentes. É que, em tal conjuntura, tanto o usucapiente como o titular da servidão aparente mantiveram posses simultâneas sobre o bem, sem que uma exigisse a negação da outra. A situação é equivalente, em certa medida, à convivência da posse direta com a posse indireta prevista no art. 1.197 do Código Civil. Mas, para tanto, é preciso que, de fato, ambos os interessados tenham se mantido harmoniosamente no exercício de suas posses concorrentes.

VII – Ação de oferecimento de contas (arts. 914 e ss. do CPC/1973)

No Código anterior, havia procedimentos especiais tanto para prestar como para exigir contas. O Código atual, todavia, manteve como especial apenas o procedimento para reclamar contas (arts. 550 a 553).

Logo, o obrigado a apresentar contas, e que encontre resistência do respectivo destinatário, terá de lançar mão do procedimento comum. Para tanto, elaborará a demonstração de forma contábil (débito e crédito), instruindo-a com os comprovantes das verbas arroladas.

O pedido será de citação do demandado para aceitar as contas ou apresentar contestação. Pedir-se-á, em caráter principal, que afinal seja declarado que as contas devidas foram regularmente prestadas, especificando-se o saldo resultante, para efeito de formar-se título executivo em prol daquele que se apresente como credor.

VIII – Vendas a crédito com reserva de domínio

A reserva de domínio é uma cláusula especial que o Código Civil permite ser inserida no contrato de compra e venda de coisa móvel. Do descumprimento do pagamento do preço, total ou parcial, decorre a possibilidade, para o vendedor, de cobrar judicialmente as prestações vencidas e vincendas, bem como a opção de recuperar a posse da coisa vendida (CC, art. 526). Ao contrário do CPC/1973 (arts. 1.070 e ss.), o Código atual não prevê ação especial para o exercício das pretensões decorrentes da venda com reserva de domínio, as quais, por isso, haverão de ser processadas segundo as ações comuns, de conhecimento ou de execução a critério de vendedor e de acordo suas conveniências.

Se lhe interessa manter a venda, lançará mão da ação de cobrança em rito comum, ou da ação executiva, se o contrato ou os títulos correspondentes às prestações configurarem títulos executivos extrajudiciais.

Preferindo romper o contrato inadimplido pelo comprador, usará a ação de reintegração de posse, depois de constituída a mora, mediante protesto do título ou interpelação judicial (CC, art. 525).

---

[40] STJ, 3ª T., AgRg no REsp 647.240/DF, Rel. Min. Ricardo Villas Bôas Cueva, ac. 07.02.2013, *DJe* 18.02.2013. "Assegurada ao primitivo credor hipotecário participação na posterior ação de usucapião, não se pode ter como ilegal a decisão que reconhece ser a usucapião modo originário de aquisição da propriedade e, portanto, prevalente sobre os direitos reais de garantia que anteriormente gravavam a coisa" (STJ, 4ª T., REsp 620.610/DF, Rel. Min. Raul Araújo, ac. 03.09.2013, *DJe* 19.02.2014).

8.1. A instituição do reconhecimento de usucapião pela via administrativa

O CPC vigente afetou o procedimento de reconhecimento da usucapião sobre imóveis de duas maneiras, ambas de alto significado prático:

(a) eliminou o procedimento especial da ação de usucapião, antes regulado pelos arts. 941/945 do CPC de 1973;

(b) abriu oportunidade ao usucapiente de obter o seu título dominial, sem necessidade de recorrer às vias judiciais, valendo-se de procedimento administrativo desenvolvido perante o registro de imóveis.

Quanto à primeira inovação, é bom lembrar que a ação de usucapião do Código anterior quase nada tinha de especial, pois apenas estatuía alguns requisitos particulares para a petição inicial e a identificação dos sujeitos passivos litisconsorciados obrigatoriamente. Ultrapassada a fase de citação, o desenvolvimento da causa seguia o procedimento comum. O CPC/2015, diante dessa realidade, houve por bem abolir o procedimento especial da ação de usucapião. Não afastou, com isso, a judicialidade do reconhecimento da aquisição dominial por meio de sentença. Apenas remeteu a pretensão do usucapiente para as vias ordinárias do procedimento comum.

No tocante à extrajudicialidade, o CPC/2015 introduziu o art. 216-A na Lei dos Registros Públicos (Lei nº 6.015/1973), o qual admite o pedido de reconhecimento administrativo de usucapião processado diretamente perante o cartório do registro de imóveis da Comarca de situação do imóvel usucapiendo. Como já visto (item nº 8.), somente os imóveis do domínio privado se sujeitam à prescrição aquisitiva. Os bens públicos são insuscetíveis de usucapião[41].

8.2. Requerimento e documentação

O requerimento do interessado, subscrito por advogado, será instruído com ata notarial lavrada por tabelião, nos moldes do art. 384 do CPC/2015. Por esse documento, o notário atestará o tempo de posse do requerente e seus antecessores, mediante ouvida de depoimentos testemunhais e constatação de outros elementos adequados à certificação do referido tempo (LRP, art. 216-A, I, com a redação dada pela Lei nº 13.465/2017).

Além da ata notarial, o requerimento será instruído com: *(i) planta e memorial descritivo* assinado por profissional legalmente habilitado, com prova de anotação de responsabilidade técnica no respectivo conselho de fiscalização profissional, e pelos titulares de direitos reais e de outros direitos registrados ou averbados na matrícula do imóvel usucapiente, e na matrícula dos imóveis confinantes (art. 216-A, II); (ii) *certidões negativas* dos distribuidores da Comarca da situação do imóvel e do domicílio do requerente (art. 216-A, III); (iii) justo título ou quaisquer outros documentos que demonstrem a origem, a continuidade, a natureza e o tempo da posse, tais como o pagamento dos impostos e das taxas incidentes sobre o imóvel (art. 216-A, IV).

No caso de ausência ou insuficiência de documentos que demonstrem a origem, a continuidade, a natureza e o tempo da posse (inc. IV do art. 216-A), esses dados poderão ser comprovados em procedimento de justificação administrativa perante a serventia extrajudicial, obedecendo, no que couber, ao disposto no § 5º do art. 381 e ao rito previsto nos arts. 382 e 383 do CPC/2015 (Lei de Registros Públicos, art. 216-A, § 15, incluído pela Lei 13.465/2017).

---

[41] Sobre o procedimento extrajudicial da usucapião, cf.: COUTO, Marcelo de Rezende Campos Marinho. Usucapião extrajudicial: doutrina, jurisprudência. Salvador: JusPodivm, 2021; BOCZAR, Ana Clara Amaral Arantes; LONDE, Carlos Rogério de Oliveira; CHAGAS, Daniela Bolivar Moreira; ASSUMPÇÃO, Letícia Franco Maculan. Usucapião extrajudicial: questões notariais, registrais e tributárias. 4. ed. Leme: Ed. Mizuno, 2023.

8.3. Notificações

Exige-se que a planta, assim como o memorial descritivo, seja assinada pelos titulares de direitos reais e de outros direitos registrados ou averbados na matrícula do imóvel usucapiendo e dos imóveis confinantes (art. 216-A, II e § 2º, com a redação da Lei 13.465/2017). Faltando alguma assinatura, o interessado omisso será notificado pelo registrador, para manifestar-se de maneira expressa em quinze dias.[42] O seu silêncio será interpretado como concordância. Só a anuência geral, expressa ou tácita, de todos os interessados permitirá o reconhecimento da usucapião pelo oficial do registro de imóveis.

Quando a usucapião se referir à unidade autônoma de condomínio edilício, ficará dispensado o consentimento dos confinantes. Será suficiente a notificação do síndico para se manifestar na forma do § 2º do artigo 216-A, como prevê o § 11 do mesmo artigo, na relação dada pela Lei nº 13.465/2017.

Também quando a área usucapienda confinar com um condomínio edilício, a notificação do respectivo síndico será suficiente, para os fins do § 2º já aludido, dispensada a notificação de todos os condôminos (art. 216-A, § 12, incluído pela Lei 13.465/2017).

8.4. Notificação por meio eletrônico

O órgão jurisdicional competente para a correição das serventias encarregadas do processamento administrativo da usucapião acha-se autorizado a incluir em Regulamento a possibilidade de ser o edital publicado em meio eletrônico, caso em que ficará dispensada a publicação em jornais de grande circulação (art. 216-A, § 14, incluído pela Lei nº 13.465/2017).

8.5. Notificação por edital

Caso o notificando não seja encontrado, ou esteja em lugar incerto ou não sabido, caberá ao registrador certificar tal ocorrência. Em seguida promoverá a notificação por edital, mediante publicação, por duas vezes, em jornal local de grande circulação, pelo prazo de quinze dias cada um. Também nesse caso, transcorrido o prazo de manifestação *in albis*, o silêncio do notificando será interpretado como concordância (art. 216-A, § 13, incluído pela Lei nº 13.465/2017).[43]

8.6. Conclusão do procedimento

Estando em ordem a documentação, o oficial dará ciência à União, ao Estado ou ao Distrito Federal e ao Município para se manifestarem em quinze dias sobre o pedido (art. 216-A, § 3º). Fará, outrossim, publicar edital em jornal de grande circulação, onde houver, para ciência de terceiros eventualmente interessados, os quais poderão manifestar-se em quinze dias (art. 216-A, § 4º).

Não havendo impugnação, o oficial de registro de imóveis, reconhecendo a regularidade do requerimento e dos documentos que o instruem, procederá ao registro da aquisição do

---

[42] A notificação será feita pelo registrador, pessoalmente, ou pelo correio com aviso de recebimento (art. 216-A, § 2º, com a redação da Lei 13.465/2017).

[43] O órgão jurisdicional competente para a correição das serventias encarregadas do processamento administrativo da usucapião acha-se autorizado a incluir em Regulamento a possibilidade de ser o edital publicado em meio eletrônico, caso em que ficará dispensada a publicação em jornais de grande circulação (art. 216-A, § 14, incluído pela Lei nº 13.465/2017).

imóvel, abrindo-se matrícula, se necessário (art. 216-A, § 6º). Constatada a irregularidade da documentação, o pedido será rejeitado pelo oficial (art. 216-A, § 8º).

A rejeição do requerimento na esfera registral, entretanto, não impedirá o ajuizamento da ação de usucapião (art. 216-A, § 9º). No caso de impugnação ao pedido, o oficial não a solucionará, mas sim procederá à remessa dos autos ao juízo competente, hipótese em que o requerente emendará a petição inicial para adequá-la ao procedimento comum (art. 216-A, § 10). O feito iniciado administrativamente transformar-se-á em procedimento judicial.

Observe-se, por último, que a instituição legal do procedimento notarial não exclui a possibilidade de o usucapiente preferir, desde logo, as vias judiciais, como esclarece o art. 216-A da LRP, em seu *caput*.

Em Minas Gerais, a Corregedoria de Justiça já baixou o Provimento nº 325/2016 para orientar a utilização do procedimento notarial em questão. Atualmente, está em vigor o Provimento nº 149/2023 do CNJ, que, em seus arts. 398 a 423, disciplina o procedimento extrajudicial da usucapião, em âmbito nacional. Ainda em Minas Gerais, o Provimento Conjunto nº 93/2020, baixado pela Corregedoria-Geral, sob a denominação de Código de Normas do Extrajudicial, também trata da Ata Notarial, nos arts. 263 e 264, e da Usucapião Extrajudicial, nos arts. 1.157 a 1.165 (sobre a matéria, v. itens 693 a 697, no volume I deste *Curso*).

Capítulo II
AÇÃO DE CONSIGNAÇÃO EM PAGAMENTO

§ 2º OS FUNDAMENTOS DO DEPÓSITO EM CONSIGNAÇÃO

9. O direito de pagar

A obrigação, na sua estrutura de direito material, é *vínculo*, é *sujeição coercitiva*; é, no dizer de Savigny, *limitação* da liberdade do *reus debendi*.

Por isso, o direito não a concebe senão como situação jurídica passageira ou transitória, que nasce já com o destino de ser cumprida e de extinguir-se ao ser cumprida. De tal sorte, sua própria extinção apresenta-se como seu efeito principal ou cabal, que se cumpre e acaba por meio do pagamento.

O fim da obrigação – lê-se em Crome – não é jamais a duração ilimitada do vínculo, mas a cessação dele mediante adimplemento; donde o adimplemento se manifesta como a forma natural de extinção da obrigação.[1]

Por ser, dessa forma, um constrangimento jurídico necessariamente temporário, o libertar-se do vínculo obrigacional assume feição não de simples *dever* do sujeito passivo da obrigação, mas de verdadeiro *direito* dele.

É claro que o sujeito ativo tem grande interesse no cumprimento da obrigação, interesse que, obviamente, pode ser havido como principal, desde o momento da criação do vínculo entre devedor e credor. Para compelir o sujeito passivo e satisfazer dito interesse, a ordem jurídica põe à disposição do credor as sanções do inadimplemento, dentre as quais se avulta a execução forçada da responsabilidade patrimonial.

Mas é fora de dúvida que o devedor não pode ser deixado, indefinidamente, à mercê do credor malicioso ou displicente, nem pode permanecer para sempre sujeito ao capricho ou ao arbítrio deste. Vale dizer: a permanência do devedor sob a sujeição do vínculo obrigacional não pode eternizar-se, nem seus efeitos podem depender exclusivamente da vontade do credor.[2]

Daí por que a lei não só obriga o devedor ao pagamento, como também lhe assegura o direito de pagar.

Sendo, porém, a causa do não pagamento imputável ao credor, toca ao devedor a *faculdade* e não a *obrigação* de depositar, já que a *mora creditoris* exclui a *mora debitoris*.[3] Em outras palavras: sendo a mora do credor, nenhuma sanção a lei aplica ao devedor caso ele não providencie o depósito em consignação. É justamente por isso que se afirma que tal depósito é *faculdade* e não obrigação.

---

1 NONATO, Orosimbo. *Curso de obrigações*. Rio de Janeiro: Forense Universitária, 1971, 3ª parte, n. 1, p. 9.

2 NONATO, Orosimbo. *Curso de obrigações*. Rio de Janeiro: Forense Universitária, 1971, 3ª parte, n. 1, p. 11.

3 "O devedor tem o *direito* de requerer o depósito; mas não tem a *obrigação* de depositar" (REIS, José Alberto dos. *Processos especiais*. Coimbra: Coimbra Editora, 1982, v. I, p. 342).

10. A liberação natural e a liberação forçada do devedor

No seu ciclo natural de existência jurídica, a obrigação nasce de um fato jurídico *lato sensu* e extingue-se pelo ato jurídico *stricto sensu* do pagamento, voluntariamente cumprido pelo devedor, perante o credor.

Nessa ordem de ideias, o pagamento voluntário é ato jurídico bilateral, que reclama a participação do devedor, que cumpre a obrigação (seja legal, seja convencional), e do credor, que recebe a prestação devida.

Dessa forma, só há pagamento em sentido estrito mediante acordo de vontades entre o *solvens* e o *accipiens*.

Uma vez, porém, que o vínculo obrigacional não pode perdurar eternamente, cuida a lei de instituir uma alternativa liberatória para o sujeito passivo, sempre que se torne inviável o acordo liberatório entre as partes. Esse caminho é o da consignação em pagamento:

"Considera-se pagamento, e extingue a obrigação, o depósito judicial ou em estabelecimento bancário da coisa devida, nos casos e forma legais" – dispõe o art. 334 do Código Civil.

Quer isto dizer que a ordem jurídica, diante da impossibilidade do pagamento voluntário, põe à disposição do devedor uma forma indireta de liberação, que prescinde do acordo de vontades com o credor e que se apresenta com os mesmos efeitos práticos do adimplemento.

Esse sucedâneo do pagamento é a consignação, cuja forma consiste no depósito judicial (às vezes depósito bancário) da quantia ou da coisa devida. O uso dessa via liberatória é franqueado ao devedor, tanto quando o credor se recusa injustificadamente a receber a prestação como quando o devedor não consegue efetuar validamente o pagamento voluntário por desconhecimento ou incerteza quer em torno de quem seja o credor, quer em razão de sua ausência ou não localização ao tempo do cumprimento da obrigação (CC, art. 335).

Confere-se ao devedor, assim, uma forma cômoda e prática para realizar uma espécie de pagamento, que, prescindindo da cooperação do credor, atinge todos os efeitos jurídicos do adimplemento.[4]

11. A ação de consignação em pagamento

Como modalidade de extinção da obrigação, o pagamento por consignação é disciplinado pelo direito material, onde se regulam os casos em que essa forma de liberação é admissível e quais são seus requisitos de eficácia.

Ao direito processual, todavia, compete regular o procedimento para solução da pretensão de consignar, uma vez que, em nosso ordenamento jurídico, o depósito liberatório só é válido ou eficaz, em regra, quando feito judicialmente.[5]

No caso, porém, de dívida de dinheiro, permite-se o depósito bancário da soma devida, com notificação ao credor (CC, art. 334). Se não houver recusa, reputar-se-á liberado o devedor da obrigação (CPC/2015, art. 539, § 2º).

---

[4] LAFAILLE. *Obligaciones*. I, n. 387, p. 338, *apud* NONATO, Orosimbo. *Curso de obrigações*. Rio de Janeiro: Forense Universitária, 1971, 3ª parte, n. 3, p. 14.

[5] A possibilidade de a consignação ser feita extrajudicialmente por depósito bancário é prevista pelos arts. 539, § 1º, do CPC/2015, e 334 do CC (v. adiante nº 43).

Recebe o *nomen iuris* de "ação de consignação em pagamento" o procedimento de jurisdição contenciosa especialmente delineado pelo Código de Processo Civil para apreciação e solução do pedido consignatório (arts. 539 a 549).

12. Histórico da consignação em pagamento

As raízes da consignação situam-se no direito romano, onde o instituto se desdobrava em dois estágios fundamentais: a *oblatio* e a *obsignatio*.

A *oblatio* compreendia a oferta real da prestação ao credor, que deveria ser feita no local designado para o pagamento e na presença de testemunhas. Fazia-se a oferta com o fito expresso de libertar-se da obrigação, mas sua eficácia dependia de alguns requisitos como:

(*a*) sendo móvel a coisa devida, tinha de ser diretamente apresentada ao credor;
(*b*) em se tratando de dívida de dinheiro, tinha que compreender o capital e os juros devidos;
(*c*) o credor, a quem se fazia a oferta real, tinha que ter capacidade de receber.

A *obsignatio* completava a *oblatio*, para que o devedor, uma vez observadas todas as suas solenidades, alcançasse a extinção da obrigação. Tinha lugar quando se registrava a ausência do credor ou a sua recusa em aceitar a oferta real. Consistia basicamente no depósito da coisa ou importância devida, feito em templo ou local designado pelo magistrado, tudo em invólucro devidamente fechado e selado pela autoridade judicial. Quando a prestação se referia a um imóvel, o bem era confiado à guarda de um depositário especialmente nomeado.

Com a *obsignatio* operava-se a extinção da obrigação e a completa liberação dos devedores, tanto principais como acessórios.[6]

Como se vê, já no direito romano, a consignação tinha feições bem semelhantes às que ostenta no direito atual, quais sejam, as de modalidade de pagamento compulsório, por meio de depósito judicial da *res debita*, com eficácia em tudo igual à do adimplemento, para o devedor.

O direito lusitano acolheu o instituto nas fontes romanas e no-lo transmitiu sem maiores transformações, conforme o testemunho de Corrêa Telles.[7]

A denominação *consignar*, usada na presente forma especial de pagamento, vem do latim *cum* + *signare*, derivada do fato de que o depósito liberatório se fazia, em Roma, por meio de um saco que era fechado e lacrado com sinete.[8]

---

[6] GARCEZ NETO, Martinho. Verbete "consignação", *in Repertório Enciclopédico do Direito Brasileiro*, v. XI, p. 309; NONATO, Orosimbo. *Curso de obrigações*. Rio de Janeiro: Forense Universitária, 1971, 3ª parte, n. 2, p. 12; MACHADO GUIMARÃES, Luís. *Comentários ao Código de Processo Civil*. Rio de Janeiro: Forense, 1942, v. IV, n. 313, p. 291.

[7] TELLES, J. H. Corrêa. *Digesto portuguez*. Lisboa: Liv. Classica, Livro I, Tit. XVI, Secção I, § 6º, 1909, p. 144-145.

[8] LEITÃO, José Ribeiro. *Direito processual civil*. Rio de Janeiro: Forense, 1980, n. 2, p. 115.

§ 3º O PROCEDIMENTO DA CONSIGNAÇÃO EM PAGAMENTO

13. Natureza do instituto da consignação

Há antiga polêmica sobre a natureza jurídica da consignação: se seria um instituto de direito material ou de direito processual. A divergência era mais relevante ao tempo em que a competência legislativa era diversa para o direito substancial e para o instrumental. Com a unificação dessa competência em torno da União, tornou-se pequeno o interesse acerca do tema.

De qualquer maneira, urge distinguir a consignação como modalidade de extinção das obrigações, e a ação de consignação como procedimento por meio do qual se exercita em juízo a pretensão de consignar.

Naturalmente, todas as normas que cuidam da criação e extinção das obrigações são de direito material. A forma, contudo, de atuarem as regras materiais em juízo, diante de uma situação litigiosa, é evidentemente regida pelo direito processual.

Assim, as regras que cuidam da consignação como meio de liberar o devedor da obrigação, como sucedâneo do pagamento, estipulando condições de tempo, lugar e modo para sua eficácia, bem como prevendo os casos de cabimento dessa especial forma liberatória, integram o campo do direito substancial. Enquanto ao direito processual pertence apenas a área do procedimento da ação consignatória.[9]

Uma vez que a pretensão de consignar ordinariamente se exercita em juízo, a consignação em pagamento envolverá, na prática, sempre regras promíscuas de conteúdo material e formal. O que leva doutrina abalizada a considerá-la "instituto de natureza híbrida", ou seja, pertencente ao direito processual no que tange à forma pela qual se realiza; e ao direito substancial, quanto aos efeitos de direito civil que produz.[10]

Por outro lado, competindo ao mesmo poder a atribuição de legislar tanto sobre o direito material como sobre o processual, é indiferente a inclusão de regras procedimentais em sede de direito substancial ou vice-versa. O que deve prevalecer é, de fato, o conteúdo da norma e não o rótulo que lhe dê o legislador. Assim, se alguma regra material em tema de consignação é incluída em código processual ou em lei extravagante destinada a regular matéria procedimental, essa regra, sendo posterior ao Código Civil ou a outra lei material reguladora do pagamento por consignação, deve prevalecer, porque oriunda de fonte competente para derrogar o direito civil, comercial, tributário etc.

14. Natureza processual da ação de consignação

Os procedimentos especiais quase nunca são institutos de natureza processual única, pois, na maioria das vezes, representam figuras híbridas, onde se somam atos executivos com atos cognitivos, em dosagens variáveis.

Na ação de consignação em pagamento vamos encontrar, segundo a estruturação que lhe dá o direito brasileiro, uma predominância de atividade de conhecimento, de conteúdo declaratório. Mas a executividade se mostra também presente em dosagem bastante significativa, pois o processo permite que atos materiais sejam praticados dentro da relação processual, com afetação de bens que migram de um patrimônio a outro, provocando a extinção, desde logo,

---

9 SOUZA, Sebastião de. *Dos processos especiais*. Rio de Janeiro: Forense, 1957, p. 39-40.

10 GARCEZ NETO, Martinho. *Repertório Enciclopédico do Direito Brasileiro*, v. XI, p. 309; NONATO, Orosimbo. *Curso de obrigações*. Rio de Janeiro: Forense Universitária, 1971, 3ª parte, n. 4, p. 16.

da relação jurídica obrigacional deduzida em juízo. Não há condenação, mas permissão a que o devedor, numa execução às avessas, provoque o credor a vir receber o que lhe é devido, sob pena de extinguir-se a dívida mediante o depósito judicial da *res debita*. Não se dá uma execução em processo apartado, pois tudo ocorre dentro de uma só relação processual, cuja sentença final tem, no caso de procedência do pedido, a força de declarar a eficácia extintiva do depósito feito pelo devedor, após a citação do credor *in limine litis*.

Considera-se a ação predominantemente declarativa, porque o ato de depósito, objeto do julgamento final, é da parte e não do juízo. A sentença se limita a reconhecer a eficácia liberatória do depósito promovido pelo devedor. O que extingue, portanto, a dívida não é a sentença, mas o depósito do devedor. A sentença proclama apenas essa extinção.

A estrutura executiva, no entanto, está também presente, uma vez que o credor não é convocado apenas para discutir a pretensão do devedor, mas sim para, desde logo, receber o *bem devido*. A citação tem, destarte, a mesma natureza cominatória do preceito da ação executiva pura: "vir receber, sob pena de depósito", equivale, sem dúvida, à mesma estrutura processual do "vir pagar sob pena de penhora". A diferença localiza-se apenas na carga de compulsoriedade: na execução pura, o ato material da penhora já é ato de agressão estatal perpetrado pelo Poder Público, enquanto o ato de depósito, na consignatória, é ainda ato de autonomia de vontade do autor, que pode revogá-lo a qualquer momento, enquanto não operada a *litis contestatio*. Daí a natureza predominantemente cognitiva da ação de pagamento por consignação.

15. Prestações passíveis de consignação

Lê-se no art. 539 do CPC/2015 que a consignação processada em juízo tem força de liberar o devedor nos casos de depósito de *quantia* ou *coisa* devida.

Não apenas, pois, as dívidas de *dinheiro*, mas também as de *coisa*, certa ou incerta, fungível ou não fungível, móvel ou imóvel, podem autorizar o pagamento por consignação. Excluem-se de seu âmbito tão somente as obrigações negativas e as de puro *facere*.

Realmente, não se pode pensar em depósito da prestação, quando esta conste de uma abstenção do próprio devedor (obrigação de não fazer), posto que a execução *in casu* é puro ato do sujeito passivo, que independe de qualquer cooperação do credor no atingimento do respectivo adimplemento. Igualmente, não se pode cogitar do depósito quando o obrigado deva apenas uma prestação de fazer ao credor. O puro *facere*, obviamente, não dispõe de corporalidade necessária para permitir o seu depósito em juízo. Mas, se a prestação de fazer é daquelas em que a prestação de serviço redunda na criação de algum objeto corpóreo, já então o devedor terá meios de se utilizar da consignação para libertar-se, judicialmente, da obrigação contraída.

Sem embargo de versar sobre obrigação resgatável em dinheiro, a jurisprudência do STJ é firme no sentido de que a ação de consignação em pagamento não constitui remédio processual adequado para forçar a concessão de parcelamento de crédito tributário e a discussão sobre a exigibilidade e extensão de crédito tributário.[11]

16. Cabimento da consignação

O art. 539 do Código Processual Civil dispõe que, "*nos casos previstos em lei*, poderá o devedor ou terceiro requerer, com efeito de pagamento, a *consignação* da quantia ou da coisa devida".

---

[11] STJ, 2ª T., AgRg no AREsp 470.987/RJ, Rel. Min. Mauro Campbell Marques, ac. 20.03.2014, *DJe* 26.03.2014; STJ, 2ª T., AgRg no Ag 1.256.160/SP, Rel. Min. Benedito Gonçalves, ac. 28.09.2010, *DJe* 07.10.2010; TRF, 1ª R, Ap. Civ. 0024404-52.2011.4.01.3400/DF, Rel. Des. José Amílcar Machado, *Revista Síntese de Direito Civil e Processual Civil*, v. 107, p. 146, maio-jun./2017.

Vê-se, diante desse texto, que a legislação processual procurou restringir-se ao âmbito da atividade procedimental, resguardando para o direito civil e demais ramos do direito material a especificação dos casos em que se admite a extinção da obrigação pela via do depósito judicial.

As principais fontes do direito de consignar encontram-se no Código Civil (art. 335) e no Código Tributário Nacional (art. 164).[12]

Todos esses permissivos legais referem-se a embaraços enfrentados pelo devedor na busca de libertar-se da obrigação, de sorte a não conseguir efetuar o pagamento ou não lograr efetuá-lo com segurança jurídica de plena eficácia.

Ao permitir o depósito judicial liberatório, cuida a lei, pois, de contornar situações como:

(a) a da *impossibilidade real* do pagamento voluntário:
1. por recusa injusta de receber a prestação por parte do credor; ou por
2. ausência, desconhecimento ou inacessibilidade do sujeito ativo da obrigação; e

(b) a da *insegurança* ou *risco de ineficácia* do pagamento voluntário:
1. por recusa do credor de fornecer a quitação devida;
2. por dúvida fundada quanto à pessoa do credor;
3. por litigiosidade em torno da prestação entre terceiros;
4. por falta de quem represente legalmente o credor incapaz.

Procura a lei, dessa maneira, evitar que o devedor fique à mercê do arbítrio ou da malícia do credor, ou que corra o risco de pagar mal e não conseguir meios hábeis para a extinção da obrigação, em casos de dúvidas quanto à pessoa e aos direitos do possível credor.

São, destarte, pressupostos do pagamento por consignação:

(a) a mora do credor; ou
(b) o risco de pagamento ineficaz.[13]

Incumbe ao autor da ação de consignação em pagamento demonstrar na petição inicial e provar na fase de instrução processual a ocorrência de alguma dessas hipóteses, sob pena de ser havido como improcedente o seu pedido, e como inoperante o depósito da *res debita* em juízo.

---

[12] Código Civil, art. 335: "A consignação tem lugar: I – se o credor não puder, ou, sem justa causa, recusar receber o pagamento, ou dar quitação na devida forma; II – se o credor não for, nem mandar receber a coisa no lugar, tempo e condição devidos; III – se o credor for incapaz de receber, for desconhecido, declarado ausente, ou residir em lugar incerto ou de acesso perigoso ou difícil; IV – se ocorrer dúvida sobre quem deva legitimamente receber o objeto do pagamento; V – se pender litígio sobre o objeto do pagamento". Código Tributário Nacional, art. 164: "A importância de crédito tributário pode ser consignada judicialmente pelo sujeito passivo, nos casos: I – de recusa de recebimento, ou subordinação deste ao pagamento de outro tributo ou de penalidade, ou ao cumprimento de obrigação acessória; II – de subordinação do recebimento ao cumprimento de exigência administrativa sem fundamento legal; III – de exigência, por mais de uma pessoa jurídica de direito público, de tributo idêntico sobre um mesmo fato gerador". Há casos de consignação previstos em leis extravagantes, como, por exemplo, o Decreto-lei nº 58/1937, art. 17, parágrafo único, e a Lei nº 6.766/1979, art. 33, ambos relativos a contratos de compromisso de compra e venda de terrenos loteados. O próprio CPC/2015, no art. 549, institui mais um caso legal de consignação em pagamento fora do elenco criado pelo direito material, destinando-a, também, a instrumento de resgate do aforamento, para os fins do art. 2.038 do Código Civil.

[13] Para Pontes de Miranda os dois pressupostos da consignação em pagamento são: a *mora accipiendi* (CPC/2015, art. 544, I) ou a *incognição* do sujeito ativo da relação de direito material (CPC/2015, art. 548) (PONTES DE MIRANDA, Francisco Cavalcanti. *Comentários ao Código de Processo Civil.* Rio de Janeiro: Forense, 1977, v. XIII, p. 16).

17. Liquidez da prestação devida

I - A mora accipiendi

A consignação em pagamento não é, na realidade, mais do que uma *modalidade de pagamento*, ou seja, o pagamento feito em juízo, independentemente da anuência do credor, mediante depósito da *res debita*.

Disso decorre que, somente quando é possível o pagamento voluntário (não praticado apenas em virtude de obstáculo de fato), é admissível como alternativa a ação consignatória, para liberar o devedor que não encontra meios de pagar sua dívida na forma normal.

O art. 336 do Código Civil não deixa lugar a dúvidas quando dispõe que o pagamento por consignação se sujeita aos mesmos requisitos de eficácia do pagamento voluntário.

Lembra, então, o magistério de Luís Machado Guimarães que somente a dívida líquida e certa se mostra exigível, de modo a tornar cabível o respectivo pagamento. É que, enquanto não se apura o *quantum debeatur*, não há condições de exigir o respectivo pagamento. E, sem exigibilidade da dívida, inadmissível é a *mora creditoris*, que é, inquestionavelmente, um dos pressupostos fundamentais da ação consignatória.

Com efeito, dispõe o art. 397 do Código Civil que "o inadimplemento da obrigação, positiva e *líquida*, no seu *termo* constitui de pleno direito em *mora* o devedor". Quer isto dizer que o conceito legal da mora envolve, necessariamente, os elementos da *liquidez* da prestação e do *vencimento* da obrigação. É certo que o texto legal cuida da *mora debitoris* e o que se exige para a consignação é a *mora creditoris*. Mas as duas figuras jurídicas são simétricas, de maneira que basta inverter-se a posição dos sujeitos da relação jurídica para ter-se, com os mesmos elementos, a configuração da *mora accipiendi*. E, assim, não há como cogitar-se de mora, seja do devedor, seja do credor, a não ser perante dívida líquida e vencida.[14]

II - A liquidez como requisito da consignatória

O requisito da liquidez e certeza da obrigação, todavia, não equivale à indiscutibilidade da dívida, nem a simples contestação do credor à existência ou ao *quantum* da obrigação conduz necessariamente ao reconhecimento da sua iliquidez e gera a improcedência da consignação.

A liquidez e a certeza, tal como se passa na execução forçada, são dados objetivos, para exame do julgador *in limine litis*, em face do título jurídico invocado pelo autor para justificar sua pretensão de tutela jurisdicional.

A contestação do credor é dado unilateral e subjetivo, que, por si só, não tem o poder de tornar ilíquida ou incerta a obrigação. Instruída a causa, caberá ao juiz a apuração de se tratar ou não de dívida líquida e certa.

Só afinal, depois de exaurida a atividade probatória das partes, é que será possível a completa e definitiva apreciação da matéria articulada na resposta do credor. E, então, será no espírito do julgador que haverá de se formar o juízo definitivo em torno da liquidez e certeza da obrigação litigiosa, de início executada por meio do depósito judicial.

---

[14] "A consignatória só se presta à liberação de *quantia certa e líquida*, porque nela se imputa mora ao credor. E mora só se perfaz na liquidez e certeza de uma obrigação" (2º TACiv.-SP, Ap 147.104, Rel. Juiz Lacerda Madureira, ac. 22.09.1982, *RT* 567/155). Por isso já se decidiu que há impossibilidade jurídica da consignação de arras ou de multa contratual pelo vendedor que se arrepende do compromisso de compra e venda, "sem antes cuidar da rescisão do contrato" (TJRS, Ap 30.589, Rel. Des. Athos Gusmão Carneiro, ac. 17.10.1978, *Rev. Jurisp. TJRS* 73/749).

O evidente, na espécie, é que não se pode realizar, na abertura do processo, qualquer depósito, para, mais tarde, *apurar* e *acertar* a existência da dívida e o respectivo *quantum*. Nesse sentido é que a melhor doutrina, seguida pela jurisprudência dominante, sempre afirmou que:

> "Inadmissível é que, fazendo o depósito, se reserve o devedor o direito de discutir a substância da obrigação que, com o depósito, pretende solver. Nem tampouco é a consignação admissível com o fito de antecipar e desviar da ação, em processo próprio, a decisão de dúvidas e divergências ocorrentes entre as partes acerca de seus respectivos direitos".[15]

O problema da liquidez como requisito da consignatória é, aliás, uma questão de pura lógica, dada a impossibilidade de se pagar o ilíquido.[16] Se o depósito tem de ser feito de maneira completa, a tempo e modo, como consignar a coisa ou a quantia ainda não determinada de forma definitiva?

Principiando-se a consignatória pelo depósito da *res debita* e limitando-se o julgamento à declaração de eficácia ou não do mesmo depósito para extinguir a obrigação em mora, é mais do que lógico que só a prestação adrede liquidada pode ser objeto do procedimento especial de que se cogita.

Por isso mesmo, "a consignação exige que o depósito judicial compreenda o mesmo objeto que seria preciso prestar, para que o pagamento possa extinguir a obrigação, pois 'o credor não é obrigado a receber a prestação diversa da que lhe é devida, ainda que mais valiosa' (art. 313 do CC/2002)". Logo, se o contrato previa pagamento em coisa certa, sem estipulação de outra forma alternativa de cumprimento da obrigação, não será possível usar a consignatória para depósito em dinheiro daquilo que o devedor entende ser devido ao credor.[17]

III - A obrigação ilíquida

Não se pode entrever nessa ação um caminho de acertamento de relações jurídicas incertas ou imprecisas. Se o vínculo jurídico existente entre as partes não revela, *prima facie*, uma dívida líquida e certa, não tem condições o devedor de compelir o credor a aceitar ou reconhecer um depósito liminar como hábil a realizar a função de pagamento.

Assim como o credor não pode executar o devedor por obrigação ilíquida (CPC/2015, art. 783), também não é juridicamente possível a consignação de obrigação da mesma natureza, posto que a ação consignatória não é nada mais do que uma execução forçada às avessas (ou seja, execução de obrigação movida pelo devedor contra o credor).

Se, pois, num determinado relacionamento jurídico, como, *v.g.*, o de indenização de perdas e danos por ato ilícito ou de pagamento de obrigação contratual pendente de apuração de preço ou cotações variáveis, ainda não dispõe o devedor de um título jurídico que lhe precise o *quantum debeatur*, não se pode falar em obrigação líquida e certa, nem tampouco em mora, seja *solvendi*, seja *accipiendi*.

---

15 MACHADO GUIMARÃES, Luís. *Comentários ao Código de Processo Civil*. Rio de Janeiro: Forense, 1942, v. IV, n. 330, p. 316.

16 MACHADO GUIMARÃES, Luís. *Comentários ao Código de Processo Civil*. Rio de Janeiro: Forense, 1942, v. IV, n. 330, p. 317.

17 STJ, 4ª T., REsp 1.194.264/PR, Rel. Min. Luís Felipe Salomão, ac. 01.03.2011, *DJe* 04.03.2011. Consta do acórdão: "a consignação em pagamento visa exonerar o devedor de sua obrigação, mediante o depósito da quantia ou da coisa devida, e só poderá ter força de pagamento se concorrerem 'em relação às pessoas, ao objeto, modo e tempo, todos os requisitos sem os quais não é válido o pagamento' (artigo 336 do CC/2002)".

Então, "a lei só faculta ao credor a execução depois do acertamento judicial da pretensão litigiosa por sentença exequível e, do mesmo modo, só depois é que é facultada ao devedor a consignação judicial".[18]

Não se admite, portanto, que o autor da consignação venha a utilizar o procedimento especial dos arts. 539 a 549 para impor o depósito de uma prestação cuja existência jurídica pressuponha sentença constitutiva, como as oriundas de inadimplemento contratual ou de anulação de negócio jurídico por vício de consentimento ou vício social.[19] Enquanto, pelas vias ordinárias, não se apurar a existência definitiva da obrigação e não se definir, com precisão, o seu montante, a iliquidez e incerteza afetarão o relacionamento jurídico das partes e inviabilizarão o depósito em consignação.

A sorte da ação consignatória, enfim, está ligada indissociavelmente ao depósito inicial da *res debita*. Se, portanto, na sentença prolatada após a discussão entre as partes e depois de convenientemente instruído o processo, tem o juiz elementos para reconhecer que o depósito feito pelo devedor corresponde, com exatidão, ao objeto ou à quantia devida, procedente será declarado o seu pedido inicial. Se, por outro lado, após o debate da causa, o juízo formado no espírito do magistrado for o de imprecisão quanto à dívida ou ao seu respectivo *quantum*, a rejeição do pedido será imperativa.

IV - O an debeatur *na consignatória*

Entretanto, não é inteiramente correto, nem pode ser aceito sem reservas, o entendimento singelo de que a ação de consignação em pagamento não se presta para discutir a origem e qualidade da dívida, nem para solucionar dúvidas e controvérsias instaladas entre as partes, como consta de alguns arestos. O importante não é afastar do campo da consignação a possibilidade de toda e qualquer discussão em torno da obrigação: o que é realmente decisivo é apurar se há no relacionamento jurídico dos litigantes, desde logo, condições para o juiz de determinar a liquidez e certeza da obrigação e, principalmente, de comprovar se o depósito feito pelo devedor corresponde, no tempo, modo e montante, a essa mesma liquidez e certeza.

Não é, em suma, a discussão da dívida que gera sua iliquidez ou incerteza, mas é o próprio título jurídico do débito, apurado e bem definido após a instrução da causa, que há de convencer o juiz acerca de ser ou não líquida e certa a obrigação disputada nos autos.

Na realidade, tendo o juiz que reconhecer, para a procedência da consignatória, que o depósito foi feito a tempo e modo e pelo montante devido, jamais haverá como acolher-se consignação de obrigação ilíquida, por absoluta impraticabilidade de reconhecimento da *integralidade* ou não do depósito promovido *in limine litis*.[20]

As questões de alta indagação, em outras palavras, não se excluem da ação especial de consignação, por mais intrincadas e complexas que se mostrem, mas o que não pode faltar,

---

[18] JAIR LINS citado pelo TAMG, na Ap 10.029, *RF* 82/680-681.

[19] PONTES DE MIRANDA, Francisco Cavalcanti. *Comentários ao Código de Processo Civil*. 2. ed. Rio de Janeiro: Forense, 1977, t. XIII, p. 21-22.

[20] A exigência de ser *integral* o depósito é condição *sine qua non* de procedência da consignação. "Daí a exigência de se tratar de dívida líquida e certa. Em se tratando de dívida *ilíquida*, não se pode recorrer ao depósito, que deve ser *integral*" (NONATO, Orosimbo. *Curso de obrigações*. Rio de Janeiro: Forense Universitária, 1971, p. 37). No mesmo sentido: GARCEZ NETO, Martinho. "Consignação", verbete. *Repertório Enciclopédico do Direito Brasileiro*, de Carvalho Santos. Rio de Janeiro: Borsói, [s.d.]. v. XI, p. 315. Por esse mesmo motivo, na ação especial de consignação em pagamento, "não é compatível formular-se pedido sucessivo, o que envolveria a oferta de dois valores distintos" (STJ, 2ª Seção, AR 416/SP, Rel. Min. Eduardo Ribeiro, ac. 16.12.1994, *DJU* 13.03.1995, p. 5.245, *RSTJ* 69/17).

como requisito preliminar de admissibilidade da causa, é a prévia comprovação, a cargo do autor, de uma relação jurídica *certa* quanto à sua existência, e *líquida* quanto ao seu objeto.[21]

Deve-se, portanto, considerar superada a antiga concepção da consignatória como "execução inversa", que tornava inadmissível discussão sobre validade e interpretação de cláusulas contratuais.[22] A jurisprudência atual é firme no sentido de que a ação comporta ampla discussão sobre a natureza, a origem e o valor da obrigação, quando controvertidos, podendo o debate, de tal sorte, versar sobre o *an* e o *quantum debeatur*,[23] "mesmo que se tenha que examinar intrincados aspectos de fato e complexas questões de direito".[24]

18. Consignação principal e incidental

O procedimento da ação de consignação em pagamento, tal como se acha regulado pelos arts. 539 a 549 do CPC/2015, é um procedimento especial, subordinado e limitado a fundamentos restritos, tanto na propositura do pedido como na resposta do demandado.

Deve-se reconhecer, todavia, que, diante do permissivo do art. 327 do CPC/2015, mostra-se perfeitamente admissível a cumulação do pedido consignatório com outros pedidos diferentes, num mesmo processo, desde que, desprezado o rito especial da ação de consignação em pagamento, e verificada a unidade de competência, observe-se o procedimento comum.

Daí falar-se, em doutrina, de ação consignatória *principal* e ação consignatória *incidente*. Por ação consignatória principal entende-se a que tem por único objetivo o depósito da *res debita* para extinção da dívida do autor.

O depósito em consignação, por outro lado, é *incidente*, quando postulado em pedido cumulado com outras pretensões do devedor. Assim, é perfeitamente possível pedir-se, por exemplo, o depósito do preço para se obter acolhida do pedido principal relativo ao direito de preferência; ou, em qualquer contrato sinalagmático, é admissível o pedido de depósito

---

21 "A jurisprudência do STJ acolheu entendimento no sentido de que a ação de consignação em pagamento, como ação de natureza especial que é, não se presta à indagação e discussão de matéria outra que não a liberação de obrigação. Todavia, para o desempenho de tal *desideratum* muitas vezes se faz necessário ampliar-se-lhe o rito para questionar temas em torno da relação material ou acerca de quem seja o consignado, qual o valor da obrigação ou perquirir desta outros aspectos para esclarecimentos" (STJ, 3ª T., REsp 32.813/GO, Rel. Min. Waldemar Sveiter, ac. 04.05.1993, *DJU* 31.05.1993, p. 10.663, *JSTJ/TRFs* 52/188). Lembra a propósito Nelson Nery que se tem decidido que se o negócio em discussão na consignatória enseja altas perquirições justifica-se a improcedência da ação uma vez que não se verifica certeza da correção do *quantum* do depósito demonstrando sua incerteza e iliquidez (NERY JÚNIOR, Nelson; NERY, Rosa Maria de Andrade. *Código de Processo Civil comentado.* 19. ed. São Paulo: Ed. RT, 2020, p. 1436. Há, entretanto, lições doutrinárias que consideram que o autor não está obrigado a alegar e provar liquidez e certeza da obrigação, cabendo-lhe apenas alegar a existência do débito e afirmar o respectivo montante. Impugnado esse valor pelo credor, indicará ele a quantia correta e a sentença reconhecendo que o *quantum debeatur* era maior do que o depósito, condenará o autor a pagar a diferença (art. 545, § 2º). Assim, "é a oferta que deverá ser certa quanto ao objeto e determinada em relação à quantidade" (SILVA, Ricardo Alexandre da, LAMY, Eduardo. *Comentários ao Código de Processo Civil.* 2. ed. São Paulo: Ed. RT, v. IX, p. 68-69).

22 "Apesar das limitações impostas pela lei ao fundamento da defesa do credor, nada impede que ele discuta a existência do débito e o seu valor, se isso for necessário para a demonstração de que a recusa foi justa ou o depósito insuficiente" (NERY JÚNIOR, Nelson; NERY, Rosa Maria de Andrade. *Código de Processo Civil comentado.* 19. ed. São Paulo: Ed. RT, 2020, p. 1.437).

23 STJ, 2ª T., REsp 256.275/GO, Rel. Min. Eliana Calmon, ac. 19.02.2002, *DJU* 08.04.2002, p. 171.

24 STJ, 4ª T., AgRg em AI 326.383/BA, Rel. Min. Barros Monteiro, ac. 21.03.2002, *DJU* 03.06.2002, p. 211. O que se tem de manter, após a ampla discussão da causa, é o provimento judicial específico, ou seja, a "declaração de liberação (ou não) da dívida" (STJ, 4ª T., REsp 23.717/RJ, Rel. Min. Sálvio de Figueiredo, ac. 31.08.1992, *DJU* 21.09.1992, p. 15.698, *RSTJ* 46/282).

da prestação própria, para se executar a outra a cargo do demandado; ou ainda, num caso de rescisão contratual, pode o autor, desde logo, requerer a declaração de dissolução do negócio, seguida do depósito da cláusula penal ou de qualquer encargo convencional que lhe caiba na extinção do vínculo.[25]

O pedido de depósito incidente, conforme as circunstâncias, tanto pode referir-se a uma providência prévia como a uma medida final ou *a posteriori*. No primeiro caso, ocorrerá o denominado *depósito preparatório* da ação; e, no último, o depósito se apresentará, geralmente, como efeito da sentença e requisito de sua execução.

Em qualquer das hipóteses, porém, o pedido de depósito incidente tem como característica seu aspecto acessório e secundário. É pelo julgamento do pedido principal, cumulado ao de depósito, que se definirão a sorte e a eficácia da consignação, de maneira que, rejeitado aquele, não tem condições de subsistir o depósito por si só.

Sendo, outrossim, acessório o depósito, não é tão relevante, na espécie, a liquidez e certeza da obrigação, em caráter preliminar, pelo menos. É que, nestes casos de cumulação de pedidos, a certeza jurídica e a liquidez da obrigação serão alcançadas, via de regra, pela solução do pedido principal. Se o depósito foi preparatório e estiver menor do que o débito proclamado na sentença, oportunidade terá o autor de completar a consignação, na fase executória, se a tanto não se opuser algum preceito de direito material. Se o depósito for daqueles que, normalmente, se cumprem na fase de execução, o problema da liquidez e certeza inexistirá, porque, ao tempo da consignação, esse requisito já estará definitivamente acertado.

Note-se, por último que, na generalidade das prestações ilíquidas ou incertas, é sempre cabível a cumulação sucessiva de apuração e declaração do *quantum debeatur* com o pedido consequente de autorização para depósito liberatório *a posteriori*. Nessas ações, que seguem o rito comum, e não o da consignação em pagamento, nada impede, também, que o autor, desde logo, deposite em juízo o valor em que provisoriamente estima sua dívida, o qual estará sujeito a reajustes da sentença final, mas que poderá muito bem ser aceito pelo demandado, com antecipação para o desate da lide, em modalidade de autocomposição.[26]

A propósito dessas duas modalidades de pretensão de depositar o *quantum debeatur*, Pontes de Miranda usa as denominações de ação de consignação proposta em *via principal* e *incidente*.[27]

19. Legitimação *ad causam*

São sujeitos legítimos para figurar na relação processual as pessoas envolvidas na lide, isto é, os titulares dos interesses conflitantes.

---

[25] "Inexiste vedação alguma, de ordem legal, a que o pedido de consignação em pagamento seja cumulado com outras pretensões do autor" (TJMG, AI 17.614 e 17.616, Rel. Des. Paulo Gonçalves, ac. 29.03.1985). Tanto é assim que se admite que "as ações conexas de execução e de consignação em pagamento devem ser reunidas para julgamento simultâneo, a modo de evitar decisões contraditórias. Recurso especial não conhecido" (STJ, 2ª T, REsp 16.884/ES, Rel. Min. Ari Pargendler, ac. 05.02.1996, *DJU* 04.03.1996, p. 5.394). Observa Nelson Nery que, mesmo inexistindo conexão entre consignatória e despejo, recomendável é "a reunião do feito perante o órgão prevento", para o fim de reunião dos processos e julgamento conjunto (NERY JÚNIOR, Nelson; NERY, Rosa Maria de Andrade. *Código de Processo Civil comentado*. 19. ed. São Paulo: Ed. RT, 2020, p. 1.434).

[26] Desde que utilizado o rito comum, "admite-se a cumulação dos pedidos de revisão de cláusulas do contrato e de consignação em pagamento das parcelas tidas como devidas por força do mesmo negócio jurídico" (STJ, 3ª T., REsp 464.439/GO, Rel. Min. Nancy Andrighi, ac. 15.05.2003, *DJU* 23.06.2003, p. 358).

[27] PONTES DE MIRANDA, Francisco Cavalcanti. *Comentários ao Código de Processo Civil*. 2. ed. Rio de Janeiro: Forense, 1977, p. 18.

No caso *sub cogitatione*, a lide envolve, do lado ativo, o devedor e, do lado passivo, o credor, ou os diversos pretensos credores, na hipótese de dúvida quanto ao legítimo titular do crédito. São, em suma, os sujeitos da lide as pessoas interessadas na obrigação e em sua extinção.

Aliás, ao cuidar da consignação como fato jurídico extintivo da obrigação, o direito material prevê que "para que a consignação tenha força de pagamento será mister concorram, em relação às *pessoas*, ao objeto, modo e tempo, todos os requisitos sem os quais não é válido o pagamento" (art. 336 do CC).

I – Legitimidade ativa

As condições subjetivas de eficácia da consignação são as mesmas do pagamento voluntário. Por isso, em primeiro plano, a legitimação ativa da ação toca ao *devedor*, ou a seus sucessores. Uma vez, porém, que o direito material confere também a *terceiros* a faculdade de realizar o pagamento, prevê, de forma expressa, o art. 539 do CPC/2015 a legitimidade ativa, igualmente, para esses terceiros, muito embora estranhos à relação obrigacional que se deduz em juízo.[28]

O terceiro, *in casu*, tanto pode ser interessado direto na solução da dívida como não interessado (CC, art. 304, *caput* e parágrafo único). A diferença está em que o interessado, após a consignação, irá sub-rogar-se nos direitos e ações do credor quitado frente ao devedor, o que não ocorrerá com o terceiro não interessado.

Quando o terceiro toma a iniciativa de promover a consignatória, fá-lo no exercício de direito subjetivo próprio, isto é, age em nome próprio e não do devedor. Não se trata de substituição processual, já que a parte processual não atua na defesa de direito ou interesse alheio.

Uma vez, porém, que a relação obrigacional básica envolve o devedor, lícito será ao credor demandado opor, ao terceiro consignante, matéria de defesa relacionada com obrigações e deveres assumidos ou convencionados com o legítimo devedor, muito embora este não seja nem parte nem litisconsorte da ação consignatória, na espécie.

Sobre a legitimação ativa do *devedor*, Ernane Fidelis dos Santos faz duas observações interessantes, que merecem acolhida:

(a) no regime de comunhão de bens, e perante as dívidas consideradas comuns, a mulher tem legitimidade para consignatória na qualidade de parte devedora e não como terceira;

(b) na consignação de bem imóvel, por importar ato de disposição, torna-se indispensável a anuência de ambos os cônjuges.[29]

---

[28] "Não é apenas o devedor que pode consignar. Quem pode pagar pode também consignar, porque a consignação nada mais é do que uma modalidade de pagamento" (TJMG, Ap 65.133, Rel. Des. Humberto Theodoro, *Rev. Jurídica Mineira* 10/118). "O cessionário tem o direito, como terceiro interessado (art. 939 CC), de continuar efetuando o pagamento das prestações do financiamento contratado pelo cedente" (STJ, 4ª T., REsp 96.640/SE, Rel. Min. Ruy Rosado de Aguiar, ac. 23.09.1996, *DJU* 11.11.1996, p. 43.722). Essa jurisprudência mantém-se atual porquanto "o interesse jurídico do terceiro no adimplemento da prestação não está limitado às situações de responsabilidade pelo pagamento. O exame das consequências do inadimplemento do devedor na relação jurídica mantida entre o terceiro e o devedor é capaz de indicar o surgimento de interesse jurídico do terceiro na quitação da obrigação do devedor com o credor" (BARIONI, Rodrigo. *Comentários ao Código de Processo Civil*. São Paulo: Saraiva, 2020, v. XI, p. 36).

[29] SANTOS, , Ernane Fidelis dos. *Comentários ao Código de Processo Civil*. 2. ed. Rio de Janeiro: Forense, 1986, v. IV, n. 4, p. 3; PONTES DE MIRANDA, Francisco Cavalcanti. *Comentários ao Código de Processo Civil*. 2. ed. Rio de Janeiro: Forense, 1977, v. VI, n. 4, p. 3.

II – Legitimidade passiva

Do lado passivo, a legitimação é, ordinariamente, simples, por se referir ao credor que se recusou a receber o pagamento ou que se absteve de tomar as providências necessárias à sua concretização. E, no caso de incerteza, quanto à titularidade do crédito, são todos os possíveis interessados, havendo lugar até mesmo para a citação-edital de interessados incertos, quando o devedor não conseguir definir todos os possíveis pretensos credores.

Houve época em que a jurisprudência chegou a cogitar da propositura da consignação dos aluguéis diretamente contra a administradora de imóveis. Acontece, todavia, que tais "administradoras" não são mais do que simples procuradores dos senhorios, de sorte que, quando recebem, não o fazem em nome próprio, mas em nome do verdadeiro locador, de quem são simples representantes convencionais. Assim, ao se admitir que a ação consignatória fosse diretamente ajuizada contra o mandatário (e não contra o mandante), estar-se-ia admitindo a legitimidade daquele para litigar, em nome próprio, na defesa de interesses de outrem, fora de expressa autorização legal, e, por isso mesmo, com violação do disposto no art. 18 do CPC/2015.

Por isso, a jurisprudência do STJ se firmou no sentido da ilegitimidade passiva do administrador nas ações de consignação dos aluguéis.[30]

Todavia, a exigência da citação pessoal do locador justifica-se nos casos em que este tem domicílio certo e conhecido do locatário. Pois, se o seu domicílio é incerto ou desconhecido, incide a regra do art. 242, § 1º, que permite, excepcionalmente, a citação do mandatário ou administrador que ajustou o contrato em nome do réu.[31] A parte demandada, porém, será sempre o locador; apenas a citação é que se dará na pessoa do administrador, como seu representante.

III – Representação processual na consignatória

Convém, outrossim, registrar que as regras excepcionais de representação processual previstas no art. 75 do CPC/2015, relativas às massas necessárias ou às pessoas *formais*, como

---

30 STJ, 5ª T., REsp 253.155/RS, Rel. Min. Gilson Dipp, ac. 29.06.2000, *DJU* 21.08.2000, p. 169; STJ, 6ª T., REsp 77.404/SP, Rel. Min. Paulo Gallotti, ac. 21.08.2001, *DJU* 07.10.2002, p. 306. No entanto, devem ser ressalvadas as situações especiais previstas nos §§ 1º e 2º do art. 242 do CPC/2015. "A *administradora* de imóveis não é parte legítima para ajuizar é ação de execução de créditos referentes a contrato de *locação*, pois apenas representante do proprietário, e não substituta processual" (REsp 1.252.620/SC, Rel. Ministra Nancy Andrighi, Terceira Turma,julgado em 19/06/2012, *DJe* de 25/06/2012) (STJ, 4ª T., AgInt no AREsp 1.667.076/DF, Rel. Min. Raúl Araújo, ac. 30.11.2020, *DJe* 18.12.2020). É que "não se podem confundir os poderes outorgados para receber o pagamento e dar quitação em nome do mandante com legitimidade para atuar em substituição processual em causa que verse sobre direito alheio. Daí se ter por correta a orientação jurisprudencial que reconhece a ilegitimidade passiva da imobiliária e da empresa administradora de condomínio para figurar no polo passivo da ação de consignação. Essa interpretação tem lugar quando se tratar de mandato expresso ou tácito, e tampouco importa saber se a mandatária tem poderes específicos para receber citação em nome do mandante" (BARIONI, Rodrigo. *Comentários ao Código de Processo Civil*. São Paulo: Ed. Saraiva, v. XI, p. 40-41).

31 "A citação pessoal é, pois, a regra, que só se admite estas exceções previstas no CPC, art. 242: (i) citação na pessoa do represente legal, no caso de pessoa incapaz ou pessoa jurídica; (ii) citação na pessoa do procurador do réu, que possua poderes para receber citação; (iii) citação na pessoa do mandatário, administrador, feitor ou gerente, desde que o ré esteja ausente e a ação se originar de fatos por eles praticados; (iv) citação na pessoa do administrador do imóvel encarregado de receber os aluguéis, na hipótese de o locador se encontrar fora do Brasil e não ter cientificado o locatário de que no lugar em que se situa o imóvel, deixou procurador com poderes para receber citação" (NERY JÚNIOR, Nelson; NERY, Rosa Maria de Andrade. *Código de Processo Civil comentado*. 19. ed. São Paulo: Ed. RT, 2020, p. 795).

a massa falida, espólio, a herança jacente ou vacante, as sociedades de fato, o condomínio etc., são aplicáveis à consignação, seja no polo ativo, seja no polo passivo da relação processual.

20. Competência

Há regra específica de competência para a ação consignatória, no art. 540 do CPC/2015, onde se determina que a consignação será requerida no *lugar do pagamento*.

Trata-se de regra especial, mas não inovativa, posto que, em caráter geral, já consta do art. 53, inciso III, alínea *d*, do mesmo Código, que o foro do local onde deva ser satisfeita a obrigação é o competente para a ação relativa ao seu cumprimento.

O importante, todavia, da estipulação de uma regra especial e única para a competência, no caso da consignatória, está em que sua especificidade exclui a alternatividade, válida nos procedimentos comuns, pelo foro de eleição ou do domicílio do demandado. Isto quer dizer que o credor, na consignação, tem o direito de exigir que o depósito só se faça no local convencionado para pagamento, ainda que haja foro contratual diverso, e não obstante residir em outra circunscrição judiciária.[32]

Mas a competência do art. 540 continua sendo relativa, pelo que pode ser derrogada por prorrogação, caso o credor, demandado fora do local de pagamento, não interponha, em tempo útil, a exceção de incompetência (CPC/2015, art. 65).

Note-se, outrossim, que a regra especial de que se trata é pertinente tão somente à ação consignatória *principal*. Se o depósito é requerido por meio de pretensão *incidente*, ou seja, em cumulação com outros pedidos, em ação ordinária, as regras de competência a observar serão as comuns (arts. 46 a 53) e não a específica da consignação (art. 540). A determinação do foro competente far-se-á com base na ação *principal*, que, *in casu*, não é a consignatória.[33]

Nas relações de comércio é muito comum a obrigação de *remeter* o objeto negociado. Às vezes a remessa se faz por conta e risco do credor; outras vezes, do devedor. Nessas prestações de remeter, para efeito de determinar-se o *lugar de pagamento* e, consequentemente, o foro competente para a consignação, estes variarão conforme as condições da remessa:

(a) se o devedor assume o risco de remeter por sua conta a mercadoria, o lugar de pagamento é o de *destino*;

(b) se a remessa é feita por conta e risco do credor, então o lugar de pagamento é o da *expedição*.[34]

21. Consignação no local em que se acha a coisa devida

A regra geral de que a consignação deve ser ajuizada no lugar do pagamento decorre da previsão do instituto no direito material (CC, art. 337). Pode, no entanto, acontecer que o contrato não seja claro a respeito. Nesse caso, a natureza da coisa e os costumes definirão onde a tradição haverá de ocorrer, mormente quando couber ao adquirente buscá-la no local em que se encontrava ao tempo da pactuação do negócio jurídico.

---

[32] MARINONI, Luiz Guilherme; ARENHART, Sérgio Cruz; MITIDIERO, Daniel. *Novo curso de processo civil.* São Paulo: Ed. RT, 2015, v. III, p. 127.

[33] PONTES DE MIRANDA, Francisco Cavalcanti. *Comentários ao Código de Processo Civil.* 2. ed. Rio de Janeiro: Forense, t. XIII, p. 18-19.

[34] PONTES DE MIRANDA, Francisco Cavalcanti. *Comentários ao Código de Processo Civil.* 2. ed. Rio de Janeiro: Forense, t. XIII, p. 30.

Com efeito, se o objeto da prestação é um imóvel, ou um rebanho apascentado em terras do vendedor, naturalmente o credor, mesmo no silêncio do contrato, terá de receber o imóvel ou buscar os animais no local em que se acham. Em tais circunstâncias, mesmo que se tenha estipulado foro contratual diverso, ou que outro seja o domicílio do credor, terá o devedor direito de propor a consignatória no local em que se encontra a *res debita*, se a natureza dela indicar, independentemente de convenção de que lá deveria ser feito o pagamento voluntário.

O que não se pode pretender é a faculdade do devedor de, à falta de convenção de lugar de pagamento, deslocar a coisa devida para o local que caprichosamente escolher, a fim de forçar escolha arbitrária de foro para a ação de consignação em pagamento. A situação da *res debita* somente conduz à fixação de competência quando a própria natureza da obrigação e as circunstâncias mesmas do negócio jurídico determinem que outra não poderia ser a sede do cumprimento da prestação convencionada.

Se, portanto, inexistir cláusula expressa de praça de pagamento na convenção das partes, e se o bem a prestar é passível de natural e cômodo deslocamento, pouco importa onde ele tenha sido colocado pelo devedor. A ação consignatória, então, terá de ser proposta no local onde o pagamento deveria ocorrer, segundo as regras do direito material. Ali, sim, incidiriam na fixação de competência tanto a regra especial do art. 540 como a regra geral do art. 53, III, *d*, todas do CPC/2015.

A competência, para a consignação, é, em síntese, sempre a do lugar de pagamento, seja este previsto em cláusula expressa, deduzido da natureza ou circunstâncias do negócio, ou simplesmente apurado pelas regras de direito material a respeito do cumprimento das obrigações.

Essa competência, porém, em qualquer hipótese, sempre será relativa, pelo que admissível será, também, sua prorrogação, nos termos do art. 65 do CPC/2015.[35]

22. Oportunidade da consignatória

I – Mora creditoris

Para que a consignação tenha o efeito do pagamento, diz a lei que o depósito terá de ser promovido no tempo e modo exigidos para eficácia do próprio pagamento voluntário (CC, art. 336). Com base nesse texto, houve uma certa corrente jurisprudencial que não reconhecia ao devedor em mora o direito de consignar e, por isso mesmo, a ação consignatória só poderia ser eficazmente proposta no primeiro dia útil subsequente ao vencimento da obrigação. Se tal entendimento chegou a prevalecer em certa época, hoje se acha inteiramente superado. A consignação é um sucedâneo do pagamento, de sorte que enquanto for possível o pagamento haverá de ser, também, possível o depósito consignatório, para superar qualquer obstáculo injusto à realização do pagamento voluntário.

É certo que a *mora accipiendi* é, via de regra, o pressuposto necessário para lograr-se êxito na pretensão de consignar em pagamento; e que, ordinariamente, não se concebe que simultaneamente possam coexistir a mora do credor e a mora do devedor. Assim, se o devedor é que se acha em mora, inexistente seria a *mora creditoris* e, por via de consequência, inacessível se mostraria ao devedor moroso o remédio da consignação.

O argumento, na realidade, contém meias-verdades, pois manipula premissas que conduzem às citadas conclusões, mas não apenas a elas, desde que correlacionadas com outras situações que podem influir no tema e que impedem a generalização que se pretendeu estabelecer.

---

[35] SANTOS, Ernane Fidelis dos. *Comentários ao Código de Processo Civil*. 2. ed. Rio de Janeiro: Forense, 1986, v. VI, n. 5, p. 4.

Em primeiro lugar, se as duas moras se repelem, enquanto subsistir a mora do credor, inviável será a configuração da mora do devedor. Por isso, se o obrigado tentou pagar no vencimento e foi injustamente obstaculizado pelo credor, a mora que se configurou é a *accipiendi*, e não a *solvendi*. Daí por que não tem sentido falar-se em necessidade de propositura da consignação, na espécie, no primeiro dia útil subsequente ao termo da obrigação, para evitar a incidência do *solvens* em mora. Em nosso direito, a ideia de *mora* vem sempre ligada, indissociavelmente, ao elemento *culpa*. De sorte que, se a falta de pagamento decorre de ato culposo do próprio credor, lugar não há para responsabilizar-se o devedor pelo inadimplemento. Daí a exatidão do ensinamento de Carvalho Santos, no sentido de que "não incorre em mora o devedor, em hipótese alguma, quando o retardamento não lhe é imputável".[36]

O consectário da impossibilidade jurídica de coexistência das duas moras é que, configurada a *mora accipiendi*, não há mais de cogitar-se de tempo adequado para o devedor requerer a consignação. É que, não estando em mora, qualquer momento será tempo oportuno ou adequado para o pagamento e, *a fortiori*, para o depósito em consignação. Em outras palavras: enquanto perdurar a mora do credor, *sempre* será tempo de consignação pelo devedor.[37]

II - Mora debitoris

Quanto ao devedor que culposamente não resgatou a dívida no vencimento, cumpre distinguir duas situações bem diversas: a da *mora solvendi* e a do inadimplemento absoluto.

Se ocorreu o inadimplemento absoluto, a prestação tornou-se imprestável para o credor e o vínculo obrigacional está totalmente rompido. Não há mais condições para o devedor forçar um pagamento ao credor, nos termos ajustados na constituição da obrigação primitiva. A solução da pendência resvalará, necessariamente, para a dissolução do vínculo obrigacional, mediante reparação de perdas e danos. Inconcebível, pois, qualquer pretensão no rumo do depósito em consignação.

Entretanto, se o que se deu foi apenas a *mora solvendi*, a prestação ainda é útil ao credor e o devedor tem o direito de se furtar da situação incômoda gerada pela inadimplência, mediante a *emendatio morae*, que nada mais é do que o pagamento da prestação vencida, mais os acréscimos provocados pelo retardamento.

Se o devedor moroso pode, ainda, efetuar o pagamento, é evidente que, igualmente, pode promover o depósito em consignação, se o credor recusar a oferta do principal mais os prejuízos da mora (CC, art. 401, II).

Como as duas moras (do credor e do devedor) não coexistem, e como o devedor purga a sua mora no momento em que oferece ao credor a prestação vencida mais os prejuízos decorrentes até o dia da oferta (CC, art. 401), a *emendatio morae*, por parte do *solvens*, acarreta, no caso de recusa do *accipiens*, a imediata conversão da *mora solvendi* em *mora accipiendi*.

A partir da oferta de pagamento, com força de purgação, e da rejeição do credor, quem passa a ser responsável pela falta de adimplemento não é mais o devedor, mas sim o credor. Daí por que desaparece qualquer obstáculo ao manuseio da ação consignatória, na hipótese, sem embargo de ser o depósito requerido fora do prazo normal de pagamento da dívida.

---

[36] CARVALHO SANTOS, J. M. *Código Civil brasileiro interpretado*. 7. ed. Rio de Janeiro: F. Bastos, 1958, v. XII, p. 376, *apud* MACHADO GUIMARÃES, Luís. *Comentários ao Código de Processo Civil*. Rio de Janeiro: Forense, 1942, v. IV, n. 318, p. 301.

[37] PONTES DE MIRANDA, Francisco Cavalcanti. *Comentários ao Código de Processo Civil*. 2. ed. Rio de Janeiro: Forense, t. XIII, p. 22; MACHADO GUIMARÃES, Luís. *Comentários ao Código de Processo Civil*. Rio de Janeiro: Forense, 1942, v. IV, n. 318, p. 301-302.

III – O "tempo devido", para efeitos da consignação

Pagamento no *devido tempo*, para efeitos da consignação, não é o mesmo que pagamento no *termo* ou *vencimento* da obrigação; é, isto sim, pagamento em tempo útil para cumprir a obrigação e alcançar a liberação do devedor.

É claro, pois, que se a lei assegura o direito de purgar a mora nos termos já referidos, não se pode ver na situação eventual da *mora solvendi* um obstáculo intransponível à admissão da ação consignatória. É de ser plenamente acolhida a lição de Orosimbo Nonato, respaldada em boa jurisprudência, no sentido de que "é válido o pagamento oferecido e consignado judicialmente com os juros legais da mora, embora depois de vencido o respectivo prazo, desde que tanto a oferta como o depósito foram efetuados antes de realizada a citação dos réus para ação de rescisão fundada na falta daquele pagamento".[38]

A consignação será sempre tempestiva enquanto for possível divisar a *mora accipiendi*, hipótese que poderá, em suma, ocorrer tanto pela recusa, por parte do credor, de aceitar o pagamento no tempo do vencimento da dívida, como pela rejeição da oferta idônea de purgação da mora, posterior ao termo da obrigação.[39]

23. Objeto da consignação

Assim, como não pode o devedor impor ao credor um pagamento parcial, também não pode requerer a consignação a não ser pelo valor integral da prestação devida. Para validade da consignação exige, pois, a lei que o depósito judicial compreenda o mesmo objeto que seria preciso prestar para que o pagamento pudesse extinguir a obrigação (CC, art. 336).[40]

Nas dívidas de dinheiro, há certa confusão provocada por deficiência de textos legais, no que diz respeito aos juros da mora, de maneira que há uma insegurança em resolver o problema sobre a necessidade ou não de incluírem-se sempre tais acessórios na importância consignada, até o dia do próprio depósito.

Assim é que o art. 400 do Código Civil atribui à mora do credor a força de isentar o devedor pela responsabilidade de conservação da coisa devida. Logo, sendo a *mora accipiendi*, a partir de sua configuração não teria mais sentido obrigar o devedor a pagar os juros moratórios, o que permitiria a consignação apenas do principal, ou apenas do principal e juros até a data da configuração da mora do credor.

No entanto, o art. 337 do Código Civil, ratificado pelo art. 540 do Estatuto processual, menciona como efeito do depósito em consignação justamente a cessação de fluência dos mencionados juros. Tem-se, destarte, a impressão de que o legislador teria imputado ao devedor,

---

[38] NONATO, Orosimbo. *Curso de obrigações*. Rio de Janeiro: Forense Universitária, 1971, 3ª parte, p. 42. Também, para Agostinho Alvim, a consignação pode ser feita "em qualquer tempo", e não está o devedor obrigado a consignar no dia imediato ao do vencimento (*Da inexecução das obrigações e suas consequências*. 3. ed. Rio de Janeiro: Jur. e Univ., 1965, nº 60, p. 87). Ainda nesse sentido: STJ, 2ª T., REsp 256.275/GO, Rel. Min. Eliana Calmon, ac. 19.02.2002, *DJU* 08.04.2002, p. 171.

[39] A consignação serve não apenas a evitar, mas também a purgar a mora do devedor (nesse sentido: STJ, 2ª T., REsp 256.275/GO, Rel. Min. Eliana Calmon, ac. 19.02.2002, *DJU* 08.04.2002, p. 171).

[40] "Sendo a intenção do devedor, no caso concreto, não a de pagar o tributo, no montante que entende devido, mas, sim, a de obter moratória, por meio de parcelamento em 120 meses, é inviável a utilização da via consignatória, que não se presta à obtenção de provimento constitutivo, modificador de um dos elementos conformadores da obrigação (prazo). Precedentes: AgRg no Ag 724.727/RS, Ministro Luiz Fux, Primeira Turma, julgado em 23.05.2006, *DJ* 08.06.2006; REsp 750.593/RS, Ministra Eliana Calmon, Segunda Turma, *DJ* 30.05.2006" (STJ, 1ª T., REsp 886.757/RS, Rel. Min. Teori Albino Zavascki, ac. 15.02.2007, *DJU* 26.03.2007, p. 214).

mesmo sendo a *mora accipiendi*, o encargo de depositar judicialmente os juros moratórios apurados até o dia do depósito em consignação.

A aparente contradição, todavia, já foi contornada, como nos revela Orosimbo Nonato, apoiado em sábia lição de Agostinho Alvim, mediante distinção entre duas espécies de consignação: a que pressupõe a prévia constituição do credor em *mora accipiendi* e a que o devedor promove sem condições de fazer, previamente, uma oferta de pagamento direta ao credor.

Configurada a *mora accipiendi*, a regra a observar será a do art. 400 do CC. Já a norma do art. 337, isto é, a de cessação dos juros apenas na data do depósito, esta só terá aplicação nas "situações excepcionais em que, de um lado, o pagamento é oportuno para o devedor e ele quer usar do direito de pagar, e, por outro, deixa de se verificar a mora do credor".[41]

No mesmo sentido, Ernane Fidelis dos Santos lembra a lição de Clóvis sobre a impossibilidade de exigirem-se juros do devedor na pendência da *mora creditoris*, e conclui: "Pela lei, portanto, deverá haver uma situação determinada, onde juros e riscos só podem cessar com o depósito e com a posterior decisão de procedência. Mas, para que a ação seja julgada procedente, faz-se mister o reconhecimento da *mora creditoris*. Neste caso, a aplicação dos referidos preceitos de lei (arts. 891 do CPC [1973] e 976 do CC de 1916; art. 337 do CC de 2002) só se justifica quando apenas a consignação pode liberar o devedor excepcionalmente, ou seja, quando a ação de consignação passa a ser preceito obrigatório que ao devedor se impõe, mesmo sem a ocorrência de mora. Tal se dá, por exemplo, quando o credor é desconhecido, ou haja razoável dúvida sobre quem deva receber, hipóteses em que só a ação consignatória é hábil ao pagamento".[42]

Fora, porém, dessa estrita excepcionalidade, a regra a observar é a de que a consignação pressupõe a *mora accipiendi* e, por isso, não é o depósito que faz cessar os juros da mora, mas a própria ocorrência da mora do credor. O sujeito passivo da obrigação terá, então, de consignar apenas a prestação, ou a prestação mais os juros contados até o momento em que o credor recusou a oferta real de pagamento voluntário (emenda da *mora solvendi*).

24. Obrigação de prestações periódicas

O art. 541 do CPC/2015 estabelece o que, mesmo sem texto expresso, já era objeto de antiga praxe forense, por seu salutar conteúdo de economia processual. Segundo o aludido dispositivo, que tem como fonte próxima o direito lusitano, o devedor pode se utilizar de um só processo para promover o depósito das diversas prestações em que se divide uma só obrigação.

Tratando-se de prestações periódicas – dispõe o art. 541 – "consignada uma delas, pode o devedor continuar a depositar, no mesmo processo e sem mais formalidades, as que forem vencendo, desde que o faça em até 5 (cinco) dias contados da data do respectivo vencimento".

A incidência da regra pressupõe negócio jurídico material único com preço desdobrado em sucessivas prestações, como ocorre, frequentemente, com as vendas a crédito, com os aluguéis, foros, salários etc.

Para exercício dessa faculdade processual, não impõe a lei ao devedor maiores solenidades. Não há sequer necessidade de nova citação do credor, nem tampouco de requerimento ao juiz a cada prestação vencida. Ao fazer o depósito inicial de uma prestação, o autor já pode obter a

---

[41] ALVIM, Agostinho. *Da inexecução das obrigações e suas consequências*. 3. ed. Rio de Janeiro: Editora Jurídica e Universitária Ltda., 1965, n. 76, p. 103; NONATO, Orosimbo. *Curso de obrigações*. Rio de Janeiro: Forense Universitária, 1971, 3ª parte, p. 57.

[42] SANTOS, Ernane Fidelis dos. *Comentários ao Código de Processo Civil*. 2. ed. Rio de Janeiro: Forense, 1986, v. VI, n. 6, p. 6. Nota: o art. 891 citado é do CPC/1973, que corresponde ao art. 540 do CPC/2015.

abertura da conta judicial onde serão repetidos os depósitos periódicos, a seu devido tempo. Assim, a cada vencimento seguir-se-á o depósito respectivo e, após, a juntada do comprovante aos autos, tudo por diligência da parte e do escrivão.

O permissivo legal tem apenas um requisito de ordem temporal: para que os diversos depósitos se cumulem sucessivamente no mesmo processo, exige o art. 541 que o autor os promova até o máximo de cinco dias após cada vencimento.

Esses cinco dias são destinados à efetivação do depósito da prestação periódica, e não ao requerimento de autorização judicial para fazê-lo, como pareceu a Ernane Fidelis dos Santos.[43] O texto da lei é muito claro, ao dispor que o devedor pode continuar depositando as prestações periódicas, no mesmo processo, "desde que o faça em até 5 (cinco) dias, contados da data do respectivo vencimento".

Não basta, pois, requerer o depósito no prazo da lei; impõe-se efetivá-lo dentro do mesmo prazo.[44]

25. Limite temporal da admissibilidade do depósito das prestações periódicas

Há ações consignatórias principais e ações consignatórias acessórias, cumulativas, ou incidentais.

Se a ação consignatória é *pura*, sua função é simplesmente de permitir ao devedor o depósito judicial da prestação devida e, a final, declarar que tal depósito liberou o interessado da obrigação.

Para essas ações é que a sentença deve ser considerada como dotada de eficácia apenas declaratória quanto ao efeito do depósito liberatório promovido pelo autor. Assim, tendo sido o pedido relacionado apenas com a prestação descrita na inicial, ao autor só será lícito depositar no mesmo processo as prestações periódicas que se vencerem até a prolação da sentença. Isto porque, extinto o processo, não haverá mais relação processual a ensejar novos atos das partes nem juízos outros do magistrado a respeito de novas pretensões dos litigantes.[45] Destaque-se que, ao tratar da consignação de aluguéis, a Lei nº 8.245/1991 (art. 67, III), é expressa em permitir o depósito das prestações sucessivas apenas "até ser prolatada a sentença de primeira instância". Não há razão para ser diversa a medida quando tomada no curso das consignatórias reguladas pelo art. 541 do CPC/2015.

Nada impede, porém, que outros pedidos sejam cumulados com o normal pedido de declaração de eficácia do depósito promovido *in limine litis*. Assim, é perfeitamente lícito pretender-se que a sentença não só declare a eficácia liberatória dos depósitos já feitos, como também autorize depósitos de prestações futuras com igual eficácia ao tempo em que se concretizarem.

---

[43] SSANTOS, Ernane Fidelis dos. *Comentários ao Código de Processo Civil*. 2. ed. Rio de Janeiro: Forense, 1986, n. 9, p. 8.

[44] FABRÍCIO, Adroaldo Furtado. *Comentários ao Código de Processo Civil*. 2. ed. Rio de Janeiro: Forense, 1984, v. VIII, tomo III, n. 63, p. 88.

[45] Em decisões antigas o STJ já decidiu que, em ação consignatória, "os efeitos do julgamento não se limitam, apenas, às *prestações* pretéritas à data em que proferida a sentença monocrática, estendendo-se às parcelas que se vencerem até o trânsito em julgado" (STJ, 4ª T., REsp 43.750/RJ, Rel. Min. Aldir Passarinho Júnior, ac. 10.10.2000, *DJU* 27.11.2000, p. 164). Há controvérsia doutrinária sobre a legitimidade de prestações depositadas após a sentença, principalmente porque seria problemático o controle de tempestividade e correção do depósito. Por isso, "a posição tecnicamente mais adequada é limitar os depósitos até o momento anterior à sentença. Caso o autor ainda tenha interesse em efetuar novos depósitos, deve lançar mão de nova ação de consignação em pagamento (...)" (BARIONI, Rodrigo. *Comentários ao Código de Processo Civil*. São Paulo: Saraiva, 2020, v. XI, p. 57).

Merece ser lembrada a lição de Pontes de Miranda, segundo a qual "se o depósito ainda não foi feito e o juiz autorizou a sentença é declarativa *in futurum* e tem eficácia liberatória, a favor do devedor desde o momento em que o depósito se faça".[46]

Diante do exposto, o permissivo do depósito de prestações periódicas pode ter duração diferente, conforme os termos da propositura da ação de consignação:

(a) se o devedor não pede, explicitamente, que a sentença autorize depósitos futuros, com força liberatória, não será admissível nenhum outro depósito após a decisão de mérito. Com ela, exaurida estará a função jurisdicional, cujos limites foram os da declaração de eficácia liberatória dos depósitos até então efetuados;[47]

(b) mas, se o devedor fizer constar da propositura da ação o pedido não só de declaração do efeito dos depósitos já efetuados ou a serem efetuados no curso do processo, como também pedir que, por sentença, seja autorizado a continuar depositando todas as prestações vincendas, aí então a possibilidade de depósitos liberatórios não encontrará limite no momento da sentença, e se projetará para o futuro, graças à eficácia condicional do julgado, lembrada por Pontes de Miranda.

26. Quebra da sequência de depósitos periódicos

A *mora creditoris*, que autorizou o depósito da prestação inicial, subsiste mesmo após o estabelecimento do processo e a efetivação do aludido depósito. Por isso, a consignação das prestações periódicas continua sendo não uma obrigação do autor, mas uma simples faculdade dele.

Essa faculdade, todavia, só pode ser exercida no espaço de tempo prefixado em lei. Por isso, vencido o quinquídio de que fala o art. 541, ocorre a preclusão do direito de depositar a prestação vencida bem como o das que se lhe seguirem.

Essa interrupção da faculdade processual, todavia, não afeta o julgamento da ação consignatória, cuja sentença ficará restrita ao reconhecimento da eficácia liberatória dos depósitos feitos em tempo útil; nem impede que o devedor se utilize de outra ação consignatória para depositar as prestações que não chegaram a ser recolhidas judicialmente na causa primitiva.

O prazo do art. 541 é peremptório. Não é dado ao juiz, por isso, autorizar depósito além do quinquídio legal, nem deferir juntada aos autos de comprovante de depósito feito pela parte com atraso. Todavia, se, por inadvertência, isto vem a ocorrer, a sentença não deve, só por esse fato, dar pela improcedência da ação, pois, em casos tais, o que cabe é *declarar a insubsistência do depósito feito a destempo e dos que se lhe seguirem,* conforme antigo entendimento jurisprudencial Todavia, doutrina mais atualizada tem defendido a possibilidade do depósito de prestações fora do prazo de cinco dias, desde que "com os acréscimos legais ou contratuais, medida que mais bem atende aos interesses das partes e aos escopos do processo".[48]

---

[46] PONTES DE MIRANDA, Francisco Cavalcanti. *Comentários ao Código de Processo Civil.* 2. ed. Rio de Janeiro: Forense, 1977, t. XIII, p. 37-38.

[47] Extinta a relação processual, há uma impossibilidade jurídica e lógica quanto a novas consignações nos mesmos autos (cf. FABRÍCIO, Adroaldo Furtado. *Comentários ao Código de Processo Civil.* 2. ed. Rio de Janeiro: Forense, 1984, v. VIII, tomo III, n. 65, p. 89-90).

[48] MARCATO, Antônio Carlos. *Procedimentos especiais.* 16. ed. São Paulo: Atlas, 2016, p. 92. No mesmo sentido: BARIONI, Rodrigo. *Comentários ao Código de Processo Civil,* p. 55. Em sentido contrário: SILVA, Ricardo Alexandre da, LAMY, Eduardo. *Comentários ao Código de Processo Civil.* 2. ed. São Paulo: Ed. RT, v. IX, p. 91).

27. O procedimento especial da consignatória

Desde as origens romanas que o pagamento por consignação reclama a conjugação de duas atividades fundamentais: a *oferta real* da prestação ao credor, feita pelo devedor, e a intervenção judicial para reconhecer a eficácia liberatória do depósito promovido após a recusa da oferta, por parte do credor.

Os sistemas legislativos não têm sido uniformes, todavia, quanto à forma exigida para a *oferta real*. Há casos em que a oferta tem de ser feita particularmente pelo devedor ao credor e, se recusada, caberá ao interessado, antes de ajuizar a ação de consignação, promover a *oblação* por via notarial ou administrativa. Nesse sistema, o depósito administrativo antecede à citação judicial. Em outros casos, não se reclama maior solenidade para a *oferta real*. A ação é iniciada com base em qualquer oferta prévia de pagamento que se tenha feito particularmente.

O sistema brasileiro exige que o devedor faça a oferta particular prévia ao credor, e, após sua recusa, terá de renovar a *oferta real* em juízo, no limiar do procedimento: o depósito precede à citação e já é requerido na inicial.[49]

A citação requerida e promovida pelo devedor é, portanto, dotada de duplo objetivo:

(a) o de convocar o credor para receber a prestação devida, já sob depósito judicial; e

(b) o de ensejar-lhe oportunidade de contestar a ação, caso não aceite o depósito nos termos em que se deu.

A citação só será feita depois de aperfeiçoado o depósito,[50] que terá de ser completo, compreendendo, quando for o caso, juros, multa e correção monetária.[51] A falta do depósito inviabiliza a consignatória,[52] provocando sua extinção imediata (art. 542, parágrafo único), a qual não dependerá, na espécie, da prévia intimação do autor ordinariamente prevista no art. 485, § 1º.[53]

A petição inicial, então, além de atender às exigências ordinárias previstas no art. 319, terá de conter pedido especial de depósito da quantia ou coisa devida, a ser efetivado no prazo de cinco dias contado do deferimento (art. 542).

O deferimento da inicial far-se-á por despacho em que o juiz determinará o depósito requerido pelo autor e ordenará a citação do credor para a dupla finalidade de receber o pagamento oferecido ou contestar a causa.

A aceitação da oferta real, por parte do credor, importa extinção do processo com solução de mérito, derivada de reconhecimento da procedência do pedido, de forma tácita, pelo réu (CPC/2015, art. 546, parágrafo único).

---

49 "A lei não consente que o devedor use, sem necessidade, do processo de consignação em depósito; se depositar a coisa devida sem motivo justificado, isto é, sem tentar o pagamento extrajudicial ou sem encontrar resistência ou obstáculos nesse pagamento a ação de consignação em depósito improcede" (REIS, José Alberto dos. *Processos especiais*. Coimbra: Coimbra Editora, 1982, v. I, p. 341).

50 "Antes de ordenar a citação, deverá o juiz aguardar a realização do depósito, pois a concretização daquele ato processual depende da litispendência do processo e esta, por sua vez, da realização tempestiva do depósito, haja vista a previsão de extinção anormal contido no parágrafo único do art. 542 do NCPC" (MARCATO, Antônio Carlos. *Procedimentos especiais*. 16. ed. São Paulo: Atlas, 2016, p. 94).

51 STJ, 1ª T., REsp 369.773/ES, Rel. Min. Garcia Vieira, ac. 16.04.2002, *DJU* 20.05.2002, p. 104.

52 "Não efetuado o depósito da quantia ou coisa devida no prazo legal, apesar de intimado o autor da consignatória, extingue-se o processo sem julgamento do mérito" (STJ, 4ª T., AgRg no Ag 683.402/RJ, Rel. Min. Jorge Scartezzini, ac. 12.12.2005, *DJU* 13.02.2006, p. 813. No mesmo sentido: STJ, 1ª T., AgRg no Ag 909.173/RS, Rel. Min. José Delgado, ac. 18.03.2008, *DJe* 23.04.2008).

53 STJ, 3ª T., REsp 396.222/SP, Rel. Min. Menezes Direito, ac. 08.10.2001, *DJU* 19.11.2001, p. 272.

Mas o prosseguimento do feito, seja com contestação, seja à revelia do credor, só é possível após a efetivação do depósito judicial. É que, com ou sem resposta do réu, a sentença final tem, no sistema da consignatória, uma função muito singela, qual seja, a de declarar a eficácia liberatória do depósito quando regularmente feito pelo devedor.

Daí por que o depósito se apresenta como elemento essencial do procedimento. Sem ele, a sentença não terá o que apreciar e declarar. A prestação jurisdicional, específica da ação de consignação, restará sem objeto.

Por isso mesmo, se o autor não recolhe em depósito judicial a prestação litigiosa, o caso é de imediata extinção do processo, sem resolução do mérito (art. 542, parágrafo único), por ter-se tornado juridicamente impossível a tutela jurisdicional de início requerida, diante da ausência de um pressuposto indispensável ao seguimento do procedimento consignatório (CPC/2015, art. 485, IV).[54]

No entanto, o depósito, mesmo fora do prazo, deve ser levado em consideração, segundo o princípio de que as nulidades processuais não cominadas são sempre sanáveis, enquanto não decretadas, evitando-se a extinção do processo sem resolução do mérito.[55] Naturalmente o depósito tardio haverá de ter acontecido antes da citação do réu, e, obviamente, antes da instrução e julgamento da causa.

28. Obrigações alternativas e obrigações genéricas

O Código de Processo Civil, no art. 543, contém regra especial para a consignação derivada de obrigação genérica, que é aquela em que o objeto devido é indicado apenas pelo gênero e quantidade (CC, art. 243). A norma processual, embora não mencione diretamente a obrigação alternativa, (ou seja, aquela em que a satisfação pode ser alcançada por prestações diferentes e variáveis), é de ser aplicada também a essa modalidade obrigacional, porque o problema da escolha do bem devido se resolve, processualmente, de maneira igual tanto na disciplina das obrigações genéricas como na das obrigações alternativas (CC, arts. 244 e 252).

Com efeito, há obrigação alternativa quando o vínculo jurídico obrigacional é único, mas o seu cumprimento pode ser atingido, opcionalmente, por mais de uma prestação. Tal como se passa com a obrigação de coisa indeterminada, a escolha dessa prestação, conforme os termos do negócio jurídico, tanto pode competir ao credor como ao devedor.

Se a escolha é do devedor, não há problema algum para o procedimento da consignatória: na petição inicial o autor diz qual foi a prestação eleita e a oferece ao credor.

Mas quando a escolha é do credor não é possível ao devedor promover a consignação sem antes obter a definição da *res debita*. Prevê, então, o art. 543 uma tramitação especial para o pedido consignatório, de modo que a citação, em lugar de ter a função dupla prevista no art. 542, passa a visar a tríplice objetivo.

De acordo, pois, com o art. 543, o réu (credor) será citado para:

(a) exercer em cinco dias, no prazo da lei ou do contrato, o direito de escolha, sob pena de ser a faculdade devolvida ao autor (devedor);

---

54 TJSP, Ap 189.284-2, ac. 27.10.1992, *JTJ* 142/43. Já se decidiu, porém, que se, mesmo após o momento processual adequado, o depósito veio a ser realizado pelo autor, sem prejuízo para a defesa do réu, não haverá causa para a extinção do processo sem julgamento do mérito (STJ, 3ª T., REsp 617.323/RJ, Rel. Min. Nancy Andrighi, ac. 03.05.2005, *DJU* 20.06.2005, p. 274).

55 "Na ação de consignação em pagamento, o depósito extemporâneo pelo devedor-consignante não é causa de extinção do processo sem julgamento de mérito, devendo ser aproveitado. Precedente" (STJ, 3ª T., REsp 702.739/PB, Rel. p/ ac. Min. Ari Pargendler, ac. 19.06.2006, *DJU* 02.10.2006, p. 266).

(*b*) comparecer no dia, local e hora designados pelo juiz para receber a prestação escolhida, sob pena de depósito;
(*c*) contestar a ação, caso não aceite a oferta.

Ao deferir a inicial, deve o magistrado, num só despacho, ordenar a citação para escolha da prestação alternativa e designar dia, local e hora para o recebimento. Naturalmente, deverá fazê-lo com previsão de tempo suficiente para que a escolha seja comunicada nos autos e dela intimado o devedor, de modo a propiciar-lhe meios de promover a oblação judicial, oportuna e adequadamente.

O exercício do direito de opção pelo credor (réu) não importa reconhecimento da procedência do pedido de consignação formulado pelo devedor (autor). Pode perfeitamente fazer a escolha e, após, recusar a oferta, para contestar a ação, negando, por exemplo, a *mora accipiendi*, ou arguindo outro dos motivos previstos no art. 544 do CPC/2015.[56]

29. Valor da causa

Nas ações de consignação, o valor da causa, a figurar na petição inicial (CPC/2015, art. 292), é o valor da prestação devida; principal e juros, nas dívidas de dinheiro; ou valor da coisa, nas obrigações de dar. O valor da coisa é, na verdade, igual à importância da consignação.

No caso de obrigação com prestações periódicas, o valor da causa será a o somatório das prestações vencidas e vincendas (art. 292, § 1º). O valor das vincendas, porém, será limitado a uma prestação anual, ainda que haja obrigações posteriores a incluir na consignatória e, se por tempo inferior, será igual à soma das prestações (§ 2º).

Não obstante a existência de pluralidade de prestações, pode a ação ser ajuizada visando apenas a uma delas especificamente, o que não ampliará o valor da causa além do *quantum* da prestação apontada na petição inicial. A regra do art. 292, II, que manda atribuir à causa sobre cumprimento do negócio jurídico o valor do contrato, não se aplica à consignação que tenha por objeto depósito de apenas uma ou algumas prestações vencidas ou todas as vincendas, diante da regra especial já referida.

30. Resposta do demandado

Diante da citação da ação consignatória, o demandado (credor) pode assumir várias condutas, que levarão o procedimento a rumos diferentes, a saber:

(*a*) pode aceitar a prestação oferecida;
(*b*) pode conservar-se inerte (revelia);
(*c*) pode contestar a ação ou responder à pretensão do autor.

31. Comparecimento do credor para receber

Havendo comparecimento do credor para receber a prestação que lhe é oferecida, o pagamento será efetuado mediante termo nos autos.

Esse recebimento importa reconhecimento tácito, pelo réu, da *mora accipiendi* que a petição inicial lhe atribuía. A consequência imediata dessa mora, confessada por meio do acolhimento do pagamento em juízo, é dupla:

---

[56] SANTOS, Ernane Fidelis dos. *Comentários ao Código de Processo Civil.* 2. ed. Rio de Janeiro: Forense, 1986, v. VI, n. 16, p. 12.

(*a*) provoca o imediato e antecipado julgamento da lide, em sentença cujo conteúdo será o julgamento de procedência do pedido do devedor, mediante a declaração de extinção da obrigação;

(*b*) acarreta a condenação do demandado nos ônus processuais, ou seja, nas custas e honorários advocatícios do promovente.

Não se pode pretender dispensar o réu das despesas processuais sob o argumento de que o feito não teria alcançado o grau de litigiosidade diante do acolhimento da primeira opção oferecida pela citação (ou seja: receber ou contestar). A oferta judicial de pagamento pressupõe a recusa ou mora anterior do credor. E o efeito da mora é precisamente o de imputar ao culpado a responsabilidade por todos os prejuízos advindos do ato culposo para a parte inocente.

Aliás, o parágrafo único do art. 546 do CPC/2015 não deixa lugar a dúvidas de que, quando o credor recebe e dá quitação, a ação findará por meio de sentença que condenará o réu ao pagamento das custas e honorários advocatícios.

Para evitar os percalços da execução de sentença, pode o devedor, ao apresentar a oferta de pagamento, pedir ao juiz que, desde logo, arbitre os honorários de advogado, para que o credor levante apenas o líquido da prestação, feitas a dedução e retenção dos encargos processuais.

Se, por outro lado, o credor entende que não deva responder pelos encargos processuais, por não configurada a injusta recusa ou a *mora accipiendi*, o caso será, então, de não aceitar a oferta judicial de pagamento e de produzir contestação, ainda que tão somente para evitar a sujeição aos ônus da sucumbência.

Finalmente, comparecendo o réu e recebendo a importância consignada, pouco importa a falta ou nulidade da citação. O fato em si da aceitação da oferta feita em juízo implica confissão da *mora accipiendi* e autoriza a extinção do processo, com a sucumbência do credor, tornando despicienda a realização do ato citatório. Há, mesmo, verdadeira incompatibilidade entre o levantamento do depósito e o propósito de se defender contra o pagamento por consignação.[57]

Em conclusão: o levantamento do depósito, pelo credor (o réu), é o objetivo final da ação de consignação em pagamento. Uma vez ocorrido, exaure-se a utilidade do procedimento, impondo-se seu encerramento pelo juiz, pouco importando que a ocorrência se dê antes do julgamento do pedido ou após a sentença de mérito. Assim, podemos destacar as seguintes eventualidades do levantamento do depósito pelo réu:

(*a*) após a sentença transitar em julgado, é direito inconteste do credor levantar o depósito feito pelo devedor; mas deverá fazê-lo com dedução das custas e honorários advocatícios a que faz jus o autor;

(*b*) se o réu levanta o depósito antes de julgada a causa, o processo deverá ser imediatamente extinto, com julgamento de mérito em favor do autor, porque o ato de credor importou reconhecimento da procedência do pedido do devedor;

(*c*) ocorrendo o levantamento do depósito pelo réu, em qualquer estágio do processo, extingue-se o direito de recorrer, por parte do credor, para discutir a validade ou perfeição do depósito, em virtude do mecanismo da preclusão lógica, decorrente da incompatibilidade do ato praticado e do desejo de impugnar a sentença de acolhida do depósito (art. 1.000);

---

[57] "O credor que comparece a juízo e recebe o pagamento responde pelas custas e honorários de advogado, ainda que não tenha contestado (RTJ 74/894)" (NERY JÚNIOR, Nelson; NERY, Rosa Maria de Andrade. *Código de Processo Civil comentado*. 19. ed. São Paulo: Ed. RT, 2020, p. 1.436).

(d) uma vez que é o depósito que opera a força de pagamento, todos os rendimentos e correções que venham a produzir ou sofrer pertencerão ao credor porque, "desde o momento do depósito, a importância recolhida à conta judicial pelo devedor já passou a pertencer ao credor, e com ela todos os seus rendimentos".[58] Não obstante, o Código Civil prevê a possibilidade de o devedor arrepender da propositura da consignatória, hipótese em que lhe será lícito levantar o depósito, desde que o credor não tenha ainda aceito o depósito ou não o tenha impugnado; responderá, porém, pelas despesas processuais e por todas as consequências do inadimplemento da obrigação (CC, art. 338). Esse levantamento pelo próprio devedor "corresponde à desistência de demanda de consignação em pagamento".[59]

Há uma hipótese em que é possível a cumulação do levantamento do depósito com a contestação. Trata-se da defesa baseada em insuficiência da quantia ou coisa depositada (v., adiante, o nº 36).

Embora se deva basear em obrigação líquida, a consignatória, ao contrário da ação executiva, não exige um *título executivo* definido em lei. Basta que, nas circunstâncias do caso, o consignante disponha de elementos jurídicos razoáveis para demonstrar *quantum satis* a existência da dívida e respectivo montante. Não se exige, em suma, a rigorosa exibição de um documento único e completo que reúna em si a demonstração inconteste dos requisitos formais e substanciais de um verdadeiro título executivo.

A existência, por exemplo, de uma nota fiscal, ou de um recibo de entrega da coisa vendida por meio de contrato verbal, nos quais se mencione o preço ajustado ou reconhecido, são elementos suficientes para fundamentar o depósito em consignação. O mesmo pode acontecer diante da responsabilidade civil por ato ilícito, quando o credor apresenta o valor que pretende para reparação, do qual o devedor não discorda, mas encontra posterior resistência na tentativa de pagamento voluntário.

A antiga construção doutrinária de ser a consignatória uma ação executiva às avessas é engenhosa, mas não deve ser levada ao extremo de condicioná-la à existência de um título executivo autêntico. Trata-se, na verdade, de uma equiparação literária, mais simbólica ou analógica do que essencial, no plano jurídico.

Prova disso é a previsão legal de discussão e julgamento no bojo da consignatória sobre a completude ou incompletude do depósito inicial feito pelo devedor (CPC, art. 545), caso em que mesmo sendo reconhecido a sua insuficiência terá a força de pagamento parcial (art. 545, § 1º), e a sentença valerá como título executivo para a exigência do débito remanescente (art. 545, § 2º). Julgar-se-á improcedente a consignatória, porque não se pode ter como extinta a obrigação que não foi inteiramente solvida. Mas a sentença, diante da solução parcial do débito operada pelo depósito incompleto (art. 545, § 2º), resolverá por inteiro o litígio, reconhecendo, se for o caso, o valor integral do débito, e impondo ao devedor a condenação à parcela não acobertada pelo depósito inicial (v., adiante, o item 36).

Convém lembrar, ainda, que a litigiosidade sobre o objeto do pagamento, em vez de ser empecilho, é uma causa justificadora do depósito em consignação prevista pela lei material (CC, art. 335, V). O depósito, na espécie, será afinal levantado de acordo com o que for definido pela sentença (sobre cúmulo da pretensão de depósito com outras pretensões conexas, v, *retro*, o item 18).

---

[58] TAMG, Ap. 21.217, Rel. Juiz Humberto Theodoro. No mesmo sentido: TACiv.RJ, AI 24.207, ac. 03.11.1983, *JUIS – Saraiva* nº 14.

[59] BARIONI, Rodrigo. *Comentários ao Código de Processo Civil.* São Paulo: Saraiva, 2020, v. XI, p. 63.

32. Não comparecimento e revelia do demandado

O não comparecimento do credor para receber a prestação que lhe é oferecida, no prazo de resposta, equivale à recusa tácita da oferta de pagamento. Essa recusa, porém, não tem força de contestação, nem de revelia.

Registrada a ausência do réu, o escrivão certificará a ocorrência nos autos e a *res debita* continuará sob custódia, à ordem do juiz da causa.

O processo só poderá ter seguimento normal se formalizado o depósito, pois sua falta é motivo de extinção do processo sem resolução do mérito (CPC/2015, art. 542, parágrafo único). Mas o prazo de contestação começa a fluir desde a citação. Essa regra é a mesma, quer o réu compareça para declarar sua recusa, quer simplesmente deixe de comparecer, ou para aceitar o depósito (CPC/2015, arts. 544 e 546).

O não comparecimento do réu no prazo assinado não impede que, mais tarde, venha, por advogado, a requerer nos autos o levantamento do depósito. A qualquer tempo, enquanto permanecer consignada judicialmente a prestação, será faculdade do credor o seu recebimento, posto que o depósito em consignação é precisamente depósito em favor do credor.

Sempre que se autorizar tal levantamento, o réu firmará nos autos o competente recibo, em termo lavrado pelo escrivão. Se o pedido do autor ainda não tiver sido julgado por sentença, à luz do recebimento do credor, o juiz decretará, de plano, a extinção do processo, com declaração de extinção da obrigação e com condenação do réu nas custas e honorários advocatícios.

A revelia do demandado, na consignatória, só ocorrerá quando o prazo de resposta transcorrer sem que se produza contestação.

Decorrem da revelia a presunção de veracidade dos fatos arrolados pelo autor, na inicial (art. 344), e o julgamento antecipado da lide (art. 355, II), que no caso resultará, em princípio, na procedência do pedido e na declaração de extinção da obrigação (art. 546).

Essa regra, todavia, não deve ser admitida como inexorável, de molde a transformar o juiz num simples autômato que, diante da revelia, outra decisão não possa proferir que a da procedência do pedido. O que a lei admite como verdadeiro diante da revelia é apenas o fato arrolado pelo autor, nunca o seu efeito jurídico. Na sentença da consignatória, o que o juiz faz é declarar o efeito liberatório do depósito feito pelo autor. Portanto, pode ocorrer muito bem que, sem embargo da ausência de contestação do réu, o fato narrado na inicial não seja, no aspecto jurídico, suficiente para autorizar o depósito liberatório. Em tal circunstância, apesar da revelia, o juiz não poderá decretar a procedência do pedido.

Reconhecida, porém, a força liberatória do depósito, terá o juiz de condenar o réu, revel ou não, ao pagamento das custas e honorários advocatícios (art. 546).

Há, outrossim, casos em que, legalmente, a revelia não produz seus efeitos normais, como, por exemplo, o da citação por edital, em que, mesmo após o transcurso do prazo de resposta do réu, é-lhe nomeado curador à lide, com poderes para fazer sua defesa no processo. Numa consignação em pagamento, portanto, em que a citação se fez dessa maneira, não poderá o juiz proferir sentença de acolhimento do pedido sem antes ensejar oportunidade de defesa e prova ao curador especial do credor. Lembre-se que ao curador à lide é permitida a contestação por negação geral (art. 341, parágrafo único), e, se tal ocorrer, os efeitos da revelia não se produzirão, de modo que ao autor competirá o ônus de provar os fatos constitutivos do direito à consignação em pagamento, sem embargo da falta de impugnação especificada aos fatos arrolados na petição inicial.

33. Levantamento do depósito pelo devedor

O depósito, na ação de consignação, é ato do promovente, e não ato judicial, como já se advertiu. Daí a possibilidade de sua revogação pelo autor. Uma vez que o objeto da ação é justamente o reconhecimento por sentença da eficácia liberatória do depósito, sua revogação, mediante levantamento promovido pelo próprio autor, equivale à desistência da ação, cuja regulamentação há de subordinar-se ao disposto no art. 485, inc. VIII e § 4º. Quer isso dizer que, antes da citação ou da contestação, o autor pode livremente retirar o depósito e encerrar o procedimento. Mas, depois da contestação ou depois de decorrido o prazo de resposta, não será mais possível essa medida sem o consentimento do réu.[60-61]

Sobre o levantamento do depósito após a sentença de improcedência da consignatória, ver, adiante, o nº 37.

34. Contestação

Para sua resposta, o réu da ação consignatória dispõe do prazo comum de quinze dias (CPC/2015, art. 335). Nesse prazo, admite-se a oposição de qualquer das defesas permitidas pelo código: contestação e reconvenção.

Em se tratando de contestação, o tema da resposta acha-se limitado pela lei, em face do caráter especial do procedimento, que se restringe à discussão em torno da eficácia ou não do depósito promovido pelo autor. Assim, os temas que o demandado pode utilizar para contrapor ao pedido do promovente são, segundo o art. 544, apenas os seguintes:

(a) inocorrência de recusa ou mora em receber a prestação;

(b) houve a recusa, mas foi justa;

(c) depósito feito fora do prazo ou do lugar do pagamento;

(d) depósito não integral.

Na última hipótese, isto é, na arguição de depósito insuficiente, a defesa somente será admitida se o réu indicar, na contestação, "o montante que entende devido" (art. 544, parágrafo único).

O prazo para contestar, não tem sua fluência relacionada com a data de recebimento em juízo da prestação consignanda. É único o prazo para receber ou contestar e conta-se normalmente da citação (art. 542, II).

Se o réu não comparece nem contesta a ação, ou se comparece e aceita a prestação, o processo se encerra com julgamento antecipado da lide: O juiz julgará procedente o pedido, "declarará extinta a obrigação, e condenará o réu ao pagamento das custas e honorários advocatícios" (art. 546 e parágrafo único).

Uma vez contestada, a ação segue o procedimento comum, com observância dos detalhes estabelecidos nos arts. 347 e ss. Não se pode recusar o cabimento da reconvenção, quando presentes os seus pressupostos, como, por exemplo, quando o credor postula a rescisão do contrato com as cominações respectivas.[62]

---

[60] PONTES DE MIRANDA, Francisco Cavalcanti. *Comentários ao Código de Processo* Civil. 2. ed. Rio de Janeiro: Forense, 1977, t. XIII, p. 45.

[61] "4. Considerando que o depósito é ato do consignante, ele poderá levantá-lo antes da citação ou da contestação, circunstância que equivale à desistência da ação. Entretanto, após o oferecimento da contestação, em que se alega a insuficiência do depósito, o autor somente pode levantar a quantia depositada mediante concordância do réu, porquanto o art. 545, § 1º, do CPC/2015 autoriza, desde logo, o levantamento da quantia pelo credor. Ademais, a inexistência de controvérsia acerca do valor depositado e ofertado voluntariamente pelo autor corrobora a viabilidade de o réu levantar a referida quantia quando o devedor desiste da ação" (STJ, 3ª T., REsp 2.032.188/GO, Rel. Min. Nancy Andrighi, ac. 14.03.2023, DJe 16.03.2023).

[62] NEGRÃO, Theotônio et al. *Código de Processo Civil e legislação processual em vigor*. 52. ed. São Paulo: Saraiva, 2021, p. 637, nota 4 ao art. 544.

Não se há de admitir, é claro, que a reconvenção seja utilizada apenas para obter o que seria consequência normal da sentença da ação de consignação em pagamento improcedente (*v.g.*, declaração de que o depósito não extinguiu o débito descrito na inicial e a condenação do autor nos encargos sucumbenciais). Assim também não cabe reconvenção para, no caso de depósito insuficiente, obter a condenação do consignante ao pagamento da diferença, uma vez que esse efeito decorre do caráter dúplice da ação reconhecido pelo § 2º do art. 545.[63] Todavia, quando se trata de impor ao autor consequência que não é natural da ação consignatória, é perfeitamente admissível o uso da reconvenção. Em suma: o que torna despicienda a reconvenção é a hipótese em que atua o caráter excepcionalmente dúplice que a lei atribui à consignatória em que se discute a não integralidade do depósito. Fora daí, a consignatória segue o procedimento comum, podendo conviver com pretensão reconvencional, desde que satisfeitos os requisitos respectivos. Por exemplo, numa consignação em pagamento de aluguéis, é viável reconvenção para pleitear despejo ou cobrança de aluguéis vencidos, como expressamente dispõe o art. 67, VI e VIII, da Lei nº 8.245/1991.

35. Matéria de defesa

Permite o art. 544, em primeiro lugar, a alegação de inocorrência de recusa ou mora da parte do credor. A recusa pressupõe o dever do autor de oferecer a prestação ao credor em seu vencimento, o que se passa naqueles casos em que, pela natureza da obrigação ou pelos termos do negócio, incumbe ao devedor procurar o credor para o pagamento. Nessa conjuntura, toca ao autor o ônus da prova da recusa.[64] A simples mora do credor ocorre quando a dívida é *querable*, isto é, naqueles casos em que toca ao credor o encargo de procurar o devedor para o pagamento. Aí a circunstância do não comparecimento do réu é fato negativo que dispensa prova pelo autor. Basta afirmar sua ocorrência. Ao réu é que tocará a contraprova positiva, ou seja, a prova de seu comparecimento em presença do devedor, sem que esse se dispusesse a cumprir sua obrigação.

Nas duas situações do inciso I do art. 544, portanto, o pressuposto da defesa é a inocorrência da *mora creditoris*.

Já o inciso II do art. 544 permite que o credor se defenda, mesmo quando reconheça a oferta da prestação e sua recusa. Deverá, no entanto, provar que sua recusa foi justa, entendendo-se como tal qualquer arguição que, nos termos da lei, o autorizasse a rejeitar o pagamento.

Aqui entram os mais variados temas, desde o descumprimento ou ineficácia do vínculo jurídico estabelecido entre as partes, como a própria negação da qualidade de credor imputada ao réu.[65] Nem se devem excluir as questões pertinentes à interpretação de cláusulas contratuais, conforme já se expôs no nº 17, *supra*.[66]

---

63 STJ, 1ª T., REsp 816.402/RS, Rel. Min. Teori Albino Zavascki, ac. 15.09.2009, *DJe* 23.09.2009.

64 A prova da injusta recusa do pagamento pode ser inferida de maneira indireta, por meio dos próprios termos da contestação do credor, quando este, por exemplo, se defende exigindo os mesmos acréscimos que a inicial aponta como indevidos e como justificadores do recurso ao pagamento por consignação (TJMG, Ap 69.273, Rel. Des. Humberto Theodoro).

65 PONTES DE MIRANDA, Francisco Cavalcanti. *Comentários ao Código de Processo Civil*. 2. ed. Rio de Janeiro: Forense, 1977, t. XIII, p. 33. "A primeira condição para o manejo da consignatória é a de que o consignante seja devedor. Inexistindo título que comprove, por si mesmo, a relação jurídica afirmada na inicial, de tal forma que a recusa em receber se apresentasse injusta, inviável se torna a consignatória" (TJMG, Ap 62.815, Rel. Des. Freitas Barbosa, ac. 27.10.1983). No mesmo sentido: TARS, Ap 190006072, ac. 31.05.1990, *JUIS – Saraiva* nº 14.

66 "Injusta é a recusa que se funda em motivo injurídico, de sorte que quem condiciona o recebimento do pagamento a acréscimos ilegais pratica ato que, inquestionavelmente, configura esse permissivo da con-

As defesas quanto ao tempo, lugar e importância do depósito (art. 544, III e IV) referem-se, também, ao problema da "justiça" da recusa, por se relacionarem à inobservância de requisitos da validade da oferta de pagamento (CC, arts. 327, 394 e 397). Sobre a mesma matéria, vejam-se os n[os], 16, 22 e 34, *supra*.

36. Complementação do depósito insuficiente

O credor não é obrigado a receber prestação menor ou diversa daquela pela qual se obrigou o devedor. Por isso, o art. 544, IV, do CPC/2015, arrola, entre as defesas úteis, a da insuficiência do depósito efetuado pelo promovente da consignatória. Provada essa defesa, a consequência natural seria a improcedência do pedido. A lei, no entanto, por política de economia processual e pela preocupação de eliminar o litígio, instituiu uma faculdade especial para o devedor, quando a defesa se referir apenas à insuficiência do depósito: em semelhante situação, faculta-se ao autor a complementação em dez dias (art. 545).

I – Depósito complementar pelo autor

É bom lembrar que esse depósito complementar não foi condicionado pela lei nem a erro nem a boa-fé do autor, de sorte que se mostra irrelevante o motivo da insuficiência do depósito. Desde que o devedor concorde com a alegação do réu e se disponha a complementar o depósito, aberta lhe será a faculdade do art. 545.

Há, todavia, dois requisitos traçados pelo conteúdo do próprio permissivo legal (art. 545, *caput*). Para que o depósito complementar seja eficaz, exige-se que:

(a) seja feito no prazo de dez dias, a contar da intimação ao autor dos termos da resposta do réu; e que

(b) o negócio jurídico não esteja sujeito à cláusula comissória, isto é, não tenha se resolvido necessária e diretamente pelo inadimplemento.

A oferta de uma prestação insuficiente evidencia a *mora solvendi* e, portanto, só se torna cabível o depósito complementar quando seja ainda possível a emenda da mora.

Uma vez admitido o complemento do depósito, duas situações hão de ser consideradas: se a única defesa foi a da insuficiência da oferta, extinta estará a lide, e ao juiz caberá encerrar o processo, com a acolhida do pedido consignatório, para os fins de direito.

Se, porém, houver outras defesas formuladas pelo réu, o feito prosseguirá normalmente, apenas com redução do conteúdo da lide a solucionar afinal.

Na hipótese de ser o processo extinto em razão do depósito complementar, a questão da sucumbência não pode ser solucionada dentro dos padrões singelos do art. 85 do CPC/2015. É que, entre as posições conflitantes geradas pela *litis contestatio*, a razão se situou ao lado do réu, de sorte que o autor, ao aquiescer no complemento do depósito, atuou em forma de verdadeiro "reconhecimento da procedência da contestação". Se o pedido consignatório acabou sendo acolhido na sentença, tal somente se deveu à tolerância extraordinária do legislador em permitir

---

signação em pagamento" (TJMG, Ap 63.602, Rel. Des. Humberto Theodoro, ac. 15.03.1984). Mas justa é a recusa de aluguéis comerciais, após a extinção do prazo do contrato, se o locador não deseja prorrogar a locação (TAMG, Apel. 19.538, Rel. Juiz Humberto Theodoro); e justa também foi considerada a recusa de recebimento de prestação oriunda de compromisso de compra e venda, diante da circunstância de ter-se tornado inviável a outorga da escritura definitiva porque o imóvel compromissado foi desapropriado pelo Poder Público, ainda na posse e domínio do promitente vendedor (TAMG, Ap 7.250, Rel. Juiz Vaz de Mello, *in* TEIXEIRA, Sálvio de Figueiredo. *Código de Processo Civil*. 2. ed. Rio de Janeiro: Forense, 1980, p. 202).

a alteração ou emenda do pedido após a *litis contestatio*, contrariamente ao sistema geral que serve de fundamento à regra comum do art. 85. Logo, embora logrando acolhimento do pedido, o autor se apresenta como a parte que, na fase normal da litiscontestação, foi a sucumbente. Daí que os encargos da sucumbência serão atribuídos ao devedor, e não ao credor.[67]

A jurisprudência, todavia, não tem adotado o entendimento doutrinário exposto, preferindo a tese de que "o só fato do autor complementar o depósito feito em ação de consignação em pagamento não lhe impõe os encargos da sucumbência, desde que seja vitorioso na contenda. Precedentes. Incidência da Súmula 83/STJ". Parte-se do argumento de que "a insuficiência do depósito não enseja a improcedência do pedido de consignação em pagamento, podendo haver posterior complementação".[68]

II – Não complementação do depósito

Prevê ainda o art. 545 que:

(a) quando se argui a insuficiência do depósito, pode o réu levantar, desde logo, a quantia ou a coisa depositada, com a consequente liberação parcial do autor, prosseguindo o processo quanto à parcela controvertida (§ 1º);

(b) se a sentença concluir pela insuficiência do depósito, determinará, sempre que possível, o montante devido e valerá como título executivo, facultando ao credor a execução forçada nos próprios autos da consignatória, após a liquidação, se necessária (§ 2º).

Essas particularidades atendem a reclamos de economia processual e quebram sistemas e preconceitos antigos derivados do excessivo formalismo que sempre se manifestou na ação de consignação em pagamento, sem nenhuma justificativa plausível.

Pode-se, portanto, cumular o levantamento do depósito com o prosseguimento da contestação, desde que o tema da resposta verse sobre o seu quantitativo apenas. E a sentença contrária ao autor, na mesma situação, deixará de ser mera declaratória negativa, para transformar-se, desde logo, em condenatória quanto à parcela não depositada.

Com essa feição jurídica, a consignatória assume, na hipótese do art. 545, o feitio de *ação dúplice*, visto que o autor poderá ser condenado independentemente de manejo de reconvenção pelo réu.

Convém registrar ainda que a citação da ação consignatória continua sendo para que o réu, de forma alternativa, levante o depósito feito pelo autor ou apresente contestação. O levantamento de que fala o § 1º do art. 545, e que não prejudica a alternativa do art. 542, inc. II, é um incidente que só pode ser posterior à contestação. Se o réu levanta o depósito logo após a citação e antes de responder à ação, o processo se extingue, com o reconhecimento imediato da procedência do depósito e da consequente liberação do devedor (art. 546, parágrafo único).

O levantamento *in limine* funciona como prejudicial em face da contestação. Só não a prejudicará se for ulterior à resposta do demandado e se esta contiver apenas o questionamento em torno do *quantum* da obrigação. Somente após a contestação é que se pode ter como fixado o objeto da causa em torno tão apenas da diferença entre a oferta do autor e a resposta do réu.

---

[67] FABRÍCIO, Adroaldo Furtado. *Comentários ao Código de Processo Civil.* 2. ed. Rio de Janeiro: Forense, 1984, v. VIII, tomo III, n. 126, p. 150; SANTOS, Ernane Fidelis dos. *Comentários ao Código de Processo Civil.* 2. ed. Rio de Janeiro: Forense, 1986, v. VI, n. 34, p. 28.

[68] STJ, 4ª T., AgRg no AREsp 231.373/CE, Rel. Min. Marco Buzzi, ac. 06.06.2017, *DJe* 12.06.2017: "na hipótese, houve efetiva controvérsia acerca da necessidade de complementação do depósito em razão de a parte credora ter procedido à resilição unilateral do contrato de compra e venda e procedido à devolução do sinal para terceiro, pessoa distinta do comprador, motivo pelo qual o acréscimo referente ao sinal fora realizado após a deliberação do juízo acerca do valor controvertido".

Aí, sim, o réu poderá levantar o depósito, porque a sentença, na especial situação em que a litiscontestação se deu, ficará restrita ao exame de ter ou não o autor de completar o depósito. O depósito existente, porém, nas circunstâncias do art. 545, § 1º, já teve sua acolhida, assegurada para liberar o devedor, nos limites de seu valor ("liberação parcial do autor", conforme declara a referida disposição legal). Por isso, o credor pode levantá-lo sem prejuízo do julgamento da resposta no tocante à reclamada diferença. Antes da contestação de que cogita o art. 545, *caput*, o objeto da causa se mantém nos termos da citação: levantar o depósito e liberar o autor *ou* contestar para recusar o depósito como inidôneo à liberação pretendida.

Em qualquer situação a resposta do réu em que se alega insuficiência do depósito só será útil se o contestante declarar qual a importância que entende devida (art. 544, parágrafo único),[69] pois só assim possibilitará que o autor complemente o depósito, na forma do art. 545. Não fica excluída, porém, a hipótese de a importância apontada pelo réu tornar-se objeto de controvérsia. A sentença, ao dirimi-la, pode reduzir o valor da diferença, condenando ao autor a uma complementação menor do que a pretendida na contestação. É possível, ainda, que os elementos instrutórios disponíveis sejam suficientes para evidenciar que o depósito feito pelo autor é menor do que seu débito, mas não sejam capazes de precisar o respectivo *quantum*. O caso será solucionado, então, por meio de sentença genérica, ficando relegado para posterior liquidação a definição da diferença reconhecida, mas não quantificada. É o procedimento que mais se harmoniza com os princípios da instrumentalidade das formas, da efetividade do processo e com o dever da justiça de buscar preferentemente a composição do mérito, dentro do menor prazo possível.

De qualquer maneira, se afinal a sentença reconhece que o depósito não foi suficiente para cobrir o valor total da obrigação, não há que falar em procedência parcial da ação, uma vez que, reconhecidamente, a solução apenas de parte, não extingue o débito. Caso é, pois, de improcedência do pedido consignatório, mesmo quando o credor tenha levantado a parcela depositada.[70]

É claro, contudo, que, o depósito parcial será, *in casu*, abatido do montante do débito maior apurado no processo, valendo a sentença como título executivo contra o consignante apenas pelo saldo devedor.

37. Sentença

Ao acolher o pedido do consignante, cumpre ao juiz *declarar* "extinta a obrigação" e condenar o réu ao "pagamento de custas e honorários advocatícios" (CPC/2015, art. 546).

A estrutura do procedimento especial da ação de consignação em pagamento, portanto, conduz a uma *sentença declaratória*. Sobre o mérito da causa, não ocorre nem constituição, nem condenação. Não é o ato judicial do magistrado que extingue a obrigação, mas o depósito feito em juízo pelo autor.[71] A sentença apenas reconhece a eficácia do ato da parte.[72] E a única

---

69 "Alegada a insuficiência do depósito, ao credor contestante cabe declinar o valor por ele tido como escorreito, assim como a correspondente comprovação" (STJ, 4ª T., REsp 577.744/RJ, Rel. Min. Barros Monteiro, ac. 20.05.2004, *DJU* 30.08.2004, p. 294).

70 "Tese para os efeitos dos arts. 927 e 1.036 a 1.041 do CPC: – 'Em ação consignatória, a insuficiência do depósito realizado pelo devedor conduz ao julgamento de improcedência do pedido, pois o pagamento parcial da dívida não extingue o vínculo obrigacional'" (STJ, 2ª Seção, REsp 1.108.058/DF, Recurso repetitivo (Tema 967), Rel. Min. Maria Isabel Gallotti, ac. 10.10.2018, *DJe* 23.10.2018).

71 "... o efeito material de extinção das obrigações não decorre da ação judicialmente proposta, mas do fato do depósito, que pode, ao talante do devedor e se a prestação o comportar, ser realizado também em instituição financeira, a teor do disposto nos arts. 334 do Código Civil e 540, § 1º, do Código de Processo Civil" (STJ, 4ª T., REsp 1.831.057/MT, Rel. Min. Antônio Carlos Ferreira, ac. 20.06.2023, *DJe* 26.06.2023).

72 "Trata-se de ação eminentemente declaratória: declara-se que o depósito oferecido liberou o autor da respectiva obrigação" (STJ, 1ª T., REsp 886.757/RS, Rel. Min. Teori Albino Zavascki, ac. 15.02.2007, *DJU* 26.03.2007, p. 214).

condenação que se dá é a pertinente aos encargos da sucumbência (custas e honorários de advogado), porque é lógico que as despesas do pagamento hão de ser suportadas por quem está em mora e, assim, deu causa à ação consignatória.

Excepcionalmente a sentença pode transformar-se em condenatória, quando se verificar a situação tratada no art. 545, § 2º (v. item nº 36, *retro*).

Tendo em vista o objetivo especial da consignatória, a coisa julgada nela formulada somente diz respeito à insuficiência ou não do depósito para produzir a liberação do devedor.[73] Se, pois, a demanda for rejeitada porque se depositou menos que o devido, não há empecilho a que o devedor mova outra ação oferecendo, já então, a quantia correta.[74]

É importante notar, todavia, que o fato de a demanda ser havida, pela sentença, como improcedente em virtude de insuficiência do depósito, não libera a importância consignada em favor do devedor que promoveu a ação fracassada. O sistema do Código é, nesses casos, o de assegurar o levantamento do depósito, desde logo, pelo credor, mesmo que sua defesa tenha consistido em consignação insuficiente (art. 545, § 1º). Assim, o julgado que acolhe esse tipo de defesa tem uma função especial, que é a de condenar o autor da consignatória a pagar o que faltou no depósito inicial (art. 545, § 2º), e nunca a de restituir-lhe a importância recolhida em juízo. Esta, já antes da sentença, passou a pertencer ao credor demandado.[75]

Se a controvérsia entre as partes se limita a ser ou não completo o depósito feito pelo consignante, o que compete ao juiz é tão somente decidir sobre "se o crédito se reduz àquilo que foi depositado ou se é maior", como ensina Cândido Dinamarco. Por conseguinte, de acordo com o § 1º do art. 545, "no mínimo, ele (réu) terá direito ao valor do depósito",[76] razão pela qual o credor, e não o devedor, é que tem direito ao levantamento do depósito, mesmo que a consignatória tenha sido julgada improcedente, nas circunstâncias enfocadas.[77]

Em matéria tributária, por essa mesma razão, é ampla e uniforme a jurisprudência do STJ no sentido de que "julgada improcedente a ação de consignação em pagamento impõe-se a conversão em renda do valor do depósito".[78]

---

[73] "O depósito em consignação é modo de extinção da obrigação, com força de pagamento, e a correspondente ação consignatória tem por finalidade ver atendido o direito – material – do devedor de liberar-se da obrigação e de obter quitação" (STJ, 1ª T., REsp 886.757/RS, Rel. Min. Teori Albino Zavascki, ac. 15.02.2007, *DJU* 26.03.2007).

[74] Contudo, se a improcedência da consignatória não se deveu apenas à insuficiência do depósito, mas se fundou, também, no descabimento dele, em virtude da ocorrência de mora do devedor, reconhecida no dispositivo da sentença, "não há como elidir, no particular, a coisa julgada" (STJ, 3ª T., REsp 39.745-6/RS, Rel. Min. Cláudio Santos, ac. 01.06.1999, *DJU* 28.06.1999, p. 101).

[75] "Ação de consignação em pagamento. Caráter Dúplice. Ação de consignação em pagamento, não obstante ajuizada no interesse do autor, aproveita imediatamente ao réu, que pode, desde logo, levantar a quantia depositada, ainda que insuficiente, servindo-lhe também de modo imediato porque a sentença proporcionará um título executivo para a cobrança do saldo remanescente (CPC, art. 899, §§ 1º e 2º)" (STJ, 3ª T., REsp 886.823/DF, Rel. Min. Ari Pargendler, ac. 17.05.2007, *DJU* 25.06.2007, p. 236, *RSTJ* 209/307).

[76] DINAMARCO, Cândido Rangel. *A reforma do Código de Processo Civil*. 5. ed. São Paulo: Malheiros, 2004, p. 275-276.

[77] "Revela-se ilícito ao devedor valer-se de consignação em pagamento, ação de efeitos meramente declaratórios, após reconhecida a improcedência do pedido pretender levantar a quantia que ele próprio afirmara dever" (STJ, 1ª T., REsp 984.897/PR, Rel. Min. Luiz Fux, ac. 19.11.2009, *DJe* 02.12.2009).

[78] STJ, 2ª T., REsp 472.389/MG, Rel. Min. Castro Meira, ac. 18.03.2008, *DJe* 01.04.2008; STJ, 2ª T., AgRg no REsp 1.348.040/DF, Rel. Min. Humberto Martins, ac. 27.08.2013, *DJe* 06.09.2013; STJ, 1ª T., REsp 786.215/PR, Rel. Min. Francisco Falcão, ac. 06.04.2006, *DJU* 04.05.2006, p. 144.

38. Consignação em caso de dúvida quanto à titularidade do crédito

Já vimos que as causas justificadoras da consignação tanto podem ser a *mora do credor* como o *risco de um pagamento ineficaz.* O devedor tem o direito de liberar-se da obrigação, mas só atingirá seu desiderato se efetuar o pagamento a quem de direito.

Sempre, portanto, que ocorrer dúvida sobre quem deva legitimamente receber o pagamento, poderá o devedor obter a sua liberação pela via judicial, por meio do procedimento da ação de consignação em pagamento, furtando-se, assim, ao risco do pagamento indevido (art. 547).

O cabimento da consignatória, nessa hipótese, funda-se, segundo o texto legal, na "dúvida" sobre a quem pagar. E essa dúvida existirá tanto quando se desconheça o credor atual (casos de sucessão do credor morto, com herdeiros não conhecidos, ou de títulos ao portador), como quando haja disputa entre vários pretendentes ao crédito (litígio).[79]

Em se tratando de desconhecimento do credor, a citação terá de se fazer por editais, com observância dos arts. 256 e 257 e com nomeação de curador especial, caso o feito venha a correr à revelia (art. 72, II). Um dos casos típicos de consignação por ignorância de a quem pagar é o do incapaz sem representação legal, caso em que a ação consignatória exigirá não só a participação do Ministério Público (art. 178, II), como a nomeação de curador especial (art. 72, I).

Quando a causa da consignação for a disputa de diversos pretendentes ao crédito, o devedor promoverá a ação citando os possíveis titulares do crédito para "provarem o seu direito" (art. 547).

39. Particularidades da consignação por dúvida

O procedimento adequado à consignação por dúvida quanto a quem pagar oferece algumas particularidades que o distinguem do rito utilizado para o caso de *mora accipiendi.* A primeira delas é a que diz respeito ao depósito, que deve anteceder à citação. Feito o depósito preparatório, a citação será para que os interessados venham "provar o seu direito" no prazo da contestação (CPC/2015, art. 547). Se todos são conhecidos, a citação será pessoal; havendo desconhecimento ou incerteza quanto à identidade do interessado ou interessados, a citação far-se-á por editais (art. 256).

Esse tipo de consignação, em princípio, não envolve uma controvérsia entre o devedor e o possível credor. O que há é uma insegurança jurídica para o devedor. Por isso, a citação não é para contestar o pedido, mas, sim, para "clarear" a situação jurídica em que o pagamento vai ocorrer.

Isto, porém, não exclui a possibilidade de contestação. Basta lembrar que a dúvida que justifica e autoriza a consignação em pagamento não é nem pode ser a dúvida infundada, mas a dúvida séria, que possa levar o devedor a um estado de perplexidade. "A não se exigir a gravidade da dúvida, corre-se o risco de autorizar o devedor menos escrupuloso a valer-se da consignatória apenas para procrastinar indevidamente o cumprimento de uma obrigação", consoante antigo entendimento jurisprudencial, acatado pela doutrina atual.[80]

---

[79] "Existindo fundada dúvida, no momento do ajuizamento da ação, acerca de quem deve legitimamente receber, há interesse de agir para propor a consignação em pagamento. A consignatória não tem por finalidade apurar eventuais responsabilidades do credor com relação a contrato firmado com terceiro e do qual não participou o devedor. Todavia, o comportamento das partes envolvidas e a existência da disputa judicial pode [m] lançar dúvida sobre quem deve receber os valores; assim, o devedor, para afastar o risco do pagamento indevido, poderá exonerar-se mediante consignação" (STJ, 3ª T., REsp 1.526.494/MG, Rel. Min. João Otávio de Noronha, ac. 26.05.2015, *DJe* 29.05.2015).

[80] SILVA, Ricardo Alexandre da; LAMY, Eduardo. *Comentários ao Código de Processo Civil.* 2. ed. São Paulo: Ed. RT, v. IX, p. 153.

A matéria de falta de interesse, por inexistência de dúvida séria a justificar a ação de consignação, apresenta-se, portanto, como um dos temas que podem ser aventados em contestação a pedido formulado nos termos do art. 547, fora do elenco do art. 544, por se tratar de matéria específica de um procedimento também específico, que não se confunde com a generalidade das consignações em pagamento, quase sempre fundadas na *mora creditoris*.

Do condicionamento desse tipo de consignatória a um pressuposto especial, decorre que, "inexistindo dúvida séria e fundada quanto à pessoa que deva receber", o devedor, decaindo do pedido, terá de suportar a condenação nos ônus da sucumbência.[81]

O prazo de contestação, que é de quinze dias na ação consignatória, será contado a partir do cumprimento da citação do último demandado (art. 231, § 1º).

40. A posição dos possíveis credores

Após a citação dos credores incertos, podem ocorrer várias atitudes processuais da parte dos possíveis interessados, cujas consequências se acham reguladas, de maneira especificada, pelo art. 548, a saber:

(*a*) ausência de pretendentes;
(*b*) comparecimento de um só pretendente;
(*c*) comparecimento de mais de um pretendente.

Analisemos a sistemática procedimental em cada uma dessas situações:

I – Ausência de pretendentes

Se na época assinalada para o comparecimento dos interessados em juízo nenhuma presença se registra, a solução preconizada pelo art. 548, inc. I, é a de dispensar ao depósito promovido pelo consignante o tratamento próprio de coisas vagas. Assim perdurará o depósito à ordem judicial, indefinidamente, até que um eventual interessado venha a provocar seu levantamento, mediante adequada comprovação de seu direito. Observar-se-á o procedimento do art. 746 previsto para o tratamento judicial das coisas vagas.

Para o devedor, o procedimento consignatório estará, porém, desde logo, encerrado, pois, ao determinar a arrecadação, caberá ao juiz declarar "extinta a obrigação", tal como se passa na situação do art. 546.

Esse julgamento importa reconhecimento da procedência do pedido e, consequentemente, da existência de impossibilidade do pagamento direto ao credor. Logo, os ônus da sucumbência não devem ser suportados pelo autor, e as despesas do processo e os honorários de seu advogado poderão ser abatidos do depósito, antes da arrecadação, que, assim, se processará apenas sobre o líquido restante.[82]

---

[81] "Em ação de consignação em pagamento fundada em dúvida quanto à titularidade do crédito, declarado procedente o depósito, são devidos honorários advocatícios pelos supostos credores em favor do autor, permanecendo a lide em relação àqueles. Posteriormente, resolvida a questão relativa à titularidade do crédito, em favor do réu vencedor são devidos honorários advocatícios, além do reembolso dos honorários já pagos ao autor da consignatória" (STJ, 1ª T., REsp 784.256/RJ, Rel. Min. Denise Arruda, ac. 16.09.2008, *DJe* 01.10.2008). No mesmo sentido: STJ, 4ª T., REsp 109.868/MG, Min. Aldir Passarinho Júnior, ac. 15.02.2000, *DJU* 22.05.2000; STJ, 3ª T., REsp 325.140/ES, Rel. Min. Eliana Calmon, ac. 16.05.2002, *DJU* 30.09.2002.

[82] SANTOS, Ernane Fidelis dos. *Comentários ao Código de Processo Civil*. 2. ed. Rio de Janeiro: Forense, 1986, n. 29, p. 24.

As providências em torno da arrecadação e da sentença de extinção da dívida do promovente dependem da configuração da revelia de todos os possíveis interessados e serão adotadas tão logo se registre o não comparecimento em tempo hábil.[83]

II - Comparecimento de um só pretendente

Se apenas um pretendente comparece em juízo para se habilitar ao depósito feito pelo consignante, caberá ao juiz apreciar suas alegações e provas, para proferir, de *plano*, decisão em torno da pretensão de levantar o depósito (art. 548, II).

O direito ao levantamento não decorre do simples comparecimento. Se o interessado nada prova em torno do necessário para eliminar a dúvida causadora da consignação, a consequência será a rejeição do pedido de levantamento do depósito, cujo destino será a arrecadação, tal como se dá quando nenhum pretendente comparece em juízo.

Em obediência ao princípio do contraditório, antes de decidir, incumbirá ao juiz ouvir o autor sobre o pedido do pretendente.

III - Comparecimento de mais de um pretendente

Quando dois ou mais pretendentes se apresentam em juízo, cada um avocando para si o direito ao crédito que o autor procura solver, o processo sofre um verdadeiro desmembramento, de maneira a estabelecer uma relação processual entre o devedor e o bloco dos pretensos credores, e outra entre os diversos disputantes do pagamento.

A relação processual do autor não se imiscui na da disputa entre os credores. A simples circunstância de existirem diversos pretendentes em disputa, dentro do processo, é mais do que suficiente para demonstrar que o devedor tinha razão jurídica para lançar mão do pagamento por consignação. Por isso, seu pedido está, desde logo, em condições de ser apreciado e julgado, independentemente da solução do concurso instaurado entre os vários disputantes à qualidade de credor.[84]

Dispõe, então, o art. 548, inc. III, que "o juiz declarará efetuado o depósito e extinta a obrigação, continuando o processo a correr unicamente entre os presuntivos credores". Os encargos da sucumbência serão deduzidos do depósito já existente, pois o autor, sendo vitorioso, não deverá suportá-los. Essa é, pode-se dizer, a situação comum, que, entretanto, não exclui a possibilidade de um ou todos os citados oferecerem contestação, como, por exemplo, em caso de insuficiência ou inadequação do depósito, bem como de inexistência de dúvida quanto ao verdadeiro credor (pode até mesmo ocorrer que todos os demandados estejam acordes em que somente um deles é o credor e que o autor não tinha motivo para justificar a consignatória). Acolhida a defesa, o sucumbente será o devedor, que terá de suportar o encargo das custas e honorários advocatícios.

Não havendo, porém, contestação, ou sendo repelida a defesa dos réus, passa-se à segunda fase do procedimento, reservada com exclusividade à disputa dos pretensos credores entre si.[85]

---

[83] FABRÍCIO, Adroaldo Furtado. *Comentários ao Código de Processo Civil.* 2. ed. Rio de Janeiro: Forense, 1984, v. VIII, tomo III, n. 111, p. 134.

[84] CPC/2015, art. 548, II, *in fine.*

[85] "O escopo da cisão dos procedimentos (especial, da consignatória e comum, para identificação do credor) é o de evitar que o devedor consignante tenha de ficar aguardando o término de toda a instrução processual para se ver liberado de uma obrigação que já satisfez, somente porque os credores controvertem sobre o direito de receber. Todavia, não se exclui a possibilidade de o juiz também definir o efetivo credor, no mesmo momento em que prolata a sentença de extinção da obrigação do devedor, se já tem condições de fazê-lo, por reputar desnecessária a produção de novas provas. Não há razão, portanto, para se anular a sentença" (STJ, 3ª T., REsp 1.331.170, Min. Nancy Andrighi, ac. 21.11.2013, *DJe* 28.11.2013).

O rito determinado pela lei, para esse concurso, é o comum (art. 548, III, *in fine*). Julgada extinta a obrigação em face do consignante, o juiz determinará que, em quinze dias, os concorrentes contestem as pretensões em conflito, seguindo-se as etapas de saneamento, instrução e julgamento, segundo o procedimento traçado pelo Código para o processo de conhecimento de rito comum. Ao vencedor, a sentença do concurso autorizará o levantamento do depósito, cabendo ao vencido ou vencidos o ressarcimento de todos os gastos do processo efetuados ou suportados pelo verdadeiro credor.

Uma situação especial é a do prévio ajuizamento de ação entre os interessados a respeito da titularidade do crédito. Claro que, para segurança do devedor, o melhor caminho é o do pagamento por consignação (CC, art. 335, V). Mas, aqui, a consignatória não terá a segunda fase, cogitada no art. 548, III, do Código de Processo Civil, porque aquilo que seria seu objeto já se acha *sub judice*, e, pelo sistema da litispendência, não é admissível que a mesma lide seja apreciada e julgada duas vezes, em processos diferentes. O juiz se restringirá à sentença de extinção da dívida do autor, e o levantamento do depósito ficará na dependência do que vier a ser julgado na causa anteriormente instaurada entre os credores.

Se ocorrer, todavia, intromissão de outro pretendente ao crédito, além dos que já figuravam na ação primitiva, ou se o depósito sofrer contestação, surgirá uma conexão de causas, que forçará a reunião dos dois processos, para julgamento simultâneo da consignatória e da ação de disputa do crédito, com ampliação e unificação do *thema decidendum* de cada um dos feitos.

41. Resgate da enfiteuse

O direito real de enfiteuse provoca desmembramento das faculdades inerentes ao domínio: o domínio útil cabe ao enfiteuta e ao senhorio direto apenas o direito ao foro anual e perpétuo (CC de 1916, art. 678). No caso de venda do domínio útil, assiste preferência ao senhorio, e, pelo não uso dessa faculdade, surge-lhe o direito ao laudêmio, calculado sobre o preço da alienação (CC de 1916, art. 686).

Embora de índole perpétua, não quer a lei que o foreiro fique subjugado, indefinidamente, a esse direito real sobre coisa alheia. Daí a instituição de uma faculdade que consiste no poder jurídico, atribuído ao titular do domínio útil, de resgatar a enfiteuse depois de transcorridos dez anos da constituição do gravame, "mediante pagamento de um laudêmio, que será de dois e meio por cento sobre o valor atual da propriedade plena, e de dez pensões anuais" (art. 693 do CC de 1916, com a redação da Lei nº 5.827, de 23.11.1972).[86]

Se o senhorio se recusa a aceitar o regaste, permite o art. 549 do CPC/2015 que o foreiro se valha da ação de consignação em pagamento, para liberar seu imóvel do gravame existente. Nesse caso, a sentença não tem a força normal de declarar extinta a dívida do autor da consignatória, pois, na verdade, nada devia ele ao réu. O que se dá é o exercício de uma faculdade legal (a de liberar o imóvel de um ônus real), mediante resgate imposto ao titular do *ius in re*.

A sentença, incidindo sobre o depósito efetuado pelo foreiro à disposição do senhorio, declarará sua eficácia liberatória e servirá de título para cancelamento do direito real lançado no Registro de Imóveis (Lei nº 6.015/1973, art. 250, I).

42. A consignação de aluguéis e outros encargos locatícios

A atual Lei do Inquilinato, Lei nº 8.245, de 18.10.1991, criou, para as obrigações locatícias, algumas inovações, de maneira que, agora, ter-se-á em boa parte um novo procedimento da

[86] O atual Código Civil vedou a constituição de novas enfiteuses. Manteve, porém, em vigor, até que se extingam as existentes, as disposições pertinentes ao tema, do Código de 1916 (CC de 2002, art. 2.038).

consignatória, se o débito a solver tiver como origem a relação *ex locato*. Daí falar a atual Lei do Inquilinato em "ação de consignação de aluguel e acessórios da locação". É, na verdade, um novo *nomen iuris* para um novo *procedimento especial*, como a seguir veremos.

Os casos, porém, de admissibilidade do pagamento por depósito judicial não foram modificados pela Lei nº 8.245/1991. São os mesmos da legislação ordinária (CC, art. 335). Apenas se acrescentou a hipótese especial do art. 24 da nova Lei do Inquilinato, onde se prevê um depósito *sui generis* de aluguéis, pelos inquilinos, para a eventualidade de moradias coletivas multifamiliares que se achem em condições precárias, declaradas pelo Poder Público. Tais depósitos liberam os inquilinos do débito locatício e só podem ser levantados pelo senhorio após regularização do imóvel (art. 24, § 1º, da Lei nº 8.245).

O procedimento previsto no art. 67 da Lei nº 8.245 não faz remissão alguma ao rito da consignação em pagamento regulado pelo Código de Processo Civil. Introduz várias inovações à sistemática do Código, mas não apresenta um *iter* procedimental completo, motivo pelo qual os preceitos da legislação codificada terão de ser utilizados como fonte subsidiária ou complementar, especialmente aqueles dos arts. 539 a 549 do Estatuto Processual Civil.

São, em síntese, as seguintes as inovações da consignatória locatícia:

(a) Citação e depósito judicial: a citação do locador há de ser em sua própria pessoa. Entende o STJ que "a administradora do imóvel locado é parte ilegítima para figurar em ação de consignação de alugueres, em que pese a sua condição de mandatária do locador, sendo notória a legitimidade deste último para compor o polo passivo da demanda".[87] Deferida a citação do réu, o autor será intimado a depositar em vinte e quatro horas o valor da obrigação apontado na inicial (art. 67, II, da Lei nº 8.245). A respeito dessa intimação, a jurisprudência do STJ é no sentido de que "na ação consignatória de alugueres deve ser pessoal a intimação do autor para o depósito, isto porque o prazo concedido para o mister (...) é de apenas vinte e quatro horas".[88] A falta desse depósito implicará imediata extinção do processo, sem julgamento de mérito (art. 67, inc. II). Não há a designação de data, portanto, para o autor oferecer e para o réu vir receber a prestação.

(b) Prestações vincendas: a ação compreenderá não apenas as prestações vencidas na data da inicial, mas abrangerá todas que se vencerem enquanto não julgada a ação em primeira instância. O direito de depositar as prestações supervenientes não depende de pedido expresso na inicial. Decorre de autorização da própria lei, mas tem duração temporal limitada, pois, uma vez proferida a sentença, não será mais possível efetuar depósito numa consignatória já julgada. É que a sentença, nesse tipo de ação, é declaratória quanto aos efeitos do depósito que aprecia. Portanto, apenas podem ocorrer depósitos incidentais enquanto não proferida a sentença de primeiro grau, como, aliás, dispõe claramente o inciso III do art. 67 da nova Lei do Inquilinato.

(c) Revelia: se não há contestação, ou se o locador aquiesce em receber as prestações depositadas, o pedido do locatário será desde logo julgado procedente, com a competente declaração de quitação. Ao locador imputar-se-á a responsabilidade pelas custas e honorários advocatícios de 20% sobre o valor dos depósitos (art. 67, IV). Há aqui uma outra inovação da Lei do Inquilinato, pois o critério a respeito da base de cálculo e do percentual fixo de honorários inexiste no sistema do Código de Processo Civil.

---

[87] STJ, 5ª T., REsp 253.155/RS, Rel. Min. Gilson Dipp, ac. 29.06.2000, *DJU* 21.08.2000, p. 169. No mesmo sentido: STJ, 6ª T., REsp 77.404/SP, Rel. Min. Paulo Gallotti, ac. 21.08.2001, *DJU* 07.10.2002, p. 306.

[88] "(...) embora não expressamente referido neste diploma {Lei do Inquilinato}, a doutrina e a jurisprudência assinalam a conveniência da intimação pessoal, dado a exiguidade do tempo disponibilizado para a incumbência" (STJ, 5ª T., REsp 293.683/SP, Rel. Min. Gilson Dipp, ac. 03.05.2001, *DJU* 04.06.2001, p. 230).

(d) Contestação: sem inovar o que consta do Código de Processo Civil, a Lei nº 8.245 restringe o tema da contestação à consignatória a uma das seguintes objeções de ordem fática (art. 67, V): *(i)* não ter havido recusa ou mora em receber a quantia devida; *(ii)* não ter sido injusta a recusa; *(iii)* não ter efetuado o depósito no prazo ou no lugar do pagamento; *(iv)* não ter sido o depósito integral.

Além disso, o mesmo dispositivo da Lei do Inquilinato prevê que qualquer defesa de direito pertinente à pretensão do autor poderá ser deduzida pelo réu em sua contestação.

O prazo de contestação, de que não cogitou a Lei nº 8.245, continua sendo o de quinze dias, prazo geral previsto pelo art. 335 do CPC/2015, que se aplica tanto para a ação consignatória pertinente às obrigações em geral, quanto à dos aluguéis, no caso da Lei nº 8.951, de 13.12.1994.

(e) Reconvenção: a Lei nº 8.245 elimina qualquer dúvida que ainda pudesse existir acerca do cabimento da reconvenção na ação de consignação em pagamento. O inciso VI do art. 67 declara, expressamente, que ao locador é permitido lançar mão da reconvenção, *in casu*, para postular, entre outras coisas, o seguinte: *(i)* despejo do autor da consignatória; *(ii)* cobrança dos valores objeto da consignatória ou da diferença do depósito inicial, quando não for integral.

O uso da reconvenção para disputa de complementação do depósito insuficiente, atualmente não se justifica, uma vez que o CPC/2015 permite que a o problema seja solucionado de maneira muito mais simples, ou seja, por meio da própria contestação (art. 545).[89]

Quanto à cobrança reconvencional, a lei a restringe às prestações versadas na ação consignatória e não a quaisquer outras acaso exigíveis entre as partes. Houve, sem dúvida, preocupação de economia processual, de modo a impedir que na improcedência da consignatória o locatário levantasse os depósitos feitos e o locador tivesse de propor outra ação para cobrar aqueles mesmos valores.

Contestação e reconvenção na sistemática do CPC/2015 sujeitam-se à apresentação simultânea, em peça única (art. 343).

(f) Complementação do depósito após a contestação: o Código de Processo Civil permite ao autor da consignatória a complementação do depósito inicial, nos termos do seu art. 545. A sistemática foi mantida pela Lei nº 8.245, mas com sensíveis inovações. Eis como resolver-se-á o incidente na consignatória de aluguéis e acessórios (art. 67, VII): *(i)* intimado da contestação em que se alega insuficiente o depósito, o autor terá cinco dias (prazo menor que o do art. 545 do CPC/2015) para complementá-lo; *(ii)* deverá, porém, recolher a diferença com um acréscimo de 10% (penalidade que inexiste no CPC/2015); *(iii)* mesmo saindo vitorioso na obtenção de quitação do débito, o autor ficará sujeito a pagar todas as custas do processo, bem como honorários advocatícios à taxa fixa de 20% sobre o valor dos depósitos. No regime do CPC/2015 inexiste regra similar.

Apesar de o texto do art. 67, VII, mencionar textualmente o autor-reconvindo como o que se sujeita à sua disciplina, claro é que sua aplicação também será feita ao caso do autor da consignatória em que não houve reconvenção.

(g) Levantamento do depósito: ao tempo da Lei nº 8.245, a regra de seu art. 67 trouxe uma importante inovação, ao permitir que o réu pudesse levantar a qualquer momento as importâncias depositadas sobre as quais não pendesse controvérsia.

---

[89] "Na ação de consignação de aluguel e acessórios da locação, a complementação do depósito pelo autor independe de reconvenção do réu" (Enunciado nº 3 do Centro de Estudos e Debates do 2º TASP, Bol. AASP 1.854/supl. e 1.910/supl., p. 1).

Atualmente, o CPC/2015 adota como regra geral a todas as consignatórias previsão igual à da Lei Inquilinária. Ou seja, tanto na consignatária locatícia como na comum, a lei atualmente franqueia o levantamento, pelo credor, da importância sobre a qual não se controverte, sem que isto prejudique a defesa quanto à verba discutida.

Em qualquer consignatória, portanto, a lei só não franqueou o levantamento da importância sobre a qual pende controvérsia. Todas as demais ficam à livre disponibilidade do réu, que as pode levantar, sem prejuízo de sua defesa.

Naturalmente, se o réu contesta a ação para dizer que não lhe cabe receber o pagamento de uma prestação já extinta por qualquer razão de direito, não terá condições de, posteriormente, levantar o depósito, sem renunciar à defesa manifestada e, consequentemente, sem aceitar a procedência do pedido do autor.

Mas, se são depositados dois meses de aluguel e a divergência se situa sobre o cálculo de um deles, ou sobre os acessórios apenas, nenhum prejuízo sofrerá o andamento normal do feito se o réu pleitear o levantamento das verbas incontroversas.

A regra legal em comentário aplica-se tanto ao depósito inicial como ao de prestações supervenientes, depositadas incidentalmente no curso da consignatória.

Já o levantamento do depósito por parte do autor importará desistência da pretensão consignatória e acarretará extinção do processo sem apreciação do mérito da causa. Isto, porém, somente ocorrerá com anuência do réu, se sua citação já se deu, em face de o art. 485, § 4º, do CPC/2015, condicionar, na espécie, a desistência da ação ao assentimento do demandado.

43. A consignação de obrigação em dinheiro

O CPC/2015 mantém o regime introduzido pela Lei nº 8.951, de 13.12.1994, no Código anterior, que disponibiliza ao devedor dois ritos diferentes para a consignatória relativa a obrigação em dinheiro quais sejam:

(a) o depósito em juízo antes da citação do réu, segundo o rito do art. 542; ou

(b) o depósito extrajudicial, de iniciativa do devedor, em estabelecimento bancário situado no lugar do pagamento (art. 539, § 1º). Onde houver, o depósito será feito em banco oficial. Inexistindo estabelecimento estatal, recorrer-se-á a qualquer banco estabelecido no lugar do pagamento.[90] Esse tipo de depósito acha-se regulamentado administrativamente pelo Banco Central, na Resolução nº 2.814/2001.

Cabe ao devedor optar entre uma e outra forma de depósito. Se escolher a via bancária, terá de cientificar o credor, por carta com aviso de recepção (AR), assinando-lhe o prazo de dez dias para a manifestação de recusa (§ 1º do art. 539).[91] Fluirá dito prazo a partir do retorno do aviso de recebimento (AR), na dicção do § 2º do mesmo artigo.

---

[90] O depósito em estabelecimento bancário, tal como o realizado em juízo, elimina os efeitos de eventual mora do consignante. "Por isso, efetivado o depósito, o devedor não mais estará sujeito aos juros de mora ou a eventuais prejuízos decorrentes do retardamento no adimplemento da prestação" (MARINONI, Luiz Guilherme; ARENHART, Sérgio Cruz; MITIDIERO, Daniel. *Novo curso de processo civil* – tutela dos direitos mediante procedimentos diferenciados. São Paulo: Ed. RT, 2015, v. III, p. 128). Como advertem os autores referidos, "esse efeito *independe da aceitação do credor*", decorrendo apenas do depósito realizado (MARINONI, Luiz Guilherme; ARENHART, Sérgio Cruz; MITIDIERO, Daniel. *Novo curso de processo civil* – tutela dos direitos mediante procedimentos diferenciados. São Paulo: Ed. RT, 2015, v. III, p. 128).

[91] O depósito bancário é cabível nas obrigações oriundas do contrato de locação (MARCATO, Antônio Carlos. *Procedimentos especiais*. 16. ed. São Paulo: Atlas, 2016, p. 87).

Decorrido aquele prazo sem a manifestação de recusa, que poderá ser feita por escrito perante o banco depositário (§ 3º), reputar-se-á o devedor liberado da obrigação, ficando à disposição do credor a quantia recolhida na conta bancária (§ 2º).[92]

Ocorrendo recusa em tempo hábil, perante o banco, o depositante, dentro de um mês, poderá propor a ação de consignação, instruindo a inicial com a prova do depósito bancário e da recusa do credor (§ 3º).

Se o depositante não propuser a consignatória dentro do mês seguinte à recusa, o depósito bancário ficará sem efeito e poderá ser levantado por aquele que o promoveu (§ 4º).

Esse procedimento administrativo tem o objetivo de facilitar o depósito da soma devida, propiciando ao devedor meio de liberação sem obrigatoriamente passar pelo processo judicial. Se, todavia, a tentativa de solução extrajudicial frustrar-se, em nada estará prejudicado o *solvens*, posto que já iniciará o procedimento judicial aproveitando o depósito bancário preexistente.

Feita a citação, o feito prosseguirá dentro da sistemática comum da ação de consignação em pagamento.

A utilização do depósito bancário para realizar a consignação no caso de dívidas em dinheiro está também prevista no Código Civil (art. 334).[93]

44. Conflito entre consignação em pagamento e execução forçada

Segundo antiga concepção da ação de consignação em pagamento, seria ela uma forma de execução, cuja iniciativa partiria do devedor. Tal como a execução, intentada pelo credor, a consignatória tende à solução da dívida existente entre as partes. Essa identidade de objetivo poderia fazer que o ajuizamento prévio de depósito liberatório impedisse, por prejudicialidade, a execução por parte do credor?

A resposta é negativa. Embora se possa entrever atividade executiva também na consignatória, seu maior peso situa-se na atividade cognitiva em torno do acertamento e declaração por sentença do efeito liberatório. Trata-se, portanto, de ação predominantemente cognitiva. Sua natureza jurídica não pode, então, ser confundida com a da execução forçada, já que esta nada tem de cognição e se concentra toda na atividade de realização de um direito, cuja liquidez e certeza decorrem do título aperfeiçoado antes do aforamento do feito executivo.

Aplica-se ao conflito em questão a norma do art. 784, § 1º, segundo a qual "a propositura de qualquer ação relativa ao débito constante de título executivo não inibe o credor de promover-lhe a execução".

O que se pode reconhecer é, após os embargos do devedor, a configuração de conexão entre eles e a ação de consignação em pagamento, submetendo os dois procedimentos cognitivos a julgamento conjunto. O que, todavia, não se admite é a imposição da paralisação do processo executivo apenas pelo fato de existir a consignatória e até que esta seja decidida.[94]

---

92 A presunção legal de quitação pressupõe regularidade no meio de cientificação do credor, ou seja, que o aviso contenha os elementos de identificação da prestação devida, e da força liberatória do depósito, devendo a correspondência ser entregue diretamente ao destinatário, que haverá de firmar o AR. As irregularidades do depósito, quando lhe afetem a validade, poderão ser apuradas a qualquer tempo em ação própria ou incidentalmente em processo onde se discuta o pagamento, como, *v.g.*, na ação de despejo (Cf. entendimento de Antônio Carlos Marcato, *in RT* 739/318).

93 CC, art. 334: "Considera-se pagamento, e extingue a obrigação, o depósito judicial ou em estabelecimento bancário da coisa devida, nos casos e formas legais".

94 REsp 155.134/MG, Rel. Min. César Asfor Rocha, ac. 26.02.2002, *DJU* 22.04.2002, p. 208; STJ, 4ª T., REsp 1.097.930/RS, Rel. Min. João Otávio de Noronha, ac. 22.09.2009, *DJe* 12.04.2010.

Fluxograma nº 1 – Ação de consignação em pagamento: *mora accipiendi* (arts. 539 a 549)

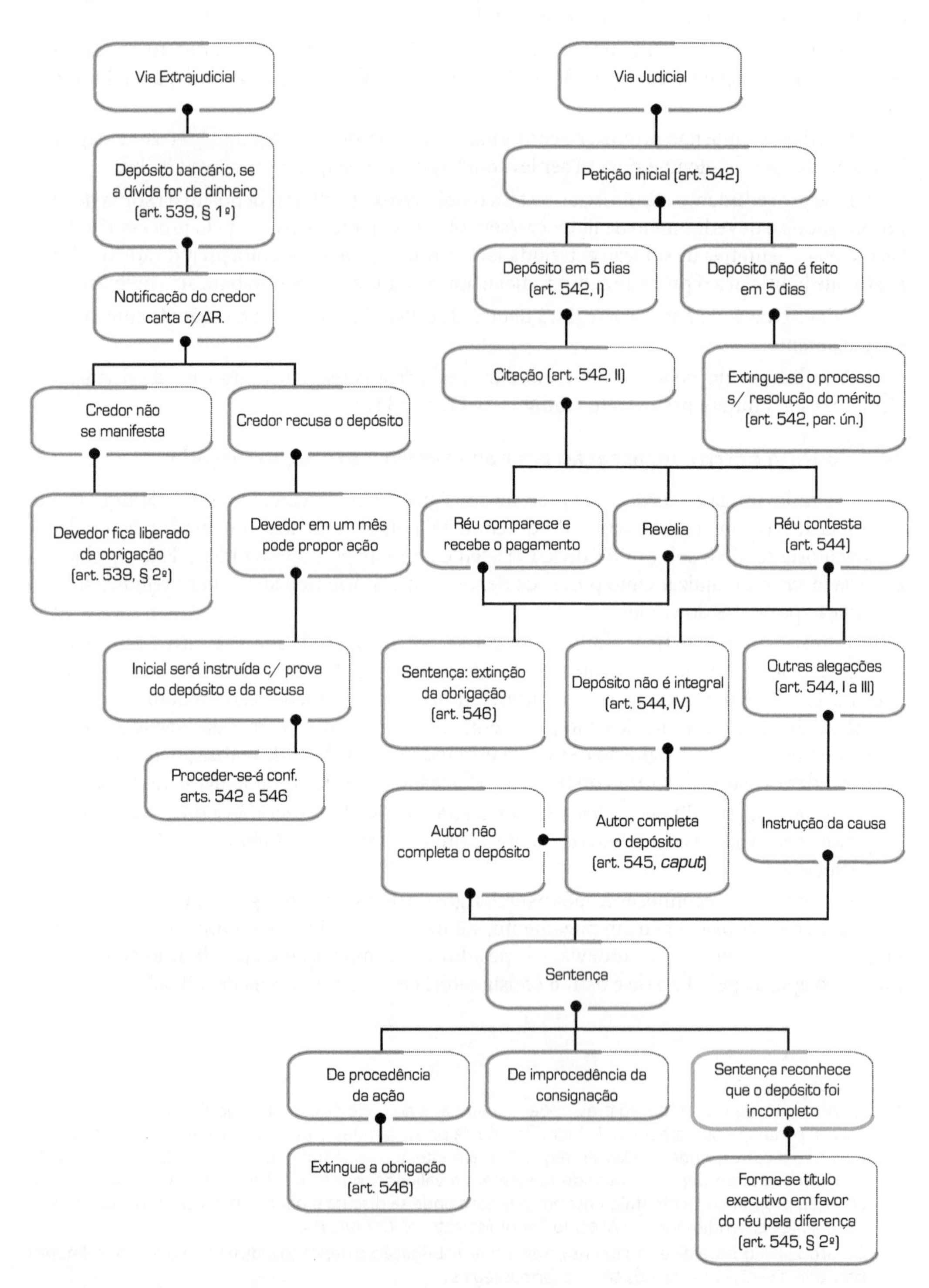

Fluxograma nº 2 – Ação de consignação em pagamento: dúvida sobre o credor (arts. 547 e 548)

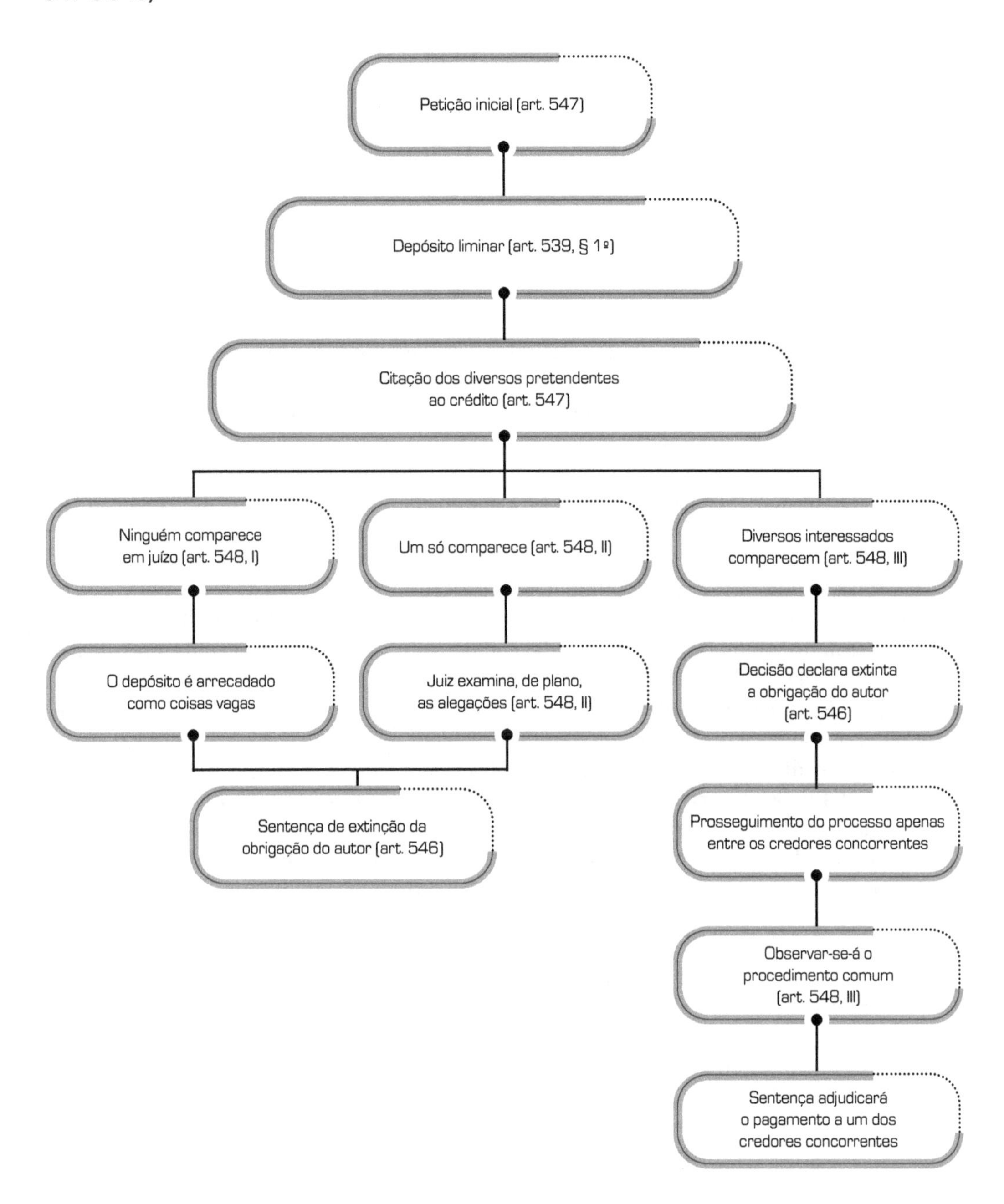

Capítulo III
AÇÃO DE EXIGIR CONTAS

§ 4º GENERALIDADES

45. Introito

O CPC/2015, em sua política de eliminar procedimentos especiais desnecessários, manteve nesse rol apenas a ação de *exigir contas*, regulada nos arts. 550 a 553, não estabelecendo procedimento próprio para a ação de dar contas. Assim, tão somente o credor de contas poderá utilizar-se do rito especial para exigir sua prestação.

Contudo, dita supressão não significa que tenha desaparecido a ação de dar contas. A administração de bens ou negócios alheios gera sempre, para o gestor, o dever de prestar contas, de sorte que este tem, na perspectiva do direito material, não apenas a obrigação, mas também o direito de se livrar desse dever. Assim, coexistem sempre as duas pretensões, a de exigir e a de dar contas. O que a lei atual fez foi submeter a procedimento especial apenas a pretensão de exigir contas. A de dar contas, por isso, será processada sob o procedimento comum.

Para se desincumbir da obrigação de dar contas, o obrigado, quando encontrar resistência da parte contrária, proporá ação comum, instruindo a petição inicial com o demonstrativo devido e os documentos justificativos e pedirá ao juiz que, após ouvido o réu, seja afinal declarado por sentença prestadas as contas que lhe incumbiam.

Esse procedimento, como já afirmado, observará o rito comum, isto é, aquele que o CPC/2015 delineia nos arts. 318 a 512; e, definido o saldo das contas, a sentença valerá como título executivo judicial em favor daquele em cujo benefício se estabeleceu o resultado contábil aprovado no julgamento da causa (art. 552). O desfecho do processo, portanto, é o mesmo, seja na ação especial de exigir contas, seja na ação comum de dar contas: a sentença acertará o relacionamento jurídico-econômico existente entre as partes, definindo o saldo dele resultante.

46. Objetivo da ação de exigir contas

Consistem as contas reclamáveis em juízo no relacionamento e na documentação comprobatória de todas as receitas e de todas as despesas referentes a uma administração de bens, valores ou interesses de outrem, realizada por força de relação jurídica emergente da lei ou do contrato.[1]

---

[1] "Há o dever de prestar contas a quem efetua e recebe pagamentos por conta de outrem, movimentando recursos próprios ou daquele em cujo interesse se realizam os pagamentos e recebimentos" (STJ, 4ª T., AgRg no Ag 45.515/MG, Rel. Min. Barros Monteiro, ac. 27.06.1996, *DJU* 23.09.1996, p. 35.111). "Ao correntista de instituição financeira que discorda dos lançamentos constantes de seus extratos bancários, assiste legitimidade e interesse para ajuizar ação de prestação de contas visando obter pronunciamento judicial acerca de sua correção ou incorreção" (STJ, 3ª T., AgRg no Ag 402.420/SE, Rel. Min. Castro Filho, ac. 05.09.2002, *DJU* 04.11.2002, p. 201). Nesse sentido: STJ, 3ª T., AgRg no REsp 1.171.847/PR, Rel. Min. Sidnei Beneti, ac. 15.04.2010, *DJe* 05.05.2010; Súmula 259/STJ.

O objetivo da ação, *in casu*, é liquidar dito relacionamento jurídico existente entre as partes no seu aspecto econômico, de tal modo que, afinal, se determine, com exatidão, a existência ou não de um saldo, fixando, no caso positivo, o seu montante, com efeito de condenação judicial contra a parte que se qualifica como devedora.

Não se trata, portanto, de promover um simples acertamento aritmético de débito e crédito, já que na formação do balanço econômico realizado no processo discute-se e soluciona-se tudo o que possa determinar a existência do dever de prestar contas como tudo o que possa influir na formação das diversas parcelas e, consequentemente, no saldo final.

O montante fixado no saldo será conteúdo de título executivo judicial, nos termos do art. 552 do CPC/2015, de modo que poderá ser exigido, nos próprios autos, segundo o procedimento de cumprimento de sentença (arts. 513 e ss.).

Diante desse singular aspecto da ação, Rocco considera como seu principal objetivo o de obter a condenação do pagamento da soma que resultar a débito de qualquer das partes no acerto das contas. Procede-se, destarte, à discussão incidental das contas em suas diversas parcelas, mas a ação principal é mesmo de acertamento e condenação quanto ao resultado final do relacionamento jurídico-patrimonial existente entre as partes, não importa qual delas saia credora.[2]

47. Ação de dar e ação de exigir contas

A obrigação de prestar contas, derivadas de qualquer relação jurídico-patrimonial, pode ter caráter *unilateral*, ou seja, pode sujeitar uma só das partes – como se dá com o mandatário, o administrador do condomínio, o síndico, o curador etc. – ou pode ter o caráter *bilateral*, a teor do que se dá com o contrato de conta-corrente.

Qualquer um, porém, dos sujeitos da relação patrimonial que envolve a obrigação de prestar contas dos atos praticados no interesse comum ou de outrem pode ser forçado ao procedimento da ação de prestação de contas, bem como qualquer um deles pode tomar a iniciativa de apresentar as contas cabíveis.

Conforme já exposto, o Código atual só trata como procedimento especial aquele que se destina a *exigir contas*. Logo, a pretensão de dar contas ficou relegada ao procedimento comum. Vê-se, assim, que a demanda sobre contas autorizada pelo art. 550 do CPC/2015 só pode partir da iniciativa de quem tem o direito de exigi-las. No entanto, na composição das verbas reunidas nas contas discutidas em juízo a iniciativa é bilateral. Ambas as partes podem reclamar inserção e exclusão de parcelas e podem pretender alterações quantitativas.

Diz-se, por isso, que se trata de ação dúplice, já que qualquer dos sujeitos da relação litigiosa pode ocupar indistintamente a posição ativa ou passiva da relação processual. Ou, mais precisamente, durante o desenvolvimento do processo, tanto o autor como o réu podem formular pedidos no tocante às verbas e respectivos montantes, sem depender de reconvenção. É nesse sentido que se pode considerar dúplice a ação de prestação de contas, seja ela intentada

---

[2] ROCCO, Ugo. "Rendimento dei conti", verbete in *Novissimo Digesto Italiano*. Torino: UTET, 1968, v. 15, p. 433. Tem-se como nula a sentença que encerra a ação de prestação de contas sem declarar o saldo, seja a favor do autor ou do réu (NERY JÚNIOR, Nelson; NERY, Rosa Maria de Andrade. *Código de Processo Civil comentado*. 19. ed. São Paulo: Ed. RT, 2020, p. 1.448; NEGRÃO, Theotônio *et al. Código de Processo Civil*. 52. ed. São Paulo: Saraiva, 2021, p. 648; SILVA, Ricardo Alexandre da, LAMY, Eduardo. *Comentários ao Código de Processo Civil*. 2. ed. São Paulo: Ed. RT, v. IX., p. 176, nota 79), salvo se este, não tendo sido quantificado expressamente, possa ser deduzido de elementos explicitados pela sentença, por meio de interpretação lógica do julgado (STJ, 4ª T., REsp 10.022/SP, Rel. Min. Sálvio de Figueiredo, ac. 03.12.1991, *DJU* 03.02.1992, p. 470).

para apresentar ou exigir as contas. Na ação simples, as posições das partes são completamente distintas: só o autor formula pedido e o réu apenas resiste, passivamente, ao pedido do autor. Nas dúplices, como as de prestação de contas, a formulação de pedidos é comum ao autor e ao réu. Daí afirmar-se que não há distinção entre as posições processuais dos litigantes em tais ações. Ambos atuam, a todo tempo, como autores e réus.

Sendo a ação do art. 550 proposta pela parte que invoca para si o direito de exigir contas, a causa apresenta-se complexa, provocando o desdobramento do objeto processual em duas questões distintas. Em primeiro lugar, ter-se-á que solucionar a questão prejudicial sobre a existência ou não do dever de prestar contas, por parte do réu. Somente quando for positiva a decisão quanto a essa primeira questão é que o procedimento prosseguirá com a condenação do demandado a cumprir uma obrigação de fazer, qual seja, a de elaborar as contas a que tem direito o autor. Exibidas as contas, abre-se uma nova fase procedimental destinada à discussão de suas verbas e à fixação do saldo final do relacionamento patrimonial existente entre os litigantes.

Descumprida a condenação, incide um efeito cominatório que transfere do réu para o autor a faculdade de elaborar as contas, ficando o inadimplente da obrigação de dar contas privado do direito de discutir as que o autor organizou (CPC/2015, art. 550, § 5º).

Há, portanto, sempre duas pretensões: (*i*) a de exercitar o direito à prestação de contas e (*ii*) a de acertar o conteúdo patrimonial das contas. Se, porém, dupla é a pretensão, una é a ação, porque o que se demanda por meio da tutela jurisdicional é, realmente, o acerto final do relacionamento econômico estabelecido entre os litigantes. A elaboração e aprovação das contas é apenas o caminho para atingir-se a meta final.

48. A natureza da ação de exigir contas

A ação de prestação de contas é uma ação especial de conhecimento com predominante função condenatória, porque a meta última de sua sentença é dotar aquele a que se reconhecer a qualidade de credor, segundo o saldo final do balanço aprovado em juízo, de título executivo judicial para executar o devedor, nos moldes da execução por quantia certa (CPC/2015, art. 552).

Não há duas prestações jurisdicionais distintas, ou seja, uma de acertamento das parcelas que compõem o acerto de contas entre os litigantes, e outra para condenar o devedor ao pagamento do saldo apurado. A demanda é única. Toda a atividade jurisdicional é, a um só tempo, voltada para a definição das contas com o propósito de tornar o seu resultado apto a desaguar nas vias operacionais da execução forçada.

Somente quando inexiste saldo devedor no acertamento de contas é que o procedimento não redunda na formação imediata de título executivo, por inexistir, evidentemente, o que executar.

Pode-se, destarte, concluir que o procedimento especial da ação de prestação de contas tem, em regra, a força de tornar certa a expressão numérica de uma relação jurídica, com o fim de impor uma condenação à parte devedora pelo saldo apurado; e, às vezes, apenas a força de acertar o relacionamento jurídico e econômico entre as partes, como quando as verbas ativas se compensarem totalmente com as passivas (saldo zero).

Merece outrossim destaque uma outra característica da ação de exigir contas, que é a sua estrutura monitória. A citação não é feita apenas para convocar o réu para responder a ação. A pretensão do autor, que é veiculada por meio da citação, é antes de tudo a designação de um prazo para que o demandando preste as contas a que se acha obrigado, no prazo de quinze dias. Só se este não se dispuser a cumprir esta obrigação de fazer é que se passará para a alternativa da contestação (art. 550). Por isso é que se pode entrever, na abertura do processo, a presença de uma injunção, uma espécie de preceito cominatório. Passa-se a cogitar da sentença condenatória somente quando o primeiro comando não é acatado. Daí em diante, tudo corre como ação de conhecimento, em busca de uma sentença que afinal proceda ao acertamento do saldo das contas devidas.

49. Cabimento

O procedimento especial da ação de exigir contas foi concebido em direito processual com a destinação específica de compor os litígios em que a pretensão, no fundo, se volte para o esclarecimento de certas situações resultantes, no geral, da administração de bens alheios.[3]

Na verdade, todos aqueles que têm ou tiveram bens alheios sob sua guarda e administração devem prestar contas,[4] isto é, devem "apresentar a relação discriminada das importâncias recebidas e despendidas, em ordem a fixar o saldo credor, se as despesas superam a receita, ou o saldo devedor, na hipótese contrária",[5] ou até mesmo a inexistência de saldo, caso as despesas tenham se igualado às receitas.[6]

Não importa, outrossim, a posição do autor quanto ao saldo. Tanto o credor como o devedor têm igual direito a exigir ou prestar as contas. Quer isto dizer que o gestor de valores ou recursos alheios que se acha sujeito a prestar contas tem não só a *obrigação* como também o *direito* de prestá-las.[7]

Se é certo que a obrigação de prestar contas resulta do princípio universal de que todos aqueles que administram ou têm sob sua guarda bens alheios têm o dever de acertar o fruto de sua gestão com o titular dos direitos administrados, não menos certo é que, de antemão, é impossível determinar todos os casos em que uma pessoa se considera administrador de bens alheios.

Há situações interessantes em que os recursos investidos não são propriamente do terceiro, mas embora sendo do gestor são aplicados no interesse contratual de terceiro. Uma abertura de crédito, por exemplo, em que o credor aplica recursos no custeio de obrigações do devedor; ou o prestador de serviços que aplica bens e valores próprios na realização de obra de outrem; ou

---

[3] COUTO E SILVA, Clóvis do. *Comentários ao Código de Processo Civil*. São Paulo: Ed. RT, 1977, v. XI, t. I, n. 89, p. 107. Cabe a ação de prestação de contas em todas as situações em que haja necessidade "de acertar-se, em face de um negócio jurídico, a existência de um débito ou de um crédito" (*JTJ* 162/117). Entre os casos de cabimento da ação de prestação de contas inclui-se a conta-corrente bancária (Súmula 259/STJ).

[4] Devem prestar contas "quantos administram bens de terceiros, ainda que não exista mandato" (STJ, 3ª T., AgRg. no Ag. 33.211-6/SP, Rel. Min. Eduardo Ribeiro, ac. 13.04.1993, *DJU* 03.05.1993, p. 7.798). Entre os casos de exigibilidade de contas figura a relação travada entre comitente e comissário, por força de contrato de comissão. Outrossim, nas relações bancárias, "a entrega de extratos periódicos aos correntistas não implica, por si só, falta de interesse de agir para o ajuizamento de prestação de contas, uma vez que podem não ser suficientes para o esclarecimento de todos os lançamentos efetuados na conta-corrente" (STJ, 2ª Seção, REsp 1.1.231.027/ PR. Rel. Min. Maria Isabel Galloti, ac. 12.12. 2012, *DJe* 18.12.2012). No mesmo sentido: STJ, 3ª T., REsp 1.060.217/PR, Rel. Min. Massami Uyeda, ac. 11.08.2008, *DJe* 20.11.2008).

[5] MACHADO GUIMARÃES, Luiz. *Comentários ao Código de Processo Civil*. Rio de Janeiro: Forense, 1942, v. IV, n. 195, p. 186.

[6] Embora a administração do patrimônio comum do casal caiba a ambos os cônjuges, após a separação de fato ou de corpos, o cônjuge que estiver na posse ou na administração do patrimônio partilhável – seja na condição de administrador provisório, seja na de inventariante – terá o dever de prestar contas ao ex-consorte, observado o procedimento especial da ação de exigir contas, caso não o faça espontaneamente (STJ, 4ª T., REsp 1.274.639/SP, Rel. Min. Luís Felipe Salomão, ac. 12.09.2017, *DJe* 23.10.2017; STJ, 3ª T., REsp 1.470.906/SP, Rel. Ricardo Villas Bôas Cueva, ac. 06.10.2015, *DJe* 15.10.2015).

[7] MACHADO GUIMARÃES, Luís. *Comentários ao Código de Processo Civil*. Rio de Janeiro: Forense, 1942, v. IV, n. 196, p. 186.

o banco que periodicamente efetua lançamentos na conta de depósito de seu cliente são casos em que a ação de prestação de contas tem cabimento, não obstante os recursos manejados sejam daquele que faz os lançamentos. O importante é que o resultado dessas operações afeta a esfera jurídica de outrem e, surgindo dúvida, reclama acertamento por meio de procedimento próprio para apuração de contas.[8]

A parceria agrícola ou pecuária representa, também, caso típico de cabimento da ação de que ora se cuida. Não pode haver dúvida quanto ao direito de exigir e o dever de prestar contas, sempre que em jogo estiver uma relação contratual em que há, de um lado, a administração dos bens que ensejam a repartição posterior das rendas, como na espécie. Não importa de quem sejam os recursos aplicados pelos parceiros, se o resultado da operação interessa a ambos os contratantes. Há, em suma, de prestar contas todo aquele que efetua e recebe pagamentos por conta de outrem, movimentando recursos próprios, ou daqueles em cujo interesse se realizam os pagamentos.[9]

Diante da dificuldade de especificar com exaustão as hipóteses de cabimento do procedimento especial em exame, tem a jurisprudência reconhecido que "muitas são as relações jurídicas das quais emana o dever de prestar contas. Casos existem em que as relações não cabem na mera conceituação de administração, mas, assim mesmo, podem gerar a obrigação de prestar contas, quando, por exemplo, uma das partes relaciona mensalmente o que entende ser devido pela outra à guisa de material aplicado, mão de obra consumida e comissão devida, remetendo o respectivo extrato, mas, ao que se alega, dispensando-se de esclarecer particularidades conducentes aos resultados apresentados".[10]

Por isso, entende a jurisprudência que a ação de prestação de contas, embora alicerçando-se, de modo geral, na administração de bens alheios, é própria, também, para a verificação de parcelas relacionadas em extratos encaminhados por um contratante ao outro, uma vez que, em substância, o que se colima é o *exame de receitas e despesas* relativas a um determinado negócio jurídico. Para evitar abuso no uso da ação, principalmente nos casos de contratos bancários, perante os quais as demandas de má-fé se tornaram frequentes, o STJ foi levado a exigir do autor que fossem indicados "motivos consistentes ao promover a demanda, na qual não poderiam ser discutidos encargos abusivos".[11]

---

8 "A ação de prestação de contas pode ser proposta pelo titular de conta-corrente bancária" (STJ, Súmula nº 259) (v., a propósito, *RSTJ* 110/216; 60/219; 103/213 e 155/197 a 235). A essa prestação de contas para esclarecer lançamentos efetuados na conta-corrente pelo banco não se aplica o prazo decadencial previsto no art. 26 do CDC, mas o de prescrição regulado pelo Código Civil (STJ, 2ª Seção, REsp 1.117.614/PR, Rel. Min. Maria Isabel Gallotti, ac. 10.08.2011, *DJe* 10.10.2011).

9 STJ, 4ª T., AgRg no Ag. 45.515/MG, ac. 27.06.1996, *DJU* 23.09.1996 p. 35.111.

10 STJ, 4ª T., REsp 12.393/SP, Rel. Min. Sálvio de Figueiredo Teixeira, ac. 22.02.1994, *DJU* 28.03.1994, p. 6.324, *RSTJ* 60/219; A despeito das atribuições acometidas legalmente à Comissão de Representantes, "os adquirentes das unidades habitacionais detêm legitimidade para a propositura de ação de prestação de contas em face do construtor ou incorporador" (STJ, 3ª T., REsp 233.001/RJ, Rel. Min. Nancy Andrighi, ac. 26.11.2001, *DJU* 18.02.2002, p. 409, *RSTJ* 152/321).

11 Para o STJ, deve o correntista, pelo menos, delimitar o período a que se refere o pedido de contas assim como identificar as verbas ensejadoras de dúvida dentro dos extratos fornecidos pelo banco: "Embora cabível a ação de prestação de contas pelo titular da conta-corrente, independentemente do fornecimento extrajudicial de extratos detalhados, tal instrumento processual não se destina à revisão de cláusulas contratuais e não prescinde da indicação, na inicial, ao menos de período determinado em relação ao qual busca esclarecimentos o correntista, com a exposição de motivos consistentes, ocorrências duvidosas em sua conta-corrente, que justificam a provocação do Poder Judiciário mediante ação de prestação de contas" (STJ, 2ª Seção, REsp 1.1.231.027/ PR. Rel. Min. Maria Isabel Galloti, ac. 12.12. 2012, *DJe* 18.12.2012).

Sempre se reconheceu, por exemplo, que o devedor fiduciário seria parte legítima para exigir contas da instituição financeira que nos termos do Decreto-lei nº 911/1969 promovera alienação extrajudicial do veículo gravado de alienação fiduciária em garantia, para certificar-se acerca do *quantum* apurado e da forma de sua aplicação. "Após a entrada em vigor da Lei n. 13.043/2014, que alterou o art. 2º do Decreto-lei nº 911/1969, a obrigação de prestar contas ficou expressamente consignada."[12]

Entre as relações ensejadoras da ação de prestação de contas, a jurisprudência inclui aquelas oriundas do contrato de agência ou representação comercial, disciplinado pelos arts. 710 e ss. do Código Civil.[13]

Qualquer contrato, enfim, que gere múltiplas e complexas operações de débito e crédito entre as partes reclama prestação de contas se não há constante e expresso reconhecimento dos lançamentos que um contratante faz à conta do outro.

O objeto do procedimento especial, no entanto, não abrange definição de situações complexas com as de decretação de rescisão ou resolução contratual ou de anulação de negócios jurídicos, e tampouco a condenação por atos ilícitos. Esses acertamentos hão de ser realizados pelas vias ordinárias, relegando-se à ação especial de exigir contas apenas as questões de puro levantamento de débitos e créditos gerados durante a gestão de bens e negócios alheios.[14] Da mesma forma, não cabe utilizar a ação de prestação de contas para promover uma *revisão* de contrato.[15]

---

[12] STJ, 4ª T., REsp 1.678.525/SP, Rel. Min. Antônio Carlos Ferreira, ac. 05.10.2017, *DJe* 09.10.2017.

[13] "(...) 2. O vínculo entre as partes litigantes é típico contrato de agência, regulado pelos arts. 710 e seguintes do CC/2002, por meio do qual a promotora das vendas se obriga a disponibilizar ao consumidor a aquisição de quotas consorciais, mediante remuneração, recolhendo propostas e transmitindo-as a administradora do consórcio (contratante). 3. O vínculo contratual colaborativo originado do contrato de agência importa na administração recíproca de interesses das partes contratantes, viabilizando a utilização da ação da prestação de contas e impondo a cada uma das partes o dever de prestar contas a outra. 4. A remuneração devida à promotora é apurada, após a conclusão dos contratos de aquisição de quotas, podendo ser influenciada também em razão de desistências posteriores, como no caso concreto, de modo que não é possível o conhecimento de todas as parcelas que compõem a remuneração final, sem a efetiva participação da administradora. 5. A apresentação extrajudicial e voluntária das contas não prejudica o interesse processual da promotora de vendas, na hipótese de não serem elas recebidas como boas. Precedentes" (STJ, 3ª T., REsp 1.676.623/SP, Rel. Min. Marco Aurélio Bellizze, ac. 23.10.2018, *DJe* 26.10.2018).

[14] Tem-se decidido não ser cabível a ação de prestação de contas para "discutir a validade de cláusulas contratuais" (STJ, 4ª T., AgRg no Ag. 276.180/MG, Rel. Min. Aldir Passarinho Júnior, ac. 21.06.2001, *DJU* 05.11.2001, p. 116) nem para exercer "pretensões ilíquidas, vinculadas a contrato de exegese eminentemente discutida" (Entendimento defendido por Athos Gusmão Carneiro, *RT* 599/180). As restrições procedem quando se trate usualmente de anular negócio jurídico ou de aplicar cláusulas de sentido polêmico ou duvidoso. Quanto às cláusulas contaminadas de *nulidade* não há empecilho algum ao seu reconhecimento no curso da ação de prestação de contas, já que cabe ao juiz conhecer desse tipo de invalidade a qualquer tempo, independentemente de ação, e sempre que tiver de conhecer do negócio jurídico ou dos seus efeitos, devendo pronunciá-la até mesmo de ofício (Código Civil, art. 168, parágrafo único).

[15] "Na ação de prestação de contas é inviável a pretensão de revisar os encargos pactuados no contrato. Precedente da Segunda Seção" (STJ, 3ª T., AgRg no AREsp 745.871/PR, Rel. Min. Ricardo Villas Bôas Cueva, ac. 05.11.2015, *DJe* 10.11.2015). Ou seja: "(...) O rito especial da ação de prestação de contas não comporta a pretensão de alterar ou revisar cláusula contratual, em razão das limitações ao contraditório e à ampla defesa. (...) Essa impossibilidade de se proceder à revisão de cláusulas contratuais diz respeito a todo o procedimento da prestação de contas, ou seja, não pode o autor da ação deduzir pretensões revisionais na petição inicial (primeira fase), conforme a reiterada jurisprudência do STJ, tampouco é admissível tal formulação em impugnação às contas prestadas pelo réu (segunda fase)" (STJ, 2ª Seção, REsp 1.497.831/PR-recurso repetitivo, Rel. p/ ac. Min. Maria Isabel Galloti, ac. 14.09.2016, *DJe* 07.11.2016).

50. Prestação de contas e prescrição

Em regra, a pretensão de acertar contas tem em mira definir por sentença o saldo final de uma gestão de bens alheios. Com dito acertamento forma-se um título de força executiva em favor daquele que for titular do direito de exigir o pagamento da soma apurada na sentença.

Como se aplica a prescrição em ações da espécie? Verifica-se a natureza da obrigação cujo saldo se pretende apurar na sentença – e, conforme ela, busca-se a definição do prazo que, no direito substancial, se acha estabelecido para exercício da respectiva pretensão. Se a parte já ultrapassou o prazo de exigir o pagamento da dívida, não terá sentido demandar sua certificação judicial. Faltar-lhe-á, sem dúvida, interesse jurídico, para submeter o réu a ação de prestação de contas, se o desejado acertamento jurídico nenhuma vantagem concreta proporcionará ao promovente.[16]

Ademais, seria desleal a atitude de quem deixasse transcorrer prazo superior ao da prescrição da pretensão, para só então exigir a demonstração de contas, gerando considerável dificuldade à contraparte para reunir e concatenar todos os antigos elementos comprobatórios dos pagamentos e acertos ocorridos em tempos remotos.[17]

A jurisprudência não é firme acerca do prazo em que prescreve a pretensão à prestação de contas. Ora aplica o prazo maior das ações pessoais,[18] ora o prazo especial de ressarcimento de enriquecimento sem causa.[19] Na doutrina, há quem defenda o prazo decenal do art. 205 do Código Civil sob o argumento de que o ressarcimento de valores eventualmente devidos não seria objeto essencial da prestação de contas, mas "a própria pretensão de que a outra parte preste as contas", de sorte que "a existência de valores a serem ressarcidos é elemento acidental".[20] O problema, porém, situa-se na falta de interesse. Não há como justificar interesse para a promoção da ação de prestação de contas se ao autor falece pretensão para exigir o saldo eventual das respectivas contas. Não se pode deixar de levar em consideração que cabe à sentença dessa ação especial apurar o saldo e constituir título executivo judicial (CPC/2015, art. 552). A prevalecer a tese de ser possível a sentença que declare saldo inexigível por força de prescrição especial já consumada, chegar-se-ia ao inconveniente de formar-se título executivo inócuo, porquanto inexigível. Qualquer que fosse o saldo apurado, nenhuma das partes teria

---

[16] Se é a recuperação de verbas indevidamente apropriadas pelo gestor que o autor deseja alcançar por meio do resultado final da ação de prestação de contas, sua prescrição não pode ser, como já decidiu o STJ, aquela geral aplicável às obrigações pessoais (10 anos), mas terá de ser a especial para as pretensões de repressão ao enriquecimento sem causa (art. 206, § 3º, do Código Civil) (STJ, 3ª T., REsp 1.238.737/SC, Rel. Min. Nancy Andrighi, ac. 08.11.2011, *DJe* 17.11.2011).

[17] "*A explicitação das tarifas debitadas em conta-corrente do consumidor, assim como dos demais tipos de lançamentos a crédito e a débito efetuados, por meio de prestação de contas, destina-se à verificação da legalidade da cobrança* (ou do direito à repetição ou compensação) [grifamos], *direito pessoal, portanto, que tem como prazo de prescrição (e não de decadência) o mesmo da ação de prestação de contas em que solicitada esta explicitação* e também o mesmo prazo da ação de cobrança correspondente [grifamos]" (STJ, 2ª Seção, REsp 1.117.614/PR. Rel. Min. Maria Isabel Gallotti, ac. 10.08.2011, *DJe* 10.10.2011). Nesse sentido, decidiu também a 2ª Turma: que a ação de prestação de contas compreende necessariamente duas fases – uma de acertamento do dever de apresentar contas e outra de fixação do saldo a ser cobrado com base nas contas – de modo que "as duas etapas somente podem ser cindidas para fins de análise teórica, pois, na prática processualista, *devem ser examinadas como dois aspectos indissociáveis do mesmo procedimento* [grifamos]" (STJ, 2ª T., REsp 1.148.486/SP, Rel. Min. Castro Meira, ac. 24.11.2009, *DJe* 02.12.2009).

[18] STJ, 3ª T., AgRg no AREsp 657.399/PR, Rel. Min. Marco Aurélio Bellizze, ac. 07.04.2015, *DJe* 24.04.2015.

[19] STJ, 3ª T., REsp 1.238.737/SC, Rel. Min. Nancy Andrighi, ac. 08.11.2011, *DJe* 17.11.2011.

[20] PEIXOTO, Ravi. Aspectos controvertidos da ação de exigir contas: uma visão a partir do Novo Código de Processo Civil. *Revista Dialética de Direito Processual*, n. 151, p. 115, out. 2015.

como exigi-lo da outra. Que interesse então se poderia reconhecer a quem manejasse ação de exigir contas em tais circunstâncias?

Daí a superioridade da tese (embora não unânime) esposada pelo STJ no sentido de não prescrever dita ação no prazo geral do art. 205 do Código Civil, mas no prazo especial para o exercício da pretensão de ressarcimento de enriquecimento sem causa, fixado em três anos pelo art. 206, § 3º, IV, do Código Civil.

51. Legitimação e interesse

Na estrutura de nosso direito positivo atual, a iniciativa do procedimento especial do art. 550 compete apenas a quem tem o direito de exigir contas. O autor, por isso, vem a juízo para compelir o réu a apresentar as devidas contas e sujeitá-las à deliberação judicial.

Reconhece-se o caráter dúplice da ação porque no plano de direito material ambas as partes têm igual interesse no preparo e na conclusão das contas, o que se reflete no curso do acertamento judicial, em que o poder de influir na respectiva composição pode ser exercido indistintamente pelos dois litigantes.

O importante é, na espécie, a indagação, no que concerne aos termos da relação material, da existência efetiva do poder daquele que se diz credor das contas de sujeitar o demandado a prestá-las. Há, é bom lembrar, vários casos em que o contrato ou a lei dispõe sobre o destinatário das contas, limitando-o a certos órgãos de representação coletiva, como se dá nas sociedades e nos condomínios. Nessa situação, o sócio ou condômino, embora titular do interesse gerido por outrem, não tem legitimidade para, individualmente, reclamar contas do administrador social ou do síndico (ver, *infra*, nºs 53 e 55).[21]

Quanto ao *interesse* que justifica o procedimento judicial, na espécie, é bom lembrar que não decorre pura e simplesmente de uma relação jurídica material de gestão de bens ou interesses alheios. Aqui, como diante de qualquer ação, torna-se necessário apurar se há *necessidade* da intervenção judicial para compor um litígio real entre as partes.

Quem, de fato, administra bens de outrem fica obrigado a prestar contas de sua administração, o que, entretanto, não quer dizer que essa prestação tenha que ser invariavelmente feita em juízo.

Se a parte se dispõe ao acerto direto ou extrajudicial, não pode a outra, por puro capricho, impor o acerto de contas em juízo. Falta-lhe interesse legítimo para tanto, porque o mesmo resultado seria facilmente atingível sem a intervenção do Judiciário e sem os incômodos e ônus da sucumbência processual. O caso é, portanto, de carência de ação, por desrespeito ao art. 17 do CPC/2015, que condiciona a prestação jurisdicional tanto à legitimidade como ao interesse.

Interesse, na hipótese de ação especial de exigir contas, existe quando haja recusa na dação ou motivo justo para rejeitar aquelas particularmente elaboradas ou ainda quando exista controvérsia quanto à composição das verbas que hajam de integrar o acerto de contas.

Não importa a posição da parte em relação ao saldo das contas. Para que se considere presente a condição de interesse é preciso apenas que ocorra a sujeição de alguém ao ônus de

---

[21] FABRÍCIO, Adroaldo Furtado. *Comentários ao Código Processo Civil.* 2. ed. Rio de Janeiro: Forense, 1984, v. VIII, t. III, n. 254, p. 312. Também os agentes políticos, submetidos às regras do direito público, não se sujeitam à prestação de contas em juízo, dentro dos moldes do CPC. Deverão fazê-lo perante o Tribunal de Contas (NERY JÚNIOR, Nelson; NERY, Rosa Maria de Andrade. *Código de Processo Civil comentado.* 19. ed. São Paulo: Ed. RT, 2020, p. 1.446; BARIONI, Rodrigo. *Comentários ao Código de Processo Civil.* São Paulo: Saraiva, 2020, v. XI, p. 106).

um acertamento de gestão de bens alheios, sem o qual não consegue o interessado nem cobrar nem pagar o respectivo saldo.[22]

Há, é certo, casos em que, pela própria lei, a prestação de contas só pode ser feita em juízo, como se passa com o inventariante, o tutor ou o curador. Mas tais prestações não provocam, via de regra, um procedimento contencioso, e costumam resolver-se por meio de expedientes de natureza de jurisdição voluntária ou graciosa.

Há, por fim, casos outros em que a prestação de contas se apresenta lógica e juridicamente impossível para aquele de quem se reclama o seu cumprimento. Por exemplo, o TJMG certa vez enfrentou uma controvérsia em que o empreiteiro, dizendo-se prejudicado pelo dono da obra que impedira seu prosseguimento, propusera ação para exigir contas deste sobre os prejuízos sofridos em relação aos serviços interrompidos. Ora, se não era o dono da obra que geria os bens do empreiteiro, como exigir dele que prestasse contas do insucesso da empreitada? Como condenar alguém a contabilizar parcelas e saldo de uma gestão que não desempenhou? Decidiu, então, com acerto, o TJMG que havia incontornável carência de ação (Ap. 67.691).

52. Prestação de contas dos administradores judiciais

De acordo com o art. 553, as contas devidas pelos administradores judiciais (inventariante, tutor, curador, depositário etc.) devem ser prestadas em apenso ao processo em que tiver ocorrido a nomeação.

A competência do juízo da causa originária para a prestação de contas é de natureza funcional, e por isso irrecusável e improrrogável.

Para essas prestações tanto se pode agir por via de ação como por meio de deliberação *ex officio* do próprio juiz. Quando, por exemplo, o juiz age, por força da hierarquia, para exigir as contas do tutor ou curador, não há que se cogitar de *ação* no sentido técnico, mas de procedimento administrativo. Quando, porém, é o herdeiro que demanda as contas do inventariante, a hipótese é tipicamente de ação e de procedimento judicial contencioso.

A regra especial do art. 553 tem dupla função: primeiro, fixar a competência, para a tomada de contas dos órgãos auxiliares do juízo; e, segundo, definir sanções para os administradores judiciais que descumprem a sentença de julgamento de suas contas.

Quanto ao aspecto sancionatório, estatui a norma legal que, julgadas as contas, com a condenação do administrador, a pagar o saldo, e não sendo cumprida a sentença no prazo legal, sujeitar-se-á a: (*i*) destituição do cargo; (*ii*) sequestro dos bens sob sua guarda; (*iii*) glosa

---

[22] MACHADO GUIMARÃES, Luiz. *Comentários ao Código de Processo Civil*. Rio de Janeiro: Forense, 1942, n. 196, p. 187. Entendeu o TAMG que é incabível a pura e simples ação de cobrança, quando a liquidação do relacionamento jurídico com o devedor esteja a reclamar "uma prestação de contas em que se acolham os direitos de uma parte e de outra, apurando-se o saldo, se houver" (Ap 5.985, Rel. Oliveira Leite, *Jurisp. Mineira* 58/202). Pela mesma razão, ensina-se que ao devedor não é lícito "usar de outro procedimento especial, como o de consignação em pagamento, nas hipóteses em que a ação teria de ser prestação de contas (*RT* 394/177)" (COUTO E SILVA, Clóvis do. *Comentários ao Código de Processo Civil*. São Paulo: Ed. RT, 1977, v. XI, t. I, n. 89, p. 107). O TJSP, no entanto, já decidiu que, se o credor tiver elementos para definir, desde logo, o seu crédito, pode dispensar a ação de prestação de contas e ajuizar diretamente a ação ordinária de cobrança (TJSP, 2ª CC, Ap 88.501-1, Rel. Des. Walter Moraes, ac. 29.09.1987, *RJTJESP* 111/56). Naturalmente, terá de descrever adequadamente as verbas que compõem o seu pretendido crédito, a fim de proporcionar condições de ampla defesa ao demandado. Aliás, quando as contas são oferecidas pelo autor, não há a primeira fase da ação de prestação de contas, de sorte que o procedimento se limita à discussão e acertamento das contas propostas pelo autor. Se este lança mão do rito ordinário e faz incluir analiticamente na inicial todas as verbas que constituiriam o seu crédito, nada impedirá a definição do saldo delas fora do procedimento especial, já que os objetivos deste estariam assegurados.

do prêmio ou gratificação a que teria direito; (*iv*) outras medidas executivas necessárias à recomposição do prejuízo (art. 553, parágrafo único).

As sanções em tela não eliminam o cabimento da execução, nem incidem automaticamente, podendo, conforme as circunstâncias, ser relevadas pelo juiz, segundo seu prudente arbítrio.[23]

Não se trata, outrossim, de administração judicial, de modo a impor a observância do art. 553, a que deriva da indevida inclusão, entre os bens da herança, de imóvel estranho à sucessão. O terceiro que, assim, tiver bem próprio irregularmente gerido pelo inventariante pode sujeitá-lo à comum ação de prestação de contas, no juízo ordinário (TJMG, Ap. 67.945).

52.1. Prestação de contas do inventariante

A prestação de contas do inventariante tem algumas particularidades que foram ressaltadas pelo STJ, em acórdão da 3ª Turma,[24] no qual se tratou da circunstância de ter o administrador do espólio falecido, na pendência do processo:

(*a*) "A prestação de contas decorrente de relação jurídica de inventariança não deve observar o procedimento especial bifásico previsto para a ação autônoma de prestação de contas, na medida em que se dispensa a primeira fase – acertamento da legitimação processual consubstanciada na existência do direito de exigir ou prestar contas – porque, no inventário, o dever de prestar contas decorre de expressa previsão legal (art. 991, VII, do CPC/73; art. 618, VII, do CPC/15) e deve ser prestado em apenso ao inventário (art. 919, 1ª parte, do CPC/73; art. 553, *caput*, do CPC/15)".

(*b*) "Tendo sido realizada, na ação autônoma de prestação de contas, atividade cognitiva e instrutória suficiente para verificação acerca da existência de crédito, débito ou saldo, revela-se irrelevante, para fins de transmissibilidade da ação, que tenha havido o posterior falecimento do inventariante, pois, a partir do referido momento, a ação de prestação de contas modifica a sua natureza personalíssima para um caráter marcadamente patrimonial passível de sucessão processual pelos herdeiros".

(*c*) "Na hipótese, foi ajuizada ação autônoma de prestação de contas em face de inventariante que, citado, reconheceu o dever de prestar contas e limitou a sua defesa ao fato de que os títulos da dívida agrária que deveriam ser objeto de partilha não mais existiriam, circunstância fática não corroborada pela prova documental produzida antes do falecimento do inventariante, não se devendo confundir a relação jurídica de direito material consubstanciada na inventariança, que evidentemente se extinguiu com o falecimento da parte, com a relação jurídica de direito processual em que se pleiteia aferir se o inventariante exerceu adequadamente seu encargo, passível de sucessão processual pelos herdeiros".

Ainda a propósito da mesma matéria, deve-se considerar como sentença o ato judicial que põe fim à prestação de contas do inventariante (CPC, art. 553, *caput* e parágrafo único). Portanto, o recurso manejável contra esse ato decisório é a apelação[25]. Contudo, como decidiu o STJ, "se o mesmo ato judicial, de um lado, julga boas as **contas** efetivamente prestadas pelo **inventariante** e, de outro lado, determina que a **complementação** das **contas** prestadas, proferindo ato judicial híbrido ou objetivamente complexo, a natureza e conteúdo é modificada

---

[23] FABRÍCIO, , Adroaldo Furtado. *Comentários ao Código de Processo Civil.* 2. ed. Rio de Janeiro: Forense, 1984, v. VIII, tomo III, n. 294, p. 353.

[24] STJ, 3ª T., REsp 1.776.035/SP, Rel. Min. Nancy Andrighi, ac. 16.06.2020, *DJe* 19.06.2020.

[25] STJ, 3ª T., REsp 2.127.763/SP, Rel. Min. Nancy Andrighi, ac. 04.06.2024, DJe 06.06.2024.

para decisão interlocutória impugnável por agravo de instrumento com base no art. 1.015, parágrafo único, do CPC"[26]. É que a decisão proferida em tal circunstância não teria tido força de encerrar o processo, e assim, o seu enquadramento não poderia ser outro que na categoria de decisão interlocutória[27].

53. Sociedade e prestação de contas

As sociedades importam sempre a instituição de organismos de gestão de bens alheios e, como tais, os gestores do patrimônio social acham-se sujeitos a prestar contas da administração desenvolvidas. Acontece que, por lei ou pelos estatutos, costuma-se estabelecer órgãos internos da sociedade a que se atribui a função de apreciar e julgar as contas dos seus administradores. Nessa conjuntura, uma vez aprovadas as contas pela assembleia geral ou órgão equivalente, quitado se acha o gestor de sua obrigação de prestar contas, e descabível será a pretensão de algum sócio individualmente de acioná-lo para exigir novo acerto de contas em juízo.[28]

Fora da situação em que se atribui a determinado órgão a tomada de contas do administrador do patrimônio social, sempre haverá a obrigação de que tais contas sejam prestadas aos sócios diretamente. Pela subscrição dos balanços e documentos contábeis de encerramento de exercício social opera-se, normalmente, o periódico acertamento de contas entre os gestores e os demais sócios, elidindo o dever de sua prestação judicial. No caso de cabimento da ação de prestação de contas decorrente de gestão social, a legitimidade passiva caberá aos sócios administradores, e não à sociedade.[29]

Para admissibilidade da ação de prestação de contas é, em tema de sociedade, indiferente a situação de regularidade ou irregularidade da instituição da sociedade.

É verdade que o art. 987 do Código Civil impõe aos sócios a prova legal da sociedade regular, para qualquer ação que se proponha entre eles a propósito da execução ou cumprimento do contrato social.

Mas está assente, tanto na doutrina como na jurisprudência, que se impõe distinguir entre a execução do contrato de sociedade, para o futuro, e a extração de eficácia dos atos já praticados e consumados, no passado, em função da sociedade irregular ou de fato.

Para o futuro, não tendo a sociedade irregular personalidade jurídica e sendo inoponível o contrato irregular, não é mesmo possível continuarem os sócios a cumprir aquilo que, sem eficácia jurídica, se ajustou entre eles. "Mas – ensina Carvalho Santos –, quanto ao passado, a coisa é diferente: houve um fato consumado, a comunhão de bens e interesses, que precisa ser juridicamente protegida, em homenagem ao princípio universal

---

[26] STJ, REsp 2.127.763, cit.

[27] "Na hipótese sob julgamento, conquanto tenha o juiz rotulado o ato judicial como sentença, houve não apenas o julgamento de parte das **contas** prestadas, mas também determinação de **complementação** da **prestação** de **contas**, de modo que não merece reparo o acórdão recorrido, que admitiu o agravo de instrumento como via impugnativa adequada" (STJ, REsp 2.127.763, cit.).

[28] "Não detém um integrante de sindicato legitimação e interesse processual para reclamar contas do mesmo sindicato. Este a prestará à assembleia geral e não a seus integrantes individualmente" (TJSP, 11ª CC, Ap 221.033-2, Rel. Des. Pinheiro Franco, ac. 14.04.1994, *JTJ* 157/158; *RT* 707/71). Também não cabe ao acionista de sociedade anônima, mover ação de prestação de contas, individualmente, contra o administrador, se já foram elas aprovadas em assembleia-geral (STJ, 3ª T., REsp 792.660/SP, Rel. Min. Castro Filho, ac. 16.03.2006, *DJU* 10.04.2006, p. 191). O mesmo se dá entre os cooperados e a administração da cooperativa (STJ, 4ª T., REsp 401.692/DF Rel. Min. Ruy Rosado de Aguiar, Rel. p/ acórdão Min. Aldir Passarinho Júnior, ac. 25.11.2003, *DJU* 08.03.2004, p. 258).

[29] STJ, 3ª T., REsp 178.423/GO, Rel. Min. Eduardo Ribeiro, ac. 26.06.2000, *DJU* 04.09.2000, p. 148.

de ética jurídica, segundo o qual a ninguém é lícito locupletar-se com o alheio, enriquecendo ilegalmente."[30]

"Os sócios – escreve Carvalho de Mendonça – desde que se fundem em título diverso do contrato social, não estão privados de se demandarem reciprocamente, com o fim de evitar que uns se locupletem à custa dos outros... os sócios não estão proibidos de reclamar, uns dos outros, o que, como *donos, condôminos ou credores*, lhes é devido."[31]

Seja, pois, regular ou não, uma sociedade nunca poderá negar às partes o direito de reclamar ou reivindicar suas cotas no capital comum, bem como a participação nos lucros que esse capital gerou. Na espécie, segundo Carvalho Santos, "não se trata de provar propriamente a sociedade, mas apenas a *comunhão de fato*, que, como é da melhor doutrina, será regida pelos princípios gerais de direito".[32]

Na jurisprudência, a orientação é a mesma: "Ações entre os sócios, nas sociedades irregulares, são admitidas para que eles se demandem reciprocamente pela restituição dos bens que entraram para a sociedade, pela partilha dos lucros havidos em comum e pela *prestação de contas*".[33]

Na verdade, não é propriamente a sociedade de fato que fundamenta a ação de prestação de contas, mas a *comunhão de bens* e *interesses* decorrente do relacionamento patrimonial estabelecido entre os parceiros. Isto provoca, na prática, em toda sociedade, regular ou não, a administração de bens alheios por parte daquele que gere o acervo comum.

Daí a conclusão de que, entre as ações cabíveis entre os sócios, nas sociedades irregulares, inserem-se perfeitamente as destinadas à prestação de contas.[34]

54. Ações matrimoniais e prestação de contas

Na vigência da comunhão de bens, cônjuges entre si não se acham jungidos ao dever de prestação de contas. A comunhão de bens é a mais ampla possível e não permite a separação de cotas, nem mesmo ideal, entre os consortes. Não há, pois, como cogitar-se de prestação de contas de um cônjuge ao outro.

Uma vez dissolvida a sociedade conjugal, desaparece a comunhão universal e os bens comuns devem ser partilhados como em qualquer comunhão que se extingue. Havendo, porém, um interregno entre a dissolução da sociedade conjugal e a partilha, aquele que conservar a posse dos bens do casal estará sujeito à prestação de contas como qualquer consorte de comunhão ordinária. *In casu*, não é preciso demonstrar a existência de autorização ou mandato entre os ex-cônjuges em torno da administração do patrimônio comum para justificar o pleito judicial de acerto de contas.

É que a ação de prestação de contas não se subordina sempre e invariavelmente a um mandato entre as partes. Ao contrário, o princípio universal que domina a matéria é que "todos

---

30 CARVALHO SANTOS, J. M. *Código Civil brasileiro interpretado*. 7. ed. Rio de Janeiro: F. Bastos, 1958, v. XIX, p. 17.

31 CARVALHO DE MENDONÇA, J. X. *Tratado de direito comercial brasileiro*. 5. ed. Rio de Janeiro: F. Bastos, 1954, v. III, n. 667, p. 134-135.

32 CARVALHO SANTOS, J. M. *Código Civil brasileiro interpretado*. 7. ed. Rio de Janeiro: F. Bastos, 1958, v. XIX, p. 24.

33 TJSP, Ap 46.887, Rel. Des. Edgard Bittencourt, *Rev. Forense* 141/299; STJ, 3ª T., REsp 57.139/RJ, Rel. Min. Carlos Alberto Menezes Direito, ac. 26.11.1996, *DJU* 03.02.1997, p. 714, *RT* 740/254.

34 CARVALHO DE MENDONÇA, J. X. *Tratado de direito comercial brasileiro*. 5. ed. Rio de Janeiro: F. Bastos, 1954, v. III, n. 667, p. 134, nota 1; BORTOLAI, Edson Cosac. *Da ação de prestação de contas*. 2. ed. São Paulo: Saraiva, 1984, p. 65.

aqueles que administram, ou têm sob sua guarda, bens alheios devem prestar contas".[35] Daí que basta o fato de um bem achar-se, temporariamente, sob administração de outrem que não o dono, para que esse detentor tenha que dar contas da gestão eventualmente desempenhada, ainda que não precedida de acordo ou autorização por parte do proprietário.

A gestão de negócios, um dos principais fundamentos do dever de prestar contas, ocorre à revelia do dono, segundo a definição do art. 861 do Código Civil, razão pela qual não se pode negar ao comunheiro o direito a exigir contas do consorte que explora com exclusividade os bens comuns a pretexto de inexistência de mandato ou outro negócio jurídico entre os interessados.

Sobre o tema, decidiu o TJMG que, "enquanto o marido retém os bens comuns do casal e não os submete à partilha, após a dissolução da sociedade conjugal, a sua posição é a de gestor de bens alheios, o que o torna sujeito à obrigação de prestar contas, sempre que a mulher as exigir".[36] Para o STJ, desde a separação de fato, o cônjuge, que retiver todo o patrimônio comum do casal, se sujeitará a prestar contas, como acontece com qualquer gestor de bens alheios, evitando-se, com isso, prejuízos ao outro consorte na futura partilha.[37]

54-A. Prestação de contas entre filho e genitor, em caso de usufruto legal

Por força do art. 1.689, incisos I e II, do Código Civil, o pai e a mãe, enquanto no exercício do poder familiar,[38] são usufrutuários dos bens dos filhos (usufruto legal), bem como têm a administração dos bens dos filhos menores sob sua autoridade.

Por essa razão, reconhece-se que, em regra, não existe o dever de prestar contas acerca dos valores recebidos pelos pais em nome do menor, durante o exercício do poder familiar, porquanto, no entender do STJ, haveria presunção de que as verbas recebidas teriam sido utilizadas para a manutenção da comunidade familiar, abrangendo o custeio de moradia, alimentação, saúde, vestuário, educação, entre outros.[39] Disso decorre, em princípio, a carência do direito da ação de exigir contas, na espécie, por falta de interesse. Admite, no entanto, aquela Alta Corte, a possibilidade excepcional de tornar-se manejável semelhante ação pelo filho no caso de administração abusiva.

Isto porque, ainda no juízo do referido Tribunal, tal *munus* "deve ser exercido sempre visando atender ao princípio do melhor interesse do menor, introduzido em nosso sistema jurídico como corolário da doutrina da proteção integral, consagrada pelo art. 227 da Constituição Federal, o qual deve orientar a atuação tanto do legislador quanto do aplicador da norma jurídica, vinculando-se o ordenamento infraconstitucional aos seus contornos. Assim, o fato de os pais serem usufrutuários e administradores dos bens dos filhos menores, em razão

---

[35] AMARAL SANTOS, Moacyr. *Ações cominatórias no direito brasileiro*. 4. ed. São Paulo: Max Limonad, 1969, v. II, n. 58, p. 370.

[36] Aps. 66.156 e 62.988, Rel. Des. Humberto Theodoro; STF, RE 78.748, ac. 19.02.1975, *in* PAULA, Alexandre de. *Código de Processo Civil anotado*. 7. ed. São Paulo: Ed. RT, 1998, v. IV, p. 3.550; TJSP, E. Ap. 98846-1, ac. 06.02.1990, *COAD* 18/90, n. 49030, p. 278; TJSP, 9ª Câm. Cív., Ap 116.462-2, Rel. Des. Ferreira da Cruz, ac. 09.04.1987, *RT* 623/77; TJSP, 7ª Câm. Cív., Ap 136.048-4/0-00, Rel. Des. Oswaldo Breviglieri, ac. 29.01.2003, *RT* 815/238.

[37] STJ, 3ª T., REsp 1.300.250/SP, Rel. Min. Ricardo Villas Bôas Cueva, ac. 27.03.2012, *DJe* 19.04.2012, STJ, 4ª T., REsp 1274639 / SP, Rel. Min. Luís Felipe Salomão, ac. 12.09.2017, *DJe* 23.10.2017.

[38] Os casos de perda do poder familiar constam do Código Civil, art. 1.638, com as alterações da Lei 13.715/2018, e seu parágrafo único, incluído pela referida lei; constam também do Código Penal, art. 92, II, com a redação da Lei 13.715/2018 e do ECA, art. 23, § 2º, também alterados pela mesma lei.

[39] STJ, 3ª T., REsp 1.623.098/MG, Rel. Min. Marco Aurélio Bellizze, ac. 13.03.2018, *DJe* 23.03.2018.

do poder familiar, não lhes confere liberdade total para utilizar, como quiserem, o patrimônio de seus filhos, o qual, a rigor, não lhes pertence".

Partindo da premissa de que o poder dos pais, em relação ao usufruto e à administração dos bens de filhos menores, não é absoluto, conclui o STJ por permitir que, estando presente a causa de pedir fundada na suspeita de abuso de direito no exercício do referido poder, torna-se viável o ajuizamento de ação de prestação de contas pelo filho, em caráter excepcional.

Com efeito, pondera o acórdão em foco que inviabilizar, de plano, o ajuizamento de ação de prestação de contas nesse tipo de situação, sob o fundamento de impossibilidade jurídica do pedido para toda e qualquer hipótese, "acabaria por cercear o direito do filho de questionar judicialmente eventual abuso de direito de seus pais, no exercício dos encargos previstos no art. 1.689 do Código Civil, contrariando a própria finalidade da norma em comento (preservação dos interesses do menor)".

55. Prestação de contas entre condôminos

Urge distinguir, inicialmente, entre o condomínio ordinário (ou "voluntário") e o condomínio por propriedade horizontal ("condomínio edilício", segundo o Código Civil).

No condomínio por propriedade horizontal incide a regulamentação da Lei nº 4.864, de 29.11.1965, que prevê um sistema específico de administração por meio do síndico, ao qual incumbe o dever de prestar contas à assembleia geral dos condôminos. Uma vez cumprido o dever legal e obtida a aprovação da assembleia, nenhum direito resta aos condôminos, individualmente, de reclamar do síndico prestação judicial de contas. Se algum comunheiro considera irregular a aprovação da assembleia, o que lhe compete é a ação de anulação da deliberação social. Enquanto tal não ocorrer, quitado estará o síndico da obrigação de prestar contas.[40] Nesse mesmo regime, inclui-se o *condomínio de lotes* ("condomínio fechado", na linguagem usual), ao qual o art. 1.358-A, § 2º, acrescido ao Código Civil pela Lei nº 13.465/2017, manda aplicar, no que couber, a legislação do condomínio edilício.

A Lei 13.777/2018, incluiu no Código Civil o Capítulo VII-A para instituir e regulamentar o chamado *condomínio em multipropriedade*, que consiste numa modalidade particular de condomínio, caracterizada pelo direito de uso e gozo de uma fração de tempo, com exclusividade, da totalidade do imóvel, atribuída alternadamente a cada um dos proprietários (CC, art. 1.358-C). Nesse sistema o imóvel fica sujeito a uma administração, similar a do condomínio edilício, cabendo aos proprietários contribuir com os gastos de gestão e conservação (art. 1.358-R, § 3º). Aplicando-se subsidiariamente as disposições da Lei 4.591/64, o dever do administrador de prestar contas cumprir-se-á ordinariamente perante a Assembleia do condomínio em multipropriedade.

---

[40] "1. O condômino, isoladamente, não possui legitimidade para propor ação de prestação de contas, pois a obrigação do síndico é de prestar contas à assembleia, nos termos do art. 22, § 1º, 'f', da Lei nº 4.591/1964. 2. Faltará interesse de agir ao condômino quando as contas já tiverem sido prestadas extrajudicialmente, porque, em tal hipótese, a ação judicial não terá utilidade" (STJ, 3ª T., REsp 1.046.652, Rel. Min. Ricardo Villas Bôas Cueva, ac. 16.09.2014, *DJe* 30.09.2014). Nesse sentido: "No âmbito do condomínio edilício, incumbe ao síndico, o qual é eleito pela assembleia geral, a administração do condomínio (art. 1.347 do CC/02). Em consequência disso, a lei prevê expressamente o dever do síndico de prestar contas à assembleia de condôminos (arts. 1.348, VIII e 1350, *caput*, do CC/02 e art. 22, § 1º, 'f', da Lei nº 4.561/1994) [...] O condômino somente pode atuar sozinho para requerer a reunião da assembleia e ¼ dos condôminos podem convocar a assembleia se o síndico não o fizer (art. 1.350, §§ 1º e 2º, do CC/02). O direito de examinar os livros e documentos relativos ao condomínio não se confunde com o direito da coletividade dos condôminos de obter a prestação de contas da administração do condomínio" (STJ, 3ª T., REsp 2.050.372/MT, Rel. Min. Nancy Andrighi, ac. 25.04.2023, DJe 27.04.2023).

No condomínio ordinário, o dever de prestar contas aos demais consortes é inegável, sempre que a exploração do bem comum é feita por um dos comunheiros, com ou sem anuência dos demais, salvo a hipótese de comunhão *pro diviso* (CC, arts. 1.323 a 1.326).

55-A. Prestação de contas do banco ao correntista

Não há dúvida sobre a possibilidade de ação de exigência de contas por parte do titular de conta-corrente bancária (Súmula nº 259/STJ). Assiste, pois, ao correntista, legitimidade para ajuizar ação de prestação de contas, quando discorde de lançamentos constantes do extrato bancário, "visando obter pronunciamento judicial acerca da correção ou incorreção de tais lançamentos".[41] Sendo inconteste a obrigação do banco de prestar contas, já decidiu o STJ que seria até mesmo dispensável a primeira fase do procedimento especial respectivo, já que estaria, em regra, esvaziada e superada, devendo, desde logo, passar-se à apresentação das contas previstas para a segunda fase.[42] Naturalmente, esse entendimento precisa de ser observado com cautela, porquanto, em muitas circunstâncias, o banco terá razões de direito para contestar, com procedência, o pedido abusivo de contas.

Há decisões extremadas que se contentam com a pura existência da conta-corrente para assegurar ao cliente o livre direito de exigir contas do banco, não havendo sequer que se reclamar, do autor, especificações dos pretensos lançamentos duvidosos na petição inicial.[43] A nosso ver, todavia, mais defensável é o entendimento de que, disponibilizando o banco extratos periódicos ao cliente, teria este que justificar a exigência de contas em juízo, com adequada motivação. Do contrário, afigura-se excessivamente genérica a pura afirmação de lançamentos indevidos na conta-corrente, criando dificuldade à defesa do banco, no que diz com o penoso trabalho de justificar centenas, às vezes milhares, de ocorrências contabilizadas, sem saber sequer quais são aquelas com que o cliente não concorda. Inaceitável, nessa quadra, reconhecer que estaria o autor agindo de conformidade com a boa-fé e a lealdade processuais.

A nosso sentir, merece prevalecer, em tal ordem de ideias, a tese, que parece mais atualizada no STJ, e, segundo a qual, "para configuração do interesse de agir, não basta a manifestação de dúvida genérica sobre os lançamentos registrados em extratos relativos a períodos aleatórios, sem impugnação do conteúdo deles constante e sem indicação do número da conta-corrente de titularidade do autor e da agência onde foi aberta e mantida".[44]

Em outros termos, "embora cabível a ação de prestação de contas pelo titular da conta-corrente, independentemente do fornecimento extrajudicial de extratos detalhados, tal instrumento processual não se destina à revisão de cláusulas contratuais e não prescinde da indicação, na inicial, ao menos de período determinado em relação ao qual busca esclarecimentos o correntista, com a exposição de motivos consistentes, ocorrências duvidosas em sua conta-corrente, que justificam a provocação do Poder Judiciário mediante ação de prestação de contas".[45]

Outra questão relevante, relacionada com a prestação de contas exigida pelo correntista bancário, é a que enfrentou o STJ em regime de recurso repetitivo, assentando a tese da "impossibilidade de revisão de cláusulas contratuais em ação de prestação de contas" (Tema

---

[41] STJ, 4ª T., REsp 12.393/SP, Rel. Min. Sálvio de Figueiredo, ac. 22.02.1994, *RSTJ* 60/219; STJ, 3ª T., REsp 102.070/SC, Rel. Min. Waldemar Zveiter, ac. 17.06.1997, *RSTJ* 103/213.

[42] STJ, 4ª T., REsp 12.393/SP, Rel. Min. Sálvio de Figueiredo, ac. 22.02.1994, *RSTJ* 60/219.

[43] STJ, 3ª T., AgRg no Ag 814.417/PR, Rel. Min. Nancy Andrighi, ac. 01.03.2007, *DJU* 19.03.2007, p. 340; STJ, 4ª T., AgRg no Ag 691.760/PR, Rel. Min. Fernando Gonçalves, ac. 27.11.2007, *DJU* 10.12.2007, p. 371.

[44] STJ, 3ª T., AgRg no REsp 1.312.666/RS, Rel. Min. João Otávio de Noronha, ac. 20.08.2013, *DJe* 27.08.2013.

[45] STJ, 2ª Seção, REsp 1.231.027/PR, Rel. Min. Maria Isabel Gallotti, ac. 12.12.2012, *DJe* 18.12.2012.

908).[46] Proclamou o acórdão que, não só nas ações contra bancos, mas em todo procedimento de prestação de contas, não pode o autor deduzir pretensões revisionais na petição inicial (primeira fase), conforme a reiterada jurisprudência do STJ.[47] Tampouco se admite tal formulação em impugnação às contas prestadas pelo réu (segunda fase). O fundamento invocado é o de que o procedimento especial da prestação de contas não abrange a análise de situações complexas, mas tão somente o mero levantamento de débitos e créditos gerados durante a gestão de bens e negócios do cliente bancário. Por isso, a ação de prestação de contas não é realmente meio hábil para dirimir conflitos no tocante a cláusulas de contrato, nem em caráter secundário, uma vez que tal ação objetiva, tão somente, a exposição dos componentes de crédito e débito resultantes de determinada relação jurídica, concluindo pela apuração de saldo credor ou devedor.

56. Organização das contas

As contas, tanto prestadas pelo autor (art. 551, § 2º) como pelo réu (art. 551, *caput*), devem ser apresentadas na forma adequada, especificando-se as receitas, a aplicação das despesas e os investimentos, se houver. O CPC/2015 preferiu fazer referência à forma *adequada*, não mais utilizando o termo *mercantil* (art. 917 do CPC/1973). O detalhamento exigido pelo Código atual, contudo, não difere do modelo definido anteriormente, que consiste em organizar as diversas parcelas que as compõem em colunas distintas para *débito* e *crédito*, fazendo-se todo o lançamento por meio de *histórico* que indique, quantifique e esclareça a origem de todos os recebimentos e o destino de todos os pagamentos. Outro dado importante é a sequência cronológica dos dados lançados.[48]

Esse demonstrativo tanto pode ser elaborado em documento à parte como pode ser incluído no próprio corpo da petição do interessado.

As irregularidades formais da organização das contas não geram nulidade do processo. Ao juiz caberá ordenar o saneamento dos defeitos formais e as diligências necessárias ao efetivo levantamento do saldo existente.[49]

57. Prova das contas

Dispõe a lei que as contas devem ser "instruídas com os documentos justificativos" (art. 551, § 2º).

Isto não quer dizer que toda conta só possa ser fundamentada em prova documental pré-constituída. A intenção do legislador foi a de determinar o momento da produção da prova documental por aquele que presta contas em juízo.

A parte deverá, portanto, seguir as regras do procedimento próprio da prova por documentos, e especialmente deverá cuidar para que seus elementos de prova escrita sejam produzidos juntamente com as contas.

Não é empecilho à apresentação das contas a inexistência de prova documental para uma, algumas ou todas as parcelas arroladas. Outros meios probatórios podem existir ao alcance

---

46 STJ, 2ª Seção, REsp 1.497.831/PR, Rel. p/ac. Min. Maria Isabel Gallotti, ac. 14.09.2016, *DJe* 07.11.2016.

47 STJ, 2ª Seção, REsp 1.293.558/PR- Recurso Repetitivo, Rel. Min. Luis Felipe Salomão, ac. 11.03.2015, *DJe* 25.03.2015.

48 FABRÍCIO, Adroaldo Furtado. *Comentários ao Código de Processo Civil.* 2. ed. Rio de Janeiro: Forense, 1984, v. VIII, tomo III, n. 282, p. 341.

49 NEGRÃO, Theotonio *et al. Código de Processo Civil.* 45. ed. São Paulo: Saraiva: 2013, nota n. 1 ao art. 917, p. 997, *RTJSP* 90/272; FABRÍCIO, Adroaldo Furtado. *Comentários ao Código de Processo Civil.* 2. ed. Rio de Janeiro: Forense, 1984, v. VIII, tomo III, n. 286, p. 344-346.

da parte, e o próprio Código, refere-se, por exemplo, à possibilidade de perícia contábil (art. 550, § 6º).

O que importa é que as parcelas, se não determinadas, sejam pelo menos *determináveis* no curso da instrução probatória. Diante da controvérsia sobre parcelas não inteiramente comprovadas ou esclarecidas por documentos, procederá o juiz, para sua definição, como se faz para o acertamento de qualquer direito de crédito quando, em juízo, se veja envolvido em contestação em torno do *quantum* devido.[50]

Impugnada alguma parcela por falta ou deficiência de prova a solução será encontrada, ao longo do processo, segundo as regras gerais do ônus da prova (CPC/2015, art. 373) e não pela sujeição do prestador de contas, ao rigor inflexível de um sistema legal de prova obrigatória que não transija com outro elemento de convicção que o documental.

Um caso em que as contas quase nunca poderão ser acompanhadas de completa prova documental é aquele em que, por inércia do réu, a elaboração delas se transfere para o autor (art. 550, § 6º). Claro é que, em se tratando de gestão realizada pelo réu, praticamente impossível será ao autor dispor dos documentos que comprovem, com precisão, as receitas e despesas efetuadas por outrem.

57-A. Importância da prova pericial

Nas prestações de conta em torno das contas-correntes bancárias, as controvérsias mais frequentes versam sobre lançamentos indevidos e débitos ou transferências não autorizadas pelo correntista. A respeito dos lançamentos ilegais, a questão é, no mais das vezes, puramente de direito e, por isso, a solução judicial independe de dilação probatória.

Quanto aos lançamentos impugnados por falta de anuência do cliente, a solução se encontra, em primeiro lugar, mediante as provas documentais[51]. Quando esta não é feita adequadamente pela juntada de documentos idôneos às contas apresentadas em juízo, o meio probatório mais útil, e até mesmo o recomendado pelo CPC (art. 550, § 6º), é a perícia contábil.

Evidenciada a necessidade da prova técnica, a finalidade, na espécie, da perícia contábil será auxiliar o juiz na verificação de quais as rubricas que se revelem corretas e devidamente comprovadas, e quais aquelas que não tenham comprovação ou pertinência com o negócio jurídico de que a prestação de contas se originou[52].

O trabalho a cargo do perito contábil, como lembra Barioni, representa uma verdadeira auditoria das contas. Para tanto, serão examinados individualmente os lançamentos apresentados pela parte (principalmente os impugnados), assim como os respectivos comprovantes: "a função do perito, nesse caso, é justamente organizar todas as informações pertinentes para apresentá-las de forma clara e precisa, a fim de que o juiz possa decidir"[53].

---

[50] ROCCO, Ugo. Rendimento dei conti, verbete *in Novissimo Digesto Italiano*. Torino: UTET, 1968, v. 15, p. 441.

[51] Diante da impugnação devidamente fundamentada, o juiz, cumprindo o disposto no art. 551, § 1º, do CPC, determinará ao réu que documente o lançamento questionado pelo autor. O ônus dessa prova documental recai obviamente sobre o prestador de contas, mas só atua em relação às verbas impugnadas; quanto às não impugnadas, deverão ser admitidas como aceitas pelo autor, e, por isso, desoneradas de comprovação (SILVA, Ricardo Alexandre da; LAMY, Eduardo. *Comentários ao Código de Processo Civil*. 2. ed. São Paulo: Ed. RT, 2018, v. IX, p. 174).

[52] BARIONI, Rodrigo. *Comentários ao Código de Processo Civil*. São Paulo: Saraiva, 2020, v. XI, n. 52, p. 137.

[53] BARIONI, Rodrigo. *Comentários ao Código de Processo Civil*. São Paulo: Saraiva, 2020, v. XI, n. 52, p. 137-138.

§ 5º PROCEDIMENTO DA AÇÃO DE EXIGIR CONTAS

58. Ação de exigir contas

O procedimento da ação para exigir contas acha-se regulado pelo art. 550 e é composto de duas fases, com objetivos bem distintos: na primeira busca-se apurar se existe ou não a obrigação de prestar contas que o autor atribui ao réu; na segunda, que pressupõe solução positiva no julgamento da primeira, desenvolvem-se as operações de exame das diversas parcelas das contas, com o fito de alcançar-se o saldo final do relacionamento econômico discutido entre as partes.

59. Procedimento da primeira fase

I – Petição inicial

O autor deverá especificar detalhadamente, na petição inicial, as razões pelas quais exige as contas, instruindo-as com documentos comprobatórios dessa necessidade, se existirem (art. 550, § 1º). Não se tolerará ajuizamento desse tipo de ação sem que o autor demonstre na inicial a existência efetiva de relação jurídica material entre as partes, capaz de justificar a pretensão de exigir contas, de modo, ainda, a delimitar no tempo o objeto da certificação postulada.[54]

Deferida a inicial, realiza-se a citação do réu, assinando-lhe o prazo de *quinze dias* para que: *(i)* apresente as contas; ou *(ii)* conteste a ação (art. 550, *caput*).

Diante do ato citatório, ao réu caberá, na verdade, uma das seguintes atitudes: *(i)* apresentar as contas; *(ii)* apresentar as contas e contestar a ação; *(iii)* manter-se revel; *(iv)* contestar ação sem negar a obrigação de prestar contas; *(v)* contestar ação negando a obrigação de prestar contas. Examinemo-las separadamente:

II – Apresentação das contas

Se o réu atende à citação mediante exibição das contas reclamadas pelo autor, opera-se o reconhecimento do pedido, provocando o desaparecimento da lide quanto à questão que deveria ser solucionada na primeira fase do procedimento. Queima-se uma etapa procedimental passando-se, sem sentença, aos atos próprios da segunda fase, ou seja, aos pertinentes ao exame das contas e determinação do saldo.

Facultar-se-á, então, ao autor manifestar sobre as contas em quinze dias, aceitando-as ou impugnando-as. Ocorrendo a aceitação expressa ou tácita (esta deduzida da falta de impugnação), o processo será logo encerrado por sentença que aprovará as contas do réu (CPC/2015, art. 355, I).

Se houver impugnação, deverá ela ser fundamentada e específica, com referência expressa ao lançamento questionado. Com isso, pretende-se evitar a impugnação genérica, a exemplo do que se passa com qualquer forma de contestação (art. 336). Seguir-se-á o procedimento comum daí em diante.

Caberá ao juiz na decisão de saneamento verificar se a questão suscitada pelo demandante depende de prova para deliberar sobre a necessidade ou não de audiência de instrução e julgamento. Se a matéria ventilada for apenas de direito ou se puder ser deslindada à luz dos elementos já constantes dos autos, a sentença de mérito será desde logo proferida. Caso contrário, definirá as provas necessárias, designando audiência de instrução e julgamento (art. 550, § 2º).

---

54 STJ, 4ª T., AgRg no AREsp 657.815/PR, Rel. Min. Raul Araújo, ac. 28.04.2015, *DJe* 19.05.2015.

III – Apresentação das contas e contestação

A lei faz sugerir que o réu deva sempre optar entre contestar ou apresentar as contas. Há, porém, a hipótese lembrada por Adroaldo Furtado Fabrício em que a divergência instalada entre as partes diz respeito não ao dever de prestar contas, mas ao seu conteúdo.

Prestando-as em juízo, lícito será ao réu contestar a ação para demonstrar a injustiça da atitude do autor na recusa pré-processual das parcelas elaboradas e, em consequência, pleitear a aprovação de suas contas e a sujeição do demandante aos encargos da sucumbência,[55] o que será possível independentemente de reconvenção, já que a ação tem o caráter dúplice por sua própria natureza.

IV – Revelia

Da ausência de contestação e de apresentação de contas pelo réu decorre, para o juiz, a possibilidade de julgamento antecipado da lide, independentemente de prova dos fatos alegados pelo autor, que, *in casu*, se presumem verdadeiros (arts. 355 e 550, § 4º).

A decisão da primeira fase será, então, para impor ao réu revel a condenação de prestar as contas reclamadas na inicial, no prazo de quinze dias, sob pena de autorizar-se o próprio autor a elaborá-las, sem que o condenado as possa impugnar (art. 550, § 5º, *in fine*). Trata-se de decisão interlocutória e, não, de sentença, embora o conteúdo seja de mérito (reconhecimento do dever de prestar contas).

A revelia, no entanto, nem sempre obriga à sentença de acolhida do pedido, pois seus efeitos em alguns casos acham-se excluídos pela própria Lei (art. 345, II e III) e nunca importam suprimento dos pressupostos processuais e condições da ação (art. 485, IV e VI). Quer isto dizer que, mesmo não se defendendo o réu, o juiz pode extinguir o processo sem apreciação do mérito, se ausentes pressupostos processuais ou condições da ação. Pode até mesmo julgar improcedente o pedido se os fundamentos da inicial e os elementos trazidos aos autos por ela não evidenciarem a existência da pretensão substancial às contas exigidas do demandado.

V – Contestação sem negar a obrigação de prestar contas

Se o réu contesta apenas por questões preliminares, ao rejeitá-las, o juiz desde logo condená-lo-á a apresentar as contas, na forma e sob as cominações do art. 550, §§ 4º e 5º. Tudo se fará de imediato, em julgamento antecipado da lide, sem dependência de instrução e debate em audiência (art. 355).

VI – Contestação com negativa da obrigação de prestar contas

Contestado o pedido com a negativa da existência de obrigação de apresentar contas, a primeira fase da ação deve assumir o rito comum, diante da regra geral do art. 318.

Aliás, apenas a exibição das contas pelo réu, no prazo de resposta, sem contestação, é que mantém o rito especial para a causa. Todas as demais atitudes do sujeito passivo supraexaminadas

---

[55] FABRÍCIO, Adroaldo Furtado. *Comentários ao Código de Processo Civil.* 2. ed. Rio de Janeiro: Forense, 1984, v. VIII, tomo III, n. 262, p. 320-321; MARCATO, Antônio Carlos. *Procedimentos especiais.* São Paulo: Ed. RT, 1986, n. 55.1.2, p. 68; SANTOS, Ernane Fidelis dos. *Comentários ao Código de Processo Civil.* 2. ed. Rio de Janeiro: Forense: 1986, v. VI, n. 102, p. 83.

levam a primeira fase da ação de prestação de contas à observância do procedimento comum, em suas diversas alternativas.[56]

60. Reconvenção

Para se contrapor ao conteúdo das contas não é preciso usar a via reconvencional, pois que a ação de prestação é dúplice[57] e, assim, permite a qualquer das partes agir como autor durante toda a marcha processual, independentemente de reconvenção.

Mas questões conexas podem autorizar pretensões que, embora não incluídas no âmbito das contas propriamente ditas, sejam tratáveis no campo da reconvenção. Se o rito, após a contestação, é o comum, nada impede que o réu proponha ação reconvencional, por exemplo, para pedir rescisão de contrato ou impor perdas e danos ao autor etc.[58]

61. Decisão da primeira fase

O CPC/2015 inovou a estrutura do procedimento da ação de contas, de modo a prever uma única sentença – em vez de duas –, que de ordinário será aquela que tem como função apurar o saldo do acerto de contas produzido em juízo (art. 552). Na primeira fase, o acertamento pode ser de acolhida ou rejeição do pedido formulado na inicial.

Quando se acolhe o pedido de contas, o juiz não mais profere uma sentença, mas uma decisão interlocutória como se deduz do art. 550, § 5º, o qual textualmente dispõe: "A *decisão* que julgar procedente o pedido condenará o réu a prestar contas no prazo de 15 (quinze) dias, sob pena de não lhe ser lícito impugnar as que o autor apresentar".

A preocupação do legislador ao preferir, na espécie, falar em *decisão* em vez de *sentença* não se deveu a uma mera opção léxica, pois a diferença entre esses dois atos judiciais dentro do próprio Código produz efeitos relevantes, no tocante ao regime recursal. Se fosse mantida a sistemática de encerrar a primeira fase da ação por meio de sentença, como queria o Código velho, o recurso interponível seria a apelação, remédio que paralisaria a marcha do processo em primeiro grau, subindo necessariamente os autos ao Tribunal de Justiça. Somente depois de julgado definitivamente o apelo é que se retomaria a movimentação do feito, iniciando a segunda fase.[59]

---

56 FABRÍCIO, Adroaldo Furtado. *Comentários ao Código de Processo Civil.* 2. ed. Rio de Janeiro: Forense, 1984, v. VIII, tomo III, n. 265, p. 324.

57 "Não obstante possua a ação de prestação de contas caráter dúplice, possibilitando ao réu, na contestação, formular pedidos em seu favor, não exigindo reconvenção, resta caracterizada a preclusão quando não houver requerimento nesse sentido" (STJ, 2ª T., REsp 476.783/RJ, Rel. Min. João Otávio de Noronha, ac. 18.10.2007, *DJU* 13.11.2007, p. 520).

58 SANTOS, Ernane Fidelis dos. *Comentários ao Código de Processo Civil.* 2. ed. Rio de Janeiro: Forense, 1986, n. 103, p. 83; FABRÍCIO, Adroaldo Furtado. *Comentários ao Código de Processo Civil.* 2. ed. Rio de Janeiro: Forense, 1984, v. VIII, tomo III, n. 266, p. 324-325; STJ, 4ª T., REsp 239.311/CE, Rel. Min. Ruy Rosado de Aguiar, ac. 15.02.2000, *DJU* 08.05.2000, p. 101.

59 No regime do Código anterior, a decisão da primeira fase se dava por sentença, e abertura do prazo de quarenta e oito horas para que o réu apresentasse as contas a que fora condenado contava-se "a partir da intimação do trânsito em julgado da sentença que reconheceu o direito do autor de exigir a prestação de contas" (STJ, 3ª T., REsp 1.582.877/SP, Rel. Min. Nancy Andrighi, ac. 23.04.2019, *DJe* 26.04.2019). No regime do Código atual o prazo de quinze dias para tal apresentação, independe do trânsito em julgado, porque o recurso cabível (agravo de instrumento) não tem efeito suspensivo. Somente se aguardará o trânsito em julgado quando o relator, excepcionalmente, deferir a suspensão da decisão agravada (art. 995, parágrafo único).

Tendo, porém, a atual lei adotado o encerramento da primeira fase por meio de decisão, o recurso contra esta será o agravo de instrumento,[60] já que, embora não encerrando a atividade cognitiva do processo, teria sido julgado parte do mérito da causa, qual seja, a relativa ao direito de exigir contas (art. 1.015, II). O recurso manejável, porém, não acarretará paralisação do processo em primeiro grau, nem sequer será processado nos autos da causa, mas em autuação apartada, formada diretamente no tribunal *ad quem*. Entretanto, será viabilizado ao demandado pleitear, junto ao Relator, a suspensão extraordinária da eficácia da decisão, para aguardar o julgamento do agravo, quando, nos termos do parágrafo único, do art. 995, "da imediata produção de seus efeitos houver risco de dano grave, de difícil ou impossível reparação, e ficar demonstrada a probabilidade de provimento do recurso".

Diferente é a situação em que se põe fim ao que deveria ser a primeira fase mediante declaração de improcedência da demanda. É que ao negar acolhida à pretensão do autor de exigir contas do réu, toda a atividade de acertamento judicial se encerra. O ato judicial, portanto, porá fim ao processo e configurará, com precisão, uma sentença, nos termos em que este tipo decisório é definido pelo Código (art. 203, § 1º). Pronunciado julgamento dessa natureza, o recurso manejável será a apelação (art. 1.009)[61].

62. Procedimento da segunda fase

Se o pedido é rejeitado, o processo se encerra e não há que se cogitar de qualquer outra fase procedimental na ação de exigir contas. Sendo, entretanto acolhido, a decisão da primeira fase tem força condenatória, impondo ao réu a obrigação de formular e apresentar as contas devidas ao autor, que deverá fazê-lo no prazo de quinze dias (CPC/2015, art. 550, § 5º). O caso é, pois, de condenação a uma obrigação de fazer.

Essa condenação é feita sob forma cominatória, ou seja, deverá ser cumprida no termo adequado sob pena de perder a faculdade da respectiva elaboração, passando-a para o autor. A sanção legal é tão mais grave, que impõe ao demandado remisso a perda do direito de impugnar as contas formuladas pelo autor (§ 5º, *in fine*). Entretanto, a aprovação das contas não será automática pelo juiz, a quem cabe determinar realização de perícia, caso não encontre nas contas do autor fundamentação suficiente (art. 550, § 6º).

Antes, porém, de passar-se a faculdade para o autor, tem o réu duas oportunidades para cumprir sua obrigação de apresentar as contas devidas: nos quinze dias que se seguem à citação (art. 550, *caput*) e nos quinze dias após a decisão condenatória (art. 550, § 5º). Deve, em qualquer tempo, demonstrá-las de forma adequada, procedendo à especificação das receitas, à demonstração analítica da aplicação das despesas, bem como dos investimentos, se houver (art. 551).

Apresentadas as contas pelo réu, em qualquer das duas oportunidades, segue-se um mesmo procedimento:

(a) abre-se o prazo de quinze dias ao autor para impugná-las (art. 550, § 2º);

---

60 BUENO, Cassio Scarpinella. *Manual de direito processual civil.* São Paulo: Saraiva, 2015, p. 437; MARCATO, Antonio Carlos. Procedimentos especiais. 16. ed. São Paulo: Atlas, 2016, n. 43, p. 110.

61 "(...) apenas na ausência de regra específica, o ato judicial que encerra a primeira fase da ação de exigir contas possuirá, a depender de seu conteúdo, diferentes naturezas jurídicas: se julgada procedente a primeira fase da ação de exigir contas, o ato judicial será decisão interlocutória com conteúdo de decisão parcial de mérito, impugnável por agravo de instrumento; se julgada improcedente a primeira fase da ação de exigir contas ou se extinto o processo sem a resolução de seu mérito, o ato judicial será sentença, impugnável por apelação" (STJ, 3ª T., REsp 1.746.337/RS, Rel. Min. Nancy Andrighi, ac. 09.04.2019, *DJe* 12.04.2019).

(b) não havendo impugnação, seguir-se-á, de plano, a sentença de aprovação das contas e fixação do saldo;

(c) havendo impugnação, caberá ao juiz, à luz do seu conteúdo, fixar prazo razoável[62] para que o réu apresente os documentos justificativos dos lançamentos individualmente impugnados. Caso haja necessidade, poderá o juiz determinar a realização de exame pericial. Observará, outrossim, as regras do procedimento comum, para proferir julgamento antecipado da lide ou determinar a produção das provas cabíveis e a realização da audiência de instrução e julgamento;

(d) a sentença é *condenatória* quanto ao saldo fixado e, em virtude do caráter dúplice da ação, poderá voltar-se tanto contra o réu como contra o autor;

(e) o recurso cabível é a apelação, com efeito suspensivo (art. 1.012).

Quanto ao prazo de quinze dias, que se abre ao réu para cumprir a condenação da primeira fase do procedimento, terá como termo inicial a intimação da decisão. Havendo, porém, interposição de agravo, com obtenção de efeito suspensivo (art. 1.019, I), o prazo de prestar contas ficará sustado e só voltará a fluir do trânsito em julgado do acórdão que negar provimento ao recurso. Todavia, como o julgamento do agravo ocorreu no Tribunal, é preciso que seja informado nos autos da causa em primeiro grau de jurisdição, onde as contas haverão de ser prestadas. Só depois de intimado o réu desse fato, é que começará a fluir por inteiro o prazo de quinze dias previsto no art. 550, § 5º. Até então estava suspensa a eficácia da decisão agravada.

63. Contas elaboradas pelo autor

A inércia do réu no cumprimento da condenação transfere para o autor a faculdade de elaborar, em quinze dias, as contas devidas pelo primeiro (CPC/2015, art. 550, § 6º). Além disso, a lei impõe ao inadimplente uma sanção processual grave, que é a interdição do direito de impugnar as contas do autor.

Essa restrição, todavia, não importa franquia ao autor para agir arbitrária e incontroladamente. Ao contrário: deve ele apresentar as contas de forma adequada, instruídas com documentos justificativos possíveis, especificando-se as receitas, a aplicação das despesas e os investimentos, se houver, além do respectivo saldo (art. 551, § 2º).[63]

O Código atual aboliu a expressão "segundo o prudente arbítrio" contida no art. 915, § 3º, do CPC/1973, com o propósito de impedir decisões arbitrárias e sem provas. O art. 550, § 6º, prevê, nesse sentido, que faltando elementos para avaliação da correção das contas do autor, o juiz poderá determinar exame pericial.

Mesmo ao tempo do Código anterior, a boa doutrina já defendia o entendimento de que a perda da faculdade de impugnar as contas do autor pelo réu (art. 915, § 2º), não colocava o juiz, em tal emergência, "na posição de simples homologador das contas oferecidas pelo autor. Com efeito, se assim fosse, este facilmente poderia beneficiar-se da interdição em que se acha o réu para elaborar contas desconformes à verdade, abusando do direito e buscando injusto locupletamento. Ao juiz se impõe, para bloquear essa possibilidade, um papel sumamente ativo na fiscalização da regularidade das contas do autor, e qualquer dúvida que se lhe apresente ao espírito deverá ser dirimida por meio de perícia contábil. De outro modo, a aplicação da sanção

---

[62] A lei deixa a critério do juiz o estabelecimento do prazo para o réu instruir a impugnação formulada pelo autor, levando em conta a maior ou menor complexidade do caso concreto. O *prazo razoável*, de que fala o art. 551, § 1º, deve ser entendido como aquele que pode variar, "conforme o caso e a acessibilidade das provas respectivas para serem trazidas aos autos" (BUENO, Cassio Scarpinella. *Manual de direito processual civil*. São Paulo: Saraiva, 2015, p. 437).

[63] BUENO, Cassio Scarpinella. *Manual de direito processual civil*. São Paulo: Saraiva, 2015, p. 437.

processual cominada poderia levar à mais gritante injustiça, contra cuja consumação seria impotente o juiz, mesmo consciente dela. Aqui, como em tantas outras passagens, o Código, mesmo construindo um sistema de verdades formais, não renuncia de todo à apuração da verdade real, ou de algo que dela se aproxima mais".[64]

Dessa forma, a lição a ser extraída da evolução da norma processual é no sentido de que o atual Código acatou a antiga e abalizada doutrina, dando-lhe hoje força de lei. Aliás, também na jurisprudência formado ao tempo do Código anterior se fazia presente pensamento igual: "o direito que o art. 915, § 3º, do CPC [de 1973] confere ao autor é o de prestar contas admissíveis segundo o critério da lei e do bom senso; não, porém, de presunção de veracidade para quaisquer contas cuja exatidão não fique configurada".[65]

A regra sancionadora do § 5º do art. 550, quando cotejada com o § 6º do mesmo dispositivo, revela que sua interpretação não pode ser feita de modo a divorciá-la dos princípios fundamentais acolhidos pelo Código quanto à faculdade de iniciativa probatória que ele confere ao magistrado.[66] Quer dizer: o juiz está compromissado com a verdade real a ser apurada diante de todo o material probatório disponível nos autos e daqueles cuja produção ordenaria, de ofício, sempre que entender necessário ao esclarecimento dos fatos do processo (arts. 141, 370 e 371).

O regime do art. 550, portanto, não conduz a julgamento imediato, e sem maior análise, das contas que o réu não pode impugnar. Ao contrário, o que se deduz do dispositivo, especialmente de seu § 6º, é que as contas do autor "haverão de ser submetidas a prova, nomeadamente pericial".[67] Se assim é, evidente é também que o juiz não poderá ignorar os demais elementos probatórios existentes nos autos no exame que fará sobre as contas do autor. É justamente porque ocorrerá a possibilidade de contradição ou dúvida em face de outros documentos ou outras provas, que o juiz, se necessário, promoverá a perícia contábil sobre o levantamento feito unilateralmente pelo autor.

E uma vez admitida a produção de provas, dela não poderá ser eliminado o caráter contraditório.[68] Ou seja: a vedação do art. 550, § 5º, há de ser interpretada como abrangente apenas do direito de contestar as parcelas contidas no demonstrativo organizado pelo autor, "sem que tal limitação do contraditório impeça sua participação nos procedimentos probatórios porventura determinados pelo magistrado".[69]

---

[64] FABRÍCIO, Adroaldo Furtado. *Comentários ao Código de Processo Civil*. 8. ed. Rio de Janeiro: Forense, 2001, v. VIII, t. III, n. 282, p. 349-350.

[65] TAMG, 1ª Câm. Cív., AI 5.031, Rel. Juiz Bernardino Godinho, *RJTAMG* 29/75. Sobre o poder do juiz de determinar provas, mesmo na hipótese do § 2º do art. 915 do CPC/1973 (§ 4º do art. 550 do CPC/2015), veja-se: STJ, 4ª T., REsp 961.439/CE, Rel. Min. Luis Felipe Salomão, ac. 16.04.2009, *DJe* 27.04.2009; STJ, 4ª T., REsp 167.718/RJ, Rel. Min. Barros Monteiro, ac. 21.11.2000, *DJU* 05.03.2001, p. 167.

[66] SANTOS, Ernane Fidelis dos. *Manual de direito processual civil*. 11. ed. São Paulo: Saraiva, 2007, n. 1.701, p. 40; BAPTISTA DA SILVA, Ovídio A. *Comentários ao Código de Processo Civil*. São Paulo: Ed. RT, 2000, v. 13, p. 181-182.

[67] BAPTISTA DA SILVA, Ovídio A. *Comentários ao Código de Processo Civil*. São Paulo: Ed. RT, 2000, v. 13, p. 182.

[68] "Condenado a prestar contas, e permanecendo inerte, o réu não poderá impugnar as contas apresentadas pelo autor (CPC, art. 915, § 2º). Porém, poderá participar da perícia, determinada pelo juiz, prevista na parte final do art. 915, § 3º, pois o órgão judiciário não se encontra constrangido a homologar as contas do autor sem maiores exames" (Entendimento de Araken de Assis, *Revista Jurídica* 233/72).

[69] BAPTISTA DA SILVA, Ovídio A. *Comentários ao Código de Processo Civil*. São Paulo: Ed. RT, 2000, v. 13, p. 182. Também Adroaldo Furtado Fabricio entende que a privação do direito de impugnar as contas do autor não interfere na participação normal do réu na realização da prova determinada pelo juiz (FABRÍCIO, Adroaldo Furtado. *Comentários ao Código de Processo Civil*. 2. ed. Rio de Janeiro: Forense, 1984, v. VIII, tomo III, p. 350). A par disso, Ovídio A. Baptista da Silva, tal como Ernane Fidélis dos Santos, é de opinião que, no quadro delineado pelo art. 915, § 3º, a limitação da prova apenas à perícia contábil é só aparente, pois o julgamento segundo o "prudente arbítrio" do juiz pode revelar-lhe a necessidade de

Não há razão de direito para ampliar a interdição de impugnar contas até o ponto de impedir o acompanhamento, pelo autor, da produção da perícia ou de outras provas acaso admitidas pelo juiz, segundo a autorização do § 6º do art. 550. As normas restritivas de direito são sempre de interpretação estrita. E participar da produção da prova técnica ordenada *ex officio* pelo juiz não é, evidentemente, o mesmo que impugnar as contas do autor.[70]

64. Sucumbência

No Código atual, como já se afirmou, não há mais duplicidade de sentenças. A primeira fase encerra-se, de ordinário, por mera decisão interlocutória, o que afasta o cabimento de verbas sucumbenciais. Assim, o problema de ressarcimento de gastos processuais, inclusive honorários de advogado da parte vencedora, só virá a ser enfrentado na sentença pronunciada ao termo da segunda fase.

Deve-se ter em conta, porém, a eventualidade de o processo extinguir-se antes da passagem para o segundo estágio, seja por razões processuais (vícios formais), seja por razões de mérito (improcedência do pedido de contas). Se tal acontecer, por certo a decisão extintiva da ação será uma sentença e não mais decisão interlocutória. Ao vencido serão aplicadas as sanções sucumbenciais, portanto.

Atingindo o processo a fase de julgamento das contas, sejam aquelas apresentadas pelo réu, sejam as do autor, a circunstância de o saldo apurado ser contrário a uma das partes não a faz, só por isso, vencida na causa. O mérito nesse tipo especial de ação gira em torno da obrigação de prestar contas e não da cobrança propriamente dita do saldo que destas possa resultar. Tanto que o autor que exigiu as contas será a parte vencedora, ainda quando o saldo final seja zero ou represente débito a seu desfavor. Por isso, não é o saldo das contas um parâmetro que ordinariamente se preste ao cálculo da sucumbência em benefício do autor.

---

outras provas, como as documentais, e até mesmo as orais a serem colhidas em audiência, caso em que sempre será de preceito a observância do contraditório (BAPTISTA DA SILVA, Ovídio A. *Comentários ao Código de Processo Civil*. São Paulo: Ed. RT, 2000, v. 13, p. 181-182). No mesmo sentido, ainda: PEIXOTO, Ravi. Aspectos controvertidos da ação de exigir contas: uma visão a partir do Novo Código de Processo Civil. *Revista Dialética de Direito Processual*, n. 151, p. 115, out. 2015, p. 111.

[70] FABRÍCIO, Adroaldo Furtado. *Comentários ao Código de Processo Civil*. 2. ed. Rio de Janeiro: Forense, 1984, v. VIII, tomo III, n. 271, p. 331; REIS, José Alberto dos. *Processos especiais*. Coimbra: Coimbra Editora, 1982, v. I, p. 322.

§ 6º EXECUÇÃO NO PROCEDIMENTO DE EXIGIR CONTAS

65. Sentença e execução

A sentença final da ação de prestação de contas (tanto na prestação forçada como na espontânea) deverá, segundo o art. 552 do CPC/2015, declarar o *saldo* das contas deduzidas em juízo.[71] Não teria sentido, no campo do procedimento especial de que se cuida, uma sentença que se limitasse, por exemplo, a considerar não prestada as contas devidas ou simplesmente cumprido o dever de prestar contas. A meta traçada pela lei, como objetivo último e necessário, é a definição do saldo resultante das contas que uma parte deve à outra.

Diz, outrossim, o art. 552 que a sentença *apurará* o saldo e *constituirá* título executivo judicial, podendo a parte beneficiária valer-se das disposições relativas ao cumprimento de sentença contidas no Livro I, Título II da Parte Especial do CPC/2015 para que seja executado o que restou decidido em juízo, aplicando no que couber o disposto no Livro II da Parte Especial.[72]

Não se trata, portanto, de uma sentença puramente declaratória. O escopo principal da estrutura procedimental é, como se vê, o de atingir uma condenação, mesmo que a lei não utilize explicitamente tal vocábulo.[73] As sentenças, todas elas, são na base declaratórias, mas devem ser classificadas por sua eficácia mais relevante, e assim sendo não se pode recusar a qualidade de condenatória à sentença que declara o saldo das contas prestadas em juízo.[74]

Cuidando-se, outrossim, de *ação dúplice*, não importa de quem tenha partido a iniciativa do processo: a sentença gerará título executivo pelo saldo apurado contra qualquer dos litigantes que venha a se colocar na posição final de devedor.[75]

O cumprimento da sentença obedecerá ao procedimento das execuções por quantia certa e dependerá do trânsito em julgado, porquanto a apelação tem, *in casu*, o efeito suspensivo. Não há, porém, necessidade de propor uma *ação executiva;* a execução dá-se na sequência do procedimento cognitivo, como um simples incidente da relação processual em que a condenação foi pronunciada. Isto quer dizer que, após o trânsito em julgado e o requerimento da parte beneficiária, o devedor será intimado a pagar em quinze dias seu débito, acrescido de custas, se houver (art. 523, *caput*). Não o fazendo espontaneamente, naquele prazo, expedir-se-á o mandado de penhora e avaliação (art. 523, § 3º). Nessa altura, sujeitar-se-á o devedor à multa legal de 10% incidentes sobre o débito, além de nova verba advocatícia também de 10%, essa a título de acréscimo devido em razão do cumprimento forçado da condenação (art. 523, § 1º). Os atos expropriatórios seguirão as regras comuns dos arts. 824 e seguintes.

---

71 Destinada à formação de título executivo judicial, a sentença da segunda fase da ação de contas deve sempre ser líquida, definindo obrigatoriamente o saldo das contas apuradas (CPC/2015, art. 552). "Assim, não havendo fixação de valores, não se trata de hipótese de utilização da liquidação, mas de decisão defeituosa, que deve ser anulada" (PEIXOTO, Ravi. Aspectos controvertidos da ação de exigir contas: uma visão a partir do Novo Código de Processo Civil. *Revista Dialética de Direito Processual*, n. 151, p. 115, out. 2015, p. 113).

72 Este Livro inicia-se no art. 771 do CPC/2015 e trata dos procedimentos relacionados à execução fundada em título extrajudicial e aos efeitos de atos ou fatos processuais a que a lei atribuir força executiva.

73 "(...) lo scopo principale è di ottenere una condanna al pagamento di quelle somme, che risulteranno a debito di una delle parti ed a credito dell'altra, secondo le risultanze del conto" (ROCCO, Ugo. "Rendimento dei conti", verbete in *Novissimo Digesto Italiano*. Torino: UTET, 1968, v. 15, p. 433).

74 FABRÍCIO, Adroaldo Furtado. *Comentários ao Código de Processo Civil*. 2. ed. Rio de Janeiro: Forense, 1984, v. VIII, tomo III, n. 288, p. 348.

75 "Reconhecida por sentença a existência de saldo em favor de qualquer das partes, o devedor será condenado a pagá-lo (art. 918) [CPC/2015, art. 532]" (MARCATO, Antônio Carlos. *Procedimentos especiais*. São Paulo: Ed. RT, 1986, n. 57.4, p. 72; no mesmo sentido: FABRÍCIO, Adroaldo Furtado. *Comentários ao Código de Processo Civil*. 2. ed. Rio de Janeiro: Forense, 1984, v. VIII, tomo III, n. 289, p. 348).

Fluxograma nº 3 – Ação de exigir contas (arts. 550 a 553)

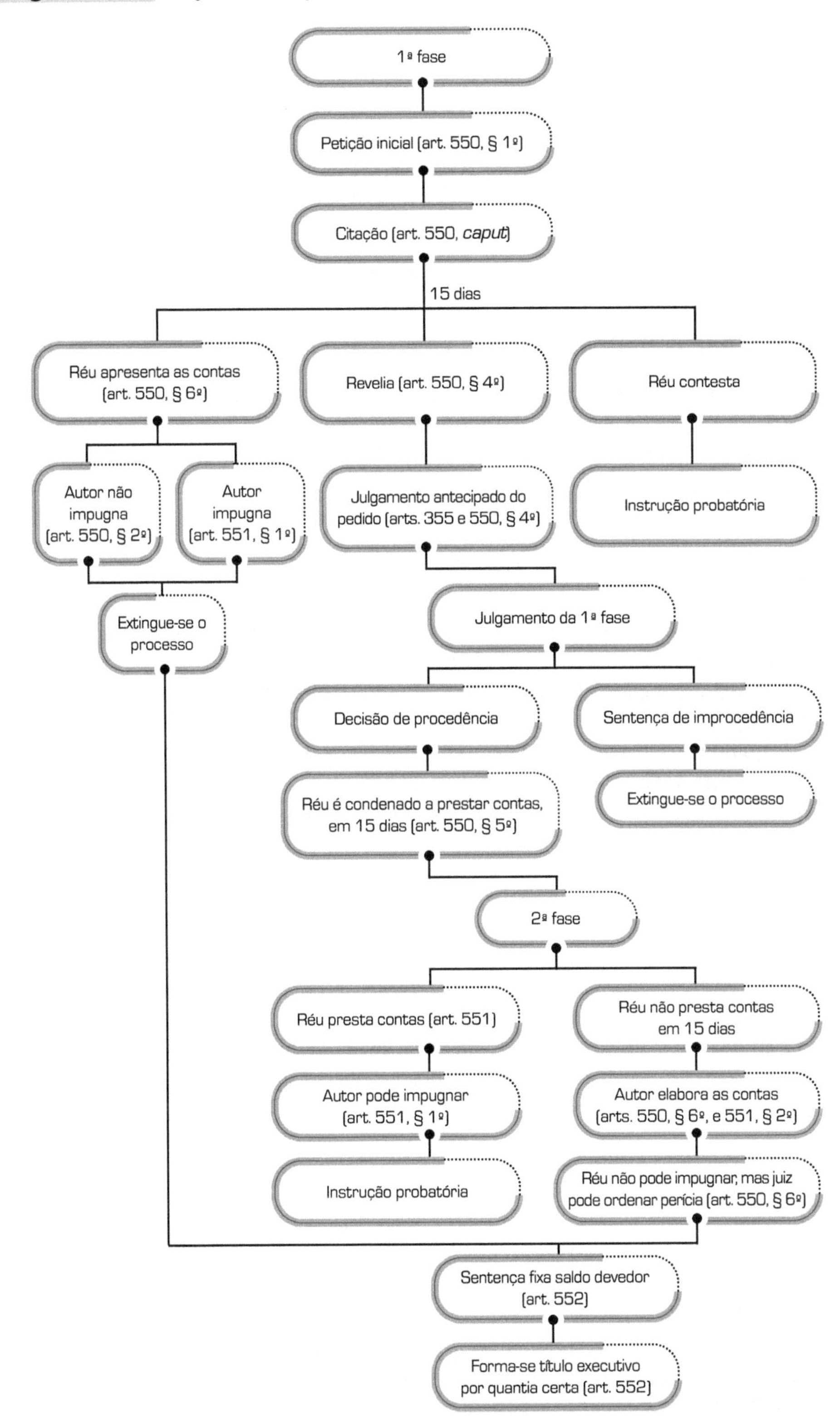

Capítulo IV
AÇÕES POSSESSÓRIAS

§ 7º GENERALIDADES

66. A posse e seus efeitos

Sente-se, intuitivamente, o que é a posse, mas não tem sido fácil conceituá-la juridicamente, com a precisão necessária. Lembra Astolfo Rezende que antes de Savigny existiam mais de setenta teorias que tentavam explicar a posse, das maneiras mais diversas e conflitantes.

Foi o grande jurisconsulto alemão quem realmente sistematizou, em bases científicas, a ideia de posse, divisando nela dois elementos constitutivos básicos: o *corpus* e o *animus domini*. Essa teoria, apelidada *clássica* ou *subjetiva*, fundava-se na distinção entre posse e detenção, feita à luz do elemento psicológico. Assim, para Savigny "é a vontade de possuir para si que origina a posse jurídica, e quem possui por outro é detentor. Assim, o representante não possui porque *non habet animum possidentis*; o locatário também não possui porque *conducenti non sit animus possessionis adipiscendi*".[1]

A posse assim conceituada reclamaria, portanto, um elemento *ético (o animus)* e outro *material (o corpus)*, sendo este entendido como "a possibilidade física de dispor da coisa com exclusão de qualquer outra pessoa de exercer sobre ela os poderes inerentes ao domínio".[2]

O pensamento de Savigny foi combatido e suplantado por outro grande jusfilósofo alemão, Jhering, por meio da teoria denominada *objetiva*, que, entre nós, foi ostensivamente esposada pelo Código Civil. Segundo tal posicionamento, o que é decisivo é a regulamentação do direito objetivo e não a vontade individual para alcançar-se a noção de posse. O elemento objetivo e não o subjetivo é que caracteriza a posse.

Fiel à postura de Jhering, nosso direito codificado vê na posse simplesmente "a exteriorização da propriedade e dos poderes a ela inerentes".[3] Superada a conceituação de Savigny, nosso Código admite a posse, com ou sem o *animus rem sibi habendi*. "A posse existe com a intenção de dono, mas também pode existir sem ela, e até com o reconhecimento de outro dono, e bem assim com o poder físico de dispor da coisa, como sem ele; e se em geral sua defesa é exercida contra as agressões de terceiro não raro o é contra as do dono, reconhecido como tal pelo próprio possuidor".[4]

---

1 REZENDE, Astolfo. *Manual de Código Civil* (Paulo Lacerda). Rio de Janeiro: Ed. Jacinto Ribeiro, 1918, v. VII, p. 4, *apud* ARZUA, Guido. *Posse, o direito e o processo*. 2. ed. São Paulo: Ed. RT, 1978, n. I, p. 14.

2 LIMA, Euzébio de Queiroz. *Conceito de domínio e posse segundo o Código Civil brasileiro*. Rio de Janeiro: Officinas Graphicas do Jornal do Brasil, 1917, p. 60, *apud* ARZUA, Guido. *Posse, o direito e o processo*. 2. ed. São Paulo: Ed. RT, 1978, n. I, p. 14.

3 LIMA, Euzébio de Queiroz. *Conceito de domínio e posse segundo o Código Civil brasileiro*. Rio de Janeiro: Officinas Graphicas do Jornal do Brasil, 1917, p. 67-68.

4 FULGÊNCIO, Tito. *Da posse e das ações possessórias*. 2. ed. São Paulo: Saraiva, 1927, p. 6-7.

Daí a possibilidade de, por exemplo, o arrendatário exercer posse e defendê-la até mesmo contra os ataques do proprietário locador; e, ainda, a admissibilidade da coexistência de posses diretas e indiretas sobre a mesma coisa, em situações como a do usufruto e da locação (CC, art. 1.197).

A diferença prática maior entre o pensamento de Savigny e Jhering situa-se, finalmente, na conceituação de detenção, pois, enquanto o primeiro a assenta na ausência do *animus domini*, o último a situa objetivamente no vínculo contratual ou legal que define a posição de alguém que age em nome de outrem. Assim, para a teoria de Savigny, o preposto passaria a possuidor, com o direito à proteção interdital, no exato momento em que descumprisse a ordem de restituir a coisa ao preponente. Já na teoria de Jhering, seguida por nosso Código, isso não é possível porque o preponente lhe oporia o título causal de detenção (CC, art. 1.198).

A posse, em conclusão, pode ser definida, segundo Clóvis, como o exercício, de fato, dos poderes constitutivos do domínio, ou propriedade, ou de algum deles somente.[5]

Conceituado o que seja posse, cumpre indagar qual sua eficácia no mundo jurídico. A propósito do tema divergem os doutrinadores, mas a opinião mais aceitável continua sendo, a nosso ver, a de Clóvis e Astolfo Rezende, segundo os quais "a posse tem os efeitos que a lei lhe atribuir". Assim, em nosso direito positivo, ela pode produzir: o direito à tutela possessória (CC, arts. 1.210 a 1.213), a percepção dos frutos (CC, arts. 1.214 a 1.216), a indenização pelas benfeitorias, o direito de retenção, a responsabilidade pela perda e deterioração da coisa (CC, arts. 1.217 a 1.222) e a usucapião (CC, arts. 1.238 a 1.244).

Ao nosso trabalho, porém, interessa, por enquanto, o seu efeito direto e imediato, que é o direito à tutela interdital contra os ataques ao fato da posse, núcleo e essência de todo o instituto possessório dentro do direito civil.

67. A razão da tutela possessória

Dispõe o art. 1.210 do Código Civil que "o possuidor tem direito a ser mantido na posse, em caso de turbação, restituído, no de esbulho, e segurado de violência iminente, se tiver justo receio de ser molestado", sem perquirir qual o título que lhe deu causa.

A razão de ser dessa proteção legal a uma situação simplesmente de fato, sem indagar de sua origem jurídica, está em que, segundo Kohler, "ao lado da ordem jurídica existe a ordem da paz, que, por muitos anos, tem-se confundido, não obstante o direito ser movimento e a paz, tranquilidade. A essa ordem da paz pertence a posse, instituto social, que não se regula pelos princípios do direito individualista. A posse não é instituto individual, é social; não é instituto de ordem jurídica, e sim da ordem da paz. Mas a ordem jurídica protege a ordem da paz, dando ação contra a turbação e a privação da posse".[6]

"No Estado de Direito" – lembra Ronaldo Cunha Campos –, "a ordem pública, a paz social, o respeito à soberania do Estado são interesses públicos básicos, de cuja tutela cuida precipuamente o poder judiciário".[7] Assim:

> "A posse é a situação de fato e uma componente da *estabilidade social*. Se a posse muda de titular, tal mudança não pode resultar em desequilíbrio social, em perturbação da ordem. Impõe-se que a passagem da posse de um para outro titular se dê *sem quebra da harmonia social*, *e.g.*, pelo contrato, pela sucessão. Quando a disputa pela posse se acende, urge que cesse *por meio do processo*, e não pelo exercício da justiça privada.

---

5 BEVILÁQUA, Clóvis. *Direito das coisas*. 4. ed. Rio de Janeiro: Forense, 1956, v. I, § 7º, p. 29. Para o Código Civil brasileiro, possuidor é "todo aquele que tem de fato o exercício, pleno ou não, de algum dos poderes inerentes à propriedade" (Código Civil, art. 1.196).

6 BEVILÁQUA, Clóvis. *Direito das coisas*. 4. ed. Rio de Janeiro: Forense, 1956, v. I, § 6º, p. 28.

7 CUNHA CAMPOS, Ronaldo. O artigo 923 do CPC. *Julgados do TAMG*, v. 8, jan.-jun. 1978, p. 14.

Esta última produz a ruptura da paz social e viola a soberania do Estado, representa a usurpação de um de seus poderes. Neste sentido, Carnelutti".[8]

Por isso, conclui o jurista mineiro:

"Destarte, não entendemos o juízo possessório apenas sob o ângulo da tutela da posse ou da propriedade. Nele vemos principalmente o interesse estatal na repressão do esbulho (...)", visto este como "manifestação de ruptura do equilíbrio social e como ameaça à ordem jurídica".[9]

Na mesma ordem de ideias, é a lição de Azevedo Marques:

"O fundamento filosófico da posse é, em resumo, o respeito à personalidade humana, aliado ao princípio social que não permite a ninguém fazer justiça por suas próprias mãos. Estando uma coisa sob a atuação material da pessoa, esta deve ser respeitada, como personalidade racional, de modo a não poder uma outra pessoa, fora da justiça, obrigar aquela a abrir mão da coisa possuída. Daí a proteção provisória ao fato da posse, sem cogitar preliminarmente do *direito* em que ela se estriba".[10]

68. O instituto da posse e a paz social

Jhering, é verdade, procurou criticar a tutela da posse como instrumento de paz social e de repulsa à justiça pelas próprias mãos, para explicar a proteção possessória simplesmente como proteção da propriedade, em sua aparência imediata.

O certo, porém, é que a explicação de Jhering não satisfaz filosoficamente, máxime porque o direito admite que o possuidor faça prevalecer sua posse até mesmo contra o proprietário, quando este seja o autor de esbulho e turbação contra a situação de fato estabelecida em prol do primeiro.

Daí que a corrente mais volumosa no direito atual, liderada historicamente por Savigny, é a que vê mesmo na tutela jurídica da posse um relevante instrumento de preservação da paz social e de coibição da justiça privada ou justiça pelas próprias mãos.

Vejamos as principais opiniões da doutrina.

Para Savigny, a existência dos interditos possessórios só pode ser compreendida da seguinte maneira:

"A posse, não constituindo, por si mesma, um direito, a ofensa que se lhe faça não é, a rigor, uma violação de um direito; esta poderá acontecer apenas quando se viole, de uma só vez, a posse e algum direito. Então, o que acontece quando se ofende a posse é o fato da violência: toda violência, com efeito, é contrária ao direito, e é contra essa ilegalidade que se dirige o interdito".

---

8 CUNHA CAMPOS, Ronaldo. O artigo 923 do CPC. *Julgados do TAMG*, v. 8, jan.-jun. 1978, p. 14; CARNELUTTI, Francesco. *Sistema del diritto processuale civile*. Padova: Ed. Cedam, 1936, v. I, n. 73, p. 208-209.

9 CUNHA CAMPOS, Ronaldo. O artigo 923 do CPC. *Julgados do TAMG*, v. 8, jan.-jun. 1978, p. 14.

10 AZEVEDO MARQUES, J. M. *A ação possessória*. São Paulo: Jacintho Ribeiro, 1923, n. 9, p. 8. No mesmo sentido, SOLLERO, Márcio. Considerações em torno da posse. *Revista de Julgados do RJTAMG*, Belo Horizonte, 1981, v. 13, p. 26.

> "Todos os interditos possessórios têm um ponto em comum: supõem um ato que, por sua própria forma, é ilegal".[11]

Henri de Page, depois de anotar que o possuidor é protegido como tal, independentemente da apuração da existência ou não do direito de possuir, e até mesmo em detrimento do verdadeiro proprietário, conclui que essa tutela jurídica se assenta sobre uma *imperiosa exigência social*:

> "A organização da sociedade exige, em primeiro lugar, a *exclusão de toda violência*. A vida em sociedade realmente não é possível sem que as vias de fato sejam inutilizadas, sem que aqueles que queiram delas se valer sejam *previamente desencorajados*. Os procedimentos violentos – *já que a proteção possessória não é senão uma questão de procedimento* –, quaisquer que sejam eles, *quem quer que sejam os seus autores*, não podem se tolerados. Em outros termos, nem mesmo o proprietário mais legítimo e mais respeitável do mundo pode recorrer a tais procedimentos. Ainda que esteja convicto de seu direito, é necessário que não manifeste sua convicção por meios que a lei reprova. A lei *toma o cuidado de organizar os meios* que põe à disposição de quem se considera vítima de uma injustiça... Se existem meios jurídicos assim concebidos, ao mesmo tempo pacíficos e eficazes, porque recorrer a métodos brutais e aleatórios... A proteção possessória é, no fundo, uma medida de *polícia civil*: tende, em primeiro lugar, a assegurar a *paz pública*".[12]

Para Martin Wolff, "o *fundamento da proteção possessória* reside no interesse da sociedade em que as situações de fato existentes não sejam destruídas, por ato de própria autoridade, mas que sejam impugnadas pelas vias de direito, se com este se contradizem. A proteção possessória *é proteção da paz em geral*, reação contra a realização do direito pelas próprias mãos do lesado, o que uma sociedade medianamente organizada não pode tolerar".[13]

Entre os nossos autores, Pontes de Miranda destaca a eficácia da posse como instrumento jurídico de promoção ou garantia da *paz pública*:

> "O princípio do *status quo*, ou *princípio da conservação do fático*, considerado como imprescindível à paz jurídica, exige que cada um respeite as situações jurídicas e a posse dos outros. *Quieta non movere*! As relações de posse existentes, quer tenham elas sujeitos passivos totais, quer também tenham sujeitos passivos individuais, hão de conservar-se como são, exceto se o titular delas as muda, ou a sentença determina que se mudem. Ninguém pode, sem ofender o princípio, que é, *biologicamente*, de *vida social*, antes de ser de *vida jurídica*, transformar ou extinguir *relações de posse*, cujo titular é outro".[14]

Clóvis, na apresentação de seu projeto, também lembrava que:

---

11 SAVIGNY, Fréderic Charles de. *Traité de la possession en droit romain*. 4. ed. Paris: Pedone-Lauriel, 1893, § 2º, p. 6-7.

12 DE PAGE, Henri. *Traité elémentaire de droit civil belge*. Bruxelles: E. Bruylant, 1941, tomo V, 2ª parte, n. 827, p. 724.

13 ENNECCERUS, Ludwig; THEODOR, Kipp; WOLFF, Martin. *Tratado de derecho civil*. 2. ed. Barcelona: Bosch, 1951, tomo III, v. I, § 17, p. 83.

14 PONTES DE MIRANDA. Francisco. *Tratado de direito privado*. Atual. por Luiz Edson Fachin. São Paulo: Ed. RT, 2012, tomo X, § 1.109, p. 371.

> "O Código concede a proteção possessória, dizem os motivos, a fim de *conservar a paz jurídica*, sem distinguir se a posse repousa sobre uma relação jurídica real ou obrigacional, nem se se possui como proprietário ou não, e nisto se conforma com a Landrecht prussiana e com o Código saxônico".[15]

É essa, em suma, a mesma opinião dominante na atual doutrina francesa, segundo o testemunho de Alex Weill:

> "O legislador tende a impedir os atos de violência, a fazer reinar a *paz pública*. O proprietário, que perdeu a posse de sua coisa, pode ser tentado a recuperá-la. Se o possuidor não fosse protegido, o proprietário poderia aspirar ao uso da força para recuperar a posse; é preciso evitar que faça justiça por si mesmo. Defender-se-á assim o possuidor contra todo ato de violência que poderia ser praticado em seu prejuízo, de quem quer que emane a violência, ainda quando provenha do proprietário".[16]

Aliás, não é outra a explicação filosófica da posse, senão de um fenômeno eminentemente social, ou seja, o de um fato que necessariamente se passa no plano das relações sociais.

Sobre o tema, escreveu Sokolowski:

> "A posse *sensível* ou *fenomênica* de Kant é mais do que o *corpus romano*: ela não é mero contato imediato da pessoa com o substrato físico da coisa; ela contém um postulado contra outrem de *abster-se de interferência* sobre o objeto, postulado que existe *a priori* e que se apoia na *relação social* dos homens entre si".[17]

Em conclusão: a posse é protegida pela lei porque assim o exige a *paz social*, que não subsiste num ambiente onde as situações fáticas estabelecidas possam ser alteradas por iniciativa de particulares, por meio da justiça das próprias mãos.

69. O aspecto temporal da posse (fato duradouro e não transitório)

A posse relevante para o direito não é qualquer contato mantido pela pessoa sobre a coisa. A ideia jurídica de posse traz em si a qualidade de *fenômeno duradouro*, de *fato continuado*. Tecnicamente, a posse é mais do que uma *situação*, é um *fato que ocupa* necessariamente lugar no *espaço* e no *tempo*, porque supõe uma *duração*.

Wolff destaca que "um contato com a coisa que tenha desde o primeiro momento um *caráter fugaz e passageiro* não é um senhorio sobre a coisa". Segundo o mestre tedesco, a própria concepção popular de posse "exige sempre uma certa estabilidade na relação".[18] A posse, portanto, é "fato temporal" ou "fato complexo continuado", na linguagem de Carnelutti.

Sua configuração exige sempre "uma certa atividade de seu titular". Vale dizer que, necessariamente, "entre os fins da posse figura o de manter a continuidade das coisas, para

---

15 *Apud* MOREIRA ALVES, José Carlos. *Posse*. Rio de Janeiro: Forense, 1985, v. I, n. 59, p. 357.

16 WEILL, Alex. *Droit civil* – les biens. 2. ed. Paris: Précis Dalloz, 1974, n. 360, p. 319.

17 SOKOLOWSKI, Paul Von, *apud* MOREIRA ALVES, José Carlos. *Posse*. Rio de Janeiro: Forense, 1985, v. I, n. 40, p. 258.

18 ENNECCERUS, Ludwig; THEODOR, Kipp; WOLFF, Martin. *Tratado de derecho civil*. 2. ed. Barcelona: Bosch, 1951, tomo III, v. I, § 5º, p. 28.

o seu aproveitamento econômico, seja em benefício da coletividade ou no de outro interesse legítimo".[19]

Aliás, a *passividade* do possuidor, assim como sua *atividade insuficiente*, são, na ordem jurídica positiva, causas de extinção da posse. Assim é que, em nosso Código Civil, se considera perdida a posse para quem, não tendo presenciado o esbulho, mas dele tendo notícia, "se abstém de retornar [*rectius*: 'retomar'] a coisa" (CC, art. 1.224).

Essa atividade constante, variável em cada caso, conforme a natureza e a destinação econômica da coisa, e sem a qual não se *mantém a posse*, supõe – segundo Goytisolo – "*um encadeamento de atos* e fatos naturais que em seu conjunto formam outro fato jurídico complexo. Seus efeitos são, por um lado, a manutenção da situação e, por outro, a sua valorização, já que *só como fato continuado alcança a plenitude de seus efeitos jurídicos*. E este fato continuado é a *visibilidade da posse*, ou o que a doutrina alemã tem chamado *senhorio de fato*".[20]

A conduta do possuidor assume relevante importância jurídica quando se faz o cotejo entre a posse e a propriedade com o fito de examinar os efeitos de uma e outra. O valor da atividade dos respectivos titulares é muito diverso.

A atividade do proprietário sobre a coisa é simples consequência de seu direito, um mero ato lícito de cuja presença não depende a existência do direito. Já a atividade do possuidor "constitui a forma própria da posse e a base mesma de sua existência. Cada ato do possuidor sobre a coisa é jurídico; faz parte do fato jurídico-complexo-continuado que constitui a posse", ainda na lição do mestre espanhol.

Disso decorre que:

(*a*) *na propriedade*: a situação jurídica se mantém com e pelo próprio direito;
(*b*) *na posse*: a situação jurídica é sempre uma consequência ou um *produto* do fato.

Na ordem prática, podem-se extrair as seguintes consequências:

(*a*) a situação do proprietário é amparada pela ordem jurídica sem necessidade de ser projetada por meio do tempo; basta que o *direito subjetivo* tenha sido criado e não tenha *se extinguido*;
(*b*) já a proteção ao possuidor está sempre na dependência do *fato complexo*, que é a medula da posse.

Cabe, portanto, a proteção jurídica ao direito de um proprietário que, de fato, nunca o exercitou, desde que inocorrente a prescrição (usucapião). Não se pode, porém, sequer cogitar de tutela jurídica possessória a quem não age concretamente sobre a coisa, porquanto "é inconcebível uma posse sem um mínimo de exercício, porque o que ali é a consequência aqui é a causa".[21]

70. Natureza jurídica da posse

Desde os primórdios do direito romano que se discute a natureza jurídica da posse, com a formação de correntes tanto no sentido de que seria ela um direito como no de tratar-se de simples fato. A distinção, todavia, que os seguidores da última tese procuram fazer entre *fato* e

---

19 VALLET DE GOYTISOLO, Juan B. *Estudios sobre derecho de cosas*. Madrid: Montecorvo, 1973, p. 24.

20 VALLET DE GOYTISOLO, Juan B. *Estudios sobre derecho de cosas*. Madrid: Montecorvo, 1973, 24-25.

21 VALLET DE GOYTISOLO, Juan B. *Estudios sobre derecho de cosas*. Madrid: Montecorvo, 1973, p. 25.

efeitos jurídicos nasce de um enfoque distorcido do fenômeno, posto que não há direito subjetivo que não nasça de um fato: *ex facto ius oritur*.

Certo que o fato, como acontecimento causal, não se confunde com o direito que lhe sucede, sendo intuitivo, por exemplo, que o fato do nascimento é uma coisa e o direito da personalidade dele derivado é outra, assim como a morte do autor da herança é fato distinto do direito dos herdeiros à herança do defunto, e a tradição da coisa alienada não se confunde com o direito de propriedade do adquirente.

Adverte, porém, Edmundo Lins que não é correto confundir o fato da aquisição da posse com o fenômeno jurídico que dele decorre, que vem a ser a própria *posse*. Explica o grande jurista mineiro que, na verdade, "o fato não é um direito", segundo a lição de Jhering. Entretanto, a aquisição da posse, em face dessa distinção, em nada difere do fato da conclusão de um contrato ou da facção de um testamento:

> "Quando, porém, a lei concede a um fato consequências jurídicas a favor de uma pessoa determinada, à qual confere uma ação para assegurá-las, provoca precisamente o aparecimento de um conjunto de condições legais a que chamamos *direitos subjetivos*."

"Assim" - prossegue Edmundo Lins, apoiado nos ensinamentos de Jhering e Garsonnet -, "ao fato da celebração de um contrato a lei atribui a consequência *jurídica* de poder o credor reclamar do devedor a execução do mesmo contrato, como ao *fato* da facção testamentária liga a *consequência* jurídica de poder o herdeiro instituído reclamar de terceiros que lhe restituam os bens da sucessão...; ao *fato* da aquisição da posse liga, igualmente, a *consequência jurídica* de poder o possuidor exigir de terceiros que respeitem a relação em que se acha com a coisa, objeto da dita aquisição".

Indaga, em seguida, o jurista:

> "Nos dois primeiros casos, às *consequências jurídicas* chamamos *direito* do credor ou do sucessor. Por que, pois, no terceiro, não os chamaremos também *direito* do possuidor ou, de modo abstrato, *direito da posse*?".[22]

Ora, se nenhum direito prescinde de um fato gerador, não afeta a qualidade jurídica da posse a circunstância de seus efeitos terem causa num fato. "Sempre que os fatos produzirem consequências jurídicas que a lei garanta aos interessados por meio de uma ação especial, exclusivamente destinada a esse fim, tais consequências classificam-se com o nome de *direitos*", na invocada lição de Edmundo Lins.

O problema em torno da posse é simples questão de nomenclatura. Normalmente, a linguagem jurídica dispõe de denominações distintas para os fatos geradores e para os direitos produzidos, como se distinguem entre contrato e crédito, ou entre tradição e propriedade. Já na posse, uma só palavra é empregada para exprimir o fato aquisitivo e o direito que dele decorre, "o qual também se chama posse".[23]

---

[22] LINS, Edmundo Pereira. Ensaio sobre a posse. *Revista da Faculdade Livre de Direito do Estado de Minas Gerais*, 1914, v. IX, n. 13, p. 166.

[23] LINS, dmundo Pereira. Ensaio sobre a posse. *Revista da Faculdade Livre de Direito do Estado de Minas Gerais*, 1914, v. IX, n. 15, p. 167.

O direito subjetivo é conceituado por Caio Mário como "o poder de vontade para satisfação de interesses humanos, em conformidade com a norma jurídica", que, em seguida, anota que:

> "As escolas, tanto subjetiva quanto objetiva, destacam na posse um poder de vontade em virtude do qual o possuidor age em relação à coisa, dela sacando proveito ou benefício. É, pois, um estado em que o titular procede em termos de lograr a satisfação de seus interesses. É uma situação em que a ordem jurídica impõe requisitos de exercício, cujo cumprimento assegura a faculdade de invocar a tutela legal.
>
> Se é certo que ainda subsistem dúvidas e objeções, certo é, também, que a tendência da doutrina como dos modernos códigos é considerá-la um *direito*. Na verdade, perdeu hoje importância o debate, resolvendo-se com dizer que, nascendo a posse de uma relação de fato, converte-se de pronto numa relação jurídica".[24]

Pontes de Miranda, com grande precisão, distingue o sentido jurídico da posse:

> "Os que dizem que a posse é *fato*, mas, por seus *efeitos*, direito (...), não prestaram atenção a que não há direito sem ser efeito de fato jurídico e a que todo fato que tem efeitos é fato jurídico."[25]

"A palavra *posse*" – prossegue – "é empregada:

(a) no sentido de poder fático, ainda que não exercido (posse própria, posse direta, posse indireta, posse mediata, posse imediata, posse do herdeiro, posse viciosa, posse do réu na reivindicação [...]); e

(b) no sentido de conjunto de direitos, deveres, pretensões, obrigações, ações e exceções que se irradiam da posse, isto é, daquele mesmo poder fático.

No sentido *(a)*, a posse é situação fática; há suporte fático a que corresponde a expressão *posse*. No sentido *(b)*, há *direito subjetivo* de posse, com pretensões e ações possessórias, com exceções possessórias, e amparados aqueles e essas por pretensões à tutela jurídica".[26]

Na mesma linha de pensamento, Cunha Gonçalves ensina que há tanto o fato como o direito da posse, ambos designados pela mesma palavra.[27]

Para Martin Wolff, o Código Civil utiliza a palavra *posse* em pelo menos três sentidos diferentes:

> "1. o próprio *senhorio de fato* sobre uma coisa;
>
> 2. *todo fato* de que o ordenamento jurídico faz derivar as consequências da posse, ainda que tal fato não represente um senhorio sobre a coisa;

---

[24] PEREIRA, Caio Mário da Silva. *Instituições de direito civil*. 4. ed. Rio de Janeiro: Forense, 1974, v. IV, n. 286, p. 23-24.

[25] PONTES DE MIRANDA, Francisco Cavalcanti. *Tratado de direito privado*. Atual. por Luiz Edson Fachin. São Paulo: Ed. RT, 2012, t. X, § 1.067, p. 132.

[26] PONTES DE MIRANDA, Francisco Cavalcanti. *Tratado de direito privado*. Atual. por Luiz Edson Fachin. São Paulo: Ed. RT, 2012, t. X, § 1.067, p. 134.

[27] GONÇALVES, Luiz da Cunha. *Tratado de direito civil*. São Paulo: Max Limonad, v. III, t. II, n. 384, p. 533. No mesmo sentido: GRECO FILHO, Vicente. *Direito processual civil brasileiro*. São Paulo: Saraiva, 1985, v. III, n. 57, p. 220.

3. *o conjunto dos direitos* derivados do senhorio sobre a coisa ou do fato (de que derivam as consequências jurídicas). No terceiro sentido, a 'posse é um *direito subjetivo*'".[28]

Uma vez admitida a posse como direito subjetivo, surgem outras controvérsias em torno da natureza desse direito, se seria real ou pessoal.

Entre nós, Caio Mário não se furta ao exame do problema e conclui:

> "Sem embargo de opiniões em contrário, é um *direito real*, com todas as suas características: oponibilidade *erga omnes*, indeterminação do sujeito passivo, incidência em objeto obrigatoriamente determinado etc.".[29] Também Orlando Gomes segue a mesma orientação:
>
> "A circunstância de ceder (a posse) a um direito superior, como o de propriedade, não significa que seja um direito *pessoal*. Trata-se de uma limitação que não é incompatível com o direito real. O que importa para caracterizar a este é o fato de se exercer sem intermediário. Na posse, a sujeição da coisa à pessoa é direta e imediata. Não há um sujeito passivo determinado. O direito do possuidor se exerce *erga omnes*. Todos são obrigados a respeitá-lo. Só os direitos reais têm essa virtude. Verdade é que os interditos se apresentam com certas qualidades de *ação pessoal*, mas nem por isso influem sobre a natureza real do *jus possessionis*. Destinados à defesa de um direito real, hão de ser qualificados como *ações reais*, ainda que de tipo *sui generis*".[30]

No direito germânico, Martin Wolff, em sintonia com o pensamento tedesco atual, qualifica a posse como "direito real provisório", para distingui-la da propriedade e outros direitos reais que "são definitivos".[31] Na mesma linha é o pensamento de Von Tuhr:

> "Entre os direitos reais deve incluir-se também a posse, não obstante não tê-lo feito o código com a expressão 'direito sobre coisas', pelas peculiaridades do fato e dos efeitos que produz. Constitui uma relação de senhorio, que todos devem respeitar (art. 858), o poder efetivo sobre a coisa, sem levar em conta o modo e a causa de aquisição, se com direito ou contra ele. Um senhorio reconhecido e protegido pela lei não é outra coisa que um direito subjetivo e, como se trata do senhorio sobre uma coisa, *um direito real*".[32]

No direito português, Cunha Gonçalves igualmente proclama que a doutrina mais exata é a que "considera a posse como direito real, embora de caráter especial, já por subsistir sem título, já porque tem de cessar quando entre em conflito com o direito mais forte do proprietário, sendo havida, por isso, como *direito real provisório*".[33]

No direito francês, embora predominante a tese de ser a posse puro fato com aptidão para produzir efeitos jurídicos quando se cuida de analisar as ações possessórias, a conclusão a que se chega é que se trata de *ações reais*. Planiol e Ripert, por exemplo, entendem que "la

---

28 ENNECCERUS, Ludwig; THEODOR, Kipp; WOLFF, Martin. *Tratado de derecho civil*. 2. ed. Barcelona: Bosch, 1951, t. III, v. I, § 3, p. 17.

29 PEREIRA, Caio Mário da Silva. *Instituições de direito civil*. 4. ed. Rio de Janeiro: Forense, 1974, v. IV, n. 286, p. 24.

30 GOMES, Orlando. *Direitos reais*. Rio de Janeiro: Forense, 1958, n. 15, p. 40.

31 ENNECCERUS, Ludwig; THEODOR, Kipp; WOLFF, Martin. *Tratado de derecho civil*. 2. ed. Barcelona: Bosch, 1951, t. III, v. I, § 3º, p. 18.

32 VON TUHR, Andreas. *Derecho civil*: teoría general del derecho civil alemán. Buenos Aires: Depalma, 1946, v. t. I, § 6º, p. 174.

33 GONÇALVES, Luiz da Cunha. *Tratado de direito civil*. São Paulo: Max Limonad, v. III, t. II, n. 384, 533-534.

distinción entre juicio posesorio y petitorio no es más que una sub-división de las acciones reales inmobiliarias".[34]

Entre nós, merece ser lembrada ainda a lição de Pontes de Miranda, que, após se reportar ao pensamento de Crome, Enneccerus, Hellwig e Wolff, arremata:

> "A situação possessória, já no mundo fático, é *real*. Ao entrar no mundo jurídico, é *real* (senso largo) o *direito*, e *reais* são as *pretensões* e as *ações*, exceto as pretensões e ações oriundas de alguma ofensa que não caiba em concepção da ofensa à posse mesma".[35]

Moreira Alves, autor de estudo sobre o tema, não foge dessa conclusão: "Aceita a noção que Jhering nos dá, a posse é, por certo, *direito*; mas reconheçamos que um direito de natureza especial. Antes, conviria dizer, é a manifestação de um *direito real*".[36]

Permanece, em suma, sempre atual a lição de Edmundo Lins, para quem "qualquer que seja a definição de direito real que adotemos, é incontestável que a posse é um direito real".[37]

71. Requisitos da tutela possessória

Admite a lei várias classificações da posse. Mas uma delas é decisiva para que o possuidor possa obter ou não a tutela dos interditos possessórios: trata-se da que vem contida no art. 1.200 do Código Civil, e que prevê a existência de posse *justa* e posse *injusta*. Somente a posse *justa* desfruta da proteção das ações possessórias.

Posse justa, segundo a definição de Lafayette, "é aquela cuja aquisição não repugna ao direito".[38] Posse injusta, define o art. 1.200 do Código Civil, *a contrario sensu*, é a adquirida por meio de violência, clandestinidade ou precariedade.

A ideia de posse *violenta* vem quase sempre ligada à ideia de emprego de força. É, segundo Orlando Gomes, a que se obtém pela prática de atos materiais irresistíveis. Para esse autor, "sem a violência física não há posse dessa qualidade".[39] No entanto, parece-me mais plausível a tese daqueles que equiparam, na espécie, a violência física à violência moral, pois tanto se deve repelir a posse obtida com emprego de força material como de força psicológica.

Tito Fulgêncio, sobre a questão, afirma categoricamente que "nenhuma distinção faz a lei entre violência *física* e violência *moral*, nem o seu espírito a autoriza, porque, ou se entre na posse de meu prédio usando contra mim a força física, ou se a tome empregando a intimidação ou o abuso de posição, sempre há uma perturbação da ordem social. Em um e em outro caso substitui-se o poder da lei pelo poder privado e, destarte, se atenta contra a paz jurídica, sem a qual é impossível o viver civil".[40]

Igual é o pensamento de Caio Mário da Silva Pereira, para quem "posse *violenta* (adquirida *vi*) é a que se adquire por ato de força, seja ela natural ou física, seja moral ou resultante de ameaças que incutam na vítima sério receio. A violência estigmatiza a posse, independentemente

---

[34] PLANIOL, Marcelo; RIPERT, Jorge. *Tratado práctico de derecho civil francés*. Habana: Cultural, 1959, v. III, n. 184, p. 175.

[35] PONTES DE MIRANDA, Francisco Cavalcanti. *Tratado de direito privado*. Atual. por Luiz Edson Fachin. São Paulo: Ed. RT, 2012, t. X, § 1.067, p. 132.

[36] MOREIRA ALVES, José Carlos. *Posse*. Rio de Janeiro: Forense, 1985, v. I, p. 358.

[37] LINS, Edmundo Pereira. Ensaio sobre a posse. *Revista da Faculdade Livre de Direito do Estado de Minas Gerais*, 1914, v. IX, p. 247.

[38] PEREIRA, Lafayette Rodrigues. *Direito das coisas*. 6. ed. Rio de Janeiro: Freitas Bastos, 1956, p. 37.

[39] GOMES, Orlando. *Direitos reais*. Rio de Janeiro: Forense, 1958, n. 24, p. 54.

[40] FULGÊNCIO, Tito. *Da posse e das ações possessórias*. 5. ed. Rio de Janeiro: Forense, 1978, n. 32, p. 37.

de exercer-se sobre a pessoa do espoliado ou de preposto seu, como ainda do fato de emanar do próprio espoliador ou de terceiro".[41]

No direito francês atual, esse é também o entendimento que prevalece:

> "A posse deve ser pacífica (art. 2.233, al. 1); não deve ser obtida mediante violência, por meio de vias de fato nem mesmo de simples ameaças contra quem possuía anteriormente".[42]

Convém lembrar, outrossim, que a posse viciada é apenas aquela em que a violência se exerce no momento da aquisição, ou seja, a que o atual possuidor empregou contra o anterior para deslocá-lo da posse e tomá-la para si. Aquele que já detinha a posse e repeliu, com violência, a pretensão de quem tentou desalojá-lo, não contamina sua posse do vício da violência.[43]

Posse clandestina, por sua vez, "é a que se adquire às ocultas. O possuidor a obtém usando de artifícios para iludir o que tem a posse, ou agindo às escondidas".[44] Não é o fato puro e simples da ignorância do espoliado que constitui a clandestinidade, sim o oposto à publicidade; é furtar-se o possuidor às vistas alheias; tomar a posse às escondidas; o emprego de manobras tendentes a deixar o possuidor anterior na insciência da aquisição da posse – no dizer de Tito Fulgêncio.[45]

"A posse" – proclama Alex Weill – "deve ser pública".[46] Assim, adquire-a clandestinamente "aquele que, à noite, muda a cerca divisória de seu terreno, apropriando-se de parte do prédio vizinho".[47]

Por fim, precária é a posse que se origina do abuso de confiança.[48] Resulta, no dizer de Orlando Gomes, "da retenção indevida de coisa que deve ser restituída":[49] alguém recebe uma coisa por um título que o obriga à restituição, em prazo certo ou incerto, como empréstimo ou aluguel, e se recusa injustamente a fazer a devolução.[50] Posse precária, portanto, é a do *fâmulo da posse* que, abusando da confiança que nele depositou o verdadeiro possuidor, inverte a natureza da posse até então exercida em nome alheio, passando a agir como possuidor em nome próprio.

Não pode semelhante possuidor obter a tutela jurídica da posse contra a pretensão do antigo possuidor, porque em face dele cometeu um *delito*. Por isso, adverte Sílvio Rodrigues, "o vício da precariedade macula a posse, não permitindo que ela gere efeitos jurídicos".[51]

Pode-se dizer, portanto, que posse justa é a não viciada e injusta a que se contamina, em sua causa, de um dos vícios arrolados no art. 1.200 do Código Civil. Os vícios da posse, todavia, não a contaminam em caráter absoluto e permanente. Muito ao contrário, esses vícios que fazem a posse injusta são apenas *relativos* e *temporários*.

---

[41] PEREIRA, Caio Mário da Silva. *Instituições de direito civil*. 4. ed. Rio de Janeiro: Forense, 1981, v. IV, n. 287, p. 25.

[42] WEILL, Alex. *Droit civil* – les biens. 2. ed. Paris: Dalloz, 1974, n. 388, p. 340. No atual Código Civil francês o artigo referido corresponde ao 2.263.

[43] WEILL, Alex. *Droit civil* – les biens. 2. ed. Paris: Dalloz, 1974, n. 388, p. 340; FULGÊNCIO, Tito. *Da posse e das ações possessórias*. 5. ed. Rio de Janeiro: Forense, 1978, n. 32, p. 38.

[44] GOMES, Orlando. *Direitos reais*. Rio de Janeiro: Forense, 1958, n. 24, p. 54.

[45] FULGÊNCIO, Tito. *Da posse e das ações possessórias*. 5. ed. Rio de Janeiro: Forense, 1978, n. 33, p. 38.

[46] WEILL, Alex. *Droit civil* – les biens. 2. ed. Paris: Dalloz, 1974, n. 388, p. 340; FULGÊNCIO, Tito. *Da posse e das ações possessórias*. 5. ed. Rio de Janeiro: Forense, 1978, n. 389, p. 340.

[47] GOMES, Orlando. *Direitos reais*. Rio de Janeiro: Forense, 1958, n. 24, p. 54.

[48] FULGÊNCIO, Tito. *Da posse e das ações possessórias*. 5. ed. Rio de Janeiro: Forense, 1978, n. 34, p. 39.

[49] GOMES, Orlando. *Direitos reais*. Rio de Janeiro: Forense, 1958, n. 24, p. 55.

[50] FULGÊNCIO, Tito. *Da posse e das ações possessórias*. 5. ed. Rio de Janeiro: Forense, 1978, n. 34, p. 39.

[51] RODRIGUES, Sílvio. *Direito civil*. 10. ed. São Paulo: Saraiva, 1980, v. V, n. 16, p. 29.

> "Estes vícios são relativos" – anotam Mazeaud et Mazeaud – porque "não podem ser invocados a não ser pela vítima do vício. Apenas a vítima da violência, ou a pessoa a quem se tenha ocultado a posse, tem o direito de alegá-lo. A posse traduz seus efeitos em face de qualquer outra pessoa".[52]

Lembra, outrossim, Orlando Gomes que a posse, para merecer a tutela jurídica, "tem que ser *pública* e *contínua*, porque o possuidor, agindo conforme ao direito na sua aquisição, nem por isso está amparado por uma legitimidade absoluta. É possível que adquira a posse por modo lícito, e venha a perdê-la para outrem".[53]

A ausência de publicidade e a descontinuidade ou interrupção da posse são fatores que descaracterizam a própria posse, pois esta só é levada em conta como situação de fato concretamente demonstrável. Os vícios da falta de publicidade ou da não continuidade, por isso mesmo, são absolutos, podendo ser, em casos concretos, arguidos por todos, posto que existem *erga omnes*, no dizer de Mazeaud et Mazeaud.[54] São, todavia, temporários, uma vez que, da mesma forma que a clandestinidade e a violência, podem vir a desaparecer, fazendo surgir, então, uma posse útil ou legítima.[55]

Por fim, é útil lembrar que posse injusta e posse de má-fé não são a mesma coisa. Posse de má-fé apresenta-se como a daquele "que possui na consciência a ilegitimidade de seu direito";[56] é a daquele que retém a coisa ciente de que não lhe assiste o direito de fazê-lo. Assim, pode ser justa, para efeitos de tutela possessória, a posse de má-fé, desde que não provenha de aquisição violenta, clandestina ou precária.

A classificação da posse como de boa ou má-fé interessa principalmente aos efeitos que produz em relação aos frutos e rendimentos auferidos pelo possuidor durante o tempo em que reteve a coisa. Já a diferenciação entre posse justa e injusta interessa diretamente à tutela interdital, ou seja, ao direito ou não de valer-se o possuidor da proteção dos interditos possessórios.

Disso decorre que a posse viciada ou injusta:

(a) não conduz, ordinariamente, à usucapião;
(b) não autoriza a proteção interdital; e
(c) pode ser elidida, quando invocada em defesa manifestada em ação reivindicatória.[57]

Daí, contudo, não se pode deduzir que a posse viciada seja totalmente privada de consequências jurídicas em prol do possuidor. Primeiro, porque os vícios da posse são passíveis de purgação, como já se demonstrou e como autoriza o art. 1.208 do Código Civil; *i.e.*, uma vez cessada a violência ou clandestinidade, a posse deixa de ser viciada e torna-se útil, tanto para a tutela prescricional como para a interdital. Segundo, porque os vícios da posse se manifestam

---

52 MAZEAUD, Henry Y Leon; MAZEAUD, Jean. *Lecciones de derecho civil*. Buenos Aires: EJEA, 1959-1969, parte II, v. IV, n. 1.437, p. 154.

53 GOMES, Orlando. *Direitos reais*. Rio de Janeiro: Forense, 1958, n. 23, p. 53-54.

54 MAZEAUD, Henry Y Leon; MAZEAUD, Jean. *Lecciones de derecho civil*. Buenos Aires: EJEA, 1959-1969, parte II, v. IV, n. 1.443, p. 158.

55 MAZEAUD, Henry Y Leon; MAZEAUD, Jean. *Lecciones de derecho civil*. Buenos Aires: EJEA, 1959-1969, parte II, v. IV, n. 1.444, p. 158.

56 PEREIRA, , Caio Mário da Silva. *Instituições de direito civil*. 4. ed. Rio de Janeiro: Forense, 1981, v. IV, n. 287, p. 26.

57 WEILL, Alex. *Droit civil* – les biens. 2. ed. Paris: Dalloz, 1974, n. 392, p. 341.

apenas em face do relacionamento entre o atual e o anterior possuidores. Perante todos os demais, os vícios são irrelevantes e a proteção possessória é amplamente exercitável.[58]

71.1. Posse de particular sobre bem público

A jurisprudência do STJ deu uma guinada completa em relação a seu antigo posicionamento em face da posse de particular sobre terrenos públicos. Estava assentada sua jurisprudência no sentido de que a ocupação de área pública sem autorização expressa e legítima do titular do domínio constituía mera detenção, desautorizando por isso o manejo pelo ocupante dos interditos possessórios.[59]

Agora decidiu essa Corte que a figura da detenção, nos termos em que o Código Civil a disciplina, pressupõe posse conservada em nome do dono e no cumprimento de ordens e instruções suas (art. 1.198). A partir disso, aquele que invade ou ocupa terreno público, agindo por conta própria, não pode se considerar um mero detentor, mas um verdadeiro possuidor de acordo com a definição da Lei Civil ("Art. 1.196: Considera-se possuidor todo aquele que tem de fato o exercício, pleno ou não, de algum dos poderes inerentes à propriedade").

Assim, sem embargo de tratar-se de bem do Poder Público, o particular, na hipótese aventada, jamais exercerá posse em nome alheio, de modo que não se pode identificar entre ele e o ente público uma relação de dependência ou subordinação, o que não permite falar em mera detenção, mormente quando o interdito possessório é manejado entre particulares. Daí ter concluído a nova jurisprudência do STJ que, "ainda que a posse não possa ser oposta ao ente público senhor da propriedade do bem, ela pode ser oposta contra outros particulares, tornando admissíveis as ações possessórias entre invasores".[60]

71.2. Posse e detenção. Direito de retenção

O Código Civil, ao tratar da proteção possessória, distingue posse de detenção. Os interditos possessórios são manejáveis pelos possuidores e não pelos detentores. O art. 1.196 do referido Código define o possuidor como aquele que tem de fato o exercício, pleno ou não, de algum dos poderes inerentes à propriedade. Já o detentor é aquele que, achando-se em relação de dependência para com outro, conserva a posse em nome deste e em cumprimento de ordens ou instruções suas (art. 1.198). Não sendo, assim, alguém que exerce posse em nome próprio, o detentor não tem legitimidade, nem ativa nem passiva, para figurar como parte de ação possessória.

Diante desse quadro, o STJ decidiu que o simples detentor não pode em disputa possessória com o dono da coisa pretender exercitar o direito de retenção, em virtude de reparos efetuados sobre o objeto detido. A demanda resolvida por aquele Tribunal Superior versava sobre veículo entregue a uma oficina para consertos. O fundamento do julgado foi no sentido de que "o veículo foi deixado na concessionária pela proprietária somente para a realização de reparos, sem que isso conferisse à recorrente sua posse. A concessionária teve somente a detenção do bem, que ficou sob sua custódia por determinação e liberalidade da proprietária, em uma espécie de vínculo de subordinação". A conclusão do aresto, portanto, foi que inexistia a posse de boa-fé da oficina, sem a qual não se legitima a autotutela autorizada pelo art. 1.219 do CC (direito de retenção pelo valor de benfeitorias necessárias e úteis). Enfim, a tese pretoriana restou assentada

---

[58] WEILL, Alex. *Droit civil* – les biens. 2. ed. Paris: Dalloz, 1974, n. 392 e 393, p. 341-342.

[59] STJ, 3ª T., REsp 998.409/DF, Rel. Min. Nancy Andrighi, ac. 13.10.2009, *DJe* 03.11.2009.

[60] STJ, 3ª T., REsp 1.484.304/DF, Rel. Min. Moura Ribeiro, ac. 10.03.2016, *DJe* 15.03.2016.

no seguinte enunciado: "o direito de retenção, sob a justificativa de realização de benfeitoria no bem, não pode ser invocado por aquele que possui tão somente a detenção do bem".[61]

O não reconhecimento, na espécie, do direito de retenção não equivale a deixar a oficina de reparos desguarnecida de qualquer expediente cautelar. Havendo risco de conduta maliciosa do dono do veículo para se furtar ao pagamento do custo dos serviços realizados, terá o credor a seu alcance medida cautelar apropriada, como, por exemplo, o arresto, desde é claro que configurados o *fumus boni iuris* e o *periculum in mora* (CPC/2015, arts. 300 e 301). O que não lhe cabe é apenas a retenção pura e simples do veículo, em forma de autotutela.

Já o verdadeiro possuidor, quando perde a posse em demanda contra o proprietário e tiver efetuado de boa-fé benfeitorias necessárias e úteis, poderá opor ao cumprimento da sentença defesa dilatória fundada no direito de retenção, enquanto não for indenizado pelo respectivo valor. Poderá também reclamar o pagamento das benfeitorias voluptuárias, quando não puder levantá-las sem detrimento da coisa, caso em que não caberá o direito de retenção (CC, art. 1.219).

Quanto ao possuidor de má-fé, aquele que não ignora possuir indevidamente a coisa, só pode exigir do reivindicante a indenização das benfeitorias necessárias, sem que lhe seja permitido valer-se do direito de retenção. Tampouco lhe cabe a possibilidade de levantar as benfeitorias voluptuárias (CC, art. 1.220). À parte vitoriosa, outrossim, "é conferido o direito potestativo de optar entre o valor atual da melhoria ou aquele custeado quando da realização da obra".[62]

71.3. Posse derivada de locação

Na locação, coexistem duas posses – a direta do locatário e a indireta do locador –, situação que perdura enquanto vigorar o contrato. Cessada a relação contratual, a não restituição do imóvel pelo inquilino configura esbulho em face do senhorio. Este, entretanto, não pode usar o interdito possessório, segundo o regime especial da Lei do Inquilinato: "a via processual adequada para a retomada, pelo proprietário, da posse direta de imóvel locado é a ação de despejo, na forma do art. 5º da Lei nº 8.245/1991, não servindo para esse propósito o ajuizamento de ação possessória"[63].

[61] STJ, 3ª T., REsp 1.628.385/ES, Rel. Min. Ricardo Villas Bôas Cueva, ac. 22.08.2017, *DJe* 29.08.2017.

[62] STJ, 3ª T., REsp 1.613.645/MG, Rel. Min. Ricardo Villas Bôas Cuêva, ac. 08.08.2017, *DJe* 22.08.2017.

[63] STJ, 4ª T., REsp 1.812.987/RJ, Rel. Min. Antonio Carlos Ferreira, ac. 27.04.2023, DJe 04.05.2023.

§ 8º OS INTERDITOS POSSESSÓRIOS DE MANUTENÇÃO, REINTEGRAÇÃO E PROIBIÇÃO

72. Origem dos interditos possessórios

No direito romano, a ação com que o proprietário reclamava a posse de seu bem injustamente retido por outrem chamava-se *rei vindicatio (ação reivindicatória)*. Quando a pretensão, porém, nascia do *jus possessionis*, *i.e.*, do simples fato de o autor ter sido violado na posse de algum bem, a ação chamava-se *ação possessória*, ou *interdito possessório*.

Todavia, esclarece Savigny, não eram ações possessórias todas as que emergiam da posse, ou que tinham a posse como objeto. O importante era a qualificação da conduta do terceiro em face da posse do autor. Assim, só seriam verdadeiros interditos possessórios aqueles baseados em *delitos* cometidos diretamente contra a posse alheia, como se dava nos interditos *retinendae et recuperandae possessionis*, manejáveis para repelir a turbação e o esbulho.[64]

A essência da *actio*, no processo romano clássico, consistia em que o *praetor* em seu edito não anunciava que solução ia dar ao litígio, mas simplesmente nomeava um *judex* para que fosse por ele decidida a questão, cabendo-lhe também a coleta da prova a ser apresentada pelas partes. Era o *judex*, e não *praetor*, quem pronunciava a *sentença*, que haveria de solucionar o litígio. O processo era, assim, ordinariamente arbitral, já que o *judex* não era uma autoridade pública, e sim um jurista a quem o *praetor* outorgava poder para dirimir a causa.

Contudo – anota Savigny –, nem sempre o *praetor* nomeava o *judex*, pois essa nomeação era realmente observada apenas quando a discussão era sobre questão de fato. Se a questão era só de direito, ou se a lesão ao direito de uma das partes era evidente e arbitrária, ou ainda se o demandado reconhecia a procedência da ação, em presença do *praetor*, este não nomeava o *judex*, e pronunciava-se, ele mesmo, sobre o objeto da controvérsia.

Nos *interditos* ele agia sempre dessa forma. O edito não cogitava jamais da intervenção de um *judex*, mas sempre continha uma *ordem* ou uma *proibição* pronunciada de imediato pelo próprio *praetor*: *veto*, *exhibeas*, *restituas*. Esse ato de autoridade era, outrossim, liminarmente enunciado.

Depois da ordem, com que o *praetor* acolhia sumariamente a pretensão do autor, poderia acontecer de o demandado opor *exceção* (defesa), caso em que o *praetor*, só então, nomeava o *judex* ou *arbiter*. O mandado inicial transformava-se, a partir daí, em *fórmula*, em torno da qual deveria o *judex* realizar a instrução processual. Entre os romanos, portanto, os interditos podiam chegar aos mesmos resultados da *actio*, ficando a diferença mais do plano da forma do que da essência.

Quando o período das fórmulas se extinguiu, fazendo desaparecer a figura do *judex*, extinguiu-se também a diferença entre interdito e ação. Restou apenas o nome de *interdito* para certas ações, situação que prevalecia, por exemplo, na Codificação de Justiniano, e que chegou até nós.[65] Nessa condição foram colocadas as ações de tutela da posse, cuja estrutura era a da ação comum, mas acrescida dos atributos dos antigos interditos, ou seja, com mecanismos de reação imediata contra os delitos praticados pelo esbulhador ou turbador da posse.

Em Roma, os interditos eram *sumários*, mas essa sumariedade não consistia em restringir provas ou se contentar com provas superficiais e incompletas. A sumariedade, na espécie,

---

[64] SAVIGNY, Friedrich Karl von. *Traité de la possession en droit romain*. 4. ed. Paris: A. Durand, 1893, § 35, p. 370.

[65] SAVIGNY, FFriedrich Karl von. *Traité de la possession en droit romain*. 4. ed. Paris: A. Durand, 1893, § 34, p. 363-367.

era no sentido do caráter enérgico e coercitivo do comando do *praetor*, que cominava várias penalidades ao demandado com o fito de impedir procrastinações e de obter aceleração na marcha do processo.[66] Era, principalmente, a possibilidade de um decreto liminar, de caráter satisfativo da pretensão do autor, o traço distintivo dos interditos romanos.

Note-se, por fim, que os interditos do direito romano não eram apenas os possessórios. Várias outras pretensões fora do campo da posse também contavam com a tutela desse tipo de remédio processual. Com todos eles, os interditos possessórios somente tinham em comum a *forma procedimental*.

73. As ações possessórias

Nosso direito processual regula, como ações possessórias típicas, a de *manutenção de posse*, a de *reintegração de posse* e o *interdito proibitório* (CPC/2015, arts. 554 a 568). Outros procedimentos, como ação de nunciação de obra nova (CPC/1973, arts. 934 a 940)[67] e os embargos de terceiro (arts. 674 a 681), podem ser utilizados na defesa da posse, mas não são exclusivamente voltados para a tutela possessória.

A existência de três interditos distintos decorre da necessidade de adequar as providências judiciais de tutela possessória às diferentes hipóteses de violação da posse. Assim, a ação de *manutenção de posse* (que corresponde aos *interdicta retinendae possessionis* do direito romano) destina-se a proteger o possuidor contra atos de *turbação* de sua posse. Seu objetivo é fazer cessar o ato do turbador, que molesta o exercício da posse, sem contudo eliminar a própria posse.

Já a ação de *reintegração de posse* (antigo interdito *recuperandae possessionis* dos romanos) tem como fito restituir o possuidor na posse, em caso de *esbulho*. Por esbulho deve-se entender a injusta e total privação da posse, sofrida por alguém que a vinha exercendo.

Essa perda total da posse pode decorrer:

(a) de violência sobre a coisa, de modo a tirá-la do poder de quem a possuía até então;
(b) do constrangimento suportado pelo possuidor, diante do fundado temor de violência iminente;
(c) de ato clandestino ou de abuso de confiança.[68]

Observa Adroaldo Furtado Fabrício que nem sempre é fácil, nos casos concretos, identificar com segurança a turbação ou o esbulho, já que existem situações fronteiriças entre as duas hipóteses. Isso, porém, não prejudica em nada as partes, uma vez que o Código

---

66 SAVIGNY, Friedrich Karl von. *Traité de la possession en droit romain*. 4. ed. Paris: A. Durand, 1893, § 34, nota 2, p. 367.

67 A nunciação de obra nova não é mais regulada como procedimento especial pelo CPC, o que não quer dizer que o direito material do vizinho de embargar a construção irregular do confinante tenha desaparecido do ordenamento jurídico (CC, arts. 1.277, 1.299 e 1.312). A pretensão respectiva, portanto, será acionada em juízo dentro do procedimento comum, com a inserção do pedido de liminar, a título de tutela provisória, sempre que necessário (CPC/2015, arts. 294 e ss.). O art. 47, § 1º, do Código novo não deixa dúvida de que a ação de nunciação de obra nova continua a existir, posicionando-se entre as ações reais imobiliárias, para efeito de definição de competência.

68 BEVILÁQUA, Clóvis. *Direito das coisas*. 4. ed. Rio de Janeiro: Forense, 1956, v. I, § 22, p. 65-66. "Apelação cível. Ação de reintegração de posse. Comodato verbal. Esbulho praticado (...) A permanência da comodatária no imóvel emprestado mesmo após o vencimento de prazo estabelecido em notificação implica esbulho e permite cobrança de aluguel pela comodante, a ser apurado em liquidação de sentença" (TJRS, 19ª Câm. Cív. Ap. Cível n. 70074919754, Rel. Des. Eduardo João Lima Costa, *DJ* 18.12.2017).

adota o princípio da conversibilidade dos interditos, segundo o qual "a propositura de uma ação possessória em vez de outra não obstará a que o juiz conheça do pedido e outorgue a proteção legal correspondente àquela, cujos pressupostos estejam provados" (CPC/2015, art. 554, *caput*).[69]

Finalmente, o *interdito proibitório* é uma proteção possessória preventiva, uma variação da ação de manutenção de posse, em que o possuidor é conservado na posse que detém e é assegurado contra moléstia apenas ameaçada. Esse interdito, portanto, é concedido para que não se dê o atentado à posse, mediante ordem judicial proibitória, na qual constará a cominação de pena pecuniária para a hipótese de transgressão do preceito (CPC/2015, art. 567).

74. Competência

Versando sobre coisas móveis, a ação possessória correrá no foro do domicílio do réu, segundo a regra geral do art. 46 do CPC/2015.

Se a disputa incidir sobre imóvel, observar-se-á a competência do *forum rei sitae*, ou seja, a causa competirá ao foro da situação da coisa litigiosa (art. 47), aplicando-se a *prevenção* quando a gleba estender-se por território de mais de um Estado, comarca, seção ou subseção judiciária (art. 60). O Código considera *absoluta* essa competência (art. 47, § 2º), de modo a impedir alterações convencionais (art. 62) ou derivadas de conexão (art. 54).

O STF já reconheceu competência da Justiça do Trabalho para processar o interdito possessório, quando a ocupação indevida do imóvel se dá em decorrência de greve dos operários de uma empresa.[70]

75. Legitimação ativa

Quem detém, de fato, o exercício de algum dos poderes do domínio é, juridicamente, *possuidor*, e, como tal, tem legitimidade para propor ação possessória sempre que temer ou sofrer moléstia em sua posse (CC, arts. 1.196 e 1.210).[71]

É importante ressaltar que em razão da tradição ficta, admitida pelo direito brasileiro, ainda que não tenha havido transmissão efetiva da posse, o sucessor terá legitimidade para ingressar com os interditos possessórios, seja porque ele continua a exercer a posse em nome

---

69 FABRÍCIO, Adroaldo Furtado. *Comentários ao Código de Processo Civil*. 2. ed. Rio de Janeiro: Forense, 1984, v. VIII, t. III, n. 365, p. 428. "Na esteira de entendimento já consolidado na jurisprudência, e em atenção ao princípio da fungibilidade das ações possessórias contido no art. 920 do CPC [1973, art. 554 do CPC/2015], o pedido deve ser convertido para reintegração de posse" (STJ, Decisão monocrática, REsp 1.055.426/SC, Rel. Min. Luiz Fux, j. 30.11.2009, *DJe* 16.12.2009).

70 "Penso que o verbete é bem explícito em dizer que a competência da Justiça do Trabalho sobre a ação possessória é relacionada com o exercício do direito de greve. Então, no momento em que se tem a ocupação de uma propriedade, em virtude de uma empresa, estabelecimento, em razão da greve, é evidente que, se é relacionada à greve, também será competente a Justiça do Trabalho e não só o interdito proibitório, que é impedir a proximidade com o local" (STF, Pleno, PSV 25/DF, Rel. Gilmar Mendes, ac. 02.12.2009, *DJe* 18.02.2010).

71 A posse, como os direitos reais, transmite-se hereditariamente aos herdeiros e sucessores do possuidor falecido, os quais recebem, com a morte, a legitimação para o exercício dos interditos. "Não obstante a caracterização da posse como poder fático sobre a coisa, o ordenamento jurídico reconhece, também, a obtenção deste direito na forma do art. 1.572 do Código Civil de 1916, em virtude do princípio da *saisine*, que confere a transmissão da posse, ainda que indireta, aos herdeiros, independentemente de qualquer outra circunstância" (STJ, 3ª T., REsp 537.363/RS, Rel. Min. Vasco Della Giustina, ac. 20.04.2010, *DJe* 07.05.2010).

de outrem, seja porque ele passa a possuir em nome próprio. É o que ocorre com o constituto possessório, a *traditio brevi manu* e a *traditio longa manu*.

Não tem essa legitimidade aquele que detém a coisa em situação de dependência ao comando de outrem, ou seja, o fâmulo da posse, que somente a conserva em nome do verdadeiro possuidor e em cumprimento de ordens ou instruções suas (CC, art. 1.198).

Da mesma forma, não é possuidor e, pois, carece de legitimidade para os interditos, o simples *detentor*, que ocupa a coisa alheia por *mera permissão* ou *tolerância* do verdadeiro possuidor (CC, art. 1.208).

Na hipótese de posse direta (locação, usufruto, penhor, comodato etc.), o exercício dos interditos possessórios, contra moléstias de estranhos, tanto pode ser do possuidor *direto* como do *indireto* (CC, art. 1.197). No relacionamento entre os dois possuidores, qualquer um pode manejar ação possessória contra o outro, se a conduta de um deles representar esbulho, turbação ou ameaça à situação do outro.[72] Sobre a participação de ambos os cônjuges na ação possessória imobiliária, veja-se o nº 89, *infra*.

A posse sobre bens públicos de uso comum, como estradas e pontes, segundo antiga doutrina e acatada jurisprudência, tanto pode ser defendida em juízo pelo Poder Público como pelos particulares que habitualmente se valem de ditos bens. A legitimidade, na espécie, é tanto para agir isoladamente como em litisconsórcio[73] (ver, retro, o item 71.1).

76. Legitimação passiva

Réu, na ação possessória, é o agente do ato representativo da moléstia à posse do autor. Há, porém, que se distinguir entre o que esbulha, turba ou ameaça a posse alheia por iniciativa própria e o que o faz como preposto de outrem, como, por exemplo, o empregado de um sítio que cumpre ordens do patrão de fechar a servidão de passagem do vizinho.

Naturalmente, não teria sentido a reação contra o empregado, mesmo porque a sentença não seria oponível ao verdadeiro causador do dano possessório, que é o patrão. Caberá ao preposto, em semelhante conjuntura, revelar na contestação sua ilegitimidade para responder ao interdito, identificando o preponente responsável pelo ato impugnado, para que, dessa maneira, se possa, nos termos do art. 338 do CPC/2015, substituir o sujeito passivo da relação processual.[74]

Se, porém, a demanda foi intentada contra o possuidor direto, não haverá ilegitimidade passiva, pois tanto ele como o possuidor indireto detêm a posse sobre a coisa. O locatário, por exemplo, não poderá alegar ilegitimidade passiva em sede de contestação, indicando o locador como parte legítima, se terceiro reclamar a posse do bem locado. Caber-lhe-á apenas o uso da

---

[72] Súmula 637 do STJ: "O ente público detém legitimidade e interesse para intervir, incidentalmente, na ação possessória entre particulares, podendo deduzir qualquer matéria defensiva, inclusive, se for o caso, o domínio".

[73] FULGÊNCIO, Tito. *Da posse e das ações possessórias*. 5. ed. Rio de Janeiro: Forense, 1978, v. I, n. 106, p. 100. No entanto, já se decidiu que "a ação ajuizada entre dois particulares, tendo por objeto imóvel público, não autoriza a adoção do rito das possessórias, pois há mera detenção e não posse. Assim, não cumpridos os pressupostos específicos para o rito especial, deve o processo ser extinto, sem resolução de mérito, porquanto inadequada a ação" (STJ, 3ª T., REsp 998.409/DF, Rel. Min. Nancy Andrighi, ac. 13.10.2009, *DJe* 03.11.2009). Registre-se a revisão desse entendimento do STJ no REsp 1.484.304/DF, comentado no item 71.1, retro.

[74] MARCATO, Antônio Carlos. *Procedimentos especiais*. São Paulo: Ed. RT, 1986, n. 70, p. 84. Observe-se que o CPC não mais regula a nomeação à autoria como intervenção de terceiro, tal como fazia o art. 62 do CPC/1973. A questão agora é tratada como simples arguição de preliminar de ilegitimidade passiva, formulável na contestação (CPC/2015, arts. 338 e 339). Sobre o tema, ver item nº 602 no v. I deste Curso.

denunciação da lide para resguardar os direitos regressivos de ressarcimento, caso haja perda da causa possessória pelo litisdenunciante.[75]

Sobre intervenção do cônjuge nas ações possessórias sobre imóveis, consulte-se o nº 89, a seguir.

77. Petição inicial

A par das exigências do art. 319, a petição inicial da ação possessória deverá especificar (CPC/2015, art. 561):

(a) a posse do autor, sua duração e seu objeto (inciso I);
(b) a turbação, esbulho ou ameaça imputados ao réu (inciso II do art. 561; art. 568);
(c) a data da turbação ou esbulho (inciso III);
(d) a continuação da posse, embora turbada ou ameaçada, nos casos de manutenção ou interdito proibitório (inciso IV do art. 561; art. 568).

As datas são importantes para definir-se o tipo do interdito, *i.e.*, se se trata de ação de força velha ou de força nova.

Quanto à individuação da coisa possuída, trata-se de imposição categórica derivada da natureza da ação possessória.[76] O interdito tutelar da posse, qualquer que seja ele, tem a característica de ser *ação real*, visto que, por meio dele, o autor demanda o exercício de fato dos poderes inerentes ao domínio.

Disso decorre uma exigência de ordem lógica a ser atendida pela petição inicial: *ad instar* do que se passa com a ação reivindicatória, também a ação possessória somente se maneja com eficácia em torno de objeto adequadamente especificado.[77] Assim como não se pode reivindicar área imprecisa de imóvel, também não se admite pretender alguém reintegração ou manutenção de posse sobre local não identificado com precisão. Mesmo porque o mandado possessório (objetivo final da ação) seria inexequível se a sentença acolhesse pretensão relativa à gleba sem divisas exatas e definidas.[78]

---

[75] MARCATO, Antônio Carlos. *Procedimentos especiais.* São Paulo: Ed. RT, 1986, n. 70, p. 84. O CPC não prevê, de forma expressa, a situação do locatário, no campo da denunciação da lide, quando é citado em nome próprio em interdito possessório. A posição do locador, contudo, é a de alguém que deve garantir a posse cedida ao inquilino e que deve assegurar o ressarcimento dos prejuízos que possam advir da perda daquela posse por sentença. A denunciação da lide, de tal sorte, será manejável com apoio no art. 125, II, do CPC/2015.

[76] "A turbação ou esbulho deve referir-se a atos concretos, materiais, praticados em local determinado, resultando incompreensível a abrangência ampla e generalizada sem indicação exata e precisa da parte ou do todo onde se sedia a lesão possessória. O lugar onde ocorrem os atos turbativos ou espoliativos é de suma importância para a concessão da proteção interdital. De qualquer forma, resulta a indispensabilidade da descrição detalhada e minuciosa da coisa, objeto de posse exclusiva, de molde a propiciar o uso dos interditos possessórios" (MIRANDA FILHO, Juventino Gomes de. O fenômeno da irradiação da posse. *Julgados TAMG* 28/33-35).

[77] "Para validade da petição inicial em ação possessória é imprescindível a *descrição* pormenorizada da *área* ou do imóvel esbulhado ou turbado, com seus limites e confrontações, de modo a ensejar a exata definição do objeto da lide, ensejando o exercício de defesa na espécie" (TJMG, 12ª C. Civ. ,Ap. Civ. 1.0209.07.068825-1/001, Rel. Des. Domingos Coelho, jul. 27.05.2020, *DJ* 16.06.2020).

[78] "Apelação. Ação visando a reintegração na posse de servidão de passagem. Reconhecendo a inépcia da petição inicial, a sentença julgou extinto o processo sem resolução do mérito. Inconformismo dos autores. Sem razão. Ausente efetiva individualização do direito real objeto do pedido e das alegadas benfeitorias necessárias ou úteis. Inépcia da petição inicial reconhecida. Recurso desprovido" (TJSP, 20ª Câm. De Dir. Priv., Apelação Cível nº 1000642-52.2019.8.26.0563, Rel. Des. Roberto Maia, jul. 22.11.2021, *DJ*23.11.2021).

A exigência de adequada identificação da área disputada em ação possessória, porém, não chega ao extremo de impor que isso se dê com os rigores de um memorial com identificação de divisas por georreferência, requisito que se reclama apenas nas hipóteses de desmembramento, parcelamento, remembramento e transferência da titularidade de imóvel rural.[79]

Como toda ação, a possessória tem um valor a ser explicitado na petição inicial. Por ausência de regra legal específica, a jurisprudência do STJ "tem entendido que ele deve corresponder ao benefício patrimonial pretendido pelo autor".[80] Como esse benefício nem sempre equivale ao valor do imóvel cuja posse se disputa, o STJ tem adotado critérios diversos para defini-lo. Por exemplo: no caso de comodato, que não tem conteúdo econômico imediato, considera que o benefício computável seria o valor do aluguel que o autor estaria deixando de receber enquanto o réu permanecer indevidamente na posse do bem. Nessa hipótese, aquela Corte tem como razoável a aplicação analógica do art. 58, III, da Lei de Locações, ou seja, "o valor da causa corresponderá a doze meses de aluguel".[81] Tratando-se de manutenção da posse obtida contratualmente por compromisso de compra e venda, o valor seria o correspondente ao preço pago pela posse.[82] Já na reintegração de posse fundada em contrato de arrendamento mercantil inadimplido, o valor deve ser estimado pelo saldo devedor, ou seja, pelo valor do contrato, descontadas as prestações pagas.[83] E assim por diante.

78. Procedimento: as ações de força nova e força velha

As ações de manutenção e de reintegração de posse variam de rito conforme sejam intentadas dentro de ano e dia da turbação ou esbulho, ou depois de ultrapassado dito termo. Na primeira hipótese, tem-se a chamada ação possessória de *força nova*. Na segunda, a de *força velha*.[84]

A ação de força nova é de procedimento especial e a de força velha observa o rito comum (CPC/2015, art. 558). A diferença de procedimento, no entanto, é mínima e fica restrita à forma de obter-se a medida liminar de manutenção ou reintegração de posse em favor do autor, porque, a partir da contestação, também a ação de força nova segue o procedimento comum (art. 566). Ambas conservam, no entanto, a natureza de instrumento de proteção da posse. "As pretensões à proteção da posse não se extinguem passado o ano e dia: o que se extingue é o direito ao rito especial da ação possessória",[85] ou seja, aquele que permite a medida liminar satisfativa.[86]

A circunstância, porém, de ser ação de força velha em nada modifica a natureza do interdito, já que a ação continuará com o caráter puramente possessório, como ressalva o parágrafo único do art. 558 do CPC/2015. E o que traça o caráter do interdito possessório é o objetivo voltado apenas

---

79 STJ, 3ª T., REsp 1.646.179/MT, Rel. Min. Ricardo Villas Bôas Cueva, ac. 04.12.2018, *DJe* 07.12.2018.

80 STJ, 3ª T., REsp 1.230.839/MG, Rel. Min. Nancy Andrighi, ac. 19.03.2013, *DJe* 26.03.2013.

81 STJ, 3ª T., REsp 1.230.839/MG, Rel. Min. Nancy Andrighi, ac. 19.03.2013, *DJe* 26.03.2013.

82 STJ, 3ª T., REsp 176.366/SC, Rel. Min. Nancy Andrighi, ac. 09.10.2001, *DJU* 19.11.2001, p. 260.

83 STJ, 3ª T., REsp 165.605/SP, Rel. Min. Waldemar Zveiter, ac. 20.04.1999, *DJU* 24.05.1999, p. 163.

84 "A ação de ano e dia de manutenção de posse é medida cujo escopo específico é a obtenção, mediante um juízo de cognição sumária, de mandado judicial que faça cessar ato turbador" (STJ, 3ª T., REsp 768.102/SC, Rel. Min. Nancy Andrighi, ac. 17.04.2008, *DJe* 30.04.2008).

85 PONTES DE MIRANDA, Francisco Cavalcanti. *Tratado de direito privado*. Atual. por Luiz Edson Fachin. São Paulo: Ed. RT, 2012, t. X, § 1.115, p. 409.

86 Não se pense que a liminar satisfativa seja exclusiva das possessórias de força nova. Também nas de força velha é possível a tutela de urgência. A diferença é que, nas turbações e esbulhos praticados a menos de ano e dia, a liminar é ato processual automático, parte integrante do procedimento especial respectivo (CPC/2015, art. 562). Quando, porém, o atentado à posse for antigo, a liminar só terá cabimento se presentes os requisitos da tutela de urgência satisfativa (CPC/2015, art. 300).

para a questão possessória, ou seja, a apuração da posse do autor, da turbação ou esbulho atribuído ao réu, bem como da data em que se deu a moléstia à posse (CPC/2015, art. 561), sem qualquer interferência de questões dominiais ou relativas a outros direitos reais. Outro traço significativo do interdito é a forma de cumprimento do mandado possessório, seja liminar ou sentencial. Não há *actio iudicati*, como acontecia nas sentenças condenatórias em geral. A execução é imediata, mediante simples mandado de reintegração, de manutenção ou de proibição (*executio per officium iudicis*). Inexiste citação executiva com prazo para cumprimento voluntário e possibilidade de embargo em ação possessória, mesmo nas ações de força nova.

79. Invasões coletivas de imóvel

I - Novidade do CPC/2015

De tempos a esta parte, o país tem assistido à prática recorrente de invasões e ocupações coletivas de prédios urbanos e rústicos, às vezes em movimentos espontâneos, e muitas vezes em operações orquestradas por instituições organizadas à margem da legalidade, com o notório propósito de ocupar imóveis particulares. O esbulho coletivo, por ser "explicado" como suposto remédio para reparar carências sociais, não é menos ilícito e preocupante do que aqueles praticados individualmente (o esbulho possessório, em qualquer de suas formas, é crime punido pelo art. 161, § 1º, II, do Código Penal).

Por isso, tanto o esbulho individual como o coletivo sujeitam-se, no campo civil, à pronta e enérgica repulsa por meio da reintegração liminar de posse, nos termos da lei material e processual (CC, art. 1.210; CPC/2015, art. 560), que poderá ser decretada até sem audiência do réu (art. 562).

No entanto, o prolongamento da ocupação, sem reação imediata do proprietário, acaba por gerar um sério problema social que assume grandes proporções, principalmente quando a justiça tem de cumprir o dever de restituir o imóvel invadido a quem de direito. Para minimizar o drama social, o CPC/2015 introduz no procedimento possessório incidente especial, a ser observado no chamado "litígio coletivo" (art. 565 do CPC/2015).

II - Citação dos réus

A novidade procedimental começa com a forma de citação dos réus que, por serem numerosos e, muitas vezes, desconhecidos, dificultam a sua inclusão na lide. Assim, os §§ 1º e 2º do art. 554 do CPC/2015 determinam que a citação dos ocupantes seja pessoal, feita pelo oficial de justiça, que comparecerá ao local uma única vez, cientificando aqueles que forem encontrados. Uma vez citados, o oficial deverá identificá-los no mandado, para que "posteriormente componham, já individualizados e qualificados, o polo passivo da ação".[87]

Aqueles que não estiverem presentes na data da diligência, ou se recusarem a identificar-se, serão citados posteriormente por edital.[88] Em qualquer caso, será necessária a intimação

---

[87] WAMBIER, Teresa Arruda Alvim; CONCEIÇÃO, Maria Lúcia Lins; RIBEIRO, Leonardo Ferres da Silva; MELLO, Rogerio Licastro Torres. *Primeiros comentários ao novo Código de Processo Civil* – artigo por artigo. São Paulo: Ed. RT, 2015, p. 917.

[88] Nos casos de invasão multitudinária, em que o possuidor esbulhado não consegue identificar individualmente os esbulhadores, bastará que a petição inicial faça "a indicação do local da ocupação para permitir que o oficial de justiça efetue a citação daqueles que forem lá encontrados (citação pessoal), devendo os demais serem citados presumidamente (citação por edital)". Será nulo o processo se faltar a "citação por edital dos ocupantes não identificados" (STJ, 4ª T., REsp 1.314.615/SP, Rel. Min. Luis Felipe Salomão, ac. 09.05.2017, *DJe* 12.06.2017).

do Ministério Público e, se envolver pessoas em situação de hipossuficiência, também da Defensoria Pública.

Após as citações – pessoal e por edital –, o juiz deverá dar ampla publicidade da existência da ação e dos respectivos prazos processuais, podendo valer-se de anúncios em jornal ou rádio locais, da publicação de cartazes na região do conflito e de outros meios (§ 3º). Essa diligência faz-se necessária para que se assegure que o maior número de interessados tome conhecimento da ação.

III – Procedimento para as ações de força velha em litígio coletivo

Estabelece o CPC/2015 que, nos casos da espécie, *i.e.*, "quando o esbulho ou a turbação afirmado na petição inicial houver ocorrido há mais de ano e dia", o juiz não apreciará o pedido de liminar, senão depois de uma audiência de mediação realizada no prazo de trinta dias (art. 565).

Cumpre observar que a determinação não tem o condão de conferir à ação de força velha natureza de procedimento especial. Pelo contrário, justamente por seguir o procedimento comum, a audiência de conciliação ou de mediação prévia é medida que se impõe, nos termos do art. 334 do CPC/2015. Por outro lado, eventual concessão de liminar deverá observar os requisitos gerais da tutela provisória, ou seja, o *periculum in mora* e o *fumus boni iuris* (CPC/2015, art. 300), uma vez que não se trata da liminar possessória típica,[89] como aquela que integra o procedimento especial dos interditos de força nova.

Para essa audiência, será sempre intimado o representante do Ministério Público (art. 565, § 2º). Intimar-se-ão também os órgãos responsáveis pela política agrária e pela política urbana da União, do Estado ou do Distrito Federal e do Município onde se situe a área objeto do litígio, "a fim de se manifestarem sobre seu interesse no processo e sobre a existência de possibilidade de solução para o conflito possessório" (art. 565, § 4º).

Será ainda intimada a Defensoria Pública "sempre que houver parte beneficiária de gratuidade da justiça" (art. 565, § 2º), isto se, obviamente, um ou alguns interessados acusarem no processo a qualidade de favorecidos pela assistência judiciária.

A seu critério, o juiz, antes de solucionar a liminar, poderá comparecer à área litigiosa, para se inteirar das dimensões do problema e melhor definir as condições necessárias à efetivação da tutela jurisdicional, caso não se logre uma solução conciliatória na aludida audiência (art. 565, § 3º).

É bom lembrar que o incidente do art. 565 em princípio não se aplica a todos os interditos possessórios, mas apenas àqueles em que a ação do possuidor tiver sido manejada depois de mais de ano e dia do esbulho ou turbação. Se a reação for imediata, a liminar *initio litis* será irrecusável e não poderá ser protelada com a designação descabida da audiência de mediação. Todavia, se a liminar deferida, por alguma razão, não for executada no prazo de um ano a contar da data de distribuição da ação, caberá ao juiz, diante do impasse, designar a audiência de mediação (art. 565, § 1º), procedendo nos termos das ações de força velha (§§ 2º a 4º do mesmo artigo).[90]

Por fim, o § 5º do art. 565 determina que se aplique o disposto neste artigo também ao litígio coletivo sobre propriedade imóvel (ação petitória, e não possessória).

---

89 WAMBIER, Teresa Arruda Alvim; CONCEIÇÃO, Maria Lúcia Lins; RIBEIRO, Leonardo Ferres da Silva; MELLO, Rogerio Licastro Torres. *Primeiros comentários ao novo Código de Processo Civil* – artigo por artigo. São Paulo: Ed. RT, 2015, p. 931.

90 A última ressalva é social e juridicamente muito perigosa. Os invasores e os organismos que os tutelam e que incentivam os movimentos coletivos tudo farão para dificultar o cumprimento das liminares de reintegração, até que se ultrapasse um ano do ajuizamento da possessória. Atingido esse marco, tudo voltará a estaca zero, pois o mandado reintegratório será suspenso e terá de aguardar a designação e realização da problemática audiência de mediação. Em matéria de ação de força nova, a situação do possuidor esbulhado poderá ficar até pior do que a daquele que entrou em juízo somente depois de ano e dia do esbulho.

80. Medida liminar possessória

"O que se apura nas ações possessória" - adverte Márcio Sollero - "é a posse - o *ius possessionis*, e não o direito à posse -, o *ius possidendi*".[91] Uma vez apurada a posse do autor, o elemento mais importante da fase inicial do interdito possessório é a determinação da data em que teria se dado o atentado a ela, já que, se tal tiver ocorrido há menos de ano e dia, terá direito o autor de ver restaurada plenamente a posse violada, antes mesmo da contestação do demandado.

A propósito dessa medida enérgica e pronta, prevê o *caput* do art. 562 do CPC/2015 duas opções para o juiz, ou seja:

(a) a expedição do mandado liminar de reintegração ou manutenção de posse, sem prévia citação do réu, desde que com a inicial o autor tenha fornecido prova documental idônea para demonstração dos requisitos do art. 561; ou

(b) a exigência de justificação, *in limine litis*, por via de testemunhas, dos mesmos requisitos, caso em que o réu será citado para a audiência respectiva.[92]

Advertem a boa doutrina e a jurisprudência de que todo cuidado é de ser dispensado pelo juiz à prova documental *in casu*, já que, versando o interdito sobre fatos, como soem ser a posse, o esbulho, a turbação e a respectiva data, dificilmente seus pressupostos vêm retratados em verdadeiros documentos.

É frequente a tentativa de apoiar-se o pedido de liminar em títulos de domínio, declarações particulares de terceiros e reprodução de peças de outros processos (prova emprestada). Nada disso, em princípio, tem força probante, na maioria das vezes, para autorizar a expedição do mandado liminar de que cogita o art. 562 do CPC/2015.

As declarações de terceiro, mesmo quando tomadas perante tabelião, não suprem a prova testemunhal, que só pode ser eficazmente produzida quando o depoimento é colhido diretamente pelo magistrado, dentro das regras do contraditório e do procedimento legal traçado para a produção desse tipo de prova oral.[93]

Os títulos de domínio, outrossim, não revelam, de ordinário, nenhuma influência sobre a liminar possessória, posto que o que se discute, nessas ações, é o fato da posse, e não o direito de propriedade sobre a coisa.

Cumpre, outrossim, distinguir entre a ação de força nova e a de força velha: *(i)* na primeira, a reintegração liminar independe da comprovação do requisito do perigo de dano, exigível nas tutelas urgentes em geral. Tudo se passa como nas tutelas de evidência (CPC/2015, art. 311): se o possuidor demonstrar o esbulho recente, a liminar terá de ser-lhe prontamente concedida; *(ii)* na ação de força velha, ainda será possível obter-se medida liminar, mas já então o possuidor terá

---

[91] SOLLERO, Márcio. Considerações em torno da posse. *Rev. de Julgados do TAMG*, v. 13, p. 33.

[92] "Nas ações possessórias, sendo cabível o provimento liminar e havendo necessidade de se realizar audiência de justificação, não pode o autor desistir da ação após sua realização, sem o consentimento do réu" (STJ, 3ª T., REsp 1.090.109/AL, Rel. Min. Massami Uyeda, ac. 03.09.2009, *DJe* 29.09.2009).

[93] FABRÍCIO, Adroaldo Furtado. *Comentários ao Código de Processo Civil*. 2. ed. Rio de Janeiro: Forense, 1984, v. VIII, t. III, n. 370, p. 433-434; Márcio. Considerações em torno da posse. *Rev. de Julgados do TAMG*, v. 13, p. 33; SANTOS, Ernane Fidelis dos. *Comentários ao Código de Processo Civil*. Rio de Janeiro: Forense, 1986, v. VI, p. 149.

de sujeitar-se aos requisitos da antecipação de tutela (art. 300);[94] e, eventualmente, terá ainda de aguardar a realização da audiência de mediação prevista para as possessórias coletivas (art. 565).[95]

81. A decisão sobre a liminar

Costuma-se encontrar em alguns acórdãos a afirmativa de que o juiz teria grande autonomia ou poder discricionário para solucionar o pedido de mandado liminar nas ações possessórias. A tese, porém, não merece guarida. A lei confere ao possuidor o direito à proteção liminar de sua posse, mas o faz subordinando-o a fatos precisos, como a existência da posse, a moléstia sofrida na posse e a data em que tal tenha ocorrido.

Logo, reunidos os pressupostos da medida, não fica ao alvedrio do juiz deferi-la ou não, o mesmo ocorrendo quando não haja a necessária comprovação. Advirta-se, contudo, que nas ações de força nova, a liminar não pode ser tratada como faculdade do juiz, porque, segundo o direito material o principal e mais característico efeito da posse é o de garantir ao possuidor a pronta reintegração ou manutenção, quando vítima de esbulho ou turbação. Aliás, a especialidade do procedimento da ação possessória de força nova situa-se justamente na garantia de uma tutela satisfativa *initio litis*.[96]

Tal como se passa com as decisões judiciais em geral, também aqui o magistrado está vinculado à lei e aos fatos provados. Sua deliberação configura decisão interlocutória, que há de ser convenientemente justificada, tanto quanto à matéria fática quanto à de direito.

O que se pode abrandar é apenas o rigor na exigência das provas, que, destinando-se a conservar um *status quo* provisoriamente, não precisarão ser tão completas como aquelas que se exigem para a sentença final de mérito. Nunca, porém, se há de autorizar o emprego de puro arbítrio do julgador ou a ampla discricionariedade na espécie.[97]

Resolvido o problema da liminar, com ou sem seu deferimento, o processo possessório tem prosseguimento em suas fases lógicas normais.

A citação segue critério de oportunidade diferente, conforme haja ou não justificação. Havendo concessão *in limine* do mandado protetivo da posse do autor, a citação do réu é ato que se segue à manutenção ou reintegração liminar (CPC/2015, art. 564, *caput*).

Quando houver justificação prévia, a citação do réu antecederá à audiência, após o julgamento a respeito da liminar, com ou sem deferimento, correrá o prazo de contestação.[98]

---

[94] TJMG, Ag 1.0710.08.018775-001(1), Rel. Des. Nilo Lacerda, ac. 06.05.2009, *DJe* 01.06.2009; STJ, 4ª T., AgRg no REsp 1.1139.629/RJ, Rel. Min. Maria Isabel Gallotti, ac. 06.08.2012, *DJe* 17.09.2012.

[95] "Nessa situação, cabe ao requerente o ônus de demonstrar a probabilidade do direito e, principalmente, o perigo de dano ou o risco ao resultado útil do processo" (MILAGRES, Marcelo de Oliveira. Tutela provisória e a liminar possessória. *In:* BRAGA NETTO, Felipe Peixoto; SILVA, Michael César; THIBAU, Vinícius Lott (coords.). *O direito privado no novo Código de Processo Civil: repercussões, diálogos e tendências.* Belo Horizonte: Fórum, 2018, p. 177.

[96] ALVES, Francisco Glauber Pessoa. Os 10 anos do Código Civil de 2002 e suas repercussões no direito processual civil. *Revista de Processo*, n. 221, p. 237, jul. 2013.

[97] FABRÍCIO, Adroaldo Furtado. *Comentários ao Código de Processo Civil.* 2. ed. Rio de Janeiro: Forense, 1984, v. VIII, t. III, n. 371, p. 434-435.

[98] "A ciência que se dá ao réu acerca da audiência de justificação, prevista no art. 928 [do CPC/1973, art. 562 do CPC/2015], não corresponde à citação para os fins do art. 213 do CPC [de 1973, art. 238 do CPC/2015], mas chamamento para acompanhar a assentada de justificação. Realizada a audiência de justificação, concedida ou não a liminar, o autor promoverá a citação do réu para contestar, sendo que o prazo só terá início a partir da juntada aos autos do mandado de intimação da decisão que deferir ou não a liminar, nos termos do artigo 930, parágrafo único do CPC [de 1973, art. 564, parágrafo único, do CPC/2015]. Precedentes desta Corte" (STJ, 4ª T., REsp 890.598/RJ, Rel. Min. Luis Felipe Salomão, ac. 23.11.2010, *DJe* 26.11.2010).

Não haverá renovação do ato citatório e o prazo de resposta terá como *dies a quo* a intimação de decisório que deferir ou não a medida liminar (art. 564, parágrafo único). A intimação será pessoal ao réu, *i.e.*, por mandado, e poderá, conforme o caso, ser feita no próprio ato de execução da medida liminar. Se, outrossim, o demandado já contar com advogado constituído nos autos, poderá, também, ser feita a intimação na pessoa deste independentemente de poderes especiais, porque o caso é, pela lei, de intimação, e não de citação.

Concede a lei, outrossim, um privilégio às pessoas jurídicas de direito público, segundo o qual fica-lhes assegurado que a medida liminar, mesmo quando cabível contra o Poder Público, jamais será deferida sem prévia audiência dos respectivos representantes judiciais (art. 562, parágrafo único).

A solução da questão em torno da medida liminar configura decisão interlocutória, desafiando, portanto, agravo de instrumento, visto que as decisões liminares correspondem às *tutelas provisórias*, previstas legalmente no rol dos casos de admissão do referido recurso (art. 1.015, I)[99] (v., adiante, o nº 94).

82. A sentença possessória

O processo do interdito possessório, como se dá com qualquer ação, pode se extinguir com ou sem resolução do mérito, *i.e.*, a relação processual está sujeita a extinção prematura, por falta de pressuposto processual ou condição da ação (CPC/2015, art. 485), ou a extinção mediante provimento que solucione definitivamente o litígio deduzido em juízo (art. 487).

No primeiro caso, a extinção do processo só produz coisa julgada formal, cujos efeitos ocorrem apenas dentro do processo em que a sentença foi pronunciada. O possuidor, vencido em preliminar processual, não fica impedido de repropor a mesma ação possessória, desde que superado o entrave que levou à extinção do processo sem resolução do mérito (art. 486). No segundo caso, a sentença, respondendo positiva ou negativamente ao *pedido* da inicial, resolve definitivamente o litígio, com eficácia dentro e fora do processo. Graças ao fenômeno da coisa julgada material, as partes ficam proibidas de voltar a discutir o mesmo litígio, no processo findo e em qualquer outro que verse sobre o mesmo objeto (art. 505).

Às vezes, depara-se com sentenças que extinguem o processo, afirmando fazê-lo por carência de ação, a pretexto de a parte não ter comprovado a sua posse afirmada na inicial, e, assim, não se achar credenciada à tutela possessória. O entendimento é flagrantemente equivocado, porquanto o que leva uma sentença a ser qualificada como de mérito é a resposta dada ao pedido do autor, e não o motivo pelo qual o julgador o declarou procedente ou improcedente. Haverá, portanto, resolução de mérito, sempre que o juiz "acolher ou rejeitar o pedido formulado na ação ou na reconvenção", na dicção do art. 487, I, do CPC/2015.

Logo, não se admite cogitar de sentença terminativa (*i.e.*, que põe fim ao processo sem resolução do mérito), quando o pedido de tutela interdital é desacolhido por insuficiência de prova da posse alegada pelo pretenso possuidor. Na ação possessória, como em qualquer outra ação, a falta ou insuficiência de prova do fato jurídico arguido como fundamento do pedido (*causa petendi*) leva a sua desacolhida, o que se traduz exatamente na extinção do processo

---

[99] "O conceito de 'decisão interlocutória que versa sobre tutela Provisória' abrange as decisões que examinam a presença ou não dos pressupostos que justificam o deferimento, indeferimento, revogação ou alteração da tutela provisória e, também, as decisões que dizem respeito ao prazo e ao modo de cumprimento da tutela, a adequação, suficiência, proporcionalidade ou razoabilidade da técnica de efetiva da tutela provisória e, ainda, a necessidade ou dispensa de garantias para a concessão, revogação ou alteração da tutela provisória" (STJ, 3ª T., REsp 1.752.049/PR, Rel. Min. Nancy Andrighi, ac. 12.03.2019, *DJe* 15.03.2019).

com resolução do mérito da causa, como previsto no pré-falado inciso I do art. 487. Não há razão para tratar-se de maneira diversa o interdito possessório.[100]

Há, é certo, casos em que a lei, pelas características particulares do litígio, não atribui força de coisa julgada material à declaração de improcedência da demanda por falta ou insuficiência de prova (ação popular, ação civil pública, ação coletiva de consumo). A ocorrência, entretanto, é estabelecida como exceção e decorre de expressa previsão legal. Não há, entretanto, previsão dessa natureza em nosso ordenamento jurídico, relativamente às ações possessórias.

É verdade que a rejeição da tutela possessória não impede que o autor, posteriormente, venha a demandar o mesmo objeto litigioso, por via de ação reivindicatória. Todavia, a coisa julgada material formada na ação possessória não será empecilho à demanda petitória, justamente porque a causa de pedir não é a mesma nas duas ações manejadas sucessivamente:[101] a primeira fundou-se na posse e a segunda, no domínio.

83. Posse de coisas e posse de direitos

As ações possessórias são instrumentos de tutela da posse, tal como a concebe o Código Civil, segundo a teoria objetiva. Para nosso legislador, portanto, a posse "é o fato da detenção de *uma coisa* susceptível de propriedade privada, sobre a qual o detentor exerce, ou pode exercer, em seu nome, todos os *atos materiais* que o proprietário poderia praticar", segundo a precisa definição de Azevedo Marques.[102]

Não se pode, em consequência, utilizar os interditos possessórios para realizar a pretensão de tutela a direitos pessoais ou obrigacionais.

"Realmente" – explica Azevedo Marques – "sendo a posse, antes de tudo, um *fato* positivo que liga o homem ao objeto possuído, ou a *exterioridade do domínio*, no dizer de Jhering, é da sua natureza o recair sobre coisas *tangíveis*, porque só assim haverá a *exterioridade do domínio*".[103]

Quando o Código Civil menciona a "posse dos direitos", como nos arts. 1.199, 1.201, 1.204 e 1.223, está aludindo, sem dúvida, aos *direitos reais*, porque só estes proporcionam o poder físico do titular sobre a coisa. No dizer de Adroaldo Furtado Fabrício, soa absurda a própria expressão "posse de direitos pessoais". Isso porque "é incabível sobre direitos. Não há poder fático sobre abstrações".[104]

---

[100] "Recurso especial. Ação de reintegração de posse. Requisitos do art. 927 do CPC [de 1973, art. 561 do CPC/2015]. Ausência de prova. Hipótese de improcedência. Carência de ação. Afastamento. 1. Não tendo os autores da ação de reintegração se desincumbido do ônus de provar a posse alegada, o pedido deve ser julgado improcedente e o processo extinto com resolução de mérito. 2. Recurso especial conhecido e provido" (STJ, 3ª T., REsp 930.336/MG, Rel. Min. Ricardo Villas Bôas Cueva, ac. 06.02.2014, *DJe* 20.02.2014).

[101] CPC/2015, art. 337, § 1º: "Verifica-se (...) a coisa julgada quando se reproduz ação anteriormente ajuizada". § 2º: "Uma ação é idêntica a outra quando possui as mesmas partes, a mesma causa de pedir e o mesmo pedido".

[102] AZEVEDO MARQUES, J. M. de. *A acção possessoria no Código Civil brasileiro*. São Paulo: Jacintho Ribeiro dos Santos, 1923, n. 7, p. 6.

[103] AZEVEDO MARQUES, J. M. de. *A acção possessoria no Código Civil brasileiro*. São Paulo: Jacintho Ribeiro dos Santos, 1923, n. 10, p. 9-10.

[104] FABRÍCIO, Adroaldo Furtado. *Comentários ao Código de Processo Civil*. 2. ed. Rio de Janeiro: Forense, 1984, v. VIII, t. III n. 307; PONTES DE MIRANDA, Francisco Cavalcanti. *Tratado de direito privado*. Atual. por Luiz Edson Fachin. São Paulo: Ed. RT, 2012, t. X, § 1.068, p. 741-142. "É inadmissível o interdito proibitório para a proteção do direito autoral" (STJ, Súmula nº 228).

Por isso mesmo, não é correta a posição dos que insistem em tutelar judicialmente o *direito autoral* por meio dos interditos possessórios, apenas porque o Código Civil o teria regulado como uma espécie de *propriedade*.

Esse argumento, hoje de cunho apenas histórico, perdeu consistência, posto que a legislação que cuida dos direitos autorais "repudiou inclusive a qualificação como propriedade", como se pode ver à Lei nº 9.610, de 1998. Por isso, mostra-se de inteira acolhida a lição de José de Oliveira Ascensão, para quem hoje, como ontem, a posse pressupõe, necessariamente, uma *coisa* sobre a qual se exerçam poderes. Assim prossegue o notável civilista:

> "Mesmo a chamada posse de direitos não deixa de pressupor uma coisa sobre que recai o exercício do direito. Por isso, a posse se perde pela destruição da coisa, por exemplo, e a referência a esta perpassa todo o regime da posse. O direito de autor, que não pressupõe uma coisa, não pode assim originar posse".[105]

Completa seu pensamento o Prof. Ascensão lembrando que o próprio art. 1.196 do Código Civil define o possuidor a partir da situação concreta do *exercício de fato* dos poderes inerentes ao domínio. Ora, "o direito de autor não permite situações que caiam nesta previsão, porque sobre a obra não se pode produzir uma atuação de fato. A obra não é, pois, susceptível de posse".[106]

Aliás, não tem sentido insistir no uso inadequado de interditos possessórios em tema de direito autoral, uma vez que a legislação específica aparelha o autor com uma gama larga e completa de remédios preventivos e satisfativos que vão desde a tutela administrativa policial até as medidas cautelares judiciais de busca e apreensão e ações reparatórias dos prejuízos oriundos da violação do direito autoral.

Finalmente, o CPC/2015 manteve a reforma do Código de Processo Civil de 1973, feita pelas Leis nº 8.952, de 13.12.1994, e nº 10.444, de 07.05.2002, conferindo uma disciplina procedimental ampla ao exercício das pretensões relativas às obrigações de fazer e não fazer.

Com a redação dada aos arts. 497 a 501 do CPC/2015, o procedimento comum está aparelhado a solucionar as lides da espécie com expedientes sub-rogatórios e coercitivos, cujo emprego tanto pode ocorrer liminarmente (art. 497, parágrafo único), como ao final, na fase de cumprimento da sentença que reconheça a exigibilidade dessas obrigações (art. 536). Como as pretensões relativas a direitos autorais se traduzem quase sempre em prestações de fazer e não fazer, não tem mais sentido desnaturar o interdito possessório para tutelar direitos pessoais. O caminho certo e adequado será, pois, o da ação comum, em feitio de ação inibitória (cominatória), com recursos a expedientes de urgência (liminares ou antecipatórios), sempre que necessários, dentro da técnica do art. 497.

Quanto à proteção possessória dos bens móveis, não há dúvida de que encontra plena adequação no campo dos interditos. Não havendo mais a antiga divisão do procedimento comum em ordinário e sumário (art. 318), seja o bem móvel ou imóvel, sujeitam-se ao procedimento próprio dos litígios possessórios, salvo disposição em contrário prevista em lei.

83-A. Posse de bens públicos

A posse merecedora da tutela jurisdicional possessória é aquela que recai sobre *coisa hábil*, entendida como tal a que pode ser apropriada por alguém. Com base nesse entendimento, a jurisprudência do STJ se posiciona no sentido de que a ocupação irregular de *bem público*

---

[105] ASCENSÃO, José Oliveira. *Direito autoral*. Rio de Janeiro: Forense, 1980, n. 224, p. 292.

[106] ASCENSÃO, José Oliveira. *Direito autoral*. Rio de Janeiro: Forense, 1980, n. 224, p. 292. "É inadmissível o interdito proibitório para a proteção do direito autoral" (STJ, Súmula nº 228).

dominical não caracteriza posse, mas mera detenção, hipótese que afasta o reconhecimento de direitos derivados de posse em favor do particular, com base em alegada boa-fé.[107]

Com base nesse argumento, o STJ, nas lides relativas à posse, tem adotado a tese de que a ocupação de fato do bem público, não passando de mera detenção, não viabiliza a invocação da proteção possessória contra o órgão público[108] e até mesmo contra *particulares*.[109]

Esse posicionamento, todavia, enfoca a situação de fato, configuradora de ocupação *irregular* de bens dominicais do Poder Público. Se a ocupação de bens dessa natureza se dá de forma *legítima*, a posse, mesma de bens dominicais, haverá de desfrutar da tutela possessória, nos casos de esbulho ou turbação, sejam os atentados cometidos por particular ou pela Administração Pública.

O STJ reconhece, por outro lado, que diferente é a situação *de fato* estabelecida por particular sobre *bens públicos de uso comum do povo*. A respeito da matéria, é invocada a doutrina segundo a qual "'a posse de bens públicos de uso comum, como estradas e pontes, tanto pode ser defendida em juízo pelo Poder Público como pelos particulares que habitualmente se valem de ditos bens' (...). 'A legitimidade, na espécie, é tanto para agir isoladamente como em litisconsórcio' (THEODORO JÚNIOR, Humberto. *Curso de direito processual civil – Procedimentos especiais*, vol. III, Rio de Janeiro: Forense, 2014, p. 122)".[110]

Em síntese, "nos termos da jurisprudência desta Corte [STJ], se pode entender que o ordenamento jurídico excluiu a possibilidade de proteção possessória à *situação de fato* (g.n.) exercida por particulares sobre bens públicos dominicais, classificando o exercício dessa *situação de fato* (g.n.) como mera detenção".[111]

Essa proposição – ainda na visão do STJ –, "não obstante, não se estende à *situação de fato* (g.n.) exercida por particulares sobre *bens públicos de uso comum do povo, razão pela qual há possibilidade jurídica na proteção possessória do exercício de direito de uso de determinada via pública* (g.n.)". Ou seja:

> "Na posse de bens públicos de uso comum do povo, portanto, o compossuidor prejudicado pelo ato de terceiro ou mesmo de outro compossuidor poderá 'lançar mão do interdito adequado para reprimir o ato turbativo ou esbulhativo', já que 'pode intentar ação possessória não só contra o terceiro que o moleste, como contra o próprio consorte que manifeste propósito de tolhê-lo no gozo de seu direito' (MONTEIRO, Washington de Barros. *Curso de direito civil* – direito das coisas, 9. ed. São Paulo: Saraiva, 1970, p. 81)".[112]

No direito administrativo, o entendimento doutrinário é de que a afetação de um bem público ao uso comum coletivo deve ser entendida como a que *se exerce, em igualdade de condições, por todos os membros da coletividade*. Decorre disso – na lição de Di Pietro – que o particular, em face do bem de uso comum do povo, pode ser visto "individualmente como usuário em concreto do bem de uso comum". Será, pois, em tal situação, "titular de direito subjetivo público, defensável nas vias administrativa e judicial, quando sofrer cerceamento no livre exercício do uso comum, em decorrência de ato de terceiro ou da própria Administração". A invocada administrativista

---

107 STJ, 3ª T., REsp 1.582.176/MG, Rel. Min. Nancy Andrighi, ac. 20.09.2016, *DJe* 30.09.2016 (do voto da Relatora).

108 STJ, 4ª T., AgRg no AgRg no AREsp 66.538/PA, Rel. Min. Antônio Carlos Ferreira, ac. 18.12.2012, *DJe* 01.02.2013; STJ, 3ª T., AgRg no REsp 1.190.693/ES, Rel. Min. Paulo de Tarso Sanseverino, ac. 20.11.2012, *DJe* 23.11.2012.

109 STJ, 3ª T., REsp 998.409/DF, Rel. Min. Nancy Andrighi, ac. 13.10.2009, *DJe* 03.11.2009.

110 STJ, 3ª T., REsp 1.582.176/MG, Rel. Min. Nancy Andrighi, ac. 20.09.2016, *DJe* 30.09.2016 (do voto da Relatora).

111 STJ, 3ª T., REsp 1.582.176/MG, Rel. Min. Nancy Andrighi, ac. 20.09.2016, *DJe* 30.09.2016 (do voto da Relatora).

112 STJ, 3ª T., REsp 1.582.176/MG, Rel. Min. Nancy Andrighi, ac. 20.09.2016, *DJe* 30.09.2016 (do voto da Relatora).

dá como exemplo "a hipótese de fechamento de praias para utilização privativa", caso em que "as pessoas que forem afetadas pelo ato de cerceamento serão titulares de verdadeiro direito subjetivo, tutelável por meio de ações judiciais, inclusive com vistas à indenização por perdas e danos".[113]

Contra uma empresa que invadiu e obstruiu a via de acesso a um loteamento, que era utilizada pelos moradores havia quase vinte anos, o STJ reconheceu à associação dos proprietários de lotes no local a legitimidade para promover interdito possessório em proteção da posse exercida pelos particulares sobre o bem público de uso comum ilicitamente bloqueado.[114]

84. O petitório e o possessório

Para distinguir as ações que se fundam na posse, como exercício de *poder de fato*, das que se baseiam diretamente no direito de propriedade ou nos direitos reais limitados, usamse as expressões "ações petitórias" e "ações possessórias", ou resumidamente "petitório" e "possessório".

Discute-se, portanto, no "possessório" tão somente o *jus possessionis*, que vem a ser a garantia de obter proteção jurídica ao fato *da posse* contra atentados de terceiros praticados *ex propria auctoritate*. Exercitam-se, pois, no juízo possessório, faculdades jurídicas oriundas da posse em si mesma.

No juízo "petitório", a pretensão deduzida no processo tem por supedâneo o *direito* de propriedade, ou seus desmembramentos, do qual decorre "*o direito à posse* do bem litigioso".

Os dois juízos são, como se vê, totalmente diversos, já que a *causa petendi* de um e de outro são até mesmo inconciliáveis. E, justamente por isso, não se pode cogitar de *coisa julgada*, ou litispendência, quando se coteja o julgamento e o processo possessórios com a sentença e o processo petitórios.

Por outro lado, como tutela de mero *fato*, o interdito possessório representa prestação jurisdicional provisória, destinada apenas a manter a paz social, por meio da preservação de um *estado fático*, enquanto se aguarda, no processo e tempo adequados, a eventual composição, definitiva e de direito, a respeito do direito real envolvido no dissídio. Inadmissível, destarte, a exceção de coisa julgada no possessório para obstar o petitório.[115]

Tema relevante e polêmico é, outrossim, o da inadmissibilidade de concomitância do petitório e do possessório, quando entre as mesmas partes e sobre o mesmo objeto instalou-se primeiro o juízo em torno da posse.

A propósito, o art. 557 do CPC/2015 dispõe, claramente, que, "na pendência de ação possessória, é vedado, tanto ao autor quanto ao réu, propor ação de reconhecimento do domínio, exceto se a pretensão for deduzida em face de terceira pessoa".[116]

---

113 DI PIETRO, Maria Sylvia Zanella. *Direito administrativo*. 27. ed. São Paulo: Atlas, 2014, p. 744-746.

114 STJ, 3ª T., REsp 1.582.176/MG, Rel. Min. Nancy Andrighi, ac. 20.09.2016, *DJe* 30.09.2016.

115 STF, 2ª T., AgRg no AI 80.825, Rel. Min. Djaci Falcão, ac. 10.10.1980, *DJU* 21.11.1980, p. 9.805. A razão é simples: nas ações possessórias é vedado discutir sobre o domínio (art. 557, parágrafo único), logo, limitando-se a sentença à solução da questão possessória não há como surgir coisa julgada para a posterior ação petitória.

116 "5. O art. 923 do CPC/73 (atual art. 557 do CPC/2015), ao proibir, na pendência de demanda possessória, a propositura de ação de reconhecimento do domínio, apenas pode ser compreendido como uma forma de se manter restrito o objeto da demanda possessória ao exame da posse, não permitindo que se amplie o objeto da possessória para o fim de se obter sentença declaratória a respeito de quem seja o titular do domínio. 6. A vedação constante do art. 923 do CPC/73 (atual art. 557 do CPC/2015), contudo, não alcança a hipótese em que o proprietário alega a titularidade do domínio apenas como fundamento para pleitear a tutela possessória. Conclusão em sentido contrário importaria chancelar eventual fraude processual e negar tutela jurisdicional a direito fundamental. 7. Titularizar o domínio, de qualquer sorte, não induz necessariamente êxito na demanda possessória. Art. 1.210, parágrafo 2°, do CC/2002. A tutela

Vários autores têm procurado limitar o alcance da interdição, para sujeitá-la a incidir apenas naqueles casos em que o domínio já estivesse sendo discutido no possessório, em razão de se disputar a posse em função do direito de propriedade.[117] Há até quem fale em violação à proteção constitucional do direito de propriedade, caso ficasse o dono privado do direito da ação reivindicatória, enquanto pendesse a ação possessória.[118]

Nada disso, porém, tem razão de ser. A vedação da concomitância do possessório e petitório tem raízes profundas na questão da paz social e no repúdio ao uso arbitrário das próprias razões. O que a Constituição protege é o direito de propriedade usado regularmente, sem abusos, e com ressalva da sua função social (CR, art. 5º, XXIII). Nenhum direito, de ordem patrimonial, é absoluto, de maneira a assegurar ao seu titular o exercício abusivo e sem as limitações impostas pela convivência em sociedade.

Tanto é assim, que a lei pune, por meio do delito de exercício arbitrário das próprias razões, quem faz "justiça pelas próprias mãos, para satisfazer pretensão, embora legítima" (CP, art. 345).

O direito de propriedade, portanto, não assegura ao proprietário a faculdade de dispensar a intervenção da Justiça Pública e de expulsar, com a força privada, o possuidor de seu bem. Ao contrário, a lei veda e pune esse tipo de conduta. A composição violenta por iniciativa do proprietário poderia eliminar uma lide, mas intranquilizaria toda a sociedade, inquestionavelmente.

A regra, pois, do art. 557 do CPC/2015 não é uma novidade do atual direito processual brasileiro. Muito ao contrário, trata-se de norma consagrada pelo direito francês, que foi, por seu turno, buscá-la no direito medieval, onde já se consagrava o princípio axiomático do *spoliatus ante omnia restituendus.*

Sobre o tema, vale a pena rememorar a lição de Ronaldo Cunha Campos, *in verbis*:

> "Ao ver de Garsonet e César-Bru, petitório e possessório *se repelem*, visto que a admissão daquele, quando em curso este, implica ofensa ao princípio segundo o qual o espoliador, *antes de mais nada, deve restituir*."[119]
>
> "A sujeição da parte à decisão do possessório se impõe em virtude da necessidade de se reprimir a justiça privada."
>
> "O proprietário afastado da posse e que a retoma com seus próprios recursos, contra a vontade do possuidor, faz justiça com suas próprias mãos e *viola o monopólio da justiça exercido pelo Estado.* Destarte, *enquanto perdurar a posse obtida através de marginalização do poder judiciário, o proprietário que assim agiu não será recebido em juízo.* Veda-se o ingresso em juízo petitório do proprietário que recobrou a posse pelo esbulho, enquanto não restituir a coisa esbulhada. *Tal prévia restituição se exige porque se impõe o respeito ao princípio de que apenas ao Estado se permite o exercício do poder de compor lides.*"
>
> "O processo repousa no monopólio estatal do poder de solucionar litígios; pressupõe a interdição do exercício da justiça privada."

---

possessória deverá ser deferida a quem ostente melhor posse, que poderá ser não o proprietário, mas o cessionário, arrendatário, locatário, depositário, etc." (STJ, Corte Especial, EREsp 1.134.446/MT, Rel. Min. Benedito Gonçalves, ac. 21.03.2018, *DJe* 04.04.2018).

[117] FABRÍCIO, Adroaldo Furtado. *Comentários ao Código de Processo Civil.* 2. ed. Rio de Janeiro: Forense, 1984, v. VIII, tomo III, n. 345 e 347, p. 403-410; SANTOS, Ernane Fidelis dos. *Comentários ao Código de Processo Civil.* 2. ed. Rio de Janeiro: Forense, 1986, p. 135.

[118] MEDINA, José Miguel Garcia. *Novo Código de Processo Civil comentado.* São Paulo: Ed. RT, 2015, p. 879.

[119] GARSONET, E.; CESAR BRU, Ch. *Traité de procédure.* 3. ed. Paris: Sirey, 1938, t. I, n. 408 e 430; t. II, n. 420, t. III, n. 749.

> "A regra que ao esbulhador se impõe a prévia restituição repousa em norma onde se assenta a própria estrutura do processo."
>
> "A norma *spoliatus ante omnia restituendus* revela fundas raízes no direito ocidental e remonta ao Decreto de Gratien de 1151, reproduzido na *Soepe contigit* de Inocêncio III, e ainda se repetiu sob Gregório IX."[120]
>
> "A aludida norma se estabelece para a implantação do regime de justiça pública, porque, para assegurá-lo, maior acuidade dispensa o Estado à *repressão da violência* que a tutela do direito privado à propriedade".[121]

Realmente, inutilizada estaria a tutela da posse se possível fosse ao proprietário esbulhador responder ao possuidor esbulhado com a ação petitória. O máximo que conseguiria o possuidor seria a medida liminar do interdito, pois, propondo o proprietário, em seguida, a reivindicatória, os dois feitos seriam reunidos por conexão e o julgamento da lide forçosamente seria em favor do proprietário, pela óbvia prevalência do domínio sobre a posse.

Sendo claro que esbulho, praticado por quem quer que seja, causa sempre uma ruptura do equilíbrio social, e, por isso mesmo, gera ameaça à ordem jurídica, impõe-se acolher a lição do ilustre jurista mineiro, segundo o qual o *juízo possessório não pode ser entendido apenas sob o ângulo da tutela da posse ou da propriedade*. Nele há de se situar principalmente o *interesse estatal na repressão do esbulho*.[122]

Uma vez, outrossim, que tanto a ação possessória como a reivindicatória buscam a execução que haverá de manter ou conceder a posse sobre o bem litigioso, estabelece-se entre os dois juízos não uma litispendência, mas um conflito potencial de provimentos. Não seria admissível que, concomitantemente, a sentença possessória atribuísse a posse a uma parte e o julgado petitório a outra parte. Por imposição de ordem prática, há uma necessidade de impedirem-se duas sentenças executivas contrárias entre si. Se isso fosse permitido, seria notória a possibilidade de a sentença dominial tornar vazia e inócua a sentença de procedência do interdito possessório. É apenas por isso que o art. 557 do CPC/2015 veda o recurso à petitória na pendência da possessória.[123]

---

[120] AUBRY, C. et RAU, C. *Cours de droit civil français*. 6. ed. Paris: Librairie Marchal & Billard, 1935, t. II, n. 184, nota 4, p. 174; GARSONET, E.; CESAR BRU, Ch. *Traité de procédure*. 3. ed. Paris: Sirey, 1938, t. I, p. 630.

[121] CUNHA CAMPOS, Ronaldo. O artigo 923 do CPC. *Julgados do TAMG*, v. 8, p. 13-14.

[122] CUNHA CAMPOS, Ronaldo. O artigo 923 do CPC. *Julgados do TAMG*, v. 8, p. 14.

[123] BAPTISTA DA SILVA, Ovídio A. *Comentários ao Código de Processo Civil*. São Paulo: Ed. RT, 2000, v. 13, p. 225. No entanto, Ernane Fidelis dos Santos (*Dos procedimentos especiais do Código de Processo Civil*. 6. ed. Rio de Janeiro: Forense, 1999, v. VI, p. 115) e Adroaldo Furtado Fabrício (*Comentários ao Código de Processo Civil*. 8. ed. Rio de Janeiro: Forense, 2001, v. VIII, t. III, n. 360, p. 432) entendem que o impedimento do art. 557 à petitória só incide quando as partes litigam pela posse, invocando o domínio. A réplica de Ovídio A. Baptista da Silva, porém, explica superiormente que o sentido da vedação de alegações dominiais, sobre o bem disputado no possessório, não tem a ver com o conteúdo da *causa petendi* num e noutro feito, pois sempre esteve ligado apenas "à incompatibilidade prática entre os dois juízos" (BAPTISTA DA SILVA, Ovídio A. *Comentários ao Código de Processo Civil*. São Paulo: Ed. RT, 2000, v. 13, p. 225). Há, finalmente, uma tendência jurisprudencial a não considerar absoluta a interdição do art. 557, aceitando que, segundo particularidades do caso concreto, evidenciadoras da ausência de efetivo contraste entre o possessório e o petitório, possa vir a ser admitido o pleito de reconhecimento do domínio antes do encerramento da ação de disputa da posse (STJ, 4ª T., REsp 402.764/SP, Rel. Min. César Asfor Rocha, ac. 11.02.2003, *DJU* 30.06.2003, p. 255). No mesmo sentido: "constatada a sobreposição de documentos registrais, sob perícia de que os autores têm menos área que prevê seu título de propriedade em confronto com o título apresentado pelos réus, é plenamente cabível a exceção de domínio, se com base neste, ambos os litigantes discutem a posse" (STJ, 4ª T., AgRg no REsp 906.392/MT, Rel. Min. João Otávio de Noronha, ac. 18.03.2010, *DJe* 26.04.2010). "Convertido o feito possessório em petitório, configura violação ao princípio

Violada a regra do art. 557, ter-se-á estabelecido uma relação processual inviável, cujo destino será a extinção do processo sem julgamento do mérito. Configurar-se-á a falta de um pressuposto processual, ou, mais especificamente, de um pressuposto processual negativo (ausência necessária da pendência de possessória sobre o bem disputado como requisito para o manejo da ação dominial). A ocorrência, portanto, afetará a relação processual petitória, no tocante à validade (art. 485, IV).[124]

Por fim, é de se observar que o CPC/2015 ressalvou, na parte final do *caput* do art. 557, a possibilidade de o autor e o réu proporem ação de reconhecimento do domínio "se a pretensão for deduzida em face de terceira pessoa". Se, *v.g.*, o interdito for manejado contra o inquilino, o proprietário (locador) não ficará impedido de propor ação de usucapião (ou qualquer outra tendente a declarar o seu direito de propriedade) contra aquele que figura como dono no registro de imóveis. A ação petitória, em semelhante conjuntura, será travada entre pessoas que nada têm a ver com a possessória.

85. A exceção de propriedade no juízo possessório

Dispunha o art. 505 do CC de 1916 que "não obsta à manutenção, ou integração na posse, a alegação de domínio, ou de outro direito sobre a coisa". E, com isso, consagrava a autonomia da posse perante a propriedade, fiel à teoria de Jhering, que é a base do instituto em nosso direito civil. No entanto, a segunda parte do mesmo art. 505 acrescentava a estranha ressalva de que "não se deve, entretanto, julgar a posse em favor daquele a quem evidentemente não pertencer o domínio".

Travou-se, de logo, enorme controvérsia na doutrina, a propósito desse inconveniente adendo. Astolfo Rezende, por exemplo, advertia, com toda razão, contra o erro cometido pelo legislador e reclamava corrigenda pronta do texto legal. Lembrava que a criação romana dos interditos mantida pelas legislações de nosso tempo tinha como característica básica o *jus possessionis*, com abstração de qualquer outra circunstância que não fosse a própria situação fática do possuidor em relação à coisa.[125]

Foi, por sua vez, Azevedo Marques que, interpretativamente, corrigiu a equivocada norma legal, dando-lhe um sentido restritivo que pudesse harmonizar-se com o sistema geral da tutela possessória. Assim, partindo da observação de que o conteúdo da 2ª parte do art. 505 era inútil, observada que sua significação real só podia ser a seguinte: "A manutenção ou reintegração da posse não pode ser negada, na ação possessória, ao verdadeiro possuidor pelo simples fato de alguém alegar e provar ter domínio sobre a coisa legitimamente possuída por aquele. Entretanto, se, na ação possessória, os litigantes *disputarem a posse fundados somente no domínio* que cada um se arroga, não deverá o juiz conceder a posse àquele que evidentemente não for o proprietário da coisa".[126]

A jurisprudência aderiu a essa corrente até culminar no enunciado da Súmula do STF nº 487, onde se afirmava que "será deferida a posse a quem, evidentemente, tiver o domínio, se

---

do contraditório a negativa de concessão de oportunidade para manifestação pela ré acerca do novo procedimento. Possibilidade, inclusive, de alegações de aspectos dominiais, anteriormente restringidos em sede possessória" (STJ, 3ª T., REsp 1.188.722/MS, Rel. Min. Paulo de Tarso Sanseverino, ac. 18.09.2012, *DJe* 21.09.2012).

[124] FABRÍCIO, Adroaldo Furtado. *Comentários ao Código de Processo Civil*. 8. ed. Rio de Janeiro: Forense, 2001, v. VIII, t. III, n. 362, p. 435.

[125] REZENDE, Astolfo. *Manual de Código Civil* (Paulo Lacerda). Rio de Janeiro: Ed. Jacinto Ribeiro, 1918, v. VII, p. 226.

[126] AZEVEDO MARQUES, J. M. de. *A acção possessoria no Código Civil brasileiro*. São Paulo: Jacintho Ribeiro dos Santos, 1923, n. 58, p. 86.

com base neste for ela disputada". Quer isto dizer que só se admitia o acolhimento da *exceptio proprietatis* quando todas as partes da ação possessória invocassem apenas o domínio como fundamento de suas pretensões antagônicas.[127]

Ronaldo Cunha Campos, em voto proferido no TAMG, examinou a origem da norma do art. 505, 2ª parte, do Código Civil, e foi encontrá-la no art. 818 da Consolidação de Teixeira de Freitas, que, por sua vez, a buscou no Assento das Cortes de Suplicação do Porto, Assento de 1786, 2º quesito. Tal assento, por fim, pretendeu dar inteligência ao Alvará de 9 de novembro de 1754.

O primeiro equívoco histórico cometido em torno da exceção de propriedade, segundo o aludido voto, ocorreu justamente quando o Assento de 1786 transbordou os limites do Alvará de 1754, já que este se destinava apenas a disciplinar a posse de herança.[128] Observa, porém, o mesmo decisório do Tribunal de Alçada de Minas Gerais que a regra do art. 505 do CC foi substituída pela do art. 923 do CPC/1973, cuja redação original, a respeito da exceção de domínio, era ainda mais defeituosa e desastrosa do que a do Estatuto Civil, já que expressava o comando imperativo: "A posse será julgada em favor daquele a quem evidentemente pertencer o domínio".[129]

Tendo sido, mais tarde, revogado o preceito do art. 923 do CPC/1973, mediante nova redação dada pela Lei nº 6.820/1980, conclui o Tribunal Mineiro que revogada também, implicitamente, restou a regra equivalente do Código Civil.[130]

Assistia inteira razão ao v. decisório, pois, tendo o Código de Processo Civil regulado a exceção do domínio em ação possessória de maneira diferente do art. 505 do CC, houve a derrogação ou revogação parcial deste último dispositivo, nos termos do art. 2º, § 1º, da Lei de Introdução às Normas do Direito Brasileiro. Nada obstante, opiniões contrárias continuaram a, vez e outra, insistir na subsistência da regra de direito material. Com a superveniência do Código Civil de 2002, a norma constante do art. 505 do Código de 1916, geradora da conturbação da teoria da posse, foi finalmente eliminada.[131] Com efeito, seu art. 1.210, § 2º, dispõe, sem ressalva alguma, que "não obsta à manutenção ou reintegração na posse a alegação de propriedade, ou de outro direito sobre a coisa". Não se pode, então, manejar a *exceptio proprietatis* como matéria de defesa em ação possessória. Restaurou-se, destarte, a tradição firmada desde as Ordenações Filipinas, segundo a qual a alegação de domínio é matéria impertinente nos interditos, porque "o esbulhador deve, antes de mais nada, restituir".[132]

Atento a essa orientação, o CPC/2015 repetiu a regra do Código Civil de 2002, no parágrafo único do art. 557: "não obsta à manutenção ou à reintegração de posse a alegação de propriedade ou de outro direito sobre a coisa".

---

[127] É bom lembrar que deixa de ser ação possessória aquela em que o pedido da posse se faz em função do domínio, porque a essência do interdito é justamente a defesa da posse como posse (fato). Ação em que se reclama direito à posse com base em domínio é ação petitória e não possessória. Logo, a Súmula nº 487, em última análise, acabou por excluir das verdadeiras ações possessórias a possibilidade da exceção do domínio.

[128] Código Filipino ou Ordenações do Reino de Portugal. 14. ed. Rio de Janeiro: Tipografia do Instituto Filomático, 1870, p. 1.042.

[129] TAMG, Ap. 20.153, Rel. Ronaldo Cunha Campos, ac. 23.03.1982, *Rev. Bras. Dir. Processual* 35/103. No mesmo sentido: STJ, 4ª T., REsp 32.467/MG, Rel. Min. Dias Trindade, ac. 28.02.1994, *DJU* 19.09.1994, p. 24.697.

[130] TAMG, Ap 20.153, Rel. Ronaldo Cunha Campos, ac. 23.03.1982, *Rev. Bras. Dir. Processual* 35/103. No mesmo sentido: STJ, 4ª T., REsp 32.467/MG, Rel. Min. Dias Trindade, ac. 28.02.1994, *DJU* 19.09.1994, p. 24.697.

[131] Dispunha o art. 505 do CC de 1916 que "não obsta à manutenção, ou integração na posse, a alegação de domínio, ou de outro direito sobre a coisa". E, com isso, consagrava a autonomia da posse perante a propriedade, fiel à teoria de Ihering, que é a base do instituto em nosso direito civil. No entanto, a segunda parte do mesmo art. 505 acrescentava a estranha ressalva de que "não se deve, entretanto, julgar a posse em favor daquele a quem evidentemente não pertencer o domínio".

[132] TAMG, Ap. 20.153, Rel. Ronaldo Cunha Campos, ac. 23.03.1982, *Rev. Bras. Dir. Processual* 35/103. No mesmo sentido: STJ, 4ª T., REsp 32.467/MG, Rel. Min. Dias Trindade, ac. 28.02.1994, *DJU* 19.09.1994, p. 24.697.

86. Esclarecimento de um equívoco histórico a propósito da *exceptio proprietatis* no direito luso-brasileiro

Fiel às tradições das fontes romanas de nosso direito civil, as Ordenações Filipinas eram categóricas na condenação do esbulho, ainda que cometido pelo dono da coisa contra o possuidor. Assim, dizia o Liv. IV, T. LVIII, princ.:

> "E posto que allegue, que he senhor da cousa, ou lhe pertence ter nella algum direito, não lhe seja recebida tal razão, mas sem embargo della seja logo constrangido restituí-la ao que a possuia, e perca todo o direito, que nella tinha, pelo fazer por sua própria força, e sem autoridade de Justiça".

O Alvará de 09.11.1754, a que se aludiu no tópico anterior, não cogitou de alterar o regime das Ordenações e tão somente regulou a passagem da posse civil do defunto para seus sucessores, de tal maneira que, independentemente da tomada da posse natural, a sucessão hereditária produzisse todos os efeitos desta em favor dos herdeiros. Como tal Alvará mencionasse especificamente alguns herdeiros e respectivos graus de sucessão, e não fizesse menção completa a todos os previstos nas leis civis da sucessão *causa mortis*, surgiu controvérsia interpretativa, que acabou por provocar o Assento da Casa de Suplicação, de 16.02.1786, fonte de toda a polêmica que, a partir de então, se criou no direito luso-brasileiro, a propósito da apreciação da questão dominial no seio das ações possessórias.

O Assento da Casa de Suplicação, limitado ao conteúdo do Alvará de 1754, não se pronunciou, como é óbvio, sobre outras questões que não as pertinentes à transmissão da posse civil nas sucessões legítimas de bens livres, vinculados e emprazados, já que o texto normativo interpretado se referia apenas a essa matéria.

Pela leitura de seu longo, vetusto e complicado texto, não se pode sequer concluir que fosse intenção da Corte alterar o regime romano da posse, consagrado nas Ordenações Filipinas, segundo o qual não se admitia a interferência da questão dominial na solução dos conflitos possessórios. Foram, na verdade, os intérpretes do Assento que, pinçando uma frase de seu contexto, deram-lhe uma generalidade que não correspondia ao seu espírito.

O quesito proposto à Casa de Suplicação, em torno do tema, foi o seguinte:

> "Se o Filho e Neto, na falta destes, o Irmão, e o Sobrinho, que a Lei exprime, e aos quais faz transmissível a posse nos bens de Morgado, em que sucederem, designão gráus exemplificativos, ou se a elle só se restringe a disposição da Lei, sem admitir para o benefício da posse referida outro algum grão, que seja conhecido, e que seja havido por de notório e indubitável parentesco a respeito do último possuidor, ou do seu Instituidor?".

A simples e direta leitura do quesito demonstra que a indagação levada à Casa de Suplicação referia-se aos possíveis conflitos entre o enunciado dos graus de parentesco mencionados no Alvará de 1754 e outros graus constantes das regras comuns da sucessão hereditária. Queria-se saber, em outras palavras, se em matéria de sucessão na posse prevaleceriam regras distintas das de sucessão dominial hereditária.

Dentro desse posicionamento do problema, a resposta que a Casa de Suplicação deu ao quesito foi a seguinte:

> "(...) as pessoas, de que falla a Lei para a mesma transmissão da posse nos bens de Morgados, designão gráos exemplificativos e não taxativos ou restrictivos... esta foi a intenção do Legislador em designar as referidas pessoas de Irmão e Sobrinho, deduzida do espírito e mente da Lei, que quer que *a posse passe para aquele que tiver hum verosimil e mais provável direito à propriedade*".

Evidenciando o propósito de apenas definir a quem caberia a continuidade da posse do defunto, esclarecia o Assento:

> "Nem o Principe, se fosse interrogado, no caso de haver parente próximo com as referidas circunstâncias, disporia de outra sorte; nem se deve entender que elle quisesse graduar para a transmissão da posse na Linha Colateral os mesmos parentes, que graduou para o direito de Representação; não só porque isto implica, attento o rigor dos termos da Linha Descendente, em que a Representação tem lugar em todos os gráos *in infinitum*; mas também porque o *direito da transmissão da posse* se regula por muitos diferentes princípios, os quais se dirigem a impedir o enorme abuso, que se fazia, de se apossarem pessoas estranhas dos bens vinculados, e ainda aquelles em grão remoto e incerto, a quem verdadeiramente não pertencia o direito da sucessão, nem o domínio dos bens; e nesta precisa e justa consideração, havendo hum parentesco próximo, em que se verifique, sem dependência de maior discussão, a certeza e preferência indubitável deste direito, *se deve julgar transmissível a posse, até para senão seguir o visível absurdo de se julgar nos interdictos restitutorios, e nos outros casos ocurrentes no Foro, a referida posse àquelle mesmo, a que, pelo processo e evidencia notoria dos Autos, se deprehende não lhe dever ser julgada a propriedade*".[133]

Como se vê, o Assento não teve outra preocupação que não a de definir o *direito à sucessão na posse do defunto*, nas disputas entre herdeiros de diferentes graus, cuja solução deveria respeitar as regras comuns do direito hereditário, pertinentes à transmissão da propriedade.

A doutrina, porém, foi que ampliou desmesuradamente a última frase sublinhada do Assento, e passou a admiti-la como aplicável a qualquer interdito possessório, mesmo fora da disputa hereditária. Assim, Lobão entendia que o sistema romano, esposado pelas Ords., L. 3, T. 40, § 2.78, § 3, e L. 4, T. 58, princ., segundo o qual o espoliador não podia se defender com a invocação de sua propriedade, restara "moderado" com a "inovação" do Assento de 16.02.1786.[134]

Na mesma esteira, entre nós, Teixeira de Freitas, ao argumento de conter o Assento de 16.02.1786 uma "interpretação luminosa", introduziu em sua "Consolidação" o art. 817, contendo o preceito que mais tarde viria a figurar no artigo 505 do Código Civil de 1916, e de acordo com o qual "não se deve julgar a posse em favor daquele a quem se mostra evidentemente não pertencer a propriedade".[135]

Tudo, portanto, não passou de um equívoco histórico, no campo de interpretação doutrinária, e que, em boa hora, veio a ser expurgado da legislação brasileira pelo Código Civil de 2002 (art. 1.210).

87. Natureza dúplice das ações possessórias

Assegura o art. 556 do CPC/2015 ao réu, na ação possessória, o direito de usar a própria contestação para alegar que a sua posse é que foi ofendida, e demandar, contra o autor, a proteção possessória.

Com essa norma, o legislador atribui o caráter dúplice aos interditos possessórios, ou seja, trata essas ações como aquelas em que não se distingue a posição ativa da passiva entre os sujeitos da relação processual.

---

[133] "Auxiliar Jurídico" – Apêndice da 14. ed. do Código Philipino, ed. brasileira de Candido Mendes de Almeida, Rio de Janeiro, 1869, p. 280.

[134] LOBÃO, Manuel de Almeida e Sousa. *Tratado practico de todas as ações summarias*. Lisboa: Imprensa Nacional, 1886, t. I, § 42, nota, p. 270-271.

[135] TEIXEIRA DE FREITAS. *Consolidação das leis civis*. Porto, 1915, nota 25 ao art. 818.

Nas ações dúplices não há, na verdade, nem autor nem réu, no rigor técnico dessas expressões. Nas ações simples, há nítida diferença de atitudes de cada parte: só o autor pede; e o réu apenas resiste ao pedido do autor. Somente por meio de reconvenção é que se torna possível ao réu a formulação de pedido contra o autor. Mas aí o que se tem não é mais defesa, e sim a propositura de nova ação, dentro dos autos já existentes.

Voltando-se à *actio duplex*, a consequência prática que se deve extrair de sua especial qualidade jurídica é a de que o réu não precisa propor reconvenção para contra-atacar o autor. O demandado, portanto, que pretenda acusar o autor da possessória de violação de sua posse, e queira obter para si a tutela interdital, assim como o ressarcimento dos danos sofridos, pode formular seu pedido na contestação.

Não há, em outras palavras, reconvenção em ação possessória, pelo menos em princípio,[136] porque a contestação, *in casu*, já é naturalmente dotada de força reconvencional.

A proteção à posse do réu, contudo, não é dispensada *ex officio* pelo juiz. Depende, sempre, de expresso requerimento na contestação, porque também aqui prevalece o princípio do *ne procedat iudex ex officio*, insculpido no art. 2º do CPC/2015.[137]

88. Liminar em favor do réu

É expressa a configuração de ação dúplice dada às possessórias pelo Código de Processo Civil, de modo que a contestação possa sempre atuar, caso queira o réu, com força de reconvenção (art. 556). Desse caráter especial conferido pela lei às ações de tutela da posse decorre a possibilidade, em tese, da obtenção de medida liminar tanto pelo autor como pelo réu.[138] Mas, é claro, se o incidente for resolvido em favor do autor, em presença e com ciência do réu, não caberá a este senão valer-se do agravo de instrumento para impugnar o deferimento da liminar a seu adversário. A contestação, mesmo dotada de caráter reconvencional, não reabrirá, por si só, oportunidade para reexame da questão, já atingida pela preclusão.[139]

Quando, porém, o autor obtiver a liminar de maneira unilateral, antes da citação e ouvida do réu (CPC/2015, art. 562), este, ao contestar a ação, poderá pleitear que a medida se inverta, desde que disponha de elementos, para, *prima facie*, demonstrar que o esbulhado ou turbado foi ele, e não o autor, e que em seu favor militam as circunstâncias previstas no art. 561.

---

[136] FABRÍCIO, Adroaldo Furtado. *Comentários ao Código de Processo Civil*. 8. ed. Rio de Janeiro: Forense, 2001, v. VIII, t. III, n. 330, p. 391.

[137] "A ação possessória julgada improcedente não tem o condão de convalidar a posse do réu se este assim não requereu expressamente em sede de contestação. Caráter dúplice da ação possessória" (STJ, 3ª T., RMS 20.626/PR, Rel. Min. Paulo Furtado, ac. 15.10.2009, *DJe* 29.10.2009).

[138] "O Código de 1973 permitiu que o réu, nas ações possessórias, em vez de apenas contestar o pedido de manutenção ou de reintegração, insira na contestação a contra-ação possessória e a ação de indenização. Não se trata de simples contestação, a despeito de ser nela que se pode incutir o pedido possessório do réu" (PONTES DE MIRANDA, Francisco Cavalcanti. *Comentários ao Código de Processo Civil*. 2. ed. Rio de Janeiro: Forense, 2004, t. XIII, p. 161).

[139] "Concedida a liminar em ação possessória, o juiz só poderá revogar, em juízo de retratação, se interposto agravo de instrumento" (STJ, 3ª T., REsp 29.311/MG, Rel. Min. Eduardo Ribeiro, ac. 24.11.1992, *DJU* 14.12.1992 p. 23.923). Esse entendimento é antigo e não merece ser mantido, pelo menos em moldes absolutos, depois que se regulamentou a antecipação de tutela pela reforma do art. 273 do CPC/1973, cujo atual § 4º [CPC/2015, art. 296] prevê a possibilidade de sua revogação ou modificação, a qualquer tempo, mediante decisão fundamentada (redação da Lei nº 8.952/1994). Desde, portanto, que haja inovação no contexto fático-jurídico, permite-se a modificação da tutela antecipada, como incidente do processo, sem depender, pois, do recurso de agravo (STJ, 3ª T., REsp 193.298/MS, Rel. p/ acórdão Min. Ari Pargendler, ac. 13.03.2001, *DJU* 01.10.2001, p. 205). Se assim é, em caráter geral, não há razão para ser diferente em relação à antecipação de tutela (liminar) deferida na ação possessória.

Para tanto, poderá usar o agravo, mas não estará obrigado a fazê-lo, já que a revisão da liminar caberá na própria contestação. Ao autor não será cabível falar em preclusão, já que o primeiro decisório teria ocorrido em ocasião em que o demandado ainda não integrava a relação processual. A contestação, naquela altura, é sua primeira oportunidade de falar nos autos. Representa, por si só, um evento processual superveniente, que traz para o processo fatos novos relacionados com a possibilidade de ser o réu, e não o autor, aquele que legalmente mereça a tutela interdital liminar. Com isso, afastada fica a hipótese de preclusão, visto que o julgamento de questões e fatos novos se dá de maneira originária no juízo da causa, dentro da sistemática do art. 493. Não é, propriamente, uma simples revogação da primeira liminar. É, isto sim, o julgamento de pretensão nova, de parte distinta, a qual, se deferida, substituirá a decisão anterior, prolatada a seu tempo, sem a presença do demandado.

Ainda que eventualmente a liminar tenha sido concedida ao autor pelo tribunal, em grau de recurso por ele manejado, o réu, ao ingressar posteriormente no processo para integrar a relação processual e contestar a ação, estará autorizado a pleitear e obter a reversão do provimento inicial, se contar com elementos que o credenciem a ser o beneficiário da reintegração ou manutenção liminares. O juiz da causa, se assim o fizer, à luz dos novos dados produzidos pelo interessado, não estará afrontando a decisão anterior do tribunal. Estará decidindo questão nova, em torno de uma relação jurídica continuativa (a posse) e o fará com base em alegações, fatos e provas que não haviam sido produzidos em juízo antes da primitiva liminar, e que, por isso mesmo, não teriam sido objeto de consideração no decisório do tribunal.[140]

Deve-se ponderar o entendimento daqueles que, como Adroaldo Furtado Fabrício, são de opinião que o caráter dúplice da ação possessória não reabriria ao réu oportunidade para pleitear liminar em seu favor porque, deferida anteriormente a medida ao autor, a fase própria para o incidente já estaria superada, e o caminho próprio para revogar ou modificar a liminar só seria o recurso de agravo, e não a reabertura do incidente dentro do próprio interdito possessório.[141] A lição merece acolhida quando, ao tempo da liminar, o réu já se achava presente no processo, pois, então, o remédio impugnativo posto à sua disposição pela lei para modificar os efeitos do provimento judicial seria, de fato, o agravo (art. 1.015, I).

Se, no entanto, a liminar acontecer em caráter unilateral, na ausência do réu, e sem qualquer oportunidade de participar do ato, não há como limitar sua defesa ao direito de impugná-lo por meio de um recurso cujo manuseio muitas vezes não estará mais sequer a seu alcance, porque o processo já terá atingido estágios ulteriores àquele em que a liminar se deferiu e consolidou. Pense-se, por exemplo, no caso de a liminar ser denegada ao autor em primeiro grau e só vier a ser deferida em julgamento de agravo pelo tribunal: ter-se-ia um insuperável embaraço para o réu, que ingressaria no processo depois de já decidido o incidente por acórdão, contra o qual, obviamente, não se admitiria, àquela altura, nenhum recurso ordinário.

---

140 Motivos relevantes supervenientes podem ensejar a cassação da liminar no curso da possessória (TJMT, AI 1.987, Rel. Des. Mauro José Pereira, ac. 02.10.1975, *RT* 487/158). "Situações excepcionais autorizam possa o juiz suspender o cumprimento da liminar concedida em ação possessória. Assim, *verbi gratia*, se o réu demonstrar fato relevante, a tornar incertos os fatos narrados na inicial, tais como a delimitação do terreno, a titularidade da posse e a data desta" (STJ, 4ª T., REsp 197.999/PR, Rel. Min. Sálvio de Figueiredo Teixeira, ac. 07.02.2002, *DJU* 15.04.2002, p. 221). Em outro aresto, o STJ considerou acolhível o pedido de reconsideração formulado pelo réu, perante o juiz da possessória, com demonstração de erro de direito, cometido no deferimento da liminar (STJ, 4ª T., REsp 443.386/MT, Rel. Min. Aldir Passarinho Junior, ac. 19.11.2002, *DJU* 14.04.2003, p. 228).

141 FABRÍCIO, Adroaldo Furtado. *Comentários ao Código de Processo Civil*. 8. ed. Rio de Janeiro: Forense, 2001, v. VIII, t. III, n. 347, p. 418.

A não se permitir que, na ação dúplice, o réu exerça a pretensão à tutela liminar inerente à sua posse, estar-se-ia privando-o do pleno acesso ao devido processo legal (CF, art. 5º, incisos XXXVI, LIV e LV), o que tornaria cabível até mesmo o recurso ao mandado de segurança, para coibir evidente e grave cerceamento de defesa.

Em suma: a impugnação e reversão da liminar possessória por provocação do réu devem ser analisadas não como fenômenos ligados ao sistema recursal, mas, sim, como incidente que, diante do caráter dúplice do interdito, rege-se pelos arts. 296 e 493.

89. Natureza real das ações possessórias

Seriam as possessórias ações reais ou pessoais? A indagação é importante, quando o bem litigioso é imóvel, para definir-se a necessidade ou não de ambos os cônjuges integrarem a relação processual, em face do que dispõe o art. 73 do CPC/2015. Em doutrina não há grandes divergências, mas a jurisprudência tem se mostrado enormemente instável a respeito do tema.

Celso Barbi, por exemplo, com apoio em Orlando Gomes e Caio Mário da Silva Pereira, dá o testemunho de que "predomina hoje, entre nós, o entendimento de que a posse é um direito e de natureza real. Em consequência, quando a pessoa casada quiser propor ação possessória, necessitará da presença ou do consentimento do outro cônjuge".[142]

Arruda Alvim observa que o art. 10 do Código de 1973, mantido no Estatuto novo (art. 73), tem um alcance mais amplo, abrangendo tanto as ações sobre os direitos reais propriamente ditos como as possessórias. E explica que "o objetivo do artigo 10, parágrafo único, I e IV, é a defesa do patrimônio do casal, no sentido de que as ações devem ser movidas, e devem ser sujeitos passivos das ações, marido e mulher, nos casos discriminados pelo legislador".[143] Igual é o pensamento de Pontes de Miranda[144] e Hélio Tornaghi.[145]

Contudo, ultimamente, a posição do STJ tende para submeter as possessórias ao regime das ações pessoais, mesmo tendo por objeto bens imóveis.[146]

Do ponto de vista do direito positivo, diversamente do que dispunha o CPC de 1973 (art. 95), o Código atual não mais arrola explicitamente as ações possessórias imobiliárias entre as ações reais (CPC/2015 art. 47, *caput*), com o que a natureza dessas ações poderia permanecer em dúvida, muito embora em doutrina a opinião majoritária seja no sentido de tratá-las como ações reais.[147] A tomada de posição acerca do tema é importante sobretudo para definir a exigência de litisconsórcio necessário entre cônjuges nas ações da espécie.

Historicamente, cabe registrar que no encontro Nacional de Tribunais de Alçada, ocorrido em 1981, no Rio de Janeiro, prevaleceu, por maioria de votos, a tese de que, não sendo a possessória ação real, dispensável seria a vênia conjugal para propô-la. Reconheceu-se, todavia,

---

142 BARBI, Celso Agrícola. *Comentários ao Código de Processo Civil*. Rio de Janeiro: Forense, 1975, v. I, t. I, n. 105, p. 136.

143 ARRUDA ALVIM. *Código de Processo Civil comentado*. São Paulo: Ed. RT, 1975, v. II, p. 54. Nota: o dispositivo citado pelo autor, do CPC/1973, corresponde ao art. 73, § 1º, I e IV, do CPC/2015.

144 PONTES DE MIRANDA, Francisco Cavalcanti. *Tratado de direito privado*. Atual. por Luiz Edson Fachin. São Paulo: Ed. RT, 2012, t. X, § 1.092, p. 293.

145 TORNAGHI, Hélio. *Comentários ao Código de Processo Civil*. São Paulo: Ed. RT, 1974, v. I, p. 118.

146 STJ, 3ª T., REsp 596.276/SC, Rel. Min. Castro Filho, ac. 03.05.2005, *DJU* 23.05.2005, p. 274; STJ, 4ª T., AgRg no Ag 434.435/RO, Rel. Min. Aldir Passarinho Junior, ac. 26.06.2003, *DJU* 01.09.2003, p. 292.

147 Ao cuidar, porém, do foro competente para as ações possessórias imobiliárias em parágrafo do art. 47, cujo *caput* define a competência para "as ações fundadas em direito real sobre imóveis", o atual CPC sugere a possibilidade de tratar os interditos como variação das ações reais imobiliárias (art. 47, § 2º).

a necessidade de citação de ambos os cônjuges, quando o fato da posse dissesse respeito ou derivasse de atos por ambos praticados.[148]

A tese veio a ser incorporada no texto do art. 10, § 2º, do CPC/1973, por força da Lei nº 8.952/1994. Seu alcance, entretanto, não foi grande porque subsistia a previsão legal, àquele tempo, de que na constância do casamento em comunhão de bens a posse sobre os bens do casal era sempre havida como comum entre os cônjuges.

De fato, na vigência do Código Civil de 1916, a ressalva de só haver litisconsórcio obrigatório nas situações de posse comum a ambos os cônjuges acabava tendo maior relevância do que o próprio enunciado principal da regra inovadora da Lei nº 8.952. Isso porque o regime de bens então generalizado nos casamentos brasileiros era o da comunhão, e nele como já visto, por força de sua própria natureza, enquanto durasse a constância da sociedade conjugal, a propriedade e *posse* dos bens eram *comuns* (CC/1916, art. 266). Logo, não se podia fugir da conclusão de Pontes de Miranda: "A mulher é possuidora dos bens comuns, como o é o marido", pelo que, nas ações possessórias, tornava-se obrigatório o litisconsórcio, tanto ativo como passivo, se a posse disputada versasse sobre imóvel.[149]

Não tendo, porém, o Código Civil de 2002 mantido a norma do art. 266 do Estatuto anterior, desapareceu a composse *ex vi legis* derivada apenas do regime matrimonial. Diante disso, a limitação do litisconsórcio necessário entre os cônjuges nas possessórias sobre imóveis tornou-se restrito, realmente, às hipóteses de efetiva composse ou de atos praticados em conjunto por ambos os consortes.

Portanto, segundo esse texto legal, e de acordo com a jurisprudência consolidada do STJ, é a *composse* como fato, ou a *moléstia à posse de outrem* por ambos os cônjuges, que irá determinar a necessidade de outorga conjugal ou de litisconsórcio passivo nas ações possessórias imobiliárias, não importa qual seja o regime matrimonial.[150] Tal regra foi repetida pelo art. 73, § 2º, do CPC/2015. Não obstante, a nova legislação supera a antiga polêmica doutrinária e jurisprudencial sobre o tema, uma vez que o CPC/2015, no § 2º, do art. 47, inclui, praticamente, as ações possessórias no regime das ações reais imobiliárias: "a ação possessória imobiliária será proposta no foro de situação da coisa, cujo juízo tem competência absoluta". Destarte, embora as ações possessórias possam ser tratadas como ações reais, o Código, em regra, não exige para elas o litisconsórcio necessário entre os cônjuges. Só o fato da concreta composse, entre eles, pode conduzir a tal litisconsórcio (art. 73, § 2º).

90. Natureza executiva do procedimento interdital

Considerando que a tutela jurisdicional se desenvolve em dois planos distintos – o de conhecimento e o de execução –, e uma vez que as *ações*, como formas procedimentais de obter a prestação jurisdicional, devem amoldar-se ao tipo de tutela visado, podemos dizer que há dois tipos básicos de ações:

(a) as ações de conhecimento; e

(b) as ações de execução.

---

148 "Anais do V Encontro dos Tribunais de Alçada do Brasil (Cíveis)", Rio de Janeiro, 1982, p. 173. Igual é o pensamento de FABRÍCIO, Adroaldo Furtado. *Comentários ao Código de Processo Civil*. 8. ed. Rio de Janeiro: Forense, 2001, v. VIII, t. III, n. 312, p. 370-374.

149 PONTES DE MIRANDA, Francisco Cavalcanti. *Tratado de direito privado*. Atual. por Luiz Edson Fachin. São Paulo: Ed. RT, 2012, t. X, p. 293.

150 "Em ação de reintegração de posse, inexistindo a composse, é dispensável a participação do cônjuge para o processamento válido da ação" (STJ, 4ª T., REsp 978.939/MT, Rel. Min. Raul Araújo, ac. 15.12.2011, *DJe* 18.12.2014).

Com as primeiras procura-se definir o direito subjetivo envolvido no litígio das partes; com as executivas busca-se a alteração da situação material, para pô-la em consonância com o direito subjetivo já reconhecido a uma das partes. E, em qualquer uma delas, com a tutela provisória, tomam-se apenas medidas de precaução contra alterações na situação litigiosa, enquanto se aguarda a solução definitiva da lide em processos principais ulteriores (de conhecimento ou de execução). As ações de conhecimento, por sua vez, subdividem-se em três subespécies: as condenatórias, as constitutivas e as declaratórias.

Para sediar um procedimento na classificação *supra* não raro se encontram sérias dificuldades, visto que, mormente no caso de "procedimentos especiais", nem sempre se localiza, com pureza, uma só espécie de atividade jurisdicional.

Nesses casos em que, numa só relação processual, acham-se mesclados atos ou elementos tanto do processo de conhecimento como do de execução, a ação deve ser classificada em função da atividade jurisdicional preponderante. Se há maior carga de *realização prática* do direito subjetivo do autor, a ação será executiva; se predomina a *definição de direitos*, a ação será de conhecimento.

Dito isto, poderemos verificar que nos interditos possessórios a pretensão do autor e o provimento do juiz, embora não prescindam da definição de dados fáticos imprecisos, voltam-se para um objetivo *final* e largamente *preponderante*, que é o de manter ou alterar o mundo material em que se instalou a lide. O que pretende o autor e o que lhe dá o juiz, em última análise, são ordens a serem imediatamente executadas no plano objetivo do bem litigioso. Máxime na hipótese de ação reintegratória, o que se busca é a tomada física do bem que se acha sob o poder do esbulhador, para restituí-lo ao possuidor esbulhado.

Daí a conclusão de Pontes de Miranda, dentro do mais puro rigor técnico, de que "a ação de reintegração é *ação executiva*". A sentença que a acolhe só mediatamente tem eficácia condenatória e declarativa. Sua *força* processual é *executiva*.[151] O juiz não condena, propriamente, o esbulhador a devolver a coisa, e sim ordena a imediata expedição de um mandado a ser cumprido coativamente pelos órgãos auxiliares do juízo contra o esbulhador e em favor do esbulhado.

Dessa natureza *executiva* das ações possessórias decorrem dois efeitos importantíssimos, a saber:

(*a*) a inexistência de embargos à execução; e

(*b*) a ausência de efeito suspensivo no recurso de apelação contra a sentença que defere a tutela possessória.

Realmente, sendo a ação possessória executiva desde a sua propositura, tanto que o ato material de invasão da esfera patrimonial do demandado pode ocorrer até mesmo antes da citação (CPC/2015, art. 562),[152] não condiz com a natureza dessa ação a dicotomia de cognição e execução em processos distintos. Inexiste, em face do ataque à posse, uma ação de condenação e uma posterior ação de execução de sentença. O procedimento especial dos arts. 554 *usque* 568 do CPC/2015 é, na verdade, *unitário*, por compreender, na mesma relação jurídica, tanto os atos de conhecimento como os de execução.

Doutrina e jurisprudência estão, aliás, já eram acordes em que "não há, nos interditos, instância executória", de sorte que "a posse é mantida ou restituída de plano, ao vencedor da ação, mediante simples expedição de mandado de manutenção ou reintegração".[153]

---

[151] PONTES DE MIRANDA, Francisco Cavalcanti. *Comentários ao Código de Processo Civil*. 2. ed. Rio de Janeiro: Forense, 2004, t. XIII, p. 186.

[152] STJ, 3ª T., REsp 1.232.904/SP, Rel. Min. Nancy Andrighi, ac. 14.05.2013, *DJe* 23.05.2013.

[153] ARZUA, Guido. *Posse, o direito e o processo*. 2. ed. São Paulo: Ed. RT, 1978, p. 189.

"Corolário da negativa da existência de execução formal – entrega de coisa certa – é o descabimento de embargos à execução",[154] já que a diligência executiva, nos interditos, é feita imediatamente, ante a consideração de que se impõe, antes de tudo, o desfazimento de uma violência à posse.[155]

Em matéria de embargos à execução do julgado possessório, sempre se fez, porém, duas ressalvas, cujo acatamento, na essência, subsiste diante do Código atual:

(a) o caráter unitário do procedimento, segundo a antiga concepção interdital, referese tão somente à tutela específica da posse e não atinge os pedidos complementares, acaso cumulados, como os de perdas e danos (CPC/1973, art. 921; CPC/2015, art. 555), cuja acolhida conduz a uma execução de sentença por quantia certa, em procedimento adequado. Não se quer, com isso, dizer que há necessidade de uma nova ação, a *actio iudicati*, visto que não mais existe ação executiva autônoma para os títulos executivos judiciais, sujeitando-se, todos eles, à executividade imediata, a exemplo dos mandados de tutela possessória (CPC/2015, art. 513). A sentença da ação possessória é, nesse aspecto, executiva *lato sensu*, tanto na medida de tutela da posse como nas condenações acessórias; o procedimento do cumprimento da sentença é que varia, conforme o objeto da condenação: imediata expedição de mandado de reintegração na posse para cumprir o conteúdo principal do interdito possessório; e observância em separado do procedimento do cumprimento da sentença por quantia certa, para exigir a soma correspondente às condenações acessórias (CPC, art. 523 e ss.);

(b) se, porém, o demandado foi revel e nula ou ausente a citação, não haveria, ao tempo do Código anterior, de se lhe recusar o uso excepcional dos embargos à execução. A propósito, decidia-se, com acerto, que "o vício de citação nula pode ser invocado em todas as espécies de execução". E, "se é certo que, em princípio, a execução nas possessórias deve ser feita por simples mandado, não comportando impugnação por embargos, não menos exato que, em havendo alegação de nulidade da citação, admitem-se os embargos que seriam sucedâneos da ação direta".[156] Essa ressalva era importante porque feita ao tempo em que as sentenças eram objeto de execução por meio de ação separada (*actio iudicati*). Hoje, a questão perdeu sentido, porque o regime de cumprimento de sentença unificou o processo de conhecimento e o de execução. Dessa maneira, não há mais embargos à execução de sentença. Tudo se discute em "impugnação" incidental ao cumprimento do título judicial, seja a sentença pronunciada em ação comum, seja em interdito possessório.

Outra decorrência importante da natureza executiva da ação possessória é a que se relaciona com a eficácia não suspensiva da apelação que ataca a sentença, quando esta ordena a expedição do mandado de tutela da posse. Em se tratando de executiva *lato sensu*, a discussão que se trava no bojo da ação possessória equivale aos embargos de executado, para os fins do art. 1.012, § 1º, III, do CPC/2015.

Daí manter-se atual a lição de Pontes de Miranda, segundo a qual, tanto na ação de manutenção como na de reintegração de posse, não pode incidir a eficácia suspensiva da apelação. Assim como a medida liminar deferida *initio litis* não se suspende pelo agravo, quando o vencido apela da sentença que a confirma também não se pode deixar de cumprir

---

154 ARZUA, Guido. *Posse, o direito e o processo*. 2. ed. São Paulo: Ed. RT, 1978, p. 191.

155 PONTES DE MIRANDA, Francisco Cavalcanti. *Comentários ao Código de Processo Civil*. 2. ed. Rio de Janeiro: Forense, 1975, v. VII, p. 248.

156 1º TACiv.-SP, MS 249.540, Rel. Juiz Gonçalves Santana, ac. 18.10.1978, *RT* 524/123.

o mandado deferido pela sentença final só porque houve apelação. Nesses casos, "não se deve negar o cumprimento da sentença desde logo" e, por isso, "ao receber a apelação, cabe-lhe (isto é, ao juiz) dizer que só a recebe no efeito devolutivo".[157]

Aliás, o CPC/2015 definiu, em seu art. 1.012, § 1º, V, que começa a produzir efeitos imediatamente após sua publicação a sentença que "(...) confirma, concede ou revoga tutela provisória", mesmo que contra ela se tenha interposto o recurso de apelação.

O réu revel também não depende de ação de embargos para acusar a nulidade da citação, que compromete a viabilidade do cumprimento da sentença. Poderá, a qualquer tempo, arguir em impugnação incidental, durante a fase de execução do julgado. É bom lembrar que o CPC/2015, a propósito do regime de impugnação ao cumprimento de sentença, o aplica indistintamente a todas as obrigações (de quantia certa, de fazer ou não fazer, e de entregar coisa) (CPC/2015, art. 525 c/c art. 536, § 4º).

90.1. Reintegração inviabilizada. Conversão em perdas e danos

Pode acontecer que, não tendo ocorrido por qualquer razão a reintegração liminar, ao final do processo o cumprimento da sentença que a defere em caráter definitivo encontre óbice intransponível. O caso é de conversão da execução específica na substitutiva, transformando a reintegração de posse inviabilizada em perdas e danos. A jurisprudência já adotou essa solução em alguns casos, como o de o terreno disputado ter sido ocupado pela implantação de uma grande indústria em razão de ação expropriatória julgada definitivamente antes da conclusão da possessória.

Funda-se essa orientação no regime geral do Código Civil (arts. 236 e 239), que prevê a substituição da obrigação de restituir coisa por indenização de perdas e danos, sempre que o bem devido se perder por culpa do devedor. Apoia-se, ainda, na regra do CPC/2015, que no art. 809 assegura ao exequente o direito de receber, na execução para entrega de coisa, "além de perdas e danos, o valor da coisa, quando essa se deteriorar, não lhe for entregue, não for encontrada ou não for reclamada do poder de terceiro adquirente".

Um outro exemplo a lembrar foi dado por acórdão do STJ que se deparou com o cumprimento de uma sentença de reintegração de posse, em favor do proprietário, sobre área invadida há mais de dez anos e que, ao tempo da execução, achava-se ocupada por um populoso bairro, com vida própria e dotado de infraestrutura urbana. Manteve-se naquela Alta Corte o acórdão do TJMG que havia determinado a conversão da medida reintegratória em perdas e danos, diante do interesse público, social e coletivo. O cumprimento da reintegração na forma específica somente foi mantido no espaço físico da área ocupada pelos primitivos invasores, identificados quando do ajuizamento da ação. O decisório afirmou que não poderia ser desconsiderado o surgimento do bairro onde inúmeras famílias construíram suas vidas, sob pena de cometer-se injustiça maior a pretexto de fazer justiça, levando-se em conta ainda a garantia de "proteção e efetivação dos direitos à moradia, ao mínimo existencial e, última análise, mas não menos relevante, do direito à vida com dignidade". Com esse juízo justificado pelos princípios da proporcionalidade e da ponderação, o aresto concluiu pela impossibilidade, no caso concreto, da reintegração da posse. Reconheceu-se, outrossim, a "possibilidade de conversão da prestação originária em alternativa", nos moldes do art. 461-A do CPC/1973.[158]

---

[157] PONTES DE MIRANDA, Francisco Cavalcanti. *Comentários ao Código de Processo Civil*. 2. ed. Rio de Janeiro: Forense, 2004, v. VII, p. 199.

[158] STJ, 4ª T., REsp 1.302.736/MG, Rel. Min. Luis Felipe Salomão, ac. 12.04.2016, *DJe* 23.05.2016. No mesmo sentido: STJ, 1ª T., REsp 1.442.440/AC, Rel. Min. Gurgel de Faria, ac. 07.12.2017, *DJe* 15.02.2018.

91. Cumulação de pedidos

O pedido genuinamente possessório é o do mandado de reintegração, de manutenção ou de proibição contra o que agride ou ameaça agredir a posse do autor. A petição inicial terá, portanto, no juízo possessório, de conter, necessariamente, o pedido de uma das medidas *supra*. Permite a lei, todavia, (CPC/2015, art. 555) que o autor faça, ao lado do pedido possessório, a cumulação de outros, que tenham por objeto o seguinte:

(a) condenação em perdas e danos (inciso I);
(b) indenização dos frutos (inciso II);
(c) imposição de medidas necessárias e adequadas para evitar nova turbação ou esbulho e cumprir-se a tutela provisória ou final (parágrafo único).

Essas cumulações devem restringir-se, porém, a pretensões diretamente ligadas ao evento possessório, ou seja, a indenização há de referir-se a danos que o réu causou ao bem esbulhado ou turbado, a pena há de referir-se à reiteração do esbulho ou turbação que foi a causa da ação.

Em se tratando de ação dúplice, também o réu pode, na contestação, formular pedidos cumulados contra o autor, dentro dos limites do art. 555. Não há necessidade de reconvir.

Sobre a matéria de perdas e danos, o erro mais frequente consiste em formular o autor, ao final da petição inicial, um lacônico acréscimo de indenização, sem qualquer especificação a respeito da natureza e extensão do dano ocorrido. Ora, é por demais sabido que o pedido tem de ser *determinado* (art. 324), pelo que não se tolera uma pretensão indenizatória sem a exata indicação do fato que a justifica e delimita. O pedido pode ser genérico, é verdade, mas apenas no tocante ao seu quantitativo. A lesão tem de ser concretamente apontada na petição inicial e comprovada durante a instrução da causa. O que pode ficar relegado para a fase de execução de sentença é apenas a operação de definir o *quantum* do prejuízo já alegado e provado.

Da cumulação de pedidos resulta, outrossim, diversidade de natureza da sentença e de sua força executiva: a ordem de tutela específica da posse é imediatamente realizável, porque a sentença é, na espécie, executiva *lato sensu*; já a condenação a perdas e danos pode exigir uma ulterior liquidação de sentença (art. 509) e a execução haverá de amoldar-se ao rito próprio para as obrigações de quantia certa (arts. 523 e ss.).

Entre os danos provocados pelo esbulho, incluem-se construções e plantações que não interessam ao possuidor. A remoção ou demolição de tais acessões inúteis acarretam prejuízos que o esbulhador tem de reparar nos termos do inciso I do art. 555. Nesse caso, ao possuidor caberá promover o desfazimento, cobrando o respectivo custo da parte sucumbente, além dos demais prejuízos que a privação da posse lhe acarretou, como, por exemplo, desgaste ou deterioração do bem e frutos ou rendimentos que deixou de perceber.

Importante ressaltar o acréscimo feito pelo CPC/2015 ao permitir a cumulação do pedido possessório à indenização dos frutos (art. 555, II). A reparação inclui os frutos pendentes e os esperados.[159] Pense-se no caso de o proprietário esbulhado ficar privado das rendas locatícias ou relativas a outros negócios que poderiam ser realizados caso não tivesse ocorrido a violação da posse.[160]

---

159 FABRÍCIO, Adroaldo Furtado. In: WAMBIER, Teresa Arruda Alvim; CONCEIÇÃO, Maria Lúcia Lins; RIBEIRO, Leonardo Ferres da Silva; MELLO, Rogerio Licastro Torres. *Primeiros comentários ao novo Código de Processo Civil* – artigo por artigo. São Paulo: Ed. RT, 2015, p. 1.443.

160 WAMBIER, Teresa Arruda Alvim; CONCEIÇÃO, Maria Lúcia Lins; RIBEIRO, Leonardo Ferres da Silva; MELLO, Rogerio Licastro Torres. *Primeiros comentários ao novo Código de Processo Civil* – artigo por artigo. São Paulo: Ed. RT, 2015, p. 918.

92. Interdito proibitório

Enquanto os interditos de reintegração e manutenção pressupõem lesão à posse já consumada, o interdito proibitório é de natureza preventiva e tem por objetivo impedir que se consume dano apenas temido. O mandado que o possuidor obtém, na última hipótese, é de segurança contra esbulho ou turbação iminente, no qual, além da interdição do mal ameaçado, haverá também a cominação de pena pecuniária para eventualidade de transgressão do preceito (CPC/2015, art. 567).

A estrutura do interdito proibitório é, portanto, de uma ação cominatória, para exigir do demandado uma prestação de fazer negativa, *i.e.*, abster-se da moléstia à posse do autor, sob pena de incorrer em multa pecuniária.

A força do interdito, porém, não se exaure na imposição de multa ao infrator, pois, se assim fosse, a ação destoaria da característica básica dos remédios possessórios, que é a de tutelar *materialmente* o fato da posse. Daí prever o art. 568 que toda a regulamentação dos interditos de reintegração e de manutenção aplica-se igualmente ao interdito proibitório.

Isso quer dizer que não só o procedimento é igual, como também a força do mandado judicial. Dessa maneira, verificada no curso do processo a consumação do dano temido, a ação transforma-se *ipso iure* em interdito de reintegração ou de manutenção, e, como tal, será julgada e executada.[161]

Para manejar o interdito proibitório, deverá, outrossim, demonstrar o interessado um *fundado receio* de dano, e não apenas manifestar um receio subjetivo sem apoio em dados concretos aferíveis pelo juiz.

A ação, *in casu*, é sempre de força nova, porque a própria citação tem força de interditar a prática do ato que se teme seja adotado pelo réu em prejuízo do autor. Por isso, o despacho da petição inicial só pode ser dado quando o promovente apresente elementos de convicção adequados para a obtenção de medida liminar, segundo a sistemática do art. 562 (prova documental ou justificação).

É bom lembrar, finalmente, que não se deve considerar ameaça à posse simples manifestação do propósito de usar medidas judiciais para reclamar direitos sobre o bem retido pelo possuidor. As disputas dominiais, sem agressão arbitrária ao estado de fato em que se acha o possuidor, são irrelevantes para o mundo possessório. São as ameaças de medidas agressivas na ordem prática ou material que ensejam o recurso ao interdito proibitório. Qualquer outro tipo de receio, que não seja o da *violência iminente*, portanto, não configura o *justo receio*, de que fala o art. 567 do CPC/2015.

---

[161] Além da pena pecuniária, sofrerá o transgressor a execução direta, por via do mandado de reintegração ou de manutenção em favor do autor. "Verificada a moléstia à posse, transmuda-se automaticamente o interdito proibitório em ação de manutenção ou de reintegração, bastando apenas que a parte comunique o fato ao juiz (*RT* 490/75)" (NEGRÃO, Theotonio. *Código de Processo Civil e legislação processual em vigor*. 18. ed. São Paulo: Ed. RT, 1988, p. 382). Cf., no mesmo sentido, BEVILÁQUA, Clóvis. *Direito das coisas*. 4. ed. Rio de Janeiro: Forense, 1956, v. I, § 21, p. 64; FABRÍCIO, Adroaldo Furtado. *Comentários ao Código de Processo Civil*. 8. ed. Rio de Janeiro: Forense, 2001, v. VIII, t. III, n. 389, p. 453.

§ 9º ALGUNS INCIDENTES REGISTRÁVEIS NOS INTERDITOS

93. Embargos de terceiro

Já se decidiu que "os embargos de terceiro só são cabíveis contra ato de *apreensão judicial*, e dessa natureza não participa a determinação da sentença para restituição do domínio e posse de bens".[162] Assim, contramandados de despejo ou de reintegração de posse, não teria defesa o terceiro pela via dos embargos do art. 674 do CPC/2015.

Os embargos de terceiro, todavia, como remédio de defesa do estranho ao processo, contra o esbulho judicial, não têm o acanhado limite que se pretendeu fixar nessa jurisprudência, flagrantemente minoritária. Os atos de constrição ou ameaça de constrição a que alude o art. 674 podem ser o arresto, a penhora, o sequestro, entre outros. Não são, entretanto, apenas estes. Aliás, o art. 674 do CPC/2015 não destina os embargos de terceiro apenas à proteção da posse, pois expressamente admite seu emprego contra "constrição ou ameaça de constrição sobre bens" de quem não seja parte no processo. Certo, outrossim, é que por se tratar de ação incidental, é imprescindível que haja processo em curso, seja ele de conhecimento ou de execução, definitiva ou provisória, e seja determinada a constrição,[163] para poder se cogitar de embargos de terceiro.

No estágio atual de nosso direito, a ação de embargos de terceiro é via ampla de tutela do estranho ao processo, em face do ato judicial, quando sua posse ou domínio sofra qualquer moléstia. A expressão "constrição ou ameaça de constrição", utilizada pelo legislador no referido dispositivo do CPC/2015, é genérica e engloba qualquer ato de apreensão judicial. Com efeito, o artigo em questão faz referência a "bens que possua ou sobre os quais tenha direito incompatível com o ato constritivo", o que sugere, inclusive, a possibilidade de embargos para defender direito sobre bens imateriais, como já permitido pela jurisprudência.[164]

Os institutos processuais devem ser interpretados e utilizados segundo a sua finalidade maior e de acordo com os interesses que a lei realmente quis proteger, e nunca por meio de simples exegese literal, que não vai além do sentido gramatical das palavras, nem sempre precisas, com que o legislador os disciplinou.

Se "os embargos de terceiro, no CPC vigente, constituem meio idôneo de proteção de domínio e posse ou de direito real ou obrigação que confere posse sobre coisa alheia",[165] impõe-se concluir, com a jurisprudência dominante, que: "Admitem-se embargos de terceiro contra *qualquer ato de apreensão judicial*, praticado em *qualquer ação ou execução*, desde que resulte prejudicial ao embargante ou seja incompatível com um seu direito".[166]

Sempre, pois, que a atuação do Poder Judiciário ultrapassar os limites subjetivos do processo, aquele que, não estando alcançado pela relação processual, se vir na iminência de sofrer violação ou ameaça em seus direitos, terá a seu dispor os embargos de terceiro.

Por isso, como conceitua Hamilton de Moraes e Barros, no estágio de hoje de nosso direito, os embargos de terceiro "são uma ação especial, de procedimento sumário, destinada a excluir bens de terceiro que estão sendo, ilegitimamente, *objeto de ações alheias*".[167]

---

162 TARJ, MS 352, ac. 01.07.1975, *RT* 487/193.

163 WAMBIER, Teresa Arruda Alvim *et al. Primeiros comentários ao novo Código de Processo Civil* – artigo por artigo. São Paulo: Ed. RT, 2015, p. 1.009.

164 WAMBIER, Teresa Arruda Alvim *et al. Primeiros comentários ao novo Código de Processo Civil* – artigo por artigo. São Paulo: Ed. RT, 2015, p. 1.010.

165 2º TACIv.-SP, Ap 29.110, ac. 20.08.1975, *RT* 481/156.

166 TJPR, Ap 648, ac. 20.08.1974, *Rev. For.* 253/342.

167 BARROS, Hamilton de Moraes e. *Comentários ao Código de Processo Civil.* 2. ed. Rio de Janeiro: Forense, 1980, v. IX, n. 186, p. 358.

Daí admitir Adroaldo Furtado Fabrício, dentro desse largo espectro do remédio processual do art. 674, que no caso de execução de sentença possessória, havendo moléstia a quem não foi parte do interdito, os atos executórios *lato sensu* poderão ser atacados pelo remédio específico e adequado, que são os embargos de terceiro.[168] E, na mesma linha, segue Guido Arzua, para quem "o terceiro pode intrometer-se na execução (da possessória), com embargos a ela".[169]

Na realidade, nem mesmo se pode afirmar que no cumprimento do mandado reintegratório inocorre "apreensão judicial". Se a apreensão, *in casu*, não é duradoura, é, pelo menos, transitória, *i.e.*, ocorre necessariamente naqueles instantes em que o Poder Público toma o bem do poder de uma parte para em seguida entregá-lo ao vencedor da causa.

Assim, embora se depare, no regime do CPC/1973, com pequena divergência jurisprudencial, o certo, porém, é que o melhor entendimento, aliás, dominante nos Tribunais, é, a exemplo da doutrina, no sentido de que "podem ser oferecidos embargos de terceiro na fase de execução de mandado de reintegração de posse".[170] Na sistemática do CPC/2015, que deu maior amplitude ao instituto, outro não pode ser o entendimento. Releva notar que a lei atual suprimiu o caráter de sumariedade e provisoriedade dos embargos de terceiro, dispondo que seu processamento seguirá o procedimento comum (CPC/2015, art. 679), e que seu acolhimento em sentença de mérito se dará por meio do cancelamento da constrição judicial indevida e com o reconhecimento do domínio, da manutenção da posse ou da reintegração definitiva do bem ou do direito ao embargante (CPC/2015, art. 681).

Quanto ao prazo para oposição dos embargos de terceiro (art. 674 do CPC/2015) em oposição à execução da sentença em ação de reintegração de posse, deve ser contado "da data em que houver ele (o terceiro) sofrido o alegado esbulho", *i.e.*, da data em que se cumpriu o indevido mandado reintegratório.[171]

94. Medida liminar e mandado de segurança

O deferimento, ou não, da medida liminar, nas ações possessórias, se dá por meio de decisão interlocutória, desafiadora, portanto, do recurso de agravo de instrumento, como já se esclareceu no item nº 81.[172]

O Código atual manteve a sistemática do anterior, permitindo ao relator atribuir efeito suspensivo ao recurso ou deferir, em antecipação de tutela, total ou parcialmente, a pretensão recursal (art. 1.019, I, do CPC/2015). Com isso eliminou-se a inconveniente praxe de utilizar o mandado de segurança como complemento do agravo manejado contra as liminares possessórias.[173]

---

[168] *Rev. Forense* 272/252.

[169] ARZUA, Guido. *Posse, o direito e o processo*. 2. ed. São Paulo: Ed. RT, 1978, p. 192.

[170] 1º TACiv.-SP, Ap 232.697, ac. 08.06.1977, RT 503/143; STF, 1ª T., RE 113.113/PR, Rel. Min. Oscar Corrêa, ac. 22.03.1988, *DJU* 15.04.1988, p. 8.401, RTJ 125/1.250.

[171] ARZUA, Guido. *Posse, o direito e o processo*. 2. ed. São Paulo: Ed. RT, 1978, p. 192; STJ, 4ª T., REsp. 540.269/PR, Rel. Min. Cesar Asfor Rocha, ac. 09.09.2003, *DJU* 17.11.2003, p. 339; STJ, 3ª T., REsp. 237.581/SP, Rel. Min. Humberto Gomes de Barros, ac. 19.05.2005, *DJU* 27.06.2005, p. 361; STJ, 2ª T., REsp. 419.697/SC, Rel. Min. Herman Benjamin, ac. 26.02.2008, *DJe* 04.03.2009.

[172] BARBOSA MOREIRA, José Carlos. *Comentários ao Código de Processo Civil*. 4. ed. Rio de Janeiro: Forense, 1981, v. V, p. 278.

[173] Sobre o uso do mandado de segurança contra decisão judicial, ver, adiante, o item nº 508.

95. Embargos de retenção

Já demonstramos que as ações possessórias são procedimentos especiais *unitários*, ou seja, procedimentos que englobam, numa só relação processual, toda a atividade jurisdicional, desde a cognição à execução. Inexistindo execução de sentença, como processo separado tendente a entrega de coisa certa, não se aplicam às ações de manutenção e reintegração de posse as regras pertinentes à execução forçada e seus embargos.[174]

Não há, em suma, nos interditos, instância executória, já que a posse é mantida ou restituída, de plano, ao vencedor da ação, mediante simples expedição de mandado de manutenção ou reintegração. Logo, se o demandado tem benfeitorias a indenizar, e pretende exercer, se cabível, o direito de retenção, há de fazê-lo no curso da ação por meio da contestação, e nunca por via de "embargos de retenção", após a sentença, porque tais embargos pressupõem, logicamente, a existência de uma ação de execução autônoma, nos moldes dos títulos que justificam o procedimento para a entrega de coisa certa, disciplinado pelos arts. 806 a 810 em combinação com o art. 917, IV. Em outros termos: os embargos de retenção atualmente previstos no CPC/2015 aplicam-se apenas às execuções para entrega de coisa fundadas em título extrajudicial.

Na verdade, desde a edição da Lei nº 11.382, de 06.12.2006, à época do CPC de 1973, não mais se atribuía a esse tipo de oposição um procedimento próprio e distinto daquele denominado de "embargos à execução". O direito de retenção passou a ser tratado como uma das matérias arguíveis na figura geral e única dos embargos manejáveis contra a execução dos títulos extrajudiciais.

96. Nomeação à autoria e denunciação da lide

A nomeação à autoria foi suprimida pelo Código atual, de modo que a alegação de ilegitimidade passiva deve ser feita na própria contestação, como preliminar (CPC/2015, arts. 337, XI, 338 e 339) (sobre o tema, ver item nº 602 do v. I).

O CPC/2015 também suprimiu em relação à possessória a denunciação da lide, em sua antiga especificidade. Assim, caso o possuidor direto venha a ser perturbado no uso e gozo da coisa, não terá como forçar o indireto a defender a continuidade de sua posse, dentro do processo movido ao primeiro. Poderá, todavia, valer-se da denunciação da lide para apenas exercer regressivamente o direito de ser reparado pelas perdas e danos decorrentes da eventual perda da posse, a qual ao possuidor indireto cabia assegurar. É, *v.g.*, o que se passa na relação travada entre o locador e o locatário. Aquele cede a posse direta a este e contrai, legalmente, a obrigação de garanti-la, enquanto viger o contrato (CC, art. 566, II). Logo, se o inquilino é desapossado por ação de terceiro, tem o direito de se voltar regressivamente contra o senhorio para haver a reparação cabível.

---

[174] LIEBMAN, Enrico Tullio. *Processo de execução*. 3. ed. São Paulo: Saraiva, 1968, n. 94, p. 164; TJSP, *RT* 290/232.

Fluxograma nº 4 – Ação de força velha: reintegração e manutenção de posse (art. 558, parágrafo único)

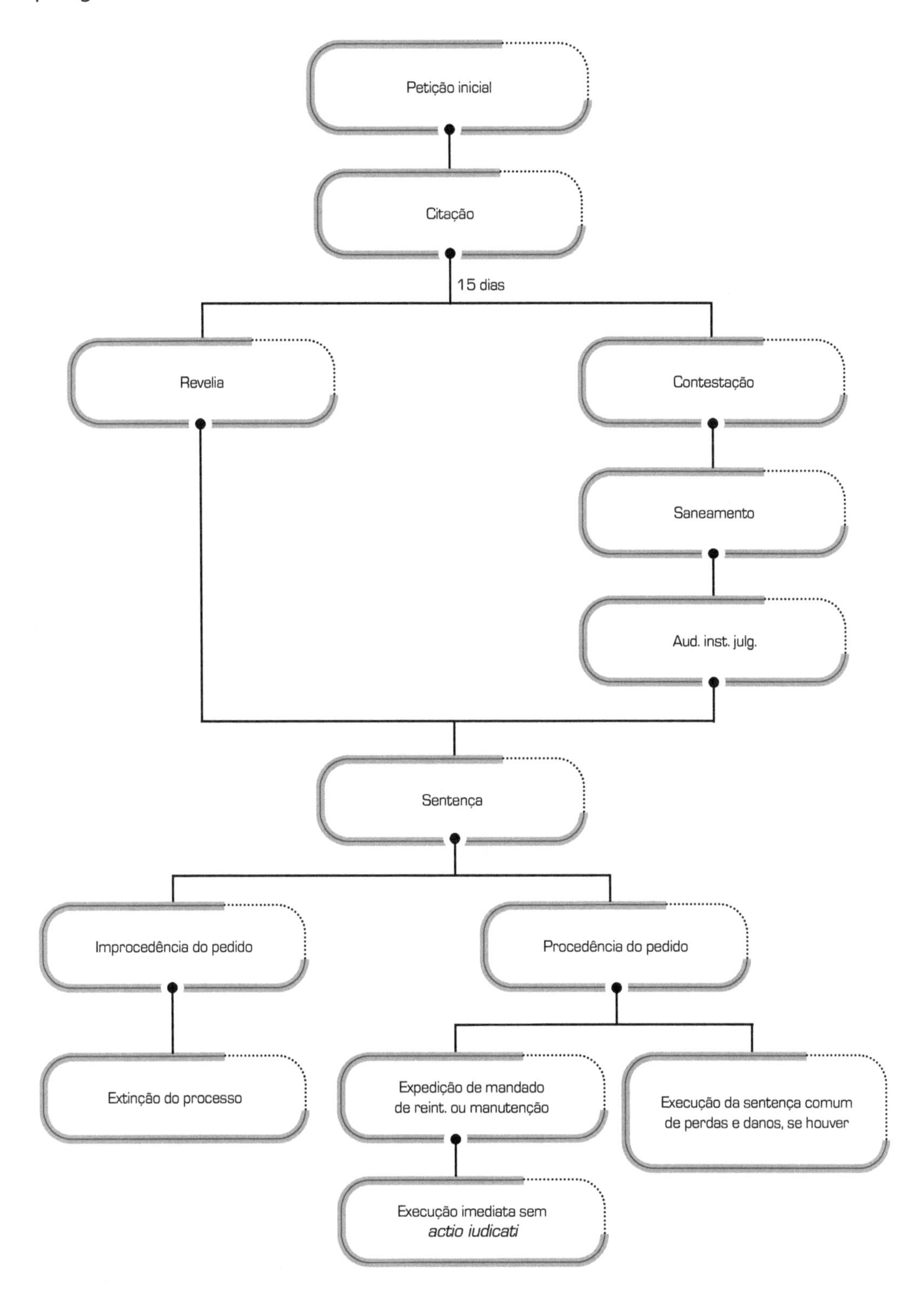

Fluxograma nº 5 – Ação de força nova: reintegração e manutenção de posse (arts. 560 a 566)

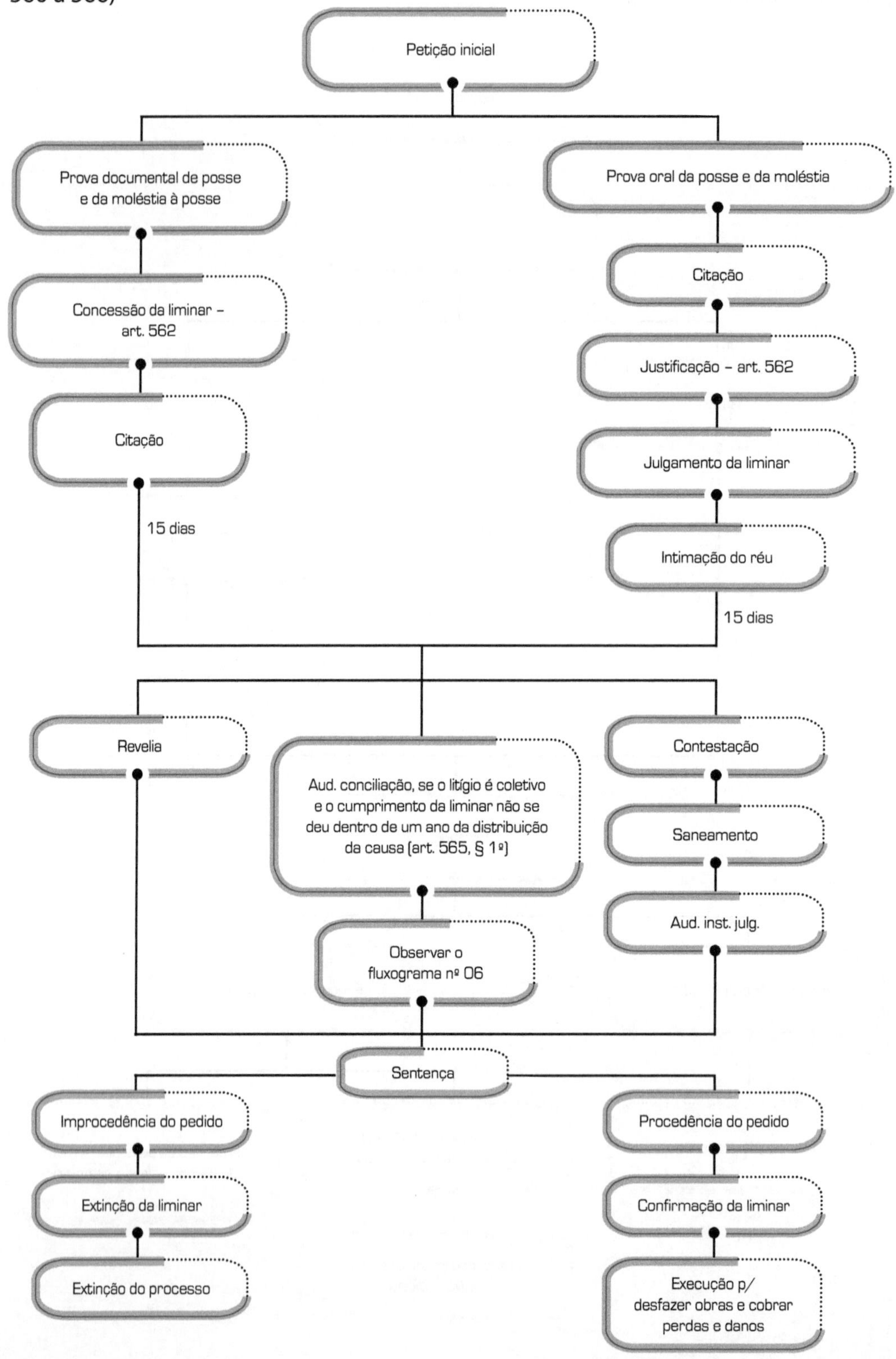

Fluxograma nº 6 – Ação de força velha: litígio coletivo (art. 565)

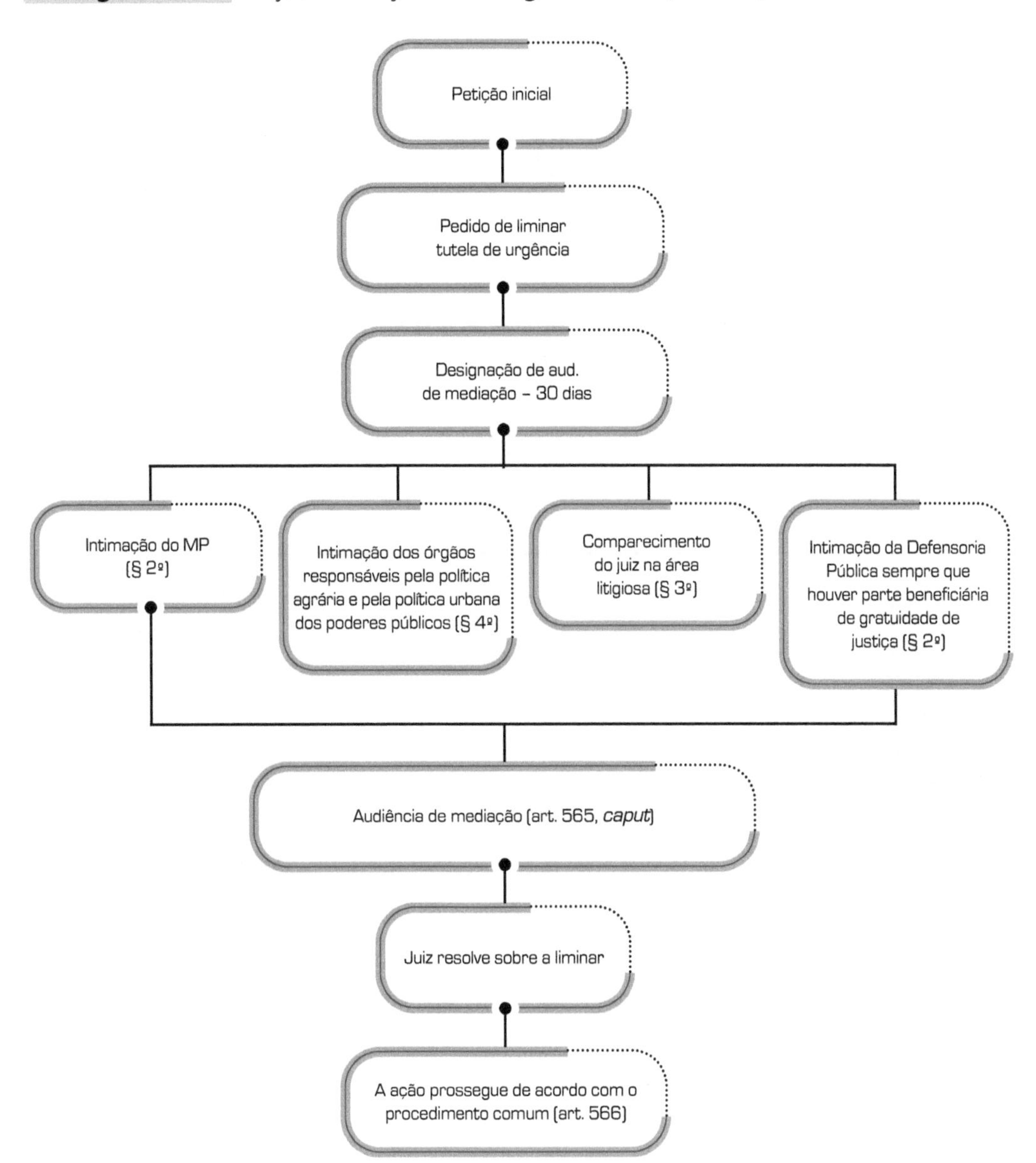

Fluxograma nº 7 – Interdito proibitório (arts. 567 e 568)

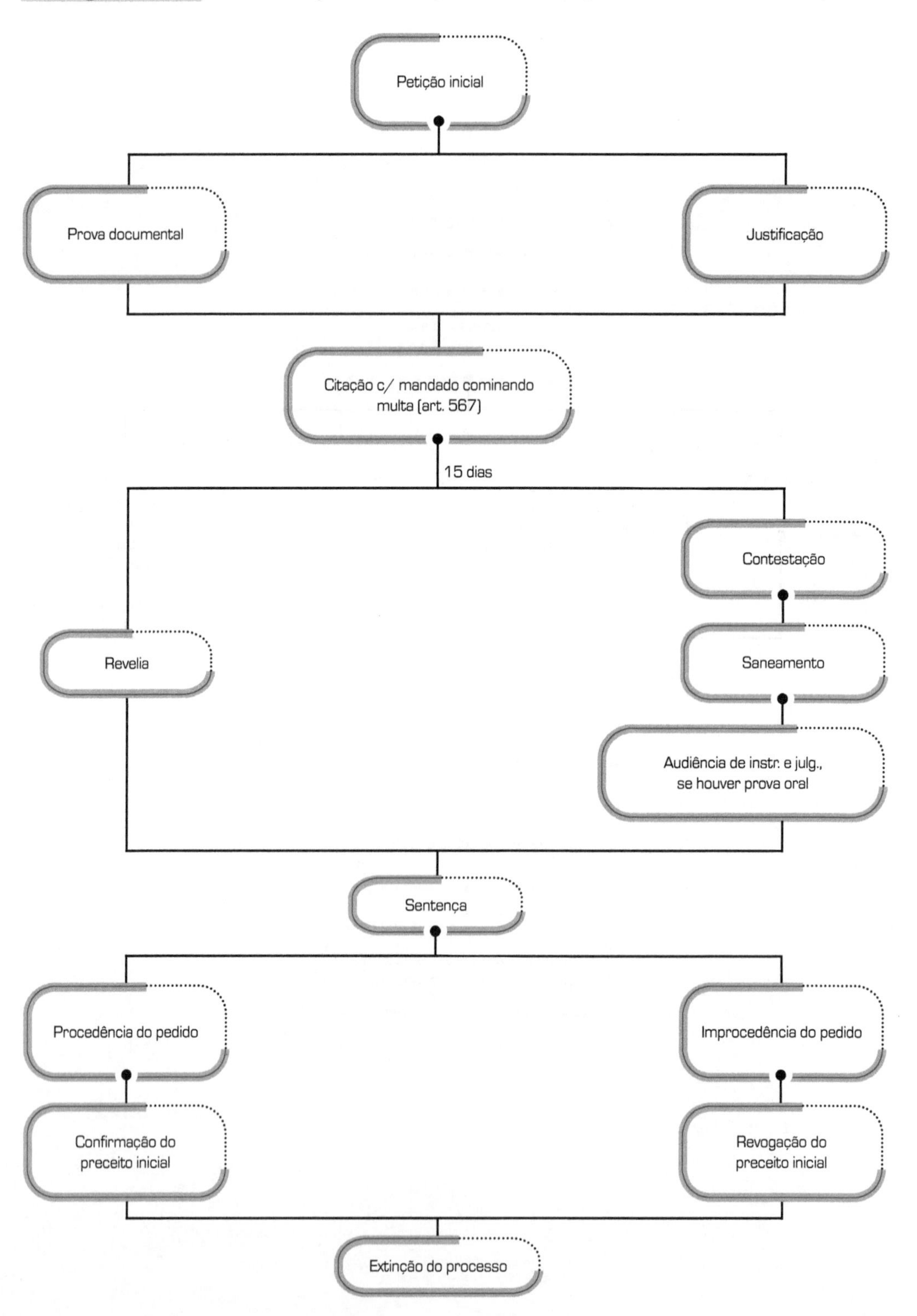

Capítulo V
AÇÃO DE DIVISÃO E DA DEMARCAÇÃO DE TERRAS PARTICULARES

§ 10. GENERALIDADES

97. Introdução

Tanto o direito de dividir o imóvel comum como o direito de demarcá-lo tem sede no direito civil, sendo o primeiro inerente à *propriedade* e o segundo, uma das manifestações dos chamados *direitos de vizinhança.*

Os problemas que estes direitos subjetivos materiais suscitam são complexos e peculiares. Exigem, por isso, tratamento processual particular, fora dos limites do procedimento comum ou ordinário. Daí o estabelecimento de *procedimentos especiais* pelo Código de Processo Civil, rotulados tradicionalmente de *ação de divisão e ação de demarcação* (Capítulo IV do Título III da Parte Especial do CPC/2015).

O estado de comunhão – segundo antiquíssimo reconhecimento – "é necessariamente transitório; como afirmou Ulpiano, no Digesto frag., 26, § 4º, *nemo invitus compellitur ad communionem* – ninguém é obrigado a permanecer na comunhão. Pouco importa a causa geradora desta. Ao comunheiro assiste sempre o direito de pedir o seu desfazimento".[1]

Assim é que o art. 1.320 do Código Civil dispõe que "a todo tempo será lícito ao condômino exigir a divisão da coisa comum"; e o art. 1.315 do mesmo Código determina que todos os condôminos devem suportar, proporcionalmente, os gastos da divisão.

Por outro lado, para que o poder exclusivo conferido pelo direito de propriedade ao respectivo titular seja efetivamente exercido, é indispensável que o *objeto* do direito seja precisamente identificado. E quando se trata de imóvel, essa identificação só é possível por meio dos limites que o separam e o distinguem dos outros prédios contíguos.

Daí por que, entre os poderes do dono, o Código Civil inclui o de obrigar o seu confinante a proceder com ele à demarcação entre os dois prédios vizinhos, mediante estabelecimento e fixação da linha lindeira (art. 1.297).

98. Conceito das ações especiais em análise

Para o direito processual, a *ação de demarcação* é o procedimento que cabe ao proprietário, "para obrigar o seu confinante a *estremar os respectivos prédios* (g.n.), fixando-se novos limites entre eles ou aviventando-se os já apagados" (CPC/2015, art. 569, I).

Quanto à *ação de divisão*, trata-se do procedimento especial com que conta o condômino, "para obrigar os demais consortes *a estremar os quinhões*" (g.n.) (art. 569, II). Nesse passo, houve uma alteração quase que puramente redacional em relação ao texto do art. 946, II,

---

1 FARIA MOTTA, J. A. *Condomínio e vizinhança.* São Paulo: Saraiva, 1942, n. 61, p. 61.

do Código anterior: a expressão "partilhar a coisa comum" foi substituída por "estremar os quinhões". Na verdade, "partilhar a coisa comum" (quando imóvel) se dá, em regra, por meio de formação e individuação dos quinhões, que, na extinção do condomínio, passam a pertencer com exclusividade a cada ex-comunheiro.

Mas há uma razão para justificar o novo texto: é que a divisão da coisa comum nem sempre se dá por meio da partilha *in natura*; quando o condomínio se estabelece sobre coisa indivisível, sua extinção se efetua sobre o preço apurado na venda judicial, e não por meio de divisão em quinhões (CC, art. 1.322). É o que se costuma denominar de "divisão econômica", em contraposição à "divisão geodésica".

Como a *ação de divisão de terras particulares* se destina, especificamente, ao estabelecimento de glebas individuais, é mais preciso afirmar, como faz a lei nova, que seu objetivo é o de *estremar*, entre os condôminos, os *quinhões* respectivos. Se o caso for de "divisão econômica", o procedimento a observar será outro: alienação judicial (art. 730).

As ações de divisão e demarcação, tal como previstas pelo Código, referem-se apenas ao direito de propriedade sobre imóveis. No entanto, Pontes de Miranda sempre admitiu que também os compossuidores têm ação para demarcar a posse ou para dividir a composse.[2-3]

99. Cumulação de ação divisória com ação demarcatória

A possibilidade de ajuizamento cumulativo das pretensões de demarcar e dividir o mesmo imóvel é reconhecida pelo art. 570 do CPC/2015, que, reproduz, sem alteração alguma, a norma do Código anterior, cujo texto é o seguinte:

> "Art. 570. É lícita a cumulação dessas ações, caso em que deverá processar-se primeiramente a demarcação total ou parcial da coisa comum, citando-se os confinantes e os condôminos".

Na verdade, não há uma perfeita cumulação de ações, no sentido tradicional, mas uma sucessão de ações, dentro de um só processo, já que primeiro se procede à demarcação com os confinantes, e, uma vez completada esta, passa-se à divisão da área demarcada entre os comunheiros. Não há identidade de objeto, nem de partes, mas duas ações sucessivas (art. 572, *caput* e § 1º).

No tocante a estes últimos dispositivos, não há inovação a comentar, já que o CPC/2015 não foi além de pequenos retoques redacionais. Observa-se, porém, que cumuladas as duas ações, os confinantes são excluídos do processo logo após ultimada a demarcação, prosseguindo-se a divisão apenas entre os comunheiros. Ocorrendo, todavia, invasão da linha limítrofe da área dividenda, os confrontantes terão direito de vindicar "os terrenos de que se julguem despojados" (art. 572, *caput*), caso em que a ação proposta contra os condôminos ou os quinhoeiros observará os mesmos procedimentos traçados para a ação divisória simples (o art. 572, § 2º, repete, para as ações cumuladas, a mesma norma editada para a divisão simples pelo art. 594 e parágrafos) (ver, adiante, os itens nº 125 a 134).

100. Temas novos

O CPC/2015 aborda dois temas novos, a respeito dos quais era omisso o Estatuto de 1973, embora não fossem desconhecidos na jurisprudência e na doutrina:

---

2 PONTES DE MIRANDA, Francisco Cavalcanti. *Comentários ao Código de Processo Civil*. Rio de Janeiro: Forense, 1977, t. XIII, p. 406.

3 Sobre a matéria, ver THEODORO JÚNIOR, Humberto. *Terras particulares, demarcação, divisão, tapumes*. 5. ed. São Paulo: Saraiva, 2009.

(a) O primeiro deles consta do art. 571 do CPC/2015, segundo o qual "a demarcação e a divisão poderão ser realizadas por escritura pública, desde que maiores, capazes e concordes todos os interessados, observando-se, no que couber, os dispositivos deste Capítulo".

(b) O segundo vem tratado no art. 573 do CPC/2015, que permite a dispensa da prova pericial, para a demarcação de limites, quando se tratar de "imóvel georreferenciado, com averbação no registro de imóveis".

101. Divisão e demarcação consensuais

A partir de dispositivos do Código Civil, tanto de 1916 (art. 1.773 c/c art. 641) como de 2002 (art. 2.015 c/c art. 1.321), já se chegava à conclusão de que "se todas as partes interessadas estão de acordo, a demarcação ou a divisão pode-se realizar *amigavelmente*, isto é, extrajudicialmente, e a convenção que então se celebrar tem força contratual".[4]

Todavia, para que a divisão e a demarcação sejam validamente promovidas por meio de escritura pública, sem necessidade de homologação judicial, sempre se entendeu que os interessados (condôminos e confrontantes) deveriam ser maiores e capazes.[5] Já se o caso se resolver por meio de acordo por documento particular, o que se torna viável em face dos arts. 842 e 2.015 do Código Civil, bem como do art. 57 da Lei nº 9.099/1995, o negócio jurídico deverá submeter-se à homologação judicial para que possa ser levado ao Registro de Imóveis.[6]

Nesse passo, há controvérsia entre os doutrinadores, pois há quem qualifique essa homologação como ato de jurisdição contenciosa[7] e quem a considere como ato judicial administrativo ou de jurisdição voluntária.[8] A razão, a meu sentir, está com os que defendem a natureza de jurisdição voluntária, *in casu*. O que determina a contenciosidade ou não de um procedimento é o modo com que o juiz interfere no negócio jurídico disputado ou concluído entre as partes. Se é o magistrado quem dita, *ex autoritate*, a solução do conflito, a jurisdição se apresenta como contenciosa. Se, todavia, a participação do juiz é meramente integrativa, para apenas conferir eficácia ao negócio ultimado exclusivamente entre as partes, a hipótese é, sem dúvida, de jurisdição voluntária.

Essa distinção é bem delineada pelo próprio legislador, quando admite a existência de partilhas amigáveis e partilhas judiciais, e prevê que as primeiras, mesmo submetidas à homologação judicial, podem ser anuladas em ação ordinária fundada em vício de consentimento, enquanto a partilha julgada por sentença, que não é meramente homologatória, só é atacável por ação rescisória. Esse regime foi mantido pelo Código de Processo Civil (arts. 657 e 658).

A jurisprudência, tanto do STF como do STJ, acha-se consolidada no sentido de não configurar sentença de mérito, rescindível por meio de *ação rescisória*, a que se limita a

---

[4] THEODORO JÚNIOR, Humberto. *Terras particulares, demarcação, divisão, tapumes*. 5. ed. São Paulo: Saraiva, 2009, n. 72, p. 106.

[5] CARNEIRO, Paulo Cézar Pinheiro. *Comentários ao Código de Processo Civil*. Rio de Janeiro: Forense, 2006, v. IX, t. II, n. 8, p. 32.

[6] Lei nº 6.015/1973, art. 167, I, n. 23. O Provimento nº 143/2023 do CNJ regulamenta a estrutura, a geração e a validação do Código Nacional de Matrícula - CNM, dispõe sobre a escrituração da matrícula no registro de imóveis, e dá outras providências.

[7] Nesse sentido, *v.g.*, CARNEIRO, Paulo Cézar Pinheiro. *Comentários ao Código de Processo Civil*. Rio de Janeiro: Forense, 2006, v. IX, t. II, n. 8, p. 33.

[8] SANTOS, Ernane Fidélis dos. *Dos procedimentos especiais no Código de Processo Civil*. 3. ed. Rio de Janeiro: Forense, 1999, v. VI, p. 253.

homologar transação ajustada entre as partes: "Quando a sentença – para o STF – não aprecia o mérito do negócio jurídico de direito material, é *simplesmente homologatória*, não ensejando a ação rescisória. A ação para desconstituir-se transação homologada é a comum, de nulidade ou anulatória (art. 486 do CPC) (g.n.)" [CPC/2015, art. 966, § 4º].[9] Entende a Suprema Corte que a insurgência da parte não se volta contra a sentença, mas "contra o que foi objeto da manifestação de vontade das partes, a própria transação, alegando vício de coação", por exemplo.[10]

Especificamente sobre a partilha, a posição do STF sempre foi firme no sentido de sua *anulação* ser viável por meio de ação comum, e não pela rescisória, quando se tratar de sentença meramente homologatória.[11]

102. O georreferenciamento e a prova pericial

Na ação de demarcação de imóvel, a perícia sempre foi havida como prova técnica indispensável à fixação de novos limites entre os prédios confinantes ou à aviventação daqueles que se apagaram, tendo em conta o caráter altamente técnico da operação.[12]

A partir da Lei nº 10.267/2001, que alterou a Lei dos Registros Públicos (Lei nº 6.015/1973), o georreferenciamento tornou-se obrigatório para efetivação de registro de desmembramentos, parcelamentos, remembramentos e transferências de imóveis rurais (art. 176, §§ 3º e 4º).[13] Dito expediente consiste em "memorial descritivo, assinado por profissional habilitado e com a devida Anotação de Responsabilidade Técnica – ART, contendo as coordenadas dos vértices definidores dos limites dos imóveis rurais, georreferenciadas ao Sistema Geodésico Brasileiro e com precisão posicional a ser fixada pelo INCRA, garantida a isenção de custos financeiros aos proprietários de imóveis rurais cujo somatório da área não exceda a quatro módulos fiscais" (art. 225, § 3º, acrescido pela Lei nº 10.267/2001). O procedimento administrativo para se obter o georreferenciamento consta do regulamento baixado pelo INCRA, por meio da Norma de Execução nº 105, de 26.11.2012.

É por causa da existência de documento público com elementos suficientes para a exata e técnica identificação dos limites da propriedade rural que se torna dispensável a realização de perícia judicial, nas causas em que estes sejam discutidos. Acontece, porém, que a exigência legal é recente e existem inúmeros registros que, antes dela, se aperfeiçoaram sem o georreferenciamento. Além disso, mesmo existindo ele, pode o conflito surgir por divergência de títulos dos confinantes, tornando, muitas vezes, insuficiente o georreferenciamento para o

---

[9] STF, 2ª T., RE 101.303/SP, Rel. Min. Djaci Falcão, ac. 11.06.1985, *DJU* 28.02.1986, p. 2.350, *RTJ* 117/219.

[10] STF, 2ª T., RE 100.466/SP, Rel. Min. Djaci Falcão, ac. 26.04.1985, *DJU* 28.02.1986, p. 2.350. No mesmo sentido: STJ, 2ª T., REsp 884.742/PR, Rel. Min. Herman Benjamin, ac. 20.04.2010, *DJe* 28.04.2011, *RP* 201/429; STJ, 1ª T., REsp 841.066/RS, Rel. Min. Teori Albino Zavascki, ac. 15.08.2006, *DJU* 31.08.2006, p. 274. A doutrina também se posiciona nesse sentido: WAMBIER, Teresa Arruda Alvim *et al. Primeiros comentários ao novo Código de Processo Civil* – artigo por artigo. São Paulo: Ed. RT, 2015, p. 935.

[11] STJ, 3ª T., REsp 209.707/CE, Rel. Min. Antônio Pádua Ribeiro, ac. 09.11.2000, *DJU* 12.02.2001, p. 112, *RSTJ* 141/367; STJ, 4ª T., REsp 695.140/MG, Rel. Min. João Otávio de Noronha, ac. 01.09.2009, *DJe* 14.09.2009.

[12] Cf. nTHEODORO JÚNIOR, Humberto. *Terras particulares, demarcação, divisão, tapumes.* 5. ed. São Paulo: Saraiva, 2009, n. 175 e 176, p. 285-288; cf. também: STJ, 4ª T., REsp 790.206/ES, Rel. Min. Honildo Amaral de Mello Castro, ac. 04.02.2010, *DJe* 12.04.2010.

[13] Uma das grandes dificuldades para a obtenção do georreferenciamento estava na exigência da Lei nº 6.015 de que o procedimento contasse com a anuência de todos os confrontantes da área objeto de parcelamento, desmembramento ou transferência. A Lei nº 13.838/2019, entretanto, dispensou tal anuência, "bastando para tanto a declaração do requerente de que respeitou os limites e as confrontações" (Lei nº 6.015/1973, art. 176, § 13, acrescido pela referida Lei nº 13.838).

deslinde da disputa. Portanto, em situações da espécie, somente a prova técnica judicial será o caminho útil para a composição do litígio. É de se pensar também no caso em que os marcos referidos no georreferenciamento tenham desaparecido, o que reclamaria trabalho técnico para aviventá-los ou reconstituí-los. Assim, nem sempre o fato de se tratar de imóvel georreferenciado afastará a necessidade de perícia judicial em ação demarcatória.

De qualquer maneira, havendo georreferenciamento averbado no registro imobiliário, a sentença da primeira fase do procedimento quase sempre encontrará naquele registro elementos suficientes para definir a linha demarcanda. Mesmo assim, restará relevante o trabalho técnico para a segunda fase (dita executiva), destinada à materialização da linha divisória no solo, mediante documentação e homologação judiciais, atos que não prescindem do concurso da ciência da agrimensura para se consumar.

103. Sucumbência e honorários advocatícios

Dispõe o art. 1.297 do Código Civil que as despesas da demarcação devem ser proporcionalmente divididas entre os confrontantes; e o art. 1.315 do mesmo Código obriga a cada condômino suportar, na proporção de sua parte as despesas da divisão. Na categoria das despesas da divisão ou demarcação entram as custas judiciais, os gastos de peritos, os honorários de advogado e tudo mais que se despender para obtenção da sentença de extinção do condomínio ou de assinalação da linha de limite entre dois prédios contíguos. Uma vez, contudo, que o juízo divisório pode comportar outras questões estranhas à divisão e demarcação propriamente ditas, urge distinguir entre os encargos processuais do litígio travado na primeira fase do procedimento e os gastos da fase executiva do processo. Em regra, o litígio, dominial ou não, é objeto da primeira fase, que se encerra com uma sentença que admite ou não a divisão ou demarcação. O resultado desse estágio processual não diz respeito ainda aos gastos da divisão ou demarcação em sentido próprio. Vigora, portanto, a regra geral da sucumbência, competindo à parte vencida ressarcir à vencedora todas as despesas do processo, mais honorários de advogado (arts. 82, § 2º, e 85). Quanto aos gastos da segunda fase procedimental (trabalhos técnicos ou de campo, até a sentença homologatória final), a regra processual é de que, "não havendo litígio, os interessados pagarão as despesas proporcionalmente aos seus quinhões" (art. 89). Podem-se, destarte, extrair as seguintes normas quanto às despesas processuais e honorários de advogado nos juízos de divisão e demarcação:

(a) Havendo litígio, a sentença que julgar a primeira fase do procedimento divisório ou demarcatório, condenará a parte vencida ao ressarcimento da vencedora, dos gastos do processo, inclusive honorários de advogado. Admite o STJ que, ocorrida a condenação na primeira sentença, não viola o art. 20 do CPC/1973 [CPC/2015, art. 85] a ressalva de que a fixação do valor dos honorários sucumbenciais fique relegada para a sentença final homologatória.[14]

(b) Se não for contestado o pedido, na primeira fase do procedimento, sucumbência não haverá só em razão de julgar-se procedente o pedido de divisão ou demarcação. É que sendo dúplice o juízo, todos indistintamente podem assumir a titularidade da ação. A falta de contestação, na espécie, equivale à adesão dos promovidos à pretensão de dividir ou demarcar, de sorte que, assim, não haverá vencedores nem vencidos, nessa primeira fase. As despesas serão, portanto, cumuladas às da segunda fase, ou seja, figurarão como gastos necessários para se chegar à partilha ou à determinação da linha de limites.

---

[14] STJ, 3ª T., REsp 119.826/PR, Rel. Min. Nilson Naves, ac. 24.11.1997, *DJU* 02.03.1998, p. 83.

(*c*) Os gastos da segunda fase serão rateados entre os interessados, não havendo nesse estágio imposição da verba advocatícia.

O rateio das despesas entre os condôminos tomará por base o valor dos quinhões atribuídos a cada consorte, sendo indiferente a superfície deles.[15] Na demarcação, a partilha dos gastos é feita em partes iguais entre os confrontantes. Se a linha de divisa compreender, de um lado, diversos confinantes, cada um destes, pagará proporcionalmente à sua testada.[16]

---

15 OLIVEIRA LIMA, Oscar. *Divisões, demarcações, tapumes*. 2. ed. Belo Horizonte: Oscar Nicolai, 1956, § 125, p. 129.

16 OLIVEIRA LIMA, Oscar. *Divisões, demarcações, tapumes*. 2. ed. Belo Horizonte: Oscar Nicolai, 1956, § 125, p. 129.

§ 11. AÇÃO DE DEMARCAÇÃO

104. A ação de demarcação e seu procedimento. Petição inicial

A petição inicial em nada se alterou no regime do CPC/2015, cujo art. 574 repete literalmente o texto do art. 950 do Código anterior, ou seja: "Na petição inicial" – segundo os dois artigos –, "instruída com os títulos de propriedade, designar-se-á o imóvel pela situação e pela denominação, descrever-se-á os limites por constituir, aviventar ou renovar e nomear-se-ão todos os confinantes da linha demarcanda". Desse dispositivo legal, extraem-se os elementos objetivos e subjetivos da ação. Por meio dos artigos que se seguem, definem-se os atos que formarão a cadeia procedimental a ser desenvolvida desde a propositura da ação até a definição da linha de confinamento dos prédios das partes e a implantação física dos marcos que a perenizam no solo.

Observe-se que é requisito essencial da petição inicial a descrição dos "limites por constituir" (art. 574). Sobre essa matéria, já decidiu o TJSP que "sem que o promovente diga qual a linha pleiteada é impossível aos promovidos a conveniente defesa e, igualmente, ao juiz, a apreciação da controvérsia e a fixação da linha demarcatória".[17]

Não se trata, porém, de defeito insanável, em face do que dispõe o art. 321 do CPC/2015. Ao juiz competirá ordenar a emenda da inicial deficiente, já que em torno do assunto tem-se entendido que "é suprível, no decurso da lide, a falta na inicial da descrição minuciosa dos limites da coisa a demarcar".[18]

De outra parte, não deve a exigência do art. 574 se transformar na imposição ao autor de fazer uma descrição técnica e minuciosa da linha demarcanda, como se fosse um perito ou um agrimensor. Muitas vezes, a confusão de limites não permitirá que isso ocorra. Deverá, então, indicá-la apenas por aproximação.

O STF, a respeito do tema, já assentou que "não se pode tomar com excessivo rigor a exigência da lei, ao estabelecer como requisito da inicial da ação de demarcação que o autor descreva minuciosamente os limites. A finalidade da exigência é a fixação do *objeto do pleito*".[19]

Aliás, o CPC – diversamente do direito antigo e tal como já o fazia o Código de 1973 (art. 950) – não fala mais em *descrição minuciosa*, mas apenas em descrição dos limites por constituir (art. 574).[20]

Mas, se o título de aquisição não descreve adequadamente a situação da área adquirida, o caso é de uma verdadeira comunhão entre o adquirente e os demais proprietários do imóvel de onde se extraiu a porção transferida. A hipótese, portanto, haverá de ser resolvida por meio de ação de divisão, e não demarcação.[21]

105. Objeto da ação

Já vimos que o procedimento demarcatório é o meio processual de o proprietário de um prédio compelir seu confinante a proceder com ele à demarcação ou aviventação da linha de separação dos dois terrenos contíguos (CC, art. 1.297). O atual Código silenciou-se sobre a possibilidade de se formular cumulativamente a queixa de esbulho, de maneira a impor ao

---

17 Ag 50.672, Des. Breno Caramuru, ac. 23.11.1950, *RF* 140/264. No mesmo sentido: TJMT, Ag 1993, ac. *in RF* 255/315.

18 STF, RE 24.972, Min. Orosimbo Nonato, ac. 07.05.1954, *RF* 162/159.

19 RE 10.492, Min. Orosimbo Nonato, ac. 16.11.1948, *RF* 123/116.

20 O CPC/1939 determinava a descrição minuciosa no art. 447, II.

21 TJRGS, 20ª C. Civ., Apel. Civ. 70078852860, Rel. Des. Dilso Domingos Pereira, ac. 12.09.2018, *DJ* 28.09.2018.

confinante não só a restituição de área invadida, em relação à divisa do imóvel do autor, como também dos rendimentos e reparações cabíveis. Esta circunstância não equivale ao veto da cumulação em causa. Continua ela possível dentro das regras comuns de cumulação de ações, já que a demarcatória segue o procedimento comum em seu primeiro estágio.

O processo pode ser instaurado com ou sem o efetivo direito material invocado pelo autor, pois o direito ao processo (direito de ação) é abstrato. Mas o êxito da pretensão que fundamenta a ação, *i.e.*, a acolhida do pedido, nos termos em que ele é formulado contra o réu, isto depende de ficar demonstrada e comprovada, no bojo do processo, a existência efetiva do direito subjetivo material do autor. A qualidade de proprietário do demandante, portanto, é pressuposto substancial da demarcação.[22]

Assim, para que o pedido de demarcação seja havido como procedente terá de ficar evidenciado no processo:

(a) a *propriedade* (plena ou limitada) do autor sobre o imóvel demarcando;
(b) a *ausência de limites* eficazmente assinalados entre o prédio do promovente e o do promovido.

Mas não é qualquer imóvel que pode ser submetido à ação demarcatória, disciplinada pelo Código de Processo Civil. Dita ação aplica-se apenas à demarcação de "terras particulares", como evidencia o título do capítulo que a lei processual destina à sua regulamentação. Com isso, o legislador quis ressalvar a existência de procedimento próprio para o deslinde das terras devolutas, que se faz através da ação discriminatória, regulada pela Lei nº 6.383, de 1976.

Como observa Ernane Fidélis dos Santos, "há terras, no entanto, que se acham no domínio da União, Estados ou Municípios, sem serem devolutas. Tais pessoas jurídicas de direito público têm-lhes o domínio, mas por aquisição entre vivos ou causa de morte e não em virtude de carência de sua legitimação no domínio particular. Neste caso, os bens são públicos, mas se consideram de domínio particular do ente público e estão sujeitos às ações de demarcação e divisão".[23] Mas, se o Poder Público não toma a iniciativa de tal ação e o vizinho tem uma testada que confina com terras devolutas e desapareceram os marcos que assinalavam dita linha, não vejo como negar a esse particular o direito de mover contra a pessoa jurídica de direito público a ação comum de demarcação. Ele estará demarcando seu imóvel, que é particular, e utilizará o meio processual a seu alcance.

Outros imóveis cuja demarcação não se sujeita ao procedimento do CPC são os "terrenos de marinha", atribuídos constitucionalmente ao domínio da União. A demarcação desses terrenos públicos em face dos imóveis particulares contíguos observa procedimento administrativo especial regulado pelo Decreto-lei nº 9.760/1946.

No direito romano, apenas os prédios rústicos se submetiam à demarcatória, não os urbanos. Para o direito moderno, todavia, não há mais razão para a restrição. A demarcatória é cabível para dirimir a confusão de limites quer os prédios confinantes sejam rústicos ou urbanos.[24] O

---

[22] SILVA, Ricardo Alexandre da; LAMY, Eduardo. *Comentários ao Código de Processo Civil.* 2 ed. São Paulo: Ed. RT, 2018, v. IX, p. 347.

[23] SANTOS, Ernane Fidélis dos. *Comentários ao Código de Processo Civil.* 2. ed. Rio de Janeiro: Forense, 1986, v. 6, n. 215, p. 217-218.

[24] FRAGA, Affonso. *Theoria e prática na divisão e demarcação das terras particulares.* 4. ed. São Paulo: Saraiva, 1936, n. 48, p. 107.

que hoje é indispensável é que a linha a demarcar seja de separação de dois prédios contíguos e pertencentes a proprietários diversos.

Por contiguidade entende-se no caso o contato imediato entre a superfície de um e outro prédio. É preciso que haja pontos de encontro entre os dois imóveis. "Daí resulta que se entre os dois prédios passar uma rua ou rio público não existe a contiguidade, porque entre eles levanta-se o direito de terceiro e então será inadmissível a ação".[25]

Assim, está assente na jurisprudência que a linha a demarcar há de ser de separação de dois prédios contíguos e pertencentes a proprietários diversos. É o direito de propriedade que, em última análise, por sua exclusividade natural, confere ao dono do imóvel o direito de tê-lo sempre discriminado dos demais prédios vizinhos. Mas essa faculdade de manter discriminado o bem imobiliário pressupõe, obviamente, a contiguidade de dois ou mais prédios, porque, a não ser junto ao vizinho imediato, não tem o proprietário interesse jurídico relevante em assinalar os extremos de seu terreno.

Não impede, porém, a demarcação a circunstância de o proprietário exclusivo de um prédio exercitá-lo contra os donos do imóvel confinante, do qual o autor é também um dos condôminos. É que, não obstante deter parte do domínio do segundo prédio, o certo é que ocorrerá, na hipótese, evidente pluralidade de prédios e titulares.[26]

Outra situação atípica que poderá ser solucionada por meio da ação demarcatória é a relacionada com a discriminação dos limites, no condomínio edilício, entre as áreas comuns e aquelas que integram as unidades autônomas, quando incertos os confins entre umas e outras.[27]

Assim, para os tribunais, não se sujeitam à demarcação, por não serem contíguos, os prédios que, embora vizinhos, se acham separados:

(a) por estradas públicas;[28]

(b) por ruas, avenidas ou outras vias públicas;[29]

(c) por rios públicos ou acidentes geográficos.[30]

Se, todavia, desapareceu ou sofreu desvio o leito da estrada ou do rio, e, em consequência, surgiu uma situação de dúvida e incerteza a respeito dos confins dos dois prédios, parece-me que a confusão de limites estará configurada em razão do fato superveniente que provocou o desaparecimento do limite natural outrora existente. Razão não haverá, em semelhante conjuntura, para negar-se aos proprietários vizinhos o direito de solucionar o conflito de interesses por meio do procedimento demarcatório.

Por outro lado, não é suficiente a menção de divisas naturais nos títulos de domínio dos interessados para tornar certos e indiscutíveis os limites entre dois prédios. Assim, "havendo

---

25 FRAGA, Affonso. *Theoria e prática na divisão e demarcação das terras particulares*. 4. ed. São Paulo: Saraiva, 1936, n. 49, p. 111.

26 LIMA, Alexandre Delfino de Amorim. *Código de Processo Civil brasileiro comentado*. São Paulo: Saraiva, 1941, v. 2, n. 178, p. 353; FRAGA, Affonso. *Theoria e prática na divisão e demarcação das terras particulares*. 4. ed. São Paulo: Saraiva, 1936, n. 49, p. 110.

27 STJ, 3ª T., REsp 165.223/RJ, Rel. Min. Eduardo Ribeiro, ac. 17.12.1988, *DJU* 08.03.1999, p. 221.

28 STF, 2ª T., RE 29.692, Rel. Min. Orozimbo Nonato, ac. 08.11.1955, *DJU* 24.05.1956, p. 5.798, *RF* 169/168.

29 Tribunal de Apelação de São Paulo, 4ª Câm. Civil, Ap. 13.970, Rel. Des. Meireles dos Santos, ac. 06.11.1941, *RF* 89/502.

30 TJSP, 3ª Câm. Cível, Ap. 43.320, Rel. Des. Vasco Conceição, ac. 25.05.1950, por maioria, *RF* 137/472.

dúvidas sobre a determinação exata do lugar por onde devem passar as divisas indicadas na escritura, embora sejam estas naturais, assiste ao autor o direito de requerer a demarcatória".[31]

A indicação, por exemplo, de um rio como divisa nem sempre é razão para impedir a ação demarcatória. Pontes de Miranda lembra o caso da dúvida que pode surgir quando o rio apontado pelo título, como divisa, se bifurca sem que a circunstância seja esclarecida no documento dominial. A incerteza surgirá, provocando a confusão de limites, e só a demarcatória será hábil para desfazê-la.[32]

Além da contiguidade dos prédios a demarcar, subordina-se o cabimento da demarcatória à situação de uma "confusão de limites", que pode ser objetiva ou subjetiva.

Essa confusão de limites, condição *sine qua non* da ação demarcatória, provém da controvérsia instalada entre as partes, quase sempre, em razão da ausência de sinais objetivos que demonstrem no solo a localização da linha de separação dos prédios contíguos.

É irrelevante, contudo, a origem da confusão de limites, que, para justificar a demarcatória, tanto pode provir do acaso como de ato humano culposo ou não. Mas é indispensável - segundo vetusta doutrina - que ocorra a ausência atual de assinalação dos limites. Segundo clássica lição, "para justificar e legitimar a invocação do direito de demarcar basta que a linha de confinação de um imóvel não se encontre convenientemente materializada no solo (...) em qualquer destes casos, ou *nunca se tenha fixado* a linha divisória no terreno; ou hajam *desaparecido os sinais* dela - os limites se consideram inexistentes".[33]

Para que, entretanto, tenha cabimento, com propriedade, a *ação demarcatória* (procedimento contencioso especial) é preciso que exista uma *situação litigiosa* (lide) entre os confinantes. Pois, embora inexistentes os *limites materiais* no terreno, podem as partes estar de acordo quanto ao local em que se devem lançá-los, na conformidade dos respectivos títulos. Pela inexistência de controvérsia, o caso seria de simples demarcação *voluntária*.

Mas, se há *confusão* de limites, porque, à falta de sinais no terreno, um dos confinantes não aceita a linha pretendida pelo outro, o caso é, então, de *ação demarcatória*, na sua forma típica de procedimento de jurisdição contenciosa, em que o órgão judicial atua para *definir* e *assinalar* os limites entre os prédios.

Diz-se que a confusão de limites pode ser *subjetiva* e *objetiva*. É *subjetiva* quando existe materialmente a assinalação da linha, mas um dos vizinhos não a aceita como correta. É *objetiva* a confusão de limites quando, pela ausência material dos marcos divisores das duas propriedades, estabelece-se *posse promíscua*, pelo exercício simultâneo de atos possessórios dos vizinhos nos confins imprecisos de seus terrenos.

Na doutrina e jurisprudência prevalece, em regra, o entendimento de que não cabe a pretensão demarcatória (que é a de assinalar por marcos a linha de separação dos prédios que se tocam), quando os prédios contíguos já apresentem sinais materiais definidores de suas linhas divisórias.

Na jurisprudência, recorrentes são os casos resolvidos com semelhante entendimento:

---

31 TJMG, 3ª Câm. Cível, Ap. 11.602, Rel. Des. Helvécio Rosenburg, ac. 15.03.1956, *RF* 175/245.

32 PONTES DE MIRANDA, Francisco Cavalcanti. *Comentários ao Código de Processo Civil*. Rio de Janeiro: Forense, 1977, v. XIII, p. 475-476.

33 MAGALHÃES, Athos Aquino de. *Theoria e prática do direito de demarcar e da ação de demarcação*. Rio de Janeiro: Ed. Livraria do Brasil, s/d, n. 43, p. 29.

(*a*) "Demarca-se o que não tem divisas, ou aquilo cujas divisas estão desaparecidas. Quando as divisas existem, ainda que em desconformidade com os títulos, a ação é a reivindicatória".[34]

(*b*) "A ação demarcatória não é apropriada para dirimir dúvidas sobre divisas previamente traçadas e visivelmente existentes no terreno, ainda que fixadas erroneamente ou de má-fé, porque se destina, precipuamente, à fixação de rumos inexistentes ou à aviventação dos existentes".[35]

(*c*) "A demarcatória é imprópria quando, já na inicial, o autor reconhece a existência de *cerca de arame*, há longos anos, definindo os limites entre os imóveis confinantes".[36]

(*d*) "Tratando-se de *muro* já construído fora da divisa entre dois prédios, incabível é a demarcatória para sua construção em nova linha".[37]

Por se considerarem certos e indiscutíveis os limites do imóvel rural submetido ao Registro Torrens, tem-se decidido pelo não cabimento de ação demarcatória a seu respeito, a pretexto de ser inviável o reconhecimento da "confusão de limites", na espécie.[38] Não se pode, todavia, desprezar a hipótese de destruição ou desaparecimento dos marcos referenciados no Registro Torrens.

Esse modo de ver a confusão dos limites, desprezando a confusão subjetiva e exigindo, com todo rigor, a confusão objetiva (posse promíscua na faixa de limites), não satisfaz, porém, nem à lógica nem à lei. Com efeito, num exame crítico isento, não se encontra no texto da lei, nem na explicação racional dos fundamentos da pretensão de fixar os contornos precisos da propriedade imobiliária, que a confusão de limites tenha de ser apenas a *objetiva* e não possa também decorrer de controvérsia (*subjetiva*) a respeito da linha já assinalada, mas de forma errônea ou arbitrária, e por isso mesmo sempre impugnada e contestada por um dos vizinhos.

O que diz a lei é que todo proprietário pode obrigar o seu confinante a proceder com ele à demarcação entre os dois prédios (CC, art. 1.297), o que corresponde à necessidade de eliminar uma situação de imprecisão nos confins de propriedades contíguas. É claro que todo direito tem de ter uma justificativa, uma razão de ser, pois não se concebe que alguém possa impor uma prestação a outrem por puro capricho ou autoritarismo. A *ratio essendi*, na espécie, é, como já se demonstrou reiteradas vezes, a indispensabilidade de apresentar-se bem discriminado o objeto do direito de propriedade, evitando-se as rixas e conflitos que a imprecisão dos limites fatalmente acarreta.

Não constando da lei que o conflito de limites saneável pela ação demarcatória é apenas o decorrente da posse promíscua, não cabe ao intérprete diminuir a força da norma legal, para impor-lhe tal restrição e impedir que o proprietário faça uso desse remédio para eliminar o conflito de vizinhança em casos em que, malgrado a colocação de tapumes, subsiste dúvida séria sobre os verdadeiros e corretos extremos de cada prédio.

A posse promíscua é efeito e não causa da confusão de limites, motivo pelo qual a incerteza pode perdurar, não obstante o estabelecimento de posse exclusiva de um dos confinantes sobre porção certa e delimitada do imóvel na confrontação com o vizinho. No plano jurídico, o limite de dois imóveis não se torna certo e incontroverso só pelo fato de ter um dos confrontantes erguido

---

[34] TJSC, 2ª Câm. Cível, Ap. 9.501, Rel. Des. Rid Silva, ac. 22.03.1974, *RT* 476/203.

[35] TJSC, 2ª Câm. Cível, Ap. 8.542, Rel. Des. Nelson Konrad, ac. 29.03.1974, *RT* 467/185.

[36] TJSP, 2ª Câm. Cível, Ap. 243.671, Rel. Des. Adalberto Spagnuolo, ac. 23.09.1975, por maioria, *RT* 482/85.

[37] TJSP, 1ª Câm. Cível, Ap. 213.267, Rel. Des. Jonas Vilhena, ac. 26.12.1972, por maioria, *RT* 453/83.

[38] STJ, 3ª T., REsp 29.240/GO, Rel. Min. Nilson Naves, ac. 11.05.1993, *DJU* 14.06.1993, p. 11.783.

tapumes no local em que pretenda, unilateralmente, ser a linha divisória das propriedades contíguas. A discordância do outro confinante quanto ao rumo seguido, baseada em dados e argumentos sérios, faz persistir a incerteza dos confins dos dois terrenos e mantém a confusão de limites, no plano jurídico, mesmo após a arbitrária assinalação de divisas.

Essa tese é a que prevalece também no direito italiano, conforme se vê da seguinte lição: a finalidade da ação se encontra "*nell'eliminazione dell'incertezza del confine e nel conseguente accertamento dell'estensione reciproca dei due fondi. La promiscuità del possesso in tanto rileva in quanto importa di necessitá incertezza sul percorso della línea di confine; se non è dato confondere la causa con l'effetto poichè egualmente il confine, se pur tracciato, può essere incerto ogniqualvolta uno dei proprietari riesca a dimonstrarne l'erroneità del percorso apparente*".[39]

Não merece aplausos o entendimento simplista de que, havendo divisas atestadas materialmente por cercas, muros, tapumes e outras construções na divisa dos prédios demarcandos, improcede ou descabe a ação demarcatória.

É claro que a demarcação pode ser feita de várias maneiras, e não apenas pela sentença judicial. Assim, se já houve alguma forma antiga de demarcação e seus sinais persistem sobre o solo, direito não tem o proprietário, em princípio, de compelir seu confrontante a uma nova demarcação em juízo. O que não se admite, contudo, é que a simples e imediata comprovação de um muro possa transformar-se num insuperável empecilho à ação demarcatória, sem indagar-se como e por que o tapume foi colocado naquela posição.

A construção pode ter sido feita por um posseiro, um inquilino ou qualquer outro estranho que nem sequer conhecia o título dominial do verdadeiro proprietário; pode ter sido feita pelo dono, mas clandestinamente, sem ouvir o vizinho; pode, ainda, ter sido feita em presença do vizinho, mas sob seu protesto e contestação.

"A *certeza objetiva* de limites, de que falam alguns julgados - adverte Pontes de Miranda - é *relativa*, porque é *fáctica*. Só existe se houve, alguma vez, certeza *subjetiva*, ou ato humano de divisão, e no mundo fáctico não se operou qualquer mudança".[40] Por tal razão, os tribunais decidem que "a divisa estabelecida, respeitada e materializada no solo, que elide a ação demarcatória, não é, não pode ser essa arbitrária e unilateralmente feita apenas por um proprietário".[41] "A ação de demarcação é cabível para fixação de rumos novos em terreno onde operaram mutações, já que cerca irregular, mesmo antiga, não constitui linha divisória entre imóveis que jamais tiveram seus limites determinados."[42]

Como relativa que é, admite pesquisa de *causa* e permite a prova em contrário, ou seja, a prova de que, malgrado sua aparência, o limite nunca se estabeleceu de forma certa e precisa entre os confinantes.

Parece-me lógico que a colocação unilateral de tapumes por um dos confinantes, sem atender a seus títulos e aos interesses do vizinho, e, ainda, sem a concordância deste, não tem força jurídica de tornar certa a linha *divisória* e de eliminar o direito de confrontante de reclamar o levantamento da linha verdadeira em juízo.

Enquanto não cessar a confusão de limites, de forma válida e eficaz, subsistirá o direito de exigir a demarcação, não qualquer demarcação, mas aquela que corresponda, de forma

---

39 BIONE, Massimo. Regolamento di confini (diritto vigente). *Novissimo Digesto Italiano*. Torino: UTET, 1965, p. 258.

40 PONTES DE MIRANDA, Francisco Cavalcanti. *Comentários ao Código de Processo Civil*. Rio de Janeiro: Forense, 1977, v. XIII, p. 401.

41 TJSP, 6ª Câm. Cível, Ap. 68.452, Rel. Des. Samuel Francisco Mourão, ac. 19.11.1954, *RF* 161/273.

42 TJMG, 5ª Câm. Cível, Ap. 16.472, Rel. Des. Abreu e Silva, ac. 13.04.1961, *Jurisprudência Mineira* 32(1)/88.

efetiva e concreta, ao direito dominial dos confrontantes. Na jurisprudência, recorrentes são os casos resolvidos com semelhante entendimento:

(a) "Se, malgrado a existência de divisas, subsiste dúvida séria sobre os verdadeiros e corretos extremos de cada prédio, deve-se proceder-se à demarcação".[43] Desde que a realidade fática dos tapumes seja diferente da força do título do proprietário, "é cabível ação de demarcação, por ser meio processual eficaz para individualização do bem e determinação dos limites da propriedade, para se dirimir controvérsia entre o título dominial e marcos divisórios".[44]

(b) "Mesmo havendo marcos no terreno, permite-se o manejo da demarcatória para fixar os limites se existe divergência de área entre a realidade e os títulos dominiais, geradores de insegurança e controvérsia entre as partes. Segundo o melhor entendimento doutrinário e jurisprudencial, o ponto decisivo a distinguir a demarcatória em relação à reivindicatória é *a circunstância de ser imprecisa, indeterminada ou confusa a verdadeira linha de confrontação a ser estabelecida ou restabelecida no terreno*".[45]

(c) "1. A ação demarcatória é cabível, mesmo quando definidos os limites divisórios, ainda restando dúvidas sobre sua correção e, principalmente, discordância entre o título de domínio e a realidade. 2. Por isso que, havendo divergência entre a verdadeira linha de confrontação dos imóveis e os correspondentes limites fixados no título dominial, cabível a ação demarcatória para eventual estabelecimento de novos limites (art. 946, I, do CPC [569, I, do CPC/2015] c/c art. 1.297 do CC). Precedentes. 3. Em face da imprecisão da linha divisória, não seria possível intentar a ação reivindicatória, pois, para tanto, é necessária a perfeita individuação da coisa reivindicada, o que não ocorre na espécie".[46]

106. Competência para as ações do juízo divisório

No plano da competência *internacional*, sendo o procedimento da divisão ou demarcação *ação relativa a imóvel situado no Brasil*, seu processamento e julgamento são atribuições exclusivas do Poder Judiciário nacional. A regra já se encontrava no art. 12, § 1º, da Lei de Introdução às Normas do Direito Brasileiro ("só à autoridade judiciária brasileira compete conhecer das ações relativas a imóveis situados no Brasil"), e foi reproduzida no art. 23, I, do CPC/2015.

Trata-se de competência absoluta e inderrogável;[47] mais do que isto, é *exclusiva*, de sorte que não admite concorrência de tribunais estrangeiros, como se dá nas hipóteses do art. 21 do CPC/2015. Nunca será, portanto, homologável no Brasil qualquer sentença estrangeira que tenha julgado divisão ou demarcação de imóvel aqui localizado.[48]

---

43 TJMG, 1ª Câm. Cível, Ap. 76.987/1, Rel. Des. Lúcio Urbano, ac. 22.11.1988, *Jurisprudência Mineira* 105/177.

44 STJ, 2ª T., REsp 662.775/RN, Rel. Min. Humberto Martins, ac. 04.06.2009, *DJe* 29.06.2009.

45 STJ, 4ª T., REsp 60.110/GO, Rel. Min. Sálvio de Figueiredo, ac. 05.09.1995, *DJU* 02.10.1995, p. 32.377, *RSTJ* 81/308.

46 STJ, 4ª T., REsp 759.018/MT, Rel. Min. Luis Felipe Salomão, ac. 05.05.2009, *DJe* 18.05.2009. No mesmo sentido: STJ, 4ª T., REsp 402.513/RJ, Rel. Min. Aldir Passarinho Júnior, ac. 07.12.2006, *DJU* 19.03.2007, p. 353; STJ, 4ª T., REsp 790.206/ES, Rel. Min. Honildo Amaral de Mello Castro, ac. 04.02.2010, *DJe* 12.04.2010.

47 BARROS, Hamilton de Moraes. *Comentários ao Código de Processo Civil*. 2. ed. Rio de Janeiro: Forense, 1980, v. 9, n. 11, p. 21.

48 PONTES DE MIRANDA, Francisco Cavalcanti. *Comentários ao Código de Processo Civil*. Rio de Janeiro: Forense, 1977. T. XIII, p. 403.

Para a competência *interna* (*i.e.*, a competência do juiz nacional), a regra a observar é do *forum rei sitae*. De acordo com o art. 47 do Código de Processo Civil de 2015, nas ações fundadas em direito real sobre imóveis, como é o caso da divisão e da demarcação, o competente é o foro da situação da coisa, sem que prevaleça o foro de eleição ou o do domicílio das partes. Aqui, também, a competência é absoluta e improrrogável.[49]

Quando o imóvel for situado em duas comarcas ou dois Estados, o foro será determinado pela *prevenção*, e o juiz que conhecer da causa terá sua competência prorrogada sobre toda a extensão do imóvel, mesmo aquela porção que se situar fora de sua circunscrição territorial (art. 60). Não dependerão, por isso, de precatória, as diligências relacionadas com as operações de campo, cuja prática tiver de se verificar no imóvel litigioso, fora do território do juízo da causa.

Se, durante a pendência da causa, o imóvel passar a pertencer a outra comarca, por redivisão territorial da justiça, ou outro qualquer motivo, a competência também se deslocará, por se tratar de competência *ratione materiae*, não sujeita ao princípio da *perpetuatio iurisdictionis* (art. 43).

O juízo divisório, versando sobre terras particulares, é da competência da Justiça dos Estados. Quando, entretanto, a demarcação se dá entre imóvel privado e terrenos públicos, do domínio da União, a competência se desloca para a Justiça Federal (CF, art. 109, I). Isso ocorre em relação a qualquer bem público federal, inclusive os parques nacionais.

A respeito de demarcação de imóvel confrontante com o Parque Nacional da Serra da Canastra, o Superior Tribunal de Justiça decidiu que era "inteiramente legitimado o interesse da União e do IBAMA na causa, evidência que exige a observância da regra posta no art. 109, I, da Constituição Federal. De tal modo, aplica-se à controvérsia solução já indicada pela jurisprudência desta Corte, no sentido de que a competência para o julgamento da presente lide é reservada à Justiça Federal".[50]

Com relação à demarcação de terras indígenas, "tanto o Ministério Público Federal quanto a FUNAI (...) teriam legitimidade para a propositura da referida ação [ajuizada perante a 1ª Vara Federal da Seção Judiciária da Paraíba]. Tem-se, portanto, configurado o interesse jurídico necessário à admissão da FUNAI como assistente do Ministério Público Federal, pois é manifesto o seu interesse jurídico de que a demanda seja julgada em favor dos interesses dos povos indígenas".[51]

A respeito dos terrenos de marinha, cuja origem remonta à época do Brasil-Colônia, o Superior Tribunal de Justiça decidiu que "são bens públicos dominicais de propriedade da União e estão previstos no Decreto-lei 9.760/1946. O procedimento de demarcação dos terrenos de marinha produz efeito meramente declaratório da propriedade da União sobre as áreas demarcadas".[52] O litígio a respeito dessa demarcação especial insere-se, portanto, na competência da Justiça Federal.

107. Legitimação ativa para o procedimento demarcatório

Diz o art. 569, I, do CPC/2015 que a ação demarcatória cabe ao *proprietário* para obrigar o seu confinante a estremar os respectivos prédios. Isto quer dizer que para demarcação do *domínio*, só tem ação (legitimidade para propor a demarcatória) o *proprietário*. Mas não apenas

---

[49] SANTOS, Ernane Fidélis dos. *Comentários ao Código de Processo Civil*. Rio de Janeiro: Forense, 1978, v. 6, n. 225, p. 243.

[50] STJ, 1ª Seção, C.Comp. 88.981/MG, Rel. Min. José Delgado, ac. 12.12.2007, *DJU* 25.02.2008, p. 1.

[51] STJ, 1ª T., AgRg na Pet. 5572/PB, Rel. Min. Denise Arruda, ac. 25.09.2007, *DJU* 05.11.2007, p. 223.

[52] STJ, 1ª T., REsp 798.165/ES, Rel. Min. Luiz Fux, ac. 09.04.2007, *DJU* 31.05.2007, p. 354. No mesmo sentido: STJ, 2ª T., REsp 624.746/RS, Rel. Min. Eliana Calmon, ac. 15.09.2005, *DJU* 03.10.2005, p. 180.

o titular do domínio *pleno*, pois na expressão *proprietário* deve-se compreender também o que detém a propriedade *semiplena* ou *limitada*.

A propriedade é *plena* ou *ilimitada* quando os seus atributos ou faculdades elementares se acham reunidos em torno de uma só pessoa, que, então, se apresenta como o *proprietário pleno* ou *exclusivo* (o único dono). É *semiplena* ou *limitada* "quando dela se destacam alguns dos seus direitos elementares, como o *uso*, a *percepção* de *frutos*, a sua livre disposição, em que se biparte o domínio entre dois senhores, achando-se ora o nu-proprietário de um lado e o usuário ou usufrutuário de outro, ora o senhorio de um lado e o enfiteuta de outro".[53] É também restrita a propriedade resolúvel, como a do fiduciário.

Ao falar a lei que a demarcatória cabe ao *proprietário* não tem a preocupação de distinguir o proprietário *pleno* do proprietário *limitado*, de modo que também este tem legitimidade *ad causam* para propor a demarcação do prédio sobre o qual incide o seu *ius in re*.

Entende Assis Moura que apenas na enfiteuse se pode falar, propriamente, em desmembramento do domínio, e, portanto, só o enfiteuta seria considerado partícipe do direito de propriedade, adquirindo condição para promover a demarcação como proprietário. Para os demais titulares de direitos reais sobre coisas alheias, o domínio permaneceria com o nu-proprietário, sem que se pudesse falar em igual direito para o que tivesse o uso, o gozo, o direito à sequela, a retenção etc.

Para o mencionado autor, o usufrutuário, o usuário, o credor hipotecário ou anticresista só poderiam figurar no processo demarcatório como *assistente* do proprietário.[54] A meu ver, não há razão para uma interpretação tão restritiva como esta. O que se deve fazer é a restrição do direito que fundamenta a demarcação, de modo que os limites alcançados sejam pertinentes sempre apenas àquele direito e não alcance nem prejudique outros direitos incidentes sobre o mesmo imóvel.

Assim, se dois usufrutuários requerem a demarcação das áreas de incidência dos respectivos direitos reais limitados, a eficácia de tal demarcação não pode ser oposta futuramente aos titulares da nua propriedade. Mas, parece-me irrecusável que o bom senso não pode tolerar que o usufrutuário seja diminuído no direito de posse, uso e gozo do imóvel em razão da confusão de limites, sem que possa usar da ação demarcatória para precisar os extremos do prédio possuído.

Cabe a ação, pois, tal como entendia Morato, a todo aquele que tem *ius in re*, como quer que seja o seu domínio, tendo direito de promovê-la, além do *condômino*, o titular do domínio menos pleno, qual o nu-proprietário, o fiduciário, o usufrutuário e o enfiteuta.[55] O STJ já decidiu que "não há vedação em que, mesmo na pendência de usufruto, se promova judicialmente a divisão de imóvel entre condôminos com direito de igual natureza".[56]

Cumpre observar, por outro lado, se o direito real pode ou não se equiparar a um desmembramento da propriedade, gerando para o respectivo titular a posse, o uso, o gozo ou a disposição do bem, pois somente quem se colocar numa dessas situações é que merecerá o nome de proprietário limitado ou restrito, em sentido jurídico.

O credor hipotecário, embora detentor de um *ius in re aliena*, não dispõe da faculdade de apossar-se da coisa ou de usá-la como se dono fosse. Seu direito limita-se à sequela e preferência para efeitos executivos. Não lhe cabe, portanto, pretender exercer direitos que pressupõem atos típicos do domínio. "Como observa Teixeira de Freitas, a hipoteca não confere ao credor nem

---

53 FARIA MOTTA, J. A. *Condomínio e vizinhança*. São Paulo: Saraiva. 1942, n. 77, p. 73.

54 ASSIS MOURA. Mário de. *Prática das demarcações e divisões*. São Paulo: Saraiva, 1930, n. 54, p. 57.

55 MORATO, Francisco. *Da prescrição nas ações divisórias*. 2. ed. São Paulo: Saraiva, 1944, § 63, p. 138.

56 STJ, 4ª T., REsp 2.707/MG, Rel. Min. Sálvio de Figueiredo Teixeira, ac. 30.10.1990, *DJU* 03.12.1990, p. 14.322.

uso nem ao menos a posse... não desmembra a propriedade como o usufruto, não a transfere para o credor, deixa-a subsistir intata... por sua própria natureza é um direito real acessório".[57] "Lícito não é, pois, ao credor hipotecário pedir divisão ou demarcação, não pelo motivo que aduz Macedo Soares, de não ter posse da coisa hipotecada, mas pela razão fundamental de não ser a hipoteca um desmembramento do domínio" (...) "O mesmo é de dizer do credor anticrético (...)" e "quanto ao credor pignoratício (...)".[58]

Assim, a legitimação ativa para a propositura da ação demarcatória há de compreender não só o *pleno proprietário*, como também o *proprietário limitado*, como tal compreendido o nu-proprietário, o usufrutuário, o usuário, o habitador, o senhorio, o enfiteuta, e o titular da servidão,[59] além do *coproprietário* e do *proprietário com domínio resolúvel*.[60]

Note-se, outrossim, que a demarcatória é uma ação real imobiliária, motivo pelo qual o autor, sendo casado, depende, para propô-la, de consentimento do respectivo cônjuge, se este não figurar, na propositura da ação, como litisconsorte ativo (art. 73, *caput*).

108. Legitimação ativa de condômino

O CPC/2015 (art. 575) repete a regra do Código anterior, segundo a qual "qualquer condômino é parte legítima para promover a demarcação do imóvel comum". Não se faz, portanto, necessário o estabelecimento de um litisconsórcio ativo obrigatório na propositura da ação, mas os demais condôminos do autor devem ser cientificados da propositura da demanda, para acompanhá-la, caso queiram. Essa cientificação é essencial. Sua falta compromete a higidez da demarcatória, pois se trata de um "pressuposto de desenvolvimento válido e regular do processo".[61]

Numa linguagem mais apropriada, o atual Código impõe ao condômino autor que requeira a "intimação dos demais para intervir no processo, querendo" (art. 575), em vez da citação, como dispunha o CPC/1973 . Na verdade, citação é ato convocatório do réu, para se defender. Não é essa a posição no processo demarcatório que pode ser ocupada pelos condôminos do imóvel demarcando. Daí ser mais correta a intimação deles, e não a citação.

Se aceitarem intervir no processo, não o farão como réu, mas como assistentes litisconsorciais do autor (art. 124).

109. Legitimação passiva

O art. 1.297 do Código Civil, que se insere no capítulo dos *direitos de vizinhança*, prevê o direito de demarcar como um direito do proprietário contra seu confinante. E o Código

---

[57] MORATO, Francisco. *Da prescrição nas ações divisórias*. 2. Ed. São Paulo: Saraiva, 1944, § 63, p. 13.

[58] MORATO, Francisco. *Da prescrição nas ações divisórias*. 2. Ed. São Paulo: Saraiva, 1944, § 63, p. 139. No mesmo sentido: FARIA MOTTA, J. A. *Condomínio e vizinhança*. São Paulo: Saraiva. 1942, n. 82, p. 77-78.

[59] PONTES DE MIRANDA, Francisco Cavalcanti. *Comentários ao Código de Processo Civil*. Rio de Janeiro: Forense, 1977. T. XIII, p. 406; FARIA MOTTA, J. A. *Condomínio e vizinhança*. São Paulo: Saraiva. 1942, n. 82, p. 77-78; OLIVEIRA LIMA, Oscar. *Divisões, demarcações, tapumes*. 2. Ed. Belo Horizonte: Oscar Nicolai, 1956, § 2, p. 22; LIMA, Alexandre Delfino de Amorim. *Código de Processo Civil brasileiro comentado*. São Paulo: Saraiva, 1941, v. 2, n. 174, p. 340; FRAGA, Affonso. *Theoria e prática na divisão e demarcação das terras particulares*. 4. Ed. São Paulo: Saraiva, 1936, n. 46, p. 102-103; MARTINS, Tancredo; MARTINS, Octávio. *Divisões e demarcações*. Uberaba: Alcides, Taveira & Comp, 1917, p. 10.

[60] FARIA MOTTA, J. A. *Condomínio e vizinhança*. São Paulo: Saraiva, 1942, n. 82, p. 77-78.

[61] TJMG, 3ª C. Civ., Ap. Cív. 2.0000.00.390493-8/000, Rel. Des. Teresa Cristina da Cunha Peixoto, ac. 26.05.2004, por maioria, *DJ* 07.08.2004. No mesmo sentido: TJMG, 13ª C. Civ., Ap. Cív. 1.0710.02.002221-0/001, Rel. Des. Cláudia Maia, ac. 30.09.2010, *DJe* 12.11.2010.

de Processo Civil, tanto na versão de 1973 como na atual, ao regular o procedimento dessa mesma ação, repetiu que a ação de demarcação cabe para o proprietário obrigar seu confinante e estremar os respectivos prédios (CPC/2015, art. 569).

Assim, embora a faculdade de demarcar seja uma emanação do direito de propriedade (ou dos direitos reais dela derivados), não quer isto dizer que só possa ser movimentado contra outro proprietário. O vizinho confinante perante quem o proprietário quer fazer valer a faculdade de estremar limites, tanto pode ser proprietário verdadeiro, como presumido, inclusive o possuidor em nome próprio, sem título dominial (*tanquam dominus*).[62]

A demarcação, na verdade, não tem a característica de ser um procedimento entre proprietários. "Somente o promovente deve necessariamente estar investido da qualidade de titular de domínio: o confrontante promovido pode ser mero possuidor".[63]

Segundo a lição de Fraga, "por outro lado, o promovente não tem meios de saber se o seu confinante é verdadeiramente proprietário ou não: nem, tampouco, lhe assiste o direito para obrigá-lo a exibir preliminarmente os seus títulos. Nessa impossibilidade, o promovente ou teria de esperar uma oportunidade, aliás, problemática, de chegar ao conhecimento da situação jurídica de seu confinante em relação ao prédio que lhe é contíguo, ou ficaria, à falta desse conhecimento, em perpétua inação. Ora a lei não sanciona nem pode sancionar essa posição definitiva; pelo contrário é interessada em manter sempre a perfeita separação da propriedade privada, portanto, ela faculta a ação sempre que o promovente for assistido do *ius in re* e contra qualquer que estiver na posse do prédio confinante".[64] Também Faria Motta entende que a legitimação passiva do confinante compreende "tanto o proprietário quanto o simples possuidor".[65]

O problema que surge em casos de imóveis detidos por meros possuidores está na questão da eficácia da sentença. Se o promovente apenas cita o possuidor, este estará sempre obrigado a respeitar a autoridade de coisa julgada, no que diz respeito à linha demarcada. Mas se o vero dono recuperar a posse, a ela será inoponível a *res iudicata*, por não ter participado do processo demarcatório (CPC/2015, art. 506).

Sempre, pois, que o promovente de demarcatória encontrar uma situação dúbia de posse e domínio na área vizinha à linha demarcanda, aconselha a prudência de que seja requerida a citação tanto do possuidor em nome próprio como do titular do domínio que figura no Registro de Imóveis. Só assim a sentença terá autoridade de *res iudicata* perante todos os possíveis interessados.

110. Citação do confinante demandado

Para a ação de demarcação, quando parcial, a citação necessária é a "dos confinantes da linha demarcanda e não de todos os confinantes do imóvel". Os que não fazem divisa com a linha demarcanda "sequer têm interesse na resolução do litígio", razão pela qual não devem ser citados.[66]

---

62 MAGALHÃES, Athos Aquino de. *Theoria e prática do direito de demarcar e da ação de demarcação.* Rio de Janeiro: Ed. Livraria do Brasil, s/d., n. 193, p. 91.

63 MAGALHÃES, Athos Aquino de. *Theoria e prática do direito de demarcar e da ação de demarcação.* Rio de Janeiro: Ed. Livraria do Brasil, s/d., n. 90, p. 91.

64 MAGALHÃES, Athos Aquino de. *Theoria e prática do direito de demarcar e da ação de demarcação.* Rio de Janeiro: Ed. Livraria do Brasil, s/d., n. 47, p. 105.

65 FARIA MOTTA, J. A. *Condomínio e vizinhança:* direito e ações. São Paulo: Saraiva, 1942, n. 84, p. 79.

66 TJMG, 14ª C. Cív., Ap. Cív. 1.0689.02.000231-7/001, Rel. Des. Renato Martins Jacob, ac. 09.08.2007, *DJMG* 27.08.2007.

Sendo a demarcatória ação real imobiliária, e havendo entre os confinantes algum que seja casado, a citação do respectivo cônjuge como litisconsorte passivo é obrigatória (CPC, art. 73, § 1º, I).

O atual Código, atentando para a censura feita ao CPC/1973, relativamente à citação por edital dos réus residentes em outra comarca, determinou que a *in jus vocatio*, sempre que possível, será pessoal, observada, porém, a forma postal, sejam os réus domiciliados na comarca ou não (art. 576).

Naturalmente, o edital será inevitável quando o proprietário do prédio confinante for desconhecido ou ignorado for o seu paradeiro (art. 576, parágrafo único).

Quanto às formalidades a observar nas citações por edital e pelo correio, constam elas dos arts. 257 e 248 do atual Código, respectivamente, notando-se que se instituíram maiores facilidades para o ato a ser cumprido pela via postal: o ofício citatório poderá ser entregue não apenas ao administrador da pessoa jurídica demandada, mas também ao "funcionário responsável pelo recebimento de correspondências" (art. 248, § 2º). Além disso, se o réu residir em condomínio edilício ou loteamento com controle de acesso, válida será a citação mediante entrega da correspondência ao "funcionário da portaria responsável pelo recebimento de correspondência", se não houver recusa de sua parte (art. 248, § 4º). Todas essas inovações aplicam-se indistintamente às citações pelo correio, inclusive, nas ações de demarcação e divisão.

111. Contestação

O réu, perante o pedido de demarcação do autor, pode assumir três posições diferentes: *(i)* ficar revel, não se fazendo presente nos autos; *(ii)* comparecer, mas não contestar; e *(iii)* contestar a ação.

A revelia não produz, *in casu*, o efeito tradicional da confissão ficta, que seria a de aceitar como correta a linha demarcanda pretendida pelo autor. É que mesmo quando inexiste contestação, o magistrado ordenará que se realize a prova pericial para levantar o traçado da divisa entre os imóveis das partes (art. 579). A revelia apenas permitirá o andamento do processo sem necessidade de intimação da parte passiva.

Por outro lado, nem sempre existe litígio em torno da necessidade da demarcação, mas apenas em relação de qual linha deva prevalecer. Assim, o fato de o demandado comparecer e não contestar não acarreta nenhum efeito que pudesse derivar da revelia. O réu simplesmente ficará na expectativa da realização da perícia, que com sua participação, levantará a linha demarcanda.

Quanto à contestação, representa ela a forma processual de se opor ao pedido do autor, tanto no mérito, como em matéria preliminar. A defesa de mérito geralmente é *peremptória*, *i.e.*, visa a excluir definitivamente a ação intentada. A contestação puramente processual (questões preliminares) pode ser *peremptória* ou *dilatória*, conforme impeça a renovação da causa ou simplesmente protele seu desate.

São questões preliminares que o réu pode arguir na contestação da demarcatória aquelas arroladas pelo atual Código no art. 337, como inexistência ou nulidade da citação; incompetência absoluta; inépcia da inicial, litispendência, perempção, coisa julgada, conexão, incapacidade, carência de ação etc. Versam, como se vê, sobre os pressupostos processuais e as condições da ação. A perempção e a coisa julgada são defesas peremptórias, porque impedem a renovação do processo, quando acolhidas (art. 486, § 1º). As demais são defesas dilatórias, passíveis de superação e não impeditivas de reproposição da ação, desde que corrigido o vício (art. 486, § 1º, *in fine*).

No mérito, a contestação pode versar sobre:

(a) Inexistência do *ius in re* do promovente, ou seja, ausência do domínio ou de outro direito real que autorize a pretensão demarcatória.
(b) Inocorrência da *confusão de limites*, por estar o imóvel demarcando já perfeitamente discriminado, por meio de sinais visíveis que o delimitam junto aos confinantes.
(c) Discordância apenas quanto à descrição dos limites a serem assinalados.
(d) Ocorrência de *prescrição aquisitiva* sobre a área que se pretende demarcar, de forma a eliminar o direito de propriedade do autor sobre ela, ou a fazer cessar a confusão de limites.[67]

A contestação admite, pois, ampla matéria, tanto para dilatar o processo, como para extingui-lo definitivamente.

Nas hipóteses de cumulação de demarcação com queixa de esbulho, pode, ainda, o contestante negar a configuração do esbulho, seja negando a invasão, seja afirmando a inexistência de seus requisitos em casos como o em que a incursão tivesse sido precedida de autorização do dono atual do terreno, ou algum antecessor dele.

A contestação é peça única e, pelo princípio da eventualidade e da preclusão, o réu deve incluir nela toda a matéria de defesa (pois não terá outra oportunidade para tanto), expondo as razões de fato e de direito, com que impugna o pedido do autor e especificando as provas que pretende produzir (art. 336).

Faz-se a contestação, portanto, por meio de petição escrita dirigida ao juiz da causa, de maneira que se inclua em seu texto:

(a) a dedução de todas as circunstâncias de fato e de direito, que podem, direta ou indiretamente, dilatar, perimir, ou excluir o pedido do autor;
(b) e se conclua com o *requerimento* de rejeição do pedido do autor, no todo ou em parte.[68]

De tal arte, é, por exemplo, "no prazo assinado para a contestação que devem ser impugnado o *ius in re* do autor e os limites descritos por ele. Depois desse prazo, a questão que se pode suscitar é somente quanto ao modo de se traçarem geodesicamente os limites descritos e quanto à preterição de termos essenciais".[69]

Por outro lado, "contestado o domínio do promovente da demarcação, como também a linha demarcatória, não pode ser iniciada a fase executória do processo sem que antes fiquem liquidados por sentença esses dois pontos do litígio".[70] É que os trabalhos técnicos da demarcação somente se iniciam após o trânsito em julgado da sentença da fase cognitiva da ação, na qual serão resolvidas todas as questões dominiais deduzidas na contestação, assim como as relacionadas com o traçado da linha demarcanda (art. 582). Como ressalta Pontes de Miranda, as alegações

---

[67] LIMA, Alexandre Delfino de Amorim. *Código de Processo Civil brasileiro comentado.* São Paulo: Saraiva, 1941, v. 2, n. 188, p. 360-361; AMILCAR DE CASTRO, voto em ac. do TJMG, *RF* 112/141.

[68] MAGALHÃES, Athos Aquino de. *Theoria e prática do direito de demarcar e da ação de demarcação.* Rio de Janeiro: Ed. Livraria do Brasil, s/d., n. 326, p. 140-141.

[69] THEODORO JÚNIOR, Humberto. *Terras particulares, demarcação, divisão, tapumes.* 5. Ed. São Paulo: Saraiva, 2009, n. 170, p. 280-281; *RF* 20/22.

[70] THEODORO JÚNIOR, Humberto. *Terras particulares, demarcação, divisão, tapumes.* 5. Ed. São Paulo: Saraiva, 2009, n. 170, p. 280-281; *RF* 62/375.

possíveis na segunda fase da demarcatória "não podem ir além da execução dos trabalhos técnicos, ou de dúvidas pertinentes à praticabilidade do traçado dos limites".[71]

A questão dominial que afeta o domínio do autor da demarcatória pode ser suscitada no bojo da contestação, e sobre ela se estabelecerá a coisa julgada, nos termos e na extensão da sentença da primeira fase. É o que se passa, por exemplo, com a arguição de nulidade do título o promovente ou de usucapião em favor do contestante. Caso esses temas não sejam propostos na contestação, sua tardia alegação na fase executiva torna-se incabível. Não estará, contudo, inibida a parte de demandar, a seu respeito, por meio de ação própria, já que não terão sido abrangidas pela sentença da fase contenciosa da demarcatória.[72]

112. Prazo de contestação

Ainda que ocorra litisconsórcio passivo, o prazo de contestação será de quinze dias e fluirá em comum (art. 577).[73] Reduziu-se, portanto, o prazo de defesa, que no Código de 1973 era de vinte dias. Em se tratando de prazo comum, definido em procedimento especial, não haverá duplicação, mesmo quando os litisconsortes estiverem representados por advogados diferentes, começando a contagem a partir do aperfeiçoamento da última citação (art. 231, § 1º).[74] No entanto, há quem sustente a contagem do prazo em dobro segundo a regra geral prevista no art. 229 para o caso de litisconsortes defendidos por advogados distintos.[75] Não participo desse posicionamento, porque, no caso especial da demarcatória, a lei, diante da possibilidade de serem vários os confinantes citados, teve o cuidado de estatuir, de forma expressa, um *prazo comum* para a contestação de todos eles (art. 577). Aplica-se, portanto, o princípio de que a norma especial, no âmbito de sua incidência, afasta a norma geral colidente (Lei de Introdução às normas do Direito Brasileiro, art. 2º, § 2º).

113. Prova pericial

Mantém-se a essencialidade da prova pericial, seja contestada ou não a ação demarcatória, tendo em vista o caráter técnico do levantamento do traçado da linha demarcanda.

O CPC/2015 manda simplesmente observar o procedimento comum "após o prazo de resposta do réu" (art. 578). Embora silente quanto aos efeitos da revelia, deixa claro que o juiz não proferirá a sentença, sem antes nomear, "um ou mais peritos para levantar o traçado da linha demarcanda" (art. 579).

Esteve atento, o reformador da lei processual, à jurisprudência que sempre teve em conta a relevância da prova técnica na ação demarcatória para o "deslinde da causa".[76] Ou seja: "no âmbito da ação demarcatória, cumpre ao juiz, havendo ou não contestação, antes de proferir a decisão de mérito, determinar a produção da prova destinada a promover o levantamento

---

[71] PONTES DE MIRANDA, Francisco Cavalcanti. *Comentários ao Código de Processo Civil*. Rio de Janeiro: Forense, 1977, t. XIII, p. 461.

[72] STJ, 4ª T., REsp 50.220/GO, Rel. Min. Barros Monteiro, ac 05.11.1996, *DJU* 10.03.1997, p. 5.972.

[73] "Os réus serão citados pelo correio (art. 576, *caput*) (...) para contestarem no *prazo comum* (*g.n.*) de quinze dias (art. 577)" (BUENO, Cassio Scarpinella. *Manual de direito processual civil*. São Paulo: Saraiva, 2015, p. 441-442).

[74] PEREIRA, José Horácio Cintra G. Comentários ao art. 954 do CPC. In: MARCATO, Antônio Carlos. *Código de Processo Civil interpretado*. São Paulo: Atlas, 2004, p. 2.461.

[75] MEDINA, José Miguel Garcia. *Novo Código de Processo Civil comentado*. 3. ed. São Paulo: Ed. RT, 2015, p. 895; WAMBIER, Teresa Arruda Alvim; CONCEIÇÃO, Maria Lúcia Lins; RIBEIRO, Leonardo Ferres da Silva; MELLO, Rogerio Licastro Torres de. *Primeiros comentários ao novo Código de Processo Civil*. São Paulo: Ed. RT, 2015, p. 939.

[76] STJ, 4ª T., REsp 790.206/ES, Rel. Min. Honildo Amaral de Mello Castro, ac. 04.02.2010, *DJe* 12.04.2010.

da linha demarcatória, tornando conhecidos os limites do imóvel disputado, sendo nulo o julgamento realizado com omissão de tal formalidade".[77]

Para o CPC/2015, pode a prova pericial comum ser dispensada pelo juiz, quando o imóvel demarcando estiver georreferenciado, com averbação no Registro de Imóveis (art. 573). A medida excepcional se justifica pelo caráter técnico do georreferenciamento, o qual pode, em determinadas circunstâncias, fazer as vezes da perícia judicial. Para tanto, todavia, é preciso que o georreferenciamento contenha os elementos suficientes para elucidar a controversa estabelecida entre os litigantes. No caso, *v.g.*, de marcos desaparecidos ou de acidentes naturais modificados, o georreferenciamento fornecerá, em princípio, os dados necessários para a refixação da linha de demarcação entre os prédios vizinhos (sobre o georreferenciamento ver, *retro*, o item nº 102).

Em caso, contudo, de pretensão oriunda de títulos conflitantes, somente a perícia judicial se mostrará apta para dirimir a controvérsia em torno dos limites a prevalecerem.

Outro caso, em que se torna desnecessária a perícia judicial, ocorre quando o pleito vem, desde a inicial, instruído com levantamento técnico, em termos equivalentes àqueles exigidos pelo art. 580 do CPC/2015, e o réu não contesta a ação.

O Código atual dispõe que "o juiz nomeará um ou mais peritos" (art. 579). Não se verifica mais, portanto, a formação de um trio pericial obrigatório. As circunstâncias do caso concreto é que determinarão a conveniência ou necessidade de se contar com mais de um perito, com aptidões técnicas diferenciadas, para se chegar ao levantamento do traçado da linha demarcanda.

Não se deve, outrossim, restringir o direito das partes de utilizarem assistente técnicos, para acompanhar e analisar o trabalho do perito nomeado pelo juiz.

Embora o atual Código tenha autorizado a perícia por um só técnico, ao tratar da segunda fase do procedimento (*i.e.*, a que se segue à sentença de definição da linha dos limites), há a previsão de funções distintas a serem desempenhadas por agrimensor e pelos arbitradores (arts. 583 a 585). Pode-se concluir que a perícia tríplice foi abolida, mas, em regra, deverão funcionar um agrimensor e um arbitrador, sendo excepcional a hipótese de um só técnico acumular as funções de agrimensor e arbitrador.

As características do laudo pericial, definidas pelo art. 580 do CPC/2015, são as mesmas previstas no Código anterior: o laudo deverá ser minucioso "sobre o traçado da linha demarcanda, considerando os títulos, os marcos, os rumos, a fama da vizinhança, as informações de antigos moradores do lugar e outros elementos que [os peritos] coligirem".

114. A primeira sentença da ação demarcatória (encerramento da fase de acertamento ou cognição)

O procedimento da ação demarcatória é especial e complexo: desdobra-se em duas fases, a primeira é reservada, quando procedente o pedido, a definição da linha demarcanda, e a segunda é destinada a colocação, no solo, dos marcos identificadores da referida linha.

Já vimos que, com ou sem contestação, com ou sem acordo das partes quanto ao pedido de demarcação, a primeira fase do procedimento demarcatório sempre será encerrada através de uma sentença. A função precípua dessa sentença é, primeiramente, decidir sobre a procedência ou não do pedido de demarcação, e, em o acolhendo, determinar o traçado da linha demarcanda (art. 581).

A sentença pode, é natural, também ser negativa, ou seja, de extinção do processo, o que ocorre quando faltam pressupostos ou condições da ação, ou quando o pedido, no mérito, é

[77] TJMG, 16ª C.Cív., Ap 1.0713.06.062513-2/001, Rel. Des. Sebastião Pereira de Souza, ac. 20.08.2008, *RT* 877/291.

improcedente. Temos, nesses exemplos, casos de sentença declaratória negativa, que fazem extinguir o processo, impedindo de se alcançar a segunda fase do procedimento, onde seriam efetivadas as operações executivas de assinalação da linha demarcanda.

A sentença favorável é a que acolhe o pedido do promovente, quer com base na perícia, quer com apoio em acordo havido entre os interessados a respeito do traçado da linha de demarcação. Essa sentença, quando se apoia nos títulos ou na posse dos confinantes, para definir o traçado da linha de divisa, tem natureza predominantemente *declarativa*. Quando, porém, à falta de dados precisos nos títulos e quando ausente a posse, tiver o juiz de resolver o conflito de limites pela partilha ou adjudicação da zona contestada, sua sentença será *constitutiva*, por criar limites novos e impor uma situação jurídica distinta daquela que prevalecia antes do processo.

No processo demarcatório, ao contrário do que se pensa, não é o agrimensor, nem são os arbitradores que definem a linha demarcanda. Os peritos são elementos auxiliares, são apenas fontes informativas do juízo. Fornecem eles os dados técnicos de que o juiz necessita para dirimir a questão a respeito da linha de divisa dos imóveis dos litigantes.

É função do juiz, em face da prova oferecida pelas partes ou colhida de ofício no correr da perícia, proferir a sentença, que mandará "*guardar os antigos limites*, se não se provar que outros foram legalmente constituídos", ou *estabelecerá* "*novos limites* se nenhuns se provarem".[78] É ao juiz que compete determinar os limites de conformidade com a posse; que compete dizer se a posse está ou não provada; se é ou não o caso de partilhar ou adjudicar a zona contestada.

É o juiz, enfim, que, ao proferir a sentença definitiva da fase contenciosa da ação demarcatória, define a linha de confinação em disputa, como ensina Amilcar de Castro.[79] Farta é a jurisprudência no sentido de que "na fase contenciosa da ação, ao juiz é que compete fixar a linha divisória. Não pode julgar procedente a ação, para que mais tarde, na fase administrativa, o perito verifique e declare qual seja essa linha".[80] Enfim, trata-se de atribuição privativa do juiz, "que não pode delegá-la ao agrimensor ou aos peritos".[81] Aos peritos, na fase executiva, cabe simplesmente assinalar no solo a linha demarcanda definida pelo juiz na sentença da fase de acertamento.

Portanto, ao perito cumpre, depois de resolvido o traçado da linha pelo juiz, colocar os marcos divisórios nos locais necessários para assinalar a divisa definida pela sentença. Mas esses trabalhos técnicos só serão realizados na segunda fase do procedimento de demarcação, cujo início ocorre após o trânsito em julgado da sentença definitiva da fase contenciosa.

Haverá, finalmente, outra sentença, mas já então de natureza homologatória, e sem mais possibilidade de discutir o traçado da linha ou o direito das partes, mas simplesmente para atestar que os marcos colocados no terreno coincidem com a linha determinada pela sentença de mérito proferida no primeiro segmento do procedimento demarcatório. Uma, pois, é a sentença de que fala o art. 581, outra a do art. 587 do Código de Processo Civil de 2015.

A primeira sentença deve solucionar todas as dúvidas sobre o traçado da linha demarcanda, de modo que após seu trânsito em julgado, impossível é voltar a discutir a seu respeito. O que sobra para a fase executiva é apenas o problema da assinalação material da linha sobre o terreno, ou seja, a colocação dos marcos no solo.

---

78 RIBAS, Antonio Joaquim. *Consolidação das leis do processo civil*. Rio de Janeiro: Dias da Silva Junior, 1879, v. II, art. 866, p. 206.

79 Voto em ac. do TJMG, *RF* 126/169-170.

80 TJMG, 2ª C.Civ., Apelação 2.443, Rel. Des. Amílcar de Castro, ac. 22.12.1948, por maioria, *RF* 126/169.

81 TJMG, Apelação 2.265, Rel. Des. J. Benício, ac. 05.08.1946, *RF* 109/461.

115. Procedimento executivo (segunda fase da ação)

Dispõe o art. 582 do CPC/2015 que, "transitada em julgado a sentença, o perito efetuará a demarcação e colocará os marcos necessários. Todas as operações serão consignadas em planta e memorial descritivo com as referências convenientes para a identificação, em qualquer tempo, dos pontos assinalados, observada a legislação especial que dispõe sobre a identificação do imóvel rural." O texto atual reproduz, praticamente, o art. 959 do Código anterior com duas pequenas inovações: *(i)* atribui ao *perito* (em vez do agrimensor) a tarefa de colocar os marcos da linha demarcanda; e *(ii)* manda que, as operações retratadas na planta e no memorial descritivo, observem "a legislação especial que dispõe sobre a identificação do imóvel rural".[82] Tratando-se de operações técnicas próprias da agrimensura, o perito a que alude o atual Código será, necessariamente, um agrimensor, ou outro profissional a este equiparado.

Mantém, o Código de 2015, o sistema de seccionar o procedimento da ação demarcatória em dois estágios. No primeiro deles, vários trabalhos técnicos foram realizados, mas apenas a título de informação para que o juiz pudesse definir em sentença o traçado da linha demarcanda.

No segundo estágio, cumpre ao perito (que deve ser um *agrimensor*) fixar, também em forma definitiva e imutável, os sinais da divisa no solo. Assim, a missão iniciada antes da sentença é concluída após ela sob a forma de execução de uma tarefa complementar.

Consiste esta missão complementar, que o agrimensor realiza na fase executiva do procedimento demarcatório, em assentar no terreno os *marcos* identificadores da linha de confim dos prédios envolvidos no processo. Com essa operação material, operará, no mundo fático, a eliminação da confusão de limites até então existente entre os prédios dos litigantes.

De uma definição ideal constante da sentença, a linha se transformará em sinal concreto, uma realidade geográfica e geodésica, no dizer de Hamilton de Moraes e Barros.[83]

Os peritos que executam a linha demarcanda são os mesmos nomeados na primeira fase, nos termos do art. 579 do CPC/2015.

Sobre as plantas e o memorial descritivo, as disposições dos arts. 583 a 585 do atual Código, não contêm senão inovações de pouco ou nenhum significado, em face do regime do estatuto processual anterior.

116. A conclusão do procedimento demarcatório

Concluídos os trabalhos de campo, apresentarão os peritos o competente relatório, sobre o qual as partes terão o prazo comum de *quinze dias* para se manifestar (art. 586).

As alegações não podem, é lógico, reabrir discussão em torno de matéria relacionada com a posse ou domínio das partes, pois tudo isso já se acha resolvido ou precluso em face da sentença que encerrou a primeira fase do procedimento demarcatório. Afirma o art. 586 do CPC/2015 que as alegações serão sobre o *relatório*, o que não impede que, impugnando o relatório, se chegue a criticar também a planta ou o memorial do agrimensor. Isto porque a função do relatório é justamente atestar a exatidão das peças do agrimensor.

Se o perito (agrimensor), portanto, se desviou da sentença e elaborou planta e memorial que não correspondem ao julgado que determinou a linha demarcanda, não poderiam os demais técnicos manifestar-se de acordo com tais documentos. A parte, então, ao falar sobre o relatório dos peritos poderá apontar o erro ou falha do agrimensor eventualmente encampado pelos arbitradores, quando tais peritos tiverem sido nomeados pelo juiz.

---

[82] Lei nº 4.947/1966, art. 22, e Lei nº 6.015/1973 (Lei dos Registros Públicos), arts. 169, 176, 225 e 246, ambas alteradas pela Lei nº 10.267/2001 e pela MP nº 1.085/2021.

[83] BARROS, Hamilton de Moraes e. *Comentários ao Código de Processo Civil*. Rio de Janeiro: Forense, 1980, v. 9, p. 78.

Havendo reclamação de parte, o juiz examinará seu conteúdo. Se a queixa for infundada ou desrazoável, poderá o juiz rejeitá-la de plano, ordenando que se lavre o auto de demarcação. Considerando-a, porém, razoável ou plausível, o juiz, antes de mais nada, mandará que sejam ouvidos os peritos, reservando-se para decidir depois dos esclarecimentos técnicos.

Findas todas as diligências e solucionadas todas as reclamações, será lavrado o *auto de demarcação*, que é um termo no bojo dos autos, onde serão descritos, minuciosamente, os limites demarcandos, de acordo com o memorial e a planta elaborados pelos peritos (art. 586, parágrafo único, *in fine*).

O auto será redigido pelo escrivão e será encerrado pelas assinaturas do juiz e dos peritos. Lembra Ernane Fidélis dos Santos que os peritos não podem se recusar a assinar o auto, mesmo quando divergirem da solução dada pela deliberação judicial. A meu ver, não é concebível a existência de divergência entre juiz e peritos, pois estes são órgãos auxiliares subordinados hierarquicamente ao juiz. A recusa de assinatura, em tal circunstância, seria ato de rebeldia, capaz de configurar injusta resistência a uma ordem legal de autoridade competente, sujeitando o infrator até mesmo à responsabilidade penal. Seria o mesmo que admitir pudesse o escrivão se rebelar e recusar-se a expedir o mandado deferido pelo juiz.

Em todo caso, se porventura acontecer a hipótese de o perito se recusar a assinar, ou de ficar impedido de fazê-lo, por morte, enfermidade ou incapacidade, a solução será mandar o juiz que o fato fique constando do auto, sob a fé pública do escrivão, e a chancela de sua firma de magistrado.

O auto de demarcação assim como a planta e o memorial descritivo são peças fundamentais do processo de demarcação. A ausência de qualquer delas é motivo de nulidade, por inobservância de formalidade essencial do procedimento. Mas, em se tratando de nulidade não cominada e apenas relacionada com a forma, deve ser alegada na primeira oportunidade em que a parte prejudicada se manifestar nos autos, sob pena de preclusão. Assim, se a parte não recorrer e a sentença homologatória transitar em julgado, sanada estará sua nulidade. É indispensável, entretanto, a existência nos autos de peça que possa suprir a falta de tais elementos técnicos, sem os quais não haverá lugar para a homologação de que cuida o art. 587 do CPC/2015.

117. Natureza e força das duas sentenças da ação demarcatória

O traçado da linha já foi definido pela primitiva sentença, proferida na fase dita "contenciosa" do procedimento de demarcação. Na segunda fase (fase executiva) apenas se procedeu à materialização da linha do solo. E a sentença que encerra esta fase e, com ela, todo o procedimento demarcatório, tem a força de declarar, judicialmente, que a linha assentada no terreno é a que, efetivamente, corresponde aos limites dos imóveis contíguos.

Nessa ordem de ideias, a sentença final do processo demarcatório não tem força preponderante nem de condenação, nem de constituição, embora se possa entrever nela alguma presença secundária de elementos constitutivos e condenatórios. Sua natureza marcante é, sem dúvida, a de declarar, a de dar certeza jurídica àquilo que já se procedeu anteriormente em presença das partes e sob a fiscalização da justiça.

Para Athos Aquino de Magalhães, a sentença que homologa a demarcação "é apenas declaratória de direitos preexistentes". Com ela o juiz não constitui limites novos, "mas cumpre-lhe rigorosamente estabelecer ou restabelecer os verdadeiros de acordo com os títulos de propriedade das partes e o apurado no processo".[84] É comum, portanto, tratá-la como sentença *declarativa*.

---

[84] MAGALHÃES, Athos Aquino de. *Theoria e prática do direito de demarcar e da ação de demarcação*. Rio de Janeiro: Ed. Livraria do Brasil, [s.d.],n. 653, p. 251-252.

No substituir, porém, a situação de confusão de limites, por uma situação nova, de certeza a respeito dos confins dos dois prédios, o que muitas vezes se faz por meio de partilha e adjudicação, é de se considerar também como constitutiva a sentença que homologa a demarcação, como bem observa Lopes da Costa.[85]

Isto, porém, não retira do procedimento, como um todo, a sua característica de procedimento executivo, *lato sensu*, pois embora tenha a sentença final uma função predominantemente declarativa, o certo é que foi precedida de atos materiais que fizeram da primeira sentença uma realidade *fática* concreta, com notável alteração no mundo exterior do juízo: a eliminação, *de iure* e *de facto*, da confusão de limites.

É, sobre outro aspecto, uma sentença *homologatória* porque o seu conteúdo principal não é ditado pelo juiz no ato de decidir, mas é tomado de empréstimo ao trabalho dos peritos reproduzido e sintetizado no auto de demarcação. O conteúdo do decisório é, de tal arte, a aprovação do resultado do trabalho técnico do agrimensor.

Por ser uma sentença *homologatória*, não quer dizer que não seja uma sentença de *mérito* (definitiva). É sentença de mérito porque é ela o instrumento utilizado pelo órgão judicante para encerrar, em caráter definitivo, o conflito de interesses (lide) surgido a propósito da confusão de limites entre prédios.

A jurisprudência ressalta essa função processual: "É a sentença, portanto, de mérito, de conteúdo decisório, a segunda das duas sentenças previstas no procedimento demarcatório, pondo fim à confusão de limites, razão por que tem força de coisa julgada material, ou substancial".[86]

Ao homologar o trabalho técnico da demarcação, o que fez o juiz foi justamente prestar a tutela jurisdicional de mérito com apoio em dados e elementos fornecidos e implantados pelos órgãos auxiliares (os peritos). Isto posto, embora seja uma sentença homologatória, não é, contudo, "meramente homologatória", já que, como se disse, importou a solução judicial de mérito para um processo. O que o juiz homologa, na demarcação, não é ato convencional ou voluntário das partes, mas o trabalho técnico da separação dos prédios contíguos, realizado e concretizado segundo atos decisórios do próprio julgador.

Faz coisa julgada material a respeito das linhas assinaladas e homologadas e, por isso, desafia, para desconstituição, a *ação rescisória* (art. 966, §§ 1º a 3º), e não a simples *ação anulatória* (§ 4º do art. 966).[87]

118. Cumprimento da sentença em face dos confinantes

O atual Código, em dispositivo de que não havia similar no Código antigo, consolida o entendimento de que a ação demarcatória traz em si a força reivindicatória, não havendo necessidade de cumulação de pedido especial para que essa eficácia seja alcançada. Nesse sentido, o novo art. 581, em seu parágrafo único, dispõe textualmente que "a sentença proferida na ação demarcatória determinará a restituição da área invadida, se houver, declarando o domínio ou a posse do prejudicado, ou ambos". Não existia regra similar no Código de 1973,

---

[85] LOPES DA COSTA, Alfredo Araújo. *Demarcação, divisão, tapumes, domínio, condomínio, paredes-meias.* Belo Horizonte: Bernardo Álvares S.A, 1963, n. 124, p. 143.

[86] TJSP, 3ª C. Civ., AI 125.931-1, Rel. Des. Flávio Pinheiro, ac. 06.02.1990, *RJTJESP* 126/280.

[87] PONTES DE MIRANDA, Francisco Cavalcanti. *Comentários ao Código de Processo Civil.* Rio de Janeiro: Forense, 1977. T. XIII, p. 478-479; SANTOS, Ernane Fidélis dos. *Dos procedimentos especiais do Código de Processo Civil.* 3. Ed. Rio de Janeiro: Forense, 1999. v. 6, n. 248, p. 286; BARROS, Hamilton de Moraes e. *Comentários ao Código de Processo Civil.* 2. Ed. Rio de Janeiro: Forense, 1977. V. IX. p. 93.

mas a conclusão a que chegava majoritariamente a doutrina e a jurisprudência era justamente a que o CPC/2015 esposou.

Assim, convém notar que o efeito da sentença homologatória da demarcação é, necessariamente, declarativo. E muitas vezes só declarativo.

Assim, se havia total confusão de limites ninguém tinha posse exclusiva na zona próxima da linha demarcanda, a sentença por si só elimina o conflito entre os vizinhos, colocando a linha de confrontação em seu devido lugar. Nada mais há que executar.

Mas, se, a pretexto da confusão de limites, um dos vizinhos assentou posse além da verdadeira posição da linha de confim, a sentença homologatória ultrapassará a sua natural eficácia declarativa para outorgar ao confrontante esbulhado título executivo contra seu vizinho. Por meio de execução forçada para entrega de coisa certa, aquele que foi beneficiado com a solução da demarcatória obterá restituição da área injustamente detida pelo confrontante. O cumprimento de sentença observará o rito próprio para as obrigações de entrega de coisa e se ultimará com mandado de imissão na posse (art. 538). Não há necessidade de mover ação de execução autônoma para esse fim. Tudo se passa como simples incidente da própria ação demarcatória.

Consoante a lição de Ovídio Baptista da Silva, a execução, *in casu*, é a mais singela possível, resumindo-se à imissão na posse daquele que, após a demarcação, tiver área além da linha divisória em posse do outro confinante. "Apenas expede-se mandado", não havendo necessidade de outra ação executiva, porque a própria ação de demarcação tem a natureza executiva *lato sensu*.[88]

Houve quem, no passado, defendesse a necessidade de se usar a ação de imissão de posse para ultimar a execução forçada da sentença de encerramento da demarcatória.[89] Não foi esse, todavia, o entendimento perfilhado pelo Código de Processo Civil (art. 581, parágrafo único).

---

88 BAPTISTA DA SILVA, Ovídio A. *Comentários ao Código de Processo Civil*. São Paulo: Ed. RT, 2000, v. 13, p. 480.

89 TJSC, 3ª Câmara, Ag. 1.042, Rel. Des. Thereza Grisólia Tang, ac. 25.10.1977, *Jurisprudência Catarinense* 18/259.

§ 12. AÇÃO DE DIVISÃO

119. Ação de divisão. Petição inicial

O art. 588 do CPC/2015 nada inovou quanto aos requisitos da petição inicial da ação de divisão, que continuam sendo os mesmos arrolados pelo Código de 1973.[90] Isto é, cabe ao promovente:

(a) instruir a inicial com os seus títulos de domínio (art. 588, *caput*);

(b) indicar a origem da comunhão e a denominação, a situação, os limites e as características do imóvel (art. 588, I);

(c) apontar o nome, o estado civil, a profissão e a residência de todos os condôminos, especificando-se os estabelecidos no imóvel com benfeitorias e culturas (art. 588, II);

(d) descrever as benfeitorias comuns (art. 588, III).

120. Objeto da ação

A ação de divisão é forma de extinguir-se, em juízo, o condomínio. O condomínio, porém, pode incidir tanto sobre coisas móveis como imóveis. O Código de 2015 manteve a nomenclatura das legislações anteriores, regulando a ação divisória como "ação de divisão de terras particulares",[91] tal como já acontecia com o Código de 1939 e com Regulamento nº 720, de 1.890, nomenclatura conservada pelo CPC/2015 (Livro I de sua Parte Especial, Tít. III, Cap. IV). Assim, dúvida não há de que o legislador disciplinou o procedimento divisório para ter como objeto apenas as terras do domínio privado.

Isto não quer dizer que existindo comunhão sobre outros bens não possa existir a pretensão de extingui-la em juízo. Todo e qualquer conflito de interesse tem de encontrar solução judicial, desde que ocorram as condições de ação (*legitimatio e* interesse). Apenas, não haverá aplicação do procedimento especial da divisão, devendo o caso ser solucionado pelas vias ordinárias.

Pela própria índole da divisão, que é a partilha da coisa comum em porções determinadas e certas para cada um dos consortes, impõe-se esteja o imóvel comum perfeitamente discriminado antes da operação divisória. Por isso, é inviável a ação de divisão quando não se conhecem com precisão os limites do imóvel comum, ou quando há em pendência questão de divisas com confrontantes. Em tais condições, é indispensável que antes de dividir se faça a demarcação do terreno.

A propósito já decidiu o Tribunal de Justiça de Minas Gerais: "Há nulidade processual quando se procede à divisão relegando-se a demarcação do imóvel comum, dado ser preciso antes demarcar os seus limites com os confrontantes para depois dividi-lo entre os condôminos".[92]

O procedimento divisório é o mesmo, tanto para os imóveis rurais (prédios rústicos) como para os urbanos. Embora a ação de divisão tenha sido instituída especificamente para a partilha de *terras*, nada impede que analogicamente se utilize seu procedimento para divisão de *edifícios* de planos horizontais, quando compostos de unidades passíveis de rateio homogêneo

---

[90] "Art. 588. A petição inicial será instruída com os títulos de domínio do promovente e conterá: I – a indicação da origem da comunhão e a denominação, a situação, os limites e as características do imóvel; II – o nome, o estado civil, a profissão e a residência de todos os condôminos, especificando-se os estabelecidos no imóvel com benfeitorias e culturas; III – as benfeitorias comuns".

[91] Cap. VIII do Título I do Livro IV.

[92] TJMG, 2ª C.Civ., Ag. Pet. 8.588, Rel. Des. Edésio Fernandes, ac. 24.09.1963, *Jurisprudência Mineira* 43/93.

entre os coproprietários, se na época da construção não se formou um regular condomínio horizontal de unidades autônomas.

Obviamente, nem todo imóvel de domínio privado, é suscetível de partilha *geodésica*. Muitos há que, sob esse aspecto, se apresentam como *indivisíveis*. Em relação a bens dessa natureza, o condomínio só se extingue em juízo mediante divisão *econômica*, que, conforme já exposto, se procede mediante alienação judicial e partilha do preço apurado.[93]

121. Objetivo da ação de divisão regulada pelo CPC

Compõe-se o procedimento especial de divisão de terras particulares de duas fases distintas e concatenadas: a primeira destina-se a apurar a existência do condomínio e do direito do autor de exigir sua extinção na forma requerida; a segunda, caso se tenha decidido pela procedência do pedido na primeira fase, compreende os atos de realização material da divisão geodésica.

Assim, o fim específico da ação divisória é resolver a questão em torno do condomínio sobre terras divisíveis, fazendo cessar o estado de comunhão, pela repartição geodésica do imóvel, com atribuição a cada comunheiro de parte certa, fisicamente delimitada sobre o terreno comum.[94] Como o pressuposto da pretensão de dividir é o domínio do promovente sobre cota ideal do imóvel comum, pode tornar-se objeto do litígio justamente o título dominial daquele que propôs a ação. Diante disso, o mérito da causa a ser enfrentado na ação de divisão compreenderá, em caráter prejudicial, a questão dominial suscitada pelo contestante, a par do pedido de partilha da coisa comum, formulado pelo autor.

Aplica-se no juízo divisório a técnica da *geodésia* ou *geodesia*, que é o ramo matemático que cuida dos métodos de dividir a terra ou a superfície de um terreno. A partilha geodésica, que se realiza no procedimento divisório, é, justamente, a divisão de uma superfície agrária em várias outras.[95]

Dessa forma, definido e aceito o direito de dividir, pela sentença da primeira fase do procedimento, a prestação jurisdicional terá prosseguimento até concretizar, materialmente, a partilha do terreno comum. Mas, além desse objetivo que se pode dizer *real*, porque resulta em operações práticas sobre a coisa comum, a ação divisória pode também apresentar objetivos *pessoais* como a exigência de prestações entre os condôminos relacionadas com partilha de frutos, gastos, compensações e ressarcimentos de danos.

Costuma-se dizer, em doutrina, que, sendo o procedimento divisório de natureza especial e tendo por objetivo específico a partilha da coisa comum, não cabe, em seu bojo, o acerto de contas pretérito sobre frutos já colhidos e consumidos por algum condômino. Assim, apenas os frutos posteriores à *litis contestatio* seriam partilháveis no processo de divisão. Os anteriores teriam de ser reclamados e acertados através do procedimento, à parte, da prestação de contas.

No entanto, por se tratar de pretensão conexa com a de dividir o imóvel, e uma vez que o rito da fase contenciosa é o ordinário, não vejo, em tese, empecilho capaz de impedir a cumulação do pedido de restituição de frutos com o pedido de divisão, muito embora, do ponto de vista prático, a medida não seja aconselhável por tumultuar e retardar a solução da divisão

---

[93] Cf. THEODORO JÚNIOR, Humberto. *Terras particulares, demarcação, divisão, tapumes*. 5. Ed. São Paulo: Saraiva, 2009, n. 212, p. 354-358.

[94] LIMA, Alexandre Delfino de Amorim. *Código de Processo Civil brasileiro comentado*. São Paulo: Saraiva, 1941, v. 2, n. 172, p. 336; CAMARA LEAL, Antônio Luiz. *Comentários ao Código de Processo Civil*. Rio de Janeiro: Forense, 1940, v. 5, n. 324, p. 326.

[95] MENEZES, Rodrigo Octávio de Langgaard. *Divisão e demarcação de terras particulares*. 3. ed. Rio de Janeiro: Francisco Alves, 1913, § 129, p. 115, nota 141.

propriamente dita. O bom senso aconselha, assim, que tais questões sejam, preferencialmente, discutidas em procedimentos separados, a benefício do interesse dos próprios litigantes.

Além disso, se a apuração dos frutos e rendimentos depender de complicadas operações de balanço de débitos e créditos, só mesmo pelo procedimento especial da ação de exigir contas será possível o acerto entre os condôminos. Sendo esta de rito especial, não adaptável ao procedimento ordinário (arts. 550 a 553), inadmissível será, então, sua cumulação com a *communi dividundo* (art. 327, § 1º, III).

122. Competência

A ação divisória é ação real imobiliária. De acordo com o art. 47 do Código de Processo Civil, deve ser processada no foro da situação das terras dividendas e a competência é absoluta ou improrrogável.

Se, porém, o imóvel estiver situado em mais de um Estado ou comarca, a competência será determinada por prevenção, *i.e.*, caberá a qualquer um dos juízes que tenham jurisdição sobre alguma parte dele. E o juiz que primeiro conhecer do pedido divisório ficará com a competência ampliada para a totalidade do imóvel (art. 60).

Isto quer dizer que todos os trabalhos divisórios serão por ele comandados e presididos, independentemente de precatórias, mesmo quando as perícias tiverem de realizar-se em terreno situado além de sua jurisdição normal (ver, *retro*, o item nº 106).

123. Legitimação ativa

A cada condômino assiste o direito de exigir a divisão, e, consequentemente, a legitimidade para propor a ação divisória, quando os demais consortes não atendam, amigavelmente, sua pretensão.

Esse direito de pedir a divisão da coisa comum é *singular* e não depende de anuência ou aprovação de outros consortes. Cada um dos consortes o detém, individualmente, e o pode opor a todos os demais.

Como anota Câmara Leal, "ninguém pode ser constrangido a viver em comunhão contra sua vontade - *in commuione, vel societate, nemo compellitur invitus detineri* (Cod. - 3-37;5). Pelo que, mesmo que todos os demais condôminos se oponham à divisão, isso não impede que ela se verifique, uma vez requerida pelo condômino que aquer.[96]

Por isso mesmo, não importa a opinião da maioria, nem tampouco a extensão da cota do condômino que pede a divisão. "Feita a prova do *ius in re*, ainda que em parte insignificante do imóvel, está justificado o direito de agir do promovente da demarcação e divisão".[97]

O condômino que tem a faculdade de requerer a divisão é, ordinariamente, aquele que se apresenta como titular de direito de propriedade sobre as terras comuns. Mas, como demonstramos,[98] não é somente o titular do domínio pleno e integral; "pode fazê-lo também o consorte de um domínio menos amplo, tal como o enfiteuta, o nu-proprietário, o fiduciário e o usufrutuário".[99]

---

[96] CAMARA LEAL, Antônio Luiz. *Comentários ao Código de Processo Civil.* Rio de Janeiro: Forense, 1940, v. 5, n. 313, p. 316.

[97] TAMG, 2ª C.Cív., Ap. 5.923, ac. 02.08.1974, *JTAMG* 2/119.

[98] THEODORO JÚNIOR, Humberto. *Terras particulares, demarcação, divisão, tapumes.* 5. Ed. São Paulo: Saraiva, 2009, n. 204.

[99] LIMA, Alexandre Delfino de Amorim. *Código de Processo Civil brasileiro comentado.* São Paulo: Saraiva, 1941, v. 2, n. 174, p. 340.

Dada essa hipótese especial de ser a ação proposta por quem se mostre detentor apenas da propriedade restrita, "torna-se necessária a citação dos demais titulares do direito desmembrado, para que intervenham na lide", e possa a sentença também contra eles produzir sua normal eficácia.[100]

Até mesmo os compossuidores, investidos da ação publiciana (*i.e.*, aqueles que exercem posse, sem título, mas em vias de usucapião), podem usar a ação divisória para partilhar a posse comum.[101]

É claro, porém, que os titulares de direitos reais limitados, assim como os possuidores, só são legítimos para postular a divisão quando apresentam sua pretensão em face de outros titulares de igual direito ou situação jurídica sobre o imóvel dividendo. Só há condomínio ou copropriedade, para efeito de autorizar a divisão, quando todos os consortes se apresentam em situação jurídica homogênea, detendo direitos iguais.

Um usufrutuário tem, assim, legitimidade para postular a divisão do imóvel usufruído, desde que o faça perante outro cousufrutuário. Jamais se há de pensar que o enfiteuta possa querer dividir o imóvel, sobre que recai seu direito real, com o senhorio. Entre eles não há relação de copropriedade, posto que seus direitos são diversos e necessariamente devem coexistir.

Tampouco é de admitir que um usufrutuário, isoladamente, possa dividir o imóvel com um condômino do nu-proprietário. O titular do direito real sobre a coisa alheia tem, pela natureza de seu direito, apenas um *direito real relativo*, ou seja, um direito sobre a *coisa alheia*. Ele adquire tal direito sobre uma coisa que continua a pertencer a outrem e que deve atingi-la nas condições em que dita coisa se encontra, sem poder modificá-la ou aliená-la sob qualquer forma. Se, assim, o usufrutuário adquiriu seu direito real sobre a cota que o nu-proprietário tem num condomínio, terá de se conformar em exercer o *ius in re aliena* apenas sobre a cota ideal, com todas as limitações que são inerentes ao condomínio. A extinção do condomínio, *in casu*, importaria alterar o direito principal do proprietário direto (nu-proprietário), o que não está no alcance de quem tem somente um limitado direito real sobe a coisa alheia.

Já, contudo, entre os diversos cotitulares de um mesmo direito real sobre a coisa alheia, a situação é diferente, porque a pretensão de dividir o imóvel para efeito do exercício do direito real conjunto não afeta a situação jurídica do proprietário direto, e entre eles há realmente um estado homogêneo de comunhão em torno de igual direito real, exercitado sobre o mesmo bem.

Quanto ao herdeiro, enquanto não ultimado o juízo da *familiae erciscundae*, não pode cogitar de instaurar a *communi dividundo*. Como lembra Morato, "é expresso o Código Civil no art. 1.580, declarando indivisível, quanto à posse e domínio, o direito dos coerdeiros chamados à herança, enquanto não se ultima a partilha".[102]

Não tem o herdeiro, em tal situação, legitimidade para pretender o juízo divisório comum. Não que não tenha o sucessor hereditário *ius in re*, pois, pelo simples fato da abertura da sucessão, nos termos do art. 1.784 do Código Civil, o domínio e posse da herança se transmitem desde logo aos herdeiros legítimos e testamentários. Mas porque sem a partilha hereditária "faltaria base para o conhecimento do condomínio ideal do consorte e o elemento capital para a formação e discriminação dos respectivos quinhões".[103] Enquanto não partilhada a universalidade que é

---

[100] LIMA, Alexandre Delfino de Amorim. *Código de Processo Civil brasileiro comentado*. São Paulo: Saraiva, 1941, v. 2, n. 174, p. 341.

[101] Ver THEODORO JÚNIOR, Humberto. *Terras particulares, demarcação, divisão, tapumes*. 5. Ed. São Paulo: Saraiva, 2009, n. 205.

[102] MORATO, Francisco. *Da prescrição nas ações divisórias*. 2. ed. São Paulo: Saraiva, 1944, § 64, p. 140. O art. 1.580 citado é do Código Civil de 1916. Corresponde ao art. 1.791, parágrafo único, do Código atual.

[103] MORATO, Francisco. *Da prescrição nas ações divisórias*. 2. Ed. São Paulo: Saraiva, 1944, § 64, p. 141.

a herança, não se pode precisar nem quem exatamente são os herdeiros, nem tampouco qual a cota de cada um deles sobre cada bem deixado pelo *de cujus*.

O espólio, porém, quando figurar como condômino de imóvel divisível, poderá ser autor ou réu na ação divisória, atuando por meio do inventariante não dativo ou através dos herdeiros. A parte processual, portanto, antes da partilha hereditária do quinhão entre os sucessores, será o *espólio* (universalidade indivisível, enquanto não julgado o inventário e partilha) e não cada herdeiro individualmente. Na realidade, a comunhão hereditária agirá como um único condômino em face dos demais consortes do imóvel dividendo.

Situação interessante é a do herdeiro único, que mesmo não tendo carta de adjudicação transcrita no Registro Imobiliário, pode propor a divisão em face dos condôminos estranhos à sucessão hereditária. Reconhece-se tal legitimidade extraordinária porquanto o direito de propriedade, *in casu*, independe do registro público. Ao contrário do sucessor *inter vivos*, que só adquire a propriedade imobiliária através do registro público competente, o sucessor *causa mortis* a adquire por meio da *saisine*, ou seja: "os bens do *de cujus*, seu domínio e posse, são transmitidos a ele desde logo, conforme, o art. 1.784 do Código Civil".[104] No mesmo sentido, decidiu o STJ ser possível a divisão entre os herdeiros, embora não registrado o formal de partilha, por constituir este, por si só, "prova suficiente do domínio e da origem da comunhão".[105]

Por fim, sendo a divisória ação real imobiliária, dela devem participar ambos os cônjuges, se o condômino autor for casado. Essa participação, todavia, não precisa ser necessariamente em litisconsórcio ativo, podendo limitar-se a uma anuência (art. 73, *caput*).

124. Legitimação passiva

Diz o art. 569, II, do Código de Processo Civil de 2015 que a ação de divisão cabe ao *condômino* "para obrigar os demais *consortes* a estremar os quinhões".

Daí ensinar Pontes de Miranda que, como sujeitos passivos, hão de ser citados "todo os condôminos", porque são eles os interessados na divisão postulada pelo promovente.[106] O caso é de litisconsórcio passivo necessário, de modo que "o processo divisório, para o qual não são convocados todos os condôminos, padece de nulidade *pleno iure*".[107] Havendo entre os demandados algum condômino casado, obrigatória será, também a citação do respectivo cônjuge, por se tratar, *in casu*, de ação real imobiliária (art. 73, § 1º, I).

O Código de Processo Civil atual, bem como o CPC de 1973 não contêm mais regras como a do art. 422 do Estatuto de 1939, que mandava, genericamente, citarem-se os "interessados". Além de definir a ação de divisão como a que cabe *entre os condôminos*, para forçar a partilha da coisa comum (art. 569, II), na petição inicial mandam mencionar e qualificar apenas os *condôminos*, e descrever tão somente "as benfeitorias comuns" (art. 588, II e III).

Parece, assim, que o legislador do Código de Processo Civil preferiu orientação restritiva, *i.e.*, a que considerava *interessados* ou *partes necessárias* da divisão apenas os condôminos, como, aliás, já pensavam Carvalho Santos e Câmara Leal, desde os tempos do Estatuto de 1939.

Dessa maneira, as questões entre os condôminos e os intrusos e outros interessados deverão ser solucionados à parte do juízo divisório. Mas, sem o caráter de obrigatoriedade, e apenas como uma faculdade dos condôminos, não vejo empecilho a que, desde logo, se convidem esses

---

[104] CARNEIRO, Paulo Cézar Pinheiro. *Comentários ao Código de Processo Civil*. Rio de Janeiro: Forense, 2006, v. IX, t. II, n. 38, p. 94.

[105] STJ, 4ª T., REsp 48.199/MG, Rel. Min. Sálvio de Figueiredo Teixeira, ac. 30.05.1994, *DJU* 27.06.1994, p. 16.990.

[106] PONTES DE MIRANDA, Francisco Cavalcanti. *Comentários ao Código de Processo Civil*. Rio de Janeiro: Forense, 1977. T. XIII, p. 482.

[107] STJ, 4ª T., REsp 13.366/MS, Rel. Min. Sálvio de Figueiredo Teixeira, ac. 30.03.1993, *DJU* 03.05.1993, p. 7.799.

terceiros para acompanhar a divisão e manifestar suas pretensões, posto que o processo é sempre contencioso e em sua primeira fase segue o rito comum, permitindo, destarte, a cumulação de pedidos conexos e compatíveis entre si (art. 327).

Em suma, e não obstante o silêncio da lei, continua atual a advertência de Francisco Morato, para quem, "partes *principais*, a quem devem necessariamente ser feitas as citações na *communi dividundo*, são os condôminos, não há dúvida. Mas terceiros podem ter interesse na causa, interesse que há de embaraçar forçosamente a execução da sentença homologatória, por falta de intervenção deles no feito. Se tiverem benfeitorias indenizáveis e não forem citados, podem entrar com embargos de eficácia possível para suspender a execução e provocar novo processo. Se forem intimados e no feito conhecer-se da questão das benfeitorias e do seu valor, o exequente entra aparelhado para a execução, mediante depósito do valor já estimado e entrega imediata da coisa, sem mais formalidades".

Nestas condições - conclui Morato -, "aconselha a boa doutrina não descure o profissional providente a citação de todos os interessados no pleito, ainda que em qualidade de terceiros não condôminos".[108]

Note-se, por último, que a legitimação passiva da ação divisória prende-se, na verdade, à condição de *condômino* do réu, pois, só se partem terras ainda em comum. Assim, se todos os condôminos venderam em conjunto uma área certa e determinada a estranho, ou se algum condômino assim procedeu, com anuência dos demais, o adquirente dessa parcela do imóvel comum não haverá de ser considerado condômino e, portanto, não terá legitimidade para figurar passivamente no processo divisório.[109]

Já o mesmo não ocorre com o caso em que um condômino, por sua própria iniciativa e sem anuência dos demais, aliena a terceiro, parte certa e delimitada do imóvel comum. É claro que, possuindo todos os comunheiros propriedade sobre toda a coisa comum, não pode um deles isoladamente alienar parte certa dela. Se o fizer, porém, a alienação não é nula, nem anulável, por esse motivo, mas *condicional. I.e.*, o direito do adquirente ao local descrito no título de aquisição ficará sob a condição suspensiva de ser contemplado, ou não, com um quinhão na cogitada situação.

Por isso o adquirente, que compra porção certa de imóvel comum, sem anuência de todos os condôminos, é na verdade um novo comunheiro, que, portanto, terá de se sujeitar ao processo divisório. É sujeito passivo do procedimento de extinção do condômino, podendo ser ou não aquinhoado no local mencionado no seu título, conforme os critérios normais que se impõem à observância na partilha. Não tem privilégio algum em face dos demais consortes.

125. Procedimento. Citação

Tal como já anotado em relação à ação demarcatória (ver, *retro*, item nº 110), o atual Código inovou, em seu art. 576, o regime citatório, não mais admitindo (como ocorria no sistema do CPC de 1973) que os réus domiciliados fora da comarca sejam citados por edital. Igual procedimento deve ser aplicado também à ação de divisão (art. 589).

Assim, todos os condôminos demandados serão citados pelo correio, sejam residentes ou não na comarca de situação do imóvel. Somente os desconhecidos ou de paradeiro ignorado é que se sujeitarão à citação editalícia.

Quanto ao prazo de contestação, assinalado na citação da ação divisória, prevê o CPC/2015 (art. 589) que se deverá observar o disposto, acerca da demarcatória, no art. 577, ou seja, o prazo

---

108 MORATO, Francisco. *Da prescrição nas ações divisórias*. 2. Ed. São Paulo: Saraiva, 1944, § 74, p. 156.

109 TJMG, 2ª C.Cív., Ap. 2552-embs., Rel. Des. Amilcar de Castro, ac. 22.04.1946, *RF* 120/193.

de resposta é de *quinze dias*, e não mais de vinte dias, como acontecia sob a regência do CPC de 1973. Aplicam-se ao assunto os demais comentários feitos no item nº 110, *retro*.

126. Contestação

O debate entre os litigantes, na primeira fase do procedimento divisório, é o mais amplo possível. Desde as questões preliminares pertinentes aos pressupostos processuais e às condições da ação, até intrincadas controvérsias dominiais podem ser provocadas pela contestação e devem ser solucionadas pelo juiz na sentença com que porá fim à fase contenciosa do juízo divisório e autorizará a fase executória, se acolher o pedido do autor.

No mérito, o pedido de divisão pode ser contestado mediante, por exemplo, uma ou mais das seguintes alegações:[110]

(a) *Falta de domínio*, ou outro direito real hábil para justificar o procedimento divisório. Isto porque "o direito à divisão de terra é condicionado ao direito do domínio, e por isso mesmo a lei exige que o promovente ajunte à inicial os títulos de propriedade".[111]

(b) *Ausência de "jus in re" do autor sobre o imóvel a dividir* (ele tem direito de domínio, mas não sobre o imóvel que alega). É que "não se concebe processo divisório sem apuração de títulos, com que se alcança o levantamento da propriedade a dividir".[112]

(c) *Prescrição aquisitiva*. Trata-se de matéria de defesa reconhecida pela jurisprudência: "O direito de exigir a divisão se extingue toda vez que o estado de condomínio cessou efetivamente, em consequência da posse exclusiva e localizada de um condômino, sobre uma porção determinada do imóvel, durante 30 anos" (hoje: 15 anos).[113]

(d) *Desaparecimento do condomínio*, por já ter sido o imóvel anteriormente dividido: "não há que pretender-se a divisão do que já não existe em comum".[114]

(e) *Existência de cláusula contratual ou testamentária que impeça a divisão*. A propósito, já decidiu a Suprema Corte. "Nula é a estipulação de nunca dividir, mas é tolerada a convenção unânime da permanência da indivisão por tempo determinado, que no nosso direito é, no máximo, de cinco anos. Em tal caso o condômino não pode, dentro desse prazo, promover a divisão".[115]

(f) *Indivisibilidade, natural ou legal, do imóvel* ("Impossível é o uso e gozo da coisa comum, quando indivisível, ou se tornar, em virtude de divisão, imprópria ao seu destino. São bens que não podem partir, sem dano. O direito a pedir a venda responde ao direito de pedir divisão. É modalidade desse direito".[116]

Além dessas defesas que são peremptórias, podem os réus arguir questões dilatórias, que não visam impedir a divisão, mas que lhe criam obstáculos por suscitarem problemas

---

110 BARROS, Hamilton de Moraes e. *Comentários ao Código de Processo Civil*. 2. Ed. Rio de Janeiro: Forense, 1977. V. IX, p. 116; LIMA, Alexandre Delfino de Amorim. *Código de Processo Civil brasileiro comentado*. São Paulo: Saraiva, 1941, v. 2, n. 187, p. 360; CRUZ, Alcides. *Teoria e prática da demarcação e da divisão de terras*. Edição especial. Porto Alegre: Ajuris, 1979, n. 48, p. 96-97.

111 TJMG, 1ª C. Civ., Ap 6.027, Rel. Des. Lopes da Costa, ac. 27.04.1950, *RF* 142/288.

112 TJGO, 2ª C., Ap 2.886, Rel. Des. Jorge Jardim, ac. 30.08.1957, *RF* 177/310.

113 TJRS, 2ª C. Civ., Ap 8.563, Rel. Des. João Clímaco de Melo Filho, ac. 07.01.1953, *RF* 150/327. No mesmo sentido: TJMG, 1ª C. Cív., Ap. 75.131-1, Rel. Des. Bady Curi, ac. 08.03.1998, *Jurisprudência Mineira* 101/201.

114 STF, 2ª T., RE 79.834/MG, Rel. Min. Moreira Alves, ac. 31.10.1975, *DJU* 26.12.1975, p. 9.642.

115 STF, 2ª T., RE 9.088, Rel. Min. Orozimbo Nonato, ac. 24.08.1948, *RF* 121/407.

116 STF, 2ª T., RE 13.809. Rel. Min. Orozimbo Nonato, ac. 25.04.1950, *RF* 140/133.

parciais, como os relacionados com a extensão da cota de cada comunheiro, com a existência de benfeitorias próprias, com a forma de partilhar e formar os quinhões.

Uma das dilatórias possíveis é a da ausência de divisas certas do imóvel dividendo, pois só o corpo certo e determinado pode ser partilhado. No caso, a demarcação há de ser cumulada. Se não o for, faltará um pressuposto de desenvolvimento válido e regular do processo.

Quando a defesa compreender apenas problemas técnicos, não de legitimidade da divisão ou de seus partícipes, mas apenas ligados à força dos respectivos títulos e demais problemas de formação de quinhões, o juiz não conhecerá deles na primeira fase do procedimento divisório.

Se nenhuma questão prejudicial ao direito de dividir foi aventada na *litis contestatio*, o juiz julgará antecipadamente a primeira fase, sem audiência de instrução e julgamento e passará, logo após o trânsito em julgado, à segunda fase (*fase executiva*), declarando, na sentença, "que as alegações do arguente serão oportunamente apreciadas no momento processual adequado".[117]

Na segunda fase haverá oportunidade, tanto para decidir sobre a força dos títulos na formação dos quinhões (art. 591) como sobre os critérios de escolha e localização dos quinhões (art. 592, § 2º).

Qualquer deliberação em torno de questões dessa natureza, na primeira fase, é, portanto, prematura e sem condições de juízo seguro, visto que ainda não se realizaram as operações técnicas imprescindíveis.

127. Revelia

A propósito da revelia, deve-se ter em conta que a ação de divisão tem a natureza de *judicium duplex*, o que, em regra, não confere à falta de contestação o caráter e os efeitos de uma verdadeira revelia. Assim, não pode ser tratado como revel, no procedimento da divisão, o condômino que, sem contestar a ação, comparece em juízo e se faz representar nos autos por advogado constituído, para acompanhar o feito.

Nenhuma preclusão impedirá que, por exemplo, venha a impugnar trabalhos técnicos da fase de campo, os quais não poderão, como é lógico, ter seguimento sem regular intimação de seu advogado até final extinção do processo.

Além do caso do condômino citado que comparece em juízo e não contesta o pedido de divisão, também não se configurará a revelia, no procedimento divisório, para o efeito de presumirem-se verdadeiros os fatos alegados na inicial, nas seguintes hipóteses:

(a) Quando, sendo vários os comunheiros, um ou alguns deles contestarem a ação, visto tratar-se de litisconsórcio unitário (art. 345, I). Mas, contra o condômino que não contestou, nem se fez representar nos autos, os prazos correrão independentemente de intimação (art. 346).

(b) Quando a inicial não estiver acompanhada do título de propriedade do autor, por se tratar de documentação pública indispensável à prova do fato fundamental da ação (art. 345, III).

Por outro lado, mesmo sendo oferecida contestação, o condômino será havido como revel:

(a) Quando for encontrada irregular sua representação nos autos e, intimada a promover a respectiva regularização, a parte deixar de fazê-lo no prazo que o juiz lhe tiver assinado (art. 76, § 1º, II).

---

117 LIMA, Alexandre Delfino de Amorim. *Código de Processo Civil brasileiro comentado.* São Paulo: Saraiva, 1941, v. 2, n. 187, p. 360.

(b) Quando, falecido o advogado do réu, este, intimado pelo juiz, não constituir novo representante no prazo de quinze dias (art. 313, § 3º). Nesse caso, porém a revelia não produz efeito de confissão ficta quanto aos fatos da inicial, mas apenas provoca o prosseguimento do feito sem mais intimações do revel.

128. Prova pericial

"Na ação de divisão há duas decisões de mérito: a primeira, examinando a viabilidade da divisória; a segunda, homologando a divisão propriamente dita. Os atos previstos nos arts. 979 e 980 do CPC [de 1973][118] somente deverão ser realizados após encerrada a primeira fase, dita contenciosa".[119] "Na fase executória, não se aprecia matéria sobre domínio, sua existência, ou extensão, matéria que só na fase contenciosa se debate".[120]

O Código de 2015 manteve o regime de duas fases da ação de divisão, – a "contenciosa" e a "executiva" – e os respectivos conteúdos são os mesmos outrora previstos pelo CPC de 1973, dentre os quais se destaca a prova pericial indispensável à formação dos quinhões, como objetivo último do procedimento especial de extinção do condomínio.

Na fase executiva do procedimento divisório realizam-se operações *técnicas* e operações *jurídicas;* as primeiras a cargo dos peritos (agrimensor e arbitradores), e as últimas, do juiz. Todas, porém, se voltam para um fim eminentemente prático, qual seja, o de determinar, de forma material, os quinhões em que o imóvel comum há de ser dividido entre os diversos comunheiros.

Essas operações, tanto técnicas como jurídicas, compreendem:

(a) trabalhos *preparatórios* da divisão, como o exame e a classificação dos títulos, bem como a deliberação da partilha, a cargo do juiz; e a medição, a planta, o memorial, a classificação e a avaliação do imóvel, o plano de partilha, a cargo dos peritos;
(b) trabalhos de *execução* final da divisão, como a demarcação dos quinhões e sua autenticação, pelos peritos; e, finalmente, a homologação da divisão pelo juiz.

Em linhas gerais, a segunda fase do procedimento divisório contém os seguintes atos fundamentais:

(a) *exame e classificação dos títulos* dos condôminos, bem como solução, pelo juiz, de pedidos sobre constituição de quinhões (CPC/2015, art. 591);
(b) *medição* do imóvel (CPC/2015, art. 590);
(c) *classificação e avaliação das terras* (CPC/2015, art. 590);
(d) *plano de divisão* elaborado pelos peritos, em sequência aos trabalhos indicados nas letras "b" e "c" acima (art. 595);
(e) *deliberação da partilha* pelo juiz (art. 596);
(f) *demarcação dos quinhões* pelo agrimensor e *autenticação* pelos arbitradores (art. 596, parágrafo único);
(g) *homologação da divisão* por sentença (art. 597, § 2º).

As inovações, nessa matéria, foram poucas, e de pequena monta, podendo ser assim visualizadas:

---

118 Correspondem aos arts. 596 e 597 do CPC/2015.

119 STJ, 3ª T., REsp 165.782/PR, Rel. Min. Waldemar Zveiter, ac. 24.05.1999, *DJU* 27.11.2.000, p. 156.

120 Tribunal de Apelação/MG, 1ª Câm., Ap. 9.732, Rel. Des. Leal da Paixão, ac. 30.05.1940, *RF* 83/553.

I - Peritos

(i) A perícia será realizada por "um ou mais peritos" (CPC/2015, art. 590). Caberá ao juiz, portanto, deliberar sobre a conveniência de nomear perito único, ou não, diante das características do caso concreto. Uma coisa, porém, é certa: se for escolhido perito único, terá de ser técnico em agrimensura, porque a operação de retalhação geodésica do imóvel dividendo reclama conhecimentos específicos da agrimensura;

(ii) O Código atual não fala mais na tomada de *compromisso* dos peritos;

(iii) Nas operações de divisão será observada a legislação especial que dispõe sobre a identificação do imóvel rural (CPC/2015, art. 590, *in fine*). Não havia texto similar no CPC de 1973, mas é claro que o Estatuto da Terra e demais leis aplicáveis ao regime fundiário rural sempre foram observados nas ações de divisão, mesmo porque se trata de legislação de ordem pública;[121]

(iv) No parágrafo único do art. 590 do CPC/2015, ao apontar os dados a serem levantados na medição, identificação e divisão do imóvel comum, evitou o excessivo detalhamento constante do Código anterior. Preferiu-se enumerar as referências realmente relevantes e decisivas – como "as vias de comunicação existentes, as construções e as benfeitorias, com a indicação dos seus valores e dos respectivos proprietários e ocupantes, as águas principais que banham o imóvel" –, para culminar com um dado de ampla liberdade de pesquisa por parte do perito, ou seja: "quaisquer outras informações que possam concorrer para facilitar a partilha".

II - Exame dos títulos dos condôminos e pedidos de constituição de quinhões

(i) Na abertura da segunda fase do procedimento da ação de divisão, os condôminos são chamados a exibir seus títulos dominiais, se ainda não o fizeram, bem como a formular seus pedidos sobre a "constituição dos quinhões". O prazo, para tanto, que era de dez dias no Código anterior, manteve-se igual no atual Código (art. 591). O prazo para impugnação entre os comunheiros, no entanto, alterou-se de *dez dias* para *quinze dias* (art. 592);

(ii) Para a solução dos conflitos provocados pelas eventuais impugnações, mantém-se o prazo de dez dias (art. 592,[122] § 2º).

III - Benfeitorias de terceiros e benfeitorias de condôminos

O tratamento que o perito deve dar à constatação de benfeitorias dentro do terreno dividendo, tanto de terceiros como de comunheiros, está regulado pelos arts. 593 e 595[123] do CPC/2015. Voltaremos à matéria no inciso "VI", abaixo, e no item nº 131 desta obra.

IV - Plano de divisão

Após a mediação do imóvel dividendo e levantamento dos dados previstos pelo CPC/2015 no art. 590 e seu parágrafo único, os peritos apresentarão laudo em que será proposta "a forma da

---

[121] Sobre a obrigatoriedade do georreferenciamento no registro de parcelamentos e desmembramentos dos imóveis rurais (Lei nº 6.015/1973, art. 176, §§ 3º e 4º, com as inovações da Lei nº 10.267/2001), ver, retro, o item 102.

[122] Sobre os critérios para dirimir o conflito de títulos e solucionar questões pertinentes à constituição dos quinhões, ver THEODORO JÚNIOR, Humberto. *Terras particulares, demarcação, divisão, tapumes.* 5. Ed. São Paulo: Saraiva, 2009, n. 252 e 253, p. 415-418.

[123] Sobre o tema, ver THEODORO JÚNIOR, Humberto. *Terras particulares, demarcação, divisão, tapumes.* 5. Ed. São Paulo: Saraiva, 2009, n. 258, 266, 269, 272 e 273, p. 422-445.

divisão". Pode-se definir o *plano de divisão*, que encerra a primeira etapa dos trabalhos técnicos da fase executiva do procedimento divisório, como "o parecer que os peritos (agrimensor e arbitradores) emitem sobre a forma de partilha do imóvel e a maneira de se instituírem as servidões necessárias, notadamente as de trânsito, ou sobre a conveniência da conservação ou extinção de uma ou outra das que já existam, referindo-se expressamente a elas".[124] Quanto a esse *plano*, o novo Código nada inovou, manteve, portanto, o regime do art. 978 do Código de 1973 (CPC/2015, art. 595).

V – Deliberação da partilha

A primeira fase da prova pericial encerra-se com a apresentação do laudo que contém o *plano da divisão*. Em seguida, o juiz ouve as partes, e profere a decisão que recebe o nome de *deliberação da partilha*.

O procedimento para se chegar a essa *deliberação* e os respectivos efeitos sobre o prosseguimento da prova pericial, constam do art. 596 do Código atual, que reproduz, sem maiores inovações, o art. 979 do Código de 1973. A novidade é apenas a ampliação do prazo de ouvida das partes, de dez para quinze dias.

Questão polêmica no passado foi a de admitir ou não a recorribilidade da *deliberação da partilha*: enquanto uns a tratavam como despacho ordinatório, e por isso irrecorrível, outros lhe atribuíam a natureza de decisão interlocutória sujeitando-se ao agravo de instrumento. O STJ tomou posição na controvérsia, acolhendo a última tese, ou seja: "a deliberação da partilha em ação divisória, nos termos em que posta pelo art. 979, CPC [de 1973], constitui decisão interlocutória, agravável no sistema do Código de Processo Civil vigente".[125] Acontece que no regime casuístico de cabimento do agravo de instrumento adotado pelo CPC/2015 (art. 1.015) não se previu a hipótese da decisão de deliberação da partilha. Desse modo, o meio de impugná-la haverá de ser mesmo a apelação contra a sentença homologatória da divisão, na qual o questionamento figurará nas preliminares ou nas contrarrazões (CPC/2015, art. 1.009, § 1º).

VI – Critérios a observar na formação dos quinhões

Segundo prevê o art. 595 do CPC/2015, a partilha deve ser planejada segundo três princípios básicos: *(i)* consultar, quanto possível, a *comodidade* das partes; *(ii)* respeitar, para adjudicação a cada condômino, a *preferência dos terrenos contíguos a suas residências e benfeitorias*; e *(iii)* evitar o *retalhamento dos quinhões* em glebas separadas.

Sempre acatada foi a antiga lição de Afonso Fraga no sentido de que "na divisão da coisa comum (...), o juiz deve observar as convenções que as partes houverem celebrado a respeito; e quando elas não existam, nunca perder de vista que uma partilha, para ser perfeita, além de igual, deve consultar a comodidade das partes e ser armada de modo a evitar pleitos futuros".[126] Nessa ordem de ideias, é da tradição da doutrina em torno da divisão de terras que: *(i)* a partilha deve ser *completa*, de modo a abranger todo o imóvel e todos os seus condôminos; *(ii)* a partilha deve ser *igual*, de sorte que todos sejam aquinhoados em plano da máxima igualdade

---

[124] OLIVEIRA LIMA, Oscar. *Divisões, demarcações, tapumes*. 2. ed. Belo Horizonte: Editora Oscar Nicolai, 1956, § 98, p. 106.

[125] STJ, 4ª T., REsp 40.691/MG, Rel. Min. Sálvio de Figueiredo Teixeira, ac. 29.03.1994, por maioria, *DJU* 13.11.1994, p. 15.111. Em doutrina recente, o entendimento de Misael Montenegro Filho é no mesmo sentido (MONTENEGRO FILHO, Misael. *Código de Processo Civil comentado e interpretado*. São Paulo: Atlas, 2008, p. 891). Nota: o artigo citado é do CPC/1973 e corresponde ao art. 596 do CPC/2015.

[126] FRAGA, Affonso. *Theoria e prática na divisão e demarcação das terras particulares*. 4. Ed. São Paulo: Saraiva, 1936, n. 38, p. 83-84.

possível; *(iii)* a partilha deve ser *cômoda*, de maneira a satisfazer os interesses particulares de cada condômino, desde que tal não redunde em prejuízo para os demais.[127]

Nessa matéria, merece destaque a consideração a ser dispensada às benfeitorias e acessões que cada comunheiro tenha introduzido no imóvel comum, com o fito de formar o quinhão em condições de proporcionar-lhe o maior proveito e utilidade possíveis. Lembra Whitaker, a propósito, que não se deve retirar o condômino do torrão que, de boa-fé, cercou, plantou e beneficiou. Nem é justo aquinhoá-lo em local que não seja contíguo à sua morada, quer esteja esta no imóvel comum ou em prédio confrontante, de sua exclusiva propriedade. Nem tampouco é razoável atribuir-lhe quinhão retalhado em glebas distintas e não contíguas entre si; nem ainda é de aceitar-se que fique privado do uso e gozo das riquezas naturais do solo, já adaptadas à sua indústria ou lavoura.[128]

129. Auto de divisão e sentença homologatória

A ação de divisão, na sua segunda fase, contém uma sucessão de pretensões, exames técnicos, decisões parciais, cujo início se dá com o *pedido de quinhões* (art. 591). A primeira decisão é a que o juiz profere acerca das pretensões que poderão ser atendidas na ulterior formação dos quinhões (art. 592, § 1º). Segue-se a proposição pelos peritos, do *plano de divisão*, no qual se levará em conta a decisão judicial sobre os pedidos de quinhões (art. 595). Nova decisão é proferida sobre as alegações dos condôminos em torno do plano de divisão, na qual o juiz deliberará como a partilha haverá de ser ultimada, cabendo enfim aos peritos proceder à *demarcação dos quinhões*, segundo as regras dos incisos I a IV do art. 596. Preparada a planta, com o desenho dos quinhões, e redigido o respectivo memorial descritivo, outra decisão proferirá o juiz, se houver impugnação de algum condômino ao trabalho pericial (art. 597 c/c art. 586). Só, portanto, depois de resolvidos todos os incidentes relacionados com a formação dos quinhões é que caberá ao escrivão elaborar o *auto de divisão*, acompanhado de uma *folha de pagamento* para cada condômino.

O auto de divisão e principalmente as folhas de pagamento constituem formalidade substancial no procedimento divisório, de sorte que "a sua falta impede a homologação da partilha".[129]

É esse auto que constituirá a base da sentença da segunda parte do procedimento da ação de divisão. Uma vez ocorrida sua homologação pelo juiz, ter-se-á a comunhão como juridicamente extinta. O auto de divisão é o resultado de um trabalho essencialmente técnico, no plano da agrimensura. Disso, porém, não decorre que a solução do processo seja dada pelos peritos. Todos os passos do procedimento pericial são precedidos de debates e decisões do juiz. O que realizam os peritos é a tradução, em laudos e mapas preparados segundo a técnica que dominam, das deliberações e mandados do juiz da causa.

Assim, ao homologar o auto de divisão, o magistrado completa a série de decisões que proferiu ao longo do procedimento, pronunciando uma sentença formalmente homologatória, mas que, em substância, resume o que seu ato de autoridade construiu. A sentença, portanto, é homologatória, mas não *meramente homologatória*. O juiz homologa o auto de divisão justamente porque nele se resume tudo o que ele decidiu para determinar como a partilha deveria ser feita.

---

[127] MARTINS, Tancredo; MARTINS, Octávio. *Divisões e demarcações*: comentários ao decreto 2.012, leis posteriores e disposições do Código Civil referentes à divisão e demarcação de terras particulares: formulário das acções de divisão e demarcação. Uberaba: Alcides Taveira, 1917, p. 283.

[128] WHITAKER, Firmino. *Terras*: divisão e demarcação. 2. ed. São Paulo: Imprenta, 1920, p. 244.

[129] TJSP, 3ª C.Cív., Ap. 100.472, Rel. Des. Ferraz de Sampaio, ac. 12.05.1960, *RT* 303/224.

Trata-se de uma sentença de mérito, apta a fazer coisa julgada material, para todos os fins de direito. De tal sorte, "transitada em julgado a sentença que homologou a divisão, somente poderá ser anulada por meio de ação rescisória".[130]

Enfim, como ressalta a boa doutrina, "o auto de divisão, juntamente com as folhas de pagamento, farão parte integrante da sentença que vier a homologar a divisão, de sorte a permitir que esta última se constitua em título hábil para que o oficial do registro de imóveis proceda ao cancelamento da anterior matrícula - da maior porção do terreno - e abra tantas novas matrículas quantos forem os quinhões dos condôminos".[131]

Na ótica da jurisprudência, por isso, o auto de divisão desacompanhado das indispensáveis folhas de pagamento e sem a demarcação dos quinhões frustra o objetivo da ação de divisão, tornando nula a sentença que o homologar.

O *iter* procedimental para chegar ao auto de divisão e o seu conteúdo estão definidos pelos arts. 595 e 597 do atual Código, os quais, em linha geral, não inovam significativamente o sistema do diploma processual anterior. Merece registro a ausência do concurso obrigatório de um agrimensor e dois arbitradores na perícia que servirá de instrumento para se lograr a extinção do condomínio. Essa exigência, que constava do CPC de 1973, não foi repetida pelo CPC/2015, para o qual caberá ao juiz decidir sobre a necessidade ou conveniência de que a medição do imóvel e as operações de divisão sejam promovidas por "um ou mais peritos" (sobre o assunto ver, *retro*, o item nº 113, relativo à ação de demarcação, mas que contém notas aplicáveis, também, à ação de divisão).

130. Aplicação de regras da demarcatória à ação de divisão

O art. 598 do CPC/2015, que encerra o regime traçado para a ação de divisão, prevê a aplicação a esta das regras constantes dos arts. 575 a 578, originariamente enunciadas para a ação de demarcação:

(a) O art. 575 prevê que a ação poderá ser promovida por qualquer condômino. Não importa, pois, a dimensão da cota ideal do comunheiro para definir sua legitimação para o juízo divisório. Deve-se observar apenas os limites de fracionamento da propriedade rural estabelecidas pela legislação agrária.

(b) O art. 576 do CPC/2015 altera o regime citatório do Código anterior, para determinar que a citação dos réus seja, em regra, feita pelo correio, pouco importando residam eles na comarca da causa, ou em outra (ver, sobre o tema, o item nº 110, *retro*).

(c) O art. 577 do CPC/2015 altera a regra do Código de 1973, para reduzir de vinte para quinze dias o prazo de contestação, aplicável tanto à ação de demarcação como à de divisão (sobre o tema, ver, *retro*, o item nº 112).

(d) O art. 578 do CPC/2015, finalmente, prevê que, após o prazo de resposta, "observar-se-á o procedimento comum".

Na aplicação do procedimento comum, ao contrário do que se passa na demarcatória, não há obrigatoriedade da realização de prova pericial antes do julgamento da primeira fase da ação de divisão (art. 579). A exigência da perícia geodésica só irá acontecer na segunda fase,

[130] STF, 2ª T., RE 85.538/PR, Rel. Min. Moreira Alves, ac. 26.10.1976, *DJU* 03.12.1976, p. 10.474, *RTJ* 80/674.

[131] CARNEIRO, Paulo Cézar Pinheiro. *Comentários ao Código de Processo Civil.* Rio de Janeiro: Forense, 2006, v. IX, t. II, n. 56, p. 127.

isto é, depois que o pedido de divisão for acolhido pela primeira sentença. Já entendia assim Paulo Cézar Pinheiro Carneiro, ainda no regime do Código de 1973.[132]

131. A coisa julgada na ação de divisão

A solução do mérito da causa aperfeiçoa-se, na ação divisória, em duas etapas: na primeira, resolve-se o direito a extinção do condomínio, e na segunda, delibera-se sobre a formação dos quinhões individuais que haverão de surgir em substituição ao condomínio extinto.

No estágio inicial, entra no litígio, além do direito a extinguir a comunhão, a própria participação do autor na propriedade comum a ser partilhada. Com isso, é possível o surgimento da *questão dominial*, quando o promovido ou os promovidos põem em dúvida o título dominial do autor da ação. Trata-se de uma preliminar de mérito, que, conforme o caso poderá inviabilizar a fase de partilha, propriamente dita, do imóvel comum.

A solução que se der à questão dominial, na sentença da primeira fase, fará coisa julgada acerca daquilo que fora arguido na defesa de mérito oposta à pretensão de dividir a coisa comum. Mas, a improcedência do pedido de dividir não faz coisa julgada, necessariamente, sobre todas as objeções possíveis ao direito dominial do autor. Apenas aquelas que foram suscitadas e dirimidas judicialmente se revestem da indiscutibilidade própria da *res iudicata*. A regra é a de que a sentença de mérito faz lei entre as partes, nos limites da *lide* e das *questões decididas* (CPC/2015, art. 503).

Adverte, com propriedade, Pontes de Miranda que não é correto afirmar que "a decisão sobre a divisão faz coisa julgada material sobre o domínio". E explica: "tratando-se de divisão, (...) se não se julgou da validade dos títulos, inclusive usucapião, a eficácia de coisa julgada é somente quanto à declaração dos quinhões, e não sobre o direito de propriedade".[133]

Logo, outras pretensões que a parte impugnante tenha contra o adversário, ainda que relacionadas com o direito enfrentado na sentença passada em julgado, não ficam inibidas de apreciação em nova ação, se não foram objeto de consideração na causa finda. Dessa maneira, se a questão de validade do título de propriedade do autor da ação de divisão foi rejeitada pela sentença da primeira fase, formar-se-á sobre ela a *res iudicata*, impedindo que, na segunda fase, possa sofrer reapreciação.[134] Nem em qualquer outra causa futura entre as mesmas partes a questão acobertada pela coisa julgada poderá voltar a ser arguida e decidida.

Entretanto, arguição de mérito que poderia ser alegada como prejudicial ao pedido de divisão do imóvel comum, se não foi suscitada naquela ocasião, não sofre os impactos da coisa julgada, pela razão de que não fez parte das questões decididas no juízo divisório. Nesse sentido, o desacolhimento da exceção de usucapião proposta no bojo da ação divisória impede que a pretensão de reconhecimento da prescrição aquisitiva venha a ser demandada em ulterior *ação especial de usucapião*.

Se, todavia, a ação de divisão teve curso sem que essa exceção de mérito fosse deduzida em juízo, não estará o usucapiente privado do direito de postular o reconhecimento da prescrição aquisitiva em ação própria. Nesse sentido, já decidiu o STJ que "não constitui empeço ao ajuizamento da ação de usucapião o fato de o condômino haver deixado de arguir, na primeira fase da ação divisória, a prescrição aquisitiva em seu favor". Aplica-se ao

[132] CARNEIRO, Paulo Cézar Pinheiro. *Comentários ao Código de Processo Civil.* Rio de Janeiro: Forense, 2006, v. IX, t. II, n. 59, p. 131.

[133] PONTES DE MIRANDA, Francisco Cavalcanti. *Comentários ao Código de Processo Civil.* Rio de Janeiro: Forense, 1977. T. XIII, p. 506-507.

[134] STJ, 4ª T., REsp 78.788/MG, Rel. Min. Ruy Rosado de Aguiar, ac. 13.02.1996, *DJU* 08.04.1996, p. 10.476.

caso o "art. 468 do Código de Processo Civil" [de 1973].[135] Igual entendimento prevaleceu no STF.[136]

Uma vez, porém, encerrado definitivamente o processo divisório, ter-se-á aperfeiçoado a coisa julgada material, tanto sobre aquilo que foi decidido, no mérito, pela sentença da primeira fase, como no que afinal restou homologado por ocasião da fase executiva de formação dos quinhões em favor de cada um dos comunheiros. Desse modo, "transitada em julgado a sentença homologatória de laudo de demarcação [ou de divisão], nada resta a fazer senão executar a decisão, sendo incabível a realização de nova perícia tendente a revisar a correção do mencionado laudo".[137]

132. Cumprimento da sentença de divisão (execução forçada)

O objetivo imediato da ação de divisão é pôr fim ao condomínio, definindo o quinhão que irá caber, com exclusividade, a cada comunheiro. Mas, a força da sentença que homologa a divisão vai além da simples declaração ou constituição dos quinhões, e deve chegar ao efetivo empossamento dos titulares sobre a respectiva gleba.

Nesse sentido, é de admitir-se que a ação de divisão, tal como a de demarcação, tem também a natureza condenatória.[138] "Tratando-se – como ensina Faria Motta – de uma sentença que põe termo à comunhão e julga a partilha, é evidente que a mesma *condena* os ex-sócios ou comunheiros a entregar, reciprocamente, uns aos outros o que a cada um for adjudicado. A *condenação* é, consequentemente, à entrega de coisa certa".[139] Em se tratando, portanto, de pretensão à posse de coisas corpóreas, nas ações de divisão e demarcação é de se fazer segundo o procedimento das execuções para entrega de coisa certa,[140] cujo termo final é justamente a imissão da parte na posse do trato de terra que a partilha ou demarcação lhe adjudicou. Com a reforma do CPC, que substituiu a ação de execução de título judicial pelo simples incidente do *cumprimento da sentença*, a execução do julgado do juízo divisório tornou-se singelíssima: resume-se à expedição de mandado de imissão de posse logo após o trânsito em julgado (art. 538).

133. Terceiro prejudicado pela ação de divisão. Benfeitorias dentro da área dividenda

O procedimento da divisória deve desenvolver-se apenas nos limites dos interesses dos condôminos, sem repercutir sobre propriedades ou posses de terceiros. Se há controvérsia sobre limites das terras dividendas ou sobre obras e benfeitorias de estranhos dentro do imóvel do condomínio, não cabe ao juízo divisório dirimir esse tipo de conflito. Antes de iniciar os atos de extinção do condomínio, dever-se-á proceder à demarcação da linha de confrontação com o prédio confinante objeto de conflito.

Quando as divisas são certas, mas em determinado sítio da área condominial existem benfeitorias permanentes de algum confinante "feitas há mais de um ano, serão elas respeitadas", ou seja, o desenho do terreno a partilhar será levantado, de modo a excluir não

---

[135] STJ, 4ª T., REsp 50.220/GO, Rel. Min. Barros Monteiro, ac. 05.11.1996, *DJU* 10.03.1997, p. 5.972.

[136] STF, 2ª T., RE 105.479/MS, Rel. Min. Francisco Rezek, ac. 05.11.1996, *DJU* 29.11.1985, p. 21.922, *RTJ* 118/289.

[137] STJ, 3ª T., REsp 1.292.000/GO, Rel. Min. Nancy Andrighi, ac. 18.09.2012, *DJe* 05.12.2012.

[138] BORGES, Marcos Afonso. Ação de divisão de terras, verbete. *Digesto de processo.* Rio de Janeiro: Forense, 1980, v. I, p. 148-149.

[139] FARIA MOTTA, J. A. *Condomínio e vizinhança.* São Paulo: Saraiva, 1942, n. 269, p. 246.

[140] MAGALHÃES, Athos Aquino de. *Theoria e prática do direito de demarcar e da ação de demarcação.* Rio de Janeiro: Ed. Livraria do Brasil, [s.d.], n. 658, p. 254; MORATO, Francisco. *Da prescrição nas divisórias.* 2. Ed. São Paulo: Saraiva, 1944, § 78, p. 165.

só as referidas benfeitorias como também "os terrenos onde estiverem". Assim, ditos bens não serão computados na área dividenda. É o que determina o art. 593 do atual Código, repetindo o que já constava do Código de 1973. Caberá ao perito levantar o perímetro da área a dividir, com a exclusão em tela.

Com essa medida, a regra legal procura manter a liquidez da área a partilhar, evitando que algum comunheiro venha a ser contemplado com gleba sujeita a litígio. A situação seria de tratamento desigual, visto que alguns consortes receberiam quinhões livres e desembaraçados, enquanto outros se sujeitariam ao risco de enfrentar os problemas existentes com o confinante.

Observa Paulo Cézar Pinheiro Carneiro, com acuidade, que "nessas circunstâncias, parece de todo adequado que a área em que existam benfeitorias efetivamente não seja computada no imóvel dividendo".[141] Não se quer dizer, com isso, que os comunheiros estariam abandonando a área litigiosa. "Tal área - observa o mesmo processualista - permanecerá em condomínio e poderá ser objeto de reivindicação, de medida possessória, ou ainda, de pedido de indenização, dependendo da situação concreta, pleitos esses a serem formulados pelos condôminos".[142]

Subsistindo a comunhão sobre a área na posse do vizinho, qualquer condômino terá legitimidade para promover a respectiva reivindicação (CC, art. 1.314). A recuperação, todavia, será a benefício da comunhão, ensejando posterior sobrepartilha entre os antigos comunheiros.

Entende Ernane Fidélis dos Santos[143] que a exclusão da área em que se encontram benfeitorias dos confinantes só seria observada quando a linha perimetral seccionasse alguma dessas benfeitorias, de sorte que a regra legal teria em mente evitar tal fracionamento, em prejuízo de quem a edificou. Se a benfeitoria permanecesse íntegra dentro do perímetro levantado, não haveria empecilho a que a partilha se realizasse sobre a totalidade do terreno em comunhão. A meu ver, todavia, a norma em questão não foi traçada, primordialmente, para proteção do interesse do confinante, mas sim dos condôminos, que poderiam sair prejudicados pelo fato de alguns quinhões conterem, afinal, obras de terceiros, passíveis de provocar, para os aquinhoados, demandas e reparações futuras. Tanto assim que, quando a obra é recente, de menos de um ano, o dispositivo legal não manda recuar o levantamento da linha perimetral, certamente porque se considera fruto de posse nova, mais facilmente contornável por interdito possessório com reintegração liminar. A proteção para o confinante injustamente afetado pelo levantamento perimétrico da área dividenda não é regulada, de forma imediata, pelo art. 593, mas pelo art. 594 do CPC/2015, onde se lhe assegura o direito de demandar, pelas vias adequadas, a restituição dos terrenos usurpados em decorrência da operação de divisão.

De alguma forma, todavia, o art. 593 também tutela o vizinho que possui benfeitoria antiga e permanente no imóvel submetido à divisão. É que suas obras e edificações perenes revelam posse efetiva, de mais de ano, a qual, em princípio, se acha sob a proteção interdital (CC, art. 1.210). Se fosse dado aos condôminos ignorar, na divisão do prédio comum, essa posse de não comunheiro, estar-se-ia autorizando o esbulho judicial. É, também, para evitar que tal ocorra que a lei manda excluir da área dividenda a porção ocupada pelas benfeitorias antigas do estranho ao condomínio. Com isso, evita-se um sumário desapossamento, preservando-se

---

[141] CARNEIRO, Paulo Cézar Pinheiro. *Comentários ao Código de Processo Civil.* Rio de Janeiro: Forense, 2006, v. IX, t. II, n. 47, p. 110.

[142] CARNEIRO, Paulo Cézar Pinheiro. *Comentários ao Código de Processo Civil.* Rio de Janeiro: Forense, 2006, v. IX, t. II, n. 47, p. 110; cf. também SANTOS, Ernane Fidélis dos. *Dos procedimentos especiais do Código de Processo Civil.* 3. Ed. Rio de Janeiro: Forense, 1999, v. 6, p. 245.

[143] SANTOS, Ernane Fidélis dos. *Dos procedimentos especiais do Código de Processo Civil.* 3. Ed. Rio de Janeiro: Forense, 1999, v. 6, p. 245.

a posse velha do vizinho, até que pelas vias adequadas os comunheiros sejam reintegrados na posse da área provisoriamente excluída do procedimento divisório.

Essa temporária proteção, derivada do art. 593 do CPC/2015, é dispensada ao vizinho titular das benfeitorias, sempre que estas sejam "permanentes" e datem de "mais de um ano", e sejam atingidas pela linha do perímetro do prédio a dividir. É indiferente que elas sejam atingidas no todo ou em parte. Ocorra, ou não, o seu seccionamento, estará configurada a situação justificadora da redução da área que, de imediato, será partilhada entre os condôminos.

Dessa maneira, a medida em questão tutela interesses tanto dos comunheiros (quando evita constituição de quinhão sujeito a futuras demandas) como do vizinho (quando impede seja ele vítima de esbulho judicial em detrimento de posse antiga e de caráter duradouro).

134. Usurpação de terrenos de vizinhos da área dividenda

Não sendo os confrontantes partes na divisão, não podem ser prejudicados em seus direitos dominiais, pelos trabalhos divisórios. Contra eles não se ergue a eficácia do juízo de extinção do condomínio. Se a linha levantada pelo agrimensor invadir terrenos do confrontante, poderá ele, portanto, em qualquer tempo, demandar a restituição da área usurpada.

Se a demanda for intentada, ainda, na vigência do procedimento divisório, serão citados todos os comunheiros, e o procedimento adequado será a dos embargos de terceiro (art. 594, *caput* e § 1º c/c o art. 674, *caput*); se, porém, já estiver julgada definitivamente a divisão, a ação será movida apenas contra o quinhoeiro ou os quinhoeiros que foram contemplados com a área usurpada ao confrontante. Então a via processual será a comum da ação reivindicatória ou outra que se preste à solução do conflito, conforme as particularidades do caso concreto (uma demarcatória, por exemplo, se os limites eram confusos e a divisão se fez sem atentar para essa circunstância e em suposto prejuízo para o confinante).

O quinhoeiro que sucumbir na reivindicação do confrontante terá direito de, pela mesma sentença que o obrigar a restituição, a haver dos outros condôminos do processo divisório, ou de seus sucessores universais, a composição pecuniária proporcional ao desfalque sofrido (art. 594, § 2º).

Fluxograma nº 8 – Ação de demarcação cumulada com divisão (arts. 570 a 573 c.c. art. 588)

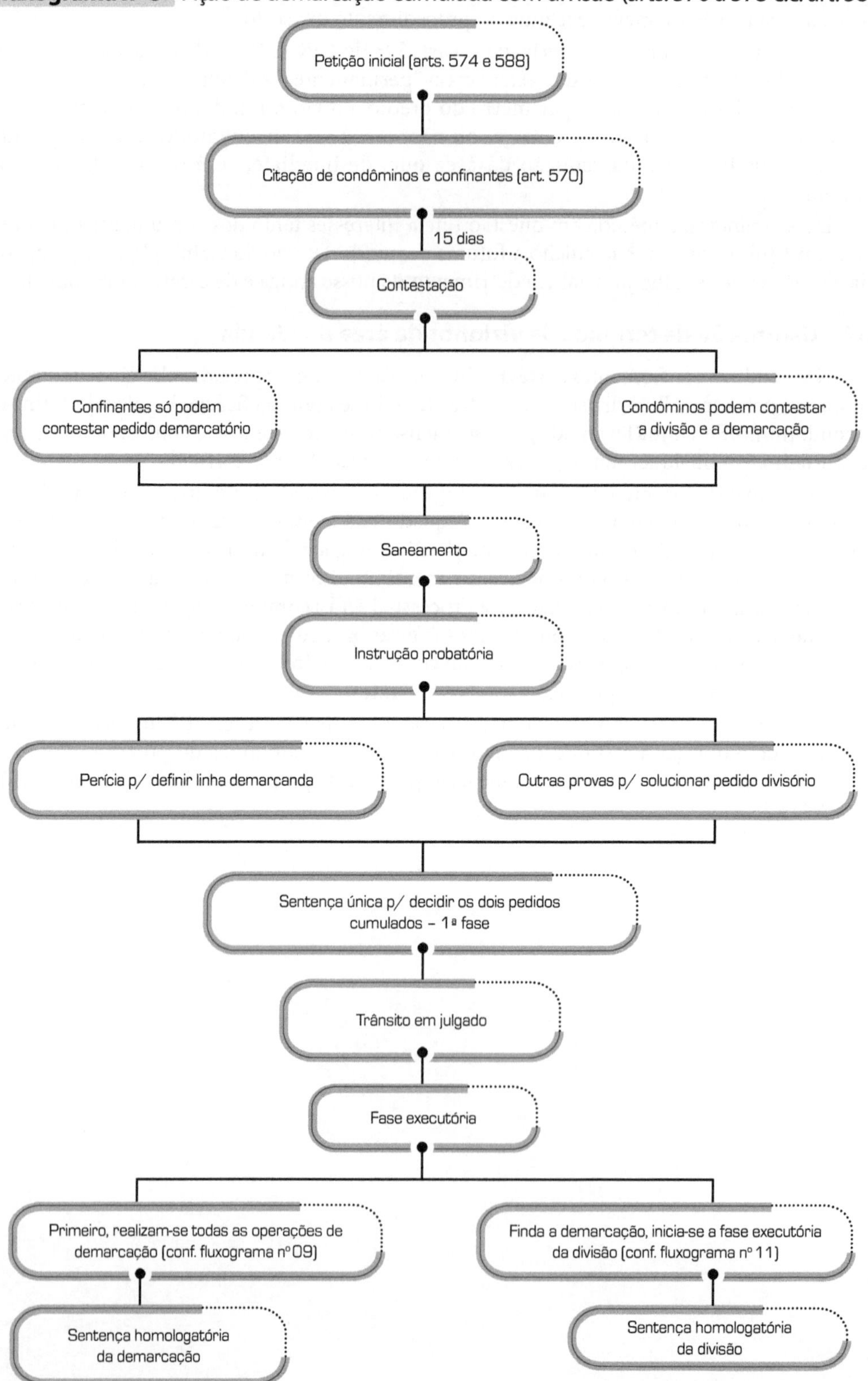

Fluxograma nº 9 – Ação de demarcação (arts. 574 a 587)

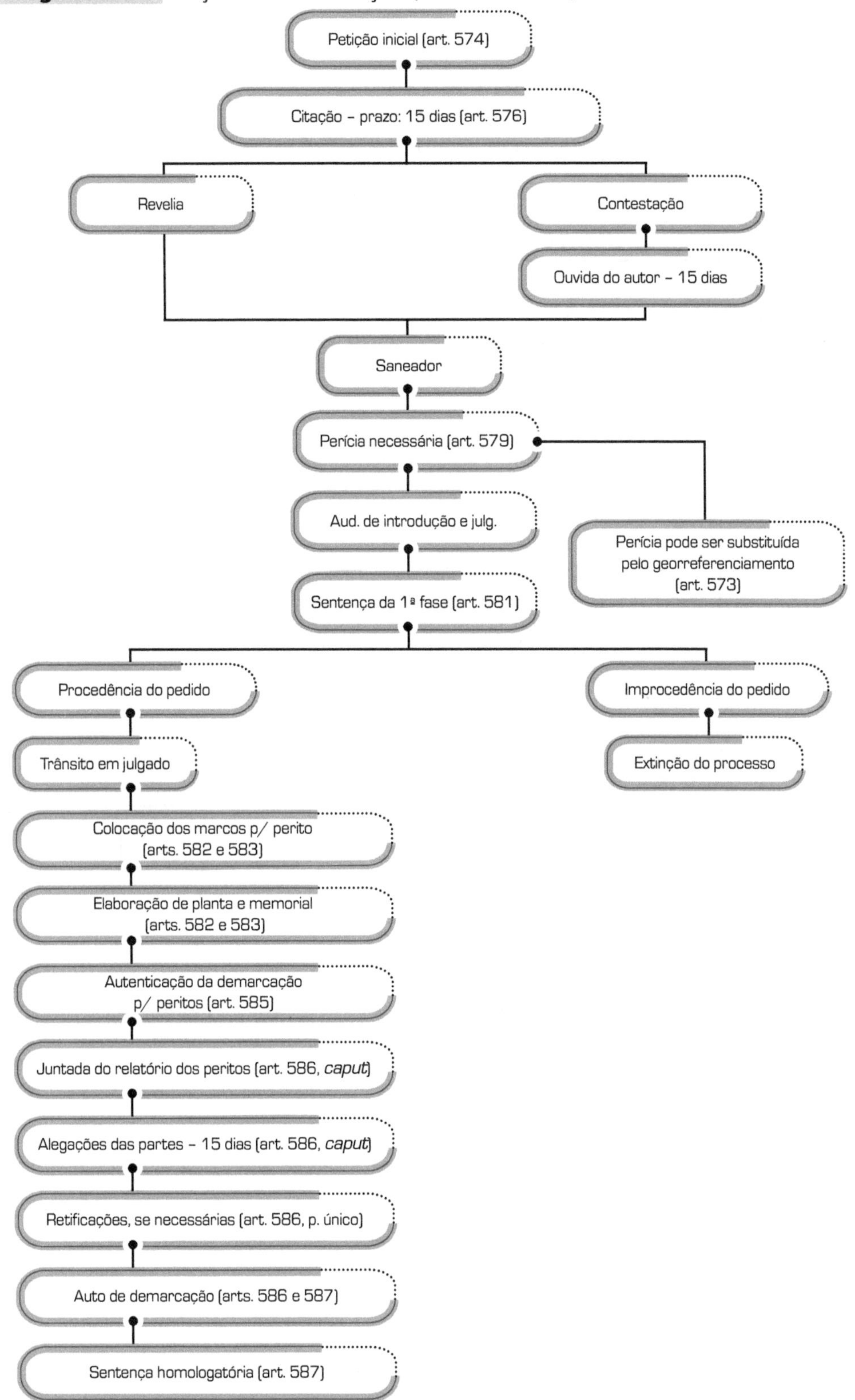

Fluxograma nº 10 – Ação de divisão – 1ª fase (arts. 588 e 589)

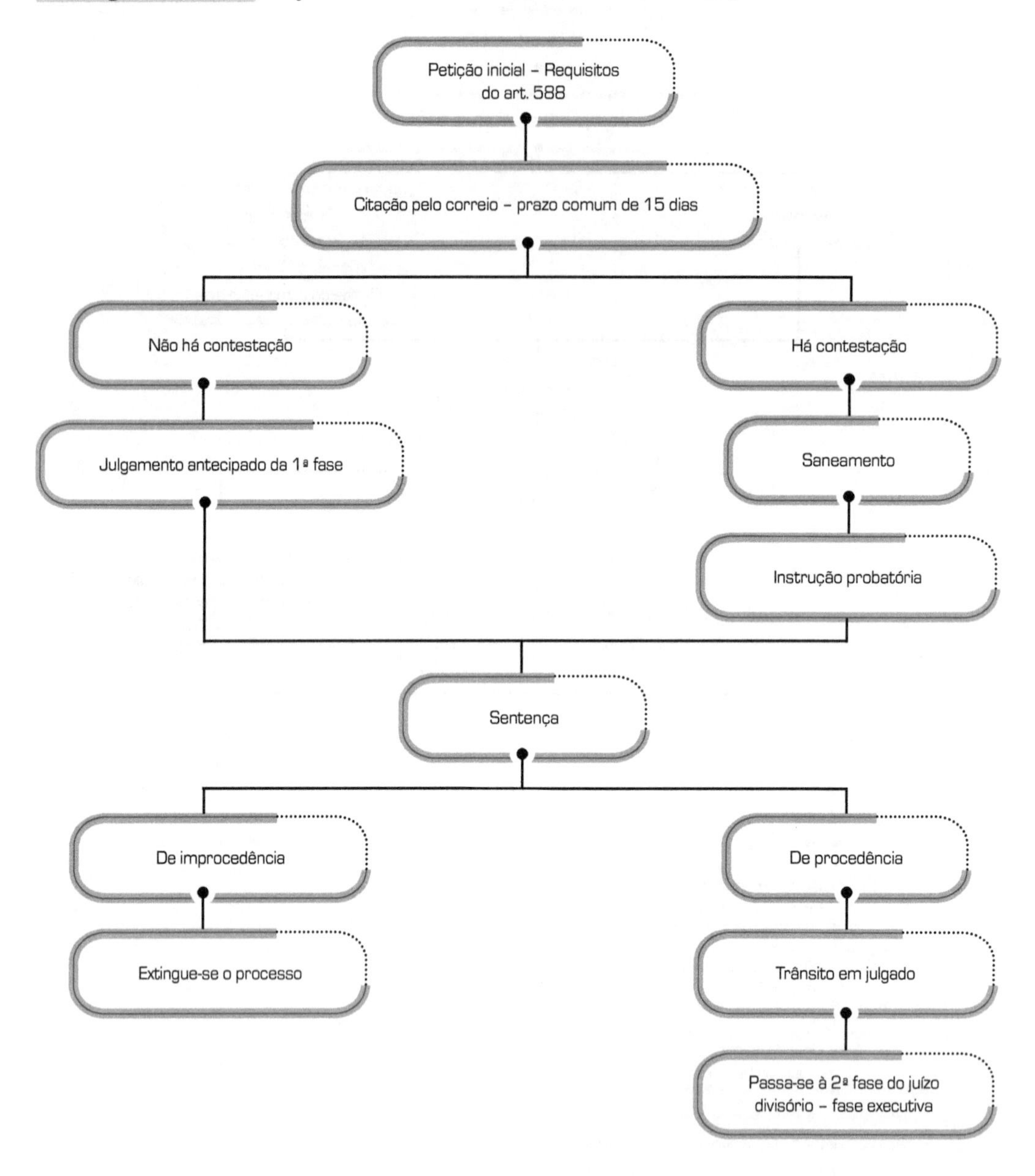

Fluxograma nº 11 – Ação de divisão – 2ª fase (arts. 590 a 598)

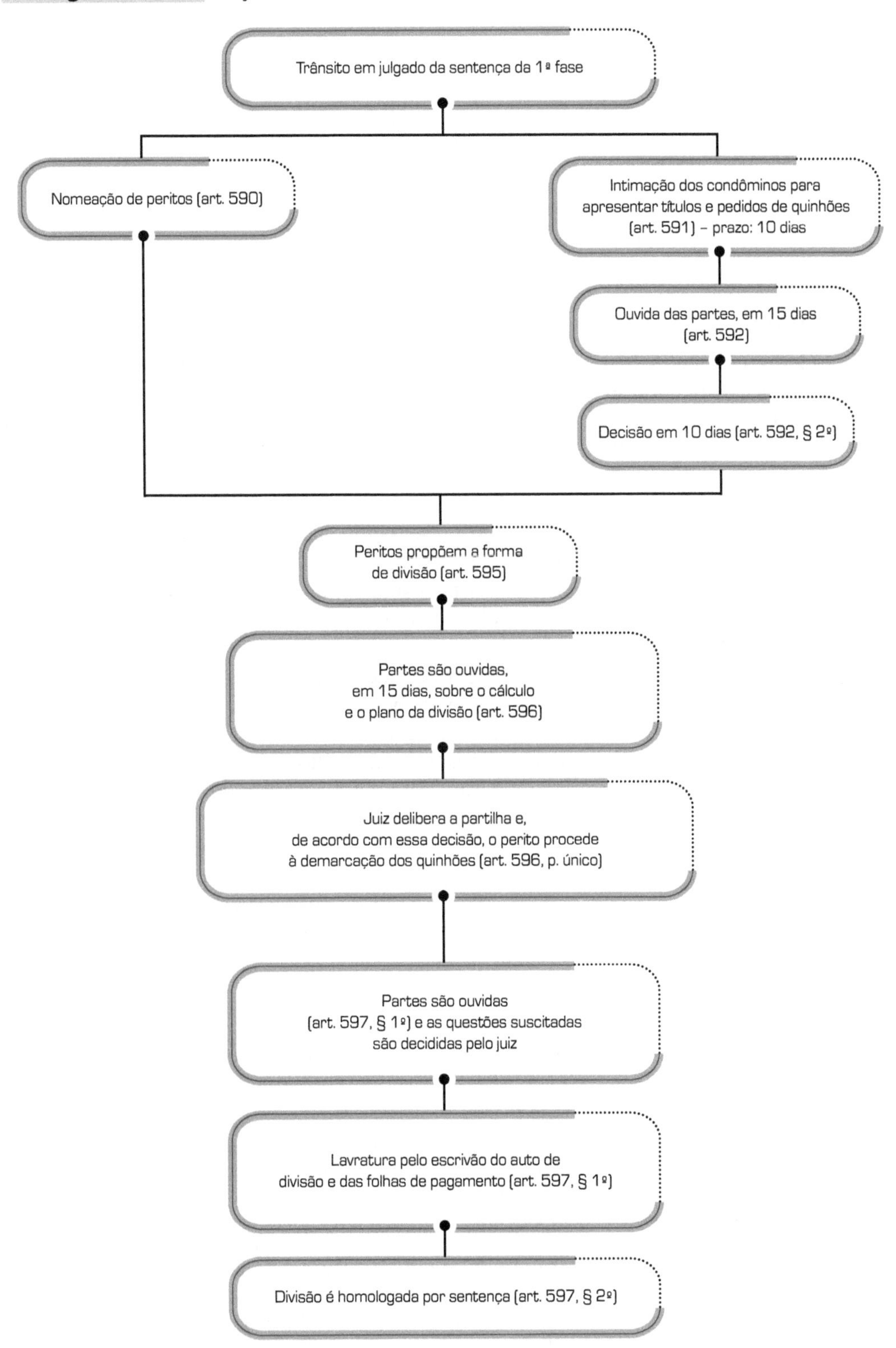

Capítulo VI

DISSOLUÇÃO PARCIAL DE SOCIEDADE

§ 13. DA AÇÃO

135. Introito

O Código Comercial Brasileiro, em seus revogados arts. 335 e 336, reputava como dissolvida a sociedade, em caso de morte ou exclusão de um dos sócios. Entendia-se, a princípio, que a quebra da *affectio societatis* equivalia ao descumprimento do contrato social, e, assim, o remédio cabível seria a dissolução total da sociedade. Reconhecia-se, nessa linha, que a vontade um sócio era suficiente para dissolver a sociedade, quando esta tivesse sido ajustada por tempo indeterminado (Cód. Com., art. 335, nº 5). A lei antiga não cogitava de dissolução apenas parcial, ou seja, de apuração dos haveres do excluído, preservando-se a continuidade da empresa com os sócios remanescentes. Vozes abalizadas na doutrina, no entanto, começaram a defender a tese de que a saída da sociedade por interesse pessoal do sócio retirante era considerada mera abdicação de direitos e não afetava os vínculos entre os demais sócios e a sociedade, não sendo, por isso, considerada causa de dissolução.[1]

O entendimento, por fim, sem que houvesse modificação na legislação, acabou por ser esposado pela jurisprudência, de modo que se estabeleceu, ainda na vigência do Cód. Com. de 1850 e do Cód. Civ. de 1916, o consenso entre as fontes doutrinárias e jurisprudenciais sobre a tese da possibilidade, perante a retirada de um sócio, de "preservação da empresa, permitindo a adoção do critério da liquidação [para definir o valor de sua quota], mas sem liquidar a sociedade".[2]

A admissão, àquele tempo, da denominada "dissolução parcial" pressupunha a conjugação de três elementos: *(a)* necessidade de preservação da empresa; *(b)* sociedade constituída por tempo indeterminado; *(c)* levantamento de um balanço de dissolução no qual se apurava o acervo da sociedade em liquidação, com exata verificação física e contábil dos valores do ativo.[3]

---

[1] "Quanto à dissolução por manifestação de vontade de um dos sócios, a doutrina, que a reputava automática, foi repelida. No contrato de sociedade, se plurilateral (= de mais de dois figurantes), o inadimplemento por um dos contraentes não determina resolução ou resilição do contrato (...)" (PONTES DE MIRANDA, Francisco Cavalcanti. *Tratado de direito privado.* 3. ed. Rio de Janeiro: Borsoi, 1972, t. XLIX, § 5.187, p. 137). No mesmo sentido: VALVERDE, Trajano de Miranda. A evolução do direito comercial brasileiro. Revista Forense, v. 92, p. 637, 1942; ESTRELLA, Hernani. Apuração dos haveres de sócio. Rio de Janeiro: Konfino, 1960, n. 51 e 52, p. 97-102, n. 66-68, p. 131-135.

[2] SANTOS, Paulo Penalva. Notas introdutórias. Apresentação. In: NUNES, Marcio Tadeu Guimarães. *Dissolução parcial, exclusão de sócio e apuração de haveres nas sociedades limitadas*: questões controvertidas e uma proposta de revisão de institutos. São Paulo: Quartier Latin, 2010, p. 9. Cf., ainda, BULGARELLI, Waldirio. *O novo direito empresarial.* Rio de Janeiro: Renovar, 1999, p. 409.

[3] DE LUCCA, Newton; MONTEIRO, Rogério; SANTOS, J. A. Penalva; SANTOS, Paulo Penalva. *Comentários ao Código Civil brasileiro*: do direito de empresas. ALVIM, Arruda; ALVIM, Theresa (coords.). Rio de Janeiro: Forense, 2005. v. IX, p. 208-209.

Em nome da função social da empresa, reconhecida na ordem constitucional, esse pensamento de raízes doutrinárias e pretorianas, até se solidificar no sentido de que, se a sociedade empresarial tem condições de prosseguir suas atividades, deve-se admitir sua dissolução parcial, com apuração dos haveres do sócio retirante. Esse posicionamento foi acolhido pelo Código Civil de 2002, que adotou a resolução da sociedade em relação a um sócio, nas hipóteses de sua retirada, exclusão ou morte (arts. 1.028 a 1.032). A evolução legislativa consagra o princípio da preservação da empresa, visto que, permanecendo viva, pode ela assegurar a sua capacidade de preservar ou mesmo gerar empregos, de produzir rendas e arrecadar tributos.[4]

Diante desse quadro, correta é a conclusão de que, em nossos tempos, mostra-se imprescindível priorizar a dissolução parcial da sociedade em detrimento da dissolução total, sempre que possível, em homenagem ao princípio da preservação da empresa, ditado pela supremacia do interesse coletivo sobre o individual.[5]

135.1. Sociedades simples

A substituição da liquidação da sociedade pela apuração dos haveres do sócio retirante ou excluído foi inicialmente pensada em relação às sociedades empresárias de maior porte. O regime do Código Civil atual, no entanto, não faz restrição ao porte empresarial da sociedade. E, com base nisso, a jurisprudência admite a apuração de haveres em favor do sócio que se retira de sociedade simples dedicada ao desempenho de atividade profissional intelectual, ou de seus herdeiros, no caso de morte, ou, ainda, para efeito de partilha entre cônjuges, na eventualidade de separação ou divórcio.

A propósito, já decidiu o STJ que, para os efeitos da partilha das quotas sociais, "afigura-se despiciendo perquirir a natureza da sociedade, se empresária ou simples", uma vez que tais quotas em qualquer sociedade de prestação de serviços intelectuais são dotadas de expressão econômica, não podendo ser equiparadas a proventos ou salários. Apenas para um efeito o tratamento da sociedade simples, na espécie, submete-se a regime diverso daquele aplicado à liquidação da sociedade empresária: a partilha da quota de uma sociedade simples de advogados não pode ser direcionada a "bens incorpóreos, como a clientela e seu correlato valor econômico e fundo de comércio, elementos típicos de sociedade empresária, espécie da [na] qual a sociedade de advogados, por expressa vedação legal, não se insere".[6]

Sendo inegável a expressão econômica da quota de sociedade simples – tanto que eventualmente pode ser objeto de execução por dívida do sócio (Cód. Civ., art. 1.026) –, não há como negar ao ex-cônjuge ou sucessores o direito de submetê-la à partilha, em virtude de separação, divórcio ou falecimento. O que, porém, haverá de ser preservado é o caráter personalíssimo da sociedade simples formada por advogados e outros profissionais liberais, de sorte que haverá de ser obstada a atribuição da qualidade de sócio a terceiros (cônjuge, herdeiro etc.) que não detenham com os demais a denominada *affectio societatis*.

---

4 "A empresa é vista como instituição cuja importância transcende a esfera econômica e passa a abarcar interesses sociais dos mais relevantes, como a própria sobrevivência e o bem-estar dos trabalhadores que para ela prestam seus serviços e dos demais cidadãos que dividem com ela o mesmo espaço social (LOPES, 2006, p. 119)" (LANA, Henrique Avelino. Princípios e fundamentos da dissolução apenas parcial de sociedades. In: PATROCINIO, Daniel Moreira do. *Princípios jurídicos*. Rio de Janeiro: Lumen Juris, 2015, p. 81, nota 95).

5 LANA, Henrique Avelino. Princípios e fundamentos da dissolução apenas parcial de sociedades. In: PATROCINIO, Daniel Moreira do. *Princípios jurídicos*. Rio de Janeiro: Lumen Juris, 2015, p. 83. O prestígio dispensado pelo atual Código Civil à tese da dissolução parcial é tão grande que chega a admitir, após a retirada, que a sociedade possa atuar, por algum tempo, com apenas um sócio (Cód. Civ., art. 1.033, IV).

6 STJ, 3ª T., REsp 1.531.288/RS, Rel. Min. Marco Aurélio Bellizze, ac. 24.11.2015, *DJe* 17.12.2015. Igual solução foi dada a uma sociedade simples formada entre engenheiros (STJ, 4ª T., REsp 958.116/PR, Rel. p/ac. Min. Raul Araújo, ac. 22.05.2012, *DJe* 06.03.2013).

"Inexistindo, todavia" – como reconhece o STJ –, "outro modo de se proceder à quitação do débito ou de implementar o direito à meação ou à sucessão, o direito desses terceiros (credor pessoal do sócio, ex-cônjuge e herdeiros) são efetivados por meio de mecanismos legais (dissolução da sociedade, participação nos lucros etc.) a fim de amealhar o valor correspondente à participação societária."[7]

Aliás, o Cód. Civ. atual, ao tratar dos direitos creditícios de terceiros, previu expressamente que a execução poderá recair sobre os lucros do sócio da sociedade simples ou sobre a "parte que lhe tocar em liquidação" (art. 1.026). Igual providência será cabível também em favor de herdeiros ou ex-cônjuges (art. 1.027). Dessa forma, é inconteste que, segundo o direito positivo substancial, a dissolução parcial e a apuração de haveres são perfeitamente aplicáveis tanto às sociedades empresárias como às sociedades simples, inclusive àquelas dedicadas à prática de atividades intelectuais, como a advocacia, a engenharia, a medicina etc.

135.2. Outras sociedades

O procedimento especial de dissolução parcial, tal como se acha previsto no Código Civil e no Código de Processo Civil, abrange as sociedades empresárias e as sociedades simples. Equivale dizer que se aplica às sociedades simples puras, à sociedade em comandita simples, à sociedade limitada, à sociedade em comum, à sociedade em nome coletivo, à sociedade em conta de participação, à cooperativa, à sociedade anônima e à sociedade em comandita por ações[8].

No caso de sociedades anônimas, a dissolução parcial aplica-se à sociedade fechada, quando verificada a impossibilidade de preencher o seu fim (CPC, art. 599, § 2º), devendo a ação ser promovida por acionista ou acionistas que representem cinco por cento ou mais do capital social[9].

136. Normas processuais atinentes à dissolução da sociedade

O Código de Processo Civil de 2015 define o rito a ser seguido, nos casos de dissolução de sociedade, total ou parcial.

Dispõe o art. 1.046, § 3º, do CPC/2015 que "os processos mencionados no art. 1.218 da Lei nº 5.869, de 11 de janeiro de 1973, cujo procedimento ainda não tenha sido incorporado por lei submetem-se ao procedimento comum previsto neste Código". É o caso dos processos que envolvem o encerramento da sociedade (que é a sua dissolução total), para os quais o direito anterior previa um procedimento especial, não mantido pelo CPC/2015.

Relativamente à dissolução parcial, foi instituído rito específico nos arts. 599 a 609.[10] Esse procedimento, lembramos, regula litígios em que a saída de um ou mais sócios não acarreta a dissolução (ou encerramento) da sociedade. De se destacar que a opção do legislador quanto à resolução da sociedade difere das diretrizes jurisprudenciais do STJ, no sentido de que as

---

7 STJ, 3ª T., Resp 1.531.288/RS, Rel. Min. Marco Aurélio Bellizze, ac. 24.11.2015, *DJe* 17.12.2015.

8 MAZZEI, Rodrigo; GONÇALVES, Tiago Figueiredo; DELBONI, João Rafael Zanotti Frizzera. Litisconsórcio passivo necessário na ação de dissolução parcial de sociedade: AgInt- EDcl- AREsp 639.591/RJ e REsp 1.731.464/SP. *In: Revista Síntese- Direito Civil e Processual Civil*, v. 136, p. 37-38, São Paulo, mar.-abr./2022.

9 O CPC previu a dissolução parcial da S.A. de capital fechado apenas em razão do não preenchimento do respectivo fim, o que, aliás, já constava de regra da Lei das S.A., art. 206, II, b (LAMY FILHO, Alfredo; PEDREIRA, José Luiz Bulhões. *Direito das companhias*. 2.ed. Rio de Janeiro: Forense, 2017, p. 1.337). Não cogitou, portanto, da dissolução da S.A. fechada por quebra da *affectio societatis*, que, antes da lei atual, chegou a ser autorizada pelo STJ (STJ, 4ª T., REsp 917.531/RS, Rel. Min. Luís Felipe Salomão, ac. 17.11.2011, *DJe* 01.02.2012; STJ, 2ª Seção, EREsp 111.294/PR, Rel. Min. Castro Filho, ac. 28.06.2006, *DJU* 10.09.2007, p. 183).

10 CPC/1973, sem correspondentes.

ações envolvendo a dissolução parcial seguem o rito comum.[11] Trata-se de feliz escolha, tendo em vista que "a relação material objeto da ação de dissolução parcial de sociedade contempla peculiaridades que justificam sua previsão em procedimento específico, podendo-se destacar *(i)* a fixação da datada resolução da sociedade e *(ii)* a definição do critério de apuração dos haveres, a merecerem tramitação especial".[12]

A opção da jurisprudência, no passado, por adotar o procedimento comum deveu-se à ausência de preceitos positivados sobre a dissolução parcial. Dessa forma, o fato de regulamentar a matéria, por si só, representa um grande avanço. Afinal, como pondera João Gabriel Duarte Nunes da Silva,[13] "a regulação do tema vai ao encontro da grande necessidade de se revestir as dissoluções parciais de maior segurança, considerando-se os diversos interesses envolvidos nas ações de tal natureza". Além disso, acrescenta o autor, tais disposições serão sempre aplicáveis aos casos de dissolução total, no que couberem, tendo em vista a similitude das bases materiais que ensejam a abertura do procedimento, "compatibilizando-se, assim, o sistema criado pelo legislador".

Em outras palavras, a dissolução total da sociedade seguirá o procedimento comum até a sentença que a decrete. A partir daí, a liquidação não tem como amoldar-se aos padrões usuais de liquidação de sentença genérica (arts. 509 a 512 do CPC/2015). Terá, portanto, de adaptar-se às exigências do direito material, no relacionado à função do liquidante na apuração do ativo, na satisfação do passivo e na partilha do acervo societário (arts. 1.102 a 1.112 do CC).

Em face, outrossim, da omissão legislativa, já decidiu o STJ sobre o cabimento da aplicação analógica, à dissolução total, dos preceitos positivados para a dissolução parcial, autorizando, assim, a incidência da pretensão de apuração indenizatória prevista no art. 602 do CPC/2015.[14]

137. Objetivo

A ação versada nos arts. 599 e seguintes do CPC/2015 tem como foco as sociedades empresárias contratuais e as sociedades simples.[15] A jurisprudência tem entendido de maneira

---

[11] "6. A apuração de haveres decorrente de dissolução parcial não é regulada especificamente por lei, porquanto a própria dissolução parcial representa criação doutrinária e jurisprudencial, aos poucos incorporada no direito posto. 7. Diante da inexistência de regras objetivas, aplica-se o procedimento ordinário à ação de apuração de haveres – ação de natureza eminentemente condenatória" (STJ, 3ª T., REsp 1.139.593, Rel. Min. Nancy Andrighi, ac. 22.04.2014, *DJe* 02.05.2014).

[12] SACCO NETO, Fernando. In: WAMBIER, Teresa Arruda Alvim; DIDIER JR., Fredie; TALAMINI, Eduardo; DANTAS, Bruno (coords.). *Breves comentários ao novo Código de Processo Civil.* São Paulo: Ed. RT, 2015, p. 1.496.

[13] NUNES DA SILVA, João Gabriel. Procedimentos especiais: ação de dissolução parcial de sociedade. In: THEODORO JÚNIOR, Humberto; OLIVEIRA, Fernanda Alvim Ribeiro da; REZENDE, Ester Camila Gomes Norato (coords.). *Primeiras lições sobre o novo direito processual civil brasileiro.* Rio de Janeiro: Forense, 2015, p. 463-464.

[14] "A outrora criação pretoriana de incidência das disposições legais relativas à dissolução total das empresas naquelas hipóteses de dissolução parcial (REsp n. 613.629/RJ, relatora Ministra Nancy Andrighi, Terceira Turma, *DJ* de 16/10/2006, p. 364) legitima que, com o advento do CPC de 2015, os preceitos agora positivados da resolução parcial (arts. 599 a 609) sejam aplicados analogicamente à dissolvência total como forma de complementar a lacuna legal processual deixada com a entrada em vigor da Lei Adjetiva, autorizando a incidência da pretensão de apuração indenizatória prevista no art. 602 do CPC à hipótese dos autos. Doutrina" (STJ, 3ª T., REsp 1.983.478/SP, Rel. Min. Humberto Martins, ac. 10.09.2024, *DJe* 13.09.2024).

[15] Nas sociedades contratuais, "os sócios concorrem amplamente para a formação da disciplina concreta de suas relações entre si e com a sociedade, colocando-se, no mais das vezes, os interesses da pessoa jurídica no mesmo plano dos interesses de seus membros. Por seu turno, nas sociedades institucionais, o interesse da sociedade, instituição, sobreleva-se a um patamar superior ao dos interesses de seus integrantes. Nesta hipótese, a legislação delineia uma série de normas que tutelam mais fortemente os interesses da sociedade" (FÉRES, Marcelo Andrade. *Sociedade em comum*: disciplina jurídica e institutos afins. São Paulo: Saraiva, 2011, p. 118-119).

ampliativa o cabimento da ação de dissolução parcial de sociedade, de modo a admiti-la também em face das sociedades em conta de participação, ao argumento de que a ausência de personalidade jurídica não eliminaria a existência de vínculo societário na espécie.[16]

Conforme os incisos I e II daquele artigo, a sociedade pode ser dissolvida parcialmente *(i)* quando ocorrer o falecimento de sócio (CC, art. 1.028), *(ii)* mediante iniciativa de sócios, para excluir aquele que, *v.g.*, comete falta grave no cumprimento de suas obrigações (art. 1.030) e *(iii)* por iniciativa própria do sócio que se retira.

Ainda de acordo com o citado art. 599, *caput*, do CPC/2015, são duas as finalidades da ação de dissolução parcial da sociedade:

(a) resolução da sociedade empresária contratual ou simples;

(b) apuração dos haveres do sócio excluído.

A pretensão judicial pode perseguir os dois objetivos, cumulativamente (incisos I e II), ou apenas um deles, isoladamente (inciso III). Isso possibilita, *v.g.*, o ajuizamento de ação destinada apenas ao apuramento dos haveres, sendo desnecessária a via judicial para a dissolução parcial da sociedade. É o que acontece quando a dissolução ocorreu de pleno direito ou por ato extrajudicial anterior ao processo.[17] É nesse sentido que a jurisprudência do STJ se posiciona, para declarar que "o direito de retirada de sociedade constituída por tempo indeterminado, a partir do Código Civil de 2002, é direito potestativo que pode ser exercido mediante a simples notificação com antecedência mínima de sessenta dias (art. 1.029), dispensando a propositura de ação de dissolução parcial para tal finalidade".[18] Vale dizer: torna-se desnecessário o pedido de dissolução judicial em juízo, porquanto – conforme o mesmo aresto –, "após o decurso do prazo, o contrato societário fica resolvido, de pleno direito, em relação ao sócio retirante, devendo serem apurados haveres e pagos os valores devidos na forma do art. 1.031 do CC, considerando-se, pois, termo final daquele prazo como a data-base para apuração dos haveres".[19] Daí por que, ainda que se proponha a ação de dissolução parcial, seu objetivo, em tais circunstâncias, ficará

---

16 "Não há diferença ontológica entre as sociedades em conta de participação e os demais tipos societários personificados, distinguindo-se quanto aos efeitos jurídicos unicamente em razão da dispensa de formalidades legais para sua constituição. A dissolução de sociedade prevista no art. 1.034, do CC/02, aplica-se subsidiariamente às sociedades em conta de participação, enquanto ato inicial que rompe o vínculo jurídico entre os sócios" (STJ, 3ª T., REsp 1.230.981/RJ, Rel. Min. Marco Aurélio Bellizze, ac. 16.12.2014, *DJe* 05.02.2015).

17 "Convém, também, fixar que existem basicamente dois tipos de dissolução: as que operam de pleno direito e as que necessitam de pronunciamento judicial. A matéria, que, à primeira vista, estaria exclusivamente afeta ao plano do direito material, tem significativa importância para o processo, notadamente quanto à fixação da data da dissolução – a data da dissolução, por sua vez, é parâmetro necessário para a apuração de haveres e, portanto, seu pressuposto – e na determinação da natureza do provimento jurisdicional" (YARSHELL, Flávio Luiz; MATOS, Felipe do Amaral. O procedimento especial de dissolução (parcial) de sociedade no projeto de CPC. In: YARSHELL, Flávio Luiz; PEREIRA Guilherme Setoguti J. *Processo societário*. São Paulo: Quartier Latin, 2012, p. 214).

18 STJ, 3ª T., REsp 1.602.240/MG, Rel. Min. Marco Aurélio Bellizze, ac. 06.12.2016, *DJe* 15.12.2016.

19 A jurisprudência que reconhece que a data base para apuração dos haveres coincide com o momento do ajuizamento da ação de dissolução da sociedade, refere-se apenas aqueles casos em que esta não decorreu do exercício prévio do direito potestativo do sócio de retirar-se da sociedade por tempo indeterminado, mas sim da hipótese de dissolução baseada em desaparecimento da *affectio societatis* manifestado pela primeira vez na propositura da ação (Voto do Relator no REsp 1.602.240, *cit*).

limitado à apuração de haveres e "os juros de mora serão devidos após o transcurso do prazo nonagesimal contado desde a liquidação da quota devida (art. 1.031, § 2º, do CC)".[20]

É também objeto da dissolução parcial em juízo a sociedade anônima de capital fechado, conforme no § 2º do art. 599 do Código Processual.[21]

138. Legitimidade

I – Legitimados ativos

Os legitimados para propor a ação de dissolução parcial da sociedade encontram-se arrolados no art. 600 do CPC/2015.

Se a dissolução decorrer da morte de um sócio, podem ajuizar a ação:

(*a*) o espólio do sócio falecido, quando a totalidade dos sucessores não ingressar na sociedade (inc. I);[22]

(*b*) os sucessores, após concluída a partilha do sócio falecido (inc. II);[23]

(*c*) a sociedade, se os sócios sobreviventes não admitirem o ingresso do espólio ou dos sucessores do falecido na sociedade, quando esse direito decorrer do contrato social (inc. III).

A sociedade também possui legitimidade ativa nos casos em que a lei não autoriza a exclusão extrajudicial (inc. V). É o caso, *v.g.*, da retirada de um sócio devido à incapacidade superveniente à formação da sociedade (CC, art. 1.030). O ajuizamento da ação pode ser proposto pelo sócio que foi excluído (inc. VI). Nessa hipótese, já tendo sido promovida a alteração contratual, a ação destina-se a apurar os haveres do retirante.

Pode ainda pedir a resolução da sociedade em seu favor aquele que exerceu o direito de retirada ou recesso, se não tiver sido providenciada, pelos demais sócios, a alteração contratual consensual formalizando o desligamento, depois de transcorrido dez dias do exercício do direito (CPC/2015, art. 600, IV).

---

20 STJ, 3ª T., Resp 1.602.240/MG, Rel. Min. Marco Aurélio Bellizze, ac. 06.12.2016, *DJe* 15.12.2016.

21 Ver item nº 147, *infra*.

22 Em caso de morte de sócio de sociedade de advogados, o STJ reconheceu legitimidade das herdeiras do falecido para a dissolução parcial da pessoa jurídica, cumulando apuração de haveres e indenização por perdas e danos. Definiu que a prescrição prevista no art. 206, § 1º, V, do Cód. Civ./2002 relativa a pretensão de credores não pagos contra os sócios e o liquidante de sociedade integralmente extinta, não se aplica à extinção parcial do vínculo societário, "sobretudo na hipótese de dissolução parcial de sociedade de advogados por morte de um dos sócios, que se dá pela simples averbação desse fato no órgão que representa a categoria". Assim, "afastada a incidência da norma especial e não estando a hipótese disciplinada em nenhum outro preceito contido no art. 206 do CC/2002, aplica-se a prescrição decenal prevista no art. 205 do mesmo diploma legal" (STJ, 3ª T., REsp 1.505.428/RS, Rel. Min. Ricardo Villas Bôas Cueva, ac. 21.06.2016, *DJe* 27.06.2016).

23 "1. É legitimado para propor ação de dissolução parcial de sociedade, para fins de apuração da quota social de sócio falecido, o espólio. 2. A legitimidade ativa, em decorrência do direito de saisine e do estado de indivisibilidade da herança, pode ser estendida aos coerdeiros, antes de efetivada a partilha. Essa ampliação excepcional da legitimidade, contudo, é ressalvada tão somente para a proteção do interesse do espólio. 3. No caso dos autos, a ação foi proposta com intuito declarado de pretender para si, exclusivamente, as quotas pertencentes ao autor da herança, independentemente da propositura da correspondente ação de inventário ou de sua partilha. Desse modo, não detém o coerdeiro necessário a legitimidade ativa para propor a presente ação" (STJ, 3ª T., REsp 1.645.672/SP, Rel. Min. Marco Aurélio Belizze, ac. 22.08.2017, *DJe* 29.08.2017).

O direito de retirada está assegurado no art. 5º, XX, da CR/1988, nesses termos: "ninguém poderá ser compelido a associar-se ou a permanecer associado". Pelo direito de recesso, o acionista minoritário fica desobrigado de permanecer na companhia, nas hipóteses e condições previstas em lei, com reembolso de suas ações. Decairá de seu direito se não o exercer no prazo legal (Lei nº 6.404/1976, art. 137).

Reconhece-se, por conseguinte, que "o direito de retirada imotivada de sócio de sociedade limitada por tempo indeterminado constitui direito potestativo à luz dos princípios da autonomia da vontade e da liberdade de associação"; mas "o direito de recesso deve respeitar o lapso temporal mínimo de 60 (sessenta) dias, conforme o teor do art. 1.029 do CC/2002"; nesse caso, sendo a notificação enviada extrajudicialmente, para exercício do direito de retirada, "o termo final para a apuração de haveres é, no mínimo, o sexagésimo dia, a contar do recebimento da notificação extrajudicial pela sociedade".[24]

Por fim, tem legitimidade ativa, para requerer apuração de haveres, o cônjuge ou companheiro do sócio cujo casamento, união estável ou convivência tenha terminado. Esses haveres serão pagos à conta da quota social titulada por esse sócio (art. 600, parágrafo único). A hipótese em questão refere-se aos que fazem jus à meação relativamente à participação do sócio de quem se separou.

II – Legitimados passivos

Em princípio, poderiam ser identificados como legitimados passivos, *(i)* a sociedade, *(ii)* os sócios ou *(iii)* os dois, em litisconsórcio.

Esse tema foi sempre amplamente debatido nos tribunais, consolidando a jurisprudência no sentido de que "a ação de dissolução parcial deve ser promovida pelo sócio retirante contra a sociedade e os sócios remanescentes, em litisconsórcio necessário", em face do legítimo interesse de ambos.[25]

Consoante posicionamento do STJ, "a retirada de sócio de sociedade por quotas de responsabilidade limitada dá-se pela ação de dissolução parcial, com apuração de haveres, para qual têm de ser citados não só os demais sócios, mas também a sociedade".[26]

O CPC/2015 avalizou esse entendimento, ao determinar a citação dos sócios remanescentes e da sociedade, sendo agora imposição legal a formação do litisconsórcio, para que ambos figurem como réus na ação de dissolução parcial de sociedade e apuração de haveres (art. 601).

No caso, porém, de dissolução parcial de sociedade anônima fechada (art. 599, § 2º),[27] em face de tratar-se de sociedade de capital e não de pessoas, a legitimidade passiva é da própria companhia, não havendo, pois, de se cogitar de litisconsórcio necessário a envolver todos os acionistas.[28]

O litisconsórcio passivo entre os sócios e a sociedade é entendido como cumprido mesmo quando a pessoa jurídica não é citada, mas todos os sócios o foram (CPC, art. 601, parágrafo único)[29]. Nessa hipótese, tem-se a sociedade de pessoas como representada nos autos pela

---

24 STJ, 3ª T., REsp 1.403.947/MG, Rel. Min. Ricardo Villas Bôas Cueva, ac. 24.04.2018, *DJe* 30.04.2018.

25 STJ, 4ª T., REsp 77.122/PR, Rel. Min. Ruy Rosado de Aguiar, ac. 13.02.1996, *DJU* 08.04.1996.

26 STJ, 3ª T., REsp 1.371.843/SP, Rel. Min. Paulo de Tarso Sanseverino, ac. 20.03.2014, *DJe* 26.03.2014.

27 Antes mesmo do CPC/2015, a jurisprudência do STJ já reconhecia a possibilidade jurídica da dissolução parcial de sociedade anônima fechada, ao fundamento de quebra da *affectio societatis* (STJ, 2ª Seção, EREsp 111.294/PR, Rel. Min. Castro Filho, ac. 28.06.2006, *DJU* 10.09.2007, p. 183).

28 STJ, 3ª T., REsp 1.400.264/RS, Rel. Min. Nancy Andrighi, ac. 24.10.2017, *DJe* 30.10.2017.

29 "A jurisprudência desta Corte Superior orienta-se no sentido de que 'na ação para apuração de haveres de sócio, a legitimidade processual passiva é da sociedade e dos sócios remanescentes, em litisconsórcio passivo necessário'" (STJ, 4ª T., AgInt nos EDcl no AREsp 639.591/RJ, Rel. Min. Marco Buzzi, ac. 29.06.2020, *DJe* 03.08.2020).

totalidade dos sócios, de maneira que não se trata de excluí-la do processo, mas tê-la como integrada à relação processual através da presença de todos os seus sócios[30]. Assim, a solução judicial da ação produzirá eficácia não só aos sócios, mas também à pessoa jurídica.

Na verdade, o litisconsórcio necessário, impõe a citação de todos os sócios e da sociedade para *integrarem* a relação processual (CPC, art. 238), não necessariamente para contestarem a ação. Os citados, embora colocados de início, pelo demandante, no plano passivo, têm plena liberdade para optar pelo deslocamento para o polo ativo, ao lado do sócio autor, tornando-se, de tal maneira, litisconsorte ativo. É sempre bom lembrar o conceito de citação adotado pelo CPC atual, que, em vez de convocação para a contestação, passou a ser convocação para "integrar a relação processual" (art. 238). A exemplo do que, tradicionalmente, já se passava, com o ente público nas ações populares e de improbidade administrativa, agora o CPC franqueia ao litisconsorte passivo em geral a oportunidade, após a citação, de escolher a posição processual em que se colocar, pois, pode muito bem ser que não esteja em conflito com a pretensão do autor, e nenhuma oposição tenha a fazer à sua retirada da sociedade. Posicionando-se ao lado do autor, evitará as consequências sucumbenciais, no caso de sentença que acolha o pedido de dissolução parcial da sociedade ou que determine a apuração dos haveres a que tenha direito o sócio adrede excluído.

139. Cabimento

A ação de dissolução parcial da sociedade é cabível nas três situações indicadas no art. 599, ou seja, *(i)* falecimento do sócio, *(ii)* exclusão do sócio pelos demais e *(iii)* retirada da sociedade por interesse pessoal do sócio.

I – Falecimento do sócio

Pela lei material (CC, art. 1.028), o falecimento do sócio implica a liquidação de sua quota, exceto:

(a) se o contrato dispuser diferentemente (inc. I);
(b) se os sócios remanescentes optarem pela dissolução da sociedade (inc. II);
(c) se houver substituição do sócio falecido mediante acordo entre os herdeiros (inc. III).

Não ocorrendo as situações abrangidas pelos incisos I e III do art. 1.028, a resolução da sociedade e a apuração dos haveres far-se-ão apenas em relação ao falecido.

II – Exclusão de sócio

A exclusão de sócio sempre depende de uma conduta dele contrária aos interesses relevantes da sociedade, que pode ser a qualificadora do sócio remisso ou qualquer outra que constitua falta grave diante dos deveres sociais. Essa exclusão pode acontecer por via judicial ou alteração contratual promovida por deliberação dos sócios em defesa da sociedade contra aquele que tenha cometido falta grave no cumprimento das obrigações sociais.

A exclusão de sócio mediante alteração contratual será possível se forem observados os seguintes requisitos, cumulativamente: *(i)* prática de atos que coloque em risco a continuidade da

---

[30] STJ, 3ª T., REsp 1.731.464/SP, Rel. Min. Moura Ribeiro, ac. 25.09.2018, *DJe* 01.10.2018. Cf. ALVIM, J. E., Carreira. *Ação de dissolução parcial de sociedade: de acordo com o novo CPC e legislação posterior*. Curitiba: Juruá, 2020, p. 77-78, nota 28; MAZZEI, Rodrigo; GONÇALVES, Tiago Figueiredo; DELBONI, João Rafael Zanotti Frizzera. Litisconsórcio passivo necessário na ação de dissolução parcial de sociedade: AgInt- EDcl- AREsp 639.591/RJ e REsp 1.731.464/SP. *In: Revista Síntese- Direito Civil e Processual Civil*, v. 136, São Paulo, p. 46, mar-abr/2022.

empresa: *(ii)* previsão no contrato da sociedade de exclusão de sócio por justa causa; *(iii)* reunião ou assembleia convocada especialmente para esse fim; *(iv)* comunicação ao acusado (da reunião ou assembleia) antecipadamente, para que ele possa comparecer e exercer seu direito de defesa; *(v)* deliberação por maioria representativa de mais da metade do capital social (CC, art. 1.085).[31]

Não respeitados os limites supracitados, em caso de falta grave no cumprimento de suas obrigações, o sócio poderá ser excluído judicialmente, por iniciativa da maioria dos remanescentes.[32] Dessa maneira, até mesmo os sócios em minoria podem excluir o sócio majoritário infrator, mas só se legitimarão a tanto se agirem pelas vias judiciais, hipótese em que a maioria cogitada pelo art. 1.085 do CC será calculada pelo capital correspondente aos sócios remanescentes.[33]

Ocorrerá ainda a exclusão de sócio, pela via judicial, em caso de incapacidade superveniente, também mediante iniciativa dos demais sócios, em maioria (CC, art. 1.030). O proponente deve comprovar essa condição, com observância do que dispõem os arts. 3º e 4º do Código Civil, se se tratar de incapacidade civil.[34] Mas ela pode ser também contratual, como ocorre, *v.g.*, quando um profissional tem sua inscrição cassada no órgão competente e fica inviabilizado de exercê-la, perdendo sua condição de continuar sócio da sociedade.

III - Exercício do direito do sócio de retirar-se da sociedade

Se o sócio optar por retirar-se da sociedade, pelo exercício de seu direito de retirada ou de recesso, é possível o cabimento da ação em três situações:

(a) Em caso de sociedade por prazo indeterminado, o interessado deve notificá-la de sua intenção com antecedência mínima de sessenta dias (CC, art. 1.029). Se a alteração contratual não for efetivada, consensualmente, pelos demais sócios, cabe a ação judicial depois de transcorridos dez dias do exercício do direito ou, em outras palavras, setenta dias após a notificação aos demais sócios.

(b) Se a sociedade foi constituída por prazo determinado, para exercer seu direito deve o retirante provar suas razões, ou a "justa causa" (CC, art. 1.029, *in fine*), conceito que, registra-se, é bastante aberto e deve ser definido no caso concreto.

(c) Quando se tratar de sociedade anônima de capital fechado, cabe a ação de dissolução de sociedade e apuração de haveres, sendo necessário que o requerente: *(i)* seja

---

31 "Ressalvado o caso em que haja apenas dois sócios na sociedade, a exclusão de um sócio somente poderá ser determinada em reunião ou assembleia especialmente convocada para esse fim, ciente o acusado em tempo hábil para permitir seu comparecimento e o exercício do direito de defesa" (CC, art. 1.085, parágrafo único) (com a redação dada pela Lei nº 13.792, de 2019).

32 "A exclusão é medida extrema que visa à eficiência da atividade empresarial, para o que se torna necessário expurgar o sócio que gera prejuízo ou a possibilidade de prejuízo grave ao exercício da empresa, sendo imprescindível a comprovação do justo motivo" (STJ, 4ª T., REsp 917.531/RS, Rel. Min. Luis Felipe Salomão, ac. 17.11.2011, *DJe* 01.02.2012). Assim, "não basta a alegação de quebra da *affectio societatis*, mas a demonstração de justa causa, ou seja, dos motivos que ocasionaram essa quebra" (STJ, 3ª T., REsp 1.129.222/PR, Rel. Min. Nancy Andrighi, ac. 28.06.2011, *DJe* 01.08.2011).

33 A condicionante prevista no art. 1.085 do CC somente é aplicável "na hipótese de exclusão extrajudicial de sócio por deliberação da maioria representativa de mais da metade do capital social, mediante alteração do contrato social". Se a exclusão é judicial, "consideram-se apenas as quotas dos demais sócios, excluídas aquelas pertencentes ao sócio que se pretende excluir" (STJ, 3ª T., REsp 1.653.421/MG, Rel. Min. Ricardo Villas Bôas Cueva, ac. 10.10.2017, *DJe* 13.11.2017).

34 A partir de janeiro de 2016, devemos considerar apenas o art. 4º do Código Civil, uma vez que o Estatuto da Pessoa com Deficiência, Lei nº 13.146/2015, alterou o Código Civil no tocante às incapacidades. Assim, a incapacidade superveniente somente poderá ocorrer nas hipóteses do art. 4º do Estatuto Civil.

acionista ou acionistas que representem cinco por cento ou mais do capital social[35] e *(ii)* comprove que a sociedade não pode preencher o seu fim (CPC/2015, art. 599, § 2º). Identificam-se esses mesmos requisitos na Lei nº 6.404/1973, cognominada Lei das Sociedades Anônimas. É importante observar que o percentual de 5% é mencionado diversas vezes na Lei das S.A., ora para assegurar direitos (art. 123, parágrafo único, "d"), ora impondo obrigações (art. 161, § 2º).

O vocábulo "fim", utilizado na lei material e processual, há de se referir certamente, aos objetivos da sociedade.

Por outro lado, não podem ser objeto do procedimento especificado nos arts. 599 e seguintes do CPC/2015 as sociedades em comum, *i.e.*, aquelas que não efetuam o registro de seus atos constitutivos. Essas sociedades são regidas pelas normas contidas nos arts. 986 a 996 do CC, que não prevê a resolução delas em favor de sócio dissidente. Ademais, a redação do art. 599 é clara ao se referir à resolução de sociedade empresária ou simples (art. 599, I) e às sociedades anônimas de capital fechado (§ 2º). Ou seja, a lei processual dirige-se especificamente às sociedades personificadas, que são reguladas pelos arts. 997 e seguintes do CC.

140. Exclusão de sócio por quebra da *affectio societatis*

O argumento mais comum para se promover a exclusão do sócio, sem dissolver a sociedade por inteiro, é a quebra da *affectio societatis.*

Prevendo o art. 1.034, II, que a sociedade pode ser dissolvida quando "exaurido o fim social, ou verificada a sua inexequibilidade", desenvolveu-se a tese de que a sociedade poderia dissolver-se parcialmente para excluir o sócio que tivesse quebrado a *affectio societatis*, confundindo-se tal quebra ora com a discórdia entre os sócios, ora com o descumprimento dos deveres que impede o preenchimento do *fim social.*

Na verdade, a jurisprudência moderna tem se inclinado a reconhecer que a simples invocação da quebra da *affectio societatis* não seria suficiente para provocar a dissolução da sociedade ou a exclusão de sócio.[36]

Eis um julgado do STJ que bem ilustra essa concepção:

> "Para exclusão judicial de sócio, não basta a alegação de quebra da *affectio societatis*, mas a demonstração de *justa causa*, ou seja, dos motivos que ocasionaram essa quebra (...) A perda da *affectio societatis* é apenas a consequência de um ou mais atos nocivos à consecução dos fins sociais da empresa, praticados por aquele que se pretende excluir, os quais devem ser demonstrados".[37]

Interpretando o art. 1.085 do CC, o TJSP, na esteira do precedente do STJ, também acentuou que "a mera quebra da *affectio societatis*, no vigente Código Civil, por si só não autoriza a exclusão administrativa do sócio dissidente". Para o julgado do Tribunal paulista, a exclusão é matéria que deve ser analisada com cautela, e, portanto, "parece claro que o ordenamento jurídico não compraz

---

[35] "A titularidade de 5% do capital social da companhia, em ações de dissolução proposta com base no art. 206 da Lei das S.A., é condição a ser preenchida na data da propositura da demanda, sendo irrelevantes as alterações nesse percentual ocorridas no curso do processo" (STJ, 3ª T., REsp 408.122/PR, Rel. Min. Nancy Andrighi, ac. 20.06.2006, *DJU* 27.11.2006, p. 272).

[36] SOLER, Jonathas Lima. A quebra da *affectio societatis* na exclusão de sócios e dissolução parcial de sociedades. *Revista dos Tribunais*, v. 957, p. 194, jul. 2015.

[37] STJ, 3ª T., REsp 1.129.222/PR, Rel. Min. Nancy Andrighi, ac. 28.06.2011, *DJe* 01.08.2011.

que o severo instituto da exclusão de sócio minoritário, regulado pelo art. 1.085 do Código Civil, sirva de pretexto para colocar fim a desavenças individuais ou discordâncias genéricas".[38]

Enfim, vem prevalecendo na jurisprudência do TJSP o pensamento de que "se a divergência entre os sócios não obstasse a persecução do fim social, não caberia a dissolução da sociedade",[39] como informa o estudo de Jonathas Lima Soler, já citado.

A conclusão que se pode extrair da numerosa jurisprudência analisada pelo ensaísta, é de que "não há mais espaço para a utilização da 'quebra da *affectio societatis*' como argumento central na exclusão de sócio ou dissolução parcial da sociedade". Para que tal se dê, com legitimidade, "é necessário (...) que se exija a comprovação do descumprimento de algum dever inerente aos sócios, alguma falta grave cometida por esses ou o exaurimento ou impossibilidade do preenchimento do fim social para que se exclua o sócio ou *dissolva* parcialmente a sociedade".[40]

Paradigmático pode ser considerado o acórdão do STJ que assentou:

> "(...) Exclusão de sócio. Justo motivo. Não ocorrência. Recurso Especial Parcialmente provido.
>
> (...) 3. A justa causa para a exclusão de sócio se traduz em conduta grave, prejudicial à própria continuidade da atividade social, situação em que é possível até mesmo a dispensa da formação da maioria. Precedente.
>
> 4. A discordância acerca da forma como a sociedade é administrada e a prática de atos de fiscalização, como ocorre na hipótese, faz parte do direito dos sócios, não configurando justa causa para exclusão de sócio (...)".[41]

Na verdade, quando se trata de falta grave contra os deveres societários, até mesmo os sócios minoritários podem decidir pela exclusão do majoritário infrator. Em tal situação, o quórum de deliberação exigido pelo art. 1.030 do Código Civil (maioria absoluta do capital) deverá ser apurado em relação às quotas dos demais sócios, "excluídas aquelas pertencentes ao sócio que se pretende excluir". O STJ, na espécie, afasta a exigência do art. 1.085 do mesmo Código, de que a iniciativa seja tomada por representantes de mais da metade do capital social, ao argumento de que esse requisito diz respeito apenas às exclusões de sócio praticadas por meio de alteração do contrato social.[42]

141. Competência

O foro para julgamento da ação de dissolução de sociedade é aquele eleito pelos sócios, constante do instrumento contratual (CPC/2015, art. 63, § 1º). Sendo omisso o contrato, o

---

[38] TJSP, Ap. Civ. 0083667-64.2012.8.26.0000, Rel. Des. Francisco Loureiro, ac. 26.07.2012, citado por SOLER, Jonathas Lima. *RT* 957/195. Em outros acórdãos do mesmo Tribunal a tese tem sido reiterada: "O desaparecimento da chamada afeição social (...) por si só, é insuficiente se não tiver como causa o descumprimento de obrigação social ou cometimento de falta grave" (TJSP, Ap. Civ. 0097278-60.2007.8.26.0000, Rel. Des. Guilherme Santini Teodoro, ac. 15.05.2012). Mesmo vislumbrando quebra da *affectio societatis*, a exclusão de sócio para ser acolhida deveria estar fundamentada no "inadimplemento de algum dever essencial no contrato de sociedade, cuja ocorrência configurasse culpa grave" (TJSP, Ap. Civ. 0108813-40.2008.8.26.0003, Rel. Des. Moreira Viegas, ac. 01.08.2012).

[39] TJSP, Ap. Civ. 9171130-37.2002.8-26.0000, Rel. Des. Sebastião Garcia, ac. 14.03.2007.

[40] SOLER, Jonathas Lima. A quebra da *affectio societatis* na exclusão de sócios e dissolução parcial de sociedades. *Revista dos Tribunais*, v. 957, p. 197.

[41] STJ, 4ª T., REsp 1.280.051/MG, Rel. Min. Raul Araújo, ac. 01.03.2016, *DJe* 05.04.2016.

[42] STJ, 3ª T., REsp 1.653.421/MG, Rel. Min. Ricardo Villas Bôas Cueva, ac. 10.10.2017, *DJe* 13.11.2017.

juízo competente será o do local onde está a sede da sociedade (competência territorial), pois um dos réus é pessoa jurídica (art. 53, III, "a").

142. Procedimento

I – Petição inicial

A petição inicial deve observar os requisitos previstos no art. 319 do CPC/2015 e ser instruída com cópia do contrato social (art. 599, § 1º). Trata-se de documento indispensável, que deve retratar a situação da sociedade no momento da propositura da ação (documento de constituição, consolidado com as alterações posteriores).

O requerente pode cumular outros pedidos com os previstos no art. 599, respeitados os limites fixados no art. 327, § 1º, do CPC/2015, ou seja, desde que *(i)* exista compatibilidade entre os pedidos; *(ii)* seja o mesmo juízo competente para deles conhecer; *(iii)* haja adequação de todos os pedidos ao tipo de procedimento.

O valor da causa, segundo estabelece o art. 292, II, do CPC/2015, será o montante do ato jurídico ou o de sua parte controvertida, quando a ação "tiver por objeto a existência, a validade, o cumprimento, a modificação, a resolução, a resilição ou a rescisão de ato jurídico". Assim, deve ser atribuído à causa valor equivalente ao *quantum* correspondente à participação, no capital social da empresa, do sócio que pretende se retirar ou que foi excluído da sociedade.[43] Quando se tratar de pedido de apuração de haveres, cumulado ou não com a dissolução de sociedade, deve ser observado, ainda, o disposto no art. 292, § 3º. Impõe este dispositivo a correção monetária incidente sobre o valor principal (no caso, a participação do sócio), desde o momento em que ocorrer a desvinculação (a data do falecimento do ex-sócio, por exemplo).

II – Citação

Os sócios e a sociedade serão citados para, no prazo de quinze dias, manifestar concordância com o pedido ou apresentar a contestação (CPC/2015, art. 601, *caput*). A citação, em regra, abrange todos os sócios, havidos que são como litisconsortes necessários. Diversa, porém, é a situação da dissolução de sociedade anônima fechada (art. 599, § 2º) (ver, adiante o item 147), visto que, então, a legitimidade passiva é da companhia, não havendo lugar para litisconsórcio passivo necessário com todos os acionistas.[44] As regras gerais previstas no art. 246 e parágrafos (com a redação da Lei nº 14.195/2021) aplicam-se à citação das ações de dissolução de parcial de sociedade e apuração de haveres.

A citação de pessoa jurídica se valida com a entrega do mandado a pessoa com poderes de gerência geral ou de administração, ou ainda, a funcionário responsável pelo recebimento de correspondências (art. 248, § 2º). Entretanto, para o procedimento de dissolução parcial,

---

[43] Quanto à fixação de valor da causa, o STJ manifesta-se no sentido de inexiste, no direito processual brasileiro, demanda com valor incerto e estabelece parâmetros que auxiliam na identificação desse *quantum*: "3. O valor da causa está intimamente ligado ao pedido do autor e não exatamente ao objeto do litígio, por isso, a um mesmo objeto é possível atribuir valores diferentes, a depender sempre do pedido que se apresenta. Delimitado o pedido, a determinação do valor da causa será obtido de maneira objetiva e corresponderá ao benefício pretendido pelo autor. 4. Verificando-se que a causa visa discutir a existência, validade, cumprimento, modificação, rescisão ou formação de um negócio jurídico, seu valor deve ser extraído deste mesmo negócio jurídico; e se o litígio não envolver o negócio jurídico por inteiro, mas somente parte dele, sobre essa parte recairá o valor da causa. 5. Em ação de dissolução parcial de sociedade empresária, o valor da causa será o montante do capital social correspondente ao sócio que se pretende afastar da sociedade. O valor da causa deve sempre ser equivalente aos benefícios que se busca com o exercício da ação" (STJ, 4ª T., REsp 1.410.686, Rel. Min. Luis Felipe Salomão, ac. 16.06.2015, *DJe* 04.08.2015).

[44] STJ, 3ª T., REsp 1.400.264/RS, Rel. Min. Nancy Andrighi, ac. 24.10.2017, *DJe* 30.10.2017.

o CPC/2015 dispensa essa citação quando todos os sócios forem citados, ficando a sociedade sujeita aos efeitos da decisão e da coisa julgada (art. 601, parágrafo único). Dessa forma, "a citação da sociedade reputa-se realizada quando todos os sócios já tiverem sido citados".[45] Em decorrência, o início da contagem do prazo de manifestação ou contestação observará o disposto no § 1º do art. 231 do Estatuto Processual.

A dispensa de citação da sociedade – na visão de Fernando Sacco Neto[46] – não se mostra adequada, pois "há de se respeitar a distinção das figuras da sociedade e de seus sócios. Estes somente podem ter seus patrimônios atingidos na hipótese de desconsideração da personalidade jurídica da sociedade". Considera o autor que se a sociedade está sujeita aos efeitos da coisa julgada, ela é parte. E como tal, "tem o direito de ser comunicada oficialmente a respeito da existência do processo em seu desfavor".

Independentemente dessa reflexão, é fato que o STJ já adotou a mesma fórmula, na ausência de norma que disponha sobre a questão, ao entendimento de que "citados todos os sócios, a pessoa jurídica estará amplamente defendida e a eventual nulidade invocada, em face deste aspecto, não resultará em prejuízo para qualquer dos litigantes".[47]

Assim, a regra do art. 601, parágrafo único, do CPC/2015 nada mais fez do que transformar em norma legal a tese já consagrada pela jurisprudência. Não é que se tenha propriamente excluído a pessoa jurídica da relação processual. O sentido da regra em cogitação é o de que, estando todos os sócios presentes no processo, a sociedade, *ex vi legis*, será havida como parte, independentemente de ser diretamente citada. Em outros termos, a presença do ente coletivo no processo decorre, na construção do direito positivo, da presença da totalidade de seus membros em juízo. Por isso, sujeitar-se-á a sociedade "aos efeitos da divisão e à coisa julgada" (art. 601, parágrafo único).

III – Conciliação prévia

Nesse tipo de ação, discutem-se direitos patrimoniais, fato que possibilita a autocomposição. Assim, é lícito às partes promover alterações no procedimento para ajustá-lo às especificidades da causa, bem como para convencionar sobre os ônus, poderes, faculdades e deveres processuais, antes ou durante o processo (CPC/2015, art. 190, *caput*). Além disso, o estatuto processual prestigia o uso de fórmulas consensuais para a pacificação entre os litigantes e imputa aos operadores do direito o dever de estimular a adoção de técnicas conciliatórias (art. 3º, § 3º). Diante dessas disposições legais, poderá o juiz realizar audiência de conciliação, antes de dar continuidade ao processo.

IV – Contestação

Citados, os réus podem adotar as seguintes posturas:

(a) manifestar-se pela concordância com o pedido (CPC/2015, art. 603, *caput*);
(b) contestar a ação (art. 603, § 2º);
(c) apresentar pedido contraposto (art. 602);
(d) ignorar a citação (revelia).

---

45 MEDINA, José Miguel Garcia. *Novo Código de Processo Civil comentado*: com remissões e notas comparativas ao CPC/1973. São Paulo: Ed. RT, 2015, p. 909.

46 SACCO NETO, Fernando. In: WAMBIER, Teresa Arruda Alvim; DIDIER JR., Fredie; TALAMINI, Eduardo; DANTAS, Bruno (Coord.). *Breves comentários ao novo Código de Processo Civil*. São Paulo: Ed. RT, 2015, p. 1.506-1.507.

47 STJ, 4ª T., AgRg no REsp 751.625/RN, Rel. Min. Massami Uyeda, ac. 04.03.2008, *DJe* 26.03.2008. No mesmo sentido: "Na ação de dissolução parcial de sociedade limitada, é desnecessária a citação da pessoa jurídica se todos os que participam do quadro social integram a lide" (STJ, 4ª T., REsp 1.121.530, Rel. Min. João Otávio de Noronha, Rel. p/ ac. Min. Marco Buzzi, ac. 13.09.2011, *DJe* 26.04.2012).

Na primeira situação, caso os sócios remanescentes e a sociedade concordem, expressamente, com a retirada do sócio, o juiz declarará dissolvida parcialmente a sociedade. Imediatamente, passar-se-á à fase de liquidação, com a apuração dos haveres (art. 603, *caput*).

Quando a exclusão decorrer de deliberação da maioria dos sócios, uma das defesas de que se pode valer o excluído será a de irregularidade do ato assemblear, cuja validade depende sempre de procedimento preparatório, no qual se assegure o exercício do direito ao contraditório e à ampla defesa, por derivação da garantia inscrita no art. 5º, LIV e LV, da Constituição Federal.[48]

Se os réus apresentarem contestação, o julgamento será feito em duas fases. Na primeira, o processo seguirá o procedimento comum, até ser declarada dissolvida a sociedade, se julgado procedente o pedido. Na fase seguinte, que se destina à apuração dos haveres, seguirá a forma estabelecida no procedimento especial (art. 603, § 2º). Na contestação, os réus podem alegar toda matéria de defesa, inclusive preliminares de mérito (arts. 336 e 337), ou de forma, como, por exemplo, a incorreção do valor da causa (art. 337, III), ou a incompetência relativa do juízo (art. 337, II).

Pode ocorrer ainda a situação de a sociedade requerer, na contestação, por meio de pedido contraposto, que o excluído seja condenado ao pagamento de indenização, compensável com o valor dos haveres a apurar (art. 602).[49] A responsabilidade por perdas e danos ocorre quando o sócio causa prejuízos à sociedade e solicita desvincular-se da sociedade. No Código Civil, identificam-se duas situações passíveis de indenização:

(*a*) quando o voto do sócio é decisivo na aprovação de negócios contrários ao interesse da sociedade (art. 1.010, § 3º);

(*b*) quando, como administrador, ele realiza operações em desacordo com a maioria (art. 1.013, § 2º).

Observa-se que o CPC/2015 não prevê a possibilidade de o sócio retirante, como réu, pretender indenização por meio da contestação.[50] Não quer isto dizer que fique ele privado de formular tal pretensão na ação de dissolução parcial da sociedade. Em se tratando de ação que, após a contestação, segue o procedimento comum, perfeitamente cabível será o manejo da reconvenção para lograr a referida compensação. Aliás, é tranquila a jurisprudência que admite o pleito reconvencional nas ações da espécie.[51] Ocupando, outrossim, a posição de autor, o sócio terá condições de cumular o pedido de seus haveres com as perdas e danos advindos de sua exclusão abusiva (art. 327).

Pode acontecer, por fim, que os réus ignorem a citação, não se manifestando nos autos (revelia), quando se presumirão verdadeiras as alegações de fato formuladas pelo autor (CPC/2015, art. 344). Não se descarta, contudo, a possibilidade de o réu reconvir,[52] sem contestar (art. 343, § 6º). Uma situação em que, habitualmente, há reconvenção ocorre quando os sócios

---

[48] TJRJ, 2ª Câm. Cível, AC 0091209-64.2008.8.19.0002, Rel. Des. Maurício Caldas Lopes, *DJe* 22.06.2011; STF, 2ª T., RE 201.819/RJ, Rel. p/ ac. Min. Gilmar Mendes, ac. 11.10.2005, *DJU* 27.10.2006, p. 64.

[49] Nos termos do art. 602 do CPC/2015, a sociedade pode postular, na contestação, pedido de compensação de indenização devida pelo sócio com o valor dos haveres a apurar, sem necessidade, portanto, de recorrer à reconvenção.

[50] SACCO NETO, Fernando. *In*: WAMBIER, Teresa Arruda Alvim; DIDIER JR., Fredie; TALAMINI, Eduardo; DANTAS, Bruno (Coord.). *Breves comentários ao novo Código de Processo Civil*. São Paulo: Ed. RT, 2015, p. 1.508.

[51] STJ, 3ª T., REsp 1.128.431/SP, Rel. Min. Nancy Andrighi, ac. 11.10.2011, *DJe* 25.10.2011.

[52] "Nada impede os acionistas minoritários de apresentarem, em sede de defesa, reconvenção, caso concordem com a dissolução parcial mas entendam que os acionistas majoritários é que devem se afastar" (STJ, 3ª T., REsp 1.128.431, Rel. Min. Nancy Andrighi, ac. 10.11.2011, *DJe* 25.11.2012).

decidem, em resposta à ação de dissolução parcial, postular a extinção da sociedade, em vez de resolvê-la relativamente àquele que se retira.

V – Decisão

Se todos os réus concordarem com o pedido do autor, de forma expressa e unânime, o juiz declarará dissolvida parcialmente a sociedade.

Nessa hipótese, não haverá condenação em honorários advocatícios de nenhuma das partes, e as custas serão rateadas segundo a participação dos sócios no capital da sociedade (art. 603, § 1º). "Ao tirar dos réus o risco de serem condenados ao pagamento de honorários advocatícios quando da concordância com o pedido de dissolução parcial, o objetivo é evitar o prolongamento de discussões focadas no afastamento desses ônus financeiros. Assim, permite-se que a relação processual evolua mais rapidamente, passando-se imediatamente para a fase de liquidação".[53]

O rateio das custas não nos parece uma boa opção do legislador. Seria mais razoável que esse pagamento fosse de responsabilidade da sociedade, uma vez que ela continuará sobrevivendo e terá sua personalidade jurídica preservada. Nada impede, porém, que as partes negociem solução diversa daquela estatuída no dispositivo aludido, com apoio no art. 190 do CPC/2015.

Trata-se de decisão interlocutória (CPC/2015, art. 203, § 2º), com julgamento parcial do mérito, impugnável por agravo de instrumento (art. 354, parágrafo único). Destarte, enquanto pendente o recurso, o autor poderá requerer a liquidação (art. 513 c/c art. 1.019, I).

Diferente será a natureza da decisão, se a ação for contestada, o que motivará a observância do procedimento comum. Nesse caso, o proferirá sentença, atacável pela apelação (art. 1.009).

Na ação que declara dissolvida parcialmente a sociedade, quando o sócio exerce o direito de retirada de sociedade por tempo indeterminado ou em caso de falecimento do ex-sócio, a sentença é declarativa, porque apenas reconhece uma situação preexistente, como assentado no STJ.[54] Seus efeitos, portanto, são *ex tunc*, com retroação à data em que a sociedade foi dissolvida de fato.

É bastante esclarecedora a lição de Pontes de Miranda[55] sobre a eficácia das sentenças em ações de dissolução de sociedade, reproduzida no mencionado acórdão do STJ: "Nas chamadas ações de dissolução, ou é a sentença que dissolve, ou não é ela, porém outro fato. Se é a sentença que dissolve a sociedade, não há qualquer dúvida possível: a sentença favorável é constitutiva. Se a sentença não dissolve, apenas proclama que a sociedade estava dissolvida, ou, ocorrendo algum fato, se dissolverá, a sentença é declarativa. O direito material, onde essas ações nascem, é que as caracteriza. (...) O que mais interessa ao jurista e ao juiz é saber se a dissolução se operou ou se ainda se vai operar, por eficácia sentencial".

Conclui-se, dessa forma, que é diferente a natureza da sentença, quando se refere a ação em que sócio solicita retirar-se de sociedade por prazo determinado ou sócios remanescentes requerem a exclusão de ex-sócio (CPC/2015, art. 605, IV). Nessas hipóteses, se julgado procedente o pedido inicial, a sentença tem caráter constitutivo negativo, pois a perda de condição de sócio somente ocorre após sentença transita em julgado.

A decisão do juiz pode também ser condenatória quando o réu ficar sujeito ao pagamento dos haveres apurados, em ação que tenha esse objetivo. Independentemente do rito de

---

[53] SACCO NETO, Fernando. In: WAMBIER, Teresa Arruda Alvim; DIDIER JR., Fredie; TALAMINI, Eduardo; DANTAS, Bruno (Coord.). *Breves comentários ao novo Código de Processo Civil.* São Paulo: Ed. RT, 2015, p. 1.505.

[54] STJ, 3ª T., REsp 646.221/PR, Rel. Min. Humberto Gomes de Barros, Rel. p/ ac. Min. Nancy Andrighi, ac. 19.04.2005, *DJ* 30.05.2005.

[55] PONTES DE MIRANDA, Francisco Cavalcanti. *Tratado das ações. In*: STJ, 3ª T., REsp 646.221/PR, Rel. Min. Humberto Gomes de Barros, Rel. p/ ac. Min. Nancy Andrighi, ac. 19.04.2005, *DJU* 30.05.2005, p. 303.

processamento – comum ou especial –, lembramos que a liquidação das quotas seguirá as regras fixadas nos arts. 604 e seguintes do atual Código.

Por fim, "a decisão que decretar a dissolução parcial da sociedade deverá indicar a data de desligamento do sócio e o critério de apuração de haveres (Enunciado nº 13 da I Jornada de Direito Comercial – CJF)", devendo-se observar que "o Código de Processo Civil de 2015 prevê expressamente que, na retirada imotivada do sócio, a data da resolução da sociedade é o sexagésimo dia após o recebimento pela sociedade da notificação do sócio retirante (art. 605, inciso II)". No caso de direito de retirada exteriorizado por meio de notificação extrajudicial, a apuração de haveres terá "como data-base o recebimento do ato pela empresa".[56]

VI – Cumprimento da sentença

A sentença que decreta a dissolução parcial cumpre-se segundo o rito próprio das obrigações por quantia certa. Como é, em regra, genérica, haverá de passar pelo procedimento preparatório da liquidação. A sentença em questão deve especificar os termos em que se liquidarão os haveres do sócio retirante ou excluído, segundo o previsto no art. 604 do CPC/2015.

Para tal definição, que é técnica, será nomeado pelo juiz um perito experto em contabilidade (art. 604, III). Diversamente do que se passa na dissolução total de sociedade, a dissolução parcial não resulta em extinção e liquidação da entidade, mas apenas na definição do valor a ser pago ao sócio morto ou dissidente. Por isso, não há, na fase final do procedimento, nomeação de liquidante, medida necessária tão somente quando se trata de dissolução total da sociedade, caso em que a liquidação envolve atribuições relacionadas com a gestão do patrimônio social visando regularizar a sociedade em vias de extinção.

Na dissolução parcial, em que se pretende exclusivamente apurar os haveres do sócio falecido ou retirante, com preservação da atividade da sociedade, "é adequada simplesmente a nomeação de perito técnico habilitado a realizar perícia contábil a fim de determinar o valor da quota-parte devida ao ex-sócio ou aos seus herdeiros".[57]

143. A resolução da sociedade

O momento em que se considera desfeito o vínculo entre o sócio e a sociedade é importante para a fixação dos valores a que faz jus o sócio retirante e está indicado no art. 605 do CPC/2015, sendo:

(a) a data do óbito, no caso de falecimento do sócio (inc. I);

(b) o sexagésimo dia seguinte ao do recebimento, pela sociedade, da notificação do sócio dissidente, em caso de retirada imotivada (inc. II);

(c) o dia do recebimento, pela sociedade, da notificação do retirante, em caso de recesso (inc. III);

(d) a data do trânsito em julgado da decisão que dissolver a sociedade, nas hipóteses de *(i)* saída, por justa causa, da sociedade de prazo determinado e *(ii)* exclusão judicial de sócio (inc. IV);

(e) a data da assembleia ou da reunião na qual foi deliberada a exclusão extrajudicial (inc. V).

---

[56] STJ, 3ª T., REsp 1.403.947/MG, Rel. Min. Ricardo Villas Bôas Cueva, ac. 24.04.2018, *DJe* 30.04.2018.

[57] STJ, 3ª T., REsp 1.557.989/MG, Rel. Min. Ricardo Villas Bôas Cueva, ac. 17.03.2016, *DJe* 31.03.2016.

As disposições desse art. 605 são suficientemente claras, não suscitando dúvidas quanto a sua aplicabilidade. Todavia, a data definida no inciso II, no entender de Medina,[58] pode gerar incerteza, em razão do que dispõe o art. 1.029 do CC. Esse dispositivo estabelece a necessidade de notificar os sócios remanescentes com antecedência mínima de sessenta dias. Por ser mínimo, pode o retirante optar por um período maior. E se isso ocorrer? Segundo o autor, "parece evidente que o momento da dissolução deverá ajustar-se ao prazo da notificação, desde que observado o prazo mínimo previsto no art. 1.029 do CC".

Medina faz ainda uma reflexão acerca do prazo fixado no inciso IV (a data do trânsito em julgado). Retirando-se o sócio de sociedade por prazo determinado, os demais terão ciência desse fato no momento da citação, podendo a partir desse instante, considerar inexistente a *affectio societatis*. Em sua concepção, caso a sociedade tenha prolongado prazo de duração, não parece adequado que os haveres dos sócios sejam calculados com base na data do trânsito em julgado, "já que o sócio retirante, ao manifestar sua vontade aos demais, já se ausenta espontaneamente da sociedade, não podendo ser beneficiado ou prejudicado pelo que vier a suceder posteriormente com a sociedade".[59] Em respaldo ao seu pensamento, cita jurisprudência do STJ.[60]

144. Apuração dos haveres

A saída voluntária ou involuntária do sócio confere-lhe o direito de obter a liquidação de sua quota para que ele possa receber a sua parte (CC, art. 1.031). Dessa forma, sendo declarada a dissolução da sociedade, e havendo haveres a apurar, passa-se à fase do procedimento, que é a da liquidação da sentença.

É possível, como já abordamos anteriormente, que o ajuizamento da ação se destine apenas à apuração dos valores a que o retirante tem direito. Nesse caso, o processo se inicia nesta fase.

Nos termos do art. 604 do CPC/2015, na apuração dos haveres, cabe ao juiz:

(a) fixar a data de resolução da sociedade (inc. I);

(b) definir o critério de apuração dos haveres à vista do disposto no contrato social (inc. II);

(c) nomear o perito (inc. III), que deverá ser especialista em avaliação de sociedade, preferencialmente (art. 606, parágrafo único);

(d) determinar o depósito em juízo, pela sociedade ou sócios que nela permaneceram, da parte incontroversa dos haveres devidos (art. 604, § 1º).

Se o contrato social estabelecer pagamento de haveres, serão observadas as disposições dele constantes para a realização do depósito judicial (art. 604, § 3º). A quantia depositada em juízo poderá ser levantada, desde logo, pelo ex-sócio, pelo espólio ou pelos sucessores (§ 2º). Ocorrendo essa situação, o litígio continuará somente para apurar eventuais diferenças devidas à parte autora. A norma permite celeridade processual e imediato alcance de seu propósito, ao evitar expedientes protelatórios e impedir sejam abertas discussões sobre temas incontroversos.

---

[58] MEDINA, José Miguel Garcia. *Novo Código de Processo Civil comentado*. 3. ed. São Paulo: Ed. RT, 2015, p. 911.

[59] MEDINA, José Miguel Garcia. *Novo Código de Processo Civil comentado*. 3. ed. São Paulo: Ed. RT, 2015, p. 911.

[60] "A apuração dos haveres do sócio que se retira da sociedade não pode levar em consideração o sucesso ou o fracasso do empreendimento, por causas posteriores à sua retirada" (STJ, 3ª T., REsp 995.475/SP, Rel. Min. Nancy Andrighi, ac. 17.03.2009, *DJe* 25.03.2009).

Sendo parcial a divergência em relação ao balanço especial, a parcela incontroversa poderá, desde logo, ser levantada pelo sócio retirante, observados os parágrafos do art. 604, cumprindo-se, assim, o princípio da efetividade da justiça.[61]

A pedido da parte, o juiz poderá rever, a qualquer tempo antes do início da perícia, a data da resolução e o critério de apuração de haveres (art. 607). Os parâmetros para fixação da data de resolução constam do art. 605 e os critérios para apuração dos haveres estão definidos nos arts. 606 e seguintes do CPC/2015. Tais normas vinculam o juiz em sua sentença. Assim, admite-se correção caso se identifique descompasso da sentença com os preceitos que antecedem o art. 607 do CPC/2015.

145. Critérios para apuração dos haveres

A apuração dos haveres tem como propósito "definir um valor que reflita o *quantum* real e atual devido ao sócio retirante e que, por outro lado, evite-se o locupletamento indevido da sociedade e sócios remanescentes. Deve-se aproximar a apuração dos haveres em dissolução parcial do quanto se realizaria na própria dissolução total em favor do excluído".[62]

I – Cláusulas contratuais

De acordo com o CPC/2015, "em caso de omissão do contrato social" será utilizado o balanço patrimonial, para cálculo dos haveres (art. 606, primeira parte). Havendo cláusula contratual, a propósito da matéria, é com base nela que se procederá a apuração do valor da quota do sócio retirante (CC, art. 1.031). Privilegia-se, dessa forma, o critério que os próprios sócios escolheram e registraram no contrato social[63]. A observância desse parâmetro reflete o "respeito aos deveres integrados ao vínculo obrigacional por força da cláusula geral de boa-fé, vínculo esse que ontologicamente deve expressar relação de razão e proporção, no todo ou em suas cláusulas particulares".[64]

De qualquer maneira, "omisso o contrato social, observa-se a regra geral segundo a qual o sócio não pode, na dissolução parcial da sociedade, receber valor diverso do que receberia, como partilha, na dissolução total, verificada tão somente naquele momento"[65]. O contrato social pode dispor sobre a inclusão ou não de lucros futuros na quantificação do reembolso, mas na falta de disciplina convencional, deverá ser observada a regra geral recomendada pela jurisprudência segundo a qual o sócio não pode, na dissolução parcial da sociedade, receber valor diverso (nem maior, nem menor) do que receberia, como partilha, na dissolução total, caso tivesse de ser realizada naquele momento[66].

---

[61] TJ/SP, 1ª Câm. Reservada de Direito Empresarial, AI 2134370-23.2016.8.26.0000, Rel. Des. Cesar Ciampolini, data do julgamento 07.12.2016, data de registro 11.01.2017.

[62] LEONARDI, Felipe Raminelli. Comentário ao REsp 1.335.619/SP. Parâmetro interpretativo para cláusula eletiva de critério para apuração de haveres em contrato de sociedade limitada. *Revista dos Tribunais*, v. 956, ano 104, jun. 2015, p. 347.

[63] "A apuração de haveres – levantamento dos valores referentes à participação do sócio que se retira ou que é excluído da sociedade – se processa da forma prevista no contrato social, uma vez que, nessa seara, prevalece o princípio da força obrigatória dos contratos, cujo fundamento é a autonomia da vontade. Inteligência do art. 1.031 do Código Civil. Precedentes" (STJ, 4ª T., REsp 1.904.252/RS, Rel. Min. Maria Isabel Gallotti, ac. 22.08.2023, DJe 01.09.2023).

[64] LEONARDI, Felipe Raminelli. Comentário ao REsp 1.335.619/SP. Parâmetro interpretativo para cláusula eletiva de critério para apuração de haveres em contrato de sociedade limitada. *Revista dos Tribunais*, v. 956, ano 104, jun. 2015, p. 352.

[65] STJ, 4ª T., REsp 1.904.252/RS, Rel. Min. Maria Isabel Gallotti, ac. 22.08.2023, DJe 01.09.2023.

[66] STJ, 4ª T., REsp 1.904.252/RS, Rel. Min. Maria Isabel Gallotti, ac. 22.08.2023, DJe 01.09.2023.

II – Aplicação da boa-fé objetiva

A vontade contratual, contudo, não fica adstrita ao que está expresso no contrato, eis que abrange também os comandos legislativos e as construções jurisprudenciais sobre a matéria. Nesse sentido, já decidiu o STJ que cláusula contratual fixadora de critérios "para apuração dos haveres do sócio retirante somente prevalecerá se houver consenso entre as partes quanto ao resultado alcançado. Em caso de dissenso, a jurisprudência do STJ está consolidada no sentido de que o balanço de determinação é o critério que melhor reflete o valor patrimonial da empresa".[67]

Raminelli[68] vê no objeto dessa decisão do STJ um "importante vetor de harmonização para a interpretação de cláusulas que estipulem critério para apuração de haveres do sócio excluído do quadro societário". Esse vetor pode nortear "o respeito à boa-fé na interpretação destes tipos de cláusulas contratuais", às quais não se vincula obrigatoriamente o retirante. Assim, conclui, "cabe ao Poder Judiciário em última análise promover o controle da licitude da efetividade social de cláusula contratual por meio da produção de prova pericial ou na presença de cláusula que se afaste desse critério atuar de forma a corrigir referida disposição e apontar critério para apuração dos haveres".

III – Balanço patrimonial

Esclarece o CPC/2015 que, se o contrato social for omisso, o critério de apuração dos haveres será o valor patrimonial apurado em balanço de determinação, tomando-se por referência a data da resolução. Serão avaliados os bens e direitos do ativo, tangíveis e intangíveis, a preço de saída. Também o passivo será apurado da mesma forma (art. 606). Impõe-se, porém, distinguir entre as sociedades simples e as empresárias. Em caso, por exemplo, de sociedade de advogados ou de outros profissionais liberais, embora destinada a perseguir lucro, se dedica a atividades não empresariais, e sim intelectuais. Daí que, segundo o STJ, na dissolução de sociedades dessa espécie, impossível é levar em conta "elementos típicos de sociedade empresária, tais como bens incorpóreos, como a clientela e seu respectivo valor econômico e a estrutura do escritório".[69]

A opção do legislador, nesse caso, alinha-se ao entendimento jurisprudencial e ao que prescreve o direito material (CC, arts. 1.031 e 1.188[70]). Esse balanço especial, em geral, é elaborado com base na situação patrimonial real da sociedade na data da sua dissolução parcial. Tem como finalidade quantificar o valor patrimonial efetivo da sociedade, a fim de se apurar o valor a ser levantado pelo sócio dissidente.[71] Esse balanço será realizado pelo perito (CPC/2015, art. 606, parágrafo único).

---

67 STJ, 3ª T., REsp 1.335.619, Rel. Min. Nancy Andrighi, Rel. p/ ac. Min. João Otávio de Noronha, ac. 03.03.2015, *DJe* 27.03.2015.

68 LEONARDI, Felipe Raminelli. Comentário ao REsp 1.335.619/SP. Parâmetro interpretativo para cláusula eletiva de critério para apuração de haveres em contrato de sociedade limitada. *Revista dos Tribunais*, v. 956, ano 104, jun. 2015, p. 354.

69 STJ, 4ª T., REsp 1.227.240/SP, Rel. Min. Luis Felipe Salomão, ac. 26.05.2015, *DJe* 18.06.2015.

70 Código Civil: "Art. 1.188. O balanço patrimonial deverá exprimir, com fidelidade e clareza, a situação real da empresa e, atendidas as peculiaridades desta, bem como as disposições das leis especiais, indicará, distintamente, o ativo e o passivo".

71 Relativamente à metodologia utilizada na apuração dos haveres, defende o STJ que o sócio dissidente deve ser remunerado "de forma digna e justa, devendo ser assegurada a ele a igualdade com os demais", quando da apuração dos haveres. Transcrevemos, a seguir, excertos de acórdão que explicita, com bastante clareza, em que consiste o balanço de determinação e o motivo de se utilizá-lo na dissolução parcial da sociedade. Consoante o STJ, "o patrimônio de uma sociedade é composto por inúmeros elementos, os quais, possuindo valor econômico, devem estar espelhados nos haveres a serem pagos ao sócio dissidente, de modo a que este receba uma contrapartida justa pela sua retirada da sociedade. (...) o melhor critério

A regra do § 1º do art. 603, que determina o rateio das custas da liquidação entre os sócios remanescentes e os retirantes, segundo a participação das partes no capital social, deve prevalecer também, relativamente, quanto ao adiantamento dos honorários periciais do encarregado de preparar o balanço de determinação (art. 606).[72]

Assentou o STF, na Súmula nº 265, que "na apuração de haveres, não prevalece o balanço não aprovado pelo sócio falecido ou que se retirou". Embora o enunciado não faça referência expressa ao sócio excluído, a mesma conclusão deve ser aplicada a ele. Isso porque o balanço apurado unilateralmente não goza da certeza necessária para ser imposto ao sócio excluído.

Essa apuração de haveres, especialmente nas sociedades empresárias, envolve cálculos complexos, que somente uma perícia contábil é capaz de efetuar e, assim, determinar o real e atual valor da empresa sobre o qual se calculará tecnicamente o valor da cota do sócio retirante ou excluído.[73] No caso, porém, de exclusão de sócio remisso (aquele que não integraliza a cota subscrita), a operação se simplifica, porque seu direito se limita à devolução do que houver pago, deduzidos os juros da mora, as prestações estabelecidas no contrato mais as despesas, nos termos do art. 1.058, do Código Civil.

Até a data da resolução da sociedade, o sócio faz parte da sociedade. Com efeito, integram o montante devido ao ex-sócio, ao espólio ou aos sucessores os valores decorrentes: *(i)* da participação nos lucros; *(ii)* dos juros sobre o capital próprio declarados pela sociedade; *(iii)* da atuação do ex-sócio como administrador, se for o caso (CPC/2015, art. 608, *caput*).

---

de liquidação de haveres a ser utilizado seria o chamado balanço de determinação, que refletiria o valor patrimonial real da empresa. Melhor explicando, o valor patrimonial é obtido dividindo-se o patrimônio líquido da sociedade pelo número de quotas. O valor do patrimônio líquido, por sua vez, irá variar conforme o critério adotado para elaboração do balanço. Por isso, na dissolução parcial, deve-se utilizar um levantamento do balanço que confira ao patrimônio líquido – e, por conseguinte, ao valor patrimonial – um valor real. Esse balanço, de acordo com os referidos precedentes, seria justamente o de determinação, que se contrapõe ao: (i) balanço periódico ou ordinário (reflete o valor patrimonial contábil, retratando a situação patrimonial da sociedade no encerramento do exercício social, sendo utilizado sobretudo para fins fiscais); (ii) balanço especial (reflete o valor patrimonial contábil em data presente, sendo utilizado para atualização do ativo e do passivo em virtude de fatos contábeis verificados ao longo do exercício social); (iii) balanço de cessão (reflete o valor patrimonial – econômico – de alienação da sociedade, sendo influenciado pelos interesses que envolvem a negociação entre comprador e vendedor); e (iv) balanço de liquidação (reflete o valor patrimonial real para fins de encerramento da sociedade, com exclusão de bens intangíveis, que só existem com a empresa em funcionamento). O balanço de determinação utiliza um critério diferenciado de avaliação do ativo, que permite uma apuração fidedigna do patrimônio líquido. Os demais balanços, tendo em vista os objetivos a que se prestam, induzem distorções que comprometem a exatidão do valor patrimonial. (...) Aliás, o balanço de determinação é fruto da própria jurisprudência ligada à dissolução parcial de sociedades, notadamente a exigência de que esta seja feita de forma ampla 'com a exata verificação, física e contábil, dos valores do ativo' (RE 89.464/SP, identificado linhas *supra*). Assim, apesar de antigos, os precedentes do STJ que impõem a utilização do balanço de determinação se mantêm atuais e comportam aplicação. (...) Afinal, não há como reembolsar de forma digna e justa o sócio dissidente sem incluir na apuração de haveres a mais valia da empresa no mercado" (STJ, 3ª T., REsp 1.335.619, Rel. Min. Nancy Andrighi, Rel. p/ ac. Min. João Otávio de Noronha, ac. 03.03.2015, *DJe* 27.03.2015).

72 TJ/SP, 1ª Câm. Reservada de Direito Empresarial, AgIn 2148181-50.2016.8.26.0000, Rel. Des. Teixeira Leite, data do julgamento 21.11.2016, data de registro 21.11.2016.

73 O Conselho Federal de Contabilidade, por meio da Resolução nº 1.121/2008, estabelece que para a elaboração de demonstrações contábeis podem ser utilizados modelos e conceitos que permitam demonstrar, de forma mais próxima, a realidade econômica e financeira da empresa. Nos itens 53 a 56, prevê a possibilidade de apuração do ativo da empresa pelo critério do fluxo de caixa, técnica que se admite como capaz de auxiliar a apuração do valor econômico justo para a empresa avaliada, aplicando-se juntamente com o balanço de determinação (ALMEIDA, Marcus Elidius Michelli de. Sociedade limitada: causas de dissolução parcial e apuração de haveres. In: BRUSCHI, Gilberto Gomes *et al.* (org.). *Direito processual empresarial*. Rio de Janeiro: Elsevier, 2012, p. 550).

Resolvida a sociedade, os valores apurados serão corrigidos e sobre eles incidirão juros legais ou contratuais (art. 608, parágrafo único).

Uma vez apurados, os haveres do sócio retirante serão pagos conforme disciplinar o contrato social. No silêncio deste, os valores serão pagos em noventa dias, a partir da liquidação, como estabelecido no § 2º do art. 1.031 do Código Civil (CPC/2015, art. 609).

IV – Cotas dadas em penhor em benefício de terceiro

Em função do princípio da boa-fé, na apuração de haveres do sócio retirante não se deve incluir cotas sociais gravadas de penhor em garantia de débitos com terceiro. Segundo orientação jurisprudencial, essas cotas devem permanecer "em tesouraria", no aguardo de sua futura liberação. Com isso preservam-se os interesses das partes e do credor. Essa manutenção em tesouraria se dá de modo a resguardar apenas o valor econômico da cota, sem autorizar, portanto, qualquer ingerência de terceiros na gestão social. Assegura-se apenas a participação na divisão periódica dos lucros, "até que se liquide a sociedade",[74] de maneira completa.

146. Execução da sentença

Liquidados os haveres do sócio retirante, mediante decisão judicial que declarará o respectivo *quantum*, caberá à sociedade pagá-los, na forma prevista no contrato social (CPC/2015, art. 609) ou, na sua falta, na forma determinada no art. 1.031, § 2º, do Código Civil, ou seja, o pagamento será feito em dinheiro, no prazo de 90 dias após a respectiva liquidação. Inocorrendo o pagamento voluntário, caberá o procedimento de cumprimento das sentenças relativas às obrigações de quantia certa (CPC/2015, arts. 523 e ss.).[75]

O cumprimento da prestação devida, pela sociedade, no prazo da lei, não a obriga a juros e outros encargos moratórios. Se o prazo de pagamento escoar sem que este aconteça, dar-se-á, então, a sujeição aos juros de mora, que serão contados da *efetiva liquidação* da quota social do excluído (Cód. Civ., art. 1.031, § 2º). O termo *a quo* da contagem, assim, não é o fim do prazo de noventa dias previsto no Código Civil, mas sofre uma retroação até *data da liquidação*.[76]

Não basta, entretanto, que se tenha chegado à definição do respectivo *quantum*. Enquanto este se achar sujeito a impugnação ou discussão, não se tem ainda uma obrigação líquida para justificar a mora. Se tal acontecer, considera-se liquidada a quota, para efeito da incidência dos juros, quando resolvida efetivamente a questão por decisão judicial, ainda que não transitada em julgado.[77]

---

[74] STJ, 4ª T., REsp 1.332.766/SP, Rel. Min. Luís Felipe Salomão, ac. 01.06.2017, *DJe* 01.08.2017.

[75] BUENO, Cassio Scarpinella. *Manual de direito processual civil*. São Paulo: Saraiva, 2015, p. 445.

[76] "(...) Ação de dissolução parcial de sociedade. Exclusão de sócio. Apuração de haveres. Juros de mora. Termo inicial (...). 1. Decorrido o prazo legal nonagesimal (art. 1.031, § 2º, do CC/02) para pagamento de quota social, contado de sua efetiva liquidação, são devidos juros de mora (...)" (STJ, 3ª T., AgRg no REsp 1.474.873/PR, Rel. Min. Marco Aurélio Bellizze, ac. 16.02.2016, *DJe* 19.02.2016).

[77] "Com efeito, o agravado pretendeu em seu recurso especial que os juros de mora incidissem desde a decisão que havia homologado o laudo pericial. Contudo, essa decisão foi objeto de interposição, por ele mesmo, de agravo de instrumento, o qual permaneceu retido nos autos até o julgamento da apelação. É verdade que nesta oportunidade consolidou-se o valor apurado no laudo pericial, porém até aquele momento não se poderia afirmar a existência de valor líquido e certo. Assim, mantenho a decisão agravada *quanto ao termo inicial dos juros de mora*, questão afinal objeto de ambos os recursos especiais, devendo contar-se os juros moratórios *desde a publicação do acórdão recorrido em especial*" (STJ, 3ª T., AgRg no REsp 1.474.873/PR, voto do Relator Min. Marco Aurélio Bellizze, em acórdão unânime, de 16.02.2016).

É bom de ver que na dissolução total e na liquidação da sociedade anônima há previsão de que, depois de o liquidante ultimar os negócios da companhia e pagar o passivo, a assembleia pode aprovar, por voto de acionistas que representem pelo menos 90% das ações, "condições especiais para a partilha do ativo remanescente, com a atribuição de bens aos sócios, pelo valor contábil ou outro por ela fixado" (LSA, art. 215, § 1º).

Lembram Lucon e Silva que não haveria impedimento a que essa distribuição *in natura* do resíduo patrimonial aos acionistas fosse negocialmente aplicada também à dissolução parcial de sociedade.[78]

147. A dissolução parcial de sociedade anônima

Pelo art. 599, § 2º, do CPC/2015, pode ser objeto da ação de dissolução parcial a sociedade anônima de capital fechado; ficaram excluídas, portanto, desse procedimento, as companhias abertas.[79]

O direito do acionista dissidente de deliberações da assembleia geral de se retirar da sociedade, com reembolso do valor de suas ações, está assegurado no art. 137 da LSA, quando ocorrerem as situações nele descritas.

A saída de sócios da sociedade anônima por motivo diverso daqueles previstos na LSA, com o consequente reembolso do valor das ações aos dissidentes, poderia em tese desestabilizar o capital social e comprometer a preservação da empresa. Isso porque, de acordo com o STJ,[80] a permissão para que um acionista se retire da sociedade pode consubstanciar em "reconhecimento de um direito de recesso - ou de retirada - não previsto em lei, mediante uma espécie de dissolução parcial da sociedade, no tocante às ações sonegadas [pelo réu da ação], o que contraria a própria essência das sociedades anônimas".

Admite aquela Corte que uma determinação dessa natureza pode negligenciar "uma diferença marcante entre as sociedades anônimas (geralmente de capital) e as sociedades limitadas (geralmente de pessoas, nas quais predomina a *affectio societatis*): nas sociedades anônimas, a lei dificulta o reembolso das ações ao acionista dissidente, incentivando a alienação das ações para que terceiros ingressem em seus quadros; em contraste, nas sociedades limitadas, a lógica é inversa, pois a lei tem predileção pela dissolução parcial - com apuração dos haveres - e dificulta o ingresso de terceiros nos quadros societários, haja vista que sua essência reside exatamente no vínculo pessoal entre os consorciados".

Não se pode olvidar contudo o disposto no art. 5º, XX, da CR/1988, que assegura a todos o direito de não permanecer associado.

Tendo em vista todos os elementos citados, a jurisprudência passou a desenhar a dissolução parcial da sociedade anônima de capital fechado a partir de outros fundamentos que não os elencados no art. 137 da LSA.

Segundo o STJ, "normalmente não se decreta dissolução parcial de sociedade anônima: a Lei das S/A prevê formas específicas de retirada - voluntária ou não - do acionista dissidente. Essa possibilidade é manifesta, quando a sociedade, embora formalmente anônima, funciona

---

78 LUCON, Paulo Henrique dos Santos; SILVA, João Paulo Hecker da. Dissolução parcial de sociedade anônima fechada. *In:* YARSHELL, Fábio Luiz; PEREIRA, Guilherme Setoguti J. (coords.). *Processo societário*. São Paulo: Quartier Latin, 2012, p. 614.

79 Lei nº 6.404/1976: "Art. 4º Para os efeitos desta Lei, a companhia é aberta ou fechada conforme os valores mobiliários de sua emissão estejam ou não admitidos à negociação no mercado de valores mobiliários".

80 STJ, 4ª T., REsp 1.179.342/GO, Rel. Min. Luis Felipe Salomão, ac. 27.05.2014, *DJe* 01.08.2014.

de fato como entidade familiar, em tudo semelhante à sociedade por cotas de responsabilidade limitada".[81-82]

O cenário que possibilita a interpretação *supra* foi assim configurado pelo próprio STJ, nos seguintes termos:

> "É inquestionável que as sociedades anônimas são sociedades de capital (*intuitu pecuniae*), próprio às grandes empresas, em que a pessoa dos sócios não tem papel preponderante. Contudo, a realidade da economia brasileira revela a existência, em sua grande maioria, de sociedades anônimas de médio e pequeno porte, em regra, de capital fechado, que concentram na pessoa de seus sócios um de seus elementos preponderantes, como sói acontecer com as sociedades ditas familiares, cujas ações circulam entre os seus membros, e que são, por isso, constituídas *intuitu personae*. Nelas, o fator dominante em sua formação é a afinidade e identificação pessoal entre os acionistas, marcadas pela confiança mútua. Em tais circunstâncias, muitas vezes, o que se tem, na prática, é uma sociedade limitada travestida de sociedade anônima, sendo, por conseguinte, equivocado querer generalizar as sociedades anônimas em um único grupo, com características rígidas e bem definidas. Em casos que tais, porquanto reconhecida a existência da *affectio societatis* como fator preponderante na constituição da empresa, não pode tal circunstância ser desconsiderada por ocasião de sua dissolução. Do contrário, e de que é exemplo a hipótese em tela, a ruptura da *affectio societatis* representa verdadeiro impedimento a que a companhia continue a realizar o seu fim, com a obtenção de lucros e distribuição de dividendos, em consonância com o artigo 206, II, 'b', da Lei nº 6.404/76, já que dificilmente pode prosperar uma sociedade em que a confiança, a harmonia, a fidelidade e o respeito mútuo entre os seus sócios tenham sido rompidos.
>
> A regra da dissolução total, nessas hipóteses, em nada aproveitaria aos valores sociais envolvidos, no que diz respeito à preservação de empregos, arrecadação de tributos e desenvolvimento econômico do país. À luz de tais razões, o rigorismo legislativo deve ceder lugar ao princípio da preservação da empresa, preocupação, inclusive, da nova Lei de Falências – Lei nº 11.101/05, que substituiu o Decreto-lei nº 7.661/45, então vigente, devendo-se permitir, pois, a dissolução parcial, com a retirada dos sócios dissidentes, após a apuração de seus haveres em função do valor real do ativo e passivo.
>
> A solução é a que melhor concilia o interesse individual dos acionistas retirantes com o princípio da preservação da sociedade e sua utilidade social, para evitar a descontinuidade da empresa, que poderá prosseguir com os sócios remanescentes".[83]

A tese jurisprudencial *supra* já está consolidada no STJ, que reconhece o direito de recesso quando ocorrer a quebra da confiança entre os acionistas, em companhia fechada, *intuitu*

---

81 STJ, 3ª T., REsp 507.490/RJ, Rel. Min. Humberto Gomes de Barros, ac. 19.09.2006, *DJ* 13.11.2006, p. 241.

82 "Para formação do livre convencimento motivado acerca da inviabilidade de manutenção da empresa dissolvenda, em decorrência de quebra do liame subjetivo dos sócios, é imprescindível a citação de cada um dos acionistas, em observância ao devido processo legal substancial" (STJ, 3ª T., REsp 1.303.284/PR. Rel. Min. Nancy Andrighi, ac. 16.04.2013, *DJe* 13.05.2013). Esse entendimento foi, posteriormente, revisto pela própria 3ª Turma, de modo a dispensar a citação de todos os acionistas: "A legitimidade passiva ad causam em ação de dissolução parcial de sociedade anônima fechada é da própria companhia, não havendo litisconsórcio necessário com todos os acionistas." (STJ, 3ª T., REsp 1.400.264/RS, Rel. Min. Nancy Andrighi, ac. 24.10.2017, *DJe* 30.10.2017).

83 STJ, 2ª Seção, EREsp 111.294/PR, Rel. Min. Castro Filho, ac. 28.06.2006, *DJU* 10.09.2007, p. 183.

personae ou *intuitu familiae*, independentemente de qualquer outro requisito, como, *v.g.*, o não pagamento de dividendos aos acionistas.[84]

No REsp 1.321.263/PR, o STJ decidiu que seria caso de dissolução parcial da sociedade anônima fechada, assegurando a continuação dos negócios da companhia, quando os acionistas retirantes vinham sendo penalizados com a imobilização de seu capital por longo período, "sem obter nenhum retorno financeiro" (por inexistência de lucros e não distribuição de dividendos), caso em que a ação assumiria a forma de apuração de haveres evitando a dissolução total. Definiu, outrossim, o acórdão, que "nos casos de dissolução parcial de sociedade anônima os juros moratórios são devidos a partir do vencimento do prazo nonagesimal, após a sentença de liquidação de haveres, conforme regra prevista no art. 1.031, § 2º, do CC/2002, aplicável por analogia".[85]

147-A. Dissolução parcial de sociedade e cláusula compromissória (juízo arbitral)

A indisponibilidade legal da herança de pessoa viva não impede que no contrato social se convencione sobre a situação da quota do sócio quando de seu falecimento, instituindo cláusula arbitral para a solução de divergências a respeito dos haveres do morto. A convenção, na espécie, diz respeito não propriamente à sucessão hereditária, mas aos interesses dos sócios remanescentes, dos sucessores do falecido, que podem ou não ingressar na sociedade na condição de sócio e, principalmente, da sociedade.

Os direitos e interesses, nessa seara, discutidos, ainda que adquiridos por sucessão, "são exclusivamente societários e, como tal, disponíveis por natureza". Daí a conclusão do STJ de que o objeto de ação a seu respeito não constitui disputa sobre "o direito à sucessão da participação societária, de titularidade dos herdeiros, que se dá, naturalmente, no bojo de ação de inventário e partilha". Certo é que "a indisponibilidade do direito atrela-se a aspectos inerentes à personalidade de seu titular (no caso, do sócio falecido), do que, no caso, a toda evidência, não se cogita". Para aquela Alta Corte, "os direitos e interesses discutidos na ação de dissolução parcial de sociedade são exclusivamente societários e, como tal, sujeitos à arbitralidade, de modo a não atrair a incidência do art. 1º, *caput*, da Lei n. 9.307/1996". Vale dizer: sob tal aspecto, "ressai clarividente que a matéria discutida no âmbito da ação de dissolução parcial de sociedade, destinada a definir, em última análise, a subsistência da pessoa jurídica e a composição do quadro societário, relaciona-se diretamente com o pacto social e, como tal, encontra-se abarcada pela cláusula compromissória arbitral".[86]

---

84 "I. A 2ª Seção, quando do julgamento do EREsp n. 111.294/PR (Rel. Min. Castro Filho, por maioria, *DJU* de 10.09.2007), adotou o entendimento de que é possível a dissolução parcial de sociedade anônima familiar quando houver quebra da *affectio societatis*. II. Tal requisito não precisa estar necessariamente conjugado com a perda de lucratividade e com a ausência de distribuição de dividendos, conforme decidido pelo mesmo Colegiado no EREsp n. 419.174/SP (Rel. Min. Aldir Passarinho Junior, unânime, DJU de 04.08.2008). III. Agravo regimental improvido" (STJ, 4ª T., AgRg no REsp 1.079.763/SP, Rel. Min. Aldir Passarinho Junior, ac. 25.08.2009, *DJe* 05.10.2009).

85 STJ, 3ª T., REsp 1.321.263/PR, Rel. Min. Moura Ribeiro, ac. 06.12.2016, *DJe* 15.12.2016.

86 STJ, 3ª T., REsp 1.727.979/MG, Rel. Min. Marco Aurélio Bellizze, ac. 12.06.2018, *DJe* 19.06.2018. Consta do acórdão: "Se ao sócio não é dado afastar-se das regras e disposições societárias, em especial, do contrato social, aos sucessores de sua participação societária, pela mesma razão, não é permitido delas se apartar, sob pena de se comprometer os fins sociais assentados no contrato e a vontade coletiva dos sócios, representada pelas deliberações da sociedade".

Fluxograma nº 12 – Ação de dissolução parcial de sociedade (arts. 599 a 609)

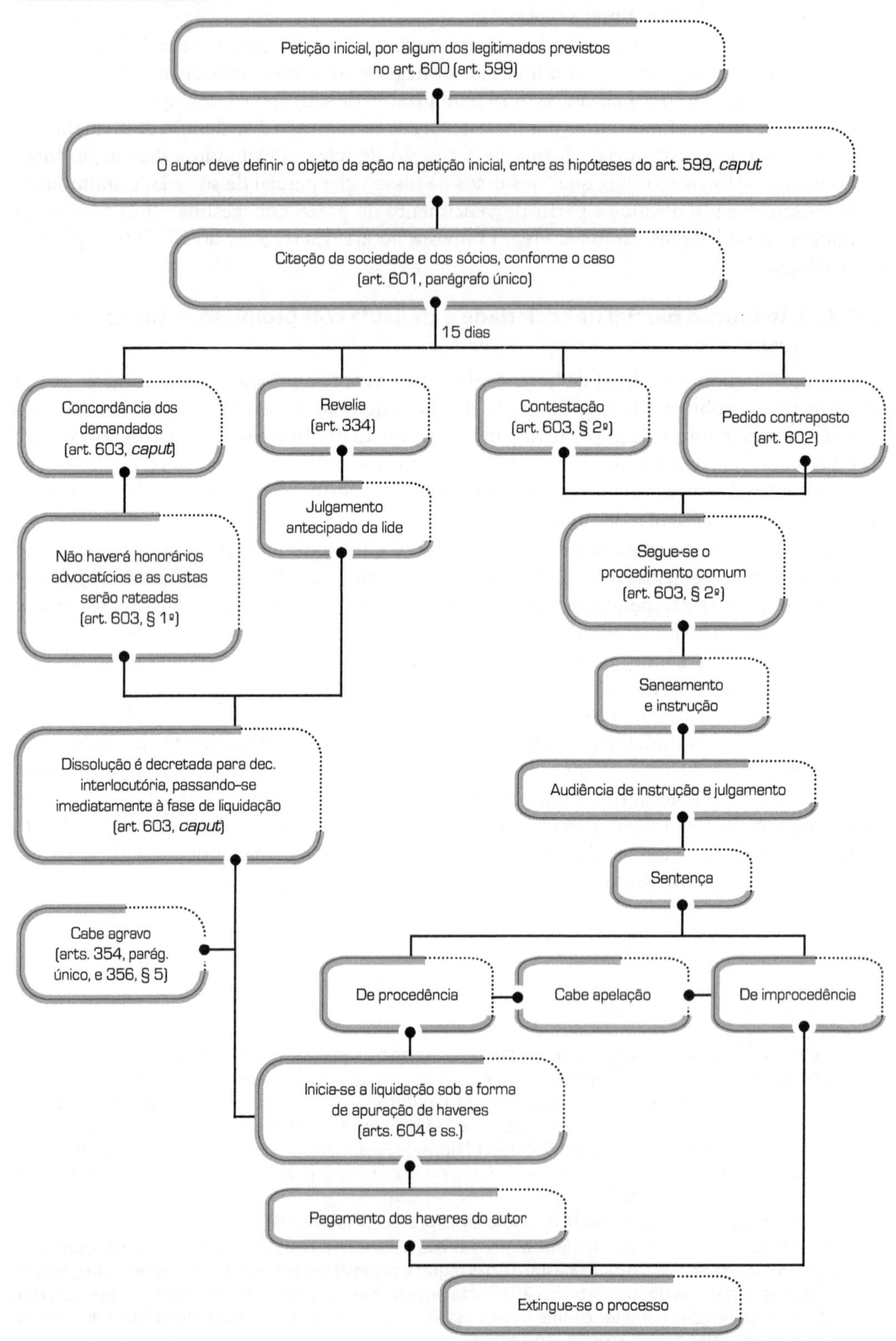

Capítulo VII
INVENTÁRIO E PARTILHA

§ 14. DISPOSIÇÕES GERAIS

148. Introito

Com a morte da pessoa natural, seus bens transmitem-se aos sucessores legítimos e testamentários (CC, art. 1.784). Uma vez, porém, que o patrimônio do autor da herança constitui uma universalidade, torna-se necessário apurar quais são os bens que o integram, a fim de definir o que passou realmente para o domínio dos sucessores. E, havendo mais de um sucessor, há, ainda, necessidade de definir quais os bens da herança que tocaram a cada um deles.

Para esse fim, existe o procedimento especial do *inventário e partilha* (arts. 610 a 673 do CPC/2015), que se apresenta como procedimento complexo integrado por dois estágios bem distintos.

O *inventário* (estágio inicial) consiste na atividade processual endereçada à descrição detalhada de toda a herança, de molde a individualizar todos os bens móveis e imóveis que formam o acervo patrimonial do morto, incluindo até mesmo as dívidas ativas e passivas e quaisquer outros direitos de natureza patrimonial deixados pelo *de cujus*.[1]

A *partilha* é o segundo estágio do procedimento e vem a ser a atividade desenvolvida para ultimar a divisão do acervo entre os diversos sucessores, estabelecendo e adjudicando a cada um deles um quinhão certo e definido sobre os bens deixados pelo morto.

Esse procedimento especial, embora criado especificamente para resolver a questão da sucessão *causa mortis*, presta-se também para solucionar casos de partilha, como o da sucessão provisória em bens de ausentes (CPC/2015, art. 745, § 1º), o da divisão dos bens comuns após a dissolução da sociedade conjugal (art. 731, parágrafo único) e extinção consensual de união estável (art. 732).

Quanto à complexidade do rito, a lei prevê duas espécies de procedimento para o inventário e partilha: um completo, que é o *inventário*, propriamente dito (arts. 610 a 658), e outro, simplificado, que é o *arrolamento* (arts. 659 a 667).

O inventário, na tradição de nosso direito processual civil, era sempre judicial, enquanto a partilha, a critério dos herdeiros, tanto podia ser processada em juízo como extrajudicialmente. Com a edição da Lei nº 11.441, de 04.01.2007, alterando o art. 982 do Código de 1973, passou a ser possível a opção pela extrajudicialidade, no tocante ao inventário, norma que se repete no CPC/2015. De qualquer modo, para realizar o inventário e a partilha sem a intervenção do

---

[1] De acordo com o art. 1º da Lei nº 6.858, de 24.11.1980, "os valores devidos pelos empregadores aos empregados e os montantes das contas do Fundo de Garantia do Tempo de Serviço e do Fundo de Participação – PIS/PASEP, não recebidos em vida pelos respectivos titulares, serão pagos, em cotas iguais, aos dependentes habilitados perante a Previdência Social ou na forma da legislação específica dos servidores civis e militares e, na sua falta, aos sucessores previstos na lei civil, indicados em alvará judicial, independentemente de inventário ou arrolamento" (ver nº 150, *infra*).

juiz, é preciso que todos os interessados sejam maiores e capazes e que haja acordo geral entre eles (CC, art. 2.015 e CPC/2015, art. 610, § 2º). Trata-se, ainda, de um negócio jurídico solene, cujo aperfeiçoamento exige a forma de escritura pública lavrada por tabelião, com a assistência de advogado ou defensor público.

149. Caráter contencioso do inventário

Sempre houve controvérsia doutrinária a respeito da natureza do procedimento sucessório *causa mortis*. Entre os doutores antigos, todavia, o entendimento predominante era o de que se tratava de procedimento de jurisdição voluntária, visto que a disputa entre os sucessores não era pressuposto, mas apenas um evento ocasional do curso do feito.

No entanto, o legislador de 2015, assim como fazia o de 1973, optou pela classificação do inventário e partilha entre os procedimentos especiais de jurisdição contenciosa. A solução pode não ter sido a mais técnica, mas é a da lei. E uma vez que, *ex vi legis*, o juízo é contencioso, a consequência inevitável é a autoridade de coisa julgada material assumida pela sentença que dirimir as questões debatidas entre os sucessores, tanto no inventário como na partilha judicial.[2] Claro, porém, que não sendo obrigatória a partilha judicial, não se terá de cogitar de *res iudicata* quando o juiz limitar-se a homologar partilha amigável, naqueles casos em que a lei a permite.

Com maior razão, não se haverá de pensar em coisa julgada no inventário e partilha processados perante tabelião, nos moldes autorizados pelo art. 610, § 1º. Nessa hipótese, a transmissão da herança se dá por via puramente negocial, sem intervenção do juiz. Mesmo optando os sucessores pelo procedimento judicial, é possível que a partilha se faça por acordo entre eles, caso em que o juiz se limitará a homologá-la, por meio de um ato de jurisdição voluntária, afastando o processo de seu normal feitio contencioso.

O caráter contencioso do inventário terá, como a seguir demonstraremos, importante reflexo na rescisão da partilha viciada (v. nºs 181 a 184, *infra*).

150. Inventário e partilha por via administrativa

Em lugar de promover o inventário e partilha em juízo, podem os interessados adotar a via administrativa, recorrendo ao chamado foro extrajudicial, em que atuam os tabeliães ou notários.

Sem qualquer participação do juiz, o inventário e a partilha serão efetuados por escritura pública, a qual constituirá título hábil para qualquer ato de registro, bem como para levantamento de importância depositada em instituições financeiras, independentemente de homologação judicial (CPC/2015, art. 610, § 1º). Trata-se de sistema antigo no direito europeu e que, a partir da Lei nº 11.441/2007, passou a vigorar também entre nós, gerando só benefícios para as partes e para os serviços judiciários. De fato, entre maiores e capazes que se acham em pleno acordo quanto ao modo de partilhar o acervo hereditário, nada recomenda ou justifica o recurso ao processo judicial e a submissão a seus custos, sua complexidade e sua inevitável demora. Por outro lado, a retirada do inventário da esfera judicial contribui para aliviar a justiça de uma sobrecarga significativa de processos. Essa sistemática, portanto, só merece aplausos.

A utilização da via notarial, todavia, não é uma imposição da lei, mas uma faculdade aberta aos sucessores, que, se preferirem, poderão continuar a utilizar o procedimento judicial para obter a homologação do acordo de partilha, observando o rito dos arts. 659 a 663. Se tal acontecer, a partilha consensual não dependerá das exigências formais traçadas pelo art. 610 e ss. para o inventário e

---

[2] "As questões decididas em procedimento de inventário e partilha podem perfeitamente alcançar a qualidade da imutabilidade por coisa julgada, resguardados apenas os limites subjetivos" (TJSP, Ap 256.895, Rel. Des. Sydney Sanches, ac. 15.02.1977, *RT* 509/79).

partilha administrativos. A divisão amigável poderá constar de petição, termo nos autos ou mesmo de escritura pública, a qual não estará obviamente condicionada à participação de advogado. As partes serão assistidas em juízo por advogado ou defensor público, ao postularem a homologação prevista no art. 659 e não necessariamente no ato notarial, já que este não terá sido praticado com o fim de excluir o processo judicial. A existência de testamento a cumprir e a presença de interessado incapaz na sucessão impedem o inventário por escritura pública. A validade do ato notarial dependerá, ainda, de estarem todas as partes assistidas por advogados ou defensor público, cuja qualificação e assinatura constarão obrigatoriamente de escritura (art. 610, § 2º).

Para utilizar-se, portanto, a via administrativa na prática do inventário e partilha, impõe-se o cumprimento das seguintes exigências legais:

(a) todos os interessados hão de ser *maiores* e *capazes*; os regularmente emancipados, antes da idade legal, equiparam-se plenamente aos maiores e, assim, poderão também participar do ato notarial (CC, art. 5º, parágrafo único); basta, porém, que um dos participantes seja incapaz para inviabilizar a solução administrativa da sucessão;

(b) a sucessão não pode ser testamentária; tem de ser legítima, pois a existência de testamento torna obrigatório o seu cumprimento pelas vias judiciais.[3] Para evitar que testamentos fossem ignorados ou descumpridos, o CNJ editou o Provimento nº 56, de 14.07.2016, recomendando aos Tabeliães de Notas que, antes de lavrar escritura pública de inventário extrajudicial, acessem o Registro Central de Testamentos On-line (RCTO), módulo de informação da Central Notarial de Serviços Compartilhados (CENSEC), para verificar se existe testamento público ou instrumento de aprovação de testamento cerrado, relativamente ao espólio a inventariar. Para a lavratura do ato notarial, o provimento do CNJ dispõe ser obrigatória a juntada de certidão negativa da existência de testamento deixado pelo autor da herança, passada pelo CENSEC.[4] Essa exigência, todavia, foi afastada pelo STJ por meio da interpretação sistemática do § 1º do art. 610 do CPC, c/c os arts. 2.015 e 2.016 do CC, através da qual se firmou o entendimento de mostrar-se possível o inventário extrajudicial, "ainda que exista testamento, se os interessados forem capazes e concordes e estiverem assistidos por advogado, desde que o testamento tenha sido previamente registrado judicialmente ou haja expressa autorização do juízo competente";[5]

---

3 Mesmo diante do testamento, se todos os sucessores forem capazes, será possível utilizar-se a escritura pública para efetivar a partilha de forma amigável. Neste caso, porém, a escritura terá de ser levada ao processo judicial de inventário para obter-se a necessária homologação (VELOSO, Zeno. *Lei n.º 11.441, de 04.01.2007* – aspectos práticos da separação, divórcio, inventário e partilha consensuais. Belém: Anoreg/PA, 2008, p. 24).

4 A respeito do tema, a Corregedoria de Justiça do TJSP editou o provimento CGJ nº 37/2016, de 17.06.2016, no qual se reconhece a possibilidade do inventário notarial, mesmo existindo testamento deixado pelo autor da herança, desde que: *(i)* o testamento já tenha passado pelo processo judicial de jurisdição voluntária de abertura, registro e cumprimento; *(ii)* todos os interessados sejam capazes e concordes; *(iii)* haja autorização do juízo sucessório; e, obviamente, *(iv)* a escritura pública dê fiel cumprimento à vontade do testador, caso em que "constituirá título hábil para registro imobiliário" (cf. VELOSO, Zeno. *Separação, extinção de união estável, divórcio, inventário e partilha consensuais – de acordo com o novo CPC.* Belém: ANOREG/PA, 2016, n. 15, p. 50-52).

5 STJ, 4ª T., REsp 1.808.767/RJ, Rel. Min. Luís Felipe Salomão, ac. 15.10.2019, *DJe* 03.12.2019. Consta do acórdão o seguinte esclarecimento: "A *mens legis* que autorizou o inventário extrajudicial foi justamente a de desafogar o Judiciário, afastando a via judicial de processos nos quais não se necessita da chancela judicial, assegurando solução mais célere e efetiva em relação ao interesse das partes. Deveras, o processo deve ser um meio, e não um entrave, para a realização do direito. Se a via judicial é prescindível, não há razoabilidade em proibir, na ausência de conflito de interesses, que herdeiros, maiores e capazes, socorram-se da via administrativa para dar efetividade a um testamento já tido como válido pela Justiça".

(c) todos os interessados devem estar *concordes* quanto aos termos do inventário e quanto à partilha, de forma que qualquer divergência entre eles conduzirá ao procedimento judicial contencioso. A participação do cônjuge sobrevivente é obrigatória, seja como meeiro, herdeiro ou titular do direito real de habitação (CC, art. 1.831);

(d) todas as partes interessadas deverão comparecer à presença do tabelião assistidas por advogado, que pode ser comum ou não, ou de defensor público, no caso de beneficiário da assistência judiciária; não é preciso outorgar mandato, porque partes e advogados estarão presentes ao ato notarial e todos firmarão a escritura; declarará cada interessado quem é o advogado que o assiste, e este, no exercício de seus múnus, se identificará e se qualificará convenientemente; não há necessidade de que todos sejam assistidos pelo mesmo advogado, embora isto possa acontecer, e se forem vários cada qual declinará a quem está assistindo; a nenhum dos interessados será permitido firmar a escritura sem a assistência advocatícia, sob pena de invalidar o ato, pois a lei proíbe ao tabelião lavrá-lo sem a observância dessa exigência. Trata-se, pois, de solenidade substancial ao aperfeiçoamento do inventário e partilha administrativos;

(e) o inventário e a partilha administrativos foram introduzidos no ordenamento jurídico em 2007, mas sua aplicação independe da data da ocorrência do óbito do autor da herança, que pode ter sido anterior à inovação como posterior. Deve-se, porém, observar que as regras materiais a respeito da sucessão hereditária serão aquelas em vigor na data da abertura da sucessão, ou seja, da morte do inventariado (CC, art. 1.787);[6]

(f) é possível fazer-se numa só escritura a cessão e transferência de direitos hereditários, seguida de partilha.[7]

Naturalmente, não há vedação a que os interessados (cônjuge e herdeiros) se façam representar por procurador, constituído por instrumento público e com poderes especiais para o ato.

Como se passa com as escrituras em geral, o tabelião é responsável pelo controle do recolhimento do imposto de transmissão e pela exigência de comprovantes das quitações tributárias que digam respeito aos bens transmitidos e sem os quais a escritura de inventário e partilha não logrará registro no cartório imobiliário (CTN, art. 134, V, e Lei nº 8.935/1994, art. 30, XI).

O modo de estruturar o conteúdo da escritura será equiparável ao observado nas comuns escrituras de divisão de condomínio: identificam-se todos os comunheiros e todos os bens comuns; atribui-se valor ao acervo e define-se a quota ideal com que cada interessado irá concorrer na partilha; por último, elabora-se uma folha de pagamento para cada um deles, descrevendo os bens que formarão o respectivo quinhão.

Não haverá partilha, mas apenas inventário, quando a transmissão *causa mortis* contemplar sucessor único. Em qualquer caso, seja único ou sejam vários os sucessores, não haverá formal de partilha para ser levado ao registro imobiliário. A própria escritura pública será o título hábil para o ato registral, devendo o tabelião fornecer aos interessados o competente traslado.[8]

---

[6] VELOSO, Zeno. *Separação, extinção de união estável, divórcio, inventário e partilha consensuais – de acordo com o novo CPC.* Belém: ANOREG/PA, 2016, p. 27.

[7] VELOSO, Zeno. *Separação, extinção de união estável, divórcio, inventário e partilha consensuais – de acordo com o novo CPC.* Belém: ANOREG/PA, 2016, p. 28.

[8] "Havendo um só herdeiro, maior e capaz, com direito à totalidade da herança, não haverá partilha, lavrando-se a *escritura de inventário e adjudicação dos bens*" (Resolução nº 35/CNJ, art. 26).

Não há lugar para a figura do inventariante no inventário administrativo. Tudo se resolve de plano, no contato direto e imediato entre os interessados, seus advogados e o tabelião.[9] Não há processo, nem mesmo procedimento, mas simplesmente um único ato notarial. A escolha do tabelião é feita pelas partes e não fica sujeita a vinculação ao último domicílio do *de cujus*, ao local do óbito, à situação dos bens ou ao domicílio dos sucessores. Há de respeitar-se, porém, a sede funcional do tabelião, que somente tem atribuição para lavrar atos de seu ofício dentro de sua circunscrição territorial. Os interessados podem deslocar-se à procura de tabelião de sua confiança fora de seu foro, mas o tabelião não pode transportar-se para lavrar escritura em local não compreendido pela sua circunscrição territorial.

A sucessão processada administrativamente não é privativa dos nacionais ou dos estrangeiros residentes ou domiciliados no País. Também os que aqui não vivem podem realizar o inventário e partilha dos bens situados no Brasil, desde que o façam perante tabelião brasileiro e sob observância de todas as exigências contidas nos §§ 1º e 2º do art. 610 do CPC/2015.

Entretanto, os bens situados no estrangeiro não podem ser partilhados no Brasil, devendo ser objeto de procedimento autônomo no país onde se situem.[10]

Para os "brasileiros que estejam no estrangeiro, e pretendem fazer a separação, o divórcio, o inventário, a partilha, poderão recorrer ao cônsul brasileiro, que exerce funções de tabelionato e de oficial de registro civil, nos termos do art. 18 da Lei de Introdução ao Código Civil".[11] Continuará obrigatória a assistência de advogado inscrito na OAB.[12]

Por fim, é irrelevante a data do falecimento do autor da herança. A *forma* do inventário por escritura pública aplica-se mesmo às sucessões abertas antes da legislação que introduziu, em nosso direito positivo, esse procedimento extrajudicial. É que as inovações de natureza processual são de aplicação imediata, inclusive aos fatos pretéritos, respeitados, é claro, os atos jurídicos perfeitos, o direito adquirido e a coisa julgada (CF, art. 5º, XXXVI). As regras substanciais reguladoras da sucessão hereditária, entretanto, serão sempre as da lei civil do tempo da abertura da sucessão (dia do óbito do *de cujus*).

151. Regulamentação baixada pelo Conselho Nacional de Justiça sobre o inventário extrajudicial

Mediante a Resolução nº 35, de 24 de abril de 2007, alterada pelas Resoluções nºs 326/2020, 452/2022 e 571/2024, o Conselho Nacional de Justiça detalhou procedimentos a serem observados pelos tabeliães na lavratura dos atos notariais relacionados a inventário, partilha, separação consensual, divórcio consensual e extinção consensual de união estável por via administrativa.

---

9 Se houver obrigações ativas e passivas pendentes, a cargo do espólio, os interessados obrigatoriamente nomearão um deles para cumpri-las, conferindo-lhe, na escritura de inventário e partilha, poderes de inventariante (Resolução nº 35/CNJ, art. 11).

10 AMORIM, Sebastião; OLIVEIRA, Euclides de. *Inventário e partilha*. 20. ed. São Paulo: LEUD, 2006 – Separata – Atualização, p. 11; VELOSO, Zeno. *Separação, extinção de união estável, divórcio, inventário e partilha consensuais – de acordo com o novo CPC*. Belém: ANOREG/PA, 2016, p. 25-26.

11 VELOSO, Zeno. *Separação, extinção de união estável, divórcio, inventário e partilha consensuais – de acordo com o novo CPC*. Belém: ANOREG/PA, 2016, p. 26. Nota: A antiga Lei de Introdução ao Código Civil teve a ementa alterada para Lei de Introdução às Normas do Direito Brasileiro.

12 VELOSO, Zeno. *Separação, extinção de união estável, divórcio, inventário e partilha consensuais – de acordo com o novo CPC*. Belém: ANOREG/PA, 2016, p. 26.

É possível, segundo tal Resolução, a promoção do inventário extrajudicial também por cessionários de direitos hereditários, mesmo na hipótese de cessão de parte do acervo, desde que todos os herdeiros estejam presentes e concordes (art. 16).

Em regra, não se exige a participação na escritura do cônjuge do herdeiro. Havendo, porém, renúncia ou algum tipo de partilha que importe transmissão de direitos (*v.g.*, formação de quinhão maior do que o decorrente de partilha normal), necessária será a intervenção do cônjuge do herdeiro. Não se exigirá, porém, essa medida, qualquer que seja o tipo de partilha, se se tratar de casamento sob o regime da separação absoluta (Resolução nº 35/CNJ, art. 17). No caso de casamento em comunhão universal (CC, art. 1.667), o comparecimento do cônjuge do herdeiro é necessário, não só por se tratar de herdeiro, mas porque é meeiro do quinhão.[13]

A sucessão no caso de união estável pode ser promovida por inventário e partilha extrajudicial, havendo, é claro, consenso de todos os herdeiros. A própria união estável pode ser reconhecida por essa via, que se prestará, inclusive, para definir a meação do companheiro sobrevivente (Resolução nº 35/CNJ, arts. 18 e 19).[14]

É, ainda, admissível o uso de escritura pública para os casos de sobrepartilha, ainda que referente a sucessão anteriormente processada em juízo, mesmo que a seu tempo houvesse herdeiro menor, hoje maior e capaz (Resolução nº 35/CNJ, art. 25). O mesmo pode acontecer com as retificações de partilha, quando haja consentimento de todos os interessados (Resolução nº 35/CNJ, art. 13).

Algumas providências que a Resolução nº 35/CNJ reputa necessárias para a perfeição da escritura de inventário e partilha extrajudiciais:

(a) As partes e respectivos cônjuges devem estar, na escritura, nomeados e qualificados (nacionalidade, profissão, idade, estado civil), com especificação do regime de bens, data de casamento, pacto antenupcial e seu registro imobiliário, se houver; número do documento de identidade, número de inscrição no CPF/MF, domicílio e residência (art. 20). Exige-se a menção dos cônjuges do herdeiro, mas, salvo nos casos de renúncia ou de cessão de direitos, ou partilha desigual, o sucessor não precisa ser assistido por seu consorte na escritura (art. 17).

(b) O autor da herança será qualificado de maneira completa, com especificação do regime de bens do casamento, pacto antenupcial e seu registro imobiliário, se houver, dia e lugar em que o óbito ocorreu, data da expedição da certidão de óbito (livro, folha, número do termo e unidade de serviço em que consta o registro do óbito), e com a menção ou declaração dos herdeiros ou de que o autor da herança não deixou outros herdeiros, nem testamento (art. 21).

(c) Admite-se a representação dos interessados por procurador, que deverão estar munidos de procuração por instrumento público com poderes especiais (art. 12).

---

13 VELOSO, Zeno. *Separação, extinção de união estável, divórcio, inventário e partilha consensuais – de acordo com o novo CPC*. Belém: ANOREG/PA, 2016, n. 25, p. 72.

14 Resolução CNJ nº 35/2007: "Art. 18. No inventário extrajudicial, o convivente sobrevivente é herdeiro quando reconhecida a união estável pelos demais sucessores, ou quando for o único sucessor e a união estável estiver previamente reconhecida por sentença judicial, escritura pública ou termo declaratório, desde que devidamente registrados, nos termos dos arts. 537 e 538 do CNN/CN/CNJ-Extra (Provimento CNJ nº 149/2023). (Redação dada pela Resolução n. 571, de 26.8.2024). Art. 19. A meação do convivente pode ser reconhecida na escritura pública, desde que todos os herdeiros e interessados na herança, absolutamente capazes estejam de acordo ou, havendo menor ou incapaz, estejam cumpridos os requisitos do art. 12-A. (Redação dada pela Resolução n. 571, de 26.8.2024)".

(*d*) O inventário poderá ser realizado por escritura pública, ainda que inclua interessado menor ou incapaz, desde que o pagamento do seu quinhão hereditário ou de sua meação ocorra em parte ideal em cada um dos bens inventariados e haja manifestação favorável do Ministério Público (art. 12-A, *caput*). No caso de nascituro, porém, deverá ser aguardado o registro de seu nascimento (art. 12-A, § 2º). Ocorrendo impugnação do Ministério Público ou de terceiro interessado, o procedimento será submetido à apreciação do juízo competente (art. 12-A, § 4º).[15]

(*e*) Admite-se o inventário e partilha por escritura pública, mesmo em se tratando de sucessão testamentária, desde que se observem os requisitos do art. 12-B (acrescentado pela Resolução nº 571/2024).[16]

(*f*) Sempre que o tabelião tiver dúvidas quanto ao cabimento da escritura de inventário e partilha consensual, deverá suscitá-la ao juízo competente em matéria de registros públicos (art. 12-B, § 2º, incluído pela Resolução nº 571/2024).

(*g*) Documentos a serem apresentados ao tabelião: (*i*) certidão de óbito do autor da herança; (*ii*) documento de identidade oficial e CPF das partes e do autor da herança; (*iii*) certidão comprobatória do vínculo de parentesco dos herdeiros; (*iv*) certidão de casamento do cônjuge sobrevivente e dos herdeiros casados e pacto nupcial, se houver; (*v*) certidão de propriedade de bens imóveis e direitos a ele relativos; (*vi*) documentos necessários à comprovação da titularidade dos bens móveis e direitos, se houver; (*vii*) certidão negativa de tributos; (*viii*) Certificado de Cadastro de Imóvel Rural – CCIR, se houver imóvel rural a partilhar (art. 22).[17-18]

---

[15] O art. 12-A e seus parágrafos foram acrescidos à Resolução nº 35/2017 pela Resolução nº 571/2024.

[16] Requisitos do art. 12-B: "I – os interessados estejam todos representados por advogado devidamente habilitado; II – exista expressa autorização do juízo sucessório competente em ação de abertura e cumprimento de testamento válido e eficaz, em sentença transitada em julgado; III – todos os interessados sejam capazes e concordes; IV – no caso de haver interessados menores ou incapazes, sejam também observadas as exigências do art. 12-A desta Resolução; V – nos casos de testamento invalidado, revogado, rompido ou caduco, a invalidade ou ineficácia tenha sido reconhecida por sentença judicial transitada em julgado na ação de abertura e cumprimento de testamento". No caso do art. 12-B, o pedido de escritura pública será instruído com a certidão do testamento. "Constatada a existência de disposição reconhecendo filho ou qualquer outra declaração irrevogável, a lavratura de escritura pública de inventário e partilha ficará vedada e o inventário deverá ser feito obrigatoriamente pela via judicial" (§ 1º).

[17] São requisitos *especiais* para a escritura de partilha ou de adjudicação de imóvel rural: I – *a apresentação do Certificado de Cadastro de Imóvel Rural – CCIR*, com a menção, no ato notarial, dos dados nele contidos, previstos na Lei nº 10.267/2001: *(a)* código do imóvel; *(b)* nome do detentor; *(c)* nacionalidade do detentor; *(d)* denominação do imóvel; *(e)* localização do imóvel. II – *a prova de quitação do Imposto sobre a Propriedade Territorial Rural – ITR*, correspondente aos últimos cinco exercícios, ressalvados os casos de inexigibilidade. III – *a apresentação do GEO (Georreferenciamento* certificado pelo INCRA) (VELOSO, Zeno. *Separação, extinção de união estável, divórcio, inventário e partilha consensuais – de acordo com o novo CPC*. Belém: ANOREG/PA, 2016, n. 21, p. 65).

[18] Pela sistemática do atual CPC, a homologação da partilha amigável não mais depende do pagamento prévio do imposto de transmissão *causa mortis* pelos herdeiros (art. 659, § 2º). Entretanto, a homologação da partilha amigável, assim como a expedição do formal de partilha ou da carta de adjudicação dependerão das quitações fiscais do espólio nos termos da legislação tributária (art. 192, do CTN). Dessa forma, apenas o imposto *causa mortis* é que será postergado para lançamento e recolhimento pelas vias administrativas, posteriores à homologação da partilha. Nesse sentido, cf., STJ, 2ª T., REsp 1.759.143/DF, Rel. Min. Herman Benjamin, ac. 25.09.2018, *DJe* 04.02.2019; STJ, 2ª T., REsp 1.751.332/DF, Rel. Min. Mauro Campbell Marques, ac. 25.09.2018, *DJe* 03.10.2018. O art. 192 do CTN, no entanto, continua incidindo no tocante aos tributos relativos aos bens inventariados que não o imposto de transmissão *causa mortis*, como esclarecido no REsp 1.704.359, julgado pela 1ª Turma do STJ (Rel. Min. Gurgel de Faria, ac. 28.08.2018, *DJe* 02.10.2018). Quanto à arguição de inconstitucionalidade do art. 659, § 2º, do CPC/2015, por se contrapor ao art. 192 do CTN (Lei Complementar), decidiu o STJ que a matéria ultrapassa os limites do recurso especial

(h) Os documentos de identidade das partes serão sempre exibidos em originais. Os demais documentos necessários à lavratura do ato notarial poderão constar de cópias autenticadas (art. 23). A escritura pública deverá fazer menção a todos os documentos apresentados (art. 24).

(i) A gratuidade prevista na Lei nº 11.441/2007, segundo a Resolução nº 35/CNJ, compreende as escrituras de inventário, partilha, separação e divórcio consensuais (art. 6º). Porém, essa gratuidade não prevalece no regime do CPC/2015.[19] (Em Minas Gerais, o Provimento nº 260/CGJ/2013 da Corregedoria-Geral de Justiça, que contém o código de normas relativas aos serviços notariais e de registro, regulamenta em seus arts. 177 e ss. a realização de escrituras públicas de inventário e partilha, de separação e divórcio. Menciona o referido Provimento, com inteira procedência, a possibilidade de se utilizar a via notarial mesmo quando haja processo judicial em andamento ainda não julgado por sentença. Nesse caso, a escritura mencionará o juízo onde tramita o feito e o tabelião procederá à comunicação à autoridade judicial, nos trinta dias seguintes à lavratura de seu ato (art. 177), para fim de extinção do processo judicial.)

(j) A existência de dívidas do espólio (salvo as tributárias) não impede a realização do inventário e da partilha, ou a adjudicação, por escritura pública (art. 27). Cabe aos herdeiros indicar no inventário não só o ativo, mas também o passivo do acervo hereditário. Porém, a eventual omissão não prejudicará os credores existentes, já que terão sempre ressalvados os seus direitos, os quais serão exercitáveis contra os herdeiros, na medida dos quinhões atribuídos na partilha.[20]

(k) O tabelião tem poderes para recusar a lavratura da escritura de inventário e partilha, se se deparar com fundados indícios de fraude, simulação ou em caso de dúvidas sobre a declaração de vontade de alguns dos herdeiros ou inventariante. A recusa, porém, deverá ser fundamentada e por escrito (art. 32, § 2º, incluído pela Resolução nº 571/2024).

152. Execução da partilha por via administrativa

Ao formal de partilha extraído do processo sucessório judicial, a lei confere a qualidade de título executivo judicial para reclamar a entrega dos bens divididos em relação ao inventariante, aos herdeiros e aos sucessores singulares ou universais (art. 515, IV). Feita a partilha por ato notarial, não há que se pensar em formal de partilha e tampouco em execução de título judicial. A escritura pública, todavia, retratando obrigação de entrega de coisa, de forma certa, líquida e exigível, configura, por si só, título executivo, nos termos do art. 784, II.

Com base, portanto, em escritura obtida nos moldes do art. 610, § 1º, o sucessor poderá promover execução forçada, caso outro interessado retenha bem do acervo que lhe tenha sido adjudicado na partilha. A execução será, na espécie, de título extrajudicial, e não de título judicial, como acontece com o formal, tornando, de tal sorte, mais amplo o campo de debate no caso de eventuais embargos (art. 917, VI).

---

e que deveria ser resolvida por meio de recurso extraordinário interposto pelo ente público interessado (STJ, 2ª T., REsp 1.798.541/DF, Rel. Min. Herman Benjamin, ac. 21.05.2019, *DJe* 18.06.2019). A nosso ver, a exigência de quitações tributárias como requisito da homologação da partilha, embora conste do art. 192, do CTN, é regra puramente processual que não chega a alcançar a qualificação de "norma geral de direito tributário" reservada à legislação complementar, e que, por isso, permite alteração ou revogação por lei comum, sem que se possa cogitar de inconstitucionalidade.

[19] Ver item nº 150, *infra*.

[20] VELOSO, Zeno. *Separação, extinção de união estável, divórcio, inventário e partilha consensuais – de acordo com o novo CPC*. Belém: ANOREG/PA, 2016, n. 24, p. 70-71.

Como título de transmissão dominial, a escritura pública de inventário e partilha, ou de adjudicação,[21] constitui título hábil "para qualquer ato de registro, bem como para levantamento de importância depositada em instituições financeiras" (CPC/2015, art. 610, § 1º). Essa eficácia, porém, não se limita ao registro de imóveis, mas vale perante qualquer registro relativo a toda modalidade de bens, assim como diante de outros registros sobre as quais a sucessão deva refletir, como, por exemplo, o Registro Civil, a Junta Comercial, o Detran, além de outras entidades, como bancos, financeiras, seguradoras, administradoras de imóveis, telefônicas, distribuidoras de energia, e assim por diante (Resolução CNJ n.º 35/2007, art. 3º).

Não é preciso que a certidão destinada ao Registro Público se refira a todas as cláusulas do inventário, do divórcio ou da separação e da extinção da união estável. "A pedido das partes da escritura pública, pode o tabelião de notas emitir certidão ou traslado por quesitos, especificando apenas os bens, direitos e obrigações a que pretendam dar publicidade" (art. 3º, parágrafo único, incluído pela Resolução nº 571/2024).

153. Inventário negativo

Se o morto não deixou bens patrimoniais, não há evidentemente o que inventariar. Mas, mesmo assim, há situações jurídicas em que o cônjuge supérstite tem interesse em obter o reconhecimento oficial do óbito sem herança.

O inventário negativo não se acha expressamente disciplinado pelo Código. Nem por isso doutrina e jurisprudência lhe recusam cabimento e utilidade. Basta lembrar que a lei não permite o casamento do viúvo que tiver filho do cônjuge falecido, enquanto não promover o inventário dos bens do casal e der partilha aos herdeiros (CC, art. 1.523, I). E a penalidade para a infração dessa obrigação legal é a sujeição ao regime obrigatório da separação de bens no novo matrimônio (CC, art. 1.641, I). O inventário negativo é, nessa conjuntura, o expediente criado pela praxe forense para provar que o óbito se deu sem deixar bens a partilhar.

Trata-se de medida de jurisdição voluntária, que preenche lacuna da lei e merece aplausos da doutrina e jurisprudência.[22] O procedimento sumário instituído pela experiência do foro consiste em acusar, em petição, o óbito ao juiz, assumindo o requerente o compromisso de inventariante, com citação dos demais interessados e audiência do Ministério Público e da Fazenda Pública. Prestadas as declarações com a menção de ausência total de bens a inventariar, e havendo concordância de todos os convocados ao processo (que tanto pode ser expressa como tácita), o feito se encerra com sentença de homologação do declarado pelo inventariante, a qual, através de certidão, servirá de documento para instituir o processo de casamento do cônjuge viúvo, ou para qualquer outro fim legal.[23]

Após a instituição do inventário extrajudicial, também o inventário negativo pode ser formalizado por escritura pública (art. 28 da Resolução nº 35/2007 do Conselho Nacional de Justiça).

---

[21] Igual força registral se reconhece também às escrituras públicas de "divórcio, declaração de separação de fato e extinção da união estável consensuais" (art. 3º, *caput*, na redação da Resolução nº 571/2024).

[22] BARROS, Hamilton de Moraes e. *Comentários ao Código de Processo Civil*. 2. ed. Rio de janeiro: Forense, 1980, v. IX, n. 109 e 110, p. 181-184; PEREIRA, Caio Mário da Silva. *Instituições de direito civil*. 3. ed. Rio de Janeiro: Forense, 1980, v. VI, n. 484, p. 277; MARCATO, Antônio Carlos. *Procedimentos especiais*. São Paulo: Ed. RT, 1986, n. 11, p. 126-127. "O inventário negativo é admitido pela doutrina e pela jurisprudência e é de interesse para o cônjuge sobrevivente e herdeiros" (TJSP, Ap 251.940, Rel. Des. Lafayette Sales Júnior, ac. 25.05.1976, *RT* 488/97). "A declaração do inventariante de que não possui bens é o suficiente, pois goza de fé" (TJPR, Ap 13.448, Rel. Des. Sidney Mora, ac. 28.04.1997, *JUIS – Saraiva* n. 14).

[23] OLIVEIRA, Itabaiana de. *Tratado das sucessões*. 4. ed. Rio de Janeiro: Max Limonad, 1952, v. III, n. 936 e 937, p. 895; PEREIRA, Caio Mário da Silva. *Instituições de direito civil*. 3. ed. Rio de Janeiro: Forense, 1980, v. VI, n. 484, p. 277.

154. Competência

Estando prevista a possibilidade de o inventário e a partilha serem processados em juízo ou realizados por escritura pública, a definição da competência será feita de maneira diferente, conforme se observe uma ou outra dessas modalidades.

Tratando-se de procedimento judicial, no plano da competência internacional, cabe sempre à Justiça brasileira, com exclusão de qualquer outra, o processamento do inventário de bens situados no Brasil, ainda que o autor da herança seja de nacionalidade estrangeira ou tenha tido seu último domicílio fora do território nacional (CPC/2015, art. 23, II). Trata-se de competência exclusiva e, por conseguinte, absoluta e improrrogável.[24]

Em contrapartida, falece competência à Justiça brasileira para proceder a inventário e partilha de bens não situados no Brasil, mesmo que o *de cujus* tivesse seu último domicílio em território nacional.[25]

Uma situação interessante já foi enfrentada pela jurisprudência do STJ, quando os bens a partilhar estavam em parte no país e no exterior. Decidiu-se que, embora não pudessem aqui ser partilhados bens situados fora de nosso território, a partilha nacional poderia computar aquela concluída no exterior, para possibilitar equalização de bens entre os cointeressados, e assegurar a partilha igualitária, "sob pena de divisão injusta e contrária às regras de direito de família do Brasil".[26]

Na ordem interna, a competência básica para o inventário dos bens aqui situados é atribuída ao foro do último domicílio do autor da herança (art. 48, *caput*), sendo irrelevante o local preciso da situação dos bens. Há, porém, três hipóteses de foros subsidiários que se aplicam à sucessão hereditária, quando o falecido não tinha domicílio certo. De acordo com o parágrafo único do art. 48, essa competência extraordinária define-se com a observância dos seguintes dados:

(a) será do foro da situação dos bens imóveis integrantes do acervo a partilhar;

(b) havendo bens imóveis em foros diferentes, qualquer destes será competente;

(c) não havendo bens imóveis, o foro do inventário será o local de situação de qualquer dos bens do espólio.

---

[24] Não pode, por isso, ser homologada sentença estrangeira de inventário e partilha de bens situados no Brasil, qualquer que seja a nacionalidade, o domicílio e a residência do autor da herança (STF, SE 2.789, Rel. Min. Moreira Alves, ac. 18.09.1975, *Rev. Forense* 257/189; STJ, Corte Especial, SEC 1.032/GB, Rel. Min. Arnaldo Esteves Lima, ac. 19.12.2007, *DJe* 13.03.2008); BARROS, Hamilton de Moraes e. *Comentários ao Código de Processo Civil*. 2. ed. Rio de Janeiro: Forense, 1980, v. IX, n. 111, p. 184-185. No entanto, já se decidiu que, em divórcio já homologado pelo STF, "não fere o art. 89, II, do CPC, que prevê a competência absoluta da justiça brasileira para proceder a inventário e partilha de bens situados no Brasil, a decisão de Tribunal estrangeiro que dispõe sobre a partilha de bens móveis e imóveis em decorrência da dissolução da sociedade conjugal, aplicando a lei brasileira" (STF, Pleno, SEC/Confederação Helvética, 4.512, Rel. Min. Paulo Brossard, ac. 21.10.1994, *DJU* 02.12.1994, p. 33.198). Também "não ofende a ordem jurídica brasileira a homologação de sentença estrangeira de natureza meramente declaratória que reconhece os requerentes como legítimos herdeiros" (STF, Pleno, SEC/República do Peru, 4.944, Rel. Min. Ilmar Galvão, ac. 28.11.1996, *DJU* 28.02.1997, p. 4.066). Em caso de divórcio, "o fato de determinado imóvel estar localizado no Brasil não impede a homologação da sentença estrangeira de partilha quanto ao mesmo bem", desde que respeitados os critérios determinados pela lei brasileira (STJ, Corte Especial, SEC 878/PT, Rel. Min. Menezes Direito, ac. 18.05.2005, *DJU* 27.06.2005, p. 203).

[25] STF, 1ª T., RE 99.230/RS, Rel. Min. Rafael Mayer, ac. 22.05.1984, *DJU* 29.06.1984, p. 10.751, *RTJ* 110/750; TENÓRIO, Oscar. *Direito internacional privado*. Rio de Janeiro: F. Bastos, 1949, § 713, p. 528; BARBI, Celso Agrícola. *Comentários ao Código de Processo Civil*. 2. ed. Rio de Janeiro: Forense, 1981, v. I, n. 494, p. 400.

[26] STJ, 3ª T., REsp 1.410.958/RS, Rel. Min. Paulo de Tarso Sanseverino, ac. 22.04.2014, *DJe* 27.05.2014.

A competência interna, por outro lado, é presidida por critérios territoriais em qualquer de suas manifestações, o que a torna apenas relativa e, por conseguinte, prorrogável quando o processo vier a ser aberto em foro diverso, sem oposição dos interessados.[27]

É de se observar a regra de competência privativa da justiça nacional (art. 23, II) também para o foro extrajudicial, no caso de inventário e partilha por via administrativa. Dessa maneira, para aplicar-se o § 1º do art. 610, dever-se-ão utilizar tabeliães e advogados habilitados a atuar no País.

Ressalva-se, porém, que as regras do art. 48 do CPC/2015 restringem-se à competência interna para o inventário judicial. Quando se opta pelo inventário extrajudicial, as partes são livres para escolher o tabelião de sua confiança, sem indagar da sede do ofício notarial. Nesse sentido, prevê a Resolução nº 35 do CNJ, no art. 1º, que, "para a lavratura dos atos notariais relacionados a inventário, partilha, divórcio, declaração de separação de fato e extinção de união estável consensuais por via administrativa, é livre a escolha do tabelião de notas, não se aplicando as regras de competência do Código de Processo Civil" (redação dada pela Resolução nº 571/2024).

154.1. Prevenção de competência, no caso de ajuizamento de mais de um inventário sobre a mesma herança

Reconhecendo a lei legitimidade concorrente a mais de uma pessoa para promover o inventário e partilha do acervo hereditário, pode acontecer a instauração de múltiplos processos sucessórios perante juízos diversos acerca da mesma herança. Como resolver esse conflito positivo de competência?

Ter-se-á, na hipótese, uma continência de causas, uma vez que cada uma delas conterá o objeto das demais. O problema consiste em definir o juízo perante o qual ocorrerá a reunião e unificação das ações.

Dispõe o art. 240 do CPC que a citação válida induz litispendência, mas, no comum dos casos, não há citação, nesse tipo de procedimento, porque os herdeiros comparecem nos autos tão logo a ação sucessória seja aforada. O TJMG decidiu que a prevenção deveria, *in casu*, se dar em favor do juízo em que primeiro tivesse ocorrido a nomeação de inventariante. Mas a decisão foi reformada pelo STJ, com os seguintes fundamentos:

> "(...) 5. Há litispendência entre duas ações de inventário e partilha ajuizadas por distintos colegitimados quando presente a tríplice identidade – mesmas partes, mesmas causas de pedir e mesmos pedidos –, sendo irrelevante o fato de as partes ocuparem polos processuais contrapostos nas duas ações em virtude da legitimação concorrente e disjuntiva para o ajuizamento da ação.
>
> 6. A ação de inventário e de partilha de bens é de natureza contenciosa e se submete a procedimento especial regulado pelo próprio CPC/15, de modo que a ela se aplicam às regras relacionadas ao momento de propositura da ação, à prevenção e à litispendência e que se encontram na parte geral do Código.
>
> 7. A data da nomeação do inventariante não pode ser elemento temporal definidor acerca de qual ação litispendente deve seguir em tramitação, seja porque inexiste previsão legal nesse sentido, seja porque se trata de marco temporal inseguro, porque

[27] TJMG, 1ª Câm. Cível, CC 175.406-8/00, Rel. Des. Garcia Leão, ac. 08.08.2000; TJDF, 2ª Câm. Cív., CC 19990020036629, Rel. Des. Sérgio Bittencourt, *DJU* 24.05.2000, p. 7; STJ, 1ª Seção, CC 52.781/PR, Rel. Min. Eliana Calmon, ac. 23.11.2005, *DJU* 12.12.2005, p. 255.

vinculado a movimentações e atos processuais que independem exclusivamente das partes, devendo ser fixado, como marco definidor acerca de qual das ações idênticas deve prosseguir, a data de seu registro ou distribuição, nos termos dos arts. 59 e 312, ambos do CPC/15".[28]

Assim, a solução alvitrada pela Corte Superior apoiou-se, basicamente, no art. 59 do CPC, em que se dispõe que, nos casos de conexão e continência, não é a litispendência, mas "o registro ou a distribuição da petição inicial [que] torna prevento o juízo".

155. Universalidade do foro sucessório

Conforme dispõe o art. 48, *caput*, do CPC/2015, a competência do foro do domicílio do autor da herança abrange não só o inventário e partilha judiciais como a arrecadação, o cumprimento de disposições de última vontade e "todas as ações em que o espólio for réu". O CPC/2015 incluiu nessa competência universal a ação de impugnação ou anulação de partilha extrajudicial.

Cuida a lei, porém, de uma competência de *foro* e não de juízo, de sorte que se na mesma comarca em que se abriu o inventário houver mais de uma Vara com igual competência, a ação contra o espólio poderá, eventualmente, ser distribuída a juízo diverso, desde que integrante da mesma comarca.[29]

A universalidade do foro do inventário não é, outrossim, completa, visto que não atinge os casos em que o espólio seja autor nem prejudica o foro das ações reais imobiliárias, previsto no art. 47 (*forum rei sitae*), que deverá prevalecer sobre o sucessório, ainda quando o espólio seja réu.[30]

156. Questões solucionáveis no juízo sucessório

A finalidade do procedimento sucessório contencioso é definir os componentes do acervo hereditário e determinar quem são os herdeiros que recolherão a herança (inventário), bem como definir a parte dos bens que tocará a cada um deles (partilha). Para alcançar esse objetivo, caberá ao juiz solucionar todas as questões suscitadas, seja em torno de bens e obrigações do *de cujus*, seja em torno da qualidade sucessória dos pretendentes à herança.

Sobre o campo de atuação do juiz nesse procedimento especial, dispõe o art. 612 que "o juiz decidirá todas as questões de direito desde que os fatos relevantes estejam provados por documento, só remetendo para as vias ordinárias as questões que dependerem de outras provas".

Disso decorre a regra geral que é a de competir ao juiz do inventário a solução de toda e qualquer questão de que dependa o julgamento do inventário e da partilha. Como procedimento especial da sucessão *causa mortis* não contempla dilação probatória, sempre que os documentos disponíveis não forem suficientes para a solução das questões surgidas, o magistrado do inventário remeterá os interessados para as vias ordinárias. Equivale dizer que a parte não atendida no bojo dos autos sucessórios terá de recorrer a uma ação apartada para nela defender sua pretensão, produzindo as provas que não couberam no inventário.

O que justifica essa remessa para as vias ordinárias não são as complexidades de direito, mas apenas as dificuldades de produção das provas pertinentes. As questões apenas de direito,

---

[28] STJ, 3ª T., REsp 1.739.872/MG, Rel. Min. Nancy Andrighi, ac. 13.11.2018, *DJe* 22.11.2018.

[29] TJMG, CJN 850, Rel. Des. Paulo Gonçalves, ac. 29.12.1983. Havendo foro de eleição, este prevalecerá sobre o foro do inventário (STJ, 3ª T., REsp 420.394/GO, Rel. Min. Nancy Andrighi, ac. 19.09.2002, *DJU* 04.11.2002, p. 203, *Revista Jurídica* 301/89).

[30] STJ, 1ª Seção, CC 5.579/RJ, Rel. Min. Peçanha Martins, ac. 23.11.1993, *DJU* 13.12.1993, p. 27.370.

por mais controvertidas e complexas que sejam, haverão sempre de ser enfrentadas e decididas pelo juiz do inventário.[31]

Da decisão interlocutória que remete o interessado para as vias ordinárias o recurso cabível é o agravo de instrumento, consoante dispõe expressamente o parágrafo único do art. 1.015 do CPC/2015.

157. Administração da herança

Entre a morte do *de cujus* e a partilha de seus bens entre os sucessores, há um patrimônio que fica em situação imprecisa quanto à sua nova titularidade. Enquanto essa imprecisão não é afastada, impõe-se atribuir a alguém o encargo de administrar a massa hereditária.

Para essa função a lei institui duas figuras, a saber: o administrador provisório (CPC/2015, art. 613) e o inventariante (art. 617).

O inventariante desempenha importante função de agente auxiliar do juízo, pois é a ele que compete fazer evoluir o inventário até atingir a partilha final do acervo comum. Sua função é, pois, exercida *dentro* do processo, a partir de nomeação judicial e compromisso prestado perante a autoridade judiciária.

O administrador provisório, por sua vez, é aquele que dá continuidade prática à posse do autor da herança, enquanto não ocorre a investidura do inventariante em seu múnus processual regular (art. 614). Sua função é a de não deixar sem administração a massa hereditária no espaço de tempo entre a morte do *de cujus* e a abertura do inventário. Cessa, portanto, tão logo ocorra a nomeação do inventariante.

Nos termos da lei, trata-se de uma gestão provisória, que se apoia diretamente no fato de deter a posse dos bens a inventariar e que não depende de prévia nomeação ou investidura judicial.

Essa qualidade de administrador provisório do espólio a lei reconhece ao cônjuge ou companheiro, se com o outro convivia ao tempo da abertura da sucessão (CC, art. 1.797, I).

Se não houver companheiro ou cônjuge supérstite, a administração será atribuída (*i*) ao herdeiro que estiver na posse e administração dos bens, e, se houver mais de um nessas condições, ao mais velho; (*ii*) ao testamenteiro; (*iii*) a pessoa de confiança do juiz, na falta ou escusa das indicadas nos incisos antecedentes, ou quando tiverem de ser afastadas por motivo grave levado ao conhecimento do juiz (CC, art. 1.797).[32]

Os poderes do administrador são os de representar ativa e passivamente o espólio, em juízo ou fora dele, desde que reconhecida a regularidade da situação daquele que age na defesa da herança.[33]

Por se tratar de gestor de bens alheios, o administrador provisório não conta com poderes de disposição dos bens do espólio e fica obrigado a trazer ao acervo os frutos percebidos desde a abertura da sucessão, respondendo pelo dano a que, por dolo ou culpa, der causa. Assiste-lhe, por outro lado, o direito ao reembolso de todas as despesas necessárias e úteis que fizer em relação ao espólio (art. 614).

---

[31] NEGRÃO, Theotonio. *Código de Processo Civil e legislação processual em vigor*. 17. ed. São Paulo: Ed. RT, 1987, p. 363, notas 1 e 2 ao art. 984; STJ, 3ª T., REsp 960.885/RS, Rel.ª Min. Nancy Andrighi, ac. 17.03.2009, *DJe* 08.06.2009.

[32] "O administrador provisório é o cônjuge sobrevivente ou herdeiro que se encontra na posse dos bens" (TJSP, Ap 86.125-2, ac. 06.03.1985, *RT* 596/87). Nesse sentido: STJ, 3ª T., REsp 777.566/RS, Rel. Min. Vasco Della Giustina, ac. 27.04.2010, *DJe* 13.05.2010.

[33] Para o TJSP, nada há que o impeça de representar o espólio em juízo, até a nomeação do inventariante (Ap 86.125-2, ac. 06.03.1985, *RT* 596/87). Para Ernane Fidelis dos Santos a representação é ampla e não sofre sequer as limitações do chamado inventariante dativo (SANTOS, Ernane Fidelis dos. *Comentários ao Código de Processo Civil*. 2. ed. Rio de Janeiro: Forense, 1986, v. VI, n. 277, p. 299).

158. O inventariante

I - Quem pode ser nomeado

O procedimento sucessório reclama a colaboração de um agente auxiliar especial do juízo, que é o inventariante, ou seja, uma pessoa nomeada pelo juiz para administrar o acervo hereditário e promover o inventário e partilha.

Em se tratando de um múnus público, a investidura depende de nomeação do juiz e prestação de compromisso nos autos "de bem e fielmente desempenhar a função" (CPC/2015, art. 617, parágrafo único).

Sua escolha não é ato arbitrário nem discricionário do juiz, pois se acha vinculada a um critério especificado e delimitado pela lei (CPC/2015, art. 617). A ordem legal de preferência a ser observada é a seguinte:

(a) o cônjuge ou companheiro sobrevivente, desde que estivesse convivendo com o outro ao tempo da morte deste (inc. I);
(b) o herdeiro que se achar na posse e administração do espólio, se não houver cônjuge ou companheiro sobrevivente ou estes não puderem ser nomeados (inc. II);
(c) qualquer herdeiro, se nenhum está na posse e administração do espólio (inc. III);
(d) o herdeiro menor, por seu representante legal (inc. IV);
(e) o testamenteiro, se lhe foi confiada a administração do espólio ou se toda a herança estiver distribuída em legados (inc. V);
(f) o cessionário do herdeiro ou do legatário (inc. VI);
(g) o inventariante judicial, se houver (inc. VII);
(h) pessoa estranha idônea onde não houver inventariante judicial (inc. VIII).

Segundo a tradição de nosso direito, o juiz fica obrigado a cumprir rigorosamente a escala legal de preferência para a nomeação do inventariante.[34] Dentro de uma mesma classe, porém, pode surgir um conflito sério, que desaconselhe a escolha de qualquer um dos herdeiros que a integram. Doutrina e jurisprudência entendem que, nessa circunstância especial, e em caráter puramente excepcional, será lícito ao juiz fugir da ordem legal de preferência. Isto, porém, "somente se legitima em casos graves e excepcionais, cumpridamente justificados".[35]

II - Novidades do CPC

Os encargos da inventariança pressupõem capacidade da pessoa a ser investida na administração do espólio. O atual Código alterou essa situação, relativamente ao herdeiro menor, que agora pode assumir a função de inventariante, por meio de seu representante legal (art. 617, IV). Permanece inalterada a situação no tocante ao incapaz, não menor. Vale dizer,

---

[34] OLIVEIRA, Itabaiana de. *Tratado de direito das sucessões*. 4. ed. São Paulo: Max Limonad, 1952, v. III, n. 794, p. 793; BARROS, Hamilton de Moraes e. *Comentários ao Código de Processo Civil*. Rio de Janeiro: Forense, 1980, v. 9, n. 121, p. 212; PONTES DE MIRANDA, Francisco Cavalcanti. *Comentários ao Código de Processo Civil*. Rio de Janeiro: Forense, 1977, t. XIV, p. 61. "A ordem legal para a nomeação do inventariante somente pode ser desobedecida quando o herdeiro não esteja em condições de desempenhar o encargo" (TJRS, 7ª Câm. Cível, AgI 70003943495, Rel. Des. José Carlos Teixeira Giorgis, ac. 03.04.2002).

[35] BARROS, Hamilton de Moraes e. *Comentários ao Código de Processo Civil*. Rio de Janeiro: Forense, 1980, v. 9, n. 121, p. 213; STJ, 4ª T., REsp 283.994/SP, Rel. Min. César Asfor Rocha, ac. 06.03.2001, *DJU* 07.05.2001, p. 150. Entre os casos que justificam o afastamento da ordem legal (art. 990) [do CPC/1973, art. 617 do CPC/2015], a jurisprudência prevê o da "patente litigiosidade entre as partes", com a consequente função de "evitar tumultos processuais desnecessários" (STJ, 4ª T., REsp 283.994/SP, Rel. Min. Cesar Asfor Rocha, ac. 06.03.2001, *DJU* 07.05.2001, p. 150; STJ, 3ª T., REsp 1.055.633/SP, Rel. Min. Nancy Andrighi, ac. 21.10.2008, *DJe* 16.06.2009).

se o preferente na escala legal for incapaz, a escolha deverá passar para a classe seguinte, uma vez que o representante legal não poderá assumir o compromisso de inventariante em nome do representado. Assim, caso não haja outro legitimado à inventariança, o representante legal somente terá condições de assumir o cargo como estranho à sucessão, em nome próprio, a título de inventariante dativo.

Acrescentou ainda o CPC/2015 a possibilidade de ser inventariante o cessionário do herdeiro ou legatário.

A função do inventariante dura enquanto não se dá a partilha dos bens do espólio. Mas, se, encerrada a divisão dos bens arrolados, ainda subsistem outros litigiosos para sobrepartilhar, não desaparece juridicamente a figura do espólio e, por conseguinte, os poderes de representação do inventariante persistem, então, mesmo depois de julgada a partilha.[36]

O herdeiro que tenha posição jurídica litigiosa antagônica com o espólio ou com os demais coerdeiros não deve ser nomeado inventariante. Mas o interesse comum de haver e preservar a cota hereditária, naturalmente, não representa óbice à investidura. Não se aplicam, por razões óbvias, ao inventariante os motivos ordinários de suspeição de peritos, assistentes e outros auxiliares da justiça.[37]

159. Encargos do inventariante

I – Atos de gestão

Segundo dispõe o art. 618 do CPC/2015, incumbe ao inventariante:

(a) representar o espólio ativa e passivamente, em juízo ou fora dele, desde que não se trate de inventariante dativo (arts. 75, § 1º, e 617, VIII);[38]
(b) administrar o espólio, velando-lhe os bens com a mesma diligência como se seus fossem;
(c) prestar as primeiras e últimas declarações pessoalmente ou por procurador com poderes especiais;
(d) exibir em cartório, a qualquer tempo, para exame das partes, os documentos relativos ao espólio;
(e) juntar aos autos certidão do testamento, se houver;
(f) trazer à colação os bens recebidos pelo herdeiro ausente, renunciante ou excluído;
(g) prestar contas de sua gestão ao deixar o cargo ou sempre que o juiz lhe determinar;
(h) requerer a declaração de insolvência.

Todos esses poderes o inventariante os exerce como simples gestor de coisas alheias, pelo que, mesmo representando legalmente o espólio, e ainda que não se trate de inventariante dativo, "sua atuação no processo se limita aos atos compatíveis apenas com os de simples administração, sendo-lhe vedado confessar, transigir ou renunciar, sem poderes expressos".[39]

---

36 TAMG, 5ª Câm. Cível, Ap. 320.002-6, Rel. Juiz Brandão Teixeira, ac. 22.02.2001.

37 TJMG, Ap 50.660, Rel. Des. Monteiro Ferraz, ac. 05.04.1979, *Jur. Mineira* 74/164.

38 "Se a inventariante do espólio é dativa, mas tem o pátrio poder sobre os herdeiros menores, a falta de procuração outorgada em nome destes (por ela própria) não compromete a regularidade do processo, ainda mais se o acórdão lhes reconheceu o direito pleiteado" (STJ, 3ª T., AgRg no Ag 439.655/DF, Rel. Min. Ari Pargendler, ac. 04.05.2006, *DJU* 12.06.2006, p. 472). Para o novo Código, o herdeiro menor pode ser inventariante, atuando por meio de seu representante legal (art. 617, IV), caso em que a inventariança será legítima e não dativa.

39 TJMG, Ap 47.668, Rel. Des. Lamartine Campos, ac. 05.12.1978, *Jur. Mineira* 73/73.

II – Atos de disposição

Atos que ultrapassem a simples administração e impliquem disposição de bens do espólio também podem, eventualmente, ser praticados pelo inventariante, mas, então, todos os interessados na herança serão ouvidos e o ato somente será concretizado depois de autorização do juiz. Essas exigências constam do art. 619 para os seguintes atos a cargo do inventariante:

(a) alienação de bens de qualquer espécie (inc. I);
(b) transação em juízo ou fora dele (inc. II);
(c) pagamento de dívidas do espólio (inc. III);
(d) despesas de conservação e melhoramento dos bens do espólio (inc. IV).

Não exige a lei a existência de consentimento unânime de todos os herdeiros, mas o juiz não pode autorizar os atos de disposição sem antes ouvir as razões de todos os interessados. Depois de ponderá-las, competirá ao magistrado deliberar sobre o ato proposto pelo inventariante, expedindo-se o competente alvará se a decisão judicial for de deferimento da pretensão.

Frequentes são os casos de alvará para que o inventariante cumpra contratos do *de cujus*, principalmente de promessas de venda de bens quando inconteste é o direito do promissário comprador frente ao espólio. Outros casos de alienação pelo inventariante são aqueles necessários para obter recursos para custeio das despesas do processo ou para honrar obrigações do *de cujus*, reconhecidas por todos os interessados.

Não havendo interesses de incapazes a preservar, a alienação de bens da herança pelo inventariante pode ser feita através de escritura pública, com prévia autorização em alvará, sem depender de hasta pública, regra que prevalecerá sempre que se houver de dar cumprimento a compromissos de compra e venda do *de cujus*.

III – Prestação de contas

Não pode o inventariante encerrar sua função no processo sem apresentar as contas de sua gestão. "Precisamente pelo fato de administrar bens alheios, está o inventariante obrigado à respectiva prestação de contas, seja determinada pelo juiz, seja voluntariamente, ao fim de sua gestão, seja a requerimento de qualquer interessado, não importando esteja o processo de inventário encerrado e findo há muito tempo".[40]

Quando as contas são apresentadas espontaneamente ou são ordenadas, de ofício pelo juiz, não há propriamente uma *ação de prestação de contas*, mas um simples incidente do processo sucessório. Nesse caso, os herdeiros são ouvidos, por meio de seus advogados, sem necessidade de citação pessoal.[41] Deve-se, no entanto, facultar ampla discussão e prova em torno das contas deduzidas em juízo.

Quando, porém, as contas forem reclamadas por algum interessado, o uso do procedimento especial da ação de exigir contas (arts. 550 a 552) torna-se obrigatório.

Em qualquer caso, a prestação será processada em apenso aos autos do inventário (art. 553).

---

40 TJMG, Ap 69.961, Rel. Des. Rubem Miranda, ac. 17.04.1986, *DJMG* 23.08.1986. "A circunstância de poder o juiz determinar, a qualquer tempo, preste contas o inventariante, em via administrativa, não exclui a possibilidade de a isso ser compelido jurisdicionalmente, a pedido de quem tenha seus bens por ele geridos" (STJ, 3ª T., REsp 80.478/SP, Rel. Min. Eduardo Ribeiro, ac. 16.04.1996, *DJU* 13.05.1996, p. 15.555. No mesmo sentido: STJ, 4ª T., REsp 323.370/RS, Rel. Min. Barros Monteiro, ac. 14.12.2004, *DJU* 14.03.2005, p. 340).

41 TJMG, AI 16.974, Rel. Des. Paulo Tinoco, ac. 13.09.1983, *DJMG* 15.12.1983; TJSP, AI 132.705-1, Rel. Des. César Peluso, ac. 07.08.1990, *RT* 662/84; *RF* 314/96; TJMS, Ap 46.991-9, Rel. Des. Rêmolo Letteriello, ac. 14.06.1994, *RJTJMS* 97/48.

IV – Requerimento da insolvência do espólio

Pela grave repercussão que a insolvência do espólio acarreta aos interesses dos herdeiros, o inventariante, antes de requerê-la, deverá ouvir todas as partes do processo sucessório, facultando-lhes a avaliação do quadro patrimonial revelado pela arrecadação e avaliação do acervo hereditário[42].

O requerimento de insolvência será processado pelo próprio juiz do inventário e, uma vez deferido o juízo concursal, encerrar-se-á o inventário *causa mortis*, não remanescendo responsabilidade patrimonial para os herdeiros pelas dívidas do *de cujus*.

160. Remoção do inventariante

I – Hipótese

O inventariante que foi nomeado pelo juiz pode ser removido de seu cargo por ato da mesma autoridade. Não se trata, todavia, de demissão *ad nutum*, pois a lei enumera as hipóteses em que a remoção se faz possível.

Conforme consta do art. 622 do CPC/2015, isto se dá:

(a) se as primeiras ou as últimas declarações não forem prestadas no prazo legal (inc. I);
(b) se ao inventário não for dado andamento regular, ou seja, se o inventariante embaraçar o curso processual suscitando dúvidas infundadas ou praticando atos meramente protelatórios (inc. II);
(c) se por culpa dele bens do espólio se deteriorarem, forem dilapidados ou sofrerem dano (inc. III);
(d) se o espólio não for defendido nas ações em que for citado; se houver omissão na cobrança de dívidas ativas ou na promoção de medidas necessárias para evitar o perecimento de direitos (inc. IV);
(e) por falta de prestação de contas ou por rejeição das contas prestadas (inc. V);
(f) por sonegação, ocultação ou desvio de bens do espólio (inc. VI).

Esse rol não é exaustivo, de modo que "detém o magistrado a prerrogativa legal de promover a remoção do inventariante caso verifique a existência de vícios aptos, a seu juízo, a justificar a medida, que não aqueles expressamente catalogados no art. 995 do CPC [de 1973]" (art. 622 do CPC/2015).[43]

II – Procedimento

A remoção, no sistema legal, tem o feitio de ato punitivo, pressupondo infração dos deveres do cargo. Não pode, por isso mesmo, ser determinada de plano e sem oportunidade de defesa para o inventariante.

Prevê o Código, por isso, um procedimento especial para o incidente, que deverá ser processado em apenso aos autos do inventário (art. 623, parágrafo único). Assim, requerida a remoção, ordenará o juiz a intimação do inventariante para, no prazo de quinze dias, apresentar

---

[42] "Há entendimento que concede aos herdeiros a possibilidade de requerer a declaração de insolvência, considerando que há 'legitimação concorrente ou supletiva'" (MAZZEI, Rodrigo. Ensaio sobre o inventário sucessório. Salvador: Ed. JusPodivm, 2022, p. 298; THEODORO JÚNIOR, Humberto. A insolvência civil. Rio de Janeiro: Forense, 1980, p. 195).

[43] STJ, 4ª T., REsp 1.114.096/SP, Rel. Min. João Otávio de Noronha, ac. 18.06.2009, *DJe* 29.06.2009.

defesa e provas (art. 623, *caput*). E somente depois de dito prazo é que o magistrado se habilitará a decidir o incidente (art. 624).

O CPC/2015 determina expressamente, em seu art. 622, que "o inventariante será removido de ofício ou a requerimento", adotando-se, dessa forma, o entendimento jurisprudencial já consolidado à época da legislação anterior.[44] Mas, a requerimento ou não, o que não deve ocorrer é a remoção de plano, ou seja, sem oportunidade de defesa para o inventariante.[45]

As controvérsias mais frequentes em torno da conduta do inventariante referem-se ao curso irregular e retardado do processo, por falta da necessária diligência do representante legal do espólio. Deve-se, no entanto, ponderar que a simples demora na conclusão do inventário não é, por si, causa da remoção prevista no art. 622. Para que a sanção legal incida "é preciso que haja comportamento malicioso e que a demora seja a ele imputada".[46] Em outras palavras, "o que a lei quer punir, no art. 995, do CPC [de 1973], é falta de exação do inventariante".[47]

Em suma, desde que evidenciada a negligência ou a malícia do inventariante, como causa da marcha retardada do processo, é de destituí-lo da função. E essa negligência é de presumir-se sempre que, intimado, deixar de promover, sem justificativa, o ato que lhe compete no curso do feito.

A enumeração do art. 622 do CPC/2015, outrossim, tem sido entendida como não exaustiva, de sorte a não impedir que outras causas, também reveladora de deslealdade, improbidade, ou outros vícios, sejam válidas para a remoção do inventariante.[48]

Assim, por exemplo, já se decidiu que a grave dissensão entre os herdeiros pode autorizar o magistrado a remover o inventariante, designando outro, fora da ordem preferencial da lei, porquanto "o inventariante deve guardar isenção absoluta no desempenho de suas funções, para equilíbrio das relações entre os diversos herdeiros".[49]

Por se tratar de simples incidente, segundo a definição do próprio Código (art. 623, parágrafo único), não há que se cogitar de sentença e de condenação em verba advocatícia no julgamento da remoção do inventariante. O ato decisório configura apenas decisão interlocutória e o recurso manejável, por conseguinte, será o agravo de instrumento (art. 1.015, parágrafo único).

161. Legitimação para promover o inventário

O requerimento de abertura do inventário judicial cabe, em primeiro lugar, ao administrador provisório, ou seja, àquele que se achar na posse e administração do espólio (CPC/2015, art. 615).

---

[44] "Ao juiz compete sempre a direção do processo, e não é de exigir-se fique ele inerte se entende que o inventariante vem procedendo inconvenientemente, prejudicando o processo de inventário" (STF, 2ª T., RE 99.567/GO, Rel. Min. Aldir Passarinho, ac. 14.06.1983, *DJU* 06.04.1984, p. 15.107, RTJ 109/751). No mesmo sentido: STJ, 3ª T., REsp 163.741/BA, Rel. Min. Waldemar Zveiter, ac. 29.06.1999, *DJU* 10.04.2000, p. 83; STJ, 4ª T., REsp 1.114.096/SP, Rel. Min. João Otávio de Noronha, ac. 18.06.2009, *DJe* 29.06.2009.

[45] STJ, 3ª T., REsp 163.741/BA, Rel. Min. Waldemar Zveiter, ac. 29.06.1999, *DJU* 10.04.2000, p. 83. Posteriormente: "Não se configura o cerceamento de defesa no caso de remoção de inventariante quando está presente o contraditório, e pode o juiz, constatado qualquer dos vícios do art. 995 do Código de Processo Civil [de 1973; art. 622 do CPC/2015], promover de ofício a remoção" (STJ, 3ª T., REsp 539.898/MA, Rel. Min. Carlos Alberto Menezes de Direito, ac. 29.03.2005, *DJU* 06.06.2005; STJ, Ag. 1.402.608, Rel. Min. Raul Araújo, decisão monocrática, julg. 26.06.2013, *DJe* 01.07.2013).

[46] TJSP, AI 44.677-1, Rel. Des. Camargo Sampaio, ac. 01.03.1984, *RT* 587/76; TJRJ, Ag 331/91, Rel. Des. Humberto Manes, *ADV* de 1992, n. 57.705.

[47] STJ, 4ª T., AgRg no Ag 42.157/MG, Rel. Min. Dias Trindade, ac. 18.10.1993, *DJU* 29.11.1993, p. 25.894; STJ, 4ª T., REsp 1.114.096/SP, Rel. Min. João Otávio de Noronha, ac. 18.06.2009, *DJe* 29.06.2009.

[48] STJ, 4ª T., REsp 1.114.096, Rel. Min. João Otávio de Noronha, ac. 18.06.2009, *DJe* 29.06.2009.

[49] TJMG, AI 18.822, Rel. Des. Capanema de Almeida, ac. 27.02.1986, *Jur. Mineira* 93/70; TJDF, 2ª Câm. Cív., AI 2002.00.20.04575-7, Rel. Des. Waldir Leôncio Júnior, ac. 02.12.2002, *DJDF* 30.04.2003, p. 27.

Não se trata, porém, de legitimidade exclusiva, posto que igual iniciativa pode, também, ser tomada pelas pessoas indicadas no art. 616, ou seja:

(a) o cônjuge ou companheiro supérstite (inc. I);
(b) o herdeiro (inc. II);
(c) o legatário (inc. III);
(d) o testamenteiro (inc. IV);
(e) o cessionário do herdeiro ou do legatário (inc. V);
(f) o credor do herdeiro, do legatário ou do autor da herança (inc. VI);
(g) o Ministério Público, havendo herdeiros incapazes (inc. VII);
(h) a Fazenda Pública, quando tiver interesse (inc. VIII);
(i) o administrador judicial da falência do herdeiro, do legatário, do autor da herança ou do cônjuge ou companheiro supérstite (inc. IX).

A legitimação do art. 616 é *concorrente*, pelo que não estão as pessoas nele arroladas sujeitas a aguardar o transcurso do prazo legal (art. 611) para comprovar a inércia do administrador provisório. Desde o óbito, qualquer um dos legitimados está autorizado a requerer o inventário.

Note-se, todavia, que a legitimação para promover o inventário não se confunde com a de exercer a inventariança. O fato, pois, de um herdeiro provocar a abertura do processo não importa preferência para o aludido múnus processual. As regras para essa investidura são outras e constam do art. 617.

O Código de 2015 traz ainda uma novidade quanto aos legitimados a dar início ao inventário. A inovação refere-se ao companheiro supérstite: o texto legal adota regra já consolidada na jurisprudência (art. 616, I). Na legislação atual, porém, não mais subsiste a determinação de que o juiz ordene de ofício a abertura do inventário, caso os legitimados não o façam no prazo legal.

161.A. Prazo para instauração e encerramento do inventário

O inventário deve ser instaurado no prazo de dois meses da abertura da sucessão (*i.e.*, da morte do inventariado), fixado pelo art. 611, podendo ser prorrogado pelo juízo, de ofício ou a requerimento da parte. Trata-se de um procedimento necessário, pois há um interesse de ordem pública no acertamento da sucessão *causa mortis*. Por isso, devem os interessados abrir o processo sucessório em juízo ou mediante a escritura pública de inventário e partilha, dentro do bimestre legal.

O CPC, entretanto, não estipula sanção pela não instauração do inventário no prazo legal, nem pela sua abertura intempestiva. Costuma haver previsão na legislação tributária do cabimento de multa por semelhante infração, bem como majoração de alíquotas do Imposto de Transmissão *Causa Mortis*.

De maneira alguma se pode pensar em decadência do direito de promover o inventário, visto tratar-se de procedimento obrigatório, na dicção do art. 611[50].

Por outro lado, o mesmo art. 611 estipula o prazo de doze meses para encerramento do inventário, a contar da respectiva instauração, igualmente prorrogável, de ofício ou a

---

[50] "Dessa forma, a qualquer tempo, por mais remota que tenha ocorrido a abertura da sucessão, será possível a instauração do inventário causa mortis, inclusive no âmbito extrajudicial (vide art. 31 da Resolução nº 35/2007 do CNJ)" (MAZZEI, Rodrigo. Ensaio sobre o inventário sucessório. Salvador: Ed. JusPodivm, 2022, p. 80).

requerimento de parte. Também não há previsão legal de pena para o não encerramento do processo tempestivamente. O juiz, naturalmente, determinará as medidas cabíveis para superar as delongas injustificáveis, as quais nunca compreenderão a extinção do processo. Conforme o caso, poderá remover inventariante e nomear inventariante dativo ou, ainda, converter o processo em herança jacente, se os herdeiros renunciarem à herança. Poderá, mesmo, determinar o arquivamento do inventário, hipótese que não se confunde com sua extinção[51].

[51] MAZZEI, Rodrigo. Ensaio sobre o inventário sucessório. Salvador: Ed. JusPodivm, 2022, p. 91; CARVALHO, Luiz Paulo Vieira. Direito das sucessões. 4. ed. São Paulo: Atlas, 2019, p. 976.

§ 15. INVENTÁRIO JUDICIAL

162. Procedimento

O procedimento sucessório em juízo, como já se mencionou, compreende dois estágios - o do inventário e o da partilha –, podendo ser desdobrado nos seguintes termos essenciais:

I - Inventário

(a) petição inicial;
(b) nomeação do inventariante;
(c) primeiras declarações;
(d) citação dos interessados;
(e) avaliação do acervo;
(f) últimas declarações;
(g) liquidação do imposto de transmissão da herança.

II - Partilha

(a) petição de quinhões;
(b) deliberação da partilha;
(c) julgamento da partilha.

163. Petição inicial

O fundamento da pretensão de inventariar bens é, no processo sucessório, a morte de alguém que deixou bens de natureza patrimonial. Esse fato deve, pois, ser desde logo comprovado por quem requer a abertura do inventário. Exige, por isso, o art. 615, parágrafo único, do CPC/2015, que a petição inicial venha instruída com a certidão de óbito do autor da herança.

O legislador não só considera necessário o procedimento do inventário, como também lhe atribui o caráter de urgência. Assina, por isso, o prazo dois meses para que os legitimados promovam a sua abertura. Além de um prazo para abrir-se o processo de inventário, a lei marca, também, o prazo para seu encerramento, que é de doze meses a contar da sua abertura (art. 611).

Os dois prazos - o de início e o de finalização - podem eventualmente ser prorrogados pelo juiz, de ofício ou a requerimento de parte (art. 611, *in fine*). Esses prazos não são peremptórios. No entanto, se não for cumprido o prazo de dois meses para iniciar o processo de inventário, mesmo que a prorrogação desse prazo tenha sido autorizada pelo juiz, poderá a Fazenda Pública estadual[52] fixar multa, relacionada com o imposto *causa mortis,* conforme entendimento consolidado pelo STF na Súmula nº 542.[53]

164. Primeiras declarações

Estando em ordem a petição inicial, o juiz a despachará nomeando o inventariante, para que este assuma o encargo de promover o inventário e partilha dos bens deixados pelo morto.

Prestado o compromisso de bem e fielmente desempenhar o múnus processual, por meio de termo lavrado nos autos, terá o inventariante vinte dias para apresentar suas primeiras declarações (CPC/2015, art. 620), pessoalmente ou por intermédio de advogado. Mas, por sua

---

[52] Art. 155, I, da CR: "Compete aos Estados e ao Distrito Federal instituir impostos sobre: I – transmissão *causa mortis* e doação de quaisquer bens ou direitos".

[53] "Não é inconstitucional a multa instituída pelo Estado-Membro, como sanção pelo retardamento do início ou da ultimação do inventário".

relevância, não se incluem entre as compreendidas pela cláusula *ad judicia*, de maneira que o procurador, para fazê-las em nome do inventariante, deve exibir procuração com poderes especiais para semelhante fim (art. 618, III). Ao escrivão compete lavrar termo nos autos para colher as declarações do inventariante que, além da assinatura do inventariante, será firmado pelo juiz e pelo serventuário que o redigiu. O conteúdo necessário das declarações se acha previsto no art. 620 e, em síntese, compreende:

(a) a identificação do morto e das circunstâncias em que se deu o óbito (data, local e hora), com o esclarecimento de existir ou não testamento a cumprir;

(b) nomeação e qualificação dos herdeiros e do cônjuge sobrevivente, se for o caso, com indicação do respectivo regime matrimonial;[54]

(c) relação completa e individualizada de todos os bens que formam a herança, inclusive aqueles que devem ser conferidos à colação, com os respectivos valores. Os imóveis deverão ser identificados com os elementos necessários ao seu registro no Registro de Imóveis.[55]

Quando se tratar de empresário individual, ou de sócio de sociedade que não a anônima, as declarações do inventariante deverão ser seguidas de um exame avaliatório ordenado pelo juiz para que se faça um balanço do estabelecimento comercial, no primeiro caso, ou uma apuração de haveres, no segundo (art. 620, § 1º, I e II).

Essa perícia não é de ser feita, porém, antes de completada a relação processual com a citação de todos os interessados, aos quais deverá se assegurar condições de seu completo acompanhamento.[56]

A apuração compreenderá não apenas um exame de valores contábeis, mas também um levantamento do valor real e exato da participação do *de cujus* sobre o acervo societário.[57]

Deve-se ponderar, outrossim, que as sociedades anônimas não se incluem no regime do art. 620, como, aliás, ressalva expressamente o § 1º, II, do texto legal cogitado. Com relação às ações, seu valor para efeito de inventário é apurado pela cotação na Bolsa de Valores, "e, se não houver, apenas pela avaliação delas, e não dos bens da companhia".[58]

---

[54] "1. No sistema constitucional vigente é inconstitucional a distinção de regimes sucessórios entre cônjuges e companheiros, devendo ser aplicado em ambos os casos o regime estabelecido no artigo 1.829 do CC/2002, conforme tese estabelecida pelo Supremo Tribunal Federal em julgamento sob o rito da repercussão geral (Recursos Extraordinários nºs 646.721 e 878.694). 2. O tratamento diferenciado acerca da participação na herança do companheiro ou cônjuge falecido conferido pelo art. 1.790 do Código Civil/2002 ofende frontalmente os princípios da igualdade, da dignidade humana, da proporcionalidade e da vedação ao retrocesso. 3. Ausência de razoabilidade do discrímen à falta de justo motivo no plano sucessório" (STJ, 3ª T., REsp 1.332.773/MS, Rel. Min. Ricardo Villas Bôas Cueva, ac. 27.06.2017, *DJe* 01.08.2017. No mesmo sentido: STJ, 3ª T., REsp 1.357.117/MG, Rel. Min. Ricardo Villas Bôas Cueva, ac. 13.03.2018, *DJe* 26.03.2018).

[55] "5. A regra contida na Lei de Registros Públicos que determina a obrigatoriedade de averbar as edificações efetivadas em bens imóveis autoriza a suspensão da ação de inventário até que haja a regularização dos referidos bens no respectivo registro, inclusive porque se trata de medida indispensável a adequada formação do conteúdo do monte partível e posterior destinação do quinhão hereditário" (STJ, 3ª T., REsp 1.637359/RS, Rel. Min. Nancy Andrighi, ac. 08.05.2018, *DJe* 11.05.2018).

[56] Deve-se facultar aos interessados a indicação de assistentes técnicos para acompanhar a apuração de haveres ou o balanço do estabelecimento individual (TJRJ, AI 1.088, Rel. Des. Vivaldo Couto, ac. 27.04.1978, *RT* 523/204).

[57] STF, 2ª T., AgRg em AI 78.478/DF, Rel. Min. Décio Miranda, ac. 30.05.1980, *DJU* 20.06.1980, p. 4.702, *Juriscível* 91/36; TJRJ, Ag 217/93, Rel. Des. Perlingeiro Lovisi, ADV de 11.02.1996, n. 72.631.

[58] TJRJ, AI 2.605, Rel. Des. Décio Cretton, ac. 11.09.1980, *RT* 552/172.

Essas declarações podem, ainda, ser prestadas mediante petição, firmada por procuradores também com poderes especiais, à qual o termo se reportará (art. 620, § 2º).

165. Citações e interveniências

Após as primeiras declarações – peça básica para fixar o objeto do juízo sucessório e determinar a legitimação dos que vão concorrer à partilha dos bens do espólio –, segue-se a citação e intimação de todos os interessados para acompanhar o feito em todos os seus termos. Manda o art. 626 do CPC/2015 que a citação compreenda o cônjuge, o companheiro, os herdeiros e os legatários. Devem ser intimados a Fazenda Pública, o Ministério Público, se houver herdeiro incapaz ou ausente, e o testamenteiro, se o finado deixou testamento.[59]

Torna-se dispensável a diligência citatória quando os interessados espontaneamente comparecem aos autos representados por advogado e, em tempo útil, se declaram cientes das primeiras declarações (art. 239, § 1º).

Sobre a forma da citação no inventário, o Código traça uma disciplina especial, com os seguintes detalhes:

(a) o prazo de manifestação dos citados é de quinze dias (art. 627);

(b) a citação será acompanhada de uma cópia das primeiras declarações (art. 626, § 3º); e o escrivão remeterá iguais peças à Fazenda Pública, ao Ministério Público, ao testamenteiro e ao advogado da parte que já se achar representada nos autos (§ 4º);

(c) a citação será, de acordo com o art. 626, § 1º, pelo correio, observado o disposto no art. 247,[60] sendo ainda publicado edital, nos termos do inciso III do art. 259.

A citação pelo correio, que é uma inovação, alcança a todos os interessados, independentemente do local de residência. Já a citação por edital é apenas para aqueles incertos ou desconhecidos.

Claro, porém, que se for impraticável a citação postal, ou se esta se frustrar, o caso será de recorrer à citação por precatória.

Questão frequentemente debatida é da interveniência de cônjuge no inventário em que outro consorte é herdeiro. Uma vez que se trata de procedimento contencioso a envolver bens imóveis, é evidente que um só dos cônjuges não tem legitimidade para participar sozinho da causa, salvo se casados sob o regime de separação absoluta de bens (art. 73, § 1º, I). A jurisprudência, aliás, é hoje pacífica no sentido de ser necessária a citação do cônjuge do herdeiro para os termos do inventário.[61] Reconhece-se que, até mesmo depois da separação judicial, o cônjuge conserva o direito de interferir no inventário em que ex-consorte figura como sucessor, se os bens hereditários se referem a óbito anterior à dissolução da sociedade conjugal e sobre os quais haverá de incidir meação do interveniente.[62]

---

[59] A circunstância de ter o herdeiro cedido seus direitos negocialmente não exclui sua legitimidade processual, pelo que sua citação é sempre necessária (TJSP, Ap 258.726, Rel. Des. Tomaz Rodrigues, ac. 14.06.1977, *RT* 507/88).

[60] De acordo com o art. 247, não se aplica a citação pelo correio, quando o citando for incapaz, for pessoa de direito público, ou residente em local não atendido pela entrega domiciliar de correspondência e, ainda, quando o autor, justificadamente, a requerer de outra forma. Nesses casos, o réu será citado pessoalmente, ou na pessoa de seu representante legal (art. 242), ou, eventualmente, por edital (art. 256).

[61] TJRJ, AI 3.367, Rel. Des. Graccho Aurélio, ac. 16.09.1980, *RT* 547/183TJSP, Ag 250.372-1/0, Rel. Des. Antônio Mansur, ac. 11.04.1995, *ADCOAS* de 10.07.1995, n. 147.755.

[62] TJRJ, Ap 1.206/86, Rel. Des. Antônio Assumpção, ac. 23.06.1987, *COAD*/1987, n. 35.986/749; TJSC, Apel. 2011.023241-2, Rel. Des. Luiz Carlos Freyesleben, ac. 16.06.2011, *DJU* 14.07.2011.

Sendo admitida a união estável pelos herdeiros, a participação do companheiro (ou companheira), para haver sua meação, pode dar-se nos autos do inventário, independentemente de sentença em ação própria.[63]

166. Impugnação dos citados

Depois de consumada a última citação, correrá o prazo de quinze dias, comum para todos os interessados, dentro do qual poderão manifestar-se sobre as declarações do inventariante. Caberá então *impugnação*, cujo conteúdo pode ser de tríplice natureza (CPC/2015, art. 627), ou seja:

(a) arguição de erro, omissão ou sonegação do inventariante, quanto aos bens, direitos ou obrigações do espólio (inc. I);
(b) reclamação quanto à escolha do inventariante (inc. II);
(c) contestação à qualidade de quem foi incluído no título de herdeiro (inc. III).

Entre as questões suscitáveis no bojo do inventário e partilha, figuram as relacionadas com a eventual pretensão ao direito real de habitação e de uso.[64]

Qualquer das impugnações deve se basear em questão de direito ou em fato demonstrável por prova documental, visto que no procedimento do inventário não há dilação para prova oral ou pericial. Se a matéria envolver questão que dependa desse tipo de prova, a controvérsia e a conveniente coleta do material probatório serão remetidas para as vias ordinárias, para que as partes possam debatê-las adequadamente (art. 612).

Para assegurar o princípio do contraditório, o juiz antes de solucionar a impugnação ouvirá o inventariante e o outro herdeiro interessado, se for o caso.

A impugnação à escolha do inventariante (art. 627, II) não se confunde com a remoção (art. 622). Esta pressupõe inventariante regularmente investido no encargo processual, que, no desempenho da função, praticou ato irregular, merecendo, por isso, uma sanção. Já a impugnação é ato inicial que visa a demonstrar irregularidade na escolha feita pelo juiz, sem qualquer conotação necessária de falha ou culpa do gestor da herança.

Sobre a decisão que o juiz profere acerca da impugnação, dispõe o art. 627 o seguinte:

(a) se julgar procedente a impugnação referida inciso I do *caput* (erro, omissão ou sonegação cometido pelo inventariante), o juiz mandará retificar as primeiras declarações (§ 1º);
(b) se acolher o pedido de que trata o inciso II (escolha indevida do inventariante), o juiz nomeará outro inventariante, observada a preferência legal (§ 2º);
(c) verificando que não pode decidir de plano a controvérsia sobre a qualidade do herdeiro impugnado, a que alude o inciso III, por demandar produção de prova que não a documental, o juiz remeterá a parte para as vias ordinárias (normalmente, investigação de paternidade e petição de herança); se o herdeiro for admitido contra a impugnação, mas com ressalva de discussão do assunto em ação ordinária (anulação de assento do registro civil ou de reconhecimento de paternidade, por exemplo), o feito

---

63 TJSP, 2ª C. D. Priv., Ag 73.160-4, Rel. Des. Roberto Bedran, ac. 07.04.1998, *JTJ* 207/192.

64 "Consoante decidido pela 2ª Seção desta Corte, "a **copropriedade** anterior à abertura da **sucessão** impede o reconhecimento do **direito real** de **habitação**, visto que de titularidade comum a terceiros estranhos à relação sucessória que ampararia o pretendido direito" (EREsp 1520294/SP, Rel. Ministra Maria Isabel Gallotti, Segunda Seção, julgado em 26/08/2020, *DJe* 02/09/2020)" (STJ, 3ª T., REsp. 1.830.080/SP, Rel. Min. Paulo de Tarso Sanseverino, ac. 26.04.2022, *DJe* 29.04.2022).

sucessório continuará com sua presença, mas, na partilha, a entrega do seu quinhão ficará sobrestada até julgamento da ação pendente (§ 3º).

O julgamento das questões suscitadas sobre as primeiras declarações (art. 627) configura decisão interlocutória, desafiando, por isso, agravo de instrumento (art. 1.015, parágrafo único).[65]

É, outrossim, na fase de abertura do inventário, iniciada com a citação dos interessados, que poderá ocorrer a aceitação ou a renúncia da herança (CC/2002, arts. 1.805 e 1.806), observando-se o seguinte:

(*a*) A aceitação da herança, expressa ou tácita, torna definitiva a qualidade de herdeiro, constituindo ato irrevogável e irretratável.[66]

(*b*) O pedido de abertura de inventário e o arrolamento de bens, com a regularização processual por meio de nomeação de advogado, implicam a aceitação tácita da herança.[67]

(*c*) Não há previsão legal de renúncia tácita da herança, devendo esta "constar expressamente de instrumento público ou termo judicial" (CC/2002, art. 1.806).

(*d*) Em sede de inventário, é possível identificar dois tipos de renúncia, a denominada renúncia translativa, pela qual o herdeiro transfere bem a determinada pessoa, a quem normalmente indica, e a renúncia abdicativa propriamente dita, pela qual renuncia à herança em benefício de todos os coerdeiros da mesma classe ou, na falta destes, da classe subsequente, sendo somente essa última espécie considerada a verdadeira renúncia.[68]

167. Herdeiro omitido nas declarações do inventariante

Quem se considere herdeiro e não tenha figurado, como tal, nas declarações do inventariante, não precisa mover, necessariamente, ação ordinária para obter o reconhecimento de seu direito de participar no juízo sucessório. Poderá demandar sua admissão diretamente ao juiz do inventário, desde que a partilha ainda não tenha sido feita (CPC/2015, art. 628).

Antes de decidir, o juiz ouvirá os demais interessados em quinze dias (§ 1º). Se para a solução da questão for necessária a produção de provas que não a documental, o pretendente será remetido para as vias ordinárias (§ 2º). Mas a lei lhe confere uma providência cautelar, que é a da reserva de bens do espólio em poder do inventariante em volume suficiente para garantir-lhe o quinhão, caso sua qualidade de herdeiro venha a ser reconhecida na ação própria (art. 628, § 2º, *in fine*).[69]

---

[65] "Contra a decisão que julga impugnação oposta à habilitação de herdeiro, cabível o agravo de instrumento" (STJ, 3ª T., REsp 63.247/RJ, Rel. Min. Eduardo Ribeiro, ac. 08.06.2000, *DJU* 28.08.2000, p. 71). O mesmo acontece com o indeferimento da habilitação de companheira do *de cujus* (STJ, 4ª T., REsp 164.170/RJ, Rel. Min. Sálvio de Figueiredo, ac. 28.04.1998, *DJU* 28.02.2000, p. 86, *RSTJ* 132/425) ou com o deferimento da habilitação de herdeiros (STJ, 4ª T., REsp 164.170/RJ, Rel. Min. Sálvio de Figueiredo, ac. 28.04.1998, *DJU* 28.02.2000, p. 86, *RT* 778/223). Assim se procede, também, em relação à decisão sobre a disputa para ocupar a inventariança (STJ, 3ª T., REsp 141.548/RJ, Rel. Min. Pádua Ribeiro, ac. 19.05.2005, *DJU* 13.06.2005, p. 286).

[66] STJ, 3ª T., REsp 1.622.331/SP, Rel. Min. Ricardo Villas Bôas Cueva, ac. 08.11.2016, *DJe* 14.11.2016.

[67] STJ, 3ª T., REsp 1.622.331/SP, Rel. Min. Ricardo Villas Bôas Cueva, ac. 08.11.2016, *DJe* 14.11.2016.

[68] STJ, 4ª T., REsp 685.465/PR, Rel. Min. Raul Araújo, ac. 27.10.2015, *DJe* 25.11.2015.

[69] Há controvérsia sobre a admissibilidade da reserva de quinhão para o filho ilegítimo ainda não reconhecido. Admite-se, em doutrina, que a medida se possa processar como cautelar caso em que o deferimento dependerá da confirmação do *fumus boni iuris* e do *periculum in mora*. Uma coisa, por outro lado, deve ser ressaltada: mesmo os que admitem a aplicação do art. 1.001 do CPC/1973 (art. 628 do CPC/2015) ao filho

O entendimento jurisprudencial é no sentido de que a reserva de bens de que tratam o inciso III do art. 627 e o § 2º do art. 628 possui caráter cautelar.[70] Assim, para o deferimento do pedido, necessário demonstrar os requisitos a que se refere o art. 300, ou seja, quando houver elementos evidenciadores *(i)* da probabilidade do direito disputado em juízo (*fumus boni iuris*), e *(ii)* do perigo na demora da prestação da tutela (*periculum in mora*). E ainda deve o pedido principal ser formulado pelas vias ordinárias em trinta dias após a efetivação da medida de deferimento (art. 308, *caput*), sob pena de cessar a eficácia da medida provisória (art. 309, I).

Esta mesma medida é de ser deferida também àquele que figurou nas declarações de inventariante e foi excluído em razão de impugnação, sendo sua qualidade de herdeiro submetida à ação própria. De igual forma, o terceiro que esteja a litigar em busca de bens próprios incluídos no acervo hereditário, como é o caso da concubina que manteve sociedade de fato com o *de cujus*, também merece, em situação de *fumus boni iuris*, a tutela de medida equivalente à do art. 628, embora o texto legal tenha sido redigido apenas com menção a herdeiro (art. 627, § 3º).[71]

168. Avaliação

I – Laudo

Superada a fase das impugnações, procede-se à avaliação judicial dos bens inventariados, cuja finalidade é dupla, ou seja:

(a) definir o valor dos bens para efeito de preparar a partilha; e

(b) propiciar base para cálculo do imposto de transmissão *causa mortis*.

Segundo dispõe o art. 630, a estimativa será feita pelo avaliador judicial e, onde não houver esse serventuário permanente da justiça, o juiz nomeará perito para cada processo.

Se for o caso de empresário individual ou quota em sociedade, além do avaliador para os bens comuns, o juiz nomeará um perito para avaliação das quotas sociais ou apuração dos

---

ilegítimo antes do julgamento da investigatória, o fazem com a ressalva de que a separação de bens não pode implicar impedimento a que os demais herdeiros concluam a partilha entre si do acervo restante (BITTENCOURT, Edgard de Moura. *Concubinato*. 2. ed. São Paulo: LEUD, 1980, p. 195). Para o STJ, a medida cautelar em questão é cabível: "A reserva de quinhão é medida cautelar e, portanto, sujeita aos requisitos do *fumus boni iuris* e do *periculum in mora*. O *fumus boni iuris* se verifica presente na propositura da ação de nulidade parcial de assento de nascimento cumulada com investigação de paternidade. O *periculum in mora* está caracterizado no pedido de reserva de bens, porquanto a posterior procedência do pedido de investigação de paternidade gerará o desfazimento da partilha com risco de não ser possível repor o monte partível no estado anterior" (STJ, 3ª T., REsp 628.724/SP, Rel. Min. Nancy Andrighi, ac. 03.05.2005, *DJU* 30.05.2005, p. 370).

[70] STJ, 3ª T., MC 14.509/SP, Rel. Min. Nancy Andrighi, ac. 21.08.2008, *DJe* 05.09.2008; STJ, decisão monocrática, AgRG no Ag 1.284.329/MG, Rel. Min. Sidnei Beneti, julg. 08.02.2001, *DJe* 15.02.2011.

[71] Desde 1980 a jurisprudência reconhece esse direito. "Em dadas circunstâncias pode ser deferido pedido de reserva de bens feito por concubina do *de cujus* em processo de inventário" (TJSP, Ap 1.940-1, Rel. Des. Nereu César de Moraes, ac. 25.03.1980, *Rev. Forense* 281/243). No STJ: "É possível a reserva de bens em favor de suposta companheira de homem casado no processo de inventário deste, na proporção de sua participação para a formação do patrimônio. Interpretação do art. 1.001 do CPC [art. 628 do CPC/2015]. Precedentes" (STJ, 4ª T., REsp 310.904/SP, Rel. Min. Jorge Scartezzini, ac. 22.02.2005, *DJU* 28.03.2005, p. 258). No mesmo sentido: STJ, 3ª T., REsp 423.192/SP, Rel. Min. Nancy Andrighi, ac. 30.08.2002, *DJU* 28.10.2002, p. 311.

haveres do *de cujus* (CPC/2015, art. 630, parágrafo único).[72] Se os herdeiros não vão suceder ao defunto na cota social, mas apenas vão receber da sociedade o valor de seus haveres, é necessário citar a sociedade para acompanhar a apuração, porque afinal será a ela que competirá pagar aos herdeiros o crédito do autor da herança. Esse procedimento incidental, para evitar tumulto, deverá processar-se em apenso ao inventário.

A avaliação, outrossim, nem sempre se mostra obrigatória. Se há incapazes entre os sucessores, não há como fugir da perícia judicial. Mas se todos são maiores e capazes, a dispensa da avaliação ocorrerá quando:

(a) a Fazenda Pública concordar expressamente com o valor atribuído aos bens do espólio nas primeiras declarações (art. 633);

(b) os sucessores concordarem com o valor dos bens declarados pela Fazenda Pública. No caso da discordância ser parcial, a avaliação só incidirá sobre os bens que tiverem sido objeto da divergência (art. 634).

II – Manifestação das partes

Após a juntada do laudo, as partes terão quinze dias para se manifestar (art. 635). Se a discordância for apenas quanto ao valor atribuído aos bens, o julgamento será de plano, conforme os dados disponíveis no processo (art. 635, § 1º). Julgando procedente a impugnação, o juiz determinará que o perito retifique a avaliação, observando os fundamentos da decisão (§ 2º).

O novo Estatuto processual não mais se refere à eventualidade de nova perícia – como o fazia o Código anterior (art. 1.010) –, o que, entretanto, não equivale a proibi-la.

Inexistindo casuísmo legal, reservou-se ao critério do magistrado avaliar a necessidade ou não de uma renovação da perícia. Contudo, não se admite renovação por questões como puro inconformismo das partes ou simples retardamento no recolhimento do tributo *causa mortis*, mesmo porque, pela lei, o imposto em questão é calculado sobre o valor venal dos bens na data da avaliação (CTN, art. 38, Súmula nº 113 do STF). Quer isto dizer que "os efeitos da mora serão corrigidos pelos juros, multas e correção monetária previstos na lei fiscal",[73] e não por meio de renovação da avaliação.

Mas, para a segunda parte do processo sucessório, ou seja, para a partilha, a jurisprudência dominante é no sentido da necessidade de renovar-se a avaliação, quando, "pelo decurso de longo tempo, tiver ocorrido grande alteração dos valores atribuídos inicialmente aos bens".[74]

169. Últimas declarações

Encerrada a avaliação, caberá ao inventariante prestar suas últimas declarações, que deverão representar o termo final do inventário propriamente dito.

---

[72] "O parágrafo único do art. 993 do CPC [art. 620 do CPC/2015] dispõe sobre as medidas postas ao alcance do julgador, que devem suceder às primeiras declarações do inventariante, em processo de inventário no qual era, o autor da herança, comerciante em nome individual ou sócio de sociedade que não anônima. Autoriza, assim, o inciso II do parágrafo único do referido dispositivo que, dentro do próprio processo de inventário, se proceda à apuração dos haveres do falecido por sua participação, por exemplo, em sociedade civis e comerciais por cotas limitadas. Nesses casos, cumpre ao juiz da causa nomear contador (perito) para que realize referida apuração (CPC art. 1.003, parágrafo único) [CPC/2015, art. 330, parág. único]" (STJ, 4ª T., REsp 289.151/SP, Rel. Min. Vasco Della Giustina, ac. 07.10.2010, *DJe* 25.10.2010).

[73] STF, 2ª T., RE 82.457/RJ, Rel. Min. Cordeiro Guerra, ac. 21.09.1976, *DJU* 01.11.1976, p. 9.444, *RTJ* 79/608. Contra: STJ, 1ª T., REsp 14.880/MG, Rel. Min. Demócrito Reinaldo, ac. 01.06.1995, *DJU* 19.06.1995, p. 18.636.

[74] STF, 1ª T., RE 101.622/RJ, Rel. Min. Soares Muñoz, ac. 03.04.1984, *DJU* 04.05.1984, p. 6.682, *RTJ* 110/416.

Nelas poderão ser emendadas, aditadas ou complementadas as declarações iniciais, atendendo a fatos novos ou erros e omissões cometidos pelo inventariante.

Com essas declarações finais, retrata-se a situação definitiva da herança a ser partilhada e adjudicada aos sucessores do *de cujus*.

Sobre elas, as partes serão ouvidas em quinze dias (art. 637), cabendo ao juiz decidir a respeito das eventuais impugnações, de plano.

170. Cálculo do imposto *causa mortis*

Uma vez ultimada a fase das últimas declarações, o processo vai ao contador do juízo, que elabora o cálculo do imposto de transmissão *causa mortis*, assim como das custas do processo.

Nesse cálculo, deve-se levar em conta que apenas os bens imóveis do espólio se sujeitam ao tributo sucessório e que, se o *de cujus* era casado em regime de comunhão de bens, a meação do cônjuge supérstite não representa herança, mas bem próprio, que, por isso, não suportará tributo algum.[75]

O imposto será, outrossim, apurado sobre o líquido da herança, de sorte que do valor dos bens inventariados deverão ser deduzidas, antes do cálculo, as dívidas passivas, as despesas do funeral, as custas do processo, a taxa judiciária etc.[76]

Depois de elaborado o cálculo pelo contador do juízo, sobre ele poderão manifestar-se os interessados no prazo comum de cinco dias. Em seguida, igual prazo será aberto à Fazenda Pública (art. 638). Se alguma impugnação houver e for considerada procedente pelo juiz, determinará este a reforma de cálculo (§ 1º).

Estando em ordem o cálculo, o juiz o julgará, para autorizar o recolhimento do tributo devido na sucessão (art. 638, § 2º).

Houve, de início, alguma controvérsia quanto ao recurso manejável contra o julgamento do cálculo. Hoje, porém, o entendimento que prevalece é o de tratar-se de decisão interlocutória, que, por isso mesmo, desafia agravo de instrumento.[77] Incide a regra do art. 1.015, parágrafo único, do CPC/2015, ficando superada a velha corrente jurisprudencial que atribuía a natureza de sentença à decisão que julga o cálculo do imposto devido na sucessão hereditária.[78]

171. Colações

Entre os herdeiros necessários, não deve, em princípio, ocorrer a diversidade de quinhões, pois seus direitos sucessórios são iguais. Por outro lado, a doação dos pais aos filhos importa, pela lei, adiantamento da legítima (CC, art. 544). Disso decorre que todo descendente que houver recebido doação deverá computar o adiantamento da legítima por ocasião do inventário

---

[75] A Constituição de 1988 permite que o imposto de transmissão *causa mortis* incida sobre "quaisquer bens ou direitos" (art. 155, I). Logo, doravante os Estados poderão ampliar a área de incidência do tributo fazendo com que, através de lei local, não apenas os imóveis da herança sejam tributados, mas todo e qualquer bem que integre o acervo deixado pelo *de cujus*.

[76] BARROS, Hamilton de Moraes e. *Comentários ao Código de Processo Civil*. Rio de Janeiro: Forense, 1980, v. 9, n. 151, p. 280.

[77] BARROS, Hamilton de Moraes e. *Comentários ao Código de Processo Civil*. Rio de Janeiro: Forense, 1980, v. 9, n. 151, p. 282; STF, 2ª T., RE 94.537/GO, Rel. Min. Cordeiro Guerra, ac. 28.08.1981, *DJU* 25.09.1981, p. 9.478, *Juriscível* 106/221; STJ, 2ª T., REsp 34.895/PE, Rel. Min. Antônio de Pádua Ribeiro, ac. 21.03.1996, *DJU* 08.04.1996, p. 10.463.

[78] SILVA, Ricardo Alexandre da; LAMY, Eduardo. *Comentários ao Código de Processo Civil*. 2. ed. São Paulo: Ed. RT, 2018, v. IX, p. 560.

e partilha do acervo deixado pelo doador, salvo se no ato de liberalidade tiver sido contemplado com a dispensa da conferência (CC, arts. 2.005 e 2.006).[79]

Consiste, pois, a colação, no ato judicial de reconstituição do acervo hereditário, por meio da adição dos bens doados em vida aos descendentes ao patrimônio deixado no momento da morte do *de cujus*, para que a partilha se faça segundo a justa e precisa equalização de todas as legítimas de todos os herdeiros descendentes.[80]

Se os bens doados ainda se conservam em poder do donatário, a colação pode ser feita pela restituição dos próprios bens ao monte hereditário (colação *in natura*). Se o herdeiro já não os possui ou se não se interessa em restituí-los, a colação será feita pelo respectivo *valor*, o qual se computará na formação do quinhão do donatário.

A colação deve partir da iniciativa do donatário. Constará de declaração, tomada por termo nos autos, ou de petição à qual o termo se reportará. Nela serão descritos os bens recebidos por antecipação da legítima, para cômputo na partilha. Se o beneficiário da liberalidade já não mais os possuir, será trazido à colação o respectivo valor. Cabe ao donatário proceder à declaração do art. 639 do CPC/2015, no prazo de quinze dias a contar da citação prevista no art. 627 do CPC/2015 (art. 639).

O valor básico para a colação, segundo o art. 2.004 do Código Civil, seria aquele pelo qual o bem figurou no ato de liberalidade. O CPC, entretanto, restabeleceu antiga regra do Código de 1973, determinando que os bens doados, assim como suas acessões e benfeitorias, sejam colacionados "pelo valor que tiverem ao tempo da abertura da sucessão" (CPC/2015, art. 639, parágrafo único), ou seja, a avaliação deverá reportar-se ao momento da morte do autor da herança. Com essa regra processual superveniente restou revogado o dispositivo do Código Civil que preconizava a colação pelo valor do tempo da doação.[81]

O dever de colacionar as doações não desaparece com a posterior renúncia à herança nem com a exclusão do herdeiro da sucessão, desde que haja excesso a repor ao monte (parte inoficiosa da doação) (art. 640).

Se vários são os bens doados a um só descendente, lícito lhe é escolher os que se devolverão ao monte partilhável (art. 640, § 1º). Se o excesso recair sobre imóvel que não comporte divisão cômoda, promoverá o juiz licitação entre os herdeiros, na qual ao donatário caberá preferência, em igualdade de condições com os outros herdeiros (art. 640, §§ 2º e 3º).

Quando o donatário não faz espontaneamente a colação, o inventariante, ou qualquer outro herdeiro, poderá intimá-lo a fazê-lo. Nesse caso, se o herdeiro negar o recebimento dos bens ou a obrigação de os conferir, o juiz resolverá o incidente, dentro dos autos do próprio inventário. Para tanto, ouvirá todos os interessados em quinze dias e decidirá, à vista das alegações e prova produzidas (art. 641). Rejeitada a oposição, o herdeiro terá quinze dias para proceder à conferência nos autos. Se não o fizer, o juiz decretará o sequestro dos bens sujeitos à colação, para partilha, ou, se já não existirem, ordenará que seu valor seja imputado ao quinhão do donatário (art. 641, § 1º).

Se a matéria exigir dilação probatória diversa da documental, ou seja, se não for solucionável à vista dos documentos do processo, as partes serão remetidas para as vias ordinárias, ficando suspensa a entrega de quinhão ao herdeiro enquanto pender a demanda, e enquanto não se der

---

[79] "A dispensa de colação de bem doado é eficaz e oponível a terceiros, na medida em que a doação saia da cota disponível do doador" (TJMG, EI na Ap 62.018, Rel. Des. Werneck Cortes, ac. 26.03.1985, *Jur. Mineira* 91/88; STJ, 3ª T., REsp 730.483/MG, Rel. Min. Nancy Andrighi, ac. 03.05.2005, *DJU* 20.06.2005, p. 287.

[80] MARCATO, Antônio Carlos. *Procedimentos especiais*. São Paulo: Ed. RT, 1986, n. 135, p. 140.

[81] MARINONI, Luiz Guilherme; ARENHART, Sérgio Cruz; MITIDIERO, Daniel. *Curso de processo civil*. São Paulo: Ed. RT, 2015. v. 3, p. 200. STJ, 3ª T., REsp 1.698.638/RS, Rel. Min. Nancy Andrighi, ac. 14.05.2019, *DJe* 16.05.2019.

caução correspondente ao valor dos bens disputados (art. 641, § 2º). A decisão é interlocutória, desafiando agravo de instrumento.

A ação comum pode ter o cunho condenatório, se for de iniciativa do espólio, ou a natureza declaratória negativa, se partir do herdeiro.

172. Sonegados

Ocorre a *sonegação* quando bens do espólio são dolosamente ocultados para não se submeterem ao inventário ou à colação.[82] "Trata-se de um ato ilícito cometido por um herdeiro contra os demais, de maneira *intencional* ou *maliciosa*".[83]

A lei pune a sonegação de duas maneiras:

(a) se o sonegador é apenas herdeiro, perderá o direito sucessório sobre o objeto sonegado; se já não mais o tiver em seu poder, terá de pagar ao espólio o respectivo valor mais perdas e danos (CC, arts. 1.992 e 1.995);

(b) se o herdeiro for também inventariante, além da perda do direito mencionado, sofrerá remoção da função (CC, art. 1.993; CPC/2015, art. 622, VI).

A punição legal da perda de direito aos bens incide apenas sobre quem tenha a qualidade de herdeiro. O cônjuge meeiro perde tão somente a inventariança, não a sua meação, já que esta não integra o direito hereditário.[84]

A pena é imposta por sentença em ação ordinária, de sorte que não é matéria para ser decidida em mero incidente do inventário. A legitimidade para propor dita ação cabe a qualquer herdeiro ou aos credores da herança (CC, art. 1.994).

Ao inventariante só se pode imputar a sonegação "depois de encerrada a descrição dos bens, com a declaração por ele feita, de não existirem outros por inventariar" (art. 621). É que, até as últimas declarações, permite a lei que o inventariante faça emendas ou adições às primeiras (art. 636).

173. Pagamento de dívidas do morto

As obrigações do autor da herança não desaparecem com a morte. Não sendo personalíssimas, acompanham o patrimônio deixado pelo devedor e transferem-se para os seus herdeiros, dentro das forças da herança que lhe couber.

Há, pois, interesse dos credores em receber o débito integral do espólio, antes da partilha. Para esse fim, prevê o Código de Processo Civil um procedimento administrativo, paralelo ao inventário, cuja disciplina se encontra nos arts. 642 a 646.

---

[82] OLIVEIRA, , Itabaiana de. *Tratado de direito das sucessões*. 4. ed. São Paulo: Max Limonad, 1952. v. III, n. 844, p. 838.

[83] "A sonegação de bem pelo inventariante não se concretiza pela simples omissão no declarar sua existência. A sonegação é a ocultação maliciosa" (TJSP, Ap 285.094, Rel. Des. Aniceto Aliende, ac. 21.08.1979). "Não havendo malícia, não há sonegação" (Silvio Rodrigues, Parecer *in Rev. Forense* 263/105). A sonegação não é causa de nulidade da partilha. Basta que se faça a sobrepartilha (STJ, 3ª T., REsp 770.709/SC, Rel. Min. Ari Pargendler, ac. 10.06.2008, *DJe* 20.06.2008). "I – A ação de sonegados deve ser intentada após as últimas declarações prestadas no inventário de não haver outros bens a inventariar. II – sem haver a declaração, no inventário, de não haver outros bens a inventariar, falta à ação de sonegados uma das condições, o interesse processual, em face da desnecessidade de utilização do procedimento" (STJ, 4ª T., REsp 265.859/SP, Rel. Min. Sávio de Figueiredo Teixeira, ac. 20.03.2003, *DJU* 07.04.2003, p. 290).

[84] STJ, 4ª T., REsp 1.567.276/CE, Rel. p/ac. Min. Maria Isabel Galloti, ac. 11.06.2019, *DJe* 01.07.2019.

Os credores interessados deverão formular petição instruída com os documentos comprobatórios da dívida ("prova literal"), que será distribuída por dependência e autuada em apenso aos autos do inventário (art. 642, § 1º).

Dar-se-á vista a todos os interessados e, havendo acordo, o juiz declarará habilitado o credor, ordenando a separação de dinheiro ou de bens suficientes para o pagamento (art. 642, § 2º). Nos termos do art. 645, também os legatários terão de ser ouvidos.

É indispensável o acordo unânime, porque a habilitação, *in casu*, é não contenciosa. Por isso, não havendo concordância de todas as partes sobre o pagamento, será o credor remetido para os meios ordinários (art. 643), ou seja, terá ele de propor a ação contenciosa contra o espólio, que for compatível ao título de seu crédito (execução ou ordinária de cobrança, conforme o caso).

Há, porém, uma medida cautelar que o juiz toma, *ex officio*, em defesa do interesse do credor que não obtém sucesso na habilitação: se o crédito estiver suficientemente comprovado por documento e a impugnação não se fundar em quitação, o magistrado mandará *reservar*, em poder do inventariante, bens suficientes para pagar o credor, enquanto se aguarda a solução da cobrança contenciosa (art. 643, parágrafo único).

Tendo sido o pedido de habilitação fundado formalmente em documentação idônea, a resistência dos sucessores tornará contencioso o incidente inicialmente proposto com o caráter de jurisdição voluntária, justificando a aplicação das regras da sucumbência, inclusive quanto à verba advocatícia.[85] Observar-se-ão os seguintes critérios:

(a) se o pedido do credor estiver desacompanhado de comprovante, ou se o comprovante exibido não for suficiente para demonstrar a certeza do crédito, o caso será de remessa às vias ordinárias com imposição de honorários de advogado ao pretenso credor, sem a reserva cautelar de bens cogitada pelo parágrafo único do art. 643;

(b) estando o requerimento apoiado em prova literal de dívida vencida e exigível, a eventual resistência ao pagamento pelas vias administrativas, será havida como caprichosa, sujeitando o opositor aos consectários da sucumbência, devendo o inventariante proceder à reserva cautelar de bens para assegurar o pagamento a ser perseguido em ação à parte.[86]

Sendo deferida a habilitação, caberá ao inventariante efetuar o pagamento, se o espólio dispuser de dinheiro. Caso contrário, os bens separados serão alienados, conforme as regras de expropriação do processo de execução por quantia certa (art. 642, § 3º).

Quando o credor tiver de promover execução forçada contra o espólio, a penhora poderá recair sobre os bens que o juiz, na forma do art. 643, mandou separar para garantia da obrigação não habilitada (art. 646).

É bom notar, por outro lado, que, embora a lei institua um procedimento não contencioso para a habilitação dos credores no inventário, o uso desse expediente é apenas uma faculdade e não uma condição para o recebimento das obrigações do espólio. Nada impede, por isso, que o credor, ciente das resistências dos herdeiros, opte, desde logo, pelo ajuizamento do processo contencioso.[87]

---

85 STJ, 3ª T., REsp 1.431.036/SP, Rel. Min. Moura Ribeiro, ac. 17.04.2018, *DJe* 24.04.2018; STJ, 4ª T., REsp 578.943/SC, Rel. Min. Cesar Asfor Rocha, ac. 18.05.2004, *DJU* 04.10.2004, p. 3.200.

86 Só não haverá separação de bens, se a controvérsia sobre crédito fundado em título adequado, quando a impugnação arguir quitação (CPC/2015, art. 643, parágrafo único, *in fine*).

87 STJ, 4ª T., REsp 921.603/SC, Rel. Min. João Otávio de Noronha, ac. 15.10.2009, *DJe* 26.10.2009.

A circunstância, outrossim, de não se achar vencida a dívida não impede que o credor se habilite no inventário. Ocorrendo a concordância geral, o juiz deferirá a habilitação e mandará *separar* os bens para o pagamento a ser feito à época do vencimento (art. 644, *caput* e parágrafo único).

Por fim, é bom ressaltar que, uma vez deferida a habilitação de crédito, inadmissível será a partilha sem antes proceder-se à separação de bens para o pagamento ao credor.[88]

Há, outrossim, que se fazer uma distinção entre *separação* e *reserva* de bens no procedimento sucessório. A *separação* (art. 642, § 2º) destina-se à satisfação do crédito habilitado. Equivale a uma atual penhora, colocando desde já os bens à disposição do inventariante para com eles realizar o pagamento, bens esses que serão excluídos do acervo a partilhar entre os sucessores. A *reserva* (art. 643, parágrafo único), por sua vez, tem natureza cautelar apenas. Funciona como uma espécie de arresto, vinculando os bens reservados a uma futura e eventual penhora, a exemplo do que se passa nas circunstâncias do art. 830.

Da mesma maneira que os bens separados, também os reservados não devem figurar na partilha, enquanto não resolvida a execução. Se, indevidamente, incidir sobre eles a partilha, nem por isso sofrerá prejuízo o credor. É que o ato será inoponível ao exequente, devido à força do gravame cautelar ou da própria penhora se aquele já houver se convertido nesta, tal como acontece, por exemplo, no caso do art. 830, § 3º. Nem mesmo haverá de se exigir uma anulação da partilha, visto que as mutações dominiais posteriores à penhora são simplesmente ineficazes perante a execução e os atos que a preparam[89] (art. 792, § 1º).

---

88 "Não há dúvida alguma de que a hasta pública deve realizar-se antes da partilha" (OLIVEIRA, Wilson de. *Inventários e partilhas*. São Paulo: Saraiva, 1975, n. 6.14, p. 96).

89 STJ, 3ª T., REsp 703.884/SC, Rel. Min. Nancy Andrighi, ac. 23.10.2007, *DJU* 08.11.2007, p. 225.

§ 16. PARTILHA

174. Espécies de partilha

A sucessão *causa mortis* pode dar-se em favor de um só ou de diversos sucessores. No primeiro caso, homologado o cálculo do imposto de transmissão e feito o respectivo recolhimento, o juiz *adjudicará* o acervo ao único interessado, por sentença, e findo estará todo o procedimento sucessório. Havendo, porém, vários sucessores, ter-se-á de proceder à *partilha*, para adjudicar a cada um deles o respectivo quinhão do acervo deixado pelo autor da herança.[90]

O direito brasileiro conhece três modalidades de partilha para solucionar a sucessão hereditária: *(i)* a *amigável*; *(ii)* a *judicial*; e *(iii)* a *partilha em vida* (CC, arts. 2.015 a 2.018).

A partilha *amigável* é a que se faz por acordo de vontades entre todos os sucessores. Requer capacidade de exercício dos interessados e acordo unânime entre eles. Pode tomar a forma de escritura pública ou de termo nos autos do inventário, ou, ainda, de escrito particular homologado pelo juiz. Tem cabimento tanto no caso de inventário completo como no de arrolamento.

Pode ocorrer, ainda, no inventário administrativo previsto no art. 610, § 1º, caso em que se torna completamente dispensável o processo judicial (v., *retro*, o item nº 150).

A partilha em vida ocorre quando o ascendente toma a iniciativa de realizar a repartição de seus bens entre os descendentes mediante ato entre vivos ou de última vontade (CC, art. 2.018). É, pois, admissível a antecipação de partilha em *doação* ou em *testamento*, cuja validade, no entanto, dependerá de não ser prejudicada a *legítima* dos herdeiros necessários.

Os próprios descendentes, no entanto, jamais poderão antecipar, entre si, partilha negocial dos bens do ascendente, porque a lei não admite qualquer contrato que tenha por objeto a herança de pessoa viva (CC, art. 426).

175. Partilha judicial. Deliberação

Encerrado o inventário com a homologação e pagamento do imposto *causa mortis*, e uma vez feita a separação de bens para pagar dívidas do espólio, se houver (CPC/2015, art. 642, § 3º), abrir-se-á a segunda fase do procedimento judicial da sucessão hereditária, cujo primeiro ato será a assinatura, pelo juiz, do prazo de quinze dias, comum a todos os interessados, dentro do qual deverão ser formulados os pedidos de quinhão (art. 647).

Prepara-se, assim, a *partilha judicial*, colhendo-se inicialmente as pretensões dos sucessores a respeito da forma de dividir os bens comuns. De posse desses dados, ou mesmo na falta deles, caberá ao juiz proferir *a decisão de deliberação da partilha*, no qual resolverá os pedidos das partes e designará os bens que constituirão os quinhões de cada herdeiro e legatário (art. 647).

Esse ato judicial é, em regra, de mero impulso processual, já que apenas prepara a partilha e poderá ser modificado a qualquer momento, enquanto não atingida a meta final, que é a homologação do ato de divisão dos bens comuns. Por isso, costuma-se não admitir recurso algum contra a deliberação da partilha.

---

90 A partilha se faz segundo regras materiais do direito sucessório. A propósito está assente na jurisprudência do STF, firmada em regime de repercussão geral e em caráter vinculante (CPC/2015, art. 927, I e V), que não se pode "desequiparar, para fins sucessórios, os cônjuges e os companheiros, isto é, a família formada pelo casamento e a formada por união estável". Isso porque "no sistema constitucional vigente, é inconstitucional a distinção de regimes sucessórios entre cônjuges e companheiros, devendo ser aplicado, em ambos os casos, o regime estabelecido no art. 1.829 do CC/2002" (STF, Pleno, RE 646.721/RS, Rel. Min. Marco Aurélio, ac. 10.05.2017, *DJe* 11.09.2017).

O inconformismo da parte terá de ser manifestado contra a sentença de partilha e não contra o simples despacho que a prepara.[91] Ressalva-se, contudo, o caso em que o decisório vai além da simples preparação da partilha, enfrentando e decidindo "questões de direito". Cabível, então, será o agravo de instrumento.[92]

O critério que preside a boa partilha inspira-se em três regras tradicionais, ora incorporados ao atual Código como normas a serem observadas (art. 648):

(a) da máxima *igualdade* quanto ao valor, à natureza e à qualidade dos bens (inc. I);

(b) da prevenção de litígios futuros (inc. II);

(c) da máxima *comodidade* dos coerdeiros, do cônjuge ou do companheiro, se for o caso (inc. III).

De acordo com a primeira, os quinhões devem, em qualidade e quantidade, propiciar bens iguais para os diversos herdeiros, seja no bom, seja no ruim, no certo e no duvidoso. Todavia, mormente quando o monte-mor seja constituído de vários e extensos imóveis, o princípio da *igualdade* não exige a participação de todos os sucessores em todos os bens do espólio. A igualdade realmente obrigatória é a econômica, que se traduz na formação de quinhões iguais, segundo a avaliação do acervo.[93]

Pelo princípio da *comodidade*, deve-se atentar na partilha às condições pessoais de cada sucessor, de modo a atender a interesses profissionais, de vizinhança, de capacidade administrativa etc. Dessa forma, um comerciante urbano teria preferência para receber mercadorias ligadas ao seu ramo, ou imóvel útil à expansão de seu negócio; um agricultor, para receber terrenos rurais e máquinas agrícolas; o confinante, para receber áreas contíguas de sua atual propriedade etc.

Por força da regra prevista no inciso II, prevenção de litígios, recomenda-se evitar, quanto possível, a comunhão entre os aquinhoados na partilha,[94] o excessivo retalhamento de glebas isoladas para um só herdeiro, a instituição desnecessária de servidões etc.

Numa combinação do princípio da igualdade com o da comodidade, está assente na jurisprudência que "na partilha não se deve apenas observar a igualdade aritmética dos quinhões, pela igual participação de todos os herdeiros em todos os bens da herança, mas também atentar para a prevenção de litígios futuros e a maior comodidade dos coerdeiros".[95] Nessa ordem de ideias, já se julgou, corretamente, que, para as determinações do Código Civil e do Código de Processo Civil, nem sequer se pode considerar partilha aquela em que

---

[91] TJMG, 6ª Câm. Cív., AI 380.029-5, Rel. Des. Belizário de Lacerda, ac. 10.10.2002, *DJMG* 22.10.2002; BARROS, Hamilton de Moraes e. *Comentários ao Código de Processo Civil*. Rio de Janeiro: Forense, 1980, v. 9, n. 161, p. 310-311; PONTES DE MIRANDA, Francisco Cavalcanti. *Comentários ao Código de Processo Civil*. Rio de Janeiro: Forense, 1977, v. XIV, p. 201.

[92] Quando, porém, o juiz decide questões de direito junto com a deliberação de formação dos quinhões, o ato deixa de ser simples despacho ordinário para adquirir a natureza de decisão interlocutória. Então cabível será o agravo. Nesse sentido: STJ, 4ª T., REsp 40.691/MG, Rel. Min. Sálvio de Figueiredo, ac. 29.03.1994, *DJU* 13.06.1994, p. 15.111.

[93] "O princípio da igualdade da partilha conduz à avaliação contemporânea de todos os bens, especialmente em face da inflação existente no País" (STF, 1ª T., RE 100.332/MG, Rel. Min. Oscar Corrêa, ac. 01.06.1984, *DJU* 06.09.1984, p. 14.334, *RTJ* 110/1.162). Se a avaliação for antiga e imprestável para a aferição da igualdade dos quinhões, todos os bens da herança deverão ser reavaliados para que a partilha se faça adequadamente (nesse sentido: STJ, 3ª T., REsp 35.182/SP, Rel. Min. Waldemar Zveiter, ac. 30.05.1995, *DJU* 23.10.1995, p. 35.661).

[94] TJSP, AI 16.461, Rel. Des. Toledo Piza, ac. 15.09.1981, *RT* 556/88.

[95] TJMG, Ap 30.779, Rel. Des. Hélio Costa, ac. 20.10.1969, *Jur. Mineira* 44/376. SILVA, Ricardo Alexandre da; LAMY, Eduardo. *Comentários ao Código de Processo Civil*. 2. ed. São Paulo: Ed. RT, v. IX, p. 586-587.

se limita a atribuir uma parte ideal à viúva e a cada um dos herdeiros em todos os imóveis inventariados.[96]

Cabe ao juiz, ainda na fase de deliberação da partilha, decidir sobre a necessidade ou conveniência da venda de bens para pagamento de dívidas do espólio ou para partilha do preço, quando se tratar de coisas insuscetíveis de divisão cômoda e não comportáveis no quinhão de um só dos herdeiros ou na meação do cônjuge sobrevivente. Nessa hipótese, um dos interessados poderá requerer ao juiz a adjudicação do bem indivisível, repondo aos outros, em dinheiro, o que ultrapassar a sua quota (CC, art. 2.019, § 1º). Se houver mais de um pretendente, marcar-se-á licitação para a disputa entre eles.

Antes da partilha, pode juiz deferir a qualquer dos herdeiros o exercício dos direitos de usar e de fruir determinado bem, o qual deverá necessariamente integrar o seu quinhão, caso em que deverá ele arcar com todos os ônus e bônus decorrentes do exercício dos direitos antecipados (art. 647, parágrafo único).

Os bens insuscetíveis de divisão cômoda que não puderem ser destinados, exclusivamente, ao cônjuge ou companheiro supérstite ou ainda ao quinhão de um só herdeiro, deverão ser licitados entre os interessados ou vendidos judicialmente, sendo partilhado o valor apurado. Mas poderão esses bens ser adjudicados a todos se eles consentirem expressamente (art. 649).

Se um dos herdeiros for nascituro, ou seja, concebido mais ainda não nascido, seu quinhão será reservado em poder do inventariante até seu nascimento (art. 650).

176. Esboço e lançamento da partilha

I – Esboço da partilha

Cabe ao partidor do juízo dar cumprimento ao despacho de deliberação da partilha. Antes de dar forma definitiva à divisão dos bens inventariados, aquele serventuário da Justiça elaborará um projeto, que a lei chama de *esboço da partilha*, para submeter ao crivo das partes e do juiz.

Esse esboço delineará a formação dos quinhões, segundo os bens e valores atribuídos ao cônjuge meeiro, se houver, e a cada um dos herdeiros, além de balancear a quota disponível do *de cujus* e as dívidas atendidas.

Segundo o art. 651, o esboço definirá o ativo e o passivo da herança, assim como os pagamentos a serem efetuados com o patrimônio do *de cujus*, os quais observarão a seguinte ordem legal:

(a) dívidas atendidas (inc. I);
(b) meação do cônjuge (inc. II);
(c) meação disponível (inc. III);
(d) quinhões hereditários, a começar pelo coerdeiro mais velho (inc. IV).

A soma de todos esses valores forma o monte-mor, do qual, antes da partilha, serão abatidos os valores correspondentes às dívidas passivas do espólio, as despesas de funeral do autor da herança, as custas do processo e os honorários do advogado. O líquido será o *monte partível.*

A meação do cônjuge não integra a herança propriamente dita. Trata-se de bem de terceiro, condômino do inventariado. Daí a necessidade de separá-la antes de iniciar a formação dos pagamentos aos herdeiros.

---

[96] TJSP, Ap 234.599, Rel. Des. Geraldo Roberto, ac. 03.07.1976, *RT* 488/70.

Após essa separação, surge a parte restante, que é a *meação do morto*. Se houver testamento ou doação anterior ao óbito, é preciso apurar-se, em seguida, a *metade disponível*, para chegar-se, finalmente, à *legítima* dos herdeiros necessários (CC, art. 1.846).

Tudo isso feito, o partidor lançará no esboço os diversos pagamentos a que fazem jus os herdeiros, isto é, indicará o quinhão de cada um, discriminando bens e valores que o comporão.

Juntado aos autos, o esboço será submetido à apreciação das partes, da Fazenda Pública e do Ministério Público, quando funcionar no processo. O prazo para falar, nesse estágio, é de quinze dias (CPC/2015, art. 652).

II - Partilha

Solucionadas as eventuais reclamações, lançar-se-á a partilha nos autos (art. 652), ou seja, caberá ao escrivão lavrar um termo no processo em que se descreverão todos os termos essenciais da partilha esboçada e aprovada judicialmente.

Esse lançamento da partilha, segundo o art. 653, constará de duas partes distintas, ou seja:

I - de um *auto de orçamento*, que mencionará:
  (a) os nomes do autor da herança, do inventariante, do cônjuge ou companheiro supérstite, dos herdeiros, dos legatários e dos credores admitidos;
  (b) o ativo, o passivo e o líquido partível, com as necessárias especificações;
  (c) o valor de cada quinhão; e

II - de uma *folha de pagamento* para cada parte, declarando a quota a pagar-lhe, a razão de pagamento, a relação dos bens que lhe compõem o quinhão, as características que os individualizam e os ônus que os gravam.

O juiz e o escrivão assinarão o auto de orçamento e cada uma das folhas de pagamento (art. 653, parágrafo único).

Essas peças processuais são imprescindíveis ao procedimento da partilha judicial. Sobre elas incidirá a sentença do segundo estágio do processo sucessório *causa mortis* e será com base nelas que se extrairá o formal de partilha para transcrição no Registro de Imóveis, depois da homologação judicial.

177. A sentença da partilha

Comprovado o pagamento do imposto de transmissão *causa mortis*, assim como a regularidade da situação do espólio em face dos compromissos tributários em geral,[97] a partilha deverá ser julgada por sentença (CPC/2015, art. 654). Entretanto, eventual apontamento de débitos com a fazenda não impede o julgamento da partilha, desde que seu pagamento esteja garantido mediante destacamento de parte da herança (art. 654, parágrafo único).

O julgamento, na espécie, é homologatório da partilha lançada nos autos, na forma do art. 653. Não se trata, porém, de sentença *meramente homologatória*, como aquela em que o juiz homologa a partilha amigável entre maiores e capazes.[98] Aqui o procedimento é *contencioso*, e o

---

[97] CTN, art. 192. Também tratando-se de imóvel rural, obrigatória será a apresentação do Certificado de Cadastramento do INCRA (Lei nº 4.947/1966, art. 22, § 2º; Dec.-lei nº 1.128/1970, art. 2º, parágrafo único).

[98] "A sentença que se limita a homologar a partilha amigável não pode ser desconstituída por meio de recurso de apelação, pois não possui cunho decisório e há necessidade de produção de prova acerca do vício alegado, sendo necessário o ajuizamento da ação anulatória prevista no art. 1.029 do CPC [de 1973], [art. 657 do CPC/2015]" (STJ, 4ª T., REsp 695.140/MG, ac. 01.09.2009, *DJe* 14.09.2009).

ato homologado (isto é, a partilha lançada nos autos pelo partidor do juízo) foi precedido de amplo contraditório e resultou de deliberação judicial, onde se solucionaram todas as pendências ou divergências acaso manifestadas entre as partes. A sentença é, pois, de mérito e faz *coisa julgada material*, só podendo ser atacada depois de esgotada a via recursal, por ação rescisória.

Quanto à sua natureza, a sentença é *constitutiva*, porque extingue a comunhão hereditária e define a nova situação jurídica dos herdeiros sobre os bens do espólio.

Quando inexiste pluralidade de sucessores, partilha não haverá, obviamente. Todo o procedimento dos arts. 647 a 654 será substituído por um único ato decisório: a sentença de adjudicação, que atribuirá todo o patrimônio do autor da herança a seu único sucessor.

Em qualquer caso, a sentença, seja de partilha, seja de adjudicação, desafiará o recurso de apelação.

Com o julgamento da partilha ou com a adjudicação, cessam as funções do inventariante. Se houver alguma causa pendente de interesse do espólio, os herdeiros deverão recebê-la no estado em que estiver.[99] Não ficam, porém, prejudicados os alvarás para a transferência de bens do espólio expedidos antes da partilha, mesmo que a escritura tenha de ser lavrada após o trânsito em julgado da sentença do art. 654.[100]

178. O formal de partilha

Ultimada a partilha, os interessados fazem jus não só à posse dos bens com que foram aquinhoados, como a um título, para documentação e conservação de seus direitos. Por isso, o art. 655 do CPC/2015 prevê que, após o trânsito em julgado da sentença do art. 654, dois fatos deverão ocorrer, ou seja:

(a) a entrega a cada herdeiro dos bens que lhe tocaram; e
(b) o fornecimento a cada um deles de um *formal de partilha*.

Consiste este formal numa *carta de sentença* extraída dos autos do procedimento sucessório firmada pelo escrivão e pelo juiz, da qual deverão constar traslados das seguintes peças (art. 655):

(a) termo de inventariante e títulos de herdeiros (inc. I);
(b) avaliação dos bens que constituíram o quinhão do herdeiro (inc. II);
(c) pagamento do quinhão hereditário (inc. III);
(d) quitação dos impostos (inc. IV);
(e) sentença (inc. V).

Esse documento será título hábil para transcrição no Registro Imobiliário quando o quinhão se formar à base de bens imóveis (Lei nº 6.015/1973, art. 167, I, nºs 24 e 25).

Vale, também, o formal de partilha como título executivo judicial para fundamentar execução forçada do quinhoeiro contra o inventariante ou contra coerdeiro e sucessores, visando à entrega dos bens partilhados (art. 515, IV).[101]

Em casos de inventários de pequeno valor, quando o quinhão não exceder cinco vezes o salário mínimo, o formal de partilha poderá ser substituído por uma simples certidão passada

---

[99] TJMG, Ap 14.032/7, Rel. Des. Murilo Pereira, ac. 19.08.1993, *Jurisp. Min.* 124/231; TAMG, 5ª Câm. Cív., Ap 320.002-6, Rel. Juiz Brandão Teixeira, ac. 22.02.2001.

[100] Mesmo após a sentença de partilha, perdura a inventariança, havendo bens a sobrepartilhar (STJ, 3ª T., REsp 284.669/SP, Rel. Min. Nancy Andrighi, ac. 10.04.2001, *DJU* 13.08.2001, p. 152; STJ, 4ª T., REsp 977.365/BA, Rel. Min. Fernando Gonçalves, ac. 26.02.2008, *DJe* 10.03.2008).

[101] Sobre a execução do formal de partilha, consulte nosso *Curso de direito processual civil*, v. III.

pelo escrivão do feito, contendo apenas a folha de pagamento do herdeiro e a sentença de partilha transitada em julgado (art. 655, parágrafo único).

179. Emenda ou retificação da partilha

O inventário e partilha, como qualquer procedimento judicial, encerram-se com a sentença, que põe fim à prestação jurisdicional, de molde a impedir que o juiz venha a decidir de novo sobre aquilo que constituiu o objeto da relação processual exaurida.

Quando, porém, tenha havido erro na descrição dos bens inventariados, permite o art. 656 do CPC/2015 a sua correção nos mesmos autos do inventário, desde que haja acordo unânime entre os interessados.[102]

Nessa hipótese, o trânsito em julgado da sentença da partilha não será óbice à reabertura do processo para tomar-se por termo a retificação dos bens partilhados, que será submetida a nova sentença homologatória. Os primitivos formais (se já expedidos) serão recolhidos e substituídos por outros, que se adaptem à emenda ou retificação.[103]

Havendo discordância de um ou alguns herdeiros, impossível será a medida do art. 656. Somente por via de ação ordinária ou rescisória será cabível a declaração e saneamento do erro cometido no inventário e partilha.

Além do erro cometido pelas partes na descrição dos bens do espólio, podem ocorrer inexatidões materiais na própria partilha em relação aos demais termos e documentos do processo. Equívocos dessa natureza o juiz pode corrigir a qualquer tempo, até mesmo de ofício e sem que se exija requerimento ou consentimento unânime das partes. Esse poder acha-se expressamente previsto no art. 656, 2ª parte, que nada mais é do que uma especificação, para o inventário, da regra geral do art. 494, I.

Havendo, por outro lado, amplo e irrestrito acordo entre os interessados, não há limites para as emendas a introduzir na correção da partilha, mormente quando se trata de herdeiros maiores e capazes.[104]

Na verdade, a ratificação gerada pelo total acordo das partes faz surgir um novo procedimento, em sequência à partilha, cuja natureza é de jurisdição voluntária, em face da inteira ausência de conflito ou litígio entre os interessados. Nessa altura, mesmo fatos graves e relevantes, como a exclusão ou inclusão de herdeiros na reforma da partilha, não devem ser condicionados à ação rescisória da sentença anterior. Como bem decidiu o Tribunal de Justiça de Minas Gerais, em caso desse jaez, "caracterizada a ausência de contenciosidade, o pedido

---

[102] "Na situação prevista no art. 1.028 [656 do CPC/2015], se evidenciado erro de fato na descrição de bens da partilha, poderá o juiz, de ofício ou a requerimento das partes, a qualquer tempo, corrigir as inexatidões materiais" (STJ, 2ª T., AREsp 290.919/RJ, Rel. Min. Herman Benjamin, ac. 21.03.2013, *DJe* 09.05.2013).

[103] "A emenda da partilha, decorrente de engano na descrição de imóvel, tem lugar haja ou não o trânsito em julgado da sentença que a julgou, e se realiza nos próprios autos do inventário" (TJSP, AI 20.872, Rel. Des. Felizardo Calil, ac. 25.02.1982, *RT* 568/73); STJ, 4ª T., REsp 35.873-6/SP, Rel. Min. Ruy Rosado de Aguiar, ac. 28.03.1995, *DJU* 29.05.1995, p. 15.518. Contudo, a correção da partilha, nos moldes do art. 656 do CPC/2015, pressupõe a concordância todos os interessados (STJ, 4ª T., REsp 109.188/SP, Rel. Min. Barros Monteiro, ac. 21.03.2002, *DJU* 26.08.2008, p. 221).

[104] "O art. 1.028 do CPC [art. 656 do CPC/2015] faculta a correção da partilha mesmo após transitada em julgado a decisão que a homologou, nada impedindo ao juiz de, em face de novos elementos, proceder à sua modificação, para excluir ou incluir herdeiros, aditar ou retirar outros bens, mormente não ocorrendo, como na hipótese, o trânsito em julgado" (TJSP, Ap 49.365-1, Rel. Des. Toledo César, ac. 04.09.1984, *RT* 592/65).

deve ser examinado sob a égide da jurisdição voluntária, razão pela qual não tem incidência, na espécie, o art. 1.030 do CPC [de 1973]" (art. 658 do CPC/2015).[105]

180. Pacto de não partilhar

Em regra, adjudicação ocorre em inventário quando há herdeiro único tornando incogitável a partilha. Mas, lembra, Orlando Gomes que, no direito italiano, ocorre também a adjudicação global, sem partilha, a todos os herdeiros, quando o bem tem sua indivisibilidade ordenada pela lei, no interesse de produção.[106]

No Brasil, o inventário judicial é sempre obrigatório, após o falecimento do autor da herança. A partilha, porém, sendo maiores e capazes todos os herdeiros, é apenas facultativa e pode ser relegada para o futuro, sem previsão necessária de prazo fatal para sua posterior realização.

> "O fim da partilha – ensina Pontes de Miranda – é tirar todo o caráter hereditário da comunhão como transitória e breve; por isso mesmo, impôs prazos para a abertura e para o encerramento do *inventário.* Os herdeiros, inventariados os bens e pagos os impostos, *são livres para permanecer em estado de comunhão*, tal como aquele em que se achavam, mas já agora *inter vivos*".[107]

Isto quer dizer que, uma vez findo o inventário que é imposto de forma cogente pela lei, tornam-se definidos os bens que compõem a herança e os herdeiros ou sucessores que ocuparam o lugar do *de cujus* na respectiva titularidade dominial. Se, portanto, convencionam os interessados não partilhar o acervo inventariado, mas conservá-lo em condomínio, extinta estará a comunhão hereditária, em seu lugar implantada uma comunhão ordinária, ou seja, *inter vivos.*

Nosso Código Civil – lembra Carlos Maximiliano – não proíbe as convenções de indivisão do acervo hereditário. "Só proíbe a deliberação unilateral de protrair a partilha" e "restringiu a nulidade ao caso de ser o *testador* o autor da mesma"... "Conclui-se do exposto que deve prevalecer o acordo de *não partilhar*, firmado entre sucedendo e sucessores desde que seja feito por tempo determinado expresso no próprio ato *inter vivos*".[108] E, em outra passagem, o mesmo autor admite tanto o acordo na doação em adiantamento de legítima como na sucessão comum após a morte do autor da herança, de sorte a admitir "a continuação do estado de indivisão, convencionada em contrato entre os sucessores do falecido ou entre este e aqueles".[109]

A convenção de não partilhar inclui-se na liberdade de contratar, que, *in casu*, só não pode ser eterna porque a lei não tolera a comunhão indefinida ou perpétua. Daí a conclusão de Carlos Maximiliano de que "pode a indivisão pactuada ser total ou parcial, abranger a fortuna inteira ou uma fração da mesma". Mas "o pacto de não partilhar, ou não dividir, celebrado entre coerdeiros ou condôminos, só prevalece quando combinado por tempo certo, determinado, com limite declarado; é contrária à ordem pública e, portanto, insubsistente a convenção de não partilhar jamais".[110]

---

105 TJMG, Ap 66.443, Rel. Des. Sálvio de Figueiredo Teixeira, ac. 13.06.1985, *RT* 600/194.

106 GOMES, Orlando. *Sucessões*. Rio de Janeiro: Forense, 1970, n. 247, p. 323.

107 PONTES DE MIRANDA, Francisco Cavalcanti. *Tratado de direito privado*. 2. ed. Rio de Janeiro: Borsoi, 1969, t. 60, § 5.988, p. 223.

108 MAXIMILIANO, Carlos. *Direito das sucessões*. 4. ed. Rio de Janeiro: F. Bastos, 1958, v. III, n. 1.465, p. 301.

109 MAXIMILIANO, Carlos. *Direito das sucessões*. 4. ed. Rio de Janeiro: F. Bastos, 1958, v. III, n. 1.466, p. 301.

110 MAXIMILIANO, Carlos. *Direito das sucessões*. 4. ed. Rio de Janeiro: F. Bastos, 1958, v. III, n. 1.463, p. 298-299.

Orlando Gomes ensina também que o direito do comunheiro à partilha é irrenunciável. Ninguém dele se priva voluntariamente. "Nada impede, entretanto, que todos os herdeiros convencionem que o patrimônio se conservará indiviso por certo prazo (...)".[111]

Igual é o pensamento de Caio Mário da Silva Pereira: "O estado de indivisão, consequência natural da sucessão hereditária, é assim estabelecido em caráter transitório. Mas pode ser mantido por convenção (indivisão ou comunhão convencional). Tendo-se, porém, em vista um confronto com o direito de propriedade exclusivo, sem dúvida constitui situação antinatural, e não deverá ser perpétuo. Admite-se, portanto, a estipulação por tempo determinado".[112]

No direito alemão vigora regra semelhante, de sorte a permitir que os herdeiros possam convencionar a exclusão da partilha a respeito da totalidade da herança ou de apenas alguns bens isolados.[113]

O Código Civil francês expressamente permite "a los coherederos convenir la suspensión de la partición por una duración máxima de cinco años".[114] E Planiol y Ripert explicam que, "en determinadas circunstancias, los herederos tienen interés grande en posponer la partición, por ejemplo, cuando las condiciones económicas son desfavorables a lá realización de bienes indivisibles por su índole (...)".[115]

No direito italiano, os pactos de indivisão entre os herdeiros são admitidos até por dez anos.[116]

Do exposto, fácil é concluir que há um consenso geral em torno da não obrigatoriedade da partilha judicial logo após a morte do autor da herança, sendo perfeitamente aceitável o acordo entre os sucessores para conservarem os bens do acervo hereditário em comunhão indivisa.

Daí que, manifestado o acordo geral dos sucessores maiores e capazes em prol da indivisão, não pode o juiz impor-lhes a partilha como única forma de encerrar o processo sucessório. Se todos estão acordes em que os bens inventariados sejam adjudicados em comum, sem partilha, nada mais estão a fazer do que exercitar o direito de não dividir e pactuar a indivisão, que a unanimidade da doutrina reconhece como assegurado por nossa legislação civil. A única restrição que se faz é quanto à duração dessa comunhão emergente do processo sucessório, que não pode ser ilimitada no tempo e não pode ir além de cinco anos, no direito brasileiro.[117]

Apreciando caso em que os herdeiros de uma gleba rural insistiam em não a dividir após o inventário, julgou o Tribunal de Justiça de Minas Gerais, com a participação de meu voto, que era direito das partes ajustar, por termo nos autos, o pacto de indivisão, com estipulação do prazo julgado conveniente, devendo, em seguida, ocorrer a adjudicação global da área inventariada à comunidade dos herdeiros, sem partilha.[118]

---

111 MAXIMILIANO, Carlos. *Direito das sucessões*. 4. ed. Rio de Janeiro: F. Bastos, 1958, v. III, n. 247, p. 322.

112 PEREIRA, Caio Mário da Silva. *Instituições de direito civil*. 3. ed. Rio de Janeiro: Forense, 1980, v. VI, n. 487, p. 286.

113 ENNECCERUS, Ludwig; KIPP, Theodoro; WOLFF, Martin. *Tratado de derecho civil*. Barcelona: Bosch, 1951, t. V, v. II, § 84, p. 22.

114 MAZEAUD, Henri; MAZEAUD Léon; MAZEAUD, Jean. *Lecciones de derecho civil*. Buenos. Aires: EJEA, 1965, parte IV, v. IV, n. 1.624, p. 25-26.

115 PLANIOL, Marcel; RIPERT, Jorge. *Tratado práctico de derecho civil francês*. Habana, Cultural, 1952, v. IV, n. 487, p. 552.

116 RUGGIERO, Roberto. *Instituições de direito civil*. São Paulo: Saraiva, 1958, v. III, § 134, p. 561.

117 PEREIRA, Caio Mário da Silva. *Instituições de direito civil*. 3. ed. Rio de Janeiro: Forense, 1980, v. VI, n. 487, p. 286.

118 TJMG, Ag 18.100, da Comarca de Poços de Caldas.

§ 17. INVALIDAÇÃO DA PARTILHA

181. Ação de anulação e ação rescisória de partilha

O Código atual (arts. 657 e 658) manteve distinção feita pelo CPC/1973 entre as hipóteses de anulação e as de rescisão de partilha. Dessa maneira, ficou claro que a *ação de anulação*, prescritível em um ano, é cabível apenas diante da *partilha amigável* (CPC/2015, art. 657). Quanto à *partilha judicial*, sob a autoridade da *res iudicata*, só se admite sua desconstituição por meio da *ação rescisória* (CPC/2015, art. 658).

Com efeito, dispõe o art. 657:

> "A *partilha amigável*, lavrada em instrumento público, reduzida a termo nos autos do inventário ou constante de escrito particular homologado pelo juiz, pode ser anulada por dolo, coação, erro essencial ou intervenção de incapaz, observado o disposto no § 4º do art. 966".

E o art. 658 completa:

> "É rescindível a partilha *julgada por sentença*:
>
> I – nos casos mencionados no art. 657;
>
> II – se feita com preterição de formalidades legais;
>
> III – se preteriu herdeiro ou incluiu quem não o seja".

Assentadas estas premissas, urge apenas bem caracterizar o que seja partilha amigável e partilha judicial, visto que, em muitos casos, a circunstância da intervenção judicial no ato divisório poderá suscitar certa controvérsia a respeito da respectiva homologação.

É o que tentaremos fazer a seguir.

182. Conceituação de partilha judicial

O que, fundamentalmente, distingue a partilha amigável da judicial é a natureza da intervenção do juiz: a *amigável* é apenas *homologada por sentença*; a partilha é fruto da autonomia da vontade exercitada num autêntico "negócio jurídico resultante do acordo de vontades dos interessados", como anota Orlando Gomes.[119] Daí que a rescisão não se volta contra a sentença, mas contra o negócio ultimado entre os coerdeiros, e o fundamento da ação ordinária será um daqueles que dizem respeito à nulidade ou anulabilidade dos negócios jurídicos em geral.

Quanto à *partilha judicial*, sua base não é a vontade das partes, e sim do juiz. Dentro de um processo contencioso, o juiz pode e deve ouvir as partes; pode mesmo acolher a vontade de uma delas e até obter delas um pronunciamento uniforme sobre a matéria a deliberar. A solução final, todavia, será o fruto de sua autoridade judicante.

Aqui, então, não caberá cogitar de nulidade ou anulabilidade da partilha, porque – lembra Orlando Gomes –, "a sentença que a delibera não é ato jurídico, no sentido de comportamento autorregulador de interesses, sendo absurdo admitir-se sua anulação pelos vícios que invalidam os negócios jurídicos. Assim sendo, partilha judicial jamais é anulável. Mas a sentença pode ser rescindida por defeito que lhe diga respeito, ou ao processo. A rescisão se obtém pelo meio

---

[119] GOMES, Orlando. *Sucessões*. Rio de Janeiro: Forense, 1970, n. 256, p. 332.

próprio: a ação rescisória. Justifica-se sua propositura, por conseguinte, somente quando se possa arguir nulidade de direito processual".[120]

Pontes de Miranda fala em ação de deliberação de partilha como fundamento da pretensão da ação rescisória de partilha. E explica que esta ação se configura quando as partes formulam pedidos de quinhão e o juiz delibera, em seguida, como formar tais quinhões (CPC/2015, art. 647), cabendo ao partidor a função de formalizar o esboço e ao escrivão a lavratura do auto de partilha (art. 652), que finalmente será julgado por sentença (art. 654).[121] Nesse *iter* do procedimento deliberatório da partilha – reafirma-se –, é irrelevante o eventual acordo de vontades entre os coerdeiros.

Explica Ernane Fidelis dos Santos:

> "O Código, por outro lado, seguindo a linha do princípio que adotou, veio a se contentar com a simples possibilidade de controvérsia na partilha, como se dá em todos os procedimentos de jurisdição contenciosa. Irrelevante, portanto, que as partes tenham concordado simplesmente com o esboço. Desde que não tenha havido a partilha nos moldes estabelecidos pelo art. 1.773 [artigo revogado pelo CPC/2015] do Cód. Civil, ela será sempre julgada por sentença, sujeita à coisa julgada e à ação rescisória, sem necessidade de divergência efetiva, como, a contrário, poderia parecer na linguagem do art. 1.774 do Cód. Civil".[122]

Idêntico é o posicionamento de Clito Fornaciari Júnior:

> "A partilha é feita judicialmente quando há divergência ou quando os herdeiros não são capazes. Nos casos de partilha judicial, quer seja por um motivo, quer seja por outro, a participação do juiz é ativa, pois o mesmo tem que verificar a regularidade dos atos processuais praticados, mas, acima de tudo, decidir sobre a partilha... Não desnatura a partilha judicial o fato de nenhum herdeiro ou interessado ter-se oposto ao esboço de partilha ou ao requerimento de adjudicação... Basta que haja potencialmente a possibilidade de litígio para que a partilha seja caracterizada como judicial. Ninguém sustentaria que o processo contencioso deixa de o ser pelo fato da revelia".[123]

O TJMG, por suas Câmaras Civis Reunidas, deu exata aplicação a esse entendimento, decidindo, com fundamento em excelente voto do Des. Costa Loures, que o remédio para atacar a partilha judicial é a ação rescisória, e não a anulatória, porquanto a sentença que homologa a partilha feita e deliberada em juízo "não configura ato de jurisdição voluntária, mas, sim, de jurisdição contenciosa, razão pela qual a mesma não é alcançada na compreensão do art. 486 do vigente Estatuto Processual" [refere-se ao CPC/1973].[124]

---

120 GOMES, Orlando. *Sucessões*. Rio de Janeiro: Forense, 1970, n. 256, p. 333.

121 PONTES DE MIRANDA, Francisco Cavalcanti. *Tratado da ação rescisória*. 5. ed. Rio de Janeiro: Forense, 1976, § 29, p. 346.

122 SANTOS, Ernane Fidelis dos. *Comentários ao Código de Processo Civil*. Rio de Janeiro: Forense, 1978, n. 343, p. 433. Os arts. 1.773 e 1.774 são do Código Civil de 1916 e correspondem, respectivamente, aos arts. 2.015 e 2.016 do Código Civil de 2002.

123 FORNACIARI JÚNIOR, Clito. Partilha judicial – via adequada à desconstituição. *Revista dos Tribunais*, v. 551, 1981, p. 56.

124 AR 722, Rel. Des. Oliveira Leite, *DJMG* 21.09.1983, em ac. confirmado pelo STF, 2ª T., RE 100.597/MG, Rel. Min. Djaci Falcão, ac. 01.03.1985, *DJU* 15.03.1985, p. 3.141.

Na Apelação nº 68.802, da Comarca de Carangola, em que tive oportunidade de funcionar como Revisor, embora meu voto não tenha sido vencedor, assim me pronunciei:

> "O ponto de toque da questão é o de ter o legislador, expressamente, conferido o caráter de procedimento contencioso ao inventário e partilha. Disso decorre que sua solução é sempre sentença de mérito, ou seja, solução de pedido com força e autoridade de coisa julgada material (CPC/2015, arts. 487, I, 502 e 503).
>
> E que, na estrutura de nosso direito processual, a coisa julgada material não tem como pressuposto a discussão da lide em juízo, mas, sim, a existência de um procedimento contencioso em torno de uma pretensão.
>
> O mesmo que se dá com a partilha hereditária ocorre, também, com a partilha inter vivos do imóvel em condomínio. O procedimento da divisão é sempre contencioso quando processado segundo o rito dos arts. 967 a 981 do CPC [de 1973, arts. 588 a 598 do CPC/2015], pouco importando que haja ou não contestação dos demandados.
>
> O tema já foi apreciado pelo STF, em aresto que serve, analogicamente, de padrão para o desate do presente recurso:
>
> Como bem acentuou o eminente Min. Amaral Santos, no RE nº 63.888 (RTJ 50/121 e segs.), onde alude à hipótese de ação de divisão não contestada:
>
> 'O processo divisório ou demarcatório é caracteristicamente de jurisdição contenciosa, pois nele há partes e possibilidades de contraditório, os dois requisitos para que se configure essa jurisdição e que a distinguem da jurisdição voluntária (cf. Chiovenda, Instituições de Dir. Proc. Civil, trad. de Guimarães Menegale, 2ª ed., 2º vol., nº 142; nossas Primeiras Linhas, 2ª ed., 1º vol., nº 55). Tal processo é provocado por via de ação, e a sentença que a julga procedente ou improcedente ainda que a ação não seja contestada, se classifica como definitiva, no sentido de que compõe a lide, produzindo coisa julgada formal e substancial. Transitada em julgado a sentença, sua revogação somente poderá dar-se por via, de ação rescisória'".[125]

Em síntese: "Se a hipótese for de partilha por sentença judicial, a ação competente é a rescisória, e deve ser proposta no prazo de dois anos, ainda que o fundamento seja um dos vícios da vontade".[126]

183. Conceituação de partilha amigável

Em princípio, partilha amigável é aquela feita por um dos meios apontados no art. 2.015 do Cód. Civil, e judicial a que resulta do processo contencioso, regulado pelo Código de Processo Civil.

Encerrado o procedimento de inventário, com a definição do monte e dos herdeiros, bem como a liquidação do imposto de transmissão, o processo contencioso deve prosseguir obrigatoriamente até a partilha, se houver divergência entre os sucessores ou se algum deles for incapaz (CC, art. 2.016).

Em se tratando, porém, de maiores e capazes, autorizados estarão a resolver a partilha por negócio jurídico, ou seja, por ajuste particular de vontade. Não obstante, poderão também,

---

[125] STF, 2ª T., RE 85.538/78, Rel. Min. Moreira Alves, 26.10.1976, *DJU* 03.12.1976, p. 10.474, *RTJ* 80/674-675; SANTOS, Ulderico Pires dos. *Teoria e prática da ação rescisória*. Rio de Janeiro: Forense, 1978, n. 140, p. 274-275.

[126] COUTO E SILVA, Clóvis do. *Comentários ao Código de Processo Civil*. São Paulo: Ed. RT, 1977, v. XI, tomo I, n. 445, p. 394.

facultativamente, prosseguir no rito contencioso, mesmo que, de início, não se registre nenhum conflito concreto entre eles. A partilha amigável será:

(a) lavrada por escritura pública;
(b) reduzida a termo nos autos do inventário; ou
(c) redigida em escrito particular, caso em que terá de se submeter à homologação judicial.

Nos dois primeiros casos a lei nem sequer exige a participação do juiz. A partilha é perfeita e acabada pelo só acordo de vontade dos sucessores. No último caso, a homologação é mero ato integrativo de eficácia, mas sem qualquer interferência do juiz no mérito do negócio levado a cabo entre os interessados. Assim, se o juiz desnecessariamente homologa o acordo tomado por termo no inventário, ou se necessariamente homologa a partilha lavrada em documento particular, o ato judicial configurará, em qualquer hipótese, sentença meramente homologatória, isto é, de jurisdição graciosa ou voluntária, cuja rescindibilidade estará subordinada às regras do ataque aos negócios jurídicos em geral (CPC/2015, art. 966, § 4º).

Haverá, também, partilha amigável, rescindível por ação ordinária, quando as partes maiores e capazes observarem o rito de arrolamento regulado pelos arts. 659 a 662 do CPC/2015, que já se inicia com base em acordo sobre a partilha a ser homologado.

Mas não é partilha amigável a que se procede após o arrolamento em função do valor do espólio, sem prévio acerto entre as partes (CPC/2015, art. 664 e parágrafos). O que há nessa espécie de arrolamento é apenas uma simplificação do procedimento, sem, contudo, eliminar a sua natureza contenciosa; "o que muda é a ação, no sentido de direito processual, o *rito* ou *curso*".[127]

Por isso, lembra Pontes de Miranda, o ato do juiz que julga a partilha no arrolamento não precedido de partilha amigável é "sentença em partilha judicial, feita em ação de arrolamento".[128]

Com as inovações introduzidas no Estatuto processual em 2007, o uso da escritura pública pode dispensar não só a partilha judicial como até mesmo o processo do inventário perante o juiz. Basta que as partes sejam capazes e estejam acordes em resolver a sucessão por via administrativa. O ato notarial retrata negócio jurídico puramente voluntário e completamente estranho à atividade jurisdicional. Nem mesmo homologação ocorrerá em juízo. A anulação ou desconstituição do ato negocial poderá acontecer por meio de ação comum, tal como se passa com qualquer negócio jurídico extraprocessual, no prazo decadencial de um ano previsto no art. 657, parágrafo único, do CPC/2015.

184. Casuísmo da rescisória de partilha

Para as sentenças de mérito do processo contencioso de partilha, os casos de rescisória são não apenas os comuns do art. 966 do CPC/2015, como também os especiais enumerados no art. 658 daquele estatuto:

(a) Em primeiro lugar, vêm os casos de erro, dolo, coação ou de incapacidade.

Os vícios de erro, dolo e coação podem afetar tanto a atividade das partes, no fornecimento de dados ao processo ou na aceitação daqueles que lhes são apresentados, como pode dizer respeito aos atos do próprio magistrado que julgou a partilha.

---

[127] PONTES DE MIRANDA, Francisco Cavalcanti. *Tratado da ação rescisória*. 5. ed. Rio de Janeiro: Forense, 1976, p. 279.

[128] PONTES DE MIRANDA, Francisco Cavalcanti. *Tratado da ação rescisória*. 5. ed. Rio de Janeiro: Forense, 1976, p. 291.

A incapacidade para autorizar a rescisória é apenas a relativa, porque a absoluta conduz à nulidade de pleno direito e não apenas à rescindibilidade.

(b) Em segundo lugar, aponta o art. 658, como causa de rescisória da partilha judicial, a "preterição de formalidades legais". Trata-se, aliás, de uma simples explicitação da regra contida no art. 966, inc. V, onde já se prevê como causa geral da rescisão da sentença de mérito "violar manifestamente norma jurídica".

(c) Em terceiro e último lugar, arrola-se a preterição na partilha de herdeiros, ou inclusão de quem não o seja.

Aqui, impõe-se distinguir mais uma vez a partilha nula da partilha rescindível.

Só se cogita de parte legítima para propor a rescisória de que cuida o art. 658, III, do CPC/2015, quando o herdeiro prejudicado seja alguém que se ache sob a autoridade da *res iudicata*. Logo, o dispositivo legal só tem incidência para quem foi parte no processo onde a partilha se julgou, porque a coisa julgada não beneficia nem prejudica terceiros, consoante a expressa disposição do art. 506 do CPC/2015.

Daí a lição corretíssima de Hamilton de Moraes e Barros, no sentido de que "não é a ação rescisória o *remedium iuris* apropriado de que dispõe os herdeiros, que não participaram do inventário, para atacar a partilha. Tal remédio é a petição de herança".[129]

O herdeiro preterido ou prejudicado, que se pode valer da rescisória, é, pois, o que figurou no processo.[130] Ao que não figurou, a sentença é *res inter alios acta* e, despida da autoridade da *res iudicata*, não impede que o terceiro discuta sua validade em simples ação ordinária em primeiro grau de jurisdição.[131]

185. Ação de nulidade de partilha

Aplicam-se à partilha amigável os casos de nulidades previstos no art. 166 do Código Civil: incapacidade do agente, inobservância de forma essencial e ilicitude de objeto.

Assim, é caso de ação de nulidade e não de ação anulatória o da partilha amigável feita por menor impúbere ou interdito, quer por defeito de representação, quer por inobservância da forma legal, que, *in casu*, só poderia ser a da partilha judicial (CC, art. 2.016).

Seria caso de nulidade por ilicitude de objeto, por exemplo, a partilha de imóvel rural com retalhamento geodésico em quinhões de área inferior ao módulo de parcelamento estabelecido na forma do Estatuto da Terra.

É caso de nulidade, finalmente, o de partilha subjetiva incompleta ou não unânime. A partilha amigável, segundo os arts. 2.015 e 2.016 do Código Civil, só pode ser negócio jurídico unânime, de modo que – adverte Pontes de Miranda – "se falta um dos figurantes, não há só nulidade, há inexistência".[132]

---

[129] BARROS, Hamilton de Moraes e. *Comentários ao Código de Processo Civil*. 2. ed. Rio de Janeiro: Forense, 1980, v. IX, n. 172, p. 331.

[130] "É cabível ação rescisória para desconstituir sentença homologatória de partilha de bens, quando presente a figura de incapaz, ainda que à época representado por sua mãe no inventário" (STJ, 4ª T., REsp 917.606/RS, Rel. Min. Aldir Passarinho Junior, ac. 03.03.2011, *DJe* 17.03.2011).

[131] SANTOS, Ernane Fidelis dos. *Comentários ao Código de Processo Civil*. 2. ed. Rio de Janeiro: Forense, 1986, v. VI, n. 343, p. 434.

[132] PONTES DE MIRANDA, Francisco Cavalcanti. *Tratado da ação rescisória*. 5. ed. Rio de Janeiro: Forense, 1976, p. 267.

A importância da distinção entre os casos de nulidade da partilha se dá em razão dos prazos prescricionais. Enquanto a anulatória prescreve apenas em um ano, a ação de nulidade é, segundo Pontes de Miranda, imprescritível.[133] Embora a doutrina civilista atual seja infensa às ações imprescritíveis, força é reconhecer que em caso de nulidade o prazo de prescrição tem sido recomendado como o maior previsto na lei, ou seja, o de 20 (vinte) anos.[134] Para o sistema legal brasileiro, reconhece-se que "nenhum direito sobrevive à inércia do titular por tempo maior de 20 (vinte) anos. Essa prescrição *longi temporis* não respeita a vulnerabilidade do ato nulo e, portanto, escoados 20 (vinte) anos do momento em que poderia ter sido proposta a ação de nulidade, está trancada a porta, e desta sorte opera-se a consolidação do negócio jurídico, constituído, embora, sob o signo do desrespeito à ordem pública".[135] A doutrina referida permanece atual e acatada, salvo apenas quanto ao prazo máximo que, pelo Código Civil de 2002, art. 205, se reduziu para dez anos.

O prazo de um ano para anular a partilha por vício do consentimento, estabelecido pelo art. 657, parágrafo único, como norma especial e restritiva, só se aplica à partilha hereditária. Para a anulação de outras partilhas convencionais (como, *v.g.*, a de divisão *inter vivos* de imóveis comuns e a do patrimônio do casal em caso de dissolução da sociedade conjugal) sujeita-se ao prazo geral de quatro anos previsto para anulação dos atos jurídicos em geral quando afetados por vício de consentimento (CC, art. 178).

A ação de nulidade, tal como a anulatória, é a comum, de competência do juiz de primeiro grau.

Mesmo quando a partilha tenha sido judicial, mas se acha contaminada de nulidade absoluta que atinja toda a relação processual, como é o caso de falta de participação, ou de citação de herdeiro necessário, a declaração de nulidade não depende de ação rescisória e pode ser obtida por simples ação comum em primeira instância.

É que a ação rescisória do art. 966 do CPC/2015 pressupõe coisa julgada material, a qual, por seu turno, pressupõe relação processual validamente estabelecida entre as partes que deverão sofrer os efeitos da sentença.

Assim, é de jurisprudência que a ação rescisória (art. 658 do CPC/2015) "não se aplica a herdeiro que não participou do inventário e para quem a decisão é *res inter alios acta*, cabendo-lhe propor a ação de nulidade da partilha –, pressuposto da de petição de herança e que prescreve em 20 (vinte) anos" (dez anos, segundo o Código Civil de 2005, art. 205).[136]

Na mesma linha vem a jurisprudência do STF, para quem, "para anular a partilha, os herdeiros dela excluídos, que não participaram do inventário, devem utilizar-se da ação de nulidade ou de petição de herança vintenárias, e não da rescisória".[137]

É que, em situações como a da falta da citação do revel, "persiste, no direito positivo brasileiro, a *querela nullitatis*, o que implica dizer que a nulidade da sentença, nesse caso, pode

---

133 PONTES DE MIRANDA, Francisco Cavalcanti. *Tratado da ação rescisória*. 5. ed. Rio de Janeiro: Forense, 1976, p. 267.

134 STF, RE 93.700/GO, Rel. Min. Rafael Mayer, ac. 01.10.1982, *DJU* 22.10.1982, p. 10.740, *RTJ* 108/217; STJ, 4ª T., REsp 11.668/SP, Rel. Min. Athos Carneiro, ac. 18.02.1992, *DJU* 16.03.1992, p. 3.101. "A ação rescisória não é o remédio processual adequado a ser manejado pelos herdeiros que não participaram do processo do inventário, buscando atacar a partilha homologada em procedimento sem contencioso" (STJ, 3ª T., REsp 940.455/ES, Rel. Min. Paulo de Tarso Sanseverino, ac. 17.05.2011, *DJe* 23.05.2011).

135 PEREIRA, Caio Mário da Silva. *Instituições de direito civil*. 2. ed. Rio de Janeiro: Forense, 1982, n. 109, p. 548; BEVILÁQUA, Clóvis. *Código Civil dos Estados Unidos do Brasil comentado*. 12. ed. Rio de Janeiro: Francisco Alves, 1959, p. 333, nota ao art. 146.

136 STJ, 4ª T., REsp 45.693/SP, Rel. Min. Ruy Rosado de Aguiar, ac. 28.11.1994, *DJU* 13.02.1995, p. 2.242, *JSTJ/TRFs* 71/233.

137 STF, 1ª T., RE 93.700/GO, Rel. Min. Rafael Mayer, ac. 01.10.1982, *DJU* 22.10.1982, p. 10.740, *RTJ* 108/217; TJMG, Ap 1.421-7/82.232-3, Rel. Des. Ayrton Maia, ac. 11.02.1993, *Jurisp. Min.* 121/135.

ser declarada em ação declaratória de nulidade, independentemente do prazo para a propositura da ação rescisória que, em rigor, não é a cabível para essa hipótese".[138]

Observe-se que, "no caso de a anulação de partilha acarretar a perda de imóvel já registrado em nome de herdeiro casado sob o regime de comunhão universal de bens, a citação do cônjuge é indispensável, tratando-se de hipótese de litisconsórcio necessário".[139]

A respeito do assunto cogitado nestes últimos tópicos, sugerimos a leitura de nosso trabalho intitulado *Partilha: nulidade, anulabilidade e rescindibilidade*.[140]

186. Ação de petição de herança

A petição de herança julgada após a partilha acarreta sua nulidade, cujo reconhecimento independe de nova ação. A invalidade *in casu* é automática, decorre do simples fato de ter sido a partilha ultimada sem a presença do investigando vitorioso. O cumprimento da sentença de petição de herança faz-se por meio de simples pedido de retificação de partilha, já que inexiste coisa julgada oponível ao herdeiro não participante do inventário.[141]

Os efeitos da sentença de petição de herança, todavia, não prejudicam os terceiros de boa-fé que tenham adquirido bens partilhados em favor de herdeiro aparente. Nesse caso, o dissídio fica restrito aos sucessores, devendo haver reparação ao herdeiro ausente do processo de inventário pelos que dispuseram do acervo, mantendo-se válida a disposição feita ao adquirente de boa-fé.[142] Incide, na espécie, a teoria da aparência, como tem entendido a jurisprudência, e como prevê o art. 1.827 do Código Civil.

186-A. Investigação de paternidade e petição de herança

Aquele cuja filiação não foi reconhecida em vida do autor da herança não pode participar do inventário e da partilha imediatamente após a abertura da sucessão (morte do *de cujus*). Primeiro terá de obter o reconhecimento do vínculo que lhe assegura a qualidade de herdeiro, o que será disputado em ação de investigação de paternidade, cumulada, ou não, com ação de petição de herança. A primeira é imprescritível, enquanto a segunda sujeita-se à prescrição maior (dez anos) (Súmula 149/STF).

No seio da jurisprudência do STJ, já houve divergência quanto à contagem da prescrição da petição de herança: enquanto a 4ª Turma entendia que o prazo, na espécie, deveria iniciar-se na abertura da sucessão, momento a partir do qual o herdeiro pode reivindicar os direitos sucessórios[143]; para a 3ª Turma, o prazo prescricional só poderia fluir após o trânsito em julgado da ação de investigação de paternidade, quando se teria tornado certo o direito de participar da sucessão[144]. O tema se pacificou com o posicionamento da 2ª Seção nos seguintes termos: "O prazo prescricional para propor ação de petição de herança conta-se da abertura da sucessão, aplicada a corrente objetiva acerca do princípio da *actio nata* (arts. 177 do CC/1916 e 189 do CC/2002)"[145].

---

[138] STF, Pleno, RE 97.589/SC, Rel. Min. Moreira Alves, ac. 17.11.1982, *DJU* 03.06.1983, p. 7.883. No mesmo sentido: TJRJ, Ap 12.033, Rel. Des. Olavo Tostes Filho, ac. 24.06.1980, *RT* 550/186.

[139] STJ, 3ª T., REsp 1.706.999/SP, Rel. Min. Ricardo Villas Bôas Cueva, ac. 23.02.2021, *DJe* 01.03.2021.

[140] *Revista Jurídica Mineira*, v. 32, dez. 1986, p. 13-33.

[141] STJ, 4ª T., REsp 74.478/PR, Rel. Min. Ruy Rosado de Aguiar, ac. 23.09.1996, *DJU* 04.11.1996, p. 42.478, *RT* 738/250.

[142] STF, 1ª T., RE 90.706/RJ, Rel. Min. Néri da Silveira, ac. 12.08.1988, *DJU* 20.03.1992, p. 3.324, *RT* 681/250.

[143] STJ, 4ª T., AgInt no AREsp 479.648/MS, Rel. Min. Raul Araújo, ac. 10.12.2019, DJe 06.03.2020.

[144] STJ, 3ª T., AgInt no AREsp 1.260.418/MG, Rel. Min. Ricardo Villas Bôas Cueva, ac. 20.04.2020, DJe 27.04.2020.

[145] STJ, 2ª Seção, EAREsp 1.260.418/MG, Rel. Min. Antônio Carlos Ferreira, ac. 26.10.2022, DJe 24.11.2022.

É de se ressaltar que doutrina e jurisprudência sempre esposaram majoritariamente que a prescrição da petição de herança se conta do momento da abertura da sucessão, pois é nele que a herança se transmite aos herdeiros, pelo princípio da *saisine* (CC/1916, art. 1.572; CC/2002, art. 1.784)[146]. Logo, aberta a sucessão, o herdeiro, com ou sem reconhecimento oficial de sua condição, estará imediatamente em condições de postular seus direitos hereditários nas vias ordinárias. Por opção, poderá: *(a)* propor cumulativamente ação de investigação de paternidade e de petição de herança; *(b)* propor simultaneamente, em processos distintos as duas ações; *(c)* propor ação apenas de petição de herança, discutindo a impugnação à sua qualidade de herdeiro e a violação cometida ao direito hereditário; e *(d)* requerer, se for o caso, medida cautelar de reserva de bens para garantir o quinhão disputado (CPC, art. 628, § 2º) (ver, retro, o item 167).

Destarte, a defesa do direito hereditário sempre pôde ser exercida de imediato, evidenciando que a *actio nata* respectiva não se vincula à prévia coisa julgada da investigação de paternidade[147].

---

146 THEODORO JÚNIOR, Humberto; TEIXEIRA, Wendel de Brito Lemos. Prescrição da pretensão de petição de herança, Revista dos Tribunais, São Paulo, ano 110, v. 1.026, p. 263-302, abr. 2021.

147 "A ausência de prévia propositura de ação de investigação de paternidade, imprescritível, e de seu julgamento definitivo não constitui óbice para o ajuizamento de ação de petição de herança e para o início da contagem do prazo prescricional. A definição da paternidade e da afronta ao direito hereditário, na verdade, apenas interfere na procedência da ação de petição de herança" (STJ, 2ª Seção, EAREsp 1.260.418/MG, Rel. Min. Antônio Carlos Ferreira, ac. 26.10.2022, *DJe* 24.11.2022

§ 18. ARROLAMENTO

187. Simplificação do inventário

O Código de Processo Civil/2015, em seus arts. 659 a 667, cuida de procedimentos simplificados para certos tipos de inventário, criando uma espécie de *procedimentos compactos*, em que grande parte das solenidades e termos do rito comum dos artigos antecedentes é eliminada, tornando o feito mais célere e econômico.

Hoje, a par dos casos de dispensa do inventário (Lei nº 6.858[148]) (art. 666, do CPC/2015), o rito simplificado do arrolamento é observado em duas hipóteses distintas, a saber:

(a) quando os herdeiros optam pela partilha amigável, qualquer que seja o valor do espólio (art. 659); e

(b) quando o valor do acervo a partilhar não ultrapassa 1.000 (mil) salários mínimos (art. 664). Observe-se que o CPC/2015 não se limitou a substituir o parâmetro da ORTN pelo salário mínimo, pois ao fazê-lo aumentou significativamente o valor-limite do uso do arrolamento.

O procedimento simplificado do arrolamento terá cabimento também no caso de herdeiro único (art. 659, § 1º).

Observe-se que a existência de testamento não representa obstáculo legal para que se utilize o arrolamento comum. Tampouco torna obrigatória a intervenção do Ministério Público, exigência que prevalece apenas no procedimento dos arts. 735 a 737 do CPC. Dessa maneira, registrado o testamento, o processo sucessório (inventário ou o arrolamento) terá curso sem a participação do *custos legis*, seja ele judicial ou extrajudicial[149].

188. Arrolamento sumário do art. 659 (por deliberação voluntária dos interessados)

Preferindo os sucessores a partilha amigável, a simplificação do arrolamento dependerá basicamente de dois requisitos:

(a) todos os herdeiros devem ser maiores e capazes; e

(b) devem estar em total acordo com a partilha amigável.

O procedimento simplificado do arrolamento terá cabimento também no caso de herdeiro único (art. 659, § 1º).

---

[148] Referida Lei dispensa o inventário ou arrolamento para percepção, pelos dependentes, de vantagens econômicas deixadas pelo de *cujus* no Fundo de Garantia do Tempo de Serviço (FGTS) e no Fundo de Participação do PIS-PASEP, bem como para levantar ou receber, em iguais circunstâncias, restituições de imposto de renda e outros tributos, saldos bancários, cadernetas de poupança e fundos de investimentos de valor igual ou inferior a 500 ORTN. Os fundos de investimentos acham-se regulados pelos arts. 1.368-C a 1.368-F do Cód. Civ., acrescidos pela Lei nº 13.874/2019. Formam uma comunhão de recursos, configurando um condomínio de natureza especial, destinado à aplicação em ativos financeiros, bens e direitos de qualquer natureza, cuja disciplina compete à Comissão de Valores Mobiliários.

[149] MAZZEI, Rodrigo. *Ensaio sobre o inventário sucessório*. Salvador: Ed. JusPodivm, 2022, p. 202-203; STJ, 4ª T., Resp 1.808.767/RJ, Rel. Min. Luís Felipe Salomão, ac. 15.10.2019, DJe 03.12.2019.

Para o caso do art. 659, não importa o valor dos bens do espólio. A característica do procedimento é a dispensa de "lavratura de termos de qualquer espécie" (art. 660), bem como dos atos avaliatórios e de partilha em juízo.

Em relação ao inventário comum, podem-se registrar, portanto, as seguintes simplificações:[150]

(a) dispensa de todos os termos, até mesmo do de compromisso e declarações de inventariante;

(b) dispensa da avaliação (somente ocorrerá avaliação, se houver credor habilitado e este impugnar a estimativa dos herdeiros relativa aos bens separados para o pagamento da dívida) (arts. 661 e 663, parágrafo único);

(c) dispensa da remessa dos autos ao contador e partidor;

(d) lançamento e recolhimento do imposto *causa mortis* por via administrativa (art. 662, § 2º);

(e) a juntada dos comprovantes de quitações fiscais dispensa a apresentação de certidões negativas de tributos;

(f) o inventariante é escolhido e indicado pelos herdeiros;

(g) a intervenção do Ministério Público só se dará quando houver testamento a cumprir.

Esse arrolamento sumário é também utilizável para o pedido de adjudicação, na hipótese de herdeiro único (art. 659, § 1º).

O procedimento a observar pode ser assim resumido:

(a) a petição inicial será formulada em nome de todos os interessados, e será acompanhada da certidão de óbito do inventariado; conterá a descrição de valor dos bens do espólio bem como a declaração dos títulos dos herdeiros; nela se fará, ainda, a designação do inventariante, e formular-se-á o pedido de sua nomeação;

(b) estando em ordem a petição, o juiz nomeará o inventariante;

(c) será, então, apresentada a partilha amigável, por escritura pública, por termo ou por documento particular (a partilha pode ser anexada à petição inicial ou pode, até mesmo, estar contida nos próprios termos da inicial) (art. 659). Se se tratar de herdeiro único, simplesmente será requerida a adjudicação dos bens descritos na inicial (art. 659, § 1º). Se se utilizar a escritura pública, sua lavratura não dependerá de todas as exigências do art. 610, tornando-se dispensável, por exemplo, a presença de advogado no ato notarial, já que a partilha só se aperfeiçoará, dentro dos autos, com a homologação judicial; esta sim dependerá de estarem todas as partes representadas por advogado no processo (v., *retro*, o item nº 150);

(d) em seguida homologará o juiz a partilha, ou deferirá a adjudicação, independentemente de vista à Fazenda Pública e de recolhimento do imposto de transmissão (arts. 659 e 662, § 2º).

A sistemática do arrolamento sumário dos arts. 659 a 663 subtraiu do Judiciário o dever de controlar o recolhimento do imposto de transmissão *causa mortis* (art. 662, § 1º). Exige, apenas, a intimação do fisco para lançamento administrativo do imposto de transmissão e de outros tributos porventura incidentes, conforme dispuser a legislação tributária (art.

---

150 MARCATO, Antônio Carlos. *Procedimentos especiais*. São Paulo: Ed. RT, 1986, n. 147, p. 149.

662, § 2º), fato que ocorrerá depois de homologada a partilha ou deferida a adjudicação (art. 659, § 2º).[151]

A apuração, lançamento e cobrança do tributo sucessório serão realizados totalmente pelas vias administrativas (art. 662, § 2º). Isto em nada diminui as garantias do Fisco, uma vez que, após a homologação da partilha, o seu registro não se poderá fazer no Registro de Imóveis sem o comprovante do recolhimento do tributo devido (art. 143 da Lei dos Registros Públicos). Por outro lado, independentemente de intervir no processo de arrolamento, a Fazenda Pública não estará adstrita aos valores nele declarados pelas partes.[152]

Com isso, tornaram-se estranhas ao arrolamento todas as questões relativas ao tributo incidente sobre a transmissão hereditária de bens.[153] De tal sorte que, nesse procedimento especial, "não pode a Fazenda Pública impugnar a estimativa do valor dos bens do espólio feita pelo inventariante - valor atribuído tão somente para fins de partilha - e requerer nova avaliação para que se possa proceder ao cálculo do Imposto de Transmissão *causa mortis*, uma vez que este será sempre objeto de lançamento administrativo, conforme dispuser a legislação tributária, não podendo ser discutido nos autos de arrolamento".[154]

Em face dessa nova orientação legislativa, nem mesmo vista mais se abre à Fazenda Pública para falar sobre as declarações do inventariante. Como tem proclamado a jurisprudência, "a *vista*, que tinha a Fazenda no texto anterior (art. 1.033) [CPC/2015, art. 661], foi deliberadamente suprimida no texto novo, o que significa que a fiscalização se deslocou para a esfera administrativa".[155]

189. Arrolamento comum do art. 664 (por imposição da lei)

Em função do pequeno valor dos bens, o rito do inventário pode ser simplificado, independentemente de acordo geral dos herdeiros (CPC/2015, art. 664). Mas aqui, ao contrário do que se passa no arrolamento sumário do art. 659, não está excluída a hipótese de divergências

---

[151] Nesse procedimento sumaríssimo de homologação da partilha amigável, regulado pelo art. 659 do CPC/2015, não se aplica a regra do art. 192 do CTN, que veda o julgamento da partilha sem a prova de quitação de todos os tributos relativos aos bens do espólio, no tocante ao imposto de transmissão hereditária. É que o cálculo e controle desse imposto deixaram de ser atribuído ao juízo do arrolamento sumaríssimo, deslocando-se para a esfera da administração tributária, que atuará de maneira totalmente desvinculada da Justiça. Poderão, todavia, serem exigidos pelo juiz, antes da homologação da partilha amigável, certidões negativas pertinentes a outros tributos incidentes sobre os bens integrantes do acervo arrolado, nos moldes do art. 192 do CTN. Não, porém, o comprovante do prévio recolhimento do imposto de transmissão *causa mortis*, submetido que foi a um sistema de lançamento e recolhimento que opera depois da sentença, e que dela independe e nem sofre reflexos. Nesse sentido: STJ, 1ª T., REsp 1.704.359/DF, Rel. Min. Gurgel de Faria, ac. 28.08.2018, *DJe* 02.10.2018; STJ, 2ª T., REsp 1.751.332/DF, Rel. Min. Mauro Campbell Marques, ac. 25.09.2018, *DJe* 03.10.2018.

[152] FREIRE, Maria Berenice Dias. Considerações sobre o arrolamento em face da Lei nº 7.019, de 31.08.82. *Ajuris* 28/204, 1983.

[153] STJ, 1ª T., REsp 50.529/SP, Rel. Min. Humberto Gomes de Barros, ac. 07.12.1994, *DJU* 20.02.1995, p. 3.156, *JSTJ/TRFs* 71/265; STJ, REsp 36.758-1/SP, Rel. Min. Demócrito Reinaldo, ac. 14.12.1994, *DJU* 20.02.1995, p. 3.156, *RT* 718/266. Observa-se, porém, que a homologação da partilha somente acontecerá depois que ficar comprovado nos autos o pagamento dos tributos, pelas vias administrativas (STJ, 2ª T., REsp 434.483/SP, Rel. Min. João Otávio de Noronha, ac. 03.08.2006, *DJU* 18.08.2006, p. 362).

[154] TJMG, AI 18.742, Rel. Des. Márcio Sollero, ac. 16.09.1986, *DJMG* 19.03.1987; TJPR, Ag 21.281-5, Rel. Des. Luiz Perrotti, ac. 01.09.1992, *Paraná Judiciário* 40/56.

[155] TJRJ, Ap 27.617, Rel. Des. Dorestes Baptista, ac. 22.11.1983, *Rev. Forense* 286/275, "Ainda que o pagamento não esteja completo ou tenha o inventariante calculado mal o imposto, essas questões não podem ser tratadas e discutidas em arrolamento sumário" (STJ, 2ª T., REsp 927.530/SP, Rel. Min. Castro Meira, ac. 12.06.2007, *DJU* 28.06.2007, p. 897).

e de um contencioso entre as partes. A simplificação do rito, por isso, é menor e bem menos significativa.

A escolha do inventariante, por exemplo, observará a ordem de preferência legal, mas o compromisso fica dispensado (art. 664).

Nas próprias declarações, o inventariante nomeado descreverá e avaliará os bens, e apresentará o plano de partilha (art. 664).

Os herdeiros terão de ser citados, na forma do art. 626, para se manifestarem sobre as declarações (art. 627) e se todos se manifestarem de acordo o julgamento da partilha pode ser de logo proferido, desde, porém, que seja comprovada a quitação dos tributos relativos aos bens do espólio e às suas rendas (art. 664, § 4º). No arrolamento comum também o lançamento e recolhimento do imposto de transmissão serão processados administrativamente (§ 4º).[156] O julgamento da partilha ou da adjudicação, porém, será feito após a quitação do tributo devido, como se deduz do § 5º do art. 664.[157]

Se, todavia, qualquer das partes ou o Ministério Público impugnar a estimativa, o juiz promoverá a avaliação judicial em dez dias (art. 664, § 1º). Apresentado o laudo, será realizada uma audiência para deliberação da partilha e solução dos pedidos de pagamentos de dívidas do espólio. Tudo será decidido de plano na audiência (art. 664, § 2º). A inovação tem merecido críticas porque a experiência tem revelado a inutilidade dessa audiência criada pela lei ao arrepio das praxes forenses. Por isso, na prática, as questões de que se trata têm sido submetidas à vista das partes e julgadas sem o embaraço da audiência. Desde que se assegure o contraditório, não há que se cogitar de nulidade do processo, pela não realização da inconveniente audiência já prevista no art. 1.036, § 2º, do CPC/1973 e mantida no atual Código. O intuito do legislador - deve-se reconhecer - foi, na verdade, incrementar a oralidade e a cooperação das partes na solução das questões surgidas com as impugnações aos valores dos bens arrolados e ao plano de partilha apresentados pelo inventariante. A singeleza das questões comumente suscitadas e a relevância da prova técnica previamente realizada (perícia avaliatória) quase nunca justificarão a audiência do art. 664, § 2º. Melhor será entender o preceito legal como determinante da audiência, *quando necessária*, e não como regra cogente e inflexível.

Provadas as quitações dos tributos relativos aos bens do espólio, o juiz estará habilitado a julgar a partilha (art. 664, § 5º).

Ao contrário do arrolamento voluntário do art. 659, baseado em partilha amigável, em que o juiz não interfere e apenas homologa o acordo entre os sucessores, no caso do art. 664 a partilha será sempre judicial, isto é, decidida pelo juiz.

A presença de incapazes entre os herdeiros não afasta o procedimento do art. 664. Impõe, porém, a citação do Ministério Público para funcionar na causa, sempre que se der a presença de menor na sucessão. Para a admissão do procedimento sumário em tal hipótese, é necessário que todas as partes e o Ministério Público concordem com a adoção do arrolamento (art. 665).

A simples participação do incapaz, no entanto, não torna obrigatória a avaliação judicial. Somente quando algum herdeiro ou o representante do Ministério Público discordar da estimativa do inventariante é que tal medida se tornará indispensável (art. 664, § 1º).

---

[156] "A remissão ao art. 672, feita no art. 664, § 4º, do CPC, consiste em erro material decorrente da renumeração de artigos durante a tramitação legislativa. A referência deve ser compreendida como sendo ao art. 662, norma que possui conteúdo integrativo adequado ao comando expresso e finalístico do art. 664, § 4º" (Enunciado nº 131/CEJ).

[157] MARINONI, Luiz Guilherme; ARENHART, Sérgio Cruz; MITIDIERO, Daniel. *Novo curso de processo civil* – tutela dos direitos mediante procedimentos diferenciados. São Paulo: Ed. RT, 2015, v. III, p. 210.

190. Lei nº 6.858, de 24.11.1980

Além dos casos de simplificação do inventário, por via do arrolamento, o Código estatui sua total dispensa, quando o *de cujus* deixar apenas os valores previstos na Lei nº 6.858 (saldos do FGTS, PIS-PASEP, restituições de imposto de renda e outros tributos, recolhidos por pessoa física, saldos bancários e de cadernetas de poupança, e fundos de investimento de valor até 500 ORTNs).

O Código de Processo Civil adere, expressamente, a essa sistemática, dispondo no art. 666 que "independerá de inventário ou de arrolamento o pagamento dos valores previstos na Lei nº 6.858, de 24 de novembro de 1980".

Assim, "os montantes das contas individuais do FGTS e do Fundo de Participação PIS-PASEP, não recebidos em vida pelos respectivos titulares, devem ser liberados aos dependentes habilitados, independentemente de inventário ou arrolamento; o levantamento só depende de autorização judicial se não houver dependentes habilitados, hipótese em que serão recebidos pelos sucessores previstos na lei civil, mediante alvará a ser requerido ao juízo competente para o inventário ou arrolamento".[158]

Na espécie, a competência não se regula pela pessoa jurídica responsável pela administração dos fundos (FGTS e PIS-PASEP), mas pelos princípios comuns dos procedimentos sucessórios *causa mortis*. É, pois, da competência da Justiça Estadual, e não da Federal, a autorização do levantamento dos valores relativos ao PIS-PASEP e FGTS, em decorrência do falecimento do titular da conta.[159]

Também se submeterão a simples alvará de levantamento os saldos de contas bancárias e demais verbas enumeradas no art. 2º, 2ª parte, da Lei nº 6.858, de 24.11.1980, observado quanto a tais saldos o limite do valor de 500 ORTN. Em síntese:

(a) os montantes das contas de FGTS e PIS-PASEP são liberados administrativamente aos dependentes habilitados perante a Previdência Social. Na falta destes, o pagamento será feito aos sucessores hereditários indicados em alvará judicial (Lei nº 6.858, art. 1º, *caput*);[160]

(b) restituição de imposto de renda e outros tributos segue a mesma regra do FGTS e PIS-PASEP (art. 2º, 1ª parte);

(c) os saldos bancários e de contas de cadernetas de poupança e fundos de investimento, desde que não haja outros bens a inventariar, poderão ser levantados por alvará judicial, desde que limitados ao valor total de 500 ORTNs (Lei nº 6.858, art. 2º, 2ª parte);

(d) inexistindo dependentes ou sucessores, a destinação dos saldos previstos no art. 1º, *caput*, e no art. 2º, *caput*, será a definida no § 2º do art. 1º, e no parágrafo único do art. 2º, todos da Lei nº 6.858;

(e) ainda, as verbas rescisórias decorrentes do falecimento de empregado podem ser levantadas por meio de alvará judicial, mesmo existindo bens a inventariar, *ex vi* do disposto no Decreto nº 85.845/81, que regulamentou a Lei nº 6.858/80.[161]

---

158 STJ, 2ª Seção, CC 15.367/SC, Rel. Min. Ari Pargendler, ac. 14.11.1995, *DJU* 04.12.1995, p. 42.073.

159 STJ, Súmula nº 161.

160 "As quotas atribuídas a menores ficarão depositadas em caderneta de poupança, rendendo juros e correção monetária, e só serão disponíveis após o menor completar 18 (dezoito) anos, salvo autorização do juiz para aquisição de imóvel destinado à residência do menor e de sua família ou para dispêndio necessário à subsistência e educação do menor" (Lei nº 6.858, art. 1º, § 1º).

161 TJMG, 8ª C. Civ., Ap. Civ. 1.0267.17.002607-9/001, Rel. Des. Ângela de Lourdes Rodrigues, ac. 16.05.2019, *DJ* 27.05.2019.

190.1. Benefícios previdenciários

Outro caso de dispensa de abertura de inventário é o referente aos valores previdenciários não recebidos em vida pelo segurado. Com amparo no art. 112 da Lei nº 8.213/1991, tal verba, de caráter alimentar, pode ser paga administrativamente, ou pela via judicial, aos dependentes habilitados à pensão por morte. Só será paga aos sucessores na forma da lei civil, na falta dos referidos dependentes.[162]

191. Inventário administrativo

A Lei nº 11.441/2007 instituiu um inventário que se pode realizar por via administrativa, com intervenção apenas de tabelião e advogado, sistemática acolhida pelo CPC/2015 (*vide*, *retro*, o item nº 150). A opção pelo ato notarial prejudica o inventário judicial. A previsão dessa via puramente negocial para solucionar a sucessão hereditária, no entanto, não impede que os interessados prefiram o processo judicial para ultimar a transmissão dos bens deixados pelo *de cujus*, caso em que a partilha consensual se submeterá à homologação na forma do art. 659.

Ainda que o processo sucessório tenha se iniciado em juízo e sem consenso entre os interessados, poderá ser encerrado por partilha notarial, a qualquer tempo, se não houver interessado incapaz envolvido na sucessão. Se isto ocorrer, a partilha feita extra-autos por meio de escritura pública, nem reclamará homologação judicial para ser levada ao registro de imóveis. O processo judicial será simplesmente encerrado por perda de objeto.

Se, todavia, as partes preferirem solenizar a partilha em juízo, poderão juntar a escritura aos autos e requerer que a extinção do processo se dê com a homologação facultativa do ato negocial de dissolução do condomínio *causa mortis*.

---

162 STJ, 2ª T., REsp 1.596.774/RS, Rel. Min. Mauro Campbell Marques, ac. 21.03.2017, *DJe* 27.03.2017; STJ, 5ª T., REsp 603.246/AL, Rel. Min. José Arnaldo da Fonseca, ac. 12.04.2005, *DJU* 16.05.2005, p. 384.

§ 19. DISPOSIÇÕES COMUNS

192. Medidas cautelares

Prevê o atual Código algumas tutelas provisórias próprias do processo sucessório judicial e que podem ser adotadas tanto no curso do inventário como do arrolamento. São elas:

(*a*) sobrestamento da entrega do quinhão do herdeiro impugnado, no caso de remessa da impugnação para as vias ordinárias (art. 627, § 3º);

(*b*) reserva do quinhão do herdeiro não admitido, com remessa da pretensão para as vias ordinárias (art. 628, § 2º);

(*c*) reserva de bens para pagar ao credor que não logrou habilitação na via administrativa (art. 643, parágrafo único).

De acordo com o dispositivo no art. 668, todas essas medidas preventivas perderão sua eficácia:

(*a*) se a *ação principal* (isto é, a de petição de herança, a de impugnação da qualidade de herdeiro ou a de cobrança) não for proposta em trinta dias, contados da data em que da decisão foi intimada a parte interessada, ou seja, o impugnante (art. 627, § 3º), o herdeiro excluído (art. 628) ou o credor não admitido (art. 643);

(*b*) se o juiz declarar extinto o processo de inventário, com ou sem resolução de mérito.

Trata-se, em primeiro lugar, de aplicação ao juízo sucessório da regra geral do art. 309, inc. I, que, de maneira ampla, prevê a cessação de eficácia de toda medida cautelar preparatória, quando a parte não intenta a ação principal no prazo de trinta dias, fixado pelo art. 308.

É que as medidas preventivas são tomadas sumariamente, sem uma certeza a respeito do direito da parte. Criam um constrangimento para o adversário que não pode perdurar indefinidamente. Urge, por isso, em prazo curto, instalar o processo de mérito para alcançar-se a solução definitiva do conflito. As medidas cautelares só se justificam pela contribuição que podem prestar à eficácia do processo principal. Daí a assinação de um prazo decadencial para que a questão de mérito seja deduzida em juízo. A inobservância desse prazo induz desinteresse da parte pela excepcional tutela preventiva com que foi beneficiada. A cessação da medida preparatória, então, ocorrerá de pleno direito.

Pela mesma razão da acessoriedade que existe entre a medida cautelar e o processo principal, ocorrerá também a cessação de eficácia das medidas questionadas quando se extinguir, com ou sem julgamento de mérito, o processo de inventário que as motivou. Por exemplo, pode-se dar a extinção do inventário antes do julgamento da petição de herança, quando a totalidade dos bens inventariados é consumida no pagamento de dívidas regularmente habilitadas, ou quando o espólio incorre em insolvência civil ou falência (CPC/1973, art. 748; Lei nº 11.101/2005, arts. 94, § 1º, e 125).[163] Pode-se, ainda, cogitar de extinção de inventário, sem julgamento de mérito,

---

[163] BARROS, Hamilton de Moraes e. *Comentários ao Código de Processo Civil*. Rio de Janeiro: Forense, 1980, v. 9, n. 180, p. 345; COUTO E SILVA, Clóvis. *Comentários ao Código de Processo Civil*. São Paulo: Ed. RT, 1977, v. XI, t. I, n. 469, p. 412; MARCATO, Antônio Carlos. *Procedimentos especiais*. São Paulo: Ed. RT, 1986, n. 151.4, p. 152.

em situação como a de versar o processo, ajuizado no Brasil, sobre bens situados no estrangeiro, ou no caso de provar-se que a pessoa dada como morta ainda vive.[164]

193. Sobrepartilha

Sobrepartilha é uma nova partilha, referente ao mesmo espólio, de bens que, por qualquer motivo, ficaram fora da descrição no inventário, ou fora da partilha geral já realizada.[165]

Segundo o disposto no art. 669 do CPC/2015, ficam sujeitos à sobrepartilha:

(a) *os bens sonegados*, isto é, os que foram ocultados ou desviados dolosamente do processo sucessório (inc. I);

(b) *os bens desconhecidos* ao tempo da partilha e que só vieram a ser descobertos depois de sua homologação (inc. II);

(c) *os bens litigiosos* e os de *liquidação difícil* ou *morosa* (inc. III);

(d) *os bens* situados em lugar remoto da sede do juízo onde se processa o inventário (inc. IV).

Por bens litigiosos entendem-se aqueles cuja posse ou domínio do espólio se acha envolvido em disputa judicial. Para que o inventário não fique longamente paralisado, os bens não litigiosos podem ser desde logo partilhados, reservando-se os controvertidos para uma partilha complementar, depois de resolvida a pendência judicial que os envolve.

Bens de liquidação difícil ou morosa são aqueles que se encontram em zonas remotas, longe da sede do inventário, e que, por isso, dependem de diligências e precatória de cumprimento demorado. São, ainda, aqueles que, por sua própria natureza, reclamam operações complexas, como, por exemplo, a liquidação de sociedade ou a apuração de haveres do morto em pessoa jurídica de que era sócio.

A sobrepartilha correrá nos próprios autos em que se realizou a partilha (art. 670, parágrafo único) e observará os mesmos trâmites previstos para o inventário e o arrolamento (art. 670, *caput*). Não é, no dizer de Hamilton de Moraes e Barros, uma ação nova, mas simples fase ou complemento da ação velha já pendente, o inventário-partilha.[166]

Após a criação do inventário e partilha por via administrativa, que no CPC/2015 encontra-se regulamentado no art. 610, §§ 1º e 2º, a sobrepartilha é remédio que se pode utilizar tanto em relação aos processos sucessórios judiciais como aos casos de atos notariais. Naturalmente, se não concorreram as condições para a partilha extrajudicial, a sobrepartilha também será processada em juízo. Se, porém, a partilha primitiva se der administrativamente, nada impedirá que a sobrepartilha também se ultime por meio da escritura pública prevista no art. 610, § 1º. Até mesmo quando a primeira partilha tenha sido feita contenciosamente, pode acontecer que na fase de sobrepartilha sobrevenha consenso geral entre os interessados. Poderão, perfeitamente, realizá-la por via notarial, se nenhum incapaz figurar entre eles.

---

[164] COUTO E SILVA, Clóvis. *Comentários ao Código de Processo Civil*. São Paulo: Ed. RT, 1977, v. XI, t. I, n. 469, p. 412.

[165] OLIVEIRA, Itabaiana de. *Tratado das sucessões*. 4. ed. Rio de Janeiro: Max Limonad, 1952, v. III, nº 958, p. 909.

[166] BARROS, Hamilton de Moraes e. *Comentários ao Código de Processo Civil*. Rio de Janeiro: Forense, 1980, v. 9, n. 181, p. 349-350. "Na hipótese de existirem bens sujeitos à sobrepartilha por serem litigiosos ou por estarem situados em lugar remoto da sede do juízo onde se processa o inventário, o espólio permanece existindo, ainda que transitada em julgado a sentença que homologou a partilha dos demais bens do espólio" (STJ, 3ª T., REsp 284.669/SP, Rel. Min. Nancy Andrighi, ac. 10.04.2001, *DJU* 13.08.2001, p. 152).

193-A. Outros casos de sobrepartilha

Além das hipóteses dos arts. 669 e 670 do CPC, há outras situações em que a sobrepartilha se torna necessária, como: *(i)* a do quinhão reservado para o nascituro, quando este não sobrevive; *(ii)* a do cônjuge ou companheiro sobrevivente, cuja meação foi reconhecida após a partilha; *(iii)* a do credor que descobre a existência de bens do espólio não arrecadados no inventário encerrado de forma negativa e que, de alguma forma, estarão atraídos pela sucessão. É, pois, equivocado imaginar que apenas os herdeiros serão os beneficiários da reabertura do processo e da sobrepartilha[167].

193-B. Reexame da deliberação de partilha

Decidiu o STJ que no inventário, sem ofensa à preclusão, o juiz pode rever decisão interlocutória acerca de inclusão ou exclusão de bens, após declaração, pelo STF, de inconstitucionalidade da norma que lhe serviu de fundamento. O caso solucionado dizia respeito à aplicação de regra pertinente ao regime matrimonial de separação obrigatória de bens[168].

194. Curatela especial ao herdeiro

Para integrar a relação processual do juízo sucessório exige-se, naturalmente, a capacidade dos interessados, ou o seu suprimento através da assistência ou da representação.

Pode acontecer, porém, que o incapaz não disponha, ainda, de uma pessoa legalmente investida no múnus da representação. Para essa emergência, autoriza o art. 72, I, que o juiz nomeie um curador especial (curador à lide), apenas para os atos do processo.

Igual curador deverá nomear o juiz do inventário ou do arrolamento, quando o herdeiro incapaz e seu representante estiverem concorrendo, com direitos próprios, na partilha da herança (art. 671, II).

Dar-se-á, também, curador especial ao ausente e ao citado por edital que permaneça revel, enquanto não for constituído advogado (arts. 72, II, e 671, I).

195. Inventários cumulados

Prevê o atual Código três casos de cumulação de inventários destinados a partilha de heranças de pessoas diversas (art. 672), quando houver:

(a) identidade de pessoas entre as quais devam ser repartidos os bens (inc. I);
(b) heranças deixadas pelos dois cônjuges ou companheiros (inc. II);
(c) dependência de uma das partilhas em relação à outra (inc. III).

---

[167] MAZZEI, Rodrigo. Ensaio sobre o inventário sucessório. Salvador: Ed. JusPodivm, 2022, p. 365-366; ARRUDA ALVIM, José Manoel; ASSIS, Araken de; ALVIM, Eduardo Arruda. Comentários ao Código de Processo Civil. Rio de Janeiro: GZ Editora, 2012, p. 1.518; STJ, 3ª T., AgRg no REsp 1.151.143/RJ, Rel. Min. Paulo de Tarso Sanseverino, ac. 04.09.2012, DJe 10.09.2012.

[168] "6. Em ação de inventário, o juiz que proferiu decisão interlocutória fundada no art. 1.790 do CC/2002 estará autorizado a proferir uma nova decisão a respeito da matéria anteriormente decidida, de modo a ajustar a questão sucessória ao superveniente julgamento da tese firmada no tema 809/STF e à disciplina do art. 1.829 do CC/2002, uma vez que o Supremo Tribunal Federal modulou temporalmente a aplicação da tese de modo a atingir os processos judiciais em que ainda não tenha havido trânsito em julgado da sentença de partilha. Precedente" (STJ, 3ª T., REsp 2.017.064/SP, Rel. Min. Nancy Andrighi, ac. 11.04.2023, DJe 14.04.2023).

O primeiro caso refere-se à hipótese de partilha de bens de diferentes heranças a pessoas comuns, ou seja, aos mesmos herdeiros, sucessores e demais interessados. É o que se passa, por exemplo, com a morte de mais de uma pessoa, tendo todas efetuado disposições testamentárias em favor dos mesmos sucessores (inc. I).

Poderá haver ainda cumulação se for necessário inventariar bens deixados pelos dois cônjuges ou companheiros (inc. II). Nesse caso, não importa que haja bens novos a inventariar em razão da morte do segundo cônjuge. Mesmo que os herdeiros não sejam os mesmos, no sistema do art. 672, do CPC atual, é admissível a cumulação se os bens a partilhar forem os mesmos em ambas as sucessões. É o caso de heranças de um casal em que o marido fora casado duas vezes e tinha filhos do primeiro leito.[169] Admitida a cumulação, o inventariante será um só para os dois inventários e não haverá necessidade de renovar as declarações do inventariante, pois as primeiras prevalecem, assim como o laudo de avaliação. Se houver, porém, alteração dos valores que comprometa a partilha, mormente quando, no caso de cônjuges, ocorra inclusão de bens novos, necessária se tornará a avaliação de todos os bens das duas heranças (art. 673).

A reunião dos inventários, todavia, somente cabe se o primeiro deles ainda não se encerrou,[170] tanto na hipótese do inciso I como na do inciso II.

De acordo com o inciso III do art. 672, é lícita a cumulação de inventários se a realização de uma partilha depender de outra. Ocorre, por exemplo, quando falece um dos herdeiros antes do término do inventário. Nesse caso, nem sempre se observará a cumulação dos inventários, pois prevê o CPC/2015 que se a dependência for parcial, por haver outros bens, poderá o juiz ordenar a tramitação separada do segundo inventário, se melhor convier ao interesse das partes ou à celeridade processual (parágrafo único).

Na hipótese do inciso I – heranças diversas deixadas às mesmas pessoas – haverá necessidade de novas declarações e novas avaliações, pois, embora sejam os mesmos os herdeiros, diferentes serão os bens em cada uma das sucessões abertas e cumuladas. Não se terá, após a cumulação, como manter a declaração do primeiro inventário, nem a avaliação nele efetuada.

196. Honorários de advogado

Uma vez que o inventário judicial somente pode ser promovido por meio de advogado, torna-se a verba advocatícia um custo forçado da transmissão hereditária do patrimônio deixado pelo morto.

Devem, portanto, sair do monte da herança os gastos com a remuneração do procurador judicial contratado pelo inventariante, no interesse geral da comunhão. Isto é correto tanto para efeito do cálculo do imposto *causa mortis* (STF, Súmula nº 115) como para efeito do rateio desses honorários entre os diversos sucessores contemplados na herança.[171]

---

[169] NEGRÃO, Theotônio *et al. Código de Processo Civil.* 52. ed. São Paulo: Saraiva, 2021, p. 701; NERY JÚNIOR, Nelson. NERY, Rosa Maria de Andrade. *Código de Processo Civil comentado.* 19. ed. São Paulo: Ed. RT, 2020, 1.567. Deve-se ponderar que os requisitos de cumulação do art. 672 não são cumulativos, e, assim, para a hipótese do inciso II (heranças deixadas por dois cônjuges ou companheiros) não incide a exigência de identidade pessoas entre as quais devam ser repartidos os bens (inciso I).

[170] "Se um dos inventários já está encerrado, naturalmente, é inviável a cumulação (RP 5.370, EM 151)" (NEGRÃO, Theotônio *et al. Código de Processo Civil.* 52. ed. São Paulo: Saraiva, 2021, p. 701).

[171] "Os honorários advocatícios de profissional contratado pela inventariante, em nome do espólio e no interesse comum dos herdeiros, constituem encargos da herança, e devem ser deduzidos de seu monte, ainda que alguns herdeiros estejam representados por advogados diversos" (1º TACiv.-SP, Ap 365.236, Rel. Juiz Oswaldo Caron, ac. 19.12.1986, *RTJE* 44/156); TJRS, Ap 595142183, Rel. Des. Einloft Pereira, ac. 21.12.1995, *RJTJRS*, v. 175, t. II, p. 668; STJ, 3ª T., REsp 210.036/RJ, Rel. Min. Waldemar Zveiter, ac. 19.02.2001, *DJU* 09.04.2001, p. 353; *RSTJ* 138/369.

Quando, porém, há interesses conflitantes entre os sucessores e cada um se faz representar por advogado próprio no processo sucessório, não terá cabimento o rateio da verba honorária; cada um pagará o procurador que contratou.[172]

No caso de inventário e partilha por via de escritura pública (art. 610, § 1º), as despesas do ato notarial e da assistência advocatícia comum serão rateadas entre os interessados. Se cada sucessor contratar seu próprio advogado, não haverá rateio de honorários: cada qual custeará a remuneração do respectivo assistente.

197. Extinção do processo por paralisação da causa

Entre as causas de extinção do processo, sem julgamento de mérito, inclui-se a do abandono da causa, ou seja, a sua paralisação por mais de trinta dias, por culpa do autor (art. 485, III), ou por mais de um ano, por negligência de ambas as partes (art. 485, II).

O acertamento da transmissão de bens entre o morto e seus sucessores não interessa apenas a estes. A Fazenda Pública e toda a sociedade têm real interesse na definição do processo sucessório. Firmou-se, por isso, a jurisprudência no sentido de que a paralisação do inventário ou arrolamento "não justifica seja decretada a extinção do processo".[173] Na verdade, "cuidando-se, no inventário, de uma forma de prestação de serviço público, por via judiciária, com o objetivo de legitimar situações jurídicas de interesses particulares, que exigem o concurso do Estado para final constituição, nada justifica a extinção do processo em face de sua paralisação".[174]

Por conseguinte, "se o inventariante, porventura, se mostra desidioso, deixando o feito paralisado indevidamente por tempo superior a 30 dias, o que cumpre ao juiz fazer, de ofício ou a requerimento de qualquer interessado, é simplesmente removê-lo e nomear outro em substituição, nos termos dos arts. 995, nº II, e 996 do Código de Processo Civil [CPC/2015, arts. 622, II, e 623], e nunca declarar extinto o feito, mormente de ofício, por manifesta incompatibilidade dessa providência com o processo de inventário".[175]

198. Assistência judiciária

Não há razão para negar a incidência dos benefícios da assistência judiciária no juízo sucessório.

Muitas vezes, famílias pobres não dispõem de outro bem que a própria morada deixada pelo *de cujus*. Exigir que se venda o imóvel para custear o processo sucessório seria suprema injustiça e total subversão dos propósitos inspiradores do salutar instituto da justiça gratuita.

Reiterados, por isso, são os pronunciamentos da jurisprudência em prol da aplicação da assistência judiciária ao arrolamento ou inventário, sempre que a viúva, por exemplo, seja miserável e não disponha de recursos "para custear as despesas com o inventário dos bens deixados por seu marido".[176]

---

[172] STF, 1ª T., RE 94.716/MG, Rel. Min. Rafael Mayer, ac. 26.10.1982, *DJU* 26.11.1982, p. 12.123, RTJ 103/1.214; STJ, 4ª T., REsp 324.085/RS, Rel. Min. Aldir Passarinho Júnior, ac. 26.02.2002, *DJU* 15.04.2002, p. 225.

[173] TJSP, Ap 241.944, Rel. Des. Carlos Antonini, ac. 17.04.1975, *RT* 515/116; TJSP, Ag 153.216-1, Rel. Des. Ernani de Paiva, ac. 12.09.1991, *RJTJSP* 137/315.

[174] TJSP, Ap 34.576-1, Rel. Des. Ney Almada, ac. 08.09.1983, *RT* 581/63; TJMG, 7ª Câm. Cív., Rel. Des. Edivaldo George dos Santos, ac. 04.07.2006, *DJMG* 1º.02.2007.

[175] TJSP, Ap 241.701, Rel. Des. Alves Ferreira, ac 08.05.1975, *RT* 510/125; TJRJ, Ag 1.669/92, Rel. Des. Sérgio Cavalieri, *ADV* de 07.08.1994, n. 66.300.

[176] TJMG, AI 112, Rel. Des. Paula Mota, *Rev. Forense* 85/712.

O Tribunal de Justiça de São Paulo, analisando um recurso contra decisão que negara a assistência judiciária pelo simples fato de existirem bens a inventariar, proclamou: "A tese sustentada no despacho recorrido não encontra respaldo na sistemática legal. A lei diz expressamente que se considera necessitado, para os fins legais, todo aquele cuja situação econômica não lhe permita pagar as custas do processo e os honorários de advogado sem prejuízo do sustento próprio ou da família. O simples fato de ser o interessado possuidor ou proprietário de um imóvel não afeta sua condição de necessitado, na acepção restrita da lei, mesmo porque a exigência do pagamento das custas pode ser feita posteriormente, nos termos do art. 12 da Lei nº 1.060, uma vez que o devedor possa satisfazer esse ônus".[177] O referido dispositivo legal foi revogado pelo CPC/2015, mas a regra nele contida foi conservada pelos §§ 2º e 3º do art. 98 do CPC/2015.

199. Terceiros prejudicados

O processo de sucessão hereditária visa a gerar título para transcrição do imóvel no Registro Público em nome do herdeiro e, ainda, a propiciar-lhe título executivo judicial para imitir-se na posse do quinhão que lhe destinar a partilha do acervo inventariado.

Assim, a indevida inclusão de bens de terceiro entre aqueles descritos no inventário ou no arrolamento apresenta, potencialmente, uma moléstia ao direito e à posse do verdadeiro titular.

Para coibir essa turbação judicial, o remédio adequado acha-se previsto no art. 674, de sorte que "os embargos de terceiro constituem recurso idôneo para exclusão ao processo de inventário de bens de quem prova a posse e o domínio da coisa descrita no acervo hereditário como pertencente ao espólio".[178]

---

[177] TJSP, AI 3.356-1, Rel. Des. Valentim Silva, ac. 17.06.1980, *RT* 544/103. No mesmo sentido: STJ, 3ª T., REsp 257.303/MG, Rel. Min. Pádua Ribeiro, ac. 12.11.2001, *DJU* 18.02.2002, p. 411.

[178] TJMG, Ap 48.096, Rel. Des. Edésio Fernandes, ac. 09.05.1978, *DJMG* 22.06.1978; TJDF, Ap 74.973, Rel. Des. Estevam Carlos Lima Maia, ac. 13.02.1995, *DJ* 15.03.1995, p. 2.857.

Fluxograma nº 13 – Inventário e partilha por via administrativa (art. 610, § 1º)

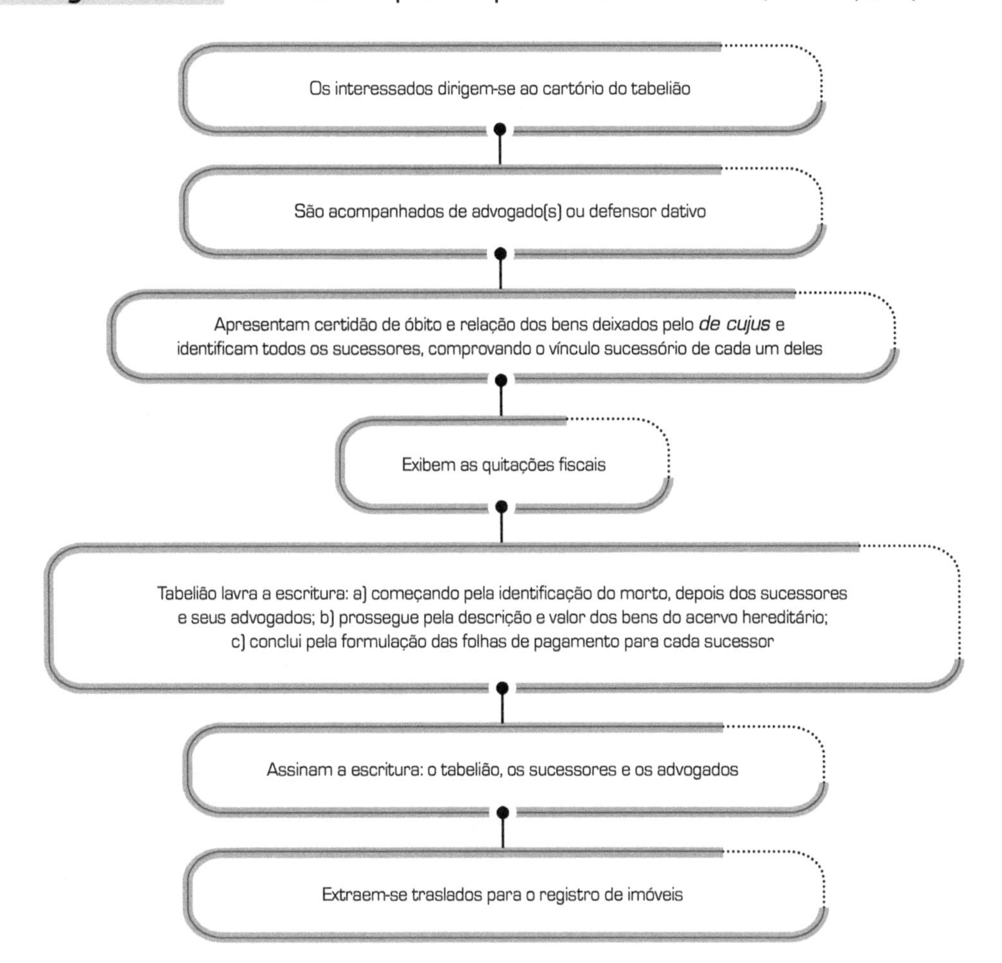

Fluxograma nº 14 – Inventário judicial (arts. 610 a 638)

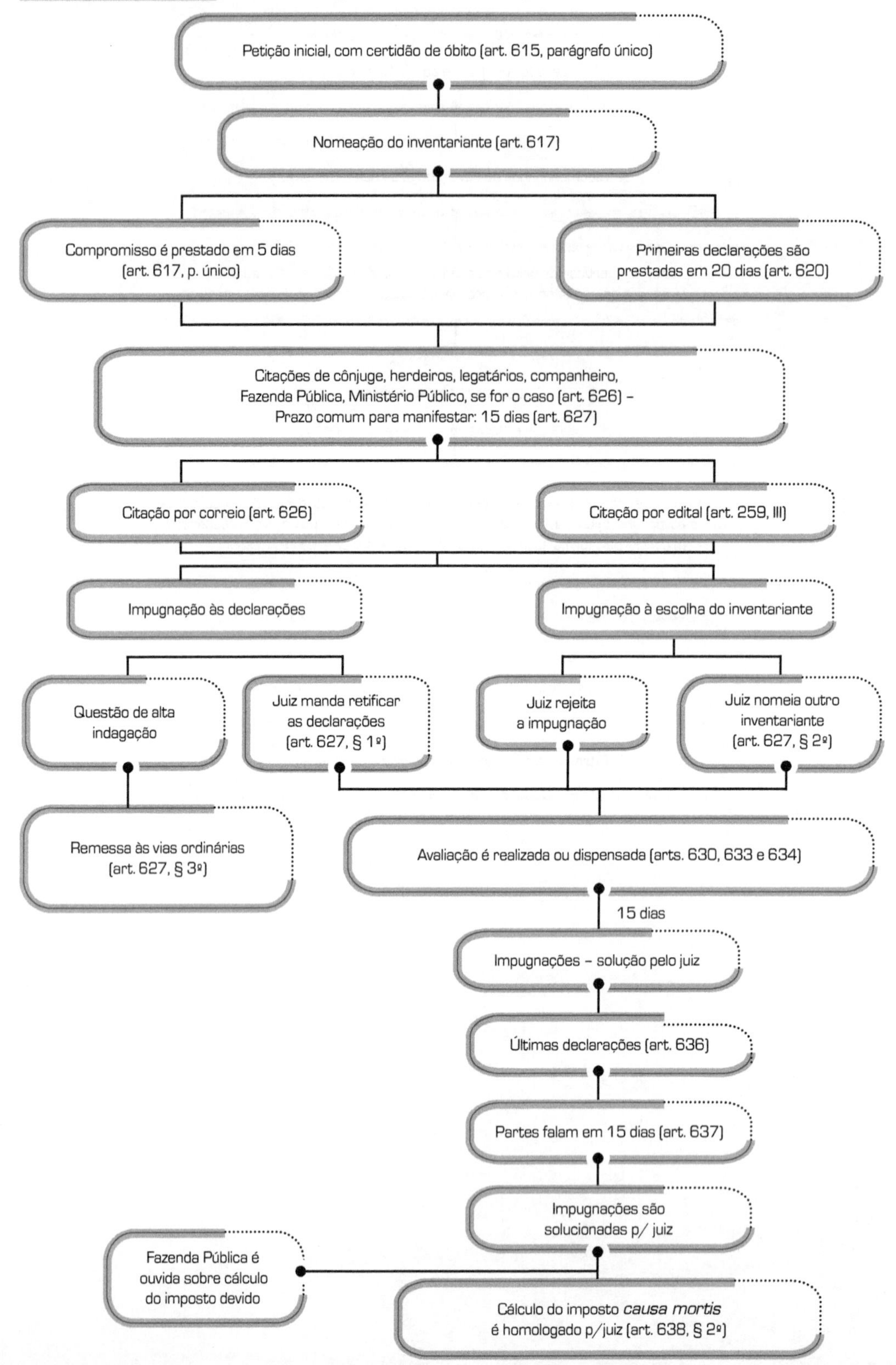

Fluxograma nº 15 – Colações (arts. 639 a 641)

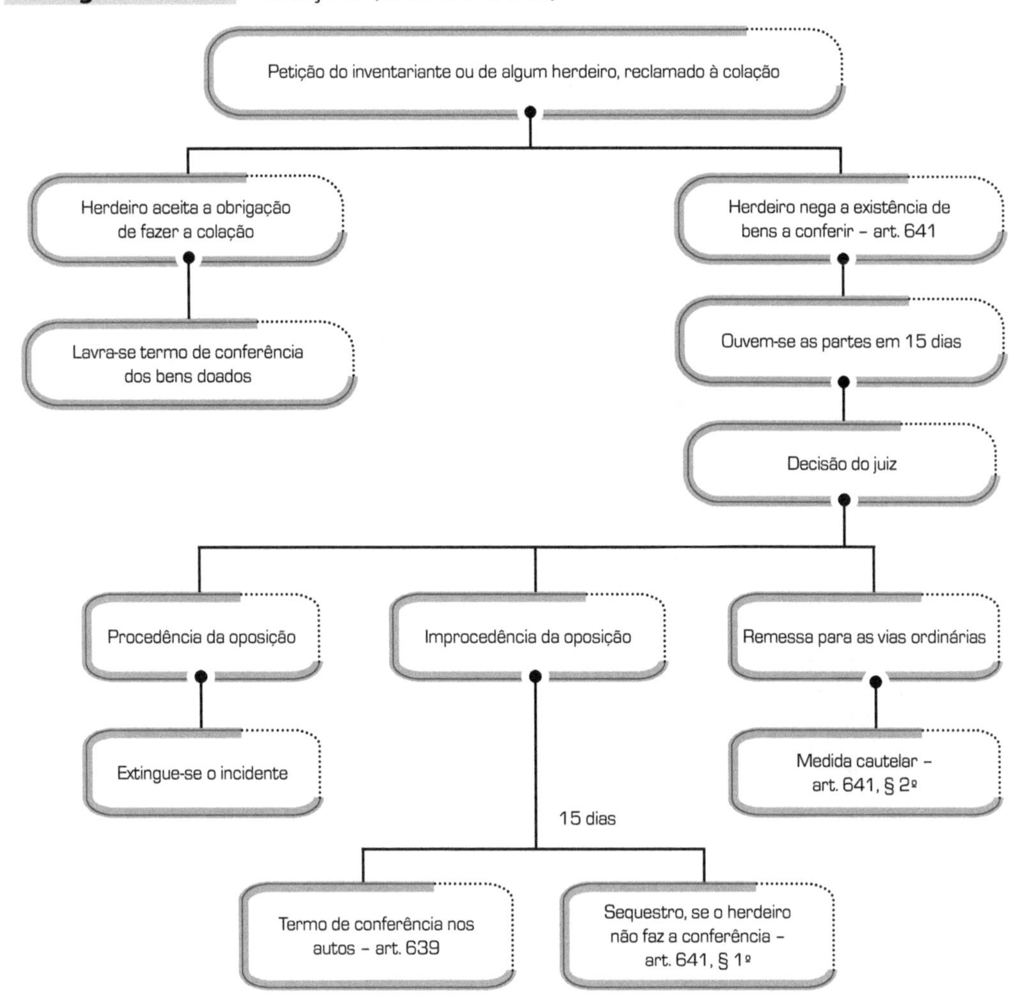

Fluxograma nº 16 – Pagamento de dívida do espólio (arts. 642 a 646)

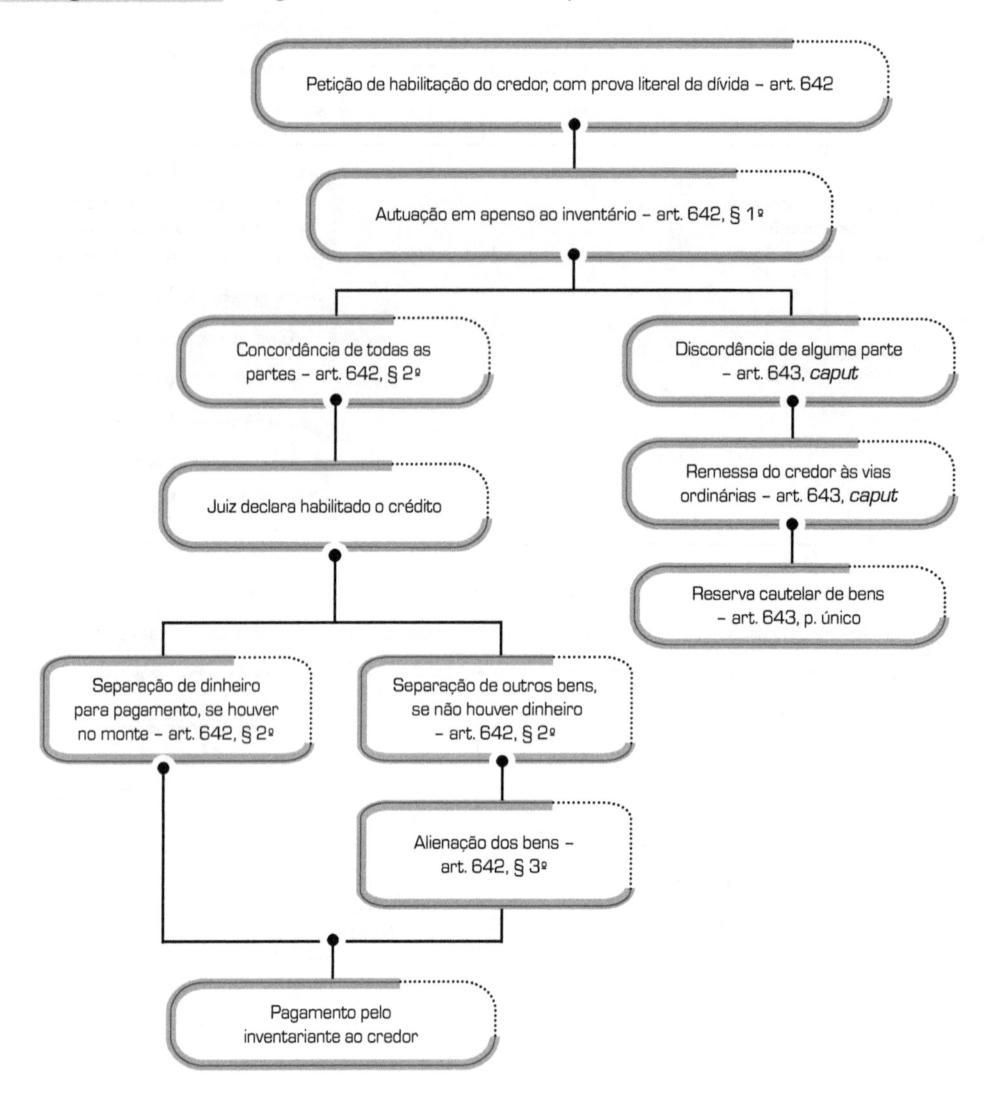

Fluxograma nº 17 – Partilha judicial (arts. 647 a 658)

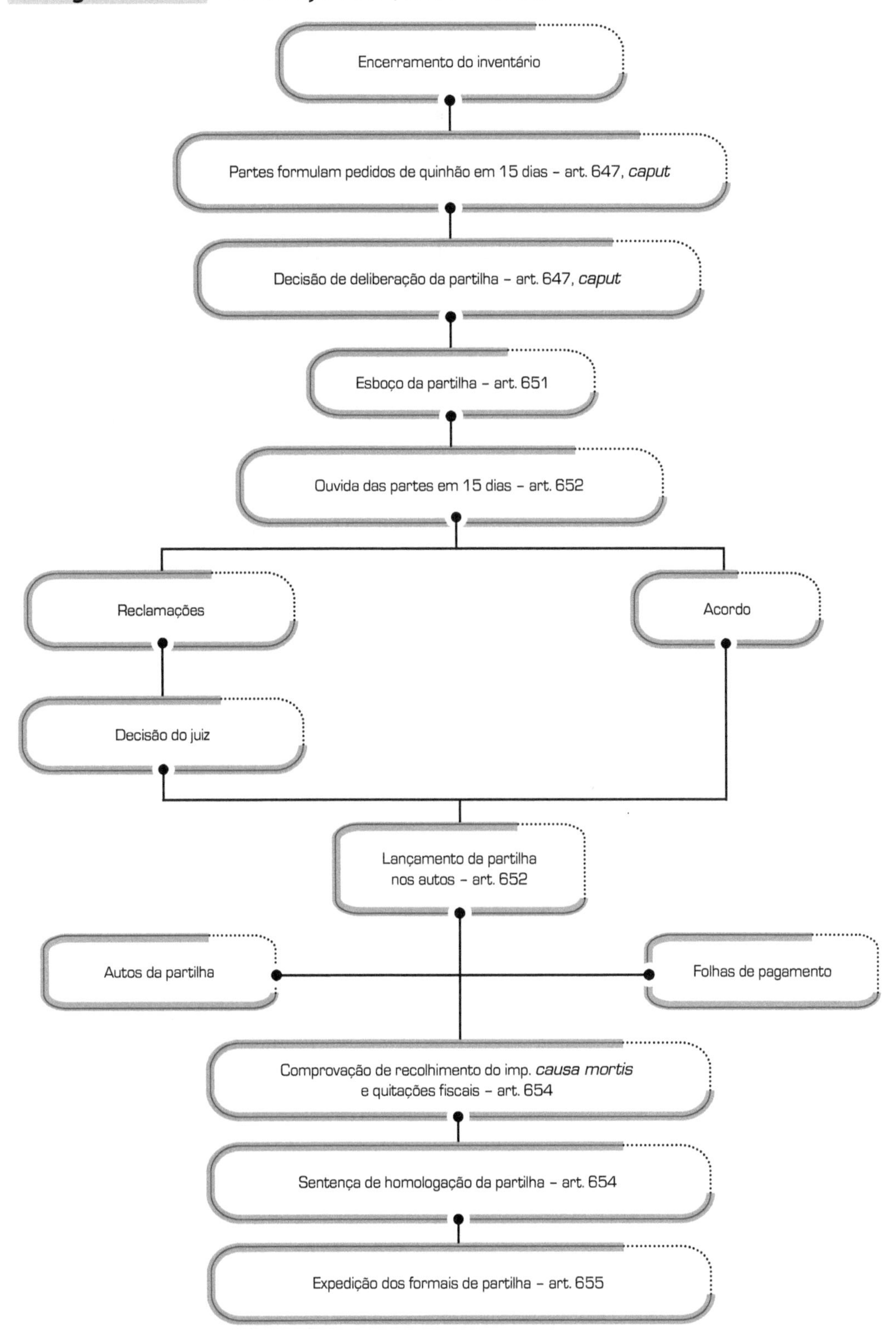

Fluxograma nº 18 – Arrolamento sumário (convencional) (arts. 659 a 663)

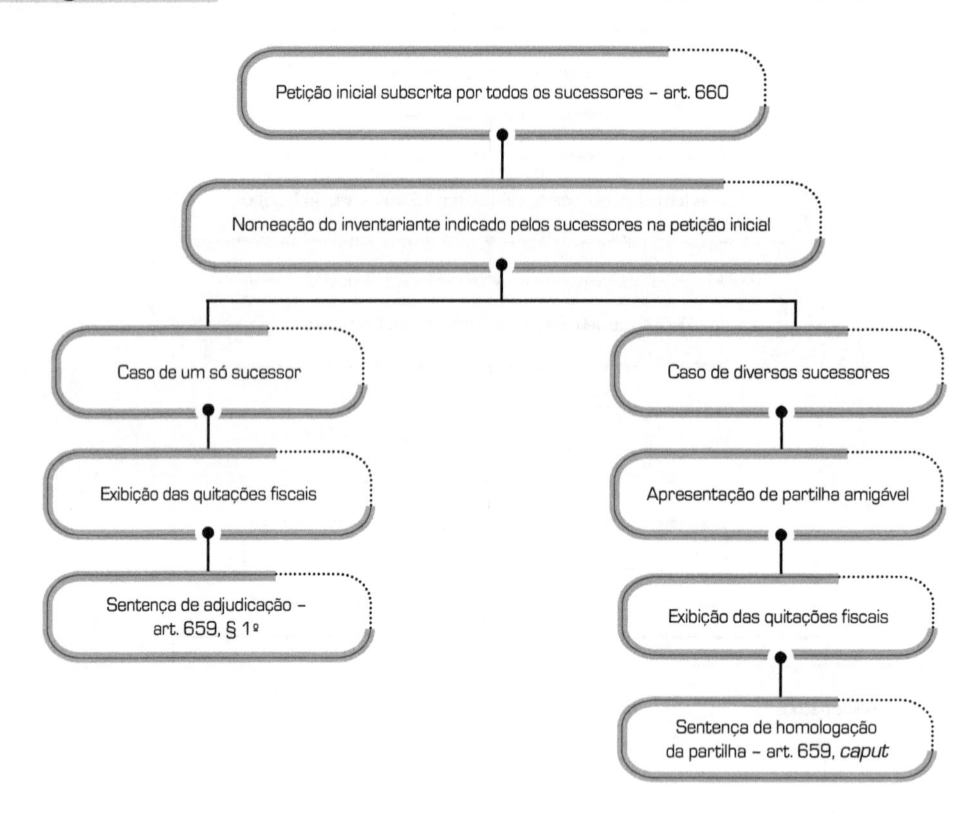

Fluxograma nº 19 – Arrolamento comum (legal) (art. 664 e parágrafos)

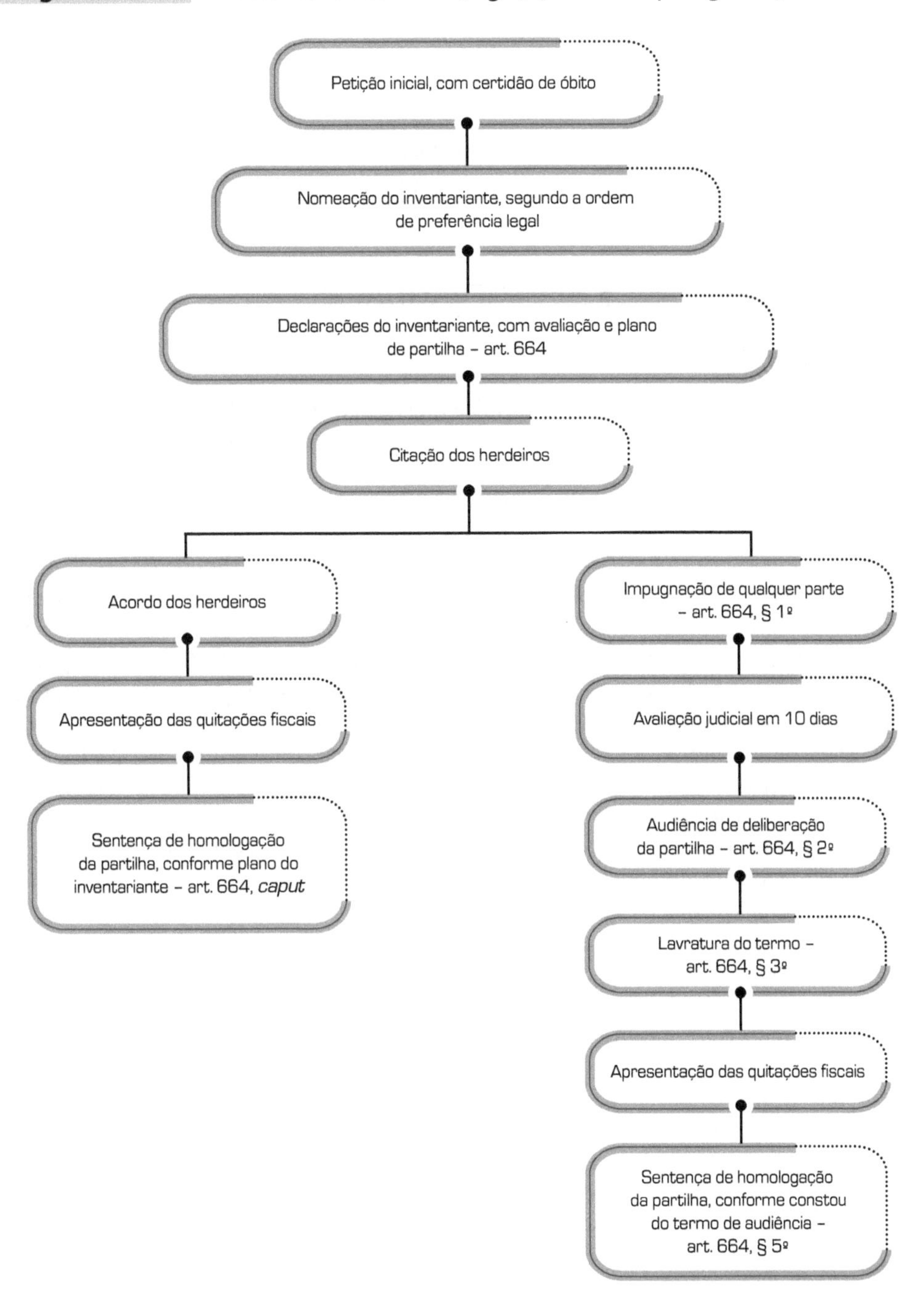

Capítulo VIII
EMBARGOS DE TERCEIRO

§ 20. GENERALIDADES

200. Conceito

O processo consiste numa relação jurídica que liga entre si o autor, o réu e o Estado-juiz, de sorte que a sujeição aos efeitos dessa relação, evidentemente, não devem se fazer sentir além das pessoas que a compõem.

Nessa ordem de ideias, a sentença, que corresponde à prestação jurisdicional no processo de conhecimento, só faz coisa julgada às partes entre as quais é dada, não prejudicando terceiros (CPC/2015, art. 506). *Res inter alios iudicata tertio neque nocet neque prodest.*

Se isto é verdade quanto ao comando direto do julgado, o mesmo não se pode dizer das suas consequências indiretas ou reflexas, que frequentemente atingem relações outras da parte com terceiro, cuja eficácia prática estaria a depender justamente do direito discutido no processo.

Daí a permissão para que o terceiro, mesmo não tendo sua relação jurídica discutida no processo, nele possa intervir por meio de remédios como a *assistência* (art. 119) e o *recurso de terceiro interessado* (art. 996 do CPC/2015), com o fito de coadjuvar uma das partes a obter sentença favorável, e, com isso, indiretamente, buscar preservar seu interesse na conservação de situação jurídica necessária à boa execução de seu direito (não litigioso) contra a parte assistida.

Da mesma forma, no processo de execução, a atividade satisfativa do Estado posta à disposição do credor se desenvolve por meio de uma relação jurídica em cujo polo passivo figura o devedor. São, pois, os bens do devedor que haverão de ser atingidos pelas medidas constritivas voltadas para a preparação e realização da prestação a que faz jus o credor. Só ele, em princípio, há de sujeitar-se por meio de seus bens, presentes e futuros, à atividade sancionatória desenvolvida na execução forçada.

Ultrapassando o limite da responsabilidade executiva do devedor (art. 789), e sendo atingidos bens de quem não é sujeito do processo, comete o poder jurisdicional *esbulho judicial*, que, evidentemente, não haverá de prevalecer em detrimento de quem se viu, ilegitimamente, prejudicado pela execução forçada movida contra outrem.

Daí a existência dos *embargos de terceiro*, remédio processual que a lei põe à disposição de quem, não sendo parte no processo, sofrer constrição ou ameaça de constrição sobre bens que possua ou sobre os quais tenha direito incompatível com o ato constritivo (art. 674).

Enquanto na intervenção assistencial, o terceiro se intromete em processo alheio para tutelar direito de outrem, na esperança de, *indiretamente*, obter uma sentença que seja útil a seu interesse dependente do sucesso da parte assistida, nos embargos, o que o terceiro divisa é uma ofensa *direta* ao seu direito ou à sua posse, ilegitimamente atingidos num processo entre estranhos.

Na intervenção, portanto, o assistente apresenta-se como titular de um direito *dependente*, que, sem estar em jogo no processo, pode ser indiretamente prejudicado pela derrota da parte assistida. Nos embargos, a defesa é de um *direito autônomo* do terceiro, estranho à relação jurídica litigiosa das partes do processo primitivo e que, a nenhum título, poderia ser atingido ou prejudicado pela atividade jurisdicional.

Trata-se de remédio processual que o embargante utiliza para tutelar uma posição jurídica material autônoma, distinta e incompatível com aquela que envolve os primitivos litigantes.[1]

Aproximam-se os embargos de terceiro da ação especial denominada "oposição" (art. 682). Distinguem-se dela, todavia, porque a oposição é típica ação interligada de conhecimento, voltada diretamente a discutir o direito ou a coisa disputada pelas partes da causa primitiva. O opoente ataca diretamente a pretensão daquelas partes e procura contrapor-lhe um outro direito capaz de excluir, em caráter prejudicial, tanto o do autor como o do réu. Já nos embargos de terceiro, o objetivo visado não é o direito das partes em litígio, mas o *ato estatal* do juiz que indevidamente constringiu ou ameaçou constringir bem de quem não era parte no processo. Não há ataque ao direito nem do autor nem do réu, que poderão continuar a ser atuados, normalmente, mesmo após o sucesso dos embargos de terceiro, o que não se passa quando é procedente a oposição, já que a sentença aniquila todas as pretensões deduzidas pelas partes do processo primitivo.[2]

Deve, destarte, o embargo de terceiro ser conceituado como a "ação proposta por terceiro em defesa de seus bens contra execuções alheias".[3] Em outras palavras, trata-se de uma ação de conhecimento ajuizada com o intuito de evitar ou de desfazer uma constrição judicial indevida, não se confundindo com as ações próprias para a defesa do domínio.[4]

201. Natureza jurídica

Como sempre ocorre com os procedimentos especiais, a ação de embargos de terceiro engloba elementos heterogêneos, apresentando-se como figura complexa, onde se mesclam traços de natureza jurídica múltipla.

Há, entre eles, uma natural carga declaratória, em torno da ilegitimidade do ato executivo impugnado. Há, também, um notável peso constitutivo, pois, reconhecido o direito do embargante, revogado terá de ser o ato judicial que atingiu ou ameaçou atingir seus bens. Há, enfim, uma carga de executividade igualmente intensa, porquanto a atividade jurisdicional não se limita a declarar e constituir. Vai além e, tão logo reconhecido o direito do embargante, atos materiais do juízo são postos em prática para liberar o bem constrito e pô-lo novamente sob a posse e disponibilidade efetivas do terceiro. A atividade material – característica dos procedimentos executivos *lato sensu*, como o da ação de despejo e dos interditos possessórios – está presente nos embargos de terceiro, já que, independentemente de uma posterior *actio iudicati*, medidas concretas de efetivação do comando jurisdicional em prol do embargante são atuadas de imediato, até mesmo em caráter liminar (CPC/2015, art. 678).

Assim, os embargos de terceiro configuram ação autônoma, com aptidão para acertamento definitivo e exauriente da lide neles debatida, bem como com força capaz de gerar coisa julgada material em torno do direito dominial ou da posse reconhecida ou negada ao embargante (art. 681).

202. Requisitos

Os embargos de terceiro são manejáveis por proprietário, inclusive fiduciário, ou por possuidor (CPC/2015, art. 674, § 1º). Requisitos dessa medida, portanto, são o *direito* ou a

---

1 BORSELLI, Edgardo. Verbete "Opposizione di terzo (Diritto Processuale Civile)". *Novíssimo Digesto Italiano*. Torino: UTET, 1965, v. 11, p. 1.079.

2 "Em processo de execução, o terceiro afetado pela constrição judicial de seus bens poderá opor embargos de terceiro à execução ou interpor recurso contra a decisão constritiva, na condição de terceiro prejudicado, exegese conforme a instrumentalidade do processo e o escopo de economia processual" (STJ, Corte Especial, REsp 1.091.710/PR, recurso repetitivo, Rel. Min. Luiz Fux, ac. 17.11.2010, *DJe* 25.03.2011).

3 LIEBMAN, Enrico Tullio. *Processo de execução*. 3. ed. São Paulo: Saraiva, 1968, n. 47, p. 86; PRATA, Edson Gonçalves. *Embargos de terceiro*. São Paulo: LEUD, 1987, p. 19.

4 STJ, 3ª T., AgRg no REsp 1.394.054/ES, Rel. Min. Paulo de Tarso Sanseverino, ac. 12.05.2015, *DJe* 15.05.2015.

posse do terceiro a justificar a exclusão dos bens da medida executiva que se processa entre estranhos ao embargante.[5]

Há quem veja nessa ação uma espécie de interdito possessório utilizável no âmbito das turbações ou esbulhos judiciais. Seu âmbito, porém, é maior do que o dos interditos. Não se limita à tutela puramente possessória. Na verdade, qualquer direito material incompatível com o ato executivo pode ser arguido e protegido por meio da ação especial do art. 674 do Código de Processo Civil.

Como ensina Pontes de Miranda, "os embargos de terceiro são a ação do terceiro que pretende ter *direito ao domínio* ou *outro direito*, inclusive a posse, sobre os bens penhorados ou por outro modo constritos".[6]

Enquanto os interditos se restringem à questão possessória, sendo-lhes estranha a questão dominial, a sistemática dos embargos expressamente abrange o domínio ou qualquer outro direito, real ou pessoal, que assegure ao embargante a posse sobre o bem indevidamente atingido pela execução alheia.[7]

Seguindo esse entendimento, a jurisprudência tem assentado que são cabíveis embargos de terceiro em favor de quem, embora não tendo a posse, é titular inquestionável do domínio de bem que, por tal circunstância, não pode sofrer, no processo, apreensão judicial.[8] Principalmente quando o ato impugnado tende à alienação judicial, como é o caso da penhora, não teria sentido consentir na sua manutenção apenas pelo fato de o dono não contar com a posse atual sobre o bem constrito. É, sem dúvida, o seu domínio que estará sendo ameaçado com a perspectiva da expropriação judicial, e o remédio a seu alcance não pode ser outro senão os embargos de terceiro.[9]

Não cabe ao embargante, porém, imiscuir-se no processo alheio para discutir o direito das partes ou os atos ali praticados. A função dos embargos é tão somente a de demonstrar o direito do embargante e sua incompatibilidade com a medida judicial em curso no processo alheio. Assim, o terceiro, não sendo parte na execução, não pode, por exemplo, alegar nulidade desta nem irregularidade do título do exequente.[10]

Em suma, o sucesso dos embargos subordina-se aos seguintes requisitos:

(a) existência de medida executiva em processo alheio;

(b) atingimento de bens de quem tenha direito ou posse incompatível com a medida; e

---

5 LIEBMAN, Enrico Tullio. *Processo de execução*. 3. ed. São Paulo: Saraiva, 1968, n. 47, p. 88.

6 PONTES DE MIRANDA, Francisco Cavalcanti. *Tratado das ações*. São Paulo: Ed. RT, 1976, t. VI, § 18, p. 180.

7 BARROS, Hamilton de Moraes e. *Comentários ao Código de Processo Civil*. 2. ed. Rio de Janeiro: Forense: 1980, v. IX, n. 186, p. 361.

8 Cf. NERY JÚNIOR, Nelson; NERY, Rosa Maria de Andrade. *Código de Processo Civil comentado*. 19. ed. São Paulo: Ed. RT, 2020, p. 1.569-1.570, notas 08 e 09 ao art. 674.

9 É da tradição de nosso processo civil a defesa do domínio, e não apenas da posse, por meio dos embargos de terceiro. Desde as Ordenações Filipinas se achava assente entre seus intérpretes que os direitos reais são tuteláveis por esses embargos (Pêgas, *Resolutiones Forenses*, I, 374). "A pretensão a embargar, por parte do terceiro que tem domínio, e não tem posse, ou a tem, entra na classe das pretensões a embargar como terceiro por turbação ou esbulho do *direito*" (PONTES DE MIRANDA, Francisco Cavalcanti. *Tratado das ações*. São Paulo: Ed. RT, 1976, t. VI, p. 232). Exemplo clássico de admissão de embargos por terceiro sem posse, é o do credor hipotecário, expressamente previsto no art. 674, IV, do CPC/2015.

10 LIEBMAN, Enrico Tullio. *Processo de execução*. 3. ed. São Paulo: Saraiva, 1968, n. 47, p. 88; Está assente na jurisprudência que os embargos de terceiro, tendo o âmbito limitado pela lei (CPC/2015, art. 674), não se prestam, por exemplo, à discussão de matéria própria dos embargos à execução, ou de matéria de interesse único da executada e não do embargante, como a arguição de pagamento da dívida exequenda (STJ, 3ª T., REsp 54.725/RS, Rel. Min. Eduardo Ribeiro, ac. 13.12.1995, *DJU* 25.03.1996, p. 8.574), ou a prescrição da obrigação litigiosa (STJ, 2ª T., REsp 60.284/SP, Rel. Min. João Otávio de Noronha, ac. 03.04.2003, *DJU* 12.05.2003, p. 236).

(c) tempestividade: interposição: (i) no processo de conhecimento, enquanto não transitada em julgado a sentença; (ii) no cumprimento da sentença ou no processo de execução, até cinco dias depois da adjudicação, da alienação por iniciativa particular ou da arrematação, mas sempre antes da assinatura da respectiva carta.[11]

Não basta, outrossim, ao embargante provar que não é parte no processo em que ocorreu a constrição judicial atacada, pois há na lei casos em que se dá a chamada *responsabilidade executiva* de terceiro. Cumpre-lhe, pois, comprovar que não é parte da execução nem seus bens se acham legalmente alcançáveis pela atividade executiva alheia, ou seja, que não se acha incluído nas situações previstas nos arts. 790 e 792. O que haverá de restar positivado é a incompatibilidade do direito do embargante com a execução pendente.

203. Ato judicial atacável

Destinam-se os embargos de terceiro a impedir ou fazer cessar a constrição ou ameaça de constrição sobre bens que possua ou sobre os quais tenha direito incompatível com o ato constritivo, por *ato de apreensão judicial* derivado de processo alheio (art. 674). Esses atos eram arrolados no CPC/1973 (art. 1.046, *caput*) como a penhora, o depósito, o arresto, o sequestro, a alienação judicial, a arrecadação, o arrolamento, o inventário e a partilha.

O atual Código, diferentemente do anterior, optou por não enumerar, nem mesmo exemplificativamente, as hipóteses em que podem ocorrer as constrições. E, no art. 674, faz referência expressa a terceiro que tenha "direito incompatível com o ato constritivo", a sugerir a possibilidade de os embargos serem manejados em situações que envolvam bens imateriais, prática, aliás, constante nos tribunais do país, nos últimos anos.[12]

Por essa razão, mesmo antes da reforma do Código processual, já defendíamos que não haveria motivo para justificar certa postura restritiva que busca limitar aos atos de apreensão e depósitos judiciais (arresto, sequestro, penhora etc.) o cabimento dos embargos de terceiro, excluindo de seu alcance casos como o dos mandados possessórios e de despejo. Esse entendimento, há muito tempo francamente minoritário, agride a *mens legis*, que outra não é, segundo a tradição de nosso direito, que a de impedir qualquer turbação ou esbulho judicial contradomínio ou posse de quem não figura como parte no processo.

A melhor doutrina e a jurisprudência dominante andam certas, portanto, quando admitem os embargos de terceiro, entre outros casos, para impedir o cumprimento de mandados possessórios e de despejo sempre que se demonstrar que estranhos ao processo estarão ameaçados pelo ato executivo.[13]

---

[11] O STJ já entendeu que o prazo de cinco dias para apresentar embargos de terceiro, em caso de penhora eletrônica, via BACEN-JUD, começa a correr a partir da "colocação do dinheiro à disposição do credor, o que acontece com a autorização de expedição de alvará ou de mandado de levantamento em seu favor" (STJ, 3ª T., REsp 1.298.780/ES, Rel. Min. João Otávio de Noronha, ac. 19.03.2015, *DJe* 27.03.2015).

[12] "É legitima a sociedade comercial para opor embargos de terceiro visando desconstituir penhora incidente sobre cotas sociais" (STJ, 3ª T., REsp 67.059/PR, Rel. Min. Cláudio Santos, ac. 17.10.1995, *DJU* 04.12.1995). No mesmo sentido: TJSP, 6ª Câmara Extraordinária de Direito Privado, AC 48199-85.2008.26.0224, Rel. Des. Melo Colombi, ac. 21.07.2014, *DJe* 21.07.2014. "(...) indevido se mostrou o arresto incidente sobre os pedidos de patentes, patentes concedidas e registros de desenhos industriais, nos autos da ação cautelar de arresto proposta pelo embargado em desfavor de Volmar Tadeu Lionzo, pois o embargante, ora apelante, é, até prova em contrário, o legítimo proprietário desses direitos (...)" (TJRS, 15ª Câmara Cível, AC 70035803758, Rel. Des. Niwton Carpes da Silva, ac. 06.07.2011, *DJe* 14.07.2011). Contra penhora de marca: TJSP, 33ª Câmara de Direito Privado, AC 0197639-03.2012.8.26.2010, Rel. Des. Luiz Eurico, ac. 19.08.2013, *DJe* 28.08.2013.

[13] STJ, 3ª T., REsp 298.815/GO, Rel. Min. Nancy Andrighi, ac. 18.12.2001, *DJU* 01.03.2002, *RT* 801/160.

Ora, o fim do instituto é preservar a incolumidade dos bens de terceiro em face do processo de que não participa, podendo ser atacado por via dos embargos de terceiro qualquer ato executivo realizado ou ameaçado, indevidamente. O dano temido é o que provém da atividade executiva da jurisdição. Com os embargos impedem-se atos materiais do juízo na esfera do patrimônio de quem não deve suportar a eficácia do processo alheio. Não é função desse remédio permitir a intromissão do terceiro no processo de conhecimento para influir no julgamento da lide. Para tanto, o caminho disponível é o da "oposição".

Mas atacar *ato executivo* pode ocorrer não apenas no processo de execução forçada, pois também no processo de conhecimento o juiz, eventualmente, pode determinar medidas constritivas ou que tendem imediatamente à constrição de bens. Não importa, destarte, o tipo de processo; o que é importante é definir a possibilidade de a medida ordenada pelo juiz influir sobre o patrimônio alheio, afetando o direito ou a posse sobre bens de estranho à relação processual.

O art. 675, ao cuidar do cabimento temporal dos embargos, menciona expressamente a possibilidade de seu manejo ainda no curso do processo de conhecimento. A própria sentença, com que se encerra o processo de conhecimento, pode ela mesma ser um ato executivo, como nas ações constitutivas e nas executivas *lato sensu* (*v.g.*, ações possessórias e de despejo).

Se o terceiro se sente ameaçado, em seus bens, pela sentença proferida contra outrem, não precisa aguardar o ato concreto de execução do julgado. A ameaça, em si, já leva o terceiro a se avizinhar, diante da sentença, da sua natural eficácia constritiva. No caso de sentença constitutiva, ela mesma produz de imediato o prejuízo ao direito do terceiro, representado pela invasão, indevida, de sua esfera jurídica.

Pela natureza dos embargos – remédio apenas de defesa do terceiro – é bom lembrar que por seu intermédio não se invalida ou se desconstitui a sentença dada em processo alheio. Apenas se impede que sua eficácia atinja o patrimônio de quem não foi parte na relação processual.

Nesse sentido é irrelevante a circunstância de haver ou não passado em julgado a sentença. A *res iudicata* é fenômeno que só diz respeito aos sujeitos do processo, pelo que não representa empecilho algum à defesa do terceiro contra os efeitos da sentença.[14]

203-A. Posse direta e posse indireta, em embargos de terceiro

Quando, em virtude de direito pessoal ou real, a posse de um mesmo bem se desdobra em direta e indireta, entre pessoas distintas, o exercício de uma delas não anula o da outra, como expressamente dispõe o art. 1.197 do Código Civil. A tutela possessória, por isso, pode ser deferida até mesmo em favor do possuidor direto contra o indireto, segundo o mesmo dispositivo legal.

---

[14] O fato de o art. 675 do CPC/2015 prever a oponibilidade dos embargos de terceiro, "a qualquer tempo no processo de conhecimento enquanto não transitada em julgado a sentença", quer dizer apenas que esse remédio processual pode ser usado para impedir o pronunciamento de um decisório contra o direito de um estranho à relação processual. Se a sentença for condenatória, ou tiver força de título executivo, o terceiro prejudicado não terá sofrido prejuízo (preclusão) por não ter usado os embargos de terceiro antes da coisa julgada. Continuará com legitimidade para embargar posteriormente a execução que vier a ser manejada para dar cumprimento ao título judicial. Essa faculdade permanecerá em aberto até cinco dias "depois da arrematação" (CPC/2015, art. 675, *in fine*). É nesse sentido que a jurisprudência afirma serem ajuizáveis os embargos de terceiro até mesmo depois de transitada em julgado a sentença (STJ, 3ª T., REsp 341.394/SP, Rel. Min. Nancy Andrighi, ac. 12.11.2001, *DJU* 18.02.2002, p. 424).

A questão se complica quando terceiro obtém reintegração de posse contra o possuidor indireto, e pretende executar a sentença, despojando o possuidor direto do bem que se acha em seu poder, sem que tenha sido parte no processo em fase de execução.

Imagine-se o caso de compromisso de compra e venda cujo promissário comprador tenha contratado locação com terceiro. Na pendência da relação locatícia, o locador deixa de cumprir o compromisso e o alienante obtém rescisão da promessa de contratar e, em consequência, é-lhe deferida, por sentença, a reintegração de posse sobre o bem compromissado.

Poder-se-ia pensar que o mandado reintegratório expedido contra o ex-promissário comprador seria exequível contra o terceiro locatário? Já defendeu-se a tese de que, sendo a posse do locatário cedida pelo promissário, não o credenciaria a resistir à execução da sentença de reintegração, porque, "resolvida a posse do locador", resolvida também ficaria a do locatário.[15]

O entendimento, todavia, não prevalece nem na jurisprudência dominante, nem na doutrina. É irrecusável o direito do possuidor direto (locatário, comodatário etc.) de se valer dos embargos de terceiro para a defesa de sua posse, oponível até mesmo contra o possuidor indireto (locador, comodante etc.).

Sendo lícita a contratação do arrendamento, não pode a posse dele derivada legitimamente ser ignorada em execução de reintegração de posse, em processo do qual não foi parte o inquilino. Não se trata de um sucessor do promissário comprador (o locador), mas de alguém que adquiriu situação jurídica própria, que somente se sujeita a desconstituição em processo contra ele regularmente movido:[16] "O que não foi parte em ação possessória, reivindicatória ou de despejo e possuir pode embargar para o fim de continuar na posse, até que seja proferida sentença eficaz contra ele".[17]

A inoponibilidade da reintegração de posse ao inquilino que não foi parte na ação de resolução do compromisso de compra e venda não quer dizer que o vencedor naquela demanda não tenha como despejar o possuidor direto (locatário). De fato, não está obrigado a manter a locação ajustada pelo promissário comprador. Mas, para fazê-lo, terá de lançar mão da necessária ação de despejo, pois só assim obterá título executivo contra o locatário, que não se acha ao alcance da coisa julgada formada *inter alios*. Enquanto não existir sentença contra o possuidor direto legítimo, não pode a sentença de reintegração de posse pronunciada contra o promissário comprador ser executada contra o locatário estranho ao processo possessório, porque é elementar a regra de que "a sentença faz coisa julgada às partes entre as quais é dada, não beneficiando, nem prejudicando terceiro".[18] Se não foi ilícita a contratação da locação pelo promissário comprador, não há como recusar ao locatário acesso aos embargos de terceiro, para impedir que a sentença proferida em processo de que não foi parte venha a excluir, drasticamente, sua posse legítima.

---

[15] STJ, 4ª T., REsp 14.845/RJ, Rel. p/ac. Min. Fontes de Alencar, ac. 13.09.1993, *DJU* 23.05.1994, p. 12.610.

[16] "(...) É inexato dizer que o locatário exerce posse em nome e por conta do locador. A posse de um (a do locador), fincada no domínio ou na promessa do domínio, não exclui a posse do outro (a do locatário), lastreada no direito pessoal (obrigacional), em decorrência de justo título (contrato de locação). À primeira, dá-se o nome de posse indireta; à segunda, de posse direta. Tanto isso é certo que o locatário (possuidor direto) pode defender a sua posse não só contra terceiros, mas contra o próprio locador (possuidor indireto). Cada qual exerce a posse, seja indireta ou mediata, seja direta ou imediata, a título próprio, sem que uma se confunda com outra" (TJSP, 14ª C. Cív., MS 118.502-2, Rel. Des. Franciulli Netto, ac. de 15.12.1987, *in RTJSP*, v. 113, p. 425-426).

[17] AGUIAR JÚNIOR, Ruy Rosado de. Embargos de terceiro. *Revista dos Tribunais*, v. 636, p. 23.

[18] Voto do Min. Barros Monteiro no RSTJ, 4ª T., REsp 14.845/RJ, Rel. p/ac. Min. Fontes de Alencar, ac. 13.09.1993, *DJU* 23.05.1994.

Essa sistemática processual é a que decorre da garantia fundamental ao devido processo, outorgada pela Constituição (art. 5º, LIV). Sua aplicação se dá não apenas ao inquilino do bem litigioso. Estende-se a todos os casos de possuidor direto, quando a sentença seja pronunciada perante o possuidor indireto, tão somente.

204. Penhora de bem alienado em fraude contra credores

Muito se discutiu sobre a possibilidade de manter a penhora sobre o bem fraudulentamente alienado pelo devedor insolvente, mediante comprovação da fraude contra credores no próprio bojo da ação de embargos de terceiro manejada pelo adquirente.

Depois de muita vacilação, finalmente pacificou-se a jurisprudência do Supremo Tribunal Federal no sentido de que a fraude à execução, por ato *ineficaz* (CPC/2015, art. 790, V), pode ser incidentemente alegada e reconhecida no bojo dos embargos de terceiro. Não, porém, a fraude contra credores, visto que, na sistemática do direito positivo brasileiro, cuida-se apenas de negócio jurídico *anulável* (CC, arts. 158, 159 e 171, II).

Se a aquisição, na espécie, não é nem *nula* nem *ineficaz*, a propriedade do bem cabe, de fato e de direito, ao terceiro adquirente, enquanto não ocorrer a anulação do negócio fraudulento por meio da competente *ação pauliana* (CC, art. 161).

Ficando a responsabilidade executiva restrita aos bens do devedor (CPC/2015, art. 789), não se sujeitam à penhora os bens anteriormente alienados, ainda que em fraude dos credores existentes. E se os bens, antes da ação pauliana, integram patrimônio diverso do sujeito à execução, irregular é a penhora feita antes da adequada revogação do ato de disposição. Ajuizados os embargos de terceiro, não seria possível ao credor invocar em singela contestação o que, pela lei, depende de anterior ação e sentença constitutiva. Daí que, inquestionavelmente, não cabe, sem quebra da sistemática do próprio tratamento legal da fraude, pretender solucionar semelhante conflito no campo acanhado dos embargos de terceiro.

Pode não ser esta a orientação mais simples e mais barata, mas é a que corresponde ao direito positivo brasileiro. De tal sorte correta é a orientação atual do Pretório Excelso: "A ação própria para anular o ato viciado por fraude contra credores é a pauliana, sendo incabível a pretensão em via de embargos de terceiro, conforme se firmou na mais recente jurisprudência do Plenário e das Turmas do STF".[19] No STJ, a matéria já está sumulada (Súmula nº 195).[20]

Ainda sobre o tema da alienação do bem de família em fraude à execução ou contra credores, assentou o STJ que: "a proteção instituída pela Lei 8.009/1990, quando reconhecida sobre metade de imóvel relativa à meação, deve ser estendida à totalidade do bem. Precedentes. Assim, não sendo a esposa devedora, a doação de sua quota-parte sobre o imóvel (50%) não pode ser tida por fraudulenta. E, haja vista que os donatários residem no local, por mais essa razão, o imóvel está protegido pela garantia da impenhorabilidade do bem de família".[21]

---

[19] STF, 1ª T., RE 102.564/SP, Rel. Min. Rafael Mayer, ac. 03.08.1984, *DJU* 31.08.1984, p. 13.941 STF, Pleno, RE 98.584/SP, Rel. Min. Néri da Silveira, ac. 16.05.1984, *DJU* 31.10.1984, p. 18.294, RTJ 113/1.198.444. Assim também entende o STJ, Corte Especial, EREsp 46.192/SP, Rel. Min. Nilson Naves, ac. 09.03.1995, *DJU* 05.02.1996, p. 1.341.

[20] "Em embargos de terceiro não se anula ato jurídico, por fraude contra credores" (Súmula 195/STJ). No entanto, o Enunciado nº 133/CEJ assentou: "é admissível a formulação de reconvenção em resposta aos embargos de terceiro, inclusive para o propósito de veicular pedido típico de ação pauliana, nas hipóteses de fraude contra credores".

[21] STJ, 3ª T., REsp. 1.926.646/SP, Rel. Min. Nancy Andrighi, ac. 15.02.2022, *DJe* 18.02.2022.

204-A. Estaria superada a Súmula nº 195 do STJ?

Antes da Constituição de 1988, o problema da discussão sobre a fraude contra credores, como tema de defesa em sede de embargos de terceiros, não logrou pacificação na jurisprudência do STF, quando a essa Corte Suprema competia a uniformização da interpretação da lei federal ordinária.[22-23]

A divergência persistiu no seio do STJ, entre a 3ª e a 4ª Turmas, após o advento da Constituição de 1988,[24] e só se pacificou em 1997, quando foi editada a Súmula nº 195, cujo enunciado consagrava a tese de que "em embargos de terceiro não se anula ato jurídico, por fraude contra credores", com a qual se firmou, também, a doutrina majoritária.[25]

Os motivos principais pelos quais se afirmava a impossibilidade de discussão da fraude contra credores nos embargos de terceiro se prendiam ao caráter sumário dessa ação especial e ao descabimento de reconvenção em procedimentos da espécie, não só em razão de sua sumariedade, mas também porque a arguição da fraude imporia a presença de um litisconsórcio unitário entre o devedor alienante e o terceiro adquirente, o qual, não sendo parte do processo principal não poderia ser incluído na reconvenção aos embargos de terceiro.[26]

Com o advento do CPC de 2015, não se tem notícia, ainda, de revisão ou manutenção pelo STJ, de sua jurisprudência retratada na Súmula nº 195, muito embora algumas vozes na doutrina tenham se erguido, recentemente, para defender sua insustentabilidade perante as alterações profundas que o atual Código impôs à ação de embargos de terceiro.

Com efeito, adverte Thaís Maia Silva, a atual codificação eliminou a sumariedade dos embargos de terceiro, adotando o procedimento comum após o prazo destinado à contestação, o que abre, em consequência, oportunidade para o manejo da reconvenção. E, mais ainda, a reconvenção, para o CPC/2015, pode ser manejada não apenas contra o autor, mas também contra um litisconsórcio formado entre o autor e terceiro (art. 343, § 3º). Ampliou-se, na nova sistemática legal, a profundidade objetiva e subjetiva da ação, ora submetida ao procedimento

---

22 Pelo descabimento, por exemplo, decidiu a 1ª T. do STF, no RE 102.564, ac. 03.08.1984 (*RTJ* 111/449), e no RE 103.907-8/SP, ac. 19.11.1984 (*RT* 595/284). O Pleno do STF também decidiu no mesmo sentido, no RE 95.317-5, ac. 30.11.1984 (ADCOAS/85, nº 101.219) (cf. DINAMARCO, Cândido Rangel. *Fundamentos do processo civil moderno*. 6. ed. São Paulo: Malheiros, 2010, t. II, p. 1.472-1.473; e SILVA, Thaís Maia. A Súmula 195 do STJ e a ampliação cognitiva dos embargos de terceiro no Código de Processo Civil de 2015. *Revista de Processo*, v. 305, p. 361, São Paulo, jul. 2020).

23 Pelo cabimento, decidiu o STF no RE 75.043, ac. 04.12.1978, e no RE 86.255, ac. 12.11.1976 (*RTJ* 80/305) (cf. SILVA, Thaís Maia. A Súmula 195 do STJ e a ampliação cognitiva dos embargos de terceiro no Código de Processo Civil de 2015. *Revista de Processo*, v. 305, p. 361, São Paulo, jul. 2020).

24 STJ, , 3ª T., REsp 24.311/RJ, ac. 08.02.1993, *DJU* 22.03.1993; STJ, 4ª T., REsp 5.307/RS, ac. 16.06.1992, *DJU* 08.03.1993 (cf. SILVA, Thaís Maia. A Súmula 195 do STJ e a ampliação cognitiva dos embargos de terceiro no Código de Processo Civil de 2015. *Revista de Processo*, v. 305, p. 361, São Paulo, jul. 2020).

25 NERY JÚNIOR, Nelson; NERY, Rosa Maria de Andrade. *Código de Processo Civil comentado*. 16. ed. São Paulo: Ed. RT, 2016, p. 1.613; ASSIS, Araken de. *Manual da Execução*. 19. ed. São Paulo: Ed. RT, 2017, p. 1.816.

26 BARROS, Hamilton de Moraes e. *Comentários ao Código de Processo Civil*. 2. ed. Rio de Janeiro: Forense, 1977, v. IX, nº 190, p. 373 e 377; DINAMARCO, Cândido Rangel. *Fundamentos do processo civil moderno*. 6. ed. São Paulo: Malheiros, 2010, t. II, p. 1.502, 1.504, e 1.056; ARRUDA ALVIM, José Manuel. *Manual de direito processual civil*. São Paulo: Ed. RT, 1978, v. II, p. 180; MARQUES, José Frederico. *Manual de direito processual civil*. São Paulo: Saraiva, 1976, v. III, p. 94. "Em suma, os fundamentos principais que negavam a possibilidade de alegação da fraude contra credores em ação de embargos de terceiro se relacionavam à sumariedade do procedimento especial da ação de embargos, de objeto limitado, com prazos reduzidos e sem reconvenção, bem como à sumariedade cognitiva da ação, que impedia a discussão de questões mais complexas, para além da legalidade ou da ilegalidade do ato constritivo" (SILVA, Thaís Maia. A Súmula 195 do STJ e a ampliação cognitiva dos embargos de terceiro no Código de Processo Civil de 2015. *Revista de Processo*, v. 305, p. 364, São Paulo, jul. 2020).

comum, de modo a permitir amplo contraditório entre os sujeitos da ação de embargos e até em face de terceiros que podem ser inseridos no debate processual por via das novas dimensões atribuídas à reconvenção. Daí a conclusão da referida jurista:

> "Desse modo, apesar de ainda subsistirem posicionamentos doutrinários em contrário, apresenta-se claro que, com o advento do Código de Processo Civil de 2015 e a nova regulamentação conferida por esse diploma aos embargos de terceiro e à ação de reconvenção, não há mais qualquer óbice a que se discuta e se reconheça a fraude contra credores como defesa no âmbito de embargos de terceiro, restando hoje, portanto, superado o entendimento outrora firmado na Súmula 195 do Superior Tribunal de Justiça".[27]

De igual pensar é Rodolfo da Costa Manso Real Amadeo, para quem o obstáculo erguido pela Súmula 195 do STJ teria sido "totalmente superado pelo CPC/2015 ao aplicar o procedimento comum para os embargos de terceiro, permitindo defesa ampla (art. 336 e ss., CPC/15) pelo embargado".[28] O mesmo entendimento é esposado por Ruy Fernandes Zoch Rodrigues, que considera superados os dois principais argumentos que levaram à edição da Súmula nº 195 do STJ:

> "Primeiro o rito, que agora é o do procedimento comum. Isso sem contar que a especialidade ritual dos procedimentos especiais já não é óbice [à cumulação de ações] no atual CPC, conforme art. 327, § 2º, parte final. Em segundo, o regime da reconvenção também foi ampliado na perspectiva dos sujeitos ativo e passivo, conforme art. 343, §§ 3º e 4º, permitindo a inclusão de partes diversas daquelas originais da demanda principal neste caso, a demanda de embargos de terceiro... Quer dizer: é viável debater a fraude a credores via reconvenção nos embargos de terceiro".[29]

Embora sejam de peso os argumentos doutrinários suscitados contra a subsistência da Súmula nº 195 do STJ, até o momento não se tem notícia de que esse Tribunal Superior tenha tido oportunidade de se pronunciar sobre a possível superação, ou não, da tese sumulada[30] (sobre a matéria, ver, ainda, no volume III deste *Curso*, os itens 228 e 536, I).

205. Embargos a atos do juízo divisório

O CPC/2015 não repetiu expressamente a regra anterior de se prestarem os embargos "para a defesa da posse, quando, nas ações de divisão ou de demarcação, for o imóvel sujeito a atos materiais, preparatórios ou definitivos, da partilha ou da fixação de rumos" (CPC/1973, art. 1.047, I). Mas ela ainda é aplicável, uma vez que o art. 674 determina, de forma ampla, serem

---

27 SILVA, Thaís Maia. A Súmula 195 do STJ e a ampliação cognitiva dos embargos de terceiro no Código de Processo Civil de 2015. *Revista de Processo*, v. 305, p. 369, São Paulo, jul. 2020.

28 AMADEO, Rodolfo da Costa Manso Real. Comentários aos arts. 674 a 681. In: TUCCI, José Rogério Cruz e et al. (coords.). *Código de Processo Civil anotado*. 2. ed. Rio de Janeiro: GZ Editora, 2017, p. 938.

29 RODRIGUES, Ruy Fernando Zoch. In: ARRUDA ALVIM, Angélica et al. (coords.). *Comentários ao Código de Processo Civil*. 2. ed. São Paulo: Saraiva, 2017, p. 804-805. Heitor Sica é categórico: a Súmula 195/STJ é incompatível com o CPC/2015, devendo, por isso, ser cancelada (SICA, Heitor Vitor Mendonça. *Comentários ao Código de Processo Civil*. 2. ed. São Paulo: Ed. RT, 2018, v. X, p. 58).

30 Em doutrina, continuam reconhecendo o descabimento da defesa fundada em fraude contra credores nos moldes da Súmula 195, em obras posteriores ao CPC/2015, entre outros, Nelson Nery Júnior (*Código de Processo Civil comentado*. 16. ed. São Paulo: Ed. RT, 2016, p. 1.613) e Araken de Assis (*Manual da execução*. 19. ed. São Paulo: Ed. RT, 2017, p. 1.816).

os embargos admissíveis contra "constrição ou ameaça de constrição sobre bens que possua ou sobre os quais tenha direito incompatível com o ato constritivo".

Ora, os atos materiais, que preparam ou realizam a divisão e a demarcação, embora não sejam atos propriamente de constrição judicial, são, sem dúvida, suficientes para molestar a posse de terceiro sobre o terreno, não só pela presença física dos agentes do juízo e sua atividade técnica no local, como também pela iminência de se transformarem em atos definitivos de adjudicação de domínio e posse em favor de comunheiros e confrontantes pela conclusão do procedimento. Basta, pois, existir um processo de divisão ou demarcação, envolvendo uma área de terceiro, para que se considere ocorrente a ameaça à sua posse, ou ao seu domínio, de forma a legitimar a reação do molestado, pela via dos embargos de terceiro.

No processo divisório, que é abrangente de atos executivos e de conhecimento, e que, depois da sentença, ainda admite execução forçada para entrega de coisa certa, os embargos podem ser admitidos desde o estágio de cognição até a consumação da execução forçada, pela efetiva imissão de posse em favor do quinhoeiro ou da parte que promoveu a demarcação.

O terceiro pode, desde logo, impedir o início dos trabalhos de campo, como pode, depois do julgado, impedir a execução de entrega de coisa certa, tudo isso por meio de oposição dos embargos. Exaurido, porém, o procedimento, com a efetiva imissão de posse, só pelas vias ordinárias poderá o terceiro prejudicado agir contra a violação que lhe acarretou o juízo divisório.

Admitem-se os embargos tanto sobre todo o imóvel dividendo ou demarcando como sobre uma porção certa e localizada dele.

Têm legitimidade para propô-los os confinantes, nas hipóteses dos arts. 572 e 594, bem como quaisquer outros estranhos que mantenham posse *ad interdicta* sobre o imóvel ou parte dele. Em se tratando de comunheiro do prédio dividendo, sua posse *pro diviso* não é suficiente para justificar os embargos de terceiro, visto que não impede a partilha nem é contrária à natureza da própria comunhão a dissolver. Será essa posse localizada simplesmente levada em conta entre os vários critérios de formação dos quinhões.

Não se consideram, outrossim, terceiros os sucessores, a título singular ou universal, dos comunheiros do imóvel submetido ao juízo divisório.

Sobre o tema dos embargos de terceiros em face das ações de divisão e demarcação, consulte-se, ainda, nosso *Terras Particulares – Demarcação, Divisão e Tapumes*. 5. ed. São Paulo, Saraiva, 2009, nos 124, 214 e 327, p. 215, 360 e 541.

205-A. Embargos de terceiro e desconsideração da personalidade jurídica

Pelo incidente de desconsideração da personalidade jurídica, é viável desviar-se a execução movida contra pessoa jurídica para alcançar, em penhora, bens particulares do sócio. Por isso, afirmada e reconhecida a responsabilidade patrimonial do sócio, a eventual disposição de bens por ele praticada, reduzindo-o à insolvência e inviabilizando a penhora, após a desconsideração, configura fraude à execução, mantida a sujeição do bem alienado à execução pendente (CPC/2015, art. 137).

Ao adquirente, todavia, cabe defender-se por meio dos embargos de terceiro, quando a alienação tiver ocorrido em circunstâncias que a excluam dos efeitos da fraude prevista no aludido art. 137, conforme disposição expressa do art. 792, § 4º, todos do CPC.

O problema que tem surgido refere-se às alienações efetuadas pelo sócio antes do reconhecimento judicial da procedência da pretensão de desconsiderar a personalidade jurídica da empresa executada. Controvertia-se quanto ao momento em que se tornava configurável a fraude de execução, se desde o ajuizamento da execução contra a pessoa jurídica ou se a partir da citação do sócio na arguição incidental da desconsideração (momento processual em que o redirecionamento da execução teria se dado).

Dirimindo a questão, decidiu o STJ que "a fraude à execução só poderá ser reconhecida se o ato de disposição do bem for posterior à citação válida do sócio devedor, quando redirecionada a execução que fora originariamente proposta em face da pessoa jurídica".[31]

O entendimento daquela Corte Superior foi firmado em um caso concreto em que, ao tempo da alienação questionada, corria demanda executiva apenas contra a empresa da qual os alienantes eram sócios, tendo, porém, a desconsideração da personalidade jurídica ocorrido mais de três anos após a venda do bem. Com isso, o reconhecimento da fraude à execução se tornou inviável, assegurando ao adquirente a procedência dos embargos de terceiro.

206. Embargos do credor com garantia real

É velha e ainda não inteiramente solucionada a polêmica sobre a penhorabilidade, ou não, do bem hipotecado ou gravado de outra garantia real, em ação do credor quirografário.

Procurando tomar posição diante do conflito, o Código de 1973 adotou algumas premissas, que foram mantidas pelo CPC/2015:

(*a*) não incluiu o bem hipotecado ou gravado com outras garantias reais entre os bens impenhoráveis (CPC/2015, arts. 833 e 834);

(*b*) previu a obrigação do credor de promover a intimação do credor hipotecário, pignoratício ou anticrético, sempre que o bem gravado fosse atingido pela penhora (art. 799, I);

(*c*) conferiu ao credor com garantia real embargos de terceiro para "obstar expropriação judicial do objeto de direito real de garantia" (art. 674, § 2º, IV); e

(*d*) finalmente, limitou a defesa do exequente embargado, perante o credor com garantia real, às alegações de "insolvência" do devedor, "nulidade" ou "inoponibilidade a terceiro" do título do embargante e não alcance do gravame real sobre a coisa penhorada (art. 680).

Desse conjunto normativo fácil é concluir que o atual Código se mantém filiado à corrente antiga que procura preservar da execução quirografária o objeto da garantia real dada a outro credor. Isto porque a experiência da vida nos ensina que nem todo momento é adequado para uma útil venda judicial, sendo mesmo frequentes os casos de arrematação ruinosa, a preços muito inferiores às cotações de mercado, simplesmente por influência das circunstâncias da execução forçada.

Procurou o legislador, por isso, preservar, quanto possível, o credor com garantia real das vicissitudes da execução alheia, conferindo-lhe remédio processual para obstar a venda judicial, quando não fosse ela do interesse do titular do direito real.

Não deixou, porém, a venda judicial ao puro alvedrio do credor hipotecário, pignoratício ou anticrético pois permitiu ao credor quirografário exequente impugnar os embargos dos primeiros mediante invocação do estado de insolvência do devedor comum (art. 680, I).

Isto quer dizer que o credor hipotecário ou pignoratício, em princípio, pode impedir a execução alheia sobre sua garantia real. Mas não pode fazê-lo se o devedor estiver em dificuldades financeiras, de molde a evidenciar a inexistência de outros bens livres para responder pela obrigação quirografária.

Essa, a meu ver, é a única forma de conciliar sistematicamente os dispositivos do CPC/1973, mantidos pelo CPC/2015, os quais, ao mesmo tempo que não incluem os bens da garantia real entre os impenhoráveis, conferem também embargos de terceiro ao titular daquela garantia para

---

[31] STJ, 3ª T., REsp 1.391.830/SP, Rel. Min. Nancy Andrighi, ac. 22.11.2016, *DJe* 01.12.2016.

obstar a arrematação dos mesmos bens quando penhorados por outrem.[32] É que, provando-se a insolvência do devedor executado, rejeitados serão os embargos do credor com garantia real. Sendo, contudo, normal a situação do patrimônio do devedor, e podendo o credor quirografário contar com outros bens para realizar a execução forçada, serão preservados aqueles vinculados à garantia real.

A insolvência de que fala o art. 680, inc. I, não é necessariamente a proveniente da sentença de falência ou da sentença que abre a execução coletiva do devedor civil. Para repelir os embargos do credor hipotecário ou pignoratício, bastará ao embargado demonstrar a situação patrimonial deficitária do executado, ou a inexistência de outros bens livres a penhorar. Aliás, pelo próprio Código, o simples fato de só possuir o devedor bens gravados já funciona como presunção legal de insolvência (CPC/1973, art. 750, I, que permanecerá vigente até a edição de lei específica, nos termos do art. 1.052[33] do CPC/2015).

Em suma, "ainda que não esteja vencida a hipoteca, podem os credores quirografários penhorar o bem gravado, se *há insolvência* ou se *não há outros bens*", como sempre ensinou a melhor doutrina.[34]

Nesse sentido foi a exegese a que chegou o STF quando assentou que, tendo sido o credor hipotecário regularmente intimado do praceamento promovido pelo credor quirografário, "não poderá impedir que se faça a arrematação, salvo se tiver alegado nos embargos e comprovado que o devedor possui outros bens sobre os quais poderá incidir a penhora".[35] Vale dizer que o pressuposto da penhorabilidade, na espécie, é justamente não contar o credor quirografário com outros bens do devedor para excutir. Desde que se demonstre a existência desses bens livres, o credor hipotecário consegue êxito nos embargos destinados a liberar sua garantia real da execução alheia.

206-A. Embargos do credor com garantia de alienação fiduciária

Quando se estabelece a alienação fiduciária em garantia, o credor fiduciário adquire a propriedade resolúvel sobre o bem gravado, enquanto não for solvida a obrigação contraída pelo ex-proprietário (devedor fiduciante). A este cabe apenas o direito de recuperar a propriedade quando do resgate do débito garantido. Ou seja: "com a constituição da propriedade fiduciária, dá-se o desdobramento da posse, tornando-se o devedor [apenas] possuidor direto da coisa" (CC, art. 1.361, § 2º). Possuirá, desde então, coisa alheia. A propriedade, sem embargo de resolúvel, é toda do credor (C. Civ., art. 1.361, *caput*), a quem cabe a posse indireta, a qual se

---

[32] Em verdade, a lei quer evitar que se penhore tal bem quando outros livres existam em condições de garantir as execuções dos credores quirografários. "O credor com garantia real tem o direito de impedir, por meio de embargos de terceiro, a alienação judicial do objeto da hipoteca; entretanto, para o acolhimento dos embargos, é necessária a demonstração pelo credor da existência de outros bens sobre os quais poderá recair a penhora" (STJ, 3ª T., REsp 578.960/SC, Rel. Min. Nancy Andrighi, ac. 07.10.2004, *DJU* 08.11.2004, p. 226).

[33] CPC/2015: "Art. 1.052. Até a edição de lei específica, as execuções contra devedor insolvente, em curso ou que venham a ser propostas, permanecem reguladas pelo Livro II, Título IV, da Lei no 5.869, de 11 de janeiro de 1973".

[34] PONTES DE MIRANDA, Francisco Cavalcanti. *Tratado de direito privado.* 2. ed. Rio de Janeiro: Borsói, v. XX, § 2.557, p. 381; THEODORO JÚNIOR, Humberto. *Processo de execução.* 12. ed. São Paulo: LEUD, 1987, p. 372-373; FULGÊNCIO, Tito. *Direito real de hipoteca.* 2. ed. Rio de Janeiro: Forense, 1960, p. 154; CARVALHO SANTOS, João Manuel. *Código Civil Brasileiro interpretado.* 8. ed. 1958, v. X, p. 319; No mesmo sentido: STJ, 3ª T., REsp 578.960/SC, Rel. Min. Nancy Andrighi, ac. 07.10.2004, *DJU* 08.11.2004, p. 226; STJ, 3ª T., REsp 303.325/SP, Rel. Min. Carlos Alberto Menezes Direito, ac. 17.10.2006, *DJU* 12.03.2007.

[35] STF, 1ª T., RE 102.257/SP, Rel. Min. Soares Muñoz, ac. 15.05.1984, *DJU* 15.06.1984, p. 9.803, *RTJ* 110/912 e *RT* 593/276.

tornará direta, se o devedor inadimplir a obrigação. Ocorrendo esta hipótese, a propriedade fiduciária se transformará em definitiva, permitindo ao credor alienar o bem para se pagar com o preço apurado (C. Civ., art. 1.364).

Diante dessa situação de direito material, forçoso é reconhecer que o bem alienado fiduciariamente não pode ser objeto de penhora em execução ajuizada contra o devedor fiduciante. Com efeito, em tais circunstâncias, não integrando o patrimônio do executado, o bem por ele alienado fiduciariamente não pode, à evidência, ser objeto de penhora.[36]

Portanto, se ocorrer penhora em tais circunstâncias, terá havido, no entender do Supremo Tribunal Federal, violação, em nível constitucional, do direito de propriedade. Não só a garantia do devido processo legal teria sido ofendida, como também "a propriedade do credor garantido pela alienação fiduciária de bens determinados". Ainda segundo a Suprema Corte, em defesa desse direito fundamental (mesmo que circunstancialmente se apresente resolúvel), não se pode recusar ao credor fiduciário o uso dos embargos de terceiro, sob pena de ser-lhe denegado o acesso à justiça.[37]

Induvidoso, como se vê, o direito do credor fiduciário de defender sua propriedade por meio dos embargos de terceiro, quando o bem gravado por alienação fiduciária em garantia for indevidamente alcançado por penhora em execução movida contra o devedor fiduciante.[38]

206-B. Embargos do promissário comprador

O compromisso de compra e venda pode gerar o fenômeno da coexistência da posse direta e indireta entre os contratantes, de modo que tanto um como outro dos sujeitos pode defender a posse do bem quando objeto de constrição judicial pela qual não deva responder.

O compromisso de compra e venda de imóvel, quando registrado no Registro de Imóveis, gera direito real, que sem dúvida pode ser defendido por meio de embargos de terceiro. Mas mesmo quando não registrado, o promissário comprador imitido na posse tem a proteção dos embargos de terceiro, não em função de direito real de que ainda não é titular, mas da posse legítima que detém e que não pode ser ignorada por terceiro penhorante.

Segundo a Súmula nº 84/STJ, "é admissível a oposição de embargos de terceiro fundados em alegação de posse advinda do compromisso de compra e venda de imóvel, ainda que desprovido do registro". A posse é, na espécie, fato por si só justificador da tutela executável por meio dos embargos de terceiro.[39]

Ainda quando o promissário comprador não tenha recebido as chaves do apartamento, porque ainda em construção, a Súmula nº 84/STJ é aplicável por se entender que o simples

---

[36] STJ, 1ª T., AgRg no Ag 460.285/SP, Rel. Min. Francisco Falcão, ac. 11.03.2003, *DJU* 05.05.2003, p. 229. Apenas os direitos do devedor fiduciante oriundos do contrato podem ser constritos, nunca o próprio objeto da alienação fiduciária (STJ, 5ª T., REsp 260.880/RS, Rel. Min. Félix Fischer, ac. 13.12.2000, *DJU* 12.02.2001, p. 130; STJ, 4ª T., REsp 1.171.341/DF, Rel. Min. Isabel Gallotti, ac. 06.12.2011, *DJe* 14.12.2011. Entretanto, se o imóvel gravado for a residência do devedor fiduciante, seu direito real de aquisição será impenhorável, nos termos da Lei 8.009/1990 (Enunciado 325 do CEJ).

[37] STF, 1ª T., RE 114.940/ PA, Rel. Min. Néri da Silveira, *DJU* 16.02.1990, p. 932; STF, 2ª T., RE 144.984/SC, Rel. Min. Marco Aurélio, *DJU* 01.07.1996, p. 23.866; STF, 2ª T., RE 163.000/PE, Rel. Min. Marco Aurélio, *DJU* 14.08.1998, p. 12.

[38] "É possível ao credor a oposição de embargos de terceiro para resguardar o bem alienado fiduciariamente" (STJ, 4ª T., REsp 622.898/SC, Rel. Min. Aldir Passarinho Júnior, ac. 04.05.2010, *DJe* 24.05.2010. No mesmo sentido: STJ, 3ª T., REsp 421.996/SP, Rel. Min. Carlos Alberto Menezes Direito, ac. 06.12.2002, *DJU* 24.02.2003, p. 227, *RT* 816, p. 183.

[39] STJ, 3ª T., AgRg no AREsp 439.064/RS, Rel. Min. Paulo de Tarso Sanseverino, ac. 09.12.2014, *DJe* 16.12.2014; STJ, 4ª T., AgRg no AREsp 515.120/RJ, Rel. Min. Luís Felipe Salomão, ac. 06.11.2014, *DJe* 11.11.2014; STJ, 3ª T., REsp 1.709.128/RJ, Rel. Min. Nancy Andrighi, ac. 02.10.2018, *DJe* 04.10.2018.

contrato de compromisso de compra e venda é suficiente para configurar situação jurídica tutelável pelos embargos de terceiro.[40]

Na jurisprudência do STJ, a própria hipoteca constituída pelo construtor durante a construção do edifício não prevalece sobre o compromisso de compra regularmente ajustado pelo adquirente da unidade, é o que se acha assentado na Súmula 308 do STJ.[41]

206-C. Embargos do adquirente de imóvel por título ainda não registrado

Situação análoga à do promissário comprador é a do comprador, ou qualquer adquirente de imóvel que possui escritura ou outro título legítimo de aquisição, mas ainda não o levou a registro no Registro Imobiliário. Se detém a posse do bem a justo título, a eventual falta de registro "não exclui o oferecimento dos embargos de terceiro".[42] É o que se passa, por exemplo, não só com a escritura de compra e venda, de permuta[43] ou de doação,[44] mas também com os imóveis partilhados pelo casal em divórcio ou separação,[45] quando a penhora atinge, em qualquer das hipóteses, bem daquele que ainda não promoveu o registro da respectiva aquisição.

O mesmo fundamento pelo qual se admitem os embargos de terceiro por promissário comprador sem título transcrito no Registro de Imóveis serviu de base para acolher o remédio processual em defesa de posse de cessionário de direitos hereditários sobre bem singular, antes da partilha. Para o STJ, se o negócio não é nulo, mas tem apenas a sua eficácia suspensa, na dependência da atribuição do bem ao cedente na futura partilha, a transmissão da posse, na espécie, viabiliza ao cessionário à tutela especial dos embargos de terceiro, *ad instar* da Súmula nº 84/STJ.[46]

207. Embargos e mandado de segurança

A apreensão judicial de bem que não pertença às partes do processo, ou que afete a posse legítima de terceiro, é, em si, um ato de autoridade ilegítimo ou abusivo. A relação jurídica processual não autoriza o juiz, em princípio, ir além dos seus limites subjetivos e objetivos. Portanto, se alguém que não é parte do processo sofrer turbação ou esbulho por decorrência de ato judicial, e se contar com prova documental para demonstrar, de plano, a ilicitude de que foi vítima, estará exatamente na hipótese em que a Constituição da República assegura a proteção por mandado de segurança (CF, art. 5º, LXIX). Com efeito, o que dispõe a Carta Magna, a propósito desse remédio processual enérgico, é que ele será concedido *(i)* para proteger direito líquido e certo, *(ii)* quando o responsável pela ilegalidade ou abuso de poder for autoridade pública.

Diante, portanto, de um quadro como o exposto, o terceiro que sofreu constrição ou ameaça de constrição por decisão judicial reunirá condições para se defender tanto pela via dos embargos de terceiros (CPC/2015, art. 674) como do *mandado de segurança* (CF, art. 5º, LXIX). A hipótese é uma daquelas em que a ordem jurídica põe à disposição da parte *tutelas jurisdicionais diferenciadas*, todas aptas a proporcionar-lhe o mesmo resultado jurídico. Ao interessado caberá optar por uma delas, segundo suas conveniências e as particularidades do

---

[40] STJ, 3ª T., REsp 1.861.025/DF, Rel. Min. Nancy Andrighi, ac. 12.05.2020, *DJe* 18.05.2020.

[41] "A hipoteca firmada entre a construtora e o agente financeiro, anterior ou posterior à celebração da promessa de compra e venda, não tem eficácia perante os adquirentes do imóvel" (Súmula 308/STJ).

[42] STJ, 4ª T., REsp 416.340/SP, Rel. Min. Fernando Gonçalves, ac. 04.03.2004, *DJU* 22.03.2004, p. 310.

[43] STJ, 4ª T., REsp 17.631/PR, Rel. Min. Asfor Rocha, ac. 10.06.1996, *DJU* 19.08.1996, p. 28.484.

[44] STJ, 4ª T., REsp 11.173/SP, Rel. Min. Sálvio de Figueiredo Teixeira, ac. 03.11.1992, *DJU* 07.12.1992, p. 23.315.

[45] STJ, 3ª T., REsp 617.861/RS, Rel. Min. Nancy Andrighi, ac. 13.05.2008, *DJe* 28.05.2008; STJ, 4ª T., REsp 303.127/DF, Rel. Min. Ruy Rosado de Aguiar, ac. 06.12.2001, *DJU* 08.04.2002, p. 220.

[46] STJ, 3ª T, REsp 1.809.548/SP, Rel. Min. Ricardo Villas Bôas Cueva, ac. 19.05.2020, *DJe* 27.05.2020.

caso concreto. A lei processual ao instituir um procedimento, nem sempre o faz com o fito de transformá-lo na única via de acesso à justiça. Mais de um remédio processual pode estar ao alcance do titular do direito lesado ou ameaçado para buscar a tutela devida.

A jurisprudência, por isso mesmo, tem assentado que "é lícito ao terceiro prejudicado requerer mandado de segurança contra ato judicial, em lugar de interpor, conta ele, embargos de terceiro".[47] Nessa mesma linha, é de jurisprudência sumulada que "a impetração de segurança por terceiro, contra ato judicial, não se condiciona à interposição de recurso" (Súmula nº 202 do STJ). *Mutatis mutandis*, a situação é a mesma: o terceiro prejudicado pode impetrar mandado de segurança, sem ser obrigado a se valer dos embargos do art. 674 do CPC/2015, desde, é claro, que reúna todos os requisitos previstos no art. 5º, LXIX, da Constituição. Além de tudo, é importante lembrar que o tempo útil para manejo dos embargos de terceiro é diminuto e pode exaurir-se antes daquele previsto para a ação de segurança: *(i)* no processo de conhecimento, os embargos só podem ser opostos antes do trânsito em julgado da sentença, e, *(ii)* no cumprimento da sentença ou no processo de execução só até cinco dias depois da adjudicação, da alienação por iniciativa própria ou da arrematação, sempre antes da assinatura da respectiva carta (art. 675). O acesso à justiça para o terceiro, se ficasse sempre restrito aos embargos, restaria desnecessariamente prejudicado, quando estivessem presentes os requisitos constitucionais do mandado de segurança. Mas, se o terceiro já opôs embargos, faltar-lhe-á interesse de agir para justificar a impetração de mandado de segurança contra o mesmo ato judicial.[48]

Ademais, é preciso estar atento a que o mandado de segurança é ação especialíssima, que não conta com dilação probatória ao longo de seu processamento. A prova das alegações do impetrante tem de ser pré-constituída, para conferir liquidez e certeza, ao direito para o qual se postula a tutela. Logo, se o interessado não conta com esse tipo de prova, somente pela via dos embargos de terceiro poderá atacar o ato judicial abusivo.[49]

---

[47] STJ, 3ª T., RMS 24.293/RJ, Rel. Min. Humberto Gomes de Barros, ac. 23.10.2007, *DJU* 05.11.2007, p. 263. Em sentido contrário: STJ, 1ª T., RMS 24.487/GO, Rel. Min. Luiz Fux, ac. 16.11.2010, *DJe* 01.12.2010; STJ, 4ª T., RMS 23.095/RJ, Rel. Min. Quaglia Barbosa, ac. 15.03.2007, DJU 16.04.2007, p. 200. A resistência ao mandado de segurança, todavia, parece ter sido lastreada no cabimento ou necessidade de provas mais amplas para solucionar a pretensão do terceiro. Não há razão, *data venia*, para impedir o *mandamus* quando o terceiro dispõe de prova documental plena da violação cometida contra seu direito líquido e certo, ou quando a questão em debate é puramente de direito.

[48] STJ, 3ª T., RMS 23.748, Rel. Min. Humberto Gomes de Barros, ac. 02.08.2007, *DJU* 13.08.2007, p. 358.

[49] "1. O mandado de segurança, posto configurado constitucionalmente para as hipóteses de 'abuso de autoridade', não é substitutivo da ação de 'embargos de terceiro', cuja natureza cognitiva plenária e exauriente não pode ser sucedânea do *writ*, cuja cognição é sumária eclipsando objeto mediato aferível *prima facie*. 2. É cediço que a impetração de mandado de segurança contra ato judicial, pelo terceiro prejudicado, não se revela admissível na hipótese em que cabível o manejo de embargos de terceiro, remédio processual adequado quando necessária ampla dilação probatória (Precedentes do STJ: AgRg no RMS 32.420/ES, Rel. Ministro Vasco Della Giustina (Desembargador Convocado do TJ/RS), Terceira Turma, julgado em 16.09.2010, *DJe* 22.09.2010; AgRg no RMS 28.664/SP, Rel. Ministro Massami Uyeda, Terceira Turma, julgado em 15.12.2009, *DJe* 04.02.2010; AgRg no RMS 27.942/SP, Rel. Ministra Nancy Andrighi, Terceira Turma, julgado em 01.10.2009, *DJe* 18.11.2009; e RMS 27.503/MS, Rel. Ministro Fernando Gonçalves, Quarta Turma, julgado em 01.09.2009, *DJe* 14.09.2009)" (STJ, 1ª T., RMS 24.487/GO, Rel. Min. Luiz Fux, ac. 16.11.2010, *DJe* 01.12.2010). O entendimento do STJ que exclui o mandado de segurança, quando cabíveis os embargos de terceiro, é inteiramente procedente na hipótese em que há necessidade de dilação probatória. Se, todavia, o terceiro dispõe de prova documental completa de seu direito ofendido ou ameaçado pelo ato judicial abusivo, praticado em processo de que não participa, apresentar-se-á ele em inconteste situação de titular de direito líquido e certo ofendido por ato ilegal de autoridade pública, pelo que não se lhe poderá recusar a tutela constitucional do mandado de segurança, se preferida esta via à dos embargos de terceiro.

§ 21. PROCEDIMENTO

208. Legitimação ativa

I – Legitimados pelo CPC/2015

Conforme o texto do art. 674, a legitimidade para propor embargos de terceiro cabe a quem não figura como parte no processo pendente e, não obstante, sofre constrição ou ameaça de constrição sobre bens que possua ou sobre os quais tenha direito incompatível com o ato de apreensão judicial.

A questão, porém, não se restringe à singela verificação de estar ou não o embargante figurando em um dos polos da relação processual preexistente, pois a própria Lei, no § 2º do art. 674, indica quem é considerado terceiro, para ajuizamento dos embargos. Ou seja, várias são as situações em que uma pessoa se sujeita a atos executivos sem ter sido parte no processo em que se emitiu a ordem de constrição judicial (sucessor, sócio solidário etc.).

Correta, portanto, a lição de Pontes de Miranda, para quem *aquele que não foi parte no processo*, a que alude o art. 674, deve ser entendido como "aquele que não participa da eficácia do ato judicial".[50] Em outras palavras, "é preciso, para embargar como terceiro, que não tenha ele participado do juízo, nem a respeito dele tenha força ou efeito o julgado".[51] "No fundo, os embargos de terceiro são ação para que o juiz respeite os princípios concernentes à eficácia das sentenças, notadamente aos seus limites".[52]

Feitas essas considerações, passamos a identificar aqueles que, para fins do CPC/2015, em situações especiais, são considerados terceiros. Assim é que são, expressamente autorizados pelo art. 674, § 2º, a manejar os embargos de terceiro:

(a) O cônjuge ou companheiro, quando defende a posse de bens próprios ou de sua meação, ressalvando-se a situação de penhora de bem indivisível, de que trata o art. 843 do CPC/2015[53] (§ 1º).

Cumpre, aqui, distinguir entre o consorte que, como devedor solidário, figura como parte desde o início do processo (hipoteca, aval, fiança, ou qualquer outro tipo de vínculo que o sujeite como devedor ao lado do executado) e aquela situação em que, recaindo a penhora, na execução contra um dos cônjuges, sobre bem imóvel, veio o outro a integrar o processo por força de sua obrigatória intimação (art. 842).

Na primeira hipótese, como corresponsável pela dívida exequenda, não é possível divisar legitimidade do cônjuge ou companheiro para agir como terceiro. Sua defesa terá de ser em torno da existência ou não de seu débito, o que, naturalmente, só se poderá fazer nos embargos normais de devedor.

Na segunda hipótese, o do cônjuge ou companheiro torna-se litisconsorte necessário de seu parceiro conjugal, mas apenas no que toca à excussão do bem imóvel do casal. Duas relações materiais, no entanto, se acham presentes paralelamente: a do cônjuge ou companheiro com

---

50 PONTES DE MIRANDA, Francisco Cavalcanti. *Tratado das ações*. São Paulo: Ed. RT, 1976, t. VI, p. 199.

51 PONTES DE MIRANDA, Francisco Cavalcanti. *Tratado das ações*. São Paulo: Ed. RT, 1976, t. VI, p. 203.

52 PONTES DE MIRANDA, Francisco Cavalcanti. *Tratado das ações*. São Paulo: Ed. RT, 1976, t. VI, p. 203.

53 "Embora intimado de penhora em imóvel do casal, o cônjuge do executado pode opor embargos de terceiro para defesa de sua meação" (STJ, Súmula nº 134). Lamy alerta para a diferenciação entre a hipótese desta súmula – cônjuge intimado mas não é parte do processo executivo – com a situação em que o cônjuge ou companheiro possui bens próprios mas é parte do feito em que houve ou pode haver constrição indevida. Nesta última circunstância, cabem os embargos à execução (LAMY, Eduardo de Avelar. Embargos de terceiro. In: WAMBIER, Teresa Arruda Alvim *et al. Breves comentários ao atual Código de Processo Civil*. São Paulo: Ed. RT, 2015, p. 1.576).

o credor, que é o objeto da execução, e a do parceiro conjugal sobre sua meação ou seus bens reservados, que deve ser oposta ao credor, por se tratar de vínculo de direito real estranho à responsabilidade executiva do devedor.

Assim, para discutir o título, a dívida e a regularidade do processo executivo, o cônjuge ou companheiro agirá na qualidade de litisconsorte de seu parceiro conjugal e terá de se valer dos embargos de devedor. Mas, para defender os bens próprios ou sua meação, o caminho normal serão os embargos de terceiro (art. 674, § 2º, I), ainda que tenha sido intimado da penhora e tenha assumido a condição de litisconsorte passivo do processo executivo. É que, ao defender ditos bens, o título jurídico invocado pelo cônjuge ou companheiro é diverso do que se achava envolvido no processo de cobrança do débito do parceiro executado. Embora parte na execução, o cônjuge ou companheiro se apoiará em título jurídico que tornará seus bens particulares inatingíveis pela execução da dívida do marido.

Diante de uma só execução, haverá ensejo para o cônjuge ou companheiro participar tanto de embargos de devedor como de embargos de terceiro, mas com conteúdos diferentes.[54]

Tendo, assim, legitimidade para propor ambos os tipos de embargos, e não havendo profunda diversidade de rito entre eles, nada impede que o cônjuge ou companheiro utilize os embargos à execução, desde logo, seja para atacar o título do credor, seja para defender sua meação, seja para ambas as finalidades. O que, todavia, não se tolera é que, tendo perdido a oportunidade dos embargos de devedor, venha o cônjuge ou companheiro a se prevalecer dos embargos de terceiro para discutir o mérito da dívida ou dos atos executivos, porque isso é matéria exclusiva dos primeiros embargos, os quais estariam preclusos depois de exaurido o prazo assinado pela lei para seu manejo.[55]

Já decidiu o STJ, em face da regra do art. 843 do CPC/2015, a rigor, que nem mesmo é necessário o manejo de embargos de terceiro para que, no caso de bem indivisível, se proceda à tutela da meação do cônjuge ou da contraparte do comproprietário, em face da penhora por dívida ou responsabilidade que não lhes diga respeito. O referido dispositivo legal teria conferido a esses terceiros proteção automática, no tocante à exclusão das respectivas cotas ideais da expropriação executiva. Bastaria, portanto, que fossem oportunamente intimados da penhora e da alienação judicial, na forma dos arts. 799, 842 e 889 do mesmo Código, a fim de que lhes fosse oportunizada a manifestação no processo, em respeito aos postulados do devido processo legal e do contraditório.[56]

A necessidade, porém, de recorrer aos embargos de terceiro pode se dar, nesse quadro, quando justamente não se cumprem as medidas indispensáveis ao oportuno acesso dos terceiros interessados ao controle da regularidade da penhora e da alienação judicial.

(b) O adquirente de bens cuja constrição decorreu de decisão que declara a ineficácia da alienação realizada em fraude de execução (inciso II).

Trata-se do adquirente que acreditava estarem livres e desimpedidos os bens que lhe foram alienados, mas que, posteriormente, se deparou com constrição decorrente do reconhecimento,

---

[54] STF, 1ª T., RE 95.351/RS, Rel. Min. Néri da Silveira, ac. 13.04.1982, *DJU* 18.03.1983, p. 2.978, *RTJ* 105/274; STJ, 4ª T., REsp 19.335/RS, Rel. Min. Sálvio de Figueiredo, ac. 31.08.1992, *DJU* 05.10.1992, p. 17.107, *RSTJ* 46/242. "Embora intimado da penhora em imóvel do casal, o cônjuge do executado pode opor embargos de terceiro para defesa de sua meação" (STJ, Súmula nº 134). No caso do bem de família, mesmo que a constrição tenha atingido apenas a meação do marido, a mulher possui legitimidade para manejar embargos de terceiro visando a desconstituição da penhora por inteiro (STJ, 4ª T., AgRg no REsp 480.506/RJ, Rel. Min. Aldir Passarinho Júnior, ac. 21.11.2006, *DJU* 26.02.2007, p. 594).

[55] STF, 2ª T., RE 93.764/PR, Rel. Min. Moreira Alves, ac. 20.02.1981, *DJU* 15.05.1981, p. 4.432, *Juriscível* 106/93.

[56] STJ, 3ª T., REsp 1.818.926/DF, Rel. Min. Nancy Andrighi, ac. 13.04.2021, *DJe* 15.04.2021.

em favor do exequente, de fraude à execução. Assim, pode o terceiro adquirente opor embargos de terceiro para discutir a licitude da alienação ou a sua boa-fé no ato de aquisição.

Lembramos que as hipóteses em que a alienação ou a oneração de bens é considerada fraude à execução estão arroladas no art. 792 do CPC/2015 (vide ainda item nº 204 *supra*).

(c) Quem sofre constrição judicial de seus bens por força de desconsideração da personalidade jurídica, de cujo incidente não fez parte (inciso III).

"A desconsideração da personalidade jurídica é instrumento afeito a situações limítrofes, nas quais a má-fé, o abuso da personalidade jurídica ou confusão patrimonial estão revelados, circunstâncias que reclamam, a toda evidência, providência expedita por parte do Judiciário".[57] Alinhado à jurisprudência, o CPC/2015 disciplinou este instituto nos arts. 134 a 137, como um incidente cabível em todas as fases processuais (art. 134). Aquele devedor que não foi parte no incidente e teve seus bens constritos pode ajuizar embargos de terceiro (art. 674, § 2º, III). Trata-se de medida destinada a assegurar a ampla defesa e contraditório (CR/1988, art. 5º, LV e LIV) e resguardar o princípio da não surpresa (CPC/2015 art. 9º).[58] Entretanto, havendo sua participação no incidente de desconsideração, essa será a sede própria para a discussão da matéria.

(d) O credor com garantia real para obstar expropriação judicial do objeto de direito real de garantia, caso não tenha sido intimado, nos termos legais dos atos expropriatórios respectivos (inciso IV).

A legitimação de que trata o inciso IV do § 2º do art. 674 do CPC/2015 decorre da intenção do legislador em preservar, o quanto possível, o credor com garantia real das vicissitudes da execução alheia, conferindo-lhe remédio processual para obstar a venda judicial, quando não fosse ela do interesse do titular do direito real. Não deixou, porém, a venda judicial ao puro alvedrio do credor hipotecário, pignoratício ou anticrético, pois permitiu ao credor quirografário exequente impugnar os embargos do primeiro mediante invocação do estado de insolvência do devedor comum (art. 680). O manejo desses embargos, no entanto, só se legitima quando o credor hipotecário não tiver sido intimado da designação do ato que visa a expropriar judicialmente o bem objeto de sua garantia (arts. 799, I, e 889, V).

O fato de ter o art. 674, IV, condicionado os embargos do credor hipotecário ao caso de falta de sua intimação para os atos expropriatórios, não exclui o seu direito de obstar a alienação judicial do objeto que constitui a garantia real de seu crédito. Quer dizer apenas que não deverá fazê-lo pela via da ação especial dos embargos de terceiros. Já estando presente nos autos da execução, formulará sua impugnação mediante simples petição.

II – Equiparação a terceiro prevista no art. 1.046, § 2º, do CPC/1973

Para o Código de 1973, equiparava-se a terceiro a parte que, posto figurasse no processo, defendia bens que, pelo título de sua aquisição ou pela qualidade em que os possuísse, não poderiam ser atingidos pela apreensão judicial (art. 1.046, § 2º). O CPC/2015 não manteve esta equiparação, e agiu bem, porquanto faltaria interesse ao executado para, nessas circunstâncias, defender-se por meio de embargos de terceiro. É que, os embargos à execução são o remédio próprio para se defender contra as incorreções da penhora (art. 917, II). E, se a penhora se der depois de ultrapassado o prazo de embargos, poderá alegar em simples petição a matéria

---

[57] STJ, 4ª T., REsp 1.096.604/DF, Rel. Min. Luis Felipe Salomão, ac. 02.08.2012, *DJe* 16.10.2012.

[58] Sobre o incidente da desconsideração da personalidade jurídica, vide o § 35 do nosso *Curso de direito processual civil*, v. I.

(art. 917, § 1º). Necessidade alguma justificaria a instauração do procedimento autônomo da ação de embargos de terceiro.

Se se tratar de processo de conhecimento, e se a pretensão excessiva for manifestada pelo autor, disporá o réu da contestação para atacá-la. Se for o réu quem maneja defesa exorbitante, ao autor caberá opor-se por meio da impugnação à contestação ou à reconvenção. De qualquer modo, nem o autor, nem o réu, tem interesse de se defender contra os ataques indevidos do adversário a seus direitos fora do processo em que foram perpetrados ou ameaçados. Também, no processo de conhecimento faltaria interesse a qualquer dos litigantes a se defender contra o outro pela via especial da ação de embargos de terceiro.

209. Legitimação ativa do prestador de garantia real a dívida de terceiro

Quando alguém oferece bem próprio para garantir dívida de outrem, o credor passa a dispor de duas ações; *(i)* uma ação pessoal contra o devedor e *(ii)* uma ação real contra o terceiro garante, limitada à excussão do bem gravado, que podem ser exercidas cumulativa ou separadamente. Mas, se a pretensão é fazer cumprir a responsabilidade patrimonial que recai sobre o bem gravado de ônus real, é indispensável que o terceiro garante figure como parte passiva da execução, seja esta movida apenas contra ele ou em litisconsórcio com o devedor pessoal.[59]

Portanto, se o bem hipotecado é penhorado e submetido à expropriação executiva sem que o garante tenha sido citado, a constrição judicial terá alcançado bem de quem não é parte do processo. Logo, não figurando na relação processual, terá o terceiro hipotecante "legitimidade para opor embargos de terceiro", como reiteradamente decide o STJ.[60]

Advirta-se que para o terceiro garante se tornar parte da execução não basta sua mera intimação, sendo necessária a citação na qualidade de executado, pois só assim poderá integrar o polo passivo da relação processual e suportar, legitimamente, a expropriação sobre o bem próprio dado em garantia da dívida de outrem. Ausente a citação, irrecusável é o reconhecimento de sua legitimação à propositura dos embargos de terceiro, na espécie.

210. Legitimação ativa de quem participou do processo primitivo

Importante ressaltar, por oportuno, alguns exemplos de pessoas que conservam a legitimidade para os embargos, embora tenham participado do processo primitivo:

(a) O *substituto processual, i.e.*, aquele que litiga em nome próprio, mas na defesa de direito alheio, já que a eficácia do julgado deverá atingir a *parte em sentido material* (o titular do direito defendido pelo terceiro).[61] O CPC/2015, ao tratar da fraude à execução, admite expressamente que o terceiro adquirente oponha embargos de

---

[59] "É indispensável que o garantidor hipotecário figure como executado, na execução movida pelo credor, para que a penhora recaia sobre o bem dado em garantia, porquanto não é possível que a execução seja endereçada a uma pessoa, o devedor principal, e a constrição judicial atinja bens de terceiro, o garantidor hipotecário" (STJ, 3ª T., REsp 49.550/RO, Rel. Min. Carlos Alberto Menezes Direito, ac. 03.09.1996, *DJU* 30.09.1996, p. 36.638).

[60] STJ, 3ª T., REsp 49.550/RO, Rel. Min. Carlos Alberto Menezes Direito, ac. 03.09.1996, *DJU* 30.09.1996. No mesmo sentido: STJ, Dec. Monocrática, AREsp 349.067, Rel. Min. Maria Isabel Gallotti, *DJe* 01.06.2015.

[61] SANTOS, Ernane Fidelis dos. *Comentários ao Código Processo Civil*. 2. ed. Rio de Janeiro: Forense, 1986, v. VI, n. 360, p. 417.

terceiro para discutir a licitude da alienação ou a sua boa-fé no ato de aquisição (art. 792, § 4º).[62]

(*b*) O *assistente*, que figura no processo, mas defende direito apenas do assistido.[63]

(*c*) A *mulher casada* que, na execução do marido, foi intimada da penhora, e nos embargos defende, em nome próprio, sua meação e os bens próprios.

A par dos casos de partes do processo executivo que se legitimam a propor os embargos de terceiro, há também aqueles em que a pessoa, mesmo sem ter figurado diretamente no processo, não se considera terceiro para impedir o ato executivo.

São exemplos dessa hipótese:

(*a*) o sucessor da parte, a título universal ou singular, que tenha adquirido o bem litigioso no curso do processo (CPC/2015, art. 790, V);[64]

(*b*) o sócio solidário, na execução de sentença contra a sociedade (CPC/2015, art. 790, II).

Com relação ao sócio, é bom de ver que, não havendo corresponsabilidade, legítima será sua atuação por meio de embargos de terceiro para impedir que sejam penhorados bens particulares na execução de débito da sociedade.[65] Também o contrário é verdadeiro: a sociedade pode embargar de terceiro para defender bens sociais atingidos pela execução contra o sócio. A pessoa da sociedade, seu patrimônio e suas responsabilidades normalmente não se confundem com a pessoa do sócio, seus bens particulares e sua responsabilidade.

Um caso muito frequente na jurisprudência é o do promissário comprador de imóvel. Se dispõe de título inscrito no Registro Imobiliário, acha-se na titularidade de direito real e, assim, pode opor essa posição jurídica ao exequente que penhora o bem por dívida do promitente vendedor, visto que a oponibilidade *erga omnes* é característica de todo direito real.

Se, todavia, o compromisso não foi levado a registro, uma antiga jurisprudência do Supremo Tribunal Federal entendia que a relação meramente pessoal estabelecida entre os contratantes não poderia ser utilmente invocada em embargos de terceiro, por sua inoponibilidade ao exequente. Nem mesmo a posse do promissário comprador era tida como capaz de legitimar a oposição à penhora formalizada sobre a propriedade do promitente vendedor. Nesse sentido, dispunham a Súmula nº 621 do STF e numerosos precedentes jurisprudenciais.[66]

---

[62] "Art. 792. (...) § 4º Antes de declarar a fraude à execução, o juiz deverá intimar o terceiro adquirente, que, se quiser, poderá opor embargos de terceiro, no prazo de 15 (quinze) dias".

[63] SANTOS, , Ernane Fidelis dos. *Comentários ao Código Processo Civil*. 2. ed. Rio de Janeiro: Forense, 1986, v. VI, n. 360, p. 417.

[64] "O sucessor a título singular ou universal de coisa litigiosa está excluído dos embargos de terceiro, pois que não é terceiro" (TJSP, AI 276.757, Rel. Des. Ney Almada, ac. 28.11.1978, RT 523/115); STJ, 3ª T., AgRg no Ag 495.327/DF, Rel. Min. Menezes Direi-to, ac. 26.06.2003, *DJU* 01.09.2003, p. 285.

[65] O sócio não gerente e não corresponsável, mesmo citado como litisconsorte passivo da sociedade, pode oferecer embargos de terceiro "para desconstituir penhora incidente sobre seus bens particulares" (STJ, 1ª T., REsp 139.199/MG, Rel. Min. Humberto Gomes de Barros, ac. 15.09.1998, *DJU* 03.11.1998, p. 22, *RT* 761/206). Quando se imputa, porém, a solidariedade legal ao sócio, torna-se parte e sua oposição à execução não poderá ser feita por embargos de terceiro (STJ, 2ª T., REsp 76.431/SP, Rel. Min. Peçanha Martins, ac. 24.03.1998, *DJU* 22.061998, p. 57, *RSTJ* 109/91).

[66] STF, 2ª T., RE 104.554/SP, Rel. Min. Moreira Alves, ac. 05.03.1985, *DJU* 24.05.1985, p. 7.985, RTJ 114/840; STF, 2ª T., RE 107.601/SP, Rel. Min. Carlos Madeira, ac. 25.02.1986, *DJU* 21.03.1986, p. 3.962, RTJ 118/782. "Não enseja embargos de terceiro à penhora a promessa de compra e venda não inscrita no Registro de Imóveis" (Súmula nº 621/STF). No entanto, o STJ supervenientemente adotou entendimento oposto ao

Dentro da mesma orientação, a Suprema Corte considerava ser inviável o uso de embargos de terceiros pelo comprador que, mesmo contando com escritura pública anterior à penhora, não tivesse providenciado a transcrição no Registro de Imóveis.[67]

Porém, com a instalação do Superior Tribunal de Justiça, a exegese pretoriana sofreu radical mudança de rumo. A tese que passou a vigorar é a que consta da Súmula nº 84 do STJ, segundo a qual "*é admissível* a oposição de embargos de terceiro fundados em alegação de posse advinda do compromisso de compra e venda de imóvel, ainda que desprovido do registro". O fundamento dessa exegese, que hoje vigora plenamente, é que o confronto entre a penhora e a posse não atinge o nível do direito real, já que tanto o credor como o promissário comprador agem em juízo com base em relações obrigacionais apenas. Por isso, não há razão para prevalecer a constrição judicial diante da posse do terceiro embargante, se esta for anterior à penhora.[68]

Segundo a mesma linha de argumentação, fixou-se o entendimento no STJ de que o comprador, com posse efetiva sobre o imóvel adquirido, tem legitimidade para invocar a tutela dos embargos de terceiro, "independentemente da circunstância de que a escritura pública de compra e venda não tenha ainda sido levada a registro".[69] Igual orientação tem sido aplicada em favor do cônjuge, do herdeiro e do donatário, quando se opõem à penhora ocorrida antes do registro da partilha[70] ou da escritura de doação.[71]

Urge, porém, atentar para um detalhe: a posse do promissário comprador, do adquirente e de qualquer outro titular sem título inscrito no Registro Imobiliário pressupõe que o ato constritivo embargado esteja fundado em direito pessoal. Se se tratar de execução hipotecária, não haverá lugar para arguir posse meramente contratual, visto que os direitos reais são oponíveis *erga omnes* e contra tal eficácia não prevalecem os direitos pessoais, nem tampouco a posse deles oriunda. Nada obstante, o STJ tem decidido que "a hipoteca firmada entre a construtora e o agente financeiro, anterior ou posterior à celebração da promessa de compra e venda, não tem eficácia perante os adquirentes do imóvel' (Súmula nº 308 do STJ)".[72]

211. Legitimação passiva

Os embargos de terceiro visam a neutralizar a eficácia de ato judicial emanado de outro processo. São, pois, sujeitos passivos dessa ação todos os que, no processo originário, têm interesse nos efeitos da medida impugnada. Em princípio, não há de se distinguir entre autor e réu, para esse fim. Na execução, por exemplo, os atos executivos são de imediato interesse do credor, pelo que não se pode atacá-los sem que o exequente seja citado a defender-se. Para que não haja dúvida, o CPC/2015 fez a opção pelo credor como legitimado passivo, pois é ele quem se beneficia do ato constritório, não

---

do STF: "É admissível a oposição de embargos de terceiro fundados em alegação de posse advinda do compromisso de compra e venda de imóvel, ainda que desprovido do registro" (Súmula 84/STJ).

67 STF, 2ª T., RE 101.546/SP, Rel. Min. Moreira Alves, ac. 13.03.1984, *DJU* 03.08.1984, p. 12.009, *Rev. Forense* 290/214.

68 A matéria foi sumulada pelo STJ, que, assim, superou a antiga Súmula nº 621 do STF: "É admissível a oposição de embargos de terceiro fundados em alegação de posse advinda de compromisso de compra e venda de imóvel, ainda que desprovido de registro" (Súmula nº 84/STJ).

69 STJ, 4ª T., REsp 29.048PR, Rel. Min. Barros Monteiro, ac. 14.06.1993, *DJU* 30.08.1993, p. 17.299.

70 STJ, 4ª T., REsp 50.506/SP, Rel. Min. Ruy Rosado de Aguiar, ac. 09.08.1994, *DJU* 12.09.1994, p. 23.769, RSTJ 65/486; STJ, 4ª T., REsp 416.340/SP, Rel. Min. Fernando Gonçalves, ac. 04.03.2004, *DJU* 22.03.2004, p. 310; STJ, 3ª T., REsp 617.861/RS, Rel. Min. Nancy Andrighi, ac. 13.05.2008, *DJe* 28.05.2008.

71 STJ, 4ª T., REsp 11.173/SP, Rel. Min. Sálvio de Figueiredo, ac. 03.11.1992, *DJU* 07.12.1992, p. 23.315.

72 STJ, 3ª T., REsp 593.474/RJ, Rel. Min. Paulo de Tarso Sanseverino, ac. 16.11.2010, *DJe* 01.12.2010. No mesmo sentido: STJ, 4ª T., REsp 625.091/RJ, Rel. Min. Aldir Passarinho Junior, ac. 09.02.2010, *DJe* 08.03.2010.

o devedor. É o que determina a parte inicial da norma contida no § 4º do art. 677: "será legitimado passivo o sujeito a quem o ato de constrição aproveita (...)".

Mas pode acontecer que o ato de garantia da execução se fez por nomeação do próprio devedor, que, assim, também terá legitimidade para figurar no polo passivo da ação de embargos de terceiro.[73] Para dirimir qualquer dúvida, o CPC/2015 positivou essa situação, indicando que também será legitimado passivo o adversário do credor no processo principal, quando for daquele (adversário) a indicação do bem para a constrição judicial (§ 4º, *in fine*).

Em cada caso, portanto, haverá de pesquisar-se a quem interessa a medida atacada, para fixar-se o polo passivo dos embargos, não sendo raro o caso de litisconsórcio passivo entre todos os sujeitos do processo primitivo.[74] A participação do devedor, em qualquer hipótese, é de ser sempre admitida, desde que postulada como assistente, a forma dos arts. 119 a 124 do CPC/2015.

Se a oposição de embargos de terceiro ocorrer depois da expropriação (adjudicação, alienação por iniciativa particular ou arrematação; art. 675), haverá de figurar no polo passivo, em litisconsórcio necessário, o exequente e o adquirente, por aplicação analógica do art. 903, § 4º.

212. Oportunidade

Dispõe o art. 675 sobre a oportunidade de que dispõe o terceiro para fazer uso dos embargos, tratando separadamente as hipóteses de atos derivados do processo de conhecimento e de atos próprios do processo de execução:

(*a*) se a constrição ocorre no curso de processo de conhecimento, o terceiro pode opor embargos enquanto não ocorrer o trânsito em julgado da sentença;

(*b*) se a moléstia aos bens do estranho se dá na fase de cumprimento de sentença ou em processo de execução, a oportunidade dos embargos vai até cinco dias depois da arrematação, adjudicação ou alienação por iniciativa particular, mas nunca após a assinatura da respectiva carta.[75]

O trânsito em julgado é apontado pelo art. 675 apenas como marco temporal, já que para o estranho à relação processual não se forma a *res iudicata*. Assim, mesmo depois de

---

[73] BARROS, Hamilton de Moraes e. *Comentários ao Código de Processo Civil*. 2. ed. Rio de Janeiro: Forense, 1980, v. IX, n. 199, p. 393; MARCATO, Antônio Carlos. *Procedimentos especiais*. São Paulo: Ed. RT, 1986, n. 159, p. 165; PRATA, Edson Gonçalves. *Embargos de terceiro*. São Paulo: LEUD, 1984, p. 27.

[74] Foi oportuna a opção do legislador em fixar a hipótese de litisconsórcio passivo, pois a jurisprudência ainda não havia consolidado seu posicionamento. São favoráveis ao litisconsórcio necessário: "Se o provimento dos embargos de terceiro pode afetar tanto o exequente como o executado, considerada a natureza da relação jurídica que os envolve, é de se reconhecer a existência, entre eles, de litisconsórcio passivo necessário unitário" (STJ, 3ª T., REsp 298.358/SP, Rel. Min. Pádua Ribeiro, ac. 21.06.2001, *DJU* 27.08.2001, p. 332); "Nos embargos de terceiro, há litisconsórcio necessário unitário entre o exequente e o executado, quando a constrição recai sobre imóvel dado em garantia hipotecária pelo devedor. Ofensa ao art. 47, do CPC [de 1973, art. 114 do CPC/2015], segundo o qual 'há litisconsórcio necessário, quando, por disposição de lei ou pela natureza da relação jurídica, o juiz tiver de decidir a lide de modo uniforme para todas as partes; caso em que a eficácia da sentença dependerá da citação de todos os litisconsortes no processo' (STJ, 4ª T., REsp 601.920/CE, Rel. Min. Maria Isabel Gallotti, ac. 13.12.2011, *DJe* 26.04.2012). Em sentido contrário: Nas hipóteses em que o imóvel de terceiro foi constrito em decorrência de sua indicação à penhora por parte do credor, somente este detém legitimidade para figurar no polo passivo dos Embargos de Terceiro, inexistindo, como regra, litisconsórcio passivo necessário com o devedor" (STJ, 3ª T., REsp 282.674/SP, Rel. Min. Nancy Andrighi, ac. 03.04.2001, *DJU* 07.05.2001, p. 140).

[75] "O prazo para apresentação de embargos de terceiro tem natureza processual e deve ser contado em dias úteis" (Enunciado nº 132/CEJ).

ultrapassado o *dies ad quem* assinalado na lei, ao terceiro sempre estará facultado o uso das vias ordinárias para reivindicar o bem constrito judicialmente. Apenas não poderá se valer da via especial dos embargos disciplinados pelo art. 674. Por isso, está assente na doutrina o entendimento de que nenhum terceiro está jungido à obrigação ou ônus de usar dos embargos. Trata-se de simples faculdade que a lei lhe confere, cuja não utilização em nada afeta o direito material do interessado.[76]

Quanto ao cumprimento da sentença ou processo de execução, o art. 675 referiu-se expressamente aos atos de expropriação próprios da execução por quantia certa (arrematação, adjudicação e alienação por iniciativa própria). Mas é claro que os embargos cabem também nas execuções de obrigação de dar. E nesse caso o *dies ad quem* para uso desse remédio processual irá até cinco dias do ato final de entrega do bem ao credor, isto é, do *termo de entrega definitiva do bem*, a que alude o art. 807.

Quando for o caso de procedimentos mistos, como os interditos possessórios e a ação de despejo[77] em que a cognição e a execução se mesclam numa única relação processual, o trânsito em julgado da sentença nem sempre será o marco final da utilização dos embargos de terceiro. É que, se não houver medida liminar, a ação não se encerra enquanto não for expedido e cumprido o mandado cuja expedição determinou a sentença. Aí, cumprido esse mandado, contar-se-ão os cinco dias referidos no art. 675 para as execuções forçadas. Se, porém, houve a liminar e a sentença final se limitou a tornar definitiva a reintegração ou manutenção promovida *initio litis*, o prazo útil do manejo dos embargos se extinguirá com o trânsito em julgado, porque aí a relação processual se exaurirá em tal momento.

É de lembrar-se que, nas execuções forçadas, o retardamento da expedição da carta de arrematação ou adjudicação não dilata o prazo do art. 675, que será sempre vencível no quinto dia após a lavratura do respectivo auto. Mas, se houver antecipação da carta, dar-se-á o abreviamento do prazo.

Com relação ao prazo para ajuizamento dos embargos, fixou-se, portanto, a orientação no sentido de que o terceiro somente sofre o efetivo esbulho judicial quando, não tendo sido intimado da constrição judicial, vem a ser desapossado em consequência da imissão na posse do arrematante ou adjudicatário, realizada após a expropriação executiva.[78]

---

[76] PONTES DE MIRANDA, Francisco Cavalcanti. *Tratado das ações*. São Paulo: Ed. RT, 1976, t. VI, p. 219. A não utilização dos embargos de terceiro "não prejudica o direito material existente, que poderá vir a ser discutido em ação ordinária própria" (STJ, 3ª T., AgRg no Ag 88.561/AC, Rel. Min. Waldemar Zveiter, ac. 26.03.1996, *DJU* 17.06.1996, p. 21.488). "A utilização dos embargos de terceiro é facultativa; decorrido o respectivo prazo, o terceiro cuja posse foi turbada por ordem judicial, alegadamente mal executada, pode defendê-la por meio de ação de reintegração" (STJ, 3ª T., REsp 150.893/SC, Rel. Min. Ari Pargendler, ac. 11.12.2001, *DJU* 25.03.2002, p. 269, RSTJ 158/249. No mesmo sentido: STJ, 4ª T., REsp 564.944/AL, Rel. Min. Fernando Gonçalves, ac. 02.12.2008, *DJe* 24.04.2009).

[77] Todavia, merece lembrar que "recente jurisprudência deste Superior Tribunal de Justiça firmou entendimento no sentido de que é incabível a oposição de embargos de terceiro contraordem judicial de despejo, cuja natureza jurídica não se enquadra nas hipóteses dos artigos 1.046 e 1.047 do CPC [CPC/2015, art. 674]" (STJ, 6ª T., AgRg no REsp 886.382/MT, Rel. Min. Maria Thereza de Assis Moura, ac. 24.08.2010, *DJe* 13.09.2010). No mesmo sentido: STJ, 5ª T., REsp 932.284/PA, Rel. Min. Arnaldo Esteves Lima, ac. 24.11.2008, *DJe* 19.12.2008. O CPC/2015, para evitar interpretações como esta, eliminou da regra de cabimento dos embargos de terceiro qualquer exemplificação de atos executivos, limitando-se a autorizar ditos embargos genericamente contramedidas judiciais de "constrição ou ameaça de constrição sobre bens" a respeito dos quais o terceiro "tenha direito incompatível com o ato constritivo" (art. 674). Diante de tal conceituação legal, não há, *data venia*, razão para excluir a ordem de despejo do alcance dos embargos de terceiro.

[78] "Na linha dos precedentes desta Corte Superior, o prazo para a apresentação de embargos à arrematação por terceiro interessado e mesmo pelo devedor que não tenha sido intimado da praça, se inicia, apenas, com a imissão do arrematante na posse do bem" (STJ, 3ª T., AgRg no AREsp 264.140/RS, Rel. Min. Sidnei

Pode-se, enfim, ter como consolidada a tese assentada pelo STJ de que "o prazo para oferecimento dos embargos de terceiro, não detendo o terceiro prejudicado conhecimento acerca da adjudicação [ou da arrematação], deve se iniciar a partir de sua intimação para desocupação do imóvel",[79] momento em que se considera realmente molestado em sua posse.[80]

Uma importante inovação do CPC/2015 é a possibilidade de o juiz, identificando a existência de terceiro titular de interesse em embargar o ato, mandar intimá-lo pessoalmente (CPC/2015, art. 675, parágrafo único). Essa norma, que não constava do CPC/1973, favorece o princípio da economia processual, já que pode o juiz determinar que o terceiro seja intimado antes mesmo da constrição. A intimação não é para que o terceiro oponha, necessariamente, embargos de terceiro. O objetivo é dar oportunidade para que o terceiro se manifeste. E essa manifestação poderá ensejar que o juiz se abstenha de determinar a constrição do bem.[81]

> "Cria-se, assim, não apenas mais um dever de atenção e cooperação para o juízo constritor, como também um pressuposto de validade de constrição. Logo, o seu descumprimento poderá gerar a nulidade do ato, a qual poderá ser convalidado por simples petição ou pelos próprios embargos, caso opostos dentro do prazo legal".[82]

213. Competência

Constituem os embargos de terceiro uma nova ação e uma nova relação processual. Não se trata de simples interferência do terceiro prejudicado no processo pendente. Há, porém, um vínculo de acessoriedade entre os embargos e o feito onde ocorreu o esbulho judicial sobre bens do estranho ao processo.

Por isso, dispõe o art. 676 que os embargos de terceiro são distribuídos por dependência ao mesmo juiz que ordenou a constrição e autuado em apartado. Em se tratando de causa derivada de outra, quer a lei que o ato judicial impugnado seja revisto pelo próprio juiz que o determinou.

Surge certa dificuldade de aplicação prática do art. 676 quando a apreensão judicial se dá por meio do cumprimento de carta precatória. Quem seria o juiz competente para os embargos de terceiro: o deprecante ou o deprecado? O problema tem de ser solucionado à luz do caso concreto, pois a apreensão de determinado bem tanto pode ser atribuída à ordem do deprecante como do deprecado.

Beneti, ac. 18.06.2013, *DJe* 01.07.2013). "A jurisprudência deste Superior Tribunal de Justiça firmou-se no sentido de que o prazo de cinco dias para o terceiro-embargante, que não teve ciência do processo de execução, ajuizar os embargos de terceiro conta-se da data da efetiva turbação da posse e não da arrematação" (STJ, 4ª T., REsp 974.249/SP, Rel. Min. João Otávio de Noronha, ac. 12.02.2008, *DJe* 19.05.2008).

[79] STJ, 4ª T., REsp 861.831/RS, Rel. Min. Jorge Scartezzini, ac. 21.09.2006, *DJU* 09.10.2006, p. 310.

[80] Mesmo após o advento do CPC/2015 – que, aliás, não inovou no tratamento da matéria em seu art. 675 –, o STJ continua firme no entendimento de que a fluência do prazo de cinco dias após a arrematação, adjudicação ou outra forma de expropriação executiva, para manejo dos embargos, somente tem início *após a efetiva turbação ou esbulho*, sempre que o terceiro não tenha sido anteriormente cientificado da constrição judicial (STJ, 3ª T., AgRg no REsp 1.504.959/SP, Rel. Min. Marco Aurélio Bellizze, ac. 15.12.2015, *DJe* 02.02.2016; STJ, 3ª, REsp 1.608.950/MT, Rel. Min. Paulo de Tarso Sanseverino, ac. 25.09.2018, *DJe* 13.11.2018).

[81] WAMBIER, Teresa Arruda Alvim; CONCEIÇÃO, Maria Lúcia Lins; RIBEIRO, Leonardo Ferres da Silva; MELLO, Rogerio Licastro Torres. *Primeiros comentários ao atual Código de Processo Civil*: artigo por artigo. São Paulo: Ed. RT, 2015, p. 1.012.

[82] LAMY, Eduardo de Avelar. Embargos de terceiro. In: WAMBIER, Teresa Arruda Alvim *et al. Breves comentários ao novo* Código de *Processo Civil*. São Paulo: Ed. RT, 2015, p. 1.578.

Se a ordem deprecada por meio da carta foi genérica, como a de citação do devedor para pagar em vinte e quatro horas sob pena de penhora, a escolha e apreensão de certos e determinados bens do devedor é, sem dúvida, ato ordenado e presidido pelo juiz que dá cumprimento à deprecação. Logo, se houver violação à posse ou domínio de terceiro, os embargos deverão ser dirimidos pelo juiz deprecado, pois o ato de apreensão partiu dele. Quando, porém, a carta precatória já é expedida pelo deprecante com a especificação do bem a ser apreendido, como, *v.g.*, nas execuções hipotecárias e nas buscas e apreensões, o deprecado age, na verdade, como simples executor material de deliberação do deprecante. Então, os embargos de terceiro terão de ser aforados e dirimidos perante o juízo de origem.[83]

Em qualquer caso, se os autos da precatória retornaram ao juízo deprecante com a diligência cumprida, sem que o terceiro tivesse manifestado seus embargos, a competência, então, se firma no juízo da causa, visto que o juízo deprecado já exauriu sua função no processo.[84]

214. Procedimento

I - Petição inicial

A petição inicial dos embargos, como acontece com as ações em geral, deve satisfazer as exigências do art. 319. Para obtenção de medida liminar, a inicial será instruída com documentos que comprovem sumariamente a posse ou domínio do autor,[85] sua qualidade de terceiro e o rol de testemunhas,[86] se necessário (CPC/2015, art. 677). O CPC/2015 corrigiu uma omissão do Código anterior, que não dizia expressamente que a concessão da liminar dependeria de pedido do autor, ao dispor, que a suspensão das medidas constritivas ocorrerá "se o embargante a houver requerido" (art. 678, *caput*, *in fine*).

O valor da causa é o dos bens cuja posse ou domínio disputa o embargante e não o valor dado à causa onde foram eles objeto de apreensão judicial. Não poderá, entretanto, superar o valor do débito exequendo, já que, em caso de eventual alienação judicial, o que ultrapassar esse valor será destinado ao embargante e não ao exequente embargado.[87] Se a penhora impugnada já se acha consumada, o valor dos embargos levará em conta a avaliação constante do processo executivo. Se isto ainda não ocorreu, o embargante estimará o valor do bem, podendo, conforme o caso, basear-se na avaliação oficial para lançamento do imposto que sobre ele recaia. Trata-se de ação acessória, mas de conteúdo próprio, pelo que correrão os embargos em autos apartados da ação originária (art. 676, *in fine*).

II - Concessão da liminar

Como ocorre com os interditos possessórios, a ação de embargos de terceiro admite medida liminar de manutenção ou reintegração provisória de posse em favor do embargante,

---

[83] TFR, Súm. nº 33; TJSP, Ag 20.619-5/0, Rel. Des. Walter Theodósio, ac. 30.10.1996, *ADV* 12.01.97, n. 76.801; STJ, 2ª S., AgRg nos EDcl no CC 51.389/RJ, Rel. Min. Menezes Direito, ac. 14.12.2005, *DJU* 15.03.2006, p. 210; ORTIZ, Carlos Alberto. Embargos de terceiro. *Revista de Processo*, São Paulo, Ed. RT, v. 29, p. 159.

[84] STF, AI 11.754, Rel. Min. Castro Nunes, *Revista Forense* 104/282; PONTES DE MIRANDA, Francisco Cavalcanti. *Tratado das ações*. São Paulo: Ed. RT, 1976, t. VI, p. 275.

[85] O ônus da prova de que o patrimônio arrestado é fruto de ato danoso praticado pelo cônjuge varão e não anterior ao mesmo ou resultante exclusivamente dos ganhos do virago é do autor da medida constritiva e não do embargante" (STJ, 4ª T., REsp 294.246/SP, Rel. Min. Carlos Fernando Mathias {Juiz Federal conv. do TRF 1ª Região}, ac. 25.11.2008, *DJe* 16.03.2009).

[86] "Não pode ser tomado o depoimento de testemunhas cujo rol não tenha sido apresentado com a petição inicial, na forma do art. 1.050 do Código de Processo Civil" [CPC/2015, art. 677] (STJ, 3ª T., REsp 599.491/MT, Rel. Min. Carlos Alberto Menezes de Direito, ac. 05.04.2005, *DJ* 13.06.2005, p. 295).

[87] STJ, 3ª T., AgRg no Ag1.057.960/SP, Rel. Min. Massami Uyeda, ac. 05.11.2008, *DJe* 18.11.2008.

que, no entanto, poderá ser condicionada à prestação de caução, ressalvada a impossibilidade da parte economicamente hipossuficiente (art. 678, parágrafo único). Essa medida visa assegurar a devolução dos bens com os respectivos rendimentos, na hipótese de final improcedência do pedido do terceiro. Os bens permanecerão sob a medida judicial constritiva até a sentença, mas não se realizarão atos de alienação ou de execução que importem transferência definitiva de domínio ou de outro direito real sobre eles.

Se os embargos atingem todos os bens ligados ao processo principal, o curso deste ficará suspenso enquanto não se julgar o pedido do terceiro. Sendo apenas parciais, o processo originário poderá prosseguir, mas limitado aos bens não alcançados pelos embargos de terceiro. Entretanto, para que a suspensão se dê *initio litis*, é preciso que o embargante a requeria e que o juiz reconheça, por decisão fundamentada, que o domínio ou a posse estão suficientemente provados.

Note-se que a medida liminar é uma faculdade e não uma condição de procedibilidade na ação de embargos. O terceiro pode dispensá-la ou pode prosseguir no feito, para tentar melhor prova de sua posse ou direito, mesmo quando improcedente a justificação inicial.

A caução para recebimento inicial dos bens, por parte do embargante, pode ser sumariamente efetuada dentro dos próprios autos dos embargos. Sobre sua pretensão será ouvido o embargado e, não havendo objeção séria, lavrar-se-á o competente termo.

III - Citação

A citação será pessoal, se o embargado não tiver procurador constituído nos autos da ação principal (CPC/2015, art. 677, § 3º). Trata-se, porém, de hipótese de raríssima ocorrência, visto que o embargado é justamente a parte que, no processo principal, provocou o ato constritivo impugnado.

O CPC/2015 mantém a sistemática adotada em 2009 pelo CPC/1973. A cientificação, nos embargos de terceiro, se faz por intimação do advogado e só será pessoal na raríssima hipótese de não ter ele procurador constituído nos autos da ação principal.

A exemplo dos interditos possessórios, a citação do embargado pode ocorrer antes ou após o deferimento da medida liminar (art. 562). Caso exista prova documental suficiente, o juiz deferirá a manutenção ou reintegração e, depois de cumprido o mandado, será citado o réu para sua defesa. Inexistindo semelhante prova, a medida liminar dependerá de justificação testemunhal que será precedida da citação, contando-se o prazo de defesa a partir da intimação do decisório a respeito da justificação (art. 564, parágrafo único, analogicamente).

IV - Contestação

O prazo para contestação é de quinze dias e o procedimento que se segue após a *litis contestatio* é o comum (art. 679), diferentemente do CPC/1973, que determinava fosse seguido o rito das ações cautelares.

Observa-se que o procedimento é especial, ou seja, distinto das demais ações, apenas até a fase da contestação. Essa escolha do legislador se dá especialmente "em razão da decisão provisória de suspensão das medidas constritivas que o próprio rito prevê de antemão".[88]

Contra os embargos do credor com garantia real, o embargado somente poderá alegar como matéria de defesa *(i)* que o devedor comum é insolvente; *(ii)* que o título é nulo ou não obriga terceiro; ou *(iii)* que é outra a coisa dada em garantia (art. 680).

---

88 LAMY, Eduardo de Avelar. Embargos de terceiro. In: WAMBIER, Teresa Arruda Alvim *et al. Breves comentários ao novo* Código de *Processo Civil*. São Paulo: Ed. RT, 2015, p. 1.583.

Isso quer dizer que o credor hipotecário ou pignoratício, em princípio, pode impedir a execução alheia sobre sua garantia real. Mas não pode fazê-lo se o devedor estiver em dificuldades financeiras de molde a evidenciar a inexistência de outros bens livres para responder pela obrigação quirografária. Provando-se a insolvência do devedor executado, rejeitados serão os embargos do credor com garantia real. Sendo, contudo, normal a situação do patrimônio do devedor, e podendo o credor quirografário contar com outros bens para realizar a execução forçada, serão preservados aqueles vinculados à garantia real.

Havendo contestação, o rito a observar é o do procedimento comum, respeitada, inclusive, a fase dos debates ou alegações finais dos litigantes, no caso de produção de prova oral.

V - Revelia

Não havendo contestação, o juiz decide desde logo, presumindo-se verdadeiros os fatos narrados pelo embargante e proferindo o julgamento antecipado da lide, segundo a prova documental disponível (art. 355).

Uma vez que os embargos seguem, após a resposta do réu, o procedimento comum, não há razão para se recusar a possibilidade de reconvenção.

215. Sentença

A sentença que acolhe os embargos é de eficácia executiva imediata. Se houver medida liminar, transformar-se-á em definitiva, liberando-se a caução em favor do autor. Se não houver, expedir-se-á a ordem para imediata cassação da medida constritiva e liberação dos bens indevidamente apreendidos.

No regime do Código anterior, por se tratar de ação sumária que atacava apenas o ato de constrição, o julgamento dos embargos não passava do desfazimento ou proibição do ato impugnado, não chegando à declaração definitiva acerca da existência ou inexistência do domínio ou da posse do embargante. O CPC/2015 inovou, porque o procedimento deixou de ser sumário e passou a ser o comum, permitindo, outrossim, um acertamento exauriente sobre o direito material do autor. Nesse sentido, dispõe o art. 681 que "acolhido o pedido inicial, o ato de constrição judicial indevida será cancelado, com o reconhecimento do domínio, da manutenção da posse ou da reintegração definitiva do bem ou do direito ao embargante".

O recurso cabível é a apelação, que não tem efeito suspensivo quando os embargos opostos pelo terceiro à execução são julgados improcedentes (art. 1.012, III).

Versando a causa sobre pretensão litigiosa do terceiro, a sentença que a resolve tem de impor à parte vencida os encargos da sucumbência, ou seja, despesas processuais e honorários advocatícios do vencedor (arts. 82, § 2º, e 85).

Alguma controvérsia tem provocado aqueles casos em que o ato constritivo parte de oficial de justiça, sem anuência ou ciência do exequente. Muitas vezes, o terceiro utiliza os embargos em situação de total desnecessidade, pois, se o credor fosse informado do ocorrido a tempo, evidentemente concordaria com a imediata liberação do bem irregularmente apreendido pelo oficial de justiça. Preferem, no entanto, pessoas inescrupulosas, o pronto ajuizamento dos embargos, com propósito escuso de locupletarem-se com as verbas da sucumbência.

Certo que, em princípio, o reconhecimento, por parte do exequente, do direito do terceiro embargante, funciona como hipótese de julgamento da lide pelo mérito, com o consectário de responder o demandado pelas custas e honorários advocatícios despendidos pelo terceiro (arts. 82, § 2º, 85 e 90).

Se, porém, nenhuma oportunidade se deu ainda ao embargado para conhecer do ato realizado por iniciativa apenas do oficial de justiça, sem nomeação ou mesmo sem ciência do exequente, e este, logo ao tomar conhecimento da medida impugnada, por meio dos embargos, reconhece prontamente o direito do embargante e pede o levantamento da penhora, não é justo imputar ao primeiro, em tal circunstância, o ônus da sucumbência, porquanto o incidente decorreu de um ato judicial que não lhe pode ser atribuído a título algum. A falha, *in casu*, seria apenas do aparelhamento judiciário e só o Poder Público haverá de responder por suas consequências.[89]

Para obviar problemas como esse – já escrevemos alhures – e mesmo para evitar inúteis ou desnecessários ajuizamentos de embargos de terceiro, *de lege ferenda* seria recomendável condicionar o manejo desse remédio processual a um prévio pedido de liberação do bem, formulado por meio de simples petição nos autos principais. Somente quando o exequente não concordasse com a liberação sumária é que o terceiro estaria legitimado a propor a ação de embargos. Com isso, atender-se-ia ao princípio de economia processual, tão valorizado pelo direito formal de nossos tempos.[90]

Aliás, mesmo sem expresso tratamento legislativo da matéria, a jurisprudência reconhece que o terceiro, cujo bem foi penhorado por iniciativa exclusiva do oficial de justiça, pode pedir a desconstituição da penhora por meio de simples petição, não sendo, pois, caso de embargos de terceiro.[91]

215-A. Verbas sucumbenciais. Princípio da causalidade

A tese que há bastante tempo vínhamos defendendo e que se acha exposta no item anterior foi acolhida pelo STJ, em regime de recurso repetitivo (Tema 872) e, portanto, com força vinculante, no julgamento do REsp 1.452.840, no qual se aplicou aos encargos sucumbenciais dos embargos de terceiro o princípio da causalidade, com os seguintes fundamentos:

(a) "A sucumbência, para fins de arbitramento dos honorários advocatícios, tem por norte a aplicação do princípio da causalidade. Nesse sentido, a Súmula 303/STJ dispôs especificamente: 'Em embargos de terceiro, quem deu causa à constrição indevida deve arcar com os honorários advocatícios'".

(b) "O adquirente do imóvel, ao não providenciar a transcrição do título na repartição competente, expõe o bem à indevida constrição judicial em demandas ajuizadas contra o antigo proprietário. As diligências realizadas pelo oficial de Justiça ou pela parte credora, destinadas à localização de bens, no caso específico daqueles sujeitos a registro (imóveis, veículos), são feitas mediante consulta aos Cartórios de Imóveis (Detran, no caso de veículos), razão pela qual a desatualização dos dados cadastrais fatalmente acarretará a efetivação da indevida penhora sobre o bem".

(c) "Nessas condições, não é lícito que a omissão no cumprimento de um dever legal implique, em favor da parte negligente, que esta deve ser considerada vencedora na demanda, para efeito de atribuição dos encargos de sucumbência".

---

89 THEODORO JÚNIOR, Humberto. *Processo de execução e cumprimento de sentença. 31. ed. Rio de Janeiro: Forense, 2021, n. 466, p. 657*; SANTOS, Ernane Fidelis dos. *Comentários ao Código Processo Civil*. 2. ed. Rio de Janeiro: Forense, 1986, v. VI, n. 372, p. 440-441; STJ, 3ª T., REsp 45.727/MG, Rel. Min. Nilson Naves, ac. 28.11.1994, *DJU* 13.02.1994, p. 2.237, ADCOAS 10.04.1995, n. 146.850. Contra: ORTIZ, Carlos Alberto. Embargos de terceiro. Revista de Processo 29/161, 1983; STJ, 4ª T., REsp 75.008/MG, Rel. Min. Aldir Passarinho Júnior, ac. 05.10.1999, *DJU* 22.11.1999, p. 159, RT 777/212. Se a penhora aconteceu porque o compromisso de compra e venda não foi levado pelo embargante a registro para conhecimento de terceiros, este, e não o embargado, deverá suportar os encargos da sucumbência, em razão do princípio da causalidade (que provocou a demanda teria sido o próprio embargante) (STJ, 2ª T., ED nos EREsp 375.026/PR, Rel. Min. Carlos Mathias, ac. 25.03.2008, *DJe* 15.04.2008).

90 THEODORO JÚNIOR, Humberto. *Processo de execução e cumprimento de sentença*. 31. ed. Rio de Janeiro: Forense, 2021, n. 466, p. 657.

91 STJ, 3ª T., REsp 218.435/SP, Rel. Min. Nancy Andrighi, ac. 08.10.2002, *DJU* 11.11.2002, p. 210, *RT* 810/175.

(*d*) "Conforme expressamente concluiu a Corte Especial do STJ, por ocasião do julgamento dos Embargos de Divergência no REsp 490.605/SC: 'Não pode ser responsabilizado pelos honorários advocatícios o credor que indica à penhora imóvel transferido a terceiro mediante compromisso de compra e venda não registrado no Cartório de Imóveis. Com a inércia do comprador em proceder ao registro não havia como o exequente tomar conhecimento de uma possível transmissão de domínio'".

O acórdão do STJ, por fim, reduziu suas conclusões a uma tese jurisprudencial, para os fins do art. 1.040 do CPC/2015, assim consolidada: "Nos Embargos de Terceiro cujo pedido foi acolhido para desconstituir a constrição judicial, os honorários advocatícios serão arbitrados com base no princípio da causalidade, responsabilizando-se o atual proprietário (embargante), se este não atualizou os dados cadastrais. Os encargos de sucumbência serão suportados pela parte embargada, porém, na hipótese em que esta, depois de tomar ciência da transmissão do bem, apresentar ou insistir na impugnação ou recurso para manter a penhora sobre o bem cujo domínio foi transferido para terceiro".[92]

---

[92] STJ, 1ª Seção, REsp 1.452.840/SP (Recurso Repetitivo), Rel. Min. Herman Benjamin, ac. 14.09.2016, *DJe* 05.10.2016. Apontaram-se os seguintes precedentes: STJ, 1ª T., AgRg no REsp 1.282.370/PE, Rel. Min. Benedito Gonçalves, *DJe* 06.03.2012; STJ, 2ª T., EDcl nos EDcl no REsp 375.026/PR, Rel. Min. Carlos Fernando Mathias (Juiz Federal convocado do TRF 1ª Região), *DJe* 15.04.2008; STJ, 1ª T., REsp 724.341/MG, Rel. Min. Denise Arruda, *DJU* 12.11.2007, p. 158; STJ, 2ª T., AgRg no REsp 462.647/SC, Rel. Min. Castro Meira, *DJU* 30.08.2004, p. 244.

Fluxograma nº 20 – Embargos de terceiro (arts. 674 a 681)

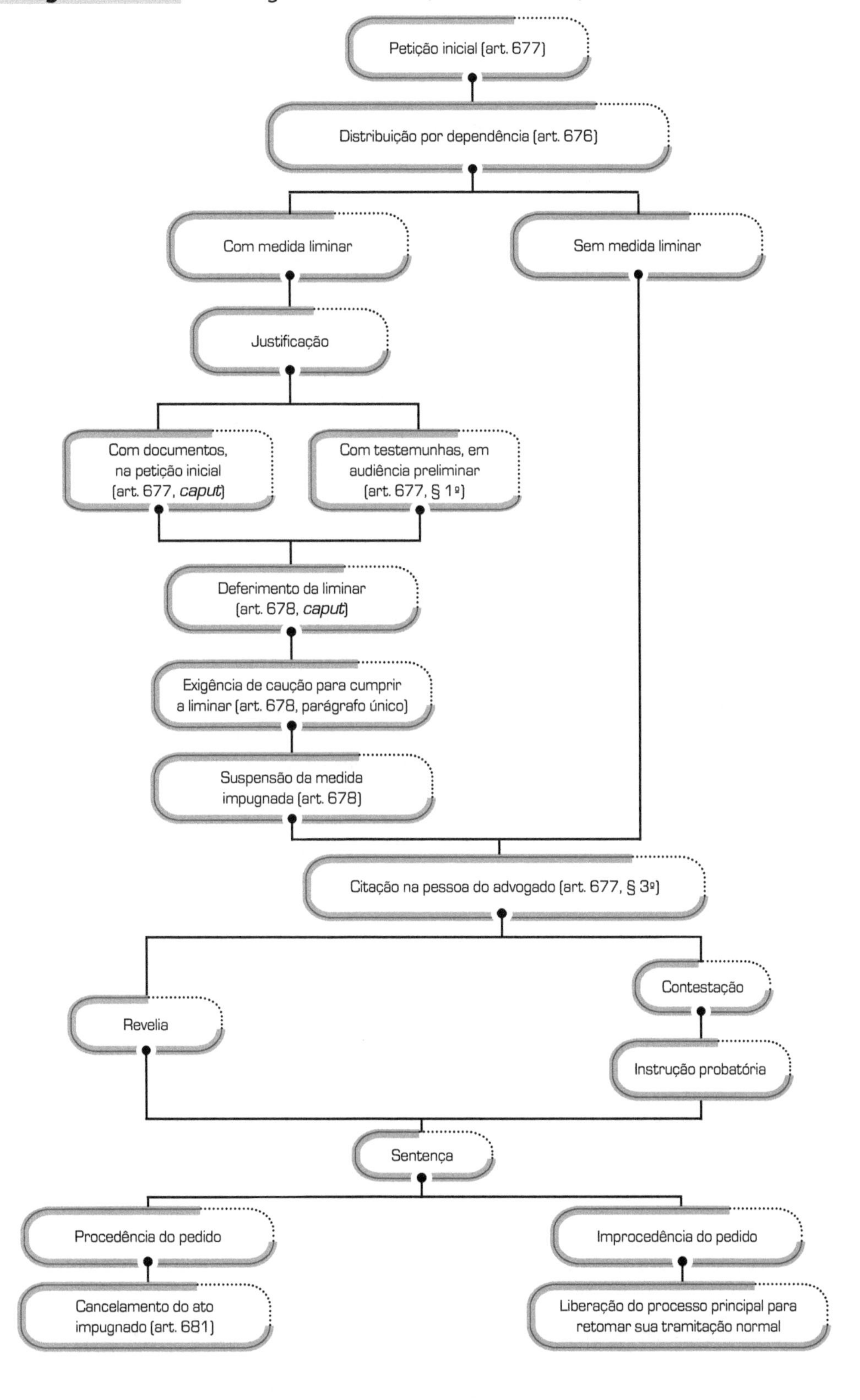

Capítulo IX
OPOSIÇÃO

§ 22. A AÇÃO ESPECIAL DE OPOSIÇÃO

216. Introdução

O CPC/2015, atento à natureza da oposição, deslocou-a do terreno das intervenções, para reconhecer-lhe o caráter de ação autônoma, enquadrando-a entre os procedimentos especiais de jurisdição contenciosa.[1] Andou bem, no primeiro passo, uma vez que a classificação da oposição como uma das modalidades de "Intervenção de Terceiros" no Código de 1973 enfrentava críticas de boa parte da doutrina.

As figuras típicas de intervenção de terceiros não podem classificar-se como ações autônomas, já que, como incidente de processo em curso, funcionam como meio de apenas ampliar a relação processual preexistente. A sua apreciação é *eventual* e *dependente*. Uma só sentença apreciará e julgará a demanda principal e o incidente interventivo, sendo que este, em regra, só eventualmente será apreciado pelo mérito, *i.e.*, tal decisão dependerá do resultado a que chegar o julgamento da causa principal.

A oposição, ao contrário, é ação que se sustenta por si só, e pode subsistir, ainda que o processo primitivo se extinga sem resolução do mérito. A ideia que a sustenta é sobretudo de economia processual: evitar que a primeira ação seja julgada antes que a pretensão prejudicial do opoente seja resolvida. Daí a reunião das duas ações para apreciação simultânea em uma só sentença.

Assim, a relação que se estabelece entre a oposição e a ação primitiva é muito mais de conexidade entre demandas autônomas, do que de um liame entre ação principal e incidente interventivo. É de ressaltar, outrossim, que, uma vez ajuizada a oposição, é esta, e não a demanda primitiva, que passa a exercer o papel principal. É ela que haverá de ser resolvida em primeiro lugar, já que, sendo acolhida pelo mérito, prejudicadas restarão as pretensões do autor e do réu manejadas no processo originário.

O CPC/2015, contudo, não andou tão bem quando conferiu à oposição o *status* de ação especial, pois seu rito em quase nada se distancia do procedimento comum. Com efeito, o que se apresenta como diferencial da oposição é apenas a previsão de um prazo comum de quinze dias para contestação dos corréus (evitando a contagem em dobro do art. 229) e a não convocação das partes para a audiência de mediação ou de conciliação.[2]

---

[1] A localização da oposição fora dos casos típicos de intervenção de terceiros justifica-se pela mesma razão pela qual os embargos de terceiro sempre foram tratados como ação de procedimento especial, e não como simples incidente de outro processo. Há, sem dúvida, nesse aspecto, uma visível simetria entre as duas ações.

[2] BUENO, Cassio Scarpinella. *Manual de direito processual civil.* São Paulo: Saraiva, 2015, p. 452.

A estipulação pela lei de um procedimento especial para a ação de oposição, portanto, assinala a preocupação normativa de destacar um remédio processual capaz de veicular, em outra ação, uma pretensão à coisa ou direito disputados entre outras pessoas, em outro processo. Para que essa função básica seja desempenhada, ao procedimento especializado pelo CPC/2015 sob o rótulo de *oposição*, atribui-se, ainda, a função instrumental complementar de acoplar os dois processos, por força da conexão, conduzindo-os a uma tramitação simultânea e a um julgamento único, em que prevaleça o caráter prejudicial da resolução a ser dada à demanda do opoente.[3]

217. Conceito

Segundo o art. 682 do atual Código de Processo Civil, "quem pretender, no todo ou em parte, a coisa ou o direito sobre que controvertem autor e réu poderá, até ser proferida a sentença, oferecer oposição contra ambos".

Consiste a *oposição*, portanto, na "forma pela qual o terceiro ingressa em processo alheio para obter para si, no todo ou em parte, a coisa ou o direito sobre que controvertem autor e réu, excluindo o direito destes".[4] Observa-se que, com esse procedimento, o terceiro visa a defender o que é seu e está sendo disputado em juízo por outrem.[5]

É medida de livre iniciativa do terceiro, simples faculdade sua, visto que nenhum prejuízo jurídico pode lhe causar a sentença a ser proferida num processo em que não figura como parte.[6] Permanecendo alheio ao processo, jamais se sujeitará a coisa julgada nele formada.[7]

Mas, sem dúvida, pode o processo alheio acarretar-lhe dano de fato, que exigirá, mais tarde, outra ação para obter a respectiva reparação. Desde logo, portanto, pode o opoente, para abreviar a solução da pendência entre ele e as duas partes do processo, pedir o reconhecimento judicial de seu direito, que exclui o dos litigantes.[8]

Essa nova ação deveria observar os limites fixados na ação principal – quando vista como intervenção de terceiro –, ou seja, a oposição não poderá introduzir discussão de direito não

---

[3] MARINONI, Luiz Guilherme; ARENHART, Sérgio Cruz; MITIDIERO, Daniel. *Curso de processo civil*. São Paulo: Ed. RT, 2015. p. 225.

[4] TJMG, 1ª Câm. Civ., AC 1.0024.12.205842-3/001, Rel. Des. Geraldo Augusto, ac. 02.06.2014, *DJe* 05.06.2014. Na ação de usucapião, não há necessidade de o terceiro interessado defender-se por meio de oposição, uma vez que pela natureza da demanda pode contestar a ação diretamente, haja vista que a citação naquela ação abrange inclusive terceiros desconhecidos (TJSP, 7ª Câmara de Direito Privado, CR 3246384900 SP, Rel. Natan Zelinschi de Arruda, ac. 01.10.2008, *DJe* 10.10.2008).

[5] "Como o instituto da oposição restringe-se ao âmbito exclusivo dos processos subjetivos (em cujo âmbito discutem-se situações individuais e interesses concretos), não há como se aceitar seu cabimento nas ações civis públicas, onde o Ministério Público apenas cumpre sua função institucional, defendendo o interesse público, indisponível e irrenunciável" (TJMG, 4ª Câm. Civ., AC 000.206.725-4/004, Rel. Des. Bady Curi, ac. 14.12.2001, *DJ* 04.02.2002).

[6] *Res inter alios iudicata aliis nec prodest, nec nocet* (AMARAL SANTOS, Moacyr. *Primeiras linhas de direito processual civil*. 3. ed. São Paulo: Max Limonad, 1971, v. II, n. 311; TJRS, Ap. 594.088.957, Rel. Des. Oswaldo Stefanello, ac. 01.11.1994, *RJTJRS* 170/382; TJSP, Ap. 258.569-2, Rel. Des. Ruy Coppola, ac. 18.04.1995, *JTJSP* 170/49). "O terceiro adquirente de imóvel, a título oneroso e de boa-fé não é alcançável por decisão em processo de que não fora parte, ineficaz, quanto a este a decisão" (STJ, 3ª T., REsp 158.097/RJ, Rel. Min. Waldemar Zveiter, ac. 01.12.1998, *DJU* 15.03.1999, p. 217, *REPDJ* 10.05.1999, p. 167).

[7] MARINONI, Luiz Guilherme; ARENHART, Sérgio Cruz; MITIDIERO, Daniel. *Curso de processo civil*. São Paulo: Ed. RT, 2015. p. 226.

[8] Embora o terceiro não esteja vinculado à obrigação de intervir na demanda alheia, para reclamar para si o objeto litigioso, por meio da oposição, esta "é o meio mais adequado para a solução do conflito, permitindo que também essa pretensão do terceiro seja decidida conjuntamente com o processo já instaurado" (MARINONI, Luiz Guilherme; ARENHART, Sérgio Cruz; MITIDIERO, Daniel. *Curso de processo civil*. São Paulo: Ed. RT, 2015. p. 226).

controvertido na lide desenvolvida entre os opostos.[9] Passando à categoria de ação autônoma, parece-nos que não há mais razão para semelhante restrição. O que se exige é a relação de prejudicialidade, de sorte que, qualquer que seja o fundamento da oposição, haverá de veicular em direito subjetivo do opoente capaz de atrair para si o direito ou a coisa sobre que controvertem as partes do processo anterior (art. 682). À luz das considerações feitas, pode-se sintetizar o conceito da oposição, dentro da sistemática do CPC/2015, como "o procedimento especial pelo qual alguém, pretendendo coisa ou direito alheio que está *sub judice*, demanda ambos os litigantes, em litisconsórcio necessário, para exercer sua pretensão (art. 682)".[10]

218. Cabimento e extensão

A *oposição*, no sistema de nosso Código, pode ser *total* ou *parcial*, isto é, pode referir-se a toda a coisa ou direito litigioso, ou apenas parte deles.

É admissível a medida em todos os procedimentos, sejam as ações reais ou pessoais, e até mesmo no processo de execução.[11] Sua admissibilidade, todavia, está subordinada à existência de uma disputa de outrem sobre a coisa ou direito que o opoente pretende seu. Assim, se a pretensão do terceiro for apenas de defender passivamente sua posse sobre bens apreendidos judicialmente, sem discussão sobre o mérito do direito ou da posse, na ação principal (como nas penhoras, arrestos etc.), a medida adequada será a ação de embargos de terceiros (CPC/2015, art. 674) e não a de oposição.[12]

Por falta de interesse, entende-se descabido o manejo da oposição por parte de terceiro interessado na impugnação da ação de usucapião. É que, na espécie, existe um juízo universal que permite a reação do terceiro interessado por simples contestação[13] (ver, *retro*, o item 8).

219. Oportunidade da oposição

O limite temporal de admissibilidade da ação especial de oposição é, segundo o art. 682, a sentença da causa em que se disputa, entre outras partes, a coisa ou o direito que o opoente pretende para si.[14] Sendo objetivo da ação especial, expressamente previsto no art. 685, o julgamento das duas ações – a primitiva e a oposição – numa só sentença, não há como admitir possa esta última ser ajuizada depois que a primeira já se encontrar sentenciada.

Pontes de Miranda, nada obstante, sempre defendeu que seria admissível a oposição mesmo depois da sentença, enquanto não verificado o seu trânsito em julgado.[15] Se se parte da ideia de que não se trata de uma intervenção de terceiro, mas de uma ação autônoma, não é de todo inadmissível o entendimento em questão. Se é certo que a pretensão do opoente de reivindicar o direito ou a coisa litigiosa tanto poderia ser exercida no curso da ação dos terceiros como a qualquer tempo após a sentença, o julgamento da disputa *inter alios* não deveria ser visto como limite temporal ao exercício da ação de quem não foi parte no processo sentenciado.

---

9 STJ, 4ª T., REsp 685.159, Rel. Min. João Otávio de Noronha, ac. 06.10.2009, *DJe* 19.10.2009.

10 BUENO, Cassio Scarpinella. *Manual de direito processual civil*. São Paulo: Saraiva, 2015, p. 452.

11 "É que, tratando-se de ação em que se discute a posse entre particulares (reintegração de posse), necessária é a comprovação da posse pelo opoente (União) para que se pudesse, eventualmente, determinar-se sua imissão na posse, por meio da oposição" (STJ, 2ª T., AgRg no REsp 1.455.320/SE, Rel. Min. Humberto Martins, ac. 05.08.2014, *DJe* 15.08.2014).

12 OLIVEIRA JR., Waldemar Mariz de. *Substituição processual*. São Paulo: Ed. RT, 1971, n. 37, p. 75.

13 STJ, 3ª T., REsp 1.726.292/CE, Rel. Min. Ricardo Villas Bôas Cueva, ac. 12.02.2019, *DJe* 15.02.2019.

14 BARBI, Celso Agrícola. *Comentários ao Código de Processo Civil*. Rio de Janeiro: Forense, 1975, v. I, t. II, n. 355, p. 314; TORNAGHI, Hélio. *Comentários ao Código de Processo Civil*. São Paulo: Ed. RT, 1974, v. I, p. 242.

15 PONTES DE MIRANDA, Francisco Cavalcanti. *Comentários ao Código de Processo Civil*. Rio de Janeiro: Forense, 1974, t. II, p. 95 e 100. No mesmo sentido: MARQUES, José Frederico. *Manual de direito processual civil*. São Paulo: Saraiva, 1974, v. I, n. 237, p. 264.

Acontece que o procedimento especial em causa foi legalmente estruturado em função do princípio de economia processual, visando ao julgamento das duas causas em sentença única. Assim, uma vez julgada a demanda primitiva, o terceiro pode perfeitamente demandar o bem que a sentença atribui a uma das partes do processo anterior, já que a coisa julgada não o atinge. Essa ação, todavia, não será a *ação especial de oposição*, será uma *ação comum*, movida contra aqueles que são partes da outra ação pendente (ainda não encerrada por decisão transitada em julgado), ou contra a parte vitoriosa do processo definitivamente extinto.

Como o rito da ação de oposição é basicamente o comum, não será o caso de inadmiti-la, apenas em razão de já existir sentença no processo anterior. Bastará conhecê-la como ação comum, feitas as pequenas adaptações formais, acaso necessárias, como a designação de audiência de conciliação e de mediação, e realização da citação pessoal dos demandados. Com isto se dará cumprimento ao princípio de que os defeitos de forma devem ser sempre sanados por provocação do juiz (CPC/2015, art. 321) e se observará o entendimento largamente acatado de que a viabilidade da demanda não é aferida pelo nome atribuído à ação, mas em função da viabilidade, em tese, do pedido formulado na petição inicial.

220. Conexão das causas

Por outro lado, a oposição é uma nova e verdadeira *ação*, com pretensão e partes diferentes da que inicialmente se ajuizou entre os opostos. A pretensão do opoente é também diversa e contrária à de ambos os litigantes e visa a uma sentença que pode ser declaratória ou condenatória, conforme pedir apenas o reconhecimento do direito ou também a entrega da coisa em poder de um dos opostos.

Vem a nova ação juntar-se à que estava proposta, não para simplesmente cumular outro pedido, mas para opor um pedido que tem por escopo precisamente excluir o pedido pendente. A reunião das duas ações, destarte, decorre de *conexão* oriunda do objeto comum.

Dada, porém, a diversidade de objetivo, a pretensão do opoente não é processada nos próprios autos da ação que deu oportunidade à nova demanda de caráter prejudicial. A oposição é, no procedimento adotado pelo Código, sempre autuada separadamente (art. 685), embora possa, às vezes, ter eficácia suspensiva com relação à ação principal (art. 685, parágrafo único). O normal, porém, é o apensamento das duas ações, para tramitação simultânea e julgamento por uma só sentença (art. 685, *caput*).

O limite temporal de admissibilidade da oposição é o trânsito em julgado da sentença da causa principal.[16]

221. Competência

O conhecimento da ação de oposição compete ao juiz da causa principal, já que ela é distribuída por dependência (art. 683, parágrafo único).

---

[16] MARQUES, José Frederico. *Manual de direito processual civil.* São Paulo: Saraiva, 1974, v. I, n. 237, p. 264. Celso Barbi, no entanto, entende que o opoente só pode intervir antes da publicação da sentença e não até o seu trânsito em julgado (BARBI, Celso Agrícola. *Comentários ao Código de Processo Civil.* Rio de Janeiro: Forense, 1975, v. I, t. II, n. 355, p. 314; no mesmo sentido: TORNAGHI, Hélio. *Comentários ao Código de Processo Civil.* São Paulo: Ed. RT, 1974, v. I, p. 242). Pontes de Miranda, todavia, e a nosso ver com razão, entende que a oposição tanto possa ser ajuizada antes da audiência como depois dela e da prolação da sentença (PONTES DE MIRANDA, Francisco Cavalcanti. *Comentários ao Código de Processo Civil.* 1974, t. II, p. 95 (n. 2) e 100 (n. 1), se o Código permite expressamente que a oposição tenha curso autônomo, e possa ser julgada "sem prejuízo da causa principal" (art. 60), nenhum óbice existe ao seu ajuizamento depois de proferida a sentença de primeiro grau de jurisdição, mas antes do seu trânsito em julgado.

Dessa forma, como terceiro, não é dado ao opoente interpor exceção de incompetência relativa do juízo; mas poderá perfeitamente arguir a suspeição, a incompetência absoluta, a coisa julgada e a litispendência.[17]

Se o processo principal já estiver em grau de recurso, perante Tribunal Superior, a oposição deverá ser proposta no juízo de primeiro grau,[18] mas não mais como *oposição* propriamente dita, e, sim, como *ação comum* (v. item nº 108.b, *retro*).

Não haverá, *in casu*, possibilidade de revogar ou modificar, propriamente, o juiz de primeiro grau uma decisão do Tribunal, pois a lide que aquele vai apreciar é outra. No caso de acolhimento da oposição, haveria apenas uma nova sentença que atingiria aquele que eventualmente tivesse obtido ganho de causa no Tribunal, sujeitando-o à força do que ficou decidido no novo procedimento em favor do opoente.

A propósito, observe-se que, diante dos limites subjetivos da *res iudicata* (art. 506), nem mesmo o trânsito em julgado da decisão da causa principal, transcorrida sem a oposição, é empecilho a que o terceiro, que não figurou na relação processual, intente ação comum contra a parte vencedora para recuperar a posse do bem que a sentença lhe conferiu.

222. Procedimento

Distribuída por dependência e uma vez admitida, será a oposição apensada aos autos e tramitará simultaneamente à ação originária, sendo ambas julgadas pela mesma sentença (CPC/2015, art. 685, *caput*). Essa é a situação que ocorre quando o pedido do opoente é ajuizado antes da audiência de instrução e julgamento da causa principal.

No entanto, se proposta após iniciada a audiência, o juiz suspenderá o curso do processo ao fim da produção das provas, salvo se concluir que a unidade da instrução atende melhor ao princípio da duração razoável do processo (art. 685, parágrafo único). Todavia, antes de suspender o processo principal, é aconselhável que o juiz ultime a instrução em andamento, de forma que a causa principal fique na pendência apenas da sentença.

Nas duas situações, será o pedido do opoente manifestado em petição inicial, observados os requisitos dos arts. 319 e 320 do CPC/2015. Sua distribuição será feita ao juízo da causa principal, por dependência, formando-se, porém, uma autuação própria (art. 685).

Registrada e autuada a oposição, e sendo deferido o seu processamento, proceder-se-á à citação dos opostos (autor e réu da ação anterior), para que contestem a nova ação no prazo comum de quinze dias (art. 683, parágrafo único). O rito especial da oposição exclui o regime geral de contagem do prazo de contestação em dobro para os litisconsortes representados por advogados diferentes (art. 229), de sorte que os demandados na nova ação (autor e réu da ação primitiva), terão o prazo comum de quinze dias para responder à demanda do opoente.[19] A citação ocorrerá nos moldes do art. 246 e os réus poderão alegar todas as modalidades de defesa, processual ou de mérito, inclusive formular reconvenção na própria peça contestatória.[20]

---

[17] BARBI,Celso Agrícola. *Comentários ao Código de Processo Civil.* Rio de Janeiro: Forense, 1975, v. I, t. II, n. 365, p. 318-319.

[18] MARQUES, , José Frederico. *Manual de direito processual civil.* São Paulo: Saraiva, 1974, v. I, n 237, p. 264.

[19] MARINONI, Luiz Guilherme; ARENHART, Sérgio Cruz; MITIDIERO, Daniel. *Curso de processo civil.* São Paulo: Ed. RT, 2015. p. 227; BUENO, Cassio Scarpinella. *Manual de direito processual civil.* São Paulo: Saraiva, 2015, p. 452.

[20] MARINONI, Luiz Guilherme; ARENHART, Sérgio Cruz; MITIDIERO, Daniel. *Curso de processo civil.* São Paulo: Ed. RT, 2015. p. 227.

223. Julgamento da oposição

O procedimento da oposição admite julgamento de extinção do processo, com ou sem solução de mérito, nos mesmos casos previstos no Código, para o processo de conhecimento em geral (CPC/2015, arts. 485 e 487).[21]

A ação originária e a oposição serão julgadas pela mesma sentença (art. 685), situação que contribui para que as duas situações sejam harmônicas, evitando-se contradições. Sob o aspecto formal, a sentença será uma, mas serão julgadas duas lides.

Existem situações nas quais não será possível proferir uma sentença única. Como, por exemplo, se dá diante de casos de extinção de uma das causas conexas – a primitiva ou a oposição –, sem resolução do mérito. Contudo, se o juiz decidir simultaneamente a ação originária e a oposição, deverá conhecer desta em primeiro lugar (art. 686).[22]

A revelia pode ocorrer e produzir os efeitos do art. 344, se não incidirem as vedações do art. 345.

O reconhecimento da procedência do pedido, por ambas as partes da ação principal, conduz a julgamento antecipado da oposição, em favor do opoente (art. 487, III, *a*). Mas, se apenas uma das partes reconhecer a procedência do pedido, a ação de oposição continuará seu curso normal contra o outro litigante (art. 684).

A sentença que decidir a oposição, separadamente ou em conjunto com a causa principal, com ou sem solução de mérito, imporá à parte sucumbente as sanções pertinentes às despesas processuais e honorários advocatícios, observados os arts. 85, § 2º, e 87.

O recurso interponível, em todos os casos, será o de apelação (art. 1.009).

---

21 No regime do CPC/2015, em que a oposição passou à categoria de ação especial, o indeferimento da respectiva petição inicial configura sentença e deve ser atacado por meio de apelação.

22 "Não obstante tenha sido a causa principal decidida antes da oposição, em afronta a letra do art. 61 do CPC [de 1973, art. 686 do CPC/2015], a sentença deu a cada parte o que lhe era de direito. Apesar de não obedecida a forma, criada, aliás, por uma questão de lógica, o fim visado pelo dispositivo foi atingido. Aplicação do princípio da instrumentalidade das formas" (STJ, 6ª T., REsp 420.216/SP, Rel. Min. Fernando Gonçalves, ac. 01.10.2002, *DJU* 21.10.2002, p. 428).

Fluxograma nº 21 – Oposição (arts. 682 a 686)

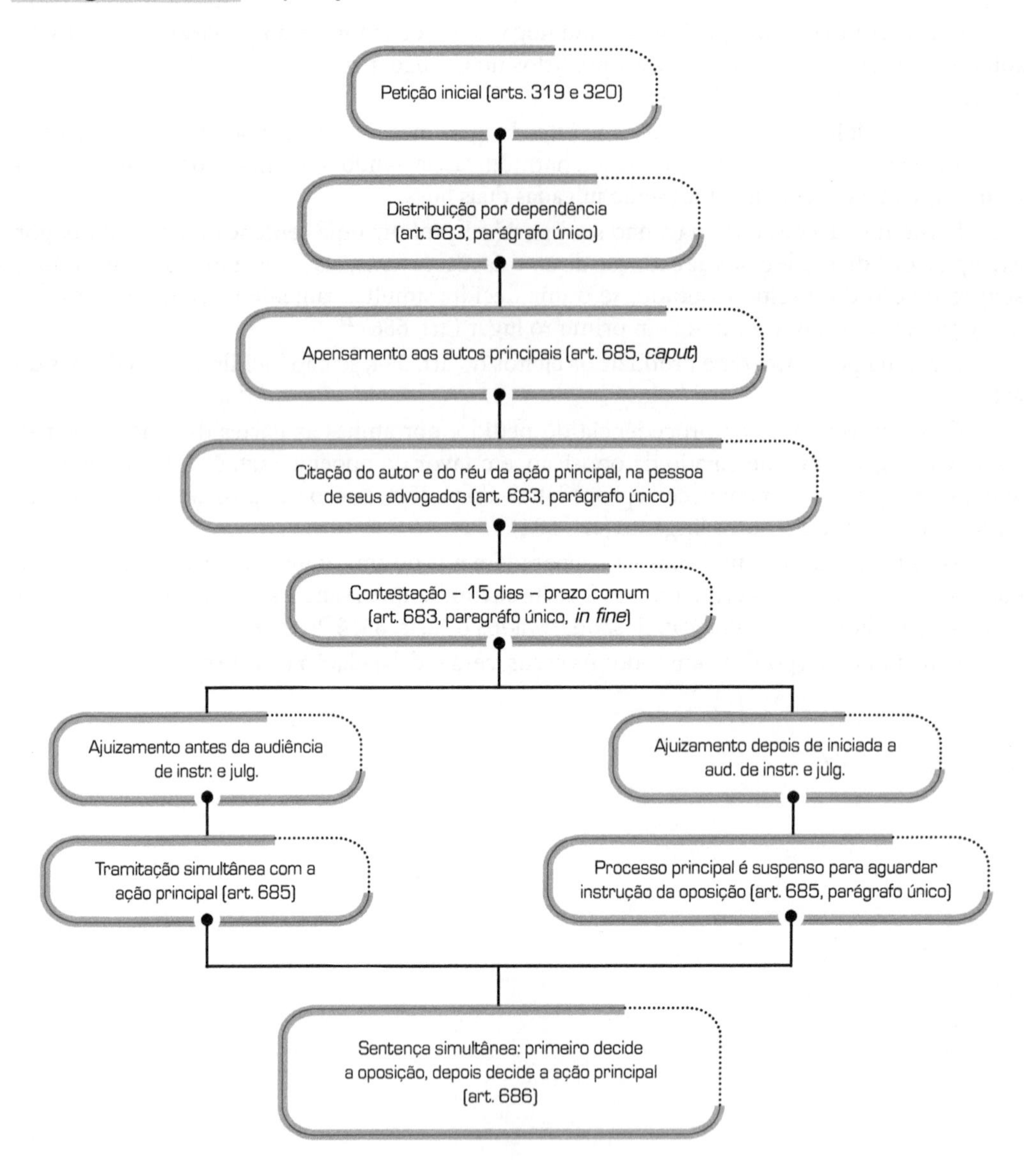

Capítulo X
HABILITAÇÃO

§ 23. PROCEDIMENTO DA SUBSTITUIÇÃO DA PARTE FALECIDA

224. Conceito

O processo é uma relação jurídica dinâmica, cujo movimento se dirige a um provimento jurisdicional que ponha fim ao litígio instalado entre as partes. Essa relação nasce por provocação do autor (sujeito ativo) e se aperfeiçoa quando o réu é citado e passa a figurar como seu sujeito passivo. Daí em diante, uma série de atos se sucederá sob o comando estatal do juiz e sempre com a presença dos dois sujeitos da relação. Se um deles vem a falecer antes de atingir a prestação jurisdicional, o movimento da relação jurídica em curso se inviabiliza, já que, sem a presença dos dois polos subjetivos, não é possível conceber a própria relação.

Daí a necessidade de substituir a parte falecida por seus legítimos sucessores, a fim de que o processo adquira condições de retomar seu curso normal. Para que isso ocorra, prevê a lei um procedimento especial, onde se examinará a qualidade daqueles que se pretende colocar na posição do litigante falecido e se promoverá, em última análise, sua vinculação à relação processual paralisada com o óbito.

Consiste, pois, a *habilitação* disciplinada pelos arts. 687 a 692 do CPC/2015 no procedimento por meio do qual os sucessores das partes ingressam em juízo para recompor a relação processual afetada pela morte de um dos sujeitos que a integraram em sua formação inicial.

A respeito do tema, há que se distinguir entre as ações personalíssimas e as não personalíssimas. As primeiras são aquelas que envolvem direitos intransmissíveis aos herdeiros da parte. As últimas referem-se à grande maioria dos direitos subjetivos, principalmente no campo do direito das obrigações, onde a regra geral é a transmissibilidade *causa mortis* dos débitos e créditos (CC, arts. 1.784 e 1.792).

Quando a ação é personalíssima, como, por exemplo, a de separação judicial ou a de alimentos, não tem cabimento a habilitação, porquanto a morte da parte conduz à imediata extinção do processo sem resolução de mérito (art. 485, IX).

A substituição da parte falecida, nas causas sobre direitos transmissíveis, pode ser feita pelos sucessores pessoalmente ou pelo *espólio*, quando representado por inventariante não dativo (art. 75, VII e § 1º).

Enquanto não se defere a habilitação, e desde o momento em que o óbito da parte seja noticiado no feito primitivo, o processo ficará suspenso, por força do disposto no art. 313, § 1º, sendo vedada a prática de novos atos, salvo aqueles previstos no art. 314, ou seja, os atos urgentes destinados a "evitar dano irreparável".

224.1. Demandado falecido antes da propositura da ação

Não é o caso de habilitação quando o réu houver falecido antes do ajuizamento da demanda. Em tal situação, a ação será proposta contra o espólio representado pelo inventariante, ou pelo administrador provisório, se o processo sucessório ainda não tiver sido aberto ou se o inventariante ainda não foi devidamente compromissado.

Mesmo quando a ação for irregularmente ajuizada contra pessoa já falecida, não se justifica a instauração do processo de habilitação. Constatada a falha, deverá ser permitido ao autor "emendar a inicial para indicar o administrador provisório como representante judicial do espólio, caso não seja comprovado o ajuizamento da ação de inventário ou não haja inventariante devidamente compromissado"[1].

225. Legitimidade para requerer a habilitação

A iniciativa para provocar a substituição do litigante morto pode, segundo o art. 688 do CPC/2015, partir:

(a) da parte sobrevivente; ou

(b) dos sucessores da parte falecida.

É que tanto o demandante sobrevivente como os sucessores do morto têm legítimo interesse na regularização do processo paralisado. O Código de 1973 não previa qualquer iniciativa do juiz no tocante à habilitação. Diferentemente, o CPC/2015 enfrenta o problema surgido enquanto não ajuizada a ação de habilitação, cuja promoção, entretanto, sempre será dos interessados (parte primitiva ou sucessores da parte falecida). Prescreve a lei, contudo, que o juiz, tomando conhecimento da morte do réu, ordene a intimação do autor para que promova a citação do respectivo espólio, fixando prazo que varia de dois a seis meses. Em caso do falecimento do autor, cabe ao juiz determinar a intimação do espólio ou de quem for o sucessor, pelos meios que julgar mais adequados, para que promova a habilitação, sob pena de extinção do processo sem resolução de mérito (art. 313, § 2º, I e II).

Sendo a habilitação requerida pela parte, os sucessores figurarão como sujeitos passivos do processo de recomposição subjetiva da relação processual pendente. Quando a iniciativa é tomada pelos sucessores, a parte contrária será o sujeito passivo.

Qualquer processo – de conhecimento ou de execução – admite a habilitação.

Não apenas autor e réu se substituem pelo procedimento dos arts. 687 a 692 do CPC/2015. Qualquer parte, primitiva ou interveniente, pode ser substituída pelo sucessor *mortis causa*, como, *v.g.*, o oponente, o denunciado à lide, o chamado ao processo etc. O mesmo não se pode dizer do assistente, já que não chega a qualificar-se como parte da relação processual pendente,[2] e uma vez que dita relação independe de sua participação para prosseguir rumo à solução do litígio.

226. Competência

A ação de habilitação pertence à categoria das ações acessórias, por corresponder a uma forma de complementar ou regularizar causa já pendente. Assim, a competência para processá-la e julgá-la é do juiz da ação principal (CPC/2015, art. 61), mesmo porque, sua instauração ocorrerá nos próprios autos do processo primitivo (art. 689).

Pode acontecer que o processo principal esteja tramitando perante tribunal, seja em grau de recurso, seja como causa de sua competência originária. O art. 689 do CPC/2015 determina,

---

[1] STJ, 3ª T., REsp 1.987.061/DF, Rel. Min. Nancy Andrighi, ac. 02.08.2022, DJe 05.08.2022.

[2] BARROS, Hamilton de Moraes e. *Comentários ao Código de Processo Civil.* 2. ed. Rio de Janeiro: Forense, 1980, v. IX, n. 201, p. 404.

a propósito, que a habilitação ocorrerá na instância em que o processo estiver. Nessa conjuntura, o processamento da habilitação se fará perante o relator e o julgamento observará o dispositivo do respectivo regimento interno.

227. Procedimento

Prevê o CPC/2015, em seu art. 689, que a habilitação será requerida nos autos do processo principal, na instância em que se encontrar, suspendendo-se, desde então, o processo. Essa suspensão retroage à data do óbito, porque a marcha processual não pode ter prosseguimento válido sem a presença de um dos seus sujeitos, e perdura até que ocorra a regularização do polo processual.[3]

Recebida a petição de habilitação, o juiz, ainda nos autos do processo originário, ordenará a citação dos requeridos para se manifestarem no prazo de cinco dias (art. 690, *caput*). Caso a parte remanescente não tenha procurador constituído nos autos (como, *v.g.*, o réu revel), sua citação será pessoal (art. 690, parágrafo único).

Após a citação, dois são os tipos de procedimento para realizar a habilitação, a saber:

I – Habilitação sumária

Essa habilitação é processada e decidida nos autos do processo principal (art. 691, primeira parte), e ocorre em duas situações:

(a) quando o pedido de habilitação *não é impugnado*, caso em que, *(i)* estando adequadamente instruído, será deferido de imediato; ou, *(ii)* faltando algum documento, o juiz fixará prazo para sua apresentação, sob pena de denegar a habilitação;

(b) quando o pedido é *impugnado*, mas sua apreciação só depende de prova documental, caso em que *(i)* o juiz decidirá logo, com base nos elementos disponíveis nos autos; ou *(ii)* fixará prazo para que a documentação seja completada, decidindo após a diligência ter sido, ou não, cumprida, tudo dentro dos autos do processo principal.

II – Habilitação ordinária, em autos apartados

Ocorre essa modalidade de habilitação quando o pedido é impugnado e sua apreciação requer dilação probatória diversa da documental (prova testemunhal ou pericial, por exemplo). Reconhecida essa necessidade, o juiz determinará que o pedido seja extraído do processo principal e autuado em apartado. Disporá, na mesma decisão, sobre as provas a produzir (art. 691, segunda parte), decidindo o pleito após encerrada a instrução.

III – Natureza da decisão

Seja a habilitação resolvida nos próprios autos do processo principal (habilitação *sumária*), seja em autos apartados (habilitação *ordinária*), a respectiva decisão porá fim ao procedimento cognitivo especial da sucessão da parte falecida. Por isso, a lei a qualifica como sentença (CPC/2015, art. 692). Mesmo quando o julgamento ocorre dentro dos autos do processo primitivo, não deve ser tratado como decisão interlocutória, segundo o Código, porque não decide questão pertencente à causa originária, mas questão que se tornou objeto específico de um procedimento especial contencioso (arts. 687 a 692).

---

[3] A suspensão se dá por ocasião do falecimento, ainda que a comunicação tenha sido posterior (STJ, 2ª T., REsp 109.255/SP, Rel. Min. Castro Meira, ac. 28.11.2006, *DJU* 11.12.2006, p. 335).

IV – Recurso

Sendo, por definição legal, sempre sentença, o decisório que põe termo à habilitação, sua impugnação recursal dar-se-á por apelação (art. 1.009) e nunca por agravo de instrumento. Note-se, a propósito, que além de o Código não qualificar o julgamento incidental do pedido de habilitação como decisão interlocutória, o art. 1.015 não o inclui no rol dos atos judiciais agraváveis de instrumento.

O atual Código preconiza o julgamento da habilitação por sentença, qualquer que seja o rito observado (art. 692).[4] Superada, portanto, a orientação pretoriana antiga que distinguia entre habilitação incidental, cuja sentença desafiaria a apelação, e habilitação impugnada, cujo indeferimento justificaria a interposição de agravo.

A discussão que ainda se registra na doutrina em torno da recorribilidade, em matéria de decisão do pedido de habilitação, é, a nosso ver, predominantemente acadêmica, por corresponder a efeitos práticos quase nenhuns. Com efeito, das duas uma: *(i)* ou a habilitação não sofre impugnação perdendo sua potencial contenciosidade, e, por isso, é imediatamente admitida (art. 691, primeira parte), e muito pouco provável será que a outra parte ostente interesse para recorrer da admissão a que oportunamente não se opôs; ou *(ii)* a habilitação, ao contrário, foi objeto de impugnação da parte adversa, fortalecendo sua natural contenciosidade, com isso exigindo resolução por meio de sentença (art. 692), e a recorribilidade por meio de apelação não suscitará dúvida alguma (art. 1.009).

De qualquer modo, somos de opinião que a denominação de sentença atribuída pelo Código ao julgamento da habilitação não decorreu de um simples capricho legislativo. Correspondeu, na verdade, a um evidente propósito de não tratar a habilitação como uma simples intervenção de terceiro que viesse a ampliar o objeto do processo principal, tanto que sua instauração redunda na imediata paralisação deste, permanecendo suspenso enquanto não se resolver definitivamente, com trânsito em julgado, o procedimento especial instituído pelos arts. 687 a 692 do CPC/2015. Duas ações e dois processos foram assim concebidos pela sistemática legal. Cada um deles tem procedimento, instrução e julgamento distintos. Não são, portanto, pleitos cumulativos ou conexos. O que se estabelece é um vínculo de prejudicialidade, de sorte que o processo primitivo só voltará a correr depois de encerrado o procedimento da habilitação. Se assim é, a decisão deste último configura substancialmente uma sentença, ou seja, um ato judicial que põe fim à atividade cognitiva de um procedimento especial autônomo, mesmo quando pronunciado fisicamente nos autos do processo principal. Relembre-se que tal decisão nem mesmo pode ser havida como incidente do referido processo, já que, quando emitida, achava-se este suspenso, justamente para aguardar que questão prejudicial fosse solucionada no procedimento superveniente.

---

[4] Nesse sentido é o entendimento de Claudia Elizabete Schwerz, que embora qualificando o julgamento da habilitação como decisão interlocutória, considera-o passível de apelação, porque a lei expressamente o denomina de sentença (CAHALI, Claudia Elizabete Schwerz. In: WAMBIER, Teresa Arruda Alvim; DIDIER JR., Fredie; TALAMINI, Eduardo; DANTAS, Bruno (Coord.). *Breves comentários ao novo Código de Processo Civil*. São Paulo: Ed. RT, 2015, p. 1.597). De maneira oposta, há aqueles que insistem na prevalência da natureza de decisão interlocutória do julgamento do procedimento da habilitação, de modo que, sem embargo de a lei atribuir-lhe o rótulo de sentença, o recurso manejável, na espécie, seria o agravo instrumento (WAMBIER, Teresa Arruda Alvim; CONCEIÇÃO, Maria Lúcia Lins; RIBEIRO, Leonardo Ferres da Silva; MELLO, Rogerio Licastro Torres. *Primeiros comentários ao novo Código de Processo Civil* – artigo por artigo. São Paulo: Ed. RT, 2015, p. 1.027; SICA, Heitor Vitor Mendonça. Comentários ao Código de Processo Civil. 2. ed. São Paulo: Ed. RT, 2018, p. 103). Segundo Sica, havendo ainda controvérsia sobre o recurso cabível no caso da habilitação processada nos autos da ação principal, recomenda-se, com razão, a aplicação do princípio da fungibilidade recursal (SICA, Heitor Vitor Mendonça. Comentários ao Código de Processo Civil. 2. ed. São Paulo: Ed. RT, 2018, p. 103).

Em conclusão, temos como correta e conveniente a classificação de sentença que o art. 692 deu à decisão do procedimento especial contencioso de habilitação, da qual decorre a respectiva impugnação por meio de apelação.

228. Habilitação do adquirente e do cessionário

A alienação do bem litigioso por ato *inter vivos* e a cessão negocial do direito controvertido no processo não geram substituição de parte, salvo se houver consentimento do outro litigante (art. 109, *caput* e § 1º). Mesmo depois da transferência, as partes permanecem as mesmas, embora o efeito da sentença venha a atingir o sucessor *inter vivos* (arts. 109, § 3º, e 790, I). Assim, é indiferente, no regime do CPC/2015, que a parte cedente faleça ou sobreviva durante a continuidade do processo: a pretensão do terceiro cessionário de substitui-lo na relação processual só será possível havendo concordância da parte contrária. Sem essa anuência, o processo continuará com o espólio do cedente.

229. Efeito do deferimento da habilitação

O efeito imediato da habilitação é fazer cessar a suspensão do processo originário, provocada pela morte da parte. Logo, "transitada em julgado a sentença de habilitação, o processo principal retomará o seu curso, e cópia da sentença será juntada aos autos respectivos" (art. 692 do CPC/2015). Com efeito, deve ser registrado que o STJ, a propósito da habilitação, já decidiu ser desnecessário o trânsito em julgado para o prosseguimento do processo principal, se o recurso interposto não tiver efeito suspensivo.[5]

A função do procedimento em análise, como se vê, é possibilitar a continuação do processo interrompido pela morte da parte, no estado em que se encontra o feito. Com a habilitação, o terceiro assume a causa no estado em que se encontra, aproveitando os atos já praticados e se sujeitando às facetas do procedimento então em curso.[6] Limitando-se a permitir a sucessão de parte do processo principal, não se presta o procedimento da habilitação a dirimir questões entre os sucessores relacionadas com o objeto da ação originária.[7]

---

[5] STJ, 3ª T., AgRg no REsp 521.106/SP, Rel. Min. Humberto Gomes de Barros, ac. 18.05.2004, *DJU* 07.06.2004, p. 220.

[6] A morte da parte acarreta, *ipso facto*, a suspensão do processo (art. 313, I), impedindo a prática de novos atos processuais enquanto não superada a paralização da marcha do feito (art. 314), isto é, enquanto não consumada a habilitação dos sucessores do morto (MACHADO, Marcelo Pacheco. *Comentários ao Código de Processo Civil*. São Paulo: Saraiva, 2017, v. XIII, p. 145).

[7] "A habilitação de herdeiros destina-se a possibilitar a continuidade do processo, não tendo ligação direta e necessária com a questão relativa à definição dos quinhões hereditários e à divisão dos bens do *de cujus*" (STJ, 1ª Seção, AgRg no ExeMS 115/DF, Rel. Min. Humberto Martins, ac. 08.04.2015, *DJe* 15.04.2015).

Fluxograma nº 22 – Habilitação (arts. 687 a 692)

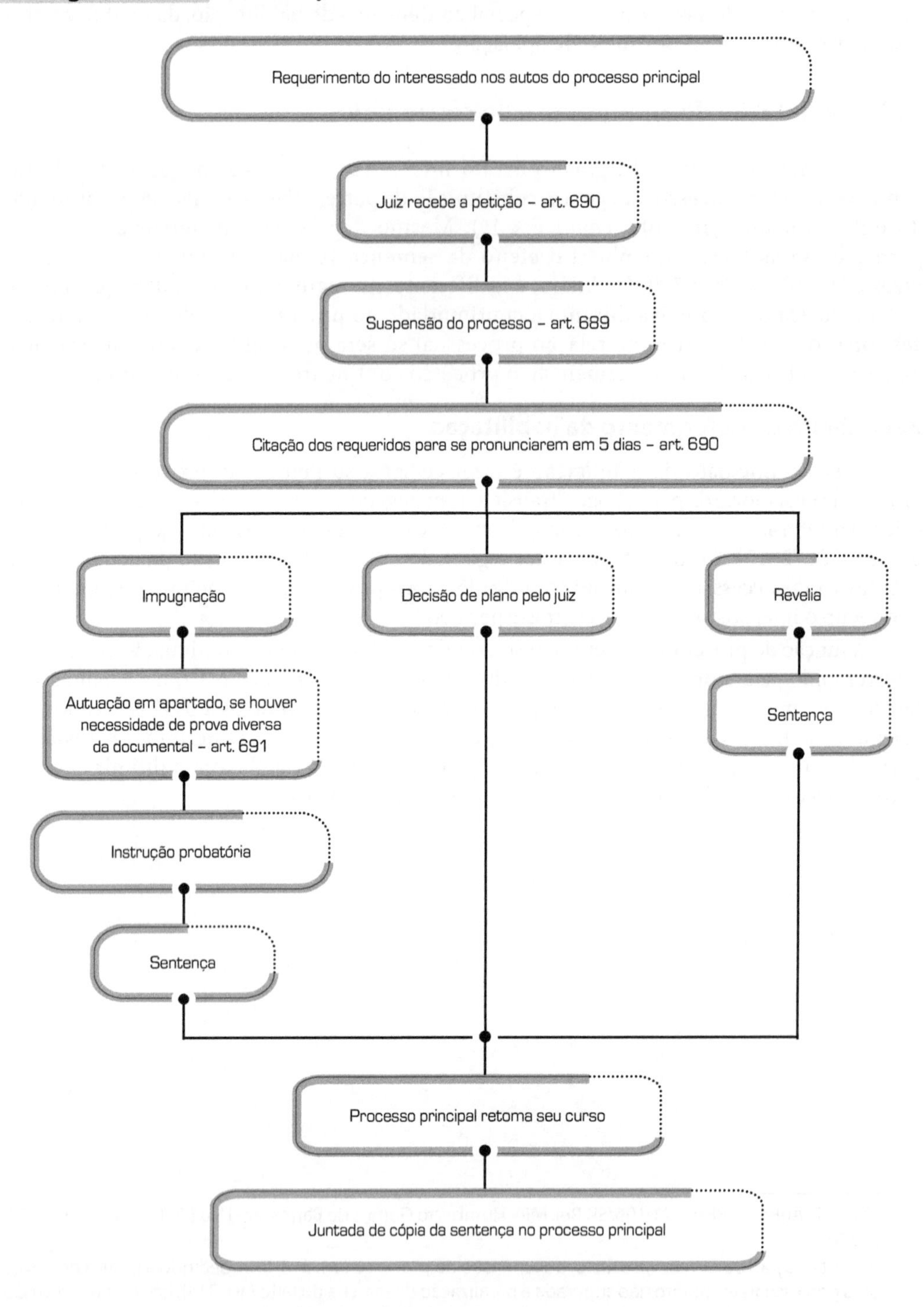

Capítulo XI
TIPIFICAÇÃO DO PROCEDIMENTO DAS AÇÕES PERTINENTES AO DIREITO DE FAMÍLIA

§ 24. AÇÕES DE FAMÍLIA

230. Introito

O atual Código de Processo Civil orientou-se diferentemente quanto a essa questão: estabeleceu um *procedimento especial* contencioso para as ações de família, fixado nos arts. 693 a 699-A.

Essa novidade acolhe pretensão daqueles que militam no Direito de Família, os quais entendem que nele se discutem questões relevantes e de complexa resolução, que merecem maior atenção, não apenas porque envolvem a vida, a intimidade e a dignidade das pessoas que estão diretamente vinculadas ao litígio, mas também de seus familiares.

Nesse rito especial, o CPC/2015 prioriza soluções pacificadoras, como a mediação e conciliação, sejam elas judiciais ou extrajudiciais. Sinaliza o Código, ao dar prioridade a esse sistema, que a decisão de autoridade do juiz, com base na lei, ficará adstrita quase sempre aos casos em que não for possível obter o consenso.

231. A entidade familiar

A Constituição da República garante à "família" a proteção especial do Estado (art. 226, *caput*), assegurando-lhe a assistência na pessoa de cada um dos que a integram (§ 8º). Reconhece como "entidade familiar" *(i)* a união estável e *(ii)* os núcleos monoparentais (§§ 3º e 4º).

O fato de o artigo constitucional fazer referência à família, em alguns dispositivos, e à entidade familiar, em outros, ensejou interpretações no sentido de que poderiam se referir a institutos distintos. Além disso, começaram a surgir ações atinentes às relações homoafetivas, temas que foram levados à apreciação do STF. Em maio de 2011, o Tribunal Pleno julgou procedente a ADPF 132/RJ, para reconhecer que a Constituição federal "não empresta ao substantivo 'família' nenhum significado ortodoxo ou da própria técnica jurídica". Contextualizou o termo em "seu coloquial ou proverbial significado de núcleo doméstico, pouco importando se formal ou informalmente constituída, ou se integrada por casais heteroafetivos ou por pares homoafetivos". E rechaçou qualquer diferenciação, decidindo pela "inexistência de hierarquia ou diferença de qualidade jurídica entre as duas formas de constituição de um novo e autonomizado núcleo doméstico".[1]

---

[1] "Emprego do fraseado 'entidade familiar' como sinônimo perfeito de família" (STF, Pleno, ADPF 132/RJ, Rel. Min. Ayres Britto, ac. 05.05.2011, *DJe* 13.10.2011).

Tendo em vista esses preceitos, e também outros princípios consagrados pela Constituição, *v.g.*, igualdade, pluralidade e liberdade, reconheceu ainda a Suprema Corte que não há distinção, do ponto de vista ontológico, entre a união estável heteroafetiva e as uniões homoafetivas. Com efeito, a união homoafetiva passa a ser configurada como família, com todas as consequências jurídicas decorrentes dessa caracterização.

Para tanto, determinou o STF a aplicabilidade do art. 1.723 do Código Civil não apenas à união estável estabelecida entre homem e mulher, como também àquela constituída entre indivíduos do mesmo sexo.

É esse formato familiar, definido pela Corte Constitucional, que é objeto do procedimento especial das ações de família, previsto no CPC/2015.

232. Tipificação

O rol dos processos contenciosos que tramitam sob a égide do rito fixado nos arts. 693 a 699-A do CPC/2015 abrange: *(i)* as ações de divórcio; *(ii)* de separação; *(iii)* de reconhecimento e extinção de união estável; *(iv)* de guarda, visitação e *(v)* de filiação.[2] Observe-se que o objeto de todas essas ações pode ser submetido a soluções consensuais, quando processados sob a égide do rito especial da jurisdição voluntária, conforme se verá mais adiante (item nº 315, *infra*).

Com relação às ações de família, o CPC/2015 foi expresso ao determinar que o alimentado deve se valer da sistemática prevista na Lei nº 5.478, de 25.07.1968 (Lei de Alimentos). Difere, portanto do CPC/1973, que estabelecia um rito específico para os alimentos provisionais, no capítulo referente ao processo cautelar. Também não integra o procedimento inserido no CPC/2015 as ações que versam sobre interesse da criança ou do adolescente, as quais se encontram sujeitas ao que define a Lei nº 8.069, de 13.07.1990 (Estatuto da Criança e do Adolescente)[3].

Nas duas situações, porém, será observado, no que couber, o procedimento especial estabelecido nos arts. 694 e seguintes do CPC/2015 (art. 693, parágrafo único).

É importante lembrar que existem outras ações atinentes ao direito de família que não se encontram especificadas no *caput* do art. 693 do CPC/2015. Assim, é possível concluir que o trâmite nele especificado é aplicável também às controvérsias que não se encontram ali enumeradas, à exceção daquelas regidas por lei específica.

233. A mediação e a conciliação

O rito especial das ações de família, estabelecido pelo CPC/2015, está alicerçado em dois institutos de solução de conflitos, a mediação e a conciliação, como forma de possibilitar aos

---

[2] No tocante à ação de reconhecimento de paternidade, cumpre destacar entendimento recente do STJ quando o processo é ajuizado em desfavor dos herdeiros do suposto pai. A Corte Superior entendeu que a Súmula nº 301 do STJ aplica-se, também, aos sucessores, para o fim de gerar a presunção relativa de paternidade quando ocorrer recusa injustificada à submissão ao exame de DNA (STJ, 3ª T., REsp 1.531.093/RS, Rel. Min. Ricardo Villas Bôas Cueva, ac. 04.08.2015, *DJe* 10.08.2015).

[3] Em relação ao ECA, é bom registrar algumas inovações legislativas importantes: a Lei nº 14.679/2023 alterou *a Lei nº 9.394, de 20 de dezembro de 1996 (Lei de Diretrizes e Bases da Educação Nacional) e a Lei nº 8.080, de 19 de setembro de 1990 (Lei Orgânica da Saúde), para incluir a proteção integral dos direitos de crianças e adolescentes entre os fundamentos da formação dos profissionais da educação e para incluir a proteção integral dos direitos humanos e a atenção à identificação de maus-tratos, de negligência e de violência sexual contra crianças e adolescentes entre os princípios do Sistema Único de Saúde (SUS). Além disso, a* Lei nº 14.692/2023 alterou a Lei nº 8.069, de 13 de julho de 1990 (Estatuto da Criança e do Adolescente), para possibilitar ao doador de recursos aos Fundos dos Direitos da Criança e do Adolescente a indicação da destinação desses recursos, na forma que especifica.

familiares litigantes expor, verbalmente, perante a autoridade a sua versão do litígio. Com isso, entendeu o legislador que "a satisfação efetiva das partes pode dar-se de modo mais intenso se a solução é por elas criadas e não imposta pelo juiz".[4]

A conciliação não é uma ferramenta nova, pois o CPC/1973 já previa a possibilidade utilizá-la em causas relativas à família (art. 447,[5] parágrafo único).

Já a mediação foi integrada ao ordenamento processual somente no CPC /2015. Contudo, não é recente a ideia de institucionalização desse método. Em 1998, foi apresentado na Câmara dos Deputados o Projeto de Lei nº 4.827/1998, destinado a regulamentar a mediação. Em 2014, foi a vez de o Senado apresentar projeto similar, que deu origem à Lei nº 13.140, de 26 de junho de 2015.[6]

Nos termos do parágrafo único do art. 1º da Lei nº 13.140/2015, "considera-se mediação a atividade técnica exercida por terceiro imparcial sem poder decisório, que, escolhido ou aceito pelas partes, as auxilia e estimula a identificar ou desenvolver soluções consensuais para a controvérsia". Prevê essa lei dois tipos de mediadores: *(i)* extrajudicial e *(ii)* judicial (arts. 9º e 11, respectivamente).

De acordo com o art. 165, § 3º, do CPC/2015, o mediador atuará preferencialmente nas situações litigiosas em que as partes possuem vínculo anterior. Ele deve ajudar as partes envolvidas a compreender as questões e os interesses em conflito, de modo que elas possam restabelecer a comunicação e identificar, por si próprias, as soluções consensuais que gerem benefícios mútuos.

O mesmo artigo, em seu § 2º, estabelece que a conciliação refere-se aos casos em que não houver vínculo anterior entre as partes. O conciliador, após ouvir os interessados, sugere soluções para o litígio, sendo vedada a utilização de qualquer tipo de constrangimento ou intimidação para que as partes conciliem.[7]

Ainda de acordo com o CPC/2015, os tribunais devem criar centros judiciários de solução consensual de conflitos, responsáveis pela realização de sessões e audiências de conciliação e mediação e pelo desenvolvimento de programas destinados a auxiliar, orientar e estimular a autocomposição (art. 165).

São esses os instrumentos de pacificação a serem utilizados nas ações de família. Consoante o atual Código, ao Judiciário cabe a empreender todos os esforços para a solução consensual da controvérsia. Nessa tarefa, o juiz será auxiliado por profissionais de outras áreas de conhecimento (art. 694).

É importante observar que esses os institutos, conciliação e mediação, passam a integrar o rol dos serviços auxiliares da justiça e seu exercício é orientado por princípios estabelecidos no Código processual. São eles: *(i)* a independência, *(ii)* a imparcialidade, *(iii)* a autonomia da vontade, *(iv)* a confidencialidade, *(v)* a oralidade, *(vi)* a informalidade, *(vii)* a decisão informada e *(viii)* a livre autonomia dos interessados, inclusive no que diz respeito à definição das regras procedimentais (CPC/2015, art. 166, *caput* e § 4º).

---

[4] Comissão de jurista responsável pela elaboração do CPC/2015. Exposição de motivos do CPC/2015. Disponível em: <http://www.senado.gov.br/senado/novocpc/pdf/anteprojeto.pdf>. Acesso em: 14.08.2015, p. 22 (ou: DONIZETTI, Elpídio. *Novo Código de Processo Civil comparado*: CPC/1973 para NCPC e NCPC para CPC/1973: contém legenda das modificações. São Paulo: Atlas, 2015, p. 9.

[5] O CPC/2015 não possui artigo correspondente ao art. 447, parágrafo único, do CPC/1973.

[6] A Lei nº 13.140/2015, que dispõe sobre a mediação entre particulares como meio de solução de controvérsias e sobre a autocomposição de conflitos no âmbito da administração pública, foi publicada no *DOU* em 29.06.2014. Vigência: "Art. 47. Esta Lei entra em vigor após decorridos cento e oitenta dias de sua publicação oficial".

[7] Sobre a conciliação e a mediação, vide nº 587 e 588 do nosso Curso I.

234. A Resolução nº 125 do CNJ

Antes mesmo de o CPC/2015 incorporar, nos procedimentos por ele fixados, os institutos da mediação e conciliação, o Conselho Nacional de Justiça (CNJ) implementou, junto aos tribunais estaduais, formas de solução de controvérsias, com o objetivo de evitar a judicialização desses conflitos e disseminar a cultura do diálogo e da pacificação social.

Para tanto, editou o CNJ a Resolução nº 125, de 29 de novembro de 2010, que institui a Política Judiciária Nacional de tratamento adequado dos conflitos de interesses no âmbito do Poder Judiciário.

Entre as determinações dessa norma, está a criação de centros de conciliação, os quais deverão abranger, obrigatoriamente, os setores de solução pré-processual de conflitos e de solução processual de conflitos.[8]

Ao introduzir a sistemática de mediação no procedimento especial das ações de família, o CPC/2015 e a Lei nº 13.140/2015 alinham-se à política instituída pelo CNJ, ao prever o empenho, no âmbito do Poder Judiciário, pela conciliação prévia ao ajuizamento da ação. Causas dessa natureza estão entre aquelas que devem ser recebidas no setor pré-processual (art. 8º).

> "É, certamente, na solução dos conflitos de interesses que reside a função primordial [do Poder Judiciário], e para desempenhá-la cabe-lhe organizar não apenas os serviços processuais como também, e com grande ênfase, os serviços de solução dos conflitos pelos mecanismos alternativos à solução adjudicada por meio de sentença, em especial dos meios consensuais, isto é, da mediação e da conciliação".[9]

235. Legitimação

Em reiterados julgados, o STF e o STJ dão conta da viabilidade jurídica de união estável formada por companheiros do mesmo sexo, com fundamento nos princípios constitucionais da dignidade da pessoa humana, igualdade e repúdio a qualquer espécie de discriminação.

Sob essa perspectiva, foi significativamente ampliado o rol dos legitimados para ajuizar ações de família, incluindo as de alimentos. Incluem-se, assim, os sujeitos dessas ações, aqueles já tradicionalmente conhecidos, a mulher gestante[10] e os companheiros do mesmo sexo.

De outro lado, e na mesma proporção, aumentou o contingente daqueles chamados à lide, para ocupar o polo passivo da relação processual (os cônjuges, companheiros, genitores e supostos pais).

Sobre a participação do Ministério Público nas ações de família, ver neste Curso, no volume I, os itens 316 e 319.[11]

---

[8] CNJ, Resolução nº 125: "Art. 8º Os tribunais deverão criar os Centros Judiciários de Solução de Conflitos e Cidadania (Centros ou Cejuscs), unidades do Poder Judiciário, preferencialmente, responsáveis pela realização ou gestão das sessões e audiências de conciliação e mediação que estejam a cargo de conciliadores e mediadores, bem como pelo atendimento e orientação ao cidadão". (Redação dada pela Emenda nº 2, de 08.03.16). A Resolução nº 326/2020, do CNJ, acrescentou dez parágrafos ao art. 8º, da Resolução 125/2010, regulando a instalação dos referidos Centros e disciplinando as sessões de conciliação e mediação nos juízos de primeiro grau e nos tribunais.

[9] Extraído do site do TJSP. Kazuo Watanabe, desembargador aposentado do TJSP: Artigo: "Política Pública do Poder Judiciário Nacional para tratamento adequado dos conflitos de interesses" (disponível em: <http://www.tjsp.jus.br/Download/Conciliacao/Nucleo/ParecerDesKazuoWatanabe.pdf>. Acesso em: 2 jul. 2015).

[10] Lei nº 11.804, de 05.11.2008: "Art. 1º Esta Lei disciplina o direito de alimentos da mulher gestante e a forma como será exercido".

[11] De acordo com o art. 698, parágrafo único, do CPC (com a redação da Lei nº 13.894/2019, "o Ministério Público intervirá, quando não for parte, nas ações de família em que figure como parte vítima de violência doméstica e familiar, nos termos da Lei nº 11.340, de 7 de agosto de 2006 (Lei Maria da Penha)".

236. Procedimento

I – Conciliação ou mediação extrajudicial requerida pelas partes

O CPC/2015 não exige requisitos especiais para ajuizar uma ação de família. Porém, pode ocorrer a situação em que as duas partes tenham interesse de encontrar uma solução conciliatória ou de autocomposição. Nesse caso, elas podem recorrer à mediação extrajudicial ou, ainda, requerer atendimento multidisciplinar, podendo o juiz determinar a suspensão do processo até o término dessa atividade. Não há fixação de prazo para que o processo permaneça suspenso (art. 694, parágrafo único).

Não há definição do que seria essa equipe multidisciplinar. Porém, considerando as situações abrangidas pelas ações de família, supõe-se necessária a presença de profissionais da área de saúde, como exemplos o psicólogo e o assistente social.

O Código não define se a mediação deve se dar dentro dos centros judiciários de solução de consensual de conflitos, cuja criação é determinada por seu art. 165, *caput*, ou se as partes devem buscar a mediação privada.

De qualquer forma, a Lei nº 13.140/2015, que dispõe sobre a mediação como meio de solução de controvérsias entre particulares e sobre a autocomposição de conflitos no âmbito da administração pública, traz alguns parâmetros que podem ser utilizados no âmbito da ação de família.

De acordo com seu art. 10, na mediação extrajudicial, não é necessária a presença de advogado ou defensor público, mas as partes poderão ser assistidas por eles; não terão eles o papel de defender tese favorável à parte por assistida, mas assessorá-la juridicamente para que ela faça um bom acordo. Se um dos mediandos comparecer ao encontro acompanhado de advogado, o mediador deverá suspender o procedimento, até que todas estejam devidamente assistidas.

O procedimento de mediação extrajudicial será encerrado com a lavratura do seu termo final, quando for celebrado acordo ou quando não se justificarem novos esforços para a obtenção de consenso, seja por declaração do mediador nesse sentido ou por manifestação de qualquer das partes (Lei nº 13.140/2015, art. 20).

II – Procedimento sem o pedido de conciliação ou mediação extrajudicial pelas partes

Não requerida a mediação extrajudicial, ou não obtida a solução do conflito, inicia-se ou retoma-se a tramitação processual. O juiz ordenará a citação do réu, não para contestar a ação, mas para comparecer à audiência de mediação e conciliação (CPC/2015, art. 695, *caput*).

Diferentemente do que prevê o art. 334, § 4º, I,[12] do CPC/2015, que consagra o princípio da autonomia da vontade, nas ações de família essa audiência é obrigatória. Os litigantes não podem deixar de comparecer, pois tal conduta pode ser considerada como ato atentatório à dignidade da justiça (art. 77, § 1º, do CPC/2015).[13]

A citação será feita na pessoa do réu (art. 695, § 3º, do CPC/2015) e deverá ocorrer com antecedência mínima de quinze dias da data designada para a audiência (art. 695, § 2º, do CPC/2015).

---

[12] CPC/2015: "Art. 334. (...) § 4º A audiência não será realizada: I – se ambas as partes manifestarem, expressamente, desinteresse na composição consensual".

[13] CPC/2015: "Art. 77. Além de outros previstos neste Código, são deveres das partes, de seus procuradores e de todos aqueles que de qualquer forma participem do processo: (...) IV – cumprir com exatidão as decisões jurisdicionais, de natureza provisória ou final, e não criar embaraços à sua efetivação; (...). § 1º Nas hipóteses dos incisos IV e VI, o juiz advertirá qualquer das pessoas mencionadas no *caput* de que sua conduta poderá ser punida como ato atentatório à dignidade da justiça".

O mandado de citação conterá apenas os dados necessários à audiência agendada e a ele não será anexada cópia da petição inicial. Essa providência visa evitar o desgaste entre os conflitantes e, em decorrência, desestimular condutas que tendem a gerar conflitos dentro da sessão, favorecendo a obtenção de sucesso da atividade conciliatória.[14] Entretanto, o réu poderá examinar o conteúdo da petição, a qualquer tempo, se o desejar (art. 695, § 1º, do CPC/2015).

Durante a realização da audiência de mediação e conciliação, é indispensável a presença de advogado ou defensor público para acompanhar as partes (art. 695, § 4º, do CPC/2015).

A audiência de mediação e conciliação poderá dividir-se em tantas sessões quantas sejam necessárias para viabilizar a solução consensual. Evidente, destarte, a intenção do CPC/2015 em, sempre que possível, solucionar os litígios de família de forma pacífica, atendendo melhor ao interesse das partes.

Entendem alguns doutrinadores que o juiz não deve presidir essas audiências de mediação e conciliação, para evitar a sua suspeição no futuro, porque "não poderá usar as informações eventualmente obtidas neste processo para decidir".[15]

Porém, as partes podem requerer ao juízo, a qualquer momento, providências necessárias para evitar perecimento do direito (art. 696).

A intervenção ministerial somente será exigida nas situações em que houver interesse de incapaz, como fiscal da ordem jurídica (CPC/2015, art. 178, II), caso em que será indispensável a oitiva prévia do Ministério Público[16] antes da homologação do eventual acordo (art. 698).

Ocorrerá também sua intervenção fiscalizadora, "nas ações de família em que figure como parte vítima de violência doméstica e familiar, nos termos da Lei nº 11.340, de 7 de agosto de 2006 (Lei Maria da Penha)", nos casos em que não seja parte (CPC, art. 698, parágrafo único, incluído pela Lei nº 13.894/2019).

A propósito do tema, relevante notar que uma precaução importante na política de repressão judicial à violência doméstica foi introduzida no procedimento das ações de guarda, pelo art. 699-A, acrescido ao CPC pela Lei nº 14.713/2023. Agora, antes de iniciada a audiência de mediação e conciliação, prevista no art. 695 do mesmo Código, "o juiz indagará às partes e ao Ministério Público se há risco de violência doméstica ou familiar, fixando o prazo de 5 (cinco) dias para a apresentação de prova ou de indícios pertinentes".

Outra medida enérgica foi aventada no plano do direito material também dentro do combate à violência doméstica. Trata-se do § 2º, acrescido pela Lei nº 14.713/2023 ao art. 1.584 do Código Civil, que veda a guarda compartilhada da criança ou do adolescente "quando houver elementos que evidenciem a probabilidade de risco de violência doméstica ou familiar".

---

14 "O réu, ao ser citado, não recebe cópia da petição inicial, para que possa comparecer à audiência de espírito desarmado" (WAMBIER, Teresa Arruda Alvim; CONCEIÇÃO, Maria Lúcia Lins; RIBEIRO, Leonardo Ferres da Silva; MELLO, Rogerio Licastro Torres. *Primeiros comentários ao novo Código de Processo Civil* – artigo por artigo. São Paulo: Ed. RT, 2015, p. 1.030). Para Pedro Gomes de Queiroz, a citação para comparecimento à audiência de conciliação ou mediação e, não, para contestar a ação "constitui inovação positiva em relação ao CPC de 1973, já que favorece o acordo ao não obrigar o réu a redigir sua contestação e elaborar uma estratégia de defesa antes da audiência de conciliação". Entretanto, critica a não entrega da inicial ao réu, anteriormente, "pois fará com que este compareça à audiência de mediação sem saber quais ilícitos civis lhe são imputados e tampouco o que é pedido contra si" (QUEIROZ, Pedro Gomes de. O procedimento especial das ações de família e a mediação no projeto do atual Código de Processo Civil. *Revista Jurídica LEX*, n. 60, nov.-dez. 2012, p. 215).

15 WAMBIER, Teresa Arruda Alvim; CONCEIÇÃO, Maria Lúcia Lins; RIBEIRO, Leonardo Ferres da Silva; MELLO, Rogerio Licastro Torres. *Primeiros comentários ao novo Código de Processo Civil* – artigo por artigo. São Paulo: Ed. RT, 2015, p. 1030.

16 "Os Ministérios Públicos dos Estados e do Distrito Federal têm legitimidade para propor e atuar em recursos e meios de impugnação de decisões judiciais em trâmite no STF e no STJ, oriundos de processos de sua atribuição, sem prejuízo da atuação do Ministério Público Federal" (STF, Plenário Virtual, RE 985.392/RS, Rel. Min. Gilmar Mendes, ac. 26.05.2017).

III - Competência

O acordo, se efetivado, será homologado pelo juiz da vara de família ou, onde houver, por juiz designado especificamente para atuar nos centros de conciliação (art. 9º da Resolução nº 125 do CNJ[17]).

IV - Procedimento no caso de frustração da conciliação

Se a tentativa de conciliação for frustrada, o processo seguirá tramitando segundo as normas do procedimento comum, com a intimação do réu, em audiência, para apresentar contestação em quinze dias (CPC/2015, art. 697). "A contestação, como se sabe, é peça de defesa, vale dizer, quase sempre um ato de beligerância, que pode ter como efeito fomentar ainda mais o dissenso familiar".[18] Por isso, somente nessa ocasião é que será encaminhada cópia da petição inicial.

Após a defesa do réu, ocorrerá a instrução e o julgamento da ação pelo juiz.

V - Tutela especial às crianças

Um detalhe a ser observado decorre de ação que envolva fato relacionado a abuso, que pode ser sexual ou de outra natureza, ou a alienação parental.[19] Diante dessa conjuntura, é provável que a criança se sinta fragilizada. Assim, torna-se necessária a intervenção de profissional com aptidão para neutralizar os efeitos desse estresse. Por isso, determina o CPC/2015 que, na ocasião em que o incapaz prestar depoimento, o juiz deverá estar acompanhado por especialista (art. 699).

A Lei nº 13.431/2017 estabeleceu todo um sistema para garantia de direitos da criança e do adolescente *vítima* ou *testemunha* de violência, nele explicitando em que consistem tais direitos e garantias (art. 5º) e detalhando o procedimento do *depoimento especial* a ser colhido em juízo do menor, em semelhantes condições (art. 12)[20].

De início, o menor depoente terá de ser resguardado de qualquer contato, ainda que visual, com o suposto autor ou acusado, ou com outra pessoa que represente ameaça, coação ou constrangimento (art. 9º).

Observados os protocolos preparados precedentemente (art. 5º, VIII), o *depoimento especial*, sempre que possível, "será realizado uma única vez, em sede de produção antecipada de prova judicial", no curso do processo, sem necessidade de aguardar-se a audiência de instrução e julgamento, "garantida a ampla defesa do investigado" (art. 11). Quando se tratar de criança com menos de sete anos ou em caso de violência sexual, o *depoimento especial* seguirá, imediatamente, o *rito cautelar* de antecipação de prova (art. 11, § 1º).

---

17 CNJ, Resolução nº 125: "Art. 9º Os Centros contarão com um juiz coordenador e, se necessário, com um adjunto, aos quais caberão a sua administração e a homologação de acordos, bem como a supervisão do serviço de conciliadores e mediadores (...)".

18 COMEL, Denise. Citada por ZARIF, Cláudio Cintra. Das ações de família. In: WAMBIER, Teresa Arruda Alvim *et al. Breves comentários ao atual Código de Processo Civil*. São Paulo: Ed. RT, 2015, p. 1.604.

19 Lei nº 12.318/2010: "Art. 2º Considera-se ato de alienação parental a interferência na formação psicológica da criança ou do adolescente promovida ou induzida por um dos genitores, pelos avós ou pelos que tenham a criança ou adolescente sob a sua autoridade, guarda ou vigilância para que repudie genitor ou que cause prejuízo ao estabelecimento ou à manutenção de vínculos com este".

20 "6. A circunstância de ainda não ter sido proferida sentença nos **autos da ação de destituição do poder familiar** não veda que seja iniciada a colocação da criança em família substituta, nos termos do § 5º do art. 28 do ECA, e em virtude do disposto no § 1º do art. 19 do referido estatuto principalmente em observância aos princípios norteadores antes destacados" (STJ, 3ª T., HC 790.283/SP, Rel. Min. Moura Ribeiro, ac. 21.03.2023, DJe 23.03.2023).

Em regra, não se admitirá a tomada de novo *depoimento especial*, salvo quando justificada a sua imprescindibilidade pelo juiz e houver a concordância do menor ou de seu representante legal (art. 11, § 2º).

Nos termos do art. 12 da Lei nº 13.431/2017, o *depoimento especial* do menor vítima ou testemunha de violência será colhido conforme o seguinte procedimento:

> I – os profissionais especializados esclarecerão à criança ou ao adolescente sobre a tomada do depoimento especial, informando-lhe os seus direitos e os procedimentos a serem adotados e planejando sua participação, sendo vedada a leitura da denúncia ou de outras peças processuais;
>
> II – é assegurada à criança ou ao adolescente a livre narrativa sobre a situação de violência, podendo o profissional especializado intervir quando necessário, utilizando técnicas que permitam a elucidação dos fatos;
>
> III – no curso do processo judicial, o depoimento especial será transmitido em tempo real para a sala de audiência, preservado o sigilo;
>
> IV – findo o procedimento previsto no inciso II deste artigo, o juiz, após consultar o Ministério Público, o defensor e os assistentes técnicos, avaliará a pertinência de perguntas complementares, organizadas em bloco;
>
> V – o profissional especializado poderá adaptar as perguntas à linguagem de melhor compreensão da criança ou do adolescente;
>
> VI – o depoimento especial será gravado em áudio e vídeo.

Preconiza, ainda, a Lei 13.431 as seguintes cautelas:

(a) à vítima ou testemunha de violência é garantido o direito de prestar depoimento *diretamente ao juiz*, se assim o entender (art. 12, § 1º);

(b) o juiz tomará todas as medidas apropriadas para a preservação da *intimidade* e da *privacidade* da vítima ou testemunha (art. 12, § 2º);

(c) o profissional especializado que assessora o juiz lhe comunicará, se for o caso, que a presença do autor da violência, na sala de audiência, "pode prejudicar o depoimento especial ou colocar o depoente em situação de risco, caso em que, fazendo constar do termo, será autorizado o afastamento do imputado" (art. 12, § 3º);

(d) nas hipóteses em que houver risco à vida ou à integridade física da vítima ou testemunha, o juiz tomará as medidas de proteção cabíveis, suspendendo inclusive em tempo real a transmissão do depoimento especial para a sala de audiência, bem como a sua gravação em áudio e vídeo (art. 12, § 4º);

(e) as condições de preservação e de segurança da mídia relativa ao depoimento da criança ou do adolescente serão objeto de regulamentação, de forma a garantir o direito à intimidade e à privacidade da vítima ou testemunha (art. 12, § 5º);

(f) o depoimento especial instituído pela Lei 13.431/2017 tramitará em segredo de justiça (art. 12, § 6º).

237. Efeitos do termo final da mediação e conciliação

O termo final de celebração do acordo na mediação constituirá título executivo extrajudicial e se ele for homologado por juiz de direito, será título executivo judicial (Lei nº 13.140/2015, art. 20, parágrafo único).

Se o conflito for solucionado pela mediação antes da citação do réu, não serão devidas custas judiciais finais (Lei nº 13.140/2015, art. 29).

> "Havendo transação entre as partes litigantes, sem que se tenha estabelecido qualquer critério quanto ao ônus pelo pagamento das custas processuais e honorários advocatícios, o certo é que sejam tais verbas divididas igualmente entre as partes".[21]

Quanto aos honorários advocatícios, o entendimento jurisprudencial é no sentido de que não cabe ao juiz fixar ônus sucumbenciais, se o acordo não contiver a previsão de seu pagamento em benefício do advogado de outra parte.[22]

Assinala-se, outrossim, que a Lei nº 13.140/2015 prevê que, independentemente de haver acordo, as partes deverão custear a remuneração devida aos mediadores judiciais, conforme tabela fixada pelos tribunais (art. 13), mas assegura aos hipossuficientes a gratuidade da mediação (art. 4º, § 2º).

237-A. Ação de alimentos

I - Aplicação da Lei nº 5.478/1968

Ao instituir o procedimento especial para as *ações de família*, o CPC excluiu de seu âmbito a *ação de alimentos* (art. 693, parágrafo único). Com isso, continua ela submetida ao regime procedimental da Lei nº 5.478/1968, aplicando-se, entretanto, as disposições da nova codificação (arts. 693 a 699), no que couber.[23-24]

II - Competência

A ação de alimentos será processada no foro do domicílio ou residência do alimentando (CPC/2015, art. 53, II). Entretanto, "por se tratar de regra de *competência relativa*, não há óbice que impeça a propositura da ação de alimentos em foro diverso do domicílio do alimentando".[25]

Se o devedor residir fora do país, e o alimentando, no Brasil, a competência para a ação de alimentos apenas será da Justiça Federal quando atuar a Procuradoria Geral da República como

---

21 TJMG, 18ª Câm. Civ., AC 1.0319.11.003822-5/001, Rel. Des. João Cancio, ac. 26.11.2013, *DJe* 29.11.2013. No mesmo sentido: "Havendo solução consensual para o litígio e as partes nada dispõem sobre o pagamento de custas e de honorários de advogado, tem-se que serão divididos igualmente" (TJMG, 12ª Câm. Civ., AC 1.0024.10.148660-3/001, Rel. Des. José Flávio de Almeida, ac. 12.06.2013, *DJe* 21.06.2013).

22 "Na hipótese em que o processo se extinguiu através de sentença homologatória de transação, não cabe a condenação em honorários advocatícios decorrentes de sucumbência" (TJMG, 17ª Câm. Civ., AC 1.0011.07.017217-3/001, Rel. Des. Lucas Pereira, ac. 07.08.2008, *DJe* 20.08.2008)."Tendo as partes celebrado acordo, abrangendo a ação revisional de contrato e a ação de reintegração de posse, no qual restou estabelecido que cada parte arcaria com os honorários aos seus respectivos advogados, e tendo sido o acordo homologado pelo juízo, descabe a condenação pelo juízo ao pagamento da verba honorária" (TJMG, 18ª Câm. Civ., AC 1.0702.09.588323-8/002, Rel. Des. João Cancio, ac. 18.02.2014, *DJe* 21.02.2014).

23 "O Ministério Público tem legitimidade ativa para ajuizar ação de alimentos em proveito de criança ou adolescente independentemente do exercício do poder familiar dos pais, ou do fato de o menor se encontrar nas situações de risco descritas no art. 98 do Estatuto da Criança e do Adolescente, ou de quaisquer outros questionamentos acerca da existência ou eficiência da Defensoria Pública na comarca" (Súmula 594/STJ).

24 "A obrigação alimentar dos avós tem natureza complementar e subsidiária, somente se configurando no caso de impossibilidade total ou parcial de seu cumprimento pelos pais" (Súmula 596/STJ).

25 STJ, 2ª Seção, CC 57.622/PR, Rel. Min. Nancy Andrighi, ac. 10.05.2006, *DJU* 29.05.2006, p. 156.

"instituição intermediária".[26] Quando tal não ocorrer, a competência será da Justiça Estadual, mesmo sendo o réu residente no exterior, se a ação for proposta no Brasil.[27]

Prevalece a competência do foro do domicílio do autor ainda quando o pedido de alimentos for cumulado com o de investigação de paternidade[28]. Tratando-se, porém, de ação revisional de alimentos fixados em processo já encerrado, a competência não permanecerá retida pelo juízo da primeira demanda. O novo feito poderá ser ajuizado no foro do atual domicílio do credor.[29] O mesmo acontece com o cumprimento da sentença proferida em ação de alimentos o qual poderá ser requerido tanto no juízo que decidiu a causa no primeiro grau de jurisdição (CPC/2015, art. 516, II), como no foro do domicílio atual do credor (CPC/2015, art. 528, § 9º, c/c art. 516, parágrafo único). Ocorre na espécie uma *relativização* da competência funcional, ordinariamente prevista para a execução da sentença.[30]

Especialmente no caso de ação de interesse de criança ou adolescente, entende o STJ que a regra da *perpetuatio iurisdictionis* (CPC/2015, art. 43), que impediria o deslocamento de competência por mudança de domicílio da parte durante o curso do processo, cede lugar à solução prevista no art. 147, I e II, do ECA (princípio do juízo imediato), na busca de uma tutela jurisdicional mais ágil, eficaz e segura ao infante. De tal modo, será permitida, em demanda da espécie, "a modificação da competência no curso do processo, sempre consideradas as peculiaridades da lide",[31] conjugando-se o caráter continuativo da relação jurídica alimentar com a índole social da ação de alimentos.[32]

III – Petição inicial

Em caráter excepcional, a Lei nº 5.478, art. 2º, admite que o alimentando se dirija pessoalmente ao juiz, para pedir a condenação do alimentante a prestar-lhe os alimentos devidos. Seja pessoalmente ou assistido por advogado, o autor deverá ser qualificado e expor suas necessidades, comprovando o vínculo justificador da obrigação do demandado. Também o devedor será adequadamente qualificado, com indicação aproximada de seus rendimentos.[33] Os documentos públicos apresentados ficam isentos de reconhecimento de firma (§ 2º do art. 2º, Lei nº 5.478).

Se o credor comparecer pessoalmente, sem indicar o advogado que tenha concordado em assisti-lo, o juiz designará desde logo quem o deva fazer (§ 3º, art. 2º, Lei nº 5.478). Essa incumbência toca normalmente à Defensoria Pública. Mas, o Ministério Público, na falta de defensor público,

---

26 STJ, 2ª Seção, CC 512/AC, Rel. Min. Barros Monteiro, ac. 25.10.1989, *DJU* 27.11.1989, p. 17.562.

27 STJ, 2ª Seção, CC 7.494/RJ, Rel. Min. Fontes de Alencar, ac. 27.04.1994, *RSTJ* 62/37.

28 STJ, Súmula nº 01.

29 STJ, 2ª Seção, CC 164/MS, Rel. Min. Eduardo Ribeiro, ac. 14.06.1989, *RSTJ* 02/306.

30 STJ, 2ª Seção, CC 118.340/MS, Rel. Min. Nancy Andrighi, ac. 11.09.2013, *DJe* 19.09.2013.

31 STJ, 2ª Seção, CC 111.130/SC, Rel. Min. Nancy Andrighi, ac. 08.09.2010, *DJe* 01.02.2011; STJ, 2ª Seção, CC 102.849/CE, Rel. Min. Fernando Gonçalves, ac. 27.05.2009, *DJe* 03.06.2009, STJ, 2ª Seção, CC 114.461/SP, Rel. Min. Raul Araújo, ac. 27.06.2012, *DJe* 10.08.2012.

32 STJ, 2ª Seção, CC 134.471/PB, Rel. Min. Raul Araújo, ac. 27.05.2015, *DJe* 03.08.2015.

33 "2.1 A verba recebida a título de participação nos lucros objetiva estimular a produtividade do empregado, pois esse terá seus vencimentos ampliados na medida em que produza mais, tratando-se, portanto, de rendimento decorrente da relação de emprego. Desse modo, a circunstância de a referida verba, nos termos do art. 7º, inc. XI, CRFB/88 não poder ser considerada para efeito de incidência de ônus sociais, trabalhistas, previdenciários, não impede que seja considerada como base de cálculo para se aferir o quantum devido a título de alimentos. Precedentes" (STJ, 4ª T., Resp 1.561.097/RJ, Rel. p/ac. Min. Marco Buzzi, ac. 06.02.2018, *DJe* 02.03.2018).

"tem legitimidade para a propositura de ações de alimentos em favor de criança ou adolescente, nos termos do art. 201, III, da Lei 8.069/90 (Estatuto da Criança e do Adolescente)".[34-35]

O pedido será apresentado por escrito, em três vias, e deverá conter: a indicação do juiz a quem for dirigido, os elementos indicados no art. 2º, *caput*, da Lei nº 5.478, bem como um histórico sumário dos fatos (art. 3º, *caput*). Se o autor fizer exposição oral ao juiz, será tomada por termo, com observância daquilo que a petição escrita deveria conter (art. 3º, § 2º).

Em alguns casos poder-se-á dispensar a produção inicial dos documentos, conforme autoriza o § 1º, do art. 2º da Lei nº 5.478. São eles: I- quando existente em notas, registros, repartições ou estabelecimentos públicos e ocorrer *impedimento* ou *demora* em extrair certidões; II- quando estiverem em poder do obrigado às prestações alimentícias ou de terceiro residente em lugar incerto e não sabido.

IV – Alimentos provisórios

Ao despachar a inicial, o juiz fixará desde logo (isto é, antes de citar o réu), *alimentos provisórios* a serem pagos pelo devedor, salvo se o credor os dispensar, expressamente (Lei nº 5.478, art. 4º).[36] Essa decisão é de natureza interlocutória e desafia recurso de agravo de instrumento[37] (CPC/2015, art. 1.015, I). O prazo de interposição contar-se-á da juntada aos autos do mandato de citação do réu, devidamente cumprido, ou da juntada do AR, no caso de citação pelo correio (CPC/2015, art. 231, I e II).

Os alimentos provisórios devem ser fixados de forma líquida, "para se atender às necessidades prementes do alimentando, principalmente quando se trata de menor", cumprindo-se a regra processual que, em princípio, veda a prolação de sentença ou decisão ilíquida, "quando se tratar de obrigação de pagar quantia" (art. 491 do CPC/2015).[38]

V – Revisão dos alimentos provisórios

Os alimentos provisórios fixados no despacho da inicial poderão ser revistos a qualquer tempo, se houver modificação na situação financeira das partes, mas o pedido será sempre processado em apartado (art. 13, § 1º, da Lei nº 5.478). Em qualquer caso, os alimentos provisórios serão devidos até a decisão final, inclusive o julgamento do recurso extraordinário (art. 13, § 3º, da Lei nº 5.478).

Todavia, a sentença de improcedência da ação de alimentos revoga a decisão interlocutória fixadora dos alimentos provisórios. "A apelação contra a improcedência de pedido alimentar não restabelece liminar de alimentos provisórios, revogados pela sentença".[39]

---

[34] STJ, 3ª T., AgRg no REsp 1.245.127/BA, Rel. Min. Sidnei Beneti, ac. 08.11.2011, *DJe* 07.12.2011. No mesmo sentido: STJ, 2ª Seção, REsp 1.265.821/BA, Rel. Min. Luis Felipe Salomão, ac. 14.05.2014, *DJe* 04.09.2014, em regime repetitivo- art. 543-C do CPC/1973.

[35] Súmula 594/STJ: "O Ministério Público tem legitimidade ativa para ajuizar ação de alimentos em proveito de criança ou adolescente independentemente do exercício do poder familiar dos pais, ou do fato de o menor se encontrar nas situações de risco descritas no art. 98 do Estatuto da Criança e do Adolescente, ou de quaisquer outros questionamentos acerca da existência ou eficiência da Defensoria Pública na comarca" (STJ, 2ª Seção. Aprovada em 25.10.2017, *DJe* 06.11.2017).

[36] A cognição é sumária, "a qual não demanda exame pormenorizado dos documentos constantes dos autos, referentes ao binômio necessidade/possibilidade, haja vista não se cuidar de estabelecimento definitivo dos alimentos" (STJ, 4ª T., REsp 665.561/GO, Rel. Min. Jorge Scartezzini, ac. 15.03.2005, *DJU* 02.05.2005, p. 374).

[37] STJ, 3ª T., AgRg no Ag 819.940/RJ, Rel. Min. Sidnei Beneti, ac. 27.05.2008, *DJe* 20.06.2008.

[38] STJ, 3ª T., REsp 1.442.975/PR, Rel. Min. Paulo de Tarso Sanseverino, ac. 27.06.2017, *DJe* 01.08.2017.

[39] STJ, 3ª T., REsp 746.760/SP, Rel. Min. Humberto Gomes de Barros, ac. 06.11.2007, *DJU* 14.11.2007, p. 403. "Não padece à primeira vista, de ilegalidade, teratologia ou abuso de poder a decisão do juiz que nos autos de medida cautelar incidental, concede liminar para autorizar o depósito, em juízo, do valor da diferença entre os alimentos provisórios e os definitivos, estes últimos fixados na sentença em percentual menor, enquanto pendente de julgamento a apelação das impetrantes" (STJ, 3ª T., RMS 6.204/CE, Rel. Min. Castro Filho, ac. 19.08.2003, *DJU* 22.09.2003, p. 313).

Deve-se ter em conta, outrossim, o princípio da irrepetibilidade dos alimentos já percebidos. Assim, "o reconhecimento judicial de exoneração do dever alimentar não dispõe de efeito retroativo",[40] para justificar pleito de restituição de indébito. Essa falta de efeito retroativo não opera, entretanto, para isentar o devedor dos alimentos não pagos ilegitimamente exigíveis em época anterior ao fato que motivou a exoneração, como é óbvio. O devedor em mora não pode se beneficiar do próprio inadimplemento, já que isto, se admitido, importaria privilegiar o devedor de má-fé.[41]

Admite-se na ação revisional de alimentos o deferimento de liminar de antecipação de tutela, antes da instrução processual, nos termos do art. 4º da Lei nº 5.478/1968. A decisão, todavia, não pode ser ilíquida. O STJ considerou nulo o acórdão que substituiu liminarmente pensão líquida por percentual de rendimentos do alimentante, em caso de não ser este assalariado, pelas dificuldades que teria de enfrentar o alimentante para a respectiva execução.[42]

VI – Citação

O escrivão, por via postal, remeterá ao devedor, nas quarenta e oito horas após a entrada da petição inicial em cartório, a segunda via da petição ou do termo, acompanhada de cópia do despacho do juiz, comunicando o dia e hora da realização da audiência de conciliação e julgamento (Lei nº 5.478, art. 5º, *caput*). Essa comunicação, feita mediante registro postal, isento de taxas e com aviso de recebimento, importa *citação*, para todos os efeitos legais (Lei nº 5.478, art. 5º, § 2º).

Frustrada a via do correio, a citação será realizada por meio do oficial de justiça (art. 5º, § 3º); e se, ainda, esta via se inviabilizar o réu será citado por edital (art. 5º, § 4º).

O autor será imediatamente notificado do dia e hora designados para a audiência (*art.* 5º, § 6º). A resposta do réu, se houver, acontecerá na audiência.

VII – A audiência de conciliação e julgamento

A audiência de conciliação e julgamento é imprescindível na ação de alimentos (Lei nº 5.478, art. 6º). O não comparecimento do autor determina o arquivamento do pedido, e a ausência do réu importa em revelia, além de confissão quanto à matéria de fato (Lei nº 5.478, art. 7º).

As partes deverão comparecer à audiência acompanhadas de suas testemunhas, cujo número máximo será de três para cada litigante, e no mesmo ato apresentarão as demais provas (Lei nº 5.478, art. 8º). O Ministério Público participará da audiência, na qualidade de *custos legis*, máxime havendo interesse de menores e outros incapazes.[43]

Aberta a audiência, lida a petição do autor, e a resposta do réu, se houver, ou dispensada a leitura, o juiz ouvirá as partes litigantes e o representante do Ministério Público, propondo em seguida a conciliação (Lei nº 5.478, art. 9º, *caput*).

É muito importante a ouvida do Ministério Público, pois sem ela, o acordo homologado em prejuízo do alimentando incapaz acarreta a nulidade do processo, a partir da audiência em que a solução consensual houver se consumado.[44]

A ausência de advogado da parte na audiência não invalida o acordo celebrado, na presença do juiz e do órgão do Ministério Público, entre litigantes capazes, se o ajuste versar sobre direitos patrimoniais disponíveis e se inexistir prova de ter ocorrido vício de vontade.[45]

---

[40] STJ, 3ª T., RHC 35.192/RS, Rel. Min. Ricardo Villas Bôas Cueva, ac. 12.03.2013, *DJe* 18.03.2013.

[41] STJ, 3ª T., RHC 35.192/RS, Rel. Min. Ricardo Villas Bôas Cueva, ac. 12.03.2013, *DJe* 18.03.2013.

[42] STJ, 3ª T., REsp 1.442.975/PR, Rel. Min. Paulo de Tarso Sanseverino, ac. 27.06.2017, *DJe* 01.08.2017.

[43] STJ, 4ª T., REsp 896.310/RS, Rel. Min. Aldir Passarinho Júnior, ac. 05.02.2009, *DJe* 26.02.2009.

[44] STJ, 3ª T., REsp 1.058.689/RJ, Rel. Min. Nancy Andrighi, ac. 12.05.2009, *DJe* 25.05.2009.

[45] STJ, 3ª T., REsp 1.584.503/SP, Rel. Min. Ricardo Villas Bôas Cueva, ac. 19.04.2016, *DJe* 26.04.2016.

Inocorrendo o acordo, o juiz passará à instrução probatória, tomando o depoimento pessoal das partes e das testemunhas e ouvindo, se for o caso, os esclarecimentos do perito (Lei nº 5.478, art. 9º). Terminada a instrução, as partes e o Ministério Público terão, cada um, dez minutos para aduzir alegações finais (Lei nº 5.478,, art. 11, *caput*). Em seguida, o juiz renovará a proposta de conciliação e, se não for aceita, ditará sua sentença, que conterá sucinto relatório do ocorrido na audiência (Lei nº 5.478,, art. 11, parágrafo único).

As partes serão havidas como intimadas da sentença, pessoalmente ou através de seus representantes, na própria audiência, ainda quando ausentes, desde que intimadas de sua realização (Lei nº 5.478, art. 12).

VIII – Recurso

Da sentença que julga a ação de alimentos, seja de procedência ou improcedência do pedido, cabe apelação apenas no efeito devolutivo (Lei nº 5.478, art. 14, com a redação da Lei 6.014/1973).[46] O julgado, portanto, produz efeitos imediatos, os quais o recurso não impede de serem postos em prática.

IX – Execução da prestação alimentícia

A sentença da ação de alimentos executa-se segundo o procedimento especial estabelecido pelos arts. 528 a 533 do CPC/2015. No cumprimento, tanto da sentença como da decisão liminar de alimentos, o devedor será intimado *pessoalmente* (CPC/2015, art. 528, *caput*). Isto, porém, não obriga a que a intimação seja feita sempre pelo oficial de justiça. Poder-se-á utilizar também a via postal, como se acha previsto no art. 274 do mesmo Código, ou até mesmo o meio eletrônico, quando cabível (art. 270, *CPC/2015*), desde que a mensagem seja endereçada pessoalmente ao devedor. O que não se permite é que a intimação se faça na pessoa de seu advogado.[47-48]

O descumprimento da sentença ou decisão que impõe a prestação de alimentos, sujeita o devedor inadimplente a prisão civil,[49-50] que a Lei nº 5.478/1968 limitava a

---

[46] STJ, 3ª T., REsp 1.280.171/SP, Rel. Min. Massami Uyeda, ac. 02.08.2012, *DJe* 15.08.2012.

[47] NOGUEIRA, Luiz Fernando Valladão. A execução de alimentos no atual Código de Processo Civil. *Revista IBDFAM*, v. 07, p. 21, jan.-fev./2015; ASSIS, Araken de. *Processo civil brasileiro*. São Paulo: Ed. RT, 2015, v. III, p. 1.601; DIAS, Maria Berenice. A citação do devedor de alimentos no novo CPC. *Juris Plenum*, v. 72, p. 148-149, nov./2016.

[48] "5. Hipótese em que não há nenhum elemento seguro que possa indicar a existência de **efetiva ciência inequívoca** do devedor de alimentos a respeito do cumprimento instaurado pelos credores, de que lhe fora efetivamente possibilitada oportunidade de pagar, provar que pagou ou justificar a impossibilidade de pagar e, por fim, de que a inobservância da forma prevista em lei não lhe acarretou prejuízo.6- *Habeas corpus* não conhecido; ordem concedida de ofício, confirmando a liminar anteriormente deferida, a fim de decretar a nulidade da intimação do devedor de alimentos efetivada na pessoa de seu advogado" (STJ, 3ª T., HC 786.113/GO, Rel. Min. Nancy Andrighi, ac. 07.03.2023, DJe 09.03.2023).

[49] "1. A execução de **dívida alimentar** pelo rito da **prisão** exige a atualidade da **dívida,** a **urgência** e a necessidade na percepção do valor pelo credor e que o inadimplemento do devedor seja voluntário e inescusável. 2. Na hipótese, a alimentanda, ex-cônjuge do paciente, é maior e economicamente independente, inexistindo situação emergencial a justificar a medida extrema da restrição da liberdade sob o regime fechado de **prisão**" (STJ, 3ª T., RHC 95.204/MS, Min. Ricardo Villas Bôas Cueva, ac. 24.04.2018, *DJe* 30.04.2018). Nesse sentido: STJ, 3ª T., HC 415.215/SP, Rel. Min. Nancy Andrighi, ac. 06.02.2018, *DJe* 08.02.2018 (relativo a alimentando que, após a maioridade, cobra alimentos pretéritos).

[50] "8. Na hipótese de inadimplemento de **dívida** de **natureza alimentar** da mãe que possui filho sob a sua guarda de até 12 anos, deve haver a segregação da devedora de alimentos, com a finalidade de incomodá-la a ponto de buscar os meios possíveis de solver a obrigação, mas essa restrição deve ser compatibilizada com a necessidade de obter recursos financeiros aptos não apenas a quitar a **dívida alimentar** em relação ao credor, mas também suprir as necessidades básicas do filho que se encontra sob a sua guarda (...) 10. *Habeas corpus* não conhecido; e concedida parcialmente a ordem de ofício, confirmando-se a liminar anteriormente deferida, a fim de admitir o cumprimento da prisão civil da paciente em regime domiciliar (STJ, 3ª T., HC 770.015/SP, Rel. Min. Nancy Andrighi, ac. 07.02.2023, DJe 09.02.2023).

sessenta dias (art. 19), mas que o CPC ampliou para o prazo de um a três meses (art. 528, § 3º).[51]

O pagamento dos alimentos em atraso faz cessar imediatamente a prisão. A constrição pessoal só se justifica pelo débito principal da verba alimentícia. "Para a cobrança de verbas estranhas ao pensionamento inadimplido, tais como custas, honorários advocatícios e multa processual, o sistema legal prevê instrumentos próprios, não sendo admitida a utilização da prisão civil para tanto, evidenciando-se, assim, a manifesta ilegalidade do decreto prisional subjacente"[52].

Sobre o tema da execução da dívida de alimentos, ver, ainda, no volume III, deste Curso, os itens 89 a 94 e 478 a 483.

X - Justiça gratuita na ação de alimentos

Prevê o § 2º do art. 1º da Lei nº 5.478 que, na ação de alimentos, "a parte que não estiver em condições de pagar as custas do processo, sem prejuízo do sustento próprio ou de sua família, gozará do benefício da gratuidade, por simples afirmativa dessas condições perante o juiz". Dessa maneira, "presume-se pobre até prova em contrário, quem afirmar essa condição, nos termos desta lei" (art. 1º, § 3º). Apurada, contudo, a inveracidade da declaração, a parte se sujeitará ao pagamento até o décuplo das custas judiciais (art. 1º, § 2º, *in fine*).

XI - Revisão da pensão definitiva

O trânsito em julgado da sentença que condena a alimentos não impede que, na alteração das condições do alimentante e do alimentado, se proceda à ação revisional, para ajustar, a qualquer tempo, a pensão, em face de inovações na situação financeira dos interessados, como prevê o art. 15 da Lei nº 5.478/1968. Fala-se na inaptidão das sentenças de alimentos a formar coisa julgada. Na verdade, não é bem isso que ocorre. A revisão não tem efeito retroativo, de modo a respeitar a eficácia da condenação, cuja alteração só ocorre para o futuro. Não cabe revisão de parcelas vencidas antes do ajuizamento da ação, mas o efeito da sentença começa a atuar desde a citação.[53] O caso é de obrigação de trato continuado, em que a sentença é dada *rebus sic stantibus*, para perdurar enquanto permaneçam as partes nas mesmas situações de fato e de direito acertadas ao tempo do julgamento da lide. Modificadas estas, "poderá a parte pedir a revisão do que foi estatuído na sentença" (CPC/2015, art. 505, I), sem qualquer ultraje à *res iudicata*. O que se decide na ação revisional é outro litígio, completamente diverso daquele resolvido na ação anterior (sobre a matéria, ver, no volume I, deste Curso, o item 817).

XII - Compensação da verba alimentícia com prestação in natura

A jurisprudência do STJ tinha como tese sedimentada a de que, "fixada a prestação alimentícia, incumbe ao devedor cumprir a obrigação na forma determinada pela sentença, não

---

[51] "A prisão será cumprida em regime fechado, devendo o preso ficar separado dos presos comuns" (CPC, art. 528, § 4º). "Diante disso, o Superior Tribunal de Justiça firmou o entendimento de que não há motivo para se afastar a regra de que a prisão civil seja cumprida em regime fechado, salvo em situações excepcionalíssimas, como idade avançada do devedor ou problemas de saúde que inspirem cuidados específicos. O simples fato de haver carência de vagas no sistema prisional não pode justificar a substituição de regimes, sob pena de tornar letra morta a regra do art. 528, § 4º, do CPC/2015, até porque, do contrário, as prisões civis não seriam mais cumpridas mediante a segregação do devedor, tendo em vista que praticamente todas as unidades prisionais do país encontram-se com superlotação de presos" (STJ, *Informativo de Jurisprudência nº 824*, p. 15, 10.09.2024).

[52] STJ, 3ª T., HC 775.090/SP, Rel. Min. Marco Aurélio Bellizze, ac. 18.04.2023, DJe 20.04.2023.

[53] "Os efeitos da sentença que reduz, majora ou exonera o alimentante do pagamento retroagem à data da citação, vedadas a compensação e a repetibilidade" (Súmula 621/STJ).

sendo possível compensar os alimentos arbitrados em pecúnia com parcelas pagas *in natura*". Considerava-se inacolhível, na espécie, a pretensão de compensação por qualificar-se como mera liberalidade do alimentante o pagamento a maior ou diverso.[54]

Mais recentemente, a 3ª Turma do mesmo STJ, abordando caso de pagamento de aluguel, taxa de condomínio e IPTU do imóvel de residência do alimentado, decidiu que, excepcionalmente, o custeio de despesas essenciais poderia ser compensado com a obrigação alimentícia fixada em pecúnia, justificando a mitigação do princípio da incompensabilidade dos alimentos mediante invocação do princípio que veda o enriquecimento sem causa.[55]

237-B. Ação de alimentos gravídicos

A Lei nº 11.804/2008 regula os denominados *alimentos gravídicos*, que visam a auxiliar a mulher gestante nas despesas decorrentes da gravidez, da concepção ao parto, sendo, pois, a gestante a beneficiária direta de tais alimentos. Por via de consequência, resguardam-se os direitos do próprio nascituro[56]. Não se exige prova cabal da paternidade atribuída ao demandado pela autora, bastando que a pretensão se apoie em indícios suficientes ao convencimento do juiz acerca da referida paternidade (art. 6º, *caput*, da Lei 11.804).

Segundo entendimento do STJ, "com o nascimento com vida da criança, os alimentos gravídicos concedidos à gestante serão convertidos automaticamente em pensão alimentícia em favor do recém-nascido, com mudança, assim, da titularidade dos alimentos, sem que, para tanto, seja necessário pronunciamento judicial ou pedido expresso da parte, nos termos do parágrafo único do art. 6º da Lei nº 11.804/2008".[57]

Assim, para aquela Alta Corte, "em regra, a ação de alimentos gravídicos não se extingue ou perde seu objeto com o nascimento da criança, pois os referidos alimentos ficam convertidos em pensão alimentícia até eventual ação revisional em que se solicite a exoneração, redução ou majoração do valor dos alimentos ou até mesmo eventual resultado em ação de investigação ou negatória de paternidade".[58] Aliás, o art. 6º da Lei nº 11.804/2008 é expresso ao afirmar o cabimento da conversão aludida, que ocorre automaticamente, sem necessidade, portanto, de decisão judicial.

237-C. A coisa julgada nas ações de paternidade

O problema da relativização da coisa julgada nas ações de investigação de paternidade tem sido enfrentado tanto pelo Supremo Tribunal Federal como pelo Superior Tribunal de Justiça. Por exemplo, o STF, ao apreciar o RE 363.889/DF, com repercussão geral reconhecida, admitiu, em caráter excepcional, fosse relativizada coisa julgada material formada em investigatória julgada improcedente por falta de provas. O quadro apreciado pela Suprema Corte retratava um processo em que não tinha sido oportunizada a realização de exame pericial acerca da origem biológica do investigando por circunstâncias alheias à vontade das partes.[59] Fundou-se o aresto em que

---

[54] STJ, 4ª T., AgInt no AREsp 1.031.163/RJ, Rel. Min. Raul Araújo, ac. 20.06.2017, *DJe* 29.06.2017.

[55] "3. Tratando-se de custeio direto de despesas de natureza alimentar, comprovadamente feitas em prol do beneficiário, possível o seu abatimento no cálculo da dívida, sob pena de obrigar o executado ao duplo pagamento da pensão, gerando enriquecimento indevido do credor. 4. No caso, o alimentante contribuiu por cerca de dois anos. De forma efetiva, para o atendimento de despesa incluída na finalidade da pensão alimentícia, viabilizando a continuidade da moradia do alimentado" (STJ, 3ª T., REsp 1.501.992/RJ, Rel. Min. Paulo de Tarso Sanseverino, ac. 20.03.2018, *DJe* 20.04.2018).

[56] STJ, 3ª T., REsp 1.629.423/SP, Rel. Min. Marco Aurélio Bellizze, ac. 06.06.017, *DJe* 22.06.2017.

[57] STJ, 3ª T., REsp 1.629.423/SP, Rel. Min. Marco Aurélio Bellizze, ac. 06.06.017, *DJe* 22.06.2017.

[58] STJ, 3ª T., REsp 1.629.423/SP, Rel. Min. Marco Aurélio Bellizze, ac. 06.06.017, *DJe* 22.06.2017.

[59] STF, Pleno, RE 363.889/DF, Rel. Min. Dias Toffoli, ac. 02.06.2011, *DJe* 16.12.2011.

"não devem ser impostos óbices de natureza processual ao exercício do direito fundamental à busca da identidade genética, como natural emanação do direito de personalidade de um ser, de forma a tornar-se igualmente efetivo o direito à igualdade entre os filhos, inclusive de qualificações, bem assim o princípio da paternidade responsável".

Tem decidido, porém, o STJ que a relativização da coisa julgada é medida extraordinária incabível quando o que se pretende em ação negatória de paternidade é reverter o julgamento da ação de investigação de paternidade acolhida com base em prova testemunhal, tendo em conta especialmente a recusa dos herdeiros do investigado em proceder ao exame genético. Para o aresto pronunciado no REsp 1.562.239/MS, "configura conduta manifestamente contrária à boa-fé objetiva, a ser observada também em sede processual, a reiterada negativa, por parte da recorrente, de produzir a prova que traria certeza à controvérsia estabelecida nos autos da anterior ação de investigação de paternidade para, transitada em julgado a decisão que lhe é desfavorável, ajuizar ação negatória de paternidade agora visando à realização do exame de DNA que se negara a realizar anteriormente".[60]

237-D. Ações de paternidade *post mortem*

De acordo com o art. 1.614 do Código Civil, o filho maior, sem seu consentimento, não pode ser reconhecido pelo genitor. A imprescindibilidade desse consentimento prévio, mesmo após a morte do investigado, quando se recorre à ação de investigação de paternidade ou maternidade, "decorre da impossibilidade de se alterar, unilateralmente, a verdade biológica ou afetiva de alguém sem que lhe seja dada a oportunidade de se manifestar, devendo ser respeitadas a memória e a imagem póstumas de modo a preservar a história do filho e também de sua genitora biológica".[61]

Não é que seja impossível a investigatória ou o reconhecimento após a morte do investigado. O que não pode faltar, em princípio, é o consentimento ou a autorização dada pelo filho em vida. Não obstante, não havendo negativa expressa do filho falecido, considera o STJ juridicamente possível o pedido dos netos formulado contra o avô, os herdeiros deste, visando o reconhecimento judicial da relação avoenga,[62] que naturalmente importará na declaração incidental da paternidade em relação ao genitor (falecido) dos investigantes.

237-E. Ação para exigir contas no âmbito do direito de família

Tendo em conta o usufruto legal que os pais do menor têm sobre os bens deste, em regra, não se reconhece cabível a exigência de contas acerca da administração exercida durante a menoridade (Código Civil, art. 1.689, I e II). Em caso, porém, de suspeita de abuso de direito no exercício do poder familiar, o STJ tem admitido em caráter excepcional o ajuizamento de ação de prestação de contas pelo filho (sobre o tema, ver, *retro*, os itens 54 e 54-A).

---

[60] STJ, 3ª T., REsp 1.562.239/MS, Rel. Min. Paulo de Tarso Sanseverino, ac. 09.05.2017, *DJe* 16.05.2017. No mesmo sentido: STJ, 3ª T., REsp 1.531.093/RS, Rel. Min. Ricardo Villas Bôas Cueva, ac. 04.08.2015, *DJe* 10.08.2015; STJ, 4ª T., REsp 1.188.280/SC, Rel. Min. Luis Felipe Salomão, ac. 20.06.2013, *DJe* 16.09.2013.

[61] STJ, 3ª T., REsp 1.688.470/RJ, Rel. Min. Nancy Andrighi, ac. 10.04.2018, *DJe* 13.04.2018. Observe-se que o caso objeto do acórdão considerou, em tese, admissível a pretensão de reconhecimento da maternidade socioafetiva *post mortem* de filho maior, desde que levado em conta o alcance da regra do art. 1.614 do CC.

[62] STJ, 3ª T., REsp 604.154/RS, Rel. Min. Humberto Gomes de Barros, ac. 16.06.2005, *DJe* 01.07.2005.

237-F. O rigor probatório nas ações de filiação

Nas ações de paternidade, mais do que em quaisquer outras, o rigor na apuração dos fatos deve ser extremo, de modo a evitar que a causa seja julgada com base em provas incompletas e pouco esclarecedoras, por falha ou desídia dos interessados, com a qual o juiz não deve compactuar.

Nessa perspectiva, o STJ já assentou que:

> "Em ação de investigação de paternidade, impõe-se um papel ativo ao julgador, que não deve medir esforços para determinar a produção de provas na busca da verdade real, porquanto a pretensão fundamenta-se no direito personalíssimo, indisponível e imprescritível de conhecimento do estado biológico de filiação, consubstanciado no princípio constitucional da dignidade da pessoa humana (CF, art. 1º, III)".[63]

Sabe-se que, na matéria, a prova técnica (exame de DNA) desfruta de excepcional prestígio. No entanto, nenhum meio de convencimento á absoluto e circunstâncias do caso concreto podem comprometer a higidez até mesmo de perícias e outros instrumentos ordinariamente idôneos de comprovação da verdade perseguida em juízo. É ainda do STJ, a seguinte advertência e recomendação:

> "Se o resultado negativo do exame de DNA contradiz as demais provas produzidas nos autos, deve-se converter o feito em diligência, a fim de que novo teste de material genético seja produzido, em laboratório diverso, com o intuito de minimizar a possibilidade de erro. Nesse sentido: REsp 397.013/MG, Rel. Ministra Nancy Andrighi, terceira turma, julgado em 11/11/2003, *DJ* de 09/12/2003, p. 279".[64]

A Lei nº 8.560/1992, após a alteração da Lei nº 14.138/2021, contém normas importantes sobre as provas utilizáveis nas ações de investigação de paternidade, especialmente as periciais:

a) "Na ação de investigação de paternidade, todos os meios legais, bem como os moralmente legítimos, serão hábeis para provar a verdade dos fatos" (art. 2º-A).
b) "A recusa do réu em se submeter ao exame de código genético – DNA gerará a presunção da paternidade, a ser apreciada em conjunto com o contexto probatório" (§ 1º do art. 2º-A).
c) "Se o suposto pai houver falecido ou não existir notícia de seu paradeiro, o juiz determinará, a expensas do autor da ação, a realização do exame de pareamento do código genético (DNA) em parentes consanguíneos, preferindo-se os de grau mais próximo aos mais distantes, importando a recusa em presunção da paternidade, a ser apreciada em conjunto com o contexto probatório" (§ 2º do art. 2º-A).

237-G. Ações que questionam o regime matrimonial obrigatório de separação de bens em razão da idade avançada do cônjuge

A constitucionalidade do art. 1.641, II, do Código Civil, que impõe o regime de separação de bens no casamento de pessoa maior de 70 anos, foi questionada perante o STF, tendo sido decretada, em julgamento do Pleno, não a inconstitucionalidade do dispositivo, mas a

---

63 STJ, 4ª T., EDcl no AgInt nos EDcl no REsp 1.629.844/MT, Rel. Min. Lázaro Guimarães, ac. 15.05.2018, *DJe* 25.05.2018.

64 STJ, 4ª T., EDcl no AgInt nos EDcl no STJ, 3ª T., REsp 1.629.423/SP, Rel. Min. Marco Aurélio Bellizze, ac. 06.06.017, *DJe* 22.06.2017.

necessidade de submetê-lo a uma interpretação conforme a Constituição, da qual resultou a afirmação de sua natureza de norma apenas dispositiva.

Reconheceu a Suprema Corte[65] que "o dispositivo aqui questionado, se interpretado de maneira absoluta, como norma cogente, viola o princípio da dignidade da pessoa humana e o da igualdade", sob os seguintes fundamentos:

(a) "O princípio da dignidade humana é violado em duas de suas vertentes: (i) da autonomia individual, porque impede que pessoas capazes para praticar atos da vida civil façam suas escolhas existenciais livremente; e (ii) do valor intrínseco de toda pessoa, por tratar idosos como instrumentos para a satisfação do interesse patrimonial dos herdeiros".

(b) "O princípio da igualdade, por sua vez, é violado por utilizar a idade como elemento de desequiparação entre as pessoas, o que é vedado pelo art. 3º, IV, da Constituição, salvo se demonstrado que se trata de fundamento razoável para realização de um fim legítimo. Não é isso o que ocorre na hipótese, pois as pessoas idosas, enquanto conservarem sua capacidade mental, têm o direito de fazer escolhas acerca da sua vida e da disposição de seus bens".

Daí a conclusão de que:

> "É possível, todavia, dar interpretação conforme a Constituição ao art. 1.641, II, do Código Civil, atribuindo-lhe o sentido de norma dispositiva, que deve prevalecer à falta de convenção das partes em sentido diverso, mas que pode ser afastada por vontade dos nubentes, dos cônjuges ou dos companheiros. Ou seja: trata-se de regime legal facultativo e não cogente".

Por fim, a tese fixada pelo STF ficou assim redigida:

> "Nos casamentos e uniões estáveis envolvendo pessoa maior de 70 anos, o regime de separação de bens previsto no art. 1.641, II, do Código Civil, pode ser afastado por expressa manifestação de vontade das partes, mediante escritura pública".[66]

Houve, porém, modulação dos efeitos do julgado, de molde a preservar as situações jurídicas já definitivamente constituídas, ressalvada a possibilidade de "mudança consensual de regime, nos casos em que validamente admitida (*e.g.*, art. 1.639, § 2º, do Código Civil)".[67]

---

[65] STF, Pleno, ARE 1.309.642/SP, Rel. Min. Luís Roberto Barroso, ac. 01.02.2024, *DJe* 02.04.2024.

[66] "A possibilidade de escolha do regime de bens deve ser estendida às uniões estáveis. Isso porque o Supremo Tribunal Federal entende que '[n]ão é legítimo desequiparar, para fins sucessórios, os cônjuges e os companheiros, isto é, a família formada pelo casamento e a formada por união estável' (RE 878.694, sob minha relatoria, j. em 10.05.2017)" (STF, ARE 1.309.642/SP, Rel. Min. Luís Roberto Barroso, ac. 01.02.2024, *DJe* 02.04.2024).

[67] STF, ARE 1.309.642/SP, Rel. Min. Luís Roberto Barroso, ac. 01.02.2024, *DJe* 02.04.2024.

Fluxograma nº 23 – Ações de família (arts. 693 a 699)

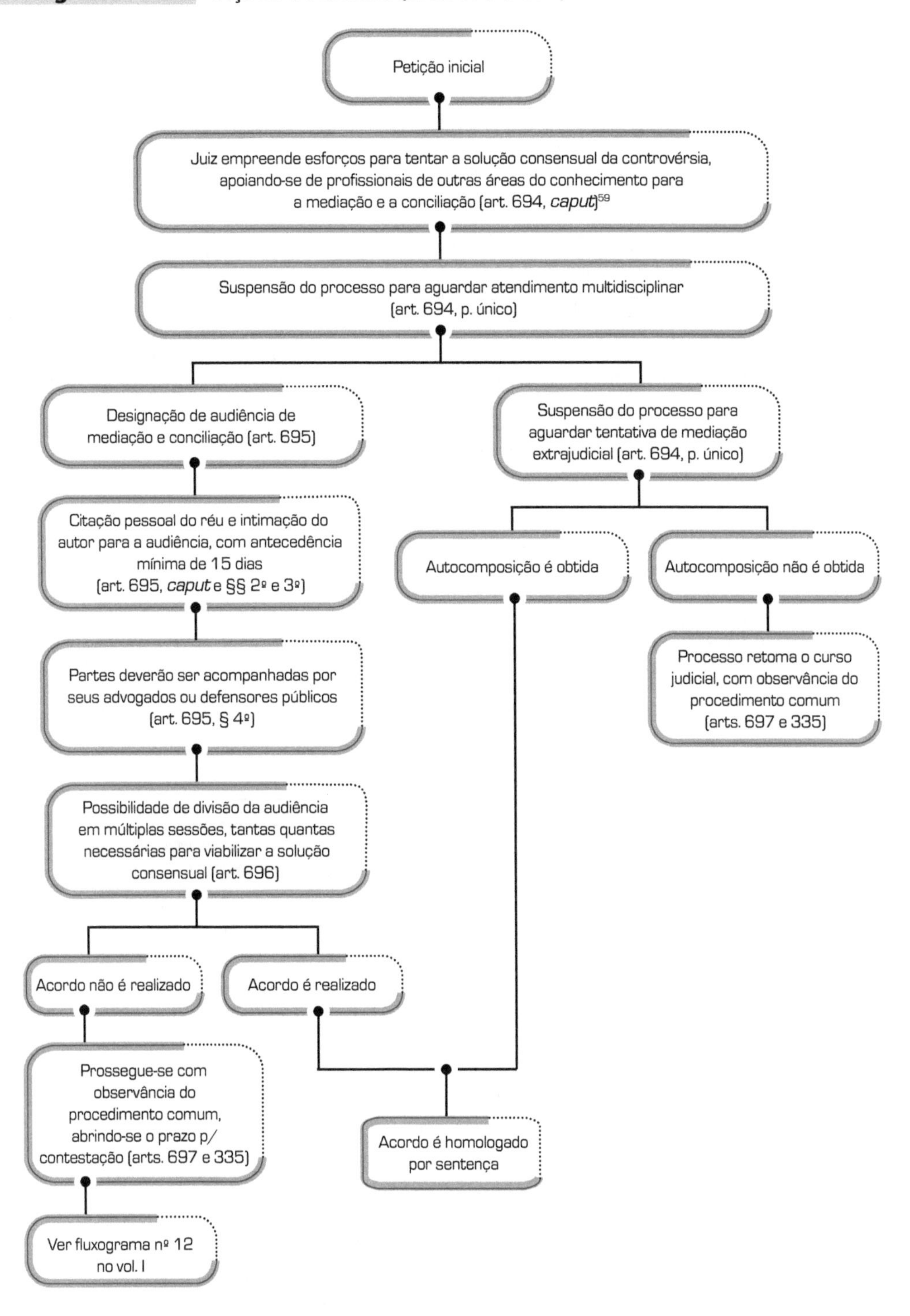

[68] "O Ministério Público intervirá, quando não for parte, nas ações de família em que figure como parte vítima de violência doméstica e familiar, nos termos da Lei nº 11.340, de 7 de agosto de 2006 (Lei Maria da Penha)" (parágrafo único do art. 698 do CPC, com a redação da Lei nº 13.894/2019).

Fluxograma nº 23-A – Ação de alimentos (Lei nº 5.478/1968)

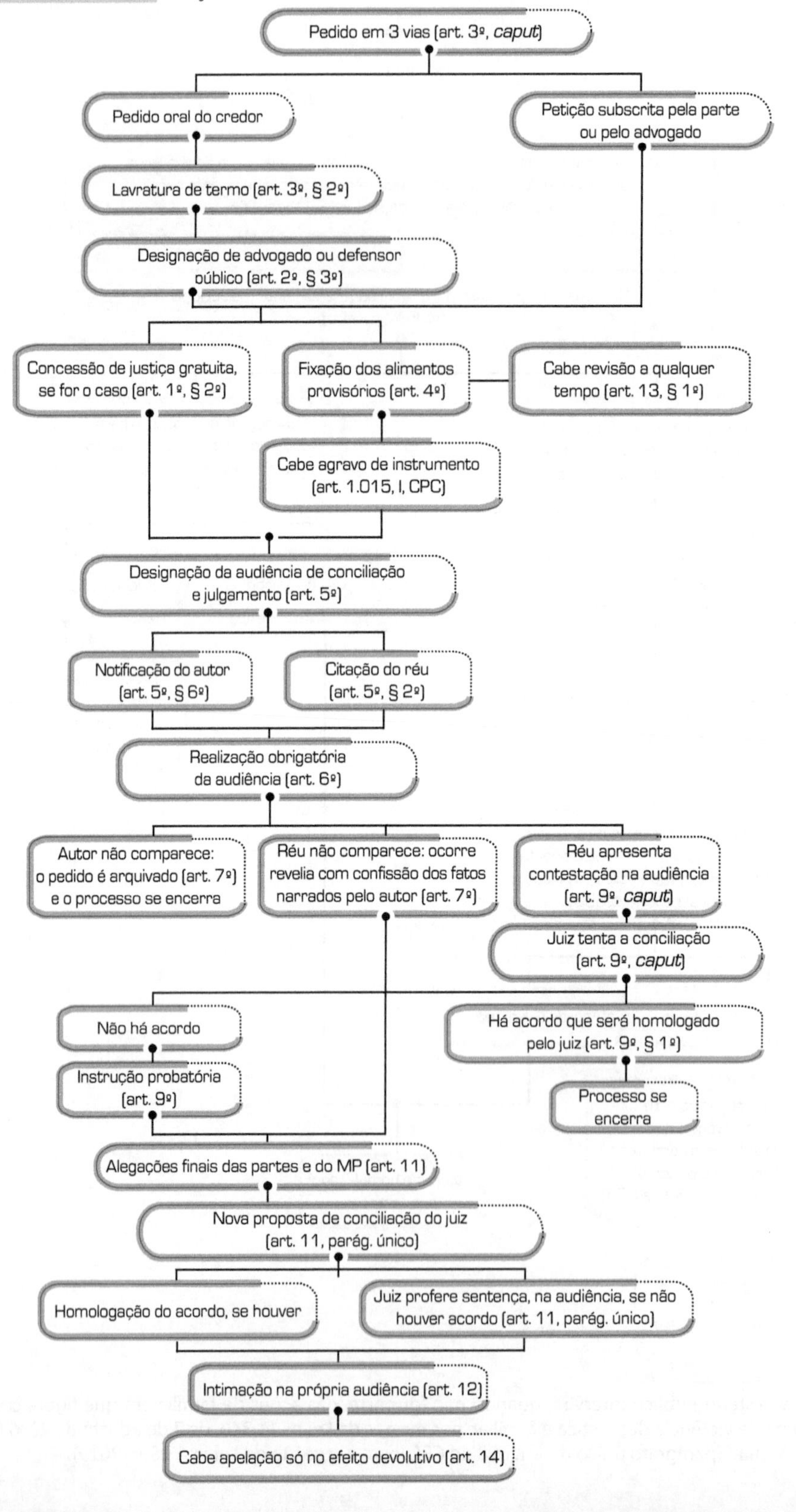

Capítulo XII
AÇÃO MONITÓRIA

§ 25. NOÇÃO GERAL DO PROCEDIMENTO MONITÓRIO

238. Introito

A legislação processual brasileira não previa a *ação monitória*, até que a Lei nº 9.079, de 14.07.1995, introduziu um capítulo novo no Livro IV do Código de Processo Civil de 1973, em que se criou um novo procedimento especial. O CPC/2015 manteve essa sistemática procedimental, ampliando sua área de incidência e incorporando ao direito positivo vários entendimentos firmados pela doutrina e pela jurisprudência.

Para bem compreender o instituto, é preciso analisar, ainda que resumidamente, a experiência já antiga do Direito europeu acerca da matéria, assim como ter presente o bom resultado que no Velho Mundo se alcança por meio deste procedimento, que é o mais rápido e barato instrumento de composição judicial de litígios.

239. Necessidade de facilitar o acesso do credor ao título executivo

A experiência jurídica, ao longo do aperfeiçoamento dos sistemas processuais europeus, há muito tempo revelou que em muitas causas, desde logo, abundam motivos que fazem prever a inexistência de oposição séria do réu à pretensão do demandante.

A lide, então, é superficial, não passando do plano de insatisfação da pretensão, e, assim, não chegando ao campo da contestação a ela, que tivesse de ser solucionada ou dirimida pelo juiz. Impõe-se, portanto, tratar ditas causas por meio de instrumento processual diverso dos habituais, que atenda ao ideal de rapidez e economia, de modo a evitar dispêndio inútil de energias e despesas na atuação da vontade concreta da lei em face de um caso no qual o direito da parte se mostra revelado com prévia segurança e nitidez.

Justifica-se, em tal conjuntura, toda simplificação procedimental para "abreviar-se a obtenção do título executivo", visto que "o réu, pela natureza da relação de direito material em que se funda a pretensão do autor, é antes disposto a reconhecê-la do que a contestá-la".[1]

Os principais Códigos europeus, diante dessa particular situação do credor munido de relativa certeza de seu direito, mas privado de título executivo extrajudicial, engendraram uma forma de *summaria cognitio*, sem contraditório do devedor, em que à base de prova documental do credor, ou diante de determinadas relações jurídicas materiais, se permite ao juiz "o imediato pronunciamento de uma decisão, suscetível de constituir título executivo judicial".[2]

Ao lado do processo de execução e do processo de cognição, em sua pureza, existe, portanto, um procedimento intermediário, de larga aplicação prática e de comprovada eficiência para abreviar a solução definitiva de inúmeros litígios: trata-se do procedimento monitório ou de injunção.

---

1 AMARAL SANTOS, Moacyr. *Ações cominatórias no direito brasileiro*. 4. ed. São Paulo: Max Limonad, 1969, v. I, n. 51, p. 174.

2 MICHELI, Gian Antonio. *Curso de derecho procesal civil*. Buenos Aires: Ed. EJEA, 1970, v. III, p. 387.

Consiste tal procedimento em abolir-se, praticamente, o processo de conhecimento, indo diretamente à execução definitiva, sempre que o devedor não ofereça embargos, ou pelo menos à execução provisória, quando tais embargos sejam opostos conforme acontece no direito europeu, em alguns casos específicos. Na lei brasileira não se cuidou da hipótese de execução provisória, logo em seguida aos embargos.

Tão grande e de tão comprovada eficiência é sua aplicação na Alemanha, por exemplo, que Schönke anota que "só no ano de 1937 tramitaram pela primeira instância dos tribunais germânicos 4.515.821 feitos de procedimento monitório, contra apenas 1.654.952 de procedimento ordinário ou comum".[3]

O Código de Processo Civil brasileiro de 1973 adotou em matéria de execução o melhor padrão do sistema europeu, de modo que temos entre nós um processo executivo puro, enérgico, sem qualquer mescla de conhecimento que lhe possa embaraçar o curso, mesmo nos casos de títulos extrajudiciais, critério preconizado pelas concepções mais atualizadas da cultura jurídica ocidental romanística.

Para que, no entanto, se equiparasse plenamente, em eficiência, aos Códigos da Itália, Alemanha e Áustria, *v.g.*, deveria ter incluído em seu bojo também o versátil remédio intermediário do procedimento monitório, como, aliás, já era anseio de renomados processualistas da estirpe de Machado Guimarães, desde a Codificação de 1939.[4]

Foi o que fez a Lei nº 9.079/1995, que criou um capítulo novo para o CPC/1973, destinado à regulamentação do procedimento especial da "ação monitória" (arts. 1.102-A a 1.102-C).[5] O atual Código manteve o procedimento especial da ação monitória, ampliando, contudo, sua utilização, como se verá adiante (CPC/2015, arts. 700 a 702).

240. Em que consiste o procedimento monitório

Como preleciona Carnelutti, a finalidade do processo de conhecimento é compor a lide de pretensão contestada, enquanto o processo de execução serve à lide de pretensão apenas insatisfeita. Por isso, em regra, o processo de cognição consiste em averiguar e declarar, primeiramente, a situação em que se encontram as partes, a fim de "alcançar um pronunciamento judicial sobre o caso concreto". Definida a situação jurídica dos litigantes, "segue a realização do direito declarado, que se efetua no procedimento de execução".[6]

Na ordem lógica dos acontecimentos, como se vê, "é intuitivo que a condenação deve preceder à execução", de sorte que, em princípio, "ao juiz não cabe ordenar uma prestação sem se certificar previamente, através de amplo contraditório, da existência do direito a essa prestação".[7]

Quando se chega à execução, porque já declarado o direito do credor, instala-se, no dizer de Pontes de Miranda, "o dilema: ou o réu executa ou o Estado executa, donde solução ou execução forçada".[8]

---

[3] SCHÖNKE, Adolf. *Derecho procesal civil*. 5. ed. Barcelona: Bosch, 1950, § 98, p. 363.

[4] MACHADO GUIMARÃES, Luis. *Comentários ao Código de Processo Civil*. Rio de Janeiro: Forense, 1942, v. IV, n. 168, p. 165.

[5] Para uma visão mais ampla do tema relativo ao procedimento monitório, no direito comparado, v. THEODORO JÚNIOR, Humberto. O procedimento monitório e a conveniência de sua introdução no processo civil brasileiro. *RF*, v. 271, p. 71.

[6] SCHÖNKE, Adolf. *Derecho procesal civil*. 5. ed. Barcelona: Bosch, 1950, p. 14.

[7] MACHADO GUIMARÃES, Luis. *Comentários ao Código de Processo Civil*. Rio de Janeiro: Forense, 1942, v. IV, n. 158, p. 155.

[8] PONTES DE MIRANDA, Francisco Cavalcanti. *Apud* AMARAL SANTOS, Moacyr. *Primeiras linhas de direito processual civil*. 3. ed. São Paulo: Max Limonad, 1971, v. I, n. 50, p. 172.

O que caracteriza o processo executivo é, assim, o seu início "por um *praeceptum de solvendo* dirigido ao executado, para que cumpra a sentença (ou o conteúdo de título equivalente), sob pena de ser iniciada a execução compulsória".[9] Com isso, obedece-se "à ordem natural do juízo, isto é, declara-se o direito e, em seguida, ordena-se o adimplemento da prestação".[10]

Acontece, porém, como já registramos anteriormente, que a experiência nos demonstra que muitas vezes o devedor resiste à pretensão do credor sem contestar propriamente o crédito deste. Mesmo assim, embora a lide seja apenas de pretensão insatisfeita, se o credor não dispõe de título executivo, não encontrará acesso imediato ao processo de execução. *Nulla executio sine titulo.*

Seria, evidentemente, enorme perda de tempo exigir que o credor recorresse à ação de condenação para posteriormente poder requerer o cumprimento da obrigação determinada na sentença, quando de antemão já se está convicto de que o devedor não vai opor contestação ou não dispõe de defesa capaz de abalar as bases jurídicas da pretensão. Em tal conjuntura, é claro que a observância completa do processo de cognição esvazia-se de significado, importando, para o credor e para a justiça, enorme perda de tempo e dinheiro.

Para evitar esse perigo ou essa inutilidade, a experiência do Direito europeu engendrou o remédio processual que recebeu a denominação de procedimento de injunção ou procedimento monitório. Por ele, consegue o credor, sem título executivo e sem contraditório com o devedor, provocar a abertura da execução forçada, tornando o contraditório apenas uma eventualidade, cuja iniciativa, ao contrário do processo de conhecimento, será do réu, e não do autor.[11]

Assim, de acordo com este instituto, o credor, em determinadas circunstâncias, pode pedir ao juiz, ao propor a ação, não a condenação do devedor, mas desde logo a expedição de uma ordem ou mandado para que a dívida seja saldada no prazo estabelecido em lei.

Tem o procedimento monitório "uma estrutura particular em virtude da qual, se aquele contra quem se propõe a pretensão não embarga, o juiz não procede a uma cognição mais que em forma sumária, e, em virtude dela, emite um provimento que serve de título executivo à pretensão e desse modo autoriza, em sua tutela, a execução forçada".[12]

Só eventualmente é que o procedimento de injunção se transformará em contencioso sobre o mérito da relação obrigacional deduzida em juízo. Enquanto o processo de conhecimento puro consiste em estabelecer, originária e especificamente, o contraditório sobre a pretensão do autor, o procedimento monitório consiste em abreviar o caminho para a execução, deixando ao devedor a iniciativa do eventual contraditório.[13]

Por sábio equacionamento do problema de economia processual e de maior valorização do crédito, "o procedimento monitório tem por objeto proporcionar um título executivo ao credor de um crédito que presumivelmente não será discutido, sem necessidade de debate, à base de uma afirmação unilateral, que permite ao juiz expedir um mandado de pagamento".[14]

---

[9] AMARAL SANTOS, Moacyr. *Primeiras linhas de direito processual civil.* 3. ed. São Paulo: Max Limonad, 1971, v. I, n. 50, p. 172.

[10] MACHADO GUIMARÃES, Luis. *Comentários ao Código de Processo Civil.* Rio de Janeiro: Forense, 1942, v. IV, n. 155, p. 154.

[11] CARNELUTTI, Francesco. Lineamenti della riforma del processo civile di cognizione, *apud* MACHADO GUIMARÃES, Luis. *Comentários ao Código de Processo Civil.* Rio de Janeiro: Forense, 1942, v. IV, n. 158, p. 156.

[12] CARNELUTTI, Francesco. *Instituciones del proceso civil.* 2. ed. Buenos Aires: EJEA, 1973, v. I, n. 41, p. 83.

[13] CALAMANDREI, Piero. *El procedimiento monitório.* Trad Sentis Melendo. Buenos Aires: Editorial Bibliográfica Argentina, 1946, p. 24.

[14] SCHÖNKE, Adolf. *Derecho procesal civil.* 5. ed. Barcelona: Bosch, 1950, p. 363.

Seu início é por um preceito análogo ao da execução forçada, *i.e.*, por uma ordem passada ao devedor para que se pague a dívida. Sua força executiva, todavia, ainda não está presente, porque o juiz não faz a cominação de penhora. Mas, esgotado o prazo de embargos, opera-se, por preclusão, o aperfeiçoamento do título, que se transforma em executivo e autoriza a realização dos atos de expropriação próprios da execução forçada.[15]

É, como se vê, uma instituição que se encontra situada no ponto de confluência do procedimento de cognição e do de execução, da jurisdição contenciosa e da voluntária, no dizer de Sentis Melendo.[16] Ou, como quer Carnelutti, "a injunção executiva é, deste modo, um *tertium genus* que se coloca como intermediário entre a cognição e a execução forçada".[17]

Os qualificativos monitório e injuntivo são expressões indicativas de ordem, mandamento, imposição em seu significado léxico. E o procedimento examinado recebe as denominações monitório ou injuntivo justamente porque, em vez de iniciar-se por uma citação do réu para defender-se, principia por uma ordem expedida pelo magistrado, determinando ao devedor que pague a dívida em prazo determinado.

Valendo-nos da síntese de Satta, podemos afirmar que o procedimento injuntivo, no Direito italiano, consiste na emanação de uma ordem do juiz, conforme o pedido do credor, para que o devedor pague uma importância em dinheiro (ou uma quantidade certa de coisas fungíveis), no prazo estabelecido, facultando-se embargos ao devedor, à cuja falta, a ordem adquirirá o valor de uma sentença condenatória passada em julgado.[18] Seu escopo especial "é de alcançar a formação de um título executivo sem que a ação de condenação seja exercitada nos moldes da cognição em contraditório".[19]

Difere, assim, do procedimento comum de cognição pela "preordenada ausência inicial do contraditório, a qual tende a favorecer ou preparar a formação da declaração de certeza mediante preclusão", na lição de Calamandrei.[20] Difere, outrossim, da execução forçada porque, não possuindo ainda o credor o título executivo, a ordem inicial de pagamento não é feita sob a cominação de penhora.

No prazo estipulado para o pagamento, o devedor tem a opção entre embargar ou silenciar. Se adota a primeira alternativa, abre-se o contraditório, assumindo o procedimento a forma completa de cognição; caso contrário, pela própria natureza do procedimento, a ordem de pagamento se transforma em mandado executivo, com força de sentença condenatória transitada em julgado.

241. O procedimento monitório brasileiro

No Direito Comparado, a regulamentação do procedimento monitório que mais se aproxima da que adotou a reforma do Código de Processo Civil brasileiro ocorrida em 1995 (Lei nº 9.079/1995) – e foi aprimorada pelo CPC/2015 – é a do Direito italiano. A ação monitória, tal como no Código peninsular, foi incluída entre os procedimentos especiais de jurisdição contenciosa, devendo, por isso, ser vista como uma especial modalidade de procedimento de

---

15 "O propósito da ação monitória é exclusivamente encurtar o caminho até a formação de um título executivo" (STJ, 1ª T., REsp 215.526-0/MA, Rel. Min. Luiz Fux, ac. 11.06.2002, *DJU* 07.10.2002, p. 176).

16 SENTIS MELENDO, Santiago. "Advertência", na tradução de CALAMANDREI, Piero. *El procedimiento monitório*. Trad Sentis Melendo. Buenos Aires: Editorial Bibliográfica Argentina, 1946, p. 7.

17 CARNELUTTI, Francesco. *Instituciones del proceso civil*. 2. ed. Buenos Aires: EJEA, 1973, v. I, n. 41, p. 84.

18 SATTA, Salvatore. *Direito processual civil*. 7. ed. Rio de Janeiro: Borsoi, 1973, v. II, n. 451, p. 685.

19 REDENTI, Enrico. *Diritto processuale civile*. Milano: A. Giuffrè, 1954, v. III, n. 185, p. 14.

20 CALAMANDREI, Piero. *El procedimiento monitório*. Trad Sentis Melendo. Buenos Aires: Editorial Bibliográfica Argentina, 1946, p. 243.

acertamento (cognição) com "prevalente função executiva", no dizer de Chiovenda. Isto porque sua característica maior está na função que cumpre de propiciar ao autor, o mais rápido possível, o título executivo e, com isso, o imediato acesso à execução forçada.[21]

A cognição praticada na ação monitória é, de início, sumária ou superficial, porque se limita a verificar se a pretensão do autor se apoia na prova escrita de que cogita o art. 700 do CPC/2015 e se a obrigação nela documentada é daquelas a que o mesmo dispositivo legal confere a ação monitória.

Convencido o juiz de que há suporte fático-jurídico para o processamento da ação monitória, determinará, ao deferir a petição inicial, a expedição do mandado monitório ou de injunção, *i.e.*, mandado que não é de citação para contestar a ação, nem de citação para pagar a dívida sob pena de penhora, mas simplesmente "mandado de pagamento" ou "de entrega de coisa fungível".[22] A citação da ação monitória transmite, pois, uma injunção e nada mais.

O ato judicial parte de um convencimento liminar e provisório de que o credor, pela prova exibida, é realmente titular do direito subjetivo que lhe assegura a prestação reclamada ao réu. Daí ser possível, desde logo, ordenar-lhe que proceda ao pagamento, tal como se faz no despacho da petição inicial da ação de execução por título extrajudicial. Como, todavia, não há, ainda, título executivo, não é possível cominar ao réu a sanção da penhora ou apreensão de bens. O ato judicial, portanto, fica a meio caminho, entre a citação do processo de conhecimento e a citação do processo executivo. É mais do que aquela, mas é menos do que esta.

Com a ação monitória, na verdade, o que se busca é "eliminar a complexidade do juízo ordinário de conhecimento derivada das exigências do contraditório", mas isto se faz sem, propriamente, eliminar "a garantia de igualdade ínsita no contraditório".[23] É que, na técnica processual adotada nesse especial tipo de juízo segundo o padrão básico do Direito italiano, o procedimento se desdobra em duas fases: na primeira fase, o juiz, sem contraditório e de maneira rapidíssima, verifica o conteúdo do pedido e a prova do autor, deferindo, se for o caso, a expedição do mandado de pagamento, *inaudita altera parte*. Na segunda fase, fica assegurada ao réu a iniciativa de abrir o pleno contraditório sobre a pretensão do autor, eliminando, dessa forma, todo e qualquer risco de prejuízo que possa ter-lhe provocado a sumariedade de cognição operada na primeira fase.

A diferença, porém, entre o procedimento comum de cognição e o procedimento monitório está em que o contraditório, naquele, é instaurado obrigatoriamente pelo autor; enquanto, no último, o contraditório é de iniciativa do réu (por meio de embargos) e, acima de tudo, é meramente eventual (*contradittorio differito*, na linguagem de Mandrioli). Se, destarte, o réu não se interessar pelo aforamento dos embargos, não se instaurará contraditório algum e, de plano, o credor terá acesso ao processo de execução, por simples decurso de prazo e em consequência da preclusão do direito do devedor de embargar a ação monitória.

Se há os embargos, o mandado de pagamento fica suspenso, aguardando-se o julgamento da causa por sentença, a ser proferida, após pleno contraditório. Essa sentença, acolhendo os embargos, extinguirá o mandado inicial de pagamento e, sendo de rejeição da defesa do devedor, "substituirá inteiramente" o acertamento provisório feito de início, no deferimento da petição

---

[21] MANDRIOLI, Crisanto. *Corso di diritto processuale civile*. 8. ed. Torino: Giappichelli Editore, 1992, v. III, n. 41, p. 163.

[22] Com o CPC/2015, incluíram-se no rol das prestações reclamáveis por via da monitória as de execução de obrigação de fazer ou de não fazer.

[23] MANDRIOLI, Crisanto. *Corso di diritto processuale civile*. 8. ed. Torino: Giappichelli Editore, 1992, v. III, n. 41, p. 164.

inicial, conferindo ao credor título executivo judicial. Dessa maneira, a decisão autorizativa do mandado injuntivo "é substituída pela sentença que encerra a fase de embargos".[24]

O procedimento monitório brasileiro, tal como o italiano, funciona, em suma, como uma técnica de "inversão do ônus da iniciativa acerca da instauração do contraditório para o juízo de cognição plena e completa", transferindo-se para a parte que normalmente não o tem (o demandado), e tornando *eventual* o desenvolvimento do pleno contraditório, já que o réu pode não provocá-lo. Só haverá, na verdade, contraditório pleno, "quando for necessário". Se o demandado não embarga a ação monitória, considera-se como *renunciado* o direito àquele contraditório, tornando-se definitivo o acertamento preliminar, feito sumariamente e sem prévia audiência do devedor. Com isso, o *mandado injuntivo* adquire, de plano, *eficácia executiva*.[25]

242. A ação monitória no Código de Processo Civil

A ação monitória foi mantida pelo atual Código como um dos procedimentos especiais. Entretanto, a legislação atual amplia as hipóteses de cabimento desta ação e a aperfeiçoa, adotando orientação já sedimentada por doutrina e jurisprudência.

Entre as inovações, destacam-se *(i)* o aumento das hipóteses de cabimento da ação, que deve ser manejável apenas em face de devedor capaz ou da fazenda pública (o CPC/1973 fazia referência somente a devedor), *(ii)* a ampliação dos meios de prova, que ordinariamente deve ser a escrita[26], possibilitando, entretanto, a admissão de prova oral produzida antecipadamente, *(iii)* a execução provisória após a sentença, uma vez que o procedimento não fica mais suspenso pela interposição de recurso, e *(iv)* imposição de deveres às partes, com possibilidade de condenação, em caso de uso inadequado do instituto monitório.

Cumpre, outrossim, ressaltar uma nítida relação entre a ação monitória estabelecida pelo CPC/2015 e a tutela da evidência,[27] já que esta também se apoia, para deferimento de antecipação de tutela, no critério da prévia e documental comprovação do direito do autor, verificável *in limine litis* (art. 311). As duas figuras processuais, todavia, não se confundem, porquanto *(i)* a ordem de pagamento expedida na monitória tende a transformar-se em título executivo judicial, independentemente de sentença de mérito, bastando que o devedor não oponha embargos; *(ii)* enquanto a liminar satisfativa fundada na evidência é necessariamente provisória e não elimina o prosseguimento da ação cognitiva principal, só chegando à formação de título executivo judicial ao final do *iter* do procedimento cognitivo, ou seja, através da sentença de mérito, se esta for de procedência da demanda.

---

24 MANDRIOLI, Crisanto. *Corso di diritto processuale civile*. 8. ed. Torino: Giappichelli Editore, 1992, v. III, n. 41, p. 165.

25 MANDRIOLI, Crisanto. *Corso di diritto processuale civile*. 8. ed. Torino: Giappichelli Editore, 1992, v. III, n. 42, p. 166.

26 "Na hipótese de título de crédito não sujeito à circulação, é perfeitamente possível aparelhar o procedimento monitório com simples cópia, pois não há risco de expor o devedor a múltiplas cobranças. Por outro lado, na hipótese de monitória fundada em título de crédito sujeito à circulação, também é possível a instrução do procedimento com simples cópia, mas desde que não tenha havido efetiva circulação, isto é, desde que o autor da ação ainda seja o portador da cártula. O mero temor de circulação do título original, desacompanhado de qualquer prova ou indício nesse sentido, não é fundamento suficiente para inviabilizar a 'ação monitoria'" (STJ, 3ª T., REsp 2.027.862/DF, Rel. Min. Nancy Andrighi, ac. 14.03.2023, DJe 16.03.2023).

27 VASCONCELOS, Ronaldo. Da ação monitória. In: WAMBIER, Teresa Arruda Alvim; DIDIER JR., Fredie; TALAMINI, Eduardo; DANTAS, Bruno. *Breves comentários ao atual Código de Processo Civil*. São Paulo: Ed. RT, 2015, p. 1.615.

242-A. Moratória na ação monitória

Na regulamentação da execução dos títulos executivos extrajudiciais, o art. 916 do CPC estatuiu a possibilidade de o executado obter um parcelamento para saldar o crédito exequendo em até seis prestações mensais, desde que o requeira no prazo de embargos, reconheça seu débito e se submeta aos demais requisitos enumerados no *caput* e parágrafos do referido dispositivo[28].

Esse benefício legal é expressamente estendido à ação monitória pelo § 5º do art. 701 do CPC. Fala-se em paradoxo entre a vedação ao parcelamento na execução do título judicial (art. 916, § 7º) e sua permissão na ação monitória, tendo em vista que a execução nela se desenvolve sobre título executivo judicial[29].

Não há, entretanto, motivo para perplexidade, haja vista que a pretensão de parcelamento na monitória deve ser manifestada no início do procedimento, ou seja, antes de sua conversão em execução de título judicial (CPC, art. 701, § 2º)[30].

---

28 "A opção pelo parcelamento de que trata este artigo importa renúncia ao direito de opor embargos" (CPC, art. 916, § 6º).

29 BUENO, Cassio Scarpinella. *Manual de direito processual civil. 4. ed.* São Paulo: Saraiva, 2018, p. 678.

30 NEVES, Murilo Sechieri Costa. O parcelamento legal previsto no art. 916 do CPC. In: ASSIS, Araken de; BRUSCHI, Gilberto Gomes (coords.). *Processo de execução e cumprimento de sentença*. 2.ed. São Paulo: Ed. RT, 2022 v. 1, p. 914.

§ 26. A AÇÃO MONITÓRIA NO CÓDIGO DE PROCESSO CIVIL BRASILEIRO

243. Condições de admissibilidade da ação monitória

Dispõe o art. 700 do CPC/2015 que a ação monitória pode ser proposta por aquele que afirmar, com base em prova escrita sem eficácia de título executivo, ter o direito de exigir do devedor capaz:

(a) o pagamento de soma de dinheiro (inciso I);
(b) a entrega de coisa fungível ou infungível ou de bem móvel ou imóvel (inciso II);
(c) o adimplemento de obrigação de fazer ou de não fazer (inciso III).[31]

Esse rol foi ampliado significativamente, se comparado com o CPC/1973, que previa a propositura da ação apenas para credor de soma em dinheiro e entrega de coisa fungível e de bem móvel. A ação monitória é uma opção que a lei confere ao credor e não um ônus ou uma imposição a que invariavelmente tenha de se submeter na escolha da via processual. O procedimento monitório substitui a ação de conhecimento, se o credor assim desejar.[32] Se, porém, preferir a via normal da ação condenatória, nada o impedirá de usá-la. Trata-se, portanto, de um caso de tutela jurisdicional diferenciada, que ocorre quando a lei oferece mais de um remédio processual para que o destinatário possa optar, segundo as conveniências do caso concreto.

Ao escolher esse procedimento, o que a parte tem em mira é abreviar o caminho para chegar à execução forçada, o que talvez lhe seja possível, sem passar por todo o percurso complicado do procedimento comum, se o réu, como é provável, não se interessar pela discussão da obrigação. Para incentivá-lo a não oferecer defesa infundada ou meramente procrastinatória, a lei prevê que, "o réu será isento do pagamento de custas processuais se cumprir o mandado no prazo" de quinze dias (art. 701, § 1º). Com isso, tenta a lei acelerar a satisfação do direito de credor, criando atrativos também para o devedor, no plano econômico, e fazendo com que este somente se disponha a arcar com os encargos processuais dos embargos se, realmente, estiver convencido da inexistência do direito do credor.

Cumpre ressaltar a alteração procedida pelo CPC/2015, uma vez que não dispensa o réu do pagamento de honorários advocatícios se cumprir a obrigação no prazo de quinze dias, como fazia o Código anterior (art. 1.102-C, § 1º). Com efeito, o mandado agora conterá, além da ordem de pagamento, de entrega de coisa ou de execução de obrigação de fazer ou de não

---

31 Segundo a melhor jurisprudência, não é necessário que o documento tenha a firma do demandado. Basta que ele goze de valor probante, "revelando o conhecimento plausível da obrigação" (STJ, 3ª T., REsp 244.491/SP, Rel. Min. Nancy Andrighi, ac. 10.04.2001, *DJU* 13.08.2001, p. 146). É o caso, por exemplo, de notas fiscais, boletos e extratos bancários, guias de recolhimento, de encargos condominiais, romaneio de produto agrícola, contrato de abertura de crédito, contrato de seguro, contrato de cartão de crédito e respectivo extrato etc. (STJ, 2ª T., REsp 894.767/SE, Rel. Min. Eliana Calmon, ac. 19.08.2008, *DJe* 24.09.2008; STJ, 3ª T., REsp 613.112/PR, Rel. Min. Menezes Direito, ac. 20.10.2005, *DJU* 20.02.2006, p. 332; STJ, 1ª T., REsp 595.367/MG, Rel. Min. Teori Albino Zavascki, ac. 26.04.2005, *DJU* 09.05.2005, p. 300; STJ, 2ª T., REsp 660.463/SP, Rel. Min. Castro Meira, ac. 01.03.2005, *DJU* 16.05.2005, p. 315; STJ, Súmula nº 247 (contrato de abertura de crédito); STJ, 3ª T., REsp 469.005/MG, Rel. Min. Nancy Andrighi, ac. 06.06.2003, *DJU* 30.06.2003, p. 242.

32 "A previsão de procedimento sumário para cobrança de dívidas de condomínio (CPC, art. 275, II, *b*) não exclui a possibilidade de se ajuizar ação monitória para dívidas de mesma natureza, referentes a período diverso" (TJDF, 6ª T. Civ., Ap. Civ. 2005.01.1.024389-3, Rel. Des. Jair Soares, j. 24.06.2009, *DJe* 02.07.2009, p. 99). O CPC/2015 não mais distingue o procedimento comum entre ordinário e sumário. O acórdão, todavia, é um exemplo da facultatividade do recurso à monitória.

fazer, a fixação de honorários advocatícios de cinco por cento do valor atribuído à causa, a serem pagos pelo réu (CPC/2015, art. 701, *caput*). Ainda assim pode-se ver, nesse passo, um incentivo ao devedor a não embargar, uma vez que no mandado monitório a verba honorária é bem menor do que aquela que se observa na ação de conhecimento e na de execução (cinco por cento fixos, em lugar dos ordinários padrões de dez a vinte por cento).

Para que seja válida a opção pela ação monitória, terão, outrossim, de ser observados requisitos ou condições em três planos, ou seja, quanto ao *objeto* da obrigação, aos seus *sujeitos* e à *prova* da relação obrigacional.

244. Objeto

Admite-se a ação monitória, no direito brasileiro, a exemplo do italiano, se o pedido do autor tiver como objeto *(i)* "quantia em dinheiro", *(ii)* "coisa fungível ou infungível", *(iii)* "bem móvel ou imóvel" ou *(iv)* "inadimplemento de obrigação de fazer ou de não fazer" (art. 700, *caput*).[33]

A "quantia em dinheiro" é a mesma "quantia certa" que se reclama para a execução regulada pelos arts. 824 e seguintes do CPC/2015. Não se pode pedir quantia incerta, na pendência de liquidação posterior, porque a ação monitória deve ser instaurada por meio de mandado de pagamento a ser expedido com base na prova da inicial, não havendo estágio ulterior em que se possa liquidar o *quantum debeatur*. O mandado liminar está programado a converter-se em mandado de execução por quantia certa pelo simples decurso do prazo de embargos, se o demandado permanecer inerte diante da citação injuntiva.

Quando a lei fala em "entrega de coisa fungível", refere-se às obrigações de dar *coisas genéricas* ou *incertas*, *i.e.*, obrigação de dar coisas que são indicadas pelo gênero e quantidade (CC, arts. 243 a 246). A entrega de coisas infungíveis, móveis ou imóveis refere-se à obrigação de dar coisa certa, prevista nos arts. 233 a 242 do Código Civil. A satisfação em juízo dessas obrigações se realiza por meio da execução forçada prevista nos arts. 806 a 813 do CPC/2015.

Só a coisa certa móvel se enquadrava no procedimento em questão à época do CPC/1973. Atualmente, os bens *imóveis* também poderão ser alcançados por essa ação. Por fim, o CPC/2015 inclui, no procedimento monitório, a possibilidade de exigir o adimplemento de obrigações de fazer e não fazer, previstas nos arts. 247 a 251 do Código Civil. A sua satisfação em juízo se realiza por meio da execução prevista nos arts. 814 a 823.

Embora se considere nula cláusula contratual que fixa o preço do arrendamento rural em frutos ou produtos ou seu equivalente em dinheiro (art. 18, parágrafo único, do Decreto nº 59.566/1966), entende a jurisprudência do STJ que "essa nulidade não obsta que o credor proponha ação de cobrança, caso em que o valor devido deve ser apurado, por arbitramento, em liquidação". Reconhece, ainda, a mesma jurisprudência que esse tipo de contrato "pode ser usado como prova escrita para aparelhar ação monitória com a finalidade de determinar a entrega de coisa fungível, por quanto é indício da relação jurídica material subjacente". Essa interpretação havida como especial tem como objetivo impedir prática repudiada pelo direito consistente na recusa de satisfazer o direito do arrendante diante do inquestionável descumprimento do contrato.[34]

244.1. Dívida de jogo contraída no exterior

Durante muito tempo prevaleceu o entendimento pretoriano de que empréstimo contraído no exterior em função de jogo não poderia ser cobrado judicialmente no Brasil, por se tratar

---

33 "Cabe ação monitória para haver saldo remanescente oriundo de venda extrajudicial de bem alienado fiduciariamente em garantia" (STJ, Súmula nº 384).

34 STJ, 3ª T., REsp 1.266.975/MG, Rel. Min. Ricardo Villas Bôas Cueva, ac. 10.03.2016, DJe 28.03.2016.

de obrigação inexigível nos termos do nosso Código Civil. Considerava-se ofendida a ordem pública interna.

Contemporaneamente, a orientação do STJ tomou novo rumo para afastar qualquer problema de ordem pública, se o jogo motivador da assunção da dívida se achar conforme a legislação do local em que ela se deu. Resolvendo litígio discutido em ação monitória, cujo objeto era dívida de jogo contraída em cassino norte-americano, decidiu o STJ que não se tratava de caso em que a cobrança se achava vedada. O argumento básico foi no sentido de que haveria equivalência entre a lei estrangeira e o direito brasileiro, visto que "ambos permitem determinados jogos de azar, supervisionados pelo Estado, sendo quanto a esses, admitida a cobrança".[35]

Regendo-se as obrigações pela lei do local da contratação, legítima é a dívida de jogo assumida em país onde a prática se acha apoiada no direito positivo. Por isso, o aresto da Corte brasileira considerou ofensiva aos princípios da boa-fé e da vedação do enriquecimento sem causa, a recusa do brasileiro em honrar o débito ajustado, livremente, perante cassino norte-americano, durante viagem ao exterior.[36] Com isso, o STJ reconheceu cabível a cobrança no Brasil, por meio de ação monitória, da dívida de jogo contraída em cassino dos Estados Unidos da América.

245. Competência

A ação monitória, como ação pessoal, segue a regra geral da competência territorial do foro do domicílio do réu (art. 46). Sujeita-se, porém, à derrogação por convenção das partes, no caso de eleição de foro especial feita em cláusula do negócio jurídico (art. 63).

Na ocorrência de processo falimentar, discute-se se haveria, ou não, atração da ação monitória para o juízo universal da quebra. A jurisprudência do Superior Tribunal de Justiça é no sentido de que, mesmo sendo a massa falida a autora, a monitória, como demanda atípica não prevista na Lei de Falências, – e porque não se divisa qualquer prejuízo para os interesses da massa – não se submete à atração do foro onde tramita o juízo concursal. Permanece competente, portanto, o foro do domicílio do réu.[37]

Em se tratando de ação movida contra a União, autarquia ou empresa pública federal, o foro competente é a Justiça Federal, a teor do que dispõe o art. 109, I, da Constituição da República.

246. Legitimidade ativa

Pode manejar a ação monitória todo aquele que se apresentar como credor de obrigação de soma de dinheiro, de coisa fungível ou infungível, de coisa certa móvel ou imóvel e de obrigação de fazer e não fazer; tanto o credor originário como o cessionário ou sub-rogado.

No Direito italiano, admite-se que até o portador de título executivo extrajudicial possa preferir o procedimento monitório, a fim de obter a hipoteca judiciária, que não existe no

---

[35] STJ, 3ª T., REsp 1.628.974/SP, Rel. Min. Ricardo Villas Bôas Cueva, ac. 13.06.2017, *DJe* 25.08.2017.

[36] "(...) 5. Aquele que visita país estrangeiro, usufrui de sua hospitalidade e contrai livremente obrigações lícitas, não pode retornar a seu país de origem buscando a impunidade civil. A lesão à boa-fé de terceiro é patente, bem como o enriquecimento sem causa, motivos esses capazes de contrariar a ordem pública e os bons costumes. 6. A vedação contida no artigo 50 da Lei de Contravenções Penais diz respeito à exploração de jogos não legalizados, o que não é o caso dos autos, em que o jogo é permitido pela legislação estrangeira (...)" (STJ, 3ª T., REsp 1.628.974/SP, Rel. Min. Ricardo Villas Bôas Cueva, ac. 13.06.2017, *DJe* 25.08.2017).

[37] STJ, 4ª T., REsp 715.289/MG, Rel. Min. Luiz Felipe Salomão, ac. 25.08.2009, *DJe* 08.09.2009; Precedentes: STJ, 2ª T., CC 92.417/DF, Rel. Min. Fernando Gonçalves, ac. 26.03.2008, *DJe* 01.04.2008; STJ, 4ª T., REsp 172.356/PR, Rel. Min. Barros Monteiro, ac. 23.11.2000, *DJU* 05.03.2001, p. 167.

processo de execução, mas é admitida no injuntivo.[38] No Direito brasileiro, pode parecer que essa opção não é admissível, visto que o art. 700 condiciona a legitimidade em questão àquele que se apresente como credor "com base em prova escrita *sem eficácia de título executivo*". É de ponderar, no entanto, que, o art. 785, do CPC/2015 permite que o titular de título executivo extrajudicial opte pelo processo de conhecimento, a fim de obter título executivo judicial. Assim, não há razão para se proibir a utilização do procedimento monitório em igual situação. Além disso, não se pode retirar do credor de título executivo seu direito de demandar o respectivo pagamento pela forma injuntiva, se o crédito achar-se envolvido em contrato ou negócio subjacente que dê ensejo a controvérsias e incertezas. Para evitar o risco de carência da execução por iliquidez ou incerteza da obrigação, justificado será o uso do procedimento monitório, que o devedor não poderá recusar, por não lhe causar prejuízo algum e, ao contrário, somente vantagens poderá lhe proporcionar. Com efeito, a jurisprudência do STJ, à época do Código anterior, já vinha se orientando no sentido de ser possível ao credor de título executivo extrajudicial optar pela sua cobrança por meio do procedimento monitório.[39]

Podem usar, ativamente, o procedimento monitório tanto as pessoas físicas como as jurídicas, de Direito privado ou público.

247. Legitimidade passiva

Sujeito *passivo* da ação monitória haverá de ser aquele que, na relação obrigacional de que é titular o promovente da ação, figure como obrigado ou devedor por soma de dinheiro, por coisa fungível ou infungível, por coisa certa móvel ou imóvel ou por obrigação de fazer ou não fazer. O mesmo se diz de seu sucessor universal ou singular. O CPC/2015 inovou ao fazer constar que possui legitimidade passiva apenas o "devedor capaz" (art. 700, *caput*, *in fine*).

O falido ou o insolvente civil não pode ser demandado pela via do procedimento monitório porque não dispõe de capacidade processual e também porque não pode haver execução contra tais devedores fora do concurso universal.[40]

Em relação às pessoas jurídicas de direito privado, não há restrição alguma quanto ao emprego da ação monitória, sendo possível utilizá-la também contra os sócios, sempre que configurada sua responsabilidade solidária ou subsidiária, segundo o direito material.

Havendo vários coobrigados, solidariamente responsáveis pela dívida, a ação monitória torna-se manejável contra todos, em litisconsórcio passivo, ou contra cada um deles isoladamente, visto que o litisconsórcio, na espécie, não é necessário.[41]

---

[38] EBNER, Vittorio; FILADORO, Camillo. *Manuale del procedimento d'ingiunzione*. Milano: Pirola Editore, 1985, p. 21.

[39] "Assim como a jurisprudência da Casa é firme acerca da possibilidade de propositura de ação de conhecimento pelo detentor de título executivo – uma vez não existir prejuízo ao réu em procedimento que lhe franqueia ampliados meios de defesa –, pelos mesmos fundamentos o detentor de título executivo extrajudicial poderá ajuizar ação monitória para perseguir seus créditos, não obstante também o pudesse fazer pela via do processo de execução. Precedentes" (STJ, 4ª T., Rel. Min. Luis Felipe Salomão, ac. 12.04.2012, *DJe* 02.05.2012). No mesmo sentido: STJ, 4ª T., REsp 435.319/PR, Rel. Min. Ruy Rosado de Aguiar, ac. 06.02.2003, *DJU* 24.03.2003, p. 231; STJ, 3ª T., REsp 182.084/MG, Rel. Min. Ari Pargendler, ac. 13.09.2001, *DJU* 29.10.2001, p. 201.

[40] EBNER, Vittorio; FILADORO, Camillo. *Manuale del procedimento d'ingiunzione*. Milano: Pirola Editore, 1985, p. 22.

[41] EBNER Vittorio; FILADORO, Camillo. *Manuale del procedimento d'ingiunzione*. Milano: Pirola Editore, 1985, p. 29.

Admite-se, na Itália, o manejo do procedimento injuntivo contra a Administração Pública, como, *v.g.*, na pretensão de repetição de indébito tributário.[42] A exemplo do direito italiano, o CPC/2015 também possibilita o ajuizamento da ação monitória contra a Fazenda Pública (art. 700, § 6º). Como essa possibilidade não constava do CPC/1973, muitas eram as dúvidas sobre se a orientação em tela poderia ser transplantada para o direito brasileiro. Assim, a nova legislação acabou com a discussão, seguindo a orientação da Súmula nº 339 do STJ.

Para melhor entendimento das razões que motivaram tal discussão, apresentamos, a seguir, um breve resumo da evolução dessa matéria.

I – A Fazenda Pública como agente passivo: peculiaridades do direito brasileiro

Uma peculiaridade do direito brasileiro, que poderia dificultar a adoção do procedimento monitório, relaciona-se às características de nosso regime de execução contra a Fazenda Pública, que pressupõe precatório com base em sentença condenatória (CF, art. 100), o que não existiria, no caso de ação monitória não embargada. Além do mais, a Fazenda Pública tem a garantia do duplo grau de jurisdição obrigatório, a ser aplicado na sentença que lhe seja adversa (CPC/2015, art. 496, II), e a revelia não produz contra ela o efeito de confissão aplicável ao comum dos demandados (CPC/2015, art. 345, II). Com todos estes mecanismos de tutela processual conferidos ao Poder Público quando demandado em juízo de acertamento, parecia realmente inviável, entre nós, a aplicação da ação monitória contra a Administração Pública.

Assim, para alguns, seu único efeito, diante da impossibilidade de penhora sobre o patrimônio público, seria a de dispensar o processo de conhecimento para reconhecer-se por preclusão o direito do autor, independentemente de sentença. Acontece que a Fazenda não se sujeitaria a precatório sem prévia sentença e contra ela não prevaleceria a confissão ficta deduzida da revelia. Assim, nada se aproveitaria do procedimento monitório, na espécie. Forçosamente, o processo teria de prosseguir, de forma ordinária, até a sentença de condenação. Além disso, e o que é mais importante, a citação no procedimento monitório é uma ordem de pagamento e não um chamado para se defender, o que seria incompatível com o tipo de ação cabível contra o Poder Público, em face de quem a exigência de pagamento só seria possível dentro do mecanismo do precatório.

Não haveria, porém, lugar para anular-se o procedimento monitório intentado contra pessoa jurídica de direito público se esta oferecesse tempestivos embargos de mérito. É que dessa maneira o feito teria se transformado em pura ação ordinária de cobrança. Faltaria interesse legítimo para justificar a anulação ou extinção do processo, a fim de simplesmente ser reiniciado sob rótulo de ação ordinária. No sistema moderno do direito processual não se acolhe arguição de nulidade por vício de forma se é possível o aproveitamento do procedimento apenas com sua adaptação ao rito correto (art. 283). Ora, com os embargos de mérito, o próprio demandado provocaria a transformação da ação monitória em ação comum de conhecimento, com amplo e irrestrito contraditório, donde se deduziria a total ausência de causa para sustentar a eventual anulação do processo.

II – O posicionamento do STJ

Sem embargo de forte corrente doutrinária adversa, a 1ª Seção do STJ, em decisão não unânime, fixou entendimento de que "o procedimento monitório não colide com o rito executivo

---

42 EBNER, Vittorio; FILADORO, Camillo. *Manuale del procedimento d'ingiunzione*. Milano: Pirola Editore, 1985, p. 25, onde, além de vários acórdãos do Tribunal de Milão, cita-se, até mesmo, julgado da Suprema Corte italiana, de ser "pienamente ammissibile il procedimento monitorio nei confronti della Pubblica Amministrazione".

específico da execução contra Fazenda Pública previsto no art. 730 do CPC [CPC/2015, art. 910]. O rito monitório, tanto quanto o ordinário, possibilita a cognição plena, desde que a parte ré ofereça embargos".[43] Mesmo para os casos de monitória não embargada, a decisão da 1ª Seção foi de que "forma-se o título executivo judicial convertendo-se o mandado inicial em mandado executivo, prosseguindo-se na forma do Livro II, Título II, Capítulo II e IV [do CPC/1973] (execução *stricto sensu*), propiciando à Fazenda, mais uma vez, o direito de oferecer embargos à execução de forma ampla, sem malferir princípios do duplo grau de jurisdição; da imperiosidade do precatório; da impenhorabilidade dos bens públicos; da inexistência de confissão ficta; da indisponibilidade do direito e não incidência dos efeitos da revelia".[44] Constata-se que STJ, ao mesmo tempo em que reconheceu a formação de um título executivo judicial pela falta de embargos à monitória, ressalvou a possibilidade de ampla discussão do direito do credor nos eventuais embargos manejados nos termos do art. 730 do CPC/1973. Assim, ao que parece, estar-se-ia admitindo o regime para o título judicial, equivalente ao do extrajudicial, já que a monitória estaria sendo utilizada apenas para criar título executivo sem limitar a discutibilidade de seu conteúdo. Essa orientação prevaleceu na jurisprudência do STJ, e foi consolidada por enunciado sumular (STJ, Súmula nº 339: "É cabível ação monitória contra a Fazenda Pública", cujo texto foi incorporado ao § 6º do art. 700 do CPC/2015). Observa-se que a nova lei processual acolheu entendimento jurisprudencial pacificado no STJ e demais tribunais do país, a exemplo do que ocorreu em diversas outras matérias.

248. Prova

Exige o art. 700 que a petição inicial da ação monitória seja instruída com a "prova escrita" do direito do autor. E mais: possibilita o CPC/2015, no § 1º desse artigo, a produção de prova oral documentada, coletada antecipadamente, nos termos do art. 381 do CPC/2015.

I – Prova escrita: elementos doutrinários

A prova escrita, em Direito Processual Civil, tanto é a *pré-constituída* (*instrumento* elaborado no ato da realização do negócio jurídico para registro da declaração de vontade) como a *casual* (escrito surgido sem a intenção direta de documentar o negócio jurídico, mas que é suficiente para demonstrar sua existência).

Além disso, conhece-se, também, o "começo de prova por escrito", que contribui para a demonstração do fato jurídico, mas não é completa, reclamando, por isso, outros elementos de convicção para gerar a certeza acerca do objeto do processo. Observa Carreira Alvim que tanto a prova pré-constituída como a casual servem para instruir a ação monitória. O mesmo, todavia, não se passa com o começo de prova escrita, já que, antes do deferimento do mandado de pagamento, não haverá oportunidade para que o autor a complete com testemunhas e outros elementos.[45]

---

[43] STJ, 1ª Seção, REsp 434.571/SP, Rel. Min. Eliana Calmon, Rel. p/ ac. Min. Luiz Fux, ac. 08.06.2005, *DJU* 20.03.2006, p. 181.

[44] STJ, 1ª T., REsp 215.526/MA, Rel. Min. Luiz Fux, ac. 11.06.2002, por maioria, *DJU* 07.10.2002, p. 176. No sentido do não cabimento da ação monitória contra a Fazenda Pública, que estaria sujeita apenas ao procedimento executivo especial do art. 910, do CPC/2015, decidiu o STJ, 1ª T., REsp 197.605/MG, Rel. Min. José Delgado, ac. 14.11.2000, por maioria, *DJU* 16.06.2001, *RSTJ* 154/57.

[45] CARREIRA ALVIM, J. E. *Ação monitória*. "Palestra no Congresso de Processo Civil de Brasília", jun. 1995. STJ, 4ª T., REsp 180.715/SP, Rel. Min. Barros Monteiro, ac. 03.12.1998, *DJU* 12.04.1999, p. 161. Quanto às controvérsias relativas aos valores e forma de cálculo, devem ser solucionadas pela via dos embargos (STJ, 4ª T., REsp 331.622/SP, Rel. Min. Barros Monteiro, ac. 04.10.2001, *DJU* 11.03.2002, p. 259, *RT* 801/173).

Ao tratar, porém, da *prova escrita*, observa a doutrina italiana, perfeitamente utilizável no atual direito brasileiro, que deve acolher-se com certa largueza a figura em cogitação, não a submetendo ao rigor da prova do ato jurídico, exigida pelo direito material. Deve, assim, confiar-se ao juiz uma *livre avaliação* da prova fornecida com a inicial. Mandrioli registra que a jurisprudência da Corte de Cassação italiana é reiterada no sentido de que *prova escrita*, para os fins do procedimento monitório ou de injunção, "*è qualsiasi documento che il giudice ritenga meritevole di fede quanto ad autenticità ed efficacia probatoria*".[46]

Garbagnati chega a considerar prova *escrita* idônea "*il documento che prova fatti da cui il giudice può soltanto desumere per presunzione il fatto costitutivo del diritto*".[47]

Importante decisão do STJ abriu caminho para estender o requisito da prova necessária à ação monitória de modo a nela incluir documentos eletrônicos como os *e-mails*. Vale a pena reportar-se aos argumentos que fundamentaram o julgado:[48]

(a) "A prova hábil a instruir a ação monitória, isto é, apta a ensejar a determinação da expedição do mandado monitório – a que alude os artigos 1.102-A do CPC/1973 e 700 do CPC/2015 –, precisa demonstrar a existência da obrigação, devendo o documento ser escrito e suficiente para, efetivamente, influir na convicção do magistrado acerca do direito alegado, não sendo necessário prova robusta, estreme de dúvida, mas sim documento idôneo que permita juízo de probabilidade do direito afirmado pelo autor".

(b) "O correio eletrônico (e-mail) pode fundamentar a pretensão monitória, desde que o juízo se convença da verossimilhança das alegações e da idoneidade das declarações, possibilitando ao réu impugnar-lhe pela via processual adequada".

(c) "O exame sobre a validade, ou não, da correspondência eletrônica (e-mail) deverá ser aferida no caso concreto, juntamente com os demais elementos de prova trazidos pela parte autora".

II – Conjunto documental

Não é imprescindível, portanto, que o documento esteja assinado, podendo mesmo ser acolhido o que provém de terceiro ou daqueles registros, como os do comerciante ou dos assentos domésticos que não costumam ser assinados, mas aos quais se reconhece natural força probante (CPC/2015, art. 410, III). Pouco importa, outrossim, que o documento escrito não contenha a firma do devedor, se, por outro documento, se obtém a certeza de que este o reconheceu como representativo de sua obrigação. O conjunto documental pode, dessa forma, gerar a convicção do juiz sobre o direito do credor, mesmo quando cada um dos escritos exibidos não seja, isoladamente, capaz de comprová-lo.[49]

---

[46] MANDRIOLI, Crisanto. *Corso di diritto processuale civile*. 8. ed. Torino: Giappichelli Editore, 1992, v. III, n. 42, p. 168, nota 4.

[47] GARBAGNATI. *Apud* MANDRIOLI, Crisanto. *Corso di diritto processuale civile*. 8. ed. Torino: Giappichelli Editore, 1992, v. III, p. 169, nota 5.

[48] STJ, 4ª T., REsp 1.381.603/MS, Rel. Min. Luis Felipe Salomão, ac. 06.10.2016, *DJe* 11.11.2016.

[49] "Se o documento que aparelha a ação monitória não emana do devedor, mas goza de valor probante, revelando o conhecimento plausível da obrigação, é título hábil a viabilizar o processamento da ação monitória" (STJ, 3ª T., REsp 244.491/SP, Rel. Min. Nancy Andrighi, ac. 10.04.2001, *DJU* 13.08.2001, p. 146). No mesmo sentido: STJ, 1ª T., REsp 285.371/SP, Rel. Min. Luiz Fux, ac. 28.05.2002, *DJU* 24.06.2002, p. 199 (caso de boleto bancário para cobrança de contribuição sindical); STJ, 4ª T., REsp 925.584/SE, Rel. Min. Luis Felipe Salomão, ac. 09.10.2012, *DJe* 07.11.2012 (duplicata sem força executiva); STJ, 3ª T., AgRg no REsp 1.248.167/PB, Rel. Min. Ricardo Villas Bôas Cueva, ac. 09.10.2012, *DJe* 16.12.2012 (nota fiscal).

Se o documento prevê contraprestação a cargo do autor da ação monitória, a prova a ser apresentada haverá de compreender não só a assunção da obrigação pelo demandado, como também o cumprimento daquela a cargo do promovente, ou, pelo menos, algum elemento idôneo que autorize presumi-lo.[50]

A circunstância de o documento do credor ser, em tese, um título executivo extrajudicial nem sempre representará empecilho ao manejo da ação monitória. É que tal título pode estar vinculado a negócios subjacentes que criem restrições ou dúvida à sua imediata exequibilidade. Pode, por exemplo, haver dúvida ou divergência quanto a seu enquadramento na categoria de título executivo, ou pode já ter incorrido em prescrição a ação executiva. Sempre, pois, que houver insegurança da parte em relação à plena exequibilidade de seu título, não se lhe pode impedir o acesso ao procedimento monitório, mesmo porque de tal opção nenhum prejuízo advirá para a defesa do devedor.[51]

III – Os títulos injuntivos

A jurisprudência tem aceitado como título injuntivo, entre outros, o documento particular de reconhecimento de dívida não assinado por duas testemunhas,[52] o título de crédito prescrito,[53] a duplicata mercantil sem comprovante de entrega da mercadoria,[54] a compra e venda mercantil da qual não se expediu a duplicata,[55] o contrato de abertura de crédito em conta-corrente,[56] o saldo do contrato de arrendamento mercantil,[57] contribuições condominiais,[58] extratos bancários,[59] honorários advocatícios,[60] contrato de prestação de serviços,[61] "romaneio" agrícola,[62] contrato de seguro,[63] contrato de cartão de crédito,[64] cheque prescrito,[65]

---

50 MANDRIOLI, Crisanto. *Corso di diritto processuale civile*. 8. ed. Torino: Giappichelli Editore, 1992, v. III, n. 42, p. 169.

51 STJ, 3ª T., REsp 182.084/MG, Rel. Min. Ari Pargendler, ac. 13.09.2001, *DJU* 29.10.2001, p. 201; STJ, 4ª T., REsp 435.319/PR, Rel. Min. Ruy Rosado de Aguiar, ac. 06.02.2003, *DJU* 24.03.2003, p. 231; Com a invocação dos "princípios da instrumentalidade das formas, economia e celeridade processuais", o STJ admitiu a conversão de execução de título extrajudicial em ação monitória, ao argumento de que o devedor não chegara a embargar o feito executivo e de que, na espécie, não ocorrera "prejuízo algum ao devedor" (STJ, 4ª T., REsp 302.769/SP, Rel. Min. Barros Monteiro, ac. 18.06.2002, *DJU* 07.10.2002, p. 262).

52 TJMG, 9ª C. Civ., Ap. 1.0000.21.045883-2/001, Rel. Des. Pedro Bernardes de Oliveira, ac. 01.09.2021, *DJe* 08.09.2021.

53 STJ, 3ª T., REsp 1.940.996/SP, Rel. Min. Ricardo Villas Bôas Cueva, ac. 21.09.2021, *DJe* 27.09.2021.

54 STJ, 4ª T., AgInt no AREsp 1.441.446/SP, Rel. Min. Maria Isabel Gallotti, ac. 26.11.2019, *DJe* 06.12.2019.

55 STJ, 4ª T., AgRg no AREsp 289.660/RN, Rel. Min. Luis Felipe Salomão, ac. 04.06.2013, *DJe* 19.06.2013.

56 STJ, Corte Especial, EAREsp 502.132/RS, Rel. Min. Raul Araújo, ac. 05.05.2021, *DJe* 03.08.2021.

57 "Correto o ajuizamento de ação monitória, se o título executivo originário perdeu sua certeza e liquidez em face da reintegração, pelo credor, dos veículos arrendados" (STJ, 4ª T., REsp 439.103/MG, Rel. Min. Aldir Passarinho Júnior, ac. 17.09.2002, *DJU* 25.11.2002, p. 243).

58 STJ, 4ª T., REsp 405.011/RS, Rel. Min. Aldir Passarinho, ac. 19.12.2002, *DJU* 02.06.2003, p. 300.

59 STJ, 4ª T., REsp 1.138.090/MT, Rel. Min. Luis Felipe Salomão, ac. 20.06.2013, *DJe* 01.08.2013.

60 TJMG, Ap. 1.0534.18.001526-3/001, 14 C. Civ., Rel. Des. Marco Aurelio Ferenzini, ac. 08.10.2021, *Dje* 08.10.2021.

61 STJ, 3ª T., REsp 213.077/MG, Rel. Min. Nancy Andrighi, ac. 17.05.2001, *DJU* 25.06.2001 p. 170, *Revista Forense* 362/221.

62 STJ, 4ª T., REsp 324.656/ES, Rel. Min. Ruy Rosado, ac. 18.10.2001, *DJU* 18.02.2002, p. 456.

63 STJ, 3ª T., REsp 250.513/MG, Rel. Min. Nancy Andrighi, ac. 26.03.2001, *DJU* 23.04.2001, p. 160.

64 STJ, 3ª T., REsp 469.005/MG, Rel. Min. Nancy Andrighi, ac. 06.06.2003, *DJU* 30.06.2003, p. 242.

65 "A prova inicial, municiada pelo cheque, é o bastante para a comprovação do direito do autor ao crédito reclamado, cabendo ao lado adverso demonstrar, eficazmente, o contrário" (STJ, 4ª T., REsp 285.223/MG, Rel. Min. Aldir Passarinho, ac. 26.06.2001, *DJU* 05.11.2001, p. 116). No mesmo sentido: STJ, 4ª T.; REsp 926.312/SP, Rel. Min. Luis Felipe Salomão, ac. 20.09.2011, *DJe* 17.10.2011. Contra: STJ, 3ª T., REsp 457.556/

contrato de serviços hospitalares,[66] compra e venda representada por notas fiscais,[67] e contrato de serviços educacionais.[68]

Embora o art. 700 preveja o cabimento da monitória em favor do credor que possua prova escrita de seu crédito "sem eficácia de título executivo", nada impede que o interessado opte por cobrá-lo pela via especial monitória, ainda que pudesse utilizar a ação executiva. Nesse sentido é o Enunciado nº 101 da 1ª Jornada de Direito Processual Civil, promovida pelo Centro de Estudos Judiciários do Conselho da Justiça Federal.[69]

Justifica-se a escolha procedimental pelo interesse que se pode reconhecer ao titular de obter título judicial, com as facilidades e economicidade próprias da ação monitória, que permite a constituição de pleno direito de título daquela espécie, independentemente de qualquer formalidade, bastando que o demandado não apresente embargos no devido prazo (art. 701, § 2º).

Esse entendimento encontra lugar dentro da sistemática do CPC/2015 que, em outra passagem, assegura ao portador de título executivo extrajudicial optar pelo processo de conhecimento, a fim de obter título executivo judicial (art. 785). É bom observar que a ação monitória se insere entre os procedimentos especiais relativos ao processo de conhecimento.

IV - A prova oral documentada, produzida antecipadamente

O CPC/2015 admite como escrita a prova oral documentada, produzida antecipadamente, por meio da ação probatória autônoma[70] (art. 700, § 1º). Com isso, restaram bastante ampliadas as hipóteses de cabimento da ação (sobre a produção antecipada de prova oral, ver item nº 682 no vol. I deste Curso).

V - Dúvida quanto à idoneidade da prova documental

Se por um lado o CPC/2015 ampliou o conceito de prova escrita hábil a justificar o ajuizamento da ação monitória, por outro conferiu ao juiz a possibilidade de intimar o autor a emendar a petição inicial para adaptá-la ao procedimento comum, toda vez que não considerar a prova documental apresentada idônea (art. 700, § 5º).

Trata-se de uma imposição ao juiz, e não uma opção, para oferecer ao autor outra oportunidade de buscar o que entende ser direito seu. Por outro lado, a introdução, pelo CPC/2015, desse limite é importante porque todo o processamento da ação monitória é voltado para a idoneidade da prova escrita apresentada pelo autor.

Ao ser intimado, o autor poderá *(i)* apresentar outras provas que convençam o juiz da presença dos requisitos da ação monitória; ou *(ii)* emendar a inicial, para adaptá-la ao procedimento comum.[71]

SP, Rel. Nancy Andrighi, ac.11.11.2002, *DJU* 16.12.2002, p. 331. A Súmula nº 299 do STJ uniformizou sua jurisprudência no sentido de que "é admissível a ação monitória fundada no cheque prescrito". O STJ editou a Súmula 531, no sentido de que "em ação monitória fundada em cheque prescrito, ajuizada contra o emitente, é dispensável a menção ao negócio jurídico subjacente à emissão da cártula". O STJ já decidiu, ainda, que o termo inicial para a cobrança de juros é a citação (STJ, 3ª T., AgRg no AI 1.276.521/MG, Rel. Min. Massami Uyeda, ac. 08.06.2010, DJe 25.06.2010; STJ, 4ª T., REsp 554.694/RS, Rel. Min. Barros Monteiro, ac. 06.09.2005, *DJe* 24.10.2005).

66 STJ, 4ª T., REsp 252.013/RS, Rel. Min. Sálvio de Figueiredo, ac. 29.06.2000, *DJU* 04.09.2000, p. 163.

67 STJ, 3ª T., AgRg no AREsp 643.786/SP, Rel. Min. Marco Aurélio Bellizze, ac. 27.10.2015, *DJe* 16.11.2015.

68 STJ, 4ª T., REsp 286.036/MG, Rel. Min. Ruy Rosado, ac. 15.02.2001, *DJU* 26.03.2001, p. 430.

69 "É admissível ação monitória, ainda que o autor detenha título executivo extrajudicial" (Enunciado 101).

70 WAMBIER, Teresa Arruda Alvim; CONCEIÇÃO, Maria Lúcia Lins; RIBEIRO, Leonardo Ferres da Silva; MELLO, Rogério Licastro Torres de. *Primeiros comentários ao atual Código de Processo Civil* – artigo por artigo. São Paulo: Ed. RT, 2015, p. 1.033.

71 MEDINA, José Miguel Garcia. *Novo Código de Processo Civil comentado*. 3. ed. São Paulo: Ed. RT, 2015, p. 966.

VI – Ônus da prova

Quanto ao ônus da prova, a ação monitória não apresenta novidade alguma. Prevalecem as regras gerais do art. 373 do CPC/2015, ou seja, ao autor compete provar o fato constitutivo de seu direito e ao réu incumbe a prova do fato impeditivo, modificativo ou extintivo daquele direito.

A prova a cargo do autor tem, em princípio, de evidenciar, por si só, a liquidez, certeza e exigibilidade da obrigação, porque o mandado de pagamento a ser expedido liminarmente tem de individuar a prestação reclamada pelo autor e não haverá oportunidade, durante o procedimento ulterior, para o credor completar a comprovação do crédito e seu respectivo objeto. Além disso, o mandado de pagamento só pode apoiar-se em obrigação cuja existência não reclame acertamento ulterior e cuja atualidade já esteja adequadamente comprovada.[72]

Não se quer com isto condicionar o ajuizamento da monitória a um rigor probatório em torno da certeza e liquidez da obrigação em grau máximo, tal como se passa com o título executivo (art. 783). Cabe ao autor, na ótica do STJ, exibir apenas algum documento capaz de, ordinariamente, demonstrar a origem do crédito cobrado, mesmo que não tenha sido emitido pelo devedor e não contenha sua assinatura. "Basta que tenha forma escrita e seja suficiente para, efetivamente influir na convicção do magistrado acerca do direito alegado". Assim tem decidido o STJ, ao se contentar, na espécie, por exemplo, com "faturas, desprovidas de aceite, e planilhas orçamentárias referentes à prestação do serviço".[73]

É de se ponderar, contudo, que o art. 701, *caput*, do CPC/2015 vincula a expedição de mandado de pagamento à *evidência* do direito do autor. Vale dizer, se as alegações e provas juntadas aos autos se revelarem nítidas e idôneas, o mandado de pagamento poderá ser imediatamente expedido, antes mesmo da oitiva do réu.[74] O contraditório, destarte, será diferido, se o requerido assim o quiser.

VII – Prescrição

Extinta a pretensão à ação executiva cambial, o título de crédito conserva sua qualidade de prova hábil para a ação monitória. Nesse caso, o prazo prescricional aplicável à cobrança por essa via processual passa a ser o quinquenal, previsto pelo art. 206, § 5º, I, do Cód. Civil, contado do vencimento do título, consoante jurisprudência do STJ firmada em regime de recurso repetitivo.[75]

249. Procedimento

O CPC/2015 introduziu vários dispositivos relacionados ao procedimento da ação monitória, adotando técnica processual diferenciada, em busca da celeridade na tramitação

---

[72] O STJ, flexibilizando a ideia de "prova escrita", admitiu como prova suficiente para a ação monitória um "contrato de compra e venda de cotas sociais de sociedade comercial e planilhas de débito", assentando que: "Para a propositura da ação monitória, não é preciso que o autor disponha de prova literal do *quantum*. A 'prova escrita' é todo e qualquer documento que autorize o juiz a entender que há direito à cobrança de determinada dívida". Já "em relação à *liquidez* do débito e à oportunidade de o devedor discutir os valores cobrados, a lei assegura-lhe a via dos embargos, previstos no art. 1.102-C do CPC [CPC/2015, art. 702], que instauram amplo contraditório a respeito, devendo, por isso, a questão ser dirimida pelo juiz na sentença. O fato de ser necessário o acertamento de parcelas correspondentes ao débito principal e, ainda, aos acessórios não inibe o emprego do processo monitório" (STJ, 4ª T., REsp 437.638-0/RS, Rel. Min. Barros Monteiro, ac. 27.08.2002, *DJU* 28.10.2002, p. 327).

[73] STJ, 4ª T., REsp 925.584/SE, Rel. Min. Luis Felipe Salomão, ac. 09.10.2012, *DJe* 07.11.2012.

[74] VASCONCELOS, Ronaldo. Da ação monitória. In: WAMBIER, Teresa Arruda Alvim; DIDIER JR., Fredie; TALAMINI, Eduardo; DANTAS, Bruno. *Breves comentários ao novo Código de Processo Civil*. São Paulo: Ed. RT, 2015, p. 1.616.

[75] "Para fins do art. 543-C do Código de Processo Civil: 'O prazo para ajuizamento de ação monitória em face do emitente de cheque sem força executiva é quinquenal, a contar do dia seguinte à data de emissão estampada na cártula'" (STJ, 2ª Seção, REsp 1.101.412/SP, Rel. Min. Luís Felipe Salomão, ac. 11.12.2013, DJe 03.02.2014). No mesmo sentido: STJ, 4ª T., AgRg no AREsp 588.291/PE, Rel. Min. Raul Araújo, ac. 07.06.2016, *DJe* 27.06.2016; STJ, 4ª T., AgRg no AREsp 679.160/SP, Rel. Min. Marco Buzzi, ac. 28.03.2017, *DJe* 04.04.2017.

do processo e da efetividade do julgado, como se verá a seguir. Prestigiou-se, novamente, a jurisprudência já uniformizada pelos tribunais brasileiros.

I – Fases do procedimento monitório

Costuma-se entrever duas fases distintas no processo monitório: a monitória propriamente dita e a executiva, tendo como momento de separação entre elas a eventualidade dos embargos do devedor, quando decide impugnar a pretensão do autor.

A fase monitória é de cognição sumária, iniciando-se com a decisão liminar de deferimento da ordem de pagamento requerida na petição inicial, à luz do reconhecimento judicial da força probatória dos documentos que a instruíram. Se o demandado não embargar, automaticamente a monitória se transforma em execução de título judicial. Se há oposição de embargos, suspende-se o mandado monitório, instaurando-se um procedimento incidental cognitivo,[76] cuja sentença, sendo de rejeição da resposta do embargante, propiciará o início da fase executiva, inibida pela demanda cognitiva incidental. Sendo, porém, acolhidos os embargos, a ação monitória se extinguirá, sem atingir o estágio executivo do processo. A conversão do procedimento monitório em comum é decorrência automática da oposição de embargos, não dependendo de qualquer requerimento da parte.[77]

II – Petição inicial

A petição inicial tem de atender a todos os requisitos do art. 319 do CPC/2015, e, especialmente, deve conter a descrição do fato constitutivo do direito do autor, já que este não dispõe de título executivo capaz de dispensá-lo da demonstração da *causa debendi*.[78] Mas, em se tratando de título cambial prescrito, basta a cártula para sustentar a monitória. Ao devedor é que caberá suscitar a discussão sobre a *causa debendi* em seus embargos, se for o caso de negar sua dívida. É bom lembrar que a defesa no procedimento monitório se faz por meio de embargos (ação) e não através de contestação (art. 702). O regime processual é, pois, mais próximo do executivo, e muito diferente do procedimento comum previsto para o processo cognitivo.

É, outrossim, documento essencial, que haverá de ser produzido com a petição inicial, "a prova escrita" do crédito ajuizado (art. 700, *caput*),[79] equiparando-se a ela a prova oral previamente obtida, em procedimento de produção antecipada de prova (art. 700, § 1º).

Incumbe, ainda, ao autor explicitar, conforme o caso (art. 700, § 2º):

---

[76] "Assim, a cognição da ação monitória, que em princípio é sumária, será dilatada mediante iniciativa do réu em opor embargos, permitindo que se forme um juízo completo e definitivo sobre a existência ou não do direito do autor" (STJ, 3ª T., REsp 1.955.835/PR, Rel. Min. Nancy Andrighi, ac. 14.06.2022, *DJe* 21.06.2022). Inaugura-se com os embargos um novo processo que "tramitará pelo rito ordinário [procedimento comum], dotado de cognição plena e exauriente, com ampla dilação probatória" (STJ, 3ª T., REsp 1.084.371/RJ, Rel. Min. Nancy Andrighi, ac. 01.12.2011, *DJe* 12.12.2011).

[77] Para a conversão do procedimento monitório em comum, "é irrelevante, portanto, a vontade da parte de converter ou não o rito processual" (STJ, 3ª T., REsp 1.955.835/PR, Rel. Min. Nancy Andrighi, ac. 14.06.2022, *DJe* 21.06.2022).

[78] Ernane Fidelis dos Santos ensina que, para a monitória, basta a *prova escrita*, no caso, o cheque prescrito. Ao devedor é que caberá arguir as objeções ao título, de sorte que, somente em resposta aos embargos, caberá ao credor "o ônus de alegar e provar o negócio subjacente, justificativo da cobrança" (SANTOS, Ernane Fidelis dos. *Ação monitória*. Belo Horizonte: Del Rey, 2000, n. 30, p. 70). Para referido processualista, a causa de pedir da monitória "é a simples informação da dívida, tal qual se contém no título monitório, ou seja, na prova escrita que a instrumentaliza" (SANTOS, Ernane Fidelis dos. *Ação monitória*. Belo Horizonte: Del Rey, 2000, n. 30, p. 71).

[79] STJ, Súmula nº 531: "Em ação monitória fundada em cheque prescrito ajuizada contra o emitente, é dispensável a menção ao negócio jurídico subjacente à emissão da cártula".

(a) a importância devida, instruindo-a com memória de cálculo (inciso I);
(b) o valor atual da coisa reclamada (inciso II); e
(c) o conteúdo patrimonial em discussão ou o proveito econômico perseguido (inciso III).

Se esses requisitos não forem cumpridos, a inicial será indeferida (§ 4º), admitida, contudo, a diligência saneadora prevista, na forma e no prazo, no art. 321.

A individualização desses valores (seja o *quantum* devido, seja o preço da coisa reclamada, seja ainda a estimativa em dinheiro da obrigação inadimplida) é fundamental para conhecer o valor da causa. Isso porque ele deve corresponder à cifra monetária pretendida pelo autor (art. 700, § 3º). Caso a monitória se fundamente em obrigação de não fazer, o valor da causa deverá corresponder a uma estimativa apontada pelo autor, com base na relação jurídica subjacente ao negócio jurídico.[80]

É bom lembrar que o valor da causa é um dos requisitos da petição inicial e cabe ao autor fixá-lo. Em caso de desatendimento, o que se admite é a inserção ou correção *a posteriori* desse valor, em cumprimento à diligência determinada pelo juiz, na oportunidade conferida pelo art. 321 do CPC/2015 para que o autor possa superar os defeitos da inicial. Se ele não tomar tal providência no prazo assinado, a petição será indeferida, conforme dispõe o parágrafo único desse mesmo artigo.

III - Natureza do ato judicial que defere a petição inicial

Para o deferimento da inicial, é preciso que o juiz reconheça a evidência do direito do autor, logo é necessário que a decisão analise o documento exibido, expondo motivação adequada, ainda que seja de verossimilhança e não de certeza.[81] Incide a garantia do art. 93, IX, da CF e do art. 11 do CPC. Há, pois, uma cognição e um pronunciamento em torno do mérito da demanda, que, por ser inicial e não final, configura decisão interlocutória. Tanto é um julgamento de mérito que, embora não recorrível, em regra, pode ser objeto eventual de ação rescisória (CPC, art. 701, § 3º).

Dentro do procedimento especial da monitória, a decisão que determina a expedição do mandado de pagamento tem conteúdo e eficácia de sentença condenatória, acobertada pela coisa julgada, sendo, por isso, tratada pela lei, quando não embargada como "título executivo judicial" (CPC art. 701, § 2º). Daí a obrigatoriedade de adequada fundamentação (CF, art. 93, IX), sendo inadmissível sua redução a um simples despacho de "expeça-se o mandado monitório".[82]

Não há, em princípio, que se pensar em recurso contra a decisão que defere o mandado monitório, porque o meio natural de impugná-la são os embargos (CPC, art. 702), os quais têm o condão de suspender a eficácia da ordem judicial de pagamento até o julgamento de primeiro grau (CPC, art. 702, § 4º). Falta, pois, interesse para justificar o manejo do agravo, na espécie.

---

80 VASCONCELOS, Ronaldo. Da ação monitória. In: WAMBIER, Teresa Arruda Alvim; DIDIER JR., Fredie; TALAMINI, Eduardo; DANTAS, Bruno. *Breves comentários ao novo Código de Processo Civil*. São Paulo: Ed. RT, 2015, comentários ao art. 701, p. 1.612.

81 MACHADO, Marcelo Pacheco. *Comentários ao Código de Processo Civil*. São Paulo: Saraiva, 2017, v. XIII, 220-221: Observa o autor que seria uma incongruência que o juiz tivesse de motivar decisão liminar de tutela da evidência e não estivesse sujeito a cumprir a mesma garantia constitucional no deferimento *initio litis* do mandado de pagamento da ação monitória (MACHADO, Marcelo Pacheco. *Comentários ao Código de Processo Civil*. São Paulo: Saraiva, 2017, v. XIII, p. 221).

82 NERY JR., Nelson; NERY, Rosa Maria de Andrade. *Código de Processo Civil comentado*. 16. ed. São Paulo: RT, 2016, p. 1.639.

IV – Citação

O réu, após o deferimento da inicial, será citado, não para se defender, mas para pagar a soma de dinheiro, entregar a coisa ou cumprir a obrigação. Por isso, fala a lei em "mandado de pagamento", "mandado de entrega de coisa" ou "mandado para execução de obrigação de fazer ou não fazer" (CPC/2015, art. 701).

Em se tratando de exigência em juízo de obrigação de quantia certa, o pedido inclui sempre os juros legais e a correção monetária, além dos honorários advocatícios e demais despesas processuais, independentemente de explicitação na petição inicial (art. 322, § 1º). O mandado de pagamento, na monitória, deve, portanto, compreender essas parcelas complementares da dívida, que também comporão o objeto da execução (art. 798, parágrafo único), caso nela se converta o procedimento monitório (art. 701, § 2º).

Uma vez que a demanda versa sobre obrigação líquida e certa, os juros moratórios e a correção monetária serão calculados a partir do respectivo vencimento (CC, art. 395).[83] Isto porque "o inadimplemento da obrigação, positiva e líquida, no seu termo, constitui de pleno direito em mora o devedor", tal como disposto no art. 397, *caput*, do Código Civil, sujeitando-o, desde então, aos juros moratórios e à atualização monetária (art. 395 do mesmo Código).

O CPC/2015, superando dúvidas existentes ao tempo da lei antiga, explicitou que a citação monitória é realizável por qualquer dos meios permitidos para o procedimento comum (art. 700, § 7º).

Seria recorrível a decisão que defere o mandado de pagamento, de entrega da coisa certa e de cumprimento da obrigação? A resposta é negativa, não pela natureza do ato judicial, mas pela falta de interesse do réu para justificar o manejo do agravo, visto que a consequência imediata da citação é a abertura, para o destinatário, da faculdade de defender-se amplamente por meio de embargos.[84] Ademais, nos termos do art. 1.015 do CPC/2015, não se trata de decisão oponível por agravo de instrumento.

V – Condutas do réu

Citado, o devedor pode:

(a) cumprir o que foi determinado no mandado e efetuar o pagamento dos honorários advocatícios fixados em cinco por cento do valor da causa, no prazo de quinze dias (art. 701, *caput*). Nesse caso, ficará isento do pagamento de custas (§ 1º);

(b) permanecer inerte (art. 701, § 2º); ou

(c) oferecer embargos (art. 702).[85]

---

[83] "Considera-se em mora o devedor que não efetuar o pagamento no tempo, lugar e forma que a lei ou a convenção estabelecer" (CC, art. 394). Entre as consequências imediatas da mora *solvendi* figuram os juros e a atualização monetária da dívida (CC, art. 395). Por isso, "a jurisprudência do STJ é firme no sentido de que a correção monetária incide para manutenção do poder aquisitivo, motivo pelo qual, o termo inicial, na ação monitória, é a data do vencimento do título, a fim de não gerar um enriquecimento da parte contrária" (STJ, 4ª T., AgRg no AREsp 679.160/SP, Rel. Min. Marco Buzzi, ac. 28.03.2017, *DJe* 04.04.2017).

[84] Em caso de decisão que, em processo de execução, determinou a penhora, a jurisprudência tem denegado o agravo justamente porque o devedor dispõe dos embargos para impugnar o ato judicial. "Se, antes mesmo da formação do instrumento, suscitou-se a mesma questão, atinente à impenhorabilidade do bem, à luz da Lei nº 8.009/90, em sede de embargos à execução, não subsiste o interesse em recorrer. Recurso especial conhecido e provido" (STJ, 3ª T., REsp 70.533-RJ, ac. unânime 09.10.1995, *DJU* 13.11.1995, p. 38.678). O mesmo entendimento é de aplicar-se à decisão que, na ação monitória, defere o mandado de pagamento.

[85] "O prazo para oferecimento de embargos à ação monitória se inicia, em regra, na data da juntada aos autos do mandado de citação devidamente cumprido" (STJ, 2ª T., REsp 249.769/AC, Rel. Min. Castro Filho, ac. 12.03.2002, *DJU* 08.04.2002, p. 208).

VI – Resgate do débito pelo réu

Se o réu resolver resgatar o débito, tal como lhe ordenou o mandado injuntivo, fá-lo-á livre de custas processuais e com redução do percentual da verba advocatícia; e o processo se extinguirá, por exaustão da prestação jurisdicional buscada pelo credor. O juiz o declarará extinto, ordenando o respectivo arquivamento. A isenção e a redução desses encargos processuais são estímulos ao abreviamento da solução da lide.

Além desse facilitador, o réu que reconhece a dívida pode utilizar-se do parcelamento de débito previsto no art. 916 do CPC/2015, em razão dos princípios da máxima efetividade e menor onerosidade (art. 701, § 5º). Nesse caso, cabe ao devedor comprovar ao juízo o depósito de 30% do valor da dívida, acrescido dos honorários advocatícios, e requerer o parcelamento do restante em até seis parcelas mensais, corrigidas e com juros de um por cento ao mês. Optando pelo parcelamento, o devedor reconhecerá a dívida, renunciando ao direito de opor embargos à monitória (art. 916, § 6º).

VII – Revelia

Não ocorrido o cumprimento do mandado e na ausência de oposição de embargos no prazo da citação, ocorrerá a revelia, transformando-se automaticamente o mandado de pagamento em *título executivo judicial* (art. 701, § 2º). Não há sentença para operar dita transformação, que, segundo a lei, "constituir-se-á de pleno direito".

Convertido o mandado inicial em título executivo, terão início os atos expropriatórios segundo o rito de cumprimento da sentença, aplicando-se, no que couber, os dispositivos referentes a essa fase, contidos nos arts. 513 a 538 do CPC/2015 (art. 701, § 2º). Essas providências são a expedição do mandado de penhora ou de busca e apreensão, conforme se trate de obrigação de quantia certa ou de entrega de coisa. Tratando-se de obrigação de fazer ou não fazer, o mandado executivo determinará o cumprimento da prestação devida, sob pena de multa periódica e demais medidas de apoio como desfazimento de obras, impedimento de atividade nociva, remoção de pessoas e coisas, podendo, se necessário, requisitar auxílio da força policial, tudo como previsto no art. 536, § 1º. O regime legal, portanto, é o da *executio per officium iudicis*, dispensando ação autônoma para fazer cumprir o título judicial, no qual se transforma o mandado monitório, quando não embargada a ação.

A revelia do demandado provoca a transformação da ação monitória em execução por título judicial, motivo pelo qual, uma vez efetuada a segurança do juízo, não caberão mais embargos do devedor, mas apenas eventual impugnação, nos limites do art. 525 do CPC/2015.[86]

O cumprimento imediato do título executivo, no caso da revelia, não se aplica à Fazenda Pública, como ré. Caso ela não apresente os embargos, fica o procedimento sujeito ao duplo grau de jurisdição, com aplicação do disposto no art. 496 do CPC/2015.[87] Observar-se-á, a seguir, no que couber, os comandos dos arts. 534 e 535, os quais regulam o cumprimento de sentença que reconheça a exigibilidade de obrigação de pagar quantia certa pela Fazenda Pública (art. 701, § 4º).

VIII – A oposição de embargos

Ao réu é dado, ainda, opor embargos à ação monitória, oportunidade em que poderá alegar qualquer matéria de defesa admitida no procedimento comum (art. 702, § 1º). O atual Código prevê todo o procedimento dos embargos, consoante será demonstrado no item nº 250 adiante.

---

86 NERY JÚNIOR, Nelson; NERY, Rosa Maria de Andrade. *Código de Processo Civil comentado*. 19. ed. São Paulo: Ed. RT, 2020, p. 1.616. Eventual pretensão de desconstituir o título executivo monitório terá de ser objeto de ação rescisória (art. 701, § 3º) (Cf. SICA, Heitor Vitor Mendonça. *Comentários ao Código de Processo Civil*. 2. ed. São Paulo: Ed. RT, 2018, p. 145).

87 NERY JUNIOR, Nelson; NERY, Rosa Maria de Andrade. *Comentários ao Código de Processo Civil*. São Paulo: Ed. RT, 2015, p. 1.526.

IX – Conversão do mandado de pagamento em título executivo judicial

Na hipótese de o réu não cumprir a obrigação, nem embargar a monitória, "constituir-se-á de pleno direito o título executivo judicial, independentemente de qualquer formalidade" (art. 701, § 2º).

Adverte-se, com razão, que para a formação adequada do título judicial na espécie, caberá ao juiz, ao deferir o mandado de pagamento, fundamentá-lo adequadamente, especificando, ainda que de forma sumária, o preenchimento dos requisitos legais da pretensão à tutela monitória, enumerados no art. 700 do CPC/2015. Assim, a decisão proferida no deferimento da petição inicial terá condições de converter-se em título judicial, como quer o § 2º do art. 701 do mesmo Código.[88]

Trata-se, no dizer de José Lebre de Freitas, de um *título judicial impróprio*, "porque formado num processo que corre em juízo, mas impróprio por não conter uma decisão jurisdicional", situação equivalente à da sentença da ação de prestação de contas, que se torna título executivo judicial, sem que o juiz tenha condenado o devedor pelo saldo apurado.[89] O título executivo, no procedimento monitório, é complexo, formando-se progressivamente pela conjugação de dois eventos processuais: (i) a decisão judicial, fundada em cognição sumária, que defere o mandado de pagamento; e (ii) a inércia do réu, que deixa exaurir o prazo de embargos, sem se defender.[90]

Convertido o mandado de pagamento em título executivo judicial, só por ação rescisória poderá ser desconstituído (art. 701, § 3º).[91]

X – Direito regressivo: denunciação da lide

Embargada a ação monitória, a demanda do embargante será processada como ação cognitiva de amplo espectro, sujeita, por isso, a apreciação exauriente. Os incidentes de intervenção de terceiro, inclusive os relacionados com o direito regressivo, por meio de denunciação da lide (art. 125, II), serão cabíveis. Não se haverá, todavia, de cogitar de denunciação da lide após a conversão da monitória em execução, por falta de embargos ou por rejeição dos embargos interpostos. Em tal altura, o direito regressivo somente será exercitável por meio de ação apartada.[92]

XI – Regime dos honorários advocatícios sucumbenciais na ação monitória

O CPC atual estabelece o seguinte regime de aplicação de honorários advocatícios de sucumbência, para o demandado vencido na ação monitória:

(a) no deferimento da petição inicial, inclui-se ex lege na ordem de pagamento a exigência de verba advocatícia fixada por lei em 5% do valor da causa (art. 701, *caput*);

(b) havendo embargos do devedor, a sentença que os acolher ampliará a verba em questão, fixando-a entre 10% e 20%, segundo os parâmetros do art. 85, § 2º[93]; e

---

88 WAMBIER, TTeresa Arruda Alvim; CONCEIÇÃO, Maria Lúcia Lins; RIBEIRO, Leonardo Ferres da Silva; MELLO, Rogerio Licastro Torres. *Primeiros comentários ao novo Código de Processo Civil* – artigo por artigo. São Paulo: Ed. RT, 2015, p. 1.036.

89 FREITAS, José Lebre de. A execução fundada no título formado no processo de injunção. *Themis – Revista da Faculdade de Direito da UNL*, ano VII, n. 13, p. 276, 2006.

90 MEDINA, José Miguel Garcia. *Código de Processo Civil comentado*. São Paulo: RT, 2020, p. 1.059.

91 "Não apresentados anteriormente embargos monitórios, não poderão os executados ressuscitar, em sede de embargos do devedor, as matérias que deveriam ter alegado mediante a ordinarização do procedimento monitório" (STJ, 3ª T., REsp 1.191.332/RS, Rel. Min. Paulo de Tarso Sanseverino, ac. 19.09.2013, *DJe* 24.09.2013).

92 STJ, 3ª T., AgInt no Resp 1.539.925/SC, Rel. Min. Paulo de Tarso Sanseverino, ac. 12.12.2017, *DJe* 02.02.2018.

93 A sentença pode manter os honorários iniciais da monitória e fixar honorários distintos para os embargos, os quais, somados, representarão a totalidade da verba sucumbencial do processo como um todo; ou pode simplesmente arbitrar novos, que em si mesmos representarão a verba única, absorvendo, pois, os

(c) não havendo embargos à monitória, os honorários de 5% fixados provisoriamente no deferimento da petição inicial tonam-se definitivos, e as custas processuais, dispensadas para o caso de cumprimento voluntário da obrigação no prazo de quinze dias (art. 701, § 2º), tornam-se exigíveis do devedor (art. 701, § 1º).

Na última hipótese, há quem defenda a regra estabelecida para o cumprimento de sentença, ou seja: acumular-se-iam duas verbas honorárias, a inicial de 5% mais a do cumprimento do título judicial, de 10%, além da multa legal também de 10% (CPC, art. 523, § 1º).[94] A nosso modo de ver, todavia, é descabida a pretensão de confundir o tratamento sucumbencial da ação monitória com o do cumprimento de sentença condenatória, por várias razões, dentre as quais:

(a) antes de tudo, porque o Código define a sucumbência por meio de regras literalmente distintas para cada um dos dois procedimentos, sem fazer qualquer remissão que permitisse migrar disposições de um ao outro;

(b) no sistema codificado da monitória, não há previsão de duas imposições sucessivas de honorários advocatícios sucumbenciais diante da revelia do demandado, mesmo porque não há decisão alguma que pudesse ensejar uma nova imposição de tal verba no momento em que, pela falta de defesa do réu, o mandado de pagamento se converte ipso iure em título executivo (art. 701, § 2º); de sorte que nada autoriza, na espécie, a majoração dos honorários advocatícios fixados por lei em 5% do valor da causa (art. 701, *caput*).[95]

Apenas, portanto, em casos excepcionais de incidentes que compliquem e ampliem o curso do procedimento monitório não embargado – a exemplo de desvio de bens em fraude à execução, de sucessão empresarial de fato, de desconsideração de personalidade jurídica, de produção inócua de perícias, de diligências que se prestem a procrastinar indevidamente a duração do processo, e de outras ocorrências processuais da espécie – é que se poderá pensar em eventual majoração da verba advocatícia inicial definida pelo art. 701, *caput*.

250. Embargos à ação monitória

A defesa do demandado na ação monitória é feita por meio de embargos. Não se fala em contestação porque o mandado de citação não o convida a defender-se. Sua convocação é feita, de forma injuntiva, visando a compeli-lo a realizar, desde logo, o pagamento da dívida em prazo que lhe é liminarmente assinado. A instauração do contraditório é, pois, eventual, e parte do devedor citado para satisfazer o crédito do autor. Daí a denominação de *embargos* aplicada à resposta do demandado, na espécie.

Como o credor não dispõe ainda de título executivo, o réu não precisa de segurar o juízo, para embargar a ação monitória (art. 702, *caput*). Aliás, na sistemática do CPC/2015, nem mesmo os embargos à execução de título extrajudicial dependem de prévia penhora (art. 914).

---

iniciais e os supervenientes. De qualquer maneira, respeitar-se-á sempre na totalização o limite máximo de 20% estabelecido pelo art. 85, § 3º, do CPC (nesse sentido: STJ, Corte Especial, EREsp 659.228/RS, Rel. Min. Francisco Falcão, ac. 01.08.2011, *DJe* 29.08.2011; STJ, Corte Especial, AgRg nos EREsp 1.264.645/RS, Rel. Min. João Otávio de Noronha, ac. 07.05.2012, *DJe* 18.05.2012).

94 MARINONI, Luiz Guilherme. *Novo Código de Processo Civil comentado*. São Paulo: Ed. RT, 2017, p. 801.

95 TJSP, 14ª Câm. de Dir. Privado, Agravo de Instrumento 2138508-57.2021.8.26.0000, Rel. Des. Lavínio Donizetti Paschoalão, j. 15.12.2021, *DJe* 15.12.2021; TJMG, Ap. Civ. 1.0153.15.009748-0/001, Rel. Des. Luiz Arthur Hilário, j. 14.09.2017, *DJe* 29.09.2017.

Manifestados os embargos dentro dos quinze dias previstos no art. 701, *caput*, o mandado de pagamento fica suspenso (art. 702, § 4º, do CPC/2015), e a matéria de defesa arguível pelo devedor é a mais ampla possível (art. 702, § 1º). Toda exceção, material ou processual, que tivesse pertinência com uma ação comum de cobrança, poderá ser aventada na resposta à ação monitória.

Sendo ré a Fazenda Pública, o prazo para apresentação de embargos será em dobro, a teor do que contém o art. 183 do CPC/2015.[96]

251. Processamento dos embargos monitórios

Quanto ao processamento dos embargos, cujo mecanismo encontra-se minuciosamente descrito nos diversos parágrafos do art. 702, o CPC/2015 trouxe algumas inovações, positivando as lições jurisprudenciais.

I - Matéria arguível

Os embargos à ação monitória podem versar sobre toda e qualquer defesa cabível no procedimento comum, seja ela de mérito ou processual (§ 1º). Como se vê, a apresentação de defesa pelo devedor abre espaço para uma cognição ampla e exauriente, convertendo o procedimento especial em comum. Esta a razão pela qual se admite a apresentação de reconvenção pelo devedor, em face do autor embargado, formulando pedido de condenação relativo à mesma causa de pedir (§ 6º). O CPC/2015 adotou a orientação do STJ, enunciada pela Súmula nº 292: "a reconvenção é cabível na ação monitória, após a conversão do procedimento em ordinário". Todavia, é vedado o oferecimento de reconvenção à reconvenção.

II - Prazo e segurança do juízo

Os embargos podem ser opostos pelo réu no prazo de quinze dias (art. 701) conferido pelo juiz para cumprimento da obrigação. Em regra, são opostos nos próprios autos da ação monitória, independentemente de prévia segurança ao juízo (art. 702, *caput*). Poderá, contudo, o juiz, a seu critério, determinar a autuação em apartado, caso os embargos sejam apenas parciais (discutindo apenas excesso de cobrança), constituindo-se de pleno direito o título executivo judicial em relação à parcela incontroversa (art. 702, § 7º).

III - Petição dos embargos

A matéria passível de discussão nos embargos é ampla. Porém, se for alegado pelo devedor que o autor pleiteia quantia superior à realmente devida, deverá apresentar, imediatamente, o valor que entende correto, com demonstrativo discriminado e atualizado da dívida (§ 2º). Trata-se de requisito de procedibilidade, sem o qual, a depender do caso concreto, os embargos serão rejeitados liminarmente pelo juiz ou a matéria simplesmente não será analisada (§ 3º). Se o excesso de cobrança for o único fundamento dos embargos, serão rejeitados de plano pelo juiz. Se, contudo, os embargos versarem também sobre outras matérias de defesa, a alegação de excesso não será examinada. O regime, portanto, é o mesmo dos embargos à execução de título extrajudicial, quando fundados em excesso de execução (art. 917, § 4º).

IV - Prazo de defesa do credor embargado

O autor será intimado para responder aos embargos no prazo de quinze dias (§ 5º). Se o devedor houver apresentado reconvenção juntamente com os embargos, o credor não poderá, por força do § 6º, do art. 702, oferecer nova reconvenção.

---

96 VASCONCELOS, Ronaldo. Da ação monitória. In: WAMBIER, Teresa Arruda Alvim; DIDIER JR., Fredie; TALAMINI, Eduardo; DANTAS, Bruno. *Breves comentários ao novo Código de Processo Civil.* São Paulo: Ed. RT, 2015, p. 1.621.

V – Efeitos

Os embargos à ação monitória têm efeito suspensivo, paralisando automaticamente a eficácia da decisão que determina o cumprimento da obrigação (art. 702, § 4º). Essa suspensão, contudo, perdura apenas até o julgamento em primeiro grau. Vale dizer, eventual recurso contra a sentença que rejeita os embargos não tem efeito suspensivo.

VI – Ônus da prova

Em princípio, o processo monitório não acarreta mudança na regra geral de distribuição do ônus da prova (CPC, art. 373), de modo que o fato de o demandado se defender por meio de embargos não desobriga o autor de completar a prova de seu direito, quando o documento que serviu de base para o deferimento da ordem monitória não for suficiente para rebater as impugnações e provas trazidas pelo embargante.[97]

VII – Rejeição dos embargos

Rejeitados os embargos, a execução terá início, pois a sentença transformará a ação monitória em execução de título judicial (art. 702, § 8º), observando-se o procedimento previsto para o cumprimento das sentenças relativas às obrigações de pagar quantia certa, de entrega de coisa ou de obrigação de fazer ou não fazer (Título II do Livro I da Parte Especial do CPC/2015, arts. 523 a 527 e 534 a 538). Segundo o CPC/2015, nessa hipótese, a decisão inicial determinando o cumprimento da obrigação constituir-se-á de pleno direito em título executivo judicial.

VIII – Acolhimento dos embargos

Acolhidos os embargos, revogado estará o mandado inicial de pagamento e extinto será todo o processo. Se o acolhimento for apenas parcial, a execução terá curso sobre o remanescente do pedido do autor não alcançado pela sentença.[98]

IX – Recurso contra a sentença que julga os embargos

O recurso cabível contra a sentença que acolhe ou rejeita os embargos será a apelação (art. 702, § 9º), cujo recebimento dar-se-á apenas no efeito devolutivo[99]. De fato, o § 4º do art. 702 estabelece

---

[97] "Trazendo o réu-embargante elementos suficientes para contrapor a plausibilidade das alegações que levaram à expedição do mandado de pagamento, demonstrando a existência de fato impeditivo, modificativo ou extintivo do direito invocado na inicial, caberá ao autor-embargado superar os óbices criados, inclusive com a apresentação de documentação complementar, se for o caso" (STJ, 3ª T., REsp 1.084.371/RJ, Rel. Min. Nancy Andrighi, ac. 01.12.2011, *DJe* 12.12.2011; STJ, 3ª T., REsp 1.955.835/PR, Rel. Min. Nancy Andrighi, ac. 14.06.2022, *DJe* 21.06.2022).

[98] "Nada impede que o juiz, a despeito de ter processado a ação monitória, julgue mais tarde, por ocasião dos embargos, insuficiente a prova que a instruiu" (STJ, 3ª T., REsp 250.640/SE, Rel. Min. Ari Pargendler, ac. 21.05.2002, *DJU* 05.08.2002, p. 327).

[99] O STJ decidiu que os embargos à monitória têm natureza jurídica de defesa, e não de ação autônoma. Por isso, entendeu que "somente é cabível recurso de apelação, na forma prevista pelo art. 702, § 9º, do CPC/2015, quando o acolhimento ou a rejeição dos embargos à monitória encerrar a fase de conhecimento". Decidiu, ainda, que, "contra a decisão que acolheu os embargos para excluir da lide parte dos litisconsortes passivos, remanescendo o trâmite da ação monitória em face de outro réu, é cabível o recurso de agravo, na forma de instrumento, conforme dispõem os arts. 1.009, § 1º, e 1.015, VII, do CPC/2015". Finalmente, assentou: "Havendo dúvida objetiva razoável sobre o cabimento do agravo de instrumento ou da apelação, admite-se a aplicação do princípio da fungibilidade recursal" (STJ, 4ª T., REsp 1.828.657/RS, Rel. Antônio Carlos Ferreira, ac. 05.09.2023, DJe 14.09.2023). É preciso, a nosso ver, um esclarecimento importante: a lei, quando regulou a defesa na ação monitória, optou clara e justificadamente pelo sistema da ação de embargos, exatamente como quando regulou a execução do título extrajudicial. Mesmo porque a monitória é um procedimento híbrido que começa com a natureza executiva, mediante expedição de mandado de pagamento (CPC, art. 701), e só se apresenta como ação cognitiva a partir dos eventuais em-

que a suspensão da eficácia da decisão que determina o cumprimento da obrigação perdura somente até o julgamento em primeiro grau dos embargos. A par dessa circunstância, segundo José Miguel Garcia Medina, o princípio é o mesmo que "informa a regra segundo a qual não tem efeito suspensivo quando a sentença confirmar tutela provisória (art. 1.012, § 1º, V, do CPC/2015)".[100]

Nesse sentido é o Enunciado nº 134/CEJ: "a apelação contra a sentença que julga improcedentes os embargos ao mandado monitório não é dotada de efeito suspensivo automático (art. 702, § 4º, e 1.012, § 1º, V, CPC)".

252. Coisa julgada

Na ação monitória forma-se a coisa julgada material em torno do direito do autor, de duas maneiras: pela revelia do demandado, quando deixa de opor embargos no prazo que lhe foi assinado no mandado inicial de pagamento; ou pela sentença que julga o mérito dos embargos tempestivamente manifestados pelo réu.[101] Cria-se, destarte, o título executivo judicial para o credor que afora a ação monitória nas duas apontadas situações (arts. 701, § 2º, e 702, § 8º).[102]

Diversamente do que se passa no Direito italiano, para que o mandado injuntivo, no Direito brasileiro, se torne executivo e se revista da autoridade de título executivo judicial, não há nenhum ato especial decisório. A conversão opera *de pleno direito*, *i.e.*, como consequência automática da falta de embargos no tempo devido ou da rejeição daqueles que foram oportunamente manifestados.

Se o juiz, desnecessariamente, pronunciar a declaração de conversão da monitória em execução, ao reconhecer a revelia do demandado e ordenar os atos executivos cabíveis, terá praticado mero despacho ordinatório, e não decisão interlocutória. Descaberá agravo, portanto (CPC, art. 1.101).[103]

253. Ação rescisória contra a decisão que defere o mandado de pagamento

Dispõe o CPC/2015, no art. 701, § 3º, que se constituindo de pleno direito o título executivo judicial, em razão do não pagamento por parte do devedor e da não oposição de embargos monitórios, a decisão é passível de impugnação por meio da ação rescisória.

---

bargos (art. 702, *caput*), a qual tem vida autônoma, com força suspensiva da ordem judicial de pagamento até o julgamento em primeiro grau (art. 702, § 4º). Não cabe, data venia, tratar os embargos monitórios como remédio processual de natureza jurídica de simples defesa, confundindo-os com a contestação do procedimento cognitivo. Assim, esses embargos são julgados por sentença, contra a qual cabe apelação e não agravo, seja no caso de acolhida ou de rejeição dos embargos, como expressamente prevê o § 9º do art. 702. De fato, só se há de pensar em agravo de instrumento quando sendo vários embargantes, um deles é excluído do processo antes do julgamento de mérito em relação aos demais. Aí sim, ter-se-á uma decisão interlocutória durante a marcha processual da ação de embargos. Essa, aliás, foi a situação concretamente decidida pelo REsp 1.828.657/RS.

[100] MEDINA, José Miguel Garcia. *Novo Código de Processo Civil comentado*. 3. ed. São Paulo: Ed. RT, 2015, p. 970.

[101] MANDRIOLI, C, Crisanto. *Corso di diritto processuale civile*. 8. ed. Torino: Giappichelli Editore, 1992, v. III, n. 45, p. 187-188.

[102] Há quem evite falar em coisa julgada na espécie, preferindo qualificar a formação do título executivo monitório como um caso de preclusão *pro iudicato* (SICA, Heitor Vitor Mendonça. *Comentários ao Código de Processo Civil*. 2. ed. São Paulo: Ed. RT, 2018, p. 148). Entretanto, a distinção é irrelevante na ordem prática, uma vez que sua desconstituição, tal como ocorre com as sentenças de mérito, só pode dar-se por ação rescisória (art. 701, § 3º).

[103] STJ, 3ª T., AgInt no REsp 1.947.656/MG, Rel. Min. Nancy Andrighi, ac. 20.09.2021. No mesmo sentido: MARCHINI, Gustavo Daniel; PAGAVI, Luiz Augusto Gaioski; MEDINA, José Miguel Garcia. Ação monitória, revelia e honorários sucumbenciais: uma leitura sistemática do Código de Processo Civil em matéria de inércia e revelia do réu nas ações monitórias. *Revista dos Tribunais*, São Paulo, v. 1.056, p. 188, out. 2023

Discute-se sobre se seria ou não sentença de mérito a decisão do juiz que ordena a expedição do mandado de pagamento, e a pretexto da sumariedade da deliberação, chega-se a negar-lhe a possibilidade da formação da coisa julgada.[104] Certo, porém, que a coisa julgada não é exclusiva das decisões dos procedimentos de discussão e solução exaurientes, podendo, também, por vontade do legislador, formar-se em procedimentos de cognição sumária. Se, no caso da monitória, a lei é expressa em declarar a possibilidade de formação de título executivo judicial (art. 701, § 2º), bem como em prever que esse título é passível de ação rescisória (art. 701, § 3º), não tem maior significado discutir se se acha ou não diante de decisão judicial de mérito e se é adequado o manejo de ação rescisória contra ela. Essas dúvidas ou objeções já foram consideradas e superadas pela regulamentação legal expressa.

Situação diversa, contudo, ocorre com a decisão que rejeita ou acolhe os embargos monitórios, na medida em que, à evidência, se configura decisão de mérito pronunciada em demanda que se desenvolve segundo procedimento e cognição exaurientes, de sorte que não há como recusar à sentença respectiva a autoridade da coisa julgada material, nos termos da jurisprudência do STJ.[105]

254. Uso indevido da ação monitória

Com foco na efetividade das decisões judiciais, e com o objetivo de impedir a má utilização do instituto e de não banalizar o procedimento monitório, o CPC/2015 impõe deveres às partes.

Se o autor ajuizar a ação monitória indevidamente e de má-fé, ele será condenado ao pagamento de multa de até dez por cento sobre o valor atribuído à causa, em favor do réu (art. 702, § 10). Condenação de igual valor em favor do autor será imposta ao réu que, de má-fé, opuser embargos (§ 11).

Convém lembrar que o valor da causa será correspondente ao benefício econômico que o autor pretende obter. Significa dizer que será o *quantum* da coisa em dinheiro a receber ou do bem que não foi entregue; ou o conteúdo patrimonial em discussão ou o proveito econômico perseguido, em se tratando de inadimplemento de obrigação de fazer ou não fazer (art. 700, § 3º).

Por último, convém advertir que, tanto na propositura da monitória como nos embargos, a imposição de multa por descabimento dos respectivos procedimentos deverá dar-se com cautela, só sendo feita quando bem evidenciada a má-fé (conduta dolosa) da parte.[106]

---

[104] VASCONCELOS, Ronaldo. Da ação monitória. In: WAMBIER, Teresa Arruda Alvim; DIDIER JR., Fredie; TALAMINI, Eduardo; DANTAS, Bruno. *Breves comentários ao novo Código de Processo Civil*. São Paulo: Ed. RT, 2015p. 1.617; MEDINA, José Miguel Garcia. *Novo Código de Processo Civil comentado*. 3. ed. São Paulo: Ed. RT, 2015, p. 968.

[105] "A sentença de mérito, com trânsito em julgado, proferida nos embargos opostos pelo devedor em ação monitória, faz coisa julgada material, sendo defeso o reexame de questões já decididas" (STJ, 4ª T., REsp 966.688/BA, Rel. Min. João Otávio de Noronha, ac. 16.03.2010, *DJe* 29.03.2010).

[106] WAMBIER, Teresa Arruda Alvim; CONCEIÇÃO, Maria Lúcia Lins; RIBEIRO, Leonardo Ferres da Silva; MELLO, Rogerio Licastro Torres. *Primeiros comentários ao novo Código de Processo Civil* – artigo por artigo. São Paulo: Ed. RT, 2015.

Fluxograma nº 24 – Ação monitória (arts. 700 a 702)

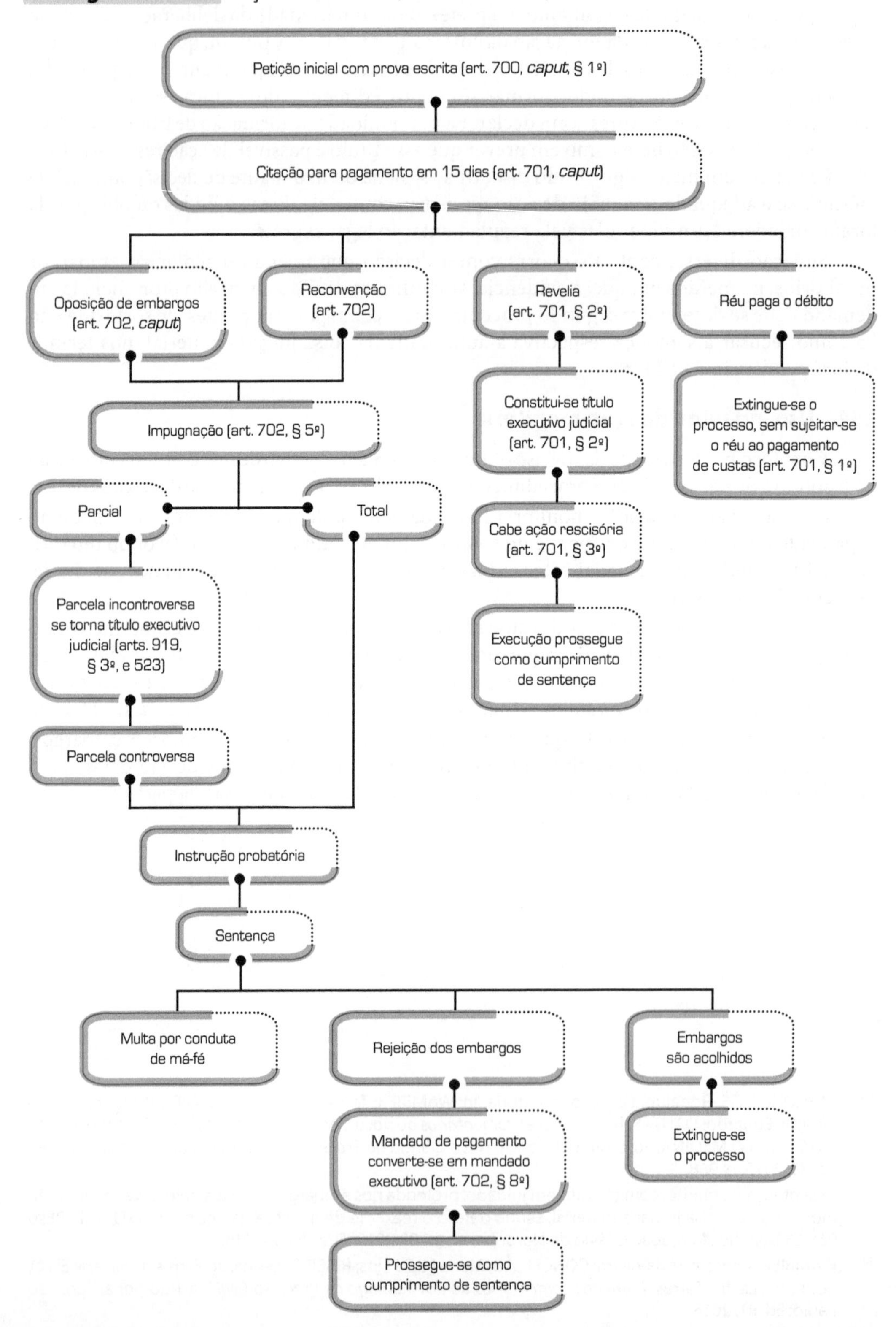

Capítulo XIII
HOMOLOGAÇÃO DO PENHOR LEGAL

§ 27. DA AÇÃO

255. Introito

O atual Código excluiu a homologação do penhor legal do âmbito das medidas cautelares, atribuindo-lhe procedimento próprio e especial, de natureza contenciosa. De fato, a função desse procedimento "é a de servir de meio para a constituição de um direito (penhor), que, embora tal tenha a função de garantir outro (crédito pecuniário), não tem natureza cautelar, (...) porquanto independa, por completo, do perigo do dano para surgir".[1] São efeitos de direito material que se alcançam por meio desse procedimento, constituindo para o credor uma garantia real. Trata-se de ação necessária à legitimação da tomada de posse da coisa empenhada, nos termos preceituados no art. 1.471[2] do Código Civil.

Outra novidade do CPC/2015, quanto à homologação do penhor legal, é a possibilidade de efetivá-la pela via administrativa, em cartório notarial de livre escolha do credor (ver item nº 261, *infra*).

256. Penhor legal: efetivação e homologação

O Código Civil, art. 1.467, reconhece penhor legal em favor:

(a) dos hospedeiros, ou fornecedores de pousada ou alimento, sobre as bagagens, móveis, joias ou dinheiro, que os seus consumidores ou fregueses tiverem consigo nas respectivas casas ou estabelecimento, pelas despesas ou consumo que aí tiverem feito (inc. I);

(b) do dono do prédio rústico ou urbano, sobre os bens móveis que o rendeiro ou inquilino tiver guarnecendo o mesmo prédio, pelos aluguéis ou rendas (inc. II).

---

1 GOUVEIA FILHO, Roberto P. Campos. Da homologação do penhor legal. In: WAMBIER, Teresa Arruda Alvim *et al.* (coord.). *Breves comentários ao atual Código de Processo Civil*. São Paulo: Ed. RT, 2015, p. 1.628.

2 Código Civil: "Art. 1.470. Os credores, compreendidos no art. 1.467, podem fazer efetivo o penhor, antes de recorrerem à autoridade judiciária, sempre que haja perigo na demora, dando aos devedores comprovante dos bens de que se apossarem". "Art. 1.471. Tomado o penhor, requererá o credor, ato contínuo, a sua homologação judicial".

Em legislação específica, admite-se ainda penhor legal em favor do artista "sobre o equipamento e todo o material de propriedade do empregador, utilizado na realização de programa, espetáculo ou produção, pelo valor das obrigações não cumpridas pelo empregador".[3]

O penhor legal é imposto pela lei, de maneira que não resulta de convenção entre as partes (CC, art. 1.467). Basta a situação jurídica da hospedagem ou da locação, ou demais hipóteses previstas no texto legal, para que o direito do credor à garantia surja. A homologação dessa garantia legal visa apenas a reconhecer uma situação preestabelecida atestando-lhe a regularidade.

O penhor, *in casu*, aperfeiçoa-se por iniciativa privada do credor, entrando pessoalmente na posse dos bens do devedor sujeitos ao gravame legal.[4] A justiça se faz, assim, pelas próprias mãos do credor, na impossibilidade de recorrer, a tempo, à autoridade judiciária (CC, art. 1.470).

Se o devedor resiste, é lícito ao credor obter o sequestro judicial para entrar na posse efetiva dos bens e em seguida obter a homologação do penhor.

Para exercitar o penhor legal, o credor deverá, à luz do art. 1.420 do Código Civil, respeitar as regras da penhorabilidade dos bens do devedor, de maneira que não poderão ser retidos bens legalmente inalienáveis ou impenhoráveis.[5] Os bens passíveis dessa vinculação são apenas as coisas móveis que o devedor tenha consigo, ao tomar hospedagem ou alimento, ou que o arrendatário tiver guarnecendo o prédio locado, desde que sejam de sua propriedade.

Observe-se, outrossim, que o privilégio do locador refere-se não apenas aos aluguéis, mas também a todas as demais obrigações do locatário derivadas do contrato de arrendamento,[6] como, por exemplo, encargos de condomínio, impostos, seguros etc.

257. Natureza jurídica da medida processual

"Tomado o penhor legal" - *i.e.*, após efetiva apreensão da garantia - "nos casos previstos em lei, requererá o credor, ato contínuo, a homologação" (art. 703). O penhor legal é medida de urgência, que se impõe diante do risco sofrido pelo crédito da parte. Mas é realização de um direito substancial, expressamente previsto para atuar numa situação jurídica definida.

A homologação do penhor previamente constituído, como garantia legal tende a assegurar a satisfação de um direito e não precatar interesses processuais frente ao *periculum in mora*, ou seja, ao risco inerente à necessária duração de outro processo.

O caráter *satisfativo*, de direito material, da ação de homologação de penhor legal está claramente evidenciado no § 1º do art. 703, que reclama como requisito da inicial o pedido de citação do devedor para pagar ou contestar na audiência preliminar que for designada.

Não há sequer acessoriedade no procedimento.[7] A pretensão do credor é de constituir, efetiva e validamente, a garantia real do penhor, se a dívida não for paga, o que, evidentemente,

---

[3] Lei nº 6.533, de 24.05.1978: "Art. 31. Os profissionais de que trata esta Lei têm penhor legal sobre o equipamento e todo o material de propriedade do empregador, utilizado na realização de programa, espetáculo ou produção, pelo valor das obrigações não cumpridas pelo empregador".

[4] LOPES DA COSTA, Alfredo Araújo. *A Administração Pública e a ordem jurídica privada*. Belo Horizonte: Bernardo Álvares, 1961, n. 298, p. 353.

[5] CARVALHO SANTOS, J. M. *Apud* FADEL, Sérgio Sahione. *Código de Processo Civil comentado*. Rio de Janeiro: J. Konfino, 1974, v. IV, p. 308.

[6] ALSINA, Hugo. *Tratado teórico-práctico de derecho procesal civil y comercial*. Buenos Aires: Ediar, 1941, v. III, p. 307.

[7] PONTES DE MIRANDA, Francisco Cavalcanti. *Comentários ao Código de Processo Civil*. Rio de Janeiro: Forense, 1959, p. 466.

não lhe retira o "caráter de pretensão de direito material à eficácia do crédito pela constituição de garantia".[8]

258. Procedimento

I – Petição inicial

Conforme o § 1º do art. 703, a inicial do credor, que já tomou o penhor legal, *i.e.*, apreendeu os bens do devedor antes de vir a juízo, além de satisfazer os requisitos comuns a todas as petições inaugurais (art. 319), deve ser instruída com:

(a) o contrato de locação; ou
(b) a conta pormenorizada das despesas;
(c) a tabela dos preços; e
(d) a relação dos objetos retidos.

Quando se tratar de senhorio ou locador, naturalmente não haverá conta nem tabela, mas exibição do respectivo contrato, ou de outros documentos que o supram. Cabe a ele ainda apresentar a relação dos objetos retidos.

O pedido de citação do devedor há de ser para "pagar ou contestar na audiência preliminar que for designada" (CPC/2015, art. 703, § 1º, *in fine*).

O CPC/2015 não permite ao juiz homologar de plano o penhor, sem a oitiva do réu, mas reconhece-lhe o poder de julgar antecipadamente o mérito da ação, quando revel o demandado e não haja necessidade de outras provas (art. 355 do CPC/2015).

Homologado o penhor por sentença, cabível será o recurso de apelação.

II – Citação do réu

O CPC/2015 estabelece que o réu será citado para pagar ou contestar em audiência o pedido de homologação do penhor. Silenciou-se quanto ao prazo de pagamento, o que não significa que seja ele indeterminado. A dívida há de ser paga no intervalo compreendido entre a data da citação e a da audiência preliminar.[9]

O pagamento, se ocorrido, acarretará a extinção do processo, por perda de objeto. Inocorrida a satisfação da dívida, o feito prosseguirá rumo à constituição da garantia legal, por meio de sentença homologatória.

III – Audiência preliminar

A exemplo do que se passa no procedimento comum, prevê o art. 703, § 1º, do CPC/2015 que, também no procedimento especial da homologação do penhor legal, o juiz, ao despachar a inicial, designará audiência preliminar. De maneira diversa, porém, a contestação deverá ocorrer na própria audiência, como explicita o art. 703, § 1º, *in fine.*

Essa audiência, porém, não é recusável pelas partes, como se passa com aquela integrante do procedimento comum (art. 334, § 4º, I), uma vez que figura como parte essencial dessa ação

---

[8] PONTES DE MIRANDA, Francisco Cavalcanti. *Comentários ao Código de Processo Civil.* Rio de Janeiro: Forense, 1959, VIII, p. 465.

[9] GOUVEIA FILHO, Roberto P. Campos. Da homologação do penhor legal. In: WAMBIER, Teresa Arruda Alvim; DIDIER JR., Fredie; TALAMINI, Eduardo; DANTAS, Bruno (Coord.). *Breves comentários ao novo Código de Processo Civil.* São Paulo: Ed. RT, 2015, p. 1.632.

especial. Só a partir dessa audiência preliminar, é que o art. 705 manda observar o procedimento comum.

IV – Defesas do réu

Cumprida a citação, três hipóteses poderão ocorrer:

(a) *o devedor paga a dívida:* extingue-se o processo pela satisfação do direito material do credor; e os bens retidos são, então, devolvidos ao promovido;

(b) *o devedor silencia-se e não comparece à audiência:* pelo princípio da revelia (art. 344), os fatos arrolados contra ele são havidos como verdadeiros; e a homologação é deferida;

(c) *o devedor contesta a ação:* o prazo para contestar será de quinze dias, a contar da audiência preliminar frustrada. Sua defesa terá de restringir-se aos temas permitidos pelo art. 704, ou seja:

  (i) *Nulidade* do processo, por questões, por exemplo, de ilegitimidade de parte, deficiência da inicial, inexistência de apreensão de bens, inexistência da tabela de preços, ou divergência entre a conta e a tabela etc. (inciso I);

  (ii) *Extinção* da obrigação em casos como pagamento, novação, compensação, transação ou outro qualquer meio liberatório (inciso II);

  (iii) *Não estar a dívida compreendida entre as previstas em lei ou não estarem os bens sujeitos a penhor legal.* Isto é possível em casos em que a dívida não seria proveniente da hospedagem ou alimentação, mas de negócios realizados entre o hóspede e seu hospedeiro, como mútuo, compra e venda etc. (inciso III).

(d) *alegação de haver sido ofertada caução idônea, rejeitada pelo credor* (inciso IV). A defesa é viável, também, em casos de inalienabilidade ou impenhorabilidade dos bens retidos, ou, ainda, quando o credor apreender bens que não se achavam em poder do hóspede, nem guarneciam o prédio locado, mas se encontravam em locais diversos.

259. Sentença

Colhidas as provas produzidas, o juiz proferirá sentença na qual poderá:

(a) *homologar o penhor*, ficando consolidada a posse do autor sobre o objeto (art. 706, *caput*);

(b) *indeferir o pedido de homologação*, caso em que determinará a restituição dos bens ao promovido e ressalvará ao autor o direito de cobrar a conta por ação própria, salvo se acolhida a alegação de que a obrigação foi extinta (§ 1º). O processo é contencioso e dessa sentença cabe apelação, com efeito suspensivo (art. 1.012, *caput*). Entretanto, na pendência do recurso, poderá o relator determinar que a coisa permaneça depositada ou em poder do autor (art. 706, § 2º). Embora na citação seja o réu convocado a pagar, a ação de homologação do penhor legal não é uma ação de cobrança, nem uma ação executiva. Sua natureza é de ação constitutiva, que se exaure com a sentença homologatória da garantia a que tem direito o promovente.

No CPC de 1973, a homologação do penhor legal era medida de natureza administrativa, rotulada impropriamente de "procedimento cautelar", tanto que, homologada a garantia, os autos eram entregues ao requerente nas 48 horas seguintes, independente de traslado (art. 876 do Código anterior). A convocação do réu a pagar no exíguo prazo de 24 horas correspondia apenas a uma comprovação de obrigação inadimplida, como se passa, por exemplo, na intimação feita pelo Tabelião de Protesto de títulos de crédito, antes de proceder ao registro do protesto por falta de pagamento. Diante desse caráter documental da medida, a homologação do penhor legal não configurava nem ação de cobrança, nem tampouco ação executiva. Limitava-se à formalização do penhor que garantiria a posterior ação satisfativa, que seguiria o procedimento correspondente ao crédito garantido.

Sob a regulamentação do CPC atual, a homologação do penhor legal é tratada como procedimento contencioso especial e não mais como mera medida cautelar administrativa. A citação para pagar ou contestar a demanda é seguida das fases normais do procedimento comum do processo de conhecimento (art. 705), que culminará com uma sentença que, ao homologar a garantia legal, reconhecerá a obrigação por ela acobertada; mesmo porque no plano substancial, não há configuração de garantia real sem definição do crédito e do bem que assegura o respectivo pagamento (Cód. Civ., art. 1.424).

Portanto, a sentença homologatória do penhor legal acertará não só a existência do gravame real, como da obrigação garantida.[10]

260. Execução

A homologação do penhor legal corresponde a uma demanda própria do processo de conhecimento, que sendo acolhida por sentença, constituirá título executivo judicial em favor do credor promovente.

Com isto, o credor fica legitimado a promover o cumprimento da sentença, segundo o rito adequado à satisfação das obrigações por quantia certa (arts. 523 e ss.).

Ao tempo do CPC/1973, a homologação do penhor legal não passava de um procedi-mento cautelar-administrativo, cujo epílogo era a entrega dos autos, após a sentença, ao requerente, em 48 horas, para documentação de seus direitos creditícios. Na Lei atual, não é isso que ocorre. Desde a audiência preliminar, para a qual o réu citado sob o comando de pagar ou contestar (art. 703, § 1º), o processo assume procedimento contencioso comum (art. 705).

Portanto, ao final, o juiz não só homologa o penhor (se a demanda não foi contestada, ou se a contestação foi rejeitada), como condena o demandado ao pagamento previsto no ato citatório inicial. Como ensina Nelson Nery Jr., o processo contencioso na espécie termina pela formação do título executivo judicial.[11]

261. Formalização extrajudicial da homologação do penhor legal

O CPC/2015 apresenta, como novidade no procedimento de homologação do penhor *ex lege*, a possibilidade de que ela seja promovida pela via extrajudicial (art. 703, § 2º). A situação é semelhante à das escrituras de partilha em inventário, divórcio e separação, divisão e demarcação extrajudiciais, bem como dos protestos de cambiais por falta de pagamento ou de aceite, tão comuns hodiernamente. Trata-se de medida facilitadora para as hipóteses mais simples, evitando-se o ajuizamento de ações.[12]

---

[10] Nas edições deste Curso que se seguiram imediatamente à entrada em vigor do CPC/2015, cometemos o equívoco (de que nos penitenciamos) de continuar tratando a homologação do penhor como feitio administrativo que lhe dava o CPC revogado. Fica, pois, feita a ressalva de que, evidentemente o procedimento em exame deixou de figurar entre as simples medidas preparatórias, de documentação judicial-administrativa, para passar a assumir a natureza de um procedimento contencioso, de direito comum, a partir da audiência inicial destinada à produção da contestação.

[11] NERY JR., Nelson; NERY, Rosa Maria de Andrade. *Comentários ao Código de Processo Civil.* 2ª tiragem. São Paulo: Ed. RT, 2015, p. 1.534, nota 2.

[12] NERY JUNIOR, Nelson; NERY, Rosa Maria de Andrade. *Comentários ao Código de Processo Civil.* São Paulo: Ed. RT, 2015, p. 1.533.

Observar-se-á, na via notarial, o seguinte procedimento:

I - Requerimento

O credor escolherá o notário de sua preferência e apresentará requerimento de formalização extrajudicial da homologação do penhor legal contendo os mesmos requisitos exigidos na petição que apresentaria ao juízo (art. 703, § 1º). Ou seja, deverá instruir o seu pedido com o contrato de locação ou a conta pormenorizada das despesas, a tabela dos preços e a relação dos objetos retidos.

II - Intimação do devedor

Recebido o requerimento, o notário promoverá a notificação extrajudicial do devedor para, no prazo de cinco dias, pagar o débito ou impugnar sua cobrança (art. 703, § 3º). Nesse caso, incluem-se no valor a ser quitado as despesas com o notário.[13]

III - Condutas do devedor

Notificado, o devedor poderá:

(a) *reconhecer o débito e efetuar o pagamento*. Nessa hipótese, extinta a dívida, o credor deverá devolver ao devedor os bens retidos;
(b) *impugnar a dívida*. Na defesa, o devedor somente poderá alegar as matérias previstas no art. 704, ou seja: nulidade do processo, extinção da obrigação, não estar a dívida compreendida entre as previstas em lei ou não estarem os bens sujeitos a penhor legal, haver ofertado caução idônea, rejeitada pelo credor. Nesse caso, recebida a defesa, o notário deverá encaminhar o procedimento ao juízo competente, para decidir a controvérsia (art. 703, § 3º, *in fine*);
(c) *ficar inerte*. Se transcorrer o prazo sem manifestação do devedor, o notário formalizará a homologação do penhor legal por escritura pública (§ 4º). Nessa hipótese, a homologação configurará título executivo extrajudicial (art. 784, II).

---

[13] Enunciado nº 73 da Carta de Vitória. Fórum Permanente de Processualistas Civis. Disponível em: <http://portalprocessual.com/wp-content/uploads/2015/06/Carta-de-Vitoria.pdf>. Acesso em: 25 ago. 2015.

Fluxograma nº 25 – Homologação do penhor legal (arts. 703 a 706)

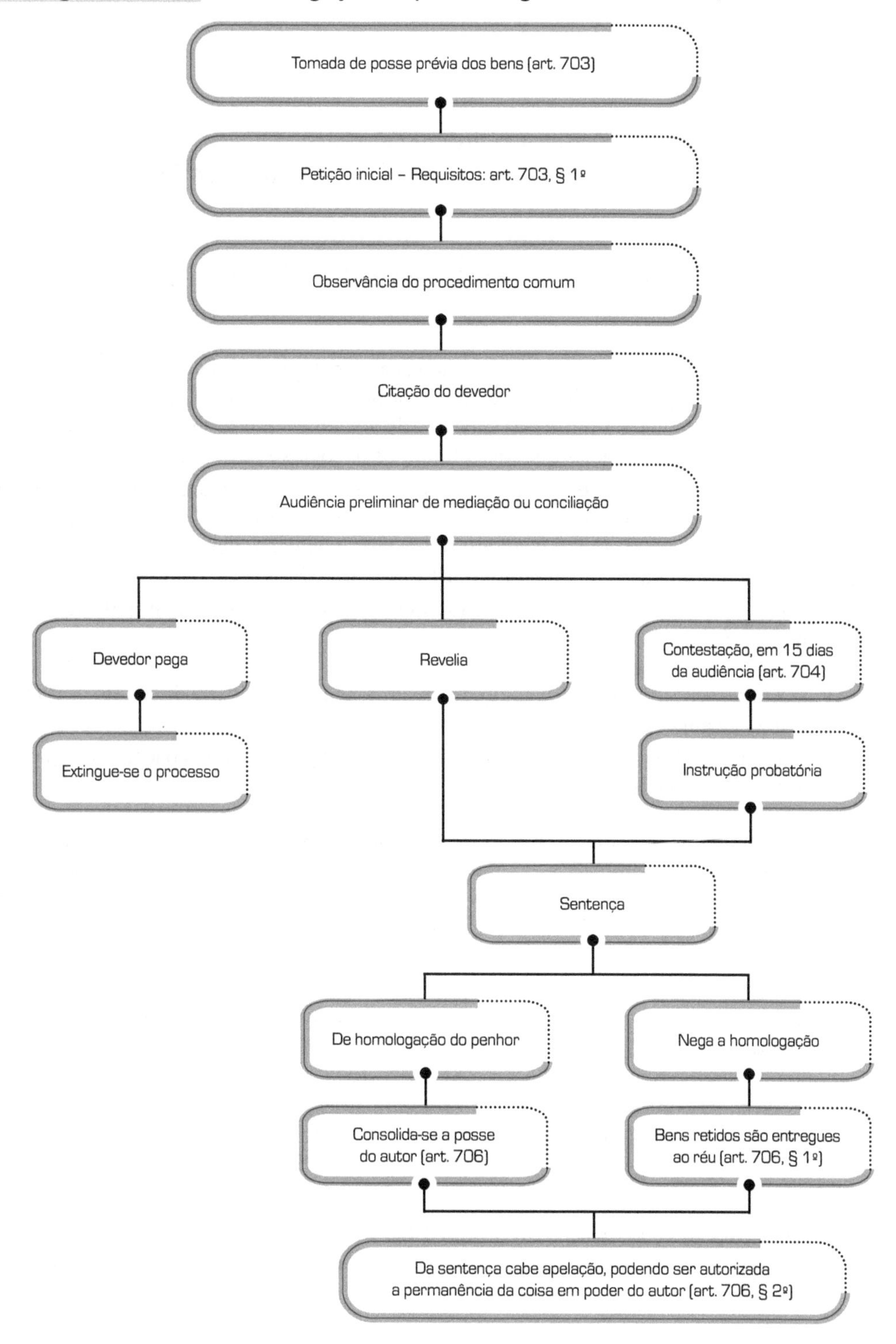

Nota: A homologação do penhor legal também pode ser promovida pela via extrajudicial perante tabelião (CPC, art. 703, §§ 2º, 3º e 4º).

Capítulo XIV
DANOS OCORRIDOS DURANTE A NAVEGAÇÃO

§ 28. REGULAÇÃO DA AVARIA GROSSA

262. Introito

A navegação marítima é tema que se revela bastante complexo, pois implica trânsito por portos submetidos a legislações diversas e se ocupa tanto do transporte de coisas como de pessoas, além de estar sujeita a múltiplas espécies de acidentes, quase sempre regulados por regras especiais diferentes daquelas que disciplinam os negócios e contratos comuns.

O transporte marítimo e as responsabilidades dele decorrentes, os quais integram o Direito Marítimo, são regidos ainda pelo velho Código Comercial Brasileiro de 1850. Embora sua parte relativa ao comércio em geral (arts. 1º a 456) tenha sido revogada, permanece vigente a sua Segunda Parte, denominada "do Comércio Marítimo" (arts. 457 a 796).

De acordo com o art. 14 da Lei nº 2.180/1954, que dispõe sobre o Tribunal Marítimo, consideram-se acidentes da navegação:

(a) naufrágio, encalhe, colisão, abalroação, água aberta, explosão, incêndio, varação, arribada e alijamento (alínea *a*);

(b) avaria ou defeito no navio nas suas instalações, que ponha em risco a embarcação, as vidas e fazendas de bordo (alínea *b*).

Por avarias reputam-se todas as despesas extraordinárias feitas a bem do navio ou da carga, desde o embarque até o desembarque (Código Comercial, art. 761). Correspondem, portanto, aos acidentes ocorridos durante a navegação, causadores de prejuízos comuns acarretados ao proprietário do navio e ao dono da carga transportada. Assim, o termo "avaria" identifica esse tipo de dano que, às vezes, é suportado em conjunto, e, outras, separadamente, pelo dono do navio ou da carga e do frete.

Com efeito, o transporte marítimo, ao contrário dos contratos de transporte em geral, foi construído sobre a premissa de rateio dos riscos da expedição. Vale dizer, o transportador não responde integralmente por perdas e danos ocorridas durante o transporte, uma vez que "os *interesses da carga* também respondem, proporcionalmente, por *avarias grossas* ocorridas aos seus próprios bens, a de terceiros ou mesmo à embarcação em si".[1]

263. Conceito

As avarias, instituto do Direito Marítimo, estão definidas no Código Comercial como "todas as despesas extraordinárias feitas a bem do navio ou da carga, conjunta ou separadamente,

[1] MAZZEI, Rodrigo; RIZK, Werner Braun. In: WAMBIER, Teresa Arruda Alvim; DIDIER JR., Fredie; TALAMINI, Eduardo; DANTAS, Bruno. *Breves comentários ao atual Código de Processo Civil.* São Paulo: Ed. RT, 2015, p. 1.637.

e todos os danos acontecidos àquele ou a esta, desde o embarque e partida até a sua volta e desembarque" (art. 761).

A legislação brasileira classifica as avarias em duas espécies: *(i)* avarias simples ou particulares e *(ii)* avarias grossas ou comuns. As primeiras referem-se a despesas feitas e dano sofrido só pelo navio, ou só pela carga, durante a viagem ou enquanto o navio estiver parado em terra firme (Código Comercial, art. 766, *in fine*), não implicando rateio; são suportadas por quem lhes deu causa, nos termos da legislação ou do contrato vigente.

As avarias grossas, objeto do procedimento contencioso de regulação (CPC/2015, art. 707), são, em geral, "os danos causados deliberadamente em caso de perigo ou desastre imprevisto, e sofridos como consequência imediata desses eventos, bem como as despesas feitas em iguais circunstâncias, depois de deliberações motivadas (art. 509) [Código Comercial], em bem e salvamento comum do navio e mercadorias, desde a sua carga e partida até o seu retorno e descarga" (Código Comercial, art. 764, *in fine*). "Há o elemento de *unidade* do risco (ou dos riscos), o da *comunidade* de interesses, na salvação do navio e da carga, ou da carga, e o da *deliberação* do capitão e da tripulação quanto ao sacrifício".[2]

Essas avarias, portanto, são "danos ou despesas *razoáveis*, não previstas originalmente no início da expedição marítima, causados *intencionalmente* e com vistas a evitar dano maior *imediato* ao navio e à carga, ocorridas *durante o transporte marítimo*".[3] A caracterização da avaria grossa, destarte, exige a concorrência dos seguintes fatores:

(a) *ato intencional*, praticado após deliberação conjunta do capitão do navio e seus oficiais. Essa deliberação deve ser anotada no Diário de Navegação (Código Comercial, art. 504) – livro de escrituração obrigatório (art. 501) –, a fim de que os interessados tomem conhecimento do ocorrido. O dano não intencional ou decorrente de caso fortuito ou força maior não se inclui nessa qualificação;[4]

(b) *situação de perigo real e iminente comum* ao navio, à tripulação e à carga, que justifica os atos tomados intencionalmente com o intuito de reduzir os prejuízos e as consequências danosas. Há o objetivo de afastar o perigo comum, com os menores danos possíveis à expedição. Se o ato foi praticado por temor excessivo ou para evitar danos apenas à carga ou ao navio, não poderá ser qualificado como avaria grossa;

(c) *extraordinariedade* do dano e das despesas, que não foram previstas inicialmente, mas tornaram-se necessárias para impedir um dano ainda maior;

(d) *razoabilidade* das despesas incorridas ou do dano provocado, em relação ao evento causador;

---

2 PONTES DE MIRANDA, Francisco Cavalcanti. *Tratado de direito privado*: direito das obrigações, contrato de transporte, contrato de seguro. Atual. por Bruno Miragem. São Paulo: Ed. RT, 2012, t. XLV, p. 587. Para CARBONAR, segundo as Regras de York e Antuérpia, "a avaria grossa resta configurada quando e somente quando, sacrifício ou despesa *extraordinária* são *intencional* e razoavelmente feitas para a segurança comum com o propósito de preservar de perigo os bens envolvidos na mesma expedição marítima" (CARBONAR, Dante Olavo Frazon. Avaria grossa: teoria e prática. *Revista de Processo*, v. 269, p. 391, São Paulo, jul./2017).

3 MAZZEI, Rodrigo; RIZK, Werner Braun. In: WAMBIER, Teresa Arruda Alvim; DIDIER JR., Fredie; TALAMINI, Eduardo; DANTAS, Bruno. *Breves comentários ao atual Código de Processo Civil*. São Paulo: Ed. RT, 2015, p. 1.638; CARBONAR, Dante Olavo Frazon. Avaria Grossa: Teoria e prática. *Revista de Processo*, v. 269, p. 391-392. São Paulo, jul/2017. Ver também: CASTRO JÚNIOR, Osvaldo Agripino de. *Direito marítimo, regulação e desenvolvimento*. Belo Horizonte: Fórum, 2011.

4 MARTINS, Eliane Maria Octaviano. Avarias marítimas: legislação aplicável, pressupostos e responsabilidade atinentes às avarias grossas ou comuns. *In*: CASTRO JÚNIOR, Osvaldo Agripino de (coord.). *Direito marítimo made in Brazil*. São Paulo: Lex Editora, 2007, p. 285-289.

(e) *observância das formalidades* de lavratura de ata com registro nos diários de bordo;

(f) verificação *de resultado útil* para impedir a ocorrência de dano ainda maior ou mais grave, ao menos a parte do navio ou da carga.[5]

O próprio art. 764 do Código Comercial indica várias situações que são consideradas como avaria grossa. Apenas para ilustrar, citamos: *(i)* o corte deliberado de cabos, mastros, velas e outros aparelhos, para salvação do navio e carga; *(ii)* o abandono de âncoras, amarras e quaisquer outras coisas, para salvamento ou benefício comum (art. 764, n°s 3 e 4). São situações meramente exemplificativas, podendo ocorrer outras que não estejam arroladas na legislação.

A regulação da avaria "é uma espécie de balanço do consórcio instaurado com a aventura marítima".[6] Para Pontes de Miranda, ela "consiste a) na fixação, pelo laudo pericial dos danos e documentação das despesas feitas pelo capitão, b) na classificação das avarias particulares e das comuns ou grossas, c) na determinação da contribuição de cada interessado".[7] Em outras palavras, trata-se do procedimento destinado a apurar os valores a serem suportados pelos envolvidos na viagem, no caso das avarias comuns, "rateando os prejuízos entre os que obtiverem vantagem na salvação comum".[8]

Segundo o art. 763 do Código Comercial, a importância das avarias grossas "é repartida proporcionalmente entre o navio, seu frete e a carga", pois ele decorre de um perigo conjunto ou de ameaça que prejudique a comunidade em risco. Daí a importância de se definir o valor a ser suportado pelos corresponsáveis, individualmente.[9]

É de se levar em conta, ainda, o disposto no art. 765 do Código Comercial: "Não serão reputadas avarias grossas, posto que feitas voluntariamente e por deliberações motivadas para o bem do navio e carga, as despesas causadas por vício interno do navio, ou por falta ou negligência do capitão ou da gente da tripulação. Todas estas despesas são a cargo do capitão ou do navio (art. 565)".

No entanto, se o conhecimento contiver pactuação entre as partes de sujeição às regras de York-Antuérpia, a solução será outra, ou seja, a do *sistema de indiferença da causa* primária: "Embora o evento que ensejou atos ou gastos extraordinários tenha se dado por culpa de um dos envolvidos na expedição, estes serão incluídos no cálculo do regulador de avarias (*average adjuster*), sem prejuízo de futuras ações regressivas contra a parte responsável".[10]

---

[5] MAZZEI, Rodrigo; RIZK, Werner Braun. In: WAMBIER, Teresa Arruda Alvim; DIDIER JR., Fredie; TALAMINI, Eduardo; DANTAS, Bruno. *Breves comentários ao atual Código de Processo Civil.* São Paulo: Ed. RT, 2015, p. 1.638.

[6] FRANÇA, Limongi (coord.). *Enciclopédia Saraiva do Direito*. São Paulo: Saraiva, 1978, v. 9, p. 471.

[7] PONTES DDE MIRANDA, Francisco Cavalcanti. *Comentários ao Código de Processo Civil.* Rio de Janeiro: Forense, 1959, p. 597.

[8] FRANÇA, Limongi (coord.). *Enciclopédia Saraiva do Direito*. São Paulo: Saraiva, 1978, v. 9, p. 471.

[9] "Submetida a questão à prova pericial, em especial, em relação à existência de vício interno do navio como causa do incêndio e à culpa da tripulação no combate ao incêndio, concluiu o *expert* que tais hipóteses não ocorreram, cuidando-se de típico caso de avaria grossa, levando-se, consequentemente à repartição das despesas" (TJRJ, 9ª Câm. Civ., AC 0158935-63.2005.8.19.0001, Rel. Des. Roberto de Abreu e Silva, ac. 25.10.2011).

[10] CARBONAR, Dante Olavo Frazon. Avaria Grossa: Teoria e prática. *Revista de Processo*, São Paulo, v. 269, jul. 2017, p. 399; TJSP, 37ª Câm. de Direito Privado, Ap. Civ. 1032282-49. 2015.8.26.0002, Rel. Des. Sérgio Gomes, ac. 07.02.2017, *in* CARBONAR Dante Olavo Frazon. Avaria Grossa: Teoria e prática. *Revista de Processo*, São Paulo, v. 269, jul. 2017, p. 399.

264. A ação de regulação da avaria grossa no sistema brasileiro

No Brasil, o tema relacionado às avarias encontra-se regido pelo Código Comercial, arts. 772 a 796. Porém, essas disposições são aplicáveis apenas em caso de não haver convenção entre as partes ou em complementação às cláusulas contratuais, conforme previsto no art. 762 daquele Código.

Em geral, os regulamentos de avaria grossa são elaborados extrajudicialmente, em conformidade com as cláusulas pactuadas entre as partes envolvidas na viagem marítima, por se tratar de direito disponível. A grande maioria dos contratos e políticas de seguro do transporte marítimo incorpora as Regras de York e Antuérpia (RYA), para regulação das perdas e despesas nos casos de avaria comum. Essas regras não possuem caráter normativo, porque não foram ratificadas pela International Law Association, responsável por sua elaboração. Trata-se de "princípios uniformes que são insertos por remissão, nas cláusulas dos afretamentos internacionais".[11] Assim, o Código Comercial somente é aplicado em caso de omissão. Destarte, a regulação da avaria grossa é realizada, muitas vezes, pela via extrajudicial.

Além das normas mencionadas anteriormente, o procedimento judicial para a regulação das avarias encontra-se descrito nos arts. 707 a 711 do CPC/2015.

Para que os litígios envolvendo a regulação das avarias não ficassem subordinados ao rito comum, o Código atual traz a previsão de um procedimento especial, "com base em estudo desenvolvido por Nelson Cavalcanti e Silva Filho, juiz do Tribunal Marítimo, tendo como fundamento o fato de que o procedimento comum, utilizado para requerimento da homologação do laudo de regulação ou a regulação pela via extrajudicial, não seriam suficientes para dirimir a matéria".[12] Tal procedimento consta dos arts. 707 a 711 do CPC/2015, cuja aplicação se condiciona a dois requisitos: *(i)* responsabilidade comum pelos prejuízos; *(ii)* ausência de consenso sobre a escolha do regulador que particularmente poderia apurar e definir a partilha dos danos.

265. Competência

Diz o Código Comercial que a regulação e a repartição das avarias grossas deverão ocorrer no porto de entrega da carga, ou seja, o porto de destino (art. 786). Porém, o CPC/2015 fixa nova regra de competência, atribuindo-a ao "juiz de direito da comarca do primeiro porto onde o navio houver chegado" (art. 707). Trata-se de foro relativo, podendo as partes eleger outro, a seu critério (art. 63 do CPC/2015). Assim, o Código Comercial, nesse ponto, foi revogado.

De fato, se após o navio deixar o porto de saída houver algum incidente envolvendo a viagem, podem ocorrer as seguintes situações: *(i)* o retorno do navio ao porto da carga (previsto no Código Comercial, art. 786, *in fine*), *(ii)* a parada do navio no meio da viagem, sem ser possível o transporte para o porto de destino ou outro porto, *(iii)* arribada[13] do navio, sem que se possa transportar para outro porto a carga restante.[14]

---

[11] FRANÇA, Limongi (coord.). *Enciclopédia Saraiva do Direito*. São Paulo: Saraiva, 1978, v. 9, p. 473.

[12] SILVA FILHO, Nelson Cavalcante e. Análise das disposições do Novo Código de Processo Civil. In: SARRO, Luís Antônio Giampaulo (coord.). *Novo Código de Processo Civil*: principais alterações do sistema processual civil. São Paulo: Rideel, 2014, p. 103.

[13] Código Comercial: "Art. 510. É proibido ao capitão entrar em porto estranho ao do ser destino (...). art. 740. Quando um navio entra por necessidade em algum porto ou lugar distinto dos determinados na viagem a que se propusera, diz-se que fez arribada forçada".

[14] PONTES DE MIRANDA, Francisco Cavalcanti. *Comentários ao Código de Processo Civil*. Rio de Janeiro: Forense, 1959, p. 599.

Em tais circunstâncias, a regulação apenas no foro do porto de destino contrastaria com a celeridade, eficiência e efetividade, diretrizes expressas da nova lei processual (CPC/2015, art. 4º). Além disso, "é de suma importância que a regulação da avaria se dê o mais breve possível após a ocorrência dos fatos, facilitando-se sua apuração e dificultando eventuais fraudes".[15] Com efeito, a proximidade do juiz competente em relação ao contexto subjacente à provocação judicial é útil e necessária para o bom êxito do procedimento de regulação de avaria grossa. Correta, pois, a opção adotada pelo art. 707 do CPC/2015.

A jurisdição, nesse caso, é a estadual. Não se trata, na hipótese, da competência do juízo federal definida no art. 109, IX, da CR/1988.[16]

266. Legitimidade

Segundo o art. 707 do CPC/2015, o juiz de direito, "provocado por qualquer parte interessada", nomeará um regulador de notório conhecimento. Refere-se a norma àquela parte que, de algum modo, possua direito sobre a coisa transportada ou sobre o veículo transportador, como também aquele que busca desonerar-se da obrigação de contribuir.[17] Dessa forma, acham-se legitimados a pleitear direito decorrentes de avaria todos os envolvidos na viagem marítima: o transportador, o armador, o fretador, o carregador, o consignatário, o segurador ou outros que possuam algum interesse.

Possuem legitimidade passiva todos os demais interessados no rateio da avaria grossa, formando litisconsórcio, "seja na condição de beneficiados ou de prejudicados pelo evento intencional".[18] Tratando-se de litisconsórcio, não poderá o juiz proferir a sentença sem a presença processual de todos os interessados (CPC/2015, art. 115).

267. Procedimento

I – Petição inicial

O autor deverá elaborar a petição inicial nos termos do art. 319 do CPC/2015 e instruí-la com todos os documentos que possam auxiliar o regulador no início de seus trabalhos.

O prazo para o ajuizamento da ação entre os contribuintes para avaria grossa, contado do fim da viagem em que teve lugar a perda, é de "três anos, eis que, na falta de previsão específica, incide o art. 206, § 3º, IV ou V, do Código Civil.[19]

Embora o art. 764 do Código Comercial determine que as custas judiciais para regular as avarias e fazer a repartição sejam computadas como despesas da avaria grossa a serem rateadas pelos interessados, o autor deverá adiantar os valores relativos às custas processuais e honorários do regulador (CPC/2015, art. 82).

---

[15] MAZZEI, Rodrigo; RIZK, Werner Braun. In: WAMBIER, Teresa Arruda Alvim; DIDIER JR., Fredie; TALAMINI, Eduardo; DANTAS, Bruno. *Breves comentários ao atual Código de Processo Civil.* São Paulo: Ed. RT, 2015, p. 1.642.

[16] CR/1988: "Art. 109. Aos juízes federais compete processar e julgar: (...) IX – os crimes cometidos a bordo de navios ou aeronaves, ressalvada a competência da Justiça Militar".

[17] MAZZEI, Rodrigo; RIZK, Werner Braun. In: WAMBIER, Teresa Arruda Alvim; DIDIER JR., Fredie; TALAMINI, Eduardo; DANTAS, Bruno. *Breves comentários ao atual Código de Processo Civil.* São Paulo: Ed. RT, 2015, 1.642.

[18] MAZZEI, Rodrigo; RIZK, Werner Braun. In: WAMBIER, Teresa Arruda Alvim; DIDIER JR., Fredie; TALAMINI, Eduardo; DANTAS, Bruno. *Breves comentários ao atual Código de Processo Civil.* São Paulo: Ed. RT, 2015, 1.642.

[19] MAZZEI, Rodrigo; RIZK, Werner Braun. In: WAMBIER, Teresa Arruda Alvim; DIDIER JR., Fredie; TALAMINI, Eduardo; DANTAS, Bruno. *Breves comentários ao atual Código de Processo Civil.* São Paulo: Ed. RT, 2015, 1.642.

II - Nomeação do regulador

Assim que o juiz receber a inicial deverá nomear um regulador "de notório conhecimento" (art. 707 do CPC/2015). Ou seja, deverá ser um profissional qualificado, com experiência no assunto, que atuará como auxiliar do juízo. Assim, a ele se aplicam os arts. 156 a 158 do CPC/2015, no que couber (art. 711 do CPC/2015). Esses artigos tratam de um dos auxiliares da justiça: o perito, ou seja, aquele que detém conhecimento técnico ou científico a respeito da matéria a ser apreciada pelo juízo.

Do mesmo modo que o perito, o regulador de avarias assiste o juiz nas questões que envolvem conhecimento na área. No exercício dessa função, devem ser observadas as regras processuais de impedimento ou suspeição. Nesse caso, a escusa deve ser apresentada no prazo de quinze dias, contados da intimação, da suspeição ou do impedimento superveniente (art. 157, § 1º, do CPC/2015).

Tem ainda o regulador, igualmente ao que ocorre com o perito, o dever de cumprir seu ofício, no prazo fixado pelo magistrado, empregando toda sua diligência (art. 157, *caput*, do CPC/2015). Na hipótese de, por dolo ou culpa, forem prestadas informações inverídicas, o regulador responderá pelos prejuízos causados às partes (art. 158 do CPC/2015).

Quanto aos honorários do regulador, devem ser adiantados pela parte autora, juntamente com as custas processuais. Porém, serão incluídos nas despesas a serem rateadas (Código Comercial, art. 764, nº 20).

A principal função do regulador é fazer minuciosa apuração dos danos provocados à carga e à embarcação, bem como dos bens salvos com a avaria grossa.

Na mesma oportunidade em que nomeia o regulador, deve o juiz determinar a citação das partes interessadas para acompanhar o procedimento.[20]

III - Fases da regulação

O procedimento é composto de três fases: *(i)* apuração da massa passiva; *(ii)* apuração da massa ativa; *(iii)* rateamento das despesas.

A massa passiva é composta pelos danos e pelas despesas decorridas em razão do incidente. Nessa oportunidade, o regulador deverá verificar quais avarias são grossas ou comuns e quais são simples e particulares, a fim de se apurar os prejuízos passíveis de rateio.[21]

A massa ativa compõe-se do proveito obtido pelos danos e despesas em razão da avaria grossa. Por fim, o rateamento das despesas (ou a taxa de contribuição) será feito levando-se em conta a proporção entre os valores sacrificados e salvos. Aqueles que foram beneficiados terão que contribuir, os que foram sacrificados, serão indenizados.[22]

IV - Declaração de abertura da avaria grossa

O primeiro encargo do regulador será, portanto, analisar se os danos são passíveis de rateio na forma de avaria grossa e declará-los, justificadamente.

---

20 Enunciado nº 75 do II Encontro dos Jovens Processualistas do Instituto Brasileiro de Direito Processual: "no mesmo ato em que nomear o regulador da avaria grossa, o juiz deverá determinar a citação das partes interessadas".

21 MAZZEI, Rodrigo; RIZK, Werner Braun. In: WAMBIER, Teresa Arruda Alvim; DIDIER JR., Fredie; TALAMINI, Eduardo; DANTAS, Bruno. *Breves comentários ao atual Código de Processo Civil.* São Paulo: Ed. RT, 2015, p. 1.643.

22 MAZZEI, Rodrigo; RIZK, Werner Braun. In: WAMBIER, Teresa Arruda Alvim; DIDIER JR., Fredie; TALAMINI, Eduardo; DANTAS, Bruno. *Breves comentários ao atual Código de Processo Civil.* São Paulo: Ed. RT, 2015, p. 1.644.

Após a declaração, o juiz intimará as partes para, querendo, apresentarem impugnação e para juntarem aos autos os documentos necessários para a regulação da avaria grossa (art. 709 do CPC/2015). O prazo de impugnação e apresentação de documentos não precisa ser comum.

O prazo para juntada de documentos, segundo o CPC/2015, deve ser razoável e fixado pelo regulador. Diverge, portanto, do disposto no CPC/1939 (art. 766), que estipulava esse prazo entre sessenta e cento e vinte dias. Outra distinção é quanto ao termo "embarcadores", usado pelo Código de 1393: o CPC/2015 substituiu esse vocábulo por "partes", que possui sentido mais amplo.

V - Impugnação à declaração

A parte que discordar dessa declaração deverá justificar suas razões ao juiz, que decidirá a demanda (CPC/2015, art. 708, *caput* e § 1º). O artigo não menciona o prazo para apresentação desse documento, pelo que cabe à parte manifestar-se em cinco dias, como preceitua o art. 218, § 3º, da Lei Processual.

A impugnação poderá versar sobre legitimidade, competência, escolha do regulador, prescrição, classificação das avarias em simples ou grossas etc. O juiz, então, deverá decidir a impugnação no prazo de dez dias (art. 708, § 1º). Se a decisão implicar a extinção do feito, caberá recurso de apelação (art. 1.009 do CPC/2015).

VI - Oferecimento de garantia para liberação de carga

Após prestar a declaração de abertura da avaria grossa, cabe ao regulador liberar as cargas aos consignatários.[23] Para tanto, exigirá deles a apresentação de garantias idôneas, para preservar eventual ressarcimento dos valores sacrificados (art. 708, *caput, in fine*). Essas garantias podem ser reais ou fidejussórias e seu valor deve ser fixado segundo o prudente arbítrio do regulador, segundo o que acredita ser suficiente perante a provável taxa de contribuição, nessa fase inicial.[24]

Em caso de não apresentação dessa garantia, os consignatários não poderão retirar as cargas do navio. O regulador, destarte, fixará o valor da contribuição provisória, baseada nos fatos narrados e nos documentos que instruírem a petição inicial. Esse valor deverá ser caucionado sob a forma de depósito judicial ou garantia bancária (art. 708, § 2º). Vale dizer, não apresentando garantia idônea, os consignatários perderão a prerrogativa de oferecer outros bens ou direitos como caução, sendo obrigatório o depósito em dinheiro ou a fiança bancária.[25]

Se, porém, o consignatário se recusar a prestar caução, o regulador requererá ao juiz a alienação judicial da carga, na forma dos arts. 897 a 903 do CPC/2015, que tratam da alienação por leilão judicial.

Não sendo possível identificar interessado na carga, "a única solução possível parece ser a nomeação de curador de ausente (com aplicação da inteligência do art. 72 do CPC/2015),

---

[23] O CPC/1939 atribuía tal função ao capitão (art. 765). O art. 766 do CPC/1939 faz referência a ajustador, e não a regulador, como define o CPC/2015.

[24] MAZZEI, Rodrigo; RIZK, Werner Braun. In: WAMBIER, Teresa Arruda Alvim; DIDIER JR., Fredie; TALAMINI, Eduardo; DANTAS, Bruno. *Breves comentários ao atual Código de Processo Civil.* São Paulo: Ed. RT, 2015, p. 1.645.

[25] MAZZEI, Rodrigo; RIZK, Werner Braun. In: WAMBIER, Teresa Arruda Alvim; DIDIER JR., Fredie; TALAMINI, Eduardo; DANTAS, Bruno. *Breves comentários ao atual Código de Processo Civil.* São Paulo: Ed. RT, 2015, p. 1.646.

procedendo-se à alienação da carga (art. 708, §§ 2º e 3º)".[26] Isso porque a armazenagem dos produtos geram despesas, além da impossibilidade de apresentação de garantia.

VII – Levantamento de valores depositados para arcar com as custas da alienação judicial da carga sem caução

Havendo depósito por parte de alguns interessados, o regulador poderá requerer ao juiz o levantamento de quantia suficiente para custear a alienação da carga daquele consignatário que se recusou a prestar caução (CPC/2015, art. 708, § 4º). Esses custos serão repostos com o produto da venda, que será mantido, juntamente com o saldo remanescente, em depósito judicial até o encerramento da regulação. O saldo restante ficará sub-rogado, para que com ele seja efetuado o pagamento, após o rateio fixado no regulamento.

VIII – Regulamento da avaria grossa

A contar da data em que o regulador receber toda a documentação, tem ele o prazo de doze meses para apresentar o regulamento da avaria grossa, (CPC/2015, art. 710, *caput*). O CPC/2015 não estipula sanção por atraso e permite seja o prazo ampliado, a critério do juiz (art. 707, *caput*, *in fine*).

O regulamento, que tem forma e conteúdo de laudo pericial, deverá conter, minuciosamente, a descrição de todos os elementos que embasaram a apuração da massa passiva, da massa ativa e do valor de contribuição, bem como a prestação de contas pelo regulador de todos os seus atos.

IX – Impugnação ao regulamento

Oferecido o regulamento, as partes poderão impugná-lo no prazo comum de quinze dias. Aqui, as partes exercerão seu direito ao contraditório e à ampla defesa, podendo, por exemplo, discordar da qualificação das avarias ou dos valores a serem despendidos.

Caso o regulamento seja impugnado, o juiz definirá prazo para que o regulador se manifeste, seja esclarecendo pontos controversos, seja modificando o regulamento. A lei processual é silente quanto ao tempo necessário para apresentação dessas novas razões (art. 710, § 2º, do CPC/2015). Nesse momento, caso o juiz entenda necessário, poderá requerer a produção de outras provas que possam ser úteis ao esclarecimento das questões.

Apresentadas as razões de todos os envolvidos, inclusive as do regulador, o juiz decidirá a matéria em dez dias. Não se vincula, pois, ao regulamento final apresentado.[27] A decisão será atacável por meio de apelação, com efeito suspensivo (art. 1.012 do CPC/2015).

X – Homologação da regulação

Não havendo impugnação da regulação pelas partes, o juiz homologará por sentença o regulamento. Apesar de o texto legal utilizar a expressão "homologar", "a sentença ostenta natureza constitutiva positiva e condenatória".[28] Ou seja, cabe às partes pagar, mediante o rateio definido no regulamento, as verbas indenizatórias acrescidas pelas despesas do procedimento.

---

[26] MAZZEI, Rodrigo; RIZK, Werner Braun. In: WAMBIER, Teresa Arruda Alvim; DIDIER JR., Fredie; TALAMINI, Eduardo; DANTAS, Bruno. *Breves comentários ao atual Código de Processo Civil.* São Paulo: Ed. RT, 2015, p. 1.646.

[27] "O princípio da persuasão racional ou da livre convicção motivada do juiz, a teor do que dispõe o art. 131 do Código de Processo Civil [art. 371 do CPC/2015], revela que ao magistrado cabe apreciar livremente a prova, atendendo aos fatos e circunstâncias constantes dos autos" (STJ, 1ª T., AgRg no REsp 761.067/RS, Rel. Min. Luiz Fux, ac. 06.12.2005, *DJU* 13.02.2006, p. 706).

[28] MAZZEI, Rodrigo; RIZK, Werner Braun. In: WAMBIER, Teresa Arruda Alvim; DIDIER JR., Fredie; TALAMINI, Eduardo; DANTAS, Bruno. *Breves comentários ao atual Código de Processo Civil.* São Paulo: Ed. RT, 2015, p. 1.650.

Em se tratando de decisão de mérito pronunciada em procedimento contencioso, contendo o reconhecimento de obrigações patrimoniais entre as partes, a sentença que julga a regulação de avaria grossa tem natureza e força de título executivo judicial (CPC/2015, art. 515, I).

Por se tratar de sentença, o recurso cabível é a apelação (art. 1.009). Como o CPC/2015 atribui efeito suspensivo a esse recurso, não será possível ao apelado promover o cumprimento provisório da sentença, por não se encontrar entre as hipóteses arroladas no § 1º do art. 1.012. Assim, os valores caucionados e os sub-rogados serão liberados somente após a decisão transitar em julgado.

XI - Prescrição

A pretensão à reparação pelos danos sofridos pela carga avariada durante o transporte marítimo sujeita-se à prescrição de um ano, nos termos do art. 8º do Decreto-lei nº 116/1967. Aplica-se dito prazo extintivo "no caso das ações por extravio, falta de conteúdo, diminuição, perdas e avarias ou danos à carga a ser transportada por via d'água nos portos brasileiros".[29] E de acordo com a Súmula nº 151 do STF, também prescreve em um ano a ação do segurador sub-rogado para haver a indenização decorrente do extravio ou da perda de carga transportada por navio. Ou seja, "a seguradora sub-roga-se nos direitos e ações do segurado, após o pagamento da indenização securitária, inclusive no que tange ao prazo prescricional, para, assim, buscar o ressarcimento que realizou".[30]

268. O Tribunal Marítimo

Para apreciação de matéria relacionada à navegação, o Poder Judiciário conta com o auxílio do Tribunal Marítimo, criado pela Lei nº 2.180, de 05.02.1954 e vinculado ao Ministério da Marinha no que se refere a pessoal e recursos orçamentários. É atribuição desse órgão julgar acidentes e fatos da navegação marítima, fluvial e lacustre, bem como as questões relacionadas à sua atividade (art. 1º).

É também competência desse Tribunal promover todas as diligências necessárias ou úteis à elucidação de fatos e acidentes da navegação (art. 16, *a*). Para tanto, será aberto um processo, por iniciativa da Procuradoria, da parte interessada ou por decisão do próprio Tribunal (art. 41).

Esse processo inicia-se com o inquérito, instaurado pela capitania de portos competente (art. 33, § 1º), sempre que chegar ao seu conhecimento qualquer acidente ou fato de navegação (art. 33, *caput*). Encerrado o inquérito, será ele remetido, com urgência, ao Tribunal, onde será autuado e distribuído a um relator, que abrirá vista à Procuradoria (art. 42). Entretanto, se o inquérito não for enviado ao Tribunal no prazo previsto em lei, a parte interessada pode dar início ao processo, por meio de representação devidamente instruída (art. 41, § 1º).

A Procuradoria deve manifestar-se em dez dias, *(i)* oferecendo representação, *(ii)* requerendo o arquivamento ou *(iii)* opinando pela incompetência do Tribunal.

Se o Tribunal receber a representação, o acusado será notificado para, em quinze dias, apresentar defesa escrita e indicar as provas que entender convenientes (art. 56). São admissíveis todas as espécies de prova reconhecidas em direito. Todavia, os fatos notórios independerão de provas (arts. 57 a 64).

---

29 STJ, 4ª T., REsp 1.278.722/PR, Rel. Min. Luís Felipe Salomão, ac. 24.05.2016, *DJe* 29.06.2016.

30 STJ, 4ª T., REsp 1.278.722/PR, Rel. Min. Luís Felipe Salomão, ac. 24.05.2016, *DJe* 29.06.2016.

Finda a instrução, será aberta vista dos autos por dez dias, sucessivamente, ao autor e ao representado, para que aduzam alegações finais (art. 65).

Após, o relator levará seu voto à sessão de julgamento, sendo as questões decididas por maioria de votos (arts. 68 a 74).

É possível a revisão do mérito, na jurisdição administrativa do Tribunal Marítimo, se a decisão versar sobre matéria nova ou basear-se em fato posterior ao encerramento da fase probatória, mediante a interposição de embargos de nulidade ou infringentes (arts. 106 a 110). São admitidos ainda mais dois recursos: *(i)* o agravo (arts. 111 e 112) e *(ii)* os embargos de declaração (arts. 113 e 114).

A inobservância dos preceitos reguladores da navegação pode resultar na aplicação das penalidades tipificadas no art. 121, as quais podem ser cumuladas com a condenação ao pagamento de multa (inciso VII).

Presume-se correta a matéria técnica, referente aos acidentes e fatos da navegação, decidida pelo Tribunal, a qual adquire caráter probatório, sendo, porém, suscetíveis de reexame pelo Poder Judiciário (art. 18). A reformulação dessas conclusões é possível "ainda que a decisão proferida pelo órgão administrativo, no que se refere à matéria técnica referente aos acidentes e fatos da navegação, tenha valor probatório", conforme jurisprudência do STJ.[31]

Nos processos ajuizados no Tribunal Marítimo em que houver crime ou contravenção, serão remetidas à Justiça as peças necessárias à ação penal. Essa remessa, contudo, não prejudica o julgamento, por aquela Corte, das matérias de sua competência (art. 21).

Por fim, registra-se ainda que o Tribunal Marítimo pode atuar, também, como juízo arbitral nos litígios patrimoniais consequentes a acidentes ou fatos de navegação, quando for nomeado pelos interessados (art. 16, *f*) (sobre juízo arbitral, vide o Capítulo XXVIII, § 44, *infra*).

A decisão do Tribunal Marítimo não configura título executivo judicial. Entretanto, como documento público não jurisdicional representativo de reconhecimento de obrigação certa, líquida e exigível, corresponde a título executivo extrajudicial, a exemplo dos julgamentos do Tribunal de Contas (sobre o tema, ver o item nº 22 no vol. III deste Curso).

---

[31] STJ, 4ª T., REsp 811.769/RJ, Rel. Min. Luis Felipe Salomão, ac. 09.02.2010, *DJe* 12.03.2010.

Fluxograma nº 26 – Regulação da avaria grossa (arts. 707 a 711)

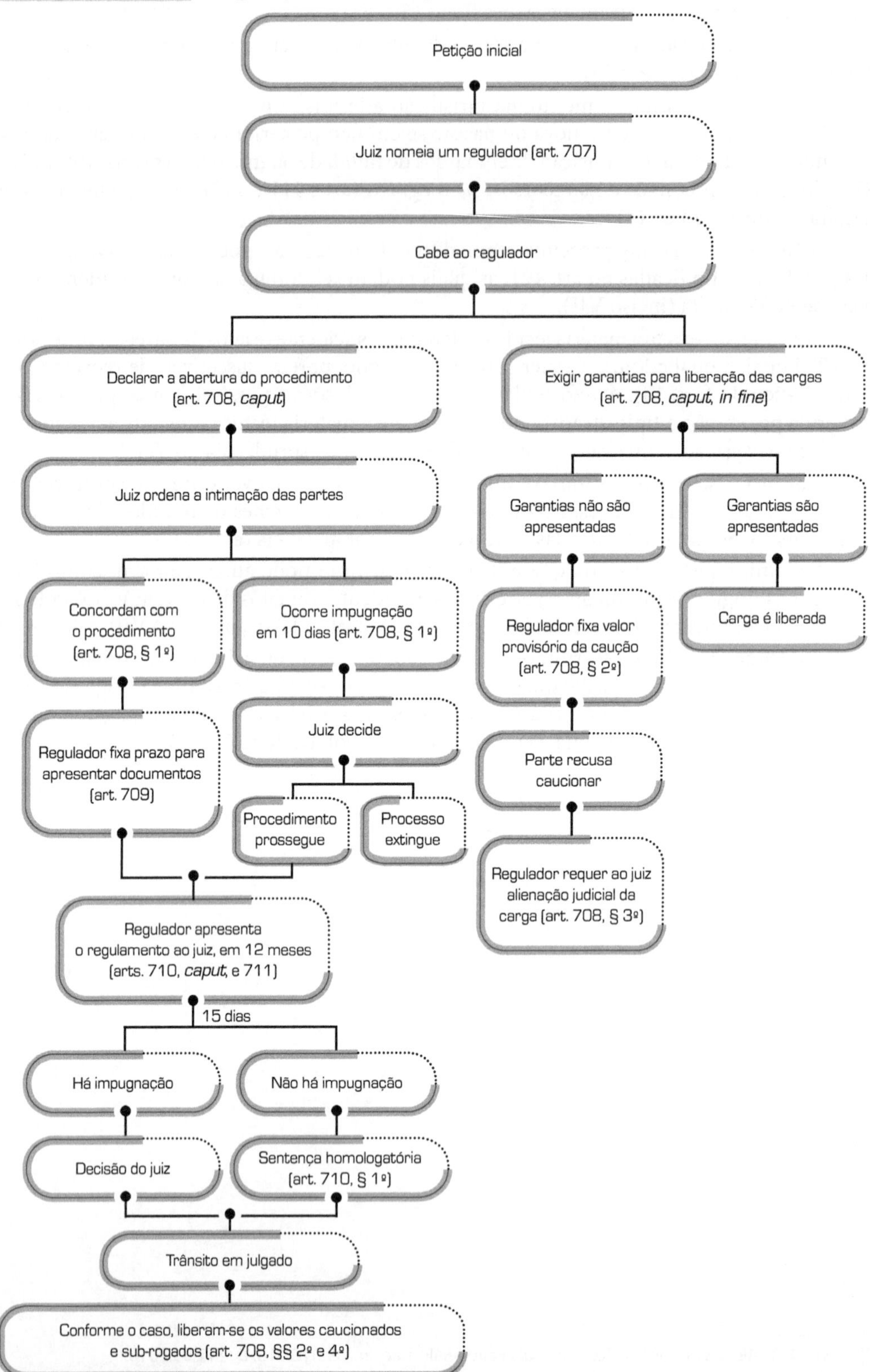

Capítulo XV
RESTAURAÇÃO DE AUTOS

§ 29. PROCEDIMENTO PARA RECUPERAR AUTOS DESAPARECIDOS

269. Conceito

A relação processual compõe-se de uma sucessão de atos que devem ser adequadamente documentados para que o processo atinja seu desiderato. Muitos desses atos são originariamente escritos (petição inicial, contestação, despachos e decisões do juiz, mandados etc.). Outros são praticados oralmente, mas, em seguida, são documentados em termos lavrados pelos serventuários do juízo (citação, intimação, diligências, audiências etc.). O conjunto das peças documentais do processo configura o que se denomina autos (ou *autos do processo*).

Sem os autos, nenhum efeito do processo pode ser obtido pela parte, pois são eles a prova e o instrumento da relação processual. Daí a necessidade de proteger os autos e de recompô-los quando se extraviam ou são destruídos. Na verdade, o seu desaparecimento acarreta uma interrupção do processo, diante da impossibilidade material de prosseguir na causa. Como motivo de força maior, o extravio, enquanto não superado, acarretará a suspensão do processo, nos termos do art. 313, V.[1] Observe-se que o desaparecimento de autos não é fato que só aconteça ao processo físico, já que a isto também é suscetível o processo eletrônico.[2]

Esse impasse a lei tenta evitar ou solucionar, de duas maneiras: instituindo os *autos suplementares* (art. 712, parágrafo único) e prevendo uma ação especial para *restauração de autos* (art. 712, *caput*).

Os autos suplementares constituem numa duplicata dos autos originais, que o escrivão está obrigado a fazer, justamente para substituição destes na eventualidade de destruição ou extravio (art. 712, parágrafo único).

Inexistindo os suplementares, ou tendo também eles se perdido como os originais, o remédio legal posto à disposição das partes é a *restauração de autos,* que vem a ser um procedimento especial contencioso tendente a recompor os atos e termos do processo e a propiciar a retomada do curso do feito paralisado em razão do desaparecimento dos respectivos autos.

Dessa maneira, o sistema do Código é o de autorizar a restauração somente quando inexistirem autos suplementares, visto que é nestes que deve prosseguir o processo, na falta dos autos originais (art. 712, parágrafo único). É de se ponderar que esse procedimento tende a desaparecer ou perder utilidade com a adoção plena do processo eletrônico.

---

1 BARROS, Hamilton de Moraes e. *Comentários ao Código de Processo Civil.* 2. ed. Rio de Janeiro: Forense: 1980, v. IX, n. 209, p. 423.

2 MACHADO, Marcelo Pacheco. *Comentários ao Código de Processo Civil.* São Paulo: Saraiva, 2017, v. XIII, p. 282.

270. Objetivo do procedimento

A ação visa tão somente à restauração ou recomposição dos autos desaparecidos (CPC/2015, art. 712, *caput*). Esses autos, segundo o CPC/2015, podem ser físicos ou referentes ao processo eletrônico. No caso do eletrônico, o objetivo é restabelecer o processo, na hipótese de eventuais problemas do sistema que possam acarretar seu desaparecimento. Trata-se, é certo, de procedimento contencioso, mas a questão de mérito limita-se à pesquisa e definição do conteúdo dos diversos documentos que compunham os autos originais.

A controvérsia que se pode suscitar entre as partes e sobre a qual terá de pronunciar-se o juiz é apenas em torno da idoneidade das peças e elementos apresentados, ou da inexequibilidade da restauração por falta de peça essencial do processo.

Questões de fato ou de direito que pertençam à causa principal são totalmente estranhas à ação de restauração de autos cuja sentença final haverá de simplesmente declarar restaurados, ou não, os autos do processo principal. Inapreciáveis são, por conseguinte, temas como o da extinção do processo por prescrição ou decadência, o da preclusão ou da coisa julgada e outros que só merecem análise dentro da causa principal.[3] Para suscitá-los, a parte deverá, portanto, aguardar o julgamento da restauração e a retomada do curso do processo em vias de recomposição.

271. Legitimidade

O CPC/2015, em seu art. 712, ampliou o rol de legitimados ativos à promoção da ação de restauração de autos, nele inserindo as partes, o juiz, de ofício, e ao Ministério Público.[4]

A possibilidade de o juiz promover a restauração decorre de sua responsabilidade de ser gestor do processo e, como tal, deve tomar as providências necessárias, de forma a entregar ao cidadão o processo resolvido. Esse entendimento vem sendo adotado sistematicamente pela jurisprudência.[5]

A ação é de natureza dúplice.

Uma das partes tomando a iniciativa, a outra ficará como sujeito passivo do procedimento e será citada para contestar o pedido e exibir as cópias e documentos em seu poder, úteis à restauração (art. 714).

272. Competência

A ação de restauração é uma causa derivada da principal (*i.e.*, daquela cujos autos desapareceram), de sorte que entre as duas estabelece-se um vínculo de acessoriedade. Em razão disso, a competência para a nova causa continua sendo a do juiz do processo principal, segundo a regra do art. 61.

---

[3] STJ, 1ª T., REsp 676.265/PB, Rel. Min. Luiz Fux, ac.17.11.2005, *DJU* 28.11.2005, p. 203. Cf. MACHADO, Marcelo Pacheco. *Comentários ao Código de Processo Civil*. São Paulo: Saraiva, 2017, v. XIII, p. 294; NEVES, Daniel Amorim Assumpção. *Novo Código de Processo Civil comentado*. Salvador: JusPodivm, 2016, p. 1.133.

[4] "O Superior Tribunal de Justiça tem entendido que, devidamente intimado da restauração dos autos, a inércia do ente público conduz à extinção do processo sem resolução de mérito, por abandono da causa" (STJ, 1ª T., AREsp 405.541/RJ, Rel. Min. Arnaldo Esteves Lima, ac. 25.02.2014, *DJe* 07.03.2014).

[5] WAMBIER, Teresa Arruda Alvim *et al*. *Primeiros comentários ao atual Código de Processo Civil*: artigo por artigo. São Paulo: Ed. RT, 2015, p. 1.061-1.062.

273. Procedimento

Sendo do juiz a iniciativa da restauração, o processo terá início no cartório, mediante a determinação judicial em portaria que atenda aos requisitos do art. 713 do CPC/2015.[6]

I – Petição inicial

Se uma das partes ou o Ministério Público requerer a recomposição, a petição inicial, elaborada conforme as exigências do art. 319, conterá, ainda, a declaração do "estado do processo ao tempo do desaparecimento dos autos" (art. 713, *caput*) e será instruída com os seguintes documentos:

(a) certidões dos atos constantes do protocolo de audiências do cartório por onde haja corrido o processo (inciso I);

(b) cópia das peças que tenha em seu poder (inciso II).[7] Caso os autos sejam eletrônicos, para evitar ao máximo falsificações de conteúdo, adverte a doutrina que as partes devem, ao fornecer o recibo do protocolo, indicar o respectivo número e atestar, de alguma forma, o conteúdo do que foi remetido pela via eletrônica;[8]

(c) quaisquer outros documentos que facilitem a restauração (inciso III), como, por exemplo, contrafé, carta intimatória, publicações do *Diário do Judiciário*, cópias de laudos, recibos de preparo, certidão do registro da sentença ou do arquivo de acórdãos do tribunal etc.

II – Citação e manifestação da parte contrária

A citação da parte contrária (ou de ambas, se a iniciativa for do juiz ou do Ministério Público) será feita com o prazo de cinco dias para contestar o pedido (art. 714). Ao sujeito passivo a lei impõe o dever de exibir as cópias, contrafés e mais reproduções dos atos e documentos que estiverem em seu poder (art. 714, *caput*).

Se, em lugar de contestar, o réu manifesta-se de acordo com a restauração, tal como proposta pelo autor, caberá ao escrivão lavrar um ato que descreverá o acordo ocorrido entre os litigantes e será assinado por eles. Em seguida, o juiz homologará por sentença o auto e suprido estará o processo desaparecido (art. 714, § 1º).

Quando o réu permanecer revel, manda o art. 714, § 2º, observar o rito comum. Isto quer dizer que serão presumidos verdadeiros os fatos alegados pelo autor (art. 344), e ao juiz caberá o julgamento antecipado da lide, caso a restauração contenha elementos documentais suficientes (art. 355, I e II). Havendo necessidade de complementação, principalmente em face das previsões do art. 715, mesmo diante da revelia, o juiz ordenará as diligências cabíveis, antes de julgar a restauração.

Se houver concordância do réu apenas parcial, ou contestação, o feito também observará o procedimento comum, ou seja, o juiz designará audiência de instrução e julgamento, desde

---

6 SODRÉ, Eduardo. Comentários ao art. 712. In: WAMBIER, Teresa Arruda Alvim; DIDIER JR., Fredie; TALAMINI, Eduardo; DANTAS, Bruno (Coord.). *Breves comentários ao novo Código de Processo Civil*. São Paulo: Ed. RT, 2015, p. 1.653.

7 Lei nº 11.419/2006: "Art. 11. (...) § 3º Os originais dos documentos digitalizados, mencionados no § 2º deste artigo, deverão ser preservados pelo seu detentor até o trânsito em julgado da sentença ou, quando admitida, até o final do prazo para interposição de ação rescisória". CPC/2015: "Art. 425. (...) § 1º Os originais dos documentos digitalizados mencionados no inciso VI deverão ser preservados pelo seu detentor até o final do prazo para propositura de ação rescisória".

8 NERY JUNIOR, Nelson; NERY, Rosa Maria de Andrade. *Comentários ao Código de Processo Civil*. São Paulo: Ed. RT, 2015, p. 1.547.

que a solução da controvérsia dependa de prova oral. Se a questão for só de direito ou se a prova for apenas documental, a sentença será desde logo proferida.

III – Restauração de autos após a produção de provas

Quando o desaparecimento dos autos tiver ocorrido depois da produção das provas em audiência do processo principal, o juiz mandará repeti-las no bojo da restauração (art. 715, *caput*). Essa repetição, contudo, ocorrerá apenas se for necessária, pois se, por exemplo, já existe sentença, não há que se repetir provas. Também quando a parte apresentar cópia da documentação pertinente, como, *v.g.*, cópia do laudo pericial ou dos depoimentos testemunhais, será dispensável a repetição de tais provas.[9]

As testemunhas serão as mesmas, mas se elas estiverem impossibilitadas de depor, poderão ser substituídas de ofício ou a requerimento (art. 715, § 1º).

A prova pericial, em princípio, deve ser substituída por certidão ou cópia do laudo primitivo. Se tal não for possível, far-se-á nova perícia, sempre que possível pelo mesmo perito (art. 715, § 2º).

A restauração de documentos é de se fazer por certidões ou cópias e, na falta, pelos meios ordinários de prova (art. 715, § 3º). Aos serventuários e auxiliares da justiça (escrivães, chefes de secretaria, oficiais de justiça, contadores etc.) a lei impõe o dever de depor, para facilitar a recomposição dos autos, sobre todos os atos de que tenham participado (art. 715, § 4º).

Se o juiz ou o escrivão dispuser de cópia da sentença proferida no processo principal, será ela juntada e terá a mesma autoridade da original (art. 715, § 5º).

274. Julgamento da restauração

Com a sentença que julga restaurados os autos extraviados ou desaparecidos, o processo principal retomará seu curso, agora dentro dos autos da restauração (art. 716).

Se, eventualmente, forem reencontrados os autos originais, neles é que devem ser praticados os atos subsequentes. Os autos da restauração, porém, serão apensados (art. 716, parágrafo único), dispensada, nesse caso, a repetição dos atos que tenham sido ultimados nos autos da restauração.

Se, eventualmente, foram utilizados autos suplementares para a restauração, e ocorrer o aparecimento dos originais, o curso volta a dar-se nestes, retornando aqueles ao arquivo do cartório, após trasladarem-se, por certidões, todos os atos e termos necessários à complementação do processo primitivo.

275. Autos extraviados no tribunal

Compete ao tribunal restaurar os autos que perante ele estejam em curso, seja em grau de recurso, seja em razão de competência originária. De preferência, funcionará como relator da restauração o juiz que já funcionava como tal no processo desaparecido (CPC/2015, art. 717).

Havendo o processo original tramitado em duas instâncias, o relator remeterá o novo processo ao juízo de origem, pois compete a este a restauração dos atos praticados sob sua jurisdição (art. 717, § 1º). Concluída sua tarefa, os autos voltarão ao tribunal, onde se

---

[9] "Reproduzida a essencialidade da prova técnica na sentença que julgou procedente a ação de prestação de contas, é de ser abrandado o rigor do art. 1.066, § 2º, do CPC [art. 715, § 2º, CPC/2015], por se revelar desnecessária, pela peculiaridade da espécie, a juntada de cópia do laudo pericial, consoante a conclusão do Tribunal estadual, soberano na apreciação da matéria de fato" (STJ, 4ª T., REsp 302.527/RJ, Rel. Min. Aldir Passarinho Junior, ac. 12.12.2006, *DJU* 12.02.2007, p. 262).

complementará a restauração e se procederá ao julgamento (§ 2º). A função do juízo de origem é, na espécie, apenas de instrução parcial da causa.

276. Responsabilidade do causador do desaparecimento dos autos

Segundo dispõe o art. 718, o causador do desaparecimento dos autos deve responder pelas custas da restauração e pelos honorários advocatícios despendidos pela parte contrária. O procedimento da restauração corresponde a uma nova ação e a um novo processo, onde, portanto, haverá sucumbência distinta da do processo principal.

Provada a culpa pelo extravio, os encargos a que alude o art. 718 serão sempre da parte culpada, mesmo que seja ela a que tome a iniciativa de requerer a restauração, em face da natureza dúplice da ação.[10]

Além desse efeito processual, ocorrerá ainda, no caso de conduta dolosa ou maliciosa, a responsabilização civil e penal, nos termos da legislação própria, que rege o ato ilícito (CC, arts. 186 e 927) e os delitos (CP, art. 356).

---

[10] "A ausência de contestação da parte não inibe a fixação de honorários advocatícios, que, nos termos do art. 1.069 do CPC [art. 718, CPC/2015], devem ser imputados à parte que deu causa ao desaparecimento dos autos" (STJ, 1ª T., Pet. 3.753, Rel. Min. Luiz Fux, ac. 25.08.2009, *DJe* 17.09.2009). Naturalmente, sem o extravio não haverá razão para impor a verba sucumbencial a qualquer delas, a não ser que a demandada tenha oferecido contestação e tenha saído vencida.

Fluxograma nº 27 – Restauração de autos (arts. 712 a 718)

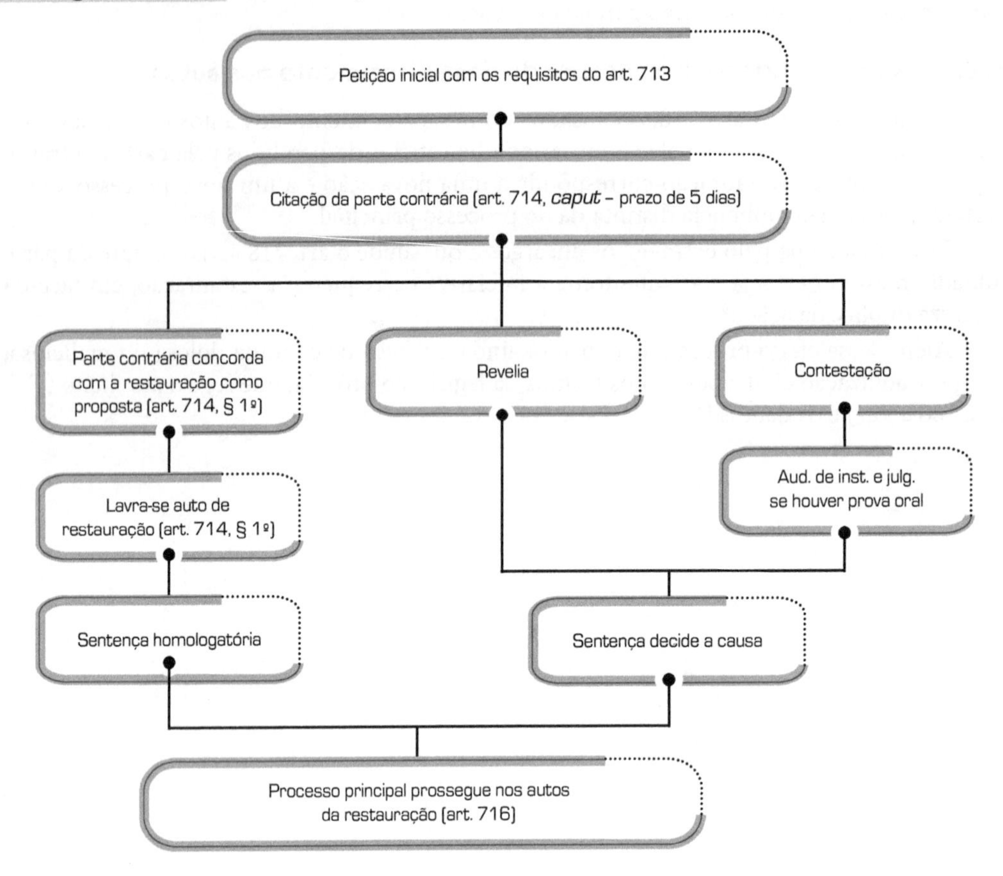

Parte II
Procedimentos de Jurisdição Voluntária

Capítulo XVI
JURISDIÇÃO VOLUNTÁRIA

§ 30. GENERALIDADES

277. Introito

O CPC/2015, na esteira do CPC/1973, manteve a clássica orientação de nosso direito processual, dividindo os procedimentos especiais em dois grupos: um de *jurisdição contenciosa* e outro de *jurisdição voluntária*.

A designação "jurisdição voluntária" tem sido criticada porque seria contraditória, uma vez que a jurisdição compreende justamente a função pública de compor litígios, o que, na verdade, só ocorre nos procedimentos contenciosos. Na chamada "jurisdição voluntária", o Estado apenas exerce, por meio de órgãos do Judiciário, atos de pura administração, pelo que não seria correto o emprego da palavra *jurisdição* para qualificar tal atividade.

No entanto, a expressão é tradicional, não só entre nós, como no direito europeu.

O que, na verdade, distingue a atividade da jurisdição voluntária daquela desempenhada no processo contencioso é justamente a presença, neste, da *contenda*, ou seja, da pretensão ao exercício de um direito *contra outrem*; ao passo que – ensina Prieto-Castro – "na jurisdição voluntária não existe parte adversária e só se trata de uma *fixação* de valor substancial em si e por si".[1]

Entre nós, Frederico Marques estudou com profundidade o tema e apontou as seguintes características para a jurisdição voluntária:

> "*(a)* como função estatal, ela tem a *natureza administrativa*, sob o *aspecto material*, e é ato judiciário, no plano subjetivo orgânico;
>
> *(b)* em relação às suas finalidades, é função *preventiva* e também *constitutiva*".[2]

---

1 PRIETO-CASTRO Y FERRANDIZ, Leonardo. *Derecho concursal, procedimentos sucessores, jurisdicción voluntaria, medidas cautelares.* Madrid: Editorial Tecnos, 1974, n. 135, p. 180.

2 MARQUES, José Frederico. *Manual de direito processual civil.* São Paulo: Saraiva, 1974, v. I, n. 62, p. 79.

Pressuposto da jurisdição voluntária é, no dizer do eminente processualista, "um negócio ou ato jurídico, e não, como acontece na jurisdição contenciosa, uma *lide* ou *situação litigiosa*. O contraditório entre as partes é traço exterior da jurisdição contenciosa... Inexistindo lide, a jurisdição voluntária é, por isso mesmo, um procedimento que se desenvolve sem partes".[3]

Daí a afirmação de Alcalá-Zamora de que na jurisdição voluntária não há litígio, mas negócio jurídico; não há partes, mas simples participantes; nem há ação, mas apenas pedido.[4]

Há, enfim, procedimento de jurisdição voluntária quando, conforme Prieto-Castro, os órgãos judiciais são convocados a desempenhar uma função administrativa destinada "a tutelar a ordem jurídica mediante a constituição, asseguramento, desenvolvimento, e modificação de estados e relações jurídicas com caráter geral, ou seja, frente a todos".[5]

Tomem-se como exemplo os procedimentos da apresentação e publicação de testamentos e da interdição dos incapazes, onde os traços da jurisdição voluntária emergem com nitidez. Em ambos os casos, os requerentes não têm direitos subjetivos a exercitar contra os requeridos, mas visam realizar ato jurídico em juízo que crie ou instale um novo estado jurídico oponível *erga omnes*, mas sem o efeito da *coisa julgada*, pois aquilo que emana tanto do procedimento dos testamentos como da interdição estará sempre passível de discussão em posteriores procedimentos de jurisdição contenciosa ou até mesmo de revisão e modificação em outros procedimentos voluntários.

A jurisdição voluntária, no entanto – segundo forte corrente doutrinária –, em alguns casos, "aproxima-se da contenciosa em razão da semelhança das formas de seu exercício e da competência do juiz, como agente estatal independente e necessariamente imparcial. Mais ainda: tanto quanto a contenciosa, a jurisdição voluntária exerce-se com vista a alguma concreta situação de conflito a resolver e é endereçada ao objetivo social último de pacificação – sendo esse o mais relevante dos escopos da jurisdição".[6] Quando, porém, o caso ajuizado de maneira administrativa, se torna palco de conflito entre os interessados, o que, de fato ocorre é a transformação do procedimento, iniciado graciosamente, em procedimento contencioso. Desde então desaparece o caráter de jurisdição voluntária, e passa a atuar a prestação jurisdicional contenciosa típica (sobre a jurisdição voluntária, veja o item nº 72 do v. I do nosso Curso).

277.1. Natureza jurídica da jurisdição voluntária: atividade administrativa ou jurisdicional?

Persiste, entre nós e no direito comparado, uma velha polêmica doutrinária em torno de a jurisdição voluntária integrar-se, ou não, no conceito geral da jurisdição. A propósito, lembra Jefferson Guedes que, diante dos códigos modernos, Andriolli teria concluído que a questão relativa à natureza jurídica da jurisdição voluntária perdera grande parte de sua relevância,

---

3 MARQUES, José Frederico. *Manual de direito processual civil*. São Paulo: Saraiva, 1974, v. I, n. 62, p. 79-80.

4 ALCALÁ-ZAMORA. *Apud* MARQUES, José Frederico. *Manual de direito processual civil*. São Paulo: Saraiva, 1974, v. I, n. 62, p. 79-80.

5 PRIETO-CASTRO Y Y FERRANDIZ, Leonardo. *Derecho concursal, procedimentos sucessores, jurisdicción volontaria, medidas cautelares*. Madrid: Editorial Tecnos, 1974, n. 135, p. 179-180.

6 DINAMARCO, Cândido Rangel. *A instrumentalidade do processo*. 15. ed. São Paulo: Malheiros, 2013, p. 146. Na nota 166, observa o autor que a doutrina predominante divide os atos da jurisdição voluntária em três espécies: (i) receptícios (ii) certificantes e (iii) "atos que constituem verdadeiros pronunciamentos judiciais". Em sua visão, não há "razão metodológica ou tratamento assemelhado ao do exercício da jurisdição contenciosa, que justifique a absorção, no conceito de jurisdição voluntária, das atividades receptícias ou certificantes". Somente a terceira categoria "recebe um tratamento tão parecido com o dos processos judiciais".

constituindo-se na maioria dos casos um "luxo teórico"; não obstante reconheça permanecerem vivas as históricas e severas divergências nos debates doutrinários sobre o tema.[7]

De fato, se se pensa que é, principalmente, a conflituosidade e a existência de partes que se usa como critério de distinção da jurisdição contenciosa em face da jurisdição voluntária pode-se reconhecer que, de um lado, há procedimentos contenciosos que eventualmente se encerram por composição consensual entre os litigantes, sem necessidade, portanto, de uma sentença adjudicatória de mérito; enquanto, de outro lado também há procedimentos tipicamente voluntários em que, incidentalmente, se estabelece um contraditório entre os interessados, desafiador de solução adjudicatória por sentença judicial. A diferença, no entanto, é que essas fugas do regi-me natural das duas modalidades processuais são meras eventualidades, que servem apenas para confirmar a regra geral de que, na normalidade, o processo contencioso pressupõe litígio entre partes contrapostas, e o procedimento de jurisdição voluntária pode se estabelecer e se encerrar sem contraditório entre interessados, não sendo raro os casos em que o requerente se apresente como o único interessado no provimento administrativo buscado junto à autoridade judiciária.

Assim, impõe-se a advertência de que a conceituação de um instituto jurídico e a definição da respectiva natureza devem ser feitas em face dos elementos necessários à sua configuração geral (ou constante) e não daqueles que excepcionalmente se lhe podem agregar.[8] São enfim, os elementos *essenciais* (os que não podem faltar) e não os acidentais (apenas eventuais) que definem as coisas compostas ou os conceitos complexos.

Configurado como administrativo o procedimento de jurisdição voluntária, em sua essencialidade essa conceituação revela-se relevante, já que, na pureza da instituição, não se registra a presença de conflito entre os interessados e, por isso, o juiz, a seu termo, não resolve litígio, não pronunciando, então, sentença de mérito capaz de gerar coisa julgada material. Diante, pois, de sentença da espécie, não caberá ação rescisória (art. 966, *caput*), mas simples ação anulatória (art. 966, § 4º).

278. Iniciativa do procedimento e participação dos interessados

Em princípio, os procedimentos de jurisdição voluntária também se sujeitam à regra do *ne procedat iudex ex officio* (CPC/2015, art. 2º). Pela natureza administrativa da atividade do juiz nesse setor do processo, admite a lei, no entanto, que em várias situações possa o magistrado agir de ofício, ou seja, sem requerimento de interessado. Em regra, porém, os provimentos de jurisdição voluntária devem ser postulados por aqueles a quem a lei reconhece legitimação, ou seja, o interessado, o Ministério Público e a Defensoria Pública (art. 720). Os casos em que a instauração do procedimento prescinde de provocação de algum dos legitimados legais são excepcionais e dependem de previsão explícita da lei.

Assim, por exemplo, podem ser determinadas, *ex officio*, a alienação de bens depositados judicialmente (art. 730), a arrecadação de bens da herança jacente (art. 738) e várias outras medidas típicas da jurisdição voluntária.

Por não haver litígio, os sujeitos do procedimento recebem aqui a denominação *interessados*, em lugar de partes (autor e réu), como ocorre nos procedimentos contenciosos. Embora

---

7 GUEDES, Jefferson Carús. *Comentários ao Código de Processo Civil*. 2. ed. São Paulo: Ed. RT, 2015, v. XI, p. 51.

8 Sobre o debate atual em torno da inclusão, ou não, da atividade de jurisdição voluntária no conceito amplo de jurisdição, v. nosso estudo "Ainda a polêmica sobre a distinção entre a 'jurisdição contenciosa' e a 'jurisdição voluntária': espécies de um mesmo gênero ou entidades substancialmente distintas". *Revista de processo*, v. 198, p. 13-50, São Paulo, 2011.

inexista conflito, a jurisdição voluntária sempre leva à constituição de situações jurídicas novas, que naturalmente produzem efeitos junto a outras pessoas além do promovente. Daí a obrigatoriedade da citação, sob pena de nulidade, de todo aquele que tiver interesse suscetível de ser atingido pelo ato processado em juízo (art. 721).[9] Dentre estes, serão citados o cônjuge ou o coproprietário, o credor hipotecário e o titular de direito real sobre o imóvel a alienar (arts. 73, § 1º, I, 730 e 889, II a VII).

Também o órgão do Ministério Público participa de alguns procedimentos de jurisdição voluntária, como fiscal da ordem jurídica, nas hipóteses previstas em lei e nos processos que envolvam *(i)* interesse público ou social, e *(ii)* interesse de incapaz (CPC/2015, arts. 721 e 178).[10] Nas retificações de assentos do Registro Civil, em regra, intervém o Ministério Público (Lei nº 6.015/73, art. 109). Porém, na correção dos erros enumerados no art. 110 daquela Lei (com redação dada pela Lei nº 13.484/2017), o oficial procederá à retificação do registro da averbação ou da anotação, independentemente de prévia autorização judicial ou de manifestação do Ministério Público[11].

As situações nas quais é necessária a atuação do Ministério Público estão elencadas na Recomendação nº 34, de 05 de abril de 2016, expedida pelo Conselho Nacional do Ministério Público, rol esse que não inclui genericamente os procedimentos de jurisdição voluntária (art. 5º). A intervenção do *custos legis*, portanto, só ocorrerá quando no procedimento de jurisdição voluntária se configurar algum dos temas arrolados na aludida Recomendação. Como sujeito ativo, o Ministério Público provoca a jurisdição voluntária quando por iniciativa própria atua na defesa de direitos indisponíveis, segundo a previsão do art. 127 da Constituição. Inovando em relação

---

[9] No caso de alienação judicial de imóvel comum, é de exigir-se participação de ambos os cônjuges ou outorga uxória (TJSP, 19ª CC, AI 165.061-2, Rel. Des. Telles Corrêa, ac. 05.11.1990, *RJTJESP* 130/290). Havendo hipoteca, a venda judicial do imóvel gravado depende de prévia notificação do credor (CC, art. 1.501), embora não se exija sua concordância (TJSP, 7ª C. D. Priv., AI 24.496-4, Rel. Des. Mohamed Amaro, ac. 27.11.1996, *JTJ* 192/177).

[10] A intervenção do MP não é necessária em todos os procedimentos de jurisdição voluntária, mas apenas naqueles em que haja previsão legal expressa e nas hipóteses do art. 178 do CPC/2015, como proclama a jurisprudência do STJ (STJ, 4ª T., REsp 6.718/MG, Rel. Min. Fontes de Alencar, ac. 02.06.1992, *DJU* 29.06.1992, p. 10.324, *RSTJ* 43/244). Por exemplo: nulo o suprimento de idade para casamento processado sem a intervenção do MP (STJ, 3ª T., REsp 16.915/TO, Rel. Min. Eduardo Ribeiro, ac. 23.06.1992, *DJU* 03.08.1992, p. 11.310, *RT* 693/266); os arts. 57 e 109 da Lei nº 6.015/1973, expressamente, dispõem sobre a necessidade de intervenção do MP nas ações que visem, respectivamente, a alteração do nome e a retificação de registro civil. "Essa previsão certamente decorre do evidente interesse público envolvido" (STJ, 3ª T., REsp 1.323.677, Rel. Min. Nancy Andrighi, ac. 05.02.2013, *DJe* 15.02.2013); obrigatória também a participação do MP na abertura e registro de testamento (CPC/2015, art. 735, § 2º), na arrecadação, na curatela dos interditos (art. 752, § 1º), na nomeação e remoção de tutor ou curador (art. 761) etc. Não há, porém, necessidade de intervir o MP em processo de interesse da União, dos Estados, do Distrito Federal e dos Municípios pelo simples fato de esses entes públicos ocuparem polo ativo ou passivo da ação (CNMP, Recomendação nº 16/2010, art. 5º, XV).

[11] Aplica-se a regra do art. 110 da LRP, nos seguintes casos: "I – erros que não exijam qualquer indagação para a constatação imediata de necessidade de sua correção; (Incluído pela Lei nº 13.484, de 2017); II – erro na transposição dos elementos constantes em ordens e mandados judiciais, termos ou requerimentos, bem como outros títulos a serem registrados, averbados ou anotados, e o documento utilizado para a referida averbação e/ou retificação ficará arquivado no registro no cartório; (Incluído pela Lei nº 13.484, de 2017); III – inexatidão da ordem cronológica e sucessiva referente à numeração do livro, da folha, da página, do termo, bem como da data do registro; (Incluído pela Lei nº 13.484, de 2017); IV – ausência de indicação do Município relativo ao nascimento ou naturalidade do registrado, nas hipóteses em que existir descrição precisa do endereço do local do nascimento; (Incluído pela Lei nº 13.484, de 2017); V – elevação de Distrito a Município ou alteração de suas nomenclaturas por força de lei. (Incluído pela Lei nº 13.484, de 2017)".

ao CPC/1973, o CPC/2015 inseriu a Defensoria Pública entre aqueles que podem dar início ao procedimento não contencioso[12] (art. 720). "A legitimidade conferida à Defensoria Pública pelo art. 720 do CPC compreende as hipóteses de jurisdição voluntária previstas na legislação extravagante, notadamente no Estatuto da Criança e do Adolescente".[13] Todavia, "no exercício do direito de ação ou na promoção de procedimento de jurisdição voluntária em benefício de pessoas determinadas ou de grupos específicos, ainda que compostos de pessoas de identidade não definida, deverá o defensor público identificá-los, para que o juiz e os demais sujeitos eventualmente interessados no procedimento possam constatar a caracterização da legitimidade".[14]

Finalmente, a Fazenda Pública é de ser convocada a intervir em todo procedimento onde se evidencie o seu interesse (art. 722).

Após a citação, o interessado terá oportunidade de se manifestar em quinze dias (art. 721). Não havendo litígio, não há contestação propriamente dita, mas apenas resposta.[15] Não cabe reconvenção,[16] mas incidem os efeitos da revelia, quando o citado deixa de responder no prazo legal, não sendo lícito ao juiz processar resposta intempestiva.[17]

Ocorrendo, porém, resistência ao pedido, responderá o vencido pelas despesas processuais, inclusive honorários de advogado, visto como se terá configurada a situação litigiosa (pretensão e resistência).[18]

Em regra, o pedido é instruído com prova documental, e o juiz após o prazo de manifestação do citado e do Ministério Público, terá o prazo de dez dias para decidir o pleito (art. 723). Havendo necessidade de ouvir os interessados ou testemunhas, será designada audiência, como é natural.

279. Litigiosidade incidental

O procedimento de jurisdição voluntária é instalado no pressuposto de inexistência de litígio a compor. Por isso, a intervenção do juiz se passa no plano administrativo e não jurisdicional. Não é excluída, porém, a eventualidade de se tornar necessária uma intervenção incidental do órgão jurisdicional de feitio verdadeiramente jurisdicional, se os interessados vêm a suscitar *questões* (pontos controvertidos) que reclamem soluções próprias do processo contencioso. A composição dessas controvérsias já não terá mais a natureza de provimento administrativo, mas de sentença de mérito, capaz de produzir a coisa julgada material, tal como ocorre no procedimento típico de conhecimento.[19]

Explica Fazzalari que, em semelhante conjuntura, é o próprio juiz do procedimento administrativo que se despe das vestes de órgão da jurisdição voluntária e assume as de órgão

---

[12] Constitui prerrogativa da Defensoria Pública a intimação pessoal para todos os atos do processo, mediante a entrega dos autos, sob pena de nulidade (STF, 2ª T., HC 125.270/SF, Rel. Min. Teori Zavascki, ac. 23.06.2015, *DJe* 31.07.2015).

[13] Enunciado nº 56 da I Jornada de Processo Civil do Conselho da Justiça Federal/CEJ.

[14] GRECO, Leonardo. *In:* WAMBIER, Teresa Arruda Alvim, *et al* (coords.). *Breves comentários ao atual Código de Processo Civil*. 3. ed. São Paulo: Ed. RT, 2016, p. 1.856. Cf. também GODINHO, Robson Renaut. *Comentários ao Código de Processo Civil*. São Paulo: Saraiva, 2018, v. XIV, p. 56.

[15] MARCATO, Antônio Carlos. *Procedimentos especiais*. 16. ed. São Paulo: Ed. RT, 2016, n. 195, p. 204.

[16] STJ, 4ª T., REsp 33.457/SP, Rel. Min. Barros Monteiro, ac. 29.11.1993, *DJU* 28.02.1994, p. 2.891, *RSTJ* 59/288; TJSP, AI 104.191-2, Rel. Des. Nigro Conceição, ac. 06.08.1986, *RJTJESP* 103/309.

[17] TJSP, 13ª C., AI 247.008/6, Rel. Des. Marrey Neto, ac. 06.09.1994, *RT* 714/141; *JTJ* 165/189.

[18] STJ, 3ª T., REsp 77.057/SP, Rel. Min. Nilson Naves, ac. 12.02.1996, *DJU* 25.03.1996, p. 8.577.

[19] STJ, 3ª T., REsp. 1.453.193/DF, Rel. Min. Nancy Andrighi, ac. 15.08.2017, *Dje* 22.08.2017.

da verdadeira e própria jurisdição para resolver a controvérsia e tutelar, por sentença, o direito subjetivo deduzido em juízo.[20]

É o que, *v.g.*, se passa no procedimento de venda judicial para extinção de condomínio sobre coisa indivisível (CPC/2015, art. 725, V).[21] Surgindo, no curso do procedimento de jurisdição voluntária, controvérsia sobre o direito material de promover a extinção do condomínio, ou sobre a própria existência do condomínio, dá-se, *in casu*, uma "osmose entre jurisdição voluntária e a jurisdição (verdadeira), no sentido de que, em via incidental, relativamente ao procedimento voluntário, se desenvolve o procedimento jurisdicional sobre o direito controvertido".[22]

Cumpre, no entanto, para configuração de sucumbência em procedimento de jurisdição voluntária, fazer uma distinção entre surgimento de resistência à pretensão deduzida na inicial, e o simples acréscimo de pedido autônomo do requerido, que não chegue a representar uma litigiosidade em face do objeto do procedimento. Somente se pode cogitar de honorários advocatícios de sucumbência quando *in concreto* se instala uma inequívoca resistência à pretensão do requerente. O pedido autônomo – no entendimento do STJ – "não caracteriza resistência à pretensão autoral, justamente por ser pretensão distinta que não influencia no julgamento dos pedidos formulados pelo autor. Assim, não forma litígio na ação principal e, por conseguinte, não enseja condenação a pagar honorários sucumbenciais"[23].

280. A função do juiz

Incumbe aos interessados o ônus de provar os fatos constitutivos de seus direitos e pretensões, sem dúvida. Mas a natureza administrativa do procedimento de jurisdição voluntária leva ao reconhecimento de possuir o juiz poderes mais amplos na investigação dos fatos. Pela mesma razão, ao decidir o pedido, não ficará adstrito a observar critério de legalidade estrita, podendo adotar em cada caso a solução que reputar mais conveniente ou oportuna (CPC/2015, art. 723, parágrafo único).[24]

Por outro lado, agindo fora do contexto da litigiosidade, o juiz não provoca, com sua decisão, a coisa julgada material. Donde sua sentença não impede a revisão do ato constituído pelos interessados, sem prejuízo de terceiros. Aquilo que se decidir em sede de jurisdição

---

[20] FAZZALARI, Elio. *Istituzioni di diritto processuale*. 8. ed. Padova: Cedam, 1996, § 11-F, p. 178.

[21] "Possibilidade de alienação judicial do imóvel: Improcedência do argumento de que a venda acarretará prejuízo à ex-companheira, considerando que ela detém a titularidade de apenas 50% dos direitos aquisitivos do imóvel. Ex-companheira na posse do imóvel há mais de quatro anos, período em que se manteve anunciado para venda. Correto o deferimento do pedido de alienação judicial do imóvel, pois a utilização exclusiva do bem por parte da requerida impossibilita o autor de dispor do bem. Constitui, finalmente, direito potestativo do condômino de bem imóvel indivisível promover a extinção do condomínio mediante alienação judicial da coisa" (STJ, 3ª T., REsp. 1.852.807/PR, Rel. Min. Paulo de Tarso Sanseverino, ac. 10.05.2022, *DJe* 13.05.2022).

[22] FAZZALARI, Elio. *Istituzioni di diritto processuale*. 8. ed. Padova: Cedam, 1996, § 11-F, p. 178.

[23] STJ, 3ª T., REsp 2.028.685/SP, Rel. Min. Nancy Andrighi, ac. 22.11.2022, DJe 24.11.2022.

[24] "O Código de Processo Civil, em boa hora, tornou explícito o que já era admitido pela consciência doutrinária e jurisprudencial, ao dispor no art. 1.109 que, na apreciação dos pedidos de jurisdição voluntária, o juiz não é obrigado a observar critério de legalidade estrita" (TJMG, Ap. 60.417, Rel. Des. Xavier Lopes). A liberdade de afastar-se do critério de legalidade estrita, porém, refere-se "à atividade processual", e não pode "alcançar o direito material" (TAMG, 4ª CC, Ap. 148.894-8, Rel. Juiz Célio Paduani, ac. 09.07.1993, *RJTAMG* 51/126). O STJ, todavia, já decidiu que a liberdade reconhecida ao juiz do procedimento de jurisdição voluntária, corresponde a uma abertura legal ao julgamento "com base na equidade e na adoção de solução mais conveniente e oportuna à situação concreta". O que, entretanto, não pode redundar em supressão de atos processuais, mormente "quando se tratar daquele que representa o direito de defesa do interditando" (STJ, 3ª T., REsp 623.047/RJ, Rel. Min. Nancy Andrighi, ac. 14.12.2004, *DJU* 07.03.2005, p. 250).

voluntária admite modificação, sem prejuízo dos efeitos produzidos, sempre que ocorrerem circunstâncias supervenientes (*v.g.*, suspensão da interdição, restabelecimento da sociedade conjugal depois de homologada a separação etc.). Mesmo quando houver vício que torne nula ou anulável a sentença, não haverá necessidade de usar a ação rescisória contra ela. Tudo se resolverá por meio de ação comum (art. 966, § 4º),[25] salvo se o procedimento de jurisdição voluntária converter-se em litigioso, em seu curso (ver, *retro*, o item nº 279).

Outrossim, o recurso legalmente previsto contra a sentença proferida em procedimento de jurisdição voluntária é a apelação (art. 724).

281. Verbas sucumbenciais

Diferentemente do que ocorre no contencioso, não existe condenação ao pagamento de verbas sucumbenciais nos procedimentos de jurisdição voluntária. Segundo o art. 88 do CPC/2015, o requerente, ao buscar o Judiciário, adiantará as despesas, mas elas serão rateadas entre os interessados. Essas despesas são as previstas nos arts. 82 a 84 da Lei Processual e abrangem as custas dos atos do processo, a indenização de viagem, a remuneração do assistente técnico e a diária de testemunhas.

Tais despesas não se confundem com o pagamento de honorários advocatícios, que estão regulamentados no art. 85 do Código. Nos procedimentos de jurisdição voluntária não cabe a condenação em honorários. Contudo, havendo litigiosidade, o caso não será mais de resolução entre "meros interessados", tornando-se "cabível a condenação da parte vencida em honorários advocatícios".[26] Com efeito, nessas circunstâncias instala-se o contraditório, que conduzirá à configuração de sucumbência, incidindo, então, as regras ordinárias das causas contenciosas, no que diz respeito tanto às despesas comuns do processo como aos honorários advocatícios[27].

> "Mesmo que não haja litigiosidade nos procedimentos de jurisdição voluntária, é lícito ao advogado requerer ao juiz a retenção do valor correspondente aos seus honorários contratuais, sempre que houver numerários em dinheiro a serem partilhados"[28] (Lei nº 8.906/1994, art. 22, § 4º).

282. Procedimentos

Em linha simétrica aos procedimentos contenciosos, a jurisdição voluntária conta com um *procedimento comum* e vários *procedimentos especiais*.

---

[25] "3. A sentença prolatada em procedimento de jurisdição voluntária produz coisa julgada meramente formal, tornando descabida a ação rescisória (art. 485 do CPC [art. 966, §4º, do CPC/2015]) para alterá-la." (STJ, 3ª T., REsp 1.269.544/MG, Rel. Min. João Otávio de Noronha, ac. 26.05.2015, *DJe* 29.05.2015).

[26] STJ, 4ª T., AgRg no Ag 1.362.095/SP, Rel. Min. Maria Isabel Gallotti, ac. 10.04.2012, *DJe* 18.04.2012. Precedentes do STJ citados no acórdão: REsp 77.057/SP, Rel. Min. Nilson Naves, *DJU* 25.03.1996; AgRg no Ag 128.881/MG, Rel. Min. Waldemar Zveiter, *DJU* 25.02.1998; REsp 283.222/RS, 2ª T., Rel. Min. João Otávio de Noronha, *DJ* 06.03.2006.

[27] "Esta Corte Superior já proclamou que, em procedimento de jurisdição voluntária, a existência de litigiosidade excepciona a regra de não cabimento de condenação em honorários advocatícios" (STJ, 3ª T., REsp 1.431.036/SP, Rel. Min. Moura Ribeiro, ac. 17.04.2018, *DJe* 24.04.2018. No mesmo sentido: STJ, 3ª T., REsp 1.524.634/RS, Rel. Min. Ricardo Villas Bôas Cueva, ac. 27.10.2015, *DJe* 03.11.2015).

[28] PIMENTEL, Alexandre Freire. In: WAMBIER, Teresa Arruda Alvim; DIDIER JR., Fredie; TALAMINI, Eduardo; DANTAS, Bruno (Coord.). *Breves comentários ao novo Código de Processo Civil.* São Paulo: Ed. RT, 2015, p. 1.688.

I - Procedimento comum a todos os procedimentos de jurisdição voluntária

O procedimento comum está regulado pelos arts. 719 a 725, e os especiais, pelos arts. 726 a 770 do CPC/2015.

Em síntese, o procedimento comum pode ser assim esquematizado:

(a) abertura, por petição do interessado, do Ministério Público ou da Defensoria Pública (art. 720);

(b) citação de todos os interessados, bem como intimação do Ministério Público, com quinze dias para manifestação (art. 721);

(c) audiência da Fazenda Pública, sempre que tiver interesse (art. 722);

(d) sentença, sem ficar o juiz obrigado a observar critério de legalidade estrita (art. 723, parágrafo único);

(e) recurso de apelação (art. 724).

II - Pedidos processados sob o rito comum

Prevê o art. 725 que se processarão pela forma do rito comum os seguintes casos de jurisdição voluntária:

(a) *Emancipação*, por requerimento do menor *(i)* que esteja sob tutela ou *(ii)* que, por divergência entre os pais, não seja a emancipação concedida voluntariamente (CC, art. 5º, parágrafo único, I).

(b) Sub-rogação, a ser autorizada pelo juiz quando for necessário transferir, de um bem para outro, a inalienabilidade ou impenhorabilidade, conforme previsto no art. 1.719 do CC.

(c) *Alienação, arrendamento ou oneração de bens de crianças ou adolescentes, de órfãos e de interditos.* A tutela aqui pleiteada é a autorização para a prática desses atos mencionados, como requisito de sua validade. "Observe-se, quanto ao arrendamento de bens de crianças e adolescentes, que inexiste no Código Civil qualquer exigência de autorização judicial, devendo a previsão do inc. III ser interpretada no sentido de sua aplicação excepcional somente se vier ela a ser imposta pela Justiça da Infância e da Juventude no âmbito das medidas de proteção a que se referem os arts. 98 a 101 da Lei 8.069/1990. Já a alienação ou oneração de bens imóveis e, no caso de menor sob tutela, até mesmo a alienação de bens móveis, depende de autorização judicial, nos dos arts. 1.691, 1.740, III, e 1.748, IV, todos do CC".[29]

(d) *Alienação, locação e administração da coisa comum*, quando não houver acordo entre os condôminos. A intervenção pode ser requerida por um deles, para que o juiz adote a deliberação mais conveniente ao interesse de todos. A rigor, não se trata de um procedimento voluntário, pois se não há consenso, certamente a questão envolverá conflito.[30] Às vezes, porém, o recurso à medida judicial se dá apenas em face da falta de consenso em torno da alienação extrajudicial, não havendo contraditório sobre a dissolução do condomínio; propriamente dita. Portanto, o procedimento, se não houver contestação, conservará o caráter de jurisdição voluntária.

---

[29] GRECO, Leonardo. Comentários aos arts. 719 a 730. In: WAMBIER, Teresa Arruda Alvim *et al. Breves comentários ao atual Código de Processo Civil.* São Paulo: Ed. RT, 2015, p. 1.675.

[30] WAMBIER, Teresa Arruda Alvim *et al. Primeiros comentários ao atual Código de Processo Civil*: artigo por artigo. São Paulo: Ed. RT, 2015, p. 1.073.

(e) *Alienação de quinhão em coisa comum*, em caso de divergência entre os condôminos. Faz-se aqui a mesma ressalva apontada no item anterior. Observa-se, porém, que a venda do quinhão da coisa comum é livre, não dependendo, portanto, de intervenção judicial. A controvérsia pode surgir em torno do direito de preferência entre condômino e terceiro pretendente à aquisição. O procedimento de jurisdição voluntária, de que cogita o art. 725, V, se presta, portanto, a assegurar o direito de preferência, e não propriamente a obter autorização judicial para a alienação do quinhão em coisa comum (ver, adiante, o item nº 305).

(f) *Extinção de usufruto*, quando não decorrer da morte do usufrutuário, do termo de duração ou da consolidação, e de fideicomisso, quando decorrer da renúncia ou quando ocorrer antes do evento que caracterizar a condição resolutória.[31] Nas demais hipóteses de usufruto e fideicomisso, a extinção opera-se *ex lege*.

(g) *Expedição de alvará judicial*. Essa hipótese foi inserida no CPC/2015 (art. 725, VII), para formalizar requerimento ao juiz para que ele autorize a prática de ato que tem como condição de validade a permissão judicial. É grande o número de alvarás previsto na legislação brasileira. Citam-se, como exemplos, o alvará de consentimento para que o tutor possa transigir ou vender bens do tutelado (CC, art. 1.748), o alvará para levantamento de quantias deixadas pelo *de cujus* em instituições financeiras (CPC/2015, art. 666) etc.

(h) *Homologação de autocomposição extrajudicial*, de qualquer valor, quando a parte tem interesse em levar o acordo à autoridade judiciária, para transformá-lo em título executivo judicial. O CPC/2015 positivou conduta que já vinha sendo adotada pelas partes, a despeito de inexistir norma legal. Neste caso, observe-se, não há coisa julgada material, sendo, pois, insuscetível de rescisória. É, no entanto, sujeita à ação anulatória, nos termos do § 4º do art. 966. Com a homologação, o acordo passa a ser exequível, segundo o procedimento do cumprimento das sentenças (art. 513 e ss.).

O rol *supra*, que foi ampliado pelo CPC/2015, não deve ser entendido como taxativo. Muitas outras situações previstas no ordenamento jurídico reclamam a interferência judicial para administrar interesses privados não contenciosos. Sempre que tal se der, e não existir previsão de rito próprio ou especial, deverá incidir o procedimento comum dos arts. 719 a 725.[32]

Localizam-se em outras partes do CPC/2015 alguns procedimentos não contenciosos, aos quais também são aplicáveis, no que forem pertinentes, as regras dos arts. 719 a 724, tais como: *(i)* justificação (arts. 381, § 5º) e o *(ii)* arrolamento fundado em partilha amigável (art. 659 a 663).

---

[31] O cancelamento do gravame no Registro de Imóveis, relativo ao usufruto extinto por morte do usufrutuário, independe de decisão judicial (TJRJ, Seção Cível, Unif. Jurisp. 19 da Ap. 13.069, Rel. Des. Fonseca Passos, ac. 24.05.1982, *RP* 27/270).

[32] MARCATO, Antônio Carlos. *Procedimentos especiais*. 16. ed. São Paulo: Ed. RT, 2016, n. 200.7, p. 210. "O art. 1.112 exemplifica o procedimento, em geral, de jurisdição voluntária. Note-se bem: exemplifica" (PONTES DE MIRANDA, Francisco Cavalcanti. *Comentários ao Código de Processo Civil*. 2. ed. Rio de Janeiro: Forense, 1977. t. XVI, p. 40). "(...) entende-se que a lista de procedimentos especiais indicados no art. 725 (art. 1.112 do CPC/1970) e arts. 726 a 770 não pode ser considerada taxativa, pois há procedimentos típicos de jurisdição voluntária a que o Código não faz referência, assim como: a) outorga judicial de consentimento; b) homologação de casamento nuncupativo (art. 1.540 do CC); c) permissão para casamento de colaterais, legítimos ou ilegítimos, de terceiro grau (Decreto-lei 3.200/1941, arts. 1º a 3º), algo de preparatório para a habilitação de casamento e outros mais que, inclusive, estão previstos e descritos na legislação especial" (GUEDES, Jefferson Carús. *Comentários ao Código de Processo Civil*. 2. ed. São Paulo: Ed. RT, 2015, v. XI, p. 113. No mesmo sentido: PONTES DE MIRANDA, Francisco Cavalcanti. *Comentários ao Código de Processo Civil*. 2. ed. Rio de Janeiro: Forense, 1977, t. XVIp. 13).

III – Disposições complementares

Além das situações *supra*, o CPC/2015 fixa rito especial para outros casos de jurisdição voluntária; alguns já constavam do CPC/1973, outros ainda não estavam codificados, como a extinção da união estável. No Código atual, passaram a integrar o capítulo específico da jurisdição voluntária a notificação e a interpelação que, na legislação anterior, estavam disciplinadas na parte relativa ao processo cautelar.

Aplicam-se ainda aos procedimentos não contenciosos as disposições do CPC/2015 contidas na Parte Geral e as relativas ao cumprimento de sentença, aos processos nos tribunais e aos recursos, exceto aquelas incompatíveis com os mecanismos específicos que regulam a jurisdição voluntária.

Fluxograma nº 28 – Procedimento comum da jurisdição voluntária (arts. 719 a 725)

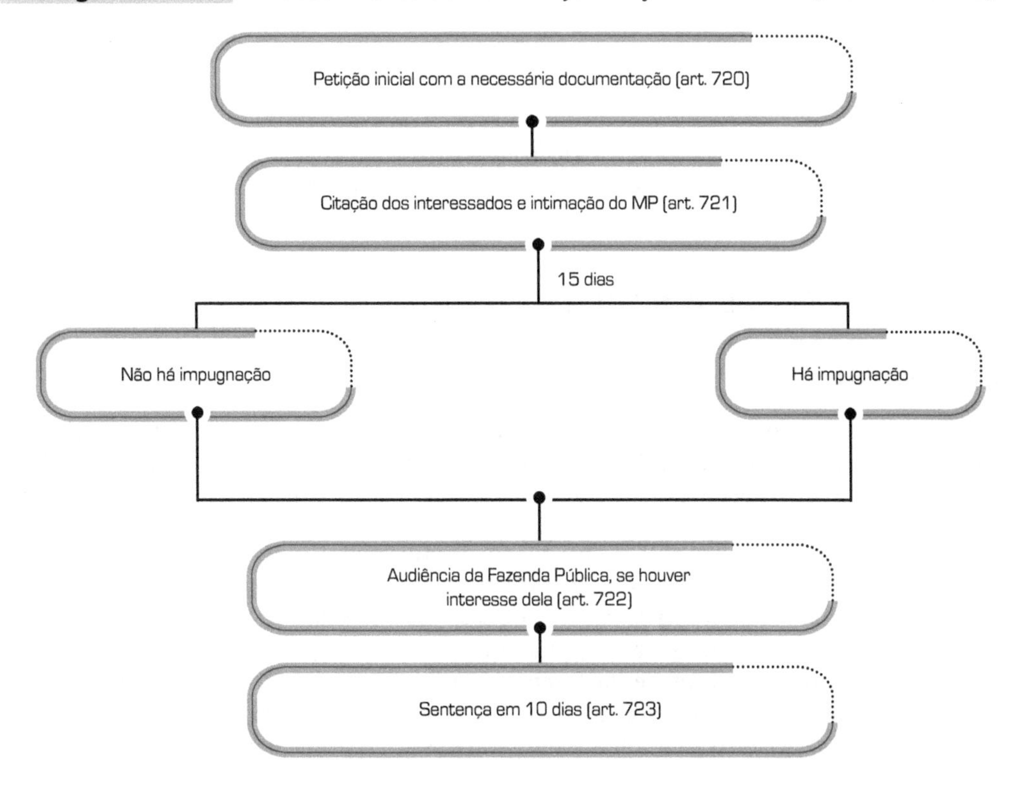

Capítulo XVII

NOTIFICAÇÃO E INTERPELAÇÃO

§ 31. PROCEDIMENTO PARA NOTIFICAR, INTERPELAR

283. Conceito

O protesto, a notificação e a interpelação são procedimentos não contenciosos, meramente conservativos de direitos. Não atuam para preservar o processo do *periculum in mora*, nem servem especificamente para assegurar eficácia e utilidade a outro processo.

> "Tanto o processo protestativo quanto o notificativo e o interpelativo são produtivos de efeitos jurídicos no plano do direito material, raramente no processual. Às vezes, a *sua falta* produz efeitos; mas a construção de cada caso depende do direito material que fez ser preciso ou facultado o protesto, a notificação ou a interpelação. De regra, são formas de exteriorização de vontade, ou de representação ou ideia (emissão perante autoridade), porém não negócios judiciais, muito embora se subordinem às normas de direito material relativas às declarações de vontade em geral e às de capacidade processual".[1]

De forma correta, portanto, o CPC/2015 não mais regula como cautelar o procedimento em questão. A notificação, a interpelação e o protesto judicial passam a figurar entre os procedimentos de jurisdição voluntária. E, para seu processamento, a lei nova estabelece um rito especial, nos arts. 726 a 729.

O CPC/2015 prevê a *notificação* e define sua função no art. 726. No art. 727, iguais providências são tomadas em relação à *interpelação*. Quanto ao *protesto judicial*, não se cuidou de definição, nem da respectiva função, mas trata-se de instituto antigo, de fácil compreensão e de aplicação corriqueira na praxe forense. Apenas dispôs o § 2º do art. 726 que o protesto judicial observará, no que couber, o procedimento da notificação e da interpelação.[2]

É de se observar que é sutil a distinção entre os três institutos, não havendo substancial diferenciação das regras adotadas pelo CPC/2015, se comparado ao Código de 1973.

A par disso, é fato que essas medidas conservativas judiciais (arts. 726 a 729) não são *necessárias*, como outras figurantes nos procedimentos de jurisdição voluntária (é o caso, por exemplo, da interdição). No que toca à notificação e à interpelação, "a parte pode obter a finalidade desejada por outros meios e, é claro, isto não deve levar ao não deferimento da medida pleiteada, desde que não envolva ilícito".[3] A participação do juízo é meramente integrativa, já que o órgão judicial se limita a acatar a pretensão do promovente de que sua

---

1 PONTES DE MIRANDA, Francisco Cavalcanti. *Comentários ao Código de Processo Civil*. Rio de Janeiro: Forense, 1959, t. IX, p. 160.

2 A Lei nº 9.492, de 10.09.1997, regulamenta os serviços concernentes ao protesto extrajudicial de títulos.

3 WAMBIER, Teresa Arruda Alvim *et al*. *Primeiros comentários ao atual Código de Processo Civil*: artigo por artigo. São Paulo: Ed. RT, 2015, p. 1.074.

manifestação de vontade seja levada, pelas vias judiciais, ao conhecimento do promovido. Cabe ao juiz indeferir o pedido tão somente quando constatar que o requerente "pretende alcançar fim ilícito" (art. 728, I).

Ressalte-se, por isso mesmo, que nos procedimentos em exame não há, em regra, dilação probatória nem sentença. O que o interessado pretende, e o juiz lhe proporciona, é tão somente imprimir maior solenidade à sua declaração receptícia. Busca-se fundamentalmente a documentação sobre manifestação de vontade acerca de "assunto juridicamente relevante" (art. 726, *caput*), a qual pode objetivar três efeitos práticos: *(i)* a pura documentação da vontade solenemente declarada (notificação); *(ii)* a conservação ou ressalva de direitos (protesto); e *(iii)* a provocação do requerido à prática ou à abstenção de atos que o declarante entenda ser de seu direito (interpelação).

284. Protesto de títulos pela via notarial

O protesto extrajudicial (dito *protesto de* títulos) é o ato formal pelo qual se prova, por meio de ato de oficial público competente, a inadimplência e o descumprimento da obrigação originada em títulos de crédito (cheque, duplicata, nota promissória etc.) e outros documentos[4] que expressem a obrigação de uma pessoa a pagar a outra uma quantia em dinheiro.[5] Além desses títulos de dívida, é possível também protestar sentença judicial condenatória de quantia certa, quando a respectiva prestação não for cumprida no prazo legal (CPC/2015, art. 517). Serve esse protesto, ainda, para fixar a data de vencimento da dívida, quando não estiver expressamente prevista no título, para interromper o prazo de prescrição e para fins falimentares.

Tem o credor o direito de comprovar o descumprimento, pelo devedor, da obrigação de pagar quantia em dinheiro, e para tanto se presta o protesto de títulos. São três as espécies de protesto comum, ou extrajudicial, previstas na Lei nº 9.492/1997: *(i)* falta de pagamento, *(ii)* falta de aceite e *(iii)* falta de devolução (art. 21). Existe, ainda, o protesto para fins falimentares, o qual é necessário para requerer a decretação de falência de uma empresa (art. 23, parágrafo único).

A prescrição da obrigação cambiária por si não torna descabido o protesto, desde que haja vias alternativas para a cobrança judicial da dívida. É o que ocorre, *v.g.*, com o cheque prescrito que enseja ao credor "a faculdade de ajuizar a ação cambial por locupletamento ilícito, no prazo de 2 (dois) anos (art. 61 da Lei nº 7.357/85); ação de cobrança fundada na relação causal (art.

---

[4] Entre os outros documentos protestáveis, tem sido incluída a certidão de dívida ativa da Fazenda Pública (STJ, 2ª T., REsp 1.126.515/PR, Rel. Min. Herman Benjamin, ac. 03.12.2013, *DJe* 16.12.2013). O parágrafo único do art. 1º da Lei nº 9.492/1997 (com a redação da Lei nº 12.767/2012, incluiu, expressamente, a Certidão de Dívida Ativa (CDA), entre os títulos e documentos protestáveis notarialmente. Questionada a constitucionalidade do dispositivo, o STF proclamou a tese de que "o protesto das Certidões de Dívida Ativa constitui mecanismo constitucional e legítimo, por não restringir de forma desproporcional quaisquer direitos fundamentais garantidos aos contribuintes e, assim, não constituir sanção política" (STF, Pleno, ADI 5.135/DF, Rel. Min. Luis Roberto Barroso, ac. 09.11.2016, DJe 07.02.2018). Também, quanto ao questionamento no plano infraconstitucional, o STJ fixou, em caráter vinculante, a seguinte tese: "A Fazenda Pública possui interesse e pode efetivar o protesto da CDA, documento de dívida, na forma do art. 1º, parágrafo único, da Lei 9.492/1997, com a redação dada pela Lei 12.767/2012" (STJ, 1ª Seção, REsp 1.686.659/SP- recurso repetitivo- Rel. Min. Herman Benjamin, ac. 28.11.2018, DJe 11.03.2019).

[5] Lei nº 9.492, de 10.09.1997: "Art. 1º Protesto é o ato formal e solene pelo qual se prova a inadimplência e o descumprimento de obrigação originada em títulos e outros documentos de dívida. Parágrafo único. Incluem-se entre os títulos sujeitos a protesto as certidões de dívida ativa da União, dos Estados, do Distrito Federal, dos Municípios e das respectivas autarquias e fundações públicas". Tem decidido o STJ que não foi a Lei nº 12.767/2012 que, ao alterar o texto do art. 1º, parágrafo único, da Lei nº 9.492/1997, teria tornado protestável a CDA. Na verdade, essa inovação legislativa veio apenas reforçar, em caráter interpretativo, o que já estava autorizado pelo referido dispositivo legal em seu texto primitivo (STJ, 1ª Seção, EREsp 1.109.579/PR, Rel. Min. Mauro Campbell Marques, ac. 27.10.2021, *DJe* 04.11.2021; STJ, 1ª Seção, recurso repetitivo, REsp 1.809.010/RJ, Rel. Min. Og Fernandes, ac. 24.02.2021, *DJe* 11.03.2021).

62 do mesmo diploma legal) e, ainda, ação monitória, no prazo de 5 (cinco) anos, nos termos da Súmula 503/STJ".[6]

Em decisão de recurso repetitivo, porém, o STJ fixou a tese de que "sempre será possível, *no prazo para a execução cambial* (g.n.), o protesto cambiário de cheque, com a indicação do emitente devedor".[7] Com base nesse entendimento, considerou irregular o protesto promovido depois de ocorrida a prescrição da ação cambiária, mesmo quando ainda não vencido o prazo para a cobrança via ação monitória. Denegou, no entanto, a pretensão de indenização por dano moral, na espécie, diante do reconhecimento de que, embora irregular o protesto, subsiste a dívida, não podendo, pois, se cogitar de "abalo de crédito".[8]

Releva fazer uma ressalva ao posicionamento do STJ de só considerar regular o protesto de títulos enquanto possível a execução cambial. A Lei 9.492/1997, ao definir os títulos protestáveis não os limita aos títulos cambiários, estendendo-os, ao contrário, a quaisquer "documentos de dívida" (art. 1º, *caput*). Se o cheque prescrito continua sendo título suficiente para fundamentar ação monitória, enquanto esta não for atingida pela prescrição quinquenal, não há razão para negar-lhe a qualidade de "documento de dívida" protestável segundo os termos da Lei 9.492/1997.

Usualmente, o protesto é processado pela via administrativa, perante o tabelionato de protesto, mediante apresentação dos títulos originais. No caso da sentença judicial, basta apresentar uma certidão do juízo com referência ao trânsito em julgado, sendo responsabilidade do apresentante a indicação do valor a ser protestado. Os títulos produzidos por meio eletrônico, assinados digitalmente, e as certidões da dívida ativa podem ser encaminhados por meio eletrônico[9].

O protesto só é tirado pelo notário competente após intimação do devedor, a quem é conferido prazo para cumprir a obrigação ou justificar por que não o faz. Ainda que o devedor resida em município diverso daquele da serventia, o oficial deve sempre buscar efetuar a intimação por via postal. Prevê a lei a possibilidade do uso do edital, mas, segundo jurisprudência do STJ, deve ele antes esgotar os meios de localização, remetendo a intimação postal para o endereço fornecido pelo credor no apontamento do protesto.[10]

A jurisprudência reconhece ao protesto notarial, além da função de constituir o devedor em mora e/ou comprovar sua inadimplência, a de meio alternativo de cobrança da obrigação, praticável extrajudicialmente. "Com efeito, o art. 19 da Lei 9.492/1997 expressamente dispõe a respeito do pagamento extrajudicial dos títulos ou documentos de dívida (isto é, estranhos aos títulos meramente cambiais) levados a protesto".[11]

---

[6] Não se sujeita a reparação de danos morais o credor que leva a protesto cheques prescritos, se a "dívida consubstanciada nos títulos permanecia hígida, não estando caracterizado, portanto, abalo de crédito" (STJ, 3ª T., REsp 1.677.772/RJ, Rel. Min. Nancy Andrighi, ac. 14.11.2017, *DJe* 20.11.2017).

[7] STJ, 2ª Seção, REsp 1.423.464/SC, Rel. Min. Luís Felipe Salomão, ac. 27.04.2016, *DJe* 27.05.2016

[8] "Assim, para caracterizar obrigação de indenizar, não é decisiva a questão da ilicitude da conduta, mas sim a constatação efetiva do dano a bem jurídico tutelado, não sendo suficiente tão somente a prática de um fato *contra legem* ou *contra jus* ou que contrarie o padrão jurídico das condutas... Com efeito, em vista da existência de pretensão referente à obrigação causal (negócio jurídico subjacente à emissão dos títulos de crédito), não há falar em abalo de crédito, na medida em que o emitente permanece na condição de devedor e o dano moral decorrente de protesto irregular está atrelado à ideia de indevido abalo do crédito pela pecha de 'mau pagador'. Precedentes da Terceira Turma" (STJ, 4ª T., REsp 1.536.035/PR, Rel. Min. Luís Felipe Salomão, ac. 26.10.2021, *DJe* 17.12.2021).

[9] "Nos títulos executivos constituídos ou atestados por meio eletrônico, é admitida qualquer modalidade de assinatura eletrônica prevista em lei, dispensada a assinatura de testemunhas quando sua integridade for conferida por provedor de assinatura" (CPC, art. 784, § 4º, acrescido pela Lei nº 14.620/2023).

[10] STJ, 2ª Seção, REsp 1.398.356/MG, Rel. p/ac. Min. Luis Felipe Salomão, ac. 24.02.2016, *DJe* 30.03.2016 (acórdão em regime de recursos repetitivos).

[11] STJ, 1ª Seção, REsp 1.686.659/SP, recurso repetitivo, Rel. Min. Herman Benjamin, ac. 28.11.2018, *DJe* 11.03.2019.

Cabe ao credor escolher para o protesto entre o tabelionato da praça de pagamento indicada no título e o do domicílio do devedor.[12]

Não é do protesto comum ou extrajudicial que trata o Código de Processo Civil, quando regula a medida de jurisdição voluntária prevista no § 2º do art. 726, mas de medida equivalente, só que processada em juízo.

284.1. Procedimento do protesto de títulos

Protocolizado o título ou documento de dívida, o Tabelião de Protesto promoverá a intimação do devedor para cumprir a obrigação em cartório, no prazo de três dias úteis[13] (Lei nº 9.492/1997, art. 14)[14].

A intimação poderá ser feita por meio eletrônico ou aplicativo multiplataforma de mensagens instantâneas e chamadas de voz, considerando-se "cumprida quando comprovado o seu recebimento por meio de confirmação de recebimento da plataforma eletrônica ou outro meio eletrônico equivalente" (art. 14, § 3º, incluído pela Lei nº 14.711/2023). Se, após 3 dias úteis da remessa da intimação por via eletrônica, o Tabelião não houver recebido a comprovação de recebimento pelo devedor, deverá providenciar a intimação por portador do próprio tabelião ou por qualquer outro meio (art. 14, § 4º, incluído pela Lei nº 14.711/2023).

Admite-se a intimação por edital na hipótese de o aviso de recepção ou documento equivalente não retornar ao tabelionato no prazo de 7 dias úteis (art. 14, § 5º, incluído pela Lei nº 14.711/2023). Nesse caso, o edital deverá ficar afixado no Tabelionato de Protesto e será publicado no sítio eletrônico da central nacional de serviços eletrônicos compartilhados dos tabeliães de protesto, sem prejuízo de outras publicações em jornais eletrônicos (art. 15, § 1º, incluído pela Lei nº 14.711/2023).

Esgotado o prazo da intimação, sem que o devedor cumpra a obrigação, o Tabelião registrará o protesto em seus assentos, entregando o respectivo instrumento ao apresentante do título (art. 20)[15]. Do registro e do instrumento deverão constar "I – data e número de protocolização; II – nome do apresentante e endereço; III – reprodução ou transcrição do documento ou das indicações feitas pelo apresentante e declarações nele inseridas; IV – certidão das intimações feitas e das respostas eventualmente oferecidas; V – indicação dos intervenientes voluntários e das firmas por eles honradas; VI – a aquiescência do portador ao aceite por honra; VII – nome, número do documento de identificação do devedor e endereço; VIII – data e assinatura do Tabelião de Protesto, de seus substitutos ou de Escrevente autorizado" (art. 22)[16].

---

[12] REsp 1.398.356/MG, Rel. p/ac. Min. Luis Felipe Salomão, ac. 24.02.2016, *DJe* 30.03.2016.

[13] "Considera-se dia útil para o fim da contagem dos prazos deste artigo aquele em que houver expediente bancário para o público na localidade, conforme definido pelo Conselho Monetário Nacional" (art. 14, § 6º, incluído pela Lei n.º 14.711/2023).

[14] "A remessa da intimação poderá ser feita por portador do próprio Tabelião ou por qualquer outro meio, desde que o recebimento fique assegurado e comprovado através de protocolo, aviso de recepção (AR) ou documento equivalente" (Lei 9.492, art. 14, § 1º). Só excepcionalmente será feita por edital, observadas as exigências e cautelas do art. 15 da referida Lei.

[15] "O protesto cambial não é dirigido contra qualquer pessoa. Seu objetivo é informar ao devedor, que a cártula encontra-se em mãos do oficial de registro, à espera de resgate. Seu único efeito é a constituição do devedor em mora, caso ele se mantenha inadimplente" (STJ, 3ª T., REsp 400.401/RS, Rel. Min. Gomes de Barros, ac. 17.05.2005, DJU 06.06.2005, p. 317).

[16] "2. Para a validade da intimação do protesto é suficiente a comprovação de que a correspondência foi enviada ao endereço do devedor fornecido pelo apresentante (art. 14 da Lei 9.492/97). 3. A fé pública de que goza o Tabelião faz presumir a veracidade de suas certidões, que não cede perante simples alegações desacompanhadas de robustas provas" (STJ, 3ª T., REsp 784.448/SP, Rel. Min. Humberto Gomes de Barros, ac. 14.02.2008, DJe 05.03.2008).

284.2. Cancelamento do protesto de títulos

Efetuado o pagamento da dívida, após o registro do protesto, o interessado tem o direito ao cancelamento do ato registral, que deverá ser promovido pelo devedor, e não pelo credor, mediante apresentação do original do documento protestado (Lei nº 9.492/1997, art. 26, *caput*). Na impossibilidade da exibição do próprio título, o cancelamento poderá efetuar-se com base em declaração de anuência do credor, com firma reconhecida por tabelião (art. 26, § 1º). A participação do credor, no incidente, como se vê, não vai além do fornecimento ao devedor do documento que este usará no cancelamento.[17]

Apenas o cancelamento com base no pagamento é feito perante o Tabelionato de Protesto de Títulos, diretamente. Se o fundamento for qualquer outro, dependerá de determinação judicial, cabendo ao requerente pagar os emolumentos ao tabelião do registro (Lei nº 9.492, art. 26, § 3º).

A Lei nº 14.711/2023 incluiu o art. 26-A à Lei nº 9.492/1997, prevendo medida de incentivo à renegociação de dívidas protestadas. É facultado ao credor, ao devedor e ao tabelião ou responsável interino territorialmente competente pelo ato, proporem, a qualquer tempo após a lavratura do protesto e por intermédio da central nacional de serviços eletrônicos compartilhados dos tabeliões de protesto, medidas de incentivo à renegociação de dívidas protestadas e ainda não canceladas, inclusive com o abatimento de emolumentos e demais acréscimos.

A fim de facilitar a renegociação, o credor pode autorizar o tabelião ou responsável interino a receber o valor da dívida protestada, indicar eventual critério de atualização do valor e até mesmo conceder desconto ou parcelamento do débito. Imbuída desse espírito, a lei também autoriza o devedor a oferecer contrapropostas por meio da central nacional de serviços eletrônicos compartilhados (art. 26-A, § 1º, *incluído pela Lei nº 14.711/2023).*

---

[17] "1. Consoante tese firmada pela Segunda Seção, em sede de recurso repetitivo, REsp n. 1.339.436/SP, no regime próprio da Lei n. 9.492/1997, legitimamente protestado o título de crédito ou outro documento de dívida, salvo inequívoca pactuação em sentido contrário, incumbe ao devedor, após a quitação, providenciar o cancelamento do protesto. 2. Bem pondera e adverte a abalizada doutrina que a legislação não estabeleceu parâmetros ou *standards* de conduta que servissem de auxílio para determinação do conteúdo da cláusula geral de boa-fé, mas é certo que impõe a colaboração somente para aqueles interesses objetivamente extraídos do próprio negócio. Com efeito, essa tarefa demanda o prudente exame do julgador, a quem caberá analisar o comportamento usual dos agentes naquele campo específico, a honestidade e a lealdade que se esperam das partes em relações semelhantes. 3. Por um lado, o art. 26, § 1º, da Lei do Protesto estabelece que o cancelamento do registro do protesto será solicitado diretamente ao Tabelionato de Protesto de Títulos, por qualquer interessado, mediante apresentação do documento protestado, e que apenas na impossibilidade de apresentação do original do título ou do documento de dívida protestado será exigida a declaração de anuência. Por outro lado, como o pagamento do título de crédito, em regra, implica o resgate da cártula, cogitar ser dever do credor enviar, sem qualquer provocação do interessado, o próprio título de crédito, seria providência inusual e claramente temerária para os interesses do próprio devedor e eventuais coobrigados. 4. Assim, como qualquer interessado pode requerer o cancelamento do protesto – e, evidentemente, quitar a dívida –, em princípio, o mais prudente é o credor aguardar provocação daquele que quitou em nome próprio ou de comum acordo com os demais coobrigados para entregar-lhe o título protestado ou a carta de anuência. 5. O acolhimento da tese da recorrente acerca de que o credor deve, sem provocação, enviar o documento hábil ao cancelamento do protesto, representaria tacitamente impor o dever de manutenção e o de permanente atualização de cadastro dos coobrigados enquanto subsistisse o protesto, o qual, consoante o art. 27 da Lei de Regência, não deve ter nenhuma limitação temporal, visto 'que abrangerão o período mínimo dos cinco anos anteriores, contados da data do pedido'. 6. No caso em exame, consta da exordial que desde sempre o banco demandado se dispôs a entregar para a autora, ora recorrente, a carta de anuência hábil ao requerimento de cancelamento do protesto, e que foi prontamente efetuada assim que formalmente solicitada na agência bancária do recorrido. Portanto, não há falar em reparação de danos morais, em vista de que o réu agiu em exercício regular de direito, não havendo negligência que pudesse lhe ser imputada" (STJ, 4ª T., REsp 1.346.584/PR, Rel. Min. Luís Felipe Salomão, ac. 09.10.2018, *DJe* 22.11.2018).

Os atos necessários às medidas de incentivo à renegociação de dívidas são de competência exclusiva e inerente à delegação dos tabeliães de protesto, diretamente ou por intermédio de sua central nacional de serviços eletrônicos, sendo vedada qualquer exigência que não esteja prevista na lei (art. 26-A, § 3º, incluído pela Lei nº 14.711/2023).

284.3. A recuperação judicial e a suspensão dos protestos

Durante o regime de recuperação judicial, opera-se uma verdadeira novação dos créditos sujeitos ao plano de reerguimento da empresa recuperanda (Lei nº 11.101/2005, art. 59). Nesse quadro, "não há falar em inadimplemento por parte da empresa", ainda que existam títulos vencidos e não pagos anteriormente ao processo recuperatório. Torna-se possível, portanto, "o cancelamento dos protestos tirados em face desta, sob a condição resolutiva do cumprimento do plano de recuperação".[18]

Mais adequadamente tem-se visto no caso uma "suspensão dos protestos", uma vez que a medida não se apresenta como definitiva, ficando sujeita à condição de perda de eficácia, na eventualidade de não cumprimento do plano de recuperação da empresa devedora. Melhor mesmo é falar, diante do plano de recuperação judicial homologado, em "suspensão dos protestos em face da recuperanda", como se fez no REsp 1.630.932.

Essa suspensão, todavia, é limitada às obrigações da empresa beneficiada pelo plano homologado:

> "A recuperação judicial do devedor principal não impede o prosseguimento das execuções nem induz suspensão ou extinção de ações ajuizadas contra terceiros devedores solidários ou coobrigados em geral, por garantia cambial, real ou fidejussória, pois não se lhes aplicam a suspensão prevista nos arts. 6º, *caput*, e 52, inciso III, ou a novação a que se refere o art. 59, *caput*, por força do que dispõe o art. 49, § 1º, todos da Lei n. 11.101/2005" (Tema 885/STJ).

Daí a consequência necessária: o "descabimento da suspensão dos protestos tirados em face dos coobrigados pelos créditos da empresa recuperanda", por aplicação das "razões de decidir do precedente qualificado que deu origem ao supramencionado Tema 885/STJ".[19]

284.4. Central Nacional de Serviços Eletrônicos

Nos termos do art. 41-A da Lei nº 9.492/1997, acrescentado pela Lei nº 13.775/2018, os tabeliães de protesto manterão, em âmbito nacional, uma central de serviços eletrônicos compartilhados, que prestará, ao menos, os seguintes serviços:

> "I – escrituração e emissão de duplicata sob a forma escritural, observado o disposto na legislação específica, inclusive quanto ao requisito de autorização prévia para o exercício da atividade de escrituração pelo órgão supervisor e aos demais requisitos previstos na regulamentação por ele editada;
>
> II – recepção e distribuição de títulos e documentos de dívida para protesto, desde que escriturais;
>
> III – consulta gratuita quanto a devedores inadimplentes e aos protestos realizados, aos dados desses protestos e dos tabelionatos aos quais foram distribuídos, ainda que os respectivos títulos e documentos de dívida não sejam escriturais;

---

[18] STJ, 3ª T., REsp 1.630.932/SP, Rel. Min. Paulo de Tarso Sanseverino, ac. 18.06.2019, *DJe* 01.07.2019.

[19] STJ, 3ª T., REsp 1.630.932/SP, Rel. Min. Paulo de Tarso Sanseverino, ac. 18.06.2019, *DJe* 01.07.2019.

IV – confirmação da autenticidade dos instrumentos de protesto em meio eletrônico; e

V – anuência eletrônica para o cancelamento de protestos".

Dois parágrafos foram ainda incluídos, explicitando que:

(a) A partir da implementação da central de que trata o *caput* deste artigo, os tabelionatos de protesto disponibilizarão ao poder público, por meio eletrônico e sem ônus, o acesso às informações constantes dos seus bancos de dados (§ 1º).
(b) É obrigatória a adesão imediata de todos os tabeliães de protesto do País ou responsáveis pelo expediente à central nacional de serviços eletrônicos compartilhados de que trata o *caput* deste artigo, sob pena de responsabilização disciplinar nos termos do inciso I do *caput* do art. 31 da Lei nº 8.935, de 18 de novembro de 1994 (§ 2º).

A Lei nº 14.711/2023 incluiu recentemente mais três parágrafos ao art. 41-A da Lei nº 9.492/1997:

(a) permitindo que a central nacional de serviços eletrônicos compartilhados realize, diretamente ou mediante convênio com entidade pública ou privada, serviços de coleta, de processamento, de armazenamento e de integração de dados para a emissão e a escrituração de documentos eletrônicos passíveis de protesto (§ 3º).
(b) assegurando a gratuidade dos serviços especificados nos incisos II, III, IV e V do *caput* e a livre estipulação de preço em relação aos serviços previstos no inciso I do *caput* deste artigo e demais serviços complementares disponibilizados aos usuários pela entidade credenciada pelos tabeliães de protesto (§ 4º).
(c) e dispondo que o serviço de emissão de DT-e (documento eletrônico de transporte previsto no art. 11 da Lei nº 14.206/2021) poderá ser executado pela central nacional de serviços eletrônicos compartilhados, em regime de autorização (§ 5º).

284.5. Interrupção da prescrição pelo protesto

O protesto, judicial ou extrajudicial (dito protesto cambial), tem o efeito de interromper a prescrição (Cód. Civ., art. 202, II e III), tal como ocorre com a citação promovida em processo judicial (Cód. Civ., art. 202, I).

Mas deve-se lembrar que a prescrição somente pode ser interrompida uma vez, por força do art. 202, *caput*, do Código Civil. Se, por exemplo, o credor promover o protesto de seu título de crédito e, antes de propor a respectiva execução, o devedor ajuíza ação declaratória de inexigibilidade do mesmo crédito, a prescrição já interrompida pelo protesto não sofrerá nova interrupção pela citação da ação declaratória. Se o credor ficar aguardando a solução dessa ação para aforar a execução do título de crédito, correrá o risco de ser alcançado pela prescrição em curso desde a data do protesto[20].

---

[20] "(...) 3. Conforme dispõe o art. 202, *caput*, do CC/02, a interrupção da prescrição ocorre somente uma única vez para a mesma relação jurídica. Precedente.4. Na espécie, os protestos das duplicatas foram promovidos nos meses de outubro e novembro de 2012, momento em que, nos termos do art. 202, III, do CC/02, houve a interrupção do prazo prescricional. O posterior ajuizamento da ação declaratória de inexigibilidade de débitos pela recorrente, ainda que indiscutivelmente seja causa interruptiva da prescrição, não tem o condão, contudo, de promover nova interrupção do prazo prescricional, uma vez que este já havia sido interrompido com o protesto das cártulas. 5. A prescrição de 3 (três) anos (art. 206, § 3º, VIII,

É oportuno observar que a pendência de qualquer ação relativa ao débito constante de título executivo não inibe o credor de promover-lhe a execução (CPC, art. 784, § 1º). Por isso, o credor somente ficará livre da fluência da prescrição durante a tramitação da ação de questionamento do crédito, se a respectiva citação tiver provocado pela primeira e única vez a interrupção da prescrição.

284.6. Inscrição em cadastro de proteção ao crédito

O não pagamento de débito constante de título protestável pode ser, também, objeto de inscrição em cadastro de proteção ao crédito. Essa medida, porém, está condicionada à prévia notificação do devedor, nos termos do § 2º do art. 43 do CDC, dando-lhe oportunidade de pagar a dívida, impedindo, assim, a restrição que naturalmente advém do referido cadastro. A propósito, decidiu o STJ que, "a partir de uma interpretação teleológica do § 2º do art. 43 do CDC, e tendo em vista o imperativo de proteção do consumidor como parte vulnerável, conclui-se que a notificação do consumidor acerca da inscrição de seu nome em cadastro restritivo de crédito exige o envio de correspondência ao seu endereço, sendo vedada a notificação exclusiva através de e-mail ou mensagem de texto de celular (SMS)"[21].

284.7. Proposta de solução negocial prévia ao protesto

A Lei nº 14.711/2023, ao alterar a Lei nº 9.492/1997, trouxe uma importante inovação: o apresentante ou credor do título ou documento de dívida pode, por meio da central nacional de serviços eletrônicos compartilhados dos tabeliães de protesto, recomendar ao tabelião de protesto e ao responsável interino pelo tabelionato uma proposta de solução negocial prévia ao protesto (art. 11-A, incluído pela Lei nº 14.711/2023).

A proposta deverá observar os seguintes requisitos, previstos nos incisos I a III do *caput* do novo art. 11-A:

(a) o prazo de resposta do devedor para a proposta de solução negocial será de até 30 (trinta) dias, segundo o que vier a ser fixado pelo apresentante, facultada a estipulação do valor ou percentual de desconto da dívida, bem como das demais condições de pagamento, se for o caso (inciso I);

(b) o tabelião de protesto ou o responsável interino pelo tabelionato expedirá comunicação com o teor da proposta ao devedor por carta simples, por correio eletrônico, por aplicativo de mensagem instantânea ou por qualquer outro meio idôneo (inciso II);

(c) a remessa será convertida em indicação para protesto pelo valor original da dívida na hipótese de negociação frustrada e se não houver a desistência do apresentante ou credor (inciso III).

Se a tentativa de negociação prévia restar frustrada e for convertida em protesto, a data que deve ser considerada para todos os fins e efeitos de direito, "inclusive para direito de regresso, interrupção da prescrição, execução, falência e cobrança de emolumentos", é aquela da apresentação da proposta de solução negocial (art. 11-A, § 1º).

---

do CC/02) operou-se em 2015, sendo que a ação de execução de título executivo extrajudicial somente foi ajuizada pela recorrida em 2019. 6. Recurso especial conhecido e provido" (STJ, 3ª T., REsp 1.963.067/MS, Rel. Min. Nancy Andrighi, ac. 22.02.2022, *DJe* 24.02.2022). Precedente: STJ, 3ª T., REsp 1.924.436/SP, Rel. Min. Nancy Andrighi, ac. 10.08.2021, *DJe* 16.08.2021.

[21] STJ, 3ª T., REsp 2.056.285/RS, Rel. Min. Nancy Andrighi, ac. 25.04.2023, DJe 27.04.2023.

Caso a proposta ofereça desconto ao devedor, o cálculo dos emolumentos e demais acréscimos legais, verbas de custas e custeio dos atos gratuitos do registro civil das pessoas naturais será feito com base no valor efetivamente pago (art. 11-A, § 2º).

284.8. A negociação e a cessão de precatórios ou créditos de correntes de sentença transitada em julgado

A Lei nº 14.711/2023 também alterou a Lei nº 8.935/1994, que dispõe sobre serviços notariais e de registro. O art. 6º-A, agora incluído, prevê que, a pedido dos interessados, os tabeliães de nota deverão comunicar ao juiz ou ao tribunal, conforme o caso, a existência de negociação em curso entre o credor atual de precatório ou de crédito reconhecido em sentença judicial transitada em julgado e terceiro. Esse fato constará das informações ou consultas que o juízo emitir, consideradas ineficazes as cessões realizadas para pessoas não identificadas na comunicação notarial se, dentro do prazo de 15 dias corridos, contado do recebimento desta pelo juízo, for lavrada a respectiva escritura pública de cessão de crédito.

Referida comunicação deve ser feita ao juízo imediatamente, em caso de negociação, e em até 3 dias úteis contados da data da assinatura da escritura pública de cessão (art. 6º-A, § 1º).

A lei prevê que deverá haver uma comunicação entre os tribunais de todos os poderes e esferas e os tabeliães de notas e seus substitutos, a respeito dos precatórios que emitirem e respectivas cessões. Para isto, os tribunais darão acesso a consulta ou banco de dados, por meio de central notarial de âmbito nacional, com identificação do número de cadastro de contribuinte do credor e demais dados do crédito que não sejam sensíveis, e receberão as comunicações notariais das cessões de precatórios (art. 6º-A, § 2º).

O art. 7º-A elenca algumas atividades que poderão ser exercidas, sem exclusividade, pelos tabeliães de notas, quais sejam: (i) certificar o implemento ou a frustração de condições e outros elementos negociais, respeitada a competência própria dos tabeliães de protesto; (ii) atuar como mediador ou conciliador; e, (iii) atuar como árbitro.

Os tabeliães de notas poderão intermediar o negócio, recebendo ou consignando o preço ou os valores conexos, e repassando o respectivo montante à parte, caso constate a ocorrência ou a frustração das condições negociáveis aplicáveis. Para esse mister, deverá ser firmado um convênio entre a entidade de classe de âmbito nacional e instituição financeira credenciada. O depósito feito em conta vinculada ao negócio constituirá patrimônio segregado e não poderá ser constrito por autoridade judicial ou fiscal em razão de obrigação do depositante, de qualquer parte ou do tabelião de notas, por motivo estranho ao próprio negócio (art. 7º-A, § 1º).

285. Protesto judicial

O credor, em lugar de se valer do registro notarial da Lei nº 9.492/1997, pode recorrer à via judicial para efetuar o protesto. Nesse caso, contudo, a finalidade do procedimento não ficará restrita ao descumprimento das dívidas de quantia certa, podendo se prestar à documentação do inadimplemento de qualquer modalidade de obrigação ou dever jurídico.

O CPC/2015 define a notificação (art. 726) e a interpelação (art. 727) e prevê o protesto judicial (art. 726, § 2º), mas não especifica em que este consistirá. Como a notificação veicula manifestação de vontade endereçada a outrem, a respeito de propósito do declarante em torno de relação jurídica travada entre ambos (art. 726), e a interpelação consiste na convocação de alguém a fazer ou deixar de fazer algo que o promovente considere seu direito (art. 727), resta ao protesto judicial a função de documentação residual de qualquer pretensão que não verse sobre cumprimento de obrigações entre os sujeitos de determinada relação jurídica (notificação), nem sobre exigência de prestações devidas ao promovente (interpelação).

Com o protesto, portanto, o interessado promove medida em juízo destinada a documentar certa declaração de vontade, cientificando solenemente o destinatário do propósito do promovente de ressalvar ou conservar direitos e prevenir responsabilidades.[22]

É o protesto, portanto, ato judicial de comprovação ou documentação de *intenção* do promovente. Revela-se, por meio dele, o propósito do agente de fazer atuar no mundo jurídico uma *pretensão*, geralmente, de ordem substancial ou material.

Sua finalidade pode ser:

(a) prevenir responsabilidade, como, por exemplo, o caso do engenheiro que elaborou o projeto e nota que o construtor não está seguindo seu plano técnico;

(b) prover a conservação de seu direito, como no caso de protesto interruptivo de prescrição;

(c) prover a ressalva de seus direitos, como no caso de protesto contra alienação de bens, que possa reduzir o alienante à insolvência e deixar o credor sem meios de executar seu crédito.

O protesto não acrescenta nem diminui direitos ao promovente.[23] Apenas conserva ou preserva direitos porventura preexistentes. Não tem feição de litígio e é essencialmente unilateral em seu procedimento. O outro interessado apenas recebe ciência dele.[24]

Nos casos de protesto contra alienação de bens imóveis é comum pretender-se sua averbação no Registro Imobiliário. A Lei dos Registros Públicos, todavia, não prevê tal modalidade de averbação e a jurisprudência, quase sempre lhe opunha resistência, a pretexto de nela, entrever o propósito de molestar, embaraçar e coagir o requerido, sem amparo na lei.[25] O CPC/2015, entretanto, possibilita esse registro, exigindo para tanto que o promovido seja ouvido previamente (art. 728, II). Abona, assim, posição jurisprudencial menos radical, que admite possa a averbação no Registro Imobiliário ser apreciada, caso a caso, dentro do poder geral de cautela do juiz (CPC/2015, art. 297).[26] Esta alteração legislativa parece benemérita, por ser a mais compatível com os desígnios da tutela cautelar e com as modernas preocupações com a efetividade da jurisdição.[27] Caberá ao juiz velar para que o expediente não seja utilizado de forma abusiva (art. 728, I).

---

[22] DINIZ, Maria Helena. *Dicionário jurídico*. São Paulo: Saraiva, 1998, v. 3, p. 833.

[23] AMERICANO, Jorge. *Comentários ao Código de Processo Civil do Brasil*. 2. ed. São Paulo: Saraiva, 1959, v. III, p. 110.

[24] A competência para processar o protesto é do juiz de primeiro grau, como ocorre com os demais procedimentos de jurisdição voluntária. Mesmo quando o protesto, a notificação ou a interpelação sejam requeridos contra Ministro de Estado, não se desloca a competência para o STF, já que a prerrogativa de foro se restringe aos procedimentos de caráter penal, não se estendendo aos de natureza civil (STF, Pleno, Pet-AgR 4.089/DF, Rel. Min. Celso de Mello, ac. 24.10.2007, *DJe* 01.02.2013).

[25] Entretanto, registrou-se, antes do advento do CPC 2015, uma evolução na jurisprudência do STJ no sentido de tratar a matéria da averbação do protesto à luz do poder geral de cautela do juiz (STJ, 4ª T., REsp 536.538/SP, Rel. Min. Luis Felipe Salomão, ac. 18.05.2010, *DJe* 26.05.2010).

[26] STJ, 4ª T., REsp 146.942/SP, Rel. Min. César Asfor Rocha, ac. 02.04.2002, *DJU* 19.08.2002, p. 167.

[27] A 3ª Turma do STJ, em mais de uma oportunidade, decidiu que "a averbação do protesto no registro imobiliário viola os artigos 869 e 870 do Código de Processo Civil [CPC/2015, sem correspondente]" (STJ, 3ª T., RMS 15.256/RS, Rel. Min. Castro Filho, ac. 29.10.2003, *DJU* 17.11.2003, p. 316). A Corte Especial daquele Tribunal, porém, por maioria, assentou ser possível referida averbação, a qual "está dentro do poder geral de cautela do juiz (art. 798, CPC) [CPC/2015, art. 297] e se justifica pela necessidade de dar conhecimento do protesto a terceiros, prevenindo litígios e prejuízos para eventuais adquirentes" (STJ, Corte Especial, Emb. Div. no REsp 440.837/RS, Rel. p/ acórdão Min. Barros Monteiro, ac. 16.08.2006, *DJU* 28.05.2007, p. 260).

Muito embora não se trate de um procedimento contencioso, o protesto quando utilizado para interromper prescrição deve atender ao requisito do legítimo interesse, não podendo ser promovido por quem não tenha vínculo com a obrigação que lhe serve de base,[28] sendo, porém, certo que, no regime do atual CPC, a jurisprudência do STJ se pacificou no sentido de que a averbação do protesto no Registro de Imóveis se insere no poder geral de cautela que tem o juiz de determinar as medidas que "julgar adequadas a fim de evitar lesão às partes envolvidas".[29]

286. Notificação

Na previsão do art. 726 do CPC/2015, "quem tiver interesse em manifestar formalmente sua vontade a outrem sobre assunto juridicamente relevante poderá *notificar* pessoas participantes da mesma relação jurídica para dar-lhes ciência de seu propósito". Consiste a *notificação*, com propriedade, na cientificação que se faz a outrem para que junto a ele se produza algum efeito prático ou jurídico, incidente sobre relação jurídica preexistente entre promovente e promovido. É o que se dá, por exemplo, quando o senhorio *notifica* o locatário para desocupar o prédio alugado ao fim de certo prazo, sob pena de ajuizamento da ação de despejo.

Pela notificação, o que se faz, com propriedade, é a comprovação solene de uma declaração de vontade, para atingir-se um fim de direito material. O que o locador ou o comodante fazem, por meio da notificação, nos contratos sem prazo, é justamente a *denúncia do contrato*. A notificação é, assim, o instrumento de um ato substancial de ruptura do vínculo contratual. Por meio dela, a vontade atua no mundo jurídico, criando uma situação jurídica nova, que vai legitimar, em seguida, a retomada da coisa pelo interessado (locador ou comodante) por meio da via processual-contenciosa adequada.

287. Interpelação

"Também poderá o interessado interpelar o requerido, no caso do art. 726, para que faça ou deixe de fazer o que o requerente entenda ser de seu direito" - dispõe o art. 727 do CPC/2015. Como se vê, a interpelação, nos termos da própria lei, é apenas uma espécie de notificação, identificada pela referência a uma prestação que o promovente reclama do interpelado. Aqui, o que se pretende é que o requerido, especificamente, seja conclamado a fazer ou deixar de fazer alguma coisa, que o interpelante considera como sendo prestação que o interpelado lhe deve.

Vê-se, pois, que não há diferença significativa entre o objetivo dos dois institutos. De acordo com Americano, a interpelação tem o fim específico de servir ao credor para fazer conhecer ao devedor a exigência de cumprimento da obrigação, sob pena de ficar constituído em mora.[30] Já a notificação revela intenção do promovente de adotar certa conduta frente a outro ou outros participantes de uma mesma relação jurídica (art. 726).

Enfim, a natureza jurídica e o procedimento são os mesmos, quer se cuide de protesto, notificação ou interpelação.

Nesse sentido: STJ, 3ª T., AgRg no Ag 1.333.611/MT, Rel. Min. Sidnei Beneti, ac. 18.11.2010, *DJe* 26.11.2010; STJ, 4ª T., REsp 1.236.057/SP, Rel. Min. Antônio Carlos Ferreira, ac. 06.04.2021, *DJe* 28.04.2021.

[28] "Medida cautelar de protesto ajuizada para interromper prazo prescricional referente a contrato habitacional. Deve ser indeferido por falta de legítimo interesse o protesto formulado por quem não demonstra vínculo com a relação jurídica invocada" (STJ, 3ª T., REsp 1.200.075/RJ, Rel. Min. Nancy Andrighi, ac. 23.10.2012, *DJe* 13.11.2012).

[29] STJ, 3ª T., AgInt-RMS 46.961/MT, Rel. Min. Ricardo Villas Bôas Cueva, ac. 22.08.2017, *DJe* 01.09.2017. No mesmo sentido: STJ, 4ª T., AgRg no RMS 48.140/GO, Rel. Min. Luís Felipe Salomão, ac. 03.12.2015, *DJe* 11.12.2015.

[30] AMERICANO, Jorge. *Comentários ao Código de Processo Civil do Brasil*. 2. ed. São Paulo: Saraiva, 1959, v. III, p. 110.

288. Procedimento

É um só o procedimento a ser observado nas notificações e nas interpelações (CPC/2015, arts. 726 e 729). Em se tratando de protesto, contudo, aplicam-se as regras dos arts. 726 a 729, no que couber (CPC/2015, art. 726, § 2º).

O procedimento deve ser provocado por petição inicial escrita, na qual o requerente deverá expor os fatos e os fundamentos da medida. O indeferimento da inicial (ver item nº 289) enseja recurso de apelação (art. 1.009).[31]

Deferida a petição, a intimação do protesto, interpelação ou notificação será feita por carta (art. 274); por mandado (art. 269), ou por meio eletrônico, sempre que possível (art. 270). Se inviáveis essas modalidades, utilizar-se-ão os outros meios permitidos para a citação (art. 246) e para a intimação das partes, e não dos advogados (art. 273).

Entende-se que não se trata aqui de citação (art. 238), pois ao requerido não é imposto qualquer espécie de ônus, nem sequer é chamado a se defender. Apenas é cientificado da intenção manifestada pelo promovente.

É intuitivo que o efeito da notificação muitas vezes depende de a notícia da manifestação de vontade ir além do requerido, para preservar o interesse do notificante também perante terceiros incertos. Em tais casos, cabível será o requerimento de divulgação por meio de editais. O atual Código não fixa, explicitamente, as situações nas quais se admite a publicação de edital, mas estabelece condicionamentos especiais para o deferimento da medida (arts. 726, § 1º, e 728), ou seja:

(a) A pretensão do promovente em dar conhecimento geral ao público mereceu maior atenção do julgador, tendo em vista os reflexos negativos que a medida pode ter com relação a futuras obrigações contratuais. Nesse caso, o juiz só deferirá a medida se a tiver por fundada e necessária ao resguardo do direito (CPC/2015, art. 726, § 1º). Ou seja, é indispensável ao requerente demonstrar *(i)* a existência de direito a ser tutelado e *(ii)* a necessidade de se publicar o edital para preservar esse direito.

(b) Havendo suspeita de que o requerente pretende alcançar fim ilícito, mediante a notificação ou edital, o juiz ouvirá o requerido antes do deferimento da medida (art. 728, I). Essa oitiva tem como objetivo propiciar o contraditório, ante a possibilidade de que a providência solicitada seja causadora de prejuízo ao promovido.

O CPC/2015 permite que as notificações e protestos sejam averbados em registro público. Mas, antes de autorizar a medida, o juiz ouvirá o promovido, e apreciará suas objeções, se houver (art. 728, II). Essa oitiva, naturalmente, pressupõe que, após a intimação inicial, o promovido tenha se feito representar nos autos por advogado.

O requerido, ao ser intimado, toma ciência do pedido do promovente constante da inicial, inclusive no que toca à publicação de editais e à averbação em registro público. Se deseja opor-se a tais diligências terá de se fazer representar por advogado no processo. Se não agir assim, se colocará na posição de revel, e, pois, o juiz não terá de intimá-lo a se manifestar antes de deliberar sobre os editais e o registro público.

Nas situações delineadas no art. 728, o juiz não pode deferir as medidas nele dispostas, no deferimento da inicial. A notificação será cientificada ao requerido, o qual tomará ciência oficial, em toda extensão, da vontade do requerente. É postergada, na espécie, a apreciação dos efeitos que o promovente quer atribuir à notificação, ou seja, a decisão sobre a publicação do edital para conhecimento de terceiros e a averbação em cartório de registro serão objeto de deliberação judicial posterior à intimação do promovido. À vista das alegações e, eventualmente,

---

[31] FADEL, Sérgio Sahione. *Código de Processo Civil Comentado*. Rio de Janeiro: J. Konfino, 1974. v. IV, p. 300.

de documentos do promovido, o juiz decidirá sobre a conveniência da expedição do edital ou da averbação pleiteadas pelo requerente.

Da determinação do juiz de ouvir o requerido, não cabe recurso, por se tratar de despacho previsto em lei, e não de decisão interlocutória (art. 1.001).

289. Indeferimento do pedido

A concessão das medidas conservativas em exame subordina-se, assim, à dupla exigência de:

(a) demonstração de interesse do promovente no uso do remédio processual; e
(b) não nocividade efetiva da medida.[32]

Os protestos, notificações e interpelações devem ser utilizados sem olvidar os princípios básicos do direito processual, que reclamam o *interesse* como condição de pleitear em juízo (art. 17) e que coíbem o abuso do direito de ação (art. 142).

O interesse vem a ser a necessidade ou utilidade da medida para assegurar ao promovente o fim colimado. Se se trata de notificação incabível perante a lei, de pedido formulado por pessoa que não demonstra vínculo à relação jurídica invocada, ou de protesto absolutamente desnecessário diante dos próprios fatos relatados na petição, deve o juiz indeferir o pedido, por faltar interesse ao promovente na sua realização.

Além da falta de interesse, os protestos, notificações e interpelações devem ser indeferidos quando seu objetivo for contrário à liberdade de contratar ou de agir juridicamente, *i.e.*, quando "houver suspeita de que o requerente, por meio da notificação ou do edital, pretende alcançar fim ilícito" (art. 728, I).

O impedimento, na espécie, é de natureza *psicológica*, porque na realidade as medidas conservativas em exame não têm a força de direito de impedir qualquer negócio jurídico.[33]

São exemplos desse impedimento psicológico as notificações vagas feitas a tabeliães e oficiais de registro imobiliário para não lavrarem escritura ou não as registrarem, sob pena de nulidade, porque o possível vendedor teria contas a acertar com o notificante. Em primeiro lugar, porque os atos do ofício desses serventuários não podem ser impedidos por simples vontade dos interessados e, assim, a medida seria inócua e sem sentido. E, em segundo lugar, porque a divulgação de um provimento em termos tão vagos teria, realmente, o condão de desestimular os pretendentes à aquisição, dificultando a disposição do imóvel, sem a evidência direta de maior utilidade ou interesse para o promovente.

De mais a mais, a notificação não pode ser manifestada de modo a transformar-se, mesmo na aparência, num comando ou numa ordem do juiz. Sua função é apenas a de transmitir a quem de direito uma intenção do promovente. Pedir ao juiz que notifique a um oficial público para não cumprir seu *munus* ou para cumpri-lo de uma maneira contrária à sua função é desnaturar, totalmente, a medida conservativa.

A resolução do juiz é sumária, sem penetrar no mérito do direito da parte e sem mais profundo exame de prova. Quer defira, quer indefira a medida, não deve haver qualquer manifestação de mérito, pois não se está diante de ação contenciosa, nem se permite, nos seus acanhados limites de medida unilateral, um pronunciamento declaratório do direito das partes.

---

[32] PONTES DE MIRANDA, Francisco Cavalcanti. *Comentários ao Código de Processo Civil.* 2. ed. Rio de Janeiro: Forense, 1959. t. IX, p. 170.

[33] PONTES DE MIRANDA, Francisco Cavalcanti. *Comentários ao Código de Processo Civil.* 2. ed. Rio de Janeiro: Forense, 1959. t. IX, p. 171-172.

A função do juiz limita-se à verificação de que se é ou não *comunicável* a intenção manifestada pelo requerente.[34]

Quando o juiz defere a cientificação do requerido acerca da declaração manifestada pelo requerente na petição inicial, profere simples despacho, por sua natureza irrecorrível. De ordinário, nenhuma sentença é proferida nos procedimentos de notificação ou interpelação. Quando, porém, a petição inicial é indeferida, o caso é, efetivamente, de sentença, impugnável, portanto, por meio de apelação (art. 1.009).[35]

290. Defesa e contraprotesto

O CPC/1973 era expresso em não admitir defesa nem contraprotesto, nos próprios autos. Facultava, porém, ao requerido contraprotestar em processo distinto. Embora o CPC/2015 não reproduza tal norma, sua força persiste uma vez que é da unilateralidade e não contenciosidade do protesto, interpelação e notificação, que decorrem a impossibilidade de *defesa* ou *contraprotesto* nos autos em que a medida é processada.[36] É do próprio procedimento instituído nos arts. 726 a 729 que se deduz a inexistência de lugar para contestação ou recurso contra o deferimento imediato das medidas em questão (apenas muito excepcionalmente o promovido será ouvido antes da deliberação judicial, nos termos do art. 728).

A lei processual trata essas medidas como meios de "simples exteriorização de vontade", ou de "comunicações de conhecimento".[37] Ao juiz cabe receber e documentar as declarações do promovente. Assim, notificado o requerido, exaurida está a finalidade do procedimento.

Para além das hipóteses desenhadas no art. 728, se há pretensão de questionamento, cabe ao promovido formulá-la quando do ajuizamento da ação em que a medida for utilizada. A interdição de defesa ou contraprotesto refere-se, porém, apenas à defesa formulada internamente, *i.e.*, no bojo dos próprios autos do protesto ou interpelação. "Não impede que aquele contra quem se protestou, por sua vez, proteste".[38] Ou seja, admite-se outro procedimento, cuja manifestação de vontade pode ser contrária ou até complementar, alternativa, ou substitutiva da primitiva. É o protesto daquele que foi atingido por protesto.[39]

A circunstância de inexistir recurso contra o deferimento do protesto, notificação e interpelação autoriza a impetração de mandado de segurança, quando a deliberação judicial revelar-se ilegal e abusiva, mostrando-se, ainda, capaz de gerar graves prejuízos ao requerido, mormente em casos de divulgação de editais.[40] É, por exemplo, indiscutível o cabimento do

---

34 FADEL, Sérgio Sahione. *Código de Processo Civil Comentado*. Rio de Janeiro: J. Konfino, 1974. v. IV, p. 302.

35 GRECO, Leonardo. *In:* WAMBIER, Teresa Arruda Alvim, *et al* (coords.). *Breves comentários ao atual Código de Processo Civil*. 3. ed. São Paulo: Ed. RT, 2016, p. 1.856. Cf. também GODINHO, Robson Renaut. *Comentários ao Código de Processo Civil*. São Paulo: Saraiva, 2018, v. XIV, p. 1.682.

36 "A interpelação judicial, não se cuida de um processo que admita a apresentação de defesa (art. 871 do Código de Processo Civil) [CPC/2015, art. 728], o que evidencia que não se presta a compelir outrem a fazer ou deixar de fazer algo" (TJMG, 4ª Câm. Civ., AC 1.0024.13.196713-5/001, Rel. Des. Dárcio Lopardi Mendes, ac. 05.02.2015, *DJe* 19.02.2015).

37 PONTES DE MIRANDA, Francisco Cavalcanti. *Comentários ao Código de Processo Civil*. 2. ed. Rio de Janeiro: Forense, 1959. t. IX, p. 173-174.

38 PONTES DE MIRANDA, Francisco Cavalcanti. *Comentários ao Código de Processo Civil*. 2. ed. Rio de Janeiro: Forense, 1959. t. IX, p. 175.

39 PONTES DE MIRANDA, Francisco Cavalcanti. *Comentários ao Código de Processo Civil*. 2. ed. Rio de Janeiro: Forense, 1959. t. IX, p. 175.

40 A Lei nº 12.016/2009 prevê o não cabimento do mandado de segurança contra ato judicial apenas quando se trate de decisão impugnável mediante recurso com efeito suspensivo. Logo, quando o recurso disponível não seja dotado de eficácia suspensiva, ou quando nenhum recurso seja manejável, perfeitamente

mandado de segurança contra a medida judicial que, ao deferir o protesto, ordena, abusivamente, a ciência dele a tabeliães e oficiais de Registro de Imóveis.[41]

291. Encerramento do feito e destino dos autos

Feitas as intimações, os autos serão entregues ao requerente. O processado é documento de livre disposição da parte. Não há, nos protestos, notificações e interpelações qualquer espécie de sentença, nem mesmo homologatória.

Na realidade, a atividade do juiz é meramente administrativa, nada tendo de jurisdicional. É em tudo igual à do oficial do Registro de Protestos, nos casos de protestos de títulos cambiários. "Toda função julgadora se exaure com o deferimento ou indeferimento" da medida.[42]

Por isso, do protesto, da interpelação ou da notificação não resulta prevenção de competência para o futuro e eventual processo, como se dá nas verdadeiras medidas cautelares preparatórias.

Ao contrário da lei antiga, o CPC/2015 nada dispõe sobre a permanência dos autos, em secretaria, para proporcionar aos interessados a possibilidade de obter certidões ou traslados. A solução mais adequada, porém, é a permanência dos autos em cartório pelo período de um mês, ou outro estipulado pelo juiz, tal como se passa no caso do art. 383. Cabe aplicar, por analogia, a regra estabelecida para o procedimento destinado à produção antecipada de prova, definido nos arts. 381 a 383 da atual lei processual, visto que são bastante assemelhadas as duas medidas, no tocante à constituição de prova em benefício do promovente.

---

admissível será o emprego do mandado de segurança. É o caso do protesto judicial. Daí a jurisprudência do STJ que "autoriza o manejo de mandado de segurança contra a decisão que defere protesto contra a alienação de bens, tendo em vista a ausência de recurso específico" (STJ, 3ª T., REsp 737.345/MT, Rel. Min. Sidnei Beneti, ac. 15.12.2009, *DJe* 18.12.2009). No mesmo sentido: STJ, 4ª T., RMS 9.782/BA, Rel. Min. Aldir Passarinho Junior, ac. 25.05.2004, *DJU* 14.06.2004, p. 220.

41 STJ, 4ª T., RMS 9.782/BA, Rel. Min. Aldir Passarinho Junior, ac. 25.05.2004, *DJU* 14.06.2004, p. 220.

42 PONTES DE MIRANDA, Francisco Cavalcanti. *Comentários ao Código de Processo Civil*. 2. ed. Rio de Janeiro: Forense, 1959. t. IX, p. 176.

Fluxograma nº 29 – Notificação e interpelação (arts. 726 a 729)

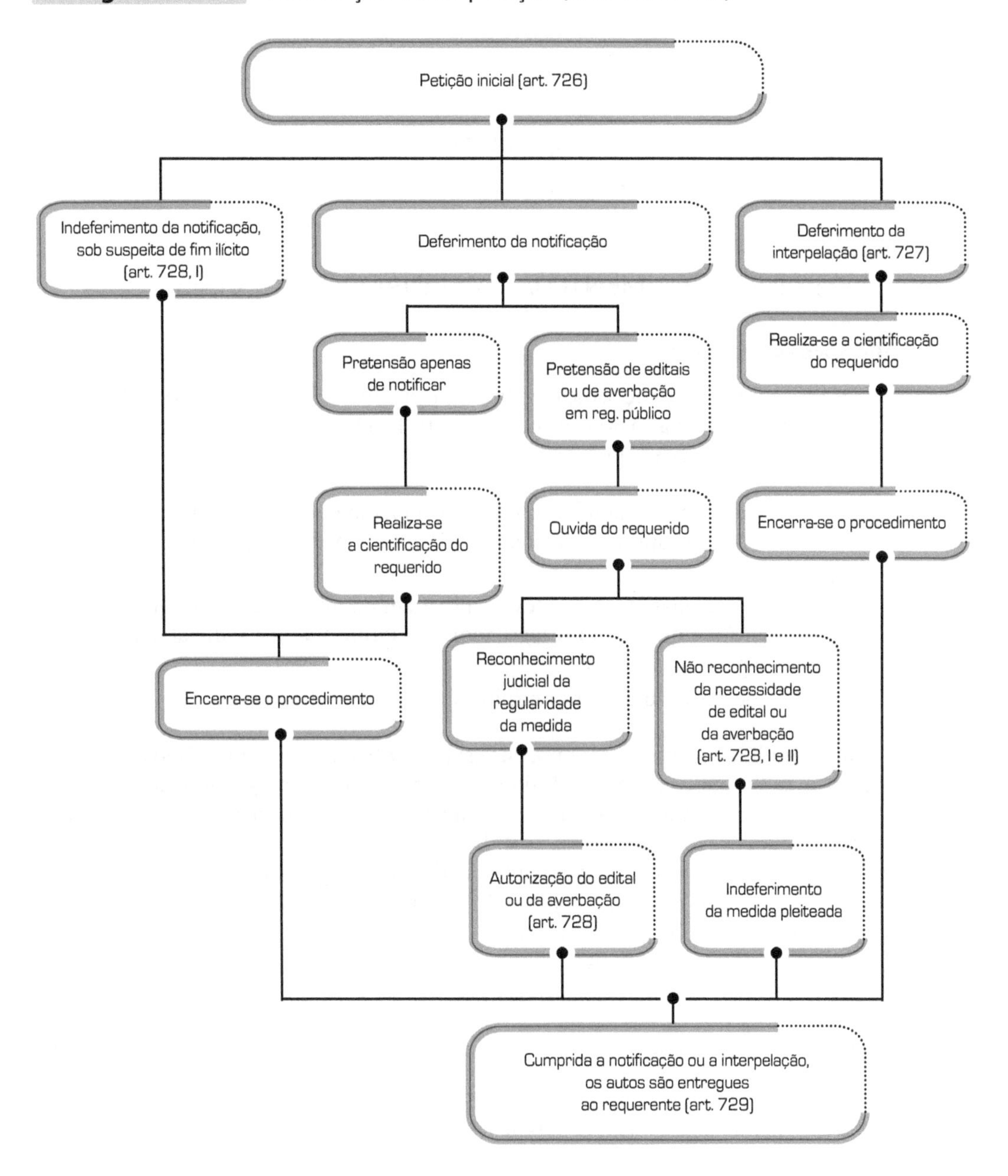

Nota: Processa-se o *protesto judicial*, segundo as mesmas regras da notificação e interpelação (CPC, art. 726, § 2º).

Capítulo XVIII
ALIENAÇÕES JUDICIAIS

§ 32. PROCEDIMENTO DAS ALIENAÇÕES JUDICIAIS

292. Alienações judiciais

Entre os procedimentos de jurisdição voluntária, encontra-se a regulação das alienações judiciais. O CPC/1973 dedicava ao procedimento os arts. 1.113 a 1.119. Descrevia três situações de aplicação prática da alienação, quais sejam:

(a) como meio de função cautelar, quando os bens afetados por constrição judicial forem de fácil deterioração, estiverem avariados ou exigirem grandes despesas para sua guarda;
(b) como meio de resguardar interesses de incapazes ou outros interesses que merecem especial atenção e que levam o legislador a instituir a venda judicial como forma válida de disposição de bens;
(c) como meio de extinção do condomínio sobre as coisas indivisíveis.

O Código simplificou o procedimento, que está descrito em apenas um dispositivo, o art. 730, sem elencar as hipóteses cabíveis. Limitou-se a prever, de forma geral, o cabimento da alienação judicial "nos casos expressos em lei", quando não houver "acordo entre os interessados sobre o modo como se deve realizar a alienação do bem". Quanto ao processamento, determinou o dispositivo legal fossem observadas, no que couber, as disposições gerais da jurisdição voluntária (arts. 719 a 724) e os artigos referentes à alienação do processo de execução (arts. 879 a 903).

A despeito da ausência de especificação quanto às hipóteses de cabimento, certo é que a alienação judicial do CPC/2015 continua a ser aplicável àquelas situações previstas no Código de 1973, nas quais se incluem as arroladas nos incisos II, IV e V do art. 725 do CPC/2015.

293. Alienações cautelares

As alienações judiciais com fito cautelar pressupõem o depósito judicial de bens, por força de algum processo pendente, e o risco de perda, deterioração ou de despesas insuportáveis para sua guarda. Destinam-se, pois, a resguardar a parte do *periculum in mora*, ou seja, do perigo de prejuízos sérios e de difícil reparação acarretáveis pela demora do processo principal.

A alienação, com esse fito, cabe sempre que os bens depositados judicialmente (casos, por exemplo, de sequestro, arresto, penhora, busca e apreensão etc.): *(i)* forem *perecíveis*; *(ii)* estiverem *avariados*; ou *(iii)* exigirem *grandes despesas* para sua guarda. Um exemplo de bens de guarda dispendiosa e problemática, são os *semoventes*.

Além disso, a alienação judicial antecipada poderá ser determinada pelo juiz da execução quando os bens penhorados forem veículos automotores, pedras e metais preciosos, ou outros bens móveis sujeitos à depreciação ou à deterioração (art. 852, I, do CPC/2015). Em todos esses casos, a venda poderá ser requerida pelas partes, pelo depositário ou determinada de ofício pelo juiz. Não há necessidade de instauração de um novo processo; a alienação se realiza em incidente do processo em que o bem tiver sido constrito.

294. Iniciativa da medida

Nenhuma decisão judicial é tomada sem o pressuposto da relação processual pendente. As alienações judiciais cautelares, todavia, dentro do processo em que houve a instituição da custódia, tanto podem ser realizadas a requerimento de parte como *ex officio*, por deliberação espontânea do juiz. Também ao depositário judicial a lei confere legitimidade para requerer a alienação, sempre que verificar que o bem depositado se enquadre numa das hipóteses de riscos.

Sendo a medida requerida por uma das partes, o juiz, antes de decidir, para assegurar o contraditório, ouvirá o outro litigante, que terá prazo de quinze dias para se manifestar (CPC/2015, art. 721). Havendo interesse de incapazes, impor-se-á a audiência, também, do órgão do Ministério Público. Se o requerimento partir do depositário, aconselha o bom senso e a prudência que o juiz deva conceder vistas às partes, para depois deliberar.

295. Casos de alienação judicial expressos em lei

Refere o art. 730 do CPC/2015 aos casos expressos em lei, em que cabe a alienação judicial. José Olympio de Castro Filho anota que, entre outros, o dispositivo compreende "todos aqueles em que, segundo normas do próprio código, ou segundo normas do direito substantivo, há de se efetuar a venda judicial, tais como: 1º) a da coisa vendida a crédito, com reserva de domínio (art. 1.070, § 1º) [CPC/2015, sem correspondente]; 2º) de bens nas heranças arrecadadas (art. 1.155) [CPC/2015, art. 742]; 3º) de bens vagos (art. 1.173) [CPC/2015, sem correspondente]; de bens de incapazes (art. 1.112, III, que se refere, impropriamente, a órfãos) [CPC/2015, art. 725, III]; 4º) de bens dotais (CC, art. 293) [não há mais previsão de bem dotal no Código Civil de 2002]; do quinhão do condômino na coisa indivisível (art. 1.139) [CPC/2015, art. 725, V]; 5º) de bens necessários para o pagamento do passivo do inventário (art. 1.017, § 3º) [CPC/2015, art. 642, § 3º]; de bens achados, quando não encontrado quem mostre domínio (CC, art. 606)".[1]

Pode-se citar, ainda, na regulação de avaria grossa ocorrida no transporte por navio, a alienação judicial da carga restante requerida pelo regulador, quando o interessado não prestar a caução exigida para liberá-la (art. 708, § 3º, do CPC/2015).

Aqui a alienação judicial tanto poderá ser *incidente de processo pendente* (ex.: alienação de bem inventariado para pagamento de despesas do processo; do bem gravado com reserva de domínio etc.), como objeto de procedimento autônomo de jurisdição voluntária (ex.: alienação de bem de incapaz, de bem comum indivisível etc.).

296. Leilão

A forma normal das alienações judiciais é o leilão, determinado pelo juiz de ofício ou a requerimento dos interessados (CPC/2015, art. 730). Todavia, é possível que elas sejam consumadas por iniciativa da própria parte, ou por intermédio de corretor, nos moldes do art. 880, desde que estejam de acordo todos os interessados. Com relação a bem de incapaz, alienado nos termos do art. 725 do CPC/2015, a venda, por leilão ou outro meio, só poderá ser feita mediante autorização especial do juiz e prévia avaliação judicial (CC, art. 1.750).

---

1 CASTRO FILHO, José Olympio de. *Comentários ao Código de Processo Civil*. 2. ed. série Forense, v. X, n. 38, p. 94. Os arts. 293 e 606 são do Código Civil de 1916. O primeiro deles não tem correspondência no Código Civil de 2002, porque não mais existe o regime dotal de casamento. O art. 606 corresponde ao art. 1.237 do atual Código Civil.

Lembra José Olympio de Castro Filho que, quando a alienação judicial for objeto de simples procedimento de jurisdição voluntária (*i.e.*, não for incidente de procedimento contencioso), não é imperativa a norma que manda seja sempre feita em leilão a venda, porque segundo a regra especial pertinente à administração judicial dos interesses privados, na jurisdição dita graciosa, o juiz não está "obrigado a observar o critério de legalidade estrita, podendo adotar em cada caso a solução que reputar mais conveniente ou oportuna" (CPC/1973, art. 1.109; CPC/2015, art. 723, parágrafo único).

Dessa forma, para o eminente processualista, em se tratando de jurisdição voluntária, em face da regra específica mencionada, pode dispensar, o juiz, o leilão judicial e autorizar "a venda judicial por outro meio regular de alienação", em solução que repute "mais conveniente ou oportuna".[2]

Discorda Marcos Afonso Borges, para quem a venda por outro meio que não o leilão deve ser havida como excepcional e imperativa, de modo a só permitir a dispensa do leilão se todos os interessados forem capazes e nisso convierem expressamente.[3]

Ficamos, porém, com o Prof. Castro Filho, por entender que o leilão é mera regra formal e, assim, entra na faixa de disponibilidade que o art. 723, parágrafo único confere ao magistrado, ao outorgar-lhe a permissão de julgar, em jurisdição voluntária, sem a observância da legalidade estrita. Para tanto, todavia, deverá propiciar ao interesse do incapaz um sistema de publicidade ou ressalva equivalente ao do leilão, como a publicação de editais e a concorrência administrativa, para que não fique totalmente desamparado o seu direito.

Vamos, outrossim, mais longe ainda. Mesmo nos casos de alienação judicial de natureza cautelar, quando a urgência for maior e o perigo de dano não suportar a espera dos prazos de editais e as formalidades dos leilões públicos, entendemos que o juiz, dentro do poder geral de cautela (art. 297 do CPC/2015), pode autorizar a venda imediata e até mesmo particular de coisas apreendidas, que sejam rapidamente perecíveis, como frutas e outros produtos hortigranjeiros.

A não ser assim, frustrada ficaria a tutela cautelar, condição *sine qua non* da prevenção do interesse dos litigantes diante do perigo de demora do processo principal.

Entre observar a complicada tramitação dos leilões oficiais e evitar que pereçam os bens depositados, preferimos admitir que o bom senso tenha de prevalecer, por meio da permissão de alienação particular imediata e sem maiores formalidades[4].

Aliás, no regime do atual Código, as alienações por iniciativa particular passaram a ser permitidas no processo de execução, até mesmo como preferenciais em face dos leilões judiciais, desde, é claro, que se observem as cautelas previstas no art. 880.

Quanto à forma do leilão, o CPC/2015 admite que se proceda por meio presencial ou eletrônico (art. 882). O procedimento do leilão presencial consta dos arts. 882 a 887 do CPC, e o do leilão eletrônico regula-se pela Resolução nº 236, de 13.07.2016, do CNJ, baixada com fundamento no art. 882, § 1º do referido Código.

297. Avaliação prévia

Ordinariamente, os bens a serem alienados em juízo devem ser avaliados antes da venda, mormente quando não o hajam sido anteriormente no processo; ou tenham sofrido alteração em seu valor.

---

2 CASTRO FILHO, José Olympio de. *Comentários ao Código de Processo Civil*. 2. ed. série Forense, v. X, n. 39, p. 97-98.

3 BORGES, Marcos Afonso. *Comentários ao Código de Processo Civil*. São Paulo: LEUD, 1977, v. IV, p. 282-283.

4 A propósito da vedação à alienação por preço vil, decidiu o STJ: "Trata-se de regra aplicável às diversas modalidades de transmissão coativa dos bens penhorados, seja na adjudicação, seja na alienação (art. 825 do CPC/15). Logo, também incide na alienação por iniciativa particular e por leilão judicial eletrônico ou presencial (art. 879 do CPC/15)" (STJ, 3ª T., REsp 2.039.252/SP, Rel. Min. Nancy Andrighi, ac. 21.03.2023, DJe 23.03.2023).

Em regra, portanto, se os bens já se submeteram a avaliação anterior no processo principal, não há necessidade de repetir a medida apenas para autorizar-se sua alienação judicial. Se, porém, há notícia de variação em sua cotação, impõe-se a atualização da estimativa.

Também não há necessidade de avaliação quando se cuidar de títulos ou mercadorias cotadas em Bolsa, caso em que "o valor só pode ser o que resulta daquele meio prático e oficializado de se venderem tais bens".[5]

298. Publicidade

Aplicando-se às alienações judiciais o procedimento da expropriação executiva hão de ser elas precedidas de publicidade conveniente, sem o que não atingem a finalidade de ampla oferta com oportunidade de igual tratamento para todos os interessados, e com expectativa de alcançar-se o melhor preço possível, tal como se dá na arrematação dos bens penhorados, em execução por quantia certa.

A propósito, é de antiga doutrina o entendimento de que a venda, na jurisdição voluntária, haverá de ser preparada por meio de divulgação em editais, com os requisitos exigidos na expropriação dos bens penhorados (CPC/2015, art. 887 e § 3º). O art. 730 da lei nova, aliás, não deixa dúvida a respeito, ao mandar sejam observados, *in casu*, os arts. 879 a 903.[6]

299. Arrematação

Só no caso de imóveis de menores e incapazes é que a avaliação tem influência decisiva no desfecho da alienação judicial, porque, segundo a regra dos arts. 843, § 2º, e 896 do CPC/2015, que se aplicam subsidiariamente na espécie, o juiz não deferirá a arrematação se o maior lanço não alcançar pelo menos 80% do preço da avaliação.

Em tal circunstância, a hasta pública será suspensa e o imóvel ficará confiado à guarda e administração de depositário idôneo, adiando-se o leilão por prazo que não ultrapasse um ano.

Não sendo o caso de imóvel de menor ou incapaz, a alienação judicial poderá, desde logo, ser efetuada por preço inferior ao da avaliação, se não surgir licitante que o oferte. Não se aceitará, porém, lance menor que o valor mínimo estabelecido pelo juiz e previsto no edital (art. 886, II, do CPC/2015). E, não tendo sido fixado esse valor mínimo, não se aceitará lance inferior a cinquenta por cento do valor da avaliação (art. 891 e parágrafo único do CPC/2015).

Não há, como se vê, nas alienações judiciais, a duplicidade de licitações que é obrigatória na execução por quantia certa, e prevalece, no procedimento regulado pelo art. 730, o princípio da alienação, em leilão único, "a quem mais der".[7]

Assim, a avaliação, na maioria dos casos, não terá outra serventia senão a de servir de base para a oferta pública dos bens, cuja alienação, porém, poderá ser feita por qualquer preço, desde que respeitando o valor mínimo fixado pelo juiz, e que nenhum licitante se disponha a oferecer lanço que atinja ou supere a estimativa do avaliador.

---

[5] CASTRO FILHO, José Olympio de. *Comentários ao Código de Processo Civil*. 2. ed. série Forense, v. X, n. 42, p. 107.

[6] CASTRO FILHO, José Olympio de. *Comentários ao Código de Processo Civil*. 2. ed. série Forense, v. X, n. 41, p. 106; PRATA, Edson. Verbete "Alienações judiciais". *Digesto de Processo*. Rio de Janeiro: Forense, 1980, v. I, p. 425. É de observar que a publicidade e os prazos de editais na execução por quantia certa foram alterados pela Lei nº 6.851, de 17.11.1980.

[7] PRATA, Edson. Verbete "Alienações judiciais". *Digesto de Processo*. Rio de Janeiro: Forense, 1980, v. I, n. 11, p. 425.

Constatada nulidade na arrematação, o juiz pode utilizar-se da legislação aplicável ao processo executivo, para decidir a questão (CPC/2015, art. 903, §§ 1º e 4º).[8]

300. Destino do produto da alienação

Efetuada a venda e deduzidas as despesas da alienação judicial (custas, comissões etc.), o líquido apurado será depositado à ordem judicial, em banco oficial, ou outra casa bancária, se não existir entidade daquela espécie no local. Além disso, sobre a importância depositada sub-rogar-se-ão os ônus ou responsabilidades a que estavam sujeitos os bens alienados.

A sub-rogação, *in casu*, é *ipso iure*, de sorte que ocorre automaticamente, no momento em que se realiza a venda judicial, seja em hasta pública ou em oferta particular.[9]

Sub-rogar, em sentido real, é colocar uma coisa na posição jurídica de outra. Isto quer dizer que, após alienação judicial para todos os efeitos de direito, o preço apurado é que passa a suportar os *ônus reais*, como a hipoteca, o penhor, a caução, a cláusula de inalienabilidade etc., ou as *responsabilidades patrimoniais* asseguradas, por exemplo, pela penhora, pelo arresto etc.

301. Outros bens alienáveis judicialmente

A regulação especial do procedimento das alienações judiciais é genérica quanto ao seu cabimento, que é previsto para os "casos expressos em lei" (art. 730, do CPC/2015). Nas Disposições Gerais dos Procedimentos de Jurisdição Voluntária, entretanto, há três hipóteses explícitas de aplicação de alienação judicial dispostas no art. 725:

(a) alienação, arrendamento ou oneração de bens de crianças ou adolescentes, de órfãos e de interditos (inc. III);

(b) alienação, locação e administração da coisa comum (inc. IV);

(c) alienação de quinhão em coisa comum (inc. V).

Múltiplas são as hipóteses enunciadas no CPC e em outras leis autorizativas de alienação judicial. Ainda dentro do Código, merece ser lembrada a do art. 649 em que se prevê que os bens insuscetíveis de divisão cômoda serão vendidos judicialmente, quando não couberem na parte do cônjuge ou companheiro supérstite ou no quinhão de um só herdeiro.

302. Bens indivisíveis em inventário e partilha

A indivisibilidade, tanto natural como jurídica (ou econômica), impede o desfecho normal da partilha hereditária pela impossibilidade de colocar um ou alguns bens do espólio no quinhão de um só dos herdeiros. Daí a necessidade da alienação judicial para que a partilha se faça sobre o preço apurado.

Essa alienação, contudo, não é a única saída para o impasse, de sorte que a partilha pode ser feita sem a disposição do bem indivisível em duas hipóteses: *(i)* quando adjudicado o bem por inteiro a um dos herdeiros, que faz reposição da diferença, em dinheiro, aos demais; *(ii)* quando se procede à adjudicação a mais de um herdeiro, em comum, do bem indivisível.

Em qualquer das situações, é indispensável, porém, o acordo unânime de todos os herdeiros (CPC/2015, art. 649). Basta a discordância de um só dos sucessores para que a alienação judicial

---

8 STJ, 3ª T., REsp 1.273.104/PR, Rel. Min. João Otávio de Noronha, ac. 24.03.2015, *DJe* 31.03.2015.

9 PRATA, Edson. Verbete "Alienações judiciais". *Digesto de Processo*. Rio de Janeiro: Forense, 1980, v. I, n. 13, p. 425.

se imponha.[10] É claro que não haverá obrigatoriedade da alienação judicial quando, embora indivisível, um dos bens inventariados pode se comportar por inteiro num dos quinhões.

O art. 649 cogita apenas da venda de imóvel indivisível. Mas é intuitivo que o problema da indivisibilidade na sucessão *causa mortis* não é diverso quando atinge coisas mobiliárias. Destarte, quando coisas móveis inventariadas, como uma joia, um automóvel, uma coleção de livros, uma baixela de prata etc. não couberem no quinhão de um só herdeiro, nem houver acordo quanto à sua adjudicação a um ou alguns herdeiros, a solução será, igualmente, a alienação judicial, nos mesmos termos previstos para os bens imóveis.[11]

303. Bens de crianças, adolescentes, órfãos e interditos

O Código Civil de 2002 estabelece, para a venda dos imóveis pertencentes a menores, sob tutela, e curatelados, a necessidade de prévia avaliação judicial e aprovação do juiz, que somente se dará quando houver manifesta vantagem na alienação (arts. 1.750 e 1.774). A adoção da hasta pública, embora não imposta pela lei, poderá ser determinada pelo juiz, segundo as conveniências do caso concreto.

Para alienação dos bens imóveis dos menores sob poder familiar, sempre se entendeu que apenas há necessidade de autorização judicial (alvará) e nunca se exigiu o sistema de leilão ou de hasta pública, cabendo ao representante legal praticar o ato de disposição particularmente.[12] Entretanto, a venda particular não poderá ser feita sem a observância das cautelas e do preço mínimo fixados previamente pelo juiz (art. 880, § 1º, do CPC/2015).

Essas mesmas regras também se aplicam aos bens dos interditos (curatelados), em razão do art. 1.774 do CC, que manda aplicar à curatela as disposições concernentes à tutela. Logo, não há mais obrigatoriedade da venda em hasta pública, sejam os bens pertencentes a menores ou a interditos.

304. Alienação forçada de bem indivisível como forma de extinção de condomínio

A extinção normal do condomínio é a que se opera pela partilha física da coisa comum, operação que a todo tempo qualquer condômino pode exigir (CC, art. 1.320). Sendo contrária à índole exclusivista do direito de propriedade, nenhuma comunhão pode, em princípio, ser imposta indefinidamente aos condôminos, de modo que, mesmo nos casos de condomínio sobre bens física ou juridicamente indivisíveis, há sempre uma forma de fazer cessar a incômoda situação reinante entre os comunheiros.

Com esse fito, dispõe o art. 1.322 do CC que "quando a coisa for indivisível, e os consortes não quiserem adjudicá-la a um só, indenizando os outros, será vendida e repartido o apurado, preferindo-se, na venda, em condições iguais de oferta, o condômino ao estranho, entre os condôminos aquele que tiver na coisa benfeitorias mais valiosas e, não as havendo, o de quinhão maior". Segundo o parágrafo único do art. 1.322, "se nenhum dos condôminos tem benfeitorias na coisa comum e participam todos do condomínio em partes iguais, realizar-se-á licitação entre

---

[10] CAMPOS, João Vicente, nota 20. In: SIMAS, Hugo. *Comentários ao Código de Processo Civil*, 2. ed. v. VIII, t. II, p. 106; CASTRO FILHO, José Olympio de. *Comentários ao Código de Processo Civil*. 2. ed. série Forense, v. X, n. 48, p. 115.

[11] MAXIMILIANO, Carlos. *Direito das sucessões*. 4. ed. Rio de Janeiro: F. Bastos, 1958, v. III, n. 1.472, nota 1, p. 306; PRATA, Edson. Verbete "Alienações judiciais". *Digesto de Processo*. Rio de Janeiro: Forense, 1980, v. I, n. 19, p. 426; CAMPOS, João Vicente, nota 22. In: SIMAS, Hugo. *Comentários ao Código de Processo Civil*, 2. ed. v. VIII, t. II, p. 107; CASTRO FILHO, José Olympio de. *Comentários ao Código de Processo Civil*. 2. ed. série Forense, v. X, n. 47, p. 113-114.

[12] PRATA, Edson. Verbete "Alienações judiciais". *Digesto de Processo*. Rio de Janeiro: Forense, 1980, v. I, n. 23, p. 426.

estranhos e, antes de adjudicada a coisa àquele que ofereceu maior lanço, proceder-se-á à licitação entre os condôminos, a fim de que a coisa seja adjudicada a quem afinal oferecer melhor lanço, preferindo, em condições iguais, o condômino ao estranho".

Instituiu, portanto, o direito material um mecanismo especial para fazer cessar o condomínio indesejável, sobre as coisas que não se podem partir de forma física. Em primeiro lugar, prevê a lei a adjudicação como forma de solução amigável, que consiste em um só dos comunheiros haver para si a totalidade da propriedade, pagando o valor das cotas aos demais condôminos. Isto pode ser feito por meio de escritura pública de compra e venda, sem depender de autorização ou intervenção judicial, se todos forem maiores e capazes.

Havendo, contudo, litígio ou resistência entre os consortes, a medida aplicável será a alienação judicial forçada do imóvel em hasta pública, com preferência para os condôminos em relação aos estranhos.

O procedimento é o do art. 730 do CPC/2015. E no leilão observar-se-ão as seguintes preferências: *(i)* em condições iguais, o condômino prefere ao estranho; *(ii)* entre os condôminos, a preferência é do que tiver benfeitorias de maior valor; *(iii)* não havendo benfeitorias, o proprietário do maior quinhão prefere ao do menor (CC, art. 1.322). É claro que se não existir nenhum padrão de preferência entre os condôminos, os interessados terão de licitar sem preferência, ganhando a licitação o que oferecer melhor preço (CC, art. 1.322, parágrafo único).

Todos os condôminos são citados para acompanhar o procedimento da alienação judicial da coisa comum indivisível e participar da hasta pública, onde deverão exercer, querendo, a preferência legal.

Não há uniformidade de entendimento quanto ao momento de exercitar-se o direito de preferência do condômino, existindo, na doutrina e jurisprudência, pronunciamentos favoráveis à admissão de pedido de preferência mesmo depois de ultimada a hasta pública, desde que ainda não se tenha expedido a carta de arrematação.[13]

A melhor exegese, no entanto, é a que exige a participação do condômino preferente no ato da licitação, não para cobrir o lanço alheio, mas para equiparar sua proposta a ele, ensejando, outrossim, ao outro interessado, condições de superá-lo, se lhe convier.

Lembra Pontes de Miranda que o condômino, em face de seu direito real sobre o bem a arrematar, tem de ser intimado para a licitação, e para que o direito de preferência surja tem de se manifestar diante de uma situação de igualdade. De tal modo, se o condômino não lançou, oferecendo preço igual ao do arrematante, não exercitou, no tempo adequado, sua preferência.[14]

Na jurisprudência, o Des. Lamartine Campos bem apreciou a matéria no Agravo 14.175, sendo acompanhado pela unanimidade de seus pares da 2ª Câmara Civil do TJMG, com os seguintes argumentos: "(...) mas, à evidência, para que tal aconteça é indispensável que o condômino que tenha preferência ofereça, na hora da praça, preço pelo menos igual ao do maior lanço, e só na hipótese de ser preterido é que usará da medida prevista no citado art. 1.119 (do CPC) [CPC/2015, sem correspondente]. Se não fez oferta ou lance na praça ou leilão, não poderá falar em preterição de sua preferência legal, para então lhe ser permitido o uso da adjudicação excepcional resguardada no art. 1.119 (CPC)".

> "É que – prossegue o eminente magistrado – o procedimento do condômino com preferência há de ser leal, pois a praça visa a obter em favor de todos os sócios um me-

---

13 CAMPOS, João Vicente, notas 22 e 24. In: SIMAS, Hugo. *Comentários ao Código de Processo Civil*, 2. ed. v. VIII, t. II, p. 107-108; TJMG, Apel. 42.773, ac. *in D. Jud. MG*, de 24.04.1976.

14 PONTES DE MIRANDA, Francisco Cavalcanti. *Comentários ao Código de Processo Civil*. 2. ed. Rio de Janeiro: Forense, 1977. t. XVI, p. 108.

lhor preço. Por isso, deve oferecer o seu lance, ainda que igual ao do maior concorrente, para então se valer da sua preferência. Lícito não lhe é agir maliciosamente, pondo-se à socapa, sem oferecer lance, para então obter a adjudicação, quando já encerrada a praça, apanhando o arrematante de surpresa (...)".

Lembra, finalmente, o acórdão do tribunal mineiro que outra não tem sido a orientação do Supremo Tribunal Federal que, a propósito, já proclamou: "O condômino que protestar por preferência somente pode exercê-la antes de entregue o ramo e assinado o auto de arrematação em condições iguais ao licitante estranho" (*RT* 176/393; e, no mesmo sentido, *Arq. Jud.* 73/269).

305. Alienação de quinhão em coisa comum de forma irregular

Situações há em que o condômino de coisa comum não tem mais interesse em participar da comunhão, optando por vender seu quinhão. A liberdade de disposição do quinhão, mesmo em condomínio sobre coisa indivisível,[15] é assegurada pelo direito civil. Cumpre-lhe, todavia, resguardar o direito de preferência dos outros condôminos (CC, art. 504).[16]

Essa ressalva há de ser observada tanto nas vendas judiciais (arrematação), como nas alienações negociais. No processo de execução, consta a obrigação de intimar-se o condômino preferente para participar do leilão (CPC/2015, art. 889, II), ocasião em que exercerá seu direito de preferência. Nas transferências *inter vivos*, o titular da cota ideal deverá oferecê-la primeiramente aos condôminos, manifestando seu propósito de vendê-la e indicando o preço, as demais condições da operação e o prazo[17] para exercer a preferência.

Tanto na venda judicial como na venda negocial, é possível que o condômino alienante desrespeite a preferência em causa. Verificada a hipótese, restará ao prejudicado o recurso às vias judiciais. Se a irregularidade se deu em arrematação ou adjudicação, a questão poderá ser resolvida em incidente do processo executivo; se ocorreu em negociação particular, caberá o procedimento de jurisdição voluntária, do art. 725, V, do CPC/2015.

306. Alienação irregular do quinhão de bem comum indivisível em execução

Nessas situações em que o condômino de bem indivisível tenha direito de preferência na aquisição do bem submetido à alienação judicial, sua intimação prévia é obrigatória (CPC/2015, art. 889, II). Faltando esta, não será o caso de anulação do ato expropriatório. Sua preferência, contudo, perdurará em face do arrematante, se depositar o preço, devidamente atualizado,[18] no prazo de cento e oitenta dias, nos termos do art. 504 do Código Civil.

---

[15] "O condômino que desejar alhear a fração ideal de bem em estado de indivisão, seja ele divisível ou indivisível, deverá dar preferência ao comunheiro da sua aquisição" (STJ, 4ª T., REsp 1.207.129/MG, Rel. Min. Luis Felipe Salomão, ac. 16.06.2015, *DJe* 26.06.2015).

[16] "O condômino pode alienar seu quinhão a terceiro, desde que, anteriormente, realize prévia comunicação aos demais condôminos, em homenagem ao direito de preferência" (STJ, 4ª T., AgRg no REsp 909.782/RS, Rel. Min. Carlos Fernando Mathias, ac. 20.11.2008, *DJe* 09.12.2008).

[17] "O art. 1.139 do Código Civil [art. 504, do CC/2002] incumbe o condômino que deseja alhear seu quinhão do imóvel indiviso de promover a comunicação prévia aos demais, sem determinar o prazo que lhes deve ser concedido para o exercício da preferência" (STJ, 4ª T., REsp 88.408/SP, Rel. Min. Sálvio de Figueiredo Teixeira, ac. 23.09.1998, *DJU* 18.12.1998, p. 358).

[18] "Inacolhe-se a adjudicação, fundada em direito de preferência, quando a oferta não se faz atualizada pela correção monetária, restando desatendida a norma do art. 1.139, CC (de 1916), sequer se valendo o condômino da complementação a que alude o art. 899, CPC. [CPC/2015, art. 545]" (STJ, 4ª T., REsp 5.430/MG, Rel. Min. Sálvio de Figueiredo Teixeira, ac. 01.10.1991, *DJU* 04.11.1991, p. 15.687).

Caso o processo executivo já se tenha encerrado, caberá ao condômino prejudicado exercer a faculdade de adjudicar a cota por meio do procedimento de jurisdição voluntária, que terá início com o depósito de que fala o Código Civil dentro do prazo do art. 504, contado da transcrição do título da arrematação no Registro de Imóveis,[19] citando todos os interessados, inclusive o arrematante, para que se manifestem, querendo, no prazo de quinze dias (art. 721 do CPC/2015).

307. Alienação irregular de quinhão do bem comum indivisível em negociação particular

Verificada a alienação particular de coisa comum sem observância das preferências legais, o condômino prejudicado tem assegurado, pelo art. 504 do Código Civil o direito de "haver para si a parte vendida a estranhos, se o requerer no prazo de cento e oitenta dias, sob pena de decadência". Observar-se-á, na espécie, o procedimento sumário de jurisdição voluntária (arts. 721 a 724 do CPC/2015), por autorização do art. 725, V, do mesmo diploma legal.

O procedimento terá início por provocação do condômino preterido, depositando em juízo o preço pelo qual se realizou a venda, e serão citados os interessados (o alienante e o adquirente) para se manifestarem em quinze dias (art. 721). O juiz decidirá o pedido no prazo de dez dias (art. 723, *caput*) e, se reconhecer sua procedência, adjudicará por sentença o quinhão ao requerente.

Embora o Código Civil se refira expressamente ao direito de preferência na venda de coisa indivisível, a jurisprudência do STJ entende que o mesmo regime deva prevalecer no caso de bem divisível, enquanto perdurar o estado de comunhão.[20]

Explica-se atribuição legal de preferência aos condôminos do bem indivisível (ou não dividido) pelo objetivo precípuo de impedir o ingresso de terceiros estranhos à comunhão, ante o potencial conflituoso inerente a essa forma anômala de propriedade. Por isso mesmo, não prevalece dita preferência quando a transferência da fração ideal ocorre entre os próprios condôminos, já que então não se dá o ingresso de estranho à comunhão, mantendo-se os mesmos comunheiros, mesmo depois da alienação.[21]

---

19 PRATA, Edson. Verbete "Alienações judiciais". *Digesto de Processo*. Rio de Janeiro: Forense, 1980, v. I, n. 30, p. 427.

20 STJ, 4ª T., REsp 1.207.129/MG, Rel. Min. Luis Felipe Salomão, ac. 16.06.2015, *DJe* 26.06.2015.

21 STJ, 4ª T., REsp 1.137.176/PR, Rel. Min. Marco Buzzi, ac. 16.02.2016, *DJe* 24.02.2016.

Fluxograma nº 30 – Alienações judiciais (arts. 730, 879 e 903)

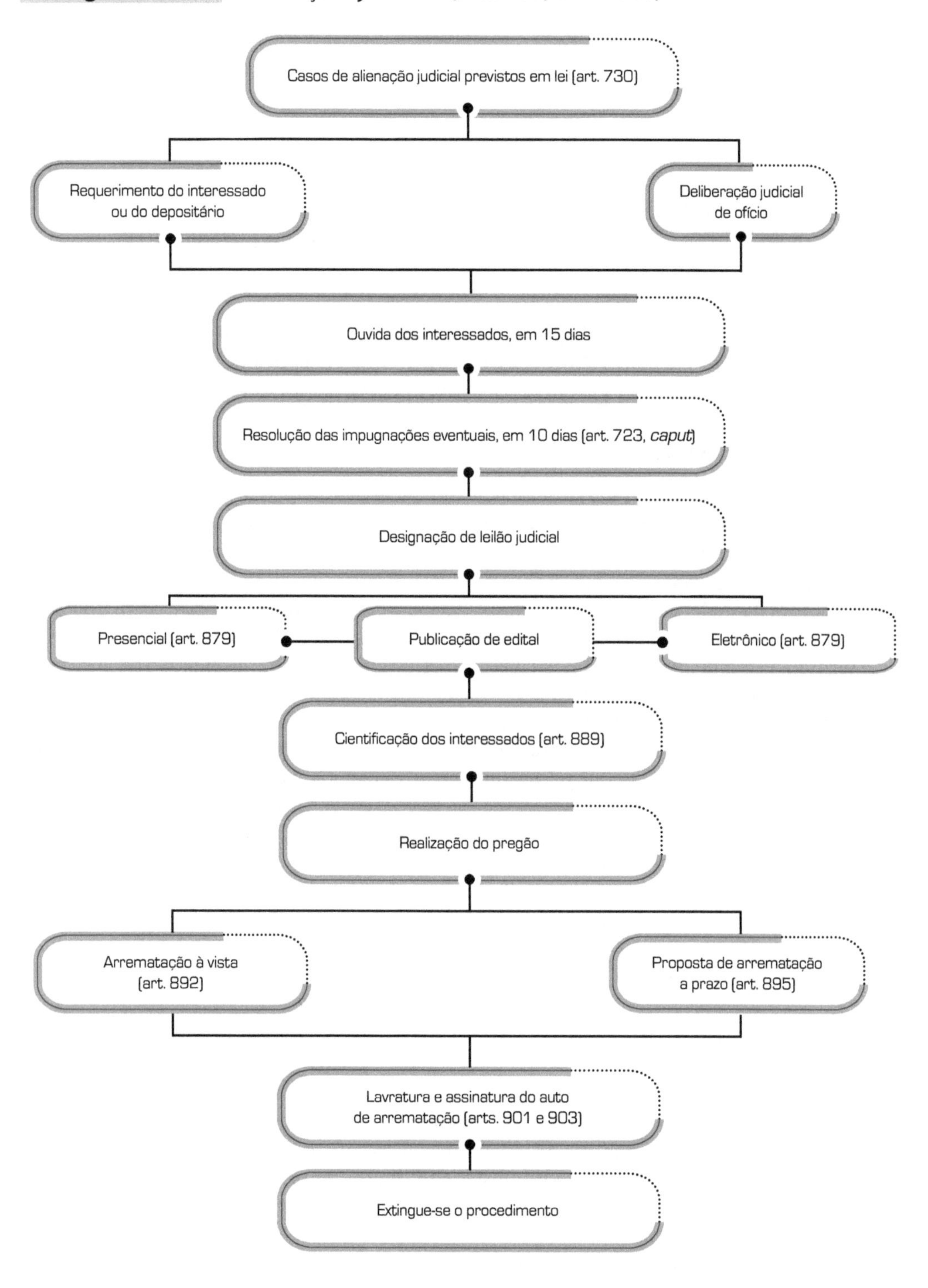

Capítulo XIX

DIVÓRCIO E SEPARAÇÃO CONSENSUAIS, EXTINÇÃO CONSENSUAL DE UNIÃO ESTÁVEL E ALTERAÇÃO DO REGIME DE BENS DO MATRIMÔNIO

§ 33. PROCEDIMENTO DO DIVÓRCIO, DA SEPARAÇÃO E DA HOMOLOGAÇÃO DA EXTINÇÃO DE UNIÃO ESTÁVEL CONSENSUAIS

308. Noções introdutórias

A Lei nº 6.515, de 26.12.1977, foi editada com o objetivo de regular os casos de dissolução da sociedade conjugal e do casamento, seus efeitos e respectivos processos. Segundo seu art. 2º, entre os casos de dissolução da sociedade conjugal figuram a separação judicial e o divórcio.

A primeira tem como particularidade não afetar o vínculo conjugal, de sorte que, mesmo após a ruptura da sociedade entre os cônjuges, permanecem eles no estado de casados, ou seja, impedidos de convolar núpcias com outra pessoa (CC, art. 1.521, VI). O divórcio, por sua vez, "põe termo ao casamento e aos efeitos civis do matrimônio religioso" (Lei nº 6.515/2007, art. 24). Por duas vias é possível conseguir a separação judicial: pela via litigiosa e pela consensual. A separação litigiosa ocorre por meio de uma ação constitutiva em que a sentença impõe a ruptura forçada da sociedade conjugal, reconhecendo a procedência do pedido do cônjuge que, com base no art. 5º da Lei nº 6.515, insurgira-se contra a continuidade da questionada sociedade. Seu rito é o comum. Em face da separação consensual, não há lide a ser composta por sentença. É a vontade harmônica dos dois cônjuges que delibera pôr fim à sociedade conjugal. Ao juiz cabe apenas homologar o ato bilateral, se observados os requisitos exigidos pela lei. O rito é o dos arts. 1.120 a 1.124 do Código de Processo Civil de 1973.

A Lei nº 6.515/1977 prevê, ainda, a conversão da separação judicial em divórcio, depois de um ano da data da decisão que a decretou ou da que concedeu a medida cautelar de separação. A conversão deve ser decretada por sentença, a requerimento de um dos cônjuges ou de ambos (art. 25).

A par das vias judiciais, a Lei nº 11.441, de 04.01.2007 alterou o Código processual de 1973 para ensejar que, em determinadas circunstâncias, a separação consensual e o divórcio consensual sejam realizados por via administrativa, ou seja, por meio de escritura pública, sem depender de homologação judicial (art. 1.124-A do CPC/1973).

A Emenda Constitucional nº 66/2010 alterou significativamente o § 6º do 226[1] da Constituição Federal, ao tornar possível o divórcio direto, sem mais condicioná-lo à prévia separação judicial ou a qualquer outro interstício anterior de separação de fato. Com tal modificação, passa a ter vez no Direito de Família a figura da intervenção mínima do Estado, simplificando a ruptura do vínculo matrimonial.

---

[1] Constituição da República: "Art. 226. (...) § 6º O casamento civil pode ser dissolvido pelo divórcio".

Importante ressaltar, outrossim, que o Código Civil de 2002 reconheceu como entidade familiar a união estável entre o homem e a mulher, configurada na convivência pública, contínua e duradoura, estabelecida com o objetivo de constituição de família (art. 1.723). Facilitou, ainda, sua conversão em casamento, mediante simples pedido dos companheiros ao juiz e assento no Registro Civil (art. 1.726). Posteriormente, a união estável e o casamento entre pessoas do mesmo sexo foram reconhecidos pelo STJ e STF.[2] O STF, ao interpretar o art. 1.723 do Código Civil, afirmou dever ser excluído "qualquer significado que impeça o reconhecimento da união contínua, pública e duradoura entre pessoas do mesmo sexo como família. Reconhecimento que é de ser feito segundo as mesmas regras e com as mesmas consequências da união estável heteroafetiva".[3]

Destarte, é de se reconhecer, também, a possibilidade de extinção consensual, ou litigiosa, da união estável, o que, à míngua de regulação específica processual, era admitida pela doutrina e jurisprudência pátrias seguindo as regras do divórcio e da separação judicial.[4]

309. A dissolução da sociedade conjugal após a EC nº 66/2010

O tema deste Capítulo sofreu forte impacto da reforma constitucional que veio a dar novas roupagens à dissolução da sociedade conjugal no direito brasileiro.

Com efeito, a Emenda Constitucional nº 66/2010 esvaziou de nosso direito de família, de forma significativa, a figura substancial da separação judicial.

Muitos doutrinadores entenderam que, com esse esvaziamento, não mais existiria a separação consensual e, em decorrência, desaparecera o procedimento de jurisdição voluntária que outrora se destinava a dar-lhe eficácia em juízo (CPC/1973, arts. 1.120 a 1.124). Para esses estudiosos, o divórcio seria o único meio de dissolução do vínculo conjugal. Outros posicionaram-se no sentido de que a alteração promovida pela Emenda Constitucional não revogou a possibilidade da separação, somente suprimiu o requisito temporal para o divórcio. Ainda assim, embora figurassem os arts. 1.120 a 1.124 do Código de Processo Civil de 1973 como disciplinadores do procedimento específico da separação consensual, eram eles, por expressa previsão da Lei nº 6.515/1977, aplicáveis também ao divórcio consensual (art. 40, § 2º). De tal sorte, se o procedimento especial perdeu seu objetivo histórico, por desaparecimento da separação consensual, continuaria, sem embargo, vigente para instrumentalizar o divórcio negocial, que, a partir da Emenda nº 66, seria a única forma de dissolução do casamento por ato *inter vivos*.

Além do mais, não se poderia ignorar, na época em que EC nº 66/2010 foi editada, a existência de numerosas separações em curso sob a regência do CPC/1973 e que poderiam, a qualquer tempo, converter-se em divórcio consensual, sem falar nas inúmeras situações jurídicas derivadas dos procedimentos de separação amigável que poderiam, ou ainda podem, ensejar litígios, revisões e rescisões, cuja solução dependerá, naturalmente, dos fatos, trâmites e decisões neles ocorridos. Haveria, portanto, necessidade de remontar-se, com frequência, ao procedimento encerrado para avaliar-lhe a validade ou invalidade, a eficácia ou ineficácia.

---

2 STF, Pleno, ADI 4.277/DF, Rel. Min. Ayres Britto, ac. 05.05.2011, *DJe* 14.10.2011; STJ, 4ª T., REsp 1.183.378/RS, Rel. Min. Luis Felipe Salomão, ac. 25.10.2011, *DJe* 01.02.2012.

3 STF, Tribunal Pleno, ADPF 132/RJ, Rel. Min. Ayres Britto, ac. 05.05.2011, *DJe* 13.10.2011. Esta ação foi julgada com eficácia *erga omnes* e efeito vinculante, ficando os Ministros autorizados a decidirem monocraticamente sobre a mesma questão.

4 Na partilha resultante da dissolução de união estável, aplica-se o art. 1.659, VII, do CC, que exclui da comunhão de bens as pensões, meios-soldos, montepios e outras rendas semelhantes, como, por analogia, é o caso da previdência complementar fechada (STJ, 3ª T., REsp 1.477.937/MG, Rel. Min. Ricardo Villas Bôas Cueva, ac. 27.04.2017, *DJe* 20.06.2017).

O entendimento de que a separação consensual desaparecera do direito de família motivou o IBDFAM a ingressar com pedido de providências no CNJ, requerendo que fossem suprimidas da Resolução nº 35[5] as expressões "separação consensual" e "dissolução da sociedade conjugal".

Ao analisar a questão, reconheceu o Conselho que essa matéria não estava pacificada na doutrina nem na jurisprudência pátrias. Em decisão cautelosa, preferiu manifestar-se pela permanência das expressões no texto da Resolução. Entendeu que persistem as diferenças entre o divórcio e a separação. "No divórcio há maior amplitude de efeitos e consequências jurídicas, figurando como forma de extinção definitiva do casamento válido. Por seu turno a separação admite a reconciliação e a manutenção da situação jurídica de casado, como prevê o Código de Processo Civil vigente [de 1973]".[6]

Independentemente dessas discussões, é fato que o Novo Estatuto processual manteve o procedimento de jurisdição voluntária que estabelece o rito de homologação da separação consensual, incorporando nos dispositivos pertinentes a referência ao divórcio por acordo (art. 731). Além disso, acrescentou norma para submeter ao mesmo trâmite o processo de homologação da extinção consensual de união estável (art. 732), além de dedicar um artigo à alteração de regime de bens (art. 734).[7]

Esse rol, todavia, não é taxativo, pois outras ações, como reconhecimento de união estável, guarda, visitação e filiação, podem ser consensuais e se submetem ao rito especial da jurisdição voluntária ora em análise.

310. Natureza jurídica

O divórcio consensual e a separação consensual, rol agora integrado também expressamente pela extinção consensual de união estável, integram a chamada jurisdição voluntária ou graciosa, já que são processados em juízo sem a existência de litígio entre os interessados, e a intervenção do magistrado se faz apenas com o fito de fiscalizar a regularidade do ajuste de vontades operado entre os consortes.

Trata-se de autênticos negócios jurídicos bilaterais, cujas partes são exclusivamente os cônjuges ou companheiros. Assim como o casamento e a união estável surgem de um acordo de vontades, também a sua dissolução pode ser obtida, em determinadas hipóteses, por meio de um acordo em sentido contrário.[8]

---

[5] A Resolução nº 35/2007 do CNJ disciplina a realização de inventário e partilha, separação e divórcio consensuais pelos serviços notariais e de registro.

[6] CNJ, Plenário, PP 0005060-32.2010.2.00.0000, Rel. Conselheiro Jefferson Luis Kravchychyn, ac. 14.09.2010. *DJe* 16.09.2010. **No mesmo sentido**: "1. A supressão da condição temporal para o divórcio, previsto no art. 226, da Constituição Federal, com a nova redação dada pela Emenda Constitucional nº 66/2010, não autoriza pensar que por isto tenha havido a extinção do instituto da separação judicial no ordenamento jurídico pátrio. 2. A manutenção da separação judicial deve-se também ao fato de que a Constituição Federal preserva o princípio da proteção da família, estando a reconciliação do casal, previsto no art. 1577, do Código Civil, em total consonância com referido princípio constitucional" (TJDF, 3ª T., AI 0017591-23.2011.807.0000, Rel. Des. Mario-Zam Belmiro, ac. 18.04.2012, *DJe* 23.04.2012). **Em outro sentido**: "A despeito da Emenda Constitucional nº 66/2010 ter efetivamente retirado o instituto da separação judicial do mundo jurídico, os efeitos jurídicos daquelas separações ocorridas anteriormente à entrada em vigor da referida Emenda subsistem" (TJMG, 1ª Câm. Cível, AI 1.0313.06.205550-1/001 – Ipatinga, Rel. Des. Geraldo Augusto, ac. 01.02.2011, *DJe* 18.02.2011).

[7] O STJ decidiu que subsiste a separação judicial, como forma de dissolução do vínculo conjugal, porque "a Emenda Constitucional n° 66/2010 não revogou os artigos do Código Civil que tratam da separação judicial" (STJ, 4ª T., REsp 1.247.098/MS, Rel. Min. Maria Isabel Gallotti, ac. 14.03.2017, *DJe* 16.05.2017).

[8] Redenti esclarece que "a separação consensual é um acordo negocial bilateral entre os cônjuges" (REDENTI, Erico. *Derecho procesal civil*. Buenos Aires: EJEA, 1957, v. III, p. 22; PRATA, Edson Gonçalves. *Comentários ao Código de Processo Civil*. Rio de Janeiro: Forense, 1978, v. VII, n. 10, p. 116).

A intervenção do juiz na espécie é apenas administrativa e tende tão somente a cooperar para a constituição de um estado jurídico novo. O efeito é integrativo, pois é por meio dele que o negócio dos interessados adquire eficácia.

311. Requisitos

Além do consenso entre os cônjuges, a separação sob procedimento de jurisdição voluntária estava condicionada a que o matrimônio datasse de mais de um ano (CC, art. 1.574). Não dependia de motivação especial. Bastava o acordo de vontades.[9] A eficácia do negócio jurídico, porém, reclamava ainda a homologação do juiz, conforme o dispositivo legal *supra*.

Com a Emenda Constitucional nº 66/2010, o divórcio consensual dispensa qualquer estágio prévio de cessação da convivência conjugal, podendo ser praticado a qualquer tempo.[10]

Com relação à união estável, a lei material não prevê prazo mínimo de convivência para sua configuração, nem mesmo para a dissolução. Entretanto, não poderá ser constituída se ocorrerem os impedimentos legais para o matrimônio (CC, art. 1.521). Nessa hipótese, as relações não eventuais constituirão concubinato (CC, art. 1.727). No entanto, a lei reconhece a legitimidade da união estável estabelecida por cônjuge não divorciado ou apenas separado legalmente, desde que exista efetiva separação de fato (CC, art. 1.723, § 1º). Portanto, o impedimento matrimonial do art. 1.521, VI, do Código Civil, nas circunstâncias referidas, não deslegitima a união estável.

312. Legitimação

A legitimidade para requerer o procedimento judicial da separação consensual é somente dos cônjuges. Entretanto, no caso de incapacidade, podem eles ser "representados por curador, ascendente ou irmão"[11] (art. 3º, § 1º, da Lei nº 6.515/77). Essa regra era também aplicável ao divórcio, por força do que contém o parágrafo único do art. 24 da citada Lei nº 6.515/77.

O CPC/2015 não apresentou alterações quanto a essa questão, prevendo que a homologação do divórcio e da separação consensuais seja requerida em petição assinada por ambos os cônjuges (art. 731). Subsiste no regime novo a possibilidade de haver representação, no caso de incapacidade do cônjuge, por força da legislação supracitada.

Essas disposições são aplicáveis à extinção consensual de união estável (art. 732), incluindo as homoafetivas, devendo, portanto, a homologação da sua extinção ser requerida por ambos os companheiros.

---

[9] PRATA,Edson Gonçalves. *Comentários ao Código de Processo Civil*. Rio de Janeiro: Forense, 1978, v. VII, n. 10, p. 116.

[10] "Pela entrada em vigor da Emenda Constitucional nº 66, não há mais necessidade de prévia separação ou decurso de prazo para a decretação do divórcio direto" (TJRGS, Ag. Inst. 70043236033, Rel. Des. Rui Portanova, dec. monocrática de 08.08.2011, *Rev. Síntese de Direito de Família*, n. 67, ago.-set. 2011, p. 196).

[11] A representação do cônjuge incapaz pode ocorrer em qualquer procedimento tendente à separação prevista no art. 3º, *caput*; "portanto, não apenas para a iniciativa do procedimento de separação litigiosa, como também para o caso de separação amigável" (CAHALI, Yussef Said. *Divórcio e separação*. 3. ed. São Paulo: Ed. RT, 1983, n. 30, p. 84). No mesmo sentido: SAMPAIO, Pedro. *Divórcio e separação judicial*. Rio de Janeiro: Forense, 1978, p. 25; MIRANDA, Darcy Arruda. *A Lei do Divórcio interpretada*. São Paulo: Saraiva, 1978, p. 62. Em sentido contrário: RODRIGUES, Silvio. *O divórcio e a lei que o regulamenta*. São Paulo: Saraiva, 1978, p. 70; LEITÃO, José Ribeiro. *Direito processual civil*. Rio de Janeiro: Forense, 1980, p. 341; MARCATO, Antônio Carlos. *Procedimentos especiais*. São Paulo: Ed. RT, 1986, n. 208, p. 222.

313. Competência

O CPC/2015, ao definir o foro competente para a separação e o divórcio, levou em consideração as peculiaridades da família. De acordo com o art. 53, I, na ação de divórcio, separação ou dissolução de união estável, a competência é definida da seguinte forma:

(a) se o casal tiver filho incapaz, o foro será o do domicílio do guardião desse filho (alínea "a");
(b) caso não haja filho incapaz, será competente o juízo do último domicílio do casal (alínea "b");
(c) se nenhuma das partes residir no antigo domicílio do casal, será competente o foro do domicílio do réu (alínea "c").
(d) caso se trate de vítima de violência doméstica e familiar, a competência será do domicílio da vítima (alínea "d", incluída pela Lei nº 13.894/2019).

O foro especial existe apenas quando o casal possui filho menor ou incapaz, mas não se trata de competência absoluta e improrrogável. De tal sorte que pode haver prorrogação quando *(i)* o próprio guardião do menor abra mão do privilégio e proponha a ação no foro comum do outro cônjuge ou companheiro, ou *(ii)* o réu deixar de alegar a incompetência em preliminar de contestação (CPC/2015, art. 65).[12]

314. Petição inicial

I - Requisitos

A petição inicial deve ser assinada pelos próprios cônjuges ou companheiros e seus advogados. Quando interessados não souberem assinar ou não puderem fazê-lo, será lícito utilizarem a procuração por instrumento público ou o expediente da assinatura por terceiro a rogo deles (CPC/1973, art. 1.120, § 1º; Lei nº 6.515/1977, art. 34, § 3º).[13] Embora o CPC/2015 não tenha repetido a regra, continua sendo aplicável, uma vez que não há qualquer incompatibilidade com a nova legislação processual.

A lei atual não exige a audiência das partes perante o juiz como requisito obrigatório do divórcio, da separação ou extinção da união estável consensuais e, tampouco, que as respectivas assinaturas sejam lançadas na petição em presença do magistrado. A elaboração da petição, portanto, é feita, com assistência de advogado, assinada pelos próprios cônjuges ou companheiros e protocolada em juízo para a devida homologação.

Segundo o art. 731 do CPC/2015, a petição deve observar os requisitos legais e conter os seguintes dados:

(a) a descrição dos bens comuns e a forma como serão eles partilhados (inciso I);
(b) as disposições relativas à pensão alimentícia entre os cônjuges (inciso II);

---

12 Mesmo na separação litigiosa, a jurisprudência é no sentido de que "a norma do art. 100, I, do CPC, [CPC/2015, art. 53, I] não é absoluta. Se a mulher não oferecer exceção de incompetência ao juízo, em tempo hábil, a competência territorial estará prorrogada por vontade das partes" (TJSP, Ap. 248.966, Rel. Des. Tomaz Rodrigues, ac. 25.02.1976, *RT* 492/107; STJ, REsp 27.483/SP, Rel. Min. Waldemar Zveiter, ac. 04.03.1997, *DJU* 07.04.1997, p. 11.112, *RSTJ* 95/195). Igual é o entendimento da doutrina: PONTES DE MIRANDA, Francisco Cavalcanti. *Comentários ao Código de Processo Civil*. 2. ed. Rio de Janeiro: Forense, 1979, t. II, p. 346; TORNAGHI, Hélio. *Comentários ao Código de Processo Civil*. São Paulo: Ed. RT, 1974, v. I, p. 334.

13 Pode o advogado firmar a petição a rogo do cônjuge e não há empecilho a que uma só pessoa o faça a rogo de ambos os cônjuges (CAHALI, Yussef Said. *Divórcio e separação*. 3. ed. São Paulo: Ed. RT, 1983, n. 34, p. 108).

(c) o acordo relativo à guarda dos filhos incapazes e ao regime de visitas (inciso III);
(d) o valor da contribuição para criar e educar os filhos (inciso IV).

Embora o CPC/2015 não faça mais referência expressa, a petição deverá ser instruída com a certidão de casamento e a cópia do pacto antenupcial, se houver.

Além disso, ter-se-á de indicar o nome que a mulher adotará após o divórcio (Lei nº 6.515, art. 17, § 2º).[14]

Com a fixação desses requisitos pelo CPC/2015, não mais subsistem as exigências contidas no § 2º do art. 40 da Lei nº 6.515/1977.

II – Bens do casal

Quanto aos bens do casal, exige-se não apenas sua descrição, mas também a partilha deles entre os cônjuges ou companheiros. A falta de acordo imediato sobre a partilha, todavia, não é empecilho à homologação da separação, do divórcio ou da dissolução da união estável consensuais (CPC/2015, art. 731, parágrafo único). Admite-se que essa matéria seja relegada para processo posterior, que seguirá o procedimento da partilha hereditária (CPC/2015, arts. 647 a 658).[15] Mas, se a divisão dos bens pode ser omitida na petição inicial de separação, o mesmo não ocorre com a descrição dos bens do casal. Esta é considerada *essencial.*[16]

Entre os bens do casal partilháveis, por dissolução da união estável ou do casamento, devem ser inseridos os *direitos de concessão de uso para moradia*, mesmo quando se trate de bem público, os quais representam "ganho patrimonial" para o casal, sendo incluídos pelo Código Civil na categoria dos direitos reais (art. 1.225, XI).[17] Incluir-se-á também na partilha o valor aplicado em previdência complementar privada, por configurar bem patrimonial do casal.[18]

---

[14] "1. É direito subjetivo da pessoa retificar seu patronímico no registro de nascimento de seus filhos após o divórcio. 2. A averbação do patronímico no registro de nascimento do filho em decorrência do casamento atrai, à luz do princípio da simetria, a aplicação da mesma norma à hipótese inversa, qual seja, em decorrência do divórcio, um dos genitores deixa de utilizar o nome de casado (art. 3º, parágrafo único, da Lei 8.560/1992). 3. Em razão do princípio da segurança jurídica e da necessidade de preservação dos atos jurídicos até então praticados, o nome de casada não deve ser suprimido dos assentamentos, procedendo-se, tão somente, a averbação da alteração requerida, após o divórcio" (STJ, 3ª T., REsp 1.279.952, Rel. Min. Ricardo Villas Bôas Cueva, ac. 03.02.2015, *DJe* 12.02.2015).

[15] "A partilha de bens é direito potestativo que não se sujeita à prescrição ou à decadência, podendo ser requerida a qualquer tempo por um dos ex-cônjuges, sem que o outro possa se opor" (STJ, *Informativo de Jurisprudência nº 824*, p. 17, 10.09.2024).

[16] PONTES DE MIRANDA, Francisco Cavalcanti. *Comentários ao Código de Processo Civil.* 2. ed. Rio de Janeiro: Forense, 1977, t. XVI, p. 129; CAHALI, Yussef Said. *Divórcio e separação.* 3. ed. São Paulo: Ed. RT, 1983, n. 36, p. 119; STF, RE 90.225-2, Rel. Min. Soares Muñoz, ac. 09.10.1979, *RTJ* 98/296; TJSP, Ap. 212.533, Rel. Des. Barbosa Pereira, ac. 19.06.1975, in PAULA, Alexandre de. *O processo civil à luz da jurisprudência.* Nova série. Rio de Janeiro: Forense, 1985, v. VIII, n. 18.207, p. 585.

[17] "1. Na dissolução de união estável, é possível a partilha dos direitos de concessão de uso para moradia de imóvel público. 2. Os entes governamentais têm-se valido da concessão de uso como meio de concretização da política habitacional e de regularização fundiária, conferindo a posse de imóveis públicos para a moradia da população carente. 3. A concessão de uso de bens para fins de moradia, apesar de, por ela, não se alterar a titularidade do imóvel e ser concedida, em regra, de forma graciosa, possui, de fato, expressão econômica, notadamente por conferir ao particular o direito ao desfrute do valor de uso em situação desigual em relação aos demais particulares. Somado a isso, verifica-se, nos normativos que regulam as referidas concessões, a possibilidade de sua transferência, tanto por ato *inter vivos* como *causa mortis*, o que também agrega a possibilidade de ganho patrimonial ao mencionado direito" (STJ, 4ª T., REsp 1.494.302/DF, Rel. Min. Luís Felipe Salomão, ac. 13.06.2017, *DJe* 15.08.2017).

[18] "(...) a natureza preponderante do contrato de previdência complementar aberta é de investimento, razão pela qual o valor existente em plano de previdência complementar aberta, antes de sua conversão em

O acordo de partilha não está ordinariamente sujeito a tributação alguma, nem está obrigado a representar uma igualdade absoluta de quinhões. É lícito até mesmo a um dos consortes abrir mão integralmente de sua parte no patrimônio comum. Havendo, porém, a partilha desigual de bens imóveis, incidirá o imposto de transmissão sobre a parte excedente, que corresponderá a uma doação de um a outro dos cônjuges.[19]

Se a diferença de quinhões for fruto de erro ou dolo e a circunstância ficar positivada antes do pronunciamento judicial, possível será ao juiz a recusa de homologação do acordo, em face do disposto no art. 34, § 2º, da Lei nº 6.515.

III – Filhos incapazes

No que toca aos filhos incapazes do casal é bom lembrar que ambos os cônjuges ou companheiros detêm o pátrio poder e o conservarão mesmo após a ruptura da sociedade conjugal ou da união estável. Daí a necessidade de regulamentar a guarda deles após a separação. Os casais que decidem, consensualmente, pela não coabitação, devem apresentar ao juízo a forma de convivência com os filhos, bem como o regime de visitas (CPC/2015, art. 731, III).[20]

É de ressaltar que a Lei nº 13.058/2014 estabeleceu o regime da guarda compartilhada como regra, só não sendo observada se houver renúncia de um dos pais ou havendo motivo comprovado que impeça o exercício compartilhado da guarda por um deles.[21-22-23]

Entre os casos de vedação legal da guarda compartilhada, o § 2º do art. 1.584 do Código Civil, acrescido pela Lei nº 14.713/2023, figura a existência de elementos que evidenciem "a probabilidade de risco de violência doméstica ou familiar" para a criança ou o adolescente, em relação a um dos genitores.

A alimentação dos filhos menores é também dever conjunto dos pais, motivo pelo qual o acordo de divórcio, de separação ou de extinção de união estável, tem de incluir a previsão do valor com que concorrerá para a criação e educação dos filhos, mormente aquele que não os terá em sua companhia, se a guarda não for compartilhada. Trata-se de uma pensão alimentícia estipulada em favor da prole. O dever alimentar e de educar é de ambos os pais, mas se um deles não tem condições de participar do encargo o outro deve responder integralmente por ele.

IV – Pensão alimentícia entre os cônjuges ou companheiros

Já quanto aos alimentos de um dos cônjuges ou companheiros, o CPC/2015 se manteve atento às inovações no direito de família, quando se referiu à pensão "entre os cônjuges", trocando

---

renda e pensionamento ao titular, possui natureza de aplicação e investimento, devendo ser objeto de partilha por ocasião da dissolução do vínculo conjugal por não estar abrangido pela regra do art. 1.659, VII, do CC/2002" (STJ, 3ª T., REsp 1.698.774/RS, Rel. Min. Nancy Andrighi, ac. 01.09.2020, *DJe* 09.09.2020).

19 Pela Constituição de 1988, o imposto de transmissão pode atingir tanto os bens imóveis como os móveis, em qualquer tipo de doação (art. 155, I).

20 O parágrafo único do art. 1.589 do Código Civil estende o direito de visitas aos avós.

21 PIMENTEL, Alexandre Freire. In: WAMBIER, Teresa Arruda Alvim; DIDIER JR., Fredie; TALAMINI, Eduardo; DANTAS, Bruno (Coord.). *Breves comentários ao novo Código de Processo Civil.* São Paulo: Ed. RT, 2015, p. 1.693.

22 "A instituição da guarda compartilhada de filho não se sujeita à transigência dos genitores ou à existência de naturais desavenças entre cônjuges separados" (STJ, 3ª T., REsp 1.591.161/SE, Rel. Min. Ricardo Villas Bôas Cueva, ac. 21.02.2017, *DJe* 24.02.2017).

23 "8. É admissível a fixação da guarda compartilhada na hipótese em que os genitores residem em cidades, estados ou, até mesmo, em países diferentes, especialmente porque, com o avanço tecnológico, é plenamente possível que, à distância, os pais compartilhem a responsabilidade sobre a prole, participando ativamente das decisões acerca da vida dos filhos. Precedente" (STJ, 3ª T., REsp 2.038.760/RJ, Rel. Min. Nancy Andrighi, ac. 06.12.2022, DJe 09.12.2022).

a expressão "do marido à mulher", contida no art. 1.121 do CPC/1973 (CPC/2015, art. 731, II). Além disso, optou por não mencionar, como requisito para concessão desses alimentos aquele que for pobre, *i.e.*, "quando não possuir bens suficientes para se manter". De fato, não há razão para esses conceitos, pois o Código Civil estabelece que o pensionamento é obrigação recíproca e deve atender às necessidades de vida compatível com sua condição social (art. 1.694).[24] (Sobre a possibilidade de pensionamento nas relações homoafetivas, vide item nº 1.449-f, *supra*). Daí entender-se que possui legitimidade para dispensar o pensionamento no acordo, sem que isso represente obstáculo à respectiva homologação. Nem é preciso declarar que possui bens para se manter. O direito a alimentos simplesmente pode não ser exercido. Presume-se, diante da não referência à pensão, a desnecessidade dela, por parte do cônjuge ou companheiro, que deve ter ficado com bens ou rendimentos suficientes para a subsistência.[25]

O Supremo Tribunal Federal, no entanto, insiste em manter vigente a Súmula nº 379, segundo a qual "no acordo de desquite não se admite renúncia aos alimentos, que poderão ser pleiteados ulteriormente, verificados os pressupostos legais".

Há, todavia, forte corrente jurisprudencial formada contra essa súmula, pelo menos em toda sua amplitude. Assim, tendem os tribunais para que o pedido de alimentos, na espécie, fique subordinado à comprovação da inocência e pobreza da mulher,[26] e ao requisito de ser demandado por meio de ação ordinária de revisão do acordo de separação (ou de divórcio), e não por via de ação sumária de alimentos.[27]

Destarte, considera-se, em princípio, renunciável a prestação alimentícia na separação (no divórcio ou na extinção de união estável) consensual, e só excepcionalmente admissível o seu pleito após a renúncia regularmente homologada.[28]

---

[24] "1. Os alimentos devidos entre ex-cônjuges serão fixados com termo certo, a depender das circunstâncias fáticas próprias da hipótese sob discussão, assegurando-se, ao alimentado, tempo hábil para sua inserção, recolocação ou progressão no mercado de trabalho, que lhe possibilite manter pelas próprias forças, *status* social similar ao período do relacionamento. 2. Serão, no entanto, perenes, nas excepcionais circunstâncias de incapacidade laboral permanente ou, ainda, quando se constatar, a impossibilidade prática de inserção no mercado de trabalho. 3. Em qualquer uma das hipóteses, sujeitam-se os alimentos à cláusula *rebus sic stantibus*, podendo os valores serem alterados quando houver variação no binômio necessidade/possibilidade" (STJ, 3ª T., REsp 1.205.408/RJ, Rel. Min. Nancy Andrighi, ac. 21.06.2011, *DJe* 29.06.2011).

[25] PONTES DE MIRANDA, Francisco Cavalcanti. *Comentários ao Código de Processo Civil*. 2. ed. Rio de Janeiro: Forense, 1977, t. XVI, p. 123; CAHALI, Yussef Said. *Divórcio e separação*. 3. ed. São Paulo: Ed. RT, 1983, n. 38, p. 146.

[26] "Consoante entendimento pacificado desta Corte, após a homologação do divórcio, não pode o ex-cônjuge pleitear *alimentos* se deles desistiu expressamente por ocasião do acordo de *separação consensual*. Precedentes da 2ª Seção" (STJ, 4ª T., AgRg no Ag 1044922 / SP, Rel. Min. Raúl Araújo, ac. 22.06.2010, *DJe* 02.08.2010).

[27] A jurisprudência atual do STJ tende a não conceder alimentos perpétuos ao cônjuge que tenha aptidão para se manter por esforço próprio. Nesses casos, tem-se decidido que a verba alimentícia perdurará por um lapso de tempo arbitrado pelo juiz, e que corresponde àquele necessário à adaptação da mulher a sua nova situação no mercado de trabalho (STJ, 3ª T., REsp 1.205.408/RJ, Rel. Min. Nancy Andrighi, ac. 21.06.2011, *DJe* 29.06.2011; STJ. 3ª T., REsp 933.355/SP, Rel. Min. Nancy Andrighi, ac. 25.03.2008, *DJe* 11.04.2008).

[28] LIMA, Alcides de Mendonça. *Comentários ao Código de Processo Civil*. São Paulo: Ed. RT, 1982, v. XII, n. 66.3, p. 178; PONTES DE MIRANDA, Francisco Cavalcanti. *Comentários ao Código de Processo Civil*. Rio de Janeiro: Forense, 1977. t. XIV, p. 123; CASTRO FILHO, José Olympio de. *Comentários ao Código de Processo Civil*. 2. ed. série Forense, v. X, n. 59, p. 135. "Consoante entendimento pacificado desta Corte, após a homologação do divórcio, não pode o ex-cônjuge pleitear alimentos se deles desistiu expressamente por ocasião do acordo de separação consensual. Precedentes da 2ª Seção" (STJ, 4ª T., AgRg no Ag 1.044.922/SP, Rel. Min. Raul Araújo, ac. 22.06.2010, *DJe* 02.08.2010). "São irrenunciáveis os alimentos devidos na constância do vínculo familiar (art. 1.707 do CC/2002). Não obstante considere-se válida e eficaz a renúncia manifestada

Claro, por outro lado, que o vício de consentimento (erro, dolo ou coação) sempre será causa suficiente para anular cláusulas de dispensa de alimento, mesmo após a competente homologação judicial. A ação será a comum, porque o procedimento *in casu* é simplesmente administrativo.

315. Procedimento

O CPC/2015 não previu o procedimento de forma minuciosa, pois visa à celeridade e simplificação do processo. Assim, seguindo a orientação do STJ sequer repetiu a norma antiga que determinava a realização de audiência para que as partes manifestassem, em juízo, a intenção de se separar, divorciar ou dissolver a união estável.

Destarte, verificando o pedido consensual e estando ele em ordem, o juiz deverá homologá-lo. Obviamente, havendo incapazes, o Ministério Público deverá ser ouvido previamente (CPC/2015, art. 178, II).

316. Sentença de homologação

Uma vez homologada o divórcio, será a sentença averbada à margem do assento de casamento no Registro Civil. E se houver partilha de imóveis, far-se-á também o competente lançamento no Registro Imobiliário.

Quanto à sociedade conjugal, os efeitos cessam no momento em que a sentença homologatória transita em julgado.[29] Mas a partilha amigável dos bens comuns só se torna oponível a terceiros depois de lançada no Registro de Imóveis.

A sentença, no tocante aos alimentos e à partilha, é título executivo judicial, que, à falta de adimplemento voluntário, se cumpre por meio de execução por quantia certa ou de execução para entrega de coisa (arts. 513 e 515, I e IV).

317. Reconciliação do casal

A separação judicial litigiosa ou consensual não põe fim ao *vínculo matrimonial*. Em razão disso, é possível aos cônjuges, em qualquer tempo, restabelecer a sociedade conjugal, sem se sujeitarem a um novo casamento.

Para tanto, era (e continua sendo) suficiente que ambos os consortes formulem requerimento ao juiz, nos autos da separação (Lei nº 6.515, art. 46). Uma vez, porém, que a legislação atual permite a separação consensual aperfeiçoada por meio de escritura pública, não há razão para recusar que o restabelecimento da sociedade conjugal também se dê por ato notarial, mesmo que a lei tenha se silenciado a respeito.[30]

---

por ocasião de acordo de separação judicial ou de divórcio, nos termos da reiterada jurisprudência do Superior Tribunal de Justiça, não pode ser admitida enquanto perdurar a união estável" (STJ, 4ª T., REsp 1.178.233/RJ, Rel. Min. Raul Araújo, ac. 06.11.2014, *DJe* 09.12.2014).

[29] PONTES DE MIRANDA, Francisco Cavalcanti. *Comentários ao Código de Processo Civil*. 2. ed. Rio de Janeiro: Forense, 1977. t. XVI, p. 143. Desde então, extinguem-se os deveres conjugais de coabitação e fidelidade recíproca, bem como o regime matrimonial de bens até então vigente (Lei nº 6.515, art. 3º, *caput*, e CC, arts. 230 e 231) (MARCATO, Antônio Carlos. *Procedimentos especiais*. São Paulo: Ed. RT, 1986, n. 211, p. 226).

[30] "Então, numa interpretação finalística e sistemática da nossa legislação, observando-se os fins sociais a que ela se dirige e às exigências do bem comum (Lei de Introdução às Normas do Direito Brasileiro, art. 5º), entendo que o restabelecimento da sociedade conjugal pode ser feito por escritura pública, sem necessidade de homologação judicial; mas continua indispensável, a meu ver, na reconciliação, a assistência do advogado das partes ou defensor público" (VELOSO, Zeno. *Separação, extinção de união estável, divórcio, inventário e partilha consensuais – de acordo com o novo CPC*. Belém: ANOREG-Pará, n. 08, p. 39-40).

A reconciliação, todavia, só será possível na forma sumária ora indicada, enquanto não se der a conversão em divórcio, posto que então se dará a total ruptura do vínculo conjugal. Para os divorciados, por conseguinte, só é possível a reconciliação mediante novo casamento (Lei nº 6.515, art. 33). Mesmo que o divórcio tenha sido objeto de negócio consensual entre os cônjuges, não haverá como operar a reconciliação nos moldes do art. 46 da Lei nº 6.515.

318. Revisão e rescisão do acordo de separação, divórcio ou extinção de união estável

Em se tratando de feito de jurisdição voluntária, o acordo de separação, divórcio ou extinção de união estável pode ser invalidado conforme os atos jurídicos em geral, não obstante sua homologação em juízo. Aplica-se o § 4º do art. 966 do CPC/2015, e não as disposições de seu *caput*, pelo que não se há de cogitar, na espécie, de ação rescisória.[31] Não é a sentença o objeto da rescisão, mas o negócio jurídico a ela subjacente (vide nº 664 no vol. III).

Pode-se, outrossim, rescindir todo o acordo ou apenas alguma de suas cláusulas, como a da partilha ou a da verba alimentícia. Além disso, existe também a possibilidade de ação revisional dos efeitos que a separação projeta de forma continuativa para o futuro, como a guarda de filhos, o direito de visitas e os alimentos.

Todos estes ajustes devem prevalecer enquanto subsistem as condições fáticas que os justificaram. Alteradas as razões determinantes, permitida é a obtenção de um novo regulamento para a situação superveniente.

Não se trata de desrespeitar nem o negócio jurídico bilateral nem a coisa julgada, mas apenas de reconhecer o surgimento de uma situação nova que não entrou na linha de consideração nem do acordo de vontades nem da sentença que o homologou. As modificações poderão, nessa altura, ser obtidas por meio de novo ajuste entre os próprios interessados ou por meio de sentença judicial em ação ordinária de revisão.[32] É de se ter presente que, atualmente, o próprio acordo de separação ou divórcio pode ser ajustado extrajudicialmente, sem passar pela homologação judicial, observados os requisitos do art. 733, *caput* e § 1º, do CPC/2015.

318.1. Alteração negocial de partilha homologada judicialmente

O fato de, no divórcio consensual, ter sido homologado por sentença o acordo de partilha dos bens do casal, não impede que posteriormente se altere, por novo ajuste entre os ex-cônjuges, a destinação dos bens de início acordada. O STJ, apreciando a hipótese, assentou o seguinte:

> "4 – A coisa julgada material formada em virtude de acordo celebrado por partes maiores e capazes, versando sobre a partilha de bens imóveis privados e disponíveis e

[31] "A ação rescisória, tendo por finalidade elidir a coisa julgada, não é meio idôneo para desfazer decisões proferidas em processos de jurisdição voluntária, não suscetíveis de trânsito em julgado" (STF, 1ª T., RE 86.348/CE, Rel. Min. Cunha Peixoto, ac. 06.06.1978, *DJU* 15.09.1978, p. 6.988, *RTJ* 94/677). Acompanhando o STF, decidiu o TJSP que, para atacar a sentença que homologa o acordo de separação consensual, "o meio processual adequado é a ação ordinária anulatória, e não a ação rescisória" (AR 27.739-1, Rel. Des. Rodrigues Porto, ac. 13.08.1985, *RJTJSP* 98/397).

[32] A revogação de cláusulas do acordo homologado judicialmente em separação judicial deveria ser obrigatoriamente promovida através de ação própria e nunca por simples pedido nos autos da causa encerrada. STJ, CC 5.258/SP, Rel. Min. Sálvio de Figueiredo, ac. 13.10.1993, *DJ* 13.12.93, p. 27.374. Essa exigência processual, todavia, deixou de vigorar a partir da implantação do divórcio e da separação consensuais, pela via notarial (CPC/2015, art. 733), que dispensa a homologação judicial. Se o próprio divórcio ou separação admitem a forma notarial, parece evidente que esta mesma via se aplica também às alterações do acordo, mesmo quando originariamente tenha sido objeto de homologação em juízo.

que fora homologado judicialmente por ocasião de divórcio consensual, não impede que haja um novo ajuste consensual sobre o destino dos referidos bens, assentado no princípio da autonomia da vontade e na possibilidade de dissolução do casamento até mesmo na esfera extrajudicial, especialmente diante da demonstrada dificuldade do cumprimento do acordo na forma inicialmente pactuada.

5 – É desnecessária a remessa das partes a uma ação anulatória quando o requerimento de alteração do acordo não decorre de vício, de erro de consentimento ou quando não há litígio entre elas sobre o objeto da avença, sob pena de injustificável violação aos princípios da economia processual, da celeridade e da razoável duração do processo.

6 – A desjudicialização dos conflitos e a promoção do sistema multiportas de acesso à justiça deve ser francamente incentivada, estimulando-se a adoção da solução consensual, dos métodos autocompositivos e do uso dos mecanismos adequados de solução das controvérsias, tendo como base a capacidade que possuem as partes de livremente convencionar e dispor sobre os seus bens, direitos e destinos".[33]

319. Separação, divórcio e extinção de união estável por via administrativa

I – Previsão legal

Segundo prevê a Lei nº 6.515, também o divórcio direto pode ser obtido sob a modalidade consensual, caso em que o procedimento de jurisdição voluntária será o previsto no art. 731 do CPC/2015, ou seja, o mesmo observado na separação consensual (Lei nº 6.515/1977, art. 4º, § 2º).

Além do divórcio direto, então alcançável depois de dois anos de separação de fato do casal (Lei nº 6.515, art. 40, *caput*), havia possibilidade de obter-se o divórcio por conversão de anterior separação judicial (Lei nº 6.515, art. 35), desde que transcorrido o prazo de um ano contado da sentença principal, ou da decisão cautelar que tivesse concedido a separação de corpos (art. 36, parágrafo único, I, da mesma Lei).[34] Também essa conversão era (e continua sendo) passível de obtenção pelo procedimento do divórcio consensual, mesmo que ainda esteja pendente alguma causa litigiosa em torno da separação ou divórcio. Todos os prazos para a obtenção do divórcio, de forma direta ou por conversão, deixaram de prevalecer a partir da Emenda Constitucional nº 66/2010. A qualquer tempo os cônjuges poderão realizar o divórcio diretamente ou promover a conversão de separação em divórcio, sem se sujeitar a qualquer requisito de prazo. Em todos os casos de separação consensual, de divórcio consensual (direto ou por conversão) ou dissolução da união estável consensual, há circunstâncias em que a lei dispensa o procedimento judicial de jurisdição voluntária e permite às partes o acesso à via administrativa para obter tanto a separação, o divórcio, como a dissolução da união estável extrajudicialmente, sem depender sequer da posterior homologação em juízo.

Prevê o art. 733 do CPC/2015 que o divórcio e a separação consensuais, bem como a extinção consensual de união estável, podem ser realizados por via administrativa, sem

---

[33] STJ, 3ª T., REsp 1.623.475/PR, Rel. Min. Nancy Andrighi, ac. 17.04.2018, *DJe* 20.04.2018.

[34] A possibilidade do divórcio direto dois anos após a separação de fato (art. 40 da Lei nº 6.515, com redação da Lei nº 7.841, de 17.10.1989) torna desinteressante o divórcio por conversão, só obtenível um ano depois da separação judicial. É que, em regra, o prazo de dois anos da separação de fato se consumará antes, propiciando o divórcio direto ainda no curso da separação judicial. A jurisprudência entende, a propósito, que "nada impede que, mesmo ajuizada a ação de separação judicial, enquanto em curso esta, um dos litigantes pleiteie o divórcio direto por mera separação de fato (*JTJ* 167/78)" (Theotonio NEGRÃO e José Roberto F. GOUVÊA. *Código de Processo Civil e Legislação Processual em Vigor*. 38. ed. São Paulo: Saraiva, 2006, p. 1.367, nota 1-c ao art. 40 da Lei nº 6.515).

necessidade de recorrer ao Poder Judiciário, desde que não haja nascituro ou filhos incapazes. Para tanto, os cônjuges (ou ex-cônjuges) ou companheiros deverão recorrer a um Tabelionato de Notas de sua escolha, para reduzir à escritura pública o acordo a que chegaram. Eventualmente, esses atos podem ser praticados pelo oficial de Registro Civil das Pessoas Naturais que possui a atribuição notarial, como ocorre, por exemplo, em municípios pequenos, que não são sede de comarca.

II – Divórcio pelas vias consulares

Às autoridades consulares são atribuídas algumas funções notariais equiparáveis às dos tabeliões e registradores civis (LINDB, art. 18, *caput*). Nesse âmbito, o § 1º, acrescentado pela Lei nº 12.874/2013 ao art. 18 da referida LINDB, autoriza as autoridades consulares brasileiras a celebrar a separação e o divórcio consensuais de brasileiros no exterior, desde que o casal não tenha filhos menores ou incapazes e sejam observados os requisitos legais do divórcio extrajudicial regulados pelo CPC, arts. 731 a 733.

De acordo, porém, com o mesmo dispositivo legal, da escritura pública consular deverão constar "as disposições relativas à descrição e à partilha dos bens comuns e à pensão alimentícia e, ainda, ao acordo quanto à retomada pelo cônjuge de seu nome de solteiro ou à manutenção do nome adotado quando se deu o casamento" (art. 18, § 1º, *in fine*).

Ao contrário do CPC, que permite seja a partilha relegada para solução ulterior à escritura do divórcio consensual, a LINDB exige que, no caso de ato celebrado nas vias consulares, a descrição e a partilha dos bens comuns do casal constarão necessariamente da escritura pública consular.[35]

III – Escritura pública

A escritura pública, documento no qual o tabelião ou a autoridade consular atesta, com fé pública, a vontade das partes, "não depende de homologação judicial e constitui título hábil para qualquer ato de registro, bem como para levantamento de quantia depositada em instituições financeiras" (art. 733, § 1º).

A escritura pública deve ser lavrada com assistência de advogado comum, ou de advogados diversos (um para cada consorte), que acompanharão o ato notarial e firmarão a escritura juntamente com o tabelião e as partes. Não há necessidade de mandato, visto que a assistência se dá pessoalmente ao cônjuge durante a lavratura do ato notarial. No caso de hipossuficientes, a assistência poderá ser prestada por defensor público (CPC/2015, art. 733, § 2º).

Diversamente do que se passa com a escritura de tabelião, o ato lavrado por autoridade consular exige a presença de advogado dos cônjuges na petição, não se fazendo, entretanto, obrigatória sua assinatura na escritura pública, por expressa dispensa do art. 18, § 2º, da LINDB.

Admite-se, outrossim, a representação do cônjuge, no ato notarial, por procurador, a exemplo do que ocorre com a celebração do casamento (Cód. Civ., art. 1.542). Por força, porém, do disposto no art. 657, do mesmo Código, a procuração deverá conter poderes especiais para o ato de que se cuida. O mandatário não precisa ser advogado. Não se dispensa, no entanto, a presença de advogado ou defensor público para assistir as partes durante a lavratura da escritura (CPC/2015, art. 733, § 2º).

O emprego da escritura pública era defendido em doutrina para disciplinar a separação de corpos, como medida cautelar preparatória, nos casos em que ainda não houvesse transcorrido o prazo legal de um ano do casamento. Argumentava-se que, se a jurisprudência admitia a separação cautelar para preparar a separação judicial definitiva, analogicamente se haveria de

---

[35] LÔBO, Paulo. *Direito civil*: famílias. 14. ed. São Paulo: Saraiva, 2024, v. 5, p. 139.

permitir, nas mesmas circunstâncias, a convenção da separação de corpos por escritura pública quando a futura dissolução da sociedade estivesse programada para a mesma via.[36] A questão tornou-se irrelevante, visto que após a EC nº 66, o embaraço do prazo para obter o divórcio consensual direto desapareceu. Se os cônjuges podem, de imediato, pactuar o divórcio por escritura pública, não há necessidade alguma de ajustarem prévia separação de corpos. De plano obterão a dissolução definitiva do casamento por meio do remédio notarial, com todos os consectários de direito.

IV - Requisitos de validade da escritura pública

A validade da separação, divórcio ou extinção de união estável por via notarial está legalmente subordinada às seguintes exigências traçadas pelo art. 733:

(a) inexistência de nascituro ou filhos menores ou incapazes do casal (*caput*);[37]

(b) inclusão na escritura das disposições relativas: *(i)* à descrição e partilha dos bens comuns;[38] *(ii)* à pensão alimentícia que um cônjuge prestará, eventualmente, ao outro; e *(iii)* ao acordo quanto à retomada pelo cônjuge de seu nome de solteiro ou à manutenção do nome adotado quando se deu o casamento (*caput*);

(c) assistência dos contratantes por advogado comum, ou por advogado de cada um deles, ou por defensor público, cuja qualificação e assinatura constarão do ato notarial (§ 2º).[39] A inobservância dessa exigência legal viola solenidade essencial do ato, acarretando sua nulidade, nos termos do art. 166, V, do Código Civil.[40]

Importante ressaltar, outrossim, que a Resolução nº 35/2007 do CNJ exige, em seu art. 33, a apresentação dos seguintes documentos para a lavratura da escritura pública de divórcio e separação consensuais: certidão de casamento; documento de identidade oficial e CPF; pacto antenupcial, se houver; certidão de nascimento ou outro documento de identidade oficial dos filhos absolutamente capazes, se houver; e documentos necessários à comprovação da titularidade dos bens móveis e direitos, se houver: há exigências especiais a cumprir, quando a partilha envolve imóvel rural (ver, retro, o item 150).

---

36 MADALENO, Rolf. *Curso de direito de família*. Rio de Janeiro: Forense, 2008, n. 6.35.14, p. 268; VELOSO, Zeno. *Separação, extinção de união estável, divórcio, inventário e partilha consensuais – de acordo com o novo CPC*. Belém: ANOREG, p. 23.

37 A existência de filho com menos de 18 anos que, entretanto, tenha sido emancipado não impede a separação pela via notarial (VELOSO, Zeno. *Lei nº 11.441, de 04.01.2007* – aspectos práticos da separação, divórcio, inventário e partilha consensuais. Belém: Anoreg, 2008, p. 10). Por outro lado, a gravidez da mulher equipara-se à existência de filho menor do casal para impedir o uso da escritura pública, visto que a proteção dos direitos do nascituro se dá desde a concepção (CC, art. 2º) (VELOSO, Zeno. *Lei nº 11.441, de 04.01.2007* – aspectos práticos da separação, divórcio, inventário e partilha consensuais. Belém: Anoreg, 2008, p. 12).

38 Não é obrigatória a inclusão da partilha, nos termos da separação convencionada entre os cônjuges. Podem eles preferir manter os bens em comunhão, já então como condomínio civil ordinário (VELOSO, Zeno. *Lei nº 11.441, de 04.01.2007* – aspectos práticos da separação, divórcio, inventário e partilha consensuais. Belém: Anoreg, 2008, p. 15-16). De acordo com o parágrafo único do art. 731 do CPC, a falta de acordo quanto à partilha não impede a homologação do divórcio e da separação consensuais, caso em que se observará, posteriormente, o disposto nos arts. 647 a 658 do CPC.

39 Em se tratando de divórcio e separação consensuais celebrados por autoridade consular, o art. 18, § 2º, da LINDB exige a presença de advogado ao ato, mas não sua assinatura obrigatória à escritura pública.

40 Para a Resolução nº 35/2007 do CNJ, é indispensável a presença física do advogado perante o tabelião (art. 8º), sendo vedado aos tabeliães indicarem advogados aos interessados (art. 9º).

Uma vez que o CPC/2015 não mais garante, para os necessitados, a gratuidade da escritura pública e demais atos notariais, deve o hipossuficiente recorrer ao Judiciário para concretizar o divórcio, a separação ou a extinção de união estável, por acordo, com o benefício da gratuidade de justiça.

Em regra, não há imposto de transmissão se a partilha se faz de maneira a conferir quinhões iguais a cada um dos cônjuges. No entanto, se houver divergência de valores, ocorrerá fato gerador do imposto de transmissão (STF, Súmula nº 116), cujo recolhimento terá de ser fiscalizado pelo tabelião.

V – Casais homoafetivos

Tudo o que se acha disposto acerca da separação dos casais heterossexuais ligados por casamento ou união estável, inclusive no tocante à escritura pública, aplica-se também às pessoas que formam casais homossexuais.[41] É que a jurisprudência do STF[42] e do STJ[43] admite que o próprio casamento possa estabelecer-se entre indivíduos do mesmo sexo, e o CNJ disciplina, por Resolução, a habilitação, celebração de casamento, ou conversão de união estável em casamento, entre pessoas do mesmo sexo.[44]

320. Regulamentação baixada pelo Conselho Nacional de Justiça sobre separação e divórcio consensuais

Por meio da Resolução nº 35, de 24 de abril de 2007, o Conselho Nacional de Justiça detalhou procedimentos a serem observados pelos tabeliães na lavratura de escrituras de separação e divórcio consensuais. Dentre eles, merecem destaque os que são comentados a seguir:

É possível, para a lavratura da escritura pública, a livre escolha do tabelião de nota, não se aplicando, portanto, as regras de competência do Código de Processo Civil (CPC/2015, art. 16).

Quando as partes não dispuserem as condições econômicas para contratar advogado, caberá ao tabelião recomendar-lhes a Defensoria Pública, onde houver, ou, na sua falta, a seccional da OAB, para viabilizar a assistência jurídica gratuita (art. 9º da Resolução nº 35/2007 do CNJ).

Permite-se o uso da escritura pública para consensualmente retificarem-se cláusulas de obrigações alimentares ajustadas na separação e no divórcio consensuais (art. 44 da Resolução nº 35/2007 do CNJ), o mesmo ocorrendo em relação ao ajuste do uso do nome de casado. Nessa hipótese, a retificação poderá ser efetuada por declaração unilateral da parte, em escritura pública, com assistência de advogado, se se tratar de volta ao uso do nome de solteiro (art. 45 da Resolução nº 35/2007 do CNJ).

---

[41] VELOSO, Zeno. *Separação, extinção de união estável, divórcio, inventário e partilha consensuais – de acordo com o novo CPC*. Belém: ANOREG, n. 06, p. 35.

[42] "A Constituição não interdita a formação de família por pessoas do mesmo sexo. Consagração do juízo de que não se proíbe nada a ninguém senão em face de um direito ou de proteção de um legítimo interesse de outrem, ou de toda a sociedade, o que não se dá na hipótese sub judice. Inexistência do direito dos indivíduos heteroafetivos à sua não equiparação jurídica com os indivíduos homoafetivos" (STF, Pleno, ADPF 132/RJ, Rel. Min. Ayres Britto, ac. 05.05.2011, *DJe* 14.10.2011).

[43] "Direito de família. **Casamento** civil entre pessoas do mesmo sexo (**homoafetivo**). Interpretação dos arts. 1.514, 1.521, 1.523, 1.535 e 1.565 do Código Civil de 2002. Inexistência de vedação expressa a que se habilitem para o **casamento** pessoas do mesmo sexo. Vedação implícita constitucionalmente inaceitável. Orientação principiológica conferida pelo STF no julgamento da ADPF n. 132/RJ e da ADI n. 4.277/DF" (STJ, 4ª T., REsp 1.183.378/RS, Rel. Min. Luis Felipe Salomão, ac. 25.10.2011, *DJe* 1º.02.2012).

[44] Resolução nº 175, de 14.05.2013, do Presidente do CNJ.

O comparecimento das partes ao ato notarial por meio de procurador é possível, mas o mandatário deverá ser constituído por instrumento público, com poderes especiais e com descrição das cláusulas essenciais e com prazo de validade de trinta dias (art. 36 da Resolução nº 35/2007 do CNJ).

Confere-se ao tabelião poder para recusar a lavratura da escritura de separação ou divórcio, se houver fundados indícios de prejuízo a um dos cônjuges ou em caso de dúvidas sobre a declaração de vontade, fundamentando a recusa por escrito (art. 46 da Resolução nº 35/2007 do CNJ).

Permite-se o emprego da escritura pública para o restabelecimento da sociedade conjugal, ainda que a separação tenha sido judicial (art. 48 da Resolução nº 35/2007 do CNJ). Todavia, não se pode operar o restabelecimento com modificações na sociedade conjugal (art. 50 da Resolução nº 35/2007 do CNJ).[45]

Para a conversão da separação em divórcio consensual, dispensa-se a apresentação de certidão atualizada do processo judicial. Bastará a certidão da averbação da separação no assento de casamento (art. 52 da Resolução nº 35/2007 do CNJ, cuja redação foi alterada pela Resolução nº 120 do CNJ).

Em Minas Gerais, o Provimento nº 260/CGJ/2013 da Corregedoria-Geral de Justiça, que contém o código de normas relativas aos serviços notariais e de registro, regulamenta em seus arts. 178 e ss. a realização de escrituras públicas de inventário e partilha, de separação e divórcio. Menciona o referido Provimento, com inteira procedência, a possibilidade de se utilizar a via notarial mesmo quando haja processo judicial em andamento ainda não julgado por sentença. Nesse caso, a escritura mencionará o juízo onde tramita o feito e o tabelião procederá à comunicação à autoridade judicial, nos trinta dias seguintes à lavratura de seu ato (art. 179).

Em 7 de julho de 2014, o CNJ editou o Provimento nº 37 que normatiza a união estável no Registro Civil em todo o país. Relativamente à extinção, determina o Conselho que não é exigível o prévio registro da união estável para que seja registrada a sua dissolução, devendo, nessa hipótese, constar do registro somente a data da escritura pública de dissolução. Porém, se existir o prévio registro da união estável, a sua dissolução será averbada à margem daquele ato.

321. Execução do acordo de separação, divórcio ou extinção de união estável ajustado por escritura pública

Quando a separação, o divórcio e a extinção da união estável se deram por via judicial, o acordo homologado configura título executivo judicial, seja para a exigência da pensão, seja para a entrega de bens partilhados (CPC/2015, arts. 513 e 515, I e IV).

Quando, porém, o caso for de separação, divórcio ou extinção de união estável ajustados, negocialmente, por meio de escritura pública (733), inexistirão sentença e formal de partilha para sustentar execução de título judicial. Haverá, entretanto, um documento público que comprovará a estipulação, entre os ex-cônjuges ou ex-companheiros, de obrigações suficientemente precisas, quanto à existência, ao objeto e à atualidade. Logo, configurado se achará o título executivo previsto no art. 784, II, qual seja, "a escritura pública" retratadora de "obrigação certa, líquida e exigível" (art. 783).

---

[45] O restabelecimento da sociedade conjugal é possível por meio de escritura pública. "Se, porém, o casal já se divorciou e deseja reconstituir a vida conjugal, tem de casar novamente, pois o divórcio extinguiu não somente a sociedade conjugal, mas o próprio casamento" (VELOSO, Zeno. *Separação, extinção de união estável, divórcio, inventário e partilha consensuais – de acordo com o novo CPC*. Belém: ANOREG, p. 17).

Se o título gerado nos moldes do art. 733 não é título executivo judicial, visto que não proveniente de julgado proferido em juízo, dúvida não há de que constitui *título executivo extrajudicial*. Portando-o, o cônjuge poderá, diante de eventual inadimplemento do devedor, intentar execução forçada, nos moldes do Livro II da Parte Especial do CPC/2015, sem necessitar de prévio acertamento em processo de conhecimento.

Tratando-se, contudo, de execução de título extrajudicial, os embargos do executado poderão assumir dimensões maiores do que as da simples impugnação ao cumprimento de sentença. Todas as matérias que seriam arguíveis em contestação a uma ação ordinária poderão ser invocadas nos referidos embargos (art. 917, VI).

Em relação à execução da prestação alimentícia convencionalmente estipulada, há jurisprudência no sentido de que não teria cabimento, na espécie, a cominação de prisão ao devedor inadimplente, já que esse tipo de sanção seria admissível apenas para as obrigações estabelecidas em título executivo judicial.[46]

No entanto, se o credor de alimentos preferir a ação de cobrança em vez da execução do acordo, teria condições de submeter o devedor à prisão, como autoriza a Lei nº 5.478, de 25.07.1968, art. 19.

322. Alteração do regime de bens do casamento

Inserida no CPC/2015, em seu art. 734, a alteração de regime de bens do casamento passa a integrar os procedimentos de jurisdição voluntária, na seção IV, conforme já mencionado. Observados os requisitos legais, essa alteração deve ser requerida mediante petição fundamentada (art. 734, *caput*), que conterá:

(*a*) a assinatura de ambos os cônjuges;
(*b*) as razões que justifiquem a alteração solicitada;[47]
(*c*) facultativamente, meios alternativos de divulgação do requerimento, com o objetivo de resguardar direitos de terceiros (art. 734, § 2º).

O juiz determinará a intimação do Ministério Público, cuja participação é obrigatória, e a publicação de edital para divulgação da alteração pretendida (§ 1º). Superou-se, portanto, a jurisprudência do STJ que dispensava a observância dos editais na espécie.[48]

---

46 STJ, 3ª T., HC 20.401/SP, Rel. Min. Menezes Direito, ac. 20.08.2002, *DJU* 30.09.2002, p. 253; *RT* 809/209.

47 "À luz da melhor interpretação do art. 1.639, § 2º, do CC/2002, são exigíveis justificativas plausíveis e provas concretas de que a alteração do regime de bens eleito para reger o matrimônio não prejudicará nenhum dos cônjuges, nem terceiros interessados" (STJ, 3ª T., REsp 1.427.639/SP, Rel. Min. Ricardo Villas Bôas Cueva, ac. 10.03.2015, *DJe* 16.03.2015). Melhor esclarecimento, todavia, foi feito pela Quarta Turma: "A melhor interpretação a melhor interpretação que se deve conferir ao art. 1.639, § 2º, do CC/02 é a que não exige dos cônjuges justificativas exageradas ou provas concretas do prejuízo na manutenção do regime de bens originário, sob pena de se esquadrinhar indevidamente a própria intimidade e a vida privada dos consortes. 3. No caso em exame, foi pleiteada a alteração do regime de bens do casamento dos ora recorrentes, manifestando eles como justificativa a constituição de sociedade de responsabilidade limitada entre o cônjuge varão e terceiro, providência que é acauteladora de eventual comprometimento do patrimônio da esposa com a empreitada do marido. A divergência conjugal quanto à condução da vida financeira da família é justificativa, em tese, plausível à alteração do regime de bens, divergência essa que, em não raras vezes, se manifesta ou se intensifica quando um dos cônjuges ambiciona enveredar-se por uma nova carreira empresarial, fundando, como no caso em apreço, sociedade com terceiros na qual algum aporte patrimonial haverá de ser feito, e do qual pode resultar impacto ao patrimônio comum do casal" (STJ, 4ª T., REsp 1.119.462/MG, Rel. Min. Luis Felipe, ac. 26.02.2013, *DJe* 12.03.2013).

48 STJ, 4ª T., REsp 776.455/RS, Rel. Min. Raul Araújo, ac. 17.04.2012, *DJe* 26.04.2012.

O juiz somente poderá decidir após transcorrido o prazo de trinta dias da publicação do edital, mediante sentença. A decisão deverá ressalvar eventuais direitos de terceiros, que não poderão ser prejudicados pela alteração de regime do casamento. Contra a decisão judicial, é possível interpor apelação.

Transitada em julgado a sentença que modifica o regime de bens matrimonial, serão expedidos os mandados de averbação aos cartórios de registro civil e de imóveis. Se um dos cônjuges for empresário, ocorrerá averbação também no Registro Público de Empresas Mercantis e Atividades Afins (§ 3º).

Consoante jurisprudência do STJ, a eficácia da alteração do regime de bens é *ex nunc*, tendo por termo inicial a data do trânsito em julgado da decisão judicial que o modificou.[49]

---

[49] STJ, 3ª T., REsp 1.300.036/MT, Rel. Min. Paulo de Tarso Sanseverino, ac. 13.05.2014, *DJe* 20.05.2014.

Fluxograma nº 31 – Divórcio e separação consensuais, extinção consensual da união estável (arts. 731 a 733)

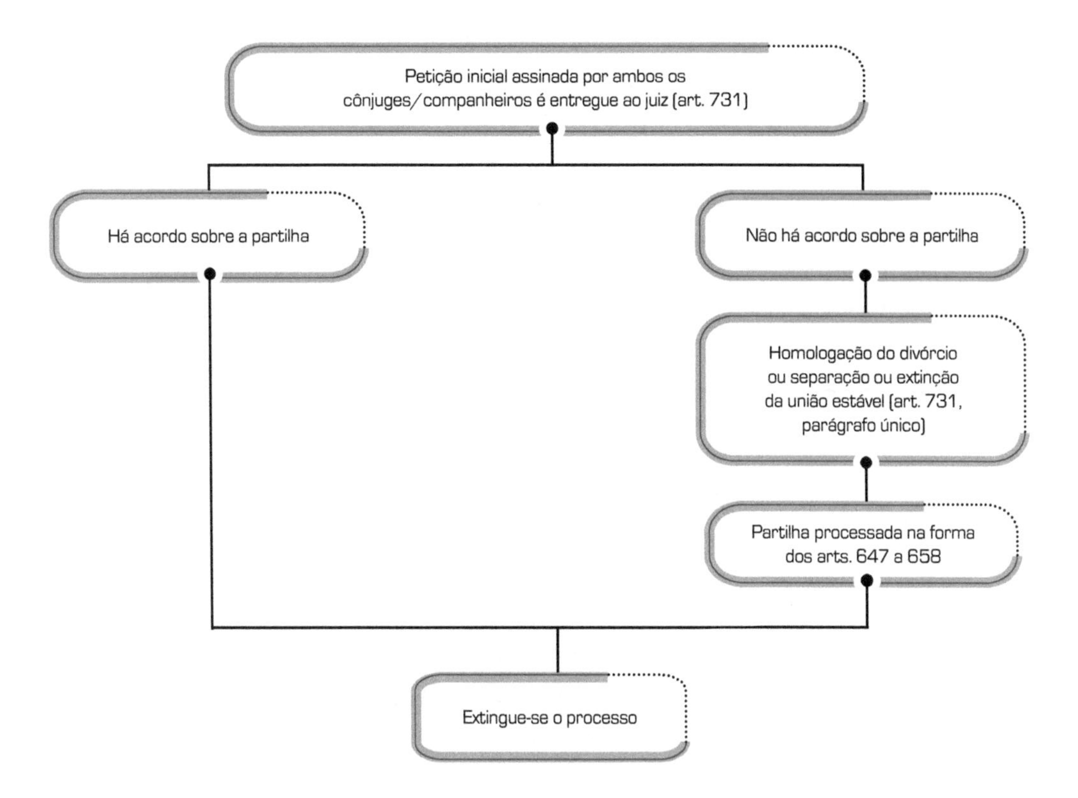

Fluxograma nº 32 – Alteração do regime de bens do matrimônio (art. 734)

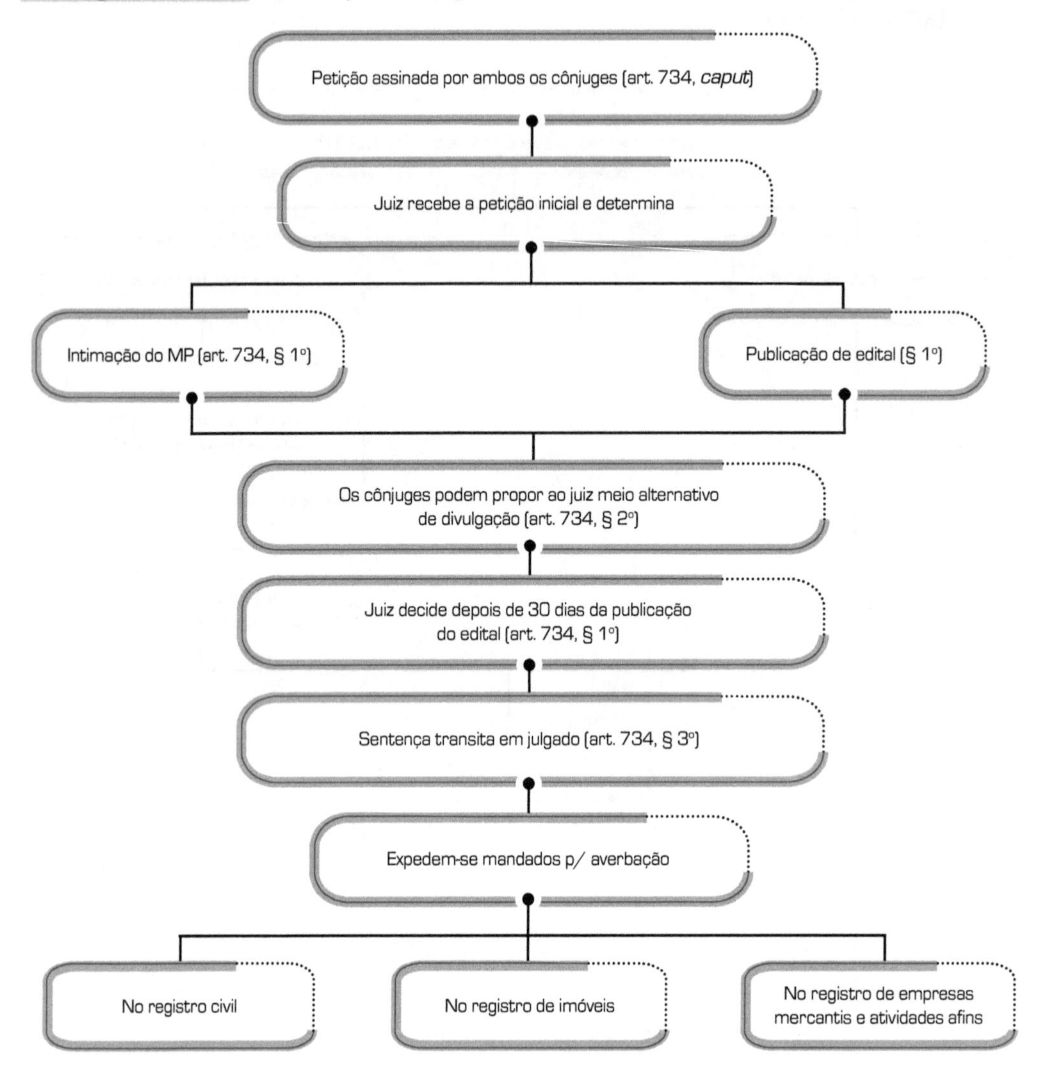

Capítulo XX
TESTAMENTOS E CODICILOS

§ 34. PROCEDIMENTO DA APRESENTAÇÃO DOS TESTAMENTOS EM JUÍZO

323. Introito

Segundo o art. 1.857 do Código Civil, toda pessoa capaz pode dispor, por testamento, da totalidade dos seus bens, ou de parte deles, para depois de sua morte, excluída a legítima dos herdeiros necessários. Ocorrido o óbito, o testamento deve ser apresentado perante a autoridade judicial, para confirmação (arts. 1.875 e 1.878), com observância das normas processuais.

O CPC/2015 simplificou as regras do procedimento de apresentação do testamento ao juízo e regulou a matéria em apenas três artigos (arts. 735 a 737).

O art. 735 estabelece os preceitos destinados a serem observados na abertura e no registro do testamento cerrado. O art. 736 contém as normas referentes ao testamento público. E o art. 737 disciplina o processamento do testamento particular.

Os parágrafos do art. 735, que instituem o processo de registro do testamento cerrado, são aplicáveis, no que couber, às outras duas modalidades testamentárias.

Foi suprimido desse regulamento os preceitos relacionados com a atribuição do testamenteiro, os quais se encontram positivados no Código Civil.

324. Objetivo do procedimento

Os testamentos e codicilos, antes de serem postos em execução, devem passar por um procedimento de jurisdição voluntária, perante o órgão judicial.

Há três espécies de testamentos comuns: *cerrado*, *público* e *particular*;[1] e duas espécies de testamentos especiais: o *marítimo* e o *militar*, nas três subespécies: cerrado, público e nuncupativo.

O procedimento de jurisdição voluntária a respeito da matéria é muito singelo e destina-se a conhecer a declaração de última vontade do morto, verificar a regularidade formal do testamento e ordenar seu cumprimento.[2]

---

[1] "Não está na lei a exigência formal de que o testamento cerrado somente possa ser manuscrito. Daí o prevalecimento da tese de Caio Mário e Washington de Barros Monteiro, hoje largamente difundida pela jurisprudência, no sentido da validade da cédula testamentária datilografada" (TJMG, Ap. 58.750, ac. 23.09.1982, voto vencedor do Des. Humberto Theodoro Júnior). O Código Civil de 2002 deixa claro que o testamento particular pode ser escrito de próprio punho ou mediante processo mecânico (art. 1.876, *caput*).

[2] "A cláusula testamentária que se refira à escolha do advogado dos sucessores é simples sugestão ou mera recomendação, que não os vincula nem os obriga, já que a representação convencional é ato de

Não entra o juiz em questões de alta indagação, que poderão ser discutidas pelas vias ordinárias[3]. Nem mesmo as interpretações das cláusulas testamentárias são feitas nesse procedimento gracioso. Só deve o juiz negar o "cumpra-se" quando seja visível a falta de requisito essencial, como inobservância do número de testemunhas ou violação do invólucro do testamento cerrado.

Nem sempre, porém, a abertura do testamento, antes da apresentação ao juiz, representa sua invalidação. Anota Edson Prata, lembrando a lição de Coelho da Rocha e a jurisprudência de nossos tribunais, que "quando aconteça ter sido aberto o testamento por algum particular ou autoridade incompetente, pode-se admitir em juízo justificação do fato, com citação dos interessados de modo que se conclua não ter sido aberto pelo testador com a intenção de revogá-lo".[4]

Como decidiu o Tribunal de Justiça de São Paulo, com apoio em Pontes Miranda, o "cumpra-se" que o juiz profere no procedimento de abertura do testamento é fruto de "cognição superficial" e, assim, por exemplo, "na fase de abertura, registro e cumprimento do testamento não se pode debater *comoriência* ou *ruptura*".[5]

O "cumpra-se", portanto, não importa declaração definitiva de regularidade ou perfeição do testamento, mas apenas a autorização estatal para que se inicie a execução da vontade do testador.

"O procedimento de abertura do testamento" – no dizer de José Olympio de Castro Filho – "nada mais é, e somente é, que um procedimento para autenticação do estado em que o documento foi apresentado em juízo".[6]

É de notar, por fim, que eventuais alegações envolvendo o testamento, como nulidade e falsidade, não são objeto dessa modalidade de jurisdição. Serão elas discutidas no juízo contencioso, em ação própria.[7]

Houve época em que a observância rigorosa das solenidades previstas para o testamento eram elevadas à categoria de condição essencial de validade do ato. Modernamente, no entanto, o que a jurisprudência valoriza é acima de tudo a identificação e preservação da vontade livre do testador. Em testamento público de pessoa cega, por exemplo, o STJ relevou a inobservância da segunda leitura pelo tabelião, prevista no art. 1.867 do C.C., justificando-se com os seguintes argumentos:

> "1. Atendido os pressupostos básicos da sucessão testamentária – i) capacidade do testador; ii) atendimento aos limites do que pode dispor e; iii) lídima declaração

---

outorga personalíssima da própria parte representada" (TJMG, AI 17.115, voto vencedor do Des. Humberto Theodoro Júnior, ac. 11.08.1983).

3 "4. Embora a interpretação, isolada e literal, do art. 1.857, § 1º, do CC/2002, sugira que a legítima dos herdeiros necessários não pode ser passível de disposição no testamento, esse dispositivo deve ser considerado em conjunto com os demais que regulam a matéria e que demonstram não ser essa a melhor interpretação da regra. 5- Não há óbice para que a parte indisponível destinada aos herdeiros necessários conste e seja referida na escritura pública de testamento pelo autor da herança, desde que isso, evidentemente, não implique em privação ou em redução dessa parcela que a própria lei destina a essa classe de herdeiros" (STJ, 3ª T., REsp 2.039.541/SP, Rel. Min. Nancy Andrighi, ac. 20.06.2023, DJe 23.06.2023).

4 PRATA, Edson. *Comentários ao Código de Processo Civil*. Rio de Janeiro: Forense, 1978, v. VII, p. 154.

5 PRATA, Edson. *Repertório de Jurisprudência do Código de Processo Civil. São Paulo:* LEUD, 1978, v. 18, n. 4.494, p. 5.819.

6 CASTRO FILHO, José Olympio de. *Comentários ao Código de Processo Civil*. 2.ed. Rio de Janeiro: Forense, 1980, v. X, n. 69, p. 157.

7 "Na hipótese em que o testamento cerrado é apresentado ao Juiz, para registro e cumprimento, deve-se verificar apenas a presença dos requisitos formais exigidos por lei. Existindo questionamentos acerca da validade intrínseca do mesmo, tal discussão deve ser realizada mediante ação própria" (TJMG, 2ª Câm. Cível, AC 1.0126.11.001320-1/001, Rel. Des.ª Hilda Teixeira da Costa, ac. 03.06.2014, *DJe* 11.06.2014).

de vontade – a ausência de umas das formalidades exigidas por lei pode e deve ser colmatada para a preservação da vontade do testador, pois as regulações atinentes ao testamento tem por escopo único a preservação da vontade do testador.

2. Evidenciados tanto a capacidade cognitiva do testador quanto o fato de que testamento, lido pelo tabelião, correspondia exatamente à manifestação de vontade do de cujus, não cabe então reputar como nulo o testamento, por terem sido preteridas solenidades fixadas em lei, porquanto o fim dessas – assegurar a higidez da manifestação do de cujus – foi completamente satisfeita com os procedimentos adotados".[8]

325. Competência

A abertura do testamento compete ao juiz do lugar onde se achar o apresentador do documento. Trata-se de medida urgente, que não se vincula ao juízo do inventário;[9] daí que a apresentação será feita no lugar onde estiver o documento.

Não há, por isso mesmo, prevenção de competência para o foro do inventário.

326. Procedimento

A apresentação do testamento ao juiz é ato puramente administrativo, de sorte que não depende de requerimento escrito, nem da interferência de advogado.[10] Não há necessidade de requerimento algum. A lei não marca prazo para a apresentação. Logo após a apresentação, verificando não existir vício externo que o torne suspeito de nulidade ou falsidade, o juiz fará a abertura do testamento em presença do apresentador e do escrivão, a quem competirá lavrar o *auto de abertura*, com os elementos recomendados pelo art. 735, § 1º, do CPC/2015.

Esse *auto* de abertura será a peça inicial do procedimento, devendo o escrivão iniciar com ele a *autuação* de praxe. E, em seguida, será feita a conclusão ao juiz que ordenará a ouvida do Ministério Público. Após, proferirá a decisão.

327. Sentença

Estando regular o testamento, ordenará o magistrado que se façam o seu *registro*, *arquivamento* e *cumprimento*.

Havendo irregularidade formal que invalide o testamento, será ele registrado e arquivado, mas o juiz denegará seu cumprimento.[11]

Qualquer que seja a deliberação judicial no procedimento de apresentação do testamento não ficarão os interessados impedidos de pleitear, pelas vias contenciosas, o reconhecimento, tanto de sua validade como invalidade.[12]

---

[8] STJ, 3ª T., REsp 1.677.931/MG, Rel. Min. Nancy Andrighi, ac. 15.08.2017, *DJe* 22.08.2017.

[9] LIMA, Alcides de Mendonça. *Comentários ao Código de Processo Civil*. São Paulo: Ed. RT, 1982, v. XII, n. 88.1, p. 223; CASTRO FILHO, José Olympio de. *Comentários ao Código de Processo Civil*. 2. ed. série Forense, v. X, n. 72, p. 159.

[10] LIMA, Alcides de Mendonça. *Comentários ao Código de Processo Civil*. São Paulo: Ed. RT, 1982, v. XII, n. 90.1, p. 226.

[11] "(...) nenhum óbice há a que se declare a nulidade parcial de um testamento, como se fez no caso em tela. O art. 153 do Código Civil prevê, como regra geral, que 'a nulidade parcial de um ato não prejudicará na parte válida se esta for separável'. Orlando Gomes, citado no parecer da douta Procuradoria da Justiça, a propósito das incapacidades do art. 1.719, esclarece que a nulidade resultante da transgressão atinge apenas a verba defesa. Não contamina as outras disposições válidas, nem torna írrito o testamento (*Sucessões*. 1 ed., nº 114, p. 165)" (TJMG, Ap. 63.280, ac. 05.04.84, Rel. Des. Humberto Theodoro Júnior).

[12] PRATA, Edson Gonçalves. *Comentários ao Código de Processo Civil*. Rio de Janeiro: Forense, 1978, v. VII, p. 158.

328. Efeitos

Após o *registro* do testamento, que é feito no próprio cartório, o escrivão intimará o testamenteiro designado pelo testador a prestar o devido compromisso (art. 735, § 3º). Inexistindo designação no testamento, o juiz nomeará testador *ad hoc* ou *dativo* (§ 4º). O mesmo ocorrerá se o designado estiver *ausente*, for *falecido* ou *recusar* o encargo (art. 735, § 4º).

A ordem de preferência para a nomeação do testamenteiro dativo é:

(a) cônjuge supérstite;[13]

(b) herdeiro escolhido pelo juiz (CC, art. 1.984);

(c) estranho, se entre os herdeiros houver alto grau de beligerância, ou quando nenhum deles se revelar idôneo para o *munus.*[14]

Deverá o testamenteiro cumprir as disposições contidas no testamento e prestar contas em juízo do que recebeu e despendeu (CPC/2015, art. 735, § 5º) nos próprios autos do processo em que seu *munus* foi exercido, *i.e.*, no inventário. Essa prestação poderá ainda ser exigida em ação autônoma, conforme previsto no art. 550 do CPC/2015.[15]

Além dos deveres fixados nos dispositivos *supra*, o Código Civil atribui ao testamenteiro outras responsabilidades, as quais se encontram disciplinadas nos arts. 1.976 a 1.990, como exemplo, cumprir as disposições testamentárias (CC, art. 1.980). Como recompensa pelo desempenho de seu múnus, faz jus a um prêmio,[16] desde que não seja herdeiro nem legatário (art. 1.987). Por essa razão, o CPC/2015 optou por suprimir tais comandos dos arts. 1.135 a 1.141 do CPC/1973, que tratavam de questões relacionadas ao encarregado de executar o testamento.

O cumprimento do testamento se dará nos autos do inventário, cuja competência será do foro do último domicílio do falecido.

329. Testamento cerrado

Aberta a sucessão, o testamento cerrado, ou seja, aquele lacrado no foro extrajudicial a pedido do próprio testador ou "a rogo", é levado ao juízo para abertura, registro e cumprimento.

---

[13] Não só o cônjuge, mas também o companheiro supérstite poderá ser nomeado pelo juiz testamenteiro (FARIAS, Cristiano Chaves de; ROSENVALD, Nelson. *Curso de direito civil* – sucessões. São Paulo: Atlas, 2015, v. 7, p. 406).

[14] FARIAS, Cristiano Chaves de; ROSENVALD, Nelson. *Curso de direito civil* – sucessões. São Paulo: Atlas, 2015, v. 7, p. 406.

[15] PIMENTEL, Alexandre Freire. In: WAMBIER, Teresa Arruda Alvim; DIDIER JR., Fredie; TALAMINI, Eduardo; DANTAS, Bruno (Coord.). *Breves comentários ao novo Código de Processo Civil.* São Paulo: Ed. RT, 2015, p. 1.699.

[16] "(1) Embora o autor da herança tenha deixado testamento público no qual fez inserir, como disposição única, que todos os bens deixados aos seus filhos deveriam ser gravados com cláusula de incomunicabilidade, com a vigência do CC de 2002 passou-se a exigir a indicação de justa causa para que a restrição tivesse eficácia, tendo sido concedido o prazo de 1 (um) ano após a entrada em vigor do Código, para que fosse feito o aditamento (CC, art. 1.848 c/c o art. 2.042), o que não foi observado, no caso, pelo testador. (2) A despeito de a ineficácia da referida cláusula afetar todo o testamento, não há que se falar em afastamento do pagamento do prêmio ao testamenteiro, a pretexto de que a sua atuação no feito teria sido singela, uma vez que o maior ou menor esforço no cumprimento das disposições testamentárias deve ser considerado apenas como critério para a fixação da vintena, que poderá variar entre o mínimo de 1% e o máximo de 5% sobre a herança líquida (CC, art. 1.987), mas não para ensejar a sua supressão. (3) Na hipótese, a fiel execução da disposição testamentária foi obstada pela própria inação do disponente ante a exigência da lei, razão pela qual não pode ser atribuída ao testamenteiro nenhuma responsabilidade por seu descumprimento, sendo de se ressaltar que a perda do direito ao prêmio só é admitida excepcionalmente em caso de sua remoção, nas situações previstas em lei (CC, art. 1.989, e CPC, art. 1.140, I e II)" (STJ, 3ª T., REsp 1.207.103/SP, Rel. Min. Marco Aurélio Bellizze, ac. 02.12.2014, *DJe* 11.12.2014).

De acordo com o art. 735, *caput*, do CPC/2015, o testamento deve ser apresentado intacto, sem sinais de violação que o torne suspeito de nulidade ou falsidade. Verificadas essas condições, o juiz o abrirá e mandará que o escrivão faça a leitura na presença do apresentante. Se, porventura, o juiz constatar irregularidades graves, poderá indeferir o pedido.

O procedimento a ser observado quanto ao registro e cumprimento das cláusulas testamentárias está fixado nos parágrafos do art. 735 da mesma legislação processual.

330. Testamento público

Para o *testamento público*, ou seja, aquele lavrado em notas de tabelião, não há que se cogitar de *abertura*, mas é necessária a apresentação em juízo, e sua execução, igualmente, depende do "cumpra-se" judicial. Qualquer interessado pode apresentar o requerimento ao juiz, mediante exibição do traslado ou da certidão de testamento público. O procedimento a observar é o mesmo do testamento cerrado (CPC/2015, art. 736). Só que o *auto* inicial é de *apresentação* e não de abertura de testamento.

O testamento público, quando feito por pessoa cega, sujeitar-se-á a duas formalidades específicas: a dupla leitura do testamento (pelo tabelião e por uma das testemunhas), e também a confirmação, no próprio testamento, da condição de cegueira do testador (Código Civil, art. 1.867). A inobservância dessas formalidades, no entanto, já foi relevada pela jurisprudência do STJ, quando o procedimento do tabelião, no caso concreto, teria assegurado a higidez da manifestação do testador[17].

331. Testamento particular

O testamento particular submete-se a um procedimento mais complexo do que o dos testamentos cerrado e público. O testamento hológrafo deve ser *publicado* e *confirmado* em juízo (CPC/2015, art. 737).

Por testamento particular ou hológrafo entende-se aquele que é *escrito* e *assinado* pelo testador, que o lê em presença de três testemunhas que também o assinam (CC, art. 1.876, § 1º).[18] Permite a lei também que seja elaborado por processo mecânico, caso em que não pode conter rasuras ou espaços em branco, devendo ser assinado pelo testador depois de o ter lido na presença de pelo menos três testemunhas, que o subscreverão (CC, art. 1.876, § 2º).

Embora haja doutrinador que preconize seja o texto mecânico redigido pelo próprio testador,[19] tal exigência não figura entre os requisitos constantes do art. 1.876 e seu § 2º. Daí

---

17 "Atendido os pressupostos básicos da sucessão testamentária - i) capacidade do testador; ii) atendimento aos limites do que pode dispor e; iii) lídima declaração de vontade - a ausência de umas das formalidades exigidas por lei, pode e deve ser colmatada para a preservação da vontade do testador, pois as regulações atinentes ao testamento tem por escopo único, a preservação da vontade do testador. Evidenciada, tanto a capacidade cognitiva do testador quanto o fato de que testamento, lido pelo tabelião, correspondia, exatamente à manifestação de vontade do de cujus, não cabe então, reputar como nulo o testamento, por ter sido preterida solenidades fixadas em lei, porquanto o fim dessas - assegurar a higidez da manifestação do de cujus -, foi completamente satisfeita com os procedimentos adotados" (STJ, 3ª T., REsp. 1.677.931/MG, Rel. Min. Nancy Andrighi, ac. 15.08.2017, *DJe* 22.08.2017).

18 "(...) 7. A regra segundo a qual a assinatura de próprio punho é requisito de validade do testamento particular, pois, traz consigo a presunção de que aquela é a real vontade do testador, tratando-se, todavia, de uma presunção juris tantum, admitindo-se, ainda que excepcionalmente, a prova de que, se por ventura ausente a assinatura nos moldes exigidos pela lei, ainda assim era aquela a real vontade do testador. 8. Hipótese em que, a despeito da ausência de assinatura de próprio punho do testador e do testamento ter sido lavrado a rogo e apenas com a aposição de sua impressão digital, não havia dúvida acerca da manifestação de última vontade da testadora que, embora sofrendo com limitações físicas, não possuía nenhuma restrição cognitiva" (STJ, 2ª Seção, REsp 1.633.254/MG, Rel. Min. Nancy Andrighi, ac. 11.03.2020, *DJe* 18.03.2020).

19 "Admite-se o testamento particular datilografado, desde que pelo próprio testador", considerando-se imprestável o "instrumento datilografado por terceiro, mormente quando o aquinhoado exerceu influência sobre a testadora" (TJMG, Ap. 60.048, Rel. Des. Xavier Lopes, ac. 09.12.1982. RODRIGUES, Silvio.

ser acatável a lição de Zeno Veloso e Leoni Lopes de Oliveira, segundo a qual, na hipótese de utilização do processo mecânico, nada impede que o testador se auxilie de digitador, que deverá, evidentemente, ater-se às manifestações de vontade do testador, bem como à orientação de advogado.[20] Note-se, outrossim, que, mesmo diante de exigência formal expressa da lei, a jurisprudência do STJ vem entendendo que, no tocante às formalidades relacionadas às testemunhas, a disposição legal deve ser flexibilizada, quando o testamento particular se apresente escrito e assinado pelo testador.[21]

No entanto, essa flexibilização não chega ao ponto de dispensar a assinatura do testador no ato de última vontade, uma vez que, segundo entendimento do STJ, em relação ao testamento particular "a assinatura, além de requisito legal, é mais que mera formalidade, consistindo verdadeiro pressuposto de validade do ato, que não pode ser relativizado".[22] Nessa perspectiva, nem mesmo a assinatura a rogo é admissível na espécie.[23] No entanto, o STJ faz uma distinção entre o caráter essencial da assinatura e sua função de autenticar a vontade real do testador: em caso de identificação do testamento por impressão digital, aquela Corte admitiu a respectiva validade, entendendo que com referida aposição "não havia dúvida acerca da manifestação de última vontade da testadora que, embora sofrendo com limitações físicas, não possuía nenhuma restrição cognitiva".[24]

Para dar-lhe cumprimento, exige a lei a *confirmação* pelas testemunhas, em juízo, após a morte do testador, de que o ato de última vontade foi praticado livre e espontaneamente e com as formalidades do art. 1.876 do Código Civil. Impede a lei, outrossim, que funcionem como testemunhas o herdeiro ou o legatário.[25]

A exigência de publicação e confirmação do testamento particular em juízo e as cautelas de audiência de testemunhas, de herdeiros, Ministério Público etc., são impostas pela lei com o intuito de evitar a fraude que, por falta de intervenção do notário, seria mais fácil nessa modalidade de testamento.[26]

O procedimento da ouvida das testemunhas, porém, não se apresenta como requisito de validade ou de eficácia do testamento. A diligência destina-se apenas a assegurar a autenticidade da declaração de última vontade do autor da herança. Se os interessados não discutem a fidelidade do documento à vontade do testador, ou se esta se acha demonstrada por outros meios idôneos de prova, não perde eficácia o testamento apenas porque a exigência formal da confirmação por um número mínimo de testemunhas não se deu.[27]

Verbete "Testamento-II". *Enciclopédia Saraiva de Direito.* V. 73, p. 65-66). "O testamento particular é escrito pelo próprio testador, de próprio punho ou mediante processo mecânico" (TEPEDINO, Gustavo; *et al. Fundamentos do direito civil.* Rio de Janeiro: Forense, 2020, v. 7, p. 146).

20 OLIVEIRA, J. M. Leoni Lopes de. *Direito Civil – sucessões.* 2 ed. Rio de Janeiro: Forense, 2019, p. 524-525; VELOSO, Zeno. *Comentários ao Código Civil.* São Paulo: Saraiva, 2003, v. 21, p. 130.

21 "A jurisprudência desta Corte tem flexibilizado as formalidades prescritas em lei no tocante às testemunhas do testamento particular quando o documento tiver sido escrito e assinado pelo testador e as demais circunstâncias dos autos indicarem que o ato reflete a vontade do testador." (STJ, 3ª T., REsp 1.432.291/SP, Rel. Min. Ricardo Villas Bôas Cueva, ac. 23.02.2016, *DJe* 08.03.2016).

22 STJ, 3ª T., REsp 1.444.867/DF, Rel. Min. Ricardo Villas Bôas Cueva, ac. 23.09.2014, *DJe* 31.10.2014.

23 "Segundo a doutrina especializada, na confecção do testamento particular não se admite a assinatura a rogo." (STJ, 3 T., REsp 1.618.754/MG, Rel. Min. Nancy Andrighi, ac. 26.09.2017, *DJe* 13.10.2017).

24 STJ, Segunda Seção, REsp 1.633.254/MG, Rel. Min. Nancy Andrighi, ac. 11.03.2020, *DJe* 18.03.2020.

25 CC, art. 1.719; PRATA, Edson Gonçalves. *Comentários ao Código de Processo Civil.* Rio de Janeiro: Forense, 1978, v. VII, p. 170.

26 PRATA, Edson Gonçalves. *Comentários ao Código de Processo Civil.* Rio de Janeiro: Forense, 1978, v. VII, p. 170.

27 "Testamento. Particular. Autenticidade. Confirmação por apenas duas testemunhas. Irrelevância. *Possibilidade de sua comprovação por outros meios probatórios.* Hipótese em que as testemunhas falecidas sobreviveram à testadora. Assinaturas lançadas no documento, ademais, que tiveram as respectivas firmas reconhecidas. Impossibilidade de ser-lhe negada eficácia. Inteligência do art. 1.648 do CC. Recurso provido. *O rigor de*

Releva notar que o art. 1.876 do Código Civil, onde se arrolam os requisitos essenciais de validade do testamento particular, não inclui entre eles a confirmação testemunhal em juízo. E tampouco figura esse mesmo evento entre as causas de revogação ou ruptura do testamento previstas nos arts. 1.969 a 1.975 do mesmo Código. Certo, destarte, que se está diante de controle de autenticidade e não de requisito de validade.

Aliás, o art. 1.879 do Código Civil reforçou a não essencialidade da confirmação testemunhal para a validade do testamento particular, pois admite até mesmo sua lavratura "sem testemunhas", em circunstâncias excepcionais desde que declaradas na cédula e que esta seja redigida de próprio punho pelo testador. Caberá ao juiz, segundo o seu critério, avaliar os motivos invocados para justificar a exceção e, se for o caso, confirmar o testamento, sem a assinatura de testemunhas. Esclarece o STJ que apenas os vícios puramente formais são suscetíveis de superação, "quando não houver mais nenhum outro motivo para que se coloque em dúvida a vontade do testador, ao passo que os vícios pertencentes à segunda espécie – formais-materiais –, por atingirem diretamente a substância do ato de disposição, implicam a impossibilidade de se reconhecer a validade do próprio testamento". Com base nessa distinção, decidiu aquela Corte Superior ser nulo e insuscetível de registro, confirmação e cumprimento o testamento particular que, embora assinado pelo testador, o foi "sem a presença e sem a leitura perante nenhuma testemunha"; e ainda quando "não houve a declaração, na cédula testamentária, de circunstâncias excepcionais que justificassem a ausência de testemunhas (tampouco foram demonstradas tais circunstâncias na fase instrutória)"; e, além de tudo, "a veracidade da assinatura atribuída à testadora, que não foi objeto de prova pericial, somente foi atestada por uma testemunha". Diante de tal quadro, o acórdão do STJ concluiu por "julgar improcedente o pedido de reconhecimento, abertura, registro e cumprimento" do testamento particular submetido à aprovação judicial[28].

A interpretação do testamento em fase de cumprimento se faz, em regra, à luz das declarações de vontade contidas na própria cédula testamentária, não havendo de se recorrer a fontes estranhas àquele documento, salvo situações excepcionais de dúvidas não solucionáveis a contento dentro dos limites do respectivo texto.[29]

332. Procedimento

O CPC/2015 simplificou a descrição do procedimento aplicável à publicação do testamento particular, que passa a seguir o disposto nos §§ 2º e 3º do art. 737.

Inicia-se o procedimento com *petição* de herdeiro, legatário ou testamenteiro, bem como de terceiro detentor do testamento, impossibilitado-se de entregá-lo a algum dos outros legitimados,

---

interpretação dos preceitos relativos à confirmação do testamento particular não se justifica, cumprindo ao intérprete atentar para a finalidade da exigência legal, admitindo-se a eficácia do ato toda vez que *sua autenticidade possa confirmar-se por outros meios probatórios*" (TJSP, Ap. 172779-1, 2ª C., Rel. Des. Urbano Ruiz, ac. 07.08.1992, *JUIS – Jurisprudência Informatizada Saraiva* nº 23). Idêntica orientação foi adotada pelo STJ, especialmente para o caso de inexistência de "dúvidas ou questionamentos relacionados à capacidade civil do testador, nem tampouco sobre a sua real vontade de dispor dos seus bens na forma constante no documento" (STJ, 3ª T., REsp 1.583.314/MG, Rel. Min. Nancy Andrighi, ac. 21.08.2018, *DJe* 23.08.2018).

28 STJ, 3ª T., REsp 2.005.877/MG, Rel. Min. Nancy Andrighi, ac. 30.08.2022, DJe 01.09.2022.

29 "4 – A interpretação do testamento segundo a vontade do testador é relevante nas hipóteses em que a cláusula testamentária é equívoca ou suscita dúvidas acerca de seu real sentido, de modo que, ausentes tais condições, deve-se considerar como vontade do testador aquela manifestada por ele como sendo a sua declaração de última vontade, aposta de forma expressa e inequívoca na própria cédula testamentária, excluindo-se o exame de elementos colaterais, como testemunhos e declarações. 5 – Embora admissível, a revogação parcial do testamento não se presume, dependendo, obrigatoriamente, da existência de declaração de que o testamento posterior é apenas parcial ou da inexistência de cláusula revogatória expressa, que não se pode inferir pelo simples exame de compatibilidade entre o conteúdo do testamento anterior e o posterior, sobretudo se existente longo lapso temporal entre ambos" (STJ, 3ª T., REsp 1.694.394/DF, Rel. Min. Nancy Andrighi, ac. 22.03.2018, *DJe* 26.03.2018).

instruída com o testamento. Havendo necessidade de *petição*, torna-se necessária a participação de advogado.[30]

Autuada a petição, e após intimação dos herdeiros legítimos e testamentários, do testamenteiro e do órgão do Ministério Público, realizar-se-á a audiência de inquirição das testemunhas que firmaram o testamento.

As testemunhas deverão confirmar:

(a) que as assinaturas do testamento são autênticas;
(b) que ouviram a leitura do testamento em voz alta;
(c) que o testador era capaz quando testou; e
(d) que o escrito é realmente o testamento que testemunharam.[31]

A cédula pode ser datilografada, mas, segundo a jurisprudência, o autor da datilografia tem de ser o próprio testador.[32]

O juiz emitirá o "cumpra-se" se as testemunhas reconhecerem a autenticidade do testamento particular, depois de ouvido o Ministério Público (CC, arts. 1.876, § 1º, e 1.878; CPC/2015, art. 737, § 2º).

A impossibilidade de se ouvir o número mínimo de testemunhas previsto no Código Civil, ou até da totalidade delas, não deve se transformar numa causa intransponível de ineficácia do testamento. A confirmação testemunhal é diligência de natureza autenticatória e não condição de validade das disposições testamentárias. Se se pode chegar à autenticidade do testamento por outros meios de prova (como a perícia, por exemplo), ou se nenhum dos interessados na sucessão põe em dúvida tal autenticidade, não há razão jurídica para recusar-se-lhe cumprimento, apenas por falta ou insuficiência numérica de testemunhas, após a morte do testador.[33]

Com a mesma tendência da jurisprudência, a doutrina atual se inclina para a tese de que "as testemunhas testamentárias apenas existem como *meio* de prova de que o testamento é *autêntico*, vale dizer, digno de ser acreditado".[34] Portanto, insuficiente o número de testemunhas disponíveis para a confirmação, "não haverá o magistrado de negar-lhe a validação, podendo perfeitamente recorrer à prova pericial grafodocumentoscópica para que se comprove a legítima autoria e autenticidade das firmas do testador e das próprias testemunhas".[35]

---

30 LIMA, Alcides Mendonça. *Comentários ao Código de Processo Civil. São Paulo: Ed. RT, 1982,* v. XII, n. 116, p. 252.

31 PRATA, Edson Gonçalves. *Comentários ao Código de Processo Civil.* Rio de Janeiro: Forense, 1978, v. VII, p. 176.

32 TJSP, Ap. 250.942, 5ª CC., Rel. Des. Geraldo Roberto, *RT* 502/69. No mesmo sentido: *RT* 264/236; *RT* 397/373; *RTJ* 64/339; *RTJ* 69/559 e *RTJ* 92/1.234.

33 Não obstante seja o testamento ato formal e solene, exigindo o Código Civil uma das formas nele previstas, o que a lei visa, com o formalismo e a solenidade, é garantir a autenticidade e a espontaneidade da declaração de última vontade. De fato, *o rigorismo das formas prescritas na legislação civil é justificado para o resguardo e garantia da vontade do testador, mas não pode ir ao ponto de macular o ato, por mera interpretação fria e literal da lei. Não se deve alimentar a superstição do formalismo obsoleto, que prejudica mais do que ajuda. Embora as formas testamentárias operem como* jus cogens, *entretanto a lei da forma está sujeita à interpretação e construção apropriadas às circunstâncias* (STJ, 3ª T., REsp 1.422/RS, Rel. Min. Gueiros Leite, ac. 02.10.1990, *DJU* 04.03.1991, p. 1.983, *JUIS – Jurisprudência Informatizada Saraiva* nº 23).

34 CASTRO FILHO, José Olympio de. *Comentários ao Código de Processo Civil.* Rio de Janeiro: Forense, 1980, v. X, p. 174.

35 LUCENA, João Paulo. *Comentários ao Código de Processo Civil.* São Paulo: Ed. RT, 2000, v. 15, p. 179; CASTRO FILHO, José Olympio de. *Comentários ao Código de Processo Civil.* 2. ed. série Forense, v. X, p. 174-175.

Conforme já decidiu o TJMG, sendo o testamento particular redigido em língua estrangeira, "só tem validade quando todas as testemunhas instrumentárias a compreendam". E, ainda, ficou decidido que "nulo é o testamento sem prova de que a testadora haja feito a leitura do mesmo ou a declaração expressa de que sua vontade estava contida no respectivo texto".[36]

E o TJSP já julgou que não configura irregularidade a circunstância de as testemunhas não terem sido convidadas pelo testador para assistir à leitura do testamento, mas por um sobrinho seu. E que não bastam simples suspeitas a respeito de deficiência mental do testador, cumprindo, ao contrário, prová-la satisfatoriamente, para invalidar o ato de última vontade.[37]

O procedimento da execução do testamento particular, após sua confirmação, é o mesmo do testamento cerrado (CPC/2015, art. 737, § 4º).

333. Codicilos e testamentos marítimo, aeronáutico, militar e nuncupativo

Codicilo é o documento escrito, datado e assinado pelo testador, contendo disposições especiais sobre: *(i)* o seu enterro, *(ii)* esmolas de pouca monta a serem deixadas para certas e determinadas pessoas ou aos pobres de certo lugar, *(iii)* legado de móveis, roupas ou joias de pouco valor, de uso pessoal (CC, art. 1.881). Se o codicilo estiver lacrado, sua abertura se dará do mesmo modo que o testamento cerrado (CC, art. 1.885).

O Código Civil contempla, ainda, três modalidades de testamentos especiais: *(i)* marítimo, *(ii)* aeronáutico e *(iii)* militar.

O marítimo, segundo o art. 1.888, é elaborado por quem estiver a bordo de navio nacional, de guerra ou mercante, perante o comandante da embarcação, em presença de duas testemunhas, devendo ser registrado no diário de bordo.

O testamento aeronáutico é aquele elaborado por quem estiver em viagem, a bordo de aeronave militar ou comercial, perante pessoa designada pelo comandante, conforme prescreve o art. 1.889 da Lei Civil.

Os testamentos marítimo e aeronáutico perdem a validade caso o testador não morra na viagem ou nos noventa dias posteriores ao seu desembarque.

A terceira modalidade de testamento especial é aquele feito por militares e outras pessoas a serviço das Forças Armadas em campanha, dentro ou fora do Brasil, ou que se encontrem em praça sitiada ou em local com comunicações interrompidas (arts. 1.893 a 1.896); pode ser público, particular ou nuncupativo. Esta última modalidade é feita de forma oral a duas testemunhas, quando o testador estiver em combate ou ferido em ação militar.[38] O testamento militar, público ou particular, caduca se o testador, depois de elaborá-lo, permanecer por noventa dias seguidos em local onde possa elaborar testamento ordinário. O nuncupativo caducará se o testador não morrer ou convalescer do ferimento.

De acordo com o atual Código de Processo, o procedimento para confirmar esses testamentos é o fixado no *caput* e §§ 1º e 2º do art. 737, que regula a publicação do testamento particular (vide item nº 332, *supra*); no seu cumprimento, devem ser observadas as disposições contidas nos parágrafos do art. 735; as mesmas normas também são aplicáveis aos codicilos; tudo conforme dispõem os §§ 3º e 4º do art. 737 do CPC/2015.

---

[36] Apelação 44.525, Rel. Des. Lamartine Campos, *in* PRATA, Edson Gonçalves. *Repertório de jurisprudência do Código de Processo Civil.* São Paulo: LEUD, 1978. v. 18, n. 4.496, p. 5.823.

[37] PRATA, Edson Gonçalves. *Repertório de jurisprudência do Código de Processo Civil.* São Paulo: LEUD, 1978. v. 18, n. 4.492, p. 5.815.

[38] CERQUEIRA, Luís Otávio Sequeira de. In: WAMBIER, Teresa Arruda Alvim et al. *Breves comentários ao novo Código de Processo Civil.* São Paulo: Ed. RT, 2015, p. 1.707.

Fluxograma nº 33 – Apresentação em juízo de testamento cerrado ou público (arts. 735 e 736)

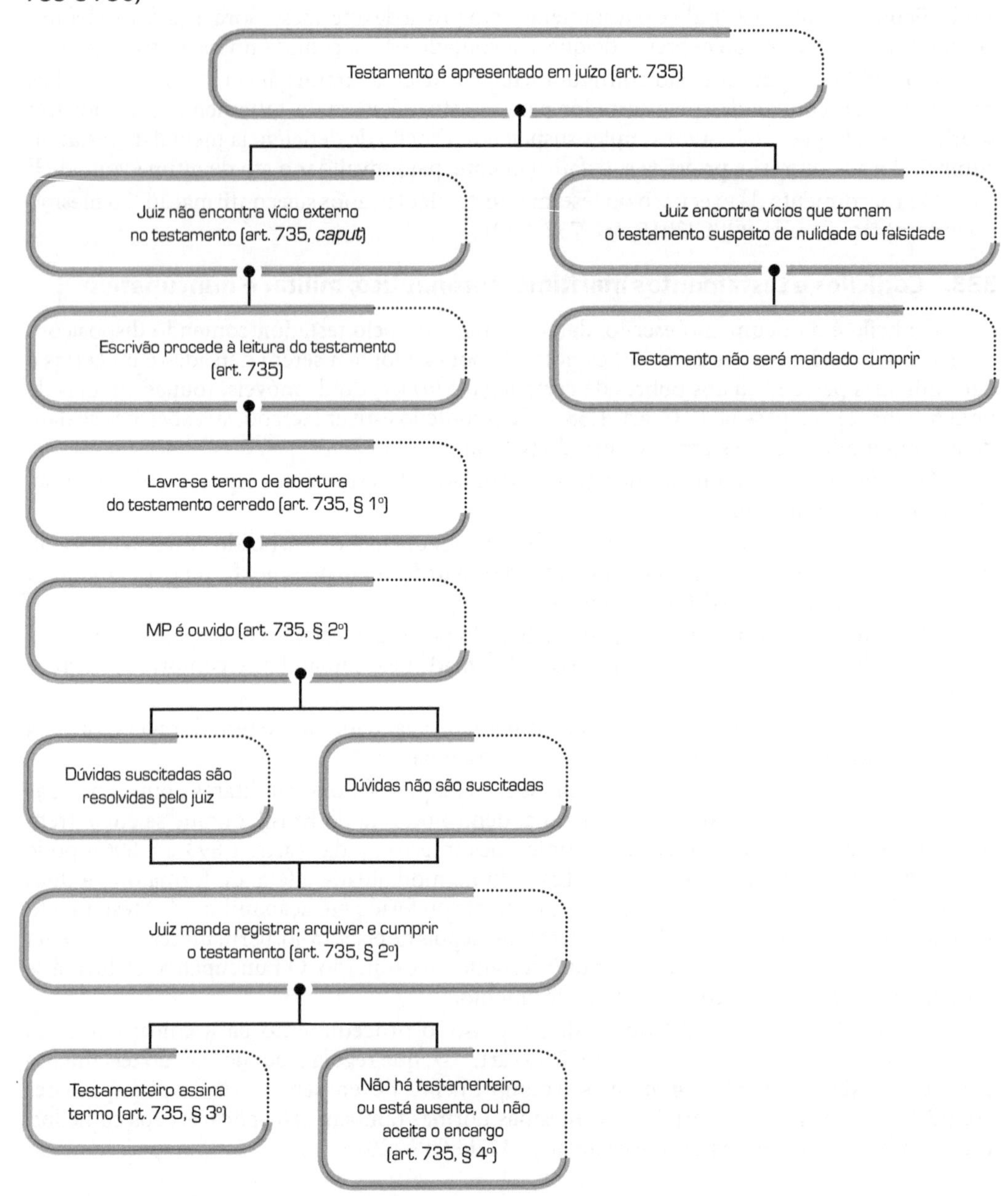

Fluxograma nº 34 – Confirmação do testamento particular (art. 737)

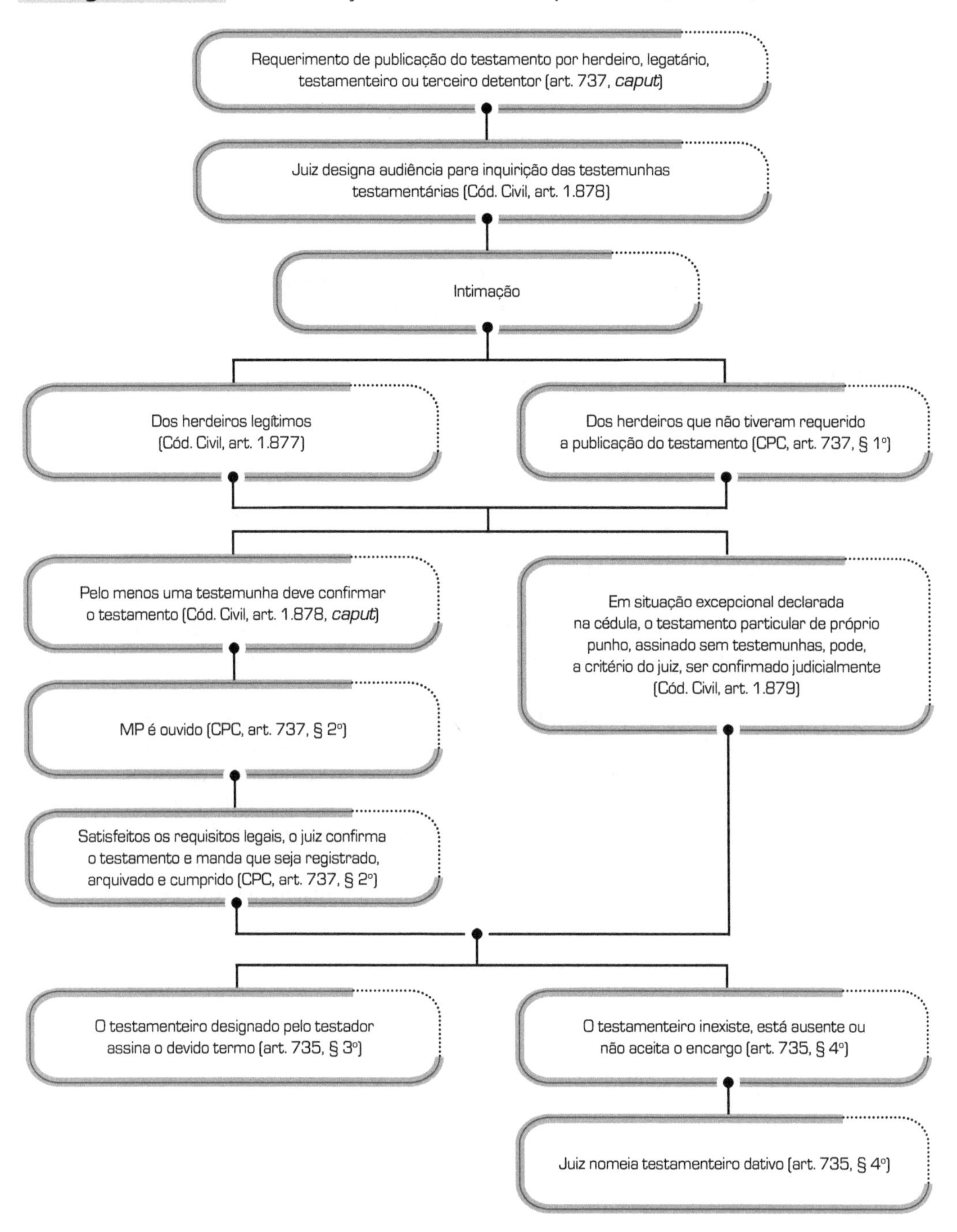

Capítulo XXI
HERANÇA JACENTE

§ 35. PROCEDIMENTO DA ARRECADAÇÃO DE HERANÇA JACENTE

334. Conceito moderno de jacência da herança

Segundo Itabaiana de Oliveira, houve profunda modificação no conceito de herança jacente, na passagem do direito romano para o direito moderno.

Em Roma, a herança, enquanto não adjudicada ao sucessor, era havida como pessoa jurídica capaz de adquirir direitos e contrair obrigações. E, sem a transferência imediata do patrimônio do defunto aos seus herdeiros, dizia-se *jacente* a herança no espaço compreendido entre a abertura da sucessão e a aceitação dela pelos sucessores.[1]

Hoje, porém, não há herança jacente nesse sentido, porque, de acordo com os novos sistemas jurídicos, o domínio e a posse do *de cujus* transmitem-se, desde logo, aos seus herdeiros. Funciona a morte, por si só, como o fato jurídico que transmite a herança, como declara o art. 1.784 do Código Civil.

Daí que, em nosso ordenamento jurídico, considera-se a herança *jacente* apenas "quando não há herdeiro certo e determinado, ou quando não se sabe da existência dele, ou, ainda, quando é renunciada".[2] Em outras palavras, se inexistem herdeiros ou se estes são desconhecidos, ou se os conhecidos recusam aceitar a sucessão, o caso é de *herança jacente*, cujos bens devem ser judicialmente arrecadados e colocados sob administração de um curador (CC, art. 1.819).

Para esse fim existe um procedimento especial de jurisdição voluntária, disciplinado pelos arts. 738 a 743 do CPC/2015, cuja meta última é preparar a transferência dos bens vagos para o patrimônio do Poder Público.

335. Competência

A arrecadação dos bens que formam a herança jacente incumbe ao juiz da comarca em que era domiciliado o falecido (art. 738). Trata-se de competência exclusiva da Justiça Estadual, que prevalece ainda quando haja interesse de entidades federais.[3]

---

1 OLIVEIRA, Itabaiana de. *Tratado de direito das sucessões*. 4. ed. São Paulo: Max Limonad, 1952, v. I, n. 131, p. 109.

2 OLIVEIRA, Itabaiana de. *Tratado de direito das sucessões*. 4. ed. São Paulo: Max Limonad, 1952, v. I, n. 131, p. 109.

3 TFR, AI 45.625-RJ, Rel. Min. Hélio Pinheiro, ac. 24.09.1985, *DJU* 21.11.1985, p. 21.202; NEGRÃO, Theotonio *et al. Código de Processo Civil*. 52.ed. São Paulo: Saraiva, 2021, p. 731, nota 2 ao art. 738.

Havendo bens em diversas comarcas, o juiz do domicílio deprecará ao juiz de cada local a arrecadação dos bens sob sua jurisdição. E, se o defunto tinha vários domicílios ou não tinha nenhum, a competência será firmada por prevenção, em favor do juiz que der início à arrecadação.[4]

336. Legitimação

A abertura do procedimento da arrecadação da herança jacente ocorre por iniciativa do próprio juiz (art. 738). O representante do Ministério Público ou da Fazenda Pública, ou qualquer outro interessado, pode provocar a instauração do procedimento, levando ao juiz a notícia da morte de alguém que tenha deixado bens sem herdeiros conhecidos.

Além de legitimado, deve o Ministério Público, como fiscal da lei, acompanhar todo o procedimento, que se inicia com a arrecadação dos bens e se encerra com a atribuição deles ao habilitado ou ente público legitimado, após o trânsito em julgado da sentença que declarar a vacância da herança.[5]

337. Procedimento

Para instaurar o procedimento, o juiz baixará portaria nomeando curador para a herança jacente e designando data e horário para a diligência da arrecadação.

Acompanhado do escrivão ou do chefe de secretaria e do curador, o juiz comparecerá à residência do falecido e ordenará que o oficial de justiça faça o levantamento de todos os bens ali encontrados, lavrando-se auto circunstanciado (art. 740, *caput*). Se o curador não tiver sido nomeado antes da arrecadação, ou se o nomeado não puder participar da diligência, os bens arrolados serão entregues a um depositário provisório, mediante termo nos autos (art. 740, § 2º).

Ao magistrado incumbe presidir pessoalmente os trabalhos da arrecadação. Se houver, todavia, impedimento ou dificuldade de comparecer ao local, poderá ordenar que a autoridade policial proceda à diligência (art. 740, § 1º). Para o recolhimento dos bens situados em outra comarca, expedir-se-á carta precatória (§ 5º). Duas testemunhas serão convocadas a acompanhar a arrecadação e a assinar o respectivo auto, juntamente com o oficial de justiça, o escrivão ou chefe da secretaria e o juiz ou autoridade policial (art. 740, § 1º, *in fine*). Durante a diligência, o juiz examinará reservadamente os papéis, as cartas missivas, os livros domésticos e quaisquer outros documentos encontrados, separando os que são importantes para o processo. Verificando que não apresentam interesse mandará empacotá-los e lacrá-los para assim serem entregues aos sucessores do falecido, ou queimados quando afinal os bens forem declarados vacantes, pelo não comparecimento de sucessor algum (art. 740, § 4º).

Enquanto se processa a arrecadação, o juiz ou a autoridade policial procurará ouvir os moradores da casa e da vizinhança sobre a qualificação do falecido, o paradeiro de seus sucessores e a existência de outros bens, lavrando-se de tudo um auto de inquirição e informação (art. 740, § 3º).

Ultimada a arrecadação, expedir-se-á edital, que será publicado três vezes, com intervalo de um mês para cada, convocando os sucessores para habilitarem-se no prazo de seis meses, contados da primeira publicação (art. 741, *caput*).

O edital deve ser publicado na rede mundial de computadores, no sítio do tribunal a que estiver vinculado o juízo e na plataforma de editais do Conselho Nacional de Justiça, onde permanecerão por três meses. Não havendo sítio, a publicação ocorrerá no órgão oficial e na

---

4 LIMA, Alcides de Mendonça. *Comentários ao Código de Processo Civil*. São Paulo: Ed. RT, 1982, v. XII, n. 157, p. 308.

5 CERQUEIRA, Luís Otávio Sequeira de. In: WAMBIER, Teresa Arruda Alvim et al. *Breves comentários ao novo Código de Processo Civil*. São Paulo: Ed. RT, 2015, p. 1.709.

imprensa da comarca (art. 741, *caput*). Essa ampla divulgação do edital no sítio da internet é uma das principais inovações do CPC/2015, no tocante ao procedimento de arrecadação de bens dos ausentes, das coisas vagas e na herança jacente.

Tendo-se notícia de sucessor ou testamenteiro em lugar certo, promover-se-á a sua citação pessoal, sem prejuízo do edital (art. 741, § 1º). E se o falecido for estrangeiro, será também o fato comunicado à autoridade consular (art. 741, § 2º).

No curso do processo, pode o juiz verificar que os bens arrecadados ou alguns deles exigem pronta alienação, caso em que a medida será autorizada e realizada segundo o rito do art. 730. As hipóteses de cabimento da venda judicial dos bens da herança jacente acham-se enumeradas no art. 742, e são as seguintes:

(a) bens móveis de conservação difícil ou dispendiosa;

(b) semoventes, quando não empregados na exploração de alguma indústria;

(c) títulos e papéis de crédito, quando houver fundado receio de depreciação;

(d) ações de sociedade, quando, reclamada a integralização, não dispuser a herança de dinheiro para o pagamento;

(e) bens imóveis: *(i)* se ameaçarem ruína e não convier a reparação; *(ii)* se estiverem hipotecados e vencer-se a dívida, não havendo dinheiro para o pagamento.

Em todas as hipóteses de falta de recurso da herança, a venda não será efetivada se a Fazenda Pública ou algum habilitando adiantar a importância para as despesas (art. 742, § 1º). Já os bens com valor de afeição, como retratos, objetos de uso pessoal, livros e obras de arte só serão alienados depois de declarada a vacância da herança (art. 742, § 2º).

338. A administração da herança jacente

Enquanto os bens arrecadados não são entregues a algum sucessor legitimamente habilitado, ou, pela declaração de vacância, não passam à posse do Poder Público, ficarão eles submetidos a uma administração judicial. Para tanto, o juiz nomeia um curador, a quem a lei atribui os seguintes encargos (art. 739):

(a) representar a herança em juízo ou fora dele, com intervenção do Ministério Público;

(b) ter em boa guarda e conservação os bens arrecadados e promover a arrecadação de outros porventura existentes;

(c) executar as medidas conservatórias dos direitos da herança;

(d) apresentar mensalmente ao juiz um balancete da receita e da despesa;

(e) prestar contas ao final de sua gestão.

O regime dessa curatela, nos termos do art. 739, § 2º, do CPC/2015, compreende a mesma disciplina prevista para o depositário e administrador de bens penhorados, nos termos dos arts. 159 a 161 do CPC/2015. Trata-se, assim, de função remunerada e sujeita a responsabilidade por reparação civil de atos danosos praticados culposa ou dolosamente.

339. Habilitação

O surgimento de cônjuge ou companheiro, herdeiro ou testamenteiro notoriamente conhecidos será empecilho à realização da arrecadação, ou provocará sua suspensão, se já iniciada.

Antes, porém, de deliberar sobre a pretensão aos bens, o juiz ouvirá o curador, os eventuais interessados já presentes no processo, o órgão do Ministério Público e o representante da Fazenda Pública (art. 740, § 6º).

Acolhendo o pedido, o juiz deferirá a habilitação do herdeiro ou reconhecerá a qualidade do testamenteiro ou do cônjuge ou companheiro supérstite, e decretará a conversão da arrecadação em inventário (art. 741, § 3º).

Também os credores podem se habilitar no procedimento da arrecadação, tal como se dá no inventário, para receber seus créditos documentalmente comprovados (art. 741, § 4º)[6]. Poderão também acionar o espólio, pelas vias contenciosas, caso em que a representação deste, no processo, será feita pelo curador da herança jacente. A habilitação não contenciosa será processada segundo o disposto nos arts. 642 a 646 do CPC/2015.

340. Declaração de vacância

O procedimento da arrecadação da herança jacente é, como já se afirmou, uma preparação da incorporação, pelo Poder Público, dos bens do morto sem herdeiro. Por isso, aguarda-se o prazo de um ano após a primeira publicação do edital previsto no art. 741, na expectativa de que apareça algum sucessor para habilitar-se. Passado, porém, esse prazo e não havendo herdeiro habilitado nem habilitação pendente, o juiz declarará, por sentença, a *vacância* da herança (art. 743),[7-8] ordenando a entrega dos bens à Fazenda Pública.

Contudo, não se dá ainda a transferência do domínio para o Poder Público. Há um prazo legal de cinco anos a esperar que algum interessado retardatário ainda apareça para reclamar a herança ou direitos contra ela (CC, art. 1.822).

Dessa maneira, a herança vacante só se incorpora ao domínio público depois de cinco anos, contados da abertura da sucessão, segundo a disciplina do direito material. Antes de verificada essa condição, os bens a ela pertencentes podem ser reclamados por algum sucessor e "podem ser objeto de penhora por parte dos credores do espólio, visto como não podem ser considerados bens do Estado, mas apenas sob a administração deste".[9]

Até antes da declaração de vacância, qualquer interessado (herdeiro, cônjuge, credor) podia reclamar seus direitos por meio de simples habilitação no processo de arrecadação. Mas, depois do trânsito em julgado da sentença que proclamou vagos os bens arrecadados, só por *ação direta* (*i.e.*, por procedimento contencioso) tais pretensões serão deduzíveis em juízo (CPC/2015, art. 743, § 2º). Aos herdeiros, então, caberá o uso da ação ordinária de petição de herança a ser intentada, não mais contra o espólio ou seu curador, mas sim contra o Estado. Da mesma forma, qualquer credor que tenha pretensões de haver direitos contra o falecido terá, agora, de demandar contra o Estado, a quem passou a administração da herança com a

---

6 "2. Os credores exclusivos do espólio podem formular pedido de habilitação de crédito em inventário à luz do art. 642 do CPC/2015 (art. 1.017 do CPC/1973). 3. O credor individual de herdeiro inadimplente não detém legitimidade ativa ad causam para solicitar habilitação de crédito em inventário, devendo buscar as vias ordinárias para a discussão de seu crédito ou quinhão cedido por instrumento particular pelo devedor" (STJ, 3ª T., REsp 1.985.045/MS, Rel. Min. Ricardo Villas Bôas Cueva, ac. 16.05.2023, DJe 19.05.2023).

7 PONTES DE MIRANDA, Francisco Cavalcanti. *Comentários ao Código de Processo Civil*. Rio de Janeiro: Forense, 1971, t. XVI, p. 316.

8 Diz-se *vacante* a herança "quando é devolvida à Fazenda Pública por se ter verificado não haver herdeiros que se habilitassem no período da jacência" (OLIVEIRA, V. Itabaiana de. *Tratado de direito das sucessões*. 4. ed. São Paulo: Max Limonad, 1952. v. I, n. 131, p. 110).

9 OLIVEIRA, V. Itabaiana de. *Tratado de direito das sucessões*. 4. ed. São Paulo: Max Limonad, 1952. v. I, n. 155, p. 121, nota 281.

declaração de vacância.[10] A competência, por isso mesmo, se deslocará, em qualquer das duas hipóteses, para o juízo próprio da Fazenda Pública.[11] Os colaterais ficam excluídos da sucessão, caso não se habilitem até a declaração da vacância (CC, art. 1.822, parágrafo único).

A regra sobre a sucessão hereditária em favor do Poder Público sofreu alteração, em relação ao Código Civil de 1916, por força da Lei nº 8.049, de 20 de junho de 1990. Desde então, não é mais, em regra, a União que arrecada a herança vacante, nem tampouco o Estado. Os bens que compõem esse tipo de herança são, atualmente, incorporados ao patrimônio do Município, ou do Distrito Federal, se localizados nas respectivas circunscrições. A União somente se beneficiará da medida se os bens se situarem em território ainda não constituído em Estado. É o critério que também adotou o Código Civil de 2002 (art. 1.822).

---

10 PONTES DE MIRANDA, Francisco Cavalcanti. *Comentários ao Código de Processo Civil*. 2. ed. Rio de Janeiro: Forense, 1977. t. XVI, p. 320.

11 PONTES DE MIRANDA, Francisco Cavalcanti. *Comentários ao Código de Processo Civil*. 2. ed. Rio de Janeiro: Forense, 1977. t. XVI, p. 319.

Fluxograma nº 35 – Arrecadação da herança jacente (arts. 738 a 743)

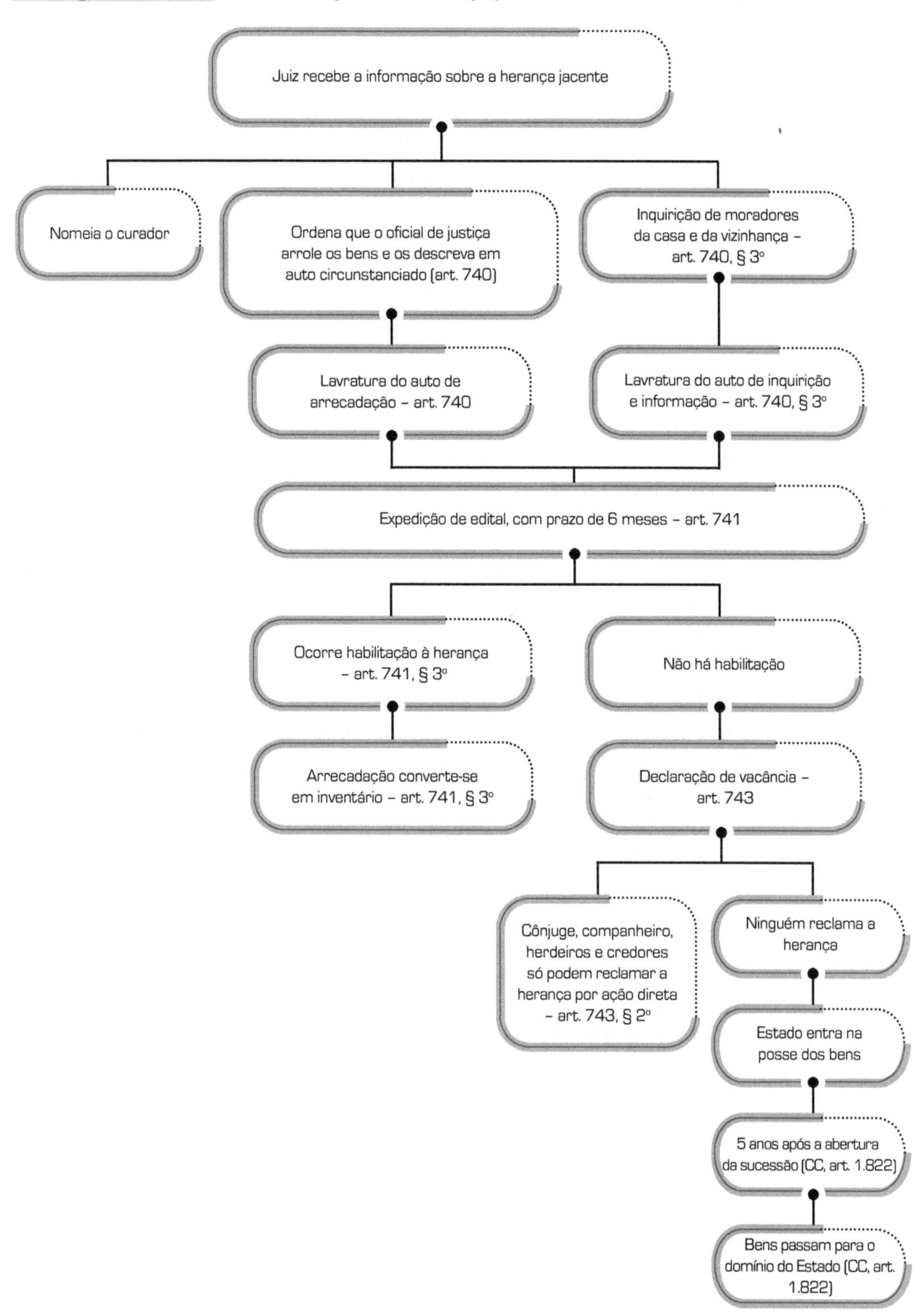

Capítulo XXII
BENS DOS AUSENTES

§ 36. PROCEDIMENTO DA ARRECADAÇÃO DE BENS DOS AUSENTES

341. Ausência

Considera-se juridicamente *ausente* quem desaparece de seu domicílio sem deixar representante a quem caiba administrar-lhe os bens (CC, art. 22; CPC/2015, art. 744).

A figura da ausência, para o direito, tem a função de disciplinar a sucessão sobre os bens da pessoa desaparecida e importa em medidas como a nomeação de curador para administrar ditos bens, a abertura de sucessão provisória e, finalmente, a conversão desta em definitiva (CC, arts. 22 a 39).

Para cumprir esse desiderato, instituiu a lei processual o procedimento especial de jurisdição voluntária constante dos arts. 744 e 745 do CPC/2015. O legislador fez a opção de tratar dessa questão em dois artigos, 744 e 745, com foco apenas no rito. Evitou, dessa forma, inserir o direito substantivo no CPC/2015.

342. Pressupostos

Para admitir-se a medida processual em tela, devem concorrer os seguintes pressupostos (art. 22 do CC c/c art. 744 do CPC/2015):

(a) o desaparecimento da pessoa de seu domicílio;
(b) a existência de bens do desaparecido;
(c) a ausência de administrador para gerir esses bens.

343. Competência

A arrecadação dos bens do ausente é promovida no foro de seu último domicílio, *i.e.*, daquele de onde ele desapareceu (CPC/2015, art. 49). Se seu domicílio era incerto, a competência se fixará no foro da situação dos bens (CPC/2015, art. 48, parágrafo único).[1]

344. Fases do procedimento

Compreende o procedimento de declaração de ausência três estágios distintos.[2]

---

1 PONTES DE MIRANDA, Francisco Cavalcanti. *Comentários ao Código de Processo Civil*. 2. ed. Rio de Janeiro: Forense, 1977. t. XVI, p. 325-326.

2 MARCATO, Antônio Carlos. *Procedimentos especiais*. 16. ed. São Paulo: Ed. RT, 2016, p. 387-388.

(*a*) o primeiro consiste na nomeação de curador ao ausente e arrecadação dos bens por ele abandonados, bem como na convocação edital do ausente para retomar a posse de seus bens (CPC/2015, arts. 744 e 745, *caput*);

(*b*) no segundo estágio, que pressupõe o não comparecimento do ausente, procede-se à abertura da sucessão provisória entre os seus herdeiros (CPC/2015, art. 745, §§ 1º e 2º);

(*c*) o último estágio, que pressupõe ainda o não comparecimento do ausente e a não comprovação de sua morte efetiva, destina-se à conversão da sucessão provisória em *definitiva*, à base de *presunção* de morte do ausente (CPC/2015, art. 745, § 3º).

345. Procedimento da primeira fase

A petição inicial, elaborada por qualquer interessado, comunicará ao juiz a ocorrência do evento autorizador da declaração de ausência, ou seja, o desaparecimento de alguém de seu domicílio, deixando bens sem representante para administrá-los (CPC/2015, art. 744).

Tomando por termo a afirmação de ausência, o magistrado nomeará curador ao ausente e mandará arrecadar os seus bens (art. 744), na forma estabelecida no art. 740 do CPC/2015. A escolha do curador será feita com observância das regras de preferência, constantes do art. 25 do Código Civil.[3]

Ultimada a arrecadação, da qual se lavrará auto circunstanciado, publicar-se-ão editais durante um ano, reproduzidos de dois em dois meses, anunciando a arrecadação e chamando o ausente para retomar a posse de seus bens (art. 745). A divulgação do edital dar-se-á da mesma forma que na herança jacente. Ou seja, será ele publicado na rede mundial de computadores, no sítio no tribunal a que estiver vinculado e na plataforma de editais do Conselho Nacional de Justiça ou, não havendo sítio, no órgão oficial e na imprensa da comarca.

Se comparecer o ausente, cessará a curadoria e extinto será o processo por sentença. Havendo comprovação inequívoca da morte do ausente, também cessará a curadoria, e terá início o procedimento comum de inventário e partilha.

346. Procedimento da sucessão provisória

Qualquer interessado, findo o prazo previsto no edital, sem que se saiba do ausente ou de procurador ou representante dele, poderá requerer a abertura da *sucessão provisória* (art. 745, § 1º).

Esta sucessão segue as regras da sucessão *mortis causa* definitiva, mas tem como peculiaridade o caráter precário, porque pode a qualquer momento ser extinta, bastando que o ausente reapareça.

Para requerimento da sucessão provisória, o art. 27 do Código Civil considera interessado:

(*a*) o cônjuge não separado judicialmente (inciso I);

(*b*) os herdeiros presumidos, legítimos e os testamentários (inciso II);

(*c*) os que tiverem sobre os bens do ausente direito subordinado à condição de morte (inciso III);

(*d*) os credores de obrigações vencidas e não pagas (inciso IV).

Inexistindo iniciativa dos interessados, cumpre ao órgão do Ministério Público requerer a abertura da sucessão provisória (CC, art. 28, § 1º).

---

[3] LEITÃO, José Ribeiro. *Direito processual civil*. Rio de Janeiro: Forense, 1980, p. 391.

Da petição de abertura da sucessão provisória era de constar o pedido de citação pessoal dos herdeiros presentes e do curador, e, por editais, dos ausentes, para habilitarem-se (CPC/2015, art. 745, § 2º). Por presentes entendem-se os residentes na comarca, e, por ausentes, os incertos, os residentes em outras comarcas, bem como os que se acham em lugar incerto e não sabido.[4]

A habilitação dos herdeiros, segundo dispõe a parte final do § 2º do art. 745, obedecerá ao procedimento do arts. 689 a 692 do CPC/2015. Isto quer dizer que os herdeiros deverão provar sua qualidade e seu direito no prazo de cinco dias (art. 690), contado da juntada do último mandado de citação, ou termo final do prazo do edital. Após a juntada da petição de habilitação, segue-se o rito do art. 691, que será encerrado com uma sentença que, transitada em julgado, possibilita que o processo principal retome seu curso (art. 692).

Essa sentença é que determinará a abertura da sucessão provisória, a qual, porém, só poderá ser iniciada cento e oitenta dias depois da publicação do decisório pela imprensa. Desde logo, porém, *i.e,* tão logo passe em julgado a sentença, proceder-se-á à abertura do testamento, se houver, e ao inventário e partilha dos bens, como se o ausente fosse falecido (CC, art. 28). O efeito, que só se poderá alcançar depois de cento e oitenta dias da publicação da sentença pela imprensa, é a imissão dos herdeiros na posse dos bens do ausente, o que será, todavia, condicionado à prestação de caução (CC, arts. 28 e 30).[5]

Após a sentença que apreciou as habilitações e que deferiu a abertura da sucessão provisória, caberá a um dos interessados requerer o inventário e partilha, segundo o procedimento comum da sucessão *causa mortis.* Se decorrerem trinta dias do trânsito em julgado, sem que ninguém compareça para pleitear o inventário, a herança será havida como *jacente* (CC, art. 28, § 2º).

A imissão de posse provisória só será possível, portanto, após o processamento e julgamento do inventário e partilha, além do requisito do escoamento do prazo mínimo de cento e oitenta dias, de que cogita o art. 28, *caput*, do Código Civil.

Se o ausente ou um de seus descendentes regressar e requerer a entrega dos bens, cessará a sucessão provisória, o que acarretará aos herdeiros a obrigação de devolver-lhe todos os bens recebidos sob caução, ficando ainda responsáveis pelos danos causados por culpa ou dolo (CC, art. 36). Nesse caso, o juiz mandará citar, para contestar o pedido, os sucessores provisórios, o Ministério Público e o representante da Fazenda Pública. E a ação passará a seguir o rito comum (CPC/2015, art. 745, § 4º).

347. Conversão da sucessão provisória em definitiva

Haverá conversão da sucessão provisória em definitiva nos seguintes casos:

(a) quando houver certeza da morte do ausente;

(b) dez anos depois de passado em julgado a sentença de abertura da sucessão provisória (CC, art. 37);

(c) quando o ausente contar oitenta anos de idade e se houver decorrido cinco anos das últimas notícias suas (CC, art. 38).

Demonstrando a ocorrência de um dos permissivos legais, qualquer interessado poderá requerer ao juiz a conversão.

---

[4] LEITÃO, José Ribeiro. *Direito processual civil.* Rio de Janeiro: Forense, 1980, p. 394.

[5] PONTES DE MIRANDA, Francisco Cavalcanti. *Comentários ao Código de Processo Civil.* 2. ed. Rio de Janeiro: Forense, 1977. t. XVI, p. 344.

Nesses casos, a caução será levantada e os herdeiros assumirão plena propriedade dos bens dos quais até então detinham apenas a posse provisória e caucionada. No Registro Civil e no Registro de Imóveis serão feitos os assentamentos cabíveis.

Pode eventualmente reaparecer o ausente depois que a sucessão legalmente se tornou definitiva. O mesmo pode se dar com algum dos seus descendentes ou ascendentes, que pleiteie a entrega dos bens inventariados e partilhados.

Se o comparecimento ocorrer nos dez anos seguintes à abertura da sucessão definitiva, o pedido de restituição poderá ser formulado nos próprios autos da sucessão, mas a entrega ficará limitada aos bens ainda existentes, que deverão ser recebidos no estado em que se acharem, sem direito a fruto e rendimentos ou a compensação de deteriorações. Se tiverem sido alienados, receberão os sub-rogados em seu lugar ou o preço apurado na alienação (CC, art. 39, *caput*).

Passados mais de dez anos da sucessão definitiva, nenhum direito mais poderá ser reclamado, pelo ausente, dos herdeiros beneficiados com a partilha por presunção de morte.[6]

Quanto ao procedimento para solucionar o pedido de restituição de bens, é de observar-se o contraditório. Da mesma forma que ocorre quando do comparecimento na sucessão provisória, serão citados, para contestar o pedido, os sucessores definitivos, o órgão do Ministério Público e o representante da Fazenda Pública, seguindo-se, então, o procedimento comum (art. 745, § 4º).

Se ninguém contesta, o juiz aprecia o pedido e soluciona de plano, conforme os elementos produzidos pelo requerente.

Havendo contestação, seguir-se-á o procedimento ordinário. Com isso, o procedimento, iniciado como de jurisdição voluntária, dará ensejo ao surgimento de um incidente contencioso.

Caso nesse período o ausente não regresse e nenhum interessado promova a sucessão definitiva, os bens arrecadados serão incorporados ao patrimônio público (CC, art. 39, parágrafo único).

---

6 PONTES DE MIRANDA, Francisco Cavalcanti. *Comentários ao Código de Processo Civil.* 2. ed. Rio de Janeiro: Forense, 1977, t. XVI, p. 253.

Fluxograma nº 36 – Arrecadação dos bens dos ausentes (arts. 744 e 745)

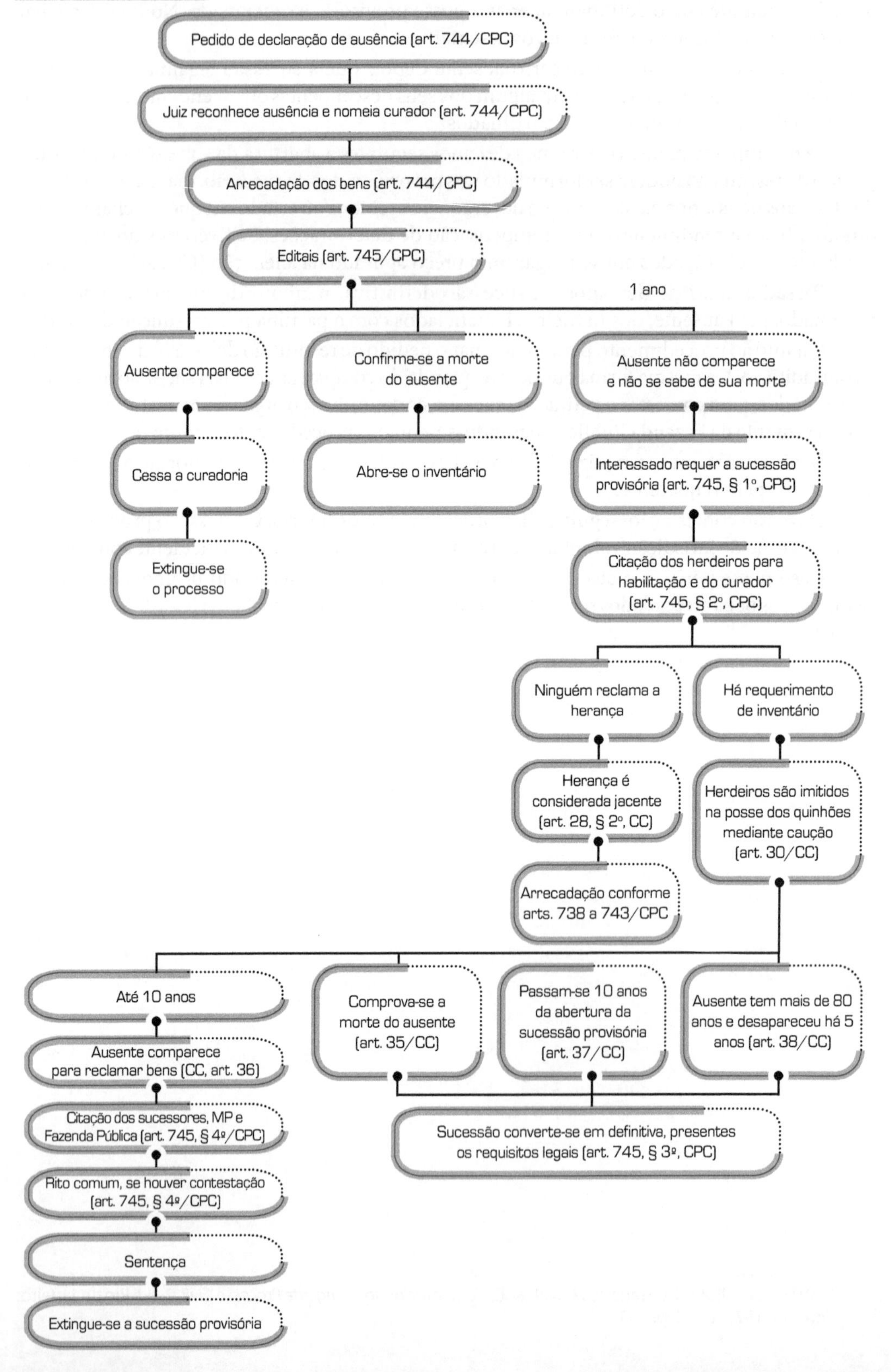

Capítulo XXIII
COISAS VAGAS

§ 37. PROCEDIMENTO DA ARRECADAÇÃO DAS COISAS VAGAS

348. Conceito

Coisa vaga, segundo nosso direito, é a coisa perdida pelo dono e achada por outrem (CC, arts. 1.233 a 1.237 e 1.264 a 1.266).

O importante no regime da coisa vaga é que ela, embora perdida, não deixa de pertencer a seu dono, "não se extinguindo a propriedade pelo fato da perda".[1] Daí que "quem quer que ache coisa alheia perdida há de restituí-la ao dono ou legítimo possuidor" (CC, art. 1.233). E se não o localizar "entregará a coisa achada à autoridade competente" (CC, art. 1.233, parágrafo único).

O procedimento desta entrega é disciplinado pelo art. 746 do CPC/2015, dentro dos procedimentos especiais de jurisdição voluntária. Uma vez que o procedimento foi bastante reduzido pelo CPC/2015,[2] quando não houver disposição processual deve-se observar o disposto na lei material (CPC/2015, art. 746, § 3º).

349. Legitimação

O procedimento deve ser provocado por iniciativa do *descobridor*, *i.e.*, da pessoa que houver achado a coisa alheia perdida (art. 746, *caput*).

350. Competência

Cabe ao juiz do local em que ocorrer a *descoberta* processar o respectivo feito (CC, art. 1.233, parágrafo único).

351. Cabimento

Os bens passíveis do procedimento em exame são as *coisas móveis*, *i.e.*, joias, dinheiro, títulos de crédito, veículos etc. Até mesmo os semoventes devem ser incluídos na possibilidade da vacância e da invenção.[3]

---

1 CARVALHO SANTOS, J. M. *Código Civil brasileiro interpretado*. 8. ed. Rio de Janeiro: F. Bastos, 1958, v. VIII, p. 237. "Desde o direito romano, quem encontra coisa perdida não se torna proprietário: *perdita vel per errorem ab eo ad quem pertinebat non ablata, nihilo minus eius eam esse, cuius fuerat*, ou seja, ... a coisa perdida ou não recolhida por erro por aquele a quem pertencia é ela, entretanto de quem sempre tinha sido" (*Dig*. Lib. LXVII, Tít. VI, frag. 1) (LEITÃO, José Ribeiro. *Direito processual civil*. Rio de Janeiro: Forense, 1980, p. 399-400).

2 O CPC/1973 previa o procedimento de forma minuciosa nos arts. 1.170 a 1.176.

3 PONTES DE MIRANDA, Francisco Cavalcanti. *Comentários ao Código de Processo Civil*. 2. ed. Rio de Janeiro: Forense, 1977. t. XVI, p. 356.

O requisito geral a ser observado, porém, em qualquer caso, é o do desconhecimento do dono do objeto achado. Pois se o descobridor conhecer o proprietário, é a ele que deverá ser, diretamente, restituído o bem (CC, art. 1.233, *caput*).

352. Procedimento

O descobridor, que desconheça o dono ou possuidor da coisa achada, deverá comparecer perante a autoridade judiciária ou policial, a quem fará a respectiva entrega. No ato da entrega, o juiz mandará o escrivão lavrar o auto de arrecadação, do qual constarão a descrição da coisa e as declarações do descobridor a respeito das circunstâncias em que a descoberta se deu (art. 746). A lei não diz, mas é necessário que o bem seja confiado a um depositário judicial, como é evidente.

Se a entrega se fez à autoridade policial, diligenciará esta para que o auto e o objeto sejam logo remetidos ao juiz competente (art. 746, § 1º). Se, por acaso, a polícia descobrir, antes da remessa à Justiça, quem seja o dono da coisa, esta poderá ser-lhe diretamente entregue, dando-se por encerrado o procedimento.[4] Igual providência poderá ser adotada também quando a arrecadação tiver sido originariamente feita pela autoridade judicial.

Após o auto, o procedimento judicial consistirá na publicação de edital, convocando o dono ou o legítimo possuidor a vir reclamar a coisa depositada (art. 746, § 2º), no prazo de sessenta dias (CC/2002, art. 1.237). O edital será publicado na rede mundial de computadores, no sítio do tribunal a que estiver vinculado e na plataforma de editais do Conselho Nacional de Justiça ou, não havendo sítio, no órgão oficial e na imprensa da comarca.

Se for o caso de objeto de pequeno valor, a publicação do edital pela imprensa será dispensada e a publicidade se limitará à simples afixação do edital no átrio do edifício do fórum, caso o tribunal não tenha sítio (art. 746, § 2º, *in fine*).

Se o dono comparece dentro do prazo assinalado no edital e prova seu direito, o juiz, depois de ouvidos o órgão do Ministério Público e o representante da Fazenda Pública, efetuará a respectiva entrega mediante termo nos autos. E o processo será extinto.

Pode acontecer que o dono apareça, mas não queira receber a coisa depositada, preferindo abandoná-la. Nesse caso, serão tomadas por termo suas declarações e ao descobridor ficará facultado requerer a respectiva adjudicação, visto que, sobre a coisa abandonada (*res derelicta*), a *ocupação* do descobridor é forma de aquisição do domínio (CC, art. 1.263).

Não havendo reclamação de ninguém em torno da coisa, será ela avaliada e alienada em hasta pública. Do preço apurado, deduzir-se-ão as despesas do depósito, inclusive custas processuais, e a recompensa do descobridor. O saldo pertencerá ao Município em cuja circunscrição se deparou o objeto perdido (CC, art. 1.237).

Ainda de acordo com o direito material, são direitos do descobridor: *(i)* uma recompensa não inferior a 5% do seu valor (CC, art. 1.234, *caput*), que será arbitrada pelo juiz nos moldes do parágrafo único do art. 1.234 do Código Civil; e *(ii)* a indenização pelas despesas que houver feito com a conservação e transporte da coisa (CC, art. 1.234, *caput*). Quando se dá o abandono, o descobridor pode compensar estas verbas por meio da adjudicação.

---

[4] "O procedimento dos arts. 1.170-1.176 [CPC/2015, art. 746] é por edital e somente se justifica quando não se sabe quem seja o dono, ou mesmo se tem" (PONTES DE MIRANDA, Francisco Cavalcanti. *Comentários ao Código de Processo Civil*. 2. ed. Rio de Janeiro: Forense, 1977. t. XVI, p. 357). Por outro lado, se a autoridade policial se deparar com a fundada suspeita de que a coisa foi criminosamente subtraída, promoverá a conversão da arrecadação em inquérito; caso em que competirá ao juiz criminal mandar entregar a coisa a quem provar que é dono ou legítimo possuidor (CPC/1973 art. 1.176). Essa regra não foi repetida pelo CPC/2015, mas deve ser seguida, mesmo assim.

Fluxograma nº 37 – Arrecadação das coisas vagas (art. 746)

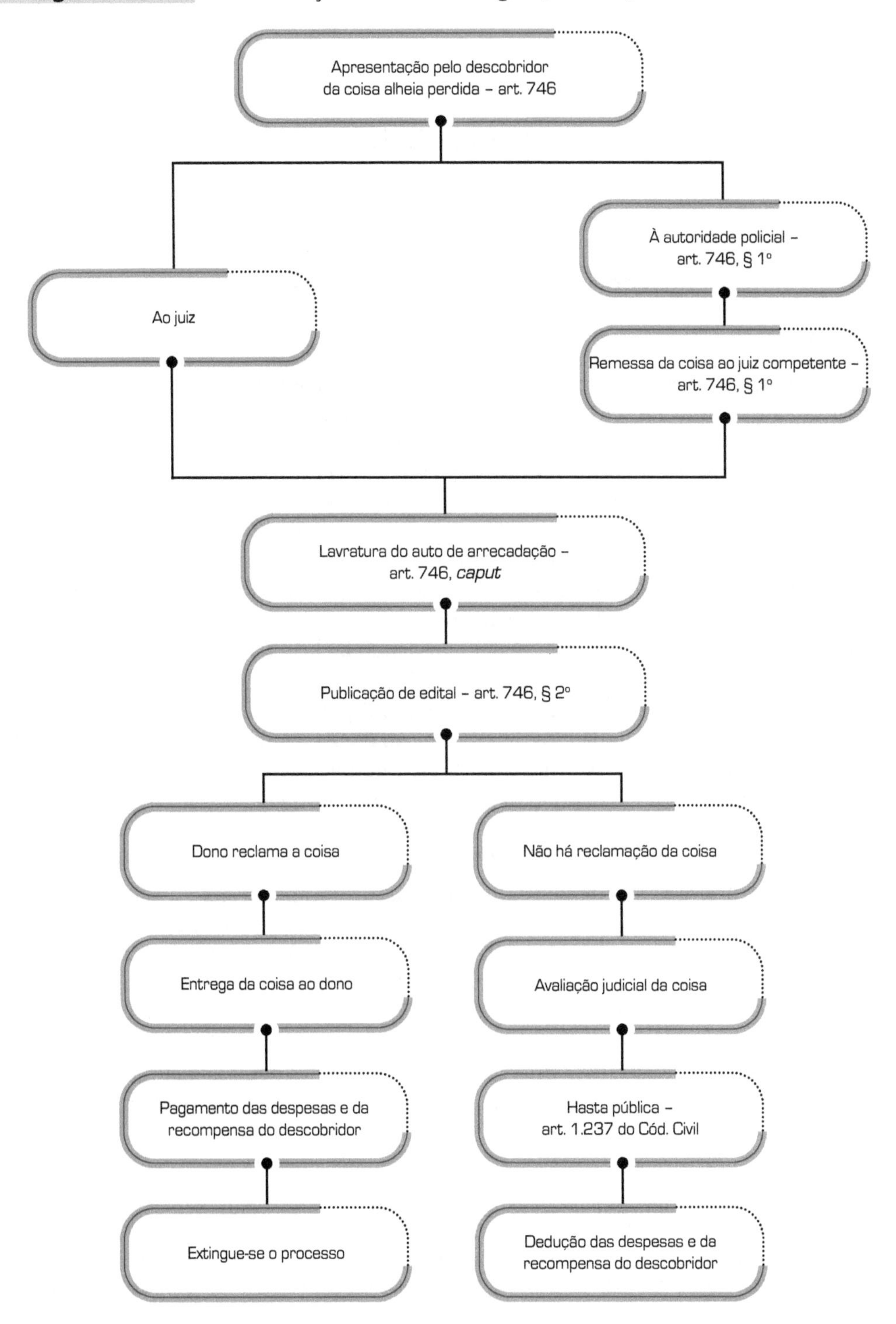

Capítulo XXIV
INTERDIÇÃO

§ 38. O INSTITUTO DA CURATELA

353. Introito

O instituto da curatela completa o sistema assistencial das pessoas que não podem, por si mesmas, reger e administrar seus bens. O primeiro sistema "é o poder familiar, em que incorrem os menores sob direção e autoridade do pai e da mãe; o segundo é a tutela, concedida aos órfãos e aqueles cujos pais foram destituídos do poder familiar; o terceiro é a curatela", incidente sobre aqueles que, "por motivos de ordem patológica ou acidental, congênita ou adquirida, não estão em condições de dirigir a sua pessoa ou administrar os seus bens, posto que maiores de idade".[1]

Para Pontes de Miranda,[2] são dois os tipos de curatela: *(i)* dos incapazes, que podem ser ou não menores, ou *(ii)* sobre os bens, sem incapacidade da pessoa. Na última hipótese, as curatelas "têm conteúdo limitado a certos interesses, ou oportunidade", enquanto as primeiras "são pessoais, como a tutela e o pátrio poder", perdendo inclusive sua capacidade civil.

A ação de interdição, com efeito, "é a demanda pela qual pretende a decretação da perda ou da restrição da capacidade de uma pessoa natural para a prática de atos da vida civil, constituindo o estado jurídico de interdito – sujeição da pessoa natural à curatela".[3] Conclui-se, dessa forma, que "o pressuposto fático da curatela é a incapacidade; o pressuposto jurídico, uma decisão judicial. Não pode haver curatela senão deferida pelo juiz".[4]

354. Questões relevantes sobre a interdição

O CPC/2015 promoveu algumas alterações no procedimento de especial destinado a promover a interdição, recebendo agora essa denominação, diferentemente do CPC/1973, que atribuía ao capítulo o nome de "A curatela dos interditos". Além de melhorias no tocante à técnica legislativa, a grande inovação do CPC/2015 foi a revogação de artigos do Código Civil que dispunham sobre a interdição (arts. 1.768 a 1.773), ficando toda a matéria tratada apenas na lei processual.

Não foi revogado o art. 1.767 do CC/2002, que define as pessoas que estariam sujeitas à curatela: *(i)* aquelas que, por enfermidade ou deficiência mental, não tiverem o necessário

---

[1] PEREIRA, Caio Mário da Silva. *Instituições de direito civil*: direito de família. Atual. por Tânia da Silva Pereira. Rio de Janeiro: Forense, 2004, v. 5. p. 477 e 479.

[2] PONTES DE MIRANDA, Francisco Cavalcanti. *Tratado de direito privado*. Parte especial. Direito de família. Direito parental. Direito protectivo. Atual. por Rosa Maria de Andrade Nery. São Paulo: Ed. RT, 2012, t. IX, p. 425.

[3] DIDIER JR., Fredie. Da interdição. In: WAMBIER, Teresa Arruda Alvim *et al*. *Breves comentários ao atual Código de Processo Civil*. São Paulo: Ed. RT, 2015, p. 1.732.

[4] PEREIRA, Caio Mário da Silva. *Instituições de direito civil*: direito de família. Atual. por Tânia da Silva Pereira. Rio de Janeiro: Forense, 2004, v. 5. p. 479.

discernimento para os atos da vida civil; *(ii)* aqueles que, por outra causa duradoura, não puderem exprimir a sua vontade; *(iii)* os deficientes mentais, ébrios habituais e viciados em tóxico; *(iv)* os excepcionais sem completo desenvolvimento mental; *(v)* os pródigos.[5]

No tocante à interdição, foram introduzidos dispositivos destinados a resguardar as características e potencialidades da pessoa com deficiência. Foi alterada, por exemplo, a perspectiva de avaliação feita pelo juiz, quanto ao estado mental do interditando, prevista no art. 1.181 do CPC/1973. De acordo com o CPC/2015, o juiz fará uma entrevista, não mais um interrogatório, acerca daquilo que for necessário para se convencer quanto à capacidade do interditando para a prática de atos da vida civil (art. 751).

Além disso, a sentença de interdição deve fixar os limites da curatela, observando o estado e o desenvolvimento mental do interdito, bem como considerando suas características pessoais, potencialidades, habilidades, vontades e preferências (CPC/2015, art. 755, I e II). É a chamada "personalização da curatela", vale dizer, é realizado um projeto individual de curatela para cada interdito.

O CPC/2015 preocupa-se, ainda, com a reabilitação do curatelado, que deve ser buscada pelo seu curador (art. 758). Assim, a curatela tende a ser um procedimento protetivo extraordinário, que deverá durar apenas o período necessário para a recuperação do interdito, se possível.

Outra questão relevante de se mencionar, ainda quanto ao CPC/2015, refere-se à simultaneidade de sua tramitação com a do projeto que deu origem à Lei nº 13.146,[6] de 06.07.2015. Trata-se da Lei Brasileira de Inclusão da Pessoa com Deficiência (também conhecida como Estatuto da Pessoa com Deficiência – LBI, editada em função da Convenção das Nações Unidas sobre os Direitos das Pessoas com Deficiência – CDPD, ratificada pelo Brasil em 2008). Essa lei alterou significativamente as incapacidades do direito civil, o instituto da curatela, além de criar um outro regime de proteção às pessoas com vulnerabilidade: a tomada de decisão apoiada. Essa circunstância teve reflexos sobre diversos dispositivos do CPC/2015.

Por outro lado, o fato de os dois projetos tramitarem ao mesmo tempo não evitou que as duas normas contenham disposições aparentemente conflitantes. É o caso dos arts. 1.768, 1.769 e 1.771 do Código Civil, os quais foram revogados pelo CPC/2015 e tiveram sua redação modificada pela Lei nº 13.146/2015.

355. Disposições da Lei nº 13.146/2015 que impactam o procedimento fixado nos arts. 747 e seguintes do CPC/2015

I – A "nova" curatela

A primeira alteração significativa refere-se ao art. 3º do Código Civil, que passa a definir como absolutamente incapaz de exercer os atos da vida civil apenas os menores de dezesseis anos. Foram revogadas desse artigo as disposições sobre a incapacidade daqueles intitulados enfermos ou doentes mentais, bem como os que não conseguem manifestar sua vontade, ainda que transitoriamente. Foram excluídos, ainda, do art. 4º, que trata das pessoas classificadas pela lei civil como incapazes relativamente a certos atos da vida civil, os excepcionais, sem desenvolvimento mental completo, e os que, por deficiência mental, tenham o discernimento

---

5 A Lei nº 13.146/2015 (Estatuto da Pessoa com Deficiência) alterou o art. 1.767 do CC, reduzindo os casos de interdição (curatela), conforme se verá no item 355, adiante.

6 A Lei nº 13.146/2015 foi publicada no *DOU* de 07.07.2015 e, de acordo com seu art. 127, "entra em vigor após decorridos 180 (cento e oitenta) dias de sua publicação oficial". Ou seja, em 3 de janeiro de 2016.

reduzido. Incluiu-se, outrossim, aqueles que, por causa transitória ou permanente, não puderem exprimir sua vontade.

Além dessas alterações, o Estatuto declara que a deficiência não afeta a plena capacidade civil da pessoa, inclusive para exercer o direito à guarda, à tutela, à curatela e à adoção, como adotante ou adotando, em igualdade de oportunidades com as demais pessoas (art. 6º, VI, da Lei nº 13.146/2015). Essa disposição tem impactos diretos no CPC/2015, na medida em que limita a interdição aos atos patrimoniais do interdito, alterando a sistemática do art. 757, da legislação processual. A extensão da curatela à pessoa e aos bens do incapaz que se encontrar sob a guarda e a responsabilidade do curatelado ao tempo da interdição passa a ser exceção, e não regra.

Ao curatelado assegura-se o direito de não ser submetido a intervenção clínica ou cirúrgica, devendo dar seu consentimento prévio, livre e esclarecido, exceto em casos de risco de morte e de emergência em saúde, resguardado seu superior interesse e adotadas as salvaguardas legais cabíveis (arts. 11, 12 e 13 da Lei nº 13.146/2015).

Especial atenção merece o art. 85 da Lei nº 13.146/2015, que estabelece os limites da curatela: afetará tão somente os atos relacionados aos direitos de natureza patrimonial e negocial; ela não alcança o direito ao próprio corpo, à sexualidade, ao matrimônio, à privacidade, à educação, à saúde, ao trabalho e ao voto (§ 1º). Ou seja, "constitui medida extraordinária, devendo constar da sentença as razões e motivações de sua definição, preservados os interesses do curatelado" (§ 2º). Enfim, a "definição de curatela de pessoa com deficiência constitui medida protetiva extraordinária, proporcional às necessidades e às circunstâncias de cada caso, e durará o menor tempo possível" (art. 84, § 3º, da Lei nº 13.146/2015).[7]

Fixados os limites da curatela, a Lei nº 13.146/2015 revogou os incisos II e IV do art. 1.767 do Código Civil, ficando dessa forma sujeitas à curatela:

(a) as pessoas que, por causa transitória ou permanente, não puderem exprimir sua vontade (inc. I);
(b) os ébrios habituais e viciados em tóxico (inc. III); e
(c) os pródigos (inc. V).

De acordo com o art. 1.775-A, que foi acrescentado ao Código Civil, o juiz poderá estabelecer curatela compartilhada a mais de uma pessoa.

Por fim, a nova redação do art. 1.777 do CC tem como objetivo assegurar ao curatelado a convivência familiar e comunitária, devendo evitar o recolhimento em estabelecimentos adequados (afastando-se da premissa contida na redação original do artigo).

II - Artigos do Código Civil revogados pelo CPC/2015 e repristinados pela Lei nº 13.146/2015

O art. 114 da Lei nº 13.146/2015 deu nova redação ao art. 1.768 do Código Civil, para incluir o curatelando entre os legitimados a requerer a própria curatela. Tendo em vista a revogação desse artigo pelo CPC/2015, restaria a dúvida sobre quais as disposições estariam

---

7 "8. Nos termos do novel Estatuto da Pessoa com Deficiência, Lei nº 13.146 de 2015, pessoa com deficiência é a que possui impedimento de longo prazo, de natureza física, mental, intelectual ou sensorial (art. 2º), não devendo ser mais tecnicamente considerada civilmente incapaz, na medida em que a deficiência não afeta a plena capacidade civil da pessoa (conforme os arts. 6º e 84). 9. A partir do novo regramento, observa-se uma dissociação necessária e absoluta entre o transtorno mental e o reconhecimento da incapacidade, ou seja, a definição automática de que a pessoa portadora de debilidade mental, de qualquer natureza, implicaria na constatação da limitação de sua capacidade civil deixou de existir" (STJ, 4ª T., REsp 1.694.984/MS, Rel. Min. Luis Felipe Salomão, ac. 14.11.2017, *DJe* 01.02.2018).

vigentes. Para Fredie Didier Jr.,[8] "a melhor solução é considerar que a revogação promovida pelo CPC levou em consideração a redação da época, em que não aparecia a possibilidade de autointerdição. A Lei n. 13.146/2015 claramente quis instituir essa nova hipótese de legitimação, até então não prevista no ordenamento – e, por isso, não pode ser considerada como 'revogada' pelo CPC. O CPC não poderia revogar o que não estava previsto". Segundo o autor, deve ser considerado que houve acréscimo de um inciso no rol dos legitimados a promover a interdição: "a própria pessoa".

Recebeu nova redação o art. 1.769 do CC, também revogado pelo CPC/2015. Nesse caso, o artigo foi revogado em razão de a norma processual dispor que o Ministério Público possa promover a interdição somente em caso de doença mental grave (art. 748 do CPC/2015). A Lei nº 13.146/2015 deu nova redação ao revogado art. 1.769 do CC apenas para substituir a expressão "em caso de doença mental grave" por "nos casos de deficiência mental ou intelectual". Não há, aparentemente, contradição entre essa redação e o disposto no art. 748 do CPC/2015. Trata-se, parece-nos, apenas de técnica legislativa, optando a Lei por manter o dispositivo da lei civil e o CPC/2015 por descrever tal comando apenas no estatuto processual.

Outro dispositivo revogado pelo CPC/2015, o art. 1.771 do CC recebeu nova redação para propiciar ao juiz ser assistido por equipe multidisciplinar. Esse novo artigo guarda correlação com o § 2º do art. 751 do CPC/2015, que prevê a possibilidade de a entrevista do interditando ser acompanhada "por especialista". Convém esclarecer que "a diferença é que o CPC-2015 havia 'permitido' que o juiz estivesse acompanhado por especialista nessa entrevista, enquanto a Lei n. 13.146/2015 impõe esse acompanhamento, e por equipe multidisciplinar (não um especialista, mas uma equipe)".[9] Ressalta o autor que a "exigência de o acompanhamento ser por equipe multidisciplinar, isso, obviamente, somente pode ser exigido se for o caso; além de encarecer demais o processo, o caso pode dispensar o conhecimento de vários ramos do conhecimento. O CPC-2015 já havia previsto a possibilidade de equipe multidisciplinar na perícia da interdição (art. 753, § 1º, CPC/2015), regra que obviamente se estendia ao momento da entrevista".

O último dispositivo revogado pela legislação processual ao qual a Lei especial deu nova redação é o art. 1.772 do CC, que dispõe sobre os requisitos da sentença de interdição. A redação original previa que o juiz pronunciaria a interdição, fixando os limites da curatela, "segundo o estado e o desenvolvimento mental do interdito". O CPC/2015 revogou o dispositivo, por entender que a sentença de interdição deveria ser mais atenta à pessoa do interdito, levando em consideração não apenas o seu estado e o desenvolvimento mental, mas, também, suas características pessoais, potencialidades, habilidades, vontades e preferências (CPC/2015, art. 755 I, II). Além disso, a curatela deveria ser atribuída a quem melhor pudesse atender aos interesses do curatelado (CPC/2015, art. 755, § 1º).

A Lei nº 13.146 alterou a redação do art. 1.772 do Código Civil, porém, adotando a mesma orientação do CPC/2015. Assim, os limites da curatela deverão levar em conta "as potencialidades da pessoa" e a escolha do curador levará em conta "a vontade e as preferências do interditando, a ausência de conflito de interesses e de influência indevida, a proporcionalidade e a adequação

---

8 DIDIER JR., Fredie. *Editorial 187: Estatuto da Pessoa com Deficiência, Código de Processo Civil de 2015 e Código Civil: uma primeira reflexão*. Disponível em: <http://www.frediedidier.com.br/>. Acesso em: 17 ago. 2015.

9 DIDIER JR., Fredie. *Editorial 187: Estatuto da Pessoa com Deficiência, Código de Processo Civil de 2015 e Código Civil: uma primeira reflexão*. Disponível em: <http://www.frediedidier.com.br/>. Acesso em: 17 ago. 2015.

às circunstâncias da pessoa". Os dispositivos do CPC/2015 e do Código Civil, destarte, estão em harmonia.[10]

Em suma: com o advento do Estatuto da Pessoa com Deficiência (Lei nº 13.146/2015 – LBI) restou aprimorado o regime da curatela regulado pelo CPC, de modo a estabelecer que "a variação do espaço de autonomia reservada à pessoa interdita oscilará conforme os interesses concretamente dignos de proteção – e não mais sobre signos estigmatizantes –, sendo alçados à posição de parâmetros objetivos de ponderação entre a preservação da autodeterminação do curatelado e a necessidade de sua proteção aspectos como a consideração das 'características pessoais do interdito, observando suas potencialidades, habilidades, vontades e preferências' (inciso II do art. 755 do CPC/2015)".[11] Não mais se interdita o deficiente para privá-lo de sua natural capacidade jurídica. A curatela e outras medidas tutelares previstas em lei funcionam, na contemporaneidade, como "institutos assistenciais" para que o deficiente possa realizar "a condução da sua própria vida".[12]

III – Interdição ou simplesmente curatela

A Lei nº 13.146, dando maior ênfase à proteção e à inserção social do deficiente, aboliu a expressão tradicional "interdição". Fala apenas em "curatela" e "tomada de decisão apoiada".

Advertiu, porém, o TJRS que o fato de ter sido requerida a interdição plena, em caso que a Lei nº 13.146 passou a considerar apenas de curatela parcial ou de "tomada de decisão apoiada" (art. 84, § 2º), não deve ser motivo para sumária extinção do processo. Caberá ao juiz, após ensejada manifestação dos interessados, "analisar o pedido formulado sob a nova ótica dada pelo Estatuto da Pessoa com Deficiência, isto é, avaliando-se a pertinência da conversão do procedimento para o rito da tomada de decisão apoiada, ou, se for o caso, o prosseguimento do feito visando à submissão da pessoa à curatela, desde que o instituto seja interpretado conforme as novas diretrizes trazidas pelo referido Estatuto"[13].

A Lei nº 13.146, na verdade, pretendeu evitar que o incapaz fosse interditado para a totalidade dos atos da vida civil, preservando-lhe a capacidade para os atos extrapatrimoniais. À falta de estabelecimento de mecanismos protetivos específicos e adequados à nova sistemática, não há como vedar à Justiça que continue a usar o procedimento tradicional da interdição, nos casos de constatação da impossibilidade de manifestação de vontade autônoma e consciente por

---

[10] Segundo Fredie Didier Jr., "o art. 1.772 do Código Civil foi revogado, pois o regramento da gradação da *interdição* e da escolha do curador passou a estar no art. 755 do CPC. Nesse ponto, a Lei n. 13.146/2015, ao alterar a redação do art. 1.772, Código Civil, está em total harmonia com o CPC-2015: é preciso modular a interdição, respeitar as preferências do interditando e promover a escolha de curador que mais bem possa atender aos interesses do interdito" (DIDIER JR., Fredie. *Editorial 187: Estatuto da Pessoa com Deficiência, Código de Processo Civil de 2015 e Código Civil: uma primeira reflexão*. Disponível em: <http://www.frediedidier.com.br/>. Acesso em: 17 ago. 2015.

[11] ROSENVALD, Nelson. O novo perfil da curatela: interseções entre a LBI e o CPC. *In:* BRAGA NETO, Felipe Peixoto; SILVA, Michael César; THIBAU, Vinícius Lott (coords.). *O direito privado e o atual Código de Processo Civil: repercussões, diálogos e tendências*. Belo Horizonte: Fórum, 2018, p. 42. Para o autor, "a instrumentalidade do processo legitimamente se curva à priorização da preservação dos direitos fundamentais da pessoa humana, notadamente da capacidade civil, meio necessário para a diuturna afirmação da subjetividade, pelo livre acesso ao trânsito nas relações sociais, afetivas e familiares" (ROSENVALD, Nelson. O novo perfil da curatela: interseções entre a LBI e o CPC. *In:* BRAGA NETO, Felipe Peixoto; SILVA, Michael César; THIBAU, Vinícius Lott (coords.). *O direito privado e o atual Código de Processo Civil: repercussões, diálogos e tendências*. Belo Horizonte: Fórum, 2018, p. 42-43).

[12] GAGLIANO, Pablo Stolze; PAMPLONA FILHO, Rodolfo. *Novo curso de direito civil- Parte geral*. 19. ed. São Paulo: Saraiva, 2017, p. 150.

[13] TJRS, 8ª Câm. Civ., Ap. Cív. 70070389911-RS, Rel. Des. Luiz Felipe Brasil Santos, ac. 24.11.2016, *DJ* 28.11.2016.

parte da pessoa com deficiência. Caberá, portanto, tratar em juízo o deficiente, excepcionalmente, como relativamente incapaz, conforme o grau da impossibilidade de manifestação da vontade de forma autônoma e consciente.[14]

Haverá casos em que o deficiente se apresentará completamente impossibilitado de exprimir a vontade e assim haverá de sofrer uma curatela completa no tocante aos atos civis patrimoniais. Mas o regime a que se sujeitará será o de uma incapacidade apenas relativa, de sorte que jamais poderá ser tratado, na curatela, como um absolutamente incapaz; e a interdição nunca ultrapassará os limites dos atos patrimoniais (LBI, art. 85). De forma alguma, a decisão judicial referente à curatela atingirá "valores constitucionalmente preservados em favor da pessoa humana, como a liberdade, as manifestações afetivas e sentimentais e a intimidade".[15]

---

14 CARVALHO BARROS, André Borges de. Os efeitos do Estatuto da Pessoa com Deficiência no sistema brasileiro de incapacidade civil. *Revista dos Tribunais*, v. 988, p. 195-214, São Paulo: Ed. RT, fev. 2018.

15 FARIAS, Cristiano Chaves de; VEIGA, Melissa Ourives. A concretização dos direitos da pessoa com deficiência e o reconhecimento da possibilidade das diretivas antecipadas como exercício da sua autonomia privada. *In:* BRAGA NETO, Felipe Peixoto; SILVA, Michael César; THIBAU, Vinícius Lott (coords.). *O direito privado e o atual Código de Processo Civil: repercussões, diálogos e tendências*. Belo Horizonte: Fórum, 2018, p. 55: "Significa que a curatela somente é justificável, em ótica civil-constitucional, com especial atenção à dignidade humana, em nome das necessidades do próprio curatelando. E essas necessidades 'devem ser compreendidas em função de seus interesses, devendo ser respeitadas como manifestação de seu livre desenvolvimento e de vida' consoante a percepção aguda de Célia Barbosa Abreu" (FARIAS; Cristiano Chaves de; VEIGA, Melissa Ourives. A concretização dos direitos da pessoa com deficiência e o reconhecimento da possibilidade das diretivas antecipadas como exercício da sua autonomia privada. *In:* BRAGA NETO, Felipe Peixoto; SILVA, Michael César; THIBAU, Vinícius Lott (coords.). *O direito privado e o atual Código de Processo Civil: repercussões, diálogos e tendências*. Belo Horizonte: Fórum, 2018, p. 55-56; ABREU, Célia Barbosa. *Curatela e interdição civil*. Rio de Janeiro: Lumen Juris, 2005, p. 225).

§ 39. O PROCEDIMENTO DA INTERDIÇÃO

356. Natureza jurídica da interdição

A interdição de uma pessoa natural, medida extraordinária a ser adotada pelo menor tempo possível, é realmente procedimento de jurisdição voluntária, não obstante o grande dissídio doutrinário em torno da matéria.

Como ensinava Carnelutti, na interdição o juiz não decide frente a duas partes, com interesse em conflito, senão em face de um único interesse, cuja tutela reclama sua intervenção, sendo tal interesse do próprio incapaz.[16]

Além disso, o pronunciamento do juiz não se destina a formar a coisa julgada entre as partes, mas a gerar uma eficácia *erga omnes*.[17]

Correta, pois, foi a opção do legislador em manter, no CPC/2015, a *interdição* entre os procedimentos de jurisdição voluntária. Além disso, fez bem em manter o rito especial a ser seguido, obrigatoriamente, por aqueles que querem promover a interdição.

Trata-se – como, aliás, é característico dos procedimentos de jurisdição voluntária – de uma "ação constitutiva, pois visa à criação do regime de interdito. É, ainda, exemplo de ação necessária, pois o estado do interdito somente pode ser obtido por meio de decisão judicial".[18]

357. Competência

Não há regra expressa no CPC/2015, mas deve prevalecer o foro do domicílio do interditando, segundo a regra geral do art. 46 do CPC/2015.[19] "A definição da competência em ação de interdição deve levar em conta, prioritariamente, a necessidade de facilitação da defesa do próprio interditando e a proteção de seus interesses".[20]

Mas a competência é relativa e pode ser prorrogada, se não houver exceção de incompetência em tempo hábil.[21]

358. Legitimidade

I – Legitimidade passiva

De acordo com as novas disposições legais, estão sujeitas à curatela além do nascituro, pessoas naturais que, por situações congênitas como adquiridas, não se acham habilitadas para a administração de seus bens, ainda que se trate de fenômeno temporário. Estão essas pessoas arroladas no art. 1.767 do Código Civil e são *(i)* aquelas que, por causa transitória

---

[16] CARNELUTTI, Francesco. *Apud* CASTRO FILHO, José Olympio de. *Comentários ao Código de Processo Civil.* 2. ed. Rio de Janeiro: F. Bastos, 1980, v. X, n. 133, p. 260.

[17] CASTRO FILHO, José Olympio de. *Comentários ao Código de Processo Civil.* 2. ed. série Forense, v. X, n. 133, p. 261; no mesmo sentido: LOPES DA COSTA, Alfredo Araújo. *Administração Pública e a ordem privada.* Belo Horizonte: Bernardo Álvares, 1961, p. 258-259; LIMA, Alcides de Mendonça. *Comentários ao Código de Processo Civil.* São Paulo: Ed. RT, 1982, v. XII, n. 279, p. 431.

[18] DIDIER JR., Fredie. Da interdição. In: WAMBIER, Teresa Arruda Alvim *et al. Breves comentários ao atual Código de Processo Civil.* São Paulo: Ed. RT, 2015, p. 1.732.

[19] CASTRO FILHO, José Olympio de. *Comentários ao Código de Processo Civil.* 2. ed. série Forense, v. X, n. 134, p. 261; PONTES DE MIRANDA, Francisco Cavalcanti. *Comentários ao Código de Processo Civil.* Rio de Janeiro: Forense, 1977, v. XVI, p. 369; LIMA, Alcides de Mendonça. *Comentários ao Código de Processo Civil.* São Paulo: Ed. RT, 1982, v. XII, n. 285, p. 437.

[20] STJ, 2ª Seção, AgRg no CC 100.739/BA, Rel. Min. Sidnei Beneti, ac. 26.08.2009, *DJe* 05.10.2009.

[21] TJSP, *in* PRATA, Edson Gonçalves. *Repertório de jurisprudência do Código de Processo Civil.* São Paulo: LEUD, 1978. v. 18, n. 4.517, p. 5.860.

ou permanente, não puderem exprimir sua vontade; *(ii)* os ébrios habituais e os viciados em tóxico[22] e *(iii)* os pródigos.[23] Cumpre ressaltar que os deficientes mentais com discernimento reduzido e os excepcionais, sem desenvolvimento mental completo, não se tornaram plenamente capazes com o Estatuto da Pessoa com Deficiência. Com efeito, eles encontram-se incluídos no inciso que trata de quem, ainda que por causa transitória, não pode exprimir sua vontade. Figuram, portanto, no rol dos relativamente incapazes.

Refere-se a interdição, dessa maneira, ao maior de dezoito anos, normalmente, ou ao maior de dezesseis e menor de dezoito, porque este já pode praticar atos jurídicos.[24] De qualquer maneira, com a interdição, neste último caso, o menor púbere passará de assistido para representado, após a interdição, se esta for total. O interesse da interdição do menor de dezoito anos pode se manifestar, por exemplo, no requerimento da medida pelo próprio menor, para escolher um curador que melhor possa assisti-lo, em face das condições de demérito do titular do poder familiar para o respectivo exercício (art. 1.768, IV, do CC).

Como a interdição sempre esteve, em nosso direito, atrelada à incapacidade dos que carecem de discernimento para a prática dos atos jurídicos, e como a Lei nº 13.146/2015 ("Estatuto da Pessoa com Deficiência") exclui essas pessoas do rol dos absolutamente incapazes, chegou-se a questionar a subsistência do procedimento de interdição na espécie. Acontece que a própria Lei nº 13.146, ao tratar da proteção da pessoa com deficiência admite que, "quando necessário", possa ela ser submetida à curatela, nos termos legais (art. 84, § 1º), dando a entender que embora não incapaz, poderia ser tratado como tal, se a ausência de discernimento for de grau tal que o impeça de praticar os atos de gestão patrimonial ou pessoal.

Enfim, mesmo sendo apenas relativamente incapaz o privado de discernimento temporária ou definitivamente, sua interdição continua sendo cabível, nos termos do Código Civil e do Código de Processo Civil, "quando necessária".[25] Desse modo, "atualmente, a curatela tem aplicação ligada ou não à ação de interdição[26] (ver, retro, o item 355).

---

[22] De acordo com o STJ, a "interdição de sociopatas que já cometeram crimes violentos deve ser analisada sob o mesmo enfoque que a legislação dá à possibilidade de interdição – ainda que parcial – dos deficientes mentais, ébrios habituais e os viciados em tóxicos". Destaca aquela Corte que "a apreciação da possibilidade de interdição civil, quando diz respeito a sociopatas, pede, então, medida inovadora, ação biaxial, com um eixo refletindo os interesses do interditando, suas possibilidades de inserção social e o respeito à sua dignidade pessoal, e outro com foco no coletivo – ditado pelo interesse mais primário de um grupo social: a proteção de seus componentes –, linhas que devem se entrelaçar para, na sua síntese, dizer sobre o necessário discernimento para os atos da vida civil de um sociopata que já cometeu atos de agressão que, *in casu*, levaram a óbito três pessoas" (STJ, 3ª T., REsp 1.306.687/MT, Rel. Min. Nancy Andrighi, ac. 18.03.2014, *DJe* 22.04.2014).

[23] Os limites da interdição do pródigo estão fixados no art. 1.782 do Código Civil e refere-se à disponibilidade de bens patrimoniais. "A interdição por prodigalidade visa a defender o patrimônio familiar de dilapidações provocadas pela imoderação dos gastos e é sob tal fundamento que ainda hoje se procura defender a sua sobrevivência" (PEREIRA, Caio Mário da Silva. *Instituições de direito civil*: direito de família. Atual. por Tânia da Silva Pereira. Rio de Janeiro: Forense, 2004, v. 5, p. 491).

[24] LIMA, Alcides de Mendonça. *Comentários ao Código de Processo Civil.* São Paulo: Ed. RT, 1982, v. XII, n. 281, p. 433.

[25] "Em síntese: (a) a completa falta de discernimento da pessoa com deficiência gera a sua incapacidade relativa pela impossibilidade de manifestação de vontade (vontade ponderada ou válida), sujeitando-a ao procedimento de interdição e à sujeição à curatela; ao passo que (b) a mera redução de discernimento da pessoa com deficiência não altera sua plena capacidade civil, o que afasta a possibilidade de interdição e de sujeição à curatela, sendo a hipótese, porém, caso assim deseje o indivíduo, de submissão à Tomada de Decisão Apoiada" (CURY, Augusto Jorge. Capacidade civil das pessoas com deficiência e ação de interdição: uma proposta de sistematização. *Revista dos Tribunais*, São Paulo, v. 999, p. 102, jan. 2019).

[26] "Em ambas as hipóteses, sem dúvida há maior necessidade de justificação para sua instituição, tanto no pedido pelos legitimados quanto na fundamentação da decisão pelo Judiciário" (FERNANDES, Micaela Barros Barcelos. Curatela do idoso e do portador de deficiência adquirida na ordem brasileira. *Revista dos Tribunais*, São Paulo, v. 999, p. 261, jan. 2019).

II – Legitimidade ativa

O art. 747 do CPC/2015 reconhece legitimidade para requerer a interdição:

(a) ao cônjuge ou companheiro (inc. I);
(b) aos parentes ou tutores (inc. II);
(c) ao representante da entidade em que se encontra abrigado o interditando (inc. III);
(d) o Ministério Público (inc. IV).

Além daqueles arrolados no CPC/2015, o Código Civil, em seu art. 1.768, na redação que lhe foi dada pela Lei nº 13.146/2015, prevê, ainda, como legitimado para propor a interdição a própria pessoa. É o que se pode qualificar como *autointerdição*.

Com exceção do Ministério Público, não há grau de preferência na enunciação dos legitimados.[27]

III – Legitimidade do Ministério Público

A legitimação do Ministério Público é restrita aos casos de deficiência mental ou intelectual[28] quando *(i)* os demais legitimados não existirem ou não promoverem a interdição, ou *(ii)* se, existindo, forem menores incapazes (art. 748 do CPC/2015 c/c art. 1.769, I, do CC). Em qualquer caso, o interditando pode constituir um advogado; se não o fizer, será nomeado um curador especial (art. 752, § 2º, do CPC/2015). A intervenção do Ministério Público como fiscal da ordem jurídica é obrigatória, nas hipóteses em que não for o requerente da medida (art. 752, § 1º, do CPC/2015).[29-30]

Há, no entendimento do STJ, incompatibilidade entre a função de curador especial e a de fiscal da lei, de modo a exigir que esta última seja conferida a advogado especialmente nomeado e não ao representante do Ministério Público.[31]

---

[27] CASTRO FILHO, José Olympio de. *Comentários ao Código de Processo Civil*. 2. ed. série Forense, v. X, n. 135, p. 261.

[28] Antes da redação dada ao art. 1.767 do Código Civil pelo Estatuto da Pessoa com Deficiência, o Ministério Público somente teria legitimidade para requerer a interdição em caso de doença mental grave. Essa legitimação foi ampliada para abarcar, também, as situações de deficiência intelectual e qualquer deficiência mental. Por outro lado, o representante do *Parquet* poderá requerer a curatela sempre que os demais legitimados forem menores incapazes, não limitando sua atuação às hipóteses em que não exista nenhum dos outros com legitimidade para a interdição, como acontecia na redação anterior do dispositivo em referência.

[29] AMARAL, Guilherme Rizzo. *Comentários às alterações do novo CPC*. São Paulo: Ed. RT, 2015, p. 793; MEDINA, José Miguel Garcia. *Novo Código de Processo Civil comentado*. São Paulo: Ed. RT, 2015, p. 998. Entretanto, "a ausência da intimação do Ministério Público, quando necessária sua intervenção, por si só, não enseja a decretação de nulidade do julgado, sendo necessária a demonstração do efetivo prejuízo para as partes ou para a apuração da verdade substancial da controvérsia jurídica, à luz do princípio *pas de nullité sans grief*" (STJ, 4ª T., REsp 1.694.984/MS, Rel. Min. Luís Felipe Salomão, ac. 14.11.2017, *DJe* 01.02.2018).

[30] Para Fredie Didier Júnior, mesmo que a interdição tenha sido requerida pelo Ministério Público, outro membro da instituição deverá atuar como fiscal da lei (DIDIER JÚNIOR, Fredie. Comentário ao art. 732. In: WAMBIER, Teresa Arruda Alvim *et al*. *Breves comentários ao atual Código de Processo Civil*. São Paulo: Ed. RT, 2015, p. 1.741). Reconhece, porém, o autor, que a matéria é polêmica, havendo quem defenda que o mesmo promotor atuará como autor e fiscal da lei. A nosso ver, essa última tese é a que melhor se adapta ao espírito do Código.

[31] "Como se percebe, a função de custos legis é a de fiscalizar a estrita aplicação da lei, o que não necessariamente se compatibiliza com o interesse pessoal do interditando. Consequentemente, a cumulação de funções pelo Ministério Público pode levar à prevalência de uma das funções em detrimento da outra, o que iria de encontro aos valores que o legislador visava resguardar ao estabelecer regras especiais para o processo de interdição" (STJ, 3ª T., REsp 1.686.161/SP, voto da Rel. Min. Nancy Andrighi, ac. 12.09.2017, *DJe* 15.09.2017).

IV – Legitimidade do tutor

O tutor só pode requerer a interdição do órfão de mais de dezesseis anos ou do tutelado que atinja a idade de dezoito anos.

V – Legitimidade do cônjuge e de parente

Para o cônjuge, não importa o regime de bens, nem a condição de separado, a não ser para o exercício da curatela. Se houver separação judicial ou divórcio, desaparece o interesse.[32] Em caso de extinção da união estável, o companheiro também perde o interesse de agir.

O CPC/2015 suprimiu a referência a *parente próximo*, que constava no art. 1.177, II, do CPC/1973. Ao adotar o vocábulo "parente", a lei processual acolhe a relação de parentesco definida no art. 1.593 do Código Civil, o qual pode ser natural ou civil, conforme resulte de consanguinidade ou outra origem.

VI – Legitimidade do representante da entidade em que se encontra abrigado o interditando

Previa o CPC/2015 a legitimidade do representante da entidade em que se encontra abrigado o interditando para requerer a interdição (CPC/2015, art. 747, III). A medida se justificava como adequada à proteção da pessoa vulnerável, muitas vezes abandonada pela própria família. "A entidade é legitimada para a interdição, mas isso não implica que seu dirigente se torne curador do interdito – a designação para a curatela deve seguir o disposto em lei".[33] A propósito, dispõe o art. 85, § 3º, do Estatuto da Pessoa com Deficiência que, "no caso de pessoa em situação de institucionalização, ao nomear curador, o juiz deve dar preferência a pessoa que tenha vínculo de natureza familiar, afetiva ou comunitária com o curatelado".

Entretanto, como essa legitimidade especial não foi repetida pelo Estatuto da Pessoa com Deficiência ao repristinar o art. 1.768 do Código Civil como lei posterior ao CPC/2015, é de se ter por revogado, implicitamente, o inciso III do art. 747 do CPC/2015, no qual se achava prevista.[34] Nesse caso, a solução seria recorrer a instituição ao Ministério Público para provocar a medida.

VII – A autointerdição

A autointerdição, agora prevista no art. 1.768 do Código Civil, com a nova redação dada pela Lei nº 13.146/2015[35], já era admitida pela doutrina. Conforme Mendonça Lima, o *próprio incapaz* poderia tomar a iniciativa da interdição, se ninguém dos legitimados o fizesse, caso em

---

32 LIMA, Alcides de Mendonça. *Comentários ao Código de Processo Civil.* São Paulo: Ed. RT, 1982, v. XII, n. 282.1, p. 433-434.

33 DIDIER JR., Fredie. Da interdição. In: WAMBIER, Teresa Arruda Alvim *et al. Breves comentários ao atual Código de Processo Civil.* São Paulo: Ed. RT, 2015, p. 1735.

34 DECOMAIN, Pedro Roberto. Incapacidade civil, interdição e tomada de decisão assistida: Estatuto da Pessoa com Deficiência e o novo CPC. *Revista Dialética de Direito Processual*, n. 15, p. 101, out. 2015.

35 A revogação do art. 1.768 do CC, prevista pelo CPC de 2015, não prevaleceu em função de ter a Lei nº 13.146/2015, posterior ao CPC, dado nova redação ao *caput* do art. 1.768 do Código Civil e acrescido o inciso IV autorizativo da curatela requerida "pela própria pessoa" (NEGRÃO, Theotônio; GOUVÊA, José Roberto F.; BONDIOLI, Luis Guilherme A.; FONSECA, João Francisco N. da. *Código Civil e legislação em vigor.* 41. ed. São Paulo: Saraiva, 2023, p. 706). Ainda segundo a doutrina, as disposições do Estatuto da Pessoa com Deficiência (Lei nº 13.146), como lei especial, prevalecem sobre as do Código Civil: "apesar do art. 1.768 ter sido revogado pelo novo CPC, o diálogo das fontes e a Convenção de Nova York permite compatibilizar o texto especial oriundo do Estatuto, o qual representa autêntica lex specialis. Uma das grandes inovações do Estatuto foi a inserção da autointerdição, instituto afim com o testamento vital" (MEDINA, José Miguel Garcia; ARAÚJO, Fábio Caldas de. Código Civil Comentado. 4. ed. São Paulo: Ed. RT, 2021, p. 1.289).

que, instaurado o processo, o Ministério Público seria convocado para interferir no processo, dando-se curador ao requerente.[36] Aliás, o art. 1.780 do Código Civil (também objeto de revogação), já previa a possibilidade, antes mesmo da Lei nº 13.146/2015, de o enfermo ou portador de deficiência física requerer ao juiz a nomeação de curador "para cuidar de todos ou alguns de seus negócios ou bens".

A propósito deste último dispositivo, observa-se que cuidava ele da figura conhecida como "curatela especial por representação". Com a reforma operada pela Lei nº 13.146/2015, de duas, uma: "se a enfermidade ou deficiência física impede a pessoa de exprimir sua vontade, incide a hipótese referida no art. 1.767, I do CC, havendo espaço para a curatela; não sendo esse o caso, poderá ser pleiteado o processo de tomada de decisão apoiada (art. 1.783-A do CC)"[37].

359. Petição inicial

A petição inicial, subscrita por advogado, será instruída com a *prova* de que o requerente se acha legitimado a promover a interdição (certidão de nascimento, casamento etc.)[38] (CPC/2015, art. 747, parágrafo único).

Nos fundamentos da petição inicial serão indicados: *(i)* os fatos que revelam a incapacidade do interditando e recomendam sua incapacitação para gerir seus bens e praticar atos negociais, e *(ii)* os limites que o requerente entenda devam ser dados à curatela pelo juiz. O autor deve informar, ainda, o momento em que a incapacidade se revelou (CPC/2015, art. 749, *caput*). "Essa informação tem dupla finalidade: a) servir de dado para o exame pericial; b) servir como parâmetro para avaliar a eficácia probatória da sentença que decreta a interdição, examinada mais à frente".[39] Por se tratar de um requisito indispensável, caso não seja possível ao autor revelar o momento da incapacidade, deve ele prestar esse esclarecimento na inicial.

É dever do autor juntar um *laudo médico* que comprove suas alegações, para evitar procedimentos infundados, como lembra Mendonça Lima,[40] eis que a "gravidade da ação de interdição impõe que se exija um lastro probatório mínimo para que o processo possa desenvolver-se, com a citação do interditando".[41] Se não for possível fazer a juntada, deverá prestar essa informação ao juízo (CPC/2015, art. 750).

Se for caso de urgência, o requerente deverá justificá-la e requerer ao juiz a nomeação de um curador provisório ao interditando para a prática de determinados atos (art. 749, parágrafo único, do CPC/2015; art. 87 do Estatuto da Pessoa com Deficiência).

---

36 LIMA, Alcides de Mendonça. *Comentários ao Código de Processo Civil.* São Paulo: Ed. RT, 1982, v. XII. n. 284, p. 436.

37 MEDINA, José Miguel Garcia; ARAÚJO, Fábio Caldas de. Código Civil Comentado. 4. ed. São Paulo: Ed. RT, 2021, p. 1.295.

38 TJGO, Ap. 9.022, *in* PRATA, Edson Gonçalves. *Repertório de jurisprudência do Código de Processo Civil.* São Paulo: LEUD, 1978, v. 18, n. 4.518, p. p. 5.860.

39 DIDIER JR., Fredie. Da interdição. In: WAMBIER, Teresa Arruda Alvim *et al. Breves comentários ao atual Código de Processo Civil.* São Paulo: Ed. RT, 2015, p. 1.736.

40 LIMA, Alcides de Mendonça. *Comentários ao Código de Processo Civil.* São Paulo: Ed. RT, 1982, v. XII. p. 447, nota 509.

41 DIDIER JR., Fredie. Da interdição. In: WAMBIER, Teresa Arruda Alvim *et al. Breves comentários ao atual Código de Processo Civil.* São Paulo: Ed. RT, 2015, p. 1.737.

360. Procedimento

I – Entrevista

Despachada a inicial, o interditando será citado. Não cabe citação eletrônica ou pelo correio (CPC/2015, art. 247, I), por edital ou por hora certa. Só a pessoal. Se o citando estiver impossibilitado de recebê-la, observar-se o que dispõe o art. 245 do CPC/2015.[42]

E o processo começará com o comparecimento do promovido perante o juiz, que o entrevistará (CPC/2015, art. 751). Ressalte-se que o CPC/2015 fala em "entrevista", não mais em "interrogatório". Haverá, então, um diálogo entre o juiz e o interditando, a fim de que se estabeleça um juízo real da necessidade e dos limites da curatela. Não se trata de uma faculdade, mas de um ato processual imposto pela lei como momento necessário do procedimento de interdição, principalmente levando em conta a sistemática do novo Estatuto da Pessoa com Deficiência (Lei nº 13.146/2015), na qual se prevê gradação da curatela e adoção de medidas até mais brandas do que a interdição, proporcionais "às necessidades e às circunstâncias de cada caso" (art. 84, § 3º). O juiz não vai agir como um especialista, mas precisa ter um contato pessoal com o interditando para conhecer, pelo menos, sua aparência e suas reações exteriores, bem como suas vontades, preferências e laços familiares e afetivos (CPC/2015, art. 751, *caput*). Durante a realização da entrevista, poderão ser utilizados recursos tecnológicos capazes de permitir ou de auxiliar o interditando a expressar suas vontades e preferências e a responder às perguntas formuladas (CPC/2015, art. 751, § 3º).

Equipe multidisciplinar acompanhará a entrevista, quando for necessária essa assistência. É o que se conclui da leitura dos arts. 751, § 2º, e 753, *caput*, do CPC/2015, c/c o art. 1.771 do Código Civil, na redação dada pela Lei nº 13.146/2015.

Essa entrevista poderá ser, quando necessário, na residência do interditando ou em outro local onde em que se encontre, caso não possa deslocar-se até o juízo (CPC/2015, art. 751, § 1º). O juiz poderá colher depoimentos de parentes e de pessoas próximas ao interditando (§ 4º), com o objetivo de reforçar seu convencimento sobre a existência de "lastro probatório mínimo para prosseguimento da ação de interdição e, se for o caso, a designação de um curador provisório".[43] A entrevista será reduzida a *termo* (CPC/2015, art. 751, *caput, in fine*).

A entrevista em questão é essencial à validade do processo de interdição, o mesmo ocorrendo com a nomeação de curador à lide. A participação do Ministério Público não supre a falta do curador especial, desde que evidenciada a incapacidade do interditando para praticar os atos da vida civil.[44]

---

[42] CPC/2015, art. 245: "Não se fará citação quando se verificar que o citando é mentalmente incapaz ou está impossibilitado de recebê-la. § 1º O oficial de justiça descreverá e certificará minuciosamente a ocorrência. § 2º Para examinar o citando, o juiz nomeará médico, que apresentará laudo no prazo de 5 (cinco) dias. § 3º Dispensa-se a nomeação de que trata o § 2º se pessoa da família apresentar declaração do médico do citando que ateste a incapacidade deste. § 4º Reconhecida a impossibilidade, o juiz nomeará curador ao citando, observando, quanto à sua escolha, a preferência estabelecida em lei e restringindo a nomeação à causa. § 5º A citação será feita na pessoa do curador, a quem incumbirá a defesa dos interesses do citando".

[43] DIDIER JR., Fredie. Da interdição. In: WAMBIER, Teresa Arruda Alvim *et al. Breves comentários ao atual Código de Processo Civil*. São Paulo: Ed. RT, 2015, p. 1.739.

[44] "A participação do Ministério Público como custos legis em ação de interdição não supre a ausência de nomeação de curador à lide, devido à antinomia existente entre as funções de fiscal da lei e representante dos interesses do interditando. O interrogatório do interditando é medida que garante o contraditório e a ampla defesa de pessoa que se encontra em presumido estado de vulnerabilidade. São intangíveis as regras processuais que cuidam do direito de defesa do interditando, especialmente quando se trata de reconhecer a incapacidade e restringir direitos" (STJ, 3ª T., REsp 1.686.161/SP, Rel. Min. Nancy Andrighi, ac. 12.09.2017, *DJe* 15.09.2017).

II – Impugnação

O prazo para impugnar o pedido de interdição é de quinze dias, a contar da entrevista (CPC/2015, art. 752).

Poderá haver alegação de incompetência do juízo em sede de preliminar, bem como de suspeição ou impedimento do juiz.

A impugnação ao pedido poderá ser feita:

(a) por advogado constituído pelo interditando; ou
(b) por curador à lide, caso ele não constitua procurador nos autos.

O órgão ministerial intervirá sempre como fiscal da ordem jurídica, mesmo se for ele o autor da ação.

Se o interditando não constituir advogado ou defensor público para representá-lo, o juiz nomeará um curador especial (CPC/2015, art. 752, § 2º), função que é exercida pela Defensoria Pública (CPC/2015, art. 72, parágrafo único), para que possa apresentar a impugnação. Essa curadoria não está relacionada à capacidade processual do promovido e não há conexão com o fato de ele ser ou não incapacitado para atos da vida civil. Trata-se de curador especial nomeado única e exclusivamente pelo fato de não ter sido apresentada defesa pelo interditando.

Caso o promovido não constitua advogado, poderá o cônjuge, companheiro ou qualquer parente sucessível intervir no processo como assistente (CPC/2015, art. 752, § 3º). Na visão de Didier Jr.,[45] "há, aqui, presunção legal absoluta de interesse jurídico, que autoriza a assistência", em razão da fragilidade do promovido, tornando-se o interveniente "litisconsorte unitário do interditando, ainda que legitimado extraordinário".

III – Das provas

Após a impugnação ou o decurso do prazo para impugnação, realizar-se-á perícia médica na pessoa do interditando (CPC/2015, art. 753). A doutrina já entendeu que o exame psiquiátrico é essencial e sua omissão gera nulidade do processo.[46] Contudo, com a edição da Lei nº 13.146/2015, foram excluídas da curatela as pessoas que, segundo antiga redação do art. 1.767 do Código Civil, possuem "enfermidade ou deficiência mental" e "os excepcionais sem completo desenvolvimento mental". Com isso, parece-nos que a definição do especialista vai depender da situação que incapacita o interditando.

Já decidiu o TJMG que "não afirmada a incapacidade do paciente pelo laudo médico, subscrito por dois especialistas, deve ser rejeitado o respectivo pedido de interdição".[47]

A perícia médica segue o procedimento comum da prova pericial (CPC/2015, arts. 464 a 480). Será realizada mesmo que ninguém a requeira expressamente (*ex officio*).[48]

---

45 DIDIER JR., Fredie. Da interdição. In: WAMBIER, Teresa Arruda Alvim *et al. Breves comentários ao atual Código de Processo Civil*. São Paulo: Ed. RT, 2015, p. 1.741.

46 LIMA, Alcides de Mendonça. *Comentários ao Código de Processo Civil*. São Paulo: Ed. RT, 1982, v. XII, n. 305, p. 459.

47 TJMG, Ap. 35.768, *in* PRATA, Edson Gonçalves. *Repertório de jurisprudência do Código de Processo Civil*. São Paulo: LEUD, 1978. v. 18, n. 4.512, p. 3.587.

48 A prova pericial é, na interdição, a prova mais importante, a prova indispensável e a prova decisiva. Nesse sentido: *RF* 179/248, *RF* 149/313, *Jur. Mineira* 4/686; TJSP, 3ª Câm. Dir. Priv., Ap. c/ Rev. 531.168-4/8-00, ac. 11.12.2007, *RT* 870/222. A jurisprudência tem flexibilizado a exigência legal, aceitando a dispensa da perícia judicial, quando, *v.g.*, exista laudo extrajudicial expedido pelo INSS (STJ, 4ª T., REsp 253.733/MG, Rel.

O perito deve, de preferência, ser médico especialista (psiquiatra), mas se a perícia for complexa, será realizada por equipe composta de expertos com formação multidisciplinar (CPC/2015, art. 753, § 1º), como exemplos, psicólogo e assistentes sociais. Cumpre ressaltar que, nos termos do § 1º do art. 2º da Lei nº 13.146/2015, "a avaliação da deficiência, quando necessária, será biopsicossocial, realizada por equipe multiprofissional e interdisciplinar".

O laudo deverá especificar, se for o caso, os atos para os quais haverá necessidade de curatela (CPC/2015, art. 753, § 2º). Esses atos, vale lembrar, são relacionados apenas aos direitos de natureza patrimonial e negocial (Lei nº 13.146/2015, art. 85).

Em situações especiais, pode o juiz dispensar a prova pericial, nos termos definidos pelo art. 472 do CPC/2015, substituindo-a por parecer técnico, desde que não impugnado pelos interessados ou pelo Ministério Público.

Após o laudo, serão produzidas outras provas e colhidos os depoimentos dos interessados (CPC/2015, art. 754). Essa instrução complementar "deve restringir-se à segunda perícia, caso o juiz não aceite a primeira, ou a colheita de prova oral que sirva para esclarecer os limites da curatela e a gradação da interdição ou para auxiliar o perito na elaboração do seu laudo".[49]

Se não há quesitos complementares e os interessados dispensam quaisquer esclarecimentos sobre o laudo e não requerem testemunhas, o juiz pode, desde logo, julgar a causa com base na perícia. O julgamento conforme o estado do processo é também aplicável à interdição.[50]

361. Sentença

I - Conteúdo

Da sentença de interdição devem constar as razões e motivações da curatela, preservados os interesses do curatelado (Lei nº 13.146/2015, art. 85, § 2º). Em se tratando de curatela de pessoa com deficiência, a limitação do curatelado deve ser proporcional às necessidades e às circunstâncias de cada caso, e durará o menor tempo possível (Lei nº 13.146/2015, art. 84, § 3º).

Decretada a interdição (CPC/2015, art. 755), na sentença o juiz:

(a) nomeará o curador do incapaz que poderá ser o requerente da interdição (inc. I);

(b) fixará os limites da curatela, segundo o estado e o desenvolvimento mental do interdito, bem como considerando suas características pessoais, potencialidades, habilidades, vontades e preferências (incs. I, *in fine*, e II);

(c) fixará os atos que o interdito poderá praticar, não sendo a interdição total (art. 755, § 3º, *in fine*).

Min. Fernando Gonçalves, ac. 16.03.2004, *DJU* 05.04.2004, p. 266). No entanto, em julgado de 28.08.2024, "por unanimidade, a Terceira Turma do Superior Tribunal de Justiça (STJ) decidiu que não é possível o julgamento antecipado de ação de interdição com base em laudo médico unilateral. Para o colegiado, a produção de prova pericial é imprescindível para a constatação da incapacidade civil da pessoa a ser interditada" (*Notícias STJ*. Disponível em: https://www.stj.jus.br/sites/portalp/Paginas/Comunicacao/Noticias/2024/28082024-Terceira-Turma-decide-que-pericia-e-indispensavel-nas-acoes-de-interdicao.aspx. Acesso em: 16 set. 2024).

[49] DIDIER JR., Fredie. Da interdição. In: WAMBIER, Teresa Arruda Alvim *et al. Breves comentários ao atual Código de Processo Civil*. São Paulo: Ed. RT, 2015, p. 1.742.

[50] LIMA, Alcides de Mendonça. *Comentários ao Código de Processo Civil*. São Paulo: Ed. RT, 1982, v. XII, n. 307.2, p. 462.

Pode-se depreender, portanto, que o juiz elaborará um projeto individual de curatela, atendendo às necessidades do interdito, para abranger apenas e tão somente os atos para os quais efetivamente está impossibilitado de praticar sozinho, respeitando a sua dignidade.

II – Nomeação do curador

De acordo com a lei material, a escolha do curador deveria observar a ordem do art. 1.775 do Código Civil. A jurisprudência, todavia, tem entendido que a gradação desse artigo não é absoluta ou inflexível, podendo o juiz alterá-la na conveniência do interdito e em face das peculiaridades do caso.[51] A novel ordem jurídica alinhou-se à tendência jurisprudencial. Assim, será nomeado curador pessoa que melhor atenda aos interesses do curatelado (CPC/2015, art. 755, § 1º), podendo o juiz estabelecer curatela compartilhada a mais de uma pessoa (CC, art. 1.775-A, acrescentado pela Lei nº 13.146/2015). Não mais é acolhida a disposição que assegura ao cônjuge ou companheiro o direito de ser curador do outro, quando interdito.

Da mesma forma, a nova redação dada ao art. 1.772 do Código Civil permite, inclusive, que a vontade do interditando seja levada em consideração no momento de se nomear curador. Assim, o interdito poderá ser auxiliado por pessoa de sua confiança, com quem mantém vínculo afetivo real, que poderá, de fato, buscar o melhor interesse e bem-estar do curatelado.

Se existir pessoa incapaz sob a guarda e responsabilidade do interdito, a nomeação do curador deverá observar também os interesses desse incapaz (CPC/2015, art. 755, § 2º). Nomeado o curador, sua autoridade se estende à pessoa e aos bens do incapaz, salvo se outra solução for julgada mais conveniente pelo juiz (CPC/2015, art. 757).

Essa regra deve ser interpretada segundo a Lei nº 13.146/2015, que é expressa em determinar que "a curatela afetará tão somente os atos relacionados aos direitos de natureza patrimonial e negocial" (art. 85). Além disso, o Estatuto dispõe que "a deficiência não afeta a plena capacidade civil da pessoa", inclusive para "exercer o direito à guarda, à tutela, à curatela e à adoção, como adotante ou adotando, em igualdade de oportunidades com as demais pessoas" (art. 6º, VI). Dessa forma, parece-nos que, em regra, a curatela não se estenderá aos incapazes sob a guarda e responsabilidade do curatelado. Essa ampliação das funções do curador somente ocorrerá se expressamente determinada pela sentença e houver, de fato, necessidade da medida. Nesse sentido, o art. 757 do CPC/2015 é expresso em afirmar que a extensão da autoridade do curador à pessoa e aos bens do incapaz que se encontrar sob a guarda e a responsabilidade do curatelado ocorrerá apenas se o juiz não considerar outra solução como mais conveniente ao interesse do incapaz.

No caso de pessoa em situação de institucionalização, ao nomear curador, o juiz deve dar preferência a pessoa que tenha vínculo de natureza familiar, afetiva ou comunitária com o curatelado (Lei nº 13.146/2015, art. 85, § 3º).

III – Efeitos da sentença

Os efeitos da sentença são imediatos, mesmo que haja interposição de apelação, uma vez que o recurso não terá efeito suspensivo (CPC/2015, art. 1.012, § 1º, VI). São eles (CPC/2015, art. 755, § 3º):

---

[51] CASTRO FILHO, José Olympio de. *Comentários ao Código de Processo Civil*. 2. ed. série Forense, v. X, n. 146, p. 280; LIMA, Alcides de Mendonça. *Comentários ao Código de Processo Civil*. São Paulo: Ed. RT, 1982, v. XII, n. 309, p. 463; TJSP, Ap. 229.664, *in* PRATA, Edson Gonçalves. *Repertório de jurisprudência do Código de Processo Civil*. São Paulo: LEUD, 1978. v. 18, n. 4.536, p. 5.883.

(a) nomeação do curador e assunção da curatela;
(b) inscrição da sentença no Registro Civil;
(c) publicação de editais.

Novamente, o CPC/2015 priorizou a publicação de edital por meios eletrônicos. De acordo com o art. 755, § 3º, ela ocorrerá uma vez na rede mundial de computadores, no sítio do tribunal a que estiver vinculado o juízo e na plataforma de editais do Conselho Nacional de Justiça, onde permanecerá por seis meses. Ocorrerá ainda uma vez no jornal local e três no órgão oficial, com intervalo de dez dias (art. 755, § 3º).

A publicação não dispensa a intimação normal dos que participaram do procedimento.

> "A sentença de interdição tem natureza constitutiva, pois não se limita a declarar uma incapacidade preexistente, mas também a constituir uma nova situação jurídica de sujeição do interdito à curatela, com efeitos *ex nunc*".[52]

362. Eficácia da sentença sobre atos do interditando

A partir da sentença, o interditando só pode praticar atos jurídicos por meio de seu curador. Os atos eventualmente praticados sem essa representação são absolutamente nulos (CC, art. 166, I).[53]

Quanto aos atos anteriores à sentença, são havidos apenas como anuláveis. A sentença não tem efeito retroativo.[54]

Só por meio de ação própria será possível demandar sua invalidação, caso em que o acolhimento dependerá de prova convincente de que o agente já se achava de fato incapaz ao tempo do ato impugnado.[55]

363. Rescisória

Não se aplica a ação rescisória à sentença de interdição, porque, sendo de jurisdição voluntária, não faz coisa julgada material. Pode-se, portanto, renovar o pedido de interdição

---

[52] STJ, 3ª T., REsp 1.251.728/PE, Rel. Min. Paulo de Tarso Sanseverino, ac. 14.05.2013, *DJe* 23.05.2013.

[53] De acordo com o art. 682, II, do Código Civil, o mandato extingue-se pela interdição de uma das partes. Essa extinção, de acordo com o STJ, é necessária pois desaparece a relação de confiança sobre a qual se funda o mandato. Afirma-se no acórdão que "conquanto a referida norma se aplique indistintamente a todos os mandatos, entendo necessária uma interpretação lógico-sistemática do ordenamento jurídico pátrio, permitindo afastar a sua incidência ao caso específico do mandato outorgado pelo interditando para a sua defesa judicial na própria ação de interdição". Concluiu aquela Corte que "enquanto não for objeto de ação em que se comprove sua nulidade por incapacidade do mandante à época da constituição, deve [a procuração] ser mantida hígida, não podendo ser atingida pela sentença de interdição" (STJ, REsp 1.251.728/PE, Rel. Min. Paulo de Tarso Sanseverino, ac. 14.05.2013, *DJe* 23.05.2013).

[54] "1. A sentença de interdição tem natureza constitutiva, caracterizada pelo fato de que ela não cria a incapacidade, mas, sim, situação jurídica nova para o incapaz, diferente daquela em que, até então, se encontrava. 2. Segundo o entendimento desta Corte Superior, a sentença de interdição, salvo pronunciamento judicial expresso em sentido contrário, opera efeitos *ex nunc*. Precedentes. 3. Quando já existente a incapacidade, os atos praticados anteriormente à sentença constitutiva de interdição até poderão ser reconhecidos nulos, porém não como efeito automático da sentença, devendo, para tanto, ser proposta ação específica de anulação do ato jurídico, com demonstração de que a incapacidade já existia ao tempo de sua realização do ato a ser anulado" (STJ, 4ª T., REsp 1.694.984/MS, Rel. Min. Luis Felipe Salomão, ac. 14.11.2017, *DJe* 01.02.2018).

[55] LIMA, Alcides de Mendonça. *Comentários ao Código de Processo Civil.* São Paulo: Ed. RT, 1982, v. XII, n. 317, p. 470 e nota de rodapé n. 537.

com base em provas novas e mediante demonstração de que o estado atual do paciente autoriza a sua incapacitação, mesmo após a denegação do outro pedido semelhante a respeito da mesma pessoa.

Se a interdição foi indevidamente decretada, pode o promovido usar o procedimento de levantamento de interdição previsto no art. 756 do CPC/2015, sem necessitar propriamente de rescindir o julgado anterior.[56]

364. Levantamento da interdição

Cessada a causa da interdição (CPC/2015, art. 756), o próprio interdito poderá requerer seu levantamento. Poderão ainda requerer o levantamento da curatela o curador e o Ministério Público (§ 1º).

O requerimento será autuado em apenso aos autos da interdição (§ 1º).

O curador e o órgão do Ministério Público deverão ser ouvidos.

O exame pessoal pelo juiz, na entrevista, e a perícia são necessários (§ 2º).

Se houver necessidade, realizar-se-á audiência de instrução e julgamento.

A sentença que acolhe o pedido de levantamento de interdição é *constitutiva,* porque desconstitui o efeito da sentença anterior. Os efeitos, todavia, não são imediatos: dependem de trânsito em julgado (art. 756, § 3º).

Só após a coisa julgada, haverá a publicação de editais e somente após o prazo dos editais é que será a sentença averbada no Registro Civil. Para essa publicidade, será utilizada a mesma forma em que se deu a publicação da sentença que define a curatela (§ 3º).

A interdição poderá ser levantada parcialmente quando demonstrada a capacidade do interdito para prática de alguns atos da vida civil (art. 756, § 4º).

365. Investidura dos curadores

A administração dos bens do interdito, pelo curador, depende de certas cautelas impostas pela lei. Em primeiro lugar, deve prestar o compromisso de bem e fielmente exercer o múnus. Em seguida, assume a administração dos bens do interditado. Além da gestão dos bens, o CPC/2015 impõe ao curador a obrigação de buscar tratamento e apoio apropriados à conquista da autonomia pelo interdito (art. 758).

A antiga exigência de constituição de hipoteca legal para assegurar a gestão do curador não é mais feita pelo Código Civil de 2002.[57] Em consequência, também o CPC atual não faz menção a esse tipo de garantia como requisito da assunção pelo curador da administração dos bens do curatelado (CPC, art. 759, § 2º).

366. Remoção de curador

A remoção do curador pode ser promovida em procedimento, com contraditório, tendo o curador o prazo de cinco dias para contestar a arguição, o qual, após findar-se, seguirá o rito das ações comuns (CPC/2015, art. 761, parágrafo único).

---

56 PONTES DE MIRANDA, Francisco Cavalcanti. *Comentários ao Código de Processo Civil*. 2. ed. Rio de Janeiro: Forense, 1977. t. XVI, p. 404; LIMA, Alcides de Mendonça. *Comentários ao Código de Processo Civil.* São Paulo: Ed. RT, 1982, v. XII, n. 321, p. 473.

57 TESHEINER, José Maria Rosa. Procedimentos de jurisdição voluntária segundo o novo Código Civil. *Revista jurídica*, v. 307, p. 34, maio 2003.

Essa ação pode ser movida pelo Ministério Público ou por quem tenha legítimo interesse (art. 761, *caput*).

Após a contestação e a instrução, o juiz deliberará. Se a sentença decretar a remoção, deverá nomear o substituto para exercer a curatela.

Sendo extremamente grave a situação, o juiz poderá, antes mesmo da sentença, suspender o exercício das funções do curador e nomear um substituto interino (CPC/2015, art. 762). A previsão é relevante, "na medida em que a urgência evidentemente pode se dar em caso de tutela e curatela e esse dispositivo apenas fixa a ideia de que se deve agir de pronto para evitar qualquer dano ao incapaz". Admite-se, embora haja controvérsias, até mesmo a atuação oficiosa do juiz em providências de urgência, lembrando-se de que, em procedimento de jurisdição voluntária, "não se observa a estrita legalidade".[58]

Os casos de remoção são aqueles arrolados nos arts. 1.735 a 1.766 do Código Civil e, de maneira geral, eles são sempre cabíveis quando se cometa infração dos deveres que a lei civil impõe aos curadores (CC, arts. 1.740, 1.751, 1.752, 1.756). Embora esses artigos se refiram à tutela, são eles aplicáveis à curatela por força do art. 1.774 do mesmo Código. Na síntese do art. 1.766 do Código Civil, a destituição do curador, tal como a do tutor, se dará quando se revelar "negligente, prevaricador ou incurso em incapacidade".

Cessadas as funções do curador, estará ele obrigado a prestar contas, na forma da lei civil (CPC/2015, art. 763, § 2º).

---

[58] GODINHO, Robson. *Comentários ao Código de Processo Civil*. São Paulo: Saraiva, 2018, v. XIV, p. 475. "Nos processos de curatela, as medidas devem ser tomadas no interesse da pessoa interditada, o qual deve prevalecer diante de quaisquer outras questões" (STJ, 3ª T., REsp 1.137.787/MG, Rel. Min. Nancy Andrighi, ac. 09.11.2010, *DJe* 24.11.2010).

§ 40. A TOMADA DE DECISÃO APOIADA

367. A nova medida protetiva de pessoas em situação de vulnerabilidade

A Lei nº 13.146/2015 deu nova redação ao Título IV do Livro IV da parte Especial do Código Civil, para incluir a "tomada de decisão apoiada" entre as medidas destinadas à proteção da pessoa em situação de vulnerabilidade. Esse instituto não é novo no direito estrangeiro, tendo sido previsto no Código Civil italiano – "amnistratores di sostegno" –, para situações em que a pessoa, por efeito de uma enfermidade ou de uma deficiência física ou psíquica, torna-se impossibilitada, ainda que parcial ou temporariamente, de prover os seus próprios interesses (arts. 404 a 415 do Código Civil italiano).

No Brasil, antes mesmo da edição do Estatuto da Pessoa com Deficiência, admitia-se a interdição parcial e a autointerdição, modalidades que, embora não se confundam com a tomada de decisão apoiada, a ela se assemelham.

Esse instituto, no direito brasileiro, está detalhado no art. 1.783-A, acrescentado ao Código Civil pelo Estatuto da Pessoa com Deficiência. Nos termos do *caput* desse artigo, trata-se de um "processo pelo qual a pessoa com deficiência elege pelo menos 2 (duas) pessoas idôneas, com as quais mantenha vínculos e que gozem de sua confiança, para prestar-lhe apoio na tomada de decisão sobre atos da vida civil, fornecendo-lhes os elementos e informações necessários para que possa exercer sua capacidade".

Pelo que já foi exposto anteriormente, observa-se que esse instituto não substitui a curatela. Ele é, de fato, uma nova modalidade de proteção das pessoas com deficiência sem, contudo, retirar-lhe a capacidade. Ela pode ser utilizada quando o indivíduo ainda consegue exercer os atos da vida civil, mas precisa de auxílio na tomada de algumas decisões. Pense-se no caso de uma pessoa acometida de Alzheimer ou outra doença degenerativa, que esteja ainda no estágio inicial da doença.

A adoção desse modelo cumpre determinações da Convenção sobre os Direitos das Pessoas com Deficiência,[59] promulgado no Brasil pelo Decreto nº 6.949, de 25.08.2009. Essa Convenção equivale à Emenda Constitucional, conforme previsto no § 3º do art. 5º da Constituição da República, a dispor que "os tratados e convenções internacionais sobre direitos humanos que forem aprovados, em cada Casa do Congresso Nacional, em dois turnos, por três quintos dos votos dos respectivos membros, serão equivalentes às emendas constitucionais".

368. Procedimento

O procedimento para definir a tomada de decisão apoiada está fixado nos onze parágrafos do art. 1.783-A do Código Civil, acrescentado pela Lei nº 13.146/2015. Além de alguns preceitos específicos, aplicam-se à tomada de decisão apoiada, no que couber, as disposições referentes à prestação de contas na curatela (§ 11).

I – Legitimidade

O pedido de tomada de decisão apoiada será requerido pela própria pessoa a ser apoiada, com indicação expressa dos indivíduos aptos a prestarem apoio na tomada de decisão sobre atos da vida civil (§ 2º). Não se possibilita, ao que nos parece, que esse pedido possa ser formulado por outrem que não seja a pessoa com deficiência.

---

[59] Convenção sobre direitos das pessoas com deficiência. "Art. 12.3. Os Estados Partes tomarão medidas apropriadas para prover o acesso de pessoas com deficiência ao apoio que necessitarem no exercício de sua capacidade legal".

II – Petição inicial

Dispõe o § 1º que a pessoa com deficiência e os apoiadores devem apresentar ao juízo termo em que constem: *(i)* os limites do apoio a ser oferecido, *(ii)* os compromissos dos apoiadores, *(iii)* o prazo de vigência do acordo e *(iv)* o respeito à vontade, aos direitos e aos interesses da pessoa a ser apoiada. Sem esses requisitos, parece-nos, a inicial será indeferida.

III – Processamento

Recebido o pedido, o juiz ouvirá o Ministério Público e, após, entrevistará pessoalmente o requerente e as pessoas que lhe prestarão apoio. Nessa ocasião, será o magistrado assistido por equipe multidisciplinar. Somente após essas oitivas, ele se pronunciará sobre o pedido (§ 3º).

IV – Efeitos da decisão que acolhe o pedido

O principal efeito da decisão que acolhe o pedido é tornar válidos todos os atos praticados pela pessoa com a assistência de seus apoiadores. Por isso o § 4º, do artigo em questão, determina que "a decisão tomada por pessoa apoiada terá validade e efeitos sobre terceiros, sem restrições, desde que esteja inserida nos limites do apoio acordado". Entretanto, terceiro com quem a pessoa apoiada mantenha relação negocial pode solicitar que os apoiadores contra-assinem o contrato ou acordo, especificando, por escrito, sua função em relação ao apoiado (§ 5º).

Em caso de negócio jurídico que possa trazer risco ou prejuízo relevante, havendo divergência de opiniões entre a pessoa apoiada e um dos apoiadores, o caso será levado ao juízo que, após ouvir o Ministério Público, decidirá sobre a questão (§ 6º).

V – Desfazimento da medida de apoio

A pessoa apoiada pode, a qualquer tempo, solicitar o término de acordo firmado em processo de tomada de decisão apoiada (§ 9º). Essa mesma providência pode ser requerida pelo apoiador, sendo seu desligamento condicionado à manifestação do juiz sobre a matéria (§ 10).

VI – Obrigações do apoiador

O apoiador deve agir com presteza e cumprir com os termos acordados, de forma a apoiar o deficiente na tomada de decisão sobre atos da vida civil, fornecendo-lhes os elementos e informações necessários para que possa exercer sua capacidade. Se agir com negligência, exercer pressão indevida ou não adimplir as obrigações assumidas, poderá a pessoa apoiada, ou qualquer outra, apresentar denúncia ao Ministério Público ou ao juiz (§ 7º). Se procedente a denúncia, o juiz destituirá o apoiador e nomeará, ouvida a pessoa apoiada e se for de seu interesse, outra pessoa para prestação de apoio (§ 8º).[60]

---

[60] A responsabilidade civil do apoiador, em caso de negligência ou de pressão indevida, bem como de descumprimento das obrigações assumidas (Código Civil, art. 1.783-A, § 7º), pode ser vista ora como contratual, ora como aquiliana, porém sempre subjetiva, fundada em culpa ou dolo (SAHYOUN, Najla Pinterich; SAHYOUN, Nacoul Badoui. A responsabilidade civil do apoiador na tomada de decisão apoiada. *Revista dos Tribunais*, São Paulo, v. 997, p. 389, nov. 2018).

Capítulo XXV

DISPOSIÇÕES COMUNS À TUTELA E À CURATELA

§ 41. GENERALIDADES

369. Introito

Só as pessoas capazes têm a ampla aptidão para praticar os atos da vida civil. Como os incapazes também podem ser sujeitos de relações jurídicas, a lei supre sua incapacidade por meio da representação ou da assistência (CC, art. 120).

No caso dos filhos menores, cabe aos pais representá-los até os dezesseis anos e assisti-los após essa idade (CC, art. 1.690, *caput*). Na ausência dos pais, essa função se transfere para o tutor (CC, arts. 1.728 e 1.747, I). Assim, a tutela é atribuída pela justiça a uma pessoa adulta capaz de responsabilizar-se e administrar bens dessas crianças e adolescentes.

Ocorre também a situação em que uma pessoa adulta é parcial ou totalmente incapaz para os atos da vida civil e condução de seus próprios interesses, em virtude de algum vício (tóxico ou álcool), de sua prodigalidade ou em razão de alguma causa que impede o sujeito de expressar sua vontade própria (CC, art. 1.767). Nesse caso, ocorre a interdição, atribuindo-se tais funções ao curador judicialmente nomeado (CC, art. 1.774).

Material e processualmente, o múnus da curatela se equipara ao da tutela (CC, arts. 1.774 e 1.781; CPC/2015, arts. 759 a 763), sendo que a nomeação do curador e do tutor são procedimentos da jurisdição voluntária. Quanto à escolha do curador, é ato que o juiz pratica, geralmente, na sentença de interdição (CPC/2015, art. 755, *caput*). A nomeação do tutor pressupõe falecimento ou ausência de ambos os pais ou decadência do pátrio poder, também por ambos os genitores (CC, art. 1.728). Já a nomeação do tutor é ato que nem sempre necessita da interferência judicial.

De acordo com o art. 1.729 do Código Civil, o direito de nomear o tutor compete aos pais, em conjunto. Para praticar o ato, basta utilizar-se do testamento ou qualquer outro documento autêntico (CC, art. 1.729, parágrafo único). Perde o direito de nomear tutor o genitor que não detiver o poder familiar (CC de 2002, art. 1.730). Quando inexistir nomeação válida, ou quando o nomeado for excluído ou escusado, é ao juiz que cabe escolher e nomear o tutor para os órfãos, observada a escala de preferência constante do art. 1.731 do Código Civil (CC, art. 1.732).

Superada, porém, a fase de escolha e nomeação do tutor ou do curador, a investidura no múnus, a dispensa e a remoção deles sujeitar-se-ão a uma única disciplina legal (CPC/2015, arts. 759 a 763).

370. Disposições comuns à nomeação de tutor e curador

Para assumir o encargo, tutor e curador devem prestar compromisso perante a autoridade judicial, no prazo de cinco dias, contados da nomeação por sentença ou da intimação do despacho que manda cumprir o testamento ou o instrumento público relativo à escolha convencional do tutor. Deverão eles prestar o compromisso por termo em livro rubricado pelo juiz. Prestado o compromisso, incumbe ao tutor ou curador assumir a administração dos bens do tutelado ou do interditado (CPC/2015, art. 759).

Em regra, não se admite que o tutor ou curador, dentro da escala de preferência legal, se recuse a aceitar o encargo. No entanto, o Código Civil arrola, nos arts. 1.736 e 1.737, várias hipóteses em que a escusa é possível.[1] Mas o interessado deverá requerer sua dispensa no prazo de cinco dias, contados da intimação do compromisso (CPC/2015, art. 760, I). O julgamento do pedido é feito de plano pelo juiz (CPC/2015, art. 760, § 2º).

As normas sobre remoção dos tutores e curadores constam dos arts. 761 a 763 do CPC/2015. A remoção é ato de afastamento forçado ou compulsório, e pode ser requerida pelo órgão do Ministério Público ou por qualquer pessoa que tenha legítimo interesse (CPC/2015, art. 761). O pedido de remoção será em apenso ao processo da tutela ou curatela,[2] e deverá ser fundado em algum dos permissivos dos arts. 1.735 e 1.766 do Código Civil.[3] Esses fundamentos não se esgotam, pois a remoção pode ser requerida por outras razões, desde que comprovada a ofensa aos interesses do tutelado ou curatelado.[4]

O tutor ou curador terá cinco dias para contestar o pedido de remoção, observando-se, em seguida, o procedimento comum, com instrução probatória, sentença e recursos (CPC/2015, art. 761, parágrafo único).

O titular do múnus continuará a exercê-lo enquanto não julgado definitivamente o pedido de remoção. Mas, em caso de extrema gravidade, permite-se ao juiz suspendê-lo das funções no curso do processo, fazendo-se nomeação de um substituto interino (CPC/2015, art. 762).

Cessando as funções do curador ou do tutor, por decurso de prazo,[5] poderá ser requerida a exoneração do encargo. Não sendo requerida essa dispensa no prazo de dez dias da data de expiração do termo, entender-se-á reconduzido (CPC/2015, art. 763, *caput* e § 1º). A recondução somente não ocorrerá se o juiz a dispensar. Cessada a tutela ou a curatela, é indispensável a prestação de contas pelo tutor ou curador, na forma prescrita nos arts. 1.755 e seguintes do Código Civil (CPC/2015, art. 763, § 2º).

---

[1] CC/2002: "Art. 1.736. Podem escusar-se da tutela: I – mulheres casadas; II – maiores de sessenta anos; III – aqueles que tiverem sob sua autoridade mais de três filhos; IV – os impossibilitados por enfermidade; V – aqueles que habitarem longe do lugar onde se haja de exercer a tutela; VI – aqueles que já exercerem tutela ou curatela; VII – militares em serviço". "Art. 1.737. Quem não for parente do menor não poderá ser obrigado a aceitar a tutela, se houver no lugar parente idôneo, consanguíneo ou afim, em condições de exercê-la". Ao curador aplica-se a disciplina dos arts. 1.736 e 1.737, por força do art. 1.774 do CC de 2002.

[2] A autuação em apenso ocorre quando o processo ainda esteja em aberto. Se já encerrou, e a residência do tutelado ou curatelado é em outra comarca, a remoção poderá ser objeto de ação autônoma fora do juízo do processo primitivo: "a remoção de curador é postulada em ação autônoma (CPC, arts. 1.195 a 1.197), que não guarda relação de acessoriedade com a ação de interdição já finda. A circunstância de o curador nomeado ter domicílio em São Paulo, foro onde se processou a ação de interdição, não afasta a competência territorial do Juízo do Distrito Federal, onde têm domicílio a interdita e sua mãe, titular do direito de guarda, para a ação de remoção do curador. Princípio do melhor interesse do incapaz" (STJ, 2ª Seção, CC 101.401/SP, Rel. Min. Maria Isabel Gallotti, ac. 10.11.2010, *DJe* 23.11.2010).

[3] CC/2002: "Art. 1.735. Não podem ser tutores e serão exonerados da tutela, caso a exerçam: I – aqueles que não tiverem a livre administração de seus bens; II – aqueles que, no momento de lhes ser deferida a tutela, se acharem constituídos em obrigação para com o menor, ou tiverem que fazer valer direitos contra este; e aqueles cujos pais, filhos ou cônjuges tiverem demanda contra o menor; III – os inimigos do menor, ou de seus pais, ou que tiverem sido por estes expressamente excluídos da tutela; IV – os condenados por crime de furto, roubo, estelionato, falsidade, contra a família ou os costumes, tenham ou não cumprido pena; V – as pessoas de mau procedimento, ou falhas em probidade, e as culpadas de abuso em tutorias anteriores; VI – aqueles que exercerem função pública incompatível com a boa administração da tutela". "Art. 1.766. Será destituído o tutor, quando negligente, prevaricador ou incurso em incapacidade". V. art. 1.774 do CC de 2002 sobre curador.

[4] WAMBIER, Teresa Arruda Alvim *et al. Primeiros comentários ao novo código de processo civil*: artigo por artigo. São Paulo: Ed. RT, 2015, p. 1.103.

[5] Código Civil: "Art. 1.765. O tutor é obrigado a servir por espaço de dois anos".

Fluxograma nº 38 – Interdição (arts. 747 a 758)

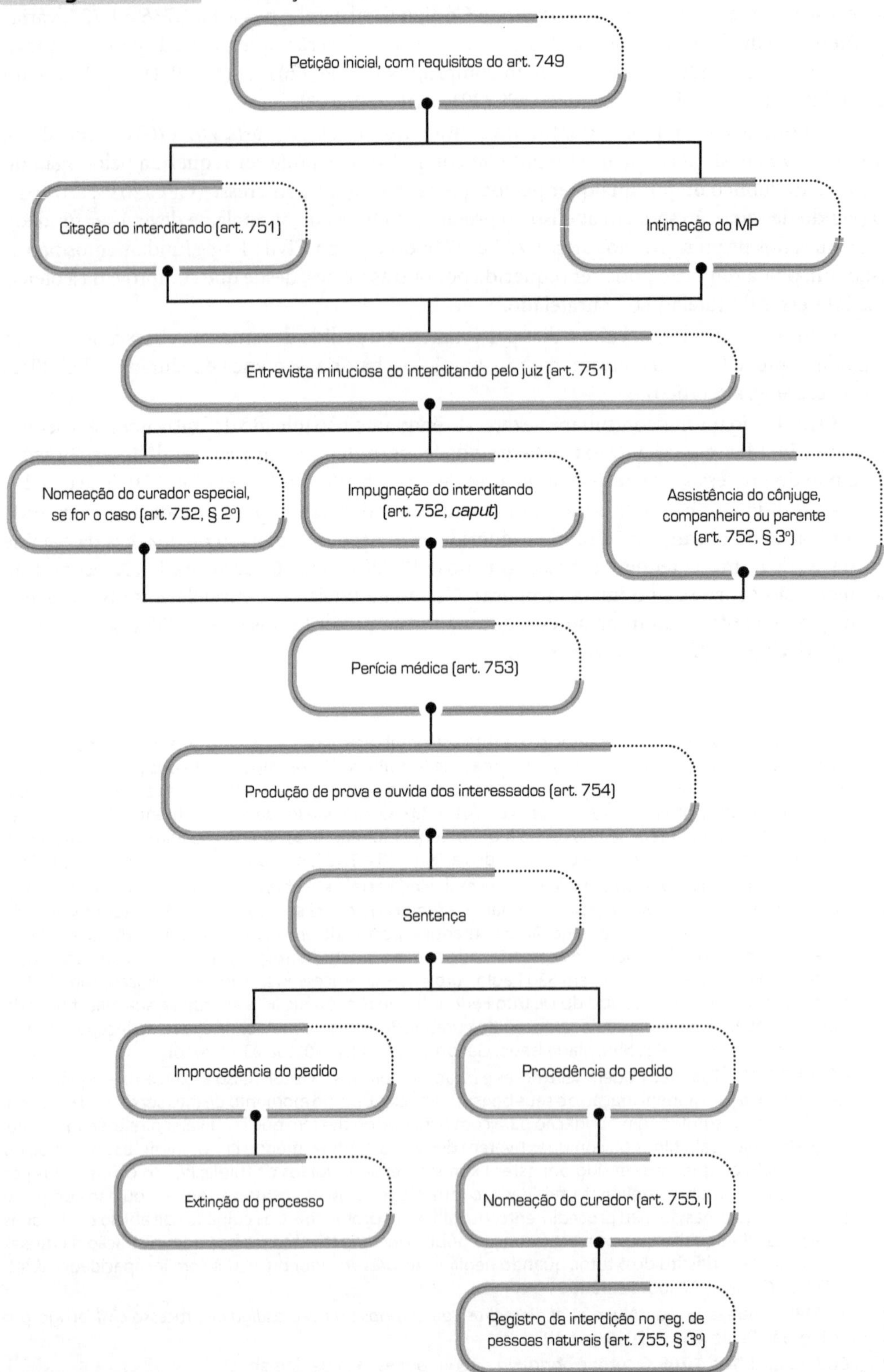

Fluxograma nº 39 – Tomada de decisão apoiada (art. 1.783-A do Código Civil)

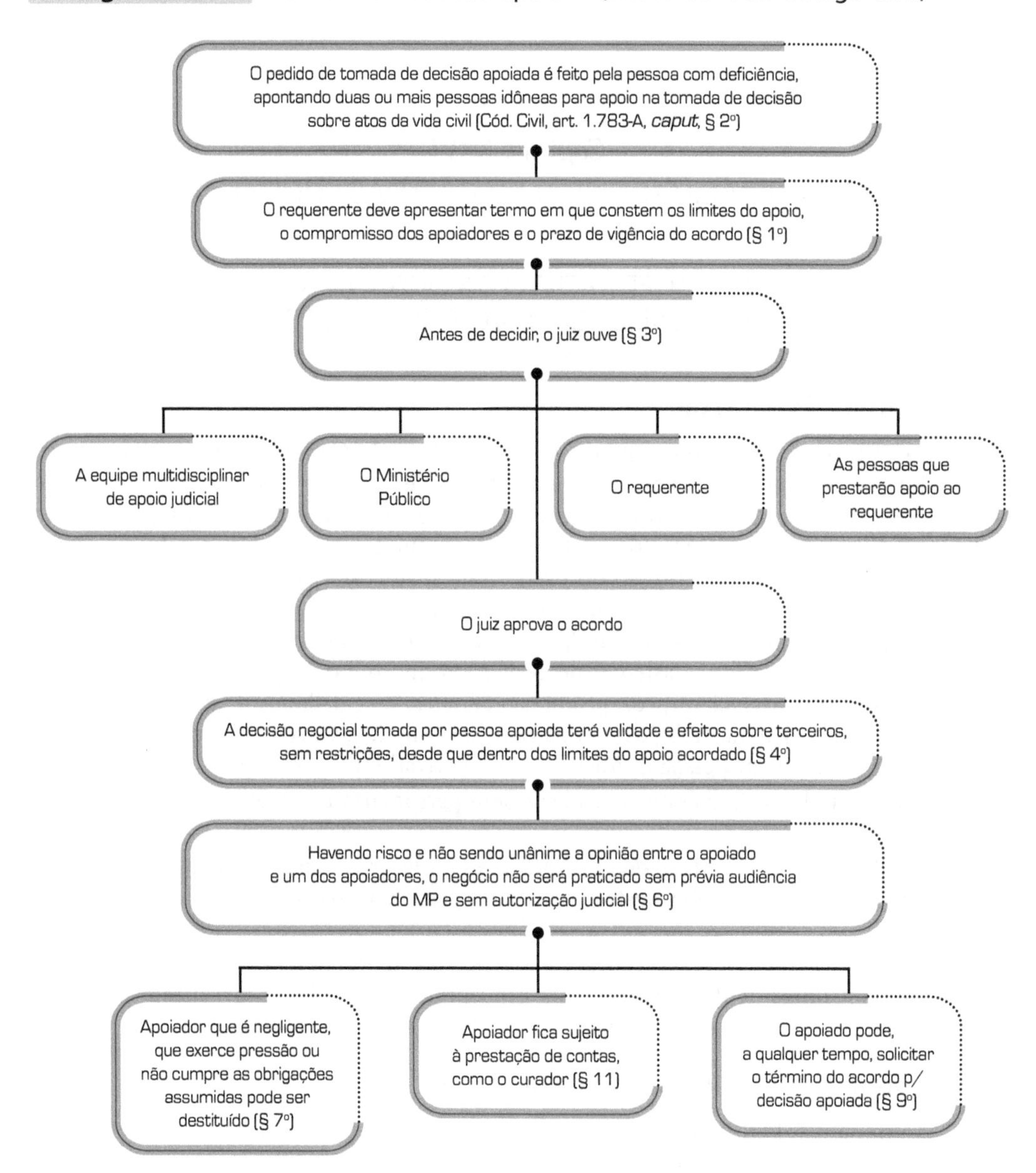

Capítulo XXVI

ORGANIZAÇÃO E FISCALIZAÇÃO DAS FUNDAÇÕES

§ 42. PROCEDIMENTO DA ORGANIZAÇÃO E FISCALIZAÇÃO DAS FUNDAÇÕES

371. Conceito de fundação

Para criar uma fundação – dispõe o *caput do* art. 62 do Código Civil – far-lhe-á o seu instituidor, por escritura pública ou testamento, dotação especial de bens livres, especificando o fim a que se destina. Nos termos do parágrafo único, do mesmo dispositivo legal (com a nova redação dada pela Lei nº 13.151/2015), a finalidade da fundação haverá de ser de assistência social; cultura, defesa e conservação do patrimônio histórico e artístico; educação; saúde; segurança alimentar e nutricional; defesa, preservação e conservação do meio ambiente e promoção do desenvolvimento sustentável; pesquisa científica, desenvolvimento de tecnologias alternativas, modernização de sistemas de gestão, produção e divulgação de informações e conhecimentos técnicos e científicos; promoção da ética, da cidadania, da democracia e dos direitos humanos e atividades religiosas. Uma vez inscrita no Registro Civil competente, adquire a fundação a qualidade de pessoa jurídica de direito privado (CC, art. 45).

É, pois, a fundação "uma universidade de bens personalizada, em atenção ao fim que lhe dá unidade".[1]

Pela relevância que a atividade das fundações pode representar no meio social, foram elas, legalmente, colocadas sob a custódia do Ministério Público do Estado onde se situarem (CC, art. 66).

Em razão dessa interferência tutelar da Administração Pública na vida das fundações, é que instituiu o Código de Processo Civil um procedimento especial de jurisdição voluntária para disciplinar a sua "organização e fiscalização" (CPC/2015, arts. 764 e 765).

372. Procedimento da instituição da fundação

Determina o § 1º do art. 764 do CPC que "o estatuto das fundações deve observar o disposto na Lei nº 10.406, de 10 de janeiro de 2002 (Código Civil)". O estatuto, nos termos do Cód. Civil, pode ser elaborado pelo próprio instituidor ou por outrem, a quem ele atribua esse encargo (art. 65) e deve ser submetido ao exame do Ministério Público.

Uma vez confeccionado, caberá ao interessado, por meio de petição, submeter o estatuto à apreciação do Ministério Público estadual da sede da instituição. Como curador legal, examinará a regularidade do ato constitutivo e a viabilidade econômica da fundação.

---

[1] BEVILÁQUA, Clóvis. *Código Civil dos Estados Unidos do Brasil.* 12. ed. Rio de Janeiro: F. Alves, 1959, v. I, p. 192.

Se houver a aprovação do curador, os estatutos serão levados ao Registro Civil das Pessoas Jurídicas, para que se dê a aquisição da personalidade jurídica pela instituição (Lei nº 6.015/1973, arts. 114 a 121)[2].

Se os estatutos não forem considerados em ordem, o Ministério Público recomendará as modificações a serem feitas pelo instituidor; ou, se as irregularidades forem insanáveis, denegará a aprovação.

Não se conformando com a deliberação do curador, seja quanto às modificações, seja quanto ao indeferimento da petição, caberá ao interessado recorrer ao juiz para obter suprimento da aprovação recusada pelo Ministério Público (CPC/2015, art. 764, *caput*, I e II).

A petição de suprimento deverá ser adequadamente motivada, e poderá receber do juiz um dos seguintes despachos: *(i)* indeferimento; *(ii)* deferimento de plano; ou *(iii)* ordem para que se introduzam modificações no estatuto, a fim de adaptá-lo ao objetivo do instituidor (art. 764, § 2º).

A estrutura legal, como se vê, não é de *recurso* contra a decisão do Ministério Público, mas de *ação de suprimento*, à semelhança do que se passa com a ação de suprimento de consentimento.[3]

O julgamento dessa ação de suprimento da autorização do Ministério Público é sentença que, portanto, desafia recurso de apelação.

373. Estatutos confiados à elaboração de terceiro

Quando o instituidor encarregar terceiro da elaboração dos estatutos e este não der cumprimento ao encargo no prazo devido (que pode ser o assinado pelo instituidor ou, em sua falta, o de cento e oitenta dias), incumbirá ao órgão do Ministério Público realizar a tarefa (CC, art. 65, parágrafo único).

Nessa hipótese, uma vez cumprida a tarefa pelo Ministério Público, a função de aprovação do estatuto se desloca para o juiz.

O procedimento, na espécie, consistirá em requerer o instituidor, ou qualquer outro interessado, mediante exibição do ato de instituição (escritura pública ou testamento), que o órgão do Ministério Público elabore os estatutos, demonstrando-se que a situação se enquadra na previsão do art. 65, parágrafo único, do Código Civil. Autuado o pedido, remeter-se-ão os autos ao Promotor de Justiça competente, que os devolverá com os estatutos elaborados. Voltando ao juiz, este procederá da mesma forma com que agiria o Ministério Público diante do estatuto elaborado pelo instituidor, ou seja: aprovará o estatuto, ou recomendará correções, ou indeferirá a aprovação.

O julgamento de deferimento ou indeferimento representará sentença. E o recurso cabível será o de apelação.

---

2 Com as alterações e acréscimos da Medida Provisória nº 1.085/2021, o texto atual do art. 121, da Lei 6.015, é o seguinte: "Art. 121. O registro será feito com base em uma via do estatuto, compromisso ou contrato, apresentada em papel ou em meio eletrônico, a requerimento do representante legal da pessoa jurídica.
§ 1º É dispensado o requerimento de que trata o *caput* caso o representante legal da pessoa jurídica tenha subscrito o estatuto, compromisso ou contrato.
§ 2º Os documentos apresentados em papel poderão ser retirados pelo apresentante nos cento e oitenta dias após a data da certificação do registro ou da expedição de nota devolutiva.
§ 3º Decorrido o prazo de que trata o § 2º, os documentos serão descartados."

3 PONTES DE MIRANDA, Francisco Cavalcanti. *Comentários ao Código de Processo Civil*. 2. ed. Rio de Janeiro: Forense, 1977. t. XVI, p. 430.

374. Alteração do estatuto

Assim como o estatuto depende de aprovação do Ministério Público para se aperfeiçoar, também as alterações que posteriormente venham a ser introduzidas pela administração da fundação sujeitam-se à igual medida (CC, art. 67).[4]

No caso de denegação, ou não analisando a alteração no prazo de quarenta e cinco dias, caberá pedido de suprimento ao juiz, conforme previsto no inciso III do citado art. 67.

Se, eventualmente, a reforma não houver sido deliberada por votação unânime, os componentes da minoria vencida serão citados, antes da decisão do Ministério Público, para impugnar o pedido de aprovação, no prazo de dez dias (CC, art. 68). Do que decidir o Ministério Público, haverá sempre possibilidade de revisão judicial, seja mediante a ação de suprimento do art. 764 do CPC/2015, seja por via de ação ordinária de anulação.

375. Extinção da fundação

Em face do interesse público que sempre envolve o destino da fundação, a lei só prevê sua extinção quando configurada alguma das hipóteses taxativamente enumeradas (CPC/2015, art. 765), as quais deverão ser verificadas *judicialmente* (CC, art. 69). Somente por meio de sentença, portanto, pode-se alcançar a extinção de uma fundação regularmente instituída.

O procedimento a observar na extinção será o comum das medidas de jurisdição voluntária, *i.e.*, o previsto nos arts. 719 a 725 do CPC/2015.[5]

A iniciativa da ação pode ser de qualquer interessado, inclusive da minoria de que trata o art. 68 do Código Civil, ou pelo representante do Ministério Público (CPC/2015, art. 765; CC, art. 69). Se a iniciativa parte do Ministério Público, será citada a administração da fundação; se parte da administração ou de qualquer outro interessado, o Ministério Público será citado como curador legal. Nomear-se-á curador especial à fundação, quando o requerimento partir do Órgão do Ministério Público.[6]

Os casos em que se torna possível a extinção da fundação acham-se enumerados no art. 765 e ocorrem quando:

(a) tornar ilícito o seu objeto;
(b) for impossível a sua manutenção;[7]
(c) vencer o prazo de sua existência.

A sentença que acolher o pedido de extinção determinará o destino dos bens da fundação conforme o que estiver previsto no seu estatuto, ou, se omisso este, conforme a regra geral contida no art. 69 do Código Civil, ou seja, ordenará sua incorporação a outras fundações que se proponham a fins iguais ou semelhantes.[8]

---

[4] "A alteração no estatuto, na forma do art. 67, CC, igualmente seguirá o procedimento do art. 764, CPC, merecendo especial atenção do Ministério Público, especialmente para alterações oblíquas ou ampliativas que mascaram modificação substancial do objetivo da fundação" (GODINHO, Robson Renaut. *Comentários ao Código de Processo Civil*. São Paulo: Saraiva, 2018, v. XIV, p. 487).

[5] CASTRO FILHO, José Olympio de. *Comentários ao Código de Processo Civil*. 2. ed. Rio de Janeiro: Forense, 1980, v. X, n. 169, p. 313.

[6] PONTES DE MIRANDA, Francisco Cavalcanti. *Comentários ao Código de Processo Civil*. 2. ed. Rio de Janeiro: Forense, 1977. t. XVI, p. 439.

[7] O Código Civil, além da impossibilidade, incluiu também a inutilidade do fim a que visa a fundação, como causa de sua extinção (art. 69 do CC/2002).

[8] CASTRO FILHO, José Olympio de. *Comentários ao Código de Processo Civil*. 2. ed. Rio de Janeiro: Forense, 1980, v. X, n. 169, p. 313.

Fluxograma nº 40 – Organização e fiscalização das fundações (arts. 764 e 765)

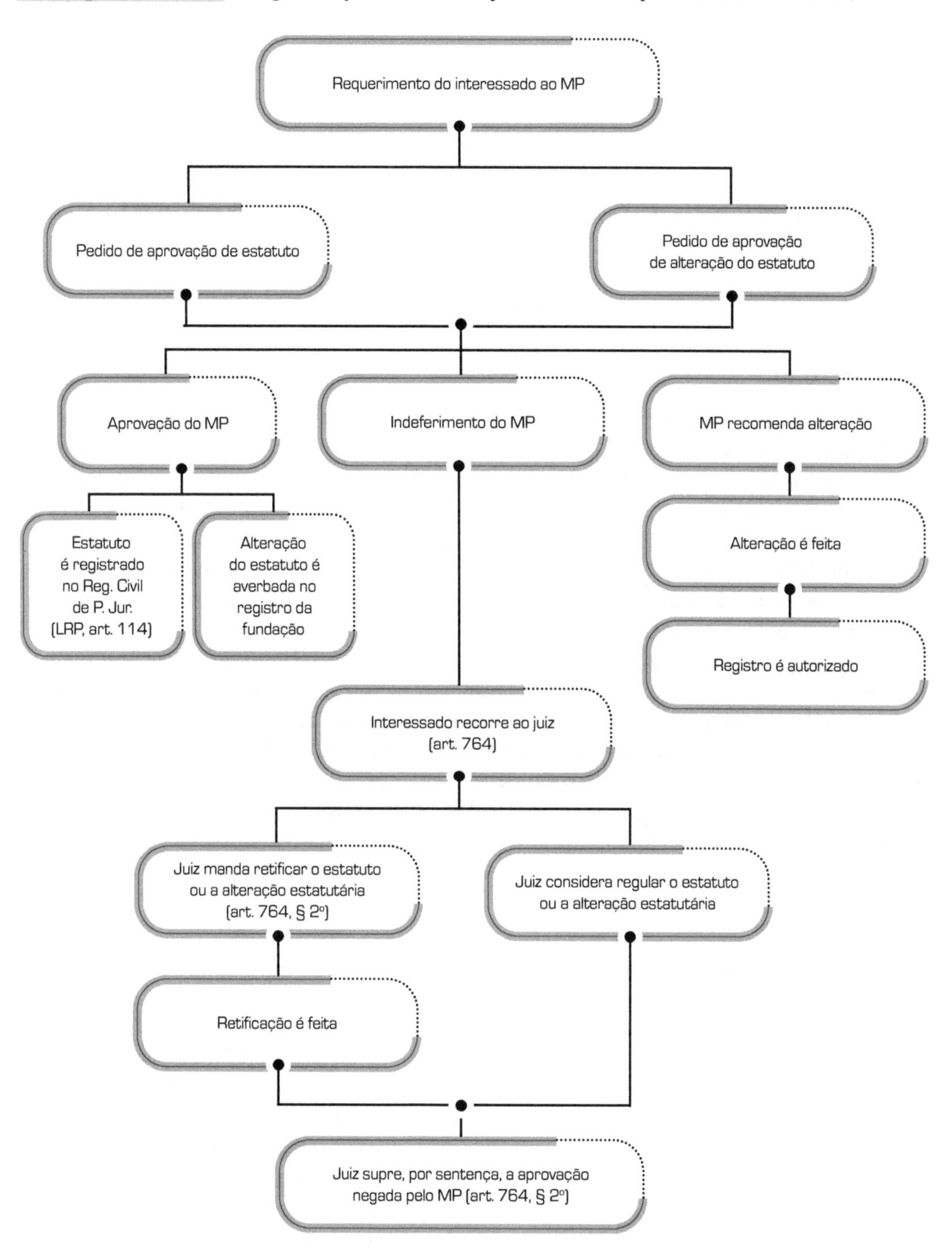

Capítulo XXVII

RATIFICAÇÃO DOS PROTESTOS MARÍTIMOS E DOS PROCESSOS TESTEMUNHÁVEIS FORMADOS A BORDO

§ 43. PROCEDIMENTO

376. Introito

Mencionamos anteriormente que o Direito Marítimo se encontra regulado no Código Comercial e em legislação esparsa. Entre as matérias por ele reguladas, encontram-se disposições relacionadas com a contratação e responsabilidade civil no transporte marítimo. Muitas delas devem ser cotejadas com as disposições do Código Civil e com a jurisprudência do STF.

Apesar de o Código Comercial regular a matéria relacionada ao comércio marítimo, suas disposições são anacrônicas. Estabelece o Código Civil que os preceitos constantes da legislação especial e de tratados e convenções internacionais, não contrários a ele, aplicam-se aos contratos de transporte (art. 732).

A apuração de responsabilidade civil no transporte marítimo tem como base documentos formados a bordo, em consonância com as disposições do Código Comercial ainda vigentes. O CPC/2015 estabeleceu, nos arts. 766 a 770, um rito especial de jurisdição voluntária para a ratificação dos protestos marítimos e dos protestos testemunháveis formados a bordo. Regem a formação desses protestos o Código Comercial, em especial os arts. 501, 504 e 505.

Essa disciplina, é bom lembrar, não abrange todos os aspectos que envolvem a questão da responsabilidade no direito marítimo, que abarca outros ramos, como, *v.g.*, internacional, civil, penal e trabalhista, além de utilizar-se de instrumentos extrajudiciais, como a arbitragem.

377. Conceito

O capitão de uma embarcação é o comandante do navio e da tripulação, e como tal exerce uma série de atribuições, entre as quais fazer a escrituração de tudo o que ocorrer na embarcação (Cód. Com., art. 501). Para tanto, ele deve utilizar-se de três livros, sendo um deles denominado "Diário da Navegação" (Cód. Com., art. 504). Nesse livro, ele assentará "todas as ocorrências interessantes à navegação, acontecimentos extraordinários que possam ter lugar a bordo". Entre essas ocorrências, podemos mencionar nascimento, casamento e óbito.

Tendo em vista essas situações, a legislação vigente atribui ao comandante diversas funções de ordem pública. Compete a ele, por exemplo, realizar casamento e tomar testamento *in extremis*, como previsto no art. 1.888 do Código Civil; ou o elaborar inventário, em caso de falecimento a bordo, como regulado no art. 534 do Código Comercial.

Temos ainda as determinações contidas na Lei nº 6.015, de 31.12.1973, que dispõe sobre os registros públicos. Consoante seu art. 31, os fatos concernentes ao registro civil, como nascimento e óbitos, que se derem a bordo de navios em viagem, devem ser imediatamente registrados e comunicados em tempo oportuno, para assentamentos, notas ou averbações nos livros competentes das circunscrições a que se referirem.

Outras ocorrências que devem ser escrituradas referem-se aos sinistros, avarias, perdas ou outros acidentes ocorridos durante a navegação.

O Diário de Navegação registra objetivamente os fatos. Porém, "se dito fato trouxer consigo a possibilidade de causar danos a terceiros (como proprietários de carga), deve o comandante emitir termo de ressalva de responsabilidade, que se denomina *protesto* ou *processo testemunhável a bordo*".[1] "Nesse termo de protesto, a narrativa não é apenas objetiva: nele, o comandante descreve os fatos e seu juízo de valor a respeito deles (e bem assim se for o caso, o de outros oficiais)".[2]

Entre esses fatos, incluem-se aqueles que ocorreram involuntariamente, como exemplo, o roubo de carga ou da embarcação (Cód. Com., art. 526).

Havendo a necessidade de praticar algum ato extraordinário, como a avaria grossa ou despesa imprevisível, essa deliberação deve ser tomada por uma junta integrada por todos os oficiais a bordo, na presença dos interessados no navio ou na carga, caso estejam presentes. Nesse caso, o capitão tem voto de qualidade. Essa decisão deve ser registrada em ata, que integrará o processo testemunhável (Cód. Com., arts. 509 e 764, *in fine*). Essa ata só é indispensável na hipótese de avaria comum; em se tratando de avaria simples, são indispensáveis o registro e os protestos.[3]

Além do comandante da embarcação, o Código Comercial prevê que os protestos podem ser lavrados por terceiros, quais sejam: *(i)* o piloto, na hipótese de o capitão recusar sua orientação (art. 539) ou, *(ii)* em caso de falecimento ou impedimento do comandante, aquele que o sucede (art. 541).

Assinala-se ainda que, além do registro no diário de navegação e da formação de protesto, outro documento formado a bordo é a ata de deliberação, elaborada em situações nas quais o capitão está obrigado a tomar providências em consonância com o deliberado por todos os oficiais. Nessas circunstâncias, o capitão tem voto de qualidade e pode agir contra a decisão dos oficiais, sob sua responsabilidade pessoal, sempre que o julgar conveniente. Entre as situações em que é necessária elaboração da ata, com as devidas justificações, o Código Comercial cita os danos e as despesas, efetivados deliberadamente, em caso de perigo ou desastre imprevisto, conhecidos como avaria grossa (art. 764, *in fine*).

378. Objetivo

Maria Helena Diniz[4] define os protestos formados a bordo como o ato escrito, extrajudicial e formal, testemunhado e assinado pelas pessoas presentes a bordo e lavrado pelo comandante do navio, no Diário de Navegação, para comprovar sinistros, avarias ou qualquer perda sofrida pela embarcação ou carga, durante a viagem. Esses atos têm como objetivo eximir o capitão da responsabilidade por caso fortuito ou força maior, ao ser apresentado à autoridade competente do primeiro porto a que chegar, que, por sua vez, interrogará tripulantes e passageiros sobre a veracidade dos fatos alegados.

---

1 MAZZEI, , Rodrigo; RIZK, Werner Braun. In: WAMBIER, Teresa Arruda Alvim; DIDIER JR., Fredie; TALAMINI, Eduardo; DANTAS, Bruno. *Breves comentários ao novo Código de Processo Civil.* São Paulo: Ed. RT, 2015, p. 1.763.

2 WAMBIER, Teresa Arruda Alvim *et al. Primeiros comentários ao atual Código de Processo Civil*: artigo por artigo. São Paulo: Ed. RT, 2015, p. 1.108-1.109.

3 Sobre as avarias, ver § 28 *retro*.

4 DINIZ, Maria Helena. *Dicionário jurídico*. São Paulo: Saraiva, 1998, v. 3, p. 833.

A lavratura do protesto não cria nem modifica direitos. Refere-se a legislação apenas à declaração unilateral que se faz pública e solenemente, com a intenção de fazer provas.[5] Para que os documentos possam alcançar seu objetivo, é necessário que eles sejam ratificados por autoridade judicial.

379. Procedimento

I - Introdução

O capitão do navio deve apresentar os protestos e os processos formados a bordos, e lançados no livro Diário da Navegação, ao juiz de direito do primeiro porto, no prazo máximo de vinte e quatro horas da chegada da embarcação. Tem, portanto legitimidade para propor a ação o comandante do navio, por determinação expressa do CPC/2015 (art. 766).

A justiça competente, no caso, é a estadual, não sendo aplicável o art. 109, III, da CR/1988, por não se tratar de matéria de interesse da União.[6]

O prazo para a apresentação da petição inicial, de vinte e quatro horas, é decadencial e conta-se a partir do instante em que o comandante poderia ter se dirigido ao protocolo do foro. Assim, "se a contagem do se inicia às 2:00 horas de terça-feira, ela se encerra às 1:59 de quarta, devendo a parte providenciar o protocolo até o fechamento do expediente ordinário forense ou, após isso, no plantão judiciário".[7]

II - Petição inicial

A petição inicial deve preencher os requisitos constantes do art. 319 do CPC/2015 e ser instruída com cópia dos seguintes documentos, arrolados no art. 767 do CPC/2015:

(a) páginas do diário de navegação que contenham os termos que serão ratificados;
(b) identificação do comandante e das testemunhas arroladas;
(c) rol de tripulantes;
(d) registro da embarcação;
(e) quando for o caso, *(i)* manifesto das cargas sinistradas e *(ii)* qualificação de seus consignatários.

Se escritos em outro idioma, esses documentos devem ser traduzidos para o português de forma livre. Tem-se aqui uma exceção ao parágrafo único do art. 192, que exige a juntada aos autos de tradução feita por tradutor juramentado, em razão da exiguidade do prazo para início do procedimento. "De toda sorte, afigura-se que para a segurança do procedimento

---

5 "Trata-se pretensão (*sic*) à constituição de prova, sem que o juiz esteja presentemente no momento de sua produção, ou seja 'documenta-se o exercício da pretensão à constituição de prova pelo próprio interessado'" (GODINHO, Robson Renaut. *Comentários ao Código de Processo Civil*. São Paulo: Saraiva, 2018, v. XIV, p. 512; PONTES DE MIRANDA, Francisco Cavalcanti. *Comentários ao Código de Processo Civil*. 2. ed. Rio de Janeiro: Forense, 1959. t. IX, p. 181-182).

6 "A ação de ratificação de protesto marítimo, ainda que guarde certa correlação com as hipóteses previstas nos incisos III e IX do artigo 109 da Constituição da República, determinantes da competência da Justiça Federal, trata de feito de natureza não contenciosa, onde não se estabeleceu relação jurídica na qual figurassem os entes federais com prerrogativa de foro" (STJ, 2ª Seção, CC 59.018/PE, Rel. Min. Castro Filho, ac. 27.09.2006, *DJU* 19.10.2006, p. 237.

7 MAZZEI, Rodrigo; RIZK, Werner Braun. In: WAMBIER, Teresa Arruda Alvim; DIDIER JR., Fredie; TALAMINI, Eduardo; DANTAS, Bruno. *Breves comentários ao novo Código de Processo Civil*. São Paulo: Ed. RT, 2015, p. 1.765.

a tradução livre deverá ser substituída por documentos juramentados antes de prolatada a sentença, admitindo-se se o julgador assim o entender e de forma motivada".[8]

Como se trata de processo de tramitação rápida, e com intuito de evitar fraudes, recomenda-se não seja aberto o prazo de quinze dias para que o autor emende a inicial, como previsto no art. 321 do CPC/2015. "A juntada de documento posteriormente ao protocolo da petição inicial é situação excepcional e somente se faz possível mediante demonstração de justa causa (CPC/2015, art. 223), notadamente tendo em vista que o rol do dispositivo é constituído de documentos que, em tese, deveriam ser de fácil acesso ao comandante".[9] "Não é demais apontar que a homologação do protesto cria a presunção '*juris tantum*' de verdade em relação aos fatos alegados e, por isso, deve ser estritamente obedecido o devido processo legal".[10]

III - Audiência

A petição, devidamente instruída, será distribuída com urgência e encaminhada imediatamente ao juiz, que marcará audiência para esse mesmo dia. Serão ouvidos nessa audiência, independentemente de intimação, o comandante e as testemunhas, que podem ser no mínimo duas e no máximo quatro (CPC/2015, art. 768). Se houver estrangeiro entre aqueles que forem ouvidos, o autor deve levar um tradutor, que prestará compromisso em audiência (§ 1º); mas se não o levar, o juiz nomeará outro que preste compromisso (§ 2º).

Sinaliza a lei processual que o processo terá prioridade na pauta de audiência, sendo de responsabilidade do autor conduzir até o juízo as testemunhas e um tradutor, se for necessário, devendo ainda arcar com os honorários desse profissional.

Não sendo possível o comparecimento das testemunhas, entendem Mazzei e Rizk que deve ser oportunizada a oitiva por carta precatória, em porto de escala do navio, evitando que a máquina judiciária cause prejuízo ou autor ou mesmo aos interesses da carga transportada.[11]

Serão ouvidos ainda os consignatários das cargas indicados na inicial e outros eventuais interessados. Em caso de ausência, o nomeará curador para representá-lo na audiência (CPC/2015, art. 769). Nesse caso, podem eles examinar documentos e elaborar perguntas às testemunhas. Embora não se trate de defesa de mérito, podem ser arguidas matérias de ordem pública, como decadência e ausência de documentos indispensáveis à propositura,[12] garantindo-

---

8 MAZZEI, Rodrigo; RIZK, Werner Braun. In: WAMBIER, Teresa Arruda Alvim; DIDIER JR., Fredie; TALAMINI, Eduardo; DANTAS, Bruno. *Breves comentários ao novo Código de Processo Civil.* São Paulo: Ed. RT, 2015, p. 1.765.

9 MAZZEI, Rodrigo; RIZK, Werner Braun. In: WAMBIER, Teresa Arruda Alvim; DIDIER JR., Fredie; TALAMINI, Eduardo; DANTAS, Bruno. *Breves comentários ao novo Código de Processo Civil.* São Paulo: Ed. RT, 2015, p. 1.765.

10 "Protesto marítimo. Extinção do processo. Ausência de pressupostos essenciais à sua constituição. Decisão mantida. Recurso não provido" (TJSP, 17ª Câm. Dir. Privado, AP 9227369-85.2007.8.26.0000, Rel. Des. Paulo Pastore Filho, ac. 23.11.2011, Data de registro: 24.11.2011). No caso, a extinção do processo se deu porque "o apelante apresentou a nota de protesto, mas não o Diário de Bordo, noticiando o enfrentamento de turbulências e mar bravio. Além disso, o comandante não se apresentou ao juízo, em cumprimento ao disposto no art. 727 do Código de Processo Civil de 1939".

11 MAZZEI, Rodrigo; RIZK, Werner Braun. In: WAMBIER, Teresa Arruda Alvim; DIDIER JR., Fredie; TALAMINI, Eduardo; DANTAS, Bruno. *Breves comentários ao novo Código de Processo Civil.* São Paulo: Ed. RT, 2015, p. 1.767.

12 WAMBIER, Teresa Arruda Alvim *et al. Primeiros comentários ao novo código de processo civil*: artigo por artigo. São Paulo: Ed. RT, 2015, p. 1.111.

se, dessa forma, participação plena no processo. Tais perguntas devem limitar-se a "questões que podem ser conhecidas de ofício pelo julgador".[13]

IV - Decisão

Se ficar convencido da veracidade dos fatos, o juiz ratificará o protesto ou o processo testemunhável a bordo, mediante sentença, que não necessita de relatório (CPC/2015, art. 770). Essa sentença não consiste em um juízo de reconhecimento da veracidade das provas; o juiz apenas faz uma análise perfunctória dos fatos e verifica o atendimento às exigências legais. A sentença, destarte, tem natureza meramente homologatória, declarando "que está lançado no Diário de Navegação um protesto e que as testemunhas e o capitão compareceram em Juízo e ratificam o que foi lançado no livro, tornando público esse lançamento".[14]

Em decisão motivada (CPC/2015, art. 489, § 1º), o juiz poderá se recusar a ratificar os documentos, quando verificar que a petição não preenche os requisitos legais ou constatar que os fatos narrados são inverossímeis.[15]

A decisão de homologar ou não os protestos marítimos não cria, não retira, nem modifica direitos do autor. Tais documentos, quando ratificados, apenas servem como prova a ser utilizada em ações, como exemplo, a regulação da avaria grossa (ver Capítulo 28 *supra*). É certo, porém, que o autor pode se valer de outros meios de prova, permitidos em direito, para demonstrar os direitos reivindicados.

O recurso oponível, em caso de procedência ou improcedência do pedido, é a apelação (CPC/2015, art. 1.009) manejável, inclusive, pelo terceiro prejudicado, quando se verificar possível influência do resultado do processo na esfera jurídica alheia, para definição de responsabilidade.[16]

Independentemente do trânsito em julgado, os autos serão entregues ao autor ou seu advogado, mediante apresentação de traslado (CPC/2015, art. 770, parágrafo único).

---

13 MAZZEI, Rodrigo; RIZK, Werner Braun. In: WAMBIER, Teresa Arruda Alvim; DIDIER JR., Fredie; TALAMINI, Eduardo; DANTAS, Bruno. *Breves comentários ao novo Código de Processo Civil.* São Paulo: Ed. RT, 2015, p. 1.769.

14 SILVA FILHO, Nelson Cavalcante e. O projeto do atual Código de Processo Civil e o direito marítimo. *Revista de Processo*, v. 203, p. 181, jan. 2012.

15 "Será negada a homologação, portanto, quando não presentes os requisitos de admissibilidade ou quando forem contraditórios em relação a demais provas ou simplesmente inverossímeis os fatos narrados (art. 345, IV, CPC)" (GODINHO, Robson Renaut. *Comentários ao Código de Processo Civil.* São Paulo: Saraiva, 2018, v. XIV, p. 522).

16 GODINHO, Robson Renaut. *Comentários ao Código de Processo Civil.* São Paulo: Saraiva, 2018, v. XIV, p. 523; ARAÚJO, Fábio Caldas de. *Curso de processo civil*: procedimentos especiais. São Paulo: Malheiros, 2018, t. III, p. 539.

Fluxograma nº 41 – Ratificação dos protestos marítimos e dos processos testemunháveis formados a bordo (arts. 766 a 770)

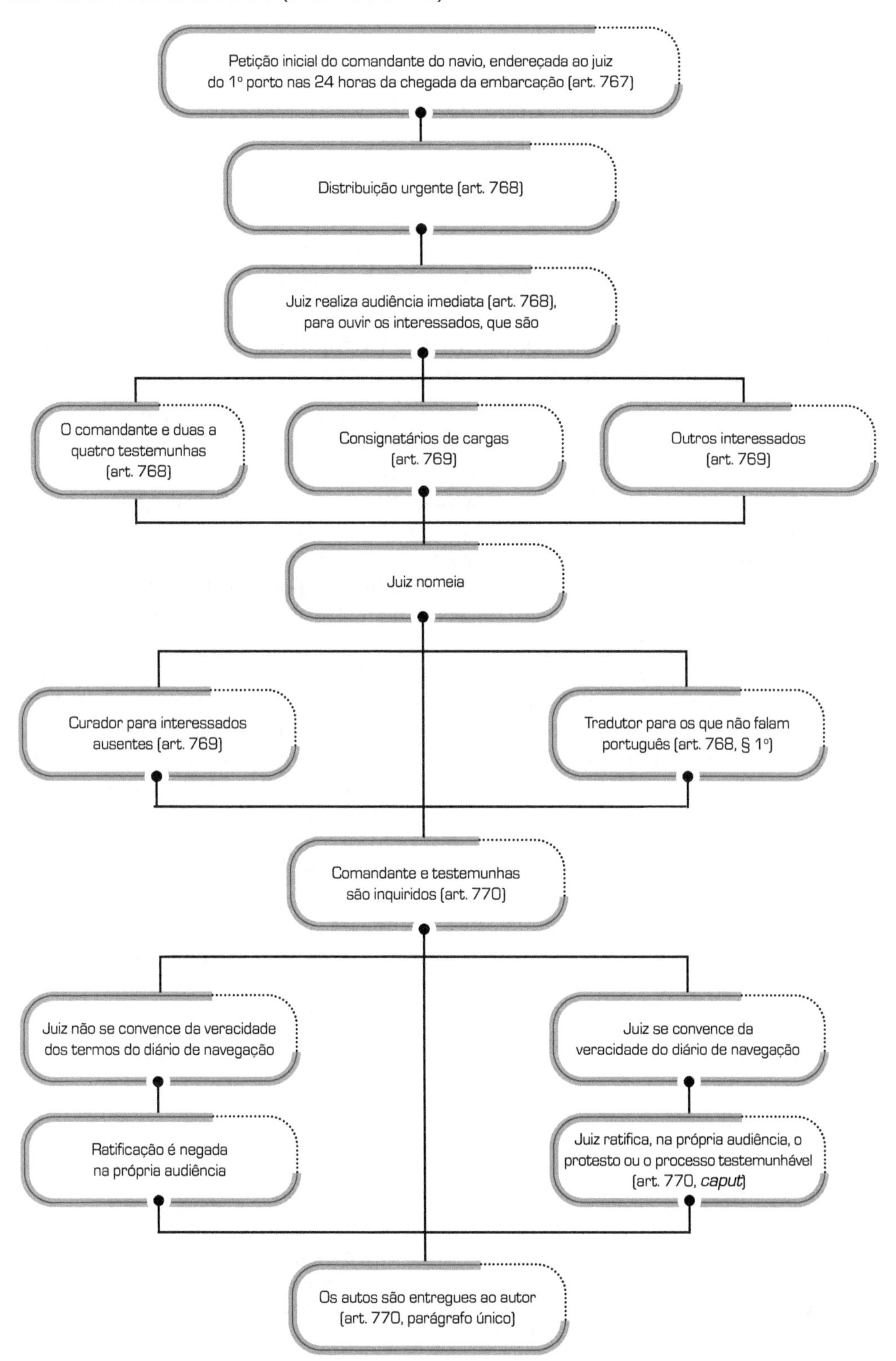

Capítulo XXVII-A
USUCAPIÃO

§ 43-A. RECONHECIMENTO EXTRAJUDICIAL DE USUCAPIÃO SOBRE IMÓVEL

379-A. Ação de usucapião e reconhecimento extrajudicial de aquisição da propriedade imobiliária por meio de usucapião

O CPC/2015 aboliu o procedimento especial que o Código anterior regulava como a *ação de usucapião*. O que não importa dizer que não mais exista a ação de usucapião, isto é a ação processada em juízo cujo objetivo seja o reconhecimento por sentença de que o autor adquiriu a propriedade de determinado bem, de maneira originária, por meio de usucapião.

O atual Código, é verdade, instituiu um procedimento extrajudicial através do qual o usucapiente (aquele que possui o bem, satisfazendo todos os requisitos da usucapião, possa obter reconhecimento administrativo da propriedade adquirida por meio da apelidada *prescrição aquisitiva*) (CPC/2015, art. 1.071, que acrescentou o art. 216-A à Lei de Registros Públicos – Lei nº 6.015/1973).

Isto, porém, não priva o interessado do acesso ao Poder Judiciário para que a aquisição originária seja declarada por ato judicial. Esta ação, no entanto, se a parte optar pela via judicial, não observará mais um procedimento especial. Seguirá o *procedimento comum*. Sua natureza é a de *ação declaratória*, visto que a aquisição da propriedade, *in casu*, ocorre não pela sentença, mas se aperfeiçoa juridicamente no momento em que o possuidor completa a satisfação de todos os requisitos previstos em lei para que sua posse se transforme em domínio por usucapião. Nesse momento, o direito de propriedade do antigo dono se extingue, sendo substituído pelo domínio adquirido pelo possuidor, a título de usucapião (sobre as características da ação comum de usucapião, ver, retro, o item 8, "d").

Tendo sido instituída a possibilidade de certificação da usucapião também por via administrativa, abriram-se duas opções para o usucapiente: uma pelo procedimento extrajudicial (regulada pelo art. 216-A da Lei nº 6.015/1973), e outra, pelo procedimento judicial (ação de usucapião), que observará o procedimento comum, com algumas adaptações da petição inicial e da documentação que a deve instruir (ver, retro, o item 8, letra *d*).[1]

---

1 A Lei nº 13.465/2017, oriunda de conversão da Medida Provisória nº 759, de 22 de dezembro de 2016, disciplinou largamente a *regularização fundiária rural e urbana e sobre a regularização fundiária* no âmbito da Amazônia Legal, cuidando dos procedimentos administrativos para alienação de imóveis da União, e ainda da *regularização fundiária urbana*, esta em relação a todo o território nacional, sejam as áreas públicas ou privadas. Em ambos os casos, os procedimentos regularizadores são executados por órgãos da Administração, como o INCRA, no que diz respeito às áreas rurais públicas irregularmente ocupadas, e os Municípios, no tocante aos núcleos urbanos informais. Os títulos de propriedade, na espécie, são afinal expedidos por estas entidades públicas, para fins de registro imobiliário, sem necessidade da intervenção do Judiciário e tampouco de notário ou tabelião.

Convém observar, entretanto, que a instituição do procedimento extrajudicial de reconhecimento da usucapião não criou a obrigatoriedade para o interessado de recorrer ao procedimento administrativo antes de ingressar em juízo com a ação de usucapião. A previsão do novo art. 216-A da Lei nº 6.015/1973 configura apenas faculdade da parte, e, por isso mesmo, não obsta nem prejudica a propositura do pleito diretamente nas vias judiciais, se tal convier ao usucapiente.[2]

379-B. Procedimento extrajudicial do reconhecimento de usucapião

O art. 216-A da Lei nº 6.015/1973, incluído pela Lei nº 13.105/2015, prevê que a usucapião, recaindo sobre imóvel, possa ser reconhecida por decisão administrativa do Oficial do Registro de Imóveis, sem necessidade alguma de homologação em juízo. Os requisitos a observar, na espécie, são:

(a) O bem usucapido deverá ser imóvel, excluem-se, portanto, da aludida via administrativa, o usucapião sobre móveis, e, também, o relacionado a imóveis sujeitos ao regime da Lei nº 11.997/2009, cujas bases são o *título de legitimação de posse* e o *auto de demarcação urbanística.* É que para essa particular modalidade de regularização fundiária há um procedimento administrativo todo especial, disciplinado pela Lei nº 11.997.[3]

(b) O procedimento perante o Oficial do Registro de Imóveis *deverá ser instaurado por requerimento* do usucapiente, subscrito por *advogado habilitado*, e instruído com os seguintes documentos (art. 216-A, *caput*):

> *I – ata notarial* lavrada por tabelião, atestando o *tempo de posse* do requerente e seus antecessores (caso de sucessão ou acessão de posses). Essa peça notarial será redigida com base em depoimentos de testemunhas ouvidas pelo tabelião;
>
> *II – planta e memorial descritivo* assinados: *(i)* por profissional legalmente habilitado, com prova de anotação de responsabilidade técnica no respectivo conselho de fiscalização profissional, e *(ii)* pelos titulares de direitos reais e de outros direitos registrados ou averbados na matrícula do imóvel usucapiendo e na matrícula dos imóveis confinantes;
>
> *III – certidões negativas* dos distribuidores da comarca da situação do imóvel e do domicílio do requerente;
>
> *IV – justo título* (quando se tratar de usucapião ordinária) ou quaisquer outros documentos que demonstrem a origem, a continuidade, a natureza e o tempo da posse, tais como o pagamento dos impostos e das taxas incidentes sobre o imóvel.

O procedimento a observar na tramitação da usucapião pela via administrativa, autorizado pelo art. 216-A da LRP, consta, atualmente, do Provimento nº 149/CNJ de 2023, arts. 398 a 423, estabelecendo o art. 401 que o requerimento endereçado ao Oficial do Registro de Imóveis

---

[2] "Assim, sendo mera opção, não pode ser imposto como condição ao ajuizamento e/ou prosseguimento da ação (de usucapião) (...), sob pena de violação ao princípio do livre acesso ao Poder Judiciário" (TJRS, 20ª C. Civ., Ap. Civ. 70071191506, Rel. Des. Dilso Domingos Pereira, j. 11.10.2016, *DJ* 24.10.2016, *Rev. de Jurisp. do TJRS*, v. 320, p. 335).

[3] O Decreto nº 9.310/2018, que contém normas gerais e procedimentos aplicáveis à Regularização Fundiária Urbana, trata do usucapião administrativo nos arts. 8º, II; 19, § 1º e 31, § 8º. Prevê este último dispositivo que as áreas já usucapidas "constarão do projeto de regularização fundiária com a área constante na matrícula ou na transcrição e com a observação de se tratar de unidade imobiliária já registrada e oriunda de processo de usucapião e a nova descrição técnica georreferenciada da unidade imobiliária deverá ser averbada na matrícula existente".

"será assinado por advogado ou por defensor público constituído pelo requerente e instruído com os seguintes documentos:

I – ata notarial com a qualificação, endereço eletrônico, domicílio e residência do requerente e respectivo cônjuge ou companheiro, se houver, e do titular do imóvel lançado na matrícula objeto da usucapião que ateste: a) a descrição do imóvel conforme consta na matrícula do registro em caso de bem individualizado ou a descrição da área em caso de não individualização, devendo ainda constar as características do imóvel, tais como a existência de edificação, de benfeitoria ou de qualquer acessão no imóvel usucapiendo; b) o tempo e as características da posse do requerente e de seus antecessores; c) a forma de aquisição da posse do imóvel usucapiendo pela parte requerente; d) a modalidade de usucapião pretendida e sua base legal ou constitucional; e) o número de imóveis atingidos pela pretensão aquisitiva e a localização: se estão situados em uma ou em mais circunscrições; f) o valor do imóvel; g) outras informações que o tabelião de notas considere necessárias à instrução do procedimento, tais como depoimentos de testemunhas ou partes confrontantes;

II – planta e memorial descritivo assinados por profissional legalmente habilitado e com prova da Anotação da Responsabilidade Técnica – ART ou do Registro de Responsabilidade Técnica – RTT no respectivo conselho de fiscalização profissional e pelos titulares dos direitos registrados ou averbados na matrícula do imóvel usucapiendo ou na matrícula dos imóveis confinantes ou pelos ocupantes a qualquer título;

III – justo título ou quaisquer outros documentos que demonstrem a origem, a continuidade, a cadeia possessória e o tempo de posse;

IV – certidões negativas dos distribuidores da Justiça Estadual e da Justiça Federal do local da situação do imóvel usucapiendo expedidas nos últimos trinta dias, demonstrando a inexistência de ações que caracterizem oposição à posse do imóvel, em nome das seguintes pessoas: a) do requerente e respectivo cônjuge ou companheiro, se houver; b) do proprietário do imóvel usucapiendo e respectivo cônjuge ou companheiro, se houver; c) de todos os demais possuidores e respectivos cônjuges ou companheiros, se houver, em caso de sucessão de posse, que é somada à do requerente para completar o período aquisitivo da usucapião;

V – descrição georreferenciada nas hipóteses previstas na Lei nº 10.267, de 28 de agosto de 2001, e nos decretos regulamentadores;

VI – instrumento de mandato, público ou particular, com poderes especiais, outorgado ao advogado pelo requerente e por seu cônjuge ou companheiro;

VII – declaração do requerente, do seu cônjuge ou companheiro que outorgue ao defensor público a capacidade postulatória da usucapião;

VIII – certidão dos órgãos municipais e/ou federais que demonstre a natureza urbana ou rural do imóvel usucapiendo, nos termos da Instrução Normativa Incra n. 82/2015 e da Nota Técnica Incra/DF/DFC nº 2/2016, expedida até trinta dias antes do requerimento.

§ 1º Os documentos a que se refere o *caput* deste artigo serão apresentados no original.

§ 2º O requerimento será instruído com tantas cópias quantas forem os titulares de direitos reais ou de outros direitos registrados sobre o imóvel usucapiendo e os proprietários confinantes ou ocupantes cujas assinaturas não constem da planta nem do memorial descritivo referidos no inciso II deste artigo.

§ 3º O documento oferecido em cópia poderá, no requerimento, ser declarado autêntico pelo advogado ou pelo defensor público, sob sua responsabilidade pessoal, sendo dispensada a apresentação de cópias autenticadas.

§ 4º Será dispensado o consentimento do cônjuge do requerente se estiverem casados sob o regime de separação absoluta de bens.

§ 5º Será dispensada a apresentação de planta e memorial descritivo se o imóvel usucapiendo for unidade autônoma de condomínio edilício ou loteamento regularmente instituído, bastando que o requerimento faça menção à descrição constante da respectiva matrícula.

§ 6º Será exigido o reconhecimento de firma, por semelhança ou autenticidade, das assinaturas lançadas na planta e no memorial mencionados no inciso II do *caput* deste artigo.

§ 7º O requerimento poderá ser instruído com mais de uma ata notarial, por ata notarial complementar ou por escrituras declaratórias lavradas pelo mesmo ou por diversos notários, ainda que de diferentes municípios, as quais descreverão os fatos conforme sucederem no tempo.

§ 8º O valor do imóvel declarado pelo requerente será seu valor venal relativo ao último lançamento do imposto predial e territorial urbano ou do imposto territorial rural incidente ou, quando não estipulado, o valor de mercado aproximado.

§ 9º Na hipótese de já existir procedimento de reconhecimento extrajudicial da usucapião acerca do mesmo imóvel, a prenotação do procedimento permanecerá sobrestada até o acolhimento ou rejeição do procedimento anterior.

§ 10. Existindo procedimento de reconhecimento extrajudicial da usucapião referente a parcela do imóvel usucapiendo, o procedimento prosseguirá em relação à parte incontroversa do imóvel, permanecendo sobrestada a prenotação quanto à parcela controversa.

§ 11. Se o pedido da usucapião extrajudicial abranger mais de um imóvel, ainda que de titularidade diversa, o procedimento poderá ser realizado por meio de único requerimento e ata notarial, se contíguas as áreas".

(c) Diligências a cargo do Oficial, nos termos da LRP:

I – o requerimento será *autuado e prenotado* pelo registrador, prorrogando-se o prazo da *prenotação* até o acolhimento ou a rejeição do pedido (art. 216-A, § 1º);

II – a planta e o memorial descritivo deverão ser subscritos pelo técnico que os elaborou e pelos titulares de direito real sobre o imóvel usucapiendo e sobre os imóveis confinantes. Essas assinaturas evidenciam a concordância de todos os interessados com o pedido do usucapiente. Faltando alguma assinatura, o registrador promoverá a *notificação* do omisso, para se manifestar sobre o requerimento no prazo de quinze dias (art. 216-A, § 2º);

III – comunicará o registrador à União Federal, ao Estado, ao Distrito Federal e ao Município da localização do imóvel, a respeito do requerimento do usucapiente, assinando-lhes o prazo de quinze dias para se manifestarem (art. 216-A, § 3º);[4]

[4] As notificações serão feitas pessoalmente, aos representantes processuais dos Entes Públicos, ou através do Registro de Títulos e Documentos, ou ainda por via postal, com aviso de recebimento – AR (art. 216-A, § 3º, *in fine*).

IV - será publicado edital, em jornal de grande circulação, onde houver, para ciência de terceiros eventualmente interessados, concedendo-lhes o prazo de quinze dias para manifestação (art. 216-A, § 4º);

V - esclarecimento: havendo dúvida por parte do registrador, poderão ser promovidas diligências de esclarecimento (art. 216-A, § 5º). Não se conformando o requerente com as exigências do registrador, ser-lhe-á facultado suscitar dúvida perante o juiz competente (art. 216-A, § 7º).

379-C. Julgamento do procedimento administrativo

I - Conversão em procedimento judicial

Só se admite o reconhecimento extrajudicial da usucapião imobiliária quando houver concordância de todos os interessados elencados no § 2º, do art. 216-A.[5] Por isso, em dois casos, o Oficial do Registro de Imóveis promoverá a *conversão* do procedimento administrativo em *judicial*, remetendo os autos ao juízo competente da situação do imóvel: *(i)* quando o interessado que não firmou a planta e o memorial descritivo foi notificado e, no prazo de quinze dias, negou seu *consentimento* à pretensão do requerente. Nos termos do § 2º, do art. 216-A, em sua primitiva redação, não se admitia o *consentimento tácito*, de sorte que, por força da lei, o *silencio* seria interpretado como *discordância*. No entanto, o referido parágrafo foi alterado pela Lei nº 13.465/2017, para dispor, justamente o contrário, ou seja, o silêncio deve ser interpretado como concordância; e *(ii)* quando ocorrer *impugnação* ao pedido do usucapiente por qualquer dos interessados arrolados no § 2º do art. 216-A; por algum dos entes públicos referidos no § 3º do mesmo artigo; ou por terceiro interessado (§ 10 do art. 216-A). Em todos esses casos, caberá ao requerente emendar a petição inicial para adequá-la ao procedimento judicial comum.

II - Indeferimento do pedido pelo Oficial do Registro de Imóveis

Diferentemente do que se passa diante de impugnação, no caso de a documentação apresentada pelo usucapiente ser reputada insuficiente para o reconhecimento da usucapião, o Oficial do Registro de Imóveis proferirá, em decisão administrativa, a *rejeição do pedido* (art. 216-A, § 8º). Não há previsão de recurso na lei, mas o indeferimento administrativo não impedirá o ajuizamento da *ação de usucapião* (art. 216-A, § 9º), É que não se forma coisa julgada sobre a decisão denegatória do registrador.

III - Deferimento do pedido pelo registrador

Estando em ordem a documentação produzida pelo usucapiente, não tendo sido formulada impugnação alguma, no prazo de direito, inexistindo diligência pendente, e havendo concordância de todos os interessados, o Oficial do Registro de Imóveis proferirá *decisão administrativa* de reconhecimento da usucapião e promoverá o registro cabível, com as descrições apresentadas. Abrirá, se for o caso, nova matrícula (art. 216-A, § 6º).

---

[5] "(...) é fundamental que haja concordância expressa do titular da propriedade do imóvel usucapiendo e dos titulares da propriedade dos imóveis confinantes, não havendo litígio a esse respeito (GAMA, Guilherme Calmon Nogueira da. Reconhecimento extrajudicial da usucapião e o atual Código de Processo Civil. *Revista de Processo*, v. 259, p. 397, set/2016). No mesmo sentido CARNEIRO, Paulo Cezar Pinheiro; PINHO, Humberto Dalla Bernardina de. *Novo Código de Processo Civil anotado e comparado*. Rio de Janeiro: Forense, 2015, p. 636. Essa exigência, todavia, foi alterada pela Lei nº 13.465/2017, que deu nova redação ao § 2º, do art. 216-A.

379-D. Cabimento do procedimento extrajudicial

O reconhecimento da usucapião imobiliária por via extrajudicial cabe em relação a todas as modalidades de prescrição aquisitiva, observando-se, em cada uma delas, as exigências da regulamentação legal pertinente. Apenas a usucapião administrativa, fundada na legitimação da posse para efeito de regulação fundiária de assentamentos urbanos, é que não se inclui no procedimento de reconhecimento a cargo do Oficial do Registro de Imóveis, nos moldes do art. 216-A, da Lei 6.015/1973. Para essa particular modalidade de usucapião, cujo reconhecimento também não depende de sentença judicial, a Lei nº 11.997/2009 instituiu uma regulamentação específica, distinta daquela aplicável ao Oficial do Registro de Imóveis.

Assim, pode o possuidor valer-se do reconhecimento pelo registrador imobiliário, em casos como: *(i)* o da usucapião *ordinária* ou *extraordinária*, bem como das outras modalidades especiais reguladas pelo Código Civil, ou seja, a especial *urbana*, a especial *rural* e a especial *familiar*,[6] às quais se aplica, ainda, a normatização de ordem constitucional (CF, arts. 183 e 191); *(ii)* o da *usucapião especial coletiva*, prevista no Estatuto da Cidade (Lei nº 10.257/2001, art. 10), que se aplica apenas em áreas urbanas; e *(iii)* o da *usucapião indígena*, instituída pelo Estatuto do Índio (Lei nº 6.001/1973, art. 33), que cabe ao silvícola (integrado ou não) com posse mansa e pacífica sobre área de terras de até cinquenta hectares, desde que não integrante do domínio público da União, não reservada e não titularizada pelo grupo tribal.

Note-se que a aquisição por usucapião não se restringe apenas a propriedade imobiliária, podendo também se referir a outros direitos reais sobre imóveis, como servidão, usufruto, uso e habitação. O procedimento administrativo previsto no art. 216-A, da Lei 6.015/1973, aplica-se a todos esses direitos reais imobiliários.

379-E. Competência

O pedido de reconhecimento extrajudicial de usucapião será processado e decidido administrativamente pelo Oficial do Registro de Imóveis da situação do imóvel usucapiendo (Lei nº 6.015, art. 216-A, *caput*). Ou seja: quem tem competência para registrar o imóvel, tem também competência para reconhecer, na via administrativa, a ocorrência de usucapião sobre ele.

---

[6] A *usucapião familiar* acha-se prevista no art. 1.240-A, do Código Civil, introduzido pela Lei 14.242/2011, e é admissível em favor do cônjuge ou companheiro, que passa, com a separação, a exercer posse autônoma e exclusiva, por dois anos, sem oposição, sobre imóvel urbano antes compartilhado pelo casal, e que seja destinado a moradia própria ou de sua família.

Fluxograma nº 41-A – Reconhecimento extrajudicial de usucapião sobre imóvel (Lei nº 6.015/1973, art. 216-A)

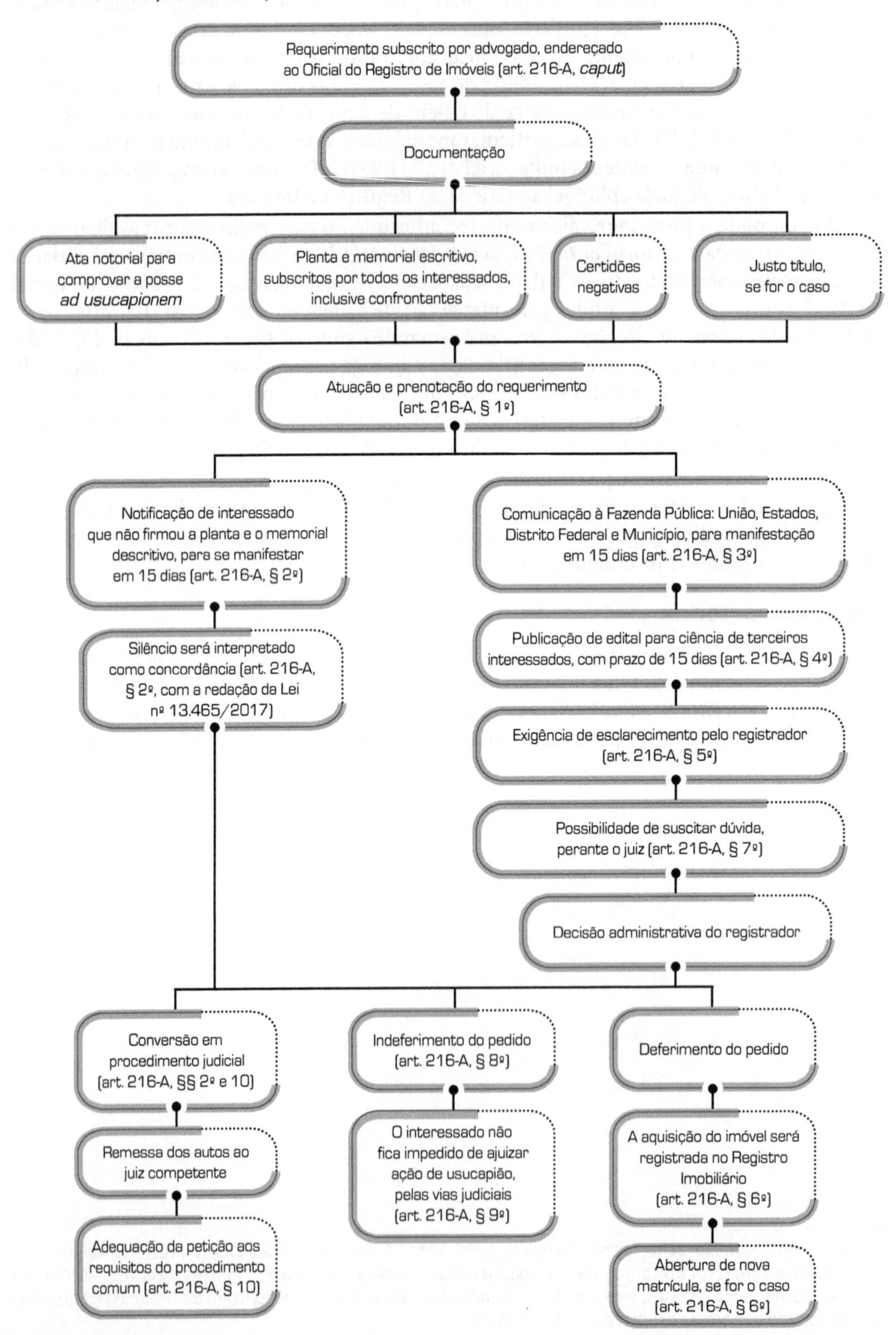

Capítulo XXVII-B
ADJUDICAÇÃO COMPULSÓRIA EXTRAJUDICIAL

§ 43-B. DESJUDICIALIZAÇÃO DO CUMPRIMENTO FORÇADO DE COMPROMISSO DE COMPRA E VENDA DE IMÓVEL

379-F. Adjudicação compulsória extrajudicial

A Lei nº 14.382/2022, que introduziu o art. 216-B à Lei dos Registros Públicos (Lei nº 6.015/1973), instituiu a adjudicação compulsória extrajudicial, procedimento administrativo a cargo do Registro de Imóveis, por meio do qual, no caso de inadimplemento do compromisso de compra e venda de imóvel, se permite ao promissário comprador obter a transferência definitiva do imóvel compromissado, diretamente no Cartório de Registro de Imóveis em que o bem se achar matriculado, sem necessidade, portanto, de sentença ou autorização judicial[1].

379-G. Pressupostos, requisitos e procedimento

São analisados no volume III deste *Curso*, itens 318-A e 318-B, os pressupostos e requisitos da adjudicação compulsória extrajudicial, assim como o procedimento administrativo a ser observado perante o Oficial do Registro de Imóveis competente, de acordo com o novo art. 216-B acrescentado à Lei dos Registros Públicos pela Lei nº 14.382/2022.

---

1 A medida se aplica também à cessão de direitos sobre imóveis, negócio atípico equiparado ao compromisso de compra e venda.

Parte III

A Arbitragem no Direito Brasileiro

Capítulo XXVIII
O JUÍZO ARBITRAL

§ 44. PROCEDIMENTO DA ARBITRAGEM

380. O juízo arbitral no direito brasileiro

I – Introito

Desde os primeiros tempos de nossa independência política, tem o juízo arbitral encontrado previsão e autorização no direito positivo brasileiro. De início, impunha-se como obrigatória a arbitragem em questões relativas a seguro e locação de serviços. Mais tarde, o Código Comercial obrigou à adoção do juízo arbitral para as controvérsias oriundas de locação mercantil, de relações entre os sócios das sociedades comerciais, e de várias outras fontes. No mesmo ano de 1850, em que se editou o Código Comercial, surgiu o Decreto nº 737, destinado a disciplinar o processo relativo às causas comerciais, e nele também se previa a submissão dos conflitos entre comerciantes à decisão arbitral.

Não obstante essa ampla disciplina legal, o juízo arbitral nunca chegou a ser uma realidade entre nós, e muito se tem especulado sobre a causa dessa autêntica rejeição do instituto que tão franca acolhida encontrou em outras partes do mundo civilizado. A explicação mais plausível que se deu a essa situação específica do meio jurídico brasileiro foi a de que o Decreto nº 3.900, de 26.06.1867, teria inviabilizado a implantação do importante instituto, ao dispor, em seu art. 9º, que a cláusula de compromisso, sem a nomeação dos árbitros, ou relativa a questões eventuais, não valia senão como promessa e ficava dependente para a perfeição e execução de novo e especial acordo das partes, não só sobre os requisitos enumerados no seu art. 8º, como sobre as declarações essenciais exigidas pelo art. 10.

Esse sistema de somente considerar obrigatório o juízo arbitral quando o compromisso viesse a ser firmado, com toda solenidade legal, depois de já concretizado o litígio, tornando a cláusula compromissória um pacto *de contrahendo* desprovido de eficácia ou força legal, foi, sem dúvida, o que desprestigiou o remédio extrajudicial de composição de conflitos. Era evidente que, depois de eclodido o litígio, desapareciam todas as condições favoráveis à formalização do compromisso e à renúncia à tutela da Justiça oficial.

Não se registrou, outrossim, progresso algum nesse setor do direito brasileiro durante mais de um século, porquanto o Código Civil e os Códigos de Processo Civil que se lhe seguiram continuaram a tratar a cláusula compromissória como figura "inteiramente inócua, inútil, sem força obrigatória", tal como antes fizera o Decreto nº 3.900.[1]

Até data recente, o juízo arbitral praticamente não existia no Brasil, a não ser como assento de especulação teórica em doutrina, visto que na experiência concreta não se tinha notícia de qualquer compromisso que, nos moldes dos arts. 1.072 a 1.102 do Código de Processo Civil de 1973, fizesse atuar a importante via alternativa de pacificação de litígios como realidade na convivência social.

Como o Brasil tinha sérios compromissos internacionais de viabilizar o juízo arbitral, principalmente em função dos mercados comuns a que se integrou ou a que se ligou, tornou-se imperiosa a necessidade de modernizar a legislação interna acerca da arbitragem. Assim, adveio a Lei nº 9.307, de 23.09.1996, que revogou toda a disciplina a respeito do tema, localizada no interior do Código Civil e do Código de Processo Civil de 1973.

Desde então, o Juízo arbitral passou a ser objeto de lei especial, tanto no que diz respeito à matéria de fundo como à de natureza processual.[2]

II – A Lei de Arbitragem

"A arbitragem consiste em meio heterocompositivo de resolução de conflitos, no qual um terceiro – árbitro – será responsável por solucionar a controvérsia patrimonial disponível".[3] Essa forma de solução de conflito encontra-se regulamentada na Lei nº 9.307/1996, conhecida como Lei de Arbitragem, que teve questionada a constitucionalidade, incidentalmente, de vários de seus dispositivos, por meio do Agravo Regimental em Sentença Estrangeira nº 5.206-7.[4] Em razão disso, teve sua vigência postergada até 2001, quando, enfim, o STF julgou o agravo regimental, declarando a constitucionalidade da lei e seus dispositivos questionados.

A Lei nº 9.307/1996 dispõe sobre o âmbito de aplicação da arbitragem, a escolha de árbitros, o procedimento arbitral, bem como a convenção de arbitragem e seus efeitos. Não obstante o grande avanço que a lei representou, a possibilidade de utilização desse instituto privado ficou restrita às pessoas capazes de contratar e aos litígios relativos a direitos patrimoniais disponíveis (art. 1º).

Esta Lei foi objeto de duas modificações, ocorridas em 2015, por meio *(i)* do CPC/2015 e *(ii)* da Lei nº 13.129, de 26.05.2015.[5]

---

1 PIMENTEL, Álvaro Mendes. *Da cláusula compromissória no direito brasileiro*. Rio de Janeiro: Jornal do Commercio, 1934, p. 17; MARTINS, Pedro Antônio Batista. Anotações sobre a arbitragem no Brasil e o projeto de lei do Senado nº 78/92. *RF*, 332, out.-nov.-dez/1995, p. 128.

2 O Decreto nº 4.311, de 23.07.2002, promulgou a Convenção da ONU sobre o Reconhecimento e a Execução de Sentenças Arbitrais Estrangeiras, que é o principal instrumento multilateral no campo do Direito Arbitral Internacional.

3 MAZZEI, Rodrigo; CHAGAS, Bárbara Seccato Ruis. Breve diálogo entre os negócios jurídicos processuais e a arbitragem. *Revista de Processo*, ano 39, n. 237, nov. 2014, p. 228.

4 "3. Lei de Arbitragem (L. 9.307/96): constitucionalidade, em tese, do juízo arbitral; discussão incidental da constitucionalidade de vários dos tópicos da nova lei, especialmente acerca da compatibilidade, ou não, entre a execução judicial específica para a solução de futuros conflitos da cláusula compromissória e a garantia constitucional da universalidade da jurisdição do Poder Judiciário (CF, art. 5º, XXXV). Constitucionalidade declarada pelo plenário, considerando o Tribunal, por maioria de votos, que a manifestação de vontade da parte na cláusula compromissória, quando da celebração do contrato, e a permissão legal dada ao juiz para que substitua a vontade da parte recalcitrante em firmar o compromisso não ofendem o artigo 5º, XXXV, da CF" (STF, Pleno, AgRg na SE 5.206/EP, Rel. Min. Sepúlveda Pertence, ac. 12.12.2001, *DJU* 30.04.2004, p. 29).

5 Lei nº 13.129/2015: "Art. 5º Esta Lei entra em vigor após decorridos 60 (sessenta) dias de sua publicação oficial" (*DOU* de 27.05.2015).

A alteração promovida pelo CPC/2015 apenas atualiza a redação do § 3º do art. 33 da Lei de Arbitragem. A modificação efetivada pela Lei nº 13.129 foi mais significativa e trouxe como inovações: *(i)* autorização expressa à adoção da arbitragem pela Administração Pública;[6] *(ii)* disciplina da carta arbitral; e *(iii)* regulamentação das tutelas cautelares e de urgência no processo de arbitragem.

Com as atualizações legislativas, a matéria sobre o Juízo arbitral encontra-se disciplinada em nove capítulos, assim distribuídos na Lei nº 9.307/1996:

I – *Disposições gerais*
II – *Da convenção de arbitragem e seus efeitos*
III – *Dos árbitros*
IV – *Do procedimento arbitral*
IV-A – *Das tutelas cautelares e de urgência*
IV-B – *Da Carta Arbitral*
V – *Da sentença arbitral*
VI – *Do reconhecimento e execução de sentenças arbitrais estrangeiras*
VII – *Disposições finais*

381. Disposições gerais

Nos arts. 1º e 2º, a Lei nº 9.307 cuidou da arbitragem no seu aspecto *objetivo* e *subjetivo*, definindo que tipo de direito subjetivo pode ser tratado no juízo arbitral e que tipo de pessoa se legitima a figurar nele.

Assentou-se, assim, que:

(a) podem se valer do juízo arbitral *(i)* as pessoas capazes de contratar e *(ii)* a administração pública direta e indireta; e
(b) nele só se admitem litígios relativos a direitos patrimoniais disponíveis.[7]

Vale dizer: sendo o juízo arbitral concebido como fruto da livre convenção entre as partes, só se torna admissível entre as pessoas que gozem de autonomia jurídica para disciplinar suas relações jurídicas e somente pode ter como objeto aqueles bens dos quais os titulares possam livremente dispor em seus contratos.

---

[6] A Lei nº 13.129/2015 foi originária do Projeto de Lei nº 406, de 2013 (nº 7.108/14 na Câmara dos Deputados), e previa, originalmente, a cláusula compromissória nos contratos de consumo e nos contratos individuais de trabalho. Essas previsões foram inseridas nos §§ 3º e 4º do art. 4º da lei 9.307/96, contudo, foram vetadas pela Presidente da República, vetos estes mantidos pelo Poder Legislativo.

[7] A legitimidade da administração pública tornou-se possível em face do acréscimo dos §§ 1º e 2º ao art. 1º da Lei nº 9.307/1996, determinado pela Lei nº 13.129/2015, que, todavia, limitou a arbitragem, no âmbito da administração, à solução de conflitos relativos a direitos patrimoniais disponíveis. O STJ, pela sua 2ª Turma, já havia decidido que as "sociedades de economia mista exploradoras de atividade econômica de produção ou comercialização de bens ou de prestação de serviços (CF, art. 173, § 1º)" podem recorrer à arbitragem, havendo contrato firmado com estipulação de cláusula compromissória, porque nesse caso os direitos e obrigações da sociedade são considerados disponíveis. O mesmo, entretanto, não ocorreria no caso de disputa relacionada com o poder de império da Administração Pública (STJ, 2ª T., REsp 606.345/RS, Rel. Min. João Otávio de Noronha, ac. 17.05.2007, *DJU* 08.06.2007, p. 240). Em outro acórdão, foi explicitado que "5. Tanto a doutrina como a jurisprudência já sinalizaram no sentido de que não existe óbice legal na estipulação da arbitragem pelo poder público, notadamente pelas sociedades de economia mista, admitindo como válidas as cláusulas compromissórias previstas em editais convocatórios de licitação e contratos" (STJ, 3ª T., REsp 904.813/PR, Rel. Min. Nancy Andrighi, ac. 20.10.2011, *DJe* 28.02.2012).

Sendo fruto de convenção, o juízo arbitral não pode sujeitar terceiros estranhos ao pacto que o tornou obrigatório para os contratantes, nem mesmo quando se trate de litisconsortes necessários.[8] Ocorrendo, no entanto, sucessão de empresas, a incorporadora da signatária da convenção arbitral ficará sub-rogada na obrigação de sujeitar-se à arbitragem, como, aliás, ocorre com todos os direitos e obrigações da incorporada (CC, art. 1.116). O mesmo se passa, em geral, com a cessão de contrato (dita *cessão de posição contratual*), quando dele conste cláusula de sujeição obrigatória à arbitragem.[9]

Em se tratando da administração pública, a autoridade ou órgão competente para celebrar a convenção de arbitragem é a mesma para a realização de acordos ou transações (art. 1º, § 2º, da Lei nº 9.307/1996).

Quanto ao direito material a ser aplicado pelos árbitros, prevê a Lei nº 9.307 que o contrato pode submeter o litígio tanto ao *direito positivo* como à *equidade*, a critério das partes (art. 2º, *caput*). Todavia, a arbitragem que envolva a Administração Pública será sempre de direito e respeitará o princípio da publicidade (§ 3º[10-11]).

Reconhece-se, outrossim, que a convenção poderá escolher, livremente, as regras de direito a serem aplicadas, adotando, por exemplo, as do direito nacional ou do direito de algum país estrangeiro. Mesmo dentro do ordenamento jurídico nacional, é lícito selecionar-se um tipo de lei, excluindo-se outro, desde que, é claro, não sejam ofendidos os bons costumes e a ordem pública (art. 2º, § 1º).[12]

Permite-se, ainda, que a convenção submeta o julgamento arbitral aos "princípios gerais do direito", aos "usos e costumes" e às "regras internacionais de comércio" (art. 2º, § 2º).

O julgamento por equidade, ou seja, independentemente da submissão ao direito positivo, só será viável quando expressamente aceito por ambas as partes da convenção de arbitragem.

As normas procedimentais também poderão ser objeto de convenção entre as partes do negócio arbitral, sendo possível tanto a adoção de regras de órgão arbitral institucionalizado ou de entidade especializada como ainda se permite a criação do procedimento pelo próprio contrato. Há, finalmente, a previsão de o contrato poder delegar aos árbitros ou ao tribunal arbitral a função de regular o procedimento (art. 21).

Aliás, se a convenção for omissa, a presunção legal é de que o árbitro, ou o tribunal, terá poderes para disciplinar o procedimento (art. 21, § 1º).

---

8 Sobre o tema v. nosso estudo Arbitragem e terceiros. Litisconsórcio fora do pacto arbitral. Outras intervenções de terceiros. *Revista Forense*, v. 362, p. 41-61, ago. 2002.

9 A cessão de posição contratual "implica a transferência de um complexo de direitos, de deveres, débitos e créditos" (STJ, 3ª T., REsp 356.383/SP, Rel. Min. Nancy Andrighi, ac. 05.02.2002, *DJU* 06.05.2002, p. 289).

10 O § 3º foi acrescentado ao art. 2º da Lei nº 9.307/1996 pela Lei nº 13.129/2015 (art. 1º). Na I Jornada de Prevenção e Solução Extrajudicial de Litígios – Justiça Federal/CEJ/2016 foi aprovado o Enunciado 4, com o seguinte teor: "Na arbitragem, cabe à Administração Pública promover a publicidade prevista no art. 2º, § 3º, da Lei nº 9.307/1996, observado o disposto na Lei nº 12 527/2011, podendo ser mitigada nos casos de sigilo previstos em lei, a juízo do árbitro". Na II Jornada de 2021, aprovou-se o Enunciado nº 89, em complemento ao aludido nº 4, nos seguintes termos: "Nas arbitragens envolvendo a Administração Pública, cabe à parte interessada apontar as informações ou documentos que entende sigilosos, indicando o respectivo fundamento legal que restringe sua publicidade".

11 Ainda a propósito da administração pública, foi aprovado na II Jornada/CEJ/2021 o enunciado nº 91: "Eventual proposição de ação civil pública sobre o contrato administrativo não é, por si só, impeditivo para que as partes signatárias ingressem ou continuem com a arbitragem para discussão de direitos patrimoniais disponíveis, definidos na forma do parágrafo único do art. 151 da Lei n° 14.133/2021".

12 No âmbito do Mercosul, vigora o Acordo concluído em Buenos Aires, em 23.07.1998 (promulgado pelo Dec. nº 4.719, de 04.05.2003), que permite às partes escolher livremente as regras de direito a aplicar na composição de litígios submetidos ao juízo arbitral, respeitada a ordem pública internacional.

381-A. A arbitragem e as garantias constitucionais do processo

Uma vez que a arbitragem tem sua natureza jurisdicional amplamente reconhecida – tanto que aos árbitros se atribui a função de pacificar conflitos como juízes de fato e de direito e as suas sentenças gozam da autoridade da coisa julgada (Lei nº 9.307/1996, art. 31) e da força de título executivo judicial (CPC, art. 515, VII) –, é certo que o processo arbitral submete-se aos princípios e garantias constitucionais aplicáveis à jurisdição e ao processo em geral[13]. Na verdade, esses princípios e garantias constitucionais que devem ser observados no processo arbitral, enquadram-se na categoria de elementos de ordem pública[14].

A propósito do tema, o art. 21, § 2º, da Lei de Arbitragem, prevê, entre os casos de nulidade da sentença arbitral (art. 32), a violação dos princípios constitucionais do contraditório, da igualdade das partes e da imparcialidade do árbitro. Todos esses princípios são "os pilares da garantia constitucional do devido processo legal (art. 5º, incisos LIV e LV da Constituição Federal)" e, por isso mesmo, se apresentam, no processo arbitral, como "elementos constitucionais da ordem pública nacional"[15].

Mas, além do elenco do referido dispositivo da Lei nº 9.307/1996, outros, outros princípios constitucionais do processo também se impõem ao juízo arbitral, tais como o do acesso à justiça (CF, art. 5º, XXXV), o do devido processo legal (CF, art. 5º, LIV), o da fundamentação (CF, art. 93, IX), o da vedação de prova ilícita (CF, art. 5º, LVI) e o da duração razoável do processo (CF, art. 5º, LXXVIII). Todos esses princípios devem ser resguardados no processo arbitral, a fim de que seja colocado em prática o modelo constitucional do processo[16], que, sabidamente, não se refere apenas ao processo estatal, mas a todo e qualquer processo, inclusive os administrativos (CF, art. 5º, LIV e LV). E da afronta a qualquer um deles, em casos de danos sérios à parte, pode resultar a anulação da sentença arbitral, nos moldes do art. 33 da Lei nº 9.307/1996.

382. Convenção de arbitragem

Pela livre convenção entre os interessados, é possível desviar a matéria litigiosa da esfera do Poder Judiciário, afetando-a ao conhecimento de pessoa ou organismo não vinculados à Administração Oficial da Justiça.

Essa convenção abrange duas modalidades de negócio jurídico, ambas com força vinculante para as partes e com plena eficácia de eliminar a sujeição do litígio à Justiça estatal. São elas: *(i)* a *cláusula compromissória*; e *(ii)* o *compromisso arbitral* (Lei nº 9.307, art. 3º).

Desde o momento, portanto, em que, dentro do contexto de um contrato, se estipule que eventual litígio entre os contratantes em torno das obrigações nele pactuadas será dirimido por meio de árbitros, estará definitivamente imposta a via extrajudicial como obrigatória. O juízo arbitral, no futuro, quando porventura eclodir o litígio, não poderá unilateralmente ser descartado. Não haverá mais a possibilidade, vigorante no sistema anterior, de um só

---

13 GRINOVER, Ada Pellegrini. *Ensaio sobre a processualidade: fundamentos para uma nova teoria geral do processo*. Brasília: Gazeta Jurídica, 2016; VAUGHN, Gustavo Favero; ABBOUD, Georges. Princípios constitucionais do processo arbitral. *Revista de Processo*, v. 327, p. 453-459, São Paulo, maio/2022.

14 SESTER, Peter Christian. *Comentários à Lei de Arbitragem e à legislação extravagante*. São Paulo: Quartier Latin, 2020, p. 257; APRIGLIANO, Ricardo. *Ordem Pública e processo:* o tratamento das questões de ordem pública no direito processual civil. São Paulo: Atlas, 2011.

15 VAUGHN, Gustavo Favero; ABBOUD, Georges. Princípios constitucionais do processo arbitral. *Revista de Processo*, São Paulo, v. 327, maio 2022, p. 455.

16 VAUGHN, Gustavo Favero; ABBOUD, Georges. Princípios constitucionais do processo arbitral. *Revista de Processo*, São Paulo, v. 327, maio 2022, p. 487.

dos contratantes impor seu veto ao procedimento extrajudicial, recusando-se a firmar o "compromisso" de escolha dos árbitros e definição do objeto do conflito a ser por eles solucionado.

Prevê a Lei nº 9.307 instrumentos de execução compulsória do pacto contido na cláusula compromissória, por meio dos quais se supre judicialmente a não cooperação da parte inadimplente quanto à efetiva consumação do definitivo "compromisso arbitral", sem o qual não se forma a relação processual que fará as vezes do processo judicial.

O CPC/2015 também possui dispositivo que obriga a parte contrária a respeitar a convenção de arbitragem. Assim é que, em preliminar de contestação, o réu poderá alegar a convenção, para o fim de excepcionar a competência da Justiça comum (art. 337, X), provocando a extinção, sem resolução do mérito (art. 485, VII). A renúncia à justiça arbitral convencionada, destarte, somente ocorrerá se ambas as partes concordarem, o que se dará com o ajuizamento de ação na justiça comum e a ausência de impugnação pelo réu em preliminar de contestação (CPC/2015, art. 337, § 6º).

382.1. Convenção arbitral e falência de signatário

A insolvência do signatário posterior à convenção de arbitragem não afasta, por si só, a competência do Tribunal Arbitral, segundo o entendimento do STJ:

> "5. A pactuação válida de cláusula compromissória possui força vinculante, obrigando as partes da relação contratual a respeitá-la para a resolução dos conflitos daí decorrentes.
>
> 6. Como regra, tem-se que a celebração de cláusula compromissória implica a derrogação da jurisdição estatal, impondo ao árbitro o poder-dever de decidir as questões decorrentes do contrato, incluindo decidir acerca da própria existência, validade e eficácia da cláusula compromissória (princípio da *Kompetenz-Kompetenz*).
>
> 7. Diante da falência de uma das contratantes que firmou cláusula compromissória, o princípio da *Kompetenz-Kompetenz* deve ser respeitado, impondo ao árbitro avaliar a viabilidade ou não da instauração da arbitragem"[17].

383. Cláusula compromissória

O antecedente natural do juízo arbitral é a cláusula compromissória. Consiste ela na "convenção através da qual as partes em um contrato comprometem-se a submeter à arbitragem os litígios que possam vir a surgir, relativamente a tal contrato" (Lei nº 9.307, art. 4º).

Embora a instalação do procedimento da arbitragem, em princípio, não possa prescindir do "compromisso arbitral", ou de decisão judicial que o supra, a grande revolução realizada pela Lei nº 9.307 foi a de tornar obrigatória a "cláusula compromissória", de sorte que, por si só, esse tipo de pacto se apresenta como adequado para afastar o conflito da apreciação judicial (v., adiante, nº 386).

A cláusula compromissória, portanto, é firmada antes da ocorrência de qualquer controvérsia, ao passo que o compromisso arbitral vai ocorrer diante de um litígio concreto, em razão do acordo firmado pelas partes de se submeterem à arbitragem.

Instituiu-se, outrossim, um mecanismo judicial para compelir a parte omissa a sofrer a execução específica da cláusula compromissória, que, como as demais obrigações de fazer,

---

17 STJ, 3ª T., REsp 1.959.435/RJ, Rel. Min. Nancy Andrighi, ac. 30.08.2022, DJe 01.09.2022.

passou a contar também com via de acesso a um adequado procedimento de execução forçada. Deu-se à cláusula compromissória, dessa maneira, o mesmo tratamento que, de longa data, se dispensava ao compromisso de compra e venda irretratável e outras promessas similares (CPC/2015, art. 501).

Note-se que a cláusula compromissória pode tanto compreender todas as questões relativas a um contrato como restringir-se a alguma ou a algumas delas. Pode ainda, segundo entendimento do STJ, ser convencionada de forma a prever vias conciliatórias alternativas: "É válida, assim, a cláusula compromissória constante de acordo que excepcione ou reserve certas situações especiais a serem submetidas ao Judiciário, mormente quando essas demandem tutelas de urgência. Do mesmo modo, a referência à mediação como alternativa para a resolução de conflitos não torna a cláusula compromissória nula. Com efeito, firmada a cláusula compromissória, as partes não estão impedidas de realizar acordo ou conciliação, inclusive por mediação".[18]

Não há empecilho a que em acordo submetido à homologação judicial seja incluída cláusula compromissória. E assim ocorrendo, o litígio que posteriormente advenha, envolvendo os direitos patrimoniais disponíveis transacionados em juízo, terá de ser solucionado através da arbitragem.[19]

384. Requisitos da cláusula compromissória

A cláusula compromissória tem sua eficácia, segundo o art. 4º, § 1º, da Lei nº 9.307, subordinada a um requisito formal: "deve ser estipulada por escrito" (ato solene).[20] A convenção, porém, tanto pode inserir-se no próprio contexto do contrato principal como em documento apartado que a ele se refira.

É indispensável que a cláusula compromissória delimite o campo sobre o qual o juízo arbitral exercerá a função judicante, afastando-o da jurisdição estatal. Questão relevantíssima é a que se instala quando se estabelece alguma dúvida ou conflito em torno dos limites da competência conferida ao órgão arbitral. Rege a matéria o princípio *kompetenz- kompetenz*, acolhido pela Lei 9.307/1996,[21] assim interpretado pelo STJ:

> "A jurisprudência do STJ se firmou no sentido de que, segundo o princípio do kompetenz-kompetenz, previsto no art. 8º da Lei nº 9.307/1996, cabe ao juízo arbitral, com precedência sobre qualquer outro órgão julgador, deliberar a respeito de sua competência para examinar as questões que envolvam a existência, validade e eficácia da convenção de arbitragem e do contrato que tenha cláusula compromissória".[22]

---

18 STJ, 4ª T., REsp 1.331.100/BA, Rel. p/ac. Min. Raul Araújo, ac. 17.12.2015, *DJe* 22.02.2016.

19 "É possível a inserção da cláusula compromissória em acordo submetido à homologação judicial" (Enunciado 105 da II Jornada de Prevenção e Solução Extrajudicial de Litígios – Justiça Federal/CEJ/2021).

20 "A cláusula compromissória deve ser estipulada por escrito, podendo ser registrada sob qualquer forma, como troca de e-mails ou outras formas, para aferir a vontade das partes" (Enunciado 111 da II Jornada de Prevenção e Solução Extrajudicial de Litígios – Justiça Federal/CEJ/2021). Desde que seja feita referência que torne a cláusula parte integrante de um contrato.

21 "As alegações de extensão subjetiva e objetiva da convenção de arbitragem deverão, nos termos do art. 8º, parágrafo único, da Lei de Arbitragem, ser apreciadas, no primeiro momento, pelo juízo arbitral, em atenção ao princípio da competência-competência" (Enunciado 104 da II Jornada de Prevenção e Solução Extrajudicial de Litígios- Justiça Federal/CEJ/2021).

22 STJ, 2ª T., AgInt no AREsp 1.276.872/RJ, Rel. Min. Og Fernandes, ac. 01.12.2020, *DJe* 30.06.2021.

384.1. Cláusula compromissória e contrato de consumo

Quanto às relações de consumo, o art. 51, VII, do Código de Defesa do Consumidor, considerava nula, de pleno direito, qualquer cláusula que determinasse a utilização compulsória de arbitragem. A Lei nº 9.307 teria revogado essa cominação que protegia o consumidor, ao não a incluir no novo e completo regime jurídico do juízo arbitral. Embora não mais se vedasse a inserção de cláusula compromissória nos contratos alcançados pelo Código de Defesa do Consumidor, ter-se-ia instituído um regime formal específico para melhor acautelar os interesses da parte fraca nas relações de consumo.

Assim, restou previsto no art. 4º, § 2º, da Lei nº 9.307, que, nos contratos de adesão, que são os mais frequentes nas relações de consumo, a cláusula compromissória somente teria eficácia se: *(a)* o aderente tomasse a iniciativa de instituir a arbitragem ou concordasse, expressamente com a sua instituição; *(b)* a cláusula fosse redigida em negrito ou em documento anexo, com a assinatura ou o visto do aderente especialmente lançados para tal cláusula.

Havia, porém, ponderáveis opiniões no sentido de que a Lei nº 9.307 não teria revogado o art. 51, VII, do Código de Defesa do Consumidor, visto que o dispositivo do art. 4º, § 2º, do diploma regulador da arbitragem, não teria feito alusão direta às normas protetivas do consumidor, que impedem em seu âmbito a cláusula arbitral. A disciplina da arbitragem reporta-se apenas aos contratos de adesão, o que, porém, não é sinônimo de contrato de consumo, até mesmo porque no campo de tutela do consumidor muitos contratos não se ajustam como de adesão.[23-24]

Para fazer prevalecer a tese de aplicabilidade da convenção arbitral aos contratos de consumo, o Projeto que se converteu na Lei 13.129/2015 incluiu no texto do art. 4º da Lei de Arbitragem os parágrafos 3º e 4º, os quais, todavia, foram objeto de veto pela Presidência da República, mantidos pelo Poder Legislativo em 24.09.2015. Com isso, entendeu-se a princípio que teria saído vitoriosa a tese de prevalência da regra do Código do Consumidor que veda cabimento à cláusula de arbitragem nos contratos de consumo.

O que prevaleceu, entretanto, na jurisprudência do STJ foi um entendimento conciliatório adotado pelas duas Câmaras que compõem a Segunda Seção: não se pode, efetivamente, impor por convenção ao consumidor a sujeição compulsória ao juiz arbitral, sob pena de incorrer em nulidade à cláusula que a tanto se destina (CDC, art. 51, VII). Essa nulidade, todavia, nem sempre subsiste, e a cláusula compromissória virá a ter eficácia desde que o consumidor "venha a tomar a iniciativa de instituir a arbitragem, ou concorde, expressamente, com a sua instituição, não havendo, por conseguinte, falar em compulsoriedade", na orientação preconizada pelo STJ. De tal maneira, fica afastada a "incompatibilidade entre os arts. 51, VII, do CDC e 4º, § 2º, da Lei nº 9.307/1996"[25].

---

23 NERY JÚNIOR, Nelson; NERY, Rosa Maria Andrade. *Código de Processo Civil comentado*. 19. ed. São Paulo: Ed. RT, 2020, p. 43-44; CARREIRA ALVIM, J. E. *Direito arbitral interno brasileiro*. Tese de doutorado, Faculdade de Direito da Universidade Federal de Minas Gerais, Belo Horizonte, 1999, p. 74-75, nota 90.

24 A proposta legislativa em questão foi vetada, ao argumento de que "da forma prevista, os dispositivos alterariam as regras para arbitragem em contrato de adesão. Com isso, autorizariam, de forma ampla, a arbitragem nas relações de consumo, sem deixar claro que a manifestação de vontade do consumidor deva se dar também no momento posterior ao surgimento de eventual controvérsia e não apenas no momento inicial da assinatura do contrato. Em decorrência das garantias próprias do direito do consumidor, tal ampliação do espaço da arbitragem, sem os devidos recortes, poderia significar um retrocesso e ofensa ao princípio norteador de proteção do consumidor". Os vetos foram mantidos pelo Poder Legislativo em 24.09.2015.

25 STJ, 4ª T., REsp 1.189.050/SP, Rel. Min. Luis Felipe Salomão, ac. 1º.03.2016, DJe 14.03.2016. Por sua vez, a 3ª Turma, em acórdão de caráter pedagógico e paradigmático assentou que "com a promulgação da Lei de

Ainda na mesma perspectiva, decidiu aquela Corte Superior que a recusa do consumidor ao juízo arbitral não precisa ser expressa, podendo ser implícita em conduta concludente, quando, por exemplo, o consumidor toma a iniciativa de discutir o contrato perante o Poder Judiciário[26].

384.2. Cláusula compromissória e contratos de franquia

O contrato de franquia não se inclui nas relações de consumo tuteladas pelo Código do Consumidor, uma vez que se trata de um contrato de fomento econômico, estabelecido com intuito de estimular as atividades empresariais do franqueado.[27] Não incide, na espécie, a proteção às normas consumeristas, não havendo lugar para imputar nulidade do compromisso arbitral, com fundamento no art. 51, VII, do CDC, que proíbe a utilização compulsória de arbitragem nos ajustes entre fornecedor e consumidor.

É de se reconhecer, no entanto, que o contrato de franquia é, inegavelmente, um contrato de adesão, e, por isso, a cláusula compromissória nele inserida, só terá eficácia se *(i)* o aderente tomar a iniciativa de instituir a arbitragem, ou *(ii)* concordar, expressamente, com a sua instituição, "desde que por escrito em documento anexo ou em negrito, com a assinatura ou visto especialmente para essa cláusula" (art. 4º, § 2º da Lei de Arbitragem). Sem essas cautelas, que protegem a parte mais fraca do contrato de adesão, a cláusula arbitral (embora não vedada) ajustada no contrato de franquia torna-se ineficaz, podendo a nulidade ser reconhecida pelo Poder Judiciário, independentemente, de prévia deliberação do juízo arbitral.[28]

Lembre-se, todavia, que a atual Lei que regula o sistema de franquia empresarial prevê que as partes poderão eleger juízo arbitral para solução de controvérsias entre elas (Lei nº 13.966/2019, art. 7º, § 1º).

384.3. Cláusula compromissória e pacto antenupcial e contrato de união estável

Reconheceu-se na II Jornada de Prevenção e Solução Extrajudicial de Litígios – Justiça Federal/CEJ/2021, na justificativa do Enunciado nº 96, que é "plenamente válida e eficaz a inserção da cláusula compromissória no pacto antenupcial ou no contrato de união estável, desde que tenha por objeto direitos patrimoniais disponíveis, compatibilizando-se, assim, o

---

Arbitragem, passaram a conviver, em harmonia, três regramentos de diferentes graus de especificidade: (I) a regra geral, que obriga a observância da arbitragem quando pactuada pelas partes; (II) a regra específica, aplicável a contratos de adesão genéricos, que restringe a eficácia da cláusula compromissória; e (III) a regra ainda mais específica, incidente sobre contratos sujeitos ao CDC, sejam eles de adesão ou não, impondo a nulidade de cláusula que determine a utilização compulsória da arbitragem, ainda que satisfeitos os requisitos do art. 4º, § 2º, da Lei nº 9.307/1996" (STJ, 3ª T., REsp 1.785.783/GO – voto da Relatora Min. Nancy Andrighi, ac. 05.11.2019, DJe 07.11.2019). Foi este o entendimento que por unanimidade prevaleceu também na 2ª Seção (STJ, 2ª Seção, EREsp 1.636.889/MG, Rel. Min. Nancy Andrighi, ac. 09.08.2023, DJe 14.08.2023).

[26] STJ, 2ª Seção, EREsp 1.636.889/MG, Rel. Min. Nancy Andrighi, ac. 09.08.2023, DJe 14.08.2023. A conclusão do julgado da 2ª Seção foi, em síntese, no sentido de que: a) "é nula a cláusula de contrato de consumo que determina a utilização compulsória da arbitragem"; e b) "o ajuizamento, pelo consumidor, de ação perante o Poder Judiciário caracteriza a sua discordância em submeter-se ao juízo arbitral, não podendo prevalecer a cláusula que impõe a sua utilização".

[27] STJ, 4ª T., REsp 632.958/AL, Rel. Min. Aldir Passarinho Júnior, ac. 04.03.2010, *DJe* 29.03.2010; STJ, 3ª T., REsp 687.322/RJ, Rel. Min. Carlos Alberto Menezes Direito, ac. 21.09.2006, *DJU* 09.10.2006, p. 287.

[28] "(...) 2. O contrato de franquia, por sua natureza, não está sujeito às regras protetivas previstas no CDC, pois não há relação de consumo, mas de fomento econômico. 3. Todos os contratos de adesão, mesmo aqueles que não consubstanciam relações de consumo, como os contratos de franquia, devem observar o disposto no art. 4º, § 2º, da Lei 9.307/96" (STJ, 3ª T., REsp 1.602.076/SP, Rel. Min. Nancy Andrighi, ac. 15.09.2016, *DJe* 30.09.2016). No mesmo sentido: STJ, 4ª T., REsp 1.082.498/MT, Rel. Min. Luis Felipe Salomão, ac. 20.11.2012, *DJe* 04.12.2012.

art. 1º da LArb com o art. 104 do CC, no que tange à licitude do objeto como requisito geral de validade dos negócios jurídicos".[29]

384.4. Financiamento da arbitragem com recursos de terceiros

Admite-se na prática da arbitragem que o procedimento possa ser financiado por terceiros. Nesse caso, o financiador pode ter interesse econômico na lide, de modo que se torne necessário aferir a independência e imparcialidade do árbitro não só em relação às partes como também em relação ao eventual financiador. Por isso, as instituições arbitrais, a exemplo da CCI e da CAM-CCBC costumam inserir em seus regulamentos regra que obrigue a parte a revelar a identidade do financiador, permitindo a análise de possível conflito com o árbitro. O tema foi objeto de abordagem na II Jornada de Prevenção e Solução Extrajudicial de Litígios- Justiça Federal/CEJ/2021, resultando em enunciado que reconhece o dever de ser informada pela parte a identidade do financiador, sem prejuízo de que outras informações sejam solicitadas pelo tribunal arbitral ou pela instituição de arbitragem.[30]

385. Execução da cláusula compromissória

Sendo obrigatório o cumprimento da cláusula compromissória, qualquer um dos contratantes pode compelir o outro a instaurar o procedimento arbitral quando o cumprimento do contrato incorrer em litígio.

A lei prevê duas situações distintas, a propósito da implantação do juízo por árbitros, ou seja: *(i)* aquela em que o compromisso tenha disciplinado a matéria; e *(ii)* aquela em que foi omisso a respeito.

I – Implantação do juízo disciplinada na cláusula compromissória

Na primeira situação, o compromisso poderá se vincular às regras de algum órgão arbitral institucional ou entidade especializada. Nesse caso, a arbitragem será instituída e processada de acordo com tais regras (Lei nº 9.307, art. 5º), e não haverá necessidade de ser realizado o compromisso de que trata o art. 9º. A cláusula compromissória, completada pelas regras permanentes do órgão institucional, fará as vezes do compromisso arbitral.[31]

Outra opção é a de o próprio contrato disciplinar a forma de instituição da arbitragem, caso em que a convenção será a lei procedimental a prevalecer entre as partes (art. 5º, *in fine*).

II – Omissão na cláusula compromissória sobre o juízo arbitral

Se o ajuste não cuidou de disciplinar a forma de instituir a arbitragem, o procedimento a ser seguido, de acordo com o art. 7º da Lei nº 9.307, será o seguinte:

(a) a parte interessada, por meio de correspondência, por via postal ou por qualquer outro meio de comunicação, mediante comprovação de recebimento, manifestará à

---

[29] Enunciado nº 96: "É válida a inserção da cláusula compromissória em pacto antenupcial e em contrato de união estável".

[30] "Na hipótese de financiamento de arbitragem com recursos de terceiros, a parte financiada deverá informar a identidade do financiador, sem prejuízo de que outras informações sejam solicitadas pelo tribunal arbitral e/ou pela instituição arbitral (Enunciado 88 da II Jornada de Prevenção e Solução Extrajudicial de Litígios – Justiça Federal/CEJ/2021).

[31] A cláusula arbitral, na sistemática da lei brasileira pode confundir-se com o compromisso e ambos podem, indistintamente, "instituir a arbitragem, deixando a primeira de ser mera promessa de celebrar o segundo, de tal sorte que uma e outro são acordos mediante os quais renuncia-se à solução estatal de conflitos, em prol da atuação do juiz escolhido pelos litigantes" (CARMONA, Carlos Alberto. *Arbitragem e processo*. 2. ed. São Paulo: Atlas, 2004, p. 103-104).

outra parte sua intenção de dar início à arbitragem, convocando-a para, em dia, hora e local certos, firmar o compromisso arbitral (*i.e.*, para escolher os árbitros e fixar o objeto do julgamento arbitral);

(*b*) se a parte convocada não comparecer ou recusar-se a firmar o compromisso arbitral, terá a parte que procedeu à convocação a faculdade de ingressar em juízo para obter a execução específica da cláusula compromissória (art. 6º).[32]

III – Execução forçada da cláusula arbitral

A petição inicial, relativa à execução forçada, deverá indicar, com precisão, o objeto da arbitragem e será instruída com o documento que contiver a cláusula compromissória (art. 7º, § 1º). Deferida a petição, seguir-se-á a citação da parte inadimplente para comparecer a uma audiência destinada especialmente à lavratura do compromisso (art. 7º).

Na audiência, o juiz tentará, antes de tudo, obter a conciliação acerca do litígio. Não obtendo sucesso, tentará conduzir as partes à celebração, de comum acordo, do compromisso arbitral (art. 7º, § 2º). Não chegando as partes ao acordo, o juiz, depois de ter ouvido o réu, decidirá, na própria audiência ou em dez dias, determinando os termos da arbitragem, de acordo com a cláusula compromissória e suprindo a falta de acordo acerca de todos os dados previstos nos arts. 10 e 21, § 2º, da Lei específica (art. 7º, § 3º).

A escolha dos árbitros respeitará o que estiver previsto na cláusula compromissória e, no seu silêncio, deliberará o juiz, a quem será lícito, em tal hipótese, nomear árbitro único (§ 4º do art. 7º da Lei nº 9.307/1996).

Quando o autor não comparecer à audiência, sem motivo justo, o processo judicial será extinto sem julgamento de mérito (art. 7º, § 5º). Se a ausência for do réu, o juiz, depois de ouvido o autor, proferirá sentença disciplinando a matéria correspondente ao compromisso arbitral e nomeará árbitro único (art. 7º, § 6º).

A sentença equivale, *in casu*, à de cumprimento de obrigação de contratar ou de declarar vontade (CPC/2015, art. 501). Valerá como o compromisso arbitral a que ambas as partes se obrigaram na cláusula compromissória (Lei nº 9.307, art. 7º, § 7º).

386. Cláusula "cheia" e cláusula "vazia"

Antes de recorrer ao procedimento judicial para suprir a falta do compromisso, é necessário, segundo certa corrente doutrinária, verificar se a cláusula compromissória pode ser qualificada como "cheia" ou "vazia".

Reputa-se *cheia* ou *completa*, segundo precisa definição de Carmona, "a cláusula compromissória em que as partes, valendo-se da faculdade prevista no art. 5º da Lei de Arbitragem, reportam-se às regras de um órgão arbitral ou entidade especializada, *caso em que a arbitragem será instituída e processada de acordo com tais regras*; reputa-se *vazia* a cláusula que não se reporta às citadas regras, nem contenha as indicações para a nomeação de árbitros, de forma a possibilitar a constituição do juízo arbitral".[33]

---

[32] A ação prevista pelo art. 7º da Lei nº 9.307/1996 somente deve ser proposta quando a cláusula compromissória não for suficiente para a instauração da arbitragem. Sendo possível instituir a arbitragem, competirá aos árbitros colmatar lacunas e/ou solucionar defeitos da convenção de arbitragem (Enunciado 93 da II Jornada de Prevenção e Solução Extrajudicial de Litígios – Justiça Federal/CEJ/2021).

[33] CARMONA, Carlos Alberto. *Arbitragem e processo*: um comentário à Lei nº 9.307/96. São Paulo: Malheiros, 1998, p. 29 e 99.

Assim é que, não havendo acordo sobre o compromisso, haverá o julgador de decidir, respeitando as disposições da cláusula compromissória. De modo que, estando diante de cláusula *cheia*, a sentença proferida, na constituição do compromisso, deverá observar a forma de instituição da arbitragem e as regras ali previstas pelas partes, consoante disposto no art. 7º, § 3º, da Lei de Arbitragem.

É que nesta hipótese – cláusula *cheia* ou *completa* – entende-se, segundo a melhor doutrina, que o compromisso é dispensado à vista de "valer a cláusula como compromisso".[34] Dessa maneira, não se está fugindo da exigência legal do compromisso, mas sim o enxergando dentro da própria cláusula *cheia* ou *completa*, visto que diante dela nada restaria ao Poder Judiciário para completar o negócio jurídico consumado entre as partes.

Na sistemática adotada pela Lei nº 9.307, as partes são livres para ajustarem que a arbitragem seja instituída e processada por algum órgão institucional ou entidade especializada, e a vontade consignada pelas partes haverá de ser respeitada, ainda quando o *compromisso* resultar de sentença judicial. É o que resulta, outrossim, do comando do art. 21 da Lei de Arbitragem:

> "Art. 21. A arbitragem obedecerá ao procedimento estabelecido pelas partes na convenção de arbitragem, que poderá reportar-se às regras de um órgão arbitral institucional ou entidade especializada, facultando-se, ainda, às partes delegar ao próprio árbitro, ou tribunal, regular o procedimento".

O respeito ao conteúdo da cláusula na instituição do *compromisso* está em que, consoante advertência de J. E. Carreira Alvim, "na convenção de arbitragem, reina quase absoluto o princípio da vontade dos contratantes, que só encontra obstáculo intransponível no preceito legal que determina o respeito à ordem pública e aos bons costumes (art. 2º, § 1º, da Lei nº 9.307/1996)".[35]

A tese doutrinária em questão já foi prestigiada pela jurisprudência, pois o Tribunal de Justiça de São Paulo, na interpretação dos arts. 5º e 6º da Lei nº 9.307, adotou a distinção entre cláusula compromissória *vazia* e cláusula *cheia* ou *completa*. Tal como recomendado pelas lições já expostas, teve-se como *vazia* a cláusula que nada estipula acerca do modo de instituir a arbitragem; e *cheia* a que já contém disciplina a ser observada, reportando-se ao regulamento de órgão arbitral institucional, ou entidade especializada, e estabelecendo desde logo regras próprias do compromisso arbitral.[36]

Segundo o acórdão do Tribunal Paulista, é em face da cláusula compromissória vazia que se torna necessário o recurso ao procedimento judicial para suprimento do compromisso arbitral. Já na cláusula cheia, não cabe a medida judicial, porque, escolhido de comum acordo o órgão arbitral institucional, ou a entidade especializada, são suas regras que haverão de ser obedecidas. "A instituição da arbitragem ocorrerá com a ida ao órgão ou entidade escolhida, provocando-o para estabelecê-las", de modo que desnecessário será "o juiz estabelecer o conteúdo do compromisso, nem, tampouco, nomear árbitros, ou árbitro para a solução do litígio".[37]

---

[34] CARMONA, Carlos Alberto. *Arbitragem e processo*: um comentário à Lei nº 9.307/96. São Paulo: Malheiros, 1998, p. 63.

[35] CARREIRA ALVIM, José Eduardo. *Tratado geral da arbitragem*. Belo Horizonte: Mandamentos, 2000, p. 256.

[36] TJSP, 5ª C. D. Privado, AI 124.217-4/0, Rel. Des. Rodrigues de Carvalho, ac. 16.09.1999.

[37] TJSP, 5ª C. D. Privado, AI 124.217-4/0, Rel. Des. Rodrigues de Carvalho, ac. 16.09.1999. A Câmara Mineira de Arbitragem adotou em seu regulamento o mesmo entendimento preconizado pelo TJSP. A mesma exegese foi adotada na Ap. nº 296.036-4/4 do mesmo Tribunal (TJSP, 7ª C. D. Priv., Rel. Des. Sousa Lima, ac. 17.12.2003, *JTJ* 276/56).

387. Direito intertemporal

A Lei de Arbitragem é, à evidência, uma lei sobre processo, mas em seu bojo estipulam-se preceitos que transcendem o âmbito procedimental e atingem, sem dúvida, a normatização substancial ou de fundo, especialmente no tocante ao direito das obrigações.

Daí as incertezas surgidas acerca da imediata incidência do regime da Lei nº 9.307/1996 sobre os contratos firmados antes de sua entrada em vigor. Fosse ela considerada apenas como uma lei de direito processual civil, inquestionável seria sua aplicabilidade imediata, alcançando até mesmo processos em andamento, como se deu, *v.g.*, com o Código de Processo Civil de 1973 (art. 1.211). Dentro dessa concepção, o Tribunal de Alçada de Minas Gerais chegou a decidir que, "em tema de juízo arbitral, matéria estritamente processual, é irrelevante que a arbitragem tenha sido convencionada antes da vigência da Lei nº 9.307/1996".[38] Aplicou-se, portanto, a tese de que a cláusula compromissória, mesmo convencionada antes da Lei nº 9.307/1996, estaria dotada de força obrigatória.

O Tribunal de Justiça de São Paulo, enfrentando o mesmo tema, enveredou por caminho diverso, entendendo que "cláusula arbitral assumida em contrato anterior ao advento da Lei nº 9.307/96 continua correspondendo a simples promessa de constituir o juízo arbitral, sem força de impedir que as partes pleiteiem seus direitos no Juízo comum (art. 5º, XXXV, da Constituição Federal)".[39]

Dirimindo o dissídio pretoriano, a 3ª Turma do Superior Tribunal de Justiça acolheu a tese de que, para definir o comando da Lei de Arbitragem, não se pode pensar que o intérprete esteja apenas estudando normas novas relativas a processos pendentes. O procedimento arbitral é, antes de tudo, fruto de um contrato, e definir os efeitos de um contrato não é matéria pertencente ao direito processual e sim ao direito das obrigações.

Ora, em relação aos contratos é antiga a jurisprudência, fundada no art. 6º da Lei de Introdução às normas do Direito Brasileiro, no sentido de que "a lei nova é inoponível aos contratos em curso",[40] ou seja, "celebrado o negócio jurídico sob a égide de uma lei, é essa aplicável para reger a relação jurídica constituída, de duração determinada e definida, em garantia do ato jurídico perfeito e em atenção à necessidade de segurança e certeza reclamadas pela vida em sociedade para o desenvolvimento das relações civis e comerciais".[41] Essa corrente, é bom lembrar, conta com o prestígio, inclusive, do Supremo Tribunal Federal, para quem "a incidência imediata da lei nova sobre os efeitos futuros de um contrato preexistente, precisamente por afetar a própria causa geradora do ajuste negocial, reveste-se de caráter retroativo (retroatividade injusta de grau mínimo), achando-se desautorizada pela cláusula constitucional que tutela a intangibilidade das situações jurídicas definitivamente consolidadas".[42]

O que, afinal, restou assentado pelo STJ foi que a Lei nº 9.307/1996 "não pode retroagir para atingir os efeitos do negócio jurídico perfeito", de modo que "não se aplica, pois, aos contratos celebrados antes do prazo de seu art. 43".[43]

Não se pode, em consequência, executar compulsoriamente a cláusula compromissória constante de contrato anterior à Lei nº 9.307/1996, porque isto não é problema de simples

---

[38] TAMG, 3ª CC, Ap 254.852-9, Rel. Juíza Jurema Brasil, ac. 03.06.1998, *DJMG* 15.08.1998.

[39] TJSP, 3ª C., Ap 083.125-4/2, Rel. Des. Ênio Santarelli Zuliani, ac. 01.12.1998, *RT* 763/210.

[40] STJ, 2ª T., REsp 53.345/CE, Rel. Min. Ari Pargendler, ac. 06.09.1995, *DJU* 23.10.1995, p. 35.649.

[41] STJ, 4ª T., REsp 10.391/PR, Rel. Min. Sálvio de Figueiredo, ac. 03.08.1993, DJU 20.09.1993, p. 19.178, *LEX-STJ* 53/139.

[42] STF, 1ª T., RE 204.769/RS, Rel. Min. Celso de Mello, ac. 10.12.1996, *DJU* 14.03.1997, p. 6.939.

[43] STJ, 3ª T., REsp 238.174/SP, Rel. Min. Antonio de Pádua Ribeiro, ac. 06.05.2003, *DJU* 16.06.2003, p. 333, *Revista Dialética de Direito Processual* 5/117.

aplicação de normas de procedimento, mas, segundo decidiu o STJ, "de regras que, se aplicadas, afetariam os efeitos da obrigação assumida no passado e, consequentemente, o direito material das partes" (voto vencedor do Relator do REsp 238.174/SP).[44]

A Corte Especial do STJ, no entanto, uniformizou entendimento diverso: ao homologar sentença arbitral estrangeira, baseada em contrato anterior à atual legislação brasileira, decidiu que a Lei nº 9.307/1996 era de aplicabilidade imediata, alcançando inclusive os contratos firmados antes de sua publicação.[45] Assim, não há mais lugar para o dissídio jurisprudencial que vinha ocorrendo sobre o tema.

388. Autonomia da cláusula compromissória

O art. 8º da Lei nº 9.307 instituiu a autonomia da cláusula compromissória, de modo a evitar que arguição de nulidade do contrato principal pudesse invalidar a convenção de sujeição do negócio jurídico ao julgamento sob regime de arbitragem. Com efeito, uma das manobras antigas detectadas na experiência estrangeira, utilizada para evitar o arbitramento, consistia justamente em recorrer à Justiça ordinária propondo demanda de invalidação do contrato, para assim alcançar a cláusula arbitral, como acessório do negócio questionado.

A Lei nº 9.307, na esteira da jurisprudência europeia atual, procurou evitar essa burla à arbitragem, atribuindo plena autonomia à cláusula compromissória. Dessa forma, conferiu competência aos próprios árbitros para resolver, de ofício ou por provocação das partes, as questões acerca da existência, validade e eficácia da convenção de arbitragem e do contrato que contenha a cláusula compromissória (art. 8º). Logo, se uma das partes quiser arguir a nulidade do contrato, terá de fazê-lo perante o juízo arbitral, e não em face de juízo da Justiça ordinária.

Com maior razão deverá pertencer ao juízo arbitral a competência para decidir sobre o rompimento do contrato por descumprimento de suas cláusulas e a responsabilidade por perdas e danos.[46-47]

389. Compromisso arbitral

I – Celebração do compromisso

É o compromisso arbitral que realmente dá ensejo à abertura do concreto procedimento de julgamento da lide por árbitros, ou seja, por julgadores não investidos da jurisdição estatal. Define-o a Lei nº 9.307 como "a convenção através da qual as partes submetem um litígio à arbitragem de uma ou mais pessoas" (art. 9º).

---

[44] É de se assinalar que o Min. Carlos Alberto Menezes Direito fez uma ressalva importante: se o contrato for internacional, a convenção arbitral já era obrigatória, mesmo antes da Lei nº 9.307/1996, por força do Protocolo de Genebra de 1923, no qual não se faz distinção de ordem prática entre os institutos da cláusula compromissória e do compromisso (STJ, 3ª T., REsp 238.174/SP, Rel. Min. Antonio de Pádua Ribeiro, ac. 06.05.2003, *DJU* 16.06.2003, p. 333, *RDDP*, v. 5, p. 132-133).

[45] STJ, Corte Especial, SEC 831/FR, Rel. Min. Arnaldo Esteves Lima, ac. 03.10.2007, *DJU* 19.11.2007, p. 177.

[46] "Tendo a parte validamente estatuído que as controvérsias decorrentes dos contratos de credenciamento seriam dirimidas por meio do procedimento previsto na Lei de Arbitragem, a discussão sobre a infringência às suas cláusulas, bem como o direito a eventual indenização são passíveis de solução pela via escolhida" (STJ, 3ª T., REsp 450.881/DF, Rel. Min. Castro Filho, ac. 11.04.2003, *DJU* 26.05.2003, p. 360).

[47] "2. A cláusula compromissória "cheia", ou seja, aquela que contém, como elemento mínimo a eleição do órgão convencional de solução de conflitos, tem o condão de afastar a competência estatal para apreciar a questão relativa à validade da cláusula arbitral na fase inicial do procedimento (parágrafo único do art. 8º, c/c o art. 20 da LArb)" (STJ, 4ª T., REsp 1.278.852/MG, Rel. Min. Luis Felipe Salomão, ac. 21.05.2013, *DJe* 19.06.2013).

Admite-se que seja *judicial* ou *extrajudicial*. Judicial é o celebrado perante a autoridade judiciária, tomado por termo nos autos. Pressupõe processo primitivamente aberto em juízo e funciona como causa de extinção do processo judicial, sem resolução de mérito (CPC/2015, art. 485, VII).

O compromisso extrajudicial é o que se celebra fora de qualquer processo judicial e que se formaliza por instrumento particular, assinado com duas testemunhas, ou por instrumento público.

Qualquer que seja a forma adotada, o compromisso arbitral deverá conter elementos essenciais e poderá abranger outros elementos complementares ou facultativos.

II – Elementos essenciais

Obrigatoriamente, o compromisso terá de conter (art. 10 da Lei nº 9.307/1996):

(a) nome, profissão, estado civil e domicílio das partes (inciso I);
(b) nome, profissão e domicílio do árbitro, ou dos árbitros, ou, se for o caso, identificação da entidade à qual as partes delegarem a indicação de árbitros (inciso II);
(c) a matéria que será objeto da arbitragem (inciso III);
(d) o lugar em que será proferida a sentença arbitral.

A inobservância dos requisitos essenciais ou obrigatórios conduz à nulidade do julgamento arbitral. O núcleo, porém, do compromisso arbitral está, sem dúvida, na exata individuação do litígio, tanto objetiva como subjetivamente, pois será ele o *objeto* e o *limite* da função julgadora dos louvados.

III – Elementos complementares

Segundo o art. 11 da Lei nº 9.307, pode o compromisso conter, ainda, as seguintes cláusulas facultativas:

(a) local, ou locais, onde se desenvolverá a arbitragem (inciso I);
(b) a autorização para que o árbitro ou os árbitros julguem por equidade, se assim for convencionado pelas partes (inciso II);
(c) o prazo para apresentação da sentença arbitral (inciso III);
(d) a indicação da lei nacional ou das regras corporativas aplicáveis à arbitragem, quando assim convencionarem as partes (inciso IV);
(e) a declaração da responsabilidade pelo pagamento dos honorários e das despesas com a arbitragem (inciso V); e
(f) a fixação dos honorários do árbitro, ou dos árbitros (inciso VI).

O compromisso arbitral que contiver a fixação dos honorários será título executivo extrajudicial em favor do árbitro. À sua falta, caberá ao juiz arbitrá-los por sentença, a requerimento do interessado (Lei nº 9.307, art. 11, parágrafo único).

390. Extinção do compromisso arbitral

Prevê o art. 12 da Lei nº 9.307 três casos de extinção do compromisso arbitral, os quais, uma vez verificados, liberam as partes para buscar na Justiça comum a prestação jurisdicional. São eles:

(a) *a escusa de qualquer dos árbitros*, antes de aceitar a nomeação, desde que as partes tenham declarado, expressamente, não aceitar substituto (inciso I). Inexistindo semelhante vedação, o árbitro será substituído nos termos da convenção ou por acordo. E, se tal não for possível, recorrer-se-á à deliberação judicial (art. 16, §§ 1º e 2º);

(b) *falecimento de algum dos árbitros, ou impossibilidade de proferir seu voto*, desde que as partes tenham declarado, expressamente, não aceitar substituto (inciso II). A situação é a mesma do item anterior (art. 16, §§ 1º e 2º);

(c) *expiração do prazo previsto para conclusão da arbitragem* (art. 11, III). A extinção dependerá, porém, de a parte interessada previamente notificar o árbitro, ou o presidente do tribunal arbitral, concedendo-lhe dez dias para a prolação e apresentação da sentença arbitral.

391. Os árbitros

O árbitro deve ser pessoa capaz da confiança das partes (art. 13 da Lei nº 9.307/1996). Não se exige formação ou habilitação jurídica.

I - Designação

Cabe às partes a escolha do árbitro ou dos árbitros e respectivos suplentes (art. 13, § 1º). Se houver mais de um árbitro, o corpo arbitral deverá ser em número ímpar, para evitar o impasse de votação empatada.

Se as partes escolhem árbitros em número par, os próprios escolhidos ficam autorizados a nomear mais. E se não houver acordo, as partes requererão à autoridade judiciária a nomeação do desempatador, observando-se o rito do art. 7º (art. 13, § 2º).

As regras a observar na escolha dos árbitros poderão ser estabelecidas pelas partes quando da cláusula compromissória. Será lícito, também, adotarem-se as regras de algum órgão arbitral institucional ou entidade especializada (art. 13, § 3º). O colégio arbitral terá um presidente, escolhido consensualmente pelas partes, que poderão também afastar dispositivos constantes de regulamento do órgão arbitral, os quais limitem a escolha de árbitro único, coárbitro ou presidente do tribunal a nomes que integram listas institucionais. Nesse caso, é autorizado o controle da escolha pelos órgãos competentes da instituição. Eventual impasse será solucionado conforme o que dispuser o regulamento aplicável. Essas determinações constam do § 4º[48] do art. 13 da Lei nº 9.307/1996, que teve sua redação modificada pela Lei nº 13.129/2015. "Essa modificação não tem natureza procedimental, mas concerne à própria filosofia da arbitragem, qual seja, a de assegurar, tanto quanto possível, ampla autonomia da vontade das partes".[49]

Ao presidente cabe escolher um secretário, que, se necessário, fará as vezes de escrivão e poderá ser um dos próprios árbitros (§ 5º).

II - Deveres

A atuação do árbitro, tal como a do juiz ordinário, deve caracterizar-se pela independência e imparcialidade, exigindo-se-lhe, ainda, competência, diligência e discrição (art. 13, § 6º).

Pelo art. 14 da Lei nº 9.307, estão *impedidos* de funcionar como árbitros as pessoas que se achem, com relação às partes ou ao litígio, naquelas situações em que as leis processuais configuram o *impedimento* e a *suspeição* dos juízes (art. 14) e que constam dos arts. 144 e 145 do Código de Processo Civil.

---

[48] A redação original do § 4º do art. 13 previa a escolha do presidente pela maioria dos árbitros. Se não houvesse acordo, seria designado o mais idoso.

[49] Justificação do Projeto de Lei do Senado nº 406/2013, publicado no Diário do Senado Federal, nº 159, de 03.10.2013, p. 68.661 a 68.687.

Os deveres dos árbitros são também os mesmos previstos no CPC para os magistrados (Lei nº 9.307, art. 14). Ressalta, ainda, a Lei especial, os deveres de imparcialidade, diligência e discrição (art. 13, § 6º).

Incumbe à pessoa indicada para funcionar como árbitro o dever de revelar, antes da aceitação do encargo, qualquer fato que comprometa sua imparcialidade e independência (art. 14, § 1º).[50] Esse dever de revelação tem como finalidade garantir às partes a independência e a imparcialidade do árbitro que irá analisar a controvérsia.[51] Trata-se, destarte, "de garantia de ordem pública, decorrente do direito a um julgamento sob o devido processo legal".[52]

III – Substituição

Cabe, outrossim, exceção de iniciativa de qualquer das partes para recusar o árbitro impedido ou suspeito, por motivo posterior à nomeação (art. 14, § 2º, da Lei nº 9.307/1996). Se a razão da recusa prender-se a fato anterior, só terá cabimento em duas hipóteses, a saber:

(a) se o árbitro não tiver sido nomeado, diretamente, pela parte; ou
(b) se o motivo de recusa somente veio a ser conhecido, pela parte, após a nomeação do árbitro.

Tanto no caso de não aceitação como no de acolhida da exceção, o árbitro deverá ser substituído, sem prejuízo do prosseguimento do juízo arbitral. Somente se extinguirá o compromisso e as partes ficarão sujeitas à jurisdição civil ordinária quando na convenção arbitral houver expresso ajuste de não se aceitar substituto para os árbitros de início escolhidos (art. 16 e parágrafos).

Para efeitos penais, os árbitros, no exercício de suas funções ou em razão delas, equiparam-se aos funcionários públicos (art. 17).

392. O procedimento

I – Garantias fundamentais

Impõe a Lei de Arbitragem que no procedimento se observem as garantias do devido processo legal, preconizando, expressamente, a obrigatoriedade de sujeição aos princípios do contraditório, da igualdade das partes, da imparcialidade do árbitro e de seu livre convencimento (art. 21, § 2º).

Não se inclui nesse rol de garantias o princípio da publicidade, tão caro ao processo estatal. Costuma-se apontar como uma das vantagens do procedimento arbitral a possibilidade de os litigantes contarem com a confidencialidade de todos os atos do processo. Esse sigilo, portanto, pode ser obtido para muito além dos casos de segredo de justiça previstos, como excepcionais,

---

[50] "O dever de revelação do árbitro é de caráter contínuo, razão pela qual o surgimento de fatos que denotem dúvida justificada quanto à sua imparcialidade e independência deve ser informado no curso de todo o procedimento arbitral" (Enunciado nº 109 da II Jornada de Prevenção e Solução Extrajudicial de Litígios – Justiça Federal/CEJ/2021). Entretanto, "a omissão do árbitro em revelar às partes fato que possa denotar dúvida quanto à sua imparcialidade e independência não significa, por si só, que esse árbitro seja parcial ou lhe falte independência, devendo o juiz avaliar a relevância do fato não revelado para decidir ação anulatória (Enunciado nº 110).

[51] "Cabe às partes colaborar com o dever de revelação, solicitando ao árbitro informações precisas sobre fatos que eventualmente possam comprometer sua imparcialidade e independência. O árbitro não está obrigado a revelar informações públicas" (Enunciado nº 92 da II Jornada de Prevenção e Solução Extrajudicial de Litígios – Justiça Federal/CEJ/2021).

[52] BAPTISTA, Luiz Olavo. Constituição e arbitragem: dever de revelação, devido processo legal. *Revista Magister de Direito Civil e Processual Civil*, n. 66, p. 16, maio-jun. 2015.

na legislação processual comum. Observe-se, todavia, que a confidencialidade na arbitragem não decorre de imposição legal, mas de convenção, de sorte que pode vigorar ou não, segundo conveniência das partes.[53]

Quando, porém, se tratar de arbitragem que envolva a administração pública, será ela sempre de direito e respeitará o princípio da publicidade (art. 2º, § 3º), excluídas, assim, a equidade e a confidencialidade usuais nos procedimentos da espécie entre particulares.

II – Instauração do procedimento

O art. 19 da Lei nº 9.307 prevê como momento inicial do procedimento arbitral aquele em que o árbitro ou os árbitros aceitam suas nomeações. A Lei nº 13.129/2015 acrescentou o § 2º ao art. 19, da Lei nº 9.307, para fixar que, instituída a arbitragem, interrompe-se a prescrição, retroagindo à data do requerimento de sua instauração, ainda que extinta por ausência de jurisdição (§ 2º).

No processo arbitral são momentos distintos, o do *requerimento* de sua instauração e o da efetiva *instituição da arbitragem*. Cumpre distingui-los, para bem compreender o sistema de interrupção da prescrição.

A *instituição* da arbitragem, de acordo com o art. 19, *caput*, da Lei nº 9.307, ocorre quando é aceita a nomeação do árbitro ou do tribunal arbitral. É nesse momento que se dá a interrupção da prescrição. O *requerimento* de instauração antecede à instituição: é aquele em que a parte recorre à arbitragem, em busca de solução para suas pretensões. A Lei nº 13.129/2015, inserindo o § 2º ao art. 19 da Lei nº 9.307, resolveu sérias dúvidas a respeito do tema da prescrição no juízo arbitral. Deixou claro que o que interrompe a prescrição é a *instituição da arbitragem* (momento em que o árbitro ou tribunal aceita a respectiva nomeação), mas o efeito dessa interrupção retroage ao momento em que a instalação do juízo arbitral foi *requerida*. É algo equivalente à distinção feita pelo CPC em relação ao processo judicial: é o despacho que ordena a citação do demandado que interrompe a prescrição (CPC/2015, art. 240, § 1º), mas para que a interrupção prevaleça como operante no momento do despacho é preciso que a citação realmente ocorra no prazo e modo da lei (CPC/2015, art. 240, § 2º).

III – Deliberações iniciais

As primeiras deliberações arbitrais dizem respeito ao esclarecimento e à complementação da convenção arbitral, elaborando, se necessário, juntamente com as partes, um adendo que passará a fazer parte da referida convenção, para valer durante o procedimento (art. 19, § 1º).

Em seguida, as partes deverão, na primeira oportunidade em que tiverem de se manifestar, formular suas exceções de incompetência, impedimento ou suspeição, bem como as arguições de nulidade, invalidade ou ineficácia da convenção de arbitragem (art. 20). Todas essas matérias serão dirimidas no âmbito do próprio juízo arbitral. Se, todavia, a decisão deixar o processo arbitral

[53] "Por fim, a publicidade que cerca o processo judicial pode ser evitada no processo arbitral e, qualquer que seja a hipótese, pode este correr em segredo de justiça, a critério das partes" (CARREIRA ALVIM, José Eduardo. *Tratado geral da arbitragem*. Belo Horizonte: Mandamentos, 2000, p. 79). "... o sigilo é uma característica que pode – apenas pode – ser estabelecida pelas partes, nada impedindo que os litigantes, por qualquer razão, abram mão da confidencialidade que geralmente cerca o procedimento arbitral" (CARMONA, Carlo Alberto. *Arbitragem e processo*: um comentário à Lei nº 9.307/96. 3. ed. São Paulo: Atlas, 2009, p. 51). "O art. 189, IV, do Código de Processo Civil é constitucional, devendo o juiz decretar segredo de justiça em processos judiciais que versem sobre arbitragem, desde que a confidencialidade estipulada na arbitragem seja comprovada perante o juízo" (Enunciado 99 da II Jornada de Prevenção e Solução Extrajudicial de Litígios- Justi-ça Federal/CEJ/2021).

contaminado de nulidade, as partes poderão recorrer ao Judiciário, por meio da ação prevista no art. 33 da Lei nº 9.307.

IV – Conflito de competência

Em princípio, cabe ao próprio juízo arbitral apreciar e solucionar as questões surgidas em torno de sua competência (art. 20). No entanto, não se pode ignorar a possibilidade de surgir, no âmbito da arbitragem, a ocorrência de conflito de competência entre juízo estatal e câmara arbitral, cuja solução, naturalmente, se dará segundo as regras do direito processual civil. A propósito, já decidiu o STJ, ao conhecer de conflito da espécie, que "o direito processual deve, na máxima medida possível, estar a serviço do direito material, como um instrumento para a realização daquele. Não se pode, assim, interpretar uma regra processual de modo a gerar uma situação de impasse, subtraindo da parte meios de se insurgir contra uma situação que repute injusta".[54] Com base em tais argumentos, reconheceu o STJ sua competência para conhecer do conflito de competência estabelecido entre tribunal arbitral e órgão do Poder Judiciário.[55]

O conflito, entretanto, pode acontecer tanto entre Tribunal Arbitral e Juízo da Justiça Estatal, como entre órgãos das próprias instituições arbitrais. A propósito da matéria, o STJ decidiu ser de sua competência "em atenção à função constitucional que lhe é atribuída no art. 105, I, *d*, da Carta Magna, conhecer e julgar o conflito de competência estabelecido entre Tribunais Arbitrais, que ostentam natureza jurisdicional, ainda que vinculados à mesma Câmara de Arbitragem, sobretudo se a solução interna para o impasse criado não é objeto de disciplina regulamentar"[56]. A conclusão fundou-se nos seguintes argumentos:

a) "o Tribunal arbitral se insere, indiscutivelmente, na expressão 'quaisquer tribunais', constante no art. 105, I, *d*, da Constituição Federal";
b) a Constituição Federal "não pressupõe que o conflito de competência perante o STJ dê-se apenas entre órgãos judicantes pertencentes necessariamente ao Poder Judiciário, podendo ser integrado também por Tribunal arbitral";
c) não se pode admitir "a subsistência de deliberações jurisdicionais exaradas por Tribunais arbitrais que se excluam mutuamente, como se houvesse um vácuo no ordenamento jurídico, negando-se às partes a definição do órgão (arbitral) efetivamente competente para resolver a causa posta em julgamento, conferindo-lhes instrumento processual eficaz a esse propósito, em manifesto agravamento da insegurança jurídica".

V – Rito a ser observado

Superadas as preliminares, a arbitragem terá curso, observando o procedimento que a convenção houver previsto, de forma originária, ou mediante referência às regras de algum órgão arbitral institucional ou entidade especializada. Permite-se, também, que as partes deleguem ao próprio árbitro, ou ao tribunal arbitral, regular o procedimento (art. 21). Ter-se-á como implicitamente conferida ao árbitro ou tribunal arbitral tal delegação, sempre que a convenção for silente acerca do procedimento (art. 21, § 1º).

---

[54] STJ, 2ª Seção, CC 111.230/DF, Rel. Min. Nancy Andrighi, ac. 08.05.2013, *DJe* 03.04.2014.

[55] "O Superior Tribunal de Justiça é o órgão jurisdicional competente para julgar o conflito de competência existente entre árbitro e juiz estatal" (Enunciado nº 100: II Jornada de Prevenção e Solução Extrajudicial de Litígios – Justiça Federal/CEJ/2021).

[56] STJ, 2ª Seção, CC 185.705/DF, Rel. Min. Marco Aurélio Bellizze, ac. 22.06.2022, DJe 30.06.2022.

Desta forma, o devido processo legal será observado por meio das regras convencionadas pelas partes. Vale dizer, prevalecem as normas previstas pela instituição arbitral escolhida, aplicando-se o Código de Processo Civil apenas quando a lei de arbitragem a ele se refira.[57]

Qualquer que seja o rito a observar, sempre haverão de prevalecer os princípios do contraditório, da igualdade das partes, da imparcialidade do árbitro e de seu livre convencimento (art. 21, § 2º).

A lei não obriga a participação de advogado, mas franqueia às partes atuarem mediante representação ou assistência de causídico (art. 21, § 3º).

Tal como se passa com o juiz togado (CPC/2015, art. 139, V), compete ao árbitro, no início do procedimento, tentar a conciliação das partes, antes de passar à fase instrutória da causa (Lei nº 9.307, art. 21, § 4º). O CPC/2015 permite que a autocomposição seja promovida a qualquer tempo (art. 139, V), norma que pode ser aplicada à arbitragem, embora o § 4º do art. 21 da Lei nº 9.307/1996 estabeleça que a tentativa de conciliação ocorra no início do procedimento.

A atividade de instrução, presidida pelo árbitro, ou tribunal arbitral, pode consistir na ouvida de testemunhas, na realização de perícias, no depoimento pessoal das partes ou outras provas que julgar necessárias. Todas elas serão colhidas pelo árbitro, de ofício, ou a requerimento das partes (art. 22 da Lei nº 9.307/1996). A forma de colher e registrar o depoimento das partes e testemunhas é a mesma do Código de Processo Civil (art. 22, § 1º, da Lei nº 9.307/1996).

VI – Ausências na atividade arbitral: efeitos

No caso de recusa da parte, sem justa causa, de comparecer para prestar depoimento, a Lei, sem prever expressamente a pena de confesso, determina que o fato seja levado em consideração no momento da prolação da sentença arbitral (art. 22, § 2º, da Lei nº 9.307/1996). Se a falta for cometida por testemunha, a lei não conferiu ao órgão arbitral o poder de providenciar a remoção compulsória do infrator. Deverá o árbitro, ou o presidente do tribunal arbitral, requerer à autoridade judiciária que faça conduzir a testemunha renitente (art. 22, § 2º).

Ocorrendo a substituição de árbitro, durante o procedimento arbitral, o substituto, a seu critério, poderá exigir a repetição das provas já produzidas (art. 22, § 5º).

A revelia da parte demandada não será empecilho ao prosseguimento do feito e à prolação da sentença arbitral (art. 22, § 3º).

VII – Procedimento eletrônico

Assim como se passa no processo judicial, o uso das vias eletrônicas pode ser adotado pelo processo arbitral, inclusive em litígios de natureza consumerista. Justifica-se tal medida pelas dimensões continentais do Brasil, que muitas vezes podem erguer barreiras ao deslocamento físico do consumidor e seus representantes em razão de custos insuportáveis economicamente.[58]

Nem mesmo o uso dos mecanismos tecnodigitais pode ser rejeitado no dimensionamento dos conflitos submetidos à arbitragem, como a tecnologia da inteligência artificial (mecanismo

---

[57] BAPTISTA, Luiz Olavo. Constituição e arbitragem: dever de revelação, devido processo legal. *Revista Magister de Direito Civil e Processual Civil*, n. 66, p. 19, maio-jun. 2015.

[58] "É admissível a implementação da arbitragem on-line na resolução dos conflitos de consumo, respeitada a vontade do consumidor e observada sua vulnerabilidade e compreensão dos termos do procedimento, como forma de promoção de acesso à justiça" (Enunciado nº 103 da II Jornada de Prevenção e Solução Extrajudicial de Litígios – Justiça Federal/CEJ/2021).

de solução algorítmica), sempre porém com especial resguardo das garantias constitucionais do devido processo.[59]

VIII – Litigância de má-fé

As hipóteses de litigância de má-fé, na ótica da doutrina especializada, são aplicáveis ao procedimento arbitral como decorrência do princípio da boa-fé objetiva, um dos pilares do processo justo constitucionalizado (CPC, art. 5º). Assim, tudo que se veda pelo art. 80 do CPC, veda-se também no procedimento arbitral.[60]

392-A. Juízo arbitral e mediação

I – Tentativa de conciliação

Sendo inegável que na atualidade as técnicas de solução consensual de conflitos desfrutam de largo espaço de atuação e acolhimento no meio social e econômico, graças ao reconhecimento de sua aptidão para proporcionar a pacificação dos conflitos, muitas vezes com mais eficiência do que os meios jurisdicionais de adjudicação, o Código de Processo Civil de 2015 houve por bem inserir, entre suas normas fundamentais, a que atribui ao Estado a função de promover, sempre que possível, "a solução consensual dos conflitos" (art. 3º, § 2º); ao mesmo passo que imputa aos juízes, advogados, defensores públicos e membros do Ministério Público, o encargo de estimular "a conciliação, a mediação e outros métodos de solução consensual de conflitos [...] inclusive no curso do processo judicial" (art. 3º, § 3º).[61]

Também a Lei de Arbitragem se posiciona em igual direção, ao dispor que "competirá ao árbitro ou ao tribunal arbitral, no início do procedimento, tentar a conciliação das partes" (Lei nº 9.307/1996, art. 21, § 4º).

II – Cláusula escalonada

Uma forma de contrabalançar o procedimento contencioso com o consensual, amplamente utilizada no meio empresarial, principalmente, nas relações negociais duradouras, é a cláusula escalonada. Por seu intermédio, as partes convencionam que eventuais conflitos ocorridos durante o cumprimento do contrato deverão ser submetidos a tentativas de solução consensual antes de serem levados aos tribunais estatais ou arbitrais.[62]

Cláusulas da espécie são utilizadas com frequência nos contratos de longa duração e alta complexidade, tais como os de infraestrutura, a exemplo dos ajustados nas áreas de energia, gás e petróleo, em que o inadimplemento contratual repercute em cadeia nas demais contratações e subcontratações, nos quais, de fato e de todo oportuno, é conveniente prevê-las e estipulá-las.[63]

---

[59] "É admissível na arbitragem valer-se das ferramentas tecnológicas de inteligência artificial para subsidiar as partes e o árbitro no curso do procedimento" (Enunciado nº 106 da II Jornada de Prevenção e Solução Extrajudicial de Litígios – Justiça Federal/CEJ/2021).

[60] "É possível o reconhecimento de litigância de má-fé na esfera arbitral" (Enunciado nº 112 da II Jornada de Prevenção e Solução Extrajudicial de Litígios- Justiça Federal/CEJ/2021).

[61] Na linha de estímulo à solução consensual dos litígios, o CPC instituiu a audiência de conciliação ou mediação (art. 334) que deve ser realizada no limiar do procedimento comum.

[62] "Cláusulas escalonadas são estipulações que preveem a utilização sequencial de meios de solução de controvérsias, em geral mediante a combinação de meios consensuais e adjudicatórios" (LEVY, Fernanda Rocha Lourenço. *Cláusulas escalonadas: a mediação comercial no contexto da arbitragem*. São Paulo: Saraiva, 2013, p. 173).

[63] LEMES, Selma Maria Ferreira. *As peculiaridades e os efeitos jurídicos da cláusula escalonada: mediação, conciliação e arbitragem*. Rio de Janeiro: Forense, 2008, p. 360; PACHIKOSKI, Silvia Rodrigues. A cláusula escalonada. *In*: ROCHA, Caio Cesar Vieira; SALOMÃO, Luis Felipe (orgs.). *Arbitragem e mediação: a reforma da legislação brasileira*. 2. ed. Rio de Janeiro: Forense, 2017, p. 291.

Essa convenção representa um negócio jurídico processual, cuja legitimidade é reconhecida pela Lei nº 13.140/2015 (Marco Legal da Mediação). Não há, porém, consenso a respeito dos efeitos do seu descumprimento, sendo certo de início que ninguém pode ser impedido, em caráter definitivo ou permanente, do acesso à tutela jurisdicional, que é aquela prestada pelo Poder Judiciário e, às vezes, pelo Juízo Arbitral.

Por isso, o que a Lei nº 13.140, art. 2º, § 1º, dispõe é que existindo previsão contra-tual de mediação prévia, as partes deverão comparecer à primeira reunião de mediação. Ou seja: não ficarão obrigadas a permanecer indefinidamente, no procedimento, mas deverão, pelo me-nos, participar da primeira sessão de mediação (art. 2º, § 2º).[64]

Havendo, pois, obrigação constante de cláusula escalonada, sua infringência não ficará sem sanção, ou seja:

(a) o ingresso direto da demanda no juízo arbitral (ou estatal), em desrespeito à cláusula escalonada, sem o consenso da contraparte, gera para esta direito a perdas e danos, por violação contratual;[65]

(b) o árbitro (ou juiz) poderá suspender o andamento do processo, assinando prazo para que o comparecimento dos litigantes se dê perante o órgão de mediação;[66]

(c) registre-se, porém, que o órgão judicante tem poderes que o habilitam a promover a tentativa de solução consensual de ofício (CPC, art. 139, V; Lei nº 9.307/1996, art. 21, § 4º), caso em que poderá determinar a sessão de mediação sob advertência de sujeição à pena de atentado à dignidade da justiça, para a hipótese de não comparecimento das partes (CPC, art. 139, III);

(d) em qualquer caso, não cumprida a ordem judicial (ou arbitral) de sujeição ao procedimento da mediação, sujeitar-se-á a parte infratora à multa do § 8º, do art. 334 do CPC.

Não será cabível, por outro lado, impor nulidade ao processo, nem impedir o seu curso indefinidamente, após a suspensão, como sanção imposta à infringência da cláusula escalonada.[67]

---

64 "Dessa forma, ninguém é obrigado a permanecer no procedimento de mediação, mas deve pelo menos participar da primeira reunião" (PACHIKOSKI, Silvia Rodrigues. A cláusula escalonada. *In*: ROCHA, Caio Cesar Vieira; SALOMÃO, Luis Felipe (orgs.). *Arbitragem e mediação: a reforma da legislação brasileira*. 2. ed. Rio de Janeiro: Forense, 2017. p. 300).

65 "Esta questão já foi objeto de demandas judiciais no exterior, registrando-se que a jurisprudência se inclina no sentido de entender que a cláusula escalonada tem efeitos contratuais, vale dizer se não for observada a mediação, nenhuma consequência além do simples inadimplemento contratual que se resolve por perdas e danos advirá" (LEMES, Selma Maria Ferreira. Cláusula escalonada, mediação e arbitragem. *Revista Resultado*, v. 10, p. 42, jan./2005; apud Silvia Rodrigues. A cláusula escalonada. *In*: ROCHA, Caio Cesar Vieira; SALOMÃO, Luis Felipe (orgs.). *Arbitragem e mediação: a reforma da legislação brasileira*. 2. ed. Rio de Janeiro: Forense, 2017. p. 300).

66 Para que a cláusula de escalonamento tenha força obrigatória, deverá cumprir as exigências do art. 22 da Lei de Mediação, ou seja, "deverá conter, no mínimo: I – prazo mínimo e máximo para a realização da primeira reunião de mediação, contado a partir da data de recebimento do convite; II – local da primeira reunião de mediação; III – critérios de escolha do mediador ou equipe de mediação; IV – penalidade em caso de não comparecimento da parte convidada à primeira reunião de mediação" (Lei nº 13.140/2015, art. 22). Diante dessa exigência legal, inócua será a cláusula escalonada quando ajustada, por exemplo, sem prazo certo e sem cominação especificada da sanção a ser aplicada ao não comparecente à sessão de mediação.

67 "Se qualquer das partes discorda, nada impedirá que os árbitros, atendendo aos ditames do § 4º do art. 21 da Lei de Arbitragem, tentem a conciliação das partes. Não havendo predisposição para a composição, restará claro que a superação da fase de mediação prevista na cláusula escalonada não terá provocado prejuízo algum, de modo que não haverá qualquer sombra de nulidade a macular o procedimento arbitral" (CARMONA, Carlos Alberto. *Arbitragem e processo*. 3. ed. São Paulo: Atlas, 2009, p. 35).

Enfim, se ambas as partes não se interessam pela solução consensual do conflito, não há razão para coagi-las ao cumprimento da cláusula escalonada, cujo afastamento pelas partes que a originariamente a instituíram é perfeitamente lícito.[68]

III – Outras disposições da Lei da Mediação acerca da cláusula escalonada

Sendo incompleta a cláusula escalonada, a Lei nº 13.140/2015, permite à parte interessada salvá-la mediante observância de alguns critérios de suprimento dos dados omissos a serem observados no convite para a primeira sessão de mediação (§ 2º do art. 22), e que são os seguintes:

(i) observância do prazo mínimo de dez dias úteis e máximo de três meses, contados a partir do recebimento do convite;
(ii) escolha de local adequado a uma reunião que possa envolver informações confidenciais;
(iii) apresentação de uma lista de cinco nomes, de mediadores capacitados, com informações de contato e referências profissionais; permissão a que a parte convidada escolha qualquer um deles, certificando-se que, na falta de manifestação da parte convidada, considerar-se-á aceito o primeiro da lista;
(iv) previsão de que o não comparecimento da parte convidada à primeira reunião acarretará a assunção pelo faltoso de cinquenta por cento das custas e honorários sucumbenciais caso venha a ser vencedor no procedimento arbitral ou judicial posterior relativo ao conflito objeto da tentativa de solução consensual.[69]

IV – Suspensão do procedimento arbitral iniciado em desconformidade com cláusula escalonada ou equivalente

Dispõe o art. 23, *caput*, da Lei nº 13.140/2015 que, "se, em previsão contratual de cláusula de mediação, as partes se comprometerem a não iniciar procedimento arbitral ou processo judicial durante certo prazo ou até o implemento de determinada condição, o árbitro ou o juiz suspenderá o curso da arbitragem ou da ação pelo prazo previamente acordado ou até o implemento dessa condição".[70]

A suspensão depende obviamente de requerimento, visto que às partes é perfeitamente lícito desistir da cláusula de escalonamento e da submissão do conflito ao procedimento prévio de mediação, o que poderá dar-se de forma expressa ou tácita. Não cabe ao órgão julgador superpor-se à vontade livre dos litigantes, no terreno das obrigações e contratos sobre bens patrimoniais disponíveis.

393. Tutelas cautelares e de urgência

I – A tutela provisória e o juízo arbitral

A Lei de Arbitragem, em sua redação original, não conferia ao árbitro ou ao tribunal arbitral poder de tomar medidas coercitivas ou medidas cautelares em caráter preparatório

---

68 O estabelecimento do procedimento de mediação não é automático: depende do convite de uma parte à outra (Lei nº 13.140/2015, art. 21). De modo que se nenhuma das partes convida a outra, e nenhuma se rebela contra a omissão, superada restará a convenção relativa à sujeição de conflitos à mediação.

69 Se a controvérsia girar em torno de contrato comercial ou societário que não contenham cláusula de mediação, o mediador extrajudicial somente cobrará por seus serviços caso as partes decidam assinar termo inicial de mediação e permanecer, voluntariamente, no procedimento respectivo (Lei nº 13.140/2015, art. 22, § 3º).

70 O disposto no art. 23, *caput*, da Lei da Mediação, "não se aplica às medidas de urgência em que o acesso ao Poder Judiciário seja necessário para evitar o perecimento de direito" (parágrafo único do referido artigo).

ou incidental. Quando tais providências se fizessem necessárias, o órgão arbitral tinha de solicitá-las ao órgão judiciário que seria, originariamente, competente para julgar a causa (art. 22, § 4º, da Lei nº 9.307/1996). Não previa, outrossim, procedimento para obtenção dessas medidas enquanto não instituída a arbitragem. Nessa situação, a jurisprudência entendia que a concessão das tutelas de urgência deveria ser requerida ao Poder Judiciário, cuja competência prevalecia apenas enquanto não constituído o tribunal arbitral. Uma vez instaurado esse tribunal, os autos deveriam "ser prontamente encaminhados ao juízo arbitral, para que este assuma o processamento da ação e, se for o caso, reaprecie a tutela conferida, mantendo, alterando ou revogando a respectiva decisão".[71]

Com a edição da Lei nº 13.129/2015, o § 4º do art. 22 da Lei nº 9.307/1996 foi revogado.[72] Além disso, foram acrescentados dois artigos, o 22-A e o 22-B, para dispor sobre as tutelas cautelares e de urgência, harmonizando-se com a nova legislação processual.[73]

O novo texto legal, adotando a orientação do STJ, prevê que essas medidas podem ser requeridas pelas partes, antes de instituída a arbitragem, perante o Poder Judiciário (art. 22-A, *caput*).[74] Uma vez instituída, caberá ao árbitro manter, modificar ou revogar a tutela de urgência concedida pelo juiz (art. 22-B, *caput*).[75]

Entretanto, se a parte não requerer a instituição da arbitragem no prazo de trinta dias de sua efetivação, a tutela de urgência perderá sua eficácia, nos termos do art. 22-A, parágrafo único.[76]

Por outro lado, a lei deixou bastante claro que o requerimento de qualquer medida de urgência durante a arbitragem deverá ser dirigido ao árbitro, único competente para decidir qualquer questão relativa ao procedimento arbitral (art. 22-B, parágrafo único).[77] Não podem, porém, nascer de deliberação *ex officio* do árbitro. Cabe à parte requerê-las e, sendo julgadas cabíveis e necessárias, seu deferimento ocorrerá, ainda, no âmbito do juízo arbitral, sendo a execução solicitada, em seguida, ao juízo ordinário, por meio de carta arbitral (art. 22-C, *caput*). Outrossim, não é dado à parte dirigir-se diretamente ao juiz togado para requerer-lhe medida preventiva a ser aplicada sobre os bens e direitos disputados no procedimento extrajudicial. Originariamente, a competência sobre o incidente é do árbitro ou do órgão arbitral, que

---

[71] STJ, 3ª T., REsp 1.297.974, Rel. Min. Nancy Andrighi, ac. 12.06.2012, *DJe* 19.06.2012.

[72] Texto do dispositivo revogado: "Art. 22. (...) § 4º Ressalvado o disposto no § 2º, havendo necessidade de medidas coercitivas ou cautelares, os árbitros poderão solicitá-las ao órgão do Poder Judiciário que seria, originariamente, competente para julgar a causa".

[73] Antes do acréscimo do art. 22-A à Lei nº 9.307, a adoção de medidas cautelares pelo Tribunal Arbitral já era cogitada pelo Acordo de Arbitragem Comercial Internacional do Mercosul, concluído em Buenos Aires, em 23.07.1998 (promulgado pelo Dec. nº 4.719, de 04.06.2003).

[74] "Na pendência da constituição do Tribunal Arbitral, admite-se que a parte se socorra do Poder Judiciário, por intermédio de medida de natureza cautelar, para assegurar o resultado útil da arbitragem" (STJ, 3ª T., AgRg na MC 19.226/MS, Rel. Min. Nancy Andrighi, ac. 21.06.2012, *DJe* 29.06.2012). "Independentemente do local da sede da arbitragem, o Poder Judiciário brasileiro pode conhecer de pedido de tutela cautelar pré-arbitral, uma vez presente uma das hipóteses de exercício da jurisdição brasileira, na forma do art. 21 do CPC" (Enunciado 98 da II Jornada de Prevenção e Solução Extrajudicial de Litígios – Justiça Federal/CEJ/2021).

[75] TJMG, 12ª C. Civ., Ag. 1.0480.06.083392-2/001, *Rev. de Processo* 183/275.

[76] "A medida de urgência deferida pelo Poder Judiciário preserva seus efeitos até ulterior análise pelo Tribunal Arbitral, desde que instaurada a arbitragem no prazo previsto no parágrafo único do art. 22-A da Lei nº 9.307/1996" (Enunciado 113 da II Jornada de Prevenção e Solução Extrajudicial de Litígios – Justiça Federal/CEJ/2021).

[77] "O Tribunal Arbitral tem poderes para decretar a multa coercitiva (astreintes)" (Enunciado nº 108 da II Jornada de Prevenção e Solução Extrajudicial de Litígios – Justiça Federal/CEJ/2021).

apreciará a medida.[78] Uma vez, entretanto, que a este falta o *imperium* necessário à atividade executiva, é ao juiz togado que a lei confere o poder de providenciar a implementação das medidas coercitivas, mesmo quando dentro do juízo arbitral.[79-80]

II – A atuação do juiz de direito

O juiz da execução das medidas preventivas, por sua vez, decidirá sobre impugnações eventualmente formuladas durante a diligência que lhe for delegada, inclusive a respeito da sua legitimidade. É claro que o magistrado oficial não será um simples autômato diante da diligência e poderá recusar-lhe execução se entendê-la ilegal (CPC/2015, art. 267, III).[81] Não lhe cabe, porém, reexaminar a medida quanto à sua conveniência e oportunidade, mas apenas quanto à sua legalidade, como, por exemplo, verificar se o juízo arbitral se acha validamente instalado e se aquele que se pretende sujeitar ao provimento de urgência está, de fato e de direito, sujeito à autoridade arbitral. Enfim, o juiz togado, diante da requisição de cumprimento judicial da medida de urgência, deverá se comportar dentro dos mesmos limites preconizados pelo art. 267 do CPC/2015, no tocante ao cumprimento da carta arbitral.

Nenhuma hierarquia há, na espécie, entre o juiz togado e o árbitro. Ambos desempenham, dentro das respectivas competências, a jurisdição plena. O que deles se espera é um trabalho harmônico, de colaboração e complementação, de modo que afinal seja prestada às partes uma tutela jurisdicional adequada, eficaz e justa, dentro da perspectiva moderna do *processo justo* consentâneo com as garantias prometidas pelo Estado Democrático de Direito.[82]

A competência primária para avaliar e deferir tutelas cautelares ou urgentes é do árbitro e não do juiz estatal.[83] Em regra, portanto, a parte interessada pleiteará a tutela emergencial ao árbitro que, ao deferi-la, recorrerá, se for o caso, ao juiz togado para o emprego de meios coercitivos, quando necessários à sua implementação.

III – A produção antecipada de provas

Embora o CPC/2015 não regule a antecipação de prova no campo das tutelas provisórias de urgência (arts. 300 e ss.) não se lhe pode recusar o caráter de medida cautelar, principalmente

---

78 Se o juízo arbitral não estiver constituído, a medida cautelar preparatória poderá ser aforada perante juiz cível, continuando, porém, a causa principal a cargo do órgão previsto no compromisso arbitral (TJSP, 4ª Câm. Dir. Priv., Ag 500.800-4/1-00, Comarca de São Paulo, Rel. Des. Natan Zelinschi de Arruda, ac. 24.05.2007).

79 Antes mesmo da Lei nº 13.129/2015, decidia o TAMG que, ainda que tivessem as partes renunciado à via judicial por força do compromisso arbitral, era possível o acesso à jurisdição estatal em relação a demandas cautelares, como as de sustação de protesto, ficando a cargo do processo de arbitragem a solução da controvérsia acerca da exigibilidade ou inexigibilidade da duplicata (TAMG, 5ª CC., Ap 393.297-8, Rel. Juiz Mariné da Cunha, ac. 15.05.2003).

80 "Em situações nas quais o juízo arbitral esteja momentaneamente impedido de se manifestar, desatende-se provisoriamente as regras de competência, submetendo-se o pedido de tutela cautelar ao juízo estatal; mas essa competência é precária e não se prorroga, subsistindo apenas para a análise do pedido liminar" (STJ, 3ª T., REsp 1.297.974/RJ, Rel. Nancy Andrighi, ac. 12.06.2012, *DJe* 19.06.2012).

81 CARREIRA ALVIM, José Eduardo. *Tratado geral da arbitragem*. Belo Horizonte: Mandamentos, 2000, p. 406 e 408.

82 "Quando os compromitentes firmam o compromisso, derrogando a Jurisdição estatal, conferem ao árbitro a competência e o poder para resolver todas as questões atinentes à espécie, assumindo este o dever de zelar para que as partes não sejam prejudicadas nos seus direitos, o que inclui, obviamente, a competência para determinar medidas cautelares ou coercitivas" (MARTINS, Pedro A. Batista. Da ausência de poderes coercitivos e cautelares. In: Selena Ferreira Lemes *et al.* (coords.). *Aspectos fundamentais da Lei de Arbitragem*. Rio de Janeiro: Forense, 1999, p. 363).

83 CARMONA, Carlos Alberto. *Arbitragem e processo.* 2. ed. São Paulo: Atlas, 2004, p. 267; COLOMBO, Manuela Correia Botelho. Medidas de urgência no processo arbitral brasileiro. *Rev. de Processo,* v. 183, maio 2010, p. 272.

quando fundada no risco de se inviabilizar sua coleta, se se houver de aguardar o advento da fase de instrução regular do processo (art. 381, I).

Por isso, a jurisprudência admite que a produção antecipada de prova a ser utilizada em futuro juízo arbitral seja tratada como ação cautelar, para os efeitos dos arts. 22-A e 22-B da Lei nº 9.307/1996 (incluídos pela Lei nº 13.129/2015). Portanto, o requerimento, se ainda não instaurada a arbitragem, será endereçado à justiça estatal. Realizada a diligência cautelar, os autos oportunamente serão encaminhados ao tribunal arbitral, para os fins de direito.[84]

Há que se fazer, porém, uma distinção entre os casos de urgência e aqueles em que a produção de prova não se baseia no risco de perecimento da prova ou na impossibilidade material de sua produção em momento futuro e oportuno processualmente.

> "Ausente esta situação de urgência, única [segundo interpretação do STJ] capaz de autorizar a atuação provisória da Justiça estatal em cooperação, nos termos do art. 22-A da Lei de Arbitragem, toda e qualquer pretensão – até mesmo a relacionada ao direito autônomo à prova, instrumentalizada pela ação de produção antecipada de provas, fundada nos incisos II e II (*rectius*: II e III) do art. 381 do CPC/2015 – deve ser submetida ao Tribunal arbitral, segundo a vontade externada pelas partes contratantes".[85]

É de se lembrar, contudo, que, o juiz, por expressa disposição do § 5º do art. 337 do CPC, não pode deliberar de ofício sobre rejeição de antecipatória de prova não urgente; e ainda deve-se ter em conta que a ausência de alegação da existência de convenção de arbitragem, segundo o § 6º do mesmo artigo do CPC, "implica aceitação da jurisdição estatal e renúncia ao juízo arbitral".[86]

394. Carta arbitral

I – Função

A carta arbitral, documento expedido pelo árbitro, foi inserida no CPC/2015 como meio de comunicação entre ele e o juiz de direito. Seu propósito "é ser um instrumento de cooperação entre a jurisdição arbitral e a jurisdição estatal para primordialmente conferir efetividade às decisões proferidas pela primeira".[87]

O regime da carta arbitral está previsto na lei processual e é o mesmo das cartas de ordem e precatória (CPC/2015, art. 69, § 1º). Recebendo a carta arbitral, o Poder Judiciário pratica ou determina o cumprimento, na área de sua competência territorial, do ato objeto do pedido de

---

84 STJ, 4ª T., REsp 1.586.383/MG, Rel. Min. Maria Isabel Gallotti, ac. 05.12.2017, *DJe* 14.12.2017.

85 STJ, 3ª T., REsp 2.023.615/SP, Rel. Min. Marco Aurélio Bellizze, ac. 14.03.2023, *DJe* 20.03.2023. O caso decidido pelo STJ referia-se a uma disputa entre sócios a respeito da conduta supostamente criminosa de certos administradores, praticada no interior da gestão societária, a qual, uma vez apurada por exibição de documentos e perícia destes, seria utilizada, se for o caso, em "eventual e futura ação de responsabilidade civil", perante Tribunal arbitral, como previsto no estatuto da companhia. Reconhecendo a inexistência do requisito de urgência/cautelaridade exigido pelo art. 22-A da Lei de Arbitragem, o STJ concluiu, em votação unânime, pela necessidade de o processo de antecipação de produção de prova, ajuizado perante a justiça estatal, "ser extinto sem julgamento de mérito, tornando-se sem efeito toda e qualquer deliberação judicial nele exarada".

86 Cf. ARSUFFI, Arthur Ferrari; TAKEISHI, Guilherme Toshihiro; MENEZES, Isabella Simão. Notas sobre produção antecipada da prova e arbitragem: uma visão crítica do recente posicionamento do STJ. *Revista de Processo*, São Paulo, v. 345, nov. 2023, p. 466.

87 DIDIER JR., Fredie. A arbitragem no novo Código de Processo civil (versão da Câmara dos Deputados – Dep. Paulo Teixeira). *Revista do Tribunal Superior do Trabalho*, v. 79, nº 4, out.-dez. 2013. Disponível em: <http://aplicacao.tst.jus.br/dspace/handle/1939/55987>. Acesso em: 31 ago. 2015.

cooperação judiciária formulado por juízo arbitral, inclusive os que importem efetivação de tutela provisória (CPC/2015, art. 237, IV).[88]

Em harmonia com as prescrições do CPC/2015, a Lei nº 13.129/2015 acrescentou o art. 22-C à Lei de Arbitragem, para determinar que o "arbitro ou o tribunal arbitral poderá expedir carta arbitral para que o órgão jurisdicional nacional pratique ou determine o cumprimento, na área de sua competência territorial, de ato solicitado pelo árbitro".

Independentemente da sede da arbitragem ou dos locais em que se realizem os atos a ela inerentes, a carta arbitral será processada pelo órgão do Poder Judiciário, quando a medida deva ser executada dentro de sua área de competência territorial (art. 22-C).

II – Instrução

O CPC/2015 estabelece, no art. 260, § 3º, que a carta arbitral deve observar, no que couber, os requisitos fixados no *caput* do artigo, para as cartas de ordem, precatória e rogatória. Entre essas exigências, está: *(i)* a indicação do juiz competente para o cumprimento do ato (inciso I); e *(ii)* a menção do ato processual que constitui o objeto da carta (inciso III). Esse ato pode ser, por exemplo, a condução coercitiva da testemunha à próxima sessão em que será ouvida (Lei nº 9.307/1996, art. 22, § 2º). É também indispensável o encerramento com a assinatura do árbitro (CPC/2015, art. 260, *caput*, IV). Se a carta arbitral for expedida por meio eletrônico, a assinatura do árbitro deverá ser eletrônica, na forma da lei[89] (CPC/2015, art. 263).

A carta deve ser instruída com a convenção de arbitragem e com as provas de nomeação do árbitro e de sua aceitação da função (CPC/2015, art. 260, § 3º). Em caso de inobservância dessas disposições, o juiz de direito recusará o seu cumprimento, em decisão motivada (CPC/2015, art. 267).

III – Cumprimento

A parte que tiver interesse no cumprimento da carta deve empenhar-se para a efetivação de seu cumprimento, no prazo fixado pelo juiz, promovendo inclusive o pagamento das respectivas despesas (CPC/2015, art. 261, § 3º).

A legislação prevê que a tramitação da carta arbitral ocorra em segredo de justiça, desde que a confidencialidade estipulada na arbitragem seja comprovada perante o juízo (CPC/2015, art. 189, IV, e Lei nº 9.307/1996, art. 22-C, parágrafo único). Desta forma, fica resguardado, no Poder Judiciário, o sigilo convencionado pelas partes para a arbitragem.

Cumprida a carta, será ela devolvida integralmente ao juízo arbitral, sem necessidade de traslado, sendo indispensável o pagamento das custas pela parte (CPC/2015, art. 268).

IV – Cooperação internacional

O fato de a *carta arbitral* constar do art. 69, § 1º, do CPC como figura da cooperação nacional não impede que seja também utilizada entre juízo arbitral estrangeiro e órgão judiciário nacional. É que o mesmo Código, a par de mencionar a possibilidade da carta arbitral, ao tratar da

---

88 "No cumprimento de concessão de medida cautelar ou de urgência expedida por árbitro único ou tribunal arbitral para suspensão ou cancelamento de protesto de títulos, não é necessária a expedição de carta arbitral (art. 22-C da Lei nº 9.307/1996)" (Enunciado 94 da II Jornada de Prevenção e Solução Extrajudicial de Litígios – Justiça Federal/CEJ/2021).

89 Trata-se, no caso, da Lei nº 11.419/2006, que dispõe sobre a informatização do processo judicial. Para os fins dessa lei, são consideradas "assinatura eletrônica as seguintes formas de identificação inequívoca do signatário: a) assinatura digital baseada em certificado digital emitido por Autoridade Certificadora credenciada, na forma de lei específica; b) mediante cadastro de usuário no Poder Judiciário, conforme disciplinado pelos órgãos respectivos" (art. 1º, § 2º, III).

cooperação nacional, ao disciplinar o respectivo procedimento, regula todas as cartas dentro do mesmo capítulo, inclusive a carta rogatória, instrumento puramente internacional (cf. art. 260).

A previsão topológica, a nosso ver, não deve prevalecer sobre a funcional, que as cartas indistintamente exercem no plano da cooperação, tanto nacional como internacional. Se a lei interna em momento algum veda a cooperação entre juízos arbitrais estrangeiros e a Justiça brasileira, não há como obstar que esta se dê através da carta arbitral, que nossa lei processual trata dentro do mesmo regime da carta precatória. Ou seja:

> "Dessa forma, se o pedido proveniente de tribunal arbitral regido por lei estrangeira for feito perante uma corte brasileira, será a lei brasileira – nesse caso, o CPC e a Lei de Arbitragem[90] – que regerá o pedido. Se a lei brasileira autorizar que o pedido tramite por via da carta arbitral, não há qualquer empecilho para o uso das cartas arbitrais como veículo de cooperação jurídica internacional nesses casos"[91].

Parece não haver dúvida, na jurisprudência do STJ, quanto à cooperação internacional via carta rogatória emanada de tribunal arbitral estrangeiro[92]. O que, ainda, não se assentou foi a possibilidade de cooperação direta, fora dos procedimentos próprios da carta rogatória, ou seja, nos moldes singelos dos arts. 28 a 34 do CPC. Se a diligência for daquelas a respeito das quais se dispensa o ritual da carta rogatória, não vemos razão para negar ao cumprimento da carta arbitral estrangeira a disciplina do *auxílio direto* entre a justiça brasileira e o tribunal estrangeiro.

395. Sentença arbitral

A atual lei de arbitragem não mais apelida de laudo o ato decisório do procedimento arbitral. Tendo procedido à equiparação dele com a decisão judicial, o seu *nomen iuris* também passou a ser sentença, mais especificamente sentença arbitral (art. 23 da Lei nº 9.307/1996).

Sem depender de homologação em juízo, a sentença arbitral, por si só, produzirá entre as partes e seus sucessores os mesmos efeitos da sentença proferida pelos órgãos do Poder Judiciário e, sendo condenatória, constituirá título executivo (art. 31).

A sentença dos árbitros deverá ser proferida no prazo previsto na convenção arbitral, e, não havendo essa previsão, no prazo legal de seis meses, contado da instituição da arbitragem ou da substituição do árbitro (art. 23, *caput*).[93]

As partes e os árbitros, de comum acordo, poderão prorrogar dito prazo (art. 23, § 2º). Mas, à falta de acordo, qualquer das partes pode requerer a extinção do compromisso arbitral, por excesso de prazo (art. 12, III), ou, ainda, a nulidade da sentença porque proferida fora do prazo (art. 32, VII).

---

[90] "Com o advento do art. 237, IV, do novo Código de Processo Civil ("CPC") e do art. 22-C da Lei nº 9.307/1996 ("Lei de Arbitragem"), a Lei brasileira institucionalizou a figura da carta arbitral" (TEIXEIRA, Bruno Barreto de A. Cartas arbitrais como instrumento de cooperação jurídica entre tribunais arbitrais regidos pela lei estrangeira e o Poder Judiciário brasileiro. *Revista brasileira de arbitragem*, v. 73, p. 15, São Paulo, jan.-mar./2022).

[91] TEIXEIRA, Bruno Barreto de A. Cartas arbitrais como instrumento de cooperação jurídica entre tribunais arbitrais regidos pela lei estrangeira e o Poder Judiciário brasileiro. *Revista brasileira de arbitragem*, v. 73, p. 15, São Paulo, jan.-mar./2022.

[92] "Como visto, o STJ concedeu *exequatur* em pelo menos três pedidos de cartas rogatórias provenientes de tribunais arbitrais estrangeiros" (TEIXEIRA, Bruno Barreto de A. Cartas arbitrais como instrumento de cooperação jurídica entre tribunais arbitrais regidos pela lei estrangeira e o Poder Judiciário brasileiro. *Revista brasileira de arbitragem*, v. 73, São Paulo, jan.-mar./2022, p. 32).

[93] "A exigência de assinatura da sentença arbitral (LArb, art. 26, parágrafo único) é suprida por assinatura eletrônica ou digital" (Enunciado nº 90 da II Jornada de Prevenção e Solução Extrajudicial de Litígios – Justiça Federal/CEJ/2021).

A Lei nº 13.129/2015 acrescentou o § 1º ao art. 23 da Lei nº 9.307/1996, prevendo a possibilidade de os árbitros proferirem sentenças parciais, nos moldes do que ocorre no CPC/2015 (art. 354, parágrafo único).

396. Requisitos da sentença arbitral

A sentença do órgão arbitral, singular ou coletivo, será sempre expressa em documento escrito (art. 24, *caput*, da Lei nº 9.307/1996). Sendo vários os árbitros, a decisão será tomada por maioria. Se inocorrer acordo majoritário, prevalecerá o voto do presidente do colegiado arbitral (art. 24, § 1º).

São requisitos obrigatórios da sentença arbitral (art. 26):

(a) o relatório, que conterá os nomes das partes e um resumo do litígio (inciso I);
(b) os fundamentos da decisão, onde serão analisadas as questões de fato e de direito, mencionando-se, expressamente, se os árbitros julgaram por equidade (inciso II);
(c) o dispositivo em que os árbitros resolverão as questões que lhe foram submetidas e estabelecerão o prazo para o cumprimento da decisão, se for o caso (inciso III); e
(d) a data e o lugar em que foi proferida (inciso IV).

É fora de dúvida, portanto, que a sentença arbitral tem de ser obrigatoriamente fundamentada, sob pena de nulidade (CF, art. 93, IX; CPC, art. 11; Lei de Arbitragem, arts. 26, II, e 32, III).[94] Sujeita-se, assim, às exigências formais do art. 489, § 1º, do CPC.[95]

A sentença deverá ser assinada por todos os árbitros. Se, porém, um deles se recusar a firmá-la, caberá ao presidente certificar tal ocorrência (art. 26, parágrafo único).

Proferida a sentença arbitral, tem-se por finda a arbitragem, devendo ser enviada cópia da decisão às partes, por via postal ou por outro meio qualquer de comunicação, mediante comprovação de recebimento ou, ainda, entregando-a diretamente às partes mediante recibo (art. 29).[96]

Se, antes do julgamento da causa pelo órgão arbitral, as partes chegarem a acordo quanto ao litígio, este fato poderá, a pedido das partes, ser declarado em sentença arbitral (art. 28), que, naturalmente, terá a natureza homologatória.

O cumprimento da sentença arbitral, a que a lei confere a força de título executivo judicial, em caso de inadimplência, será efetuado perante o juízo cível competente (CPC/2015, art. 516, III).[97]

---

94 TALAMINI, Eduardo. Fundamentação da sentença arbitral e devido processo. *Revista de Processo*, São Paulo, v. 344, out. 2023, p. 454.

95 Não procede a alegação de que as regras de fundamentação do § 1º do art. 489 do CPC, que são traçadas para validar os precedentes judiciais, sob cominação de nulidade, obriguem apenas aos juízes estatais, não alcançando os julgamentos arbitrais. No sistema legal de precedentes, estes assumem força de lei, de modo que, como tal, são fontes complementares do direito material e processual. Não há razão, portanto, para diferenciar os fundamentos das sentenças judiciais e os das sentenças arbitrais.

96 "A sentença arbitral poderá ser enviada por correio eletrônico ou transmissão eletrônica ao endereço designado ou autorizado pela parte destinatária" (Enunciado nº 102 da II Jornada de Prevenção e Solução Extrajudicial de Litígios – Justiça Federal/CEJ/2021).

97 "No ordenamento jurídico pátrio, o árbitro não foi contemplado com o poder de império, de coerção, capaz de determinar a execução de suas sentenças, motivo pelo qual, não adimplida voluntariamente a obrigação, deve o credor recorrer ao Poder Judiciário, requerendo o cumprimento da sentença arbitral, cujo processamento dar-se-á no juízo cível competente, nos moldes do art. 475-P, inc. III, do CPC/73 [CPC/2015, art. 516, III]" (STJ, 4ª T., REsp 1.312.651/SP, Rel. Min. Marco Buzzi, ac. 18.02.2014, *DJe* 25.02.2014).

396-A. Execução da sentença arbitral e desconsideração da personalidade jurídica

Não cabe ao tribunal arbitral tomar conhecimento de pretensão de estender o julgamento do objeto do compromisso a terceiro sob argumento de configurável hipótese de desconsideração da personalidade jurídica, segundo a norma legal.

Se os sócios ou administradores não participaram da convenção de arbitragem, não tem o tribunal jurisdição sobre eles e seus respectivos atos, ainda que fossem idôneos a gerar responsabilidade por negócios concluídos pela pessoa jurídica (objeto do procedimento arbitral).

Nessas condições, somente depois de concluída a arbitragem que se poderia cogitar de, pelas vias judiciais ordinárias, obter condenação dos referidos terceiros a responder também pela obrigação já acertada em face da pessoa jurídica. Esse acertamento a ser promovido pela justiça estatal será cabível, tanto por meio de ação autônoma como por intermédio de incidente de desconsideração processado durante a execução judicial da sentença arbitral.

Convém lembrar que tal incidente é uma forma de intervenção provocada de terceiro, que o art. 134 do CPC admite no curso do processo de conhecimento, no cumprimento de sentença e na execução de título extrajudicial, mas sempre perante juiz estatal, nunca em face do árbitro competente para julgar apenas o litígio entre o credor e o devedor originário.[98] A competência em questão é reconhecida ao juízo da execução inclusive no cumprimento de sentenças estrangeiras.[99]

397. Recursos

Os árbitros julgam como juízes de fato e de direito, e a sentença que proferem não fica sujeita a recurso nem depende de homologação judicial (art. 18 da Lei nº 9.307/1996).

Cabem, todavia, embargos de declaração (pedido de esclarecimentos), no prazo de cinco dias, a contar do recebimento da notificação ou da ciência pessoal da sentença arbitral, salvo se outro prazo for acordado entre as partes, com comunicação à outra parte, quando houver necessidade de (art. 30):

(*a*) corrigir qualquer erro material da sentença arbitral (inciso I);

(*b*) esclarecer alguma obscuridade, dúvida ou contradição da sentença arbitral, ou suprir omissão sobre ponto a respeito do qual devia manifestar-se a decisão (inciso II).

Caberá ao órgão arbitral decidir os embargos de declaração no prazo de dez dias, ou em outro prazo acordado com as partes, aditando a sentença arbitral e notificando as partes, na forma do art. 29 (art. 30, parágrafo único).

Da sentença judicial que julgar o pedido de instituição de arbitragem, por recusa de cumprimento voluntário da cláusula compromissória (art. 7º), caberá apelação, sem efeito suspensivo, caso seja decretada a procedência do feito (Lei nº 9.307, art. 42, e CPC/2015, art. 1.012, § 1º, IV).[100]

---

[98] BENEDUZI, Renato Resende. Desconsideração da personalidade jurídica e arbitragem. *Revista de Processo*, São Paulo, v. 290, p. 485-489, abr. 2019.

[99] STJ, Corte Especial, Rcl 26.410/SP, Rel. Min. Maria Thereza de Assis Moura, ac. 02.12.2015, *DJe* 14.12.2015.

[100] O art. 42 da Lei nº 9.307/1996 acrescentou mais um inciso ao art. 520 do CPC/1973 [CPC/2015, art. 1.012, § 1º], para prever a apelação em caso de sentença que "julgar procedente o pedido de instituição de arbitragem".

398. Nulidade da sentença arbitral

I – Hipóteses

Há, segundo o art. 32 da Lei nº 9.307, sete[101] casos de nulidade da sentença arbitral, que se configuram quando:

(a) apoiar-se em convenção de arbitragem nula (inciso I), ou seja, houver ofensa aos arts. 1º, 9º, 10 e 12 da Lei nº 9.307/1996;

(b) emanar de quem não podia ser árbitro (inciso II), o que implica violação aos arts. 13 e 14 da Lei nº 9.307/1996;[102]

(c) não contiver os requisitos essenciais, contidos no art. 26 da Lei nº 9.307/1996 (inciso III);

(d) for proferida fora dos limites da convenção de arbitragem (inciso IV) – sentença *ultra* ou *extra petita*, em desconformidade com os arts. 10 e 26 da Lei nº 9.307/1996;

(e) for proferida, comprovadamente, por prevaricação, concussão ou corrupção passiva (inciso VI), ou seja, em caso de ofensa aos arts. 13, § 6º, e 17 da Lei nº 9.307/1996;

(f) for proferida fora do prazo (inciso VII), violando assim o art. 12, III, da Lei nº 9.307/1996. Nesse caso, deve ser observada a ressalva constante do mesmo dispositivo;

(g) for proferida com desrespeito aos princípios de que trata o art. 21, § 2º, da Lei nº 9.307/1996 (inciso VII), em ofensa aos princípios do contraditório, da igualdade das partes, da imparcialidade e do livre convencimento.

Quanto aos sujeitos da ação anulatória, não se reconhece à instituição arbitral interesse processual nem legitimidade para integrar o polo passivo da demanda, já que se trata de "simples administradora do procedimento arbitral".[103] A exemplo da ação rescisória de sentença judicial, legitimados à anulatória do julgado arbitral são: "(a) no polo ativo, aquele ou aqueles que houverem sucumbido no processo arbitral, interessados na desconstituição do laudo, e (b) no passivo, o vencedor ou vencedores, interessados em sua manutenção. São esses os sujeitos cujas esferas jurídicas serão de algum modo atingidas pelo julgamento de mérito a ser proferido na ação anulatória. O árbitro ou árbitros, embora sejam eles os autores do ato a ser anulado, não têm legitimidade para figurar na ação anulatória, tanto quanto o juiz estatal não é parte legítima à rescisória".[104]

A atribuição de valor à causa, na ação anulatória, será feita nos moldes preconizados pelo Código de Processo Civil, ou seja: "em ações anulatórias de sentença arbitral, o valor da causa deverá ser o benefício econômico buscado com a anulação" (Enunciado nº 101 da II Jornada de Prevenção e Solução Extrajudicial de Litígios – Justiça Federal/CEJ/2021).

---

[101] O art. 32 da Lei nº 9.307/1996 previa mais uma hipótese de nulidade, contida no inciso V que foi revogado pela Lei nº 13.129/2015.

[102] "O conceito de dúvida justificada na análise da independência e imparcialidade do árbitro deve observar critério objetivo e ser efetuado na visão de um terceiro que, com razoabilidade, analisaria a questão levando em consideração os fatos e as circunstâncias específicas" (Enunciado 97 da II Jornada de Prevenção e Solução Extrajudicial de Litígios – Justiça Federal/CEJ/2021).

[103] STJ, 3ª T., REsp 1.433.940/MG, Rel. Min. Ricardo Villas Bôas Cueva, ac. 26.09.2017, *DJe* 02.10.2017.

[104] DINAMARCO, CCândido Rangel. *A arbitragem na teoria geral do processo*. São Paulo: Malheiros, 2013, p. 236. No mesmo sentido: WLADECK, Felipe Scripes. *Impugnação da sentença arbitral*. Salvador: Juspodivm, 2014, p. 328-329 e 331; STJ, 3ª T., REsp 1.433.940/MG, Rel. Min. Ricardo Villas Bôas Cueva, ac. 26.09.2017, *DJe* 02.10.2017.

II – Competência

A declaração de nulidade não é postulada ao juízo arbitral, mas sim ao juízo ordinário (Poder Judiciário), onde o pleito observará o procedimento comum, disciplinado pelo Código de Processo Civil (Lei de Arbitragem, art. 33, *caput*).

III – Prazo para impugnação

A lei marca o prazo de noventa dias para a propositura da ação de invalidação, a contar do recebimento da notificação da sentença arbitral, parcial ou final, ou da decisão do pedido de esclarecimentos (embargos de declaração) (art. 33, § 1º). Dito prazo extintivo é de aplicar-se aos vícios que maculam o juízo arbitral de anulabilidade, e nunca aos que afetam a substância da relação processual, provocando a inexistência do julgado ou sua nulidade *ipso iure* (conferir, a propósito, o nº 693 no vol. III desta obra).

No caso de sentença arbitral parcial, com resolução de mérito sobre parte da causa, ou com reconhecimento de falta de pressuposto de admissibilidade da tutela jurisdicional, a ação anulatória destinada a infirmar a sentença parcial arbitral (...), sob pena de a questão decidida tornar-se imutável, deve ser manejada no prazo de 90 dias a contar desde logo, sem aguardar a solução final do processo.[105]

A declaração de nulidade da sentença arbitral pode ser obtida no juízo comum, por duas vias: *(i)* por ação declaratória de nulidade (Lei nº 9.307, art. 33, § 1º); ou *(ii)* por impugnação ao cumprimento da sentença (art. 33, § 3º). Em qualquer caso, porém, a arguição sujeita-se ao prazo decadencial de noventa dias, de maneira que se a execução de sentença só for impugnada depois de ultrapassado aquele prazo, não mais será possível alegar a nulidade do título executivo arbitral.[106]

Se, após o transcurso do prazo decadencial para anular a sentença arbitral, o credor iniciar o seu cumprimento, ao devedor será dado impugná-la, mas limitando-se às matérias especificadas pelo art. 525, § 1º, do CPC. Vale dizer: a nulidade da sentença arbitral poderá ser arguida, se embasada em alguma das hipóteses do § 1º do art. 525.[107] Nesse sentido, o entendimento do STJ:

> "Assim, embora a nulidade possa ser suscitada em sede de impugnação ao cumprimento de sentença arbitral, se a execução for ajuizada após o decurso do prazo decadencial da ação de nulidade, a defesa da parte executada fica limitada às matérias especificadas pelo art. 525, § 1º, do CPC, sendo vedada a invocação de nulidade da sentença com base nas matérias definidas no art. 32 da Lei 9.307/96".[108]

---

[105] STJ, 3ª T., REsp 1.543.564/SP, Rel. Min. Marco Aurélio Bellizze, ac. 25.09.2018, *DJe* 01.10.2018.

[106] "Assim, embora a nulidade possa ser suscitada em sede de impugnação ao cumprimento de sentença arbitral, se a execução for ajuizada após o decurso do prazo decadencial da ação de nulidade, a defesa da parte executada fica limitada às matérias especificadas pelo art. 525, § 1º, do CPC, sendo vedada a invocação de nulidade da sentença com base nas matérias definidas no art. 32 da Lei 9.307/96" (STJ, 3ª T., REsp 1.900.136/SP, Rel. Min. Nancy Andrighi, ac. 06.04.2021, *DJe* 15.04.2021). No mesmo sentido: STJ, 3ª T., REsp 1.928.951/TO, Rel. Min. Nancy Andrighi, ac. 15.02.2022, *DJe* 18.02.2022.

[107] "Logo, é plenamente possível asseverar que a sentença arbitral é nula em sede de impugnação ao cumprimento de sentença, ainda que esse argumento seja agitado após os noventa dias para ajuizamento da ação anulatória. Em tal situação, contudo, a nulidade não poderá estar fundada nos incisos do art. 32 da Lei de Arbitragem, mas, sim, nos incisos do § 1º, do art. 252 do CPC, ou, é despiciendo dizer, em questões de ordem pública, sobretudo aquelas de natureza constitucional, a exemplo do princípio da segurança jurídica" (VAUGHN, Gustavo Favero. Impugnação ao cumprimento de sentença arbitral. Relação entre demanda arbitral e demanda judicial. Impossibilidade de coexistência de decisões conflitantes ou contraditórias. *Revista dos Tribunais*, São Paulo, v. 1057, ano 112, nov. 2023, p. 219).

[108] STJ, 3ª T., REsp 1.900.136/SP, Rel. Min. Nancy Andrighi, ac. 06.04.2021, *DJe* 15.04.2021. "4- Escoado o prazo de 90 (noventa) dias para o ajuizamento da ação de nulidade, não poderá a parte suscitar as hipóteses

IV – Nulidade absoluta e nulidade relativa da sentença arbitral

A diferença entre os casos de nulidade absoluta e nulidade relativa é feita pelo § 2º do art. 33, no qual se prevê que a decisão judicial deverá:

(a) declarar a nulidade da sentença arbitral, nos casos do art. 32; e

(b) determinar que o órgão arbitral profira nova sentença, quando for o caso. A evidência de que os casos de inexistência ou nulidade *ipso iure* não se sujeitam ao prazo decadencial do art. 33, § 1º, da Lei nº 9.307, está na previsão do § 3º do mesmo artigo, onde se autoriza a decretação de nulidade da sentença arbitral mediante impugnação ao cumprimento de sentença apresentada nos termos dos arts. 475-L e seguintes do CPC/1973 (CPC/2015, arts. 525 e seguintes), quando o vencedor instaurar a execução forçada do decisório arbitral. Em tal hipótese, a exceção de nulidade não prescreve e poderá ser manejada em qualquer tempo (*i.e.*, sempre que o credor tome a iniciativa de executar a sentença, não importa quando).

Ora, se em impugnação se mostra viável, a qualquer tempo, a arguição de nulidade *ipso iure* do julgado, é claro que também a ação comum de declaração da mesma nulidade, por iniciativa do devedor, será cabível, a qualquer tempo, independentemente da restrição do art. 33, § 1º, da Lei nº 9.307.

V – Sentença arbitral complementar

A Lei nº 13.129/2015 acrescentou o § 4º ao art. 33, permitindo que a parte interessada ingresse em juízo para requerer a prolação de sentença arbitral complementar, se o árbitro não decidir todos os pedidos submetidos à arbitragem. Entre os casos de admissibilidade de sentença dessa modalidade, inclui-se a decisão arbitral que deixou de conferir liquidez à condenação, no todo ou em parte.

A sentença arbitral incompleta não é irremediavelmente nula, se a omissão referir-se a pedido cuja solução não interfira na matéria já resolvida. O que a lei prevê é a reabertura, por ordem judicial (mas que pode acontecer também por consenso entre as próprias partes), do juízo arbitral com o fim de que o julgamento da demanda se complete. Isto poderá acarretar, ou não, reforma da solução dos outros pedidos enfrentados na sentença primitiva, conforme as particularidades da demanda.

VI – Nulidade da sentença arbitral não fundamentada e inobservância de precedente judicial vinculante

A fundamentação de qualquer sentença é exigência de ordem pública, enraizada nas garantias fundamentais consagradas pela Constituição, cuja inobservância a própria Lei nº 9.307/1996 inclui entre os fundamentos da ação anulatória do julgamento arbitral (art. 32,

---

de nulidade previstas no art. 32 da Lei de Arbitragem pela via da impugnação, pois o poder formativo já haverá sido fulminado pela decadência. 5- A arguição das matérias defensivas típicas da impugnação ao cumprimento de sentença previstas no § 1º do art. 525 do CPC – entre elas a falta ou nulidade da citação – não se submete ao prazo decadencial de 90 (noventa) dias previsto no § 1º do art. 33 Lei 9.307/96. 6- O defeito ou inexistência da citação opera-se no plano da existência da sentença, caracterizando vício transrescisório, que pode ser suscitado a qualquer tempo por meio (a) de ação rescisória, (b) de ação declaratória de nulidade, (c) de impugnação ao cumprimento de sentença ou (d) de simples petição. Precedentes" (STJ, 3ª T., REsp 2.001.912/GO, Rel. Min. Nancy Andrighi, ac. 21.06.2022, *DJe* 23.06.2022).

III, c/c art. 26, II). Logo, o importante é saber o que, segundo o direito, se considera decisão fundamentada e decisão não fundamentada (ver itens 8.1.2 e 8.1.3)[109].

Segundo o art. 26, II, da Lei de Arbitragem – cuja infração acarreta a nulidade do julgamento –, os fundamentos da sentença arbitral constarão da análise das questões de fato e de direito suscitadas no processo, com menção expressa de que o julgamento se deu por equidade (quando for o caso). Por conseguinte, os árbitros, no dispositivo da sentença arbitral e com apoio nos fundamentos definidos, farão constar a resolução das "questões que lhes forem submetidas" (art. 26, III).

Nessa mesma linha, o CPC/2015 considera, como norma fundamental do processo civil, a exigência de fundamentação de todas as decisões, sob pena de nulidade (art. 11, que reproduz o preceito do art. 93, IX, da Constituição). E, ao definir os elementos essenciais da sentença enumera, tal qual a Lei de Arbitragem, os fundamentos e o dispositivo: nos primeiros, o juiz deverá "analisar as questões de fato e de direito" e, no segundo, "resolver as questões principais que as partes lhe submeterem".

Por outro lado, o CPC, interpretando o mandamento constitucional e em consonância com a mais acatada doutrina, exige que a fundamentação da sentença seja adequada e completa. Ou seja: não considera fundamentada a decisão que "não enfrentar todos os argumentos deduzidos no processo capazes de, em tese, infirmar a conclusão adotada pelo julgador".

A incompletude da fundamentação, no direito positivo brasileiro, não se confunde com simples *error in iudicando* do sentenciante, mas de caso sujeito a cominação de nulidade de julgamento em virtude de ofensa à ordem pública.

Se, pois, a invocação do precedente judicial foi arguida por meio de questão de direito submetida aos árbitros, a omissão da respectiva análise conduz à configuração de sentença carente de fundamentação, o que representa causa de nulidade da decisão arbitral, não por inobservância de simples regra do CPC, mas por infringência de preceito de ordem pública, incluído no próprio texto da Lei de Arbitragem, autorizador da ação anulatória (art. 32, c/c, art. 26, II e III).

Com efeito, a mera inobservância de precedente judicial pelos árbitros, embora seja uma ilegalidade, configura apenas um *error iudicando* que escapa ao controle do Poder Judiciário sobre o mérito das sentenças arbitrais. Suscitada, porém, a questão no processo, não se pode deixar de submetê-la à adequada análise, sob pena de incidir a decisão omissa em nulidade por falta de fundamentação.

Nesse ponto, realmente, pode-se entrever nulidade da sentença arbitral, porque as garantias constitucionais do contraditório e da fundamentação atuam conjugadamente: o contraditório implica participação ativa das partes na formação dialética do provimento jurisdicional (poder de nele influir) e a fundamentação do julgado tem de ser completa e adequada ao debate travado em juízo. Dessa forma, não se pode considerar fundamentada a sentença de mérito que não responda a todos os argumentos essenciais com que cada litigante defenda seu interesse jurídico em jogo no conflito.[110]

---

[109] "(a) em regra, a fundamentação da sentença na arbitragem interna brasileira é obrigatória, sob pena de impugnação e invalidação judicial; (b) a fundamentação da sentença arbitral deve ser racional, completa e controlável – o que está didaticamente delineado nas diretrizes estabelecidas nos incisos I a IV do § 1º do art. 489 do CPC. Assim, e ainda que essas disposições digam respeito às decisões judiciais, prestam-se igualmente a balizar a fundamentação as sentenças arbitrais" (TALAMINI, Eduardo. Fundamentação da sentença arbitral e devido processo. *Revista de Processo*, São Paulo, v. 344, p. 454, out. 2023).

[110] "A sentença deve ser adequadamente fundamentada. Essa adequação deve ser examinada de acordo com o caso concreto. Em princípio o juiz deve analisar todos os pedidos e todas as causas de pedir arroladas pelo autor na petição inicial, bem como sobre todas as matérias de defesa suscitadas pelo réu na contestação" (NERY, Nelson; NERY, Rosa Maria de Andrade. *Código de Processo Comentado*. 19. ed. São Paulo: Ed. RT, 2020, p. 499).

Se, portanto, a pretensão da parte foi defendida com apoio em precedente vinculante, é claro que a sentença estatal ou arbitral não poderá deixar de analisar e decidir o conflito mediante o disposto no precedente. E se não o fizer, ter-se-á de fato uma sentença nula por falta de fundamentação.

Mas a nulidade da sentença, *in casu,* não decorre diretamente da falta de observância do precedente, mas de o julgador não ter cumprido as exigências do contraditório comparticipativo (CPC, arts. 6º, 9º e 10). Com efeito, a nulidade em causa decorre, como se depreende do texto do CPC, art. 489, § 1º, VI, de a sentença não seguir enunciado de súmula, jurisprudência ou precedente invocado pela parte, sem demonstrar a existência de distinção no caso em julgamento ou a superação do entendimento.

É preciso, pois, que o precedente tenha sido invocado como argumento de sustentação do pedido ou da defesa, e assim tenha se tornado objeto de questão, para que, então, não seja permitido ao julgador deixá-lo sem solução, sob pena de ofender ao contraditório efetivo (CPC, art. 7º) e, por conseguinte, descumprir o dever de fundamentação adequada (CPC, art. 11, *caput*; CF, art. 93, IX), e, aí sim, contaminar sua sentença de nulidade.[111]

Uma questão ainda não resolvida pela jurisprudência é a relativa à possibilidade de a convenção de arbitragem dispensar a fundamentação do julgamento arbitral. Os que defendem o cabimento do pacto de não fundamentação, o fazem em nome da autonomia negocial que permite excluir na arbitragem a submissão à ordem jurídica estatal, autorizando o julgamento por equidade. Além disso, lembram que a jurisprudência do STJ, seguindo antiga orientação do STF, considera homologável a sentença estrangeira não fundamentada, a qual, sendo pronunciada de acordo com permissão da lei local, não ofenderia à ordem pública[112]. Daí a conclusão de que não seria razoável imputar ofensa à ordem pública à convenção nacional que adotasse igual pacto[113].

399. Reconhecimento e execução de sentenças arbitrais estrangeiras

A nova Lei de Arbitragem eliminou a exigência de só admitir à homologação da Justiça brasileira as sentenças arbitrais estrangeiras que houvessem sido previamente homologadas pela autoridade

---

[111] Quando não se soluciona questão efetivamente proposta, como a de aplicar o precedente vinculante invocado pela parte, e não se justifica a recusa de fazê-lo, incide a regra de ordem pública: "As decisões do Poder Judiciário, quer sejam administrativas (CF, art. 93, IX), quer jurisdicionais, têm de ser necessariamente fundamentadas, sob pena de nulidade, cominada no próprio texto constitucional". É que, nesses casos, "a exigência de fundamentação das decisões judiciais é manifestação do princípio do devido processo legal" (NERY, Nelson; NERY, Rosa Maria de Andrade. *Código de Processo Comentado*. 19. ed. São Paulo: Ed. RT, 2020, p. 77).

[112] Desde o julgamento da SEC 5.692, o STJ, vem repetindo a fórmula anteriormente consagrada pelo STF, segundo a qual "a motivação adotada pela sentença arbitral e seus aspectos formais seguem os padrões do país em que foi proferida", rejeitando-se, dessa maneira, a tese de que a ausência de fundamentação da sentença arbitral estrangeira implicaria ofensa à ordem pública (TALAMINI, Eduardo. Fundamentação da sentença arbitral e devido processo. *Revista de Processo*, São Paulo, v. 344, out.2023, p. 449; STJ, Corte Especial, SEC 5.692, Rel. Min. Ari Pargendler, ac. 20.08.2014, DJe 01.09.2014).

[113] "As funções imputadas à fundamentação das decisões judiciais ou não se aplicam à fundamentação das decisões arbitrais, ou se referem a aspectos de que as partes podem consensualmente abdicar. Assim, e em princípio, é admissível na arbitragem interna o pacto de não fundamentação. Excetuam-se os casos em que a arbitragem deve ser necessariamente de direito e (ou) sem restrição de publicidade" (TALAMINI, Eduardo. Fundamentação da sentença arbitral e devido processo. *Revista de Processo*, São Paulo, v. 344, out.2023, p. 455). No mesmo sentido: COSTA, José Augusto Fontoura; MATEOS, Antônio César Barreiro. Obrigatoriedade de motivação e o reconhecimento das sentenças arbitrais no direito brasileiro e hispano-americano. *Revista de Arbitragem e Mediação*, São Paulo, v. 8, n. 30, p. 73 e 94-95, jul.-set. 2011. Em sentido contrário, considerando de ordem pública a exigência legal de fundamentação da sentença arbitral: GONÇALVEZ, Diogo Costa. A fundamentação da decisão arbitral à luz da lei de arbitragem voluntária portuguesa. *Revista de Arbitragem e Mediação*, São Paulo, v. 17, n. 65, p. 325-328, abr.-jun. 2020.

jurisdicional no país de origem. Agora, poderá ela ser submetida diretamente à homologação do Superior Tribunal de Justiça, como se passa com qualquer sentença jurisdicional alienígena.

I - Homologação

"A sentença arbitral estrangeira" - dispõe o art. 34 da Lei nº 9.307 - "será reconhecida ou executada no Brasil de conformidade com os tratados internacionais com eficácia no ordenamento interno e, na sua ausência, estritamente de acordo com os termos desta lei".

E o art. 35, na redação da Lei nº 13.129/2015, acrescenta: "Para ser reconhecida ou executada no Brasil, a sentença estrangeira está sujeita, unicamente, à homologação do Superior tribunal de Justiça".

Quanto ao procedimento da homologação, dever-se-á observar o que dispõem os arts. 960 a 965 do CPC/2015 (Lei nº 9.307, art. 36).

II - Negativa de homologação: hipóteses

Por outro lado, "somente poderá ser negada a homologação para o reconhecimento ou execução de sentença arbitral estrangeira" nos casos expressamente arrolados pelo art. 38 da Lei nº 9.307, ou seja, quando o réu demonstrar que:

(a) as partes na convenção de arbitragem eram incapazes (inciso I);
(b) a convenção de arbitragem não era válida segundo a lei à qual as partes a submeteram, ou, na falta de indicação, em virtude da lei do país onde a sentença arbitral foi proferida (inciso II);
(c) não foi notificado da designação do árbitro ou do procedimento de arbitragem, ou tenha sido violado o princípio do contraditório, impossibilitando a ampla defesa (inciso III);
(d) a sentença arbitral foi proferida fora dos limites da convenção de arbitragem, e não foi possível separar a parte excedente daquela submetida à arbitragem (inciso IV);
(e) a instituição da arbitragem não está de acordo com o compromisso arbitral ou a cláusula compromissória (inciso V);
(f) a sentença arbitral não se tenha, ainda, tornado obrigatória para as partes, tenha sido anulada, ou, ainda, tenha sido suspensa por órgão judicial do país onde a sentença arbitral foi prolatada (inciso VI).

Por motivos próprios de nosso direito interno, o art. 39 da Lei nº 9.307 prevê dois casos em que Superior Tribunal de Justiça poderá, ainda, denegar a homologação da sentença arbitral estrangeira. São eles:

(a) quando, segundo a lei brasileira, o objeto do litígio não for suscetível de ser resolvido por arbitragem (inciso I); e
(b) quando a decisão submetida à homologação ofender a ordem pública nacional (inciso II).

III - Informações complementares

Duas regras importantes completam o regime de homologação da sentença arbitral estrangeira:

(a) "não será considerada ofensa à ordem pública nacional a efetivação da citação da parte residente ou domiciliada no Brasil, nos moldes da convenção de arbitragem ou da Lei processual do país onde se realizou a arbitragem, admitindo-se, inclusive,

a citação postal com prova inequívoca de recebimento, desde que assegure à parte brasileira tempo hábil para o exercício do direito de defesa" (art. 39, parágrafo único);

(b) "a denegação da homologação para reconhecimento ou execução de sentença arbitral estrangeira por vícios formais, não obsta que a parte interessada renove o pedido, uma vez sanados os vícios apresentados" (art. 40).

Diante dos termos expostos, deve-se reconhecer que o capítulo VI da Lei nº 9.307 (arts. 34 a 40) tornou-se necessário "para integrar o país ao mercado mundial, mormente por não termos firmado (originariamente) nenhuma das duas mais importantes Convenções da espécie, isto é, Nova Iorque, 1958, e Panamá, 1975. Mais ainda, vai ao encontro às prementes necessidades surgidas com a implantação do Mercosul de se estabelecer um sistema legal menos burocrático e conservador, de cumprimento de decisões arbitrais estrangeiras, em linha com as regras básicas adotadas pelas referidas Convenções".[114]

É importante lembrar que, pelo Dec. nº 1.902, de 09.05.1996, o Governo do Brasil, finalmente, promulgou a Convenção Interamericana sobre Arbitragem Comercial Internacional, datada de 30.01.1975, a qual nosso país havia dado adesão por carta de ratificação de 27.11.1975. E, pelo Decreto Legislativo nº 129, de 05.10.1995, foi aprovado o Protocolo de Buenos Aires, sobre Jurisdição Internacional em matéria contratual, no âmbito do Mercosul, assinado pelo Brasil em 05.08.1994. Em todos esses compromissos internacionais, o País contraiu a obrigação de incorporar ao sistema jurídico interno regras de "reconhecimento e execução de sentenças e laudos arbitrais" em moldes que agora se enquadram no novo esquema normativo da Lei nº 9.307.[115] Pode-se concluir que, dessa maneira, a nova legislação nacional nada mais representou do que o adimplemento dos solenes compromissos internacionais retroapontados.

399-A. Superação de alguns problemas enfrentados pela sentença estrangeira

I – Ofensa à ordem pública

A homologação da sentença estrangeira, no tocante ao obstáculo representado pelas ofensas à ordem pública, ensejava, antigamente, divergências sobre a ordem pública, *in casu*, se era a nacional ou a internacional, principalmente antes de o Brasil promulgar as Convenções de Nova York e do Panamá.

No regime da Lei nº 9.307, afeiçoado às referidas Convenções, as recusas ao reconhecimento de validade da convenção arbitral, em nome da ordem pública, serão feitas e aplicadas mediante interpretação restritiva, de modo que, no contexto internacional, em que o livre-comércio merece ser incentivado, e não embaraçado, o Poder Judiciário brasileiro somente deverá "negar eficácia à convenção de arbitragem se o defeito formal violar os *princípios básicos e irrenunciáveis da nação*"[116] (g.n.).

Sobre o tema, a Lei nº 9.307 é de extrema clareza, ao dispor que a negativa de homologação da sentença arbitral estrangeira, em acolhida à exceção de ofensa à ordem pública, somente ocorrerá quando se reconhecer que dita ofensa tenha atingido "a ordem pública *nacional*" (art. 39, II).

---

114 MARTINS, Pedro A. Batista. Da ausência de poderes coercitivos e cautelares. In: Selena Ferreira Lemes *et al.* (coords.). *Aspectos fundamentais da Lei de Arbitragem*. Rio de Janeiro: Forense, 1999, p. 149.

115 "Na ação de homologação de sentença arbitral estrangeira, as regras especiais da Convenção de Nova Iorque sobre o Reconhecimento e Execução de Sentenças Arbitrais Estrangeiras (Decreto nº 4.311/2002) prevalecem sobre as regras gerais do Código de Processo Civil e as especiais da Lei nº 9.307/96" (Enunciado 95 da II Jornada de Prevenção e Solução Extrajudicial de Litígios – Justiça Federal/CEJ/2021).

116 DECCACHE, Antônio Carlos Fernandes. *Cláusula de arbitragem nos contratos comerciais internacionais*: seus requisitos de forma e a jurisprudência do STJ. São Paulo: Atlas, 2015, p. 92.

II – Convenção arbitral escrita

A falta de convenção escrita, de acordo com o art. II da Convenção de Nova York, pode ser equiparada à falta mesma de convenção. Mas, com base na mesma Convenção, o STJ decidiu que a convenção arbitral escrita poderá constar de cláusula inserida no contrato ou em troca de correspondência.[117]

Quanto ao rigor formal da convenção arbitral, tem-se decidido no STJ que "a lei aplicável para disciplinar a representação das partes no procedimento arbitral, bem como a da forma como podem manifestar seu ingresso no referido procedimento, é a lei a que as partes se submeteram ou, na falta dela, à do país onde a sentença arbitral foi proferida, cumprindo à parte demandada o ônus de demonstrar a violação a esses preceitos normativos".[118]

Assim, para o STJ, se foi observada a lei a que as partes se encontram submetidas, e se a convenção arbitral acha-se por elas assinada, lugar não haverá, no processo homologatório, para afastar sua validade, salvo, é claro, o caso de ofensa à ordem pública.[119]

III – A forma da convenção e a ordem pública

A lei brasileira tem exigência de forma substancial, aplicável aos contratos de adesão, segundo a qual a eficácia da cláusula compromissória depende da concordância expressa do aderente por escrito em documento apartado ou em cláusula redigida em negrito no contrato, com assinatura ou visto especialmente para tal cláusula (Lei nº 9.307, art. 4º, § 2º).

Em arbitragem internacional, decidiu o STJ, a propósito dos contratos de adesão, que não seria homologável a sentença arbitral fundada em cláusula compromissória que inobservasse, quando obrigatória, a exigência formal de nossa Lei de Arbitragem. Qualificou, portanto, como de ordem pública o disposto no art. 4º, § 2º, da Lei nº 9.307, elevando-o "à condição de princípio básico e irrenunciável do ordenamento jurídico interno",[120] com o que, todavia, a doutrina não concorda plenamente.[121]

Em outra oportunidade, entretanto, no mesmo Tribunal Superior o entendimento de que não seria possível, no processo homologatório, ingressar no mérito da relação subjacente para decidir se o contrato era ou não de adesão; e que, além disso, "o STJ entende que, se a convenção de arbitragem foi validamente instituída, se não feriu a lei à qual as partes se submetem (art. 38, II, da Lei 9.307/1996) e se foi aceita pelos contratantes mediante a assinatura do contrato, não se pode questionar, em sede de homologação da sentença arbitral resultante desse acordo, aspectos específicos da natureza contractual subjacente à sentença homologada".[122]

---

[117] STJ, Corte Especial, SEC 856/GB, Rel. Min. Carlos Alberto Menezes Direito, ac. 18.05.2005, *DJU* 27.06.2005, p. 203; STJ, Corte Especial, SEC 866/GB, Rel. Min. Felix Fischer, ac. 17.05.2006, *DJU* 16.10.2006, p. 273.

[118] STJ, Corte Especial, SEC 3.709/EX, Rel. Min. Teori Albino Zavascki, ac. 14.06.2012, *DJe* 29.06.2012.

[119] STJ, Corte Especial, SEC 6.335/EX, Rel. Min. Felix Fischer, ac. 21.03.2012, *DJe* 12.04.2012; STJ, Corte Especial, SEC 6.761/EX, Rel. Min. Nancy Andrighi, ac. 02.10.2013, *DJe* 16.10.2013; STJ, Corte Especial, SEC 4213/EX, Rel. Min. João Otávio de Noronha, ac. 19.06.2013, *DJe* 26.06.2013.

[120] "Em consequência de tanto, faltando aos autos prova da manifesta declaração autônoma de vontade da requerida de renunciar à jurisdição estatal em favor da arbitral, o pedido importa em violação do artigo 4º, parágrafo 2º, da Lei nº 9.307/96, do princípio da autonomia da vontade e em ofensa à ordem pública brasileira, restando inviabilizada a homologação, nos termos dos artigos 5º, inciso I, e 6º da Resolução nº 9, de 4 de maio de 2005, deste Superior Tribunal de Justiça" (STJ, Corte Especial, SEC 978/GB, voto do Rel. Min. Hamilton Carvalhido, ac. 17.12.2008, *DJe* 05.03.2009).

[121] DECCACHE, Antônio Carlos Fernandes. *Cláusula de arbitragem nos contratos comerciais internacionais*: seus requisitos de forma e a jurisprudência do STJ. São Paulo: Atlas, 2015, p. 131.

[122] STJ, Corte Especial, SEC 4.213/EX, voto do Rel. Min. João Otávio de Noronha, ac. 19.06.2013, *DJe* 26.06.2013.

A nosso ver, a melhor orientação é realmente a de, no processo homologatório, atrelar a questão formal da convenção arbitral não à lei nacional, mas à lei à qual as partes se submeteram contratualmente, "cumprindo à parte demandada o ônus de demonstrar a violação a esses preceitos normativos".[123]

400. Natureza jurídica do novo juízo arbitral brasileiro

Se, no regime anterior à Lei nº 9.307, mostrava-se forte a corrente que defendia a natureza contratual ou privatística da arbitragem, agora não se pode mais duvidar que saiu vitoriosa, após o novo diploma legal, a corrente jurisdicional[124] ou publicística.

Com efeito, não obstante apoiada no pressuposto de uma autorização contratual, o novo procedimento arbitral, uma vez instaurado, em tudo se equipara à jurisdição oficial, já que nem mesmo o compromisso depende necessariamente de intervenção judicial, nem tampouco a sentença arbitral tem sua eficácia subordinada a qualquer crivo de aprovação em juízo.

Nossa lei atual, destarte, abraçou "a teoria publicística da natureza jurídica da arbitragem", ao "imprimir à sentença arbitral força obrigacional, com os mesmos efeitos da sentença proferida pelo Judiciário, inclusive condenatório".[125]

A última e mais enérgica demonstração da adoção da teoria jurisdicional ou publicística da arbitragem, pelo direito brasileiro, está no art. 3º inserido no Código de Processo Civil, a estabelecer que "não se excluirá da apreciação jurisdicional ameaça ou lesão a direito". E completa, em seu § 1º, que "é permitida a arbitragem, na forma da lei". Segundo Fredie Didier Jr., "esse parágrafo possui dois propósitos, um ostensivo e outro simbólico".

Ostensivo, porque deixa claro "que o processo arbitral se submete a um microssistema jurídico, previsto em lei extravagante, servindo o Código de Processo Civil como diploma de aplicação subsidiária".

Do ponto de vista simbólico, possibilita a submissão da controvérsia à arbitragem "como forma de concretizar o princípio de que a jurisdição, no Brasil, é inafastável e universal – há a jurisdição civil estatal, regulada pelo CPC, e a jurisdição civil arbitral, regulada por lei extravagante".[126]

Não se pode olvidar, ainda, que CPC/1973 foi enfático quanto a essa questão, quando em seu art. 475-N, IV, passou a qualificar como título executivo judicial "a sentença arbitral", independentemente da cláusula de homologação em juízo. Essa norma foi mantida no CPC/2015, art. 515, VII.

É de se notar que a doutrina, para justificar a natureza jurisdicional do juízo arbitral, se vale de dois dispositivos da Lei de Arbitragem: *(i)* o art. 18, que tem comando similar ao do art. 515, VII, da lei processual, e *(ii)* o art. 31, que equipara a decisão desse juízo à sentença proferida pelo juiz de direito.[127]

---

[123] STJ, Corte Especial, SEC 3.709/EX, Rel. Min. Teori Albino Zavascki, ac. 14.06.2012, *DJe* 29.06.2012.

[124] "A atividade desenvolvida no âmbito da arbitragem tem natureza jurisdicional, sendo possível a existência de conflito de competência entre juízo estatal e câmara arbitral" (STJ, 2ª Seção, CC 111.230, Rel. Min. Nancy Andrighi, ac. 08.05.2013, *DJe* 03.04.2014).

[125] MARTINS, Pedro A. Batista. Da ausência de poderes coercitivos e cautelares. In: Selena Ferreira Lemes *et al.* (coords.). *Aspectos fundamentais da Lei de Arbitragem*. Rio de Janeiro: Forense, 1999, p. 145.

[126] DIDIER JR., Fredie. A arbitragem no novo Código de Processo Civil (versão da Câmara dos Deputados – Dep. Paulo Teixeira). *Revista do Tribunal Superior do Trabalho*, v. 79, nº 4, out.-dez. 2013. Disponível em: <http://aplicacao.tst.jus.br/dspace/handle/1939/55987>. Acesso em: 31 ago. 2015.

[127] DINAMARCO, Cândido Rangel. *A instrumentalidade do processo*. 15. ed. São Paulo: Malheiros, 2013, n. 11, p. 107.

400.1. Concorrência entre a jurisdição estatal e a arbitragem

Se é certo que o juízo arbitral em tudo se equipara à jurisdição oficial, não se pode olvidar que existe uma estreita relação entre a arbitragem e o Poder Judiciário. Como bem destaca Donald Donovan, "para que a arbitragem funcione, o Poder Judiciário deve estar preparado".[128] É que o Judiciário pode atuar (e de fato atua) em algumas fases da arbitragem, seja por ausência de competência dos árbitros – que, por exemplo, não têm poder de executar suas próprias decisões –, seja para complementar a jurisdição arbitral.

No caso de cláusula compromissória vazia (art. 6º, parágrafo único), o juiz estatal pode atuar na fase pré-arbitral quando houver resistência de uma das partes à instituição da arbitragem. A parte interessada, em tal situação, pode ajuizar ação perante a justiça estatal para que a contraparte seja citada a comparecer em juízo a fim de lavrar-se o compromisso (art. 7º da Lei de Arbitragem). A sentença que ao final julgar procedente a demanda "valerá como compromisso arbitral" (art. 7º, § 7º).

Da mesma forma, o Poder Judiciário pode declarar a nulidade da cláusula compromissória "nos casos em que *prima facie* é identificado um compromisso arbitral 'patológico', i.e., claramente ilegal".[129]

Já na fase arbitral, o juiz estatal pode ser chamado a auxiliar os árbitros para, por exemplo, "impor medidas coercitivas, tal como a convocação obrigatória de testemunhas à audiência",[130] o que pode ocorrer por meio da carta arbitral (art. 22-C da Lei de Arbitragem).

Pronunciada a sentença arbitral, dá-se por finda a arbitragem (Lei nº 9.307, art. 29) e, sendo ela de natureza condenatória, terá força de título executivo judicial (art. 31 da mesma Lei), mas a competência para a respectiva execução forçada não será do órgão prolator, passará para a justiça comum (CPC/2015, art. 516, III).

Por fim, na fase pós-arbitral caberá ao Poder Judiciário declarar em ação própria a nulidade da sentença dos árbitros, nas estritas hipóteses elencadas nos incisos do art. 32 da Lei de Arbitragem. Vale ressaltar que, na espécie, a competência do juízo estatal limita-se à análise puramente formal da sentença, não podendo reexaminar o mérito da decisão arbitral.[131]

401. Visão comparatística da evolução do papel da arbitragem na composição de conflitos

Carmine Punzi, em recente estudo demonstra a grande evolução por que passou a conceituação do papel da arbitragem no campo da solução de conflitos. De um posicionamento que fazia absoluta separação entre o público e o privado, estabeleceu-se ideologicamente o monopólio estatal da jurisdição, como algo inerente à soberania do Estado. Durante um século aproximadamente, a

---

[128] DONOVAN, Donald. The allocation of authority between courts and arbitral tribunals to order interim measures a survey of jurisdictions, the work of UNCITRAL and a model proposal. *In:* BERG, Albert Jan Vanden. *ICCA Congress Series n. 12* (Beijing 2004), New Horizons in International Commercial Arbitration and Beyond, 2005, *apud* VAUGHN, Gustavo Favero. Impugnação ao cumprimento de sentença arbitral. Relação entre demanda arbitral e demanda judicial. Impossibilidade de coexistência de decisões conflitantes ou contraditórias. *Revista dos Tribunais*, São Paulo, v. 1057, ano 112, nov. 2023, p. 208.

[129] STJ, 3ª T., REsp 1.803.752/SP, Rel. Min. Nancy Andrighi, ac. 04.02.2020, *DJe* 24.04.2020. No mesmo sentido: STJ, 3ª T., AgInt nos EDcl no REsp 2.058.388/SP, Rel. Min. Marco Aurélio Bellizze, ac. 04.03.2024, *DJe* 06.03.2024.

[130] VAUGHN, Gustavo Favero. Impugnação ao cumprimento de sentença arbitral. Relação entre demanda arbitral e demanda judicial. Impossibilidade de coexistência de decisões conflitantes ou contraditórias. *Revista dos Tribunais*, São Paulo, v. 1057, ano 112, nov. 2023, p. 210.

[131] STJ, 4ª T., AgInt no AREsp 1.662.996/SP, Rel. Min. Maria Isabel Gallotti, ac. 02.05.2022, *DJe* 06.05.2022.

arbitragem foi tratada como fenômeno puramente privado, regido apenas pelo sistema do direito contratual. Negava-se, na passagem do século XIX para o século XX, a possibilidade de tratar o juízo arbitral como dotado de força jurisdicional, porque isto, no pensamento de Mortara, atritava com a garantia fundamental de que a garantia essencial do direito mediante exercício da função jurisdicional seria "atribuição exclusiva e imprescindível da soberania",[132] tal como o era a função de criar e implantar a ordem jurídica. Para o velho processualista italiano, secundado por Satta, atribuir função pública à arbitragem no terreno da composição de litígios, implicaria "usurpação da jurisdição, concebida como prerrogativa exclusiva do Estado".[133]

O século XX, no entanto, assistiu a uma grande revolução nas relações entre o direito público e o privado, que acabaria por quebrar a tradicional assimetria entre os dois, resultando transformações profundas nas estruturas dos poderes: "do tradicional monopólio público de um poder projetado segundo um desenho planificado e exercitado segundo lógica rigidamente hierárquica, se passou para um poder distribuído, cada vez mais, em sentido horizontal, com participação da própria comunidade, continuamente exposto a componentes de natureza privada" – na observação de Carmine Punzi.[134]

Nessa perspectiva contemporânea, constata-se o trânsito de um sujeito privado antes visto quase sempre como súdito, submetido a obedecer a uma distante e incompreensível vontade do soberano, para uma sociedade complexa em que atua um sujeito privado cooperador no processo decisório.

O direito atual, por isso mesmo, se forma, cada vez mais, por meio de regulações de conduta e de solução dos conflitos, nas quais o comportamento dos atores privados fornece decisiva contribuição.[135]

A jurisdição no contexto desse Estado moderno não ficou imune a esse fenômeno, de sorte que "o *jus dicere* parece emancipar-se progressivamente do modelo estatal-jurisdicionalista para tornar-se uma função difusa na sociedade, situada em diversos níveis, pré-estatais como extraestatais".

No tocante ao comércio, particularmente, sua instável expansão em caráter global, exigiu a formação de organizações de porte supranacional, não só para normatização dos negócios, como para resolução das controvérsias. Toda essa dinâmica exigida pela convivência globalizada não se desenvolveria sem que fosse implantado um ordenamento normativo supraestatal vinculado a grandes instituições arbitrais internacionais. A *lex mercatoria*, com efeito, se constituiu apoiada numa tríade formada por "legislação privada, autogoverno e juízo arbitral". E, na verdade, sem esta complexa rede de justiça dos particulares (que nasce e se desenvolve fora dos Estados), o direito moderno dos negócios "não seria nem mesmo imaginável".[136]

Diante dessa imposição das relações mercantis de nosso tempo, os tribunais europeus se viram obrigados a rever a teoria clássica da não jurisdicionalidade dos juízos de arbitragem. A Corte de Cassação italiana, por exemplo, no afã de superar a visão privatística da sentença arbitral, fixou o debate sobre poder, ou não, o legislador equiparar o julgamento pronunciado

---

[132] MORTARA, Lodovico. *Commentario del Codice e delle leggi di procedura civile.* 3. ed. Milano: Francesco Vallardi, s/d, p. 39.

[133] SATTA, Salvatore. *Commentario al codice di procedura civile*. Milano: Francesco Vallardi, 1971, v. IV, p. 161.

[134] PUNZI, Carmine. Le nuove frontiere dell'arbitrato. *Rivista di Diritto Processuale*, anno LXX (seconda serie), n. 1, p. 4, gennaio – febbraio 2015.

[135] PUNZI, Carmine. Le nuove frontiere dell'arbitrato. *Rivista di Diritto Processuale*, anno LXX (seconda serie), n. 1, p. 4, gennaio – febbraio 2015.

[136] PUNZI, Carmine. Le nuove frontiere dell'arbitrato. *Rivista di Diritto Processuale*, anno LXX (seconda serie), n. 1, p. 5, gennaio – febbraio 2015.

por árbitro àquele emanado dos órgãos jurisdicionais estatais, sem colidir com os princípios constitucionais em matéria de tutela dos direitos. Foi possível, pois, reconhecer que os dispositivos constitucionais reguladores da necessária correlação entre o poder de ação e a jurisdição não deságuam num monopólio da justiça estatal tão intenso e absoluto. Sua abrangência se manifesta apenas no quadro de vedação de juízes extraordinários ou especiais. Donde a conclusão da Corte italiana de reconhecimento da "compatibilidade da justiça estatal com a arbitragem, no limite em que esta não seja obrigatória".[137]

Em suma, arremata Carmine Punzi: "o reconhecimento de que os árbitros – sem embargo de derivar sua potestas judicandi de um ato (qual seja, o pacto compromissório) que permanece induvidosamente privado e de natureza negocial, e não por certo de uma investidura da soberania – desenvolveu uma função que, mesmo não sendo de modo algum localizável no âmbito da organização judiciária estatal, pode ser definida objetivamente como jurisdicional".[138]

401.1. A arbitragem e a Administração Pública

Já de algum tempo, a Administração e seus parceiros privados vinham se batendo pela submissão de seus litígios aos meios alternativos de resolução de controvérsias, especialmente a mediação e a arbitragem.[139] Ambos os instrumentos de pacificação de conflitos foram, finalmente, objeto de disciplinamento legal, na esfera dos negócios jurídicos do Poder Público: a mediação, pela Lei nº 13.140/2015, e a arbitragem, pela Lei nº 13.129/2015. A Lei de Mediação dedicou um capítulo à regulação da "autocomposição de conflitos em que for parte pessoa jurídica de direito público" (arts. 32 a 40). A Lei de Arbitragem foi reformada pela Lei nº 13.129, para permitir a ampla sujeição da Administração Pública ao juízo arbitral, mediante o acréscimo de dois parágrafos ao art. 1º da Lei nº 9.307/1996, e um parágrafo ao art. 2º da mesma lei. Assim, restou estatuído em lei que:

(a) "A administração pública direta e indireta poderá utilizar-se da arbitragem para dirimir conflitos relativos a *direitos patrimoniais disponíveis*" (LA, art. 1º, § 1º) (g.n.);[140]

(b) "A autoridade ou o órgão competente da administração pública direta para a celebração de convenção é a mesma para a *realização de acordos ou transações*" (LA, art. 1º, § 2º) (g.n.);

---

[137] Corte Cassazione: sentenza nº 24.153 della Sezioni Unite, 25.10.2013. In: PUNZI, Carmine. Le nuove frontiere dell'arbitrato. *Rivista di Diritto Processuale*, anno LXX (seconda serie), n. 1, p. 13, gennaio – febbraio 2015. Também a Corte Constitucional italiana se orienta no mesmo rumo, reconhecendo a possibilidade de "l'esercizio di funzioni giudicante anche da parte di soggetti estranei all'organizzazione della giurisdizione statale e istituzionalmente adibiti allo svolgimento di funzioni de diversa natura" (PUNZI, Carmine. Le nuove frontiere dell'arbitrato. *Rivista di Diritto Processuale*, anno LXX (seconda serie), n. 1, p. 14, gennaio – febbraio 2015). Para Ricci, reconhecer a lei ao laudo arbitral efeito de sentença "significa assentar que a autonomia privada, longe de remanescer confinada ao terreno negocial, pode, em certas condições, aspirar a obter um resultado de tipo jurisdicional, sem o juiz do Estado" (RICCI, Edoardo. La funzione giudicante degli arbitri e l'efficacia del lodo (Un grand arrêt della Corte Costituzionale). *Rivista di Diritto Processuale*, 2002, p. 367).

[138] PUNZI, Carmine. Le nuove frontiere dell'arbitrato. *Rivista di Diritto Processuale*, anno LXX (seconda serie), n. 1, p. 15, gennaio – febbraio 2015.

[139] TIBÚRCIO, Carmen; PIRES, Thiago Magalhães. Arbitragem envolvendo a Administração Pública: Notas sobre as alterações introduzidas pela Lei nº 13.129/2005. *Revista de Processo*, São Paulo: Ed. RT, v. 254, abr. 2016, p. 432-433.

[140] "A definição de direito patrimonial disponível, consoante o art. 1º, § 1º, da Lei nº 9.307/1996, para fins de submissão de questões que envolvam a Administração Pública ao procedimento arbitral, deve observar o critério de negociabilidade da matéria objeto de discussão" (Enunciado nº 107 da II Jornada de Prevenção e Solução Extrajudicial de Litígios – Justiça Federal/CEJ/2021).

(c) "A arbitragem que envolva a administração pública será sempre de *direito* e respeitará o princípio da *publicidade*" (LA, art. 2º, § 3º) (g.n.). Afasta-se, pois, a possibilidade de soluções por *equidade* e de observância do *sigilo* nos juízos arbitrais de que participe a Administração Pública.

Embora se registrasse polêmica sobre o tema, antes da Lei nº 13.129/2015 a tendência do STJ pendia para o reconhecimento da validade do compromisso de arbitragem, nos contratos celebrados pelas empresas estatais, desde que se tratasse de questão patrimonial disponível, como, por exemplo, as pertinentes ao equilíbrio econômico-financeiro da convenção.[141] A nova lei, portanto, prestigiou e positivou o entendimento predominante no Superior Tribunal de Justiça, que chegara a obter acolhida do Tribunal de Contas da União, embora o limitando aos contratos das empresas estatais ajustados no campo de sua atividade-fim.[142]

401.2. Destaques do regime da Lei nº 13.129/2015

I – Aspectos subjetivos

Legitimam-se a convencionar a arbitragem os mesmos entes da Administração que detenham a competência para contratar com os particulares, ou seja, aqueles que, em nome do Poder Público, podem negocialmente criar, modificar, ceder ou extinguir direitos e obrigações. Perante a lei nova, não são apenas as empresas estatais que podem ajustar a arbitragem, são todos os entes da Administração Pública direta e indireta, *i.e.*, entes públicos, autarquias, fundações e empresas estatais.

Embora autorizada por lei a submissão da Administração ao juízo arbitral, inexiste a obrigação de inserir a convenção pertinente em todo e qualquer contrato de cunho patrimonial ajustado pelos entes públicos. Prevalece a discricionariedade, *in casu*, cabendo sempre, por parte do administrador, o juízo de conveniência e oportunidade, ou seja, a avaliação prévia das vantagens e desvantagens da arbitragem no caso concreto, a exemplo do que detalhadamente dispõe, em matéria de portos, o Decreto nº 8.465/2015, art. 9º, §§ 1º e 2º.[143]

II – Aspectos objetivos

A arbitragem somente cabe em torno de "direitos patrimoniais disponíveis" da Administração Pública (Lei nº 9.307/1996, art. 1º, § 1º). Em se tratando de entidades de direito público, direitos *disponíveis* são aqueles que a lei admite sejam objeto de negociação em contrato, ou outra forma de disposição negocial.

É preciso distinguir entre o *interesse público primário* e o *interesse da Administração Pública* (interesse público *secundário*).

O interesse primário, ligado aos *próprios fins políticos do Estado*, este é sempre indisponível. Já os interesses instrumentais ou acessórios do Poder Público (aumento de arrecadação, redução

---

[141] STJ, 2ª T., REsp 612.439/RS, Rel. Min. João Otávio de Noronha, ac. 25.10.2005, *DJU* 14.09.2006, p. 299; STJ, 1ª Seção, AgRg no MS 11.308/DF, Rel. Min. Luiz Fux, ac. 28.06.2006, *DJU* 14.08.2006, p. 251; STJ, 3ª T., REsp 904.813/PR, Rel. Min. Nancy Andrighi, ac. 20.10.2011, *DJe* 28.02.2012.

[142] TIBÚRCIO, Carmen; PIRES, Thiago Magalhães. Arbitragem envolvendo a Administração Pública: Notas sobre as alterações introduzidas pela Lei nº 13.129/2005. *Revista de Processo*, São Paulo: Ed. RT, v. 254, abr. 2016, p. 436-437.

[143] Uma boa sugestão é a de recorrer-se aos mecanismos de cautela previstos para os casos de transação pelo art. 1º, § 1º, da Lei nº 9.469/1997, que impõem ao ente contratante, em negócios de maior valor, a obtenção de aprovação do Advogado-Geral da União e do Ministro de Estado ou de outras autoridades superiores ao órgão que se disponha a ajustar a convenção de arbitragem (TIBÚRCIO, Carmen; PIRES, Thiago Magalhães. Arbitragem envolvendo a Administração Pública: Notas sobre as alterações introduzidas pela Lei nº 13.129/2005. *Revista de Processo*, São Paulo: Ed. RT, v. 254, abr. 2016, p. 442).

de despesas) correspondem a interesses que podem ser – e frequentemente são – "objeto de disposição por parte do Estado".[144]

São direitos disponíveis do Poder Público na ótica do Min. Luiz Fux, aqueles envolvidos em relações de natureza contratual ou privada.[145] E o STJ já decidiu que se persegue nítido interesse secundário, e, portanto, se defende direito disponível, quando a controvérsia versa sobre ressarcimento de danos, em face do Poder Público.[146] Razoável, para Heitor Sica, é "o entendimento de que os direitos patrimoniais da Fazenda Pública são disponíveis nos limites traçados pelo ordenamento jurídico, baseado na mais simples ideia do princípio da legalidade".[147]

Nem sempre é fácil definir quais são os interesses primários e os secundários, diante de uma situação concreta, mas certo é que, havendo definição legal de disponibilidade, cessa a discussão. Ou seja, aquilo que a lei autoriza seja alienado ou negociado torna-se bem patrimonial disponível, para todos os efeitos, inclusive o da sujeição à convenção de arbitragem.

III – Sede de arbitragem

As arbitragens relativas a contratos de concessão de serviços públicos, o art. 23-A da Lei nº 8.987/1995 determina sua realização no Brasil. Nos contratos de concessão de exploração e produção de petróleo ou gás natural há previsão legal da possibilidade de opção pela arbitragem internacional (Lei nº 9.478/1997, art. 43, X). No mais, a Lei nº 13.129/2015 não contém regra alguma sobre a sede das arbitragens que envolvam as pessoas jurídicas de direito público. Porém, a Lei nº 14.133/2021 (Lei de Licitações e Contratos da Administração Pública), trata especificamente da possibilidade de serem utilizados meios alternativos de prevenção e resolução de controvérsias (arts. 151 a 154).[148]

IV – Lei aplicável

Segundo o § 3º, inserido pela Lei nº 13.129/2015, no art. 2º da Lei nº 9.307/1996, a arbitragem que envolva a Administração Pública somente pode ser de *direito*,[149] o que afasta a norma geral do *caput* do referido artigo, em que se admite também arbitragem por *equidade*. Quanto ao direito a observar, salvo exceção expressa aberta por alguma lei especial, será o brasileiro.

---

[144] TIBÚRCIO, Carmen; PIRES, Thiago Magalhães. Arbitragem envolvendo a Administração Pública: Notas sobre as alterações introduzidas pela Lei nº 13.129/2005. *Revista de Processo*, São Paulo: Ed. RT, v. 254, abr. 2016, p. 443-447.

[145] STJ, 1ª Seção, AgRg no MS 11.308/DF, voto do Rel. Min. Luiz Fux, ac. 28.06.2006, *DJU* 14.08.2006, p. 251.

[146] STJ, 1ª Seção, AgRg no MS 11.308/DF, voto do Rel. Min. Luiz Fux, ac. 28.06.2006, *DJU* 14.08.2006.

[147] SICA, Heitor Vitor Mendonça. Arbitragem e Fazenda Pública. *In:* CAHALI, Francisco; *et al.* (coords.). *Arbitragem: estudos sobre a Lei nº 13.129, de 26.05.2015.* São Paulo: Saraiva, 2016, p. 275. Alertam Ricardo Gueiros Bernar-des Dias e Diogo Abineder Ferreira Nolasco Pereira que, à luz da Lei nº 13.129, o direito positivo brasileiro se alinhou com a orientação da mais moderna tendência do direito administrativo, qual seja, a de destacar que "não há mais lugar para a afirmação de que o interesse público seja sempre indisponível"; e que, portanto, "a administração pública possui interesses disponíveis e que estes podem ser objeto de cláusula compromissória ou compromisso arbitral" (Justiça multiportas e o conflito administrativo. I*n: Revista Bonijuris*, ano 32, ed. 667, p. 128, dez.20-jan/2021).

[148] Referida Lei mantém no seu art. 92, § 1º, a regra de que os contratos ajustados com o Poder Público conterão a previsão necessária do foro da sede da Administração contratante, tal como, aliás, já previa o art. 55, § 2º, da Lei nº 8.666. Ressalva, o mesmo dispositivo da Lei n.º 14.133/2021 as exceções admissíveis para o foro obrigatório, e que são: "I – licitação internacional para a aquisição de bens e serviços cujo pagamento seja feito com o produto de financiamento concedido por organismo financeiro internacional de que o Brasil faça parte ou por agência estrangeira de cooperação; II – contratação com empresa estrangeira para a compra de equipamentos fabricados e entregues no exterior precedida de autorização do Chefe do Poder Executivo; III – aquisição de bens e serviços realizada por unidades administrativas com sede no exterior".

[149] Lei nº 14.133/2021, art. 152: "A arbitragem será sempre de direito e observará o princípio da publicidade".

V – Escolha do árbitro e da câmara de arbitragem

A escolha do árbitro, dos colegiados arbitrais e dos comitês de resolução de disputa observará critérios isonômicos, técnicos e transparentes (art. 154, da Lei nº 14.133/2021). Não cabe cogitar de licitação na espécie, diante da singularidade do serviço a ser prestado e da especialização técnica de quem o presta (art. 74, III).

VI – Publicidade

O juízo arbitral, nos litígios de que participe a Administração Pública, não pode seguir a regra geral do sigilo. Prevalecerá o princípio da *publicidade*, segundo o § 3 do art. 2º da Lei nº 9.307/1996. Por imposição constitucional, os atos da Administração não podem deixar de ser públicos, sujeitando-se sempre ao conhecimento, controle e crítica de todos (CF, art. 37, *caput*).

Na espécie, a submissão ao regime da publicidade não é só do ato de deliberação do ente público de firmar o compromisso arbitral, mas deve prevalecer sobre todo o procedimento da arbitragem, ou seja, de todos os atos, petições, manifestações e pronunciamentos dos árbitros, os quais deverão se manter sempre acessíveis ao público, como acontece com os atos do processo judicial comum.

VII – Idioma

Sendo o português a língua oficial do país e devendo o procedimento se desenvolver em condições que assegurem o conhecimento de todos acerca dos atos do juízo arbitral de interesse da Administração, parece indispensável que se observe o idioma nacional, na espécie. A Lei nº 13.129/2015 silenciou-se, mas a Lei nº 8.987/1995 impõe o uso do português nas arbitragens relativas a concessões de serviços públicos (art. 23-A), o que deve ser adotado como padrão para as demais arbitragens de interesse da Administração Pública direta e autárquica. No caso das empresas estatais exploradoras de atividade econômica, é de admitir-se, mediante justificação, a opção por arbitragem em língua estrangeira, porque se sujeitam ao mesmo regime obrigacional das empresas privadas (CF, art. 173, § 1º, II).[150]

402. Coexistência de arbitragem e execução judicial de título executivo negocial

Mesmo havendo cláusula compromissória no contrato a que a lei confere a qualidade de título executivo extrajudicial, não há impedimento a que o credor promova a execução no juízo comum, sem prévio acertamento perante o juízo arbitral.

O STJ decidiu que nem o fato de já haver arbitragem em curso impede o prosseguimento paralelo da execução forçada, se o objeto da discussão extrajudicial não afetar o crédito exequendo. O argumento adotado é que se deve admitir que a cláusula compromissória pode conviver com a natureza executiva do título, não se exigindo que todas as disputas oriundas de seu contrato sejam submetidas à solução arbitral.[151]

Aliás, a execução forçada é tema que não se inclui na competência do juízo arbitral, nem mesmo quando a sentença condenatória tenha nele se formado (Lei nº 9.307, art. 31, c/c o CPC/2015, art. 515, VII). É por isso que a sujeição convencional de um contrato ao regime da arbitragem não inclui impedimento à execução judicial, se o negócio documentado configurar

---

[150] TIBÚRCIO, Carmen; PIRES, Thiago Magalhães. Arbitragem envolvendo a Administração Pública: Notas sobre as alterações introduzidas pela Lei nº 13.129/2005. *Revista de Processo*, São Paulo: Ed. RT, v. 254, abr. 2016, p. 461-462.

[151] STJ, 3ª T., REsp 944.917/SP, Rel. Min. Nancy Andrighi, ac. 18.09.2008, *DJe* 03.10.2008. Ainda sobre o tema, ver, no v. I, o nº 754-8.

titular executivo extrajudicial. Entretanto, se a questão a ser dirimida no juízo arbitral for prejudicial à execução, o feito executivo deve ser sobrestado, a fim de se evitar decisões conflitantes em ambos os juízos. Nesse sentido, o entendimento do STJ:

> "Assim, ainda que se revele possível o processamento da execução, uma vez iniciado o procedimento arbitral, destinado a dirimir controvérsias relativa à existência, constituição ou extinção do crédito, entre outras questões relacionadas ao contrato – opção, em tese, livremente escolhida pelos contratantes ao estipularem a cláusula compromissória arbitral –, o Juízo estatal deverá aguardar a definição, pelo Tribunal arbitral, de tais matérias, a ensejar, possivelmente, o sobrestamento do feito executivo. Precedentes do STJ".[152]

Da mesma forma, o pedido de falência pode ser ajuizado perante a justiça estatal, sem qualquer passagem obrigatória pelo juízo arbitral, ainda que exista convenção de arbitragem, vigente entre credor e devedor.[153]

402-A. Coexistência de cláusula compromissória, procedimento judicial e mediação

Não chegando as partes a um acordo, diante de cláusula arbitral vazia, para ultimar o compromisso arbitral *in concreto*, o art. 7º da Lei nº 9.307/1996 autoriza o interessado a promover judicialmente a execução da obrigação de instaurar o juízo arbitral, valendo a sentença, se for o caso de ausência de acordo em audiência, como execução específica da cláusula compromissória, ou seja, como compromisso arbitral.

Mas para que essa execução se viabilize é indispensável que, no contrato, as partes realmente tenham pactuado uma cláusula compromissória, subtraindo expressamente a via judicial para a solução das eventuais divergências verificáveis durante a execução contratual.

Algumas vezes, porém, os contratantes estipulam a previsão de arbitragem, mas apenas depois de tentada outra via de composição extrajudicial, como, por exemplo, a mediação. Em tais casos, fala-se em "cláusula arbitral escalonada", que é perfeitamente lícita[154] e que não pode ser descumprida unilateralmente pelo contratante que queira exigir, desde logo a instauração

---

[152] STJ, 3ª T., AgInt no AREsp 2.386.477/SP, Rel. Min. Nancy Andrighi, ac. 04.03.2024, *DJe* 06.03.2024. No mesmo sentido: "Havendo necessidade de instauração do procedimento arbitral, o executado poderá pleitear a suspensão do feito executivo, nos termos do art. 919, § 1º, do Código de Processo Civil" (STJ, 3ª T., REsp 2.032.426/DF, Rel. p/ acórdão Min. Ricardo Villas Bôas Cueva, ac. 11.04.2023, *DJe* 17.05.2023).

[153] "A convenção de arbitragem prevista em contrato não impede a deflagração do procedimento falimentar fundamentado no art. 94, I, da Lei 11.101/2005. A existência de cláusula compromissória, de um lado, não afeta a executividade do título inadimplido. De outro lado, a falência, instituto que ostenta natureza de execução coletiva, não pode ser decretada por sentença arbitral. Logo, o direito do credor somente pode ser exercitado mediante provocação da jurisdição estatal" (STJ, 3ª T., REsp 1.277.725/AM, Rel. Min. Nancy Andrighi, ac. 12.03.2013, *DJe* 18.03.2013).

[154] "Em conclusão, aferimos que as cláusulas escalonadas, que combinam a mediação ou conciliação e a arbitragem, são instrumentos eficazes para solucionar conflitos que surjam em contratos (...). Por fim, salientamos que ao nosso sentir o procedimento prévio de mediação ou conciliação atrelado à arbitragem (cláusula escalonada) tem: a) o condão de interromper a prescrição; b) não é fator impeditivo de obtenção de medidas de urgência no Judiciário; e c) constitui litispendência, posto que, neste caso, a mediação (ou conciliação) é sustentáculo da cláusula de arbitragem" (LEMOS, Selma Ferreira. As peculiaridades e os efeitos jurídicos da cláusula escalonada: mediação ou conciliação e arbitragem. In: FERRAZ, Rafaella; MUNIZ, Joaquim de Paiva (coords.) *Arbitragem doméstica e internacional*. Rio de Janeiro: Forense, 2008, p. 375-376).

do juízo arbitral. É preciso que se tenha frustrado a mediação, para que, à falta do compromisso arbitral, se possa proceder nos termos do art. 7º da Lei nº 9.307.

O certo, contudo, é que "a referência à mediação como alternativa para a resolução de conflitos não torna a cláusula compromissória nula. Com efeito, firmada a cláusula compromissória, as partes não estão impedidas de realizar acordo ou conciliação, inclusive por mediação".[155]

Outra situação possível de convivência entre processo arbitral e processo judicial é aquela em que os contratantes limitam a cláusula arbitral a algumas questões predeterminadas, de sorte que outras controvérsias continuarão sujeitas à resolução pela Justiça Estatal. A propósito, já assentou o STJ que:

> "(...) 2. Não se pode ter como condição de existência da cláusula compromissória que a arbitragem seja a única via de resolução admitida pelas partes, para todos os litígios e em relação a todas as matérias.
>
> 3. É válida, assim, a cláusula compromissória constante de acordo que excepcione ou reserve certas situações especiais a serem submetidas ao Judiciário, mormente quando essas demandem tutelas de urgência".[156]

Em outra perspectiva, conclui o aresto do STJ que "a ausência de maiores detalhes na previsão da mediação ou da arbitragem não invalida a deliberação originária dos contratantes, apenas traduz, em relação à segunda, cláusula arbitral 'vazia', modalidade regular prevista no art. 7º da Lei 9.307/1996".

402-B. Conflito de competência entre juízo cível e juízo arbitral

Reconhece a jurisprudência do STJ, diante da natureza jurisdicional da arbitragem, a possibilidade de instaurar-se conflito de competência entre Juízo Arbitral e órgão do Poder Judiciário, caso em que o respectivo julgamento será atribuído ao STJ.[157] Em conflito da espécie, decidiu aquela Corte, incorrendo a devedora em recuperação judicial, afastada resta a competência arbitral, cabendo ao juízo em que se processa a referida recuperação "fiscalizar o destino dos bens da recuperanda, que devem seguir o que determinado no plano de recuperação aprovado pelos credores". O conflito foi conhecido para declarar, na espécie, a competência do juízo da 7ª Vara Empresarial da Comarca do Rio de Janeiro/RJ.[158]

403. Alegação em juízo de convenção de arbitragem

Cabe ao réu alegar em sua contestação, antes de discutir o mérito da defesa, a existência de convenção de arbitragem (CPC/2015, art. 337, X) que, nos termos do § 5º, não pode ser conhecida de ofício pelo juiz de direito. A alegação há de ser acompanhada da convenção de arbitragem, devendo o réu comprovar em juízo cláusula de confidencialidade estipulada na arbitragem, se houver, para fins de tramitação em segredo de justiça (CPC/2015, art. 189, IV). Se, todavia, o réu não alegar a tempo a convenção, seu silêncio será interpretado como "aceitação da jurisdição estatal e renúncia ao juízo arbitral" (CPC/2015, art. 337, § 6º).

---

155 STJ, 4ª T., REsp 1.331.100/BA, Rel. p/ac. Min. Raul Araújo, ac. 17.12.2015, *Revista Brasileira de Arbitragem*, v. 51, p. 143, jul.-set./2016.

156 STJ, 4ª T., REsp 1.331.100/BA, Rel. p/ac. Min. Raul Araújo, ac. 17.12.2015.

157 STJ, 2ª Seção, CC 148.932/RJ, Rel. Min. Ricardo Villas Bôas Cueva, ac. 13.12.2017, *DJe* 01.02.2018.

158 STJ, 2ª Seção, CC 148.932/RJ, Rel. Min. Ricardo Villas Bôas Cueva, ac. 13.12.2017, *DJe* 01.02.2018.

A decisão de acolher tal alegação é uma sentença, devendo o processo ser extinto sem resolução do mérito (CPC/2015, art. 485, VII), sendo dessa forma apelável. Porém, se o juiz rejeitar a alegação de convenção de arbitragem, pode o réu recorrer, mediante agravo de instrumento (CPC/2015, art. 1.015, III).

A superveniente instauração de procedimento arbitral, se ainda não decidida a alegação de convenção de arbitragem, também implicará a suspensão do processo, à espera da decisão do juízo arbitral sobre sua própria competência.[159] Sendo reconhecida, o juiz extinguirá o processo sem resolução de mérito (CPC/2015, art. 485, VII).

403-A. Possibilidade de invalidação da cláusula compromissória pelo Judiciário

Prevê a Lei nº 9.307/1996 que, "caberá ao árbitro decidir de ofício, ou por provocação das partes, as questões acerca da existência, validade e eficácia da convenção de arbitragem e do contrato que contenha a cláusula compromissória" (art. 8º, parágrafo único). Dessa forma – como entende o STJ –, a legislação brasileira adotou o princípio *kompetenz-kompetenz*, de larga aceitação no direito comparado e que é havido como "um dos princípios basilares da arbitragem, que confere ao árbitro o poder de decidir sobre a sua própria competência". Considera aquela Corte Superior até mesmo "condenável qualquer tentativa, das partes ou do juiz estatal, no sentido de alterar essa realidade. Em outras palavras, no embate com as autoridades judiciais, deterá o árbitro preferência na análise da questão, sendo dele o benefício da dúvida". Em regra, portanto, não é dado ao contratante intentar na justiça comum a anulação da convenção arbitral, devendo o interessado questionar a matéria, perante o tribunal arbitral, "na primeira oportunidade que tiver de se manifestar, após a instituição da arbitragem" (Lei nº 9.307, art. 20, *caput*).

Há, contudo, situações em que o problema da validade ou invalidade da convenção de arbitragem surge antes da instalação do juízo arbitral, como, por exemplo, quando a cláusula é vazia e a parte teve de recorrer ao judiciário para o cumprimento da obrigação de fazer, correspondente à pactuação do compromisso arbitral, que, afinal, será substituído pela sentença do juiz estatal, se os contratantes, instados por este, não o fizerem consensualmente (Lei 9.307, art. 7º, § 7º). Em tal procedimento, é óbvio que o juiz não poderá definir a instalação do juiz arbitral senão diante de uma convenção válida, pela própria natureza do processo contencioso instaurado acerca de seu cumprimento. Se a convenção não atender ao requisito legal específico (art. 4º, § 2º, da Lei nº 9.307), o Judiciário não estará autorizado a determinar a instalação do juiz arbitral, hipótese em que lhe caberá declarar a nulidade da respectiva cláusula.[160]

Essa medida excepcional terá de ser observada sempre que se tratar de "cláusula arbitral vazia" eivada de vício invalidante, que a torne imprestável para o procedimento previsto no art. 7º da Lei de Arbitragem.[161]

A Ministra Nancy Andrighi, relatora do REsp 1.602.076/SP[162], observou em seu voto que o princípio *kompetenz-kompetenz* foi revisto na própria Alemanha, de onde se originou o princípio da autonomia da cláusula compromissória e da competência do tribunal arbitral para decidir

---

159 Enunciado nº 153 da Carta de Vitória, publicada pelo Fórum Permanente de Processualistas Civis. Disponível em: <http://portalprocessual.com/wp-content/uploads/2015/06/Carta-de-Vitoria.pdf>. Acesso em: 25 ago. 2015.

160 STJ, 3ª T., REsp 1.602.076/SP, Rel. Min. Nancy Andrighi, ac. 15.09.2016, *DJe* 30. 09.2016.

161 STJ, 4ª T., REsp 1.082.498/MT, Rel. Min. Luis Felipe Salomão, ac. 20.11.2012, *DJe* 04.12.2012.

162 Voto da Relatora, RT 974, p. 620-622.

sobre sua própria competência. Essa revisão foi feita pelo *Bundesgerichthof*- BGH, equivalente alemão ao STJ brasileiro, na decisão do III ZR 265/03, de 13.01.2005, nos seguintes termos:

> "a) após a entrada em vigor da nova lei de regulamentação do processo arbitral, é vedado às partes de um compromisso arbitral estabelecer uma Kompetenz-Kompetenz que tenha como consequência a vinculação dos tribunais estatais ao julgamento do tribunal arbitral; b) em razão de uma cláusula Kompetenz-Kompetenz, antes de uma decisão sobre a validade da cláusula compromissória, o tribunal estatal não está obrigado a esperar a decisão do tribunal arbitral sobre a competência (§ 1.040 Abs. 1 Satz 1 ZPO [Código de Processo Civil Alemão] (...)".

Lembrou também a Ministra Nancy Andrighi que, em precedente, o STJ já decidiu que a alegação de nulidade da cláusula arbitral, bem como do contrato que a contém, "deve ser submetida, em primeiro lugar, à decisão do próprio árbitro, sendo prematura a apreciação pelo Poder Judiciário". O caso, porém, referia-se a cláusula compromissória cheia, na qual foi eleito o órgão convencional de solução do conflito, razão pela qual "deve haver a instauração do juiz arbitral diretamente, sem passagem necessária pelo Judiciário".[163]

Destacou que, de fato, a regra geral é a acolhida no REsp 1.602.696, mas toda regra comporta exceções para melhor se adequar a situações cujos contornos escapam às situações típicas abarcadas pelo núcleo duro da generalidade e que se pode dizer, estão em áreas cinzentas da aplicação do direito. Nessa linha consignou que "é inegável a finalidade de integração e desenvolvimento do Direito a admissão na jurisprudência desta Corte de cláusulas compromissórias 'patológicas' – como os compromissos arbitrais vazios no REsp 1.082.498/MT, mencionado acima e aqueles que não atendam o requisito legal específico (art. 4º, § 2º, da Lei 9.307/96) que se está a julgar neste momento – cuja apreciação e declaração de nulidade podem ser feitas pelo Poder Judiciário mesmo antes do procedimento arbitral. São, assim, exceções que permitem uma melhor acomodação do princípio competência-competência a situações limítrofes à regra geral de prioridade do juízo arbitral".

O julgamento do STJ orientado pelo voto da Ministra Nancy Andrighi, assim concluiu:

> "O Poder Judiciário pode, nos casos em que *prima facie* é identificado um compromisso arbitral 'patológico', i.e., claramente ilegal, declarar a nulidade dessa cláusula, independentemente do estado em que se encontre o procedimento arbitral".[164]

A nosso ver, e diante da evolução do tratamento dispensado ao princípio *kompetenz-kompetenz*, pelo menos em dois casos não se pode subtrair do Poder Judiciário o reconhecimento da nulidade da convenção arbitral: *(i)* quando a cláusula arbitral é vazia e se instaura o procedimento executivo previsto no art. 7º, da Lei de Arbitragem; e *(ii)* quando a nulidade é evidente (patológica) e, ainda, não se instalou o tribunal arbitral.

---

163 STJ, 3ª T., REsp 1.602.696/PI, Rel. Min. Moura Ribeiro, ac. 09.08.2016, *DJe* 16.08.2016.

164 STJ, 3ª T., REsp 1.602.076/SP, Rel. Min. Nancy Andrighi, ac. 15.09.2016, *DJe* 30. 09.2016. Posteriormente, a mesma Turma julgadora, apreciando ação anulatória de contrato em que existia convenção de arbitragem, decidiu: "2. A previsão contratual de convenção de arbitragem enseja o reconhecimento da competência do Juízo arbitral para decidir com primazia sobre o Poder Judiciário as questões acerca da existência, validade e eficácia da convenção de arbitragem e do contrato que contenha a cláusula compromissória. 3. A consequência da existência do compromisso arbitral é a extinção do processo sem resolução de mérito, com base no artigo 267, inciso VII, do Código de Processo Civil de 1973" (STJ, 3ª T., REsp 1.550.260/RS, Rel. p/ac. Min. Ricardo Villas Bôas Cueva, ac. 12.12.2017, *DJe* 20.03.2018. Ficaram vencidos os Ministros Paulo de Tarso Sanseverino e Nancy Andrighi).

403-B. Cláusula compromissória e contratos coligados

Em tema de coligação contratual, deve-se distinguir entre *(i)* coligação *simples*, em que as mesmas partes estabelecem um conjunto de contratos, mantendo-se a autonomia jurídica entre eles; e *(ii)* coligação *complexa*, ou *unitária*, em que se forma um complexo negocial, perdendo os contratos interligados a respectiva autonomia.

Na coligação simples, a presença de cláusula compromissória em um dos contratos interligados, mas autônomos, não estende sua força aos demais. Já nos contratos em que as partes celebram uma pluralidade de negócios jurídicos tendo por desiderato um conjunto econômico, criando entre eles efetiva dependência (coligação unitária), mostra-se possível a extensão da cláusula compromissória prevista no contrato principal aos demais, "pois integrantes de uma operação econômica única", como já decidiu o STJ.[165]

Assentou mais aquela Corte que, "no sistema de coligação contratual, o contrato reputado como sendo o principal determina as regras que deverão ser seguidas pelos demais instrumentos negociais que a este se ajustam, não sendo razoável que uma cláusula compromissória inserta naquele não tivesse seus efeitos estendidos aos demais".

403-C. Cláusula arbitral e sub-rogação de direitos do contratante em favor de terceiro

Questiona-se sobre a sujeição à convenção arbitral, ou não, de terceiro sub-rogado nos direitos do contratante relacionados com negócio jurídico que contenha cláusula compromissória.

Os que se opõem à sub-rogação na espécie argumentam que a sujeição ao juízo arbitral é faculdade que depende sempre de expressa e livre manifestação de vontade. Desse modo, mesmo sendo sub-rogado nos direitos e ações do contratante, o terceiro não poderia ser compelido a somente demandar, ou ser demandado, pelas vias arbitrais, em função de um ajuste de que não participara.

Outra corrente, que se apresenta como majoritária, e que tem respaldo inclusive no direito comparado (Estados Unidos, França, Inglaterra), entende que os efeitos da sub-rogação, legal ou convencional, transferem *ex vi legis* para o sub-rogado as ações que cabiam ao contratante substituído, pouco importando sejam elas manejáveis perante o juízo estatal ou o arbitral[166].

Esta última é a posição do STJ, que há tempos já decidira que havendo incorporação de empresas, a incorporadora assume todos os direitos e obrigações da cedente, "inclusive a cláusula arbitral" figurante em contrato por esta ajustado e posteriormente descumprido[167]. E que, mais recentemente, no campo da sub-rogação da seguradora nos direitos e ações do segurado contra o causador do dano (CC, art. 786), acatou o parecer do Ministério Público Federal, para homologar sentença estrangeira na qual se reconhecia a prevalência da cláusula arbitral existente em contrato firmado entre o segurado e o causador do dano, sem participação da seguradora:

> "Não é, contudo, o caso em apreciação. Aqui, não se discute acerca da existência da dita cláusula escrita, mas, apenas, o seu alcance diante de eventual sub-rogação contratual. Nesse sentido, a manifestação do Ministério Público Federal, na qual defende

---

[165] STJ, 3ª T., REsp 1.639.035/SP, Rel. Min. Paulo de Tarso Sanseverino, ac. 18.09.2018, *DJe* 15.10.2018.

[166] CAHALI, Francisco José; TEODORO, Viviane Rosolia. Transmissão da cláusula arbitral às seguradoras em caso de sub-rogação e a Sentença Estrangeira Contestada 14.930 (2015/0302344-0). *Revista dos Tribunais*, v. 1.040, p. 71 a 88, São Paulo, jun./2022.

[167] STJ, Corte Especial, SEC 831/FR (2005/0031310-2), Rel. Min. Arnaldo Esteves Lima, ac. 03.10.2007, *DJU* 19.11.2007, p. 177.

que sequer há de se falar em ofensa à ordem pública, no caso, pode-se bem visualizar a diferença entre os casos, conforme o seguinte excerto: O cerne da *quaestio* aqui levantada pela requerida, como obstáculo à homologação da sentença arbitral estrangeira, reside no fato de que a ausência de participação no contrato de fornecimento, no qual fora inserida a cláusula compromissória, não poderia obrigá-la, acenando a ofensa à ordem pública caso assim não se entenda. [...] Ou seja, nos termos do art. 786 do Código Civil, uma vez paga a indenização ao segurado em razão de sinistro coberto pela apólice, o segurador se sub-roga nos "direitos e ações" que o segurado detinha contra o causador do dano. A pretensão que, antes, o segurado tinha contra o causador do dano passa a ser do segurador, a quem será facultado ajuizar a mesma ação que o segurado proporia visando a seu ressarcimento. Assim, a única via possível para disputa entre segurador e vendedor é mesmo a arbitragem, na medida em que tal escolha pelo comprador importou em renúncia à jurisdição estatal. O requisito previsto no art. 4º, § 1º, da Lei de Arbitragem considera-se atendido, na medida em que há cláusula compromissória escrita (entre as requerentes e a Alunorte) a demonstrar a manifestação de vontade das partes, à qual o segurador está vinculado por força do disposto no art. 786 do Código Civil. Assim, tenho que não há ofensa à ordem pública" (voto do Relator)[168].

Do voto da Ministra Nancy Andrighi, que acompanhou o Relator, merece destaque a proclamação de que "[...] existe a plena possibilidade de transmissão da cláusula compromissória por meio da sub-rogação da seguradora ao segurado, por força do art. 786 do CC/2002 e, assim, não existe qualquer ofensa à ordem pública nacional".

Dessa forma, correta se afigura a participação da seguradora em juízo arbitral para exercer a ação regressiva prevista no art. 786 do CC, quando o segurado se achar vinculado à cláusula arbitral em face do causador do dano[169].

403-D. Cláusula compromissória e grupos econômicos

No âmbito da arbitragem internacional tem sido reconhecido, não sem controvérsias, o princípio do consentimento implícito à convenção arbitral aplicável às empresas integrantes do mesmo grupo econômico, ainda quando se trate de não signatária do contrato em que o pacto de arbitragem tenha sido ajustado.

A base de tal doutrina expansiva são os usos e costumes do comércio internacional (a *Lex Mercatoria*, os Princípios UNIDROIT e alguns Tratados sobre compra e venda de mercadorias e sobre execução de sentenças arbitrais estrangeiras). O princípio flexibilizador da contratualidade do juízo arbitral, enfim, vem se consolidando na matéria de forma altamente pragmática, sob o argumento de que, na verdade, "a arbitragem é o juízo natural do comércio internacional"[170].

Observa, porém, Selma Ferreira Lemes, com inteira razão, que todos os princípios de flexibilização do consentimento presentes na teoria da *extensão* da cláusula compromissória na arbitragem "são exceções, aplicáveis na arbitragem internacional e não encontram recepção no direito da arbitragem brasileira".

---

168 STJ, Corte Especial, SEC 14.930/EX, Rel. Min. Og Fernandes, ac. 15.05.2019, *DJe* 27.06.2019.

169 "Em resumo, avalia-se que a decisão do Superior Tribunal de Justiça está de acordo com a postura adotada por Tribunais internacionais e reforça a posição pró arbitragem das cortes brasileiras. Certamente servirá de bússola a outros casos que virão" (CAHALI, Francisco José; TEODORO, Viviane Rosolia. Transmissão da cláusula arbitral às seguradoras em caso de sub-rogação e a Sentença Estrangeira Contestada 14.930 (2015/0302344-0). *Revista dos Tribunais*, v. 1.040, São Paulo, jun./2022, p. 87).

170 BERNHEIM-VAN de CASTEELE, Laure. Les principes fondamentaux de l'arbitrage. Bruxelles: Ed. E. Bruylant, 2012, p. 261-263.

Assevera, ainda, a doutrinadora especializada que "os direitos dos contratos e da arbitragem brasileira têm posturas sólidas para se aferir a vontade da parte – seu consentimento – e permitir somente em caráter excepcional a extensão da sua vinculação, se estiverem presentes práticas efetivas e violadoras da boa-fé, assim como desvios de condutas que prejudiquem terceiros"[171], como aquelas que justificam a desconsideração da personalidade jurídica (CC, art. 50)[172].

Em outros termos, parece fora de dúvida que o direito brasileiro de arbitragem se funda essencialmente no consentimento dos contratantes, de modo que só muito excepcionalmente se pode admitir a sujeição ao juízo arbitral de quem nele não consentiu, como se passa na situação daquele que, mesmo não tendo firmado o contrato, tenha atuado de má-fé contribuindo para sua violação ou descumprimento por uma das partes[173].

403-E. Conflito de competência entre tribunais arbitrais

Segundo jurisprudência assentada pela Segunda Seção do STJ, compete àquela Corte Superior conhecer e julgar o conflito de competência estabelecido entre Tribunais Arbitrais vinculados à mesma Câmara de Arbitragem, quando a solução para o impasse criado não é objeto de disciplina no regulamento desta[174].

Para o STJ, o ideal é que a solução de conflitos da espécie seja encontrada dentro do Regulamento da Câmara de Arbitragem eleita pelas partes, em atenção ao princípio da autonomia da vontade, norteador de toda e qualquer arbitragem. Todavia, sendo absolutamente omisso tal Regulamento sobre a matéria, competirá ao STJ em atenção à função constitucional que lhe é atribuída no art. 105, I, *d*, da Carta Magna, conhecer e julgar o conflito de competência, na espécie.

Fundamentou-se o julgado no precedente da mesma Segunda Seção, estabelecido no CC 111.230/DF, segundo o qual se reconheceu que o Tribunal Arbitral se insere, indiscutivelmente, na expressão "quaisquer tribunais", constante no art. 105, I, *d*, da Constituição Federal[175].

Argumentou-se, mais, ser absolutamente impossível buscar solução do conflito em foco junto a juiz estatal de primeira instância. O mesmo ocorre em relação aos Tribunais de segunda instância, já que, por norma constitucional, lhes cabe competência apenas para dirimir conflito de competência entre juízos a eles diretamente vinculados. Resta, pois, observar-se a competência do STJ estatuída no art. 105, I, *d*, da Constituição Federal.

---

171 LEMES, Selma Ferreira. A arbitragem com Justiça do Consentimento e a vinculação de terceiros. Grupos societários e econômicos e grupos de contratos. Análise da lei brasileira de arbitragem. *In:* WALD, Arnoldo; LEMES, Selma Ferreira (coords.) *25 anos da Lei de Arbitragem (1996-2021)*. São Paulo: Ed. RT, 2021, p. 523.

172 Esse entendimento já foi acolhido pelo STJ, *in verbis:* "3.4 No contexto de abuso da personalidade jurídica, fraude e má-fé da parte formalmente contratante, afigura-se possível ao Juízo arbitral, desde que provocado para tanto, após cuidadosa análise da pertinência das correlatas alegações, observado o contraditório, com exauriente instrução probatória (tal como se daria perante a jurisdição estatal), deliberar pela existência de consentimento implícito ao compromisso arbitral por parte desse terceiro, que, aí sim, sofreria os efeitos subjetivos de futura sentença arbitral. Afinal, o consentimento formal exigido na arbitragem, que tem por propósito justamente preservar a autonomia dos contratantes (essência do instituto), não pode ser utilizado para camuflar a real vontade da parte, por ela própria dissimulada deliberadamente" (STJ, 3ª T., REsp 1.698.730/SP, Rel. Min. Marco Aurélio Bellizze, ac. 08.05.2018, *DJe* 21.05.2018).

173 "A teoria da extensão da cláusula compromissória no Brasil é de aplicação excepcional e somente poderia ser invocada diante de condutas que violassem a boa-fé contratual, com intuito de prejudicar terceiros" (LEMES, Selma Ferreira. A arbitragem com Justiça do Consentimento e a vinculação de terceiros. Grupos societários e econômicos e grupos de contratos. Análise da lei brasileira de arbitragem. *In:* WALD, Arnoldo; LEMES, Selma Ferreira (coords.) *25 anos da Lei de Arbitragem (1996-2021)*. São Paulo: Ed. RT, 2021, p. 531).

174 STJ, 2ª Seção, CC 185.702/DF, Rel. Min. Marco Aurélio Bellizze, ac. 22.06.2022, *DJe* 30.06.2022.

175 STJ, 2ª Seção, CC 111.230/DF, Rel. Min. Nancy Andrighi, ac. 08.05.2013, *DJe* 03.04.2014.

Fluxograma nº 42 – Juízo arbitral[176] (Lei nº 9.307/1996)[177]

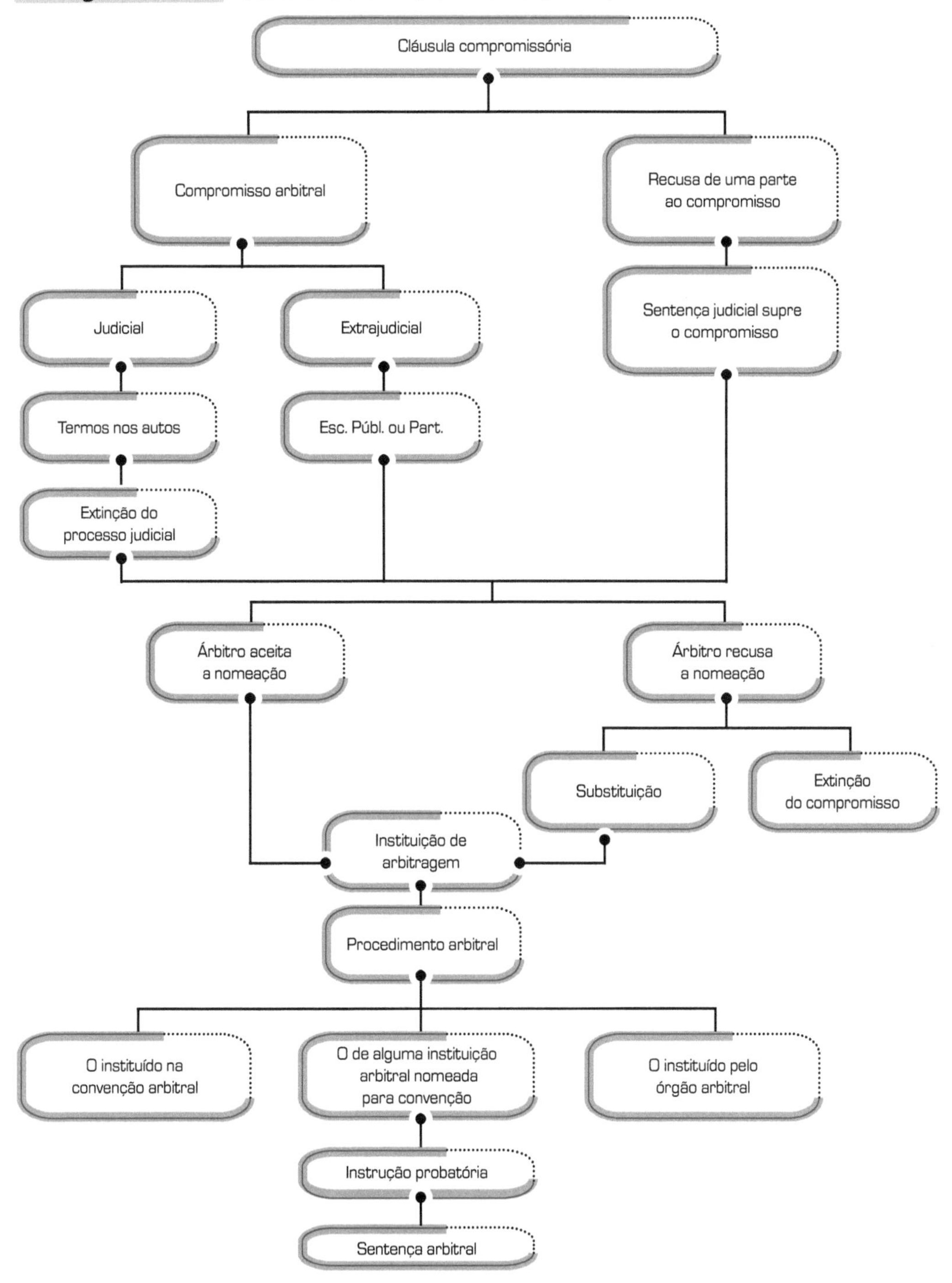

[176] Antes de instituída a arbitragem, as medidas cautelares ou antecipatórias serão requeridas ao Poder Judiciário (art. 22-A). Uma vez instituída, tais medidas serão requeridas diretamente aos árbitros (art. 22-B, parágrafo único).

[177] Se houver na convenção arbitral cláusula escalonada, obrigatória será a passagem pelo procedimento de mediação antes da abertura do procedimento arbitral (ver item 392-A).

Parte IV
Juizado Especial Civil

Capítulo XXIX
AS PEQUENAS CAUSAS E O ACESSO À JUSTIÇA

§ 45. JUIZADO ESPECIAL CIVIL OU JUIZADO DE PEQUENAS CAUSAS

404. Introito

A partir de Calamandrei, em seu precioso livro sobre *Processo e Democracia*, a consciência jurídica foi despertada para a *dimensão social* do processo e a melhor doutrina, em lugar de insistir no aprofundamento dos conceitos fundamentais de jurisdição, ação e processo, desviou-se para o tema do *acesso à justiça*, com destaque para os problemas da *instrumentalidade e efetividade* da tutela jurisdicional.[1]

Com isso, observa Cappelletti – um dos autores que mais contribuiu para a nossa tomada de rumos do processo –, passou-se a exigir da ciência processual uma "visão tridimensional do direito", que muito ampliou o campo de análise do jurista, especialmente daquele que se preocupa com o processo:

> "Sob esta nova perspectiva, o direito não é encarado apenas do ponto de vista dos seus produtores e do seu produto (as normas gerais e especiais); mas é encarado, principalmente, pelo ângulo dos *consumidores* do direito e da Justiça, enfim, sob o ponto de vista dos usuários dos serviços processuais".[2]

A partir desse enfoque, os conceitos e as categorias fundamentais do processo deixaram de ser apenas os que a tradição doutrinária divisava nos institutos da jurisdição, ação, cognição, coisa julgada, execução etc. Passaram a cogitar de outros elementos que assumiram notória proeminência, todos ligados ao problema de *acesso à justiça*, como os relacionados com os *custos*

---

[1] "Acesso à justiça, longe de confundir-se com acesso ao judiciário, significa algo mais profundo; pois importa no acesso ao justo processo, como conjunto de garantias capaz de transformar o mero procedimento em um processo tal, que viabilize, concreta e efetivamente, a tutela jurisdicional" (GRINOVER, Ada Pellegrini. Aspectos constitucionais dos juizados de pequenas causas. In: WATANABE, Kazuo (coord.). *Juizado Especial de Pequenas Causas*. São Paulo: Ed. RT, 1985, p. 9).

[2] CAPPELLETTI, Mauro. O problema de reforma do processo civil nas sociedades contemporâneas. In: GRINOVER, Ada Pellegrini *et al. O processo civil contemporâneo*. Curitiba: Juruá, 1994, p. 15.

e a demora dos processos, em suma, com os *embaraços* ou *obstáculos* (econômicos, culturais, sociais) que frequentemente se interpõem entre o cidadão que pede justiça e os procedimentos predispostos para concedê-la.[3] A problemática do processualista, em outros termos, centrou-se na *eficiência* do processo, na aptidão do instrumental da justiça para propiciar resposta que corresponda à garantia que a ordem constitucional prometeu aos cidadãos.

Foi dentro desse movimento de maior acesso à justiça que a Constituição de 1988 cogitou da implantação dos "juizados de pequenas causas" (art. 24, X) ou "Juizados Especiais" com competência para "causas cíveis de menor complexidade e infrações penais de menor potencial ofensivo" (art. 98, I).[4]

Esses juizados integram-se ao Poder Judiciário, mas de maneira a propiciarem acesso mais fácil ao jurisdicionado, abrindo-lhe oportunidade de obter tutela para pretensões que dificilmente poderiam encontrar solução razoável dentro dos mecanismos complexos e onerosos do processo tradicional. Destacam, outrossim, a relevância da composição negocial para as pequenas causas, incentivando os litigantes a buscá-la sob o auxílio de organismos judiciários predispostos a facilitar a conciliação ou transação. Com isso, valorizam a chamada *justiça coexistencial*, em contraposição à clássica e pura *justiça contenciosa*.[5]

A programação constitucional desses tipos de juizados foi implementada pela Lei nº 9.099, de 26.09.1995, que disciplinou tanto o Juizado Especial Civil como o criminal, reservando um capítulo para as Disposições Gerais comuns a ambos (arts. 1º e 2º) e um outro especificamente destinado à regulamentação do Juizado Civil (arts. 3º a 59).

405. Juizado Especial ou Juizado de Pequenas Causas?

Tendo a Constituição falado no art. 24, X, em "Juizado de Pequenas Causas" e o no art. 98, I, em "Juizados Especiais", para causas cíveis de menor complexidade, houve quem, a princípio, pensasse em dois órgãos diferentes, um para causas de pequeno valor e outro para causas de maior singeleza, independentemente do valor econômico em jogo.

A doutrina que mais detidamente analisou a matéria concluiu logo que não havia razão para semelhante distinção e que "as pequenas causas" a que aludia a Carta Magna eram consideradas como tais tanto em função do valor econômico em jogo como de sua menor complexidade. E, dessa forma, "Juizado de Pequenas Causas" e "Juizados Especiais" correspondem a um só instituto.[6]

---

[3] CAPPELLETTI, Mauro. O problema de reforma do processo civil nas sociedades contemporâneas. In: GRINOVER, Ada Pellegrini *et al. O processo civil contemporâneo*. Curitiba: Juruá, 1994, p. 16.

[4] "O objetivo perseguido, em suma, é o de canalizar para o Judiciário todos os conflitos de interesse, mesmo os de pequena expressão, uma vez que é aí o locus próprio para sua solução. A estratégia fundamental para o atingimento dessa meta está na facilitação do acesso à Justiça. Essa é a ideia-chave do Juizado Especial de Pequenas Causas" (WATANABE, , Kazuo. Filosofia e características básicas do juizado especial de pequenas causas. In: WATANABE, Kazuo (Coord.). *Juizado Especial de Pequenas Causas*. São Paulo: Ed. RT, 1985, p. 4).

[5] "A conciliação pode propiciar um resultado mais amplo que a solução autoritativa dos conflitos, pois pode levar os conflitantes à pacificação, removendo de vez as causas das demandas. E é uma alternativa inovadora que procura reverter a excessiva profissionalização da justiça, o que certamente permitirá reduzir a burocratização acentuada de toda a máquina judiciária. Além disso, é uma solução menos custosa para o Estado" (WATANABE, , Kazuo. Filosofia e características básicas do juizado especial de pequenas causas. In: WATANABE, Kazuo (Coord.). *Juizado Especial de Pequenas Causas*. São Paulo: Ed. RT, 1985, p. 7).

[6] "Há identidade entre os 'juizados de pequenas causas', referidos no art. 24, X, e os 'juizados especiais' para causas cíveis de menor complexidade e infrações penais de menor potencial ofensivo", previstos no art. 98, I, da CF de 1988 (MALACHINI, Edson Ribas. A Constituição Federal e a Legislação Concorrente dos Estados e do Distrito Federal em Matéria de Procedimentos. *Revista Forense*, n. 324, p. 54, out.-nov.-dez. 1993).

A Lei nº 9.099, ao regulamentar a Constituição, deu razão à doutrina exposta, pois unificou sob o rótulo de Juizado Especial tanto a matéria das causas de pequeno valor como das de menor complexidade, de maneira a evidenciar que o art. 24, X, e o art. 98, I, realmente cuidavam da mesma figura jurídica sob rótulos diferentes.

406. Criação do Juizado Especial

Por não se tratar apenas de um novo procedimento, o regime da Lei nº 9.099/1995 depende da criação, dentro da órbita da organização judiciária do Distrito Federal e de cada um dos Estados, do *órgão* competente (arts. 93 a 95). Lei local, portanto, sobre a matéria apresenta-se como indispensável, porque somente assim será possível criar a *unidade jurisdicional* projetada pela lei federal. Para que esse desiderato fosse alcançado, a Lei nº 9.099/1995 marcou o prazo de seis meses, a contar de sua vigência (art. 95).[7]

Sem, todavia, uma vontade política de investir em material humano especializado e em aparelhamento material adequado, os objetivos da remodelação da Justiça na direção do incremento ao *acesso à justiça*, ideal inspirador da instituição dos juizados de pequenas causas, jamais serão alcançados.

A atribuição pura e simples dos encargos do Juizado Especial aos juízes e cartórios da Justiça comum já existentes será um expediente fácil para a Administração local, mas representará um malogro completo para aquilo que realmente constitui o espírito e a meta do grande projeto de democratização do Judiciário.

407. Princípios informativos

Recomenda o art. 2º da Lei nº 9.099/1995 que o *processo* do Juizado Especial deverá orientar-se pelos critérios da *oralidade*, *simplicidade*, *economia processual* e *celeridade*, buscando, sempre que possível, a *conciliação* ou a *transação*.

Esses princípios traduzem a ideologia inspiradora do novo instituto processual. Sem compreendê-lo e sem guardar-lhes fidelidade, o aplicador do novo instrumento de pacificação social não estará habilitado a cumprir a missão que o legislador lhe confiou. É preciso perquirir, com mais vagar, o que a Lei nº 9.099/1995 pretendeu transmitir no tocante à sua teleologia.[8]

408. Princípio da oralidade

O processo, historicamente, evoluiu da forma escrita para a forma oral. Todavia, nunca houve um processo nem totalmente oral nem apenas escrito. Sempre se utilizaram atos orais e atos escritos em conjugação na atividade jurisdicional.

---

[7] No sentido de dinamizar os Juizados Especiais, a Lei nº 12.726, de 16.10.2012 (DOU 17.10.2012), acrescentou ao art. 95 da Lei nº 9.099/1995 o parágrafo único com a seguinte disposição: "No prazo de 6 (seis) meses, contado da publicação desta Lei, serão criados e instalados os Juizados Especiais Itinerantes, que deverão dirimir, prioritariamente, os conflitos existentes nas áreas rurais ou nos locais de menor concentração populacional". (NR)

[8] "Os juizados brasileiros de Pequenas Causas não refletem a temida 'justiça de segunda classe', mas representam um notável instrumento de acesso à justiça. E, com isto, tem a Nação, no momento exato em que caminha em direção à plenitude democrática pela participação, um instrumento de democratização e de participação na administração da justiça. E mais: um instrumento de paz, de abrir caminhos para a grande transformação que todo o sistema processual e judicial demanda, para que se efetive a promessa de igual acesso de todos à justiça" (GRINOVER, Ada Pellegrini. *Ensaio sobre a processualidade: fundamentos para uma nova teoria geral do processo*. Brasília: Gazeta Jurídica, 2016, p. 22).

Quando se afirma que o processo se baseia no princípio da oralidade, quer-se dizer que ele é predominantemente oral e que procura afastar as notórias causas de lentidão do processo predominantemente escrito. Assim, processo inspirado no princípio ou no critério da oralidade significa a adoção de procedimento onde a forma oral se apresenta como mandamento precípuo, embora sem eliminação do uso dos registros da escrita, já que isto seria impossível em qualquer procedimento da justiça, pela necessidade incontornável de documentar toda a marcha da causa em juízo.

O processo dominado pela oralidade funda-se, destarte, em alguns subprincípios como o do *imediatismo*, o da *concentração*, o da *identidade física do juiz* e o da irrecorribilidade das decisões interlocutórias, segundo a clássica lição de Chiovenda.[9] É o conjunto desses critérios que, sendo adotados com prevalência sobre a pura manifestação escrita das partes e dos juízes, dá configuração ao processo oral.

Pelo *imediatismo* deve caber ao juiz a coleta direta das provas, em contato imediato com as partes, seus representantes, testemunhas e peritos.

A *concentração* exige que, na audiência, praticamente se resuma a atividade processual concentrando numa só sessão as etapas básicas da postulação, instrução e do julgamento, ou, pelo menos, que, havendo necessidade de mais de uma audiência, sejam elas realizadas em ocasiões próximas.

A *identidade física do juiz* preconiza que o juiz que colhe a prova deve ser o mesmo que decide a causa.

E, enfim, a *irrecorribilidade* tem a função de assegurar a rápida solução do litígio, sem a interrupção da marcha do processo por recursos contra as decisões interlocutórias. Na verdade, não se chega ao extremo de impedir a impugnação dos decisórios sobre as questões incidentais. Satisfaz-se a exigência desse princípio privando o agravo de sua eficácia suspensiva ou determinando que seja ele retido nos autos para exame e julgamento, ao final do procedimento, de molde a não prejudicar o seu andamento normal.

Tudo isso deve orientar o aplicador da lei quando estiver manejando o procedimento sumaríssimo do Juizado Especial Civil. Por integrar a *ideologia* do instituto, a intenção do legislador é, no texto do art. 2º da Lei nº 9.099/1995, criar um clima de ordem psicológica que estimule juiz e partes a proceder em atividade de íntima colaboração na solução rápida e direta do conflito.

409. Outros critérios informativos do procedimento do Juizado Especial

Diz a lei que o processo adotado pelo Juizado Especial deverá orientar-se, além da oralidade, pelos critérios da *simplicidade, informalidade, economia processual* e *celeridade* (art. 2º).

Ao exigir a Constituição que os juizados especiais atuem mediante procedimentos *sumaríssimos*, inspirados na oralidade, já se anunciava que a composição das "pequenas causas" haveria de dar-se livre da burocracia das causas complexas e dos rigores do contencioso comum ou ordinário. É isto que a Lei nº 9.099/1995 faz quando prevê a reunião das partes pessoalmente em presença de juiz conciliador para que, sem ritual predeterminado, seja procurada a melhor solução para o conflito, quer por via transacional, quer por arbitramento, quer por sentença autoritária do magistrado.

O procedimento, na verdade, haverá de desembaraçar-se de toda a complexidade habitual do contencioso, cabendo ao seu condutor zelar para que tudo transcorra de maneira singela,

---

9 CHIOVENDA, Giuseppe. *Instituições de direito processual civil*. 3. ed. Trad. J. Guimarães Menegale. São Paulo: Saraiva, 1969, v. III, § 52, p. 50-55.

transparente, livre de formas desnecessárias e inconvenientes, tudo dentro do menor tempo possível e com o mínimo de gasto para as partes.[10]

O critério da *simplicidade, informalidade, celeridade* e *economia processual*, ressaltado pela lei especial, valerá, em suma, "como constante advertência aos juízes em exercício no Juizado, para que se libertem do tradicional zelo pelas formas dos atos processuais e saibam cumprir com fidelidade a *mens* dessa nova ordem processual".[11]

O juiz é livre para dar ao feito o procedimento que se revelar mais adequado à rápida e justa composição da lide. Claro é, contudo, que não poderá afastar-se das garantias fundamentais do devido processo legal, cabendo-lhe orientar-se, com liberdade, mas com respeito às necessidades de segurança das partes, sua igualdade e amplas possibilidades de participação em contraditório.[12]

410. Conciliação

O Juizado está instituído pela lei como um caminho voltado para a solução conciliatória. Antes de partir para a pesquisa dos fatos e das provas, incumbe ao Juiz das pequenas causas o compromisso de tentar a conciliação ou transação.

Há um cunho social mais intenso na função do Juizado Especial. O magistrado aqui deixa aquela tarefa técnica e distante das partes que predomina na aplicação das normas jurídicas dentro do contencioso ordinário, voltada apenas para a solução isolada de um fato do passado, sem nenhuma conotação de repercussão ou continuidade no futuro.

Ao Juizado Especial reconhece-se uma missão diferente, inserida fundamentalmente na conjuntura do social. Fala-se, então, em *justiça coexistencial*, onde, antes de recompor o direito individual lesado, age-se "para aliviar situações de ruptura ou de tensão, com o fim de preservar um bem mais durável, qual seja, a *pacífica convivência* dos sujeitos que fazem parte de um grupo ou de uma relação complexa, de cujo meio dificilmente poderiam subtrair-se".[13]

É nesse contexto, mais social que individual, que se insere a preocupação com a conciliação ou transação como metas prioritárias do Juizado Especial, porque, nesse campo, as crises ou tensões jurídicas são melhor compreendidas e solucionadas pela autocomposição do que pela vontade autoritária do órgão judicante.

Fora do rigor e da frieza da Justiça ordinária contenciosa (Justiça legal, técnica, profissional, estritamente jurisdicional), deve prevalecer no tratamento das pequenas causas a Justiça que Cappelletti chama de *coexistencial*. "Trata-se", segundo o mestre, "de uma justiça que leva em conta a totalidade da situação na qual o episódio contencioso está inserido e que se destina a curar e não a exasperar a situação de tensão".[14]

É dentro dessa perspectiva que o Juizado Especial não se integra apenas pelo juiz togado e seus tradicionais auxiliares do foro, mas exige a colaboração ativa de outros agentes saídos do seio da sociedade, como os conciliadores e os juízes leigos, que trazem para o órgão judicante

---

[10] "Evitar o culto das formas, como se constituíssem fim em si mesmas, e ater-se a critérios racionais nas exigências legais das formas, representa manifestação do princípio da instrumentalidade das formas" (GRINOVER, Ada Pellegrini. *Ensaio sobre a processualidade: fundamentos para uma nova teoria geral do processo*. Brasília: Gazeta Jurídica, 2016, p. 15).

[11] DINAMARCO, Cândido Rangel. *Manual das pequenas causas*. São Paulo: Ed. RT, 1986, n. 47, p. 52.

[12] DINAMARCO, Cândido Rangel. *Manual das pequenas causas*. São Paulo: Ed. RT, 1986, n. 47, p. 52.

[13] CAPPELLETTI, Mauro. O problema de reforma do processo civil nas sociedades contemporâneas. In: GRINOVER, Ada Pellegrini et al. *O processo civil contemporâneo*. Curitiba: Juruá, 1994, p. 20.

[14] CAPPELLETTI, Mauro. O problema de reforma do processo civil nas sociedades contemporâneas. In: GRINOVER, Ada Pellegrini et al. *O processo civil contemporâneo*. Curitiba: Juruá, 1994, p. 21.

a influência do ambiente social e de suas aspirações comuns. Daí dizer Cappelletti que "não é à toa que se fala, portanto, de *justiça social* ou de *juizados especiais* em contraposição àquela justiça oficial, *jurídica*".[15]

Por fim, é possível lograr-se a autocomposição dos litigantes por meio da transação, que importa concessões mútuas, e também pela sujeição total de uma parte à pretensão da outra. Ambas as formas de pacificação enquadram-se nas finalidades da tentativa de conciliação. Daí falar-se, no art. 2º da Lei nº 9.099, em busca da *conciliação ou da transação*.[16]

411. A facultatividade do Juizado Especial

O art. 3º da Lei nº 9.099 prevê que o recurso ao Juizado Especial Civil decorre de *opção* do promovente da demanda.[17]

> "Concebido para ampliar o acesso ao Poder Judiciário e facilitar o litígio para as pessoas que sejam portadoras de pequenas postulações (especialmente para as menos dotadas economicamente), a lei erigiu o próprio interessado em juiz da conveniência da propositura de sua demanda perante o Juizado Especial de Pequenas Causas ou no Juízo Comum – e, com isso, deu mais uma demonstração de que não se trata de discriminar pobres e ricos, uma vez que continuam aqueles, querendo, com a possibilidade de optar por este e pelo procedimento mais formal e demorado que ele oferece".[18]

Como o Juizado Especial é reservado às *pequenas causas* (CF, art. 24, X), a opção por seu procedimento importa, de antemão, renúncia, pelo autor, ao crédito que, eventualmente, exceder o limite de quarenta vezes o salário mínimo (Lei nº 9.099/1995, art. 3º, I e § 3º). Essa limitação, porém, não se aplica aos casos em que a demanda se encerra por meio de conciliação, a qual será homologada pelo juiz, qualquer que seja o valor ajustado entre as partes (art. 3º, § 3º, *in fine*).

Portanto, nas hipóteses de competência *ratione materiae* (art. 3º, II), não importa, em princípio, o valor da causa para que o litigante opte pelo seu processamento perante o Juizado Especial. Aqui a franquia àquele juízo decorre da "menor complexidade da causa", por presunção legal (CF, art. 98, I). Mas, se a sentença compreende, afinal, crédito cujo *quantum* vier a ser apurado em valor superior ao limite do art. 3º, I, a condenação ficará restrita a ele.

---

[15] CAPPELLETTI, Mauro. O problema de reforma do processo civil nas sociedades contemporâneas. In: GRINOVER, Ada Pellegrini et al. *O processo civil contemporâneo*. Curitiba: Juruá, 1994, p. 21.

[16] "Mudar a mentalidade dos julgadores representa uma adaptação aos critérios norteadores da conciliação, missão bem definida através das palavras de Eckhoff: 'Não consiste em procurar a conciliação das partes, mas em buscar uma solução que esteja de acordo com o melhor direito'; por sua vez, 'o mediador deve, de preferência, ir mais além, observando as consequências das várias soluções possíveis, convencer as partes a que aceitem alguma'" (LAGRASTA NETO, Caetano. Juizado especial de pequenas causas e direito civil comparado. In: WATANABE, Kazuo (coord.). *Juizado Especial de Pequenas Causas*. São Paulo: Ed. RT, 1985, p. 99).

[17] "O Superior Tribunal de Justiça possui entendimento de que 'o processamento da ação perante o Juizado Especial é opção do autor, que pode, se preferir, ajuizar sua demanda perante a Justiça Comum' (REsp 173.205/SP, Relator Ministro Cesar Asfor Rocha, Quarta Turma, *DJ* 14.6.1999). A propósito: REsp 331.891/DF, Rel. Ministro Antônio de Pádua Ribeiro, Terceira Turma, 21.3.2002; REsp 146.189/RJ, Rel. Ministro Barros Monteiro, Quarta Turma, *DJ* 29.6.1998)" (STJ, 2ª T., RMS 53.227/RS, Rel. Min. Herman Benjamin, ac. 27.06.2017, *DJe* 30.06.2017). A regra, todavia, vale para os Juizados Especiais Cíveis regidos pela Lei nº 9.099/1995. Quando se trata de Juizado Especial Federal, a Lei nº 10.259/2001 prevê sua competência como absoluta (v, adiante, o item 452). O mesmo se passa com os Juizados Especiais da Fazenda Pública, regidos pela Lei nº 12.153/2009 (v., adiante, o item 482).

[18] DINAMARCO, Cândido Rangel. *Manual das pequenas causas*. São Paulo: Ed. RT, 1986, n. 3, p. 5.

Assim, *v.g.*, numa possessória onde se disputa a reintegração de posse mais perdas e danos (art. 3º, IV). Se o prejuízo apurado for além de quarenta salários mínimos, o autor reintegrado só poderá haver do réu o ressarcimento do valor de quarenta salários.

Não obstante a literalidade do enfocado dispositivo da Lei nº 9.099/1995, o Superior Tribunal de Justiça tem entendido que, nos casos de competência *ratione materiae*, como, *v.g.*, os pertinentes a acidente de veículo de via terrestre (CPC/1973, art. 275, II, *d*), não há impedimento a que o Juizado Especial Cível condene o demandado ao pagamento de indenização em montante superior a quarenta salários mínimos.[19] Ressalte-se ainda que o Enunciado nº 58 do FONAJE[20] prevê que "as causas cíveis enumeradas no art. 275 II, do CPC [de 1973] admitem condenação superior a 40 salários mínimos e sua respectiva execução, no próprio Juizado".

411.1. Desistência da ação no Juizado Especial e repropositura na Justiça Comum

Segundo a jurisprudência do STJ[21], cabe ao autor escolher entre o processamento da ação perante o Juizado Especial Cível Estadual, sob o rito da Lei nº 9.099/1995, ou promover a ação perante Justiça Comum, sob o rito do Código de Processo Civil. Assim é que "a Lei nº 9.099/1995 não veda que o autor desista da ação ajuizada perante o JEC e, após, promova a nova ação na Justiça Comum, tampouco determina que, nessa hipótese, a nova ação deve ser distribuída ao Juízo do JEC, por dependência".

Não há, em regra, a aplicação subsidiária do CPC aos feitos a cargo do Juizado Especial. O art. 286, II, do CPC, que procura impedir a desistência de ação para fugir de um determinado juízo, é, segundo aquela Corte Superior, "uma regra pensada pelo legislador para as ações ajuizadas perante a mesma Justiça, que seguem o rito do referido Código, sem levar em considerações as peculiaridades de outros sistemas, como o do JEC". Seu objetivo, nesse sentido, "é de coibir práticas como a de patronos que, em vez de ajuizar uma ação em litisconsórcio ativo, ajuízam diversas ações similares simultaneamente, obtendo distribuição para Juízos distintos e, na sequência, desistem das ações em trâmite nos Juízos nos quais não obtiveram liminar e, para os autores dessas ações, postulam litisconsórcio sucessivo ou assistência litisconsorcial, no Juízo em que a liminar foi deferida". Não se divisa comportamento da espécie, entretanto, quando o autor desiste da ação iniciada perante o Juizado Especial para nova propositura no Juízo Comum.

Não se trata de conduta de má-fé, mas "de escolha legítima de optar pelo rito processual mais completo, ao vislumbrar, por exemplo, a necessidade de uma instrução mais extensa, sendo essa opção, ademais, um risco assumido pelo próprio autor, diante dos ônus de sucumbência e da maior gama de recursos que também ficará à disposição da outra parte".

Portanto, para o STJ "sendo ajuizada ação no Juizado Especial Cível Estadual, subsequentemente extinta sem resolução de mérito em razão da desistência do autor, é cabível nova propositura na Justiça Comum, não havendo, nessa situação, distribuição por dependência ao primeiro Juízo", nos moldes da previsão do art. 286, II, do CPC.

412. O Juizado Especial Civil

A Lei nº 9.099/1995 não cuidou do Juizado Especial como um simples procedimento especial que pudesse ser acrescido àqueles do Livro IV do Código de Processo Civil de 1973.

---

19 STJ, 3ª T., MC 15.465/SC, Rel. Min. Nancy Andrighi, ac. 28.04.2009, *DJe* 03.09.2009.

20 Disponível em: <http://www.amb.com.br/fonaje/?p=32>. Acesso em: 24 ago. 2015.

21 STJ, 3ª T., REsp 2.045.638/SP, Rel. Min. Nancy Andrighi, ac. 25.04.2023, DJe 27.04.2023.

Tratou-o como novo órgão a ser criado pela União, no Distrito Federal e nos Territórios, e pelos Estados, no âmbito de suas circunscrições, órgão esse a que se deve atribuir a função jurisdicional de conciliação, processamento, julgamento e execução, nas causas definidas como de sua competência (art. 1º).

Definindo o espírito e o objetivo do novo órgão jurisdicional, estabeleceu-se que o processo a ser aplicado no Juizado Especial "orientar-se-á pelos critérios da oralidade, simplicidade, informalidade, economia processual e celeridade, buscando-se, sempre que possível, a conciliação ou a transação" (art. 2º).

Evidenciando que não se cogitava de um novo procedimento, mas de disciplina global de criação do novo processo aplicável à solução das apelidadas "pequenas causas" (CF, art. 24, X), a Lei nº 9.099/1995 regulou a competência do Juizado Especial (arts. 3º e 4º); a sua composição (arts. 5º a 7º); a legitimação das partes (arts. 8º a 11); a forma e a eficácia dos atos processuais (arts. 12 e 13); a forma e o conteúdo do pedido (arts. 14 a 17); a maneira de realizar-se a comunicação dos atos processuais (arts. 18 e 19); os efeitos da revelia (art. 20); a disciplina da conciliação e do julgamento arbitral (arts. 21 a 25); a audiência de instrução e julgamento (arts. 27 a 29); a resposta do réu (arts. 30 e 31); as provas admissíveis (arts. 32 a 37); a sentença e os recursos, bem como a forma e a competência para julgamento em segunda instância (arts. 38 a 50); os casos de extinção do processo sem julgamento do mérito (art. 51); a execução da sentença e dos títulos extrajudiciais (arts. 52 e 53) e as disposições finais (arts. 56 a 59). Estabeleceram-se, também, disposições finais comuns aos juizados cíveis e criminais (arts. 93 a 97).

413. Aplicação subsidiária do Código de Processo Civil

Embora a Lei nº 9.099/1995 seja omissa a respeito, é intuitivo que, nas lacunas das normas específicas do Juizado Especial, terão cabimento as regras do Código de Processo Civil, mesmo porque o seu art. 318, parágrafo único, contém a previsão genérica de que suas normas gerais sobre procedimento comum aplicam-se subsidiariamente aos procedimentos especiais e aos processos de execução. Além disso, o CPC/2015, em seu art. 1.046, § 2º, explicita que permanecem vigentes "as disposições especiais dos procedimentos regulados em outras leis, aos quais se aplicará supletivamente este Código". Completa nosso pensamento a norma fundamental do processo civil, inserida no art. 1º do CPC/2015, nesses termos: "o processo civil será ordenado, disciplinado e interpretado conforme os valores e as normas fundamentais estabelecidos na Constituição da República Federativa do Brasil, observando-se as disposições deste Código". É de reconhecer-se que, entre outros, institutos como a repressão à litigância temerária, à antecipação de tutela e a medidas cautelares devem ser acolhidos no âmbito do Juizado Especial Civil, assim como todo o sistema normativo do Código de Processo Civil, em tudo que seja necessário para suprir omissões da lei específica, desde que não interfira em suas disposições expressas e não atrite com seus princípios fundamentais. Além disso, várias disposições da lei processual possuem caráter geral e orientam a conduta dos órgãos jurisdicionais. É o caso, *v.g.*, da atuação jurisdicional do juiz, que deve limitar-se a sua competência, conforme instituído no art. 42 do CPC/2015. Diversas são as disposições que poderíamos citar, mas limitamo-nos a mencionar ainda os deveres das partes e procuradores (CPC/2015, arts. 77 e seguintes), impedimentos e suspeição dos juízes de direito (CPC/2015, arts. 144 e seguintes) e as formas de pronunciamento do juiz (CPC/2015, arts. 203 e seguintes).

No entanto, é importante ressaltar que nenhuma lacuna da Lei nº 9.099/1995 poderá ser preenchida por regra do Código de Processo Civil que se mostre incompatível com os princípios informativos que norteiam o Juizado Especial na sua concepção constitucional e na sua estruturação normativa específica.

414. O Juizado Especial Civil e o Código de Processo Civil

Apesar de os juizados especiais estarem submetidos a um rito próprio, com a utilização da lei processual apenas de forma complementar, várias normas introduzidas no CPC/2015 possuem caráter geral e impactam nas ações que tramitam naquele juizado.

I – Normas gerais

Citamos, para exemplificar, alguns dispositivos novos que são aplicáveis aos juizados, conforme interpretação do CPC/2015 contida na Carta de Vitória,[22] publicada pelo Fórum Permanente de Processualistas Civis (FPPC):

(a) o art. 12 do CPC/2015, que determina a observância preferencial, pelos juízes, da ordem cronológica de conclusão para proferir sentença ou acórdão. Recomenda o FPPC que, nos juízos onde houver cumulação de competência com outros procedimentos, o juiz de direito organize duas listas cronológicas autônomas, uma para os juizados e outra para os demais processos (Enunciado nº 382 do FPPC);

(b) o art. 212 do CPC/2015, que estabelece sejam os atos processuais realizados em dias úteis, no intervalo das 6 às 20 horas (Enunciado nº 415 do FPPC);

(c) o art. 219 do CPC/2015, que ordena a contagem de prazo em dias úteis (Enunciado nº 416 do FPPC);[23]

(d) o art. 220 do CPC/2015, que prevê a suspensão do curso do prazo processual nos dias compreendidos entre 20 de dezembro e 20 de janeiro, inclusive (Enunciado nº 269 do FPPC);

(e) o art. 339 do CPC/2015, que permite a correção do polo passivo da relação jurídica, após a contestação, por se tratar de mecanismo saneador, que evita a extinção do processo sem resolução do mérito (Enunciado nº 42 do FPPC).

Para melhor compreensão desses dispositivos, sugerimos leitura de nosso Curso, v. I, itens nº 56, 358, 367 e 602.

II – Normas específicas

O CPC/2015 trouxe, também, algumas inovações direcionadas ao sistema dos juizados especiais. A primeira delas refere-se ao art. 275, II, do CPC/1973: embora revogado o procedimento sumário, o CPC/2015 manteve, até a edição de lei específica, a competência dos juizados especiais cíveis para processamento e julgamento das causas que aquele dispositivo do Código velho descrevia como sujeitas ao rito sumário (CPC/2015, art. 1.063).[24]

Outra modificação relaciona-se aos embargos declaratórios. O CPC/2015, em seu art. 1.064, unificou o procedimento dos embargos de declaração para todos os juízos, comum e especial. Assim, deu nova redação ao art. 48 da Lei nº 9.099/1995: "Art. 48. Caberão embargos

---

22 Disponível em: <http://portalprocessual.com/wp-content/uploads/2015/06/Carta-de-Vitoria.pdf>. Acesso em: 25 ago. 2015.

23 A controvérsia que se estabeleceu sobre a contagem dos prazos em dias úteis desapareceu. A Lei nº 13.728/2018 acrescentou o art. 12-A à Lei 9.099/1995, dispondo, expressamente, que, nos Juizados Especiais, "na contagem de prazo em dias, estabelecido por lei ou pelo juiz, para a prática de qualquer ato processual, inclusive para a interposição de recursos, computar-se-ão somente os dias úteis".

24 "Art. 1.063. Os juizados especiais cíveis previstos na Lei n.º 9.099, de 26 de setembro de 1995, continuam competentes para o processamento e o julgamento das causas previstas no inciso II do art. 275, da Lei 5.869, de 11 de janeiro de 1973" (redação dada pela Lei nº 14.976/2024).

de declaração contra sentença ou acórdão nos casos previstos no Código de Processo Civil" (NR). (Vide item nº 439).

É também aplicável ao processo de competência dos juizados especiais o incidente de desconsideração da personalidade jurídica de que tratam os arts. 133 a 137 do CPC/2015 (art. 1.062).[25]

Por fim, o art. 985, I, impõe aos órgãos do sistema dos juizados especiais a obrigatoriedade de adotar a tese jurídica acolhida em Incidente de Resolução de Demandas Repetitivas (IRDR),[26] previsto nos arts. 976 e seguintes do CPC/2015.

415. O Juizado Especial e o incidente de resolução de demandas repetitivas

O incidente de resolução de demandas repetitivas, um dos institutos processuais relacionados à adoção de precedentes judiciais, surge como uma tentativa de conferir maior grau de segurança jurídica aos julgados e como forma de propiciar mais agilidade na tramitação dos processos.

Esse incidente é cabível quando houver simultaneamente *(i)* efetiva repetição de processos que contenham controvérsia sobre a mesma questão unicamente de direito; e *(ii)* risco de ofensa à isonomia e à segurança jurídica (CPC/2015, art. 976). A tese jurídica nele adotada aplica-se a todos os processos que versem sobre idêntica questão de direito na área de jurisdição do tribunal que proferiu o acórdão, inclusive àqueles que tramitem nos juizados especiais.

Em estudo sobre o IRDR e sua aplicação aos juizados especiais, Koehler[27] lembra que essa determinação foi inserida expressamente no anteprojeto do CPC/2015 apenas no momento de votação no Plenário da Câmara dos Deputados. Embora não tenha sido objeto de discussão nas comissões regimentais das duas casas, o autor considera positiva tal inserção, "uma vez que é nesse microssistema que surge a imensa maioria dos casos repetitivos, sendo que os juizados sempre estiveram na vanguarda do estabelecimento de tratamento diferenciado às demandas em massa".

Koehler chama a atenção, todavia, para as dificuldades de compatibilizar a previsão contida no art. 985, I, do CPC/2015, com o regime recursal dos juizados especiais. Entre as diversas questões suscitadas, pergunta: "se o IRDR é proposto e julgado pelos TJs e TRFs e, em caso de recurso, pelo STF e STJ – consoante previsto no art. 995, § 5º [art. 985, I do texto do CPC/2015] –, qual o papel das TRs, TRUs e TNU[28] na uniformização da jurisprudência dos juizados, se o que prevalece é o que for decidido no incidente?" Lembra ainda que muitas matérias são típicas do JESP e não chegam aos tribunais estaduais ou regionais. Mas quando se tratar de tema que seja submetido a esses tribunais, eles ficam responsáveis por uniformizar teses que não são de sua lida diária, podendo com isso, criar inconvenientes e prejudicar o IRDR.

Após cotejar diversos dispositivos e levantar outras circunstâncias dificultadoras da compatibilização entre os dois regimes recursais (o das ações em geral e o do JESP), conclui o ensaísta pela necessidade de regulamentação específica da aplicação do incidente no sistema dos juizados especiais.[29]

O certo, porém, é que, na forma do art. 985, I, do CPC, uma vez uniformizada a solução de uma demanda repetitiva pelo tribunal competente, não poderão os juizados especiais integrados à sua circunscrição, ignorar a tese de direito assentada, mesmo quando a instauração do incidente tenha ocorrido fora do sistema de uniformização dos juizados especiais.

---

[25] Sobre o incidente de desconsideração da personalidade jurídica, vide nosso *Curso* v. I, itens nº 277 a 281.

[26] Sobre o incidente de resolução de demandas repetitivas (IRDR), vide nosso *Curso* v. III, itens nº 694 a 710.

[27] KOEHLER, Frederico Augusto Leopoldino. O incidente de resolução das demandas repetitivas e os juizados especiais. In: WAMBIER, Teresa Arruda Alvim. *Revista de Processo*, ano 39, n. 237, nov. 2014, p. 499-500.

[28] Abreviaturas utilizadas por Koehler: TRs (Turmas Recursais), TRUs (Turmas Regionais de Uniformização dos juizados especiais federais) e TNU (Turma Nacional de Uniformização dos Juizados Especiais Federais).

[29] KOEHLER, Frederico Augusto Leopoldino. O incidente de resolução das demandas repetitivas e os juizados especiais. In: WAMBIER, Teresa Arruda Alvim. *Revista de Processo*, São Paulo, ano 39, v. 237, nov. 2014, p. 505.

§ 46. O ÓRGÃO JUDICANTE: COMPETÊNCIA E COMPOSIÇÃO

416. Competência

A competência do Juizado Especial Civil pode ser determinada pelo *valor da causa* ou pela *matéria* (art. 3º da Lei nº 9.099/1995) e se sujeita ainda à regra geral do *foro* (art. 4º da Lei nº 9.099/1995).[30]

I – Critério do valor da causa

Em razão do primeiro critério, são atribuídas ao Juizado Especial Civil "as causas cujo *valor* não exceda a quarenta salários mínimos" (art. 3º, I). A determinação do *valor da causa* encontra disciplina nos arts. 291 e 292 do CPC/2015, sistemática que prevalece integralmente para os Juizados Especiais, à falta de regras próprias adotadas pela Lei nº 9.099/1995.

Se houver impugnação ao valor atribuído à causa pelo autor, o procedimento a observar na solução do incidente é o do art. 30 da Lei nº 9.099/1995, e não o do Código.

II – Critério ratione materiae

Pela *matéria*, são de competência do Juizado Especial Civil:

(a) *as causas enumeradas no art. 275, II, do Código de Processo Civil de 1973,*[31] ou seja, todas aquelas que, *ratione materiae*, deveriam, na Justiça contenciosa comum, seguir o antigo rito sumário (Lei nº 9.099, art. 3º, II). É sabido que esse rito foi abolido pelo CPC/2015, mas, por força do art. 1.063 do CPC/2015, até a edição de lei específica,[32] os juizados especiais cíveis continuam competentes para o processamento e julgamento das causas previstas naquele dispositivo. A maioria delas refere-se à cobrança de créditos (aluguéis, danos, rendas, honorários, seguros etc.). Algumas, porém, referem-se a coisas, como as derivadas do arrendamento rural e da parceria agrícola. Nas primeiras, o procedimento do Juizado Especial ficará restrito ao teto de quarenta salários. Nas últimas, não haverá restrição ao valor da causa, por não se tratar de cobrança de crédito (Lei nº 9.099, art. 3º, § 3º);[33]

---

30 É indiscutível, para o STJ, o caráter facultativo, para o autor, da jurisdição exercida pelos Juizados Especiais (STJ, 4ª T., REsp 222.004/PR, Rel. Min. Barros Monteiro, ac. 21.03.2000, *DJU* 05.06.2000, p. 169; STJ, 4ª T., REsp 242.483/SC, Rel. Min. Sálvio de Figueiredo, ac. 15.02.2000, *DJU* 03.04.2000, p. 158; STJ, 2ª S., CC 90.218, Rel. Min. Ari Pargendler, ac. 14.11.2007, p. 169). Aliás, o caráter optativo do procedimento a cargo dos Juizados Especiais está, claramente, enunciado pelo § 3º do art. 3º da Lei nº 9.099/1995.

31 CPC/1973: "Observar-se-á o procedimento sumário: (...) II – nas causas, quaisquer que seja o valor a) de arrendamento rural e de parceria agrícola; b) de cobrança ao condômino de quaisquer quantias devidas ao condomínio; c) de ressarcimento por danos em prédio urbano ou rústico; d) de ressarcimento por danos causados em acidente de veículo de via terrestre; e) de cobrança de seguro, relativamente aos danos causados em acidente de veículo, ressalvados os casos de processo de execução; f) de cobrança de honorários dos profissionais liberais, ressalvado o disposto em legislação especial; g) que versem sobre revogação de doação; h) nos demais casos previstos em lei. Parágrafo único. Este procedimento não será observado nas ações relativas ao estado e à capacidade das pessoas".

32 O art. 1.063 do CPC/2015, que previa a manutenção da competência dos juizados especiais cíveis para as ações do procedimento sumário em razão da matéria, em caráter provisório (art. 275, II, do CPC/1973), foi alterado pela Lei nº 14.976/2024, tornando definitiva tal competência.

33 "Competência. Ação reparatória de dano causado em acidente de veículos. Vara cível e juizado especial cível. art. 3º, inc. II, da Lei nº 9.099, de 26.09.95. Ao autor é facultada a opção entre, de um lado, ajuizar a sua demanda no juizado especial, desfrutando de uma via rápida, econômica e desburocratizada, ou, de outro, no juízo comum, utilizando, então, o procedimento sumário" (STJ, 4ª T., REsp 146.189/RJ, Rel. Min.

(b) *as ações de despejo para uso próprio* (art. 47, III, da Lei nº 8.245/1991), não importando o valor do imóvel, porque não se trata de ação para reclamar crédito, mas sim coisas (Lei nº 9.099, art. 3º, III);[34]

(c) *as ações possessórias sobre bens imóveis de valor não excedente a quarenta vezes o salário mínimo* (CPC/2015, arts. 560 e 567). As cumulações possíveis, de medida possessória e perdas e danos, não podem cobrir créditos que ultrapassem o teto do art. 3º, I.

III – Causas cíveis de menor complexidade

De acordo com o art. 98, I, da Constituição da República, o critério orientador dos juizados especiais é a menor complexidade da causa. O entendimento da doutrina e jurisprudência foi se consolidando no sentido de que se trata de ação que não necessita de prova pericial, ou de outro instituto que possa sobrestar o processo. Segundo o Enunciado nº 54 do Fórum Nacional dos Juizados Especiais (FONAJE), "a menor complexidade da causa para a fixação da competência é aferida pelo objeto da prova e não em face do direito material".[35] Isso significa que as ações cíveis de tramitação relativamente simplificada, como as que se sujeitam aos procedimentos especiais, não são admissíveis nos JESPs (Enunciado nº 8 do FONAJE).

De outro lado, como pondera Leonardo Greco,[36] demandas complexas, como as que envolvem usuários e concessionárias de serviço público, são apreciadas pelos juizados, mesmo que se discutam nesses juízos questões relativas à validade e eficácia de cláusulas dos contratos de concessão, com graves repercussões nos custos desses serviços. Conclui o autor que o Supremo Tribunal Federal confere ao próprio Sistema dos Juizados "o poder quase absoluto de decidir os limites de sua própria atuação", quando em decisões, recentemente ratificadas,[37] considera matéria infraconstitucional a abrangência do conceito de "causa de menor complexidade" e, portanto, alheia à competência recursal daquela Corte.

417. Foro competente

A competência territorial do Juizado Especial é definida pelo art. 4º da Lei nº 9.099, e pode ser assim esquematizada: *(i)* a regra geral é a da competência do foro do *domicílio do réu* (art. 4º, I); *(ii)* a critério do autor, poderá ser a causa proposta, também, num dos seguintes foros:

Barros Monteiro, ac. 24.03.1998, *DJU* 29.06.1998, p. 196). Na jurisprudência do STJ não tem prevalecido o critério que adotamos para a competência dos Juizados Especiais, para as causas enumeradas no art. 275, II, do CPC/1973, isto é, para aquelas em que a definição do procedimento sumário se faz em razão da matéria. Porque os incisos II e III do art. 3º da Lei nº 9.099/1995, ao contrário do que se passa com os incisos I e IV, não se reportam ao valor da causa, mas apenas à matéria da demanda, tem decidido o STJ que, nas duas primeiras situações, os Juizados Especiais têm competência "independentemente do valor". Vale dizer que, para as ações sumárias do art. 275, II, do CPC/1973, e para as ações de despejo para uso próprio, mesmo envolvendo valores acima de quarenta salários mínimos, permite-se o normal processamento perante os Juizados Especiais (STJ, 3ª T., MC 15.465/SC, Rel. Min. Nancy Andrighi, ac. 28.04.2009, *DJe* 03.09.2009).

[34] De acordo com o Enunciado nº 4-FPJC, "nos Juizados Especiais só se admite a ação de despejo prevista no art. 47, inc. III, da Lei 8.245/91, ou seja, ação de despejo, para uso próprio, de imóvel residencial" (NEGRÃO, Theotonio *et al. Código de Processo Civil e legislação processual em vigor*. 43. ed. São Paulo: Saraiva, 2011, p. 1.577, nota 8-b ao art. 3º da Lei nº 9.099).

[35] Disponível em: <http://www.amb.com.br/fonaje/?p=32>. Acesso em: 21 ago. 2015.

[36] GRECO, Leonardo. *Instituições de processo civil*. 3. ed. rev., ampl. e atual. Rio de Janeiro: Forense, 2015, v. II, p. 402.

[37] STF, Pleno, RE 567.454/BA, Rel. Min. Carlos Britto, ac. 18.06.2009, *DJe* 28.08.2009.

(a) foro do local onde o réu exerça atividades profissionais ou econômicas, ou mantenha estabelecimento, filial, agência, sucursal ou escritório (art. 4º, I);

(b) foro do local onde a obrigação deve ser satisfeita (art. 4º, II);

(c) foro do domicílio do autor ou do local do ato ou fato, nas ações para ressarcimento do dano de qualquer natureza (art. 4º, III).

A escolha, entre os foros *especiais* é livre para o autor, não havendo ordem de preferência entre eles. Em qualquer hipótese, caber-lhe-á sempre a opção pelo foro geral do domicílio do réu, ainda que se trate de uma das situações especiais contempladas pela lei (art. 4º, parágrafo único). Logo, não caberá ao demandado, na espécie, impugnar a opção exercida pelo promovente.

418. Conflito de competência

Pode surgir conflito positivo ou negativo entre dois ou mais Juizados Especiais ou entre um Juizado Especial e um Juízo da Justiça Comum.

A princípio, o Superior Tribunal de Justiça, analisando o conflito surgido entre Juizado Especial Federal e Vara da Justiça Federal, entendeu que a competência para dirimi-lo não seria do Tribunal Regional, uma vez que inexiste hierarquia recursal, *in casu*, entre este e os juizados especiais, ainda que os conflitantes integrem a mesma circunscrição do Tribunal Regional. Caberia, então, ao próprio STJ a competência em questão (Súmula nº 348 do STJ).[38]

O Supremo Tribunal Federal, no entanto, assentou que a competência do STJ prevista na Constituição não abrange conflito que não seja entre tribunais ou entre juízes vinculados a tribunais diferentes. Dessa maneira, pouco importa a inexistência de hierarquia recursal. O problema do conflito de competência entre juízes e órgãos integrantes da esfera do mesmo tribunal tem de ser solucionado pelo Tribunal Regional Federal e não pelo Superior Tribunal de Justiça.[39]

O mesmo raciocínio deve prevalecer no âmbito das Justiças Estaduais, de sorte que os conflitos de competência surgidos entre Juizado Especial e Juízo comum devem ser julgados pelo Tribunal de Justiça do Estado em que ambos atuam.[40] Somente quando ocorrer entre Juizados e Juízos de Estados diferentes, é que o conflito se incluirá na competência do STJ.

419. Competência para execução forçada

Os Juizados Especiais possuem competência para executar suas próprias sentenças (Lei nº 9.099, art. 52, *caput*). Têm, também, competência para execução dos *títulos extrajudiciais*, de valor de até quarenta salários mínimos (art. 53, *caput*).

Os valores acrescidos à condenação (tais como custas, honorários, correção monetária, multas etc.), mesmo quando o somatório ultrapasse o teto estabelecido pelo art. 3º da Lei nº 9.099, incluem-se na competência executiva do juizado especial civil.[41] É que o valor da causa, a exemplo do disposto no art. 34, § 1º, da Lei de Execução Fiscal, se apura na data da propositura da ação. Portanto, a atualização monetária e os juros de mora acrescidos não alteram o valor da causa, para efeito de competência na fase de execução da sentença.

---

[38] A Súmula nº 348 foi revogada pelo STJ e substituída pela Súmula nº 428/STJ, em face de posicionamento diverso do STF. Segundo a Súmula nº 428, "compete ao Tribunal Regional Federal decidir os conflitos de competência entre juizado especial federal e juízo federal da mesma seção judiciária".

[39] STF, Pleno, RE 590.409, Rel. Min. Ricardo Lewandowski, ac. 26.08.2009, *DJe* 29.10.2009.

[40] Nesse sentido, o entendimento do TJMG: 4ª Câm. Cível, CC 1.0000.15.018541-1/000, Rel. Des. Ana Paula Caixeta, ac. 01.10.2015, *DJe* 07.10.2015; 1ª Câm. Cível, CC 1.0000.15.049917-6/000, Rel. Des. Vanessa Verdolim Hudson Andrade, ac. 29.09.2015, *DJe* 07.10.2015.

[41] STJ, 4ª T., RMS 27.935/SP, Rel. Min. João Otávio de Noronha, ac. 08.06.2010, *DJe* 16.06.2010.

420. Limitações à competência

A Lei nº 9.099 restringe a titularidade da ação sumaríssima nela disciplinada às *pessoas físicas capazes* (art. 8º). Limita, ainda, o seu cabimento, em função da matéria e do sujeito passivo (art. 3º, § 2º), de modo a excluir a competência do Juizado Especial para as seguintes causas:

(*a*) de natureza alimentar;
(*b*) de natureza falimentar;
(*c*) de natureza fiscal;
(*d*) de interesse da Fazenda Pública;[42]
(*e*) relativas a acidentes do trabalho;
(*f*) relativas a resíduos (direito sucessório);
(*g*) relativas ao estado e à capacidade das pessoas, ainda que de cunho patrimonial.

421. O órgão judicante

O Juizado Especial será dirigido por um juiz togado (Juiz de Direito). Será apoiado, além dos auxiliares comuns (escrivão, escrevente, oficiais de justiça etc.), por *conciliadores* e *juízes leigos* (Lei nº 9.099, art. 7º).

Para a função de conciliador, a lei recomenda que a escolha recaia *preferencialmente* entre bacharéis em Direito. Não há obrigatoriedade, mas a prudência recomenda que se faça tal escolha sempre entre os referidos bacharéis, dada a natureza técnica da função a ser exercida dentro do Juizado (art. 7º, *caput*). Quanto aos *juízes leigos*, a lei determina como requisito da escolha a experiência de mais de cinco anos de advocacia (art. 7º, *caput*).[43]

Cabe, outrossim, à lei local definir o processo de recrutamento dos conciliadores e juízes leigos, cuja investidura deverá ser temporária,[44] assim como determinar o sistema de remuneração

---

[42] A Lei nº 10.259/2001 instituiu os juizados especiais no âmbito da Justiça Federal, com competência, na área civil, para causas de valor até sessenta salários mínimos, bem como para executar suas sentenças (art. 3º), excluídas as ações enumeradas no § 1º do referido artigo. A Lei nº 12.153/2009, por sua vez, instituiu os juizados especiais da Fazenda Pública, no âmbito das Justiças Estaduais, completando assim o sistema nacional dos juizados especiais, de modo a nele incluir tanto as pessoas de direito privado como as pessoas de direito público, salvo as exceções que a própria legislação especial define.

[43] Sobre essa questão, o Conselho Nacional de Justiça (CNJ) argumenta que a exigência de cinco anos de experiência, contida no art. 7º da Lei nº 9.099/1995 "desnatura o conceito de justiça coexistencial, produzida pelos próprios integrantes da comunidade para restauração da paz social, como idealizado pelo art. 98, I, da Constituição de 1988". E que "com a nova redação do inciso I do artigo 93 da Constituição, dada pela Emenda Constitucional nº 45/2004, que exige 'três anos de atividade jurídica' para ingresso na magistratura de carreira, mostra-se desarrazoada e desproporcional a exigência de período igual ou maior para acesso à função de juiz leigo dos Juizados Especiais, dada à transitoriedade e caráter auxiliar de tal atividade". Assim, fazendo uma interpretação sistêmica, decorrente da EC nº 45, de 2004, e da Lei nº 12.153, de 2012, entende derrogado o art. 7º da Lei nº 9.099/1995, na parte em que exige, no mínimo, cinco anos de experiência como requisito para o exercício do cargo de juiz leigo (CNJ, Pleno, PP 0007929-65.2010.2.00.0000, Rel. Cons. Walter Nunes, ac. 01.03.2011). Em 2013, aquele Conselho regulamentou a atividade do juiz leigo no sistema dos juizados especiais, mediante a Resolução nº 174, de 12.04.2013. Dispõe seu art. 1º que "os juízes leigos são auxiliares da Justiça recrutados entre advogados com mais de 2 (dois) anos de experiência".

[44] De acordo com a Resolução nº 174 do CNJ: "Art. 3º O exercício das funções de juiz leigo, considerado de relevante caráter público, sem vínculo empregatício ou estatutário, é temporário e pressupõe capacitação anterior ao início das atividades".

dos respectivos serviços, ou a sua gratuidade.[45] Pelo menos quanto aos Juízes leigos, não é razoável impor a gratuidade, visto que o advogado que assumir o encargo ficará impedido de exercer a advocacia perante os Juizados Especiais, enquanto no desempenho de suas funções (art. 7º, parágrafo único). Não há, todavia, impedimento para a advocacia junto à justiça ordinária.

422. Distribuição de funções: tarefa do juiz

Ao juiz togado caberá a direção do processo que exercerá "com liberdade para determinar as provas a serem produzidas, para apreciá-las e para dar especial valor às regras de experiência comum ou técnica" (Lei nº 9.099/1995, art. 5º).

Entre o juiz e as partes não se estabelece uma "contraposição" nem um clima de "opressão". O que se deseja é o "equilíbrio" e, sobretudo, a "colaboração" entre aquele e estas, como adverte Barbosa Moreira.[46] Assim, embora a palavra final sobre a admissibilidade ou não de uma prova caiba sempre ao juiz, o certo é que não poderá denegar a pretensão de produzi-la, senão fundamentadamente (CF, art. 93, IX e X).

As regras da experiência não representam, tecnicamente, *prova* para o processo, mas se revelam como critérios úteis de avaliação dos fatos e provas dos autos. São valores que o juiz extrai da convivência profissional e social, não para redigir ou alterar a norma legal, mas para analisar o fato sobre o qual a regra abstrata irá incidir, para interpretá-lo segundo a explicação social, política e ideológica. Há uma valorização cultural que o juiz realiza ao lado do exame técnico-jurídico.

Enquanto no processo civil tradicional o juiz somente se vale de regras de experiência para suprir lacunas das normas jurídicas específicas (CPC/2015, art. 375), nos Juizados Especiais isto se dá como rotina, ou seja, como ponto de partida do julgamento.[47]

Por outro lado, o art. 6º da Lei nº 9.099 recomenda ao juiz adotar, em cada caso, "a decisão que reputar mais *justa e equânime*, atendendo aos fins sociais da lei e às exigências do bem comum". Não quer isto dizer que o julgamento possa deixar a lei de lado e transformar-se num puro *juízo de equidade*. O intuito da norma é apenas o de ressaltar uma regra de interpretação da lei a ser aplicada. O que se deseja é que o juiz, na operação *exegética*, proceda "à escolha de teses que mais se coadunem com a indispensável justiça do caso concreto"; e que, no *plano dos fatos*, o magistrado deva "interpretá-los de modo inteligente, sem apego desmesurado ao requisito da certeza e sem o comodismo consistente em dar seguidamente por descumprido o ônus da prova". Enfim, "o juiz interpretará a lei e os fatos da causa sempre com a preocupação de fazer justiça e evitar que a rigidez de métodos preestabelecidos o conduza a soluções que contrariem a grande premissa posta ao processo das pequenas causas, ou seja, a de que o processo é um instrumento sensivelmente ético e não friamente técnico. *Essa é a recomendação do legislador, ao pedir-lhe decisões justas e equânimes*".[48]

423. Tarefa do juiz leigo e dos conciliadores

O objetivo principal do Juizado Especial Civil é a obtenção da solução conciliatória para o litígio. Por isso, a Lei nº 9.099 instituiu dois auxiliares para o juiz, que são o *conciliador* e o *juiz*

---

45 Prevê a Resolução nº 174 do CNJ: "Art. 8º A remuneração dos juízes leigos, quando houver, será estabelecida por ato homologado, isto é, projeto de sentença ou acordo celebrado entre as partes, observado o disposto no art. 12".

46 BARBOSA MOREIRA, José Carlos. *Temas de processo civil*. São Paulo: Saraiva, 1989, p. 50.

47 FIGUEIRA JÚNIOR, Joel Dias. *Comentários à Lei dos Juizados Especiais Cíveis e Criminais*. São Paulo: Ed. RT, 1995, p. 86.

48 DINAMARCO, Cândido Rangel. *Manual das pequenas causas*. São Paulo: Ed. RT, 1986, n. 4, p. 7-8.

leigo, a quem compete participar ativamente da tarefa de buscar a conciliação ou transação, não de maneira passiva, mas de forma ativa, ou seja, de orientação e estímulo. Embora não se deva forçar as partes ao acordo, caberá aos agentes do juizado ponderar sobre as suas conveniências ou inconveniências, esclarecendo-as "sobre as vantagens da conciliação" e mostrando-lhes "os riscos e as consequências do litígio, especialmente quanto ao disposto no § 3º do art. 3º" (Lei nº 9.099, art. 21).

A conciliação tanto pode ser conduzida diretamente pelo juiz togado como pelo juiz leigo ou, ainda, pelo conciliador sob orientação deste (Lei nº 9.099, art. 22). Caberá, naturalmente, ao Juiz togado, como dirigente do Juizado Especial, distribuir as tarefas, já que poderão coexistir, sob seu controle, vários auxiliares, com iguais ou diferentes atribuições.

A lei de organização judiciária também poderá interferir na justiça local, disciplinando não só o número e a espécie dos auxiliares de cada juizado, como também as tarefas específicas de cada um deles.

Prevê a Lei nº 9.099 que a conciliação possa ser presidida e obtida por qualquer uma das três figuras: o juiz togado, o juiz leigo ou o conciliador (art. 22). Havendo sucesso, a conciliação será reduzida a termo e receberá homologação pelo juiz togado, mediante sentença a que se reconhece a força de título executivo (art. 22, parágrafo único).

Se, porém, fracassar a tentativa de solução negocial, a fase conciliatória será encerrada e, com ela, a tarefa do conciliador. Na fase posterior, destinada à instrução e julgamento, somente poderão atuar o juiz togado e o juiz leigo (art. 37).

Se a instrução houver sido dirigida pelo juiz togado, caberá a ele proferir o julgamento de mérito da causa, pelos princípios do imediatismo e da identidade física do juiz (art. 2º).

Tendo sido o juiz leigo quem dirigiu a instrução probatória (art. 37), a ele competirá proferir a sentença, a qual, todavia, terá de ser submetida à homologação imediata do juiz togado. Se este não homologá-la, poderá escolher entre duas opções: *(i)* proferir outra sentença, em substituição à do juiz leigo; ou *(ii)* converter a homologação em diligência, determinando a complementação de provas que reputar indispensáveis (art. 40).

De qualquer modo, a sentença realmente só adquire a sua eficácia específica depois de passada pelo crivo do juiz togado, seja pela homologação, seja pela elaboração própria.

424. O juízo arbitral

Entre a conciliação e a instrução e o julgamento, há, ainda, uma terceira variante que o Juizado Especial oferece às partes: trata-se do *juízo arbitral*. Em vez de passar para a fase instrutória e ao julgamento jurisdicional, a lei dá oportunidade aos litigantes de optarem por um procedimento mais singelo, que é de confiar, desde logo, a solução da pendência a um árbitro (Lei nº 9.099, art. 24).

O árbitro somente poderá ser escolhido pelas partes entre os juízes leigos do Juizado (art. 24, § 2º). A instauração do juízo arbitral será imediata e não dependerá de termo de compromisso. O juiz togado designará, de imediato, a audiência de instrução e julgamento, cuja direção passará inteiramente para o árbitro escolhido.

Na condução da instrução, o árbitro procederá com observância dos critérios preconizados pelos arts. 5º e 6º da Lei nº 9.099 e, na sentença, não estará adstrito ao princípio da legalidade, visto que ficará autorizado a *decidir por equidade* (art. 25).

Ao encerrar a instrução, preparará o árbitro o seu laudo que, em seguida, será homologado pelo juiz togado, sem direito a recurso (art. 26). O juiz não revê o julgamento arbitral, mas pode recusar-lhe homologação se, por exemplo, o laudo contemplou matéria que não integrava o objeto da demanda (julgamento *extra petita* ou *ultra petita*).

§ 47. PARTES

425. Legitimação *ad causam*

O Juizado Especial Civil é uma instituição que foi criada especificamente para a tutela das *pessoas físicas*, no que diz respeito às suas relações patrimoniais, tendo como objetivo predominante a pacificação do litígio por meios negociais. Posteriormente, alterações legislativas incluíram na legitimação ativa da ação sumaríssima regulada pela Lei nº 9.099 também algumas pessoas jurídicas. Assim, atualmente podem propor ação perante o Juizado Especial:

(a) as pessoas físicas capazes, excluídos os cessionários de direito de pessoas jurídicas;

(b) as pessoas enquadradas como microempreendedores individuais, microempresas e empresas de pequeno porte na forma da Lei Complementar nº 123, de 14 de dezembro de 2006;

(c) as pessoas jurídicas qualificadas como Organização da Sociedade Civil de Interesse Público, nos termos da Lei nº 9.790, de 23.03.1999;

(d) as sociedades de crédito ao microempreendedor, nos termos do art. 1º da Lei nº 10.194, de 14.02.2001 (Lei nº 9.099, art. 8º, § 1º, na redação da Lei nº 12.126, de 16.12.2009).

Os incapazes absolutos não podem ser nem autor nem réu no Juizado Especial Civil (art. 8º, *caput*). Também os relativamente incapazes se excluem da legitimação ativa e passiva.[49] Apenas ao antigo menor que já contasse dezoito anos a Lei nº 9.099 conferia aptidão para propor demanda, podendo fazê-lo independentemente de assistência, inclusive para fins de conciliação (art. 8º, § 2º). Queria isto dizer que, para o Juizado Especial Civil, o então menor de dezoito anos equiparava-se ao maior. Mas a equiparação era limitada à legitimação ativa, pois o aludido menor não poderia ser acionado como réu, em face da regra geral do art. 8º, *caput*.

Os dispositivos legais em questão perderam sentido ou relevância após o advento do Código Civil de 2002. É que, aos dezoito anos, agora cessa por completo a menoridade, ficando a pessoa habilitada plenamente para todos os atos da vida civil (CC, art. 5º, *caput*).

O polo passivo da relação processual pode ser ocupado tanto por pessoa *natural* (desde que maior e capaz) como por pessoa *jurídica*, mas somente as de direito privado.

Não podem ocupar o polo ativo nem o passivo as pessoas jurídicas de direito público e as empresas públicas da União. Igual restrição aplica-se às massas patrimoniais personalizadas pelo Código de Processo Civil, de modo que não podem figurar no processo desenvolvido no Juizado Especial a massa falida e o insolvente civil (art. 8º, *caput*).

O espólio e as sociedades de fato não se legitimam a serem autor, mas podem ocupar a posição de réu.

426. Legitimação *ad processum*

Nas causas de valor de até vinte salários mínimos, as partes podem comparecer pessoalmente para propor a ação junto ao Juizado Especial Civil ou para responder a ela. A representação por advogado é facultativa. Torna-se, porém, obrigatória a sua intervenção quando o valor da causa ultrapassar o aludido limite (art. 9º).

---

[49] Conforme Lei nº 13.146/2015 a incapacidade absoluta, prevista no Código Civil, ficou restrita aos menores de 16 (dezesseis) anos. No mais, estabeleceu uma ampla categoria de relativamente incapazes, cuja restrição à atividade negocial, é dosada no procedimento da curatela. O art. 8º, *caput*, da Lei 9.099/95, porém, continua limitando a participação no procedimento dos juizados especiais apenas aos absolutamente capazes.

Para assegurar o equilíbrio entre as partes, a lei dá ao autor que comparece pessoalmente o direito, se esse quiser, à assistência judiciária (defensoria pública), quando o réu for pessoa jurídica ou firma individual. Para esse fim, deverá a lei local instituir serviço advocatício assistencial junto aos Juizados (art. 9º, § 1º). Qualquer das partes poderá, também, valer-se da assistência judiciária oficial sempre que a outra comparecer sob patrocínio de advogado (art. 9º, § 1º).

Determina, outrossim, o § 2º do art. 9º da Lei nº 9.099 que o juiz alerte as partes da conveniência do patrocínio por advogado, quando a causa recomendar, o que poderá ocorrer pela dificuldade notada na conduta de um dos litigantes na audiência de conciliação, mesmo fora das hipóteses do *caput* e do § 1º do referido art. 9º.

A outorga do mandato judicial ao advogado não depende da forma escrita, podendo ser verbal. Basta o comparecimento do causídico, junto com a parte, à audiência, para que se tenha como constituída a representação para a causa, mediante simples registro na ata respectiva. No entanto, os poderes especiais a que alude o art. 105 do CPC/2015 somente podem ser conferidos por escrito (Lei nº 9.099, art. 9º, § 3º). A procuração pode ser assinada digitalmente, conforme prevê o §1º do citado art. 105. Vale lembrar que a Lei nº 11.419/2006, que instituiu o processo eletrônico, é aplicável aos juizados especiais.

Com ou sem assistência de advogado, o autor sempre deverá comparecer pessoalmente à audiência de conciliação (art. 9º, *caput*). O réu também deverá, em regra, fazer o mesmo. Mas, quando for pessoa jurídica ou titular de firma individual, poderá ser representado por preposto credenciado (art. 9º, § 4º).

Não procede a exigência, às vezes feita por alguns juízes, de que o preposto seja alguém vinculado por relação de emprego ao demandado. Isto é uma limitação que não consta da lei e que não pode ser acrescida por iniciativa judicial, sob pena de infringir o princípio constitucional da legalidade (CF, art. 5º, II). Tal como se passa na Justiça do Trabalho, o que se tem de exigir é que o preposto tenha conhecimento do fato discutido no processo e disponha de poderes para transigir.[50] Afinal, a Lei nº 12.137, de 18.12.2009, alterou a redação do § 4º do art. 9º da Lei nº 9.099 para explicitar que o preposto, desde que tenha poderes para transigir, não necessita manter vínculo empregatício com a pessoa jurídica demandada.

427. Litisconsórcio e intervenção de terceiros

Na ação sumaríssima desenvolvida no Juizado Especial, é possível a formação de litisconsórcio tanto ativo como passivo, de acordo com as regras comuns do Código de Processo Civil (arts. 113 a 115).

Quanto às formas de intervenção de terceiro (CPC/2015, arts. 119 a 138), todas elas são expressamente vedadas, inclusive a assistência (Lei nº 9.099, art. 10). Isto se prende aos princípios da simplicidade e celeridade do procedimento, que restariam comprometidos com os embaraços e as delongas provocados pelos incidentes envolvendo estranhos à relação processual básica. Os litigantes, naturalmente, não ficarão impedidos de demandar por ação direta as pretensões que tiverem com relação aos terceiros. Nem estes sofrerão perda de seu direito de ação contra a parte pelo fato de não poderem intervir no feito do Juizado Especial.

A vedação contida no art. 10 da Lei nº 9.099 tem como foco as modalidades de intervenção previstas nos arts. 56 a 80 do CPC/1973. O novo Código introduziu duas formas de intervenção: *(i)* o incidente de desconsideração da personalidade jurídica e *(ii)* o *amicus curiae.*

---

50 TST, 1ª T., RR 207.117/95.3-18ª R., Rel. Min. João Oreste Dalazen, ac. 02.04.1997, *DJU* 18.08.1997, p. 35.892.

O primeiro aplica-se ao processo de competência dos juizados especiais, por expressa determinação do CPC/2015 (art. 1.062), razão pela qual o incidente regulado pelos arts. 133 a 137 do CPC/2015 não estão incluídos no impedimento de que trata o art. 10 da Lei nº 9.099. Já o *amicus curiae*, por se tratar de intervenção de terceiros, que não foi excluída da vedação legal, também não será admitida no Juizado Especial.

Por fim, nas ações de indenização decorrentes de acidente de trânsito, há evidente interesse do réu em que a companhia de seguros integre a lide. Assim, para esquivar-se do óbice legal, há entendimentos de que nessas ações "a demanda poderá ser ajuizada contra a seguradora, isolada ou conjuntamente com os demais coobrigados" (Enunciado nº 82 do FONAJE). Assim, se não se optar pela ação direta contra a seguradora, admite-se o seu litisconsórcio com o causador do dano.

428. Intervenção do Ministério Público

O Ministério Público intervirá no feito em curso no Juizado Especial nos casos previstos no Código de Processo Civil, em seus arts. 177 a 181 (Lei nº 9.099, art. 11).

Como, todavia, as causas da espécie envolvem apenas interesses patrimoniais disponíveis de pessoas maiores e capazes, não podendo nelas figurar as pessoas jurídicas e as massas da falência e da insolvência civil, muito raramente haverá lugar para a intervenção do Ministério Público.

§ 48. OS ATOS PROCESSUAIS E O PROCEDIMENTO

429. Os atos processuais e sua forma

A Lei nº 9.099 traçou as seguintes normas para os atos do processo adotado pelo Juizado Especial Civil:

(*a*) os atos processuais serão *públicos* e poderão realizar-se em horário noturno, conforme dispuserem as leis de organização judiciária (art. 12);
(*b*) os atos processuais se subordinarão ao princípio da *instrumentalidade das formas*, isto é, as formas serão sempre havidas como secundárias. Dessa maneira, os atos se consideram válidos "sempre que preencherem as finalidades para as quais foram realizados" (art. 13, *caput*). E, por consequência, nenhuma nulidade será pronunciada sem que, efetivamente, tenha havido prejuízo (art. 13, § 1º);
(*c*) não é necessário o uso formal da carta precatória (CPC/2015, art. 260) para que o juiz da causa solicite a outro juiz a prática de ato processual fora de sua circunscrição territorial. A comunicação poderá ser realizada informalmente, "por qualquer meio idôneo" (carta, telex, fax, telegrama, telefone etc.) (Lei nº 9.099, art. 13, § 2º). A utilização dos meios eletrônicos é preconizada para os atos da espécie, conforme previsto no § 1º do art. 1º da Lei nº 11.419/2006;[51]
(*d*) a documentação dos atos realizados na audiência será limitada apenas aos "atos considerados essenciais"; os registros serão resumidos e constarão de notas manuscritas, datilografadas, taquigrafadas ou estenotipadas. Os atos secundários ou "não essenciais" poderão constar de gravação em fita magnética ou equivalente, que se conservará somente até o trânsito em julgado da decisão (Lei nº 9.099/1995, art. 13, § 3º);
(*e*) às leis de organização caberá dispor sobre a conservação das peças do processo e dos demais documentos que o instruem (Lei nº 9.099/1995, art. 13, § 4º), o que permitirá, de acordo com as possibilidades locais, a adoção de métodos modernos como a microfilmagem e equivalentes.

430. O procedimento

A Lei nº 9.099 disciplinou o procedimento da ação sumaríssima a ser tramitada no Juizado Especial Civil, traçando normas sobre os principais atos do *iter* processual, que são:

(*a*) a propositura da ação (arts. 14 a 17);
(*b*) as citações e intimações (arts. 18 e 19);
(*c*) a audiência de conciliação (art. 21);
(*d*) a resposta do réu (arts. 30 e 31);
(*e*) a instrução da causa (art. 37);
(*f*) sentença (arts. 38 a 40);
(*g*) os recursos (arts. 41 a 50).

---

[51] Lei nº 11.419/2006: "Art. 1º O uso de meio eletrônico na tramitação de processos judiciais, comunicação de atos e transmissão de peças processuais será admitido nos termos desta Lei. § 1º Aplica-se o disposto nesta Lei, indistintamente, aos processos civil, penal e trabalhista, bem como aos juizados especiais, em qualquer grau de jurisdição".

Finalmente, são tratados pelos arts. 51 e 52 a extinção do processo sem julgamento de mérito e a execução forçada, respectivamente.

431. A propositura da ação

Observando o princípio da simplicidade e informalidade, o art. 14 da Lei nº 9.099 permite que a instauração do processo se dê tanto por meio de *requerimento escrito* como por via de *pedido oral*.

À parte caberá dirigir-se diretamente à Secretaria do Juizado, que tomará por termo a pretensão, se formulada verbalmente, caso em que se poderá utilizar "o sistema de fichas ou formulários impressos" (art. 14, § 3º).

No pedido, escrito ou oral, deverão constar, de forma simples e em linguagem acessível (art. 14, § 1º):

(a) *o nome, a qualificação e o endereço das partes* (do autor e do réu);

(b) *os fatos e os fundamentos, de forma sucinta*: não é necessário indicar artigos de lei; basta revelar o fato e o motivo pelo qual o autor pretende o efeito dele contra o réu (*causa petendi*), tudo em linguagem muito singela e direta;

(c) *o objeto e seu valor*: o resultado concreto que se espera obter da justiça em face do réu; a condenação a entregar certa coisa, a realizar certo fato; a anulação ou rescisão de certo negócio jurídico etc.

O pedido, quando não houver possibilidade imediata de especificação do respectivo objeto, poderá ser *genérico*, como ocorre nas indenizações cujo *quantum* ainda não se sabe precisar (Lei nº 9.099, art. 14, § 2º). A sentença condenatória, todavia, será sempre líquida (art. 38, parágrafo único).

Admite-se, tal como no Código de Processo Civil, a formulação de pedidos *alternativos* ou *cumulativos*. Nas cumulações, todavia, a soma dos pedidos conexos não poderá ultrapassar o limite de quarenta salários mínimos (Lei nº 9.099/1995, art. 15).

A ação será imediatamente registrada pela Secretaria do Juizado, a quem competirá designar a sessão de conciliação, a realizar-se no prazo de quinze dias. Tudo isso será feito de plano, antes mesmo da autuação e distribuição (art. 16), procedendo-se, em seguida, à citação do réu (art. 18).

Pode acontecer que as duas partes se dirijam ao Juizado, em conjunto. Neste caso, não haverá citação e, antes mesmo do registro da demanda, a Secretaria instaurará a sessão de conciliação (art. 17). Será indispensável, todavia, a presença do juiz togado, ou do juiz leigo, ou, pelo menos, do conciliador para que a audiência se realize.

Quando ambos os litigantes formularem "pedidos contrapostos", *i.e.*, pedidos de um contra o outro, será dispensada a formalização de contestação e os dois pedidos opostos serão apreciados na mesma sentença (art. 17, parágrafo único). Na verdade, a hipótese não é de reconvenção, pois os dois litigantes compareceram simultaneamente e cada um formulou pedido próprio contra o outro. São, pois, duas ações conexas que o art. 17 prevê como reuníveis para sentença única.

432. Citações e intimações

As citações no Juizado Especial são normalmente realizadas por via postal: correspondência, com aviso de recebimento em mão própria (art. 18, I).

Na hipótese de pessoa jurídica ou de titular de firma individual (comerciante ou industrial), a citação será válida, desde que a correspondência seja entregue ao funcionário "encarregado da recepção", que deverá ser identificado no comprovante postal de recebimento (art. 18, II).

É admissível, também, a citação por oficial de justiça, mas apenas em caráter excepcional e com justificativa adequada, caso em que a diligência se cumprirá, independentemente de mandado ou precatória (art. 18, III). Isto é, o oficial agirá com base em cópia da inicial ou em qualquer modelo padronizado preenchido ou copiado pela Secretaria.

433. Requisitos da citação

O documento de citação expedido pela Secretaria conterá, segundo o art. 18, § 1º, da Lei nº 9.099:

(a) cópia do pedido inicial;

(b) o dia e a hora para comparecimento em juízo;

(c) a advertência de que, não comparecendo o réu, considerar-se-ão verdadeiras as alegações iniciais, e será proferido julgamento, de plano.

Não se admite, no Juizado Especial, a citação por edital (art. 18, § 2º). Se o réu, destarte, estiver em local incerto ou ignorado, não será possível o ajuizamento da ação sumaríssima da Lei nº 9.099. O autor terá de aforar sua demanda na Justiça contenciosa comum.

A citação é sempre ato fundamental e obrigatório. O comparecimento espontâneo do réu, porém, supre a ausência ou os defeitos do ato citatório (art. 18, § 3º).

434. Intimações

As intimações dos atos processuais serão feitas por via postal ou por oficial de justiça, mas poderão também adotar "outro meio idôneo de comunicação" (art. 19). Fica, assim, aberta a possibilidade de utilização de meios modernos de telecomunicação, como o telefone, o fax, o telex, o telegrama etc.

Dos atos praticados na audiência, não há intimação propriamente dita, pois a lei os considera, desde logo, como da ciência das partes (art. 19, § 1º).

Havendo alteração de endereço, a parte tem o dever de comunicá-la ao juízo, pois, mesmo não sendo encontrado o destinatário, ter-se-á como eficaz a intimação enviada ao local anteriormente declarado nos autos (art. 19, § 2º). Vê-se, portanto, que, nas intimações, não prevalece o requisito de que o aviso de recebimento postal seja firmado pela parte.

435. A audiência de conciliação, instrução e julgamento

A audiência é o núcleo, o coração do procedimento sumaríssimo desenvolvido no Juizado Especial. O réu é citado para a ela comparecer, pessoalmente, e o autor também é intimado a nela estar presente. O não comparecimento do autor é causa de frustração do processo, pois acarreta a sua imediata extinção, sem julgamento do mérito (Lei nº 9.099, art. 51, I). Já a ausência do réu tem enorme consequência de ordem processual e material, pois provoca sua *revelia* e determina que o juiz julgue, de imediato, a lide, reputando como verdadeiros os fatos alegados no pedido inicial (art. 20). A sentença deve ser proferida na própria audiência (art. 23).

Presentes as partes, a audiência terá início pela tentativa de conciliação (meta precípua do Juizado Especial). Aquele que estiver dirigindo a sessão, que pode ser o juiz togado, o juiz leigo ou o conciliador, não se limitará a ouvir as partes na busca da solução negocial. Deverá, por determinação expressa da lei, "esclarecer as partes sobre as vantagens da conciliação, mostrando-lhes os riscos e as consequências do litígio", especialmente quanto aos limites do crédito a ser obtido na sentença, em face da regra do § 3º do art. 3º da Lei nº 9.099 (art. 21). Quer a lei, em outras palavras, que as partes sejam estimuladas a entrar em acordo. É cabível, outrossim, a conciliação não presencial conduzida pelo Juizado mediante o emprego dos recursos tecnológicos disponíveis de transmissão de sons e imagens em tempo real, devendo o resultado da tentativa de conciliação ser reduzido a escrito com os anexos pertinentes (art. 22, § 2º, acrescentado pela Lei 13.994/2020).

Da tentativa de acordo, duas situações podem decorrer: *(i)* a convergência dos litigantes para a solução conciliatória; ou *(ii)* a frustração do esforço negocial.

Se a conciliação foi obtida, lavra-se o competente termo, no qual figurará a sentença de homologação com eficácia de título executivo (art. 22, § 1º, com a redação da Lei nº 13.994/2020). Note-se que o trabalho de conciliação pode ser dirigido tanto pelo juiz togado ou pelo juiz leigo como pelo conciliador, mas a homologação do acordo é ato jurisdicional exclusivo do titular do juízo (o juiz de direito).

Diante do insucesso da conciliação, a lei permite às partes uma segunda modalidade de solução negocial ou convencional, antes de passar ao procedimento judicial contencioso propriamente dito: trata-se da conversão do feito em juízo arbitral (art. 24) (*vide*, *infra*, nº 451).

Fracassada a conciliação e não instalado o juízo arbitral, a audiência prosseguirá, em regra, rumo à instrução e julgamento, na mesma sessão, ou seja, "imediatamente" (art. 27, *caput*). Somente quando não for possível a imediata coleta das provas reputadas necessárias pelo juiz é que será marcada uma nova audiência, cuja realização deverá ocorrer num dos quinze dias subsequentes, ficando as partes e testemunhas (se presentes) desde logo cientes, sem necessidade, portanto, de novas intimações (art. 27, parágrafo único).

Ainda na mesma audiência e uma vez colhida a prova, será proferida a sentença (art. 28). Daí falar-se em concentração do procedimento inspirado no princípio da oralidade, pois, sempre que possível, uma só audiência será de conciliação, instrução e julgamento. Não há julgamento posterior em gabinete, nem tampouco adiamento da audiência para elaboração de memoriais pelas partes. Tudo é singelo, informal, célere, imediato. Ao concluir a audiência, a lide deve estar, definitivamente, composta. Esse o ideal do Juizado Especial Civil.

Durante a audiência, todos os incidentes devem ser solucionados de plano, evitando suspensões ou paralisações (art. 29). Sobre os documentos apresentados por uma das partes, a outra deverá manifestar-se de imediato, isto é, na mesma audiência (art. 29, parágrafo único).

436. A resposta do réu

O réu produzirá sua defesa na audiência inaugural do procedimento sumaríssimo. Poderá fazê-lo em documento escrito ou por manifestação oral, caso em que será tomada por termo (Lei nº 9.099/1995, art. 30).

Se houver exceção de suspeição ou impedimento do juiz, deverá ser produzida por escrito, também na audiência, mas o seu processamento será em autos apartados e observará o rito previsto no Código de Processo Civil (arts. 146 e 147), cabendo ao relator declarar se o incidente será recebido com ou sem efeito suspensivo (CPC/2015, art. 146, § 2º). Toda matéria de defesa, formal e material, admitida no juízo contencioso comum é arguível na contestação da ação sumaríssima da Lei nº 9.099 (art. 30). Não se admite, todavia, a reconvenção (art. 31). Dá-se, porém, à ação sumaríssima o feitio de uma *ação dúplice*, porque se permite ao réu incluir na contestação *pedido* contra o autor, "desde que fundado nos mesmos fatos que constituem o objeto da controvérsia" (art. 31).

A ação dúplice prevista na Lei nº 9.099 não chega a confundir-se com a reconvenção, porque seu âmbito é muito menor do que o previsto no Código de Processo Civil para a ação reconvencional. Nesta, fatos novos podem ser colacionados, desde que conexos com a ação originária ou com o fundamento da defesa (CPC/2015, art. 343). No Juizado Especial, o pedido a ser contraposto pelo réu ao do autor somente poderá referir-se à matéria compatível com a competência do aludido juízo (*valor* e *matéria*) e apenas poderá referir-se aos mesmos limites fáticos do evento descrito na inicial do autor.

O autor poderá manifestar-se sobre o contrapedido do réu na própria audiência, impedindo, assim, o seu adiamento. Se, todavia, não se sentir em condições de defender-se imediatamente, terá o direito de requerer o adiamento, hipótese em que a nova audiência será desde logo fixada, com ciência de todos os presentes (Lei nº 9.099/1995, art. 31, parágrafo único).

437. As provas

Todos os meios de prova moralmente legítimos, ainda que não especificados em lei, podem ser utilizados durante a instrução da causa processada no Juizado Especial Civil (Lei nº 9.099, art. 32) e deverão ser produzidos, em regra, na audiência de instrução e julgamento (art. 33). Não há necessidade de requerimento prévio e ao juiz são conferidos amplos poderes para limitar ou excluir provas consideradas excessivas, impertinentes ou protelatórias, bem como para determinar, de ofício, as havidas como necessárias, sem, contudo, transformar-se numa espécie de "investigador civil".[52]

As testemunhas, em princípio, deverão ser levadas à audiência pela parte, independentemente de intimação. Mas, se lhe convier, poderá requerer, previamente, que sejam intimadas (art. 34). O requerimento, *in casu*, deverá ser apresentado no mínimo cinco dias antes da audiência (art. 34, § 1º). A prova oral (depoimento de parte ou de testemunhas) não é reduzida a escrito (art. 36). Poderá ser gravada em fita magnética (art. 13, § 3º). E, ao sentenciar, o juiz deverá referir-se, no essencial, aos informes traduzidos nos depoimentos (art. 36).

A prova técnica é admissível no Juizado Especial, quando o exame do fato controvertido a exigir. Não assumirá, porém, a forma de uma perícia, nos moldes habituais do Código de Processo Civil. O perito, escolhido pelo juiz, será convocado para a audiência, onde prestará as informações solicitadas pelo instrutor da causa (art. 35, *caput*).

Se não for possível solucionar a lide à base de simples esclarecimentos do técnico em audiência, a causa deverá ser considerada complexa. O feito será encerrado no âmbito do Juizado Especial, sem julgamento de mérito, e as partes serão remetidas à justiça comum. Isto porque os Juizados Especiais, por mandamento constitucional, são destinados apenas a compor as "causas cíveis de menor complexidade" (CF, art. 98, I).

Outra forma sumária de uso da prova técnica na ação sumaríssima consiste na permissão às partes para apresentação de *parecer técnico*, obtido extrajudicialmente (Lei nº 9.099/1995, art. 35, *in fine*).

A inspeção judicial é, outrossim, medida probatória que a Lei nº 9.099 autoriza o juiz a adotar, de ofício ou a requerimento de qualquer das partes (art. 35, parágrafo único). Gozando de maior liberdade probatória que o juiz comum, o instrutor do Juizado Especial pode delegar a inspeção à "pessoa de sua confiança", a quem caberá o relato informal (por escrito ou em audiência) do que houver verificado (art. 35, parágrafo único).

A atividade instrutória não pode ser confiada ao conciliador. É tarefa que a Lei nº 9.099 reserva à direção do juiz togado ou do juiz leigo (art. 37).

---

[52] FIGUEIRA JÚNIOR, Joel Dias. *Comentários à Lei dos Juizados Especiais Cíveis e Criminais*. São Paulo: Ed. RT, 1995, p. 165.

§ 49. A SENTENÇA E OS RECURSOS

438. A sentença

A sentença no Juizado Especial Civil, como em qualquer outro processo, deverá sempre ser fundamentada (CF, art. 93, IX).[53]

A Lei nº 9.099, no entanto, recomenda que a menção aos elementos de convicção seja feita de forma sucinta, com "breve resumo dos fatos relevantes ocorridos em audiência". Não há necessidade do relatório a que alude o Código de Processo Civil, no art. 489, I (Lei nº 9.099, art. 38, *caput*).

Não se admite condenação ilíquida. Ainda que o autor tenha formulado pedido genérico, cumprirá ao juiz apurar o *quantum debeatur* e proferir, a final, sentença líquida (art. 38, parágrafo único).

De forma alguma, poderá o juiz condenar a parte à prestação que exceda à alçada estabelecida pela Lei nº 9.099. Se a sentença exorbitar, será havida como ineficaz na parte excedente do limite traçado no art. 3º, como dispõe o art. 39 da mesma Lei.

Quando, porém, as partes se compõem, a transação ou conciliação será plenamente eficaz, mesmo atingindo valor maior do que a alçada do juizado (arts. 3º, § 3º, 21 e 22). Esse aspecto da Lei nº 9.099 funciona como um dos incentivos à conciliação, como meta do Juizado Especial Civil (art. 21).

A sentença de mérito é, no sistema da Lei nº 9.099, ato natural do juiz togado. Quando, todavia, a instrução houver sido dirigida pelo juiz leigo, a este caberá julgar a causa. Esse julgamento, no entanto, não será definitivo, pois deverá ser submetido à consideração e aprovação do juiz togado (art. 40). Trata-se de uma decisão *ad referendum*. Ao juiz togado a lei atribui a dupla função de: *(i)* homologar a decisão do juiz leigo; ou *(ii)* negar-lhe aprovação, caso em que proferirá outra.

Permite a lei, ainda, que o juiz titular suspenda a homologação e determine diligência complementar, para coleta de outros elementos de prova reputados necessários à formação de seu juízo definitivo sobre a causa (art. 40). Uma vez cumprida a diligência pelo juiz leigo, o togado dará sua palavra final, homologando a decisão daquele ou proferindo sentença própria.

439. Recursos

A Lei nº 9.099 previu, de maneira expressa, dois recursos: *(i) recurso inominado*, ou, simplesmente, *recurso*, manejável contra *sentença*, menos a homologatória (art. 41, *caput*); *(ii)* os *embargos de declaração*, interponíveis contra a *sentença* ou o *acórdão* (art. 48).

A sentença de homologação da conciliação (art. 22, § 1º) ou do laudo arbitral (art. 26) é irrecorrível.

I – Recurso inominado

Já a sentença do juiz togado que põe fim ao processo, com ou sem julgamento de mérito, desafia *recurso*, que a lei não nominou, mas que equivale à apelação do Código de Processo Civil. Esse recurso, previsto no art. 41 da Lei nº 9.099, não é endereçado ao Tribunal de Justiça. É dirigido a um órgão recursal próprio do Juizado de Pequenas Causas, composto por três juízes

---

[53] A fundamentação consiste, "ao mesmo tempo, em um princípio processual, um dever do julgador, um direito individual e uma garantia para a Administração Pública". Em sua elaboração, "não basta indicar o texto legal aplicável ao caso. O juiz deve justificar as razões de sua incidência na relação jurídica entre as partes, e em que medida ela ocorre". CARDOSO, Oscar Valente. Motivação per relationem inversa nos juizados especiais cíveis. In: *Revista Dialética de Direito Processual*, n. 144, p. 55, mar. 2015.

togados, em exercício no primeiro grau de jurisdição (art. 41, § 1º). A lei fala em "Turmas de Recurso", as quais terão de ser criadas e instaladas, de acordo com a lei local (CF, art. 98, I).

Não há hierarquia entre o Tribunal de Justiça e as "Turmas de Recurso", de sorte que a solução encontrada nos acórdãos destas é final e definitiva. Não cabe, nem mesmo, recurso especial para o Superior Tribunal de Justiça, visto que não podem ser havidos como julgamento de última instância pelos Tribunais a que alude o art. 105, III, da Constituição.[54]

II - Recurso extraordinário

Havendo, porém, ofensa à Constituição, o recurso extraordinário será interponível, já que o art. 102, III, ao disciplinar aludido meio impugnativo, o afirma cabível contra qualquer julgamento de "única ou última instância", e não apenas aqueles proferidos por Tribunais de segundo grau (CF, art. 102, III).[55]

III - Recurso contra decisão interlocutória

A propósito das decisões interlocutórias, a Lei nº 9.099 se silenciou. Em princípio, devendo o procedimento concentrar-se numa só audiência, todos os incidentes nela verificados e decididos poderiam ser revistos no recurso inominado afinal interposto. Mas nem sempre isto se dará de maneira tão singela. Questões preliminares poderão ser dirimidas antes da audiência ou no intervalo entre a de conciliação e a de instrução e julgamento. Nessas hipóteses, seguindo a orientação do CPC/2015, não poderá operar-se a *preclusão* em prejuízo das partes, devendo a questão ser suscitada, por invocação supletiva no Código, em preliminar do recurso inominado afinal interposto (CPC/2015, art. 1.009, § 1º).

Admite-se também agravo interno contra decisão monocrática do relator em turma recursal,[56] nos moldes previstos no art. 1.021 do CPC/2015.

IV - Embargos declaratórios

Quanto aos *embargos de declaração*, cabíveis contra a sentença de primeiro grau ou o acórdão da Turma Julgadora (art. 48), o regime da Lei nº 9.099 é, em linhas gerais, o mesmo

---

[54] "Não cabe recurso especial de decisão proferida por Colégio Recursal de Juizado de Pequenas Causas, que não é Tribunal" (STJ, 2ª Seção, Ag.Rg. na Recl. 214/SP, Rel. Min. Dias Trindade, ac. 09.02.1994, *DJU* 28.03.1994, p. 6.287). "Os conselhos ou câmaras recursais daqueles juizados não se inserem na previsão do art. 105, III, da Constituição, que se refere a causas decididas por Tribunais Regionais Federais ou Tribunais dos Estados, do Distrito Federal e Territórios. Inadmissível recurso especial de suas decisões" (STJ, 3ª T., REsp 48.136/BA, Rel. Min. Eduardo Ribeiro, ac. 02.08.1994, *DJU* 22.08.1994. A matéria, atualmente, consta de jurisprudência sumulada (STJ, Súmula nº 203).

[55] "Firmou-se orientação, no Supremo Tribunal Federal, diante do texto do art. 102, III, da Constituição de 1988, que, em princípio, cabe recurso extraordinário de decisões, em instância única, desde que, nelas, se discuta questão constitucional, inclusive, em se tratando de Juizados de Pequenas Causas" (STF, Pleno, Recl. 460/GO, Rel. Min. Néri da Silveira, ac. 29.06.1994, *DJU* 09.12.1994, p. 34.081). "Sendo plenamente cabível a interposição do recurso extraordinário das decisões colegiadas de primeiro grau que, em processo instaurado perante o Juizado Especial de Pequenas Causas, resolvem controvérsia de índole constitucional, não se revela possível à instância a quo, sob pena de usurpação da competência do STF, obstar o trânsito de agravo de instrumento que objetive o processamento do apelo extremo denegado na origem" (STF, Pleno, Recl. 471/SP, Rel. Min. Celso de Mello, ac. 16.11.1994, *DJU* 19.12.1994, p. 35.180. Finalmente a jurisprudência do STF foi sumulada: "É cabível recurso extraordinário contra decisão proferida por juiz de primeiro grau nas causas de alçada, ou por turma recursal de juizado especial cível e criminal" (Súmula nº 640).

[56] "Cabimento do agravo interno no âmbito dos juizados especiais. Constitucionalidade do julgamento monocrático do recurso desde que haja possibilidade de revisão pelo órgão colegiado" (STF, Pleno, RE 612.359/SP, RG Tema 294, Rel. Min. Ellen Gracie, ac. 13.08.2010, *DJe* 26.08.2010).

do Código de Processo Civil, salvo apenas a multa para os embargos procrastinatórios, que não foi acolhida pela lei especial. O novo texto do art. 48[57] alterado pela Lei 13.105/2015, prevê que os embargos de declaração manejáveis no Juizado Especial, caberão nos mesmos casos previstos pelo Código de Processo Civil, ou seja, quando *(i)* houver necessidade de esclarecer obscuridade ou eliminar contradição; ou *(ii)* de suprir omissão de ponto ou questão sobre o qual devia se pronunciar o juiz de ofício ou a requerimento; ou, ainda *(iii)* de corrigir erro material (CPC/2015, art. 1.022).

O art. 50 também sofreu alteração: anteriormente, o efeito desses embargos seria de suspensão e não de interrupção do prazo do recurso principal. O CPC/2015 deu nova redação ao citado artigo, para estabelecer que eles, também no procedimento do Juizado Especial, interrompem o referido prazo (CPC/2015, art. 1.065). Igualou-se, dessa forma, o regime da lei especial ao da lei geral.[58]

Permite, porém, o art. 49 que os embargos em questão sejam manejáveis por meio de petição escrita ou oralmente, na hipótese, por exemplo, de sua interposição em audiência.

V – Processamento

Para interpor o recurso e acompanhar o seu julgamento perante a "Turma", as partes devem representar-se por advogado (art. 41, § 2º). Assim, se vinham atuando pessoalmente, como lhes permite o art. 9º, terão de constituir advogado se resolverem recorrer ou contra-arrazoar.

O recurso inominado deve ser interposto no prazo de dez dias, contado da ciência da sentença, o que deve ocorrer na própria audiência (art. 42 c/c arts. 28 e 45).

Não há gratuidade na fase recursal, salvo na hipótese comum de assistência judiciária. Dentro de quarenta e oito horas da interposição, o recorrente deverá realizar o preparo das custas respectivas sob pena de deserção (art. 42, § 1º). No regime da Lei nº 9.099, a deserção é automática, não havendo oportunidade para o recorrente suprir a falta de preparo ou para complementá-lo.[59]

Ao recorrido, é assegurado o prazo de dez dias para responder ao recurso do adversário, prazo que será contado a partir de sua intimação (art. 42, § 2º), cuja prática observará um dos modos admitidos pelos arts. 18 e 19 da Lei nº 9.099 (ver, *retro*, nº 420).

O recurso instituído pela Lei do Juizado Especial somente tem efeito devolutivo, em regra. O juiz *a quo*, porém, ao admiti-lo, pode excepcionalmente conferir-lhe efeito suspensivo, "para evitar dano irreparável para a parte" (art. 43), que a execução provisória do julgado pudesse ocasionar.

Se o recurso já se encontrar em segundo grau, o efeito suspensivo poderá ser requerido ao relator, a exemplo do que o Código permite nos casos de apelação (CPC/2015, art. 1.012, §§ 1º e 4º), cabendo ao relator concedê-lo ou não (§ 3º).

Para melhor esclarecimento do recurso, qualquer das partes poderá requerer a transcrição da fita magnética onde se encontram os depoimentos e demais fatos ocorridos na audiência (Lei nº 9.099/1995, arts. 44 e 13, § 3º). O requerente arcará com as despesas da diligência.

---

[57] O art. 48 da Lei nº 9.099/1995 teve sua redação alterada pelo CPC/2015, passando a vigorar nos seguintes termos: "Art. 48. Caberão embargos de declaração contra sentença ou acórdão nos casos previstos no Código de Processo Civil".

[58] O art. 1.066 do CPC/2015 alterou a redação do *caput* e § 2º do art. 83 da Lei 9.099/1995, para prever hipótese de cabimento dos embargos declaratórios nas ações que tramitam perante o Juizado Especial Criminal e dotá-lo de efeito interruptivo, uniformizando as situações em que é possível interpor tal recurso.

[59] "O recurso inominado será julgado deserto quando não houver o recolhimento integral do preparo e sua respectiva comprovação pela parte, no prazo de 48 horas, não admitida a complementação intempestiva (art. 42, § 1º, da Lei 9.099/95)" (FPJC, Enunciado nº 80).

O julgamento da Turma Recursal será precedido de intimação das partes (art. 45), sob qualquer das modalidades do art. 18, ou daquela que a lei de organização prever, especificamente.

O acórdão, com que se dará solução ao recurso, não dependerá de lavratura e publicação oficial, como ocorre nos Tribunais ordinários. Haverá apenas uma ata, onde o processo será identificado e se lançarão, de forma sucinta, a fundamentação e a parte dispositiva (art. 46). Nos casos de confirmação da sentença por seus próprios fundamentos, estes não deverão ser repetidos na ata. Bastará a *súmula* do julgamento para produzir os efeitos de acórdão (art. 46, *in fine*). Nesse caso, observe-se, não há dispensa de motivação; permite-se apenas que a turma recursal adote, como suas razões de decidir, os fundamentos utilizados em outro ato processual, fazendo a remissão, sem necessidade de transcrevê-los. Porém, se houver a reforma da sentença (para anular ou cassar), será necessário "um esforço argumentativo maior por parte do órgão revisor. Portanto, não é suficiente a utilização da fundamentação *per relationem* inversa, com a simples menção a um parecer do Ministério Público, ou às razões do recurso, ou a qualquer outro ato do processo, para modificar a decisão judicial recorrida".[60-61]

440. Mandado de segurança

Diante da autonomia que a lei atribui ao Juizado Especial, não há hierarquia que justifique recurso ordinário de suas decisões para o Tribunal de Justiça. Pela mesma razão, não se admite, em princípio, qualquer outro tipo de controle, pela justiça comum, sobre o mérito das decisões proferidas pelos juizados especiais, a não ser o do recurso extraordinário para o Supremo Tribunal Federal, quando em jogo a questão de constitucionalidade.

A autonomia dos juizados especiais, todavia, não pode prevalecer, segundo entendimento do Superior Tribunal de Justiça, para a decisão acerca de sua própria competência para conhecer das causas que lhe são submetidas. Daí preconizar aquela Corte a necessidade de estabelecer-se, por via jurisprudencial, um sistema de controle dessa matéria, já que não há na lei própria previsão a esse respeito. A não ser assim, estar-se-ia atribuindo àquele Juizado um poder desproporcional, qual seja, o de ele próprio definir, em caráter definitivo, as causas de sua absoluta competência.[62]

---

[60] CARDOSO, Oscar Valente. Motivação per relationem inversa nos juizados especiais cíveis. In: *Revista Dialética de Direito Processual*, n. 144, p. 55, mar. 2015, p. 62.

[61] "O art. 46 da Lei n. 9.099/95 permite que, nos Juizados Especiais Cíveis, o acórdão tenha sua fundamentação apenas na remissão à sentença recorrida, quando esta for mantida por seus próprios fundamentos: 'O julgamento em segunda instância constará apenas da ata, com a indicação suficiente do processo, fundamentação sucinta e parte dispositiva. Se a sentença for confirmada pelos próprios fundamentos, a súmula do julgamento servirá de acórdão'. (...) Essa autorização, contudo, não importa a dispensa de motivação, mas apenas permite ao órgão julgador a adoção, como suas razões de decidir, dos fundamentos utilizados em outro ato processual, como a sentença recorrida (com permissão expressa nos Juizados Especiais Cíveis), o parecer do Ministério Público e até mesmo as informações da autoridade coatora em mandado de segurança. (...) Ainda, a dispensa da reiteração da motivação pressupõe a adoção das razões de decidir da decisão impugnada. Por outro lado, contraria o disposto no art. 93, IX, da Constituição o acórdão de Turma Recursal que, limitando-se à súmula do julgamento, reforma a sentença recorrida. No caso, o acórdão impugnado no recurso extraordinário não faz remissão a qualquer fundamento e, em consequência, não permite o controle de suas razões. Portanto, não se trata de fundamentação sucinta, mas sim de ausência de fundamentação, o que contraria a jurisprudência assentada por esta Corte" (STF, 2ª T., ARE 778.986/SP, Rel. Min. Teori Zavascki, ac. 25.03.2014 (decisão monocrática), *DJe* 31.03.2014).

[62] "A jurisprudência do STJ admite a impetração de mandado de segurança para que o Tribunal de Justiça exerça o controle da competência dos Juizados Especiais Cíveis e Criminais, vedada a análise do mérito do processo subjacente" (STJ, 4ª T., RMS 33.155/MA, Rel. Min. Maria Isabel Gallotti, ac. 28.06.2011, *DJe* 29.08.2011. No mesmo sentido: STJ, 2ª T., RMS 53.227/RS, Rel. Min. Herman Benjamin, ac. 27.06.2017, *DJe* 30.06.2017).

Embora possam existir outras formas de promoção do referido controle, para a Corte Especial do STJ, "a forma mais adequada é a do mandado de segurança, por dois motivos: em primeiro lugar, porque haveria dificuldade de utilização, em alguns casos, da Reclamação ou da *Querela Nullitatis*; em segundo lugar, porque o mandado de segurança tem historicamente sido utilizado nas hipóteses em que não existe, no ordenamento jurídico, outra forma de reparar lesão ou prevenir ameaça de lesão a direito".[63]

O mandado de segurança contra ato de juiz, na espécie, seria interposto perante a Turma Recursal segundo jurisprudência do STJ.[64] Quando o ato for da Turma Recursal, o mandado de segurança será da competência do Tribunal de Justiça.[65]

441. Uniformização de jurisprudência

Para os Juizados Especiais da Justiça Federal (Lei nº 10.259/2001, art. 14) e Juizados Especiais da Fazenda Pública no âmbito das Justiças Estaduais (Lei nº 12.153/2009, art. 18) existe um mecanismo processual para unificar a Jurisprudência quando se instala divergência entre diferentes Turmas Recursais.

Na legislação que regula os Juizados Especiais Civis da Justiça dos Estados (Lei nº 9.099) não há previsão de remédio algum que sirva para superar os dissídios interpretativos. O problema pode ser minimizado quando se circunscreva aos órgãos recursais internos do microssistema, não, porém, quando se contraponha a posições já adotadas pelo Superior Tribunal. A este a Constituição atribui a função de controlar a aplicação e interpretação da lei federal, de sorte que esse papel não pode ser impedido pelo simples fato de não caber recurso especial no âmbito dos Juizados Especiais Civis dos Estados.

Para contornar esse embaraço, o Supremo Tribunal Federal declarou ser cabível o uso da reclamação constitucional, sempre que a decisão de alguma Turma Recursal dos Juizados Estaduais afrontar súmula ou jurisprudência do Superior Tribunal de Justiça assentada em recursos repetitivos, nos termos do art. 1.036 do CPC/2015.[66] Como a reclamação não se presta a rescindir

---

[63] STJ, Corte Especial, RMS 17.524/BA, Rel. Min. Nancy Andrighi, ac. 02.08.2006, *DJU* 11.09.2006, p. 211. Consta do mesmo acórdão a ressalva de que "o entendimento de que é cabível a impetração de mandado de segurança nas hipóteses de controle sobre a competência dos juizados especiais não altera o entendimento anterior deste Tribunal, que veda a utilização do writ para o controle do mérito das decisões desses juizados". "Admite-se a impetração de mandado de segurança frente aos Tribunais de Justiça dos Estados para o exercício do controle da competência dos Juizados Especiais, ainda que a decisão a ser anulada já tenha transitado em julgado" (STJ, 3ª T., MC 15.465/SC, Rel. Min. Nancy Andrighi, ac. 28.04.2009, *DJe* 03.09.2009).

[64] "Compete à turma recursal processar e julgar o mandado de segurança contra ato de juizado especial" (STJ, Súmula nº 376).

[65] "A abertura para o Tribunal de Justiça julgar mandado de segurança em matéria de competência vale apenas para os atos praticados pela Turma Recursal. O mandado de segurança dirigido contra ato de juiz de primeira instância deve ser dirigido à Turma Recursal. Somente após o pronunciamento desta é que se cogita de mandado de segurança endereçado a Tribunal de Justiça" (STJ, 1ª T., RMS 27.609, Min. Teori Zavascki, j. 10.03.2009, *DJ* 19.03.2009) (NEGRÃO, Theotonio. *Código de Processo Civil e legislação processual em vigor*. 44. ed. São Paulo: Saraiva, 2012, p. 1.620, nota 4 ao art. 41 da Lei nº 9.099).

[66] STF, Pleno, EDcl no RE 571.572-8/BA, Rel. Min. Ellen Gracie, ac. 26.08.2009, *DJe*, 27.11.2009; STJ, Resolução nº 12, de 14.12.2009. "Nos termos do art. 105, f, da CF/88, c/c o art. 187 do RISTJ, cabe reclamação da parte interessada ou do Ministério Público para preservar a competência do Superior Tribunal de Justiça ou para garantir a autoridade das suas decisões. Além dessas hipóteses, cabe reclamação para a adequação do entendimento adotado em acórdãos de Turma Recursais Estaduais à jurisprudência, súmula ou orientação adotada na sistemática dos recursos repetitivos do STJ, em razão do decidido nos EDcl no RE 571.572/BA (Tribunal Pleno, Rel. Min. Ellen Gracie, *DJe* de 27.11.2009) e das regras contidas na Resolução 12/2009 do STJ" (STJ, 1ª Seção, RCDESP na Rcl 8.718/SP, Rel. Min. Mauro Campbell Marques, ac. 22.08.2012, *DJe* 29.08.2012).

decisão judicial transitada em julgado, é necessário que sua interposição se dê antes de a decisão judicial se revestir da autoridade de coisa julgada material[67] (sobre a *matéria*, v., no vol. III, o § 75).

441.1. Competência para a reclamação

Com o advento do atual Código de Processo Civil, o STJ deliberou, mediante Resolução administrativa, atribuir aos tribunais de justiça estaduais a competência para processar e julgar as reclamações destinadas a dirimir divergência entre acórdão prolatado por Turma Recursal Estadual e do Distrito Federal e a jurisprudência do Superior Tribunal de Justiça (Resolução STJ/GP nº 3 de 07.04.2016, art. 1º).[68]

A divergência justificadora da reclamação, porém, deverá se dar apenas em face de jurisprudência consolidada do STJ em incidente de assunção de competência e de resolução de demandas repetitivas, em julgamento de recurso especial repetitivo e em enunciados das súmulas do STJ, bem como para garantir a observância de precedentes.

Determinou, ainda, a Resolução do STJ que a reclamação deverá ser atribuída nos Tribunais de Justiça às Câmaras Reunidas ou à Seção Especializada, aplicando-se, no que couber, o disposto nos arts. 988 a 993 do CPC (art. 2º). O disposto na Resolução não deverá ser aplicado às reclamações já distribuídas, pendentes de análise no STJ.

442. Extinção do processo

A Lei nº 9.099 cogita da extinção do processo, tanto com o julgamento de mérito como sem ele.

São casos de extinção com julgamento de mérito:

(a) a homologação da conciliação (art. 29, parágrafo único);

(b) a homologação do laudo arbitral (art. 26);

(c) a sentença de acolhimento ou rejeição do pedido, proferida pelo juiz togado ou redigida pelo juiz leigo e homologada pelo titular do juizado (arts. 38 e 40).

As duas primeiras são *irrecusáveis* e a última se sujeita ao recurso inominado, dentro do próprio âmbito do Juizado Especial (art. 41).

Haverá, segundo o art. 51 da Lei nº 9.099, extinção do processo sem julgamento de mérito:

(a) quando o autor deixar de comparecer a qualquer das audiências do processo (inc. I);

---

[67] Resolução nº 12/2009 do STJ: "Art. 1º As reclamações destinadas a dirimir divergência entre o acórdão prolatado por turma recursal estadual e a jurisprudência do Superior Tribunal de Justiça, suas súmulas ou orientações decorrentes do julgamento de recursos especiais processados na forma do art. 543-C do Código de Processo Civil [art. 1.036 do CPC/2015] serão oferecidas no prazo de quinze dias, contados da ciência, pela parte, da decisão impugnada, independentemente de preparo".

[68] A Resolução nº 3 foi precedida de decisão pronunciada pela Corte Especial do STJ: "Com o advento do Código de Processo Civil de 2015, que promoveu verdadeira vinculação dos juízes e membros dos Tribunais Estaduais à jurisprudência dos Tribunais Superiores e diante da inércia legislativa, a Corte Especial do STJ reconheceu que a competência para dirimir divergência entre acórdão prolatado por Turma Recursal Estadual e a jurisprudência do STJ, suas súmulas ou orientações decorrentes de julgamentos de recursos repetitivos deve ser exercida pelo Órgão Especial dos Tribunais de Justiça ou, na ausência deste, pelo órgão correspondente, provisoriamente, até a criação das Turmas de Uniformização (AgRg na Rcl 18.506/SP, Rel. Min. Raul Araújo, Corte Especial, julgado em 06.04.2016, *DJe* 27.05.2016)" (STJ, 3ª T., REsp 1.537.731/MA, Rel. Min. Marco Aurélio Bellizze, ac. 22.08.2017, *DJe* 29.08.2017).

(b) quando se verificar a inadmissibilidade da ação sumaríssima, por exemplo, por envolver matéria incompatível com a competência do Juizado Especial ou por assumir complexidade que só a jurisdição ordinária comporta etc. (inc. II);

(c) quando for acolhida a exceção de incompetência territorial: os autos não são remetidos ao outro juízo, diversamente do que se passa com o Código de Processo Civil. O processo simplesmente se extingue. Se a parte desejar continuar a demanda, terá de propô-la novamente perante o juizado competente. O procedimento não comporta fracionamento entre dois juízos (inc. III);

(d) quando sobrevier qualquer dos impedimentos previstos no art. 8º da Lei nº 9.099, ou seja, quando, por fato superveniente, o direito disputado passar a titularidade de incapaz, massa falida, insolvente civil ou pessoa jurídica (inc. IV);

(e) quando, falecido o autor, a habilitação depender de sentença ou não se der no prazo de trinta dias – o espólio não pode ser autor no Juizado Especial. Com a morte do sujeito ativo, o processo ficará suspenso por trinta dias para que seus herdeiros possam habilitar-se. Se tal não se der, ocorrerá a extinção do processo sem julgamento de mérito (inc. V).

Todos os casos enumerados pelo art. 51 da Lei nº 9.099 autorizam o juiz a extinguir o processo, sem depender de prévia audiência ou intimação das partes, conforme prevê o § 1º daquele dispositivo legal.

§ 50. EXECUÇÃO E DISPOSIÇÕES ESPECIAIS

443. Execução forçada

I - Execução de título judicial

O Juizado Especial Civil tem competência para execução forçada, seja de sentença, seja de título extrajudicial.[69] O procedimento e os requisitos são, basicamente, os mesmos do processo executivo disciplinado pelo Código de Processo Civil.

O art. 52 da Lei nº 9.099 aponta quais são os pontos em que a execução de sentença deva sofrer alguma alteração, em face do regime codificado:

(a) *não há liquidação de sentença* porque a condenação, no juizado, é sempre líquida (art. 38, parágrafo único). Nem mesmo o cálculo do contador será cabível. No tocante, por exemplo, à correção monetária, o art. 52, I, prevê indexador oficial; e, quanto aos honorários, à conversão eventual de índices e a outras parcelas, como juros, multas etc., o cálculo meramente aritmético será realizado por servidor da secretaria do juizado, dispensando-se, dessa forma, a liquidação por cálculo do contador (art. 52, II);

(b) *a informalidade da abertura da execução*: Na audiência em que a sentença é proferida, o juiz, de ofício, instará o vencido a cumprir a condenação advertindo-o dos efeitos de seu descumprimento (art. 52, III). Não ocorrendo o cumprimento voluntário da sentença trânsita em julgado, terá início a execução forçada, bastando que o credor a solicite. Não há nem mesmo petição inicial. O pedido pode ser formulado verbalmente junto à Secretaria do Juizado. O mandado executivo será expedido sem nova citação. Desde logo, expedir-se-á a ordem de penhora, se a execução for de quantia certa (art. 52, IV);

(c) *na execução das obrigações de fazer ou não fazer*, a cominação de multa (*astreinte*) pode sofrer elevação ou transformação em perdas e danos, arbitradas de imediato pelo juiz, caso em que a execução passará a ser por quantia certa (art. 52, V);

(d) *ainda nas obrigações de fazer*, o juiz pode determinar o cumprimento por outrem, fixado o valor que o devedor terá de depositar para as despesas, sob pena de multa diária (art. 52, VI);

(e) *na alienação dos bens penhorados*, o juiz poderá autorizar a venda extrajudicial, por terceiro, pelo devedor ou pelo credor, a qual se aperfeiçoará em juízo até a data fixada para a praça ou o leilão. Se o preço encontrado igualar ou superar o da avaliação, o juiz ultimará a venda, sem mais delongas. Se for inferior, ouvirá previamente ambas as partes. Havendo proposta de aquisição a prazo, a venda particular será garantida por caução idônea, se móvel o bem, ou por hipoteca do próprio bem penhorado, se imóvel (art. 52, VII);

(f) *a publicação de editais em jornais* é dispensada quando se tratar de alienação de bens de pequeno valor, o que será aferido segundo o prudente arbítrio do juiz (art. 52, VIII);

(g) *os embargos do devedor*, após a segurança do juízo, correrão nos próprios autos da execução (não há autuação apartada). A matéria arguível será restrita a *(i)* falta ou nulidade da citação no processo, se ele correu à revelia; *(ii)* manifesto excesso de execução; *(iii)* erro de cálculo; *(iv)* causa impeditiva, modificativa ou extintiva da obrigação, superveniente à sentença (art. 52, IX).

---

[69] Na execução de sentença pronunciada no próprio Juizado Especial prevalece sua competência mesmo quando o valor *in executivis* ultrapasse o teto do art. 3º, I, da Lei nº 9.099/1995 (STJ, 3ª T., AgRg no RMS 32.032/BA, Rel. Min. Vasco Della Giustina, ac. 14.09.2010, *DJe* 23.09.2010; STJ, 4ª T., REsp 691.785, Rel. Min. Raul Araújo, ac. 07.10.2010, *DJe* 20.10.2010).

II – Execução de título extrajudicial

A execução do título extrajudicial, também admissível no Juizado de Pequenas Causas, sofre as seguintes inovações em relação ao Código de Processo Civil:

(*a*) só é cabível com base em título de valor de até quarenta salários mínimos (art. 53, *caput*);[70]

(*b*) inicia-se segundo a citação executiva (pagamento em 24h, sob pena de penhora), mas, após a penhora, haverá uma *audiência de conciliação* (art. 53, § 1º);

(*c*) *os embargos do devedor* serão oferecidos, por escrito ou verbalmente, na audiência de conciliação (art. 53, § 1º), e serão processados nos mesmos autos da execução (art. 52, IX);

(*d*) *na audiência*, o juiz togado, o leigo ou o conciliador tudo farão para encontrar um meio que seja o mais rápido e eficaz para a solução do litígio, ou seja, para alcançar a satisfação do crédito exequendo. Assim, poderá propor, em lugar da venda judicial, o escalonamento da dívida ou a concessão de prazo, a dação em pagamento, ou a imediata adjudicação do bem penhorado (art. 53, § 2º);

(*e*) não havendo embargos, ou sendo eles rejeitados, não haverá, necessariamente, o leilão ou a praça, pois qualquer das partes poderá requerer uma das medidas previstas no § 2º do art. 53, isto é, concessão de prazo, dação em pagamento ou adjudicação imediata do bem penhorado (art. 53, § 3º);

(*f*) *não tendo encontrado o devedor para a citação executiva, ou não sendo localizado bem a penhorar*, o processo será imediatamente extinto (art. 53, § 4º). Não há, pois, a suspensão prevista no art. 921, III, do CPC/2015, visto que há regra própria da lei especial regulando a matéria de maneira diversa (v., retro, o item 414).

444. As despesas processuais no Juizado Especial Civil

Em primeiro grau, a ação sumaríssima é acessível às partes (autor e réu), sem pagamento de custas, taxas ou despesas (Lei nº 9.099, art. 54).

Havendo recurso, porém, caberá ao recorrente suportar as respectivas despesas, não só as do recurso propriamente dito, mas também as do processo, pelo seu andamento em primeiro grau, que não foram até então exigidas (art. 54, parágrafo único), salvo, é claro, se estiver sob o pálio da assistência judiciária.

Não há sucumbência no Juizado Especial. A sentença de primeiro grau, portanto, não condenará o vencido em custas e honorários de advogado. Tal somente ocorrerá quando houver necessidade de reprimir a litigância de má-fé (art. 55).

No caso de recurso, a Turma encarregada do segundo grau de jurisdição imporá, em seu acórdão, os encargos da sucumbência, condenando o recorrente, quando seu apelo for improvido, ou seja, condená-lo-á ao pagamento das custas e honorários de advogado, fixados entre dez e vinte por cento do valor da condenação, ou, não havendo condenação, do valor da causa corrigido (art. 55, *caput*). Não haverá a condenação na hipótese de ser acolhido o recurso

---

[70] O valor da causa, para efeito da competência do Juizado Especial, compreende a soma do principal atualizado à data da propositura da ação, mais juros de mora, sem computarem-se honorários advocatícios, já que estes não cabem em primeiro grau (NEGRÃO, Theotonio *et al. Código de Processo Civil e legislação processual em vigor*. 43. ed. São Paulo: Saraiva, 2011, p. 1.576, nota 5 ao art. 3º da Lei nº 9.099/1995).

porque a Lei nº 9.099 usou o mecanismo da sucumbência apenas como política de desestímulo ao recurso procrastinatório ou infundado, segundo se depreende do art. 55.

A execução de título judicial ou extrajudicial correrá sem custas e honorários, salvo quando (art. 55, parágrafo único):

(*a*) for reconhecida a litigância de má-fé;

(*b*) forem julgados improcedentes os embargos do devedor;

(*c*) tratar-se de execução de sentença que tenha sido objeto de recurso improvido do devedor.

445. Curadorias e assistência judiciária

Para que ocorra a paridade entre os litigantes e para que seja prestada a tutela aos carentes economicamente, determina a Lei nº 9.099 que, ao ser instituído o Juizado Especial, dever-se-á complementá-lo com as curadorias necessárias e com o serviço de assistência judiciária (art. 56).

O sucesso do programa da Constituição e da Lei Federal em torno dos Juizados Especiais depende, praticamente em tudo, da lei local e da vontade política da Administração dos Estados de equipá-los adequadamente.

446. Acordos extrajudiciais

Prevê o art. 57 da Lei nº 9.099 que o acordo extrajudicial, de qualquer natureza ou valor, pode ser homologado, no juízo competente, independentemente de termo, para valer a sentença como título executivo judicial.

Esse direito à homologação do acordo é exercitável pelas partes junto a qualquer juízo e não apenas perante o Juizado Especial Civil. No CPC/2015, essa sistemática está prevista no art. 515, III. Da mesma forma, a força de título executivo extrajudicial reconhecida ao acordo celebrado pelas partes, por instrumento escrito referendado pelo órgão competente do Ministério Público (Lei nº 9.099, art. 57, parágrafo único), também tem previsão no Código de Processo Civil (art. 784, IV).

O art. 58 da Lei nº 9.099, finalmente, prevê que a lei local possa ampliar a conciliação do Juizado Especial para alcançar causas que não se incluam em sua competência específica.

447. Ação rescisória

A Lei nº 9.099 exclui, expressamente, a ação rescisória do âmbito das causas sumaríssimas julgadas no Juizado Especial Civil (art. 59).

Restará, contudo, a possibilidade da ação ordinária de nulidade (*querella nullitatis*), quando configurada a sentença nula *ipso iure* ou a sentença inexistente.[71]

448. Disposições finais sobre a organização dos Juizados Especiais

Nas suas "Disposições Finais", a Lei nº 9.099 baixou algumas regras importantes sobre a implantação dos Juizados Especiais, quais sejam:

---

[71] Cf. THEODORO JÚNIOR, Humberto. *Curso de direito processual civil*. 46. ed. Rio de Janeiro: Forense, 2014, v. III, n. 1.608, p. 455. Admitindo a ação anulatória do art. 486 do CPC em relação à sentença dos Juizados Especiais: TRF 4ª Região, 1ª S., Ccomp 2007.04.00.016844-6/RS, Rel. Joel Ilan Paciornik, ac. 06.12.2007, *RT* 870/430.

(*a*) caberá à lei estadual dispor sobre "o Sistema de Juizados Especiais Cíveis e Criminais, sua organização, composição e competência" (art. 93);

(*b*) para melhor cumprir a missão específica dos Juizados, "os serviços de cartório poderão ser prestados e as audiências realizadas fora da sede da comarca, em bairros ou cidades a ela pertencentes, ocupando instalações de prédios públicos, de acordo com audiências previamente anunciadas" (art. 94);

(*c*) "os Estados, o Distrito Federal e os Territórios criarão e instalarão os Juizados Especiais no prazo de seis meses" (art. 95 da Lei nº 9.099/95), a contar da vigência da Lei nº 9.099, de 26.09.1995 (publicada no *DO* de 27.09.1995, com *vacatio legis* de sessenta dias).

Fluxograma nº 43 – Procedimento do Juizado Especial Civil (Lei nº 9.099/1995)

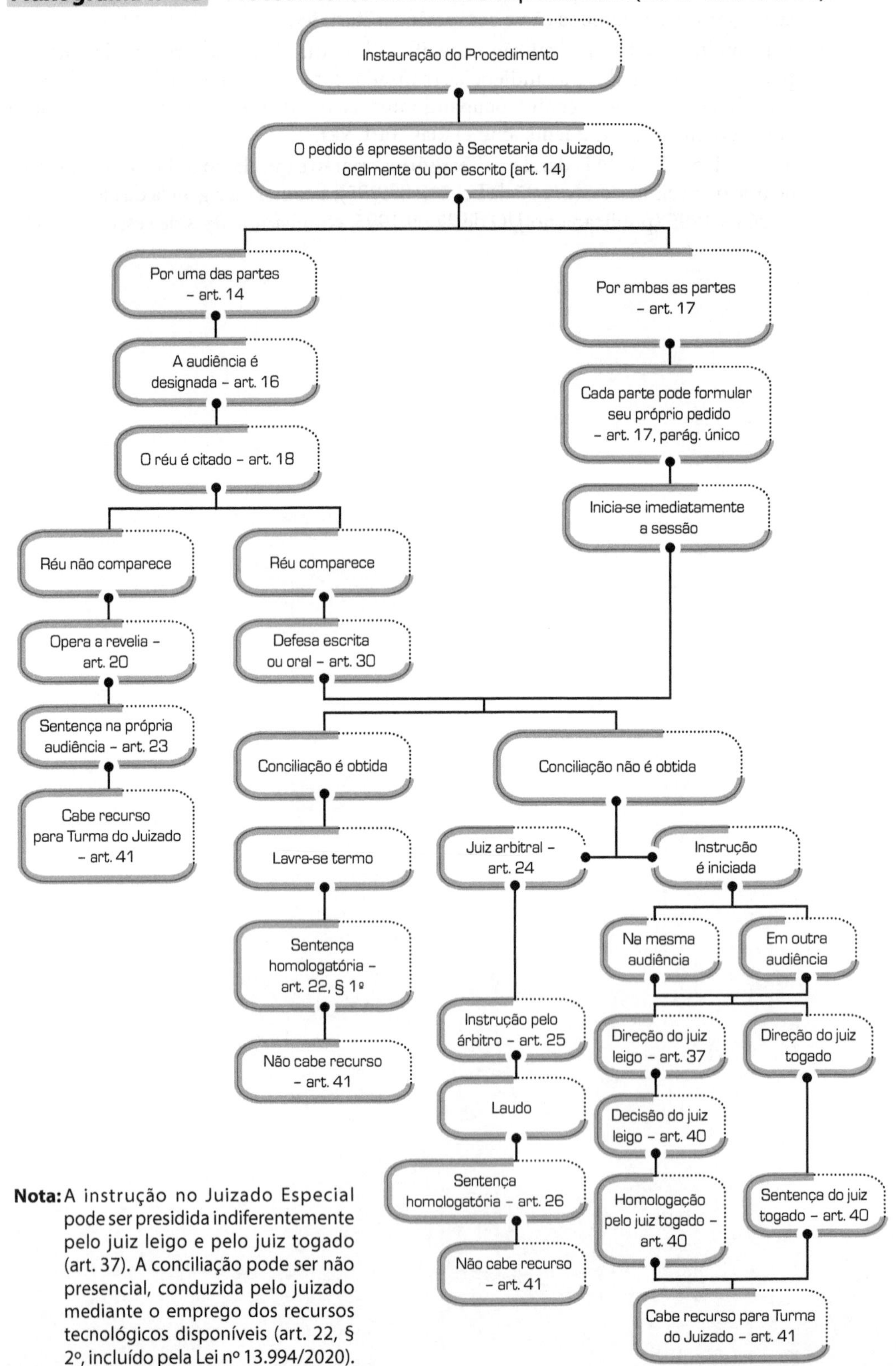

Nota: A instrução no Juizado Especial pode ser presidida indiferentemente pelo juiz leigo e pelo juiz togado (art. 37). A conciliação pode ser não presencial, conduzida pelo juizado mediante o emprego dos recursos tecnológicos disponíveis (art. 22, § 2º, incluído pela Lei nº 13.994/2020).

Capítulo XXX
O JUIZADO ESPECIAL FEDERAL

§ 51. AS PEQUENAS CAUSAS NA JUSTIÇA FEDERAL

449. A instituição do Juizado Especial Federal

Os juizados especiais, segundo a Constituição de 1988, e nos termos da Lei nº 9.099, de 26.09.1995, deveriam existir apenas no âmbito da Justiça dos Estados e do Distrito Federal. Pela Emenda nº 22, de 18.03.1999, que alterou o art. 98 da Constituição, foi autorizada sua instituição também na Justiça Federal. Coube à Lei nº 10.259, de 12.07.2001, disciplinar a implantação desse novo juizado sumaríssimo.

Diversamente do que se passa nas Justiças Estaduais, o Juizado Especial Federal funcionará apenas com um juiz togado, não podendo este contar com auxílio de juízes leigos. Com isso, corre-se o risco de reduzir-se a simples vara ou, o que é pior, a mero *rito especializado* dentro da Justiça encarregada das causas da União.[1]

450. Disciplina legal

Rege-se o Juizado Especial Federal especificamente pela Lei nº 10.259/2001. Aplicam-se-lhe, também, as disposições da Lei nº 9.099/1995, mas apenas subsidiariamente. É o que prevê o art. 1º da Lei nº 10.259: "São instituídos os Juizados Especiais Cíveis e Criminais da Justiça Federal aos quais se aplica, no que não conflitar com esta Lei, o disposto na Lei nº 9.099, de 26 de setembro de 1995".

451. Princípios informativos

Aplicam-se, pela regra da subsidiariedade, aos Juizados Especiais Federais, os princípios preconizados pela Lei nº 9.099/1995, quais sejam: a oralidade, a simplicidade, a informalidade, a economia processual e a celeridade.

Graças à *oralidade*, é de admitir-se a apresentação *oral* do pedido e da defesa, tal como se prevê nos arts. 14 e 30 da Lei nº 9.099/1995, não havendo possibilidade de recurso contra as decisões interlocutórias, em regra.

Segundo o princípio da *simplicidade*, o feito deve fluir sem ensejar incidentes processuais, como as intervenções de terceiros, o que, todavia, não impede o cabimento das exceções processuais (suspeição ou impedimento do juiz).

A *informalidade* dispensa solenidades para os atos processuais, que poderão ser praticados pela própria parte, sem a obrigatoriedade da intervenção técnica do advogado.

O princípio da *celeridade* impõe a preocupação com o término do feito no menor tempo possível, sem prejuízo, é claro, da defesa e contraditório, mas sempre levando em conta a urgência

---

1 CARREIRA ALVIM, J. E. *Juizados Especiais Federais*. Rio de Janeiro: Forense, 2002, p. 4.

natural no atendimento dos hipossuficientes que dependem do socorro da Previdência Social que se servirão do Juizado Especial para pleitear verbas alimentares.

A solução conciliatória insere-se na tutela alternativa que os princípios informativos dos Juizados especiais inspiram.

Quanto à *economia processual*, o processo deve ser gratuito e resumir-se aos atos processuais indispensáveis ao atingimento de sua finalidade, buscando o juiz evitar nulidade, sempre que puder contorná-las e supri-las, sem prejuízo para o contraditório.

452. Competência absoluta

Ao contrário do que se passa com os juizados especiais estaduais, havendo na Justiça Federal vara do Juizado Especial, o autor não terá opção de escolher entre ela e as varas comuns.

Tal como prevê o § 3º do art. 3º da Lei nº 10.259/2001, no foro em que se encontrar instalada vara do Juizado Especial Federal, sua competência será *absoluta*. Se se distribuir, portanto, a outra vara ação que corresponda à competência do Juizado Especial, caberá ao titular declinar dela *ex officio*, e a parte poderá pleitear o deslocamento, a qualquer tempo, sem necessidade de formalizar exceção de incompetência.

Por isso mesmo, no confronto do Juizado Especial Federal com as Varas comuns da Justiça Federal, inexiste uma simples opção que permita à parte a liberdade de escolher onde ajuizar a ação contra a Fazenda Nacional. Há, porém, uma situação particular em que uma causa, originariamente atribuída à competência das varas comuns, pode ser, por ato do autor, desviada para o Juizado. É que, por lei – conforme assentou o STJ em grau de recurso repetitivo –, "ao autor que deseje litigar no âmbito de Juizado Especial Federal Cível, é lícito renunciar, de modo expresso e para fins de atribuição de valor à causa, ao montante que exceda os 60 (sessenta) salários mínimos previstos no art. 3º, *caput*, da Lei nº 10.259/2001, ai incluídas, sendo o caso, até doze prestações vincendas, nos termos do art. 3º, §2º, da referida lei, c/c o art. 292, §§ 1º e 2º, do CPC/2015".[2]

Com a renúncia prévia a parte do crédito disputado, o autor ingressa em juízo com causa de valor enquadrado nos limites da competência absoluta do Juizado Especial Federal, o que, entre outras vantagens procedimentais, o libera, na fase de execução de sentença, dos embaraços e delongas do regime dos precatórios.

453. Conflito de competência

O conflito de competência entre Juizados Especiais e os juízos comuns de início gerou dúvidas e divergências quanto ao tribunal que o deveria solucionar. É que tais juizados, no plano recursal, não se sujeitam à supervisão hierárquica dos Tribunais de Justiça e dos Tribunais Regionais Federais.

Submetida, porém, a questão ao Supremo Tribunal Federal, o seu pronunciamento final e definitivo, tomado à luz da Constituição foi no sentido de que os juízes de primeira instância, tal como aqueles que integram os Juizados Especiais, estão vinculados ao respectivo Tribunal Regional Federal, ao qual cabe dirimir os conflitos de competência que surjam entre eles.[3]

---

[2] STJ, 1ª Seção, EDcl no REsp 1.807.665/SC, Rel. p/ac. Min. Og Fernandes, ac. 15.05.2021, *DJe* 01.07.2021.

[3] STF, Pleno, RE 590.409, Rel. Min. Ricardo Lewandowski, ac. 26.08.2009, *DJe* 29.10.2009. O STJ, em consonância com a exegese do STF, editou a Súmula nº 428, segundo a qual "compete ao Tribunal Regional Federal decidir os conflitos de competência entre juizado especial federal e juízo federal da mesma seção judiciária". Por conseguinte, a competência do STJ, na matéria, somente acorrerá quando os conflitantes se acharem vinculados a Tribunais Regionais diferentes. Ver, retro, o item nº 417.

§ 52. ÓRGÃO JUDICANTE

454. Composição do órgão judicante

O juizado especial federal consistirá numa vara especializada dentro da Justiça Federal (Lei nº 10.259, art. 3º, § 3º). Não há previsão de uma estrutura separada para os juizados da espécie, em que pudessem atuar, por exemplo, juízes leigos e arbitradores, ao contrário do que se passa na Justiça dos Estados.

Devem existir, porém, conciliadores, que serão designados pelo juiz presidente do Juizado pelo período de dois anos, com possibilidade de recondução (Lei nº 10.259, art. 18). Trata-se de função gratuita, com as mesmas características do jurado, na justiça criminal.

455. Sessão de conciliação

Cabe à Secretaria do Juizado designar, logo após o registro do feito, a sessão de conciliação, a realizar-se no prazo de quinze dias (art. 16 da Lei nº 9.099/1995). O réu deverá ser citado, mas seu comparecimento espontâneo supre a falta da citação (art. 18, § 3º).

456. Competência

A ação de que cuida a Lei nº 10.259 será proposta no juizado especial federal sediado no local onde o réu tiver seu domicílio ou residência. Se ali não houver tal juizado, a competência, conforme o art. 20 da referida Lei, será daquele que se achar mais próximo:

(*a*) do domicílio do réu ou do local onde este exerça suas atividades profissionais ou econômicas ou mantenha estabelecimento, filial, agência, sucursal ou escritório;
(*b*) do lugar onde a obrigação deve ser satisfeita;
(*c*) do domicílio do autor ou do local do ato ou fato, nas ações para reparação do dano de qualquer natureza; podendo, em qualquer hipótese, ser proposta no foro previsto no inciso I (art. 20 da Lei nº 10.259 c/c art. 4º da Lei nº 9.099).

Entre os diversos foros previstos não há preferência segundo a gradação legal. O autor poderá livremente optar por qualquer um deles, segundo suas próprias conveniências. Dentro do foro federal, todavia, a competência da vara do juizado especial é absoluta (Lei nº 10.259, art. 3º, § 3º). Não cabe à parte optar entre o juízo comum e o juizado especial nem se pode cogitar de altera, por conexidade, a competência absoluta deste último, para deslocar o processo para vara do juízo federal comum.[4]

No caso, porém, de inexistir no foro, a cuja competência caberia a causa, vara da Justiça Federal, o ajuizamento no Juizado Especial Federal mais próximo, previsto no art. 20 da Lei nº 10.259, é apenas facultativo. Não se sujeita, portanto, a uma regra de competência absoluta, como a estabelecida pelo § 3º do art. 3º da mesma lei.[5]

---

[4] "A competência do Juizado Especial Federal Cível, com exceção das hipóteses previstas nos incisos I, II, III e IV, do § 1º do art. 3º, da Lei 10.259/2001, é absoluta, não sendo passível de ser alterada pelo instituto da conexão" (STJ, 1ª Seção, CC 68.453/DF, Rel. Min. Eliana Calmon, ac. 28.11.2007, *DJU* 10.12.2007, p. 276).

[5] Não havendo no foro vara especializada, "o ajuizamento da ação no Juizado Especial Federal constitui mera faculdade do autor, nos termos do art. 20 da Lei 10.259/01" (STJ, 2ª Seção, CC 87.781/SP, Rel. Min. Nancy Andrighi, ac. 24.10.2007, *DJU* 05.11.2007, p. 222. No mesmo sentido: STJ, 1ª Seção, CC 91.579BA, Rel. Min. Teori Zavascki, 27.02.2008, *DJe* 10.03.2008).

457. Conflito de competência

Em relação aos juizados especiais, podem surgir conflitos de competência, seja entre órgãos do próprio juizado, seja em relação a órgãos da justiça federal. Na primeira hipótese, a solução do conflito caberá à Turma Recursal. Se o conflito, entretanto, se instala entre juízes vinculados a Turmas diferentes ou entre juízes do juizado especial e juízes da justiça federal, a competência se fixa no Tribunal Regional Federal (Súmula nº 428 do STJ). Se for entre Turmas Recursais e Tribunais Federais, o julgamento caberá ao Superior Tribunal de Justiça. O tratamento dispensado à Turma Recursal pela lei equipara-a a órgão de segunda instância, colocando-a, para efeito de conflito de competência, em posição análoga à de tribunal.[6]

458. Causas de competência dos Juizados Especiais Federais

Ao juizado especial federal, nos termos da Lei nº 10.259, art. 3º, *caput*, compete "processar, conciliar e julgar causas de competência da Justiça Federal até o valor de sessenta salários mínimos, bem como executar suas sentenças".

Acham-se, porém, excluídas dos juizados especiais, pelo § 1º do mesmo dispositivo legal, as seguintes causas:

(a) as referidas no art. 109, II, III e XI, da Constituição Federal, ou seja: *(i)* causas entre Estado estrangeiro ou organismo internacional e Município ou pessoa domiciliada ou residente no País (inc. II); *(ii)* causas fundadas em tratado ou contrato da União com Estado estrangeiro ou organismo internacional (inc. III); e *(iii)* disputa sobre direitos indígenas (inc. XI);

(b) as ações de mandado de segurança, de desapropriação,[7] de divisão e demarcação, populares, execuções fiscais e por improbidade administrativa, e as demandas sobre direitos ou interesses homogêneos[8] (Lei nº 10.259, art. 3º, § 1º, I);

(c) as ações sobre imóveis da União, autarquias e fundações públicas federais (art. 3º, § 1º, II);

(d) as ações para a anulação ou cancelamento de ato administrativo federal,[9] salvo o de natureza previdenciária e o de lançamento fiscal (art. 3º, § 1º, III);[10]

---

6 FIGUEIRA JÚNIOR, Joel Dias. *Juizados Especiais Estaduais Cíveis e Criminais*. 7. ed. São Paulo: Editora RT, 2011, p. 115.

7 "Não se excluem da competência do Juizado Especial Federal as demandas indenizatórias fundadas em limitações administrativas ao direito de propriedade, já que o STJ não as equipara à desapropriação indireta" (STJ, 2ª T., REsp 1.129.040/RS, Rel. Min. Castro Meira, ac. 16.03.2010, *DJe* 26.03.2010).

8 "Ao excetuar da competência dos Juizados Especiais Federais as causas relativas a direitos individuais homogêneos, a Lei 10.259/2001 (art. 3º, § 1º, I) se refere apenas às ações coletivas para tutelar os referidos direitos e não às ações propostas individualmente pelos próprios titulares" (STJ, 1ª Seção, CC 58.211/MG, Rel. Min. Teori Zavascki, ac. 23.08.2006, *DJU* 18.09.2006, p. 251).

9 Se a nulidade do ato administrativo figura como causa de pedir e não como o próprio pedido, a demanda se inclui na competência do Juizado Especial Federal (STJ, 1ª Seção, CC 75.314/MA, Rel. Min. Teori Zavascki, ac. 08.08.2007, *DJU* 27.08.2007, p. 177).

10 O lançamento fiscal, cuja anulação não se inclui na restrição da competência do Juizado Especial Federal, é "o que envolve obrigação de natureza tributária" e não "ato administrativo decorrente do exercício do poder de polícia" (STJ, 1ª Seção, CC 54.145/ES, Rel. Min. Teori Zavascki, ac. 26.04.2006, *DJU* 15.05.2006, p. 147). Ao contrário dos executivos fiscais, as ações de anulação de lançamento tributário, de valor até sessenta salários mínimos, incluem-se na competência dos Juizados Especiais da Justiça Federal (Lei nº 10.259, art. 3º, *caput*).

(*e*) as ações que tenham como objeto a impugnação da pena de demissão imposta a servidores públicos civis ou de sanções disciplinares aplicadas a militares (art. 3º, § 1º, IV);

(*f*) ações em que perícias complexas sejam necessárias, além daquelas enunciadas na Lei nº 10.259, art. 3º, § 1º.[11]

Na realidade, o maior volume de causas atribuídas aos juizados especiais federais se concentrará, sem dúvida, no campo previdenciário e tributário (excluídas, deste último, porém, as execuções fiscais).

Embora não exista para a parte a liberdade de opção entre ajuizar a causa perante o Juizado Especial Federal ou perante a Vara da Justiça Federal comum, reconhece o STJ em tese repetitiva, que "ao autor que deseje litigar no âmbito de Juizado Especial Federal Cível, é lícito renunciar, de modo expresso e para fins de atribuição de valor à causa, ao montante que exceda os 60 (sessenta) salários mínimos previstos no art. 3º, *caput*, da Lei 10.259/2001, aí incluídas, sendo o caso, as prestações vincendas".[12] Com tal medida de disposição parcial de direito, o autor se beneficia de um procedimento mais simples e célere para resolver o litígio, e, ainda, se livra dos pesados encargos da execução da sentença por via de precatório, para utilizar, no devido tempo, a pronta eficiência do sistema de requisição de pequeno valor.

---

11 "(...) A orientação jurisprudencial consolidada no âmbito da 1ª Seção do Egrégio Tribunal Regional Federal da 1ª Região é no sentido de que a necessidade de realização de perícias complexas afasta a competência dos juizados especiais federais (...). A determinação da competência para processamento e julgamento da demanda, contudo, depende do enquadramento, ou não, do litígio no conceito de causa de menor complexidade, previsto no art. 98, inciso I, da Constituição Federal, ainda que o valor atribuído à causa esteja dentro do limite previsto no art. 3º da Lei nº 10.259/2001" (TRF – 1ª Região, 1ª Seção, CC 0062747-59.2016.4.01.0000, Rel. Des. Fed. Wilson Alves de Souza, ac. 10.12.2019, *e-DJF* 19.12.2019).

12 STJ, 1ª Seção, REsp 1.807.665/SC, recurso repetitivo, Rel. Min. Sérgio Kukina, ac. 28.10.2020, *DJe* 26.11.2020.

§ 53. PARTES

459. Legitimação

Segundo o art. 6º da Lei nº 10.259, podem figurar como parte ativa no juizado especial federal pessoas físicas e as microempresas, bem como as empresas de pequeno porte, tal como definidas na Lei nº 9.317, de 05.12.1996.[13]

Como rés podem ser demandadas a União e as autarquias, fundações e empresas públicas federais. Todas estas pessoas jurídicas apenas se legitimam passivamente, de sorte que não se lhes permite atuarem como autoras no juizado especial federal.[14] Diversa, porém, é a situação das pessoas jurídicas de direito público, quando saem vitoriosas em ação contra elas movida, se resolvem executar a sentença pronunciada no âmbito do Juizado Especial. Nesse caso, reconhece-se legitimidade ativa àquelas entidades públicas para promover a execução nos próprios Juizados Especiais.[15]

Por aplicação subsidiária da Lei nº 9.099/1995, art. 8º, *caput*, não podem ser partes no juizado especial federal, quer como autor, quer como réu, o incapaz, o preso, a massa falida e o insolvente civil.

Nos Juizados Especiais Federais Cíveis, aplica-se a dispensa da representação de poderes por advogado, nos termos do art. 10 da Lei nº 10.259, regra que, entretanto, não prevalece para os juizados criminais.[16]

460. Intervenção de terceiros e litisconsórcio

Quanto à intervenção de terceiro, à assistência e ao litisconsórcio, também é de observar-se a sistemática da Lei nº 9.099/1995, art. 10, ou seja, somente o litisconsórcio se apresenta possível no juizado especial federal. Mas, por força do art. 1.062, do CPC/2015, aplica-se, também, ao juizado especial federal o incidente de desconsideração da personalidade jurídica.

461. Ministério Público

A Lei nº 10.259 não prevê a intervenção do Ministério Público nas causas processadas no Juizado Especial Federal, a não ser na fase de uniformização de interpretação de lei federal (art. 14, § 7º).

462. *Jus postulandi* e representação das partes

A presença das partes em juízo, nos juizados especiais federais, independe de representação por advogado. O *jus postulandi* é conferido diretamente aos litigantes. Todavia, faculta-se-lhes a designação, por escrito, de preposto, ou seja, de representante para a causa, advogado ou não (Lei nº 10.259, art. 10). A delegação em tela é possível tanto para o autor como para o réu, seja este pessoa jurídica ou firma individual.[17]

---

13 "O condomínio pode figurar perante o Juizado Especial Federal no polo ativo de ação de cobrança" (STJ, 2ª Seção, CC 73.681/PR, Rel. Min. Nancy Andrighi, ac. 08.08.2007, *DJU* 16.08.2007, p. 284).

14 STJ, 2ª Seção, CC 56.521/SP, Rel. Min. Humberto Gomes de Barros, ac. 22.03.2006, *DJU* 26.04.2006, p. 198; STJ, 3ª Seção, CC 97.086RS, Rel. Min. Jorge Mussi, ac. 29.10.2008, *DJe* 17.11.2008.

15 STJ, 1ª Seção, CC. 92.057/ES, Rel. Min. Castro Meira, ac. 13.02.2008, *DJe* 03.03.2008; STJ, 3ª Seção, CC 74.992/RS, Rel. Min. Maria Thereza de Assis Moura, ac. 27.05.2009, *DJe* 04.06.2009.

16 STF, Pleno, ADI 3.168/DF, Rel. Min. Joaquim Barbosa, ac. 08.06.2006, *DJU* 03.08.2007, p. 29.

17 CARREIRA ALVIM, J. E. *Juizados Especiais Federais*. Rio de Janeiro: Forense, 2002, p. 87.

O representante tem amplos poderes, inclusive para contestar a ação, prestar depoimento pessoal, fazer acordo e atuar em todas as fases do processo. São poderes derivados da lei, que, por isso, independem de explicitação no documento de credenciamento (Lei nº 10.259, art. 10, parágrafo único).

Os mesmos poderes são reconhecidos aos representantes judiciais das pessoas jurídicas de direito público, que, assim, podem transigir e desistir nos feitos do Juizado Especial Federal. O credenciamento de representante para a União, autarquias e empresas públicas acha-se regulado pelo Decreto nº 4.250, de 27.05.2002.

§ 54. ATOS PROCESSUAIS E PROCEDIMENTO

463. Princípios

A prática dos atos processuais e a definição do próprio procedimento regem-se, como já se acentuou, pelos mesmos princípios estabelecidos pela Lei nº 9.099/1995, que se aplica complementarmente ao Juizado Especial Federal, nos termos do art. 1º da Lei nº 10.259/2001. São esses princípios: o da oralidade, o da simplicidade, o da informalidade, o da economia processual e o da celeridade. Já foram analisados nos itens nº 407, 408, 409 e 451.

464. Atos de comunicação processual

As citações e intimações da União, no processo do Juizado Especial Federal, serão feitas nas pessoas indicadas pelos arts. 35 a 38 da Lei Complementar nº 73,[18] de 10.02.1993 (Lei nº 10.259, art. 7º).

As autarquias, fundações e empresas públicas serão citadas na pessoa do representante legal máximo da entidade, no local onde proposta a demanda, se ali existir escritório ou representação. Não havendo órgão local, a citação dar-se-á na sede da entidade (Lei nº 10.259, art. 7º, parágrafo único).

Não se aplica aos juizados da espécie a citação por edital.[19]

O comparecimento espontâneo do réu supre a falta ou a nulidade da citação pessoal (Lei nº 9.099/1995, art. 18, § 3º; CPC/2015, art. 239, § 1º).

A sentença, quando publicada na audiência, reputa-se intimada no próprio ato, mesmo que a parte não esteja presente, mas tenha sido intimada para a sessão. Proferida fora da audiência, as partes serão intimadas pelo Correio, por meio de correspondência com "aviso de recebimento por mão própria" (Lei nº 10.259, art. 8º).

Os outros atos processuais serão intimados às partes ou seus representantes, pessoalmente ou por via postal, sem que se imponha o registro para "entrega em mão própria" (Lei nº 10.259/2001, art. 8º, § 1º).

465. Uso de meios eletrônicos

A Lei nº 10.259, art. 8º, § 2º, autoriza intimações e petições por meio eletrônico. Não se estendeu a medida, porém, à citação que, desta maneira, terá de aperfeiçoar-se pessoalmente.[20]

466. Prazos

As pessoas jurídicas de direito público não desfrutam, no juizado especial federal, de prazos privilegiados, nem mesmo para recorrer. Ambas as partes desfrutarão dos mesmos prazos (Lei nº 10.259, art. 9º).

467. Petição inicial

Aplicam-se aos juizados especiais federais as regras da Lei nº 9.099 relativas à petição inicial, ou seja: do pedido constarão, "de forma simples e em linguagem acessível": *(i)* o nome, a qualificação e o endereço das partes; *(ii)* os fatos e os fundamentos, de forma sucinta; e *(iii)* o objeto e seu valor (art. 14 da Lei 9.099/1995).

---

[18] Lei Complementar nº 73/1993: institui a Lei Orgânica da Advocacia-Geral da União.

[19] CARREIRA ALVIM, J. E. *Juizados Especiais Federais*. Rio de Janeiro: Forense, 2002, p. 78.

[20] Sobre processo eletrônico, v. Lei nº 11.419/2006.

Para facilitar o acesso da parte, as secretarias dos juizados deverão adotar o sistema de fichas ou formulários, como prevê o § 3º do art. 14 da Lei nº 9.099/1995, com indicações e recomendações que orientem a formulação do pleito.

Não se pode, também, descartar a apresentação de pedido oral, que a secretaria do juizado reduzirá a escrito, preenchendo fichas ou formulários em seu poder, como prevê a Lei nº 9.099/1995, no dispositivo já invocado.

A cumulação de pedidos é permitida, desde que haja conexão entre eles.[21]

468. Resposta

O réu, no juizado especial, se defende normalmente por meio de contestação, que tal como se dá com a petição inicial pode ser formulada por escrito ou oralmente. A falta de contestação produz a revelia, cujo efeito imediato é reputarem-se verdadeiros os fatos alegados no pedido inicial, salvo se o contrário resultar da convicção do juiz (Lei nº 9.099/1995, art. 20). A revelia tanto ocorre quando o réu não comparece à audiência como quando, comparecendo, não se defende.

Ao contestar a ação, o réu, no juizado especial, pode formular *pedido contraposto*, segundo a regra do art. 17, parágrafo único, da Lei nº 9.099/1995, que se aplica, também, ao juizado especial federal (v., *retro*, nº 436).

469. Exceções

Os juízes que servem no juizado especial federal, em primeiro e segundo graus, sujeitam-se, nos termos do Código de Processo Civil, às arguições de impedimento e suspeição, cuja apreciação se dará na audiência. Sendo resistida a arguição, caberá ao juiz suspender o processo e encaminhar a resolução do incidente à Turma Recursal competente.[22]

470. Sessão de conciliação

A citação nas causas do juizado é feita no sentido de convocar o réu para comparecer à sessão de conciliação, pois o procedimento é inspirado no princípio da oralidade.

Compete à Secretaria do juizado designar a sessão de conciliação, cuja realização deverá dar-se no prazo de quinze dias (Lei nº 9.099, art. 16).

Cabe ao conciliador a condução da audiência de conciliação, sob a supervisão do Juiz (Lei nº 12.153/2009, arts. 16 e 26). Não se obtendo a conciliação, designar-se-á a audiência de instrução e julgamento, se houver provas orais a produzir. Nada impede que se designe, desde logo, uma só audiência para a conciliação e a instrução.

A defesa do réu é de se produzir na sessão de conciliação se esta se frustrar.

471. Instrução probatória

Todos os meios de prova moralmente legítimos, ainda que não especificados em lei, são utilizáveis no juizado especial (Lei nº 9.099/1995, art. 32).

As provas documentais em poder da entidade pública demandada deverão ser fornecidas ao Juizado, até a instalação da audiência de conciliação (Lei nº 10.259, art. 11).

As perícias devem ser realizadas de forma sumária. O juiz nomeará pessoa habilitada que apresentará o laudo até cinco dias antes da audiência, independentemente de intimação das partes

---

[21] CARREIRA ALVIM, J. E. *Juizados Especiais Federais*. Rio de Janeiro: Forense, 2002, p. 162.

[22] FIGUEIRA JÚNIOR, Joel Dias. *Juizados Especiais Estaduais Cíveis e Criminais*. 7. ed. São Paulo: Editora RT, 2011, p. 262.

(Lei nº 10.259, art. 12). Apenas nas ações previdenciárias e relativas à assistência social, as partes participam da perícia, apresentando quesitos e indicando assistentes (Lei nº 10.259, art. 12, § 2º).

Não estão as partes impedidas de produzir *parecer técnico*, obtido extrajudicialmente. Os honorários do técnico nomeado pelo juiz são antecipados à conta de verba orçamentária do Tribunal e, quando vencida na causa a entidade pública, seu valor será incluído na ordem de pagamento a ser feita em favor do Tribunal (Lei nº 10.259, art. 12, § 1º).

As provas orais são colhidas ordinariamente pelo juiz durante a audiência de instrução e julgamento. Pode, no entanto, o conciliador, "para fins de encaminhamento da composição amigável, ouvir as partes e testemunhas sobre os contornos fáticos da controvérsia" (art. 16, § 1º, da Lei nº 12.153/2009). Nesse caso, o juiz titular, quando da audiência de instrução, poderá valer-se dos dados coligidos pelo conciliador para "dispensar novos depoimentos, se entender suficientes para o julgamento da causa os esclarecimentos já constantes dos autos, e não houver impugnação das partes" (art. 16, § 2º, da Lei nº 12.153/2009).

472. A sentença e as máximas de experiência

Segundo dispõe o art. 5º da Lei nº 9.099/1995, que se aplica tanto ao Juizado Especial Cível como ao Federal, o juiz, ao examinar as provas para fundamentar a sentença, dará especial valor às "regras de experiência comum ou técnica".

As regras de experiência não se referem a normas de conduta que possam preencher lacunas do ordenamento jurídico. Referem-se apenas e tão somente a critérios de *avaliação das provas*, que se prestam a tratá-las de forma padronizada, segundo juízos práticos ao alcance de qualquer pessoa, e não apenas de juristas. Correspondem ao procedimento usual nas circunstâncias em que se passaram os fatos debatidos nos autos.

As regras de experiência comum surgem por meio da observação do que comumente acontece. Fazendo parte da cultura normal do juiz, "são por este livremente aplicadas, independentemente de prova".[23] O juiz, em suma, "se vale das regras de experiência comum, livremente, para a apreciação e avaliar as provas trazidas ao processo pelos meios regulares, a fim de decidir quanto àquilo que lhe pareça a verdade.[24]

As regras de experiência técnica não são do domínio comum, por isso são, em princípio, exploradas no processo por meio de concurso de peritos. O juiz não está autorizado a substituir o perito porque a prova técnica, como qualquer outra, se submete a um procedimento necessário, em que se assegura a participação de ambas as partes, em contraditório. Se o juiz faz, por iniciativa própria, um exame técnico ao proferir a sentença, as partes terão sofrido surpresa e prejuízo no debate processual.

O emprego de regras de experiência técnica, portanto, só se permite quando a vulgarização do critério caia no domínio comum, como, por exemplo, a de que determinado produto é tóxico ou de que uma enfermidade acarreta certos efeitos sobre o organismo da pessoa.

473. Reexame necessário

O reexame necessário, ou remessa *ex officio*, que o Código processual prevê nos casos de sentença contrária à Fazenda Pública não se aplica aos processos do juizado especial federal (Lei nº 10.259, art. 13).

---

[23] AMARAL SANTOS, Moacyr. *Comentários ao Código de Processo Civil*. 7. ed. Rio de Janeiro: Forense, 1994, v. IV, p. 43.

[24] CARREIRA ALVIM, J. E. *Juizados Especiais Federais*. Rio de Janeiro: Forense, 2002, p. 139.

§ 55. SISTEMA RECURSAL

474. Recursos no Juizado Especial

No juizado especial cível ou federal não há recurso para os tribunais que formam as instâncias superiores da justiça comum. A lei prevê o cabimento apenas do recurso ordinário para um colegiado de juízes de primeiro grau, integrado por membros do próprio juizado ou de outros juizados da mesma natureza. O prazo para tal recurso é de dez dias (Lei nº 9.099/1995, art. 42).

No caso de concessão de liminar, de medida cautelar, ou de antecipação de tutela, é de admitir-se agravo para a turma recursal, em face da ressalva contida no art. 5º da Lei nº 10.259, caso em que o recurso se processará segundo as regras do CPC.[25] Ainda que não se lhe atribua o nome de agravo, o recurso contra decisão interlocutória deverá observar o procedimento próprio do agravo de instrumento, para evitar a paralisação do processo, que seria incompatível com o princípio informativo da celeridade (Lei nº 9.099, art. 2º). Quanto às demais decisões interlocutórias, não há recurso. A parte prejudicada deverá simplesmente protestar, para ressalvar sua impugnação, se for o caso, em preliminar do recurso ordinário contra a sentença final. Se são irrecorríveis, tais decisões, sempre que violarem direito líquido e certo da parte, cabível se mostrará o mandado de segurança (Lei nº 12.016/2009, art. 5º, II).[26]

Os embargos de declaração, obviamente, terão cabimento nos juizados especiais, já que não se pode aceitar a insanabilidade de sentenças omissas, contraditórias ou obscuras (CPC/2015, art. 1.022; Lei nº 9.099/1995, art. 48). O prazo é de cinco dias (art. 49).

475. Recurso especial e recurso extraordinário

Uma vez que o recurso especial para o Superior Tribunal de Justiça somente tem cabimento contra decisões em única ou última instância, dos Tribunais Regionais Federais ou dos Tribunais dos Estados e do Distrito Federal (Constituição, art. 105, III), não é de admitir-se recurso da espécie em face de julgado das Turmas Recursais dos Juizados Especiais Federais.[27]

Já o mesmo não ocorre com o Recurso Extraordinário, para o Supremo Tribunal Federal, visto que o permissivo constitucional, *in casu*, refere-se apenas às causas decididas em única ou última instância (CF, art. 102, III). É que as ofensas à Constituição não podem ser subtraídas à apreciação da Suprema Corte, qualquer que seja o órgão jurisdicional onde se proferir o decisório de última instância.

Por isso, o art. 15 da Lei nº 10.259 estatui que, no Juizado Especial Federal, o recurso extraordinário será processado e julgado segundo o estabelecido nos §§ 4º a 9º do seu art. 14, e no Regimento do Supremo Tribunal Federal.

No entanto, para tornar-se cabível o extraordinário, é indispensável esgotar-se a via recursal no âmbito do juizado, ou seja, deve-se interpor, primeiro, o recurso ordinário, a fim de obter-se, com o respectivo julgamento, a decisão de última instância na esfera local.

476. Incidente de uniformização de jurisprudência

Em relação à Justiça comum, a divergência de interpretação da lei federal enseja recurso especial, por meio do qual o Superior Tribunal de Justiça procede à desejada uniformização (CF, art. 105, III, *c*).

---

[25] CARREIRA ALVIM, J. E. *Juizados Especiais Federais*. Rio de Janeiro: Forense, 2002, p. 95-96.

[26] STJ, 5ª T., RMS 18.434/RO, Rel. Min. Laurita Vaz, ac. 16.09.2004, *DJU* 18.10.2004, p. 302.

[27] STJ, 4ª T., REsp 80.199/SP, Rel. Min. Ruy Rosado de Aguiar, ac. 12.02.1996, *DJU* 25.03.1996, p. 8.586; STJ, 3ª T., AgRg. no Ag. 334.644/BA, Rel. Min. Nancy Andrighi, ac. 12.12.2000, *DJU* 05.02.2000, p. 113; STJ, Súmula nº 203.

Como no âmbito dos juizados especiais federais, as sentenças se sujeitam a recursos decididos por Turmas Recursais que, por isso, não desafiam revisão por recurso especial, a Lei nº 10.259 prevê outro mecanismo processual para contornar o indesejável problema da ocorrência de interpretações divergentes da Lei Federal entre diferentes Turmas Recursais. Trata-se do *pedido de uniformização de interpretação de lei federal*, previsto no art. 14 do referido diploma legal. Não obstante tenha a lei evitado o uso da palavra *recurso*, é mesmo de recurso que se trata na espécie.

Os órgãos competentes para a uniformização serão as *Turmas Conjuntas*, *i.e.*, o órgão formado pelas Turmas Recursais em divergência, dentro da mesma Região (art. 14, § 1º).

Quando o dissídio se der entre Turmas Recursais de Regiões diferentes, e sempre que se decidir contra súmula ou jurisprudência do STJ, a uniformização será julgada por *Turma de Uniformização*, integrada por juízes de Turmas Recursais, sob a previdência do Coordenador da Justiça Federal (§ 2º). A reunião de juízes domiciliados em cidades diversas será feita por via eletrônica (videoconferência) (§ 3º).

Se a Turma de Uniformização, em questões de direito material, contrariar súmula ou jurisprudência dominante no STJ, a parte interessada poderá provocar a manifestação deste, que discutirá a divergência (§ 4º). Ao relator, nesse caso, será permitido deferir liminar de suspensão dos processos, quando plausível o direito invocado e presente o risco de dano de difícil reparação (§ 5º). Se julgado necessário, será ouvido o Ministério Público (§ 7º). Também aqui o meio de levar a causa ao STJ será, sem dúvida, um recurso.

Cabe aos Tribunais Regionais Federais regulamentar, em seu âmbito, a composição dos órgãos e os procedimentos a serem adotados nos julgamentos de uniformização (§ 10). No âmbito do Superior Tribunal de Justiça a matéria está disciplinada, na parte que lhe toca, por meio do Regimento Interno da Turma Nacional de Uniformização de Jurisprudência dos Juizados Especiais Federais (TNU), aprovado pela Resolução nº 345, de 02.06.2015, do Conselho da Justiça Federal. O prazo para formulação do pedido de uniformização pela TNU foi fixado em quinze dias, "a contar do acórdão recorrido", devendo a petição ser apresentada à Turma recursal ou regional de origem, que deverá intimar o recorrido para apresentar contrarrazões no mesmo prazo (Regimento Interno, art. 13).

A propósito, a Turma Nacional de Uniformização dos Juizados Especiais Federais (TNU) aprovou, na sessão ordinária do dia 12 de dezembro, realizada na sede do Conselho da Justiça Federal (CJF), em Brasília, a Súmula nº 86 do Colegiado. O enunciado tem a seguinte redação: "*Não cabe incidente de uniformização que tenha como objeto principal questão controvertida de natureza constitucional que ainda não tenha sido definida pelo Supremo Tribunal Federal (STF) em sua jurisprudência dominante*".

§ 56. EXECUÇÃO E MEDIDAS PREVENTIVAS

477. Execução

A execução das sentenças proferidas em feitos tramitados perante o Juizado Especial Federal civil será de sua competência (Lei nº 10.259, art. 3º).

Embora não haja dispositivo expresso na Lei nº 10.259, é de admitir-se, também, como integrantes da competência do Juizado Especial Federal a execução de títulos extrajudiciais contra a Fazenda Pública Federal, desde que se respeite o limite de sessenta salários mínimos.[28]

Observar-se-á, nesta última hipótese, o procedimento do art. 910 do CPC/2015. A executada será citada para opor embargos e, não o fazendo, o juiz requisitará o pagamento na forma do art. 17 da Lei nº 10.259. Não há que se pensar em duplo grau necessário na espécie, mesmo porque esse instituto foi legalmente excluído do âmbito do juizado especial (Lei nº 10.259, art. 13).

Por outro lado, a execução das sentenças que imponham cumprimento de obrigação de fazer, não fazer ou entrega de coisa certa terá natureza mandamental. Não há, pois, necessidade de *actio iudicati*. O juiz oficiará à autoridade citada para a causa, com cópia da sentença ou do acordo, ordenando o respectivo cumprimento (Lei nº 10.259, art. 16).

Nas condenações de obrigação de pagar quantia certa, o pagamento será efetuado mediante requisição judicial, dentro de sessenta dias, mediante depósito em favor do credor da agência mais próxima da Caixa Econômica Federal ou do Banco do Brasil, independentemente de precatório (Lei nº 10.259, art. 17).

Desatendida a requisição, o juiz determinará o sequestro do numerário suficiente ao cumprimento da condenação (art. 17, § 2º).

A execução fora do regime de precatórios cabe, segundo o art. 100, § 3º, da CF, aos pagamentos de obrigações definidas em leis como de pequeno valor. No âmbito dos juizados especiais de pequenas causas, o Estado tem competência concorrente para legislar sobre a criação, o funcionamento e o processo (art. 24, X, da CF), inclusive no tocante ao valor da causa determinante da respectiva competência. Entretanto, segundo o STF, o Estado não pode alterar o processo em sua essência, criando poderes e deveres que modifiquem o já estatuído pela lei federal, como o de impor condicionamentos e exigências para a requisição de pequeno valor (RPV) não previstos na legislação da União.[29] É que legislar sobre direito processual constitui competência privativa da União (CF, art. 22, I). A competência concorrente dos Estados se limita à disposição acerca de "procedimentos em matéria processual" (CF, art. 24, XI). Ou seja, "deve se restringir à edição de leis que disponham sobre *matéria procedimental, isto é, sobre a sucessão coordenada dos atos processuais, no que se refere à forma, ao tempo e ao lugar de sua realização*, e com cuidado de não usurpar a competência da União para legislar sobre normas de caráter geral".[30]

478. Medidas cautelares

No juizado federal, a Lei nº 10.259 atribui ao juiz poder de determinar, de ofício ou a requerimento da parte, medidas cautelares no curso do processo, para evitar dano de difícil reparação (art. 4º).

A iniciativa do juiz, na espécie, é maior do que a prevista no Código de Processo Civil, que não atribui essa competência ao juiz. O magistrado, na condução da causa no juizado

---

[28] CARREIRA ALVIM, J. E. *Juizados Especiais Federais*. Rio de Janeiro: Forense, 2002, p. 41.

[29] STF, Pleno, ADI 5421/DF, Rel. Min. Gilmar Mendes, ac. 17.12.2022, DJe 25.01.2023.

[30] Voto do Relator no STF, Pleno, ADI 2.257/SP, Rel. Min. Eros Grau, ac. 06.04.2005, DJe 26.08.2005. No mesmo sentido: STF, Pleno, ADI 3.041/RS, Rel. Min. Ricardo Lewandowski, ac. 10.11.2011, DJe 01.02.2012.

especial federal, sempre terá a faculdade de ordenar medidas cautelares necessárias, mesmo sem requerimento da parte, como se deduz do art. 4º da Lei nº 10.259.

Quando pleiteada pela parte, o deferimento da tutela cautelar não é simples faculdade do juiz. Desde que presentes os requisitos legais, a medida integra direito subjetivo do requerente, a que o juiz não poderá deixar de atender, sob pena de denegação de justiça.

479. Antecipação de tutela

Como observa Carreira Alvim, embora silente a Lei nº 10.259 (e também a Lei nº 9.099), não há incompatibilidade entre o procedimento sumaríssimo dos juizados especiais e o instituto da tutela provisória satisfativa, prevista nos arts. 294, parágrafo único, e 303 do CPC/2015. Na lição do eminente processualista, "nos juizados especiais federais, a antecipação de tutela em sentido amplo é mais necessária, aliás, do que nos juizados estaduais, porque a competência dos juizados federais é absoluta, não tendo a parte a opção de se dirigir à vara federal para obter a tutela liminarmente, o que não sucede com os juizados estaduais, em que é deixado à parte optar por eles ou pela justiça comum".[31]

Aliás, a Lei nº 12.153/2009, ao disciplinar os Juizados Especiais da Fazenda Pública, no âmbito da Justiça Estadual, previu, expressamente, a competência do juiz para determinar, de ofício ou a requerimento das partes, "quaisquer providências *cautelares* ou *antecipatórias* no curso do processo, para evitar dano de difícil ou de incerta reparação" (art. 3º da Lei 12.153/2009). Formando os diversos Juizados Especiais um sistema único (Lei nº 12.153, art. 1º), as lacunas de regulação de um deles podem perfeitamente ser supridas pelas regras dos demais (Lei nº 12.153/2009, arts. 26 e 27; Lei nº 10.259/2001, art. 1º).[32] Daí por que as medidas provisórias antecipatórias previstas para os Juizados Especiais da Fazenda Pública, estendem-se também aos Juizados Especiais Federais.

479-A. Demonstrativo do débito exequendo atualizado

Tendo em vista a dificuldade que os credores da Fazenda Pública por obrigações de pequeno valor, encontram no desempenho da exigência legal de instruir o requerimento de cumprimento de sentença com o demonstrativo atualizado do seu crédito, o STF, em ação de arguição de descumprimento de preceito fundamental, assentou o seguinte entendimento:

> "Juizados Especiais – Execução – Cálculos. A interpretação teleológico-sistemática da ordem jurídica, calcada na Constituição Federal como documento maior da República, conduz a placitar-se a óptica segundo a qual incumbe ao órgão da Administração Pública acionado, à pessoa jurídica de direito público, apresentar os cálculos indispensáveis à solução rápida e definitiva da controvérsia, prevalecendo o interesse primário – da sociedade – e não o secundário – o econômico da Fazenda Pública. Os interesses secundários não são atendíveis senão quando coincidirem com os primários, únicos que podem ser perseguidos por quem axiomaticamente os encara e representa (Celso Antônio Bandeira de Mello – *Curso de Direito Administrativo*, 2010, página 23)".[33]

---

[31] CARREIRA ALVIM, J. E. *Juizados Especiais Federais*. Rio de Janeiro: Forense, 2002, p. 61.

[32] A Lei nº 9.494/1997 disciplina a aplicação da tutela antecipada contra a Fazenda Pública, não para impedi-la em caráter geral, mas para definir os casos em que não se deve usá-la. Logo, a regra é no sentido de sua admissão, seguindo a disciplina do Código de Processo Civil, salvo disposição especial em contrário (Lei nº 9.494/1997, art. 1º).

[33] STF, Pleno, ADPF 219, Rel. Min. Marco Aurélio, ac. 20.05.2021, *DJe* 07.10.2021.

Fluxograma nº 44 – Procedimento do Juizado Especial Federal Civil (Lei nº 10.259, de 12.07.2001)

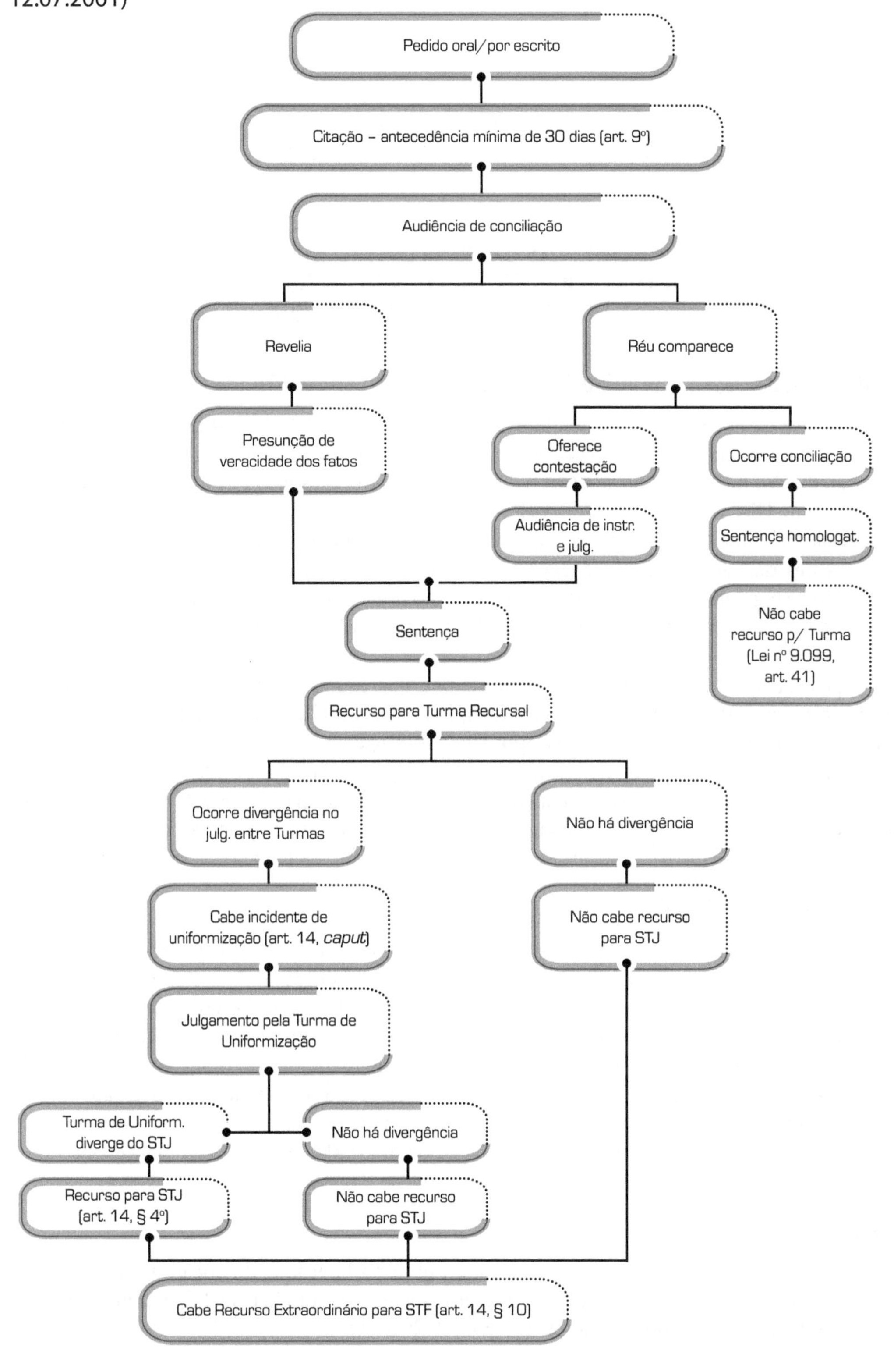

Capítulo XXXI

OS JUIZADOS ESPECIAIS DA FAZENDA PÚBLICA

§ 57. AS PEQUENAS CAUSAS DA FAZENDA PÚBLICA NO ÂMBITO DOS ESTADOS, DISTRITO FEDERAL, TERRITÓRIOS E MUNICÍPIOS

480. A instituição dos Juizados Especiais da Fazenda Pública

Com base no art. 98, I, da Constituição, a Lei nº 12.153, de 22.12.2009, determinou a criação dos Juizados Especiais da Fazenda Pública, como órgãos da Justiça Estadual e integrantes do sistema já existente dos Juizados Especiais (art. 1º, *caput*). Com isso, o sistema dos Juizados Especiais dos Estados e do Distrito Federal passou a ser formado por *(i)* Juizados Especiais Cíveis; *(ii)* Juizados Especiais Criminais e *(iii)* Juizados Especiais da Fazenda Pública (art. 1º, parágrafo único).

Antes da Lei nº 12.153, já existia, no âmbito da União, o Juizado Especial Federal, instituído e regulado pela Lei nº 10.259/2001, como órgão da Justiça Federal, com competência para processar, conciliar e julgar causas atribuídas àquela Justiça de valor até sessenta salários mínimos (art. 3º, *caput*).

A Fazenda Pública estadual e a municipal, que estavam fora do sistema de Juizados Especiais, passaram a nele figurar a partir da Lei nº 12.153/2009 (*DOU* de 23.12.2009), com vigência programada para seis meses após sua publicação.

Diversamente do que ocorre com os Juizados Especiais Federais, onde não atuam os juízes leigos, os Juizados Especiais da Fazenda Pública instituídos pela Lei nº 12.153/2009 funcionam com o concurso de juízes togados, juízes leigos e conciliadores, tal como os demais órgãos judicantes que integram o sistema legal de Juizados Especiais no âmbito da Justiça dos Estados (art. 15).

481. Disciplina legal

Regem-se os Juizados Especiais da Fazenda Pública especificamente pela Lei nº 12.153/2009. Subsidiariamente, aplicam-se também as disposições do Código de Processo Civil, da Lei nº 9.099/1995 (Lei dos Juizados Especiais e Criminais) e da Lei nº 10.259/2001 (Lei dos Juizados Especiais Federais), naquilo que, naturalmente, não conflitar com a disciplina traçada pela lei específica.

Além disso, prevê a Lei nº 12.153 que os Tribunais de Justiça, o Superior Tribunal de Justiça e o Supremo Tribunal Federal, no âmbito de suas competências, expedirão normas regulamentando os procedimentos a serem adotados para o processamento e o julgamento do pedido de uniformização de jurisprudência e do recurso extraordinário, em relação aos casos julgados pelos Juizados Especiais da Fazenda Pública (art. 20).

482. Competência absoluta

Não vigora para os Juizados da Fazenda Pública a liberdade de opção das partes entre eles e a justiça ordinária. "No foro onde estiver instalado Juizado Especial da Fazenda Pública, a sua competência é *absoluta*" (Lei nº 12.153, art. 2º, § 4º).

A competência absoluta *in casu* vigora apenas para as causas ajuizadas depois da instalação do juizado especial, de modo que são vedadas as transferências de demandas aforadas anteriormente perante as varas da justiça ordinária (art. 24).

A Lei nº 12.153, por outro lado, permite aos Tribunais de Justiça a implantação dos Juizados Especiais com competência temporariamente menor do que a prevista em seu art. 2º. Essa limitação, porém, só deverá prevalecer até cinco anos a partir da entrada em vigor da Lei nº 12.153. A justificativa para a medida será a "necessidade da organização dos serviços judiciários e administrativos" (art. 23). Os Juizados Especiais da Fazenda Pública deverão ser instalados pelos Tribunais de Justiça no prazo de dois anos a contar da vigência da Lei nº 12.153 (art. 22).

§ 58. ÓRGÃO JUDICANTE

483. Composição do órgão judicante

O Juizado Especial da Fazenda Pública será presidido por um juiz togado, auxiliado por conciliadores e juízes leigos. As respectivas atribuições são as previstas nos arts. 22, 37 e 40 da Lei nº 9.099/1995 (ver, *retro*, os itens nº 421 a 423).

A designação dos conciliadores e juízes leigos far-se-á na forma da legislação dos Estados e do Distrito Federal (Lei nº 12.153, art. 15), observado o seguinte regime:

(a) os conciliadores e juízes leigos são qualificados legalmente como "auxiliares da justiça" (art. 15, § 1º);

(b) os conciliadores não precisam ser, necessariamente advogados, mas deverão, de preferência, ser recrutados entre bacharéis em direito (§ 1º);

(c) os juízes leigos deverão ser advogados com mais de dois anos de experiência (§ 1º, *in fine*);

(d) os juízes leigos ficarão impedidos de exercer a advocacia, não em sua plenitude, mas apenas perante os Juizados Especiais da Fazenda Pública, em todo o território nacional, enquanto no desempenho de suas funções (§ 2º);

(e) a condução da audiência de conciliação é feita pelo conciliador, sob supervisão do juiz (art. 16);

(f) a função do juiz leigo é a prevista na Lei nº 9.099/1995 (ver, *retro*, o item nº 423).

484. Competência

Cabe aos Juizados Especiais da Fazenda Pública, respeitadas as regras gerais definidoras da competência de foro, "processar, conciliar e julgar causas cíveis de interesse dos Estados, do Distrito Federal, dos Territórios e dos Municípios, até o valor de 60 (sessenta) salários mínimos" (Lei nº 12.153, art. 2º, *caput*).[1]

Excluem-se, porém, dessa competência, as seguintes causas, nos termos do § 1º daquele artigo:

(a) as ações de mandado de segurança, de desapropriação, de divisão e demarcação, populares, por improbidade administrativa, execuções fiscais e as demandas sobre direitos ou interesses difusos e coletivos (inciso I);

(b) as causas sobre bens imóveis dos Estados, Distrito Federal, Territórios e Municípios, autarquias e fundações públicas a eles vinculadas (inciso II);

(c) as causas que tenham como objeto a impugnação da pena de demissão imposta a servidores públicos civis ou sanções disciplinares aplicadas a militares (inciso III).

Se a pretensão versar sobre obrigações vincendas, "para fins de competência do Juizado Especial, a soma de 12 (doze) parcelas vincendas e de eventuais parcelas vencidas não

---

[1] O valor da causa, para efeito de competência do Juizado Especial da Fazenda Pública, deverá ser definido por ocasião da propositura da ação, compreendendo o principal atualizado e juros vencidos até então, a exemplo do que prevê a Lei de Execução Fiscal, art. 34, § 1º. Se a pretensão compreender parcelas vencidas e vincendas, o valor da causa compreenderá a soma de umas e outras, dentro do limite previsto no art. 2º, § 2º, da Lei nº 12.153.

poderá exceder o valor referido no *caput* deste artigo", ou seja, sessenta salários mínimos (art. 2º, § 2º).[2]

O Projeto aprovado no Congresso previa que ocorrendo litisconsórcio ativo para o limite de sessenta salários, determinado pelo *caput* e pelo § 2º do art. 2º, seria considerado individualmente por autor (§ 3º). O dispositivo, entretanto, foi objeto de veto presidencial.[3] Assim, os pedidos formulados pelos diversos autores consorciados haverão de ser somados e somente prevalecerá a competência do Juizado Especial se o total não ultrapassar sessenta salários mínimos.

No entendimento do STF, a maior complexidade da causa também pode ser considerada razão para excluí-la da competência dos juizados especiais, pois, segundo norma constitucional, a esses juizados cabe julgar casos de baixa complexidade e simples compreensão (CF, art. 98, I).[4] Acolhida a arguição do demandado de complexidade da matéria debatida, não será o caso de extinção do processo, mas sim de remessa dos autos ao juízo competente. Igual providência será adotada quando ocorrer a ultrapassagem do limite legal de sessenta salários mínimos. Em ambos os casos, observar-se-á a regra do art. 64, § 3º, do CPC/2015.[5]

---

2 "Constatado que o valor da pretensão da autora extrapola o limite dos sessenta salários mínimos (na data da propositura da ação – 21.07.2005), a competência para processar e julgar a demanda é do juízo federal comum" (STJ, 1ª Seção, CC 103.205/SP, Rel. Min. Castro Meira, ac. 26.08.2009, *DJe* 18.09.2009).

3 As razões do veto ao § 3º do art. 2º foram as seguintes: "ao estabelecer que o valor da causa será considerado individualmente, por autor, o dispositivo insere nas competências dos Juizados Especiais ações de maior complexidade e, consequentemente, incompatíveis com os princípios da oralidade e da simplicidade, entre outros previstos na Lei nº 9.099, de 26 de setembro de 1995" (*DOU* de 23.12.2009).

4 STF, Pleno, RE 537.427/SP, Rel. Min. Marco Aurélio, ac. 14.04.2011, *DJe* 17.08.2011.

5 GAJARDONI, Fernando da Fonseca; GOMES JÚNIOR, Luiz Manoel. Breves anotações sobre a competência nos Juizados da Fazenda Pública: a função social do Sistema dos Juizados. *Revista de Processo*, v. 273, p. 329, São Paulo, nov./2017.

§ 59. PARTES

485. Legitimação

Conforme dispõe o art. 5º da Lei nº 12.153, podem ser partes no Juizado Especial da Fazenda Pública:

(*a*) como autores, as pessoas físicas e as microempresas e empresas de pequeno porte, assim definidas na Lei Complementar nº 123, de 14 de dezembro de 2006 (inciso I);
(*b*) como réus, os Estados, o Distrito Federal, os Territórios e os Municípios, bem como autarquias, fundações e empresas públicas a eles vinculadas (inciso II).

Sobre a intervenção de terceiros, observar-se-á o art. 10 da Lei nº 9.099/1995, ou seja, apenas o litisconsórcio se apresenta possível no Juizado Especial da Fazenda Pública. Quaisquer outras figuras interventivas eram excluídas, até a edição do CPC/2015 que, no art. 1.062, previu, expressamente, que o incidente de desconsideração da personalidade jurídica também aplica-se aos processos de competência dos juizados especiais.

486. Ministério Público

Não há previsão de intervenção do Ministério Público no procedimento dos Juizados Especiais da Fazenda Pública. Apenas no incidente de Uniformização de Jurisprudência, o relator, se necessário, ouvirá o Ministério Público, no prazo de cinco dias (Lei nº 12.153, art. 19, § 3º).

487. Representação das partes

Sobre a representação das partes no Juizado Especial da Fazenda Pública prevalecem, em princípio, as regras traçadas pelo art. 9º da Lei nº 9.099/1995 e pelo art. 10 da Lei nº 10.259/2001, quanto aos sujeitos ativos.

Quanto às pessoas jurídicas demandadas, deverão atuar por meio de seus representantes judiciais (CPC/2015, art. 75), aos quais se reconhece o poder de conciliar, transigir ou desistir, nos processos dos Juizados Especiais, nos termos e nas hipóteses previstas na lei do respectivo ente da Federação (Lei nº 12.153, art. 8º).

§ 60. ATOS PROCESSUAIS E PROCEDIMENTO

488. Atos de comunicação processual e prazos

As citações e intimações, nos procedimentos dos Juizados Especiais da Fazenda Pública realizar-se-ão segundo as regras do Código de Processo Civil (Lei nº 12.153, art. 6º). A citação, porém, deverá ser feita com a antecedência mínima de trinta dias da audiência de conciliação (art. 7º).

Os prazos da Fazenda Pública são os mesmos da contraparte. Não prevalecem no Juizado Especial os prazos diferenciados previstos no Código de Processo Civil para as pessoas jurídicas de direito público (art. 7º).

O emprego de meios eletrônicos para as intimações é autorizado pelo art. 8º, § 2º, da Lei nº 10.259, cuja disciplina se aplica também aos Juizados Especiais da Fazenda Pública.

Sobre o tema, ver, ainda, o item nº 464, *retro*.

489. Petição inicial, citação e resposta

A petição inicial pode ser formulada oralmente ou por escrito, observadas as regras do art. 14 da Lei nº 9.099/1995 (ver, *retro*, os itens nº 431 e 467).

O demandado é citado para comparecer a uma audiência de conciliação, onde deverá, se for o caso, oferecer sua contestação. A resposta pode ser, tal como a inicial, formulada por escrito ou por via oral. Sobre a revelia do ente público, ver o nº 468, *retro*.

São admissíveis pedidos contrapostos, independentemente de reconvenção (Lei nº 9.099, art. 17, parágrafo único) (ver, *retro*, nº 436 e 468).

As arguições de suspeição e impedimento seguem as regras comuns do Código de Processo Civil.

490. Audiência de conciliação

Ao receber a inicial, o Juizado, por seu órgão competente, designará audiência de conciliação, determinando a citação da pessoa jurídica de direito público, em seu representante judicial, de modo que entre o ato citatório e a audiência permeie um prazo de no mínimo trinta dias (Lei nº 12.153, art. 7º).

Não ocorrendo acordo, o demandado produzirá sua resposta na própria audiência de conciliação, ocasião em que se designará outra audiência para instrução e julgamento, se necessária.

491. Instrução probatória

É dever da entidade ré "fornecer ao Juizado a documentação de que disponha para o esclarecimento da causa, apresentando-a até a instalação da audiência de conciliação" (Lei nº 12.153, art. 9º).

A prova documental do autor deverá ser produzida com a inicial (CPC/2015, arts. 320 e 434) ou até a audiência de conciliação e julgamento (Lei nº 9.099, art. 33). Sobre a prova testemunhal e a perícia, ver, *retro*, os itens nº 437 e 471.

Quanto à prova testemunhal, a Lei nº 12.153 prevê que sua coleta caberá ao juiz que preside a audiência de instrução e julgamento (art. 16, § 2º). Na audiência de conciliação, a lei permite que também o conciliador ouça as partes e testemunhas (art. 16, § 1º). Se esses depoimentos forem julgados suficientes, o juiz dispensará novos testemunhos, desde que não haja impugnação das partes (art. 16, § 2º, *in fine*).

Dispõe, ainda, o art. 10 da Lei nº 12.153, a propósito da *perícia*, que o juiz, reconhecendo sua necessidade para a conciliação ou para o julgamento da causa, nomeará pessoa habilitada, encarregando-a de apresentar o laudo até cinco dias antes da audiência. Como se vê, a lei autoriza o juiz a ordenar a perícia até mesmo antes da audiência de conciliação, embora o normal seja fazê-lo dentro daquela audiência e depois de frustrada a tentativa de solução conciliatória. De qualquer maneira, o laudo sempre deverá ser apresentado antes da audiência, seja ela de conciliação ou de instrução e julgamento.

492. Sentença e recurso de ofício

Nas causas decididas nos procedimentos do Juizado Especial da Fazenda Pública, mesmo sendo sucumbente o ente público, não há reexame necessário (Lei nº 12.153, art. 11).

493. Tutela de urgência (medidas cautelares e antecipatórias)

Ao juiz presidente do Juizado Especial da Fazenda Pública é conferido o poder de deferir, de ofício ou a requerimento das partes, medidas provisórias, cautelares e antecipatórias, no curso do processo, para evitar dano de difícil ou incerta reparação (art. 3º da Lei nº 12.153). Observar-se-á, na espécie, a disciplina geral do Código de Processo Civil (arts. 294 a 311) e a especial que dispõe sobre medidas cautelares e tutela antecipada contra a Fazenda Pública (Leis nº 8.437/1992 e 9.494/1997).

§ 61. SISTEMA RECURSAL

494. Recursos nos Juizados Especiais da Fazenda Pública

Salvo no caso de medidas cautelares e antecipatórias, não cabe recurso contra decisões interlocutórias, no sistema processual da Lei nº 12.153 (art. 4º).

As sentenças nos Juizados Especiais da Fazenda Pública são recorríveis, mas não ensejam apelação para o Tribunal de Justiça, nem recurso especial para o Superior Tribunal de Justiça. Pode caber, no entanto, recurso extraordinário para o Supremo Tribunal Federal do que restar decidido pelas turmas recursais internas do juizado (art. 21).

O recurso manejável contra a sentença é endereçado à *Turma Recursal* integrante do Sistema dos Juizados Especiais, a qual se compõe de juízes em exercício no primeiro grau de jurisdição, na forma prevista na legislação local, com mandato de dois anos. O recrutamento, de preferência, será feito entre os juízes integrados ao sistema dos Juizados Especiais.[6]

É do acórdão da Turma Recursal, e não diretamente da sentença, que se poderá cogitar do recurso extraordinário para o STF, em caso de ofensa à Constituição, desde que configurada a "repercussão geral" (CF, art. 102, III e § 3º).

495. Uniformização de jurisprudência

Prevê a Lei nº 12.153/2009 o incidente de *uniformização de jurisprudência*, que poderá ser provocado por pedido da parte interessada, quando ocorrer "divergência entre decisões proferidas por Turmas Recursais sobre *questões de direito material*" (arts. 18, *caput*).[7] Não haverá, portanto, lugar para o incidente, se a divergência versar sobre questão processual.

O julgamento do incidente será feito em reunião conjunta das Turmas em conflito, sob a presidência de um desembargador indicado pelo Tribunal de Justiça da unidade federativa a que pertençam ambas as Turmas (art. 18, § 1º). Se os juízes tiverem sede em cidades diversas, a reunião das Turmas poderá ser feita por meio eletrônico (art. 18, § 2º).

Quando as Turmas divergentes pertencerem a Estados diversos, ou quando a divergência envolver decisão em contrariedade com súmula do Superior Tribunal de Justiça, o pedido de uniformização será por este julgado (art. 18, § 3º).

O Superior Tribunal de Justiça será também convocado a manifestar-se, a pedido da parte, quando a solução adotada pelas Turmas locais de Uniformização contrariar súmula daquela Corte Superior (art. 19, *caput*).

496. Causas repetitivas

I – Incidente de uniformização submetido ao STJ

Configurada a situação de múltiplas causas em torno de questões idênticas àquelas já submetidas à uniformização do STJ, os pedidos subsequentes ficarão retidos nos autos, aguardando o pronunciamento do STJ (Lei nº 12.153, art. 19, § 1º).

---

[6] Lei nº 12.153/2009:"Art. 17. (...) § 1º A designação dos juízes das Turmas Recursais obedecerá aos critérios de antiguidade e merecimento.§ 2º Não será permitida a recondução, salvo quando não houver outro juiz na sede da Turma Recursal".

[7] O prazo e as formalidades do incidente serão tratados na legislação local de que cogita o art. 1º da Lei nº 12.153 e na regulamentação prevista no art. 20 da mesma lei. Subsidiariamente, observar-se-á a Lei nº 10.259/2001, que já contém disciplina de sistema similar de uniformização para o âmbito da Justiça Federal.

No STJ, observar-se-ão as seguintes medidas:

(*a*) "Se necessário, o relator pedirá informações ao Presidente da Turma Recursal ou Presidente da Turma de Uniformização e, nos casos previstos em lei, ouvirá o Ministério Público, no prazo de 5 (cinco) dias" (art. 19, § 3º).

(*b*) "Decorridos os prazos referidos nos §§ 3º e 4º, o relator incluirá o pedido em pauta na sessão, com preferência sobre todos os demais feitos, ressalvados os processos com réus presos, os *habeas corpus* e os mandados de segurança" (art. 19, § 5º).

(*c*) "Publicado o acórdão respectivo, os pedidos retidos referidos no § 1º serão apreciados pelas Turmas Recursais, que poderão exercer juízo de retratação ou os declararão prejudicados, se veicularem tese não acolhida pelo Superior Tribunal de Justiça" (art. 19, § 6º).

O Projeto aprovado no Congresso permitia a intervenção de *amicus curiae* no incidente de uniformização (§ 4º do art. 19), mas o dispositivo foi vetado pelo Presidente da República.[8]

II - Incidente de resolução de demandas repetitivas

Esse incidente foi inserido no CPC/2015, arts. 976 a 987, e é cabível quando houver simultaneamente *(i)* efetiva repetição de processos que contenham controvérsia sobre a mesma questão unicamente de direito; e *(ii)* risco de ofensa à isonomia e à segurança jurídica. A tese jurídica adotada no incidente será aplicada a todos os processos que versem sobre idêntica questão de direito na área de jurisdição do tribunal que proferiu o acórdão, inclusive àqueles que tramitem nos juizados especiais. É o que determina o art. 985 do CPC/2015 (*vide* item nº 415, *supra*).

497. Medidas de urgência

O relator, nos casos de uniformização presididos pelo Tribunal de Justiça ou pelo Superior Tribunal de Justiça, poderá conceder, de ofício ou a requerimento do interessado, medida liminar de suspensão dos processos, dentro dos quais se estabeleceu a controvérsia. Os fundamentos da medida de urgência serão *(i)* a plausibilidade do direito invocado e *(ii)* o fundado receio de dano de difícil reparação (Lei nº 12.153, art. 19, § 2º).

---

8 Razões do veto: "Ao permitir a intervenção de qualquer pessoa, ainda que não seja parte do processo, o dispositivo cria espécie sui generis de intervenção de terceiros, incompatível com os princípios essenciais aos Juizados Especiais, como a celeridade e a simplicidade" (*DOU* de 23.12.2009).

§ 62. SISTEMA DE EXECUÇÃO DE SENTENÇA NOS JUIZADOS ESPECIAIS DA FAZENDA PÚBLICA

498. Cumprimento da sentença

Há regras especiais na Lei nº 12.153 que disciplinam o cumprimento da sentença ou do acordo, nos processos dos Juizados Especiais da Fazenda Pública, fazendo a necessária diferenciação entre a efetivação das obrigações de fazer, não fazer, entregar coisa certa e de prestar quantia certa (arts. 12 e 13).

Não há, na legislação especial, previsão de execução provisória no âmbito dos Juizados Especiais da Fazenda Pública, mas apenas da execução "após o trânsito em julgado da decisão" (arts. 12 e 13), ou seja, da *execução definitiva.*

499. Obrigações de fazer, não fazer ou de entrega de coisa

O cumprimento do acordo ou da sentença, com trânsito em julgado, que imponha obrigação de fazer, não fazer ou entrega de coisa certa será efetuado mediante ofício do juiz à autoridade citada para a causa, com cópia da sentença ou do acordo (art. 12 da Lei nº 12.153).

500. Obrigações de quantia certa

O cumprimento de sentença relativo a obrigação de pagar quantia certa dar-se-á após o respectivo trânsito em julgado, observados os procedimentos traçados pelo art. 13 da Lei nº 12.153:

(a) Se a obrigação for de pequeno valor (CF, art. 100, § 3º), a execução dar-se-á mediante *requisição judicial*, feita em ofício à autoridade que foi inicialmente citada para a causa, *independentemente* de precatório. O pagamento deverá ser realizado no prazo máximo de sessenta dias (Lei nº 12.153, art. 13, I). Se a requisição judicial for desatendida, o juiz imediatamente "determinará o sequestro do numerário suficiente ao cumprimento da decisão" (art. 13, § 1º, da Lei nº 12.153).

(b) Sendo o montante superior àquele definido como de pequeno valor, o cumprimento da sentença dar-se-á por meio de *precatório* (art. 13, II).

São estatuídas, ainda, pela Lei nº 12.153 as seguintes regras a serem observadas na execução das sentenças relativas a obrigações de quantia certa:

(a) "As obrigações definidas como de pequeno valor a serem pagas independentemente de precatório terão como limite o que for estabelecido na lei do respectivo ente da Federação" (art. 13, § 2º).

(b) Até que se dê a publicação das leis de que trata o § 2º, os valores serão:
(i) quarenta salários mínimos, quanto aos Estados e ao Distrito Federal;
(ii) trinta salários mínimos, quanto aos Municípios (art. 13, § 3º).

(c) "São vedados o fracionamento, a repartição ou a quebra do valor da execução, de modo que o pagamento se faça, em parte, na forma estabelecida no inciso I do *caput* e, em parte, mediante expedição de precatório, bem como a expedição de precatório complementar ou suplementar do valor pago" (art. 13, § 4º).

(d) "Se o valor da execução ultrapassar o estabelecido para pagamento independentemente do precatório, o pagamento far-se-á, sempre, por meio do precatório, sendo facultada à parte exequente a renúncia ao crédito do valor excedente, para que possa optar pelo pagamento do saldo sem o precatório" (art. 13, § 5º).

(e) "O saque do valor depositado poderá ser feito pela parte autora, pessoalmente, em qualquer agência do banco depositário, independentemente de alvará" (art. 13, § 6º).

(f) "O saque por meio de procurador somente poderá ser feito na agência destinatária do depósito, mediante procuração específica, com firma reconhecida, da qual constem o valor originalmente depositado e sua procedência" (art. 13, § 7º).

500.1. Limite legal das requisições de pequeno valor

As requisições de pequeno valor (RPV), que excluem a execução contra a Fazenda Pública por precatório, estão sujeitas a um limite que as Fazendas Estaduais, Distrital e Municipais estabelecerão em leis próprias, levando em conta a capacidade econômica própria, respeitado, porém, o mínimo igual ao valor do maior benefício do regime geral de previdência social (CF, art. 100, § 4º, com a redação determinada pela EC 62, de 09.12.2009).

Enquanto os entes federados não criassem seus próprios limites, o art. 87, do ADCT, estabeleceu limites provisórios, para evitar que a omissão legislativa local se tornasse impeditivo do regime especial das RPVs. Não eram eles, entretanto, uma vedação a que os limites definitivos fossem inferiores aos do ADCT. Essa liberdade, todavia, encontrou uma barreira, na regra da EC 62, que veio a dispor que, no mínimo, o limite de Requisição de Pequeno Valor, teria de respeitar o do maior benefício do regime geral da Previdência Social (art. 100, § 4º, da CF).

Dessa maneira, o STF tem decidido que a partir da EC 62/2009, sob pena de inconstitucionalidade da lei local "o teto das obrigações de pequeno valor não pode ser inferior à importância correspondente ao maior benefício do regime geral de previdência social (art. 100, § 4º, da Lei Maior)".[9]

Os entes federados podem até estipular limite maior, mas nunca inferior ao determinado pelo dispositivo constitucional em destaque.

[9] STF, Pleno, ADPF 370/SP, Rel. Min. Rosa Weber, ac. 28.09.2020, *DJe* 06.10.2020. Precedente: STF, Pleno, ADI 5.100/SC, Rel. Min. Luiz Fux, ac. 27.04.2020, *DJe* 14.05.2020.

Fluxograma nº 45 – Procedimento do Juizado Especial da Fazenda Pública (Lei nº 12.153/2009)

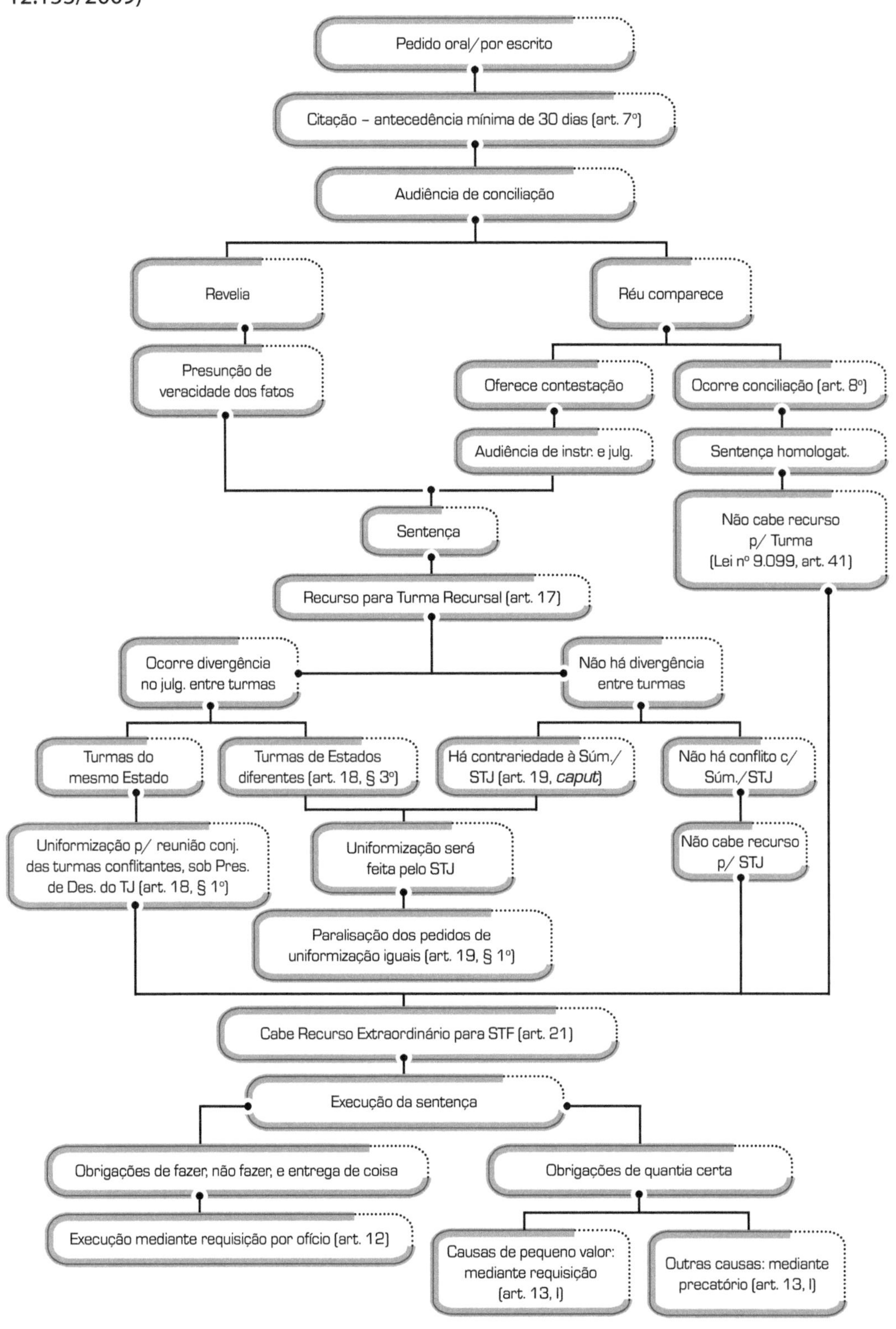

Parte V
Alguns Procedimentos Especiais Disciplinados Fora do Código de Processo Civil

Capítulo XXXII
AÇÕES CONSTITUCIONAIS

§ 63. A CONSTITUIÇÃO E O PROCESSO

501. O direito processual constitucional

O moderno Estado Democrático de Direito, nos moldes da Constituição brasileira, não só se preocupa com a institucionalização da tutela jurisdicional, como tem no Poder Judiciário o principal instrumento de defesa e realização da ordem constitucional. Com efeito, é à Justiça que compete interpretar e fazer atuar a Constituição, sempre que o legislador ou qualquer agente do Poder Público tiver seus atos questionados em face de alguma norma ou princípio constitucionais.

De duas maneiras a Constituição interfere na disciplina do direito processual: *(i)* estabelecendo, no plano geral, os fundamentos da tutela jurisdicional; e *(ii)* instituindo alguns remédios processuais, que servem especificamente para proteger as pessoas contra abusos de autoridade, como, *v.g.*, o *habeas corpus*, a *ação popular*, o *mandado de segurança* etc.

502. Os fundamentos do direito processual constitucional

Dentre os diversos princípios consagrados pela Constituição, em matéria de jurisdição, o primeiro é, sem dúvida, o do *acesso à justiça*. Nenhuma lesão ou ameaça a direito subjetivo pode ser subtraída ao Poder Judiciário (CF, art. 5º, XXXV). O Estado proíbe, em regra, a justiça privada (justiça pelas *próprias mãos* do ofendido), mas garante a todos a tutela jurisdicional.

Mas, para cumprir seu papel tutelar, não basta ao Estado instituir regras formais para determinar o procedimento de acesso aos juízos e tribunais. Esses procedimentos e os deveres dos órgãos jurisdicionais hão de representar a efetiva sistemática de pleno acesso à justiça, não só no sentido formal, mas, sobretudo, no sentido substancial. A tarefa do Poder Judiciário não é apenas a de dar solução aos conflitos jurídicos, mas a de garantir, com toda eficiência, a realização da Justiça, proporcionando aos titulares dos direitos subjetivos tudo aquilo que, segundo a ordem jurídica material, lhes cabe obter.

A prestação do Poder Judiciário, destarte, está profundamente comprometida com o princípio da *efetividade*. Por isso, o acesso à justiça se faz com a observância da garantia constitucional do *devido processo legal* (CF, art. 5º, LIV), nela compreendidas tanto a meta do procedimento legal como sua adequação a realizar a justiça material. Daí a garantia do contraditório e ampla defesa (CF, art. 5º, LV), a do juiz natural (CF, art. 5º, XXXVII e LIII), a da verdade real, assentada na publicidade da prestação jurisdicional e na fundamentação obrigatória das sentenças e decisões (CF, art. 93, IX), bem como na garantia de razoável duração do processo e dos meios que assegurem a celeridade de sua tramitação (art. 5º, LXXVIII, acrescido pela EC nº 45, de 30.12.2004).

Todas essas garantias processuais aplicam-se aos procedimentos criados pela própria Constituição (ações constitucionais) como aos instituídos pela legislação ordinária (Códigos de Processo e legislação extravagante).

Uma vez que a garantia constitucional de acesso à Justiça (CF, art. 5º, XXXV) compreende a efetividade da tutela jurisdicional, e esta não prescinde dos mecanismos de urgência, como as medidas cautelares e as antecipações de tutela, é claro que nas ações constitucionais estes expedientes não podem deixar de atuar, quando necessários. Cuidam da sua disciplina, quando deferidos contra o Poder Público, as Leis nº 8.437, de 30.06.1992, 10.444, de 07.05.2002, e o art. 7º da Lei nº 12.016, de 07.08.2009.[1] Dentre os remédios previstos nessa legislação especial, figura o incidente de suspensão das liminares, por ato singular do Presidente do Tribunal competente, para evitar abusos em detrimento dos interesses públicos superiores, a exemplo do que contém o art. 15 da Lei nº 12.016/2009, relativamente ao mandado de segurança. Embora se trate de uma lei mais recente, note-se que tal medida já era prevista na revogada Lei nº 4.348, de 26.06.1964. Para impugnar essa decisão presidencial, a Lei nº 8.437/1992 autoriza o agravo interno, dirigido ao Colegiado do Tribunal, tanto nos casos de deferimento como de indeferimento da suspensão (art. 4º, §§ 1º e 3º).

---

[1] CPC/2015: "Art. 1.059. À tutela provisória requerida contra a Fazenda Pública aplica-se o disposto nos arts. 1º a 4º da Lei nº 8.437, de 30.06.1992, e no art. 7º, § 2º, da Lei nº 12.016, de 07.08.2009".

§ 64. MANDADO DE SEGURANÇA

503. Conceito

Mandado de segurança é o remédio processual constitucional, manejável contra qualquer autoridade pública ou agente de pessoa jurídica que exerça atribuições do Poder Público, e que cometa ilegalidade ou abuso de poder, tendo como objetivo proteger o titular de direito líquido e certo não amparado por *habeas corpus* ou *habeas data* (CF, art. 5º LXIX). Como o *habeas corpus* assegura a liberdade pessoal (direito de ir e vir) (CF, art. 5º, LXVIII) e o *habeas data*, a possibilidade de conhecer e controlar as informações pessoais constantes de arquivos públicos (CF, art. 5º, LXXII), a conclusão é que a cobertura do mandado de segurança é a mais ampla possível. Compreende todo e qualquer direito subjetivo que, não alcançado pelos dois remédios já referidos, se enquadre na configuração de *direito líquido e certo.*

Cabe a impetração da segurança tanto nos casos de direito violado como naqueles em que este se ache apenas ameaçado. O *mandamus*, portanto, é admitido como remédio reparador de lesão consumada por ato de autoridade e também como medida preventiva em favor de quem se depare com "justo receio" de sofrer semelhante tipo de lesão (Lei nº 12.016/2009, art. 1º).

Todavia, não se presta o *writ* em questão para atacar a lei em tese, conforme preconiza o Supremo Tribunal Federal (Súmula nº 266). Urge, no entanto, distinguir entre mandado de segurança contra *lei em tese* e mandado de segurança *preventivo*. Para que se configure a primeira hipótese é necessário que a impetração se volte contra dispositivo legal que a parte, abstratamente, entenda como inválido, sem apoiar-se em situação fática capaz de colocá-lo sob o alcance imediato ou iminente da norma atacada. Por outro lado, para o uso do mandado preventivo não se exige que a autoridade pública tenha ameaçado *in concreto* aplicar o preceito legal. Mas é necessário que a situação fática do impetrante já o ponha em condições de sofrer a incidência lesiva da norma. A ameaça de lesão, portanto, torna-se real e concreta, justificando o mandado de segurança preventivo, mesmo antes de a autoridade tomar a iniciativa de submeter a parte aos efeitos da norma inválida ou injurídica.[2] Quando tal ocorre, não é lícito qualificar a impetração como ataque à lei em tese. Trata-se de legítimo mandado de segurança preventivo, autorizado pelo art. 1º da Lei nº 12.016.[3]

A disciplina procedimental específica do mandado de segurança consta da Lei nº 12.016, de 07.08.2009, que revogou a Lei nº 1.533, de 31.12.1951, e toda a legislação que, desde a época da Constituição de 1946, vinha regendo o acesso a esse remédio processual.

504. Natureza da ação

O mandado de segurança não é um simples processo de conhecimento para declaração de direitos individuais. Nem se limita à condenação para preparar futura execução forçada contra

---

[2] "Mandado de segurança contra lei em tese é mandado de segurança contra lei que ainda não incidiu" (QUEIROZ NEVES, Fernando C. Mandado de segurança preventivo. In: ARRUDA ALVIM, Eduardo *et al.* (coord.). *O novo mandado de segurança*. Belo Horizonte: Fórum, 2010, p. 185.

[3] O que se veda, como mandado de segurança contra lei em tese, é aquele que veicula pretensão centrada apenas na "noção da interpretação normativa, e não propriamente no plano dos efeitos concretos possivelmente colocados em prática pelo agente público (ou assemelhados) competente para tanto" (DIAS, Jean Carlos. O mandado de segurança preventivo e a lei em tese. *Revista Dialética de Direito Processual Civil*, v. 115, p. 51, out. 2012). No mesmo sentido é a melhor jurisprudência: "... a natureza preventiva do *mandamus* decorre da constatação da incidência da norma jurídica, uma vez ocorrente seu *suporte fático*, sendo o direito ameaçado por ato coator iminente. Por seu turno, no *writ* dirigido contra *lei em tese*, a *situação de fato*, que enseja a incidência da norma jurídica, ainda não restou configurada" (STJ, 1ª T., REsp 860.538/RS, Rel. Min. Luiz Fux, ac. 18.09.2008, *DJe* 16.10.2008. No mesmo sentido: STJ, 2ª T., RMS 31.714/MT, Rel. Min. Castro Meira, ac. 03.05.2011, *DJe* 19.09.2011).

o Poder Público. É procedimento especial com imediata e implícita força executiva contra os atos administrativos. Acolhida a segurança impetrada, o juiz vai além da simples declaração e condenação. Expede ordem de autoridade para cumprimento imediato. Fala-se, por isso, em ação *mandamental.*

Não cabe à autoridade coatora resistir ao cumprimento do mandado judicial. Ter-se-á na hipótese desobediência à ordem legal de autoridade competente, sujeitando o descumpridor às penas administrativas e criminais correspondentes à desobediência (Lei nº 12.016, art. 26).

O juiz poderá valer-se de todos os instrumentos do Poder Público tendentes a submeter a autoridade coatora à ordem de segurança, inclusive a prisão do infrator, em casos extremos.[4]

505. Legitimação ativa

Qualquer pessoa pode lançar mão do mandado de segurança para corrigir o ato abusivo de agente do Poder Público, que lhe tenha ofendido direito líquido e certo. Não importa se pessoa física ou jurídica, de direito privado ou de direito público, se brasileiro ou estrangeiro.[5]

Também entidades despersonalizadas, como o espólio, a massa falida e o condomínio, legitimam-se, quando dotadas de personalidade formal para o processo, ao exercício do mandado de segurança, se o patrimônio que representam vier a ser ofendido por abuso de autoridade. Até mesmo organismos de direito público sem personalidade jurídica podem se defender por meio da ação mandamental, se agirem na defesa de suas prerrogativas institucionais, quando violadas por outros entes da organização do Poder Público. É o caso, *v.g.*, da Presidência da República e a Câmara dos Deputados, do Prefeito e a Câmara de Vereadores, da Mesa do Senado ou da Câmara, do Governador e a Assembleia, dos Tribunais e do Ministério Público etc.[6]

Quando o direito ameaçado ou violado couber a várias pessoas, não se impõe um litisconsórcio ativo necessário para sua tutela em juízo, por via do mandado de segurança. Qualquer um dos cotitulares poderá impetrá-lo singularmente. Se resolverem fazê-lo em conjunto, o litisconsórcio ativo será apenas facultativo (Lei nº 12.016, art. 1º, § 3º).

506. Legitimação passiva

Como dispõe o art. 1º da Lei nº 12.016, o mandado de segurança é concedido contra ato de *autoridade* que tenha cometido abuso de poder em detrimento de direito líquido e certo do impetrante. Exige, no entanto, que este, na petição inicial, identifique não só a *autoridade coatora* como também a *pessoa jurídica* a que o agente do ato impugnado se acha integrado (art. 6º).

I - Pessoa jurídica na relação processual

O mandado de segurança é proposto, diretamente, contra a autoridade que praticou o ato abusivo, a quem se determinará, em lugar da tradicional contestação, a prestação de informações no prazo da lei. Com isso, há quem entenda que o sujeito passivo, na espécie, seria a própria autoridade, e não a pessoa jurídica de direito público em cujo nome se praticou o ato impugnado, *i.e.*, a União, o Estado, o Município etc.

---

4 Lei nº 12.016: "Art. 26. Constitui crime de desobediência, nos termos do art. 330 do Decreto-lei nº 2.848, de 7 de dezembro de 1940, o não cumprimento das decisões proferidas em mandado de segurança, sem prejuízo das sanções administrativas e da aplicação da Lei nº 1.079, de 10 de abril de 1950, quando cabíveis".

5 STF, 1ª T., RE 215.267/SP, Rel. Min. Ellen Gracie, ac. 24.04.2001, *DJU* 25.05.2001, p. 19, *RTJ* 177/965. A Lei nº 12.016 tornou explícita, em seu art. 1º, a possibilidade do uso do mandado de segurança tanto pelas pessoas físicas como jurídicas.

6 STF, Pleno, MS 21.239/DF, Rel. Min. Sepúlveda Pertence, ac. 05.06.1991, *RTJ* 147/104.

Na verdade, a melhor exegese sempre foi a que atribui à autoridade coatora apenas a legitimidade formal para defender a pessoa jurídica de direito público em cujo nome atuou na prática do ato discutido no *mandamus*. Com efeito, a repercussão do processo operará toda sobre os poderes e interesses daquela pessoa pública, e não apenas sobre a autoridade notificada. Não há como, portanto, ignorar a participação substancial da entidade no processo.[7] A atual Lei do Mandado de Segurança segue, explicitamente, esse entendimento, pois determina que, concomitantemente, se proceda à notificação à autoridade coatora e se dê ciência do feito ao órgão de representação judicial da pessoa jurídica interessada (Lei nº 12.016, art. 7º, I e II).

O agente da pessoa jurídica responsável pelo ato impugnado pode e deve defendê-lo, agindo, pois, no processo, como representante especial da pessoa jurídica em cujo nome atuou. Essa atuação processual, porém, não exclui a legitimidade da pessoa jurídica para, querendo, intervir, também, por meio de seu órgão institucional de representação judicial. Se isto acontecer, duas entidades poderão atuar paralelamente na defesa do ato impugnado: o coator e o procurador da pessoa jurídica.

Para não deixar dúvida quanto à posição da pessoa jurídica dentro da relação processual, a Lei nº 12.016 exige do impetrante que indique qual é, no caso deduzido em juízo, a pessoa jurídica a que a autoridade coatora se acha integrada (art. 6º). Isto, porém, não leva à constituição de um litisconsórcio entre o coator e a pessoa jurídica. O coator é apenas um órgão da pessoa jurídica, de maneira que não são duas entidades distintas que figuram no polo passivo da ação. Há simplesmente possibilidade de dois órgãos diferentes da mesma pessoa jurídica atuarem em seu nome, em caráter eventual, e por pura conveniência do único sujeito passivo da ação. É por isso que o primeiro órgão recebe a citação e o segundo apenas é intimado da impetração.

No regime da Lei nº 1.533/1951, existia entendimento jurisdicional que vedava à autoridade coatora a possibilidade de recorrer da sentença proferida na ação de segurança. O recurso somente seria manejável pela pessoa jurídica interessada.[8] A Lei atual, embora reconheça a posição de parte à pessoa jurídica, tanto que seu representante judicial deve ser cientificado da impetração, não retira do coator a legitimidade para recorrer da sentença contrária à posição adotada no ato questionado em juízo (Lei nº 12.016, art. 14, § 2º).

Continua, é bom esclarecer, pertencendo à pessoa jurídica o direito originário de recorrer da sentença que defere a segurança postulada, pois são direitos, poderes e interesses seus que, fundamentalmente, estão em jogo no processo. O que a nova lei faz é *estender*, também, à autoridade coatora o direito de recorrer, como aliás se lê no § 2º do citado art. 14 da Lei nº

---

[7] "O coator é notificado para prestar informações. Não tem ele legitimidade para recorrer da decisão deferitória do *mandamus*. A legitimação cabe ao representante da pessoa pública interessada" (STF, 1ª T., RE 97.282, Rel. Min. Soares Muñoz, ac. 03.09.1982, *DJU* 24.09.1982, p. 9.446, *RTJ* 105/404). "A parte passiva no mandado de segurança é a pessoa jurídica de direito público a cujos quadros pertence a autoridade apontada como coatora" (BARBI, Celso Agrícola. *Do mandado de segurança*. 10. ed. Rio de Janeiro: Forense, 2002, p. 154). "A autoridade coatora participa do *mandamus* como parte no sentido formal, enquanto a pessoa jurídica de direito público interno, destinatária dos efeitos da decisão, participa no capítulo material" (STJ, 1ª T., REsp 179.818/CE, Rel. Min. Milton Luiz Pereira, ac. 24.04.2001, *DJU* 04.02.2002, p. 293). No mesmo sentido: STJ, 1ª T., REsp 132.024/CE, Rel. Min. Milton Luiz Pereira, ac. 19.10.2000, *DJU* 12.03.2001, p. 95.

[8] Por isso entende-se que "a legitimidade para recorrer em mandado de segurança é da pessoa jurídica de direito público atingida por seus efeitos e não da autoridade coatora" (TJRS, 2ª CC, AI 70009346305, Rel. Des. Leila Vani Pandolfo Machado, ac. 19.10.2004, *Revista Dialética de Direito Tributário* 113/176). No mesmo sentido: STJ, 2ª T., REsp 553.959/PE, Rel. Min. Castro Meira, ac. 21.10.2003, *DJU* 01.12.2003, p. 342.

12.016.[9] Isto, porém, não lhe confere capacidade postulatória[10]. Dessa maneira, tanto podem recorrer um ou outro dos legitimados, ou até mesmo ambos, conforme o caso e os interesses em jogo. Pode até mesmo haver interesse próprio de um dos legitimados que não seja compartilhado pelo outro. Por exemplo: o representante judicial da pessoa jurídica não recorre porque pensa ter havido mesmo abuso de autoridade, enquanto o coator tem interesse próprio em demonstrar que não cometeu dito abuso e, sim, atuou dentro da legalidade. Daí por que a atitude recursal de um não deve, necessariamente, prejudicar a do outro.

II - Autoridade coatora: como identificá-la?

Por outro lado, para figurar na ação de segurança não basta ser funcionário ou agente envolvido na prática do ato abusivo. Para ocupar legitimamente a posição de *autoridade*, exige-se do agente que tenha poderes para decidir sobre a prática do ato impugnado. Quem apenas o realizou em cumprimento de ordens de outrem não chega a configurar a autoridade coatora de que fala a lei. Só quem dispõe de poder para ordená-lo e revogá-lo deixa de ser mero executor material para assumir, na esfera do *mandamus*, a condição de autoridade coatora.[11]

Não é, outrossim, sujeito passivo do mandado de segurança quem apenas exerce o poder normativo, por meio da edição de lei, decreto, regulamento, portaria etc. Não cabe o *writ*, em princípio, contra lei em tese.[12] Salvo se se tratar de ato normativo de efeitos concretos, capazes de afetar imediatamente situação jurídica individual.[13]

Há posições radicais na jurisprudência que não toleram o erro cometido pelo impetrante na nomeação da autoridade coatora, considerando inviável o prosseguimento do feito por ilegitimidade passiva *ad causam*, se o autor não corrigir a petição inicial em tempo hábil. Ao magistrado não seria lícito substituir a autoridade coatora *ex officio*. O problema deve ser enfrentado com certa flexibilidade. Se do contexto narrado na petição inicial se revela possível entrever quem seria a verdadeira autoridade coatora, não há impropriedade na determinação de sua notificação, desde que se considere como adequada a teoria de que a verdadeira parte do *mandamus* é a pessoa jurídica de direito público, e não o agente que o representa em juízo,[14] como, aliás, o faz a Lei nº 12.016, nos dispositivos já apontados.

---

[9] "A jurisprudência deste Tribunal, em precedente da Corte Especial, pacificou entendimento de que a autoridade coator apenas tem legitimidade para recorrer de sentença que concede a segurança quando tal recurso objetiva defender interesse próprio da dita autoridade" (STJ, 6ª T., REsp 264.632/SP, Rel. Min. Maria Thereza de Assis Moura, ac. 04.09.2007, *DJU* 19.11.2007, p. 298).

[10] "(...) O art. 14, § 2º, da Lei n. 12.016/2009, conferiu legitimidade recursal, não capacidade postulatória, à autoridade coatora, não havendo, pois, ofensa ao art. 133 da CRFB" (STF, Pleno, ADI 4403/DF, Rel. Min. Edson Fachin, ac. 23.08.2019, *DJe* 09.09.2019).

[11] STJ, Corte, MS 3.313/DF, Rel. Min. Antônio de Pádua Ribeiro, ac. 26.05.1994, *DJU* 20.06.1994, p. 16.049, *RSTJ* 77/22; STJ, 1ª T., 128.752/RS, Rel. Min. Demócrito Reinaldo, ac. 07.11.1997, *DJU* 11.05.1998, p. 12, *RSTJ* 110/85.

[12] STF, Súmula nº 266; STF, Pleno, AgRg no MS 21.881/DF, Rel. Min. Celso de Mello, ac. 03.03.1994, *DJU* 22.04.1994, p. 8.925, *RTJ* 158/103; STF, Pleno, AgRg no MS 22.035/RJ, Rel. Min. Moreira Alves, ac. 21.10.1994, *DJU* 19.12.1994, p. 35.184, *RTJ* 161/154; STJ, 1ª Seção, MS 119/DF, Rel. Min. Luiz Vicente Cernicchiaro, ac. 13.06.1989, *DJU* 07.08.1989, p. 12.731, *RSTJ* 04/1.432.

[13] STJ, 1ª T., REsp 72.751/SP, Rel. Min. Milton Luiz Pereira, ac. 13.06.1996, *DJU* 19.08.1996, p. 28.437, *RSTJ* 90/78; STJ, 2ª T., RMS 775/SP, Rel. Min. José de Jesus Filho, ac. 18.11.1991, *DJU* 03.02.1992, p. 449, *RSTJ* 27/212; STF, Pleno, MS 21.126/DF, Rel. Min. Carlos Velloso, ac. 08.11.1990, *DJU* 14.12.1990, p. 15.109, *RTJ* 133/1.126; STF, Pleno, MS 21.274/DF, Rel. Min. Carlos Velloso, ac. 10.02.1994, *DJU* 08.04.1994, p. 7.241, *RTJ* 158/72.

[14] A jurisprudência, por exemplo, releva a impropriedade da inicial quando o correto responsável pelo ato administrativo só vem a ser revelado nas informações da autoridade dita coatora (STJ, 2ª T., AgRg no Ag 55.002/MS, Rel. Min. Antônio Pádua Ribeiro, ac. 17.10.1994, *DJU* 14.11.1994, p. 30.951). Isto também se dá no caso em que a autoridade nomeada pelo impetrante nega sua participação no ato impugnado, mas

Quando se trata de agente delegado, como nas concessões administrativas, a legitimidade passiva, para o mandado de segurança, é do concessionário.[15] O mesmo, porém, não se passa com o simples permissionário, porque não chega a assumir a qualidade de autoridade no desempenho da atividade permitida.[16]

É possível que a impetração se volte contra ato de algum colegiado (comissão, conselho etc.). O *mandamus*, em tal situação, haverá de ser proposto contra o órgão, e a notificação recairá sobre seu presidente. A Lei nº 12.016 cuidou de clarear esta circunstância dispondo que: "considera-se autoridade coatora aquela que tenha praticado o ato impugnado ou da qual emane a ordem para a sua prática" (art. 6º, § 3º, da Lei nº 12.016/2009).

507. Pessoas equiparadas às autoridades, para fins de mandado de segurança

O mandado de segurança foi concebido, de maneira imediata, para controle do comportamento *abusivo* ou *ilegal* de autoridade pública, ou seja, de agentes investidos de poder dentro dos órgãos da Administração Pública direta.

Há, contudo, equiparação legal que permite o seu manejo, também, contra entes que não chegam a se vincular à Administração, mas que desempenham tarefas e serviços de caráter público. O § 1º do art. 1º da Lei nº 12.016, nesse sentido, equipara a autoridade, para figurar no polo passivo do mandado de segurança:

(*a*) representantes ou órgãos de partidos políticos;

(*b*) administradores de atividades autárquicas;

(*c*) dirigentes de pessoas jurídicas ou pessoas naturais no exercício de atribuições do poder público, caso em que o *writ* somente será admissível enquanto disser respeito às atribuições delegadas.[17]

Quando as empresas públicas, as sociedades de economia mista e as concessionárias de serviço praticarem "atos de gestão comercial", a seu respeito não terá cabimento o recurso do mandado de segurança (Lei nº 12.016, art. 1º, § 2º). É que quando os entes públicos interferem na atividade econômica, o regime jurídico a que sujeitam é o do direito privado, e não o da administração pública (CF, art. 173, § 1º, II).

508. Ato de autoridade judicial

Em princípio, não cabe mandado de segurança contra decisão judicial, porque o modo de impugná-la já consta do próprio procedimento observado em juízo. É, pois, pelo recurso que se sana o erro ou o abuso cometido pela autoridade judiciária, no bojo dos processos.

---

como superior hierárquico do verdadeiro agente, defende o ato deste, encampando-o nas informações prestadas em juízo (STJ, 5ª T., RMS 9.504/CE, Rel. Min. Jorge Scartezzini, ac. 16.09.1999, *DJU* 14.02.2000 p. 48, *RSTJ* 132/504).

15 STF, Súmula nº 510; STJ, 1ª T., REsp 400.902/GO, Rel. Min. José Delgado, ac. 26.03.2002, *DJU* 22.04.2002, p. 178, *RSTJ* 157/129.

16 Cumpre distinguir a atividade *delegada* da atividade *autorizada* pelo Poder Público. "Diz-se que a atividade é delegada quando a Administração atribui ao particular um serviço, por natureza, público; será atividade autorizada aquela que, por natureza, é atividade privada, mas que, por ser de interesse público, está sob fiscalização. Contra ato de atividade autorizada não cabe mandado de segurança, porquanto é ela, na verdade, particular, por exemplo, contra bancos privados nessa condição" (GRECO FILHO, Vicente. *Direito processual civil brasileiro*. 16. ed. São Paulo: Saraiva, 2003, v. III, n. 80, p. 308).

17 STF, Súmula nº 510: "Praticado o ato por autoridade, no exercício de competência delegada, contra ela cabe o mandado de segurança ou a medida judicial".

Mas, se o ato do juiz é insuscetível de recurso, ou se o recurso interponível não é dotado de efeito suspensivo, capaz de evitar a consumação do ato abusivo, não há como excluí-lo da área garantida pelo mandado de segurança (Lei nº 12.016, art. 5º, II).

No entanto, desde 1995, o Código Processual de 1973 autoriza, em seu art. 558, o relator, em agravo e apelação, a suspender a decisão recorrida, sempre que houver risco de lesão grave e de difícil reparação e a fundamentação do recurso se mostrar relevante. O novo Código repetiu a disposição em seu art. 1.019, I, admitindo a atribuição de efeito suspensivo ao agravo, ou o deferimento, em antecipação de tutela, da pretensão recursal. Do mesmo modo, o art. 1.012, § 4º, possibilita, naquelas situações em que a apelação é recebida apenas no efeito devolutivo, que o relator suspenda a eficácia da sentença, caso demonstrado risco de dano grave ou de difícil reparação (art. 1.012, § 4º). Assim, forçoso é reconhecer que em tal conjuntura não se terá mais condições de admitir o mandado de segurança.

Somente, pois, aos terceiros que foram atingidos pela decisão judicial sem serem partes no processo e às partes que se virem diante de decisões teratológicas, em que a via recursal seja insuficiente para impedir a imediata lesão de direito líquido e certo, é que estará franqueada a reação fora do sistema recursal e pelo remédio extremo do mandado de segurança[18] (sobre a impetração do mandado de segurança em lugar dos embargos de terceiro, v., *retro*, o nº 207).

Enfim, para o simples fim de atribuir efeito suspensivo ao agravo ou à apelação, o mandado de segurança não é mais remédio processual utilizável, diante da sistemática adotada pelo Código processual, salvo se o relator do Tribunal se recusar a impedir liminarmente o abuso cometido pela decisão recorrida.[19]

509. Ato sujeito a recurso administrativo

Dispõe o art. 5º, I, da Lei nº 12.016 que o mandado de segurança não será concedido quando se tratar de ato de que caiba recurso administrativo com efeito suspensivo, independente

---

[18] O terceiro nem mesmo tem de provar risco de lesão grave e de difícil reparação, para se livrar do ato judicial abusivo por meio do *mandamus* (STJ, Súmula nº 202: "A impetração de segurança por terceiro contra ato judicial não se condiciona à interposição de recurso"). No mesmo sentido: STJ, 3ª T., RMS 6.317/SP, Rel. Min. Eduardo Ribeiro, ac. 22.04.1996, *DJU* 03.06.1996, p. 19.246, *RSTJ* 84/177; STJ, 3ª T., RMS 4.847/MG, Rel. Min. Cláudio Santos, ac. 12.12.1994, *DJU* 20.03.1995, p. 6.110, *RSTJ* 75/155; STJ, 2ª T., RMS 6.389/RJ, Rel. Min. Ari Pargendler, ac. 21.03.1996, *DJU* 22.04.1996, p. 12.555, *RSTJ* 83/92; STJ, 4ª T., REsp 13.484/SP, Rel. Min. Sálvio de Figueiredo, ac. 22.11.1994, *DJU* 20.02.1995, p. 3.186, *RT* 715/270; STJ, 1ª T., RMS 6.422, Rel. Min. José de Jesus Filho, ac 10.12.1996, *DJU*, 17.03.1997, p. 7.431, *RSTJ* 95/53. Ao terceiro cabe reagir por meio do mandado de segurança, sem ter usado previamente de recurso, até mesmo contra a sentença transitada em julgado, se esta houver violado direito líquido e certo de sua titularidade (STJ, 4ª T., RMS 7.087/MA, Rel. Min. Cesar Asfor Rocha, ac. 24.03.1997, *DJU* 09.06.1997, p. 25.540, *RSTJ* 97/227). O mesmo se pode reconhecer também àquele que, sendo parte passiva do processo, não foi citado regularmente, e dele não participou de forma espontânea: "A jurisprudência deste STJ caminha no sentido de admitir a utilização do mandado de segurança para desconstituir sentença prolatada em processo que se desenvolve sem a citação". Na verdade, sem integração do réu ao processo pela citação válida, não se completa e aperfeiçoa a relação processual, de modo que a própria coisa julgada não ocorre (STJ, 6ª T., RMS 8.807/SP, Rel. Min. Hamilton Carvalhido, ac. 03.12.2001, *DJU* 06.05.2002, p. 312; STJ, 4ª T., RMS 6.487/PB, Rel. Min. Sálvio de Figueiredo, ac. 24.09.1996, *DJU* 04.11.1996, p. 42.475). Enfim, o réu não citado e não integrado ao processo, em relação à sentença, equivale a um terceiro, a quem se franqueia o mandado de segurança, sem condicionamento a prévia impugnação por via recursal (STJ, 6ª T., AgRg no RMS 19.358/SP, Rel. Min. Nilson Naves, ac. 13.11.2007, *DJU* 11.02.2008, p. 1; STJ, 4ª T., RMS 14.132/GO, Rel. Min. Aldir Passarinho Júnior, ac. 16.08.2007, *DJU* 08.10.2007, p. 282).

[19] STJ, 1ª T., RMS 7.246/RJ, Rel. Min. Humberto Gomes de Barros, ac. 05.09.1996, *DJU* 21.10.1996, p. 40.201, *RSTJ* 90/68; STJ, 4ª T., REsp 299.433/RJ, Rel. Min. Sálvio de Figueiredo, ac. 09.10.2001, *DJU* 04.02.2002, p. 381, *RSTJ* 156/369.

de caução. A razão da norma é que o recurso, uma vez interposto, afasta a ameaça do dano que o ato do coator representava. Mas a parte não é obrigada a recorrer no processo administrativo pela simples razão de o recurso contar com efeito suspensivo. Se recorrer, não poderá usar o mandado de segurança, porque a ameaça de lesão terá sido superada pela eficácia suspensiva do recurso. Se, porém, deixar de recorrer no prazo legal, o processo administrativo se encerrará, tornando definitiva a eventual ofensa ao direito da parte.[20] O direito de se valer do *mandamus* estará configurado, independentemente do esgotamento da via administrativa. Em outros termos, o prévio esgotamento da esfera administrativa não se apresenta como pressuposto para o aforamento de qualquer demanda, nem mesmo do mandado de segurança.

510. Litisconsórcio

É possível a formação de litisconsórcio, tanto ativo como passivo, em mandado de segurança. O litisconsórcio ativo é, em regra facultativo, podendo, *v.g.*, vários atingidos individualmente por um mesmo ato administrativo reunirem-se para a propositura de um *writ* comum (Lei nº 12.016, art. 1º, § 3º). Já o litisconsórcio passivo é mais frequente sob a modalidade de litisconsórcio necessário. É o que se passa quando o ataque do impetrante se dirige contra ato da administração que gerou situação jurídica em favor de outrem. Ao pretender desconstituir tal ato, o impetrante está atuando não apenas contra o agente da Administração, mas igualmente contra o particular que se aproveitou do seu ato. É impossível, na sistemática processual, esse tipo de desconstituição, sem que todos os sujeitos interessados participem da relação processual (CPC/2015, art. 114).[21] Por isso, "extingue-se o processo de mandado de segurança se o impetrante não promove, no prazo assinado, a citação do litisconsorte passivo necessário" (STF, Súmula nº 631). Incide plenamente, na espécie, a sanção prevista no parágrafo único do art. 115 do CPC/2015.

Um caso em que, com bastante frequência, se impõe o litisconsórcio necessário entre a autoridade coatora e terceiro é o do mandado de segurança contra ato judicial. É que, no processo contencioso, principalmente, quase sempre o ato do juiz que prejudica uma das partes favorece ou interessa a outra. Desfazê-lo, portanto, envolve repercussão sobre ambas as partes do processo, razão pela qual a impetração haverá de incluir o adversário do requerente no polo passivo da ação mandamental, para cumprir o disposto nos arts. 114 do CPC/2015 e 24 da Lei nº 12.016.

511. Assistência

Muito se discute em doutrina sobre o cabimento ou não da assistência na ação de mandado de segurança.[22] Na jurisprudência dos tribunais superiores predomina o entendimento de que

---

20 "Todavia, permite-se a impetração do *mandamus* quando, após ter obtido decisão denegatória de seu pedido na esfera administrativa, o administrado-impetrante desiste expressamente do recurso administrativo ou deixa de apresentá-lo no prazo legal, porquanto, a partir daí, surge seu interesse processual de agir para a impetração" (STJ, 1ª T., REsp 781.914/PA, Rel. Min. Denise Arruda, ac. 15.05.2007, *DJU* 11.06.2007, p. 270). No mesmo sentido: STJ, 5ª T., AgRg no RMS 31.048/BA, Rel. Min. Moura Ribeiro, ac. 24.09.2013, *DJe* 30.09.2013).

21 "Aplicam-se ao mandado de segurança os arts. 46 a 49 da Lei nº 5.869, de 11 de janeiro de 1973 – Código de Processo Civil" (art. 24 da Lei nº 12.016). Nota: de acordo com o art. 1.046, § 4º, do CPC/2015, "as remissões a disposições do Código de Processo Civil revogado, existentes em outras leis, passam a referir-se às que lhe são correspondentes neste Código". *In casu*, trata-se dos arts. 113 a 118 do CPC/2015.

22 Mantovanni Colares Cavalcante é daqueles que afastam o cabimento da assistência no procedimento do mandado de segurança (CAVALCANTE, Mantovani Colares. *Mandado de segurança*. São Paulo: Dialética, 2002, p. 192-193). Pelo cabimento, entretanto, é a corrente doutrinária majoritária: CARNEIRO, Athos Gusmão. Mandado de segurança, assistência e *amicus curiae*. *Revista Forense*, n. 371, p. 73-78, jan. 2004; FERRAZ, Sérgio. *Mandado de segurança*. São Paulo: Malheiros, 2006, p. 132; MEIRELLES, Hely Lopes. *Man-*

não é compatível com o procedimento especial do *mandamus* a aludida figura de intervenção de terceiro.

A posição do Supremo Tribunal Federal, retratada em decisão de seu Pleno, é clara e se fixa pela inadmissão da assistência na esfera do mandado de segurança pelos seguintes fundamentos: *(i)* o caráter sumário do mandado de segurança confere-lhe especialidade procedimental que repele a aplicação subsidiária de normas do CPC, que lhe contrariem regras expressas; *(ii)* o incidente de intervenção do art. 51 do CPC (de 1973, art. 120 do CPC/2015) - que possibilita contraditório, com eventuais recursos, é de todo incompatível com o rito especial da ação mandamental; *(iii)* diversamente, o litisconsórcio, admitido no mandado de segurança, não é forma de intervenção de terceiro, podendo ser reconhecido de plano, até porque concernente à regularidade subjetiva do processo; *(iv)* a Lei nº 1.533/1951 [e também a Lei nº 12.016/2009, que a substituiu], por ser manifestamente excepcional, não poderia ter ampliado o seu alcance.[23]

Convém lembrar que, sendo por demais conhecido o debate em torno da assistência ao tempo da Lei nº 1.533/1951, e tendo a atual Lei do Mandado de Segurança mantido a previsão da participação de terceiros apenas no regime do litisconsórcio (Lei nº 12.016/2009, art. 24), tudo conspira a revelar a vontade legislativa de não inovar em relação à jurisprudência formada, perante a lei velha, segundo a qual a assistência não tem lugar dentro do procedimento especial da ação de segurança.

512. Pressuposto especial do mandado de segurança: direito líquido e certo

Quando a Constituição endereça o mandado de segurança à defesa do direito *líquido e certo*, "está exigindo que esse direito se apresente com todos os requisitos para seu reconhecimento e exercício no momento da impetração. Em última análise, *direito líquido e certo é direito comprovado de plano*".[24]

O que importa não é a maior ou menor complexidade da tese jurídica, mas a prova pré-constituída (documental) do seu suporte fático. Se a demonstração do direito do impetrante estiver na dependência de investigação probatória, ainda a ser feita em juízo, o caso não é de mandado de segurança. Terá de ser resolvido pelas vias ordinárias. O procedimento do *mandamus* é sumário e não contém fase para coleta de outras provas que não as documentais, imediatamente exibíveis. Enfim, "o que se exige é *prova pré-constituída* das situações e fatos que embasam o direito invocado pelo impetrante".[25] Entretanto, a controvérsia acaso existente apenas sobre a matéria de direito, por complexa que seja, não impedirá a concessão do mandado de segurança (STF, Súmula nº 625).

É possível fundamentar-se o mandado de segurança em documento que se acha em poder de repartição pública ou de terceiro. Há um incidente próprio para obtenção de certidão ou exibição do próprio original, que é regulado pelos §§ 1º e 2º do art. 6º da Lei nº 12.016 (ver, adiante, o nº 514).

---

dado de segurança. 31. ed. São Paulo: Malheiros, 2008, p. 72-74; BARBI, Celso Agrícola. *Do mandado de segurança*. 10. ed. Rio de Janeiro: Forense, 2002, p. 246; BUENO, Cassio Scarpinella. *Mandado de segurança*. 2. ed. São Paulo: Saraiva, 2006, p. 167-170. Em posição intermediária, defendendo o cabimento pelo menos da assistência litisconsorcial, porque equiparada ao litisconsórcio: TEIXEIRA, Guilherme Freire de Barros. A assistência e a nova Lei do Mandado de Segurança. *Revista de Processo*, n. 183, p. 239-256, maio 2010.

23 STF, Pleno, MS 24.414/DF, Rel. Min. Cezar Peluso, ac. 03.09.2003, *DJU* 21.11.2003, p. 9.

24 MEIRELLES, Hely Lopes. *Mandado de segurança, ação popular, ação civil pública, mandado de injunção, "habeas data"*. 21. ed. São Paulo: Malheiros, 1999, p. 35.

25 MEIRELLES, Hely Lopes. *Mandado de segurança, ação popular, ação civil pública, mandado de injunção, "habeas data"*. 21. ed. São Paulo: Malheiros, 1999, p. 35.

513. Procedimento

O procedimento do mandado de segurança é o mais singelo possível, já que não há a fase destinada à instrução probatória.

I – Petição inicial

A propositura se dá por meio de petição inicial, apresentada em duas vias e acompanhada obrigatoriamente da prova pré-constituída a respeito da *causa petendi* (Lei nº 12.016, art. 6º). Junto à segunda via da petição constará cópia da documentação que instruir a primeira via.

II – Notificação

A autoridade coatora é *notificada* (a lei especial não fala em citação, mas a função da notificação é a mesma da citação) e terá dez dias para prestar suas *informações* (as quais fazem as vezes da contestação) (Lei nº 12.016, art. 7º, I). É também intimada a pessoa jurídica a que se vincula o coator, para que, querendo, ingresse no feito. Essa intimação se realiza junto ao órgão de representação judicial da pessoa jurídica, é feita sem prazo, de modo a permitir que a intervenção, se for do interesse da Administração, possa acontecer a qualquer tempo ou fase do processo, respeitadas, é óbvio, as etapas já vencidas e preclusas.[26] Se, porém, a pessoa jurídica quiser se defender na ação, terá de fazê-lo no prazo de dez dias indicado no inciso I, para a autoridade coatora. Permanecendo inerte, poderá, posteriormente, ingressar no processo, recebendo-o no estado em que se encontrar.[27]

A Lei do Mandado de Segurança fala em *dar ciência* ao representante judicial da pessoa jurídica interessada (art. 7º, II, da Lei nº 12.016/2009). Aqui, como na citação da autoridade coatora, o legislador evita a nomenclatura consagrada pelo Código de Processo Civil em matéria de comunicação processual. A natureza da coisa, porém, não se transmuda pela simples adoção de linguagem diversa. *Dar ciência* a alguém (parte ou não do processo) de ato ou fato processual vem a ser justamente a prática de *intimação*. Com efeito, *intimação*, a teor do art. 269 do CPC/2015, outra coisa não é que "o ato pelo qual *se dá ciência* a alguém dos atos e termos do processo". Quando, pois, a Lei nº 12.016 determina seja dada ciência da impetração à pessoa jurídica interessada, está na verdade ordenando sua *intimação*, em sentido técnico.

A participação do Ministério Público é obrigatória (Lei nº 12.016, art. 12), cabendo-lhe opinar no prazo improrrogável de dez dias. E o juiz terá trinta dias para, em seguida, proferir a sua sentença, tenha ou não o órgão ministerial apresentado seu parecer (art. 12, parágrafo único).

III – Revelia

Pela natureza da ação constitucional não se aplicam ao *writ* os efeitos usuais da revelia. O juiz decide a causa, com ou sem a resposta da autoridade coatora, mas formulará sua sentença apenas segundo a prova realmente produzida e o direito aplicável à espécie.

IV – Sentença

Da sentença que denegar ou conceder a segurança caberá recurso de apelação (Lei nº 12.016, art. 14, *caput*). Da que conceder, caberá remessa obrigatória para cumprimento de

---

[26] A notificação e a intimação se cumprem por meio de ofício, do qual será colhido recibo da entrega (Lei nº 12.016, art. 11). Em caso de urgência, pode-se usar telegrama, fax ou outro meio eletrônico de autenticação comprovada, sempre com observância dos requisitos legais pertinentes a tais meios de comunicação processual (art. 4º).

[27] Cf. THEODORO JÚNIOR, Humberto. *Lei do mandado de segurança*. Rio de Janeiro: Forense, 2014, n. 66, p. 220-221.

duplo grau de jurisdição obrigatório (art. 14, § 1º).[28] O direito de recorrer voluntariamente é tanto da pessoa jurídica interessada como da autoridade coatora (art. 14, § 2º).

Sendo deferida a segurança, a apelação não terá efeito suspensivo, tornando possível a execução provisória. Tal, porém, não se dará naqueles casos em que a lei não permite a concessão da medida liminar (Lei nº 12.016, arts. 14, § 3º, e 7º, § 2º), quando, então, a execução somente será possível após o trânsito em julgado da sentença definitiva.

514. Instrução por meio de documentos ainda não obtidos pelo impetrante

O autor da ação de segurança depende de prova documental para atender ao requisito da tutela especial que o *writ* constitucional lhe confere. Às vezes, este documento existe, mas está fora do alcance imediato do interessado, já que quem o detém não se dispõe voluntariamente a cooperar com o litigante. Nem por isso estará irremediavelmente trancado seu acesso ao mandado de segurança.

A Lei nº 12.016 prevê um incidente que *in limine litis* pode contornar o embaraço, tanto em face de repartição ou estabelecimento público como de particular: a requerimento da parte, "o juiz ordenará, preliminarmente, por ofício, a exibição desse documento em original ou em cópia autêntica e marcará, para cumprimento da ordem, o prazo de 10 (dez) dias" (art. 6º, § 1º). Se a exibição for do original, este não ficará retido. O escrivão extrairá cópias, juntando-as aos autos e à segunda via da inicial que acompanhará a notificação à autoridade coatora.

Quando a diligência se der por meio de certidão da cópia autenticada, a própria peça exibida será juntada aos autos. Uma cópia, porém, será providenciada para acompanhar a notificação.

Se a autoridade que retém o documento é a própria coatora, "a ordem far-se-á no próprio instrumento da notificação" (Lei nº 12.016, art. 6º, § 2º).

515. Liminar

O art. 7º, III, da Lei nº 12.016 autoriza o juiz a conceder, *in limine litis*, medida liminar para suspender o ato impugnado. Dois são os requisitos legais para obter-se a medida, que participa da natureza da antecipação de tutela:

(a) relevância da fundamentação do mandado de segurança;[29]

(b) risco de ineficácia da segurança, se afinal vier a ser deferida.[30] A natureza da medida autorizada pelo referido dispositivo legal é de típica antecipação de tutela. A suspensão

---

[28] O reexame necessário previsto na Lei do mandado de Segurança, segundo o STJ, não sofre os condicionamentos e restrições do CPC. Há sempre de ser aplicada a norma especial da LMS (STJ, Corte Especial, ED no REsp 687.216, Rel. Min. Castro Meira, ac. 04.06.2008, *DJe* 04.08.2008).

[29] A prova no mandado de segurança tem de ser documental e pré-constituída, devendo ser produzida pelo impetrante com a petição inicial. Por isso, a "relevância da fundamentação", a que se refere o art. 7º, III, da Lei nº 12.016, há de ser extraída mediante "cognição sumária" à luz do material probatório dado, pela parte, "por completo e exauriente", ainda que isso se dê por meio de um "juízo provisório sobre a suficiência da prova", passível de ser alterado "ao final quando da sentença" (ARRUDA ALVIM, Eduardo. *Mandado de segurança*. 2. ed. Rio de Janeiro: GZ Editora, 2010, p. 168).

[30] "(...) o mandado de segurança é um instrumento (uma *garantia* constitucional) destinado a assegurar uma prestação *in natura* ao impetrante. O perigo na demora significa que, se não concedida a ordem liminar pleiteada, a sentença será inútil como instrumento capaz de assegurar ao impetrante a garantia *in natura* pleiteada. Pouco importa que, da eventual anulação do ato impugnado, decorra o direito de recuperação do pagamento indevido que ele provocou. O direito do impetrante, tutelado pelo *mandamus*, era o de impedir o efeito do ato abusivo. Negada a suspensão liminar, portanto, a sentença não terá sido instrumento suficientemente apto a outorgar ao contribuinte a garantia *in natura* pleiteada" (ARRUDA ALVIM, Eduardo. *Mandado de segurança*. 2. ed. Rio de Janeiro: GZ Editora, 2010, p. 169-170).

do ato impugnado antecipa, com efeito, se não inteiramente, pelo menos em parte, o resultado material esperado da solução final do mérito da causa. Não se trata, pois, de mera conservação de bens ou atos para assegurar a utilidade do processo, mas de satisfazer, *in limine litis*, de alguma forma, o direito material do autor, objeto da tutela postulada, ainda que de maneira provisória e incompleta.[31]

A medida liminar, no mandado de segurança individual, é sempre deferível *inaudita altera parte*, *i.e.*, sua concessão ocorre no despacho da inicial, antes, pois, da notificação e resposta da autoridade coatora. Não é assim no mandado de segurança coletivo, já que nesse tipo de *writ* o juiz somente pode conceder a suspensão liminar do ato impugnado "após a audiência do representante judicial da pessoa jurídica de direito público, que deverá se pronunciar no prazo de 72 (setenta e duas) horas" (Lei nº 12.016, art. 22, § 2º).

Pondo fim a uma polêmica antiga, a atual Lei do Mandado de Segurança dispõe que ao juiz é facultado (não obrigatório) exigir, no caso de deferimento da liminar, prestação de caução, fiança ou depósito, "com o objetivo de assegurar o ressarcimento à pessoa jurídica", caso ocorra afinal a denegação da segurança (art. 7º, III, *in fine*).

Às vezes, fala-se que a liminar seria "ato de livre arbítrio do juiz" e se inseriria na sua "livre convicção e prudente arbítrio".[32] No entanto, as medidas de urgência, sejam cautelares ou antecipatórias, integram a tutela jurisdicional como condição de sua efetividade. A parte, quando presentes os requisitos legais, tem direito subjetivo a elas, como parcelas integrantes do direito cívico de ação.[33] Não é por favor ou benemerência do juiz que ditas providências são deferidas, mas porque correspondem a direito do litigante, que o órgão jurisdicional não pode ignorar e muito menos denegar.[34]

Na verdade, verificados os pressupostos inscritos no art. 7º, III, da Lei nº 12.016, impõe-se ao juiz conceder, de imediato, a garantia constitucional pleiteada, de maneira que nem mesmo

---

[31] "Não há dúvida que a liminar em mandado de segurança constitui típica hipótese de antecipação de efeito da tutela, semelhante à prevista no art. 273, I, do Código [de 1973, art. 300 do CPC/2015]. Quem lhe nega esse caráter antecipatório, geralmente parte do pressuposto equivocado de que antecipação é o mesmo prejulgamento da causa" (ZAVASCKI, Teori Albino. *Antecipação da tutela*. 4. ed. São Paulo: Saraiva, 2005, p. 192-193). O STJ tem reconhecido, frequentemente, o caráter de antecipação de tutela à liminar do mandado de segurança (STJ, 4ª T., ED no REsp 369.527/RJ, Rel. Min. Aldir Passarinho Jr., ac. 09.12.2003, *DJU* 15.03.2004, p. 274; STJ, 1ª T., AgRg no Ag 842.866/MT, Rel. Min. Luiz Fux, ac. 12.06.2007, *DJU* 03.09.2007, p. 127; STJ, 3ª T., RMS 18.848/AP, Rel. Min. Menezes Direito, ac. 19.04.2005, *DJU* 13.06.2005, p. 286). Correta, portanto, é a posição doutrinária que se recusa a ver na providência liminar do mandado de segurança uma simples medida cautelar. Isto porque com ela "busca o impetrante *satisfazer* direito, 'líquido', 'certo', e comprovado de plano com o ajuizamento da impetração" (ALMEIDA, Gregório Assagra de; CIANCI, Mirna; QUARTIERI, Rita. *Mandado de segurança*. São Paulo: Saraiva, 2011, p. 222).

[32] STJ, 1ª T., RMS 361/SP, Rel. Min. Pedro Acioli, ac. 17.12.1990, *DJU* 04.03.1991, p. 1.965, *RT* 674/402; STJ, 1ª T., RMS 1.239/SP, Rel. Min. Garcia Vieira, ac. 12.02.1992, *DJU* 23.03.1992, p. 3.429.

[33] No entanto, "como ocorre com todas as decisões judiciais, por exigência constitucional (CF, art. 93, IX), o deferimento da liminar deve ser fundamentado, não bastando a mera afirmação genérica de estarem presentes seus requisitos, sob pena de nulidade: STJ, RMS 25.462/RJ, Rel. Min. Nancy Andrighi, *DJe* 20.10.2008" (MEIRELLES, Hely Lopes. *Mandado de segurança*. 31. ed. São Paulo: Malheiros, 2008, p. 86).

[34] "A liminar não é uma liberalidade da justiça; é medida acauteladora do direito do impetrante, que não pode ser negada quando ocorrem seus pressupostos como, também, não deve ser concedida quando ausentes os requisitos de sua admissibilidade" (MEIRELLES, Hely Lopes. *Mandado de segurança*. 31. ed. São Paulo: Malheiros, 2008, p. 72).

se admite, em princípio, que, perante os requisitos da suspensão liminar do ato impugnado, venha o juiz a subordinar sua eficácia à prestação de caução.[35]

Pela importância da liminar, já se entendia, mesmo no silêncio da Lei nº 1.533/1951, que não era possível recusar o cabimento do agravo contra a decisão que a denegasse.[36] A Lei nº 12.016 tomou posição explícita para dispor que, tanto nos casos de competência do juízo de primeiro grau como nos de competência originária de tribunal, é possível o manejo do agravo, seja a liminar deferida ou indeferida por ato do juiz ou do relator. Na primeira hipótese, o agravo será de instrumento (Lei nº 12.016, art. 7º, § 1º); na segunda, o agravo será interno, endereçado ao colegiado do tribunal (art. 16, parágrafo único).

Há casos em que a lei veda a concessão de liminar nas ações de segurança. Estão eles elencados no § 2º do art. 7º da Lei nº 12.016 e compreendem *(i)* a compensação de créditos tributários; *(ii)* a entrega de mercadorias e bens provenientes do exterior; *(iii)* a reclassificação ou equiparação de servidores públicos; *(iv)* a concessão de aumento ou extensão de vantagens; *(v)* o pagamento de qualquer natureza.[37]

Entretanto, o Supremo Tribunal Federal reconheceu como inconstitucionais o art. 7º, § 2º, da Lei nº 12.016, cujo enunciado proíbe expressamente a concessão de liminar "que tenha por objeto a compensação de créditos tributários, a entrega de mercadorias e bens provenientes do exterior, a reclassificação ou equiparação de servidores públicos e a concessão de aumento ou a extensão de vantagens ou pagamento de qualquer natureza".[38]

A lei atual não repetiu a previsão da Lei nº 4.348/1964 de que a liminar deveria subsistir por noventa dias prorrogáveis por mais trinta. Já se entendia que essa caducidade não era condizente com o regime de antecipação de tutela introduzido supervenientemente na legislação processual civil brasileira (CPC/1993, art. 273; CPC/2015, art. 300). A Lei nº 12.016 foi sensível a essa argumentação e dispôs que "os efeitos da medida liminar, salvo se revogada ou cassada, persistirão até a prolação da sentença" (art. 7º, § 3º).

516. Suspensão da segurança

A liminar e até a própria sentença concessiva de segurança, enquanto pende de julgamento definitivo o processo, podem ter seus efeitos suspensos "para evitar grave lesão à ordem, à saúde, à segurança e à economia públicas" (Lei nº 12.016, art. 15). Trata-se de providência que cabe ao Presidente do Tribunal competente para conhecer do recurso respectivo e só poderá ser requerida pela Pessoa Jurídica de Direito Público interessada ou pelo Ministério Público (art. 15, *caput*).

A suspensão da liminar ou da sentença de concessão da segurança não se destina a "refutar ou reformar" o provimento judicial já emitido, mas apenas a sustar, provisoriamente,

---

[35] STJ, 1ª T., REsp 249.627/SP, Rel. Min. Humberto Gomes de Barros, ac. 12.12.2000, *DJU* 19.03.2001, p. 75; STJ, 2ª T., REsp 70.884/MG, Rel. Min. Peçanha Martins, ac. 17.09.1998, *DJU* 22.03.1999, p. 159. Nada obstante, a Lei nº 12.016, art. 7º, III, permite a exigência de caução em determinados casos, o que, no entanto, deve ser tratado como excepcionalidade, e não como regra.

[36] STJ, 2ª T., RMS 8.516/RS, Rel. Min. Adhemar Maciel, ac. 04.08.1997, *DJU* 08.09.1997, p. 42.435, *LEXSTJ* 101/77. Em se tratando de mandado de segurança de competência originária de tribunal, a jurisprudência do STF é no sentido de que "não cabe agravo regimental contra decisão do relator que concede ou indefere liminar em mandado de segurança" (STF, Súmula nº 622).

[37] "As vedações relacionadas com a concessão de liminares previstas neste artigo se estendem à tutela antecipada a que se referem os arts. 273 e 461 da Lei nº 5.869, de 11 de janeiro de 1973 – Código de Processo Civil" (art. 7º, § 5º, da Lei nº 12.016). Correspondem aos arts. 300 e 497 do CPC/2015.

[38] STF, Pleno, ADI 4.296, Rel. p/ac. Min. Alexandre de Moraes, ac. 09.06.2021, *DJe* 11.10.2021.

os seus efeitos, enquanto se aguarda o desfecho da ação mandamental, em caráter definitivo.[39] Sua natureza é administrativa e cautelar, correspondendo a um simples incidente processual.[40]

A decisão que deferir a suspensão deverá ser fundamentada e desafiará agravo interno para o colegiado competente, devendo ser levado a julgamento na sessão seguinte à interposição do recurso (Lei nº 12.016, art. 15, *caput, in fine*). Se o presidente do Tribunal local indeferir o pedido de suspensão, ou se for provido o agravo contra a suspensão por ele deferida, é possível, ainda, a renovação de igual pedido ao presidente do STF ou do STJ, conforme a matéria em discussão seja própria para o recurso extraordinário ou o especial (Lei nº 12.016, arts. 15, § 1º, e 18).[41] Está, outrossim, assentado na jurisprudência do STF que "a suspensão da liminar em mandado de segurança, salvo determinação em contrário da decisão que a deferir, vigorará até o trânsito em julgado da decisão definitiva de concessão da segurança ou, havendo recurso, até a sua manutenção pelo Supremo Tribunal Federal, desde que o objeto da liminar deferida coincida, total ou parcialmente, com o da impetração"[42] (STF, Súmula nº 626).

517. Prazo decadencial para impetrar o mandado de segurança

Como já ocorria ao tempo da Lei nº 1.533/1951, dispõe o art. 23 da Lei nº 12.016 que o direito de requerer o mandado de segurança extingue-se uma vez decorridos cento e vinte dias contados da ciência, pelo interessado, do ato impugnado. Trata-se de prazo decadencial, que não se submete as suspensões e interrupções próprias da prescrição. Se, entretanto, findar em dia não útil deve-se tê-lo como prorrogado para o primeiro dia útil subsequente.[43]

Como finalmente observa Hely Lopes Meirelles, esse prazo de caducidade cessa desde a data da impetração, não havendo possibilidade de decadência intercorrente, embora se possa cogitar de prescrição da ação com a paralisação do processo, por culpa do impetrante, por mais de cinco anos, prazo máximo e geral para todas as postulações pessoais do particular contra a Administração.[44]

---

[39] TOVAR, Leonardo Zehuri. O pedido de suspensão de segurança: uma sucinta sistematização. *Revista de Processo*, n. 224, p. 235, out. 2013.

[40] "A Suspensão de Segurança não se presta como sucedâneo recursal" (STJ, Corte Especial, AgRg na SS 1.473/AC, Rel. Min. Edson Vidigal, ac. 29.06.2005, *DJU* 19.09.2005, p. 174). "A via estreita da suspensão de decisão proferida na tutela antecipada contra a pessoa jurídica de direito público não comporta apreciação do mérito da controvérsia principal, matéria que deve ser apreciada na via recursal adequada" (STJ, Corte Especial, AgRg na STA 67/PE, Rel. Min. Edson Vidigal, ac. 18.08.2004, *DJU* 20.09.2009, p. 171). Ou seja: "Na suspensão de segurança não se aprecia o mérito do processo principal, mas tão somente a ocorrência dos aspectos relacionados à potencialidade lesiva do ato decisório em face dos interesses públicos relevantes consagrados em lei, quais sejam, a ordem, a saúde, a segurança e a economia pública" (STF, Pleno, AgRg na SS 2.504/DF, Rel. Min. Ellen Gracie, ac. 17.03.2008, *DJe* 02.05.2008).

[41] "É cabível também o pedido de suspensão a que se refere o § 1º deste artigo, quando negado provimento a agravo de instrumento interposto contra a liminar a que se refere este artigo" (Lei nº 12.016, art. 15, § 2º). "Das decisões em mandado de segurança proferidas em única instância pelos tribunais cabe recurso especial e extraordinário, nos casos legalmente previstos, e recurso ordinário, quando a ordem for denegada" (art. 18).

[42] Ainda a respeito da suspensão da liminar ou da segurança, vigoram as seguintes disposições legais: "A interposição de agravo de instrumento contra liminar concedida nas ações movidas contra o poder público e seus agentes não prejudica nem condiciona o julgamento do pedido de suspensão a que se refere este artigo" (Lei nº 12.016, art. 15, § 3º); "O presidente do tribunal poderá conferir ao pedido efeito suspensivo liminar se constatar, em juízo prévio, a plausibilidade do direito invocado e a urgência na concessão da medida" (art. 15, § 4º); e "As liminares cujo objeto seja idêntico poderão ser suspensas em uma única decisão, podendo o presidente do tribunal estender os efeitos da suspensão a liminares supervenientes, mediante simples aditamento do pedido original" (art. 15, § 5º).

[43] STJ, 5ª T., RMS 2.428/PR, Rel. Min. Cid Flaquer Scartezzini, ac. 14.10.1997, *DJU* 09.02.98, p. 29.

[44] MEIRELLES, Hely Lopes. *Mandado de segurança*. 31. ed. São Paulo: Malheiros, 2008, p. 51.

A constitucionalidade do prazo estipulado para o uso do mandado foi questionada. O Supremo Tribunal Federal, no entanto, como intérprete máximo da Constituição, repeliu a arguição e assentou: "É constitucional lei que fixa o prazo de decadência para a impetração de mandado de segurança" (STF, Súmula nº 632).

518. Competência

Não é pela matéria discutida que se define a competência para o mandado de segurança. "É em razão da autoridade da qual emanou o ato, dito lesivo, que se determina qual o juízo a que deve ser submetida a causa".[45] E o dado relevante, acerca dessa autoridade, é a sua sede funcional, pois no foro dessa sede é que deverá tramitar o *mandamus*.

Há casos de competência originária de tribunais, que vêm determinados pela Constituição Federal, como, *v.g.*, a do STF para o mandado de segurança contra atos do Presidente da República, das Mesas da Câmara dos Deputados e do Senado Federal, do Tribunal de Contas da União, do Procurador da República e do próprio Supremo Tribunal Federal (CF, art. 102, I, *d*). Competência originária também é atribuída ao STJ para os mandados de segurança contra ato de Ministro de Estado, dos Comandantes da Marinha, do Exército e da Aeronáutica ou do próprio Superior Tribunal de Justiça (CF, art. 105, I, *b*). Entretanto, é o STJ incompetente para processar e julgar, originariamente, mandado de segurança contra ato de órgão colegiado presidido por Ministro de Estado (Súmula nº 177 do STJ)[46]. Prevê, ainda, a Constituição recurso ordinário para o STF (art. 102, II, *a*) e para o STJ (art. 105, II, *a*), no caso de denegação da segurança em processo de competência originária de tribunais superiores ou locais, respectivamente. As normas procedimentais para esse recurso perante os dois tribunais superiores constam dos arts. 33 a 35 a Lei nº 8.038, de 28.05.1990.

À Justiça Federal de 1º grau compete o mandado de segurança contra autoridade federal não compreendida na competência de Tribunal determinada pela Constituição.[47]

No âmbito da justiça comum, a competência dos juízes e tribunais é determinada pela Constituição Estadual e pela Lei de Organização Judiciária local. É bom lembrar, porém, que essa legislação não tem força de alterar regras de competência de foro traçadas pela legislação processual federal. Assim, se a lei de organização judiciária cria varas para a Fazenda Pública Estadual no foro da Capital, sua competência somente prevalecerá para os mandados de segurança contra autoridades sediadas na capital. Para as demais autoridades do Estado que não se sediem no território da Capital, o mandado de segurança terá de ser processado normalmente nas comarcas da respectiva sede funcional (STJ, Súmula nº 206).

Duas observações importantes: *(i)* ao STF e ao STJ, a competência originária em matéria de mandado de segurança restringe-se aos casos enumerados taxativamente pela Constituição,[48]

---

45 STJ, 3ª Seção, CC 17.438/MG, Rel. Min. Felix Fischer, ac. 24.09.1997, *DJU* 20.10.97, p. 52.969; STF, Pleno, MS-AgRg 24.652/DF, Rel. Min. Carlos Brito, ac. 16.10.2003, *DJU* 14.11.2003, p. 12.

46 "III – Com a vigência do art. 9º da Lei Complementar n. 179/2021, o cargo de Presidente do Banco Central do Brasil deixou de receber tratamento equivalente ao de Ministro de Estado, razão pela qual este Tribunal Superior é incompetente para apreciar mandamus voltado a questionar suas decisões" (STJ, 1ª Seção, MS 28.245/DF, Rel. Min. Regina Helena Costa, ac. 09.08.2023, *DJe* 15.08.2023).

47 Para efeito de competência, "considerar-se-á federal a autoridade coatora se as consequências de ordem patrimonial do ato contra o qual se requer o mandado houverem de ser suportadas pela União ou *entidade por ela controlada*" (Lei nº 12.016, art. 2º) (*v.g.*, empresas públicas, sociedades de economia mista, ou entidades equiparadas, no tocante ao controle).

48 "Constitucional e Processual Civil. Competência Originária do Superior Tribunal de Justiça para Processar e Julgar Mandado de Segurança. Norma Constitucional de Interpretação Restritiva. 1. O artigo 105, I, "b", da Constituição Federal fixa regra de competência cuja interpretação não comporta elastério" (...) (STJ, 1ª Seção, AgRg no MS 22.009/DF, Rel. Min. Sérgio Kukina, ac. 09.08.2017, *DJe* 17.08.2017).

de maneira que, fora deles, não lhes cabe conhecer de impetração contra atos dos tribunais locais. O mandado de segurança, na espécie, deve ser impetrado perante o próprio tribunal em que o ato impugnado aconteceu;[49] *(ii)* em relação aos atos dos Juizados Especiais, não há competência do STF, nem tampouco do STJ ou dos Tribunais locais. O mandado de segurança há de ser impetrado perante a Turma Recursal, inclusive quando o ato tenha sido por ela mesma praticado.[50] Tratando-se, porém, de competência, a jurisprudência do STJ admite a impetração de mandado de segurança perante o Tribunal de Justiça, como meio adequado ao "controle da competência dos Juizados Especiais Cíveis e Criminais", vedada, no entanto, "a análise do mérito do processo subjacente".[51]

519. Desistência do mandado de segurança

O uso do mandado de segurança é um direito individual assegurado entre as garantias fundamentais proclamadas pela Constituição. O recurso a essa especial tutela não é, porém, uma imposição que exclua outras vias processuais disponíveis. O ofendido por ilegalidade ou abuso de poder cometidos por autoridade tem a opção de se defender tanto pelas vias ordinárias como pelo remédio excepcional previsto no art. 5º, LXIX, da CF. E, se lançar mão do *writ* constitucional, não estará jungido a mantê-lo até a exaustão do processo. É que se trata de feito sujeito às limitações de sua estrutura sumária, que, às vezes, não será adequada à melhor tutela dos interesses do impetrante, como, de início, se pensava.

Segundo jurisprudência consolidada do STF, as peculiaridades do mandado de segurança fazem que o impetrante possa desistir da ação "em qualquer tempo e grau de jurisdição", até mesmo "em sede extraordinária", sem depender da anuência da outra parte.[52]

Mesmo depois de proferida a decisão de mérito continua possível a desistência,[53] desde, é claro, que ainda não tenha se formado a coisa julgada.[54] "Esse entendimento – ainda na ótica do STF – deve ser aplicado mesmo quando a desistência tenha sido apresentada após o julgamento do recurso extraordinário, mas antes de sua publicação".[55]

520. Sentença e coisa julgada

Nem sempre a sentença que põe termo à ação de segurança enfrenta o mérito da causa. Como se trata de remédio processual especial, seu acolhimento pressupõe a satisfação de requisitos que não são apenas os pressupostos e condições reclamados para as ações em geral. Assim é que, o mandado de segurança pode ser denegado tanto por não ter o impetrante o

---

49 STF, Súmulas nºs 330, 623 e 624.

50 STF, Pleno, ED no MS 25.087/SP, Rel. Min. Carlos Britto, ac. 21.09.2006, *DJU* 11.05.2007, p. 48.

51 STJ, 2ª T., RMS 53.227/RS, Rel. Min. Herman Benjamin, ac. 27.06.2017, *DJe* 30.06.2017; STJ, 4ª T., RMS 33.155/MA, Rel. Min. Maria Isabel Gallotii, ac. 28.06.2011, *DJe* 29.08.2011.

52 STF, 2ª T., AgRg no AgRg no RE 231.671/DF, Rel. Min. Ellen Gracie, ac. 28.04.2009, *DJe* 21.05.2009, *RT* 886/140; STF, 1ª T., AgRg no AgRg no RE 301.851/PR, Rel. Min. Ilmar Galvão, ac. 07.09.2002, *DJU* 14.11.2002, p. 2; STF, Pleno, EDv nos ED no RE 167.263/MG, Rel. p/ ac. Min. Sepúlveda Pertence, ac. 09.09.2004, *DJU* 10.12.2004, p. 22.

53 STF, 2ª T., AgRg no AgRg no RE 231.671/DF, Rel. Min. Ellen Gracie, ac. 28.04.2009, *DJe* 21.05.2009.

54 STF, 2ª T., AgRg no RE 318.281/SP, Rel. Min. Eros Grau, ac. 14.08.2007, *DJU* 21.09.2007, p. 445; STF, 1ª T., AgRg no AI 419.258/DF, Rel. Min. Sepúlveda Pertence, ac. 25.06.2007, *DJU* 17.08.2007, p. 1.236; STF, Pleno, AgRg no MS 24.584/DF, Rel. p/ ac. Min. Ricardo Lewandowski, ac. 09.08.2007, *DJe* 20.06.2008.

55 STF, 2ª T., AgRg no AgRg no RE 231.671/DF, Rel. Min. Ellen Gracie, ac. 28.04.2009, *DJe* 21.05.2009, *RT* 886/141; STF, 2ª T., AgRg no AgRg no AgRg no RE 228.751/RS, Rel. Min. Maurício Corrêa, ac. 18.02.2003, *DJU* 04.04.2003, p. 603; STF, 2ª T., AgRg no ED no AI 377.361/DF, Rel. Min. Ellen Gracie, ac. 08.03.2005, *DJU* 08.04.2005, p. 36.

direito material invocado ou não ter sido ilegal o ato praticado pela autoridade dita coatora como por não ter sido comprovada a liquidez e certeza do direito subjetivo deduzido em juízo.

Quando se defere a segurança, procede-se, sem dúvida, a um julgamento de mérito, que irá em seguida produzir a coisa julgada material, nos moldes da lei processual (CPC/2015, arts. 502 e ss.). Da mesma forma, ter-se-á igual *res iudicata*, se a segurança for denegada com o reconhecimento da inexistência do direito subjetivo material discutido. Sendo, contudo, a denegação atribuída à falta ou insuficiência de prova, o caso será de iliquidez e incerteza do direito, submetendo-se, então, apenas aos efeitos da coisa julgada formal. O impetrante, por isso, não ficará inibido de renovar, por meio de ação ordinária, pretensão igual à deduzida no *mandamus* frustrado (Lei nº 12.016, art. 19).[56]

Se não esgotado o prazo decadencial do art. 23 da Lei nº 12.016, a parte poderá, até mesmo, renovar a propositura do mandado de segurança que antes fora denegado por iliquidez de direito. Bastará que exiba novas e adequadas provas,[57] como se deduz do art. 6º da Lei do Mandado de Segurança.

Deve-se ressaltar por fim que, "no mandado de segurança, a decisão final, de mérito, é proferida com esteio em cognição exauriente e, por isso, é capaz de transitar em julgado. O procedimento *sumário* (ou *sumaríssimo*) do mandado de segurança, destarte, não afeta a *qualidade* e a *profundidade* da cognição a ser desenvolvida pelo órgão julgador, que será *exauriente* e, portanto, apta a transitar materialmente em julgado".[58]

Daí por que, aperfeiçoada a coisa julgada material, a sentença do mandado de segurança, tanto concessiva como denegatória da ordem impetrada, se reveste de imutabilidade e indiscutibilidade (CPC/2015, art. 502) e, a partir de então, somente poderá ser atacada e desconstituída por meio de ação rescisória (CPC/2015, art. 966).

521. Inovações processuais da Lei nº 12.016, de 07.08.2009

Em síntese, as principais inovações da Lei nº 12.016 em relação à legislação anterior (Lei nº 1.533) foram:

(a) regulamentação do mandado de segurança coletivo (arts. 21 e 22);

(b) equiparação dos representantes ou órgãos dos *partidos políticos* às autoridades contra as quais se pode manejar o mandado de segurança (art. 1º, § 1º);

(c) explicitação do não cabimento do mandado de segurança contra os "*atos de gestão comercial* praticados pelos administradores de empresas públicas, de sociedade de economia mista e de concessionárias de serviço público" (art. 1º, § 2º). Portanto, somente quando for questionada a própria delegação do serviço público é que se

---

[56] STF, Súmula nº 304: "A denegação do *writ* em virtude da ausência de liquidez e certeza do direito, porém, não impede que se busque, na via própria, novamente, a satisfação do direito" (STJ, 5ª T., REsp 225.787/DF, Rel. Min. Félix Fischer, ac. 26.10.1999, *DJU* 22.11.1999 p. 187, *RSTJ* 140/539; STJ, 1ª T., REsp 308.800/RS, Rel. Min. José Delgado, ac. 24.04.2001, *DJU* 25.06.2001, p. 130).

[57] "Decisão denegatória de mandado de segurança, não fazendo coisa julgada contra o impetrante, não impede o uso da ação própria" (STF, Súmula nº 304). Portanto, sendo o *mandamus* a ação própria, nada impede sua repropositura, se a denegação anterior não se deu por motivo de mérito e o prazo decadencial do art. 23 da lei própria ainda não se esgotou. É, aliás, o que, explicitamente, dispõe o § 6º do art. 6º da Lei nº 12.016: "O pedido de mandado de segurança poderá ser renovado dentro do prazo decadencial, se a decisão denegatória não lhe houver apreciado o mérito". Harmoniza-se, assim, a Lei do Mandado de Segurança com a regra geral do CPC/2015 de que as extinções do processo sem resolução do mérito da causa não obstam a que o autor intente de novo a ação (art. 486, *caput*).

[58] BUENO, Cassio Scarpinella. *A Nova Lei do Mandado de Segurança*. São Paulo: Saraiva, 2009, p. 34.

tornará admissível a segurança, não quando se tratar dos atos mercantis (fornecimento de mercadorias e serviços) comuns aos empresários em geral;

(d) inclusão das *entidades controladas pela União* (*v.g.*, sociedades de economia mista) na competência da Justiça Federal, quando o mandado de segurança for cabível (art. 2º);

(e) autorização para, nos casos de urgência, usarem-se os *meios eletrônicos* na impetração do mandado de segurança (art. 4º, *caput*), assim como na notificação à autoridade coatora (art. 4º, § 1º);

(f) admissibilidade do mandado de segurança contra ato administrativo contra o qual o recurso possível esteja sujeito a *caução*, ainda que dotado de efeito suspensivo (art. 5º, I);

(g) obrigatoriedade da inclusão, na petição inicial, da pessoa jurídica, à qual se acha vinculada a autoridade coatora (art. 6º, *caput*);

(h) previsão de que a exibição liminar de documento, para fundamentar a petição inicial do mandado de segurança, seja promovida não só contra a Administração Pública, mas também contra *terceiros* (*i.e.*; particulares) (art. 6º, § 1º);

(i) previsão da denegação do mandado de segurança nos casos gerais das preliminares do CPC relacionados com as condições da ação e os pressupostos processuais (Lei nº 12.016/2009, art. 6º, § 5º);

(j) necessidade de intimação da *pessoa jurídica* interessada, paralelamente à notificação da autoridade coatora (art. 7º, II);

(k) permissão ao juiz de, facultativamente, exigir *caução* para cumprir a medida liminar do mandado de segurança (art. 7º, III);

(l) previsão do cabimento de agravo de instrumento contra a decisão do juiz de 1º grau que conceder ou denegar a medida liminar (art. 7º, § 1º);

(m) previsão de que a liminar *deve prevalecer até a prolação da sentença*, ressalvada a possibilidade de anterior *revogação* ou *cassação* (art. 7º, § 3º);

(n) vedação de liminar para *compensação de créditos tributários*, bem como para *pagamento de qualquer natureza* (art. 7º, § 2º); extensão dos casos de proibição de liminar a todos os casos de antecipação de tutela, mesmo em ações diversas do mandado de segurança (art. 7º, § 5º);

(o) fixação do *prazo de 48 horas* para que as autoridades administrativas remetam ao órgão de representação judicial da pessoa jurídica de direito público interessada as indicações e elementos necessários à *defesa* do ato atacado pelo mandado de segurança ou para a *suspensão* da medida liminar (art. 9º);

(p) previsão do cabimento de *agravo interno* contra o indeferimento da inicial de mandado de segurança de competência originária de tribunal (art. 10, § 1º);

(q) vedação de *ingresso*, no mandado de segurança, de *litisconsorte ativo*, depois do despacho da petição inicial (art. 10, § 2º);

(r) ampliação, de cinco para *dez dias*, do prazo para o *Ministério Público* emitir seu parecer (art. 12, *caput*);

(s) ampliação, de cinco para *trinta dias*, do prazo para o juiz sentenciar (art. 12, parágrafo único);

(t) *vedação da execução provisória* da sentença proferida em mandado de segurança, nos casos em que seja legalmente proibida a concessão de liminar (art. 14, § 3º);

(u) redução, de dez para *cinco dias*, do prazo para *agravo interno* contra a decisão do presidente do tribunal que *suspende a liminar ou a segurança* (art. 15, *caput*);

(v) previsão do direito de *defesa oral* no julgamento de mandado de segurança de *competência originária* de tribunal (art. 16, *caput*);

(*w*) previsão de agravo interno contra a denegação ou concessão de *liminar* em mandado de segurança de competência originária de tribunal (art. 16, parágrafo único);

(*x*) possibilidade de substituir o *acórdão* pelas *notas taquigráficas*, nos casos de demora superior a trinta dias na publicação do decisório do tribunal, tanto no julgamento do mandado de segurança como dos respectivos recursos (art. 17);

(*y*) ampliação, de 24 horas para cinco dias, do prazo de conclusão dos autos (art. 20, § 2º);

(*z*) determinação de que os processos de mandado de segurança e os respectivos recursos terão prioridade sobre todos os atos judiciais, salvo apenas o *habeas corpus* (art. 20).

Fluxograma nº 46 – Mandado de segurança (Lei nº 12.016, de 07.08.2009)

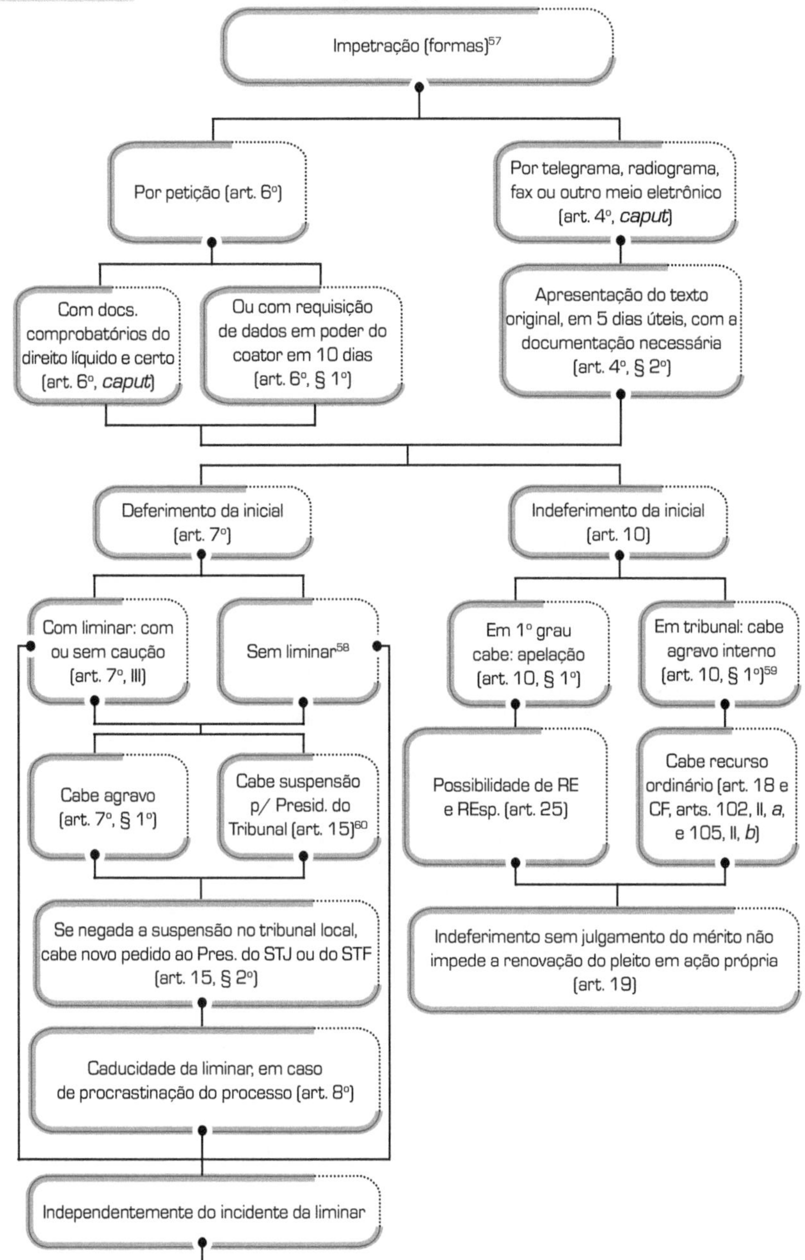

---

[59] O cabimento do mandado de segurança está sujeito ao prazo decadencial de 120 dias (art. 23).

[60] O efeito da liminar dura até a prolação da sentença (art. 7º, § 3º). Os casos de descabimento da liminar estão enumerados no art. 7º, § 2º, dispositivo que, todavia, foi declarado inconstitucional pelo STF (ADI 4.296/DF, *DJe* 11.10.2021).

[61] Nos casos de competência originária dos tribunais, cabe ao relator conceder ou denegar a medida liminar (art. 16, parágrafo único).

[62] Podem coexistir o agravo e o pedido de suspensão, sem que o julgamento daquele recurso prejudique a suspensão (art. 15, § 3º).

(Continuação do fluxograma)

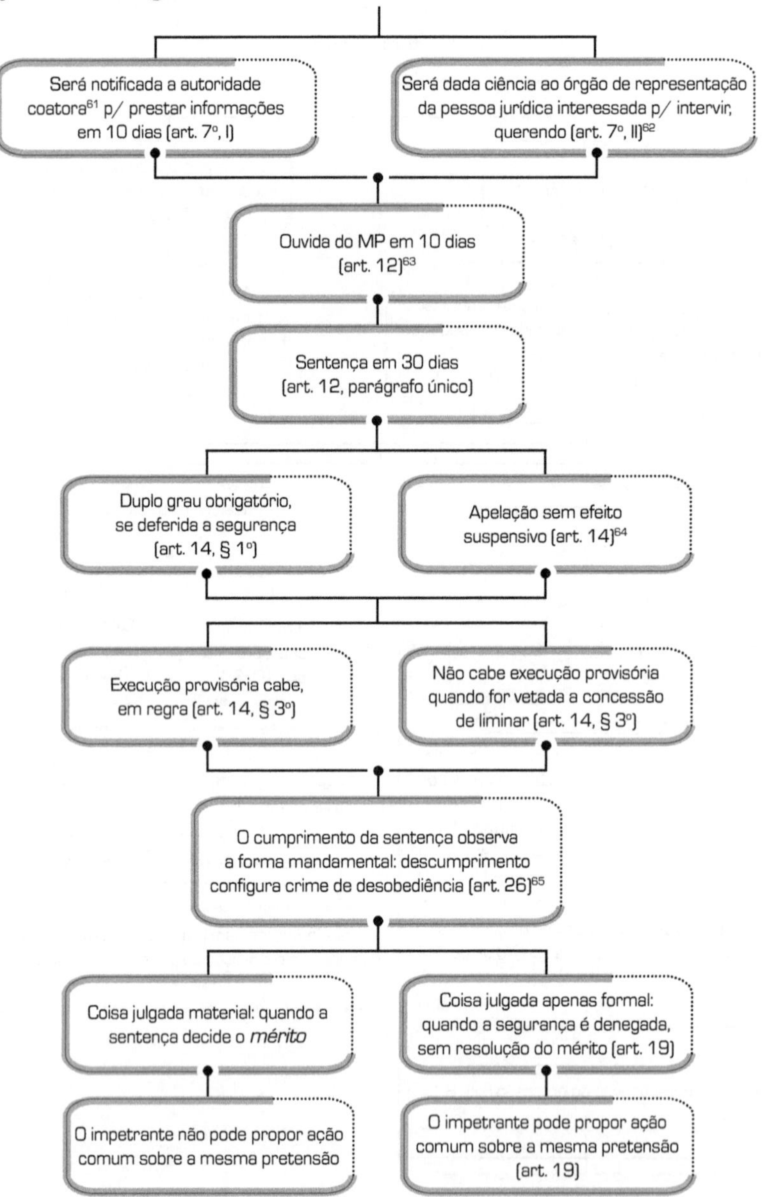

---

63 A forma de notificação é, em regra, o ofício endereçado à autoridade coatora e à pessoa jurídica interessada (art. 11), podendo-se utilizar, em casos de urgência, o telegrama, o radiograma ou outro meio expedito (art. 4º, § 1º). À autoridade coatora será encaminhada a 2ª via da inicial com as cópias dos documentos que a instruíram (art. 7º, I).

64 A notificação à pessoa jurídica será acompanhada de cópia da inicial, sem documentos (art. 7º, II).

65 Após a intimação do MP e o transcurso do prazo de dez dias, a ação será julgada, com ou sem o seu parecer (art. 12, parágrafo único).

66 Podem recorrer tanto a pessoa jurídica como a autoridade coatora (art. 14, § 2º).

67 Código Penal, art. 330.

§ 65. MANDADO DE SEGURANÇA COLETIVO

522. Conceito

Dentro da linha de economia processual e da tutela aos direitos coletivos ou de grupo, o mandado de segurança, segundo a Constituição de 1988, pode ser manejado não só singularmente, mas também de forma coletiva. Não se trata, porém, de simples remédio para defesa de interesses coletivos. Baseando-se na liquidez e certeza do direito ofendido pelo abuso de autoridade, é preciso que o *writ* se volte para a tutela de concretos direitos subjetivos, demonstráveis por prova pré-constituída.

Não é, contudo, ação que o ente coletivo possa utilizar para demandar na defesa individual de um ou outro associado. O objeto de mandado de segurança coletivo deve corresponder a direito que pertença a uma coletividade ou categoria representada por partido político, por organização sindical, por entidade de classe ou por associação legalmente constituída e em funcionamento há pelo menos um ano (CF, art. 5º, LXX, *a* e *b*).[68]

O mandado de segurança coletivo é, em suma, o mesmo mandado de segurança concebido primitivamente para a proteção dos direitos individuais. Só que, na perspectiva da tutela coletiva, visa a proteger os direitos individuais que sejam comuns a toda uma coletividade, por meio de instituição de uma legitimação anômala atribuída a entidades que possam pleitear, em nome próprio, a defesa de direito de outrem.[69]

523. Direitos coletivos e direitos difusos

A Lei nº 8.078, de 11.09.1990 (CDC), distingue os direitos coletivos dos direitos difusos. Ambas as categorias representam direitos transindividuais e indivisíveis. Mas, enquanto os coletivos pertencem a um grupo determinado de pessoas que mantêm uma "relação jurídica básica" com a parte contrária, os difusos pertencem, indistintamente, a toda a comunidade, ou a uma porção anônima dela, formada de pessoas indeterminadas e ligadas apenas por circunstâncias de fato. A Lei nº 12.016, ao definir o mandado de segurança coletivo, limitou o seu objeto à proteção apenas dos direitos coletivos. Não o estendeu aos direitos difusos. Certamente o fez por entender que, sem uma relação jurídica básica bem definida a unir a coletividade à autoridade coatora, seria sempre muito difícil submeter os direitos difusos à exigência constitucional de liquidez e certeza de que se deve obrigatoriamente revestir o direito subjetivo tutelado pelo mandado de segurança.

Com efeito, nascendo de puras circunstâncias de fato, sem uma predeterminada e específica relação jurídica a unir os sujeitos ativos e passivos, seria sempre muito difícil à entidade impetrante do mandado de segurança coletivo apresentar a prova documental pré-constituída indispensável à propositura das ações mandamentais. É bom de ver que a liquidez e certeza do direito violado – repita-se – é uma imposição que figura na própria definição constitucional do mandado de segurança (CF, art. 5º, LXIX).

Ademais, os direitos difusos contam com a tutela do Ministério Público, que os defende, com eficiência, por meio do inquérito civil e da ação civil pública (Lei nº 7.347, de 24.07.1985). Essa tutela, com certeza, foi considerada pela Lei nº 12.016 como adequada e suficiente para a defesa particular dessa modalidade de direito transindividual. Por isso não os inclui no âmbito do mandado de segurança coletivo.

---

[68] "No nosso entender, o mandado de segurança coletivo só se presta a defender direito líquido e certo da categoria, não de um ou de outro membro da entidade representativa" (MEIRELLES, Hely Lopes. *Mandado de segurança*. 31. ed. São Paulo: Malheiros, 2008, p. 36).

[69] SANTOS, Ernani Fidelis dos. *Manual de direito processual civil*. 9. ed. São Paulo: Saraiva, 2003, v. 3, p. 229.

524. Legitimação ativa

O mandado de segurança coletivo, segundo a Constituição, art. 5º, LXX, pode ser impetrado por:

(*a*) *partido político* com representação do Congresso Nacional;

(*b*) *organização sindical, entidade de classe* ou *associação* legalmente constituída e em funcionamento há pelo menos um ano, em defesa dos interesses de seus membros ou associados.

Existe uma previsão genérica de que as associações podem demandar em defesa de seus associados, representando-os quando devidamente autorizadas (CF, art. 5º, XXI). Na hipótese do mandado de segurança coletivo, porém, a entidade associativa não atua como representante dos associados. Exerce a ação em nome próprio, por autorização emanada diretamente da Constituição. Trata-se, pois, de uma *substituição processual*, razão pela qual não há necessidade da prévia autorização de que cogita o inciso XXI do art. 5º da Constituição. Ou seja: enquanto o inciso XXI prevê uma representação, o inciso LXX, *b*, autoriza uma *substituição processual*.[70]

Para a jurisprudência do Supremo Tribunal Federal, intérprete máximo da Constituição, "a entidade de classe tem legitimação para o mandado de segurança ainda quando a pretensão veiculada interesse apenas a uma parte da respectiva categoria" (STF, Súmula nº 630). A atual Lei do Mandado de Segurança adotou dito entendimento, pois prevê que a organização sindical, a entidade de classe ou a associação podem manejar o mandado de segurança coletivo "em defesa dos direitos líquidos e certos da totalidade, ou de parte, dos seus membros ou associados" (Lei nº 12.016, art. 21, *caput*).[71]

A associação ou entidade de classe, no manejo do mandado coletivo, deve atuar dentro de seus fins institucionais e no interesse geral de seus associados. Os direitos são individuais, mas a tutela se dá de forma coletiva, e não no interesse particular de um ou de outro associado. É a dimensão do objeto do mandado de segurança que há de ser coletiva. Não se pode, em outros termos, desviar-se da finalidade institucional (um sindicato, *v.g.*, não pode pleitear sobre direito eleitoral; uma associação de moradores ou consumidores não pode se ocupar de direito de família e temas tributários ou profissionais etc.), nem se pode usar a substituição processual para defender interesses que não dizem respeito à categoria e se limitam singularmente a alguns associados. É claro que o interesse a defender não precisa pertencer à unanimidade dos associados. Mas, ainda que se relacione apenas com uma parcela deles, tem de se apresentar com a característica de *direito coletivo*.

A Lei nº 12.016 foi explícita ao dispor que os direitos protegidos pelo mandado de segurança coletivo são os "coletivos" e os "individuais homogêneos" (art. 21, parágrafo único). Cuidou, ainda, de definir uns e outros, fazendo-o nos seguintes termos:

(*a*) os *coletivos*, para os fins visados pela Lei nº 12.016, são "os transindividuais, de natureza indivisível, de que seja titular grupo ou categoria de pessoas ligadas entre si ou com a parte contrária por uma relação jurídica básica";

(*b*) os *individuais homogêneos* são "os decorrentes de origem comum e da atividade ou situação específica da totalidade ou de parte dos associados ou membros do impetrante".

---

[70] STF, Pleno, RE 181.438/SP, Rel. Min. Carlos Velloso, ac. 28.06.1996, *DJU* 20.09.1996, p. 34.547, *RTJ* 162/1108; STJ, 1ª Seção, MS 4.126/DF, Rel. Min. Demócrito Reinaldo, ac. 05.12.1995, *DJU* 11.03.1996, p. 6.554, *RSTJ* 84/63; STJ, 2ª T., RMS 7.846/RJ, Rel. Min. Laurita Vaz, ac. 12.03.2002, *DJU* 22.04.2002, p. 182.

[71] "A impetração de mandado de segurança coletivo por entidade de classe em favor dos associados independe da autorização destes" (Súmula nº 629 do STF).

Para os partidos políticos, é intuitiva a legitimação no que se refere aos filiados e aos direitos políticos. Mas mesmo além dos interesses dos filiados e do âmbito dos direitos políticos há outros temas que podem se vincular aos fins institucionais dos partidos e, assim, justificar sua atuação no campo do mandado de segurança coletivo. Uma vez que o art. 5º, LXX, *a*, não exige mais do que a existência legal do partido e a representação no Congresso, não há razão para limitar sua legitimação aos direitos políticos e aos interesses de seus filiados. Nesse sentido, José da Silva Pacheco enumera como temas também comportáveis na tutela coletiva patrocinada pelos partidos políticos: *(i)* direitos vinculados ao objeto social, constantes do estatuto especialmente seus fins e propósitos, bem como o programa de ação; *(ii)* direitos vinculados à soberania, cidadania, regime democrático, pluripartidarismo, dignidade humana, valores sociais do trabalho e da livre iniciativa, liberdade, ordem econômica e social, política urbana, agrícola, educação e meio ambiente.[72]

A Lei nº 12.016, ao regulamentar o texto constitucional relativo ao mandado de segurança coletivo, seguiu a orientação que vinha sendo preconizada pela doutrina e jurisprudência dominantes. Assim é que dispõe que o remédio constitucional em causa "pode ser impetrado por partido político com representação no Congresso nacional, *na defesa de seus interesses legítimos relativos a seus integrantes ou à finalidade partidária*" (art. 21, *caput*).

Embora inexista previsão legal explícita acerca da legitimação do Ministério Público para propor o mandado de segurança coletivo, a doutrina a reconhece como implícita nas finalidades institucionais do *Parquet*.[73]

525. Legitimação passiva

Em determinadas circunstâncias, pode acontecer que os associados cujos direitos individuais foram ofendidos estejam submetidos a autoridades locais diferentes.

Para que o mandado de segurança coletivo seja eficaz e abranja toda a coletividade substituída pelo ente coletivo, necessário será aforar a ação constitucional contra a autoridade hierárquica superior, cujas atribuições abranjam todos os interessados, mesmo que não tenha dita autoridade praticado todos os atos que atingiram os diversos associados.

526. Procedimento e competência

Enquanto não se regulamentou o texto constitucional sobre mandado de segurança coletivo, sua aplicação em juízo seguia as regras tradicionais do mandado de segurança singular.

A Lei nº 12.016 cuidou de tal regulamentação e, quanto ao processo, editou as seguintes regras específicas, para diferenciar o regime do mandado coletivo do singular:

(a) a sentença, no mandado de segurança coletivo, "fará coisa julgada limitadamente aos membros do grupo ou categoria substituídos pelo impetrante" (art. 22, *caput*);[74]

---

[72] PACHECO, José da Silva. *O mandado de segurança e outras ações constitucionais típicas*. 4. ed. São Paulo: RT, 2002, p. 338. Também Ada Pellegrini Grinover (*Revista de Processo* 57/96), Celso Agrícola Barbi (*Revista de Processo* 57/7) e Ernane Fidelis dos Santos (*Ajuris* 45/25) defendem a tese de que o partido político deve apenas satisfazer ao requisito previsto no art. 5º, de representação no Congresso. Para outra corrente, a que se filia Carlos Mário da Silva Velloso, o direito a ser pleiteado deve ser de natureza política ou referente ao partido, e limitado aos filiados ao partido impetrante (VELLOSO, Carlos Mário da Silva. *Temas de direito público*. Belo Horizonte: Del Rey, 1994, p. 217).

[73] NERY JUNIOR, Nelson; NERY, Rosa Maria de Andrade. *Constituição Federal comentada e legislação constitucional*. 2. ed. São Paulo: Ed. RT, 2009; BUENO, Cassio Scarpinella. *A nova Lei do Mandado de Segurança*. São Paulo: Saraiva, 2009, p. 127.

[74] "O mandado de segurança coletivo, embora mantendo objeto constitucional e sumariedade de rito próprios de segurança individual, tem características de ação coletiva, a significar que a sentença nele

(*b*) "o mandado de segurança coletivo não induz litispendência para as ações individuais" (art. 22, § 1º), ou seja, a ação coletiva proposta pela entidade representativa do grupo ou categoria não inibe que algum membro prefira defender-se individualmente, por meio de ação singular;

(*c*) entretanto, a coisa julgada obtida no mandado de segurança coletivo não beneficiará o que permaneceu tocando seu *writ* individual paralelamente ao coletivo. Para se prevalecer de tal benefício é indispensável que desista da impetração individual no prazo de trinta dias a contar da ciência comprovada da impetração do *writ* coletivo (art. 22, § 1º, *in fine*);

(*d*) "no mandado de segurança coletivo, *a liminar* só poderá ser concedida *após a audiência do representante judicial da pessoa jurídica de direito público*, que deverá se pronunciar no prazo de 72 (setenta e duas) horas" (art. 22, § 2º).[75]

527. Liminar

Uma vez que se vedava a concessão de liminar no mandado de segurança coletivo sem prévia audiência da pessoa jurídica de direito público interessada, o juiz, diante de pleito da espécie, deveria, nos termos do art. 22, § 2º, determinar, no despacho da inicial, dois atos intimatórios distintos: *(i)* a *notificação* da autoridade coatora para prestar as informações (*i.e.*, a *contestação*), em dez dias; e *(ii)* a intimação do *representante judicial* da pessoa jurídica interessada, para que se manifeste em setenta e duas horas, acerca da liminar requerida. Essa regra, todavia, extinguiu-se com a declaração de inconstitucionalidade pronunciada pelo STF (ADI 4.296).

Ressalte-se que a prévia audiência imposta pelo art. 22, § 2º, da Lei nº 12.016 somente dizia respeito às pessoas jurídicas de direito público. Quando, portanto, o mandado de segurança fosse impetrado contra ato de pessoa natural ou agente de pessoa jurídica de direito privado no exercício de serviços concedidos pelo poder público, o deferimento da liminar, mesmo antes da ADI 4.296, não ficava sujeito à diligência em tela, mesmo que a ação mandamental fosse coletiva. A deliberação judicial, *in casu*, poderia ocorrer *inaudita altera parte*, conforme previsto na regra geral do art. 7º, III, da Lei nº 12.016.

527-A. Execução

A entidade impetrante do mandado de segurança coletivo, como substituta processual dos integrantes da comunidade ou categoria interessada, pode executar a sentença.[76] Sendo fracionável o direito nela reconhecido, é admissível que cada um dos integrantes do grupo ou categoria substituído pelo impetrante promova a execução individual contra Fazenda Pública vencida na ação mandamental coletiva.[77]

---

proferida é de caráter genérico, não comportando exame de situações particulares dos substituídos nem operando, em relação a eles, os efeitos da coisa julgada, salvo em caso de procedência" (STJ, 1ª T., REsp 707.849/PR, Rel. Min. Teori Albino Zavascki, ac. 06.03.2008, *DJe* 26.03.2008).

[75] O art. 22, § 2º, da Lei do Mandado de Segurança, foi declarado inconstitucional, ao argumento de que a exigência de oitiva prévia do representante da pessoa jurídica de direito público restringe o poder geral de cautela do magistrado e, portanto, é incompatível com a CRFB/1988 (STF, Pleno, ADI 4.296, Rel. p/ ac. Min. Alexandre de Moraes, ac. 09.06.2021, *DJe* 11.10.2021).

[76] STF, Pleno, RE 193.503/SP; RE 193.579/SP; RE 208.983/SC; RE 211.874/RS; RE 213.111/SP, Rel. p/ ac. Min. Joaquim Barbosa, ac. 12.06.2006, *DJe* 24.08.2007.

[77] STF, 2ª T., RE 648.621 AgR/MA, Rel. Min. Celso de Mello, ac. 19.02.2013, *DJe* 18.03.2013. No mesmo sentido: STF, 2ª T., RE 861.431 AgR/DF, Rel. Min. Celso de Mello, ac. 24.03.2015, *DJe* 16.04.2015; STF, 2ª T., RE 870.449 AgR/DF, Rel. Min. Celso de Mello, ac. 28.04.2015, *DJe* 28.05.2015.

Fluxograma nº 47 – Mandado de segurança coletivo (Lei nº 12.016, de 07.08.2009)[78]

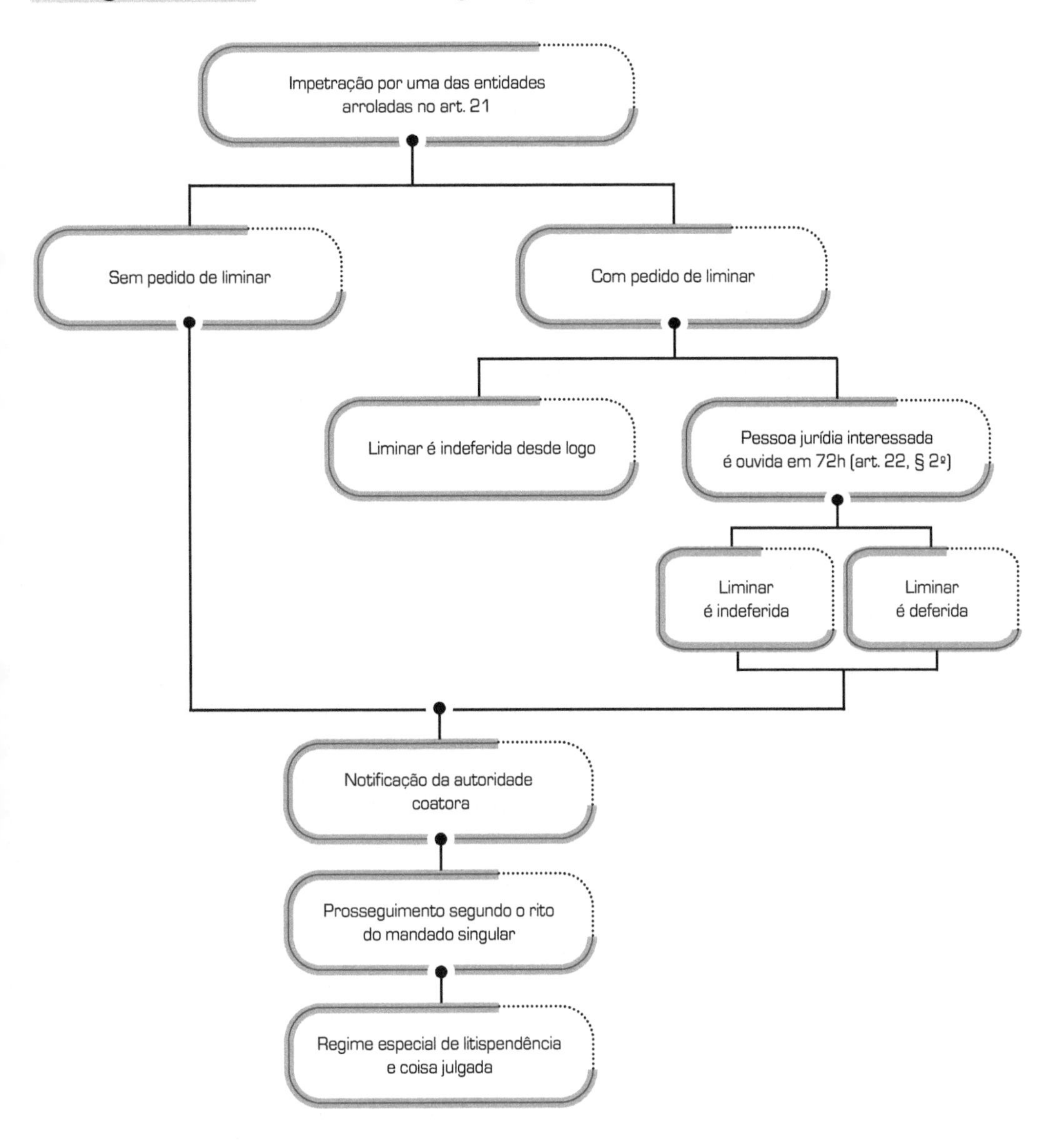

[78] A diferença do procedimento do mandado de segurança coletivo situa-se apenas no incidente da liminar, já que esta não pode ser deferida sem prévia audiência da pessoa jurídica interessada (art. 22, § 2º). Acontece, porém, que o dispositivo em questão foi declarado inconstitucional pelo STF (ADI 4.296/DF, *DJe* 11.10.2021).

§ 66. MANDADO DE INJUNÇÃO

528. Conceito

I – Ação constitucional de mandado de injunção

Diante da possibilidade de frustrarem-se, pela falta de regulamentação, direitos, liberdades e prerrogativas assegurados pela Constituição, engendrou-se um remédio processual para superar a inércia do órgão encarregado da regulamentação, que assim vem definido pelo art. 5º, LXXI, da Carta Magna:

"Conceder-se-á mandado de injunção sempre que a falta de norma regulamentadora torne inviável o exercício dos direitos e liberdades constitucionais e das prerrogativas inerentes à nacionalidade, à soberania e à cidadania".

É, pois, mais uma ação constitucional inserida entre os direitos fundamentais proclamados pela Constituição de 1988, e que se coloca ao lado do *habeas corpus*, do mandado de segurança e do *habeas data,* tendo por objetivo enfrentar uma das modalidades de comportamento inconstitucional dos Poderes entre os quais se fraciona a soberania do Estado. Aqui o atentado contra a ordem constitucional, a reprimir, não decorre de ação, mas de omissão do Poder Público.

II – O problema da inconstitucionalidade por omissão

A *inconstitucionalidade por omissão* – que o mandado de injunção visa coibir – "ocorre com o descumprimento de uma obrigação específica de editar ato legislativo ou administrativo-normativo necessário para tornar plenamente exequível determinada norma constitucional".[79] Em termos amplos, pode acontecer omissão inconstitucional não só no plano normativo, mas também diante da inexecução de políticas públicas definidas em caráter programático pela Constituição. Mas, para efeito do controle jurisdicional, o que interessa mais é a omissão de *caráter normativo.*[80] O mandado de injunção é, pois, um dos remédios processuais instituídos para enfrentar, individual e coletivamente, o problema da inconstitucionalidade por omissão, no plano normativo apenas.

III – A ação direta de inconstitucionalidade e o mandado de injunção

A Constituição brasileira, no afã de assegurar a eficácia das normas constitucionais, criou duas *ações* para enfrentamento em juízo da omissão normativa inconstitucional: *(i)* o *mandado de injunção* (CF, art. 5º, LXXI) e *(ii)* a *ação direta de inconstitucionalidade por omissão* (CF, art. 103, § 2º). Essas duas ações não se superpõem nem se confundem em seus objetivos e conteúdos. Apresentam-se, de certo modo, como complementares entre si. Explica Fonseca:

(a) A ação direta de inconstitucionalidade por omissão é meramente *declaratória* e, uma vez procedente, resulta apenas na *cientificação* do Poder competente "para a adoção das providências necessárias" (CF, art. 103, § 2º).[81]

(b) O mandado de injunção, diante da omissão normativa que impede o exercício dos direitos e liberdades constitucionais, apresenta-se como "instrumento processual que, correlacionado com o § 1º, do art. 5º (da CF), tem o condão de tornar os direitos

---

[79] FONSECA, João Francisco Naves da. *O processo do mandado de injunção.* São Paulo: Saraiva, 2016, n. 6, p. 34-35.

[80] MIRANDA, Jorge. *Manual de direito constitucional.* 2. ed. Coimbra: Coimbra Editora, 2005, t. VI, n. 2, p. 11.

[81] FONSECA, João Francisco Naves da. *O processo do mandado de injunção.* São Paulo: Saraiva, 2016, n. 9, p. 49.

subjetivos constitucionais *exigíveis diretamente*".[82] Seu efeito, portanto, não se limita à mera declaração, já que define solução efetiva para caso concreto tutelado por norma constitucional pendente de regulamentação.

Destinando-se a tutelar direitos constitucionais subjetivos, não cabe mandado de injunção por omissão em relação a normas constitucionais meramente *programáticas*, já que sua eficácia não depende apenas de regulamentação normativa, "mas especialmente de providências administrativas e materiais". Desse tipo de norma, com efeito, não consta a prescrição detalhada de conduta exigível, de modo que, perante ela, não é possível divisar um dever jurídico correlato a um direito subjetivo, em sua versão positiva.[83]

Já a ação de inconstitucionalidade por omissão, que não visa uma tutela de direito subjetivo, tem condições de ser manejada, inclusive, em face de omissão relacionada com *norma constitucional programática*. Isso porque sua decisão não vai além do efeito declaratório e da comunicação ao órgão inadimplente.[84]

IV – Omissão normativa praticada pela Administração

A previsão constitucional é de que o mandado de injunção se preste a suprir omissão normativa praticada tanto pelo Poder Legislativo como por órgão administrativo (art. 103, § 2º, *in fine*). É claro, pois, que a falta atribuível à Administração tenha de referir-se a atos de cunho normativo (decretos, regimentos, resoluções etc.). Observe-se, porém, que a regulamentação da Constituição nunca é feita diretamente por meio de ato administrativo. Antes do ato administrativo faltante tem de ter havido uma regulamentação legislativa da norma constitucional. É a lei ordinária ou complementar que pode não ter exaurido a função regulamentadora e ter deixado algum ponto prático a cargo de definição da Administração. Assim, esta teria de regulamentar a lei que anteriormente regulamentara a Constituição, para torná-la realmente exequível. Sem embargo de não ter o ato administrativo a função de regulamentar diretamente dispositivo constitucional, sua falta compromete a exequibilidade da norma da Lei Maior.

"Nessa hipótese, que pressupõe sempre a existência de lei que visa a aplicabilidade do texto, o mandado de injunção será cabível" – como já decidiu o Supremo Tribunal Federal.[85] Um caso prático poderá melhor esclarecer a hipótese. Numa situação, por exemplo, em que certa imunidade tributária prevista na Constituição dependa de regulamentação, pode a lei que se encarregou de regulamentá-la ter deixado a cargo do Poder Executivo o melhor detalhamento de alguns requisitos para a obtenção do benefício. Se não for editado o previsto *ato administrativo-normativo* surgirá, então, "uma omissão inconstitucional – total – passível de controle por mandado de injunção".[86]

---

[82] FONSECA, João Francisco Naves da. *O processo do mandado de injunção*. São Paulo: Saraiva, 2016, n. 11, p. 76; SILVA, José Afonso da. *Aplicabilidade das normas constitucionais*. 8. ed. São Paulo: Malheiros, 2012, p. 161.

[83] FONSECA, João Francisco Naves da. *O processo do mandado de injunção*. São Paulo: Saraiva, 2016, n. 11, p. 80; PFEIFFER, Roberto Augusto Castellanos. *Mandado de injunção*. São Paulo: Atlas, 1999, p. 103-104

[84] FONSECA, João Francisco Naves da. *O processo do mandado de injunção*. São Paulo: Saraiva, 2016, n. 9, p. 52.

[85] STF, Pleno, MI 304 AgR/DF, Rel. Min. Moreira Alves, ac. 17.06.1993, *DJU* 13.08.1993, p. 15.675.

[86] "Nesse sentido, a necessidade de decreto ou regulamentação executiva está no mesmo nível da necessidade da lei (que, apenas, por imposição de lógica do sistema jurídico, deve ser cronologicamente anterior ao decreto)" (TAVARES, André Ramos. O cabimento do mandado de injunção: a omissão inconstitucional e suas espécies. *In*: MENDES, Gilmar Ferreira *et al.* (orgs.). São Paulo: Saraiva, 2013, p. 391-392). No mesmo sentido: FONSECA, João Francisco Naves da. *O processo do mandado de injunção*. São Paulo: Saraiva, 2016, n. 12, p. 87-88.

529. Objeto

O objeto do *mandado de injunção* não é tão amplo como o do *mandado de segurança*, que se emprega para defesa de qualquer direito subjetivo que venha a ser violado por abuso de autoridade pública. A proteção que se realiza por meio do mandado assegurado pelo art. 5º, LXXI, da Constituição restringe-se aos direitos e às liberdades constitucionais e às franquias relativas à nacionalidade, à soberania popular e à cidadania, e somente atua quando a inação do Poder Público no campo da atividade regulamentadora se transforma em barreira à fruição dos referidos direitos e franquias. Diferencia-se, pois, do mandado de segurança porque este assegura direito líquido e certo, enquanto o mandado de injunção tutela direito constitucional ainda não integrado à ordem jurídica por legislação infraconstitucional.[87]

A posição primitiva do STF foi a de limitar o objeto do mandado de injunção à declaração judicial de existência, ou não, da mora legislativa no tocante à edição de norma regulamentadora específica.[88] A partir do MI nº 63/MS, no entanto, começou-se a insinuar, nos pronunciamentos individuais de alguns ministros, a possibilidade de se adotar modelo de determinada lei existente para suprir a lacuna normativa, podendo o julgamento do mandado de injunção ir além da simples declaração de omissão legislativa.[89]

Atualmente, já se tem como consolidado o entendimento do STF no sentido de que, em situações omissivas, como a da falta de disciplinamento do direito de greve, reconhecido constitucionalmente, ao Poder Judiciário cabe adotar soluções "normativas" como expediente legítimo para tornar a proteção judicial efetiva (CF, art. 5º, XXXV).[90]

A atuação da Justiça, nesse caso, não se confunde com a atividade legislativa; não se lança, na ordem jurídica, preceito abstrato. O que se tem é um pronunciamento judicial que faz lei entre as partes "como qualquer processo subjetivo, ficando até mesmo sujeito a uma condição resolutiva, ou seja, ao suprimento da lacuna regulamentadora por quem de direito, o Poder Legislativo".[91] Tendo em conta, porém, a autoridade do STF na defesa da ordem constitucional, o precedente constituído por meio do mandado de injunção tem a possibilidade de funcionar

---

[87] BEDAQUE, José Roberto dos Santos. *Direito e processo*: influência do direito material sobre o processo. 6. ed. São Paulo: Malheiros, 2011, p. 179. O autor cita, na nota 248, o posicionamento de José Carlos Barbosa Moreira a respeito de quais direitos encontram-se assegurados no mandado de injunção: na primeira parte do art. 5º, LXXI, da CR/1988, "estariam previstos todos os direitos e garantias constitucionais, sem qualquer limitação; na parte final, refere-se 'às prerrogativas inerentes à nacionalidade, à soberania e à cidadania, ainda que não diretamente contemplados no texto constitucional, e sim em alguma norma de nível hierárquico inferior ao da Constituição' (*Mandado de injunção*, p. 40)".

[88] STF, Pleno, MI 20/DF, Rel. Min. Celso de Mello, ac. 19.05.1994, *DJU* 22.11.1996, p. 45.690; STF, Pleno, MI 585/TO, Rel. Min. Ilmar Galvão, ac. 15.05.2002, *DJU* 02.08.2002, p. 59; STF, Pleno, MI 485/MT, Rel. Min. Maurício Corrêa, ac. 25.04.2002, *DJU* 23.08.2002, p. 71.

[89] Cf. voto do Min. Carlos Velloso no julgamento do MI 585/TO, em que se admitia pudesse aplicar a Lei nº 7.783/1989 (referente ao setor privado) ao setor público, já que o legislativo não cumpria o dever de regulamentar a greve no serviço público (STF, Pleno, MI 585/TO e 631/MS, Rel. Min. Ilmar Galvão, ac. 15.05.2002, *DJU* 02.08.2002, p. 59).

[90] STF, Pleno, MI 283/DF, Rel. Min. Sepúlveda Pertence, ac. 20.03.1991, *DJU* 14.11.1991, p. 16.355, *RTJ* 135/882; STF, Pleno, MI 543/DF, Rel. Min. Octavio Gallotti, ac. 26.10.2000, *DJU* 24.05.2002, p. 55; STF, Pleno, MI 562/RS, Rel. p/ acórdão Min. Ellen Gracie, ac. 20.02.2003, *DJU* 20.06.2003, p. 58.

[91] STF, Pleno, MI 721/DF, Rel. Min. Marco Aurélio, ac. 30.08.2007, *DJe* 30.11.2007. "Assim, em regra, a decisão em mandado de injunção, ainda que dotada de caráter subjetivo, comporta uma dimensão objetiva, com eficácia *erga omnes*, que serve para tantos quantos forem os casos que demandem a concretização de uma omissão geral do Poder Público, seja em relação a uma determinada conduta, seja em relação a uma determinada lei" (STF, Pleno, MI 943, Rel. Min. Gilmar Mendes, ac. 06.02.2013, *DJe* 02.05.2013).

como formador de norma concreta utilizável *erga omnes*, em casos similares.[92] A aplicação plena do direito faz-se "por ordem judicial exarada no mandado de injunção e passa a valer e a se exercer o direito, a liberdade ou prerrogativa constitucional segundo modelo definido na decisão judicial a que se tenha chegado naquele processo".[93]

A Lei nº 13.300/2016, que afinal estabeleceu a disciplina do processo e julgamento do mandado de injunção, nas modalidades individual e coletiva, consolidou o rumo que vinha sendo construído pela jurisprudência. Nos termos de seu art. 8º, uma vez reconhecido o estado de mora legislativa, o tribunal deferirá a injunção para: *(i)* "determinar prazo razoável para que o impetrado promova a edição da norma regulamentadora" (inc. I); *(ii)* "estabelecer as condições em que se dará o exercício dos direitos, das liberdades ou das prerrogativas reclamados" (inc. II, 1ª parte); *(iii)* estabelecer, "se for o caso, as condições em que poderá o interessado promover ação própria visando a exercê-los, caso não seja suprida a mora legislativa no prazo determinado" (inc. II, 2ª parte). Consoante o art. 9º, *caput*, da mesma Lei, a eficácia da decisão que defere a injunção é "limitada às partes e produzirá efeitos até o advento da norma regulamentadora". Permite, todavia, o § 2º do mesmo artigo, que, após o trânsito em julgado, seus efeitos possam ser "estendidos aos casos análogos por decisão monocrática do relator".

Não se concederá, porém, prazo ao impetrado para editar a regulamentação faltante, se em mandado de injunção anterior, relativo à mesma questão, a ordem judicial restou descumprida (Lei nº 13.300/2016, art. 8º, parágrafo único). Em semelhante situação, o tribunal estabelecerá, desde logo, as condições em que o impetrante exercerá seu direito, mesmo na ausência da regulamentação legislativa (art. 8º, II).

530. Pressupostos

I – Omissão normativa inconstitucional

Consiste o mandado de injunção em mecanismo processual destinado "à efetivação dos direitos previstos nas chamadas regras constitucionais preceptivas não autoaplicáveis, ou seja, não exequíveis por si mesmas, e que dependem simplesmente de regulamentação".[94]

Seu cabimento, segundo a previsão constitucional, está subordinado a dois pressupostos, segundo o magistério de Hely Lopes Meirelles:[95]

> "a) a *existência de um direito constitucional*, relacionado às liberdades fundamentais, à nacionalidade, à soberania ou à cidadania;
>
> b) a *falta de norma regulamentadora* que impeça ou prejudique a fruição deste direito".

---

[92] Em seu voto, a Relatora apresenta algumas lições doutrinárias e precedentes diversos, os quais corroboram o entendimento de que "o mandado de injunção é o instrumento que dá movimento à norma constitucional mantida em seu estado inercial por ausência de norma regulamentadora (infraconstitucional) que possibilitasse eficazmente a sua aplicação" (STF, Pleno, MI 795/DF, Rel. Min. Cármen Lúcia, ac. 15.04.2009, *DJe* 21.05.2009).

[93] STF, Pleno, MI 795/DF, Rel. Min. Cármen Lúcia, ac. 15.04.2009, *DJe* 21.05.2009.

[94] BEDAQUE, José Roberto dos Santos. *Direito e processo*: influência do direito material sobre o processo. 6. ed. São Paulo: Malheiros, 2011, p. 185.

[95] MEIRELLES, Hely Lopes. *Mandado de segurança, ação popular, ação civil pública, mandado de injunção, "habeas data"*. 21. ed. São Paulo: Malheiros, 1999, p. 214-215.

Ressalve-se, porém, que a ação em causa não se limita a tutelar os direitos fundamentais, mas todos os *direitos e liberdades constitucionais*, cujo exercício esteja sendo cerceado por *falta de norma regulamentadora*, nos claros termos do art. 5º, LXXI, da Constituição Federal.

II – Omissão total e omissão parcial

A omissão de regulamentação da norma constitucional será *total* quando o legislador ordinário nenhuma lei editou para tornar exequível o preceito da Lei Maior. Pode acontecer, todavia, que a norma regulamentadora editada seja insuficiente para viabilizar o exercício integral do direito subjetivo constitucional. Em tal hipótese, a omissão que subsiste à regulamentação é qualificada de *parcial*.

A Lei nº 13.300/2016, que disciplinou o processo de impetração do mandado de injunção, prevê expressamente que esse instrumento tutelar constitucional será concedido tanto na ausência *total* de norma regulamentadora como na sua falta *parcial* (art. 2º, *caput*). Assim dispondo, prestigiou a orientação dominante da doutrina[96] e que chegou a merecer menção positiva em acórdão do STF.[97] Não se presta, porém, para impugnar regulamentação defeituosa, ilegal ou inconstitucional.

III – Casos de inadmissibilidade do mandado de injunção

Diante dos pressupostos aventados, a jurisprudência tem entendido que não cabe mandado de injunção:

(a) quando a omissão legislativa não se refira diretamente ao exercício de direitos constitucionais fundamentais, não servindo, *v.g.*, para substituir regulamentação contida em medida provisória rejeitada;[98] convém, todavia, ter em mente que a garantia prestada pelo mandado de injunção abrange, amplamente, todos os direitos e liberdades constitucionais, e não apenas os direitos fundamentais (CF, art. 5º, LXXI);

(b) quando, já existindo regulamentação, a discussão se trave em torno de sua inconstitucionalidade, ilegalidade ou descumprimento de norma em vigor, visto que, em tal hipótese, inexistiria o pressuposto da falta de regulamentação,[99] embora de forma viciada ou defeituosa, a regra constitucional teria sido regulamentada;

(c) quando ocorra a arguição de desrespeito à regra constitucional autoaplicável, também por inocorrência de frustração atribuível à ausência de regulamentação;[100] aqui o mandado de injunção seria denegável por falta de interesse, por não configurado o binômio necessidade-utilidade do remédio processual;

(d) quando a Constituição tenha simplesmente facultado ao legislador a outorga de certo direito, sem, entretanto, ordená-lo;[101] o caso, na realidade, resumir-se-ia a uma norma programática;

---

96 BERMUDES, Sérgio. O mandado de injunção. *Revista dos Tribunais*, v. 642, p. 22, abr/1989; CARRAZZA, Roque. *Curso de direito constitucional tributário*. 28. ed. São Paulo: Malheiros, 2012, p. 450, nota 28.

97 STF, Pleno, MI 542/SP, Rel. Min. Celso de Mello, ac. 29.08.2001, *DJU* 28.06.2002, p. 89.

98 STF, Pleno, AgRg no MI 415/SP, Rel. Min. Octavio Gallotti, ac. 11.03.1993, *DJU* 07.05.1993, p. 8.325.

99 STJ, Corte Especial, MI 40/DF, Rel. Min. Edson Vidigal, *DJU* 10.09.1990, p. 9.109, *RT* 665/172; STJ, Corte Especial, MI 67/CE, Rel. Min. Pedro Acioli, ac. 12.09.1991, *DJU* 21.10.1991, p. 14.723, *RSTJ* 39/279.

100 TJMG, Corte, MI 07, Rel. Des. Bernardino Godinho, ac. 10.03.1993, *RF* 325/201.

101 STF, Pleno, MI 107/DF, Rel. Min. Moreira Alves, ac. 21.11.1990, *DJU* 02.08.1991, p. 9.916, *RTJ* 135/01; STF, Pleno, MI 444/MG, Rel. Min. Sydney Sanches, ac. 29.09.1994, *DJU* 04.11.1994, p. 29.827; STF, Pleno, QO no MI 425/DF, Rel. Min. Sydney Sanches, ac. 29.09.1994, *DJU* 11.11.1994, p. 30.635.

(e) quando a norma regulamentadora seja defeituosa, mas não ausente,[102] convém, no entanto, não confundir regulamentação parcial com regulamentação defeituosa, já que a primeira é incompleta, por limitar-se a regulamentar parte da matéria constitucional, enquanto a segunda é completa, mas incorreta ou ilegal; é contra esta (a incorreta) que a jurisprudência não admite o mandado de injunção.

IV – Comprometimento da eficácia da norma constitucional não regulamentada

Se, em caso concreto, a inércia do legislador ordinário estiver impedindo o gozo de um direito definido e assegurado pela Constituição, deverá o mandado de injunção determinar medida adequada à efetivação do preceito constitucional em favor do impetrante. No caso, *v.g.*, do art. 40, § 4º, da CF, em que se prevê a aposentadoria especial para o servidor em determinadas situações, o STF, diante da omissão da necessária lei complementar, decidiu que o direito individual do servidor impetrante fosse deferido judicialmente por meio de adoção das normas legais reguladoras da aposentadoria dos trabalhadores em geral (art. 57, § 1º, da Lei nº 8.213/1991).[103] Definiu, enfim, o STF que no mandado de injunção "há ação mandamental e não simplesmente declaratória de omissão"; daí a possibilidade de mandamentos concretos no rumo de implementar, individualmente, os direitos constitucionais frustrados por falta de regulamentação.[104] Igual orientação prevaleceu no caso de falta de regulamentação do direito de greve, reconhecido constitucionalmente aos servidores públicos (v., *retro*, item nº 529).

Nos MI nos 670/ES e 708/DF, invocou-se, na experiência do direito comparado (em especial, na Alemanha e na Itália), a orientação segundo a qual se admite que "o Poder Judiciário adote medidas normativas como alternativa legítima de superação de omissões inconstitucionais, sem que a proteção judicial efetiva a direitos fundamentais se configure como ofensa ao modelo de separação de poderes (CF, art. 2º)". Restou, assim, assentado pelo Pleno do STF que "os direitos constitucionalmente garantidos por meio de mandado de injunção apresentam-se como direitos à expedição de um *ato normativo*, os quais, via de regra, não poderiam ser diretamente satisfeitos por meio de provimento jurisdicional do STF".[105]

---

[102] STJ, Corte Especial, MI 121/DF, Rel. Min. Nilson Naves, ac. 04.03.1998, *DJU* 27.04.98, p. 57; TJMG, Corte, MI 7, Rel. Des. Bernardino Godinho, ac. 10.03.1993, *RF* 325/201; STF, Pleno, MI 107/DF, Rel. Min. Moreira Alves, ac. 21.11.1990, *DJU* 02.08.1991, p. 9.916, *RTJ* 135/01; STF, Pleno, MI 444/MG, Rel. Min. Sydney Sanches, ac. 29.09.1994, *DJU* 04.11.1994, p. 29.827; STF, Pleno, QO no MI 425/DF, Rel. Min. Sydney Sanches, ac. 29.09.1994, *DJU* 11.11.1994, p. 30.635.

[103] STF, Súmula Vinculante nº 33: "Aplicam-se ao servidor público, no que couber, as regras do regime geral da previdência social sobre aposentadoria especial de que trata o artigo 40, § 4º, inciso III, da Constituição Federal, até a edição de lei complementar específica". No debate de aprovação dessa súmula, o Min. Teori Zavascki registrou que, com base em levantamento realizado no período de 2005 a 2013, o STF "recebeu cinco mil duzentos e dezenove mandados de injunção, e, desses, quatro mil oitocentos e noventa e dois, ou seja, 94% tratam a respeito do artigo 40, § 4º, da Constituição" (STF, Pleno, PSV 45/DF, *DJU* 17.02.2010, p. 1; *DJe* 17.02.2010, p. 1).

[104] STF, Pleno, MI 721/DF, Rel. Min. Marco Aurélio, ac. 30.08.2007, *DJU* 30.11.2007, p. 29. No mesmo sentido: STF, Pleno, MI 758/DF, Rel. Min. Marco Aurélio, ac. 01.07.2008, *DJe* 26.09.2008; STF, Pleno, MI 795/DF, Rel. Min. Cármen Lúcia, ac. 15.04.2009, *DJe* 22.05.2009.

[105] STF, Pleno, MI 670/ES, Rel. Min. Maurício Corrêa, ac. 25.10.2007, *DJe* 31.10.2008; STF, Pleno, MI 708/DF, Rel. Min. Gilmar Mendes, ac. 25.10.2007, *DJe* 31.10.2008. Também no MI 712/PA, ficou proclamada a "insubsistência do argumento segundo o qual [com a solução normativa emprestada ao MI] dar-se-ia ofensa à independência e harmonia entre os poderes [art. 2º da Constituição da República] e à separação entre os poderes [art. 60, § 4º, III, da Constituição da República]". E que, para tornar viável o direito de greve dos servidores públicos, consagrado no art. 37, VII, da CF, "incumbe ao Poder Judiciário produzir a norma suficiente" (STF, Pleno, MI 712/PA, Rel. Min. Eros Grau, ac. 25.10.2007, *DJe* 31.10.2008). Igual orientação prevaleceu no julgamento do MI 788/DF, a propósito da aposentadoria especial, prevista pela CF para as

A Lei nº 13.300/2016, nessa perspectiva, reconhece a possibilidade de a decisão do tribunal, ao deferir a injunção, estabelecer as condições em que os direitos prejudicados pela omissão legislativa poderão ser exercitados (art. 8º, II), normatização essa que prevalecerá até o advento da regulamentação legal (art. 9º, *caput*).

V – Perda de objeto da ação de injunção

Ficará prejudicada a impetração do mandado de injunção se, antes do julgamento da causa, acontecer a edição da norma regulamentadora faltante. Em tal situação, o processo será extinto sem resolução de mérito (Lei nº 13.300/2016, art. 11, parágrafo único).

531. Legitimação

I – Observações gerais

O mandado de injunção se destina a proteger quaisquer direitos assegurados constitucionalmente, sejam individuais ou coletivos. Pode ser manejado, portanto, por pessoas físicas ou jurídicas, tal como se passa com o mandado de segurança.[106]

O STF não tem admitido a impetração do mandado de injunção por Estado da Federação.[107] Admite, todavia, seu manejo de forma coletiva, pelas entidades elencadas pela Constituição para o mandado de segurança coletivo.[108]

Do lado passivo, devem figurar as pessoas jurídicas de direito público ou órgãos públicos detentores do poder de editar atos normativos (União, Estado, Distrito Federal e Município, compreendidos seus órgãos da administração direta e indireta). Assim, segundo antiga jurisprudência do STF, não podiam figurar na relação processual, nem como litisconsortes, os particulares que eventualmente estariam se beneficiando da inércia legislativa, nem a entidade que devesse cumprir a norma regulamentadora, quando editada.[109] Não se vê, diante da moderna sistematização das ações constitucionais coletivas, razão para manter tal restrição, pelo menos em sua feição absoluta.

O mandado de injunção coletivo, porém, está expressamente previsto na Lei nº 13.300/2016, constando de seu art. 12 as entidades legitimadas à sua propositura. Não há, no citado diploma legal, regra restritiva quanto aos figurantes no polo passivo.

---

atividades exercidas em condições de risco ou insalubres: "Ante a prolongada mora legislativa, no tocante à edição da lei complementar reclamada pela parte final do § 4º do art. 40 da Magna Carta, impõe-se ao caso a aplicação das normas correlatas previstas no art. 57 da Lei nº 8.213/1991, em sede de processo administrativo" (STF, Pleno, MI 788/DF, Rel. Min. Carlos Britto, ac. 15.04.2009, *DJe* 07.05.2009, *RT* 886/117).

[106] MEIRELLES, Hely Lopes. *Mandado de segurança*. 31. ed. São Paulo: Malheiros, 2008, p. 213"O acesso de entidade de classe à via do mandado de injunção coletivo é processualmente admissível, desde que legalmente constituídas e em funcionamento há pelo menos um ano" (STF, Pleno, MI 712/PA, Rel. Min. Eros Grau, ac. 25.10.2007, *DJe* 31.10.2008). O STJ, porém, tem admitido legitimidade para o mandado de injunção coletivo a pessoa jurídica sem dependência da data de sua constituição. No entendimento dessa Corte, "o inciso LXX da Constituição refere-se ao mandado de segurança coletivo e não ao mandado de injunção" (STJ, Corte Especial, MI 19/DF, Rel. Min. Antônio de Pádua Ribeiro, ac. 10.05.1990, *DJU* 11.06.1990, p. 5.347, *RSTJ* 10/143).

[107] STF, Pleno, QO no MI 395/PR, Rel. Min. Moreira Alves, ac. 27.05.1992, *DJU* 11.09.1992, p. 14.712, *RT* 691/218; *RTJ* 142/390.

[108] STF, Pleno, MI 20/DF, Rel. Min. Celso de Mello, ac. 19.05.1994, *DJU* 22.11.1996, p. 45.690, *RTJ* 166/751. Os sindicatos, por exemplo, têm sido legitimados a impetrar mandado de injunção em favor de seus associados, tanto coletiva como individualmente (STF, Pleno, MI 361/SP, Rel. p/ ac. Min. Sepúlveda Pertence, ac. 08.08.1994, *DJU* 17.06.1994, p. 15.707).

[109] STF, Pleno, MI 502/SP, Rel. Min. Maurício Correa, ac. 07.03.1996, *DJU* 19.04.1996, p. 12.211, *RT* 729/110; STF, Pleno, AgRg no MI 561/RJ, Rel. Min. Octavio Gallotti, ac. 29.10.1997, *DJU* 06.02.1998, p. 20, *RT* 753/143; MEIRELLES, Hely Lopes. *Mandado de segurança*. 31. ed. São Paulo: Malheiros, 2008, p. 219.

II – Legitimação ativa

Em relação ao mandado de injunção individual, a legitimação ativa cabe a quem afirma ser titular de direito constitucional cujo exercício esteja tolhido por falta de norma reguladora.[110] Essa legitimação toca tanto às pessoas físicas como às jurídicas, como expressamente prevê o art. 3º da Lei nº 13.300/2016. Não há, entretanto, razão para excluir dela as pessoas *formais* ou *processuais*, às quais a legislação processual atribui personalidade para o fim exclusivo de demandar e ser demandado em juízo, como é o caso, *v.g.*, do espólio, da massa falida, do condomínio, das sociedades irregulares etc. (CPC, art. 75, V a VII, IX e XI).

Ao contrário do que se passa com o *habeas corpus*, que pode ser impetrado diretamente pelo interessado, o mandado de injunção sujeita-se à regra geral de que a representação por advogado é pressuposto indispensável para atuar em juízo (CPC, art. 103).[111]

Malgrado entendimento em contrário,[112] entendemos que, pelo menos em tese, não se deve recusar, em caráter absoluto, a legitimidade das pessoas jurídicas de direito público, para a impetração do mandado de injunção, pois, embora rara a hipótese, não é de todo impossível que tais entes se posicionem, diante da Constituição, como titulares de direitos subjetivos inexequíveis por falta de regulamentação.[113] A situação, a nosso ver, não é diferente daquela em que se permite às pessoas de direito público o acesso ao mandado de segurança.[114]

Aliás, a Constituição parece acenar para a possibilidade do uso do mandado de injunção também por entidades públicas, quando o destina a assegurar o exercício não só dos direitos constitucionais, mas também das prerrogativas inerentes à nacionalidade, à soberania e à cidadania (art. 5º, LXXI). Sem dúvida, quando se associam direitos e prerrogativas, no nível constitucional, é fácil entender que os direitos e prerrogativas não são exclusivos dos particulares, mormente quando o dispositivo constitucional os relaciona com a soberania.

III – Litisconsórcio ativo

Observadas as regras gerais do CPC (art. 113 a 118), é admissível que diversos interessados se reúnam em litisconsórcio ativo para impetrar o mandado de injunção. Esse litisconsórcio, porém, será facultativo, a exemplo do que se passa com o mandado de segurança (Lei nº 12.016/2009, art. 24).

IV – Legitimação passiva

O sujeito passivo do mandado de injunção será composto, segundo o art. 3º da Lei nº 13.300/2016, pelo Poder, pelo órgão ou pela autoridade com atribuição para editar a norma regulamentadora faltante.

---

110 FONSECA, João Francisco Naves da. *O processo do mandado de injunção*. São Paulo: Saraiva, 2016, n. 17, p. 106.

111 STF, Pleno, MI 772 AgR/RJ, Rel. Min. Celso de Mello, ac. 24.10.2007, *DJe* 20.03.2009.

112 ORTOLANI, Helen Barbosa. *Mandado de injunção*: o desenvolvimento do instituto. (Dissertação de mestrado). São Paulo: Faculdade de Direito da USP, 2010, p. 106.

113 FONSECA, João Francisco Naves da. *O processo do mandado de injunção*. São Paulo: Saraiva, 2016, n. 17, p. 107.

114 "O mandado de segurança, conforme prevê o art. 1º, da Lei nº 12.016 – e como já estava consagrado pela doutrina e jurisprudência anteriores –, é manejável indiferentemente, para o exercício da garantia outorgada pelo art. 5º, LXIX e LXX, por pessoa física ou jurídica, nacional ou estrangeira, de direito público ou privado" (THEODORO JÚNIOR, Humberto. *Lei do mandado de segurança comentada artigo por artigo*. Rio de Janeiro: Forense, 2014, n. 18.2, p. 80). Nesse sentido: 2º TA Civ/SP, MS 43.229, Rel. Juiz Garrigós Vinhaes, ac. 03.06.1976, *RT* v. 495, p. 138; 2º TA Civ/SP, MS 43.239, Rel. Juiz Manuel Carlos, ac. 02.06.1976, *RT* v. 495, p. 141; STJ, 1ª T., RMS 10.339/PR, Rel. Min. Milton Luiz Pereira, ac. 06.04.2000, *DJU* 01.08.2000, p. 194.

Uma vez que o julgamento do mandado de injunção pode não só declarar, mas também tutelar diretamente o direito subjetivo constitucional da parte, a pessoa ou entidade que deva satisfazer tal direito haverá de ser citada para atuar como litisconsorte do impetrado.[115] Trata-se de situação análoga à do mandado de segurança, em relação ao qual é tranquilo o entendimento que reconhece a possibilidade de litisconsórcio passivo necessário (Lei nº 12.016/2009, art. 24).[116]

No caso em que a regulamentação da norma constitucional faltante se refira a lei cujo projeto seja de iniciativa de órgão estranho ao Poder Legislativo, o sujeito passivo não será esse Poder, mas aquele que não tomou a iniciativa de deflagrar o processo legislativo.[117]

Deve-se observar, no mandado de injunção, o entendimento jurisprudencial construído para o mandado de segurança, segundo o qual, quando o ato impugnado é de órgão colegiado, a notificação do impetrado, para prestar informações, há de ser feita ao respectivo presidente.[118]

532. Competência

I – Na esfera federal

A Lei nº 13.300/2016 não cuidou de tema relacionado com a competência para o mandado de injunção, deixando a matéria sob a limitada regulamentação constitucional.

A Constituição, por sua vez, define a competência para a ação constitucional em análise, basicamente, no que se refere ao Supremo Tribunal Federal e ao Superior Tribunal de Justiça, da seguinte maneira:

(a) ao STF cabe, originariamente, o processamento do mandado de injunção, quando a elaboração da norma regulamentadora for atribuição do Presidente da República, do Congresso Nacional, da Câmara dos Deputados, do Senado Federal, das Mesas de uma dessas Casas Legislativas, do Tribunal de Contas da União, de um dos Tribunais Superiores ou do próprio STF (CF, art. 102, I, *q*);

(b) ainda ao STF compete julgar em *recurso ordinário* o mandado de injunção denegado, em instância única, pelos Tribunais Superiores (CF, art. 102, II, *a*);

(c) o STJ tem competência *originária* para o mandado de injunção, quando a elaboração da norma regulamentadora for atribuição de órgão, entidade ou autoridade federal, da Administração direta ou indireta, excetuados aqueles que figuraram na competência do STF e dos órgãos da Justiça Militar, da Justiça Eleitoral, da Justiça do Trabalho e da Justiça Federal (CF, art. 105, I, *h*);

(d) ao delimitar a área de atuação do STJ, a Constituição reconheceu que os órgãos da Justiça Militar, da Justiça Eleitoral e da Justiça Federal também são competentes para o processamento do mandado de injunção, o que ocorrerá quando a omissão de regulamentação for atribuível a órgão, entidade ou autoridade integrante da Administração

---

115 FONSECA, João Francisco Naves da. *O processo do mandado de injunção*. São Paulo: Saraiva, 2016, n. 19, p. 111, com remissão a uma decisão do Min. Marco Aurélio pronunciada no STF, na qualidade de Relator do MI 562.

116 "Extingue-se o mandado de segurança se o impetrante não promove, no prazo assinado, a citação do litisconsorte passivo necessário" (Súmula nº 631/STF).

117 STF, Pleno, MI 153 AgR/DF, Rel. Min. Paulo Brossard, ac. 14.03.1990, *DJU* 30.03.1990, p. 2.339; TJMG, Corte Superior, MI 37.979/2, Rel. Des. Murilo José Pereira, ac. 08.03.1995, *RT* v. 727, p. 266. No primeiro caso, a iniciativa legislativa era do Presidente da República, e, no segundo, do Governador do Estado.

118 STJ, 5ª T., RMS 29.733/DF, Rel. Min. Jorge Mussi, ac. 20.10.2009, *DJe* 02.08.2010; STJ, 6ª T., AgRg no RMS 20.175/DF, Rel. Min. Maria Thereza de Assis Moura, ac. 24.11.2009, *DJe* 14.12.2009; STJ, 6ª T., RMS 27.666/RJ, Rel. Min. Og Fernandes, ac. 06.08.2009, *DJe* 07.12.2009.

federal não alcançados pela competência do STF e do STJ, respeitada a área de atribuições especializadas de cada uma das referidas Justiças (CF, art. 105, I, *h*, *in fine*).

Para as competências diversas das reguladas, constitucionalmente, para o STF e o STJ, pode-se recorrer supletivamente às regras do mandado de segurança e do Código de Processo Civil[119] (Lei nº 13.300/2016, art. 14).

Observe-se que a competência, originária e recursal, aplicável ao mandado de injunção é estatuída pela Constituição, em razão do órgão, da autoridade ou da entidade incumbida de elaborar a norma regulamentadora. Em se tratando de critério *ratione personae*, a competência, na espécie, é *absoluta*.[120]

II – Na esfera estadual

A Constituição, em matéria de mandado de injunção, cuidou da competência apenas dos tribunais federais. Tendo em vista a autonomia atribuída a cada Estado para organizar sua Justiça, com observância dos princípios constantes da Constituição da República (CF, art. 125, § 1º[121]), todos os Estados atribuíram às suas respectivas Justiças a competência para julgar omissão normativa do Poder Público local em face da Constituição Estadual. A maioria deles conferiu essa atribuição apenas aos Tribunais de Justiça. Uns poucos, entretanto, instituíram competência para os juízes de direito, quando a omissão couber a órgão, autoridade ou entidade municipal.

533. Procedimento

I – Petição inicial

A Constituição de 1988 nada previu acerca do procedimento a observar na impetração do mandado de injunção. Mais tarde, a Lei nº 8.038/1990 determinou que fossem observadas, no que coubessem, as normas do mandado de segurança, enquanto não editada legislação específica (art. 24, parágrafo único).

Só em 2016 adveio a legislação específica do mandado de injunção: Lei nº 13.300, de 23 de junho, publicada no *DOU* de 24.06.2016, com vigência imediata. A partir de então, o mandado de injunção passou a contar com procedimento próprio, e à Lei do Mandado de Segurança e ao Código de Processo Civil reservou-se o papel de fontes normativas subsidiárias apenas (Lei nº 13.300/2016, art. 14).

À semelhança do mandado de segurança, o mandado de injunção é um procedimento documental, de cognição sumária. Não há, em seu curso, dilação probatória, devendo o impetrante demonstrar o suporte fático de seu pedido, por meio de documentos juntados à petição inicial (Lei nº 13.300, art. 4º, § 1º). Tanto a petição como os documentos que a acompanham serão apresentados em tantas vias quantos forem os impetrados. A exigência tem o fito de facilitar a composição da peça notificatória a ser endereçada ao impetrado (Lei nº 13.300, art. 5º, I).

II – Documentos fora do alcance do impetrante

Se o documento necessário se encontrar em repartição ou estabelecimento público, em poder de autoridade ou de terceiro – tal como se dá no mandado de segurança –, o juiz, a

---

[119] MEIRELLES, Hely Lopes. *Mandado de segurança*. 31. ed. São Paulo: Malheiros, 2008, p. 217.

[120] FONSECA, João Francisco Naves da. *O processo do mandado de injunção*. São Paulo: Saraiva, 2016, n. 16, p. 97.

[121] CF: "Art. 125. Os Estados organizarão sua Justiça, observados os princípios estabelecidos nesta Constituição. § 1º A competência dos tribunais será definida na Constituição do Estado, sendo a lei de organização judiciária de iniciativa do Tribunal de Justiça".

pedido do impetrante, ordenará a exibição do documento no prazo de dez dias, a fim de que a petição inicial possa ser com ele instruída (Lei nº 13.300, art. 4º, § 2º). Não se trata de uma *ação exibitória*, mas de simples medida instrutória, requerida pelo impetrante na petição inicial da ação de injunção (art. 4º, § 2º, *in fine*).

Descumprida a ordem no prazo legal, configurado estará o crime de desobediência, sujeitando-se a autoridade ou o terceiro infratores às sanções pertinentes, inclusive à busca e apreensão, se for o caso. Obtido o documento, cópia será anexada à segunda via da petição destinada à notificação do impetrado.

No caso da recusa em fornecer previamente o documento partir do próprio impetrado, não haverá o incidente exibitório prévio. A ordem de exibição constará do próprio instrumento da notificação, que faz as vezes da citação (art. 4º, § 3º). Caberá ao impetrado apresentar o documento juntamente com suas informações, ou nelas justificar a impossibilidade de fazê-lo.

III – Pedido (objeto do processo)

Diversamente do que ocorre na ação direta de inconstitucionalidade por omissão, em que o objeto da causa é apenas a declaração da omissão normativa ofensiva à Constituição, no mandado de injunção o *pedido* é diretamente voltado para a tutela do direito subjetivo que se pretende violado pela falta de regulamentação.[122]

A omissão normativa, na verdade, é apenas parte da *causa petendi*, isto é, apresenta-se como um dos fundamentos para alcançar o resultado concreto da tutela jurisdicional postulada.

IV – Prazo para ajuizamento do mandado de injunção

Diferentemente do que acontece com o mandado de segurança, a Lei do Mandado de Injunção não estipula prazo decadencial para sua impetração. A diversidade de tratamento dispensado às duas ações constitucionais explica-se pelo fato de que o direito subjetivo objeto do mandado de segurança, mesmo depois de escoado o prazo decadencial para sua propositura, continuará tutelável pelas vias ordinárias de acesso à Justiça.[123] Dessa forma, o interessado não ficará desamparado da tutela jurisdicional, pelo fato de ter decaído do direito de impetrar o *mandamus*. Igual argumento não se adapta ao mandado de injunção, visto que, nas particularidades de seu objetivo, o impetrante não teria outro caminho processual para buscar a tutela que só o remédio constitucional lhe assegura. Daí não ter a Lei nº 13.300/2016 estipulado prazo para exercício do direito constitucional ao mandado de injunção.

V – Julgamento do mandado de injunção

O provimento que defere pelo mérito o mandado de injunção assume, ou pode assumir, progressivamente, estágios de três naturezas:

(a) Em primeiro lugar, é de natureza *declaratória*, quando certifica a existência da mora normativa inconstitucional, em face também do reconhecimento do direito subjetivo do impetrante, prejudicado pela ausência da necessária norma regulamentadora (Lei nº 13.300/2016, art. 8º, *caput*).

(b) Em seguida, manifesta-se a força *constitutiva*, quando se procede ao preenchimento da lacuna normativa com o propósito de viabilizar o exercício do direito constitucional no caso concreto.

---

[122] STF, Pleno, MI 107-QO/DF, Rel. Min. Moreira Alves, ac. 23.11.1989, *DJU* 21.09.1990, p. 9.782.

[123] STF, 1ª T., RMS 21.504/DF, Rel. Min. Celso de Mello, ac. 29.03.1994, *DJU* 10.06.1994, p. 14.767.

(c) E, por último, o decisório defere a tutela capaz de dar efetividade ao direito subjetivo reconhecido ao impetrante, e, com isso, pode assumir, enfim, até a natureza *condenatória.*[124] Aliás, a própria denominação da ação constitucional – *mandado de injunção* – corresponde à ideia de *ordem* a ser emitida contra o impetrado, seja para suprir a omissão normativa, seja para que se cumpra, *in concreto*, a prestação a que tem direito o impetrante, principalmente quando se trate de uma prestação de fazer ou não fazer.

VI – Não se trata, entretanto, de ação de cobrança

Ressalte-se, contudo, que, a exemplo do mandado de segurança, o mandado de injunção não pode ser confundido com uma ação de cobrança.[125] O art. 8º, II, da Lei nº 13.300/2016 deixa bem claro o papel da decisão *mandamental*, na espécie:

(a) Suprirá o decisório, em primeiro lugar, a omissão inconstitucional, mediante definição *provisória* das "condições em que se dará o exercício dos direitos, das liberdades ou das prerrogativas reclamados" (art. 8º, II, 1ª parte). Trata-se, nesse passo, de decisão de caráter *constitutivo* por meio da qual se estabelece (*i.e.*, se *cria*) o "regulamento provisório" aplicável apenas à garantia do direito subjetivo constitucional do impetrante, enquanto o Poder competente não edite a regulamentação definitiva.

(b) Em segundo lugar, e "se for o caso", a decisão do tribunal estabelecerá "as condições em que poderá o interessado *promover ação própria*" com vistas a exercer os direitos provisoriamente regulamentados pelo Poder Judiciário, "*caso não seja suprida a mora legislativa* no prazo determinado" pela decisão judicial concessiva do mandado de injunção (art. 8º, II, 2ª parte).

Colocadas as coisas na devida ordem, o que quer a Lei nº 13.300/2016 é que *primeiro* se aguarde o estabelecimento da regulamentação constitucional, e, só depois de escoado o prazo assinalado pela decisão do mandado de injunção, é que se tornarão aplicáveis as normas estabelecidas judicialmente para assegurar, por meio de ação adequada, o direito subjetivo constitucional até então inviabilizado pela falta de regulamentação legal.

Essa ação adequada pode ser qualquer remédio enquadrável nos limites do devido processo legal, sem excluir a via executiva do cumprimento de sentença. Com efeito, é importante ter em mente que o título executivo judicial, que legitima a satisfação forçada do direito subjetivo da parte, no sistema do CPC atual, não é apenas a sentença condenatória típica, mas *qualquer decisão* proferida no processo civil que *reconheça a exigibilidade de obrigação de pagar quantia, de fazer, de não fazer ou de entregar coisa* (CPC, art. 515, I).

O que, entretanto, não pode faltar ao acertamento judicial, na espécie, é a configuração de *obrigação certa, líquida e exigível* (CPC, art. 783), pois a execução somente pode ser instaurada "caso o devedor não satisfaça obrigação *certa, líquida e exigível*" (CPC, art. 786). Por isso mesmo, é nula a execução se o título executivo "não corresponder a obrigação *certa, líquida e exigível*"

---

[124] "Assim, tal qual todas de natureza condenatória, a decisão de procedência do mandado de injunção também pode afirmar imperativamente a existência de um direito subjetivo e, em seguida, aplicar a sanção executiva para o não cumprimento voluntário da conduta prescrita, que pode consistir – conforme o caso – em fazer, não fazer, entregar coisa ou pagar quantia" (FONSECA, João Francisco Naves da. *O processo do mandado de injunção.* São Paulo: Saraiva, 2016, n. 25, p. 125-126).

[125] "O mandado de segurança não é substitutivo de ação de cobrança" (Súmula nº 269/STF). Esse critério se estende ao mandado de injunção, porque a legislação do mandado de segurança é aplicável subsidiariamente ao injuntivo, por força do art. 14 da Lei nº 13.300/2016.

(CPC, art. 803, I), regra que se estende tanto aos títulos judiciais como aos extrajudiciais (CPC, art. 525, § 1º, III).

Diante da conceituação legal do título executivo judicial - ou seja, daquele que autoriza o cumprimento forçado da sentença (CPC, art. 515, I) -, a decisão do mandado de injunção nem sempre será título dessa categoria, pois muitas vezes não passará de sentença com força declaratória e constitutiva. Mas, sempre que, ao acolher a impetração, o provimento contiver, além do estabelecimento das condições para o exercício do direito subjetivo constitucional do impetrante, o reconhecimento de uma obrigação certa, líquida e exigível, dispensada estará a instauração de nova ação cognitiva para exigir seu adimplemento. Bastará que se recorra ao procedimento executivo próprio para o cumprimento de sentença (CPC, arts. 513 e ss.).[126]

Se a obrigação acertada for de quantia certa, e o responsável for pessoa jurídica de direito público, o cumprimento da decisão deferidora do mandado de injunção terá de observar o procedimento executivo dos precatórios regulados pelos arts. 534 e 535 do CPC, ou o das requisições de pagamento das obrigações de pequeno valor (CF, art. 100, § 3º; Lei nº 10.259/2001, art. 17).

No caso de obrigação de fazer, não fazer ou de entregar coisa, reconhecidas na decisão do mandado de injunção, o cumprimento forçado, quando cabível, resumir-se-á à expedição de mandado judicial, contendo a determinação das "medidas necessárias à satisfação do exequente" (CPC, art. 536), ou à ordem de "busca e apreensão ou de imissão na posse" do bem devido (CPC, art. 538).

Na maioria das vezes, todavia, a sentença do mandado de injunção se concentrará na assinação de prazo para que o Poder competente edite a regulamentação constitucional em mora, e no estabelecimento das condições para que o impetrante recorra à ação adequada à realização de seu direito subjetivo assegurado pela Carta Magna, caso o impetrado não cumpra, no prazo assinalado, o que lhe foi determinado na decisão judicial que deferiu o mandado de injunção.

O impetrante, portanto, requererá administrativamente a satisfação dos benefícios a que faça jus, em razão do direito subjetivo constitucional reconhecido e regulado no julgamento do mandado de injunção, e, não sendo atendido, recorrerá às vias judiciais. É bom de ver, no entanto, que não estará obrigado ao prévio esgotamento das vias administrativas para credenciar-se ao ingresso em juízo.[127]

VII - Coisa julgada

Deferido, pelo mérito, o mandado de injunção, a autoridade da coisa julgada manifestar-se-á, objetivamente, sobre o provimento do *pedido* formulado na petição inicial. Isto é, tornar-se-á indiscutível a satisfação dada pelo órgão judicial ao direito subjetivo do impetrante, cujo exercício se achava, até então, inviabilizado pela lacuna regulamentar.

A provisoriedade da normatização judicial advinda do reconhecimento da procedência do pedido do impetrante, prevista nos arts. 10 e 11 da Lei nº 13.300/2016 (ver, adiante, item 533-F), não impede a formação da coisa julgada. Enquanto não advier a regulamentação normativa legal, ou enquanto não se reconhecer em ação revisional a alteração da situação fático-jurídica sobre que se apoiou a concessão do mandado de injunção, permanecerá imutável e indiscutível o provimento contido no julgamento de mérito da causa. O quadro é exatamente aquele das sentenças que decidem sobre "relação jurídica de trato continuado" (CPC, art. 505, I), as quais, sem embargo do trânsito em julgado, permitem revisão do nelas estatuído, quando sobrevém

---

126 Reconhece-se que o mandado de injunção tem "índole condenatória, passível, portanto, de execução" (CASTRO, Carlos Roberto Siqueira. *O devido processo legal e os princípios da razoabilidade e da proporcionalidade*. 5. ed. Rio de Janeiro: Forense, 2010, p. 373).

127 STJ, 2ª T., REsp 512.179/PR, Rel. Franciulli Netto, ac. 19.08.2003, *DJU* 28.10.2003, p. 275.

"modificação no estado de fato ou de direito". Os efeitos da decisão até então produzidos, todavia, permanecerão imutáveis e indiscutíveis, resguardados que estarão pela autoridade da *res iudicata* (ver, adiante, o item 533-G).

VIII – Renovação da ação de mandado de injunção

No regime da Lei nº 13.300/2016, não faz coisa julgada material a decisão que indeferir a pretensão ao mandado de injunção por insuficiência de prova. Da mesma forma do que se dá com o mandado de segurança, o impetrante não fica impedido, na espécie, de renovar a ação de injunção, desde que fundada em outros elementos probatórios (art. 9º, § 3º).

533.1. Visão esquemática do procedimento do mandado de injunção

O procedimento instituído pela Lei nº 13.300/2016 é bastante assemelhado ao do mandado de segurança, e pode ser assim resumido:

(a) A petição inicial será redigida de acordo com os requisitos estabelecidos pelo CPC. Será instruída com a documentação necessária à comprovação dos fundamentos de fato e de direito que sustentam a pretensão ao mandado de injunção (art. 4º).[128]

(b) Deferida a petição inicial, proceder-se-á: *(i)* à notificação do impetrado, encaminhando-lhe cópias da inicial e dos documentos que a instruíram, a fim de que preste informações no prazo de dez dias (art. 5º, I); e realizar-se-á, também, *(ii)* a cientificação do ajuizamento da ação ao órgão de representação judicial da pessoa jurídica interessada, a quem igualmente será enviada cópia da petição inicial, para que, querendo, ingresse no feito (art. 5º, II). Como de regra a entidade omissa na atividade regulamentadora é colegiada, a notificação será feita na pessoa do respectivo presidente, da mesma maneira com que se procede, em situação análoga, com o mandado de segurança.

(c) No caso de impetração manifestamente incabível ou manifestamente improcedente, a petição inicial será desde logo indeferida pelo relator (art. 6º, *caput*). Dessa decisão, caberá agravo para o órgão colegiado do tribunal competente para o julgamento da impetração (art. 6º, parágrafo único).

(d) O representante do Ministério Público será ouvido nos dez dias seguintes ao termo do prazo de apresentação das informações do impetrado. Com ou sem seu parecer, os autos serão conclusos para decisão, ao final do decêndio aberto para o MP (art. 7º).

(e) A decisão que reconhecer a mora legislativa deferirá a injunção para os fins explicitados no art. 8º da Lei do Mandado de Injunção (ver, *retro*, os itens 530, IV, e 533, V), ou seja: *(i)* determinará prazo para que seja editada a norma regulamentadora; e *(ii)* estabelecerá as condições em que se dará o exercício dos direitos constitucionais ainda não regulamentados; bem como as condições em que o interessado poderá promover ação própria, visando exercê-los, caso não seja suprida a mora legislativa no prazo determinado pelo tribunal.

(f) Sobre os recursos cabíveis, ver, adiante, o item 533-H.

533-A. Desistência da ação de mandado de injunção

O mandado de injunção individual está sujeito ao princípio da demanda, ou seja, a tutela jurisdicional nele admissível só se viabiliza mediante pedido do interessado. Por isso, tal como

---

[128] Não tendo os documentos a seu alcance, o impetrante usará o procedimento exibitório de que se cogitou no item 533, II, *retro* (art. 4º, §§ 2º e 3º).

ocorre com o mandado de segurança, é lícito ao impetrante desistir do mandado de injunção, a qualquer tempo.[129] Em jurisprudência do STF reiterada em repercussão geral (Tema 530), está assente a possibilidade da "desistência em mandado de segurança, sem aquiescência da parte contrária, após prolação de sentença de mérito, ainda que favorável ao impetrante".[130]

Admitindo, porém, a Lei nº 13.300/2016 a possibilidade de extensão do alcance da decisão do mandado de injunção individual, de modo a fazer com que sua eficácia se torne *ultra partes* ou *erga omnes* (art. 9º, § 1º), uma vez deferido o incidente de coletivização do processo, não terá mais o impetrante disponibilidade da ação. Não poderá, portanto, desistir unilateralmente dela. O interesse em jogo terá deixado de ser individual, passando a prevalecer o interesse coletivo, tal como acontece com as ações de defesa dos direitos difusos e coletivos, e com os incidentes de resolução de demandas repetitivas (CPC, art. 976, §§ 1º e 2º), bem como com os recursos extraordinário e especial repetitivos (CPC, art. 995, parágrafo único).[131]

533-B. Intervenção do Ministério Público

A intervenção do Ministério Público no mandado de injunção, como *custos legis*, está prevista no art. 7º da Lei nº 13.300/2016. A intimação do respectivo representante, segundo o dispositivo legal referido, é *obrigatória*, não, porém, sua manifestação. Mesmo diante da inércia do representante do Ministério Público em emitir seu parecer no prazo legal, o procedimento terá curso rumo ao julgamento da causa (art. 7º, *in fine*).

533-C. Medida liminar

A Lei nº 13.300/2016 não cogitou de medida liminar na ação de mandado de injunção. Jurisprudência antiga do STF negava seu cabimento, certamente em face do caráter meramente declaratório que então se atribuía à decisão pronunciada acerca da omissão normativa.[132]

Uma vez, porém, que hoje se admite o objeto do mandado de injunção ir além da simples declaração de omissão normativa, para atingir a tutela concreta do direito subjetivo constitucional do impetrante, não há mais como insistir na recusa da medida liminar, nos casos de sua comprovada urgência.

Em sede doutrinária, o cabimento da medida de urgência em mandado de injunção de longa data já era defendido, entre outros, por Luís Roberto Barroso[133] e Calmon de Passos.[134]

---

[129] "A jurisprudência do STF admite a desistência do mandado de segurança, sem anuência da parte contrária, mesmo quando já proferida a decisão de mérito" (STF, Pleno, RE 167.263 ED-EDv/MG, Rel. p/ ac. Min. Sepúlveda Pertence, ac. 09.09.2004, *DJU* 12.12.2004, p. 29). Admite-se a desistência até mesmo quando o processo já se encontre em fase recursal, mas antes da publicação do acórdão (STF, 1ª T., RE 287.978 AgR/SP, Rel. Min. Carlos Britto, ac. 09.09.2003, *DJU* 05.03.2004, p. 23; STF, 2ª T., AI 377.361 AgR-ED/DF, Rel. Min. Ellen Gracie, ac. 08.03.2005, *DJU* 08.04.2005, p. 36, *RT* 837, p. 142).

[130] STF, Pleno, RE 669.367/RJ, Rel. p/ ac. Min. Rosa Weber, ac. 02.05.2013, *DJe* 30.10.2014.

[131] FONSECA, João Francisco Naves da. *O processo do mandado de injunção*. São Paulo: Saraiva, 2016, n. 27, p. 148-149. Cfr., também, STF, Pleno, MI 712-QO/PA, Rel. Min. Eros Grau, ac. 15.10.2007, *DJU* 23.11.2007, p. 10, especialmente o voto do Relator.

[132] STF, Pleno, AC 124 AgR/PR, Rel. Min. Marco Aurélio, ac. 23.09.2004, *DJU* 12.11.2004, p. 6. "Não se pode pretender que mero provimento cautelar antecipe efeitos positivos inalcançáveis pela própria decisão final emanada do STF" (STF, Pleno, ADI 1.458-MC/DF, Rel. Min. Celso de Mello, ac. 23.05.1996, *DJU* 20.09.1996, p. 34.531).

[133] BARROSO, Luís Roberto. *O direito constitucional e a efetividade de suas normas*: limites e possibilidades da Constituição brasileira. 9. ed. Rio de Janeiro: Renovar, 2009, p. 275.

[134] CALMON DE PASSOS, José Joaquim. *Mandado de segurança coletivo, mandado de injunção,* habeas data *(Constituição e processo)*. Rio de Janeiro: Forense, 1989, n. 24, p. 120-121.

Já no regime da Lei nº 13.300/2016, a tese é solidamente adotada por João Francisco Naves da Fonseca, ao argumento irrefutável de que, no direito processual contemporâneo, "o cabimento de medidas liminares, em todo tipo de processo judicial, é uma exigência da garantia do acesso à ordem jurídica justa – em especial da *efetividade* e da *tempestividade* da tutela jurisdicional (CF, art. 5º, XXXV, LIV, LV e LXXVIII)".[135] Desse regime tutelar não se excluem nem mesmo as ações declaratórias e as constitutivas.[136]

O caráter declaratório da ação direta de inconstitucionalidade por omissão, nessa linha de princípios, não impediu que a lei inserisse em seu procedimento a possibilidade de medida liminar para suspensão da aplicação da lei ou ato normativo questionado, no caso de omissão parcial, bem como para suspensão de processos judiciais ou de procedimentos administrativos, ou, ainda, para "outra providência a ser fixada pelo Tribunal" (Lei nº 9.868/1999, art. 12-F, § 1º, com a redação da Lei nº 12.063/2009).[137]

No silêncio da Lei nº 13.300/2016 acerca do tema, não se pode ver justificativa para continuar negando cabimento à medida liminar em mandado de injunção, já que o fenômeno da omissão normativa é o mesmo nas duas ações constitucionais, além do que, na ação mandamental o alcance da decisão de mérito, reconhecido em lei, vai muito além da simples declaração, para atingir provimentos de tutela efetiva ao direito subjetivo constitucional do impetrante (Lei nº 13.300, art. 8º).[138]

533-D. Limites subjetivos da eficácia do deferimento da injunção

No mandado de injunção individual, a eficácia da decisão que lhe dá provimento manifesta-se *inter partes*, ou, na dicção da lei, "a decisão terá eficácia subjetiva limitada às partes" (Lei nº 13.300/2016, art. 9º). A regra, portanto, extraída da função desempenhada pelo remédio constitucional em análise, é a de que o impetrante "age na busca de realização concreta e direta do seu direito ou prerrogativa, independentemente da regulamentação".[139] Logo, o objeto do processo, e, consequentemente, o objeto da resposta jurisdicional, é o acertamento em torno do direito subjetivo que o autor pretende seja tutelado.[140]

533-E. Ampliação dos limites subjetivos da injunção

Não obstante o correto entendimento doutrinário em torno dos limites subjetivos naturais do mandado de injunção, forçoso é reconhecer que, não raro, a omissão normativa afeta uma

---

135 FONSECA, João Francisco Naves da. *O processo do mandado de injunção.* São Paulo: Saraiva, 2016, n. 24, p. 118-119.

136 THEODORO JÚNIOR, Humberto. *Curso de direito processual civil.* 57. ed. Rio de Janeiro: Forense, 2016, v. I, n. 484 e 485, p. 663-671.

137 Com base nesse permissivo legal, o STF já deferiu medida cautelar, em ação direta de inconstitucionalidade (STF, Pleno, ADO 23-MC/DF, Rel. Min. Ricardo Lewandowski, dec. monocrática de 24.01.2013, *DJe* 01.02.2013).

138 É possível detectar no provimento emitido na ação de mandado de injunção tanto a natureza declaratória como a constitutiva, e, ainda, a condenatória (FONSECA, João Francisco Naves da. *O processo do mandado de injunção.* São Paulo: Saraiva, 2016, n. 25, p. 125-126).

139 SILVA, José Afonso da. *Mandado de injunção e* habeas data. São Paulo: Ed. RT, 1989, p. 27. No mesmo sentido: BARBOSA MOREIRA, José Carlos. Mandado de injunção. *Revista de Processo,* v. 56, p. 115-117, out.-dez./1989.

140 "(...) o objeto do mandado de injunção é a tutela do direito subjetivo do impetrante – e não da ordem jurídica em geral (direito objetivo), que seria tutelável pelo controle concentrado de constitucionalidade, mediante a ação direta de inconstitucionalidade por omissão" (PIOVESAN, Flávia; CHADDAD, Maria Cecília Cury. Mandado de injunção: desafios e perspectivas. *In:* MARTINS, Ives Gandra da Silva; JOBIM, Eduardo (coords.). *O processo na Constituição.* São Paulo: Quartier Latin, 2008, p. 414).

grande massa de interessados, titulares de igual direito subjetivo. Isso acarretaria – como, *v.g.*, já aconteceu com o problema da aposentadoria especial do servidor público – a impetração de um sem-número de mandados de injunção, capaz de atravancar os serviços do tribunal competente. Para contornar o impasse, o STF lançou mão do expediente da Súmula vinculante, fazendo assim com que a tese fixada no processo individual adquirisse eficácia *erga omnes* (Súmula vinculante nº 33).

A Lei nº 13.300/2016, diante da relevância do problema, deu-lhe solução melhor e mais simples do que a da Súmula vinculante: conferiu ao relator o poder de, após o trânsito em julgado da decisão individual, estender, em decisão monocrática, os seus efeitos "aos casos análogos" (art. 9º, § 2º). A solução mereceu aplausos doutrinários.[141]

Com isso, a Lei nº 13.300/2016 mantém o caráter individual da ação e dos efeitos normais da decisão do mandado de injunção (art. 9º, *caput*), criando, porém, um mecanismo processual pós-julgamento da questão *inter partes*, capaz de estender sua eficácia *ultra partes*, validando-a *erga omnes*, de modo a beneficiar todos aqueles que se encontrem na mesma situação jurídica do impetrante (art. 9º, § 1º).

533-F. Condições para obter a extensão *erga omnes* da decisão

A extensão dos efeitos da decisão proferida na ação de mandado de injunção, para imprimir-lhe eficácia *erga omnes*, acaba por transformar o julgamento individual, após a coisa julgada, num incidente processual de natureza coletiva. Mas, não se pode vê-lo como algo subordinado a critério discricionário do relator. Para legitimá-lo constitucionalmente, é preciso que o incidente se conforme às exigências do processo justo e, particularmente, do processo coletivo.

Para tanto, cumprirá ao relator, antes de atribuir a eficácia *erga omnes* à decisão originalmente individual, observar as seguintes cautelas:

(a) *Verificação da representatividade adequada daquele que pleiteia a coletivização do julgamento individual, para postular em nome do grupo interessado* (Ministério Público, Defensoria Pública, Entidade Sindical, Associação etc.): sem a participação de um adequado representante da coletividade envolvida, não se terá como realizar o contraditório indispensável diante do impetrado e do órgão judicial. Pela mesma razão, também não se admitirá, em hipótese alguma, que o relator estenda a eficácia da decisão do mandado de injunção individual, sem prévia e adequada oportunidade de defesa para o impetrado.

(b) *Apuração da viabilidade da extensão de eficácia, à luz das exigências do direito material*: as especificidades do caso concreto decidido podem não permitir ou desaconselhar a singela e automática ampliação dos efeitos do julgamento individual para uma grande e heterogênea coletividade. O relator terá, por isso, que atentar para os requisitos presentes na regulamentação de direito material, a fim de aquilatar o cabimento ou não da extensão postulada. Essa ideia, de certo modo, faz-se presente no § 1º do art. 9º da Lei nº 13.300/2016, segundo o qual "*poderá* ser conferida eficácia *ultra partes*

---

[141] "Não se ignora que o objeto desse remédio processual seja um direito subjetivo do impetrante, razão pela qual se realiza o controle da omissão inconstitucional apenas concreta e incidentalmente. Todavia, a atribuição de eficácia *erga omnes* ao mandado de injunção – além de prestigiar os *princípios* da *isonomia*, da *segurança jurídica*, da *efetividade e economia processuais* – pode atender melhor às exigências da sociedade atual, fortemente marcada pela massificação das relações econômicas e sociais" (FONSECA, João Francisco Naves da. *O processo do mandado de injunção*. São Paulo: Saraiva, 2016, n. 26, p. 140-141).

ou *erga omnes* à decisão, quando isto for *inerente* ou *indispensável* ao exercício do direito, da liberdade, ou da prerrogativa da impetração"[142] (g.n.).

(c) *Incremento do contraditório e do debate público*: a realização de audiências públicas pode apresentar-se como uma importante ferramenta de aprimoramento da medida processual, pela oportunidade conferida à manifestação de pessoas com experiência e conhecimento do assunto que será objeto de decisão.[143]

(d) *Possibilidade participação de "amicus curiae"*: essa intervenção redundará, ou poderá redundar, com frequência, em "acréscimo de legitimidade e, principalmente, de qualidade da decisão proferida no mandado de injunção".[144]

Os requisitos expostos aplicam-se, com maior rigor, quando se trata de conferir eficácia *erga omnes* à decisão do mandado de injunção individual. Pode acontecer, no entanto, que a pretensão seja apenas de uma extensão *ultra partes*, em benefício de uma ou poucas pessoas bem individualizadas. Em semelhante quadra, o problema é de equacionamento muito mais simples, já que os interesses em jogo não vão além do impetrado e dos intervenientes. O debate, de tal sorte, não ultrapassará esse restrito grupo já presente nos autos.

533-G. "Provisoriedade" do provimento editado no julgamento do mandado de injunção

De duas maneiras a Lei nº 13.300/2016 define a "provisoriedade" do julgamento pronunciado na ação de mandado de injunção:

(a) O deferimento do mandado de injunção, mesmo passando em julgado, institui uma situação jurídica que poderá ser substituída por aquela que, posteriormente, vier a ser definida pelo órgão competente, no suprimento da omissão normativa regulamentadora (art. 9º, *caput*). Isso, contudo, não afetará os efeitos do mandado produzidos enquanto vigorou o regime estabelecido pela decisão judicial. A eficácia inovadora será, pois, *ex nunc*, sem retroação em prejuízo do impetrante. Retroagirá, no entanto, se a norma regulamentadora lhe for mais favorável (Lei nº 13.300, art. 11, *caput*).

(b) Admite, ainda, a Lei nº 13.300, a possibilidade de a decisão pronunciada na ação de mandado de injunção ser *revista* a pedido de *qualquer interessado*, quando sobrevierem relevantes modificações das circunstâncias de fato ou de direito, sem prejuízo dos efeitos já produzidos (art. 10). Naturalmente, a legitimidade de "qualquer interessado" para promover a revisão pressupõe que os efeitos da decisão do mandado individual tenham sofrido a coletivização autorizada pelo art. 9º, § 1º, da citada lei. Se não ocorreu tal incidente, a revisão, como é óbvio, terá de ser processada apenas nos limites subjetivos da ação, isto é, entre impetrante e impetrado.

---

[142] FONSECA, João Francisco Naves da. *O processo do mandado de injunção*. São Paulo: Saraiva, 2016, n. 27, p. 145; RAMOS, Elival da Silva. Mandado de injunção e separação dos Poderes. *In*: MENDES, Gilmar Ferreira *et al* (coords.). *Mandado de injunção*: estudos sobre sua regulamentação. São Paulo: Saraiva, 2013, p. 251-252.

[143] Lembra Fonseca que o Regimento Interno do STF já prevê, atualmente, a possibilidade de convocação de audiência pública durante o procedimento de qualquer espécie de ação ou recurso em trâmite perante aquela Alta Corte (art. 13, XVII e XVIII, e art. 21, XVII e XVIII) (FONSECA, João Francisco Naves da. *O processo do mandado de injunção*. São Paulo: Saraiva, 2016, n. 27, p. 146).

[144] FONSECA, João Francisco Naves da. *O processo do mandado de injunção*. São Paulo: Saraiva, 2016, n. 27, p. 147. Em igual sentido: DEL PRÁ, Carlos Gustavo Rodrigues. O princípio do máximo rendimento: *amicus curiae* e audiências públicas. *Revista de Processo*, v. 224, p. 78, out. 2013.

Nas duas situações apontadas, a "provisoriedade" do mandado de injunção é "relativa", pois não exclui os efeitos da coisa julgada enquanto a situação de fato e de direito permaneceu sob o regime definido pelo decisório da ação injuncional. O sistema é exatamente o da *res iudicata rebus sic stantibus* que a lei processual observa, por exemplo, nas sentenças que resolvem relações obrigacionais de trato sucessivo, ou nas que deferem a tutela possessória, quando sobrevém ação petitória.

533-H. Recursos

A Constituição Federal prevê duas hipóteses de cabimento de *recurso ordinário*, em face de julgamento do mandado de injunção:

(*a*) Caberá recurso ordinário para o STF quando o mandado houver sido denegado[145] em única instância pelos Tribunais Superiores (CF, art. 102, II, *a*).[146]

(*b*) Caberá, também, recurso para o TSE contra decisão denegatória de mandado de injunção pronunciada por Tribunal Regional Eleitoral (CF, art. 121, § 4º, V).

Dos acórdãos dos Tribunais Estaduais, não há recurso ordinário, para os tribunais superiores, porque a Constituição não o prevê, e porque a competência das Cortes locais em tema de mandado de injunção se restringe à falta de regulamentação de norma da Constituição do Estado, matéria que não se comporta na competência recursal do STF e do STJ.

Na esfera de competência dos Tribunais Regionais Federais, em tese, o recurso ordinário para os Tribunais Superiores Federais poderia ser permitido. No entanto, a Lei nº 13.300/2016 não cogitou da matéria. Assim, dos julgamentos dos TRFs, em sede de mandado de injunção, cabem apenas recursos extraordinário e especial, quando configurados os respectivos pressupostos constitucionais. Quanto aos mandados de injunção denegados em única instância pelos Tribunais Superiores, não cabe recurso extraordinário para o STF, mas, sim, o recurso ordinário constitucionalmente previsto, a exemplo do que se passa com o mandado de segurança.[147]

Da decisão monocrática do relator que indeferir a petição inicial do mandado de injunção, caberá, no prazo de cinco dias, *agravo interno* para o Colegiado que tenha competência para julgar a impetração (Lei nº 13.300, art. 6º, parágrafo único).

Nos casos de legislação estadual que preveja mandado de injunção em primeiro grau de jurisdição, em matéria de direito municipal, o julgamento da causa desafiará *apelação* para o Tribunal de Justiça do Estado. Ainda nesses casos, se a sentença for de concessão do mandado de injunção, sujeitar-se-á ao duplo grau de jurisdição obrigatório (remessa *ex officio*) (CPC, art. 496).[148]

---

145 Por decisão denegatória entende-se tanto a que julga improcedente a impetração, no todo ou em parte, como a que extingue o processo sem resolução do mérito (v., no v. III deste *Curso*, o item 815; cfr., também, WAMBIER, Teresa Arruda Alvim *et al. Primeiros comentários ao novo Código de Processo Civil – artigo por artigo.* São Paulo: Ed. RT, 2015, p. 1.487. Nesse sentido: STF, 1ª T., AI 145.395 AgR/SP, Rel. Min. Celso de Mello, ac. 29.03.1994, *DJU* 25.11.1994, p. 32.304; STF, Pleno, MS 21.112 AgR/PR, Rel. Min. Celso de Mello, ac. 07.06.1990, *DJU* 29.06.1990, p. 6.220.

146 O recurso ordinário, na espécie, somente cabe contra decisão de Tribunal Superior em processo de competência originária. Não cabe, portanto, contra acórdão proferido pelo Tribunal Superior em grau de recurso, tampouco contra decisão monocrática.

147 "Não se admite como ordinário recurso extraordinário de decisão denegatória de mandado de segurança" (Súmula nº 272/STF).

148 FONSECA, João Francisco Naves da. *O processo do mandado de injunção.* São Paulo: Saraiva, 2016, n. 30, p. 160; TJRJ, 2ª Câm. Civ., duplo grau de jurisdição nº 25/95, Rel. Des. Sérgio Cavalieri Filho, ac. 18.04.1995, *in* FONSECA, João Francisco Naves da. *O processo do mandado de injunção.* São Paulo: Saraiva, 2016, n. 30, p. 160.

533-I. Mandado de injunção coletivo

Se alguma discussão houve no passado quanto ao cabimento do mandado de injunção coletivo, foi ela totalmente superada pela Lei nº 13.300/2016. Assim é que o art. 12, parágrafo único, da referida lei deixa claro que os direitos, as liberdades e as prerrogativas "pertencentes, indistintamente, a uma coletividade indeterminada de pessoas ou determinada por grupo, classe ou categoria", acham-se protegidos pelo mandado de injunção coletivo.

Aliás, o STF, logo nos primórdios da vigência da Constituição de 1988, já havia assentado que referido remédio processual constitucional era perfeitamente manejável em defesa coletiva de direitos.[149] E a LC nº 75, de 20.05.1993, incluía entre os mecanismos de tutela dos direitos difusos manejáveis pelo Ministério Público da União o *mandado de injunção*, "sempre que a falta de norma regulamentadora torne inviável o exercício dos direitos e liberdades constitucionais e das prerrogativas inerentes à nacionalidade, à soberania e à cidadania, quando difusos os interesses a serem protegidos" (art. 6º, VIII).

De acordo com o art. 12 da Lei nº 13.300/2016, a *legitimação ativa* para o mandado de injunção coletivo cabe:

(*a*) ao "*Ministério Público*, quando a tutela requerida for especialmente relevante para a defesa da ordem jurídica, do regime democrático ou dos interesses sociais ou individuais indisponíveis";

(*b*) a "*partido político com representação no Congresso Nacional*, para assegurar o exercício de direitos, liberdades e prerrogativas de seus integrantes ou relacionados com a finalidade partidária";

(*c*) a "*organização sindical, entidade de classe ou associação legalmente constituída e em funcionamento há pelo menos 1 (um) ano*, para assegurar o exercício de direitos, liberdades e prerrogativas em favor da totalidade ou de parte de seus membros ou associados, na forma de seus estatutos e desde que pertinentes a suas finalidades, dispensada, para tanto, autorização especial";

(*d*) à "*Defensoria Pública*, quando a tutela requerida for especialmente relevante para a promoção dos direitos humanos e a defesa dos direitos individuais e coletivos dos necessitados, na forma do inciso LXXIV do art. 5 da Constituição Federal".

533-J. Limites subjetivos da coisa julgada formada no mandado de injunção coletivo

A coisa julgada, no mandado de injunção coletivo, não se limita às partes formais do processo. Trata-se de uma substituição processual, e, sendo assim, a coisa julgada estende-se aos integrantes do grupo ou coletividade, da classe ou da categoria substituídos pelo impetrante (Lei nº 13.300/2016, art. 13, *caput*), exatamente como se passa com o mandado de segurança coletivo (Lei nº 12.016/2009, art. 22, *caput*).

No caso de impetração por entidade associativa, na defesa dos interesses e direitos dos seus associados (direitos individuais homogêneos), a coisa julgada abrangerá apenas os substituídos que tenham, na data da propositura da ação, domicílio no âmbito da competência territorial do órgão prolator. A regra é a mesma do art. 2º-A da Lei nº 9.494/1997, relacionado com as

---

149 STF, Pleno, MI 361/RJ, Rel. p/ ac. Rel. Min. Sepúlveda Pertence, ac. 08.04.1994, *DJU* 17.06.1994, p. 15.707.

ações coletivas em geral, e cuja aplicação a Lei nº 13.300/2016 fez estender ao mandado de injunção coletivo.[150]

Se o caso for de tutela de *direitos coletivos* propriamente ditos (direitos transindividuais e indivisíveis), a eficácia do julgamento do mandado de injunção coletivo (como se passa com o mandado de segurança coletivo) será *erga omnes*, e não apenas *ultra partes*, isto é, não se limitará aos membros do grupo, categoria ou classe substituída pela entidade impetrante.[151]

533-K. Litispendência

Nos termos do parágrafo único do art. 13 da Lei nº 13.300/2016, o mandado de injunção coletivo não induz litispendência em relação aos individuais, ou seja, o titular do direito subjetivo constitucional prejudicado pela falta de regulamentação não fica impedido de agir individualmente. Se, porém, pretender se beneficiar do resultado do mandado coletivo, deverá requerer a desistência da demanda individual no prazo de trinta dias, a contar da ciência comprovada da impetração coletiva. A regra aplicável ao mandado de injunção coletivo é a mesma prevista para o mandado de segurança coletivo (Lei nº 12.016/2009, art. 22, § 1º).

Na doutrina relacionada com o mandado de segurança coletivo, tem sido feita uma ressalva quando o interessado tenha proposto, anteriormente, ação individual comum. O entendimento é no sentido de que a regra do art. 22, § 1º, da Lei nº 12.016 só obriga a desistência da ação individual quando esta seja, também, um mandado de segurança. Se esta não for a hipótese, porque a parte esteja defendendo seu direito pelas vias ordinárias, a regra a observar seria a do CDC (art. 104), que na concorrência entre ação coletiva e ação individual recomenda apenas a suspensão (não a desistência) dessa última, para legitimar o demandante singular a se beneficiar da sentença coletiva.[152]

Sendo igual a regra do mandado de segurança coletivo (art. 22, § 1º, da Lei nº 12.016) à norma do art. 13, parágrafo único, da Lei nº 13.300, o entendimento doutrinário construído para o mandado de segurança deve prevalecer para o mandado de injunção. De tal sorte, não será preciso que o autor da ação comum individual dela desista para se beneficiar do resultado do mandado de injunção coletivo. Bastará que requeira a suspensão da ação singular, nos trinta dias seguintes à ciência da impetração coletiva.[153] Sendo assim, a exigência de o demandante individual desistir de sua ação para se prevalecer dos benefícios da impetração coletiva só se aplica quando concorrerem mandado de injunção coletivo e mandado de injunção individual.

---

150 FONSECA, João Francisco Naves da. *O processo do mandado de injunção*. São Paulo: Saraiva, 2016, n. 34, p. 178.

151 STF, Pleno, MI 712/PA, Rel. Min. Eros Grau, ac. 25.10.2007, *DJe* 31.10.2008; STF, Pleno, MI 670/ES, Rel. p/ ac. Min. Gilmar Mendes, ac. 25.10.2007, *DJe* 31.10.2008; STF, Pleno, MI 708/DF, Rel. Min. Gilmar Mendes, ac. 25.10.2007, *DJe* 31.10.2008.

152 CÂMARA, Alexandre Freitas. *Manual do mandado de segurança*. São Paulo: Atlas, 2013, § 53, p. 398-399.

153 Em relação ao concurso entre mandado de segurança coletivo e mandado de segurança individual, v., no sentido do texto principal, MEDINA, José Miguel Garcia; ARAÚJO, Fábio Caldas de. *Mandado de segurança individual e coletivo*. São Paulo: Ed. RT, 2009, p. 223.

Fluxograma nº 48 – Mandado de injunção (Lei nº 13.300, de 23.06.2016)

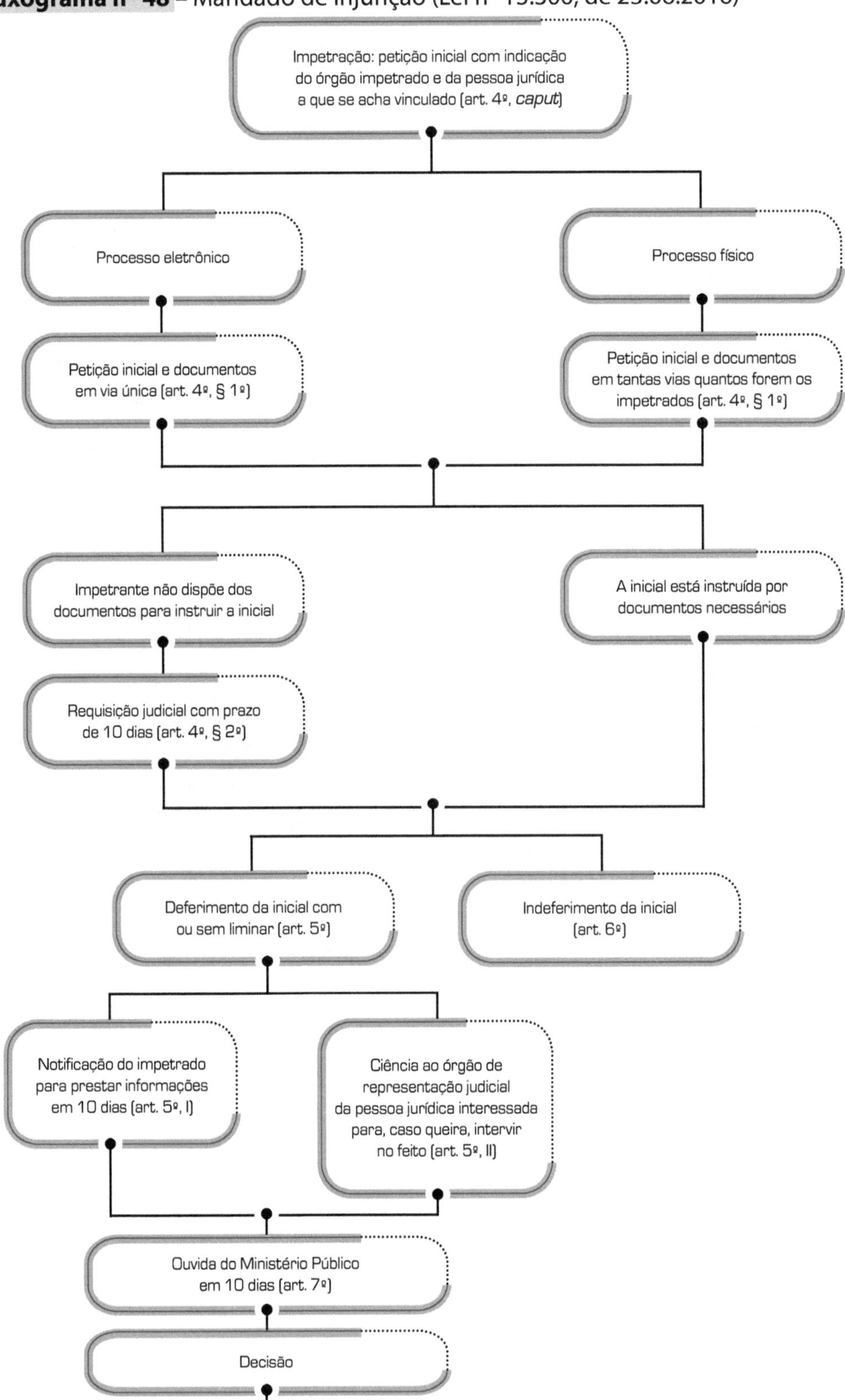

(Continuação do fluxograma)

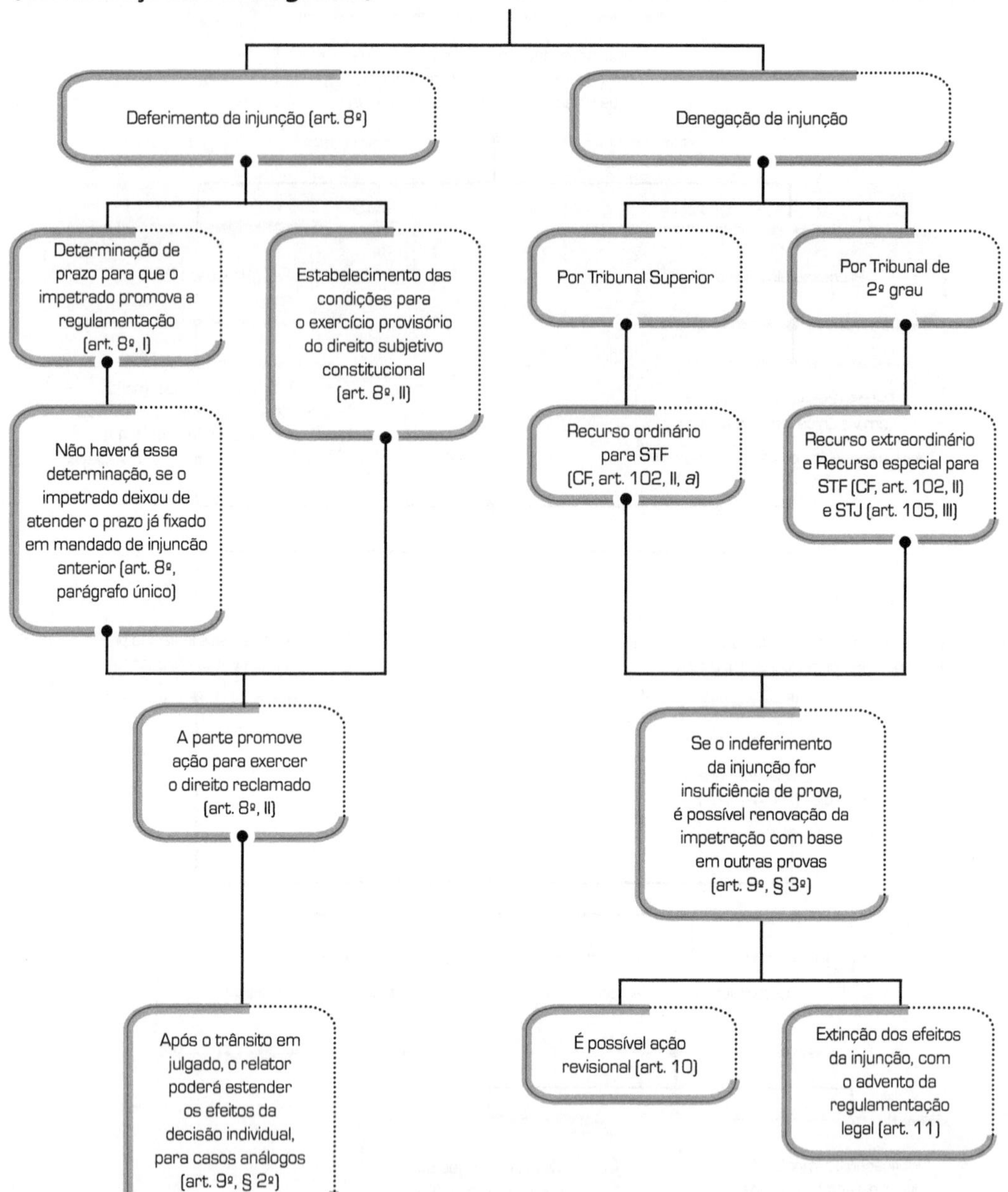

§ 67. *HABEAS DATA*

534. Conceito

Entre os direitos individuais assegurados pela Constituição figura o de conhecer, cada pessoa, as informações que a seu respeito constem de registros ou banco de dados, mantidos por entidades governamentais, ou de caráter público, ainda que não geridos pelo Poder Público.

Para instrumentalizar essa garantia fundamental, a Constituição prevê o *habeas data*, remédio processual cuja função tende a: *(a)* assegurar ao interessado o conhecimento das informações que lhe digam respeito; e *(b)* permitir a respectiva retificação, quando incorretos os registros (CF, art. 5º, LXXII).

Essas medidas, todavia, têm o seu cabimento sujeito ao caráter público do banco de dados, o qual deve achar-se ao alcance do público. Se os registros são particulares e utilizados restritamente pelo titular, integram a esfera de sua privacidade. Escapam ao controle do *habeas data*. Havendo, porém, possibilidade de transmissão para terceiros, há a pertinência do remédio constitucional. Se os dados constam de registro de entidade pública, é natural sua cognoscibilidade por terceiros, tendo em vista a publicidade necessária que envolve as atividades da Administração.[154] Seja, porém, de entidade estatal, seja de instituição privada, o que determina a submissão do banco de dados ao controle do *habeas data* é a possibilidade de divulgação dos dados pessoais nele registrados.

Nesse sentido, dispõe a Lei nº 9.507, de 12.11.1997 (Lei que disciplina o procedimento do *habeas data*), que, para os efeitos do art. 5º, LXXII, da Constituição, "considera-se de caráter público todo registro ou banco de dados contendo informações que sejam ou possam ser transmitidas a terceiros ou que não sejam de uso privativo do órgão ou entidade produtora ou depositária das informações" (art. 1º, parágrafo único). Logo, o banco que conserva dados apenas para uso exclusivo da entidade de direito privado, sem qualquer possibilidade de acesso a estranhos, não se põe ao alcance do *habeas data*.[155]

Não se excluem da abrangência desse remédio constitucional os órgãos de controle e armazenamento de informações relacionados ao pagamento de tributos. A propósito da matéria, em julgamento, a que se atribuiu repercussão geral, o STF assentou a seguinte tese: "o *Habeas Data* é garantia constitucional adequada para a obtenção dos dados concernentes ao pagamento de tributos do próprio contribuinte constantes dos sistemas informatizados de apoio à arrecadação dos órgãos da administração fazendária dos entes estatais".[156] Ressaltou a Suprema Corte:

> "Aos contribuintes foi assegurado constitucionalmente o direito de conhecer as informações que lhes digam respeito em banco de dados públicos ou de caráter público, em razão da necessidade de preservar o *status* de seu nome, planejamento empresarial, estratégia de investimento e, em especial, a recuperação de tributos pagos indevidamente...

---

[154] Há que ressalvar da publicidade, mesmo em juízo, os dados que se ligam ao poder, no campo da segurança do Estado e da Sociedade (CF, art. 5º, XXXIII) (cf. PINTO FILHO, Francisco Bilac M. O segredo de Estado e as limitações ao *habeas data*. *Revista dos Tribunais*, v. 805, p. 34-59, nov. 2002).

[155] SANTOS, Ernane Fidélis dos. *Manual de direito processual civil*. 9. ed. São Paulo: Ed. RT, 2003, v. 3, n. 1.892, p. 239.

[156] STF, Pleno, RE 673.707/MG, Rel. Min. Luiz Fux, ac. 17.06.2015, *Revista Dialética de Direito Processual*, v. 153, p. 177.

As informações fiscais conexas ao próprio contribuinte, se forem sigilosas, não importa em que grau, devem ser protegidas da sociedade em geral, segundo os termos da lei ou da constituição, mas não de quem a elas se referem, por força da consagração do direito à informação do art. 5º, inciso XXXIII, da Carta Magna, que traz como única ressalva o sigilo imprescindível à segurança da sociedade e do Estado, o que não se aplica no caso *sub examine* (...)".[157]

535. Natureza jurídica

A garantia constitucional do *habeas data* estrutura-se como medida judicial, sujeita, portanto, aos mecanismos e princípios da tutela jurisdicional, ou seja, o seu manejo reclama a observância dos pressupostos processuais e condições da ação.

O procedimento, por sua vez, é especial e como o do mandado de segurança ostenta alto teor de executividade. O juiz não se limita a acertar o direito do promovente e interfere na esfera do promovido, compelindo-o à exibição e, se for o caso, à retificação do assento incorreto ou indevido. Participa, portanto, do caráter mandamental, cabendo aqui as mesmas considerações feitas a propósito do mandado de segurança (cf. item nº 504, *retro*). Tratando-se de imposição de cumprimento de obrigação de fazer, submetido a procedimento mandamental, cabe aplicar-lhe também os preceitos dos arts. 497 e 536 do CPC/2015.[158]

536. Legitimidade e interesse

Apenas a pessoa cujos dados constam do registro indigitado pode manejar *habeas data* contra o mantenedor do banco, segundo se depreende da garantia constitucional em apreço. Trata-se, pois, de remédio processual personalíssimo.

A par dessa legitimidade, há de concorrer o interesse do impetrante. Segundo a Lei nº 9.507/1997, a parte não pode vir direto à Justiça para exigir as providências da exibição e retificação de que cuida a garantia constitucional *sub examine*. Primeiro, terá de formular requerimento ao órgão ou entidade depositária do registro ou banco de dados. Somente depois de omissão das providências, no prazo da lei, é que se delineará o *interesse* justificador do recurso ao Judiciário, pela via do *habeas data* (art. 2º).

O normal, segundo a lei, é a informação ser prestada pelo gestor do banco de dados, de modo que, para ingressar em juízo, o interessado terá de juntar o comprovante de recusa de acesso extrajudicial aos dados, ou de rejeição ao pleito de retificação de dados, se for o caso (Lei nº 9.507, art. 8º, parágrafo único).

Como ocorre com o direito de ação em geral, o seu exercício não se apoia apenas no *interesse material* (existência, *in casu*, do nome do impetrante no banco de dados), mas exige a presença do *interesse processual*, qual seja, a necessidade de recorrer ao juízo, porque há resistência ao atendimento voluntário da pretensão manifestada em face do impetrado.[159]

---

157 O RE 673.707/MG referiu-se ao acesso do contribuinte ao Sistema de Conta-Corrente da Secretaria da Receita Federal do Brasil-SINCOR.

158 SANTOS, Ernane Fidélis dos. *Manual de direito processual civil*. 9. ed. São Paulo: Ed. RT, 2003, v. 3, n. 1.895, p. 241.

159 "Não cabe o *habeas data* (CF 5º, LXXII, letra *a*) se não houve recusa de informações por parte da autoridade administrativa" (STJ, Súmula nº 2). "O STF já se manifestou no sentido de que a ausência de comprovação da recusa ao fornecimento de informações caracteriza falta de interesse de agir" (TRF, 2ª R., 7ª T. Especializada, Ap. Cív. 0025711-13.2015.4.02.5101, Rel. Des. José Antônio Neiva, data da decisão 24.03.2017, *DJ* 28.03.2017).

Daí que, "sem que se configure situação prévia de pretensão resistida, há carência da ação constitucional do *habeas data*".[160]

537. Objeto do *habeas data*

O *habeas data*, segundo o art. 7º da Lei nº 9.507/1997, pode visar a uma das seguintes metas:

(*a*) assegurar o *conhecimento* de informações relativas à pessoa do impetrante, constantes de registro ou banco de dados de entidades governamentais ou de caráter público;

(*b*) promover a *retificação* de dados, quando não se prefira fazê-lo por processo sigiloso, judicial ou administrativo;

(*c*) incluir *anotação* nos assentamentos do interessado, de contestação ou explicação sobre dado verdadeiro, mas justificável e que esteja sob pendência judicial ou amigável.

Fácil é verificar que, em nosso ordenamento jurídico, não há ilicitude na criação de bancos de dados pessoais. O que não se permite é recusar ao interessado conhecer o teor do assento que lhe diz respeito.

Da mesma maneira, não se interditam notas desabonadoras em tais registros. O que não se pode tolerar são dados falsos ou equivocados, sejam ou não desabonadores. O *habeas data* presta-se, por isso, a corrigir as inveracidades acaso cometidas. Serve, ainda, para esclarecer situações, por meio de dados novos que não desmentem os que se acham assentados, mas lhe acrescentam notas complementares, para fixar a real situação em que o impetrante se encontra em relação aos dados registrados. Se é verdade, por exemplo, que o impetrante responde por uma execução de dívida, pode pretender seja anotado um esclarecimento acerca da segurança do juízo por penhora adequada, assim como seja consignada a matéria arguida em embargos para tentar se liberar da execução.

Se é fato a existência de direito ao conhecimento dados pessoais constantes de banco de dados, persiste, algumas vezes, dúvida sobre os tipos de arquivos que se enquadram na hipótese legal de cadastro público. O STF, em sede de repercussão geral (tema 582), assentou a tese de que "o *habeas data* é a garantia constitucional adequada para a obtenção, pelo próprio contribuinte, dos dados concernentes ao pagamento de tributos constantes de sistemas informatizados de apoio à arrecadação dos órgãos da administração fazendária dos entes estatais".[161]

No âmbito do direito material, a Lei nº 13.709/2018 dispõe "sobre o tratamento de dados pessoais, inclusive nos meios digitais, por pessoa natural ou por pessoa jurídica de direito público ou privado, com o objetivo de proteger os direitos fundamentais de liberdade e de privacidade e o livre desenvolvimento da personalidade da pessoa natural" (art. 1º). Reafirma, no aspecto instrumental, que "os prazos e procedimentos para exercício dos direitos do titular perante o Poder Público observarão o disposto em legislação específica, em especial as disposições constantes da Lei nº 9.507, de 12 de novembro de 1997 (Lei do *Habeas Data*), da Lei nº 9.784, de 29 de janeiro de 1999 (Lei Geral do Processo Administrativo), e da Lei nº 12.527, de 18 de novembro de 2011 (Lei de Acesso à Informação)" (art. 23, § 3º). Assim, o *habeas data* continua sendo o remédio processual adequado para acesso e controle individual do conteúdo do banco de dados.

---

[160] STF, Pleno, RHD 22, Rel. p/ ac. Min. Celso de Mello, ac. 19.09.1991, *DJU* 01.09.1995, p. 27.378, *RTJ* 162/805. A não demonstração da recusa na petição inicial do *habeas data* caracteriza ausência de interesse de agir (STJ, 3ª S., HD 84/DF, Rel. Min. Maria Thereza, ac. 27.09.2006, *DJU* 30.10.2006, p. 236). Todavia, a omissão ou o retardamento desarrazoado do fornecimento das informações supre a demonstração de sua recusa (STJ, 3ª S., HD 147/DF, Rel. Min. Arnaldo Esteves, ac. 12.12.2007, *DJU* 28.02.2008, p. 69).

[161] STF, Pleno, RE 673.707/MG, Rel. Min. Luiz Fux, ac. 17.06.2015, *DJe* 30.09.2015.

538. Competência

A Constituição mesma define a competência para o processamento do *habeas data*, e o faz da seguinte maneira:

(a) ao STF cabe julgar, originariamente, o *habeas data* contra atos do Presidente da República, das Mesas da Câmara dos Deputados e do Senado Federal, do Tribunal de Contas da União, do Procurador-Geral da República e do próprio Supremo Tribunal Federal (CF, art. 102, I, *d*). Compete, ainda, ao STF, o julgamento do recurso ordinário contra a denegação do *habeas data* decidido em instância única pelos Tribunais Superiores (CF, art. 102, II, *a*);

(b) ao STJ compete o julgamento originário do *habeas data* contra atos de Ministro de Estado ou do próprio Tribunal (CF, art. 105, I, *b*);

(c) aos TRFs cabe processar e julgar originariamente o *habeas data* contra ato do próprio Tribunal ou de juiz federal (CF, art. 108, I, *c*);

(d) aos juízes federais cabe o processamento e julgamento do *habeas data* contra ato de autoridade federal, excetuados os de competência originária dos Tribunais (CF, art. 109, VIII);

(e) ao TSE cabe julgar, em recurso ordinário, o *habeas data* denegado pelos TREs (CF, art. 121, § 4º, V).

No âmbito da Justiça Estadual, a competência é estabelecida pelas Constituições de cada Estado e pelas leis de organização judiciária (CF, art. 125, § 1º).

A Lei nº 9.507/1997 detalha em seu art. 20 a matéria relativa à competência, originária e recursal, para o *habeas data*, respeitada, obviamente, a disciplina já traçada pela Constituição.

539. Procedimento

Há na Lei nº 9.507/1997 um procedimento especial a ser observado na tramitação do *habeas data* (arts. 8º a 19).

Antes do ingresso em juízo, a lei exige que a parte apresente requerimento administrativo ao gestor do banco de dados, pleiteando seja-lhe dado conhecer o objeto do assento relativo a sua pessoa. O destinatário terá 48 horas para deferir ou indeferir o pedido (art. 2º), devendo comunicar a decisão ao requerente em 24 horas (art. 2º, parágrafo único), marcando data para que o conhecimento efetivo se dê (art. 3º).

Da mesma forma, havendo inexatidão de dados no aludido registro, o interessado deverá requerer administrativamente a retificação, juntando os documentos comprobatórios de suas afirmações (art. 4º). A entidade terá dez dias para proceder às retificações cabíveis e comunicar ao interessado (art. 4º, § 1º). Da mesma forma se deve proceder em relação às aplicações adicionais prestadas pelo requerente quanto aos fatos registrados (art. 4º, § 2º).

Somente depois de frustrada a tentativa de solução extrajudicial estará o interessado em condições de ingressar em juízo pela via constitucional do *habeas data*.

A petição inicial, portanto, será elaborada em duas vias, e a primeira delas será instruída com a prova de cumprimento das diligências prévias preconizadas pelos arts. 2º e 4º da Lei nº 9.507/1997, ou seja:

(a) a prova de recusa de acesso às informações; ou do decurso de mais de dez dias sem decisão;

(b) a prova da recusa de fazer-se a retificação, ou do decurso de mais de quinze dias, sem decisão; ou

(*c*) a prova da recusa em fazer-se a anotação a que se refere o § 2º do art. 4º, ou do decurso de mais de quinze dias, sem decisão.

A petição inicial deverá, outrossim, satisfazer as exigências dos arts. 319 a 326 do CPC/2015. A segunda via com as cópias dos documentos que a instruíram seguirá com a notificação endereçada ao impetrado, a quem se dará o prazo de dez dias para prestar as informações competentes (Lei nº 9.507, art. 9º).

No caso de falta de requisitos impostos pela lei, a inicial será liminarmente indeferida (art. 10), sujeitando-se a recurso de apelação (art. 10, parágrafo único).

A notificação pode ser feita por via postal, com aviso de recepção, ou por meio do oficial de justiça.

A audiência do Ministério Público, em cinco dias, é obrigatória, depois de prestadas as informações da autoridade coatora ou após escoado o prazo para tanto (art. 12).

A sentença será proferida nos cinco dias subsequentes (art. 12). Não haverá lugar para instrução probatória, pois o processo é puramente documental.[162] O recurso manejável será a apelação, que se processará apenas no efeito devolutivo, quando o *habeas data* tiver sido deferido (art. 15).

O processamento e a execução do *habeas data*, por norma constitucional, é gratuito, não havendo pagamento de custas nem ressarcimento de verba advocatícia (CF, art. 5º, LXXVII).[163]

540. Cumprimento da sentença

A Lei nº 9.507/1997 autoriza a comunicação, ao coator, da sentença, que defere o *habeas data*, por meio de correio, telegrama, radiograma ou até por telefone (art. 14 da Lei nº 9.507). Clara, pois, a permissão do fax, que se inclui na modalidade de comunicação telefônica. Não se descarta, outrossim, a efetivação da medida por meio de diligência a cargo de oficial de justiça.

A estrutura do processo é a mesma do mandado de segurança, de sorte que o caráter sumário do procedimento e a natureza mandamental da sentença do *habeas data* devem ser reconhecidos.

541. Coisa julgada

Dentro da natureza processual do *habeas data*, a sentença que o acolhe ou rejeita, pelo mérito, tem aptidão para gerar a coisa julgada material. Como, entretanto, os registros dos bancos de dados são dinâmicos, e as situações fáticas neles assentadas sujeitam-se a constantes mutações, a sentença transitada em julgado não será empecilho a que novos dados se lancem ou que novos pedidos de exibição, cancelamento ou retificação se formulem e sejam decididos, mesmo após a *res iudicata*. A indiscutibilidade e imutabilidade da coisa julgada mantêm-se apenas enquanto não alterado o quadro fático, a exemplo do que dispõe o art. 505, I, do CPC/2015.

---

[162] TJMG, 15ª Câm. Cív., Ap. Cív. 445.594-7, Rel. Des. Guilherme Luciano Baeta Nunes, ac. 07.04.2005, *Revista Jurisprudência Mineira* 173/178.

[163] O TJSP já decidiu, porém, que a gratuidade não se estenderia à verba advocatícia (TJSP, Ap 240.816-4/0-00, *JTJ* 319/165).

Fluxograma nº 49 – *Habeas data* (Lei nº 9.507, de 12.11.1997)

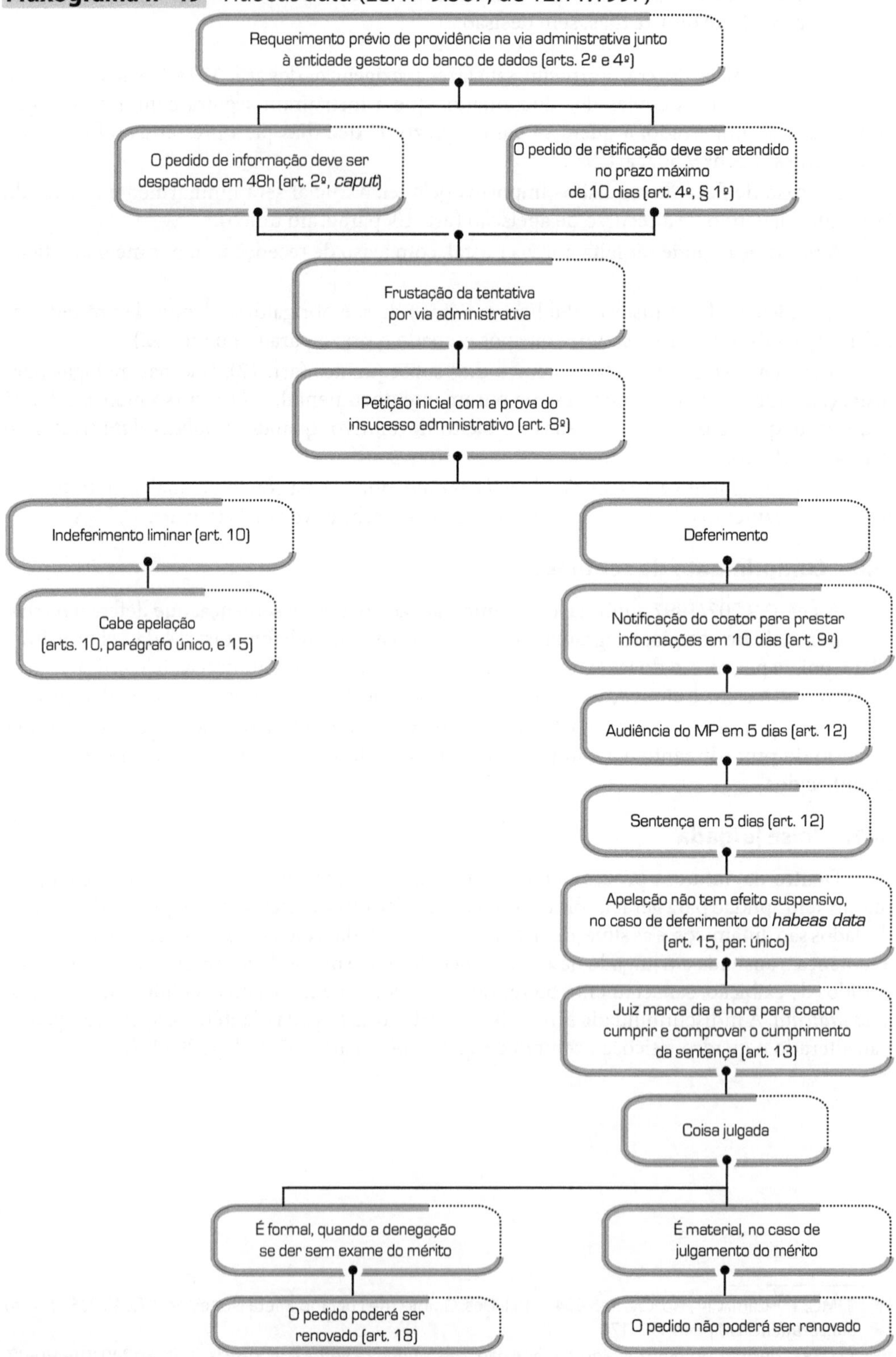

§ 68. AÇÃO POPULAR

542. Conceito

Ao assegurar a *ação popular*, dentre os direitos individuais, a Constituição atribui a cada cidadão um instrumento processual apto para a defesa dos interesses da coletividade, perante os gestores do patrimônio público. Eis o enunciado do art. 5º, LXXIII, da atual Carta Magna:

> "Qualquer cidadão é parte legítima para propor ação popular que vise a anular ato lesivo ao patrimônio público ou de entidade de que o Estado participe, à moralidade administrativa, ao meio ambiente e ao patrimônio histórico e cultural (...)".

Por meio dessa ação, como se vê, não se tutelam direitos individuais do demandante, mas interesses coletivos ou difusos pertinentes à comunidade.[164] O benefício buscado por seu intermédio não se volta para o autor. É o povo, como um todo, que aproveitará de tal benefício, como titular que é do direito subjetivo ao governo honesto. No dizer de Hely Lopes Meirelles, "o cidadão a promove em nome da coletividade, no uso de uma prerrogativa cívica que a Constituição lhe outorga".[165]

No plano infraconstitucional, a ação popular é disciplinada pela Lei nº 4.717, de 29.06.1965, que lhe atribuiu o procedimento ordinário, e que sofreu alterações pela Lei nº 6.513, de 20.12.1977.

543. Requisitos

Da previsão constitucional, extraem-se três requisitos para a admissibilidade da ação popular:

(a) a condição de *cidadão brasileiro*, por parte de quem se disponha a aforá-la;
(b) a *ilegalidade* do ato a invalidar; e
(c) a *lesividade* do ato para o patrimônio público.

Por *cidadão* entende-se a pessoa humana no gozo de seus direitos cíveis e políticos, podendo, portanto, participar do processo eleitoral. É o indivíduo munido de título eleitoral. Quem não possa alistar-se ou não esteja alistado não pode propor a ação popular. Também não o podem fazer os partidos políticos, as entidades de classe, as pessoas jurídicas e quaisquer organismos públicos ou privados, com ou sem personalidade jurídica[166] (STF, Súmula nº 365).

O caráter constitucional do instituto não o exclui da submissão aos pressupostos processuais. Assim, se o eleitor não for maior, terá de ser assistido pelo representante legal; e, se não for advogado, terá de ser representado por quem o seja, para que a relação processual se estabeleça de modo válido (CPC/2015, arts. 70, 71 e 103).

A *ilegalidade* do ato atacado quer dizer sua contrariedade ao Direito, seja por infringir normas específicas de sua prática, seja por desviar-se dos princípios gerais da Administração

---

[164] STJ, 2ª T., REsp 36.534/DF, Rel. Min. Hélio Mosimann, ac. 14.12.1994, *DJU* 13.02.1995, p. 2.227, *RT* 718/265.

[165] MEIRELLES, Hely Lopes. *Mandado de segurança*. 31. ed. São Paulo: Malheiros, 2008, p. 114. Não se presta a ação popular à defesa dos consumidores (STJ, 1ª T., REsp 818.725/SP, Rel. Min. Luiz Fux, ac. 13.05.2008, *DJU* 16.06.2008, p. 92).

[166] Explica-se a legitimidade para a ação popular como um corolário do direito político do cidadão, "que, tendo o poder de escolher os governantes, deve ter, também, a faculdade de lhes fiscalizar os atos de administração" (MEIRELLES, Hely Lopes. *Mandado de segurança*. 31. ed. São Paulo: Malheiros, 2008, p. 116).

Pública. Essa ilegalidade tanto pode localizar-se na formação do ato como no seu objeto; tanto pode corresponder a uma nulidade como a uma anulabilidade (Lei nº 4.717, arts. 1º, 2º e 3º).

Por último, vem a *lesividade* do ato, ou seja, o prejuízo que dele tenha decorrido para o patrimônio público. Para que a ação popular logre êxito, não é suficiente a demonstração de *ilegalidade;* há também de ficar comprovada sua *lesividade.*

Em regra a lesão corresponde a um desfalque ao Erário, mas pode também corresponder a uma ofensa a bens não econômicos, como os valores artísticos, cívicos, culturais, ambientais ou históricos. Em alguns casos a lesão pode ser *presumida*, pelos próprios termos em que a lei comina a pena de nulidade. Não se pode, porém, generalizar a pretensão de lesividade a partir da simples constatação da ilegalidade do ato de administração. Os casos de presunção podem ocorrer, mas devem estar previstos na lei, e mesmo quando haja presunção a utilizar no juízo de lesividade é necessário que a circunstância que a autoriza esteja convenientemente provada no processo, não bastando meras suposições.[167]

544. Atos atacáveis pela ação popular

A Lei nº 4.717/1965 enumera os atos considerados *nulos*, que, quando lesivos ao patrimônio público, podem ser atacados por meio da ação popular. O vício pode decorrer de incompetência, inobservância de forma, ilegalidade do objeto, inexistência dos motivos e desvio de finalidade (art. 2º). Arrola também os que, fora do elenco do art. 2º, podem ser havidos como *anuláveis* e, assim, desconstituíveis, pela ação popular (art. 3º). Já no art. 4º, são elencados atos com presunção de *ilegitimidade* (nulos) e de *lesividade.*

A discriminação da Lei nº 4.717, todavia, não é exaustiva, como se depreende do seu art. 3º, de sorte que, além do casuísmo legal, outras hipóteses de atos invalidáveis pela ação popular podem ocorrer, desde que presentes os pressupostos constitucionais da *ilegalidade* e *lesividade* ao patrimônio público. Nem mesmo a lei de efeitos *concretos* deve ser excluída do alcance da ação em questão.[168]

544-A. Ação popular e políticas públicas relacionadas com concessões de serviços públicos

Define o STF que "o reajuste de tarifas de serviço público é manifestação de uma política tarifária, solução, em cada caso, de um complexo problema de ponderação entre a exigência de ajustar o preço do serviço às situações econômicas concretas do seguimento social dos respectivos usuários ao imperativo de manter a viabilidade econômico-financeiro [*sic*] do empreendimento do concessionário".[169]

Em face de questões aventadas em pedido de suspensão de liminar concedida em ação popular, para impedir a aplicação de tarifa de transporte público, o STJ decidiu que "a evidente sofisticação da demanda ventilada na causa principal impede que a Presidência do Superior Tribunal de Justiça julgue questões relativas ao mérito do reajuste determinado pelo Poder Público - notadamente para concluir sobre discriminação ou injustiça na fixação de preço para uso de transporte público". A denegação da suspensão da medida de suspensão do ato administrativo autorizador da majoração da tarifa foi mantida pela Corte Especial do STJ, com o seguinte argumento: "A interferência judicial para invalidar a estipulação das tarifas de transporte

---

167 STJ, 1ª Seção, ED no REsp 260.821/SP, Rel. Min. Luiz Fux, ac. 23.11.2005, *DJU* 13.02.2006, p. 654; STJ, 1ª T., REsp 575.551/SP, Rel. Min. José Delgado, ac. 06.02.2007, *DJU* 12.04.2007, p. 211.

168 MEIRELLES, Hely Lopes. *Mandado de segurança*. 31. ed. São Paulo: Malheiros, 2008, p. 126-127.

169 STF, 1ª T., RE 191.532/SP, Rel. Min. Sepúlveda Pertence, ac. 27.05.1997, *DJU* 29.08.1997, p. 40.234.

público urbano viola gravemente a ordem pública. A legalidade estrita orienta que, até prova definitiva em contrário, prevalece a presunção de legitimidade do ato administrativo praticado pelo Poder Público (STF, RE 75.567/SP, Rel. Min. Djaci Falcão, 1ª T., julgado em 20.11.1973, *DJ* 19.04.1974, *v.g.*) – mormente em hipóteses como a presente, em que houve o esclarecimento da Fazenda estadual de que a metodologia adotada para fixação dos preços era técnica".

Enfim, a conclusão do aresto daquela alta Corte foi assim sintetizada:

> "A cautela [se deferida] impediria a decisão de sustar a recomposição tarifária estipulada pelo Poder Público para a devida manutenção da estabilidade econômico--financeira dos contratos de concessão de serviço público. Postura tão drástica deveria ocorrer somente após a constatação, estreme de dúvidas, de ilegalidade – desfecho que, em regra, se mostra possível somente após a devida instrução, com o decurso da tramitação completa do processo judicial originário".[170]

545. Legitimação

Qualquer cidadão pode ingressar em juízo por meio da ação popular; como já se registrou, cidadão é a pessoa natural no gozo dos direitos políticos (eleitor). Pessoas jurídicas não se legitimam à propositura de tal ação.[171]

No curso do processo, outros cidadãos poderão ingressar na causa, como litisconsortes ou assistentes.

O Ministério Público funciona como *custos legais*, mas não pode ter a iniciativa de propor a ação, nem pode defender o ato impugnado (Lei nº 4.717/1965, art. 6º, § 4º). Tem poder, outrossim, para promover a execução da sentença (art. 16). Pode, ainda, dar prosseguimento à causa, se o autor desistir da ação ou abandonar o processo (art. 9º).

No polo passivo, estabelece-se um litisconsórcio necessário, devendo a ação ser proposta contra as autoridades, funcionários ou administradores da entidade pública que autorizaram o ato lesivo ou que, por omissão, consentiram em sua prática; e, ainda, contra todos os beneficiários do ato. Também a pessoa jurídica de direito público ou privado àquela equiparada terá de ser citada para a causa (Lei nº 4.717/1965, art. 6º). Sua posição, contudo, é *sui generis*, porquanto poderá abster-se de contestar o pedido ou, mais ainda, poderá adotar posição ativa ao lado do autor contra os agentes que praticaram o ato lesivo (art. 6º, § 3º).

Entende-se, porém, que a Lei nº 4.717/1965, que estabelece o procedimento da ação popular, dispõe que há o litisconsórcio passivo, necessário entre os partícipes e copartícipes do ato impugnado, bem como seus beneficiários diretos. Contudo não impôs que tal litisconsórcio seja unitário, pois, mesmo que a decisão constitutiva do ato tido como ilegal afete a esfera jurídica de todos, a condenação ao ressarcimento ao Erário pode ser diversa entre os litisconsortes, cabendo a cada um responder, na medida da sua contribuição, à lesão do patrimônio público.[172]

546. Procedimento

Salvo alguns pequenos detalhes da Lei nº 4.717/1965, o procedimento aplicável à ação popular é o comum.

---

[170] STJ, Corte Especial, AgInt no AgInt na SLS 2240/SP, Rel. Min. Laurita Vaz, ac. 07.06.2017, *DJe* 20.06.2017.

[171] STF, Súmula nº 365.

[172] STJ, 2ª T., REsp 258.122/PR, Rel. Min. João Otávio de Noronha, ac. 27.02.2007, *DJU* 05.06.2007, p. 302.

Entre as peculiaridades procedimentais pode ser destacada a possibilidade de liminar para propiciar a imediata suspensão do ato lesivo (art. 5º, § 4º). Essa providência que se equipara a uma antecipação de tutela não deve ficar fora das exigências dos arts. 300 e 497 do CPC/2015. E como decisão interlocutória pode ser impugnada por meio de agravo de instrumento, sujeito à possibilidade de atribuição de efeito suspensivo.[173]

547. Sentença

Sendo procedente a ação popular, a sentença adotará as seguintes providências, segundo o art. 11 da Lei nº 4.717/1965:

(a) decretará a invalidade do ato impugnado;

(b) condenará os responsáveis por sua prática, assim como os beneficiários dele;

(c) havendo funcionários culpados pessoalmente pela prática ilícita, será ressalvado o competente direito de regresso.

A sentença, portanto, tem força constitutiva e condenatória. Sem a desconstituição do ato, porém, não haverá a condenação. Quanto aos vários participantes do ato desconstituído é preciso determinar quais os que concorreram com culpa na sua prática. Se a participação foi simplesmente em caráter subalterno ou técnico, sem influência na decisão administrativa, o serventuário não terá como ser condenado.[174]

A imposição dos encargos sucumbenciais (custas processuais, outras despesas e honorários de advogado) constará sempre da sentença que acolhe a ação popular (art. 12). No caso de improcedência, não haverá condenação do autor às verbas de sucumbência, a não ser que a lide seja qualificada como temerária (CF, art. 5º, LXXIII; Lei nº 4.717/1965, art. 13).

548. Coisa julgada

A sentença da ação popular faz coisa julgada formal e material. Se o caso, porém, for de improcedência, há uma distinção a ser feita, segundo o art. 18 da Lei nº 4.717/1965:

(a) se a rejeição do pedido for em razão do reconhecimento da licitude e falta de lesividade do ato questionado, a eficácia da *res iudicata* será oponível *erga omnes*, ou seja, nem o autor nem qualquer outro cidadão poderá repropor a mesma ação;

(b) se, no entanto, a improcedência for decretada por insuficiência de prova, outra ação, por iniciativa de qualquer legitimado, poderá vir a ser proposta, apoiando-se em nova prova.

549. Execução

A sentença da ação popular, no seu conteúdo condenatório, configura título executivo judicial, seja para recuperar bens, seja para realizar a indenização dos valores ilicitamente apropriados. A execução, dessa maneira, pode ser para entrega de coisa certa ou por quantia certa.

---

[173] A Lei nº 8.437, de 30.06.1992, autorizou ao presidente do Tribunal competente para o respectivo recurso poder para suspender execução da liminar nas ações movidas contra o Poder Público ou seus agentes. Da decisão singular do presidente caberá agravo interno no prazo de cinco dias (art. 4º, § 3º). Tem-se entendido que, por isso, a liminar da ação popular seria passível de suspensão pelo presidente do Tribunal, tal como se passa com o mandado de segurança (GRECO FILHO, Vicente. *Direito processual civil brasileiro.* 16. ed. São Paulo: Saraiva, 2003, v. 3, n. 81, p. 319).

[174] MEIRELLES, Hely Lopes. *Mandado de segurança.* 31. ed. São Paulo: Malheiros, 2008, p. 138-139.

Segundo os arts. 16 e 17 da Lei nº 4.717/1965, são legitimados sucessivos para promover a execução forçada: *(i)* o autor da ação; *(ii)* qualquer outro cidadão; *(iii)* o Ministério Público; *(iv)* a entidade pública, ou privada, citada para o processo, ainda que tenha contestado a ação.

São sujeitos passivos da execução aqueles que na sentença sofreram a condenação. Nem todos os réus da ação, porém, ficarão submetidos à execução. A pessoa jurídica de direito público lesada, mesmo tendo sido ré e tendo contestado a ação, não sofrerá execução, visto que as restituições de valores previstas na sentença deverão reverter em seu favor.[175]

550. Prescrição

Estipula o art. 21 da Lei nº 4.717, de 29.06.1965, o prazo de cinco anos para a prescrição da ação popular. Não previu o dispositivo legal o *dies a quo* para a contagem do prazo. Doutrina e jurisprudência, todavia, estão acordes em que não se pode deixar eternamente aberta a possibilidade de impugnação do ato de autoridade, à espera de que num momento indeterminado dele venha a tomar conhecimento o particular autorizado ao manejo da ação popular.

Para evitar o inconveniente da eternização do direito de propor a ação popular, que seria incompatível com os princípios da segurança jurídica, o entendimento dominante é no sentido de que o prazo prescricional *in casu* não se conta do momento em que o cidadão particularmente tomou conhecimento do ato lesivo ao Erário, mas da data em que se deu sua publicação.[176] A prescrição é, em suma, objetiva, e não subjetiva, de sorte que o prazo se conta da publicidade do ato, para todos os possíveis legitimados ao ajuizamento da ação popular, sem levar em conta quando o autor da ação popular veio efetivamente a ter ciência da possível lesão ao patrimônio público.

Na verdade, sendo a ação popular antes de tudo uma ação de natureza constitutiva, o prazo que a lei nomeia de prescricional é, tecnicamente, de decadência. Não pode, por isso, ser submetido a interrupção ou suspensão. A condenação, quando ocorre na espécie, é consequência da invalidação do ato impugnado, não podendo, por isso, influir na natureza do prazo para o ajuizamento da pretensão principal.[177]

Segundo o art. 17 da Lei nº 4.717/1965, a sentença da ação popular pode ser executada "em qualquer tempo". Uma vez, porém, que a Súmula nº 150 do STF determina que a prescrição da execução é igual à da ação, será de cinco anos o prazo dentro do qual se extinguirá a pretensão executiva após a sentença condenatória. Conta-se dito prazo a partir do respectivo trânsito em julgado.[178]

550-A. Conexão e coisa julgada entre várias ações populares com o mesmo objeto

A probabilidade de concorrerem múltiplas ações populares relacionadas a um mesmo ato da Administração Pública, ora com exatamente o mesmo objetivo, ora com pequenas variações

---

[175] MEIRELLES, Hely Lopes. *Mandado de segurança*. 31. ed. São Paulo: Malheiros, 2008, p. 1.178.

[176] TJSP, AI 115.743-1, Rel. Des. Benini Cabral, ac. 17.05.1989, *RJTJESP* 120/365. O aresto se apoia nas lições de Paulo Barbosa de Campos Filho, José Ignácio Botelho de Mesquita, Ruy Armando Gessinger e Hely Lopes Meirelles. STJ, 2ª T., REsp 1.134.075/PR, Rel. Min. Mauro Campbell Marques, ac. 02.12.2010, *DJe* 14.12.2010; STJ, 1ª T., REsp 337.447/SP, Rel. Min. Humberto Gomes de Barros, ac. 04.12.2003, *DJU* 19.12.2003, p. 321.

[177] "O art. 21 da Lei nº 4.717/65 estabelece que a ação popular prescreve em cinco anos. Todavia, trata-se de prazo decadencial, visto que o pronunciamento jurisdicional proferido na ação popular se reveste de eficácia constitucional negativa e condenatória, mas aquele aspecto precede a este, na medida em que a condenação se apresenta como efeito subsequente e dependente da desconstitutividade" (STJ, 2ª T., REsp 258.122/PR, Rel. Min. João Otávio de Noronha, ac. 27.02.2007, *DJU* 05.06.2007, p. 302).

[178] MORELLI, Daniel Nobre. Ação popular: rito processual. *Revista Dialética de Direito Processual*, v. 121, p. 35, abr. 2013.

de pedido, conduziu o STJ a reconhecer a possibilidade de uniformizar o julgamento recursal através do Incidente de Assunção de Competência (IAC). O caso concreto em discussão era a privatização da Companhia Vale do Rio Doce, em face do qual havia julgamentos diferentes em segundo grau de jurisdição. Do incidente, resultou a fixação da seguinte tese:

> "Diante da conexão existente entre as ações populares que possuem como objeto litigioso a privatização da Companhia Vale do Rio Doce, ainda que sob os mais diversos pretextos (conforme se verifica das razões de decidir no CC 19.686/DF, STJ), a superveniência de sentença transitada em julgado em uma delas (REO 2002.01.00.034012-6; TRF 1ª Região) possui eficácia de coisa julgada oponível 'erga omnes', nos termos do art. 18 da Lei 4.717/65, motivo pelo qual a parte dispositiva deve recair sobre todas as ações populares que possuem o mesmo objeto".[179]

A tese partiu da jurisprudência já fixada naquela Corte, no sentido de ocorrer conexão e necessidade de julgamento único de tais ações populares, cuja inobservância representaria violação ao teor do art. 18 da Lei nº 4.717/1965. Com efeito – aduziu o acórdão –, "o julgamento único, efeito da atribuição da qualidade 'erga omnes' à sentença prolatada no âmbito da ação popular, decorre da compreensão de que o autor popular representa toda a sociedade civil que integra, pois não é titular exclusivo do bem jurídico e sua legitimação legal é comum a indeterminado número de pessoas. Diante de tal cenário, a autoridade da coisa julgada se estende e repercute para toda a coletividade nos estritos limites do objeto litigioso do processo que, no caso dos autos, diz respeito à privatização da Companhia Vale do Rio Doce".

Em razão disso, a coisa julgada já formada em relação a uma das causas, com eficácia *erga omnes*, "deve recair sobre todas as demais ações populares conexas".

---

[179] STJ, 1ª Seção, IAC no REsp 1.806.016/PA, Rel. Min. Mauro Campbell Marques, ac. 28.08.2024, *DJe* 02.09.2024.

§ 68-A. AÇÕES DIRETAS DE CONTROLE DE CONSTITUCIONALIDADE

550-B. Controle concentrado de constitucionalidade[180]

Prevê a Constituição Federal (art. 102, I, "a") ações de controle concentrado de constitucionalidade de lei ou ato normativo a cargo do Supremo Tribunal Federal, cuja característica é a de constituírem ações genéricas, isto é, não se referirem a conflitos de interesse entre litigantes individualizados, e sim a questionamentos diretos sobre a lei em tese. Em outros termos, seu objeto não é, in concreto, a composição de uma lide ou um litígio, mas um pronunciamento acerca da própria validade ou invalidade da lei confrontada com a Constituição.

Diz-se, dessa modalidade especial de exercício da jurisdição, que se trata de processo objetivo, por se desenvolver sem partes e sem o objetivo de tutelar direitos subjetivos ou situações jurídicas individuais[181].

A primeira dessas ações de controle constitucional é a ação direta de inconstitucionalidade, cuja função é, como o nome indica, de caráter negativo: declarar a inconstitucionalidade de lei ou ato normativo federal ou estadual (CF, art. 102, I, "a"). Outras duas ações também dedicadas ao controle direto desse tema, são: (i) a ação declaratória de constitucionalidade de lei ou ato normativo federal, de caráter positivo (CF, art. 102, I, "a"), cujo objetivo é a declaração positiva da conformidade de uma lei federal com a Constituição, e (ii) a ação de inconstitucionalidade por omissão (CF, art. 103, § 2º) que visa a contornar a inércia regulamentar quanto a providências necessárias ao cumprimento de normas constitucionais.

Por fim, duas ações especiais ainda de controle direto completam o quadro dos remédios jurisdicionais dedicados ao controle de constitucionalidade: (i) a ação direta interventiva (art. 36, III), que visa a autorizar a intervenção da União nos Estados e no Distrito Federal, a fim de promover a observância dos princípios constitucionais enumerados no art. 34, VII, da CF; e (ii) a ação de arguição de descumprimento de preceito fundamental (CF, art. 102, § 1º, renumerado pela EC n. 3/1993), que objetiva evitar ou reparar lesão a preceito fundamental, resultante de ato do Poder Público (arguição autônoma) e também quando for relevante o fundamento da controvérsia constitucional sobre a lei ou ato normativo federal, estadual ou municipal, incluídos os anteriores à CF/1988 (arguição incidental).

A especificidade da ação de descumprimento de preceito fundamental (ADPF) reside na possibilidade de seu manejo contra ato do Poder Público (legislativo, administrativo ou judicial) não enquadrável na categoria de lei ou de ato normativo propriamente dito[182], além de se prestar ao reconhecimento de que lei antiga editada sob outro regime constitucional não foi recepcionada pela nova ordem constitucional. Ou seja: a lei, constitucional na origem, teria sido revogada pela Constituição superveniente.

---

[180] Sobre o histórico e as diferentes modalidades de controle da constitucionalidade no direito comparado, v., BARROSO, Luís Roberto. *O controle de constitucionalidade no direito brasileiro*. 8. ed. São Paulo: Saraiva, 2019. Registre-se, outrossim, que, além do controle concentrado, há também, no direito brasileiro, o controle *difuso*, exercido por todos os juízes e tribunais, de maneira incidental, nos processos individuais e coletivos, nos limites em que a questão constitucional deva ser dirimida como requisito da solução da causa.

[181] BARROSO, Luís Roberto. *O controle de constitucionalidade no direito brasileiro*. 8. ed. São Paulo: Saraiva, 2019, p. 221.

[182] A impugnação à lei ou ao ato normativo é própria da ação direta de inconstitucionalidade, não havendo conveniência alguma de manifestá-la pela via da ADPF, a não ser quando se tratar de lei estadual ou municipal (Lei 9.882, art. 1º, parágrafo único, I).

550-C. Ação direta de inconstitucionalidade (ADI)[183]

I - Competência

A ADI é da competência exclusiva do STF, se a lei ou ato normativo impugnado for federal, ou estadual em contraste com a Constituição Federal. Se se tratar de lei municipal, a arguição de inconstitucionalidade será feita perante o Tribunal de Justiça estadual, mesmo quando a ofensa seja contra a Constituição Federal. Nesse caso, será assegurado o cabimento do recurso extraordinário, para que o STF possa verificar a correção (ou não) da interpretação dada à norma constitucional do Estado, quando esta se limita a reproduzir dispositivo da Carta Federal[184].

II - Legitimação ativa

A ADI pode ser proposta pelas entidades e órgãos enumerados no art. 103 da CF, os quais são classificados pelo STF em dois grupos: (i) os legitimados universais; e (ii) os legitimados especiais.

São legitimados universais, aqueles cujo papel institucional autoriza a defesa da Constituição em qualquer hipótese; e especiais, são os órgãos e entidades cuja atuação se restringe às questões que repercutem diretamente sobre sua esfera jurídica ou a de seus filiados, quando ocorra "representatividade adequada"[185].

Enquadram-se na legitimação ativa universal:

(*a*) o Presidente da República;
(*b*) as Mesas do Senado e da Câmara;
(*c*) o Procurador-Geral da República;
(*d*) o Conselho Federal da Ordem dos Advogados do Brasil;
(*e*) os Partidos Políticos com representação no Congresso Nacional.

São, por outro lado, legitimados especiais: o Governador do Estado ou do Distrito Federal, a Mesa de Assembleia Legislativa ou da Câmara Legislativa do Distrito Federal, a Confederação sindical ou entidade de classe de âmbito nacional.

Merece referência especial a legitimação das "entidades de classe" (CF, art. 103, IX). Durante muito tempo, o STF limitava o conceito de entidade de classe àquela composta por membros ligados entre si por integrarem a mesma categoria econômica ou profissional. Essa interpretação restritiva, de tempos a esta parte foi superada , sob o argumento da necessidade de ter em conta que "a missão precípua de uma suprema corte em matéria constitucional é a proteção de direitos fundamentais em larga escala", conforme observou o Min. Luís Roberto Barroso na ADPF 527, em decisão monocrática. E, assim, a limitação da legitimidade às entidades econômicas acabou cedendo a uma interpretação teleológica e sistemática da Constituição, para abrir o controle concentrado "à sociedade civil, aos grupos minoritários e vulneráveis". Com essa abertura, o STF passou a considerar "*classe*, para os fins do art. 103, IX da CF/1988, o conjunto de pessoas

---

183 O processo e julgamento da ADI são disciplinados pela Lei 9.868/1999.

184 BARROSO, Luís Roberto. *O controle de constitucionalidade no direito brasileiro*. 8. ed. São Paulo: Saraiva, 2019, p. 226. Nesse caso, o STF assentou, também, que não será exigível o *quórum* de maioria absoluta no julgamento do recurso extraordinário interposto contra o acórdão do TJ estadual proferido na ação direta de inconstitucionalidade (STF, Pleno, Pet 2.788 AgR/RJ, Rel. Min. Carlos Velloso, ac. 24.10.2002, *DJU* 31.10.2003, p. 253).

185 BARROSO, Luís Roberto. *O controle de constitucionalidade no direito brasileiro*. 8. ed. São Paulo: Saraiva, 2019, p. 228-229.

ligadas por uma mesma atividade econômica, profissional ou pela *defesa de interesses de grupos vulneráveis e/ou minoritários cujos membros as integrem*".[186]

Percebe-se, pois, que o *giro jurisprudencial* – conforme observa Georges Abboud[187] – "permite a ampliação do exercício da *cidadania* pelos diferentes grupos da sociedade civil, sobretudo os grupos vulneráveis e minoritários, característica que está no cerne do novo conceito de entidade de classe" (g.a.).[188]

III – Legitimação passiva

Na ADI, a legitimação passiva cabe aos órgãos ou autoridades que editaram a lei ou o ato normativo questionado, os quais deverão prestar informações ao relator do processo[189]. Mas a defesa propriamente dita da norma impugnada será feita pelo Advogado-Geral da União, mesmo quando se trate de lei estadual[190], no prazo de quinze dias[191]. Sucessivamente, e em igual prazo, será ouvido o Procurador-Geral da República[192], quando não for o autor da ADI.

Não se admite intervenção de terceiros no processo de ação direta de inconstitucionalidade (Lei 9.868/1999, art. 7º). A critério do relator, porém, em face da relevância da matéria e da representatividade dos postulantes, poderá admitir a manifestação de outros órgãos ou entidades, na qualidade de *amicus curiae* (art. 7º, § 2º).

IV – Objeto

Segundo o art. 102, I, *a*, da CF, os atos impugnáveis por meio da ADI são a lei e o ato normativo federal ou estadual[193]. Nessa categoria, incluem-se, no âmbito federal: (i) a Emenda Constitucional, a Lei Complementar, a Lei Ordinária, a Lei Delegada, a Medida Provisória, os Decretos legislativos e Resoluções, os Decretos autônomos[194]; (ii) no âmbito estadual, também a lei e o ato normativo podem ser questionados através de ADI, quando em contraste com a Constituição Federal. Nesse rol, incluem-se: a Constituição do Estado, a legislação ordinária e

---

[186] STF, Decisão monocrática, ADPF 527/DF, Rel. Min. Luís Roberto Barroso, j. 29.06.2018, *DJe* 31.07.2018. Ainda no mesmo sentido: "A interpretação de entidade de classe deve, pois, ser ampla, a fim de abarcar outras configurações associativas que ultrapassem o conceito de categoria empresarial, corporativa ou profissional. A classe, aqui, refere-se às universidades e instituições de ensino superior federais, reunidas com uma finalidade institucional acadêmica em harmonia com a defesa do direito fundamental à educação" (STF, Pleno, ADI 4.406/DF, Rel. Min. Rosa Weber, ac. 18.10.2019, *DJe* 04.11.2019).

[187] ABBOUD, Georges. *Processo constitucional brasileiro*. 5.ed. São Paulo: Ed. RT, 2021, p. 571.

[188] SCAFF, Fernando Facury; SANTOS, Lucas Cardoso. Federalismo e acesso à justiça: a legitimação das entidades de classe no controle concentrado de constitucionalidade. *Revista de Processo*, São Paulo, v. 348, fev. 2024, p. 366.

[189] As informações pedidas pelo relator deverão ser prestadas no prazo de trinta dias contados do recebimento do pedido (Lei nº 9.868/1999, art. 6º, parágrafo único).

[190] STF, Pleno, ADI 97/RO, Rel. Min. Moreira Alves, ac. 22.11.1989, *RTJ* 131/470; STF, Pleno, ADI 1.254 AgRg/RJ, Rel. Min. Celso de Mello, ac. 14.08.1996, *RTJ* 170/801.

[191] Lei 9.868/1999, art. 8º.

[192] Lei 9.868/1999, art. 8º.

[193] Não se comportam no âmbito da ADI as leis anteriores à Constituição em vigor, a lei já revogada, a lei municipal, a proposta de emenda constitucional ou o projeto de lei, a súmula da jurisprudência dos tribunais (BARROSO, Luís Roberto. *O controle de constitucionalidade no direito brasileiro*. 8. ed. São Paulo: Saraiva, 2019, p. 251-254).

[194] Na *categoria* de decretos *autônomos*, compreendem-se os que inovem automaticamente a ordem jurídica, como, *v.g.*, os regimentos internos e os atos normativos elaborados pelos Tribunais, inclusive os de Contas. Não se incluem os atos normativos *secundários*, tais como decretos regulamentares, portarias, resoluções, os quais, "por estarem subordinados à lei, não são suscetíveis de controle em ação direta de inconstitucionalidade (BARROSO, Luís Roberto. *O controle de constitucionalidade no direito brasileiro*. 8. ed. São Paulo: Saraiva, 2019, p. 247).

os decretos autônomos[195]; (iii) no âmbito internacional, admite-se que a ADI possa versar sobre tratados e convenções internacionais, já que estes são incorporados no ordenamento normativo nacional, podendo não terem eficácia, no caso de contrariarem nossa Constituição[196].

V – Princípio da demanda

O princípio da demanda que, no processo civil em geral, limita a sentença à solução do pedido, sofre um abrandamento na ação direta de inconstitucionalidade, de modo a permitir, em determinados casos, a abrangência de outras normas além da que se indicou na petição inicial, como ensina o Ministro Carlos Mário Velloso:

> "Também o Supremo Tribunal Federal, no controle concentrado, fica condicionado ao 'princípio do pedido'. Todavia, quando a declaração de inconstitucionalidade de uma norma afeta um sistema normativo dela dependente, ou, em virtude da declaração de inconstitucionalidade, normas subsequentes são afetadas pela declaração, a declaração de inconstitucionalidade pode ser estendida a estas, porque ocorrente o fenômeno da inconstitucionalidade por 'arrastamento' ou 'atração'"[197].

Os requisitos exigidos pelo STF para que a inconstitucionalidade por arrastamento se verifique são o vínculo de interdependência entre os dispositivos da norma principal e a norma consequência (aquela que será expandida na decisão) da lei e que a declaração se dê em controle abstrato[198].

Há, também, outro fator de abrandamento do princípio da demanda que é a natureza dúplice dos processos de ADI e ADC, que assim funciona: ao julgar a improcedência da ADI, a norma reputada inconstitucional será declarada constitucional, e da mesma forma acontece com a ADC quando o pedido de declaração de constitucionalidade for julgado improcedente, o resultado será a declaração de inconstitucionalidade da norma federal questionada (Lei nº 9.868/1999, art. 24)[199]. Essa duplicidade sui generis que impõe não só declarar a improcedência do pedido, mas também a ocorrência de um efeito contrário ao do pedido do autor, decorre de expressa previsão da lei que disciplina o procedimento das ações de controle da constitucionalidade das leis.

---

[195] É possível que uma lei local seja impugnada, ao mesmo tempo, perante o STF e o TJ do Estado, quando a Constituição local contenha norma igual a da Constituição Federal. Nesse caso, a ação de ofensa a Carta local deverá ser suspensa até o julgamento da ADI ajuizada no STF (STF, Pleno, ADI 1.423 MC/SP, Rel. Min. Moreira Alves, ac. 20.06.1996, *DJU* 22.11.1996, p. 45.684).

[196] STF, Pleno, ADI 1.480 MC/DF, Rel. Min. Celso de Mello, ac. 04.09.1997, *DJU* 18.05.2001, p. 435.

[197] STF, Pleno, ADI 2.895/AL, voto do Rel. Min. Carlos Mário Velloso, ac. 02.02.2005, *DJU* 20.05.2005, p. 434.

[198] DELLÊ, Felipe. O objeto do processo constitucional: estudos sobre os princípios da demanda, dispositivo e da congruência no controle de constitucionalidade. Revista de Processo, São Paulo, v. 343, p. 407-408, set. 2023. Nesse sentido: CLÈVE, Clèmerson Merlin. A fiscalização abstrata de constitucionalidade no direito brasileiro. São Paulo: Ed. RT, livro eletrônico, 2022, item 3.2.2, p. RB- 3.3, STF, Pleno, ADI 2.982 QO/CE, Rel. Min. Gilmar Mendes, ac. 17.06.2004, *DJU* 12.11.2004, p. 183.

[199] "Os princípios da demanda e da congruência vinculam o magistrado ao pedido. Mas, no caso da ADI e da ADC, haverá decisão não somente do pedido, mas também de seu oposto lógico – como efeito automático. Ou seja, a improcedência da ADI ou da ADC leva, respectivamente, à declaração de constitucionalidade da ADI e à declaração de inconstitucionalidade da lei federal na ADC" (DELLÊ, Felipe. O objeto do processo constitucional: estudos sobre os princípios da demanda, dispositivo e da congruência no controle de constitucionalidade. Revista de Processo, São Paulo, v. 343, p. 407-408, set. 2023, p. 410).

VI – Procedimento

O procedimento a que se submete a ADI é traçado pela Lei nº 9.868/1999 e pode ser assim esquematizado:

(*a*) A petição inicial, emanada de um dos legitimados previstos no art. 103 da CF, indicará: o dispositivo impugnado, os fundamentos jurídicos do pedido[200] e o pedido, com suas especificações[201].

(*b*) O relator pedirá informações aos órgãos ou às autoridades das quais emanou a lei ou o ato normativo impugnado, que deverão prestá-las em trinta dias (Lei 9.868, art. 6º e parágrafo único)[202].

(*c*) Decorrido o prazo das informações, serão ouvidos, sucessivamente, o Advogado-Geral da União e o Procurador-Geral da República, com prazo de quinze dias para cada um (Lei 9.868, art. 8º).

(*d*) Superados esses prazos, o relator lançará o relatório, com cópia a todos os Ministros, e pedirá dia para julgamento (Lei 9.868, art. 9º, *caput*).

(*e*) O relator, a seu critério, poderá admitir manifestação de amicus curiae, caso em que lhe será permitido proferir sustentação oral (Lei 9.868. art. 7º, § 2º). Poderá requisitar informações adicionais, designar perito ou comissão de peritos para emissão de parecer, promover audiência pública (art. 9º, § 1º). Poderá, também, solicitar informações aos Tribunais Superiores, assim como aos Tribunais Federais e Estaduais, acerca da aplicação da norma impugnada no âmbito de sua jurisdição (art. 9º, § 2º).

VII – Medida cautelar

A possibilidade de medida cautelar para suspender, provisoriamente, a eficácia da norma impugnada por meio da ADI, está prevista na CF, art. 102, I, *p*, e regulada pela Lei 9.868/1999, art. 10, sendo sua concessão da competência da maioria absoluta dos membros do STF (no mínimo, seis Ministros, portanto).

VIII – Perda de objeto

Em regra, quando a lei averbada de inconstitucional é revogada ou perde vigência antes da sentença, a ação de controle da constitucionalidade se extingue sem apreciação do mérito, por perda de objeto. Todavia, tal não ocorre se a lei superveniente conservar os mesmos fundamentos atacados pela ação em curso, e desde que a parte autora tenha formulado pedido de aditamento à petição inicial para adequá-la à inovação legislativa.[203]

---

[200] O STF, entretanto, não fica adstrito aos fundamentos invocados pelo autor, podendo declarar a inconstitucionalidade por fundamentos diversos dos arrolados na inicial (STF, Pleno, ADI 2.396 MC/MS, Rel. Min. Ellen Gracie, ac. 26.09.2001, *DJU* 14.12.2001, p. 23).

[201] "O STF entende que o Governador de Estado e as demais autoridades e entidades referidas no art. 103, I a VII, da CF possuem capacidade processual plena e dispõem, *ex vi* da própria norma constitucional de capacidade postulatória (*RTJ*, 144:3, 1993), de modo que somente os partidos políticos, as confederações sindicais e entidades de classe necessitam de patrocínio por advogado. Nesta última hipótese, exige-se procuração com poderes especiais para a propositura da ação e específicos para atacar a norma objeto do pedido. STF, *DJU*, 27 jun. 2000, p. 3. ADIn 2.187-7-BA, rel. Min. Octávio Gallotti" (BARROSO, Luís Roberto. *O controle de constitucionalidade no direito brasileiro*. 8. ed. São Paulo: Saraiva, 2019, p. 256).

[202] No caso da lei, que é ato complexo, devem prestar informações o órgão legislativo e o Chefe do Executivo, se a houver sancionado (BARROSO, Luís Roberto. *O controle de constitucionalidade no direito brasileiro*. 8. ed. São Paulo: Saraiva, 2019, p. 257).

[203] STF, Pleno, ADI 5.635/DF, Rel. Min. Luís Roberto Barroso, ac. 18.10.2023, *DJe* 24.11.2023.

IX – Julgamento final

Julgada a ação, por decisão irrecorrível do STF[204], o resultado será comunicado à autoridade ou órgão responsável pela edição do ato impugnado (Lei 9.868/1999, art. 25).

X – Efeitos

De acordo como art. 102, § 2º, da Constituição, com a redação dada pela EC nº 45/2004, "as decisões definitivas de mérito, proferidas pelo Supremo Tribunal Federal, nas ações diretas de inconstitucionalidade e nas ações declaratórias de constitucionalidade produzirão eficácia contra todos e efeito vinculante, relativamente aos demais órgãos do Poder Judiciário e à administração pública direta e indireta, nas esferas federal, estadual e municipal".

Esgotada a possibilidade de recurso (que só podem ser os embargos de declaração), opera-se a coisa julgada, tornando-se imutável e indiscutível o conteúdo da decisão de mérito da ação direta de inconstitucionalidade ou da ação declaratória de constitucionalidade, autoridade que se manifesta *erga omnes*, e não apenas entre os sujeitos do processo.

A sentença que acolhe a arguição de inconstitucionalidade é de natureza declaratória que opera *ex tunc*, por importar reconhecimento da invalidade absoluta da lei impugnada. Abolida a lei inconstitucional, dá-se a restauração da vigência da legislação anterior afastada pela norma invalidada pela ação direta de inconstitucionalidade. Esse efeito repristinatório é previsto pela Lei 9.868/1999, admitida, porém, a manifestação em contrário do Tribunal[205].

XI – Modulação temporal dos efeitos da ADI

A chamada modulação dos efeitos temporais da declaração de inconstitucionalidade é expressamente autorizada ao STF pelo art. 27 da Lei 9.868/1999, desde que deliberada pela maioria de dois terços de seus membros, caso em que o Tribunal poderá "restringir os efeitos daquela declaração ou decidir que ela só tenha eficácia a partir de seu trânsito em julgado ou de outro momento que venha a ser fixado".

Diante da possibilidade de modulação, é possível distinguir a eficácia declaratória do julgamento da ADI (que Teori Zavascki chama de efeito normativo) do efeito executivo (ou prático) da mesma decisão. A lei inconstitucional, como norma, é inválida desde a origem (efeito ex tunc). Mas, o reflexo dessa nulidade, somente invalida os atos ou negócios jurídicos praticados após a decisão declaratória (efeito executivo, segundo a nomenclatura de Zavascki), ou após o momento que a modulação determinou, podendo-se, pois, falar em eficácia ex nunc ou em eficácia futura, conforme deliberação do julgado da ADI[206], ou de posterior ação rescisória ou desconstitutiva fundada na inconstitucionalidade proclamada pelo STF.

A modulação, portanto, preserva a validade dos atos jurídicos consumados com base na lei inconstitucional dentro do período de tempo ressalvado pela decisão da ADI. Não libera a prática de novos atos apoiados na mesma lei, a pretexto de se referirem a fatos ocorridos durante o lapso da modulação. Vale dizer: "a decisão de modulação não opera no campo normativo,

---

204 Lei 9.868/1999, art. 26. O único recurso admitido são os embargos de declaração. Cabe, outrossim, a reclamação constitucional, com o objetivo de preservação da competência do STF e de garantia da autoridade de suas decisões (CF, art. 102, I, "l"). Não se admite, porém, ação rescisória, segundo o mesmo art. 26 da Lei 9.868.

205 Lei nº 9.868/1999, art. 27. (BARROSO, Luís Roberto. *O controle de constitucionalidade no direito brasileiro*. 8. ed. São Paulo: Saraiva, 2019, n. 5.2, p. 273).

206 Cf. voto do Min. Teori Zavascki no RE 730.462/SP, ac. 28.05.2015, *DJe* 09.09.2015.

mas, sim, no campo fático dos efeitos produzidos pela norma extirpada. Resguardam-se fatos já consumados, jamais expectativas de direito que adviriam da aplicação da lei nulificada"[207].

A necessidade de modulação pode ser assim justificada[208]:

(a) pelo princípio da *segurança jurídica*, quando se deparar com atos praticados pelos jurisdicionados antes da declaração judicial de inconstitucionalidade, em confiança na presunção *juris tantum* de constitucionalidade das leis em vigor;

(b) pela proteção da boa-fé objetiva, respaldada na segurança jurídica, ainda em nome da presunção de constitucionalidade das leis, principalmente quando assentada na interpretação dos tribunais, antes da ADI, no sentido do reconhecimento da validade e eficácia da norma questionada;

(c) indispensável, outrossim, é a negação de eficácia retroativa da declaração de inconstitucionalidade, quando se trata de resguardar o ato jurídico perfeito e a coisa julgada, nos moldes do art. 5º, XXXVI, da CF. Em tal conjuntura, ainda que o Tribunal não tenha se manifestado sobre a modulação, qualquer juízo resta autorizado a recusar a eficácia retroativa, quando tenha de defender a garantia de intangibilidade do ato jurídico perfeito e a coisa julgada[209]. Essa necessidade é realmente imperiosa, quando se trata de mudança de jurisprudência consolidada.

Arguida em ADI a inconstitucionalidade do art. 27 da Lei nº 9.868/1999, o STF a repeliu, declarando expressamente sua constitucionalidade, nos seguintes termos:

> "5. Mesmo antes do advento da Lei n. 9.868/1999 este Supremo Tribunal tinha mitigado a aplicação da teoria da nulidade em casos pontuais preservando alguns dos efeitos produzidos pela norma declarada inconstitucional. 6. Ao proceder à modulação de efeitos da declaração de inconstitucionalidade, este Supremo Tribunal pondera entre preceitos constitucionais com a finalidade de preservar a unidade da Constituição e os princípios da segurança jurídica e da confiança no sistema jurídico. 7. É de responsabilidade deste Supremo Tribunal Federal a efetivação dos direitos fundamentais pelas prestações positivas, a demonstrar a insuficiência do modelo de nulidade da lei inconstitucional para a proteção desses direitos. 1. Ações diretas de inconstitucionalidade julgadas improcedentes"[210].

---

[207] GASPERIN, Carlos Eduardo Makoul; ARAÚJO, Juliana Furtado Costa. Modulação dos efeitos temporais das decisões do Supremo Tribunal Federal e os créditos tributários não definitivamente constituídos. Revista de Processo, São Paulo, v. 342, p. 333, ago. 2023. Esclarecem os autores, por exemplo, que não pode o fisco pretender constituir crédito tributário com base no período da modulação porquanto após a declaração de inconstitucionalidade a lei tributária teria sido nulificada e extirpada do ordenamento jurídico (GASPERIN, Carlos Eduardo Makoul; ARAÚJO, Juliana Furtado Costa. Modulação dos efeitos temporais das decisões do Supremo Tribunal Federal e os créditos tributários não definitivamente constituídos. Revista de Processo, São Paulo, v. 342, p. 333, ago. 2023). Resguarda-se tão somente "a eficácia passada da lei inconstitucional", isto é, de seus efeitos já verificados no passado, preservando-os a título da segurança dos atos jurídicos perfeitos (ALMEIDA, Luciano Robles de. Modulação de efeitos de precedentes: conceitos e distinções. Revista de Processo, São Paulo, v. 322, p. 03, dez. 2021).

[208] NERY JR., Nelson; NERY, Rosa Maria de Andrade. *Código de Processo Civil comentado*. 16. ed. São Paulo: Ed. RT, 2016, p. 1.968-1.969.

[209] Cf. ZANETI JR, Hermes. *In:* CABRAL, António do Passo; CRAMER, Ronaldo (coords.) *Comentários ao novo Código de Processo Civil*. Rio de Janeiro: Forense, 2016, p. 1.337.

[210] STF, Pleno, ADIs 2154/DF e 2258/DF, Rel. p/ac. Min. Cármen Lúcia, ac. 03.04.2023, *DJe* 20.06.2023.

550-D. Ação declaratória de constitucionalidade (ADC)

I - O escopo do remédio constitucional

No controle direto, por via principal, a finalidade da ação declaratória de constitucionalidade de lei ou ato normativo é, objetivamente, afastar a incerteza jurídica em torno de norma infraconstitucional em confronto com a Lei Maior, de modo a superar conflito interpretativo reinante e estabelecer, jurisdicionalmente, "uma orientação homogênea na matéria"[211].

II - Competência

Cabe ao STF, nos termos do art. 102, I, "a", da Constituição, processar e julgar a ação declaratória de constitucionalidade de lei ou ato normativo federal[212].

III - Legitimação

A legitimação ativa para a ação declaratória de constitucionalidade é a mesma prevista para a ação direta de inconstitucionalidade, segundo o art. 103, *caput*, da CF, com a redação da EC nº 45/2004 (v., *retro*, o item 550-B).

Não há uma definição legal de legitimação passiva para essa ação. A manifestação, porém, do Procurador-Geral da República é obrigatória (Lei 9.868/1999, art. 19). Admite-se, outrossim, a intervenção facultativa dos outros legitimados ativos, eventualmente para arguir a inconstitucionalidade da lei apontada como objeto do processo[213].

IV - Objeto

A ação declaratória de constitucionalidade objetiva reconhecer a compatibilidade de determinada *norma federal* com a Constituição, por decisão do STF (CF, art. 102, I, "a", e § 2º).

Pressuposto de cabimento da ação é a existência de controvérsia relevante em torno da constitucionalidade da lei ou ato normativo questionado[214] (Lei nº 9.868/1999, art. 14, III).

V - Procedimento

A petição inicial deverá apontar a norma cuja constitucionalidade se deseja ser declarada, com os devidos fundamentos da pretensão e com a demonstração da controvérsia judicial existente sobre o tema (Lei 9.868/1999, art. 14).

A necessidade ou desnecessidade de representação por advogado ocorre nas mesmas circunstâncias já apontadas em relação à ADI (v., *retro*, o item 550-B, inc. IV).

Ajuizada a ação, não se admitirá desistência (art. 16 da Lei 9.868/1999). Em quinze dias, deverá oficiar o Procurador-Geral da República (art. 19). Em seguida, o relator redigirá o relatório, encaminhando cópia a todos os Ministros, e pedirá dia para julgamento (art. 9º).

---

211 BARROSO, Luís Roberto. *O controle de constitucionalidade no direito brasileiro*. 8. ed. São Paulo: Saraiva, 2019, p. 308.

212 A doutrina admite que a Constituição local possa permitir a competência do Tribunal de Justiça para a ação declaratória de constitucionalidade das leis do Estado e dos Municípios (SLAIBI FILHO, Nagib. *Ação declaratória de constitucionalidade*. 2. ed. Rio de Janeiro: Forense, 1998, p. 75; MORAES, Alexandre de. *Direito constitucional*. 33. ed. São Paulo: Atlas, 2017, p. 817-818. Em sentido contrário: SILVA, José Afonso da. *Curso de direito constitucional positivo*. 9.ed. São Paulo: Malheiros, 1992, p. 63.

213 Voto do Min. Sepúlveda Pertence, na QO na ADC nº 1, *DJU* 16.06.1995, *in* por BARROSO, Luís Roberto. *O controle de constitucionalidade no direito brasileiro*. 8. ed. São Paulo: Saraiva, 2019, p. 312, nota 285.

214 "... somente diante da fundada ameaça à segurança jurídica e à isonomia, decorrente de decisões contraditórias, é que haverá interesse em agir e estará legitimada a intervenção do STF" (BARROSO, Luís Roberto. *O controle de constitucionalidade no direito brasileiro*. 8. ed. São Paulo: Saraiva, 2019, p. 313).

As mesmas diligências permitidas para a ADI cabem também na ação declaratória de constitucionalidade (v., *retro*, o item 550-B, inc. IV).

VI – Medida cautelar

De acordo com o art. 21 da Lei 9.868/1999, "o STF, por decisão da maioria absoluta de seus membros, poderá deferir pedido de medida cautelar na ação declaratória de constitucionalidade, consistente na determinação de que os juízes e os Tribunais suspendam o julgamento dos processos que envolvam a aplicação da lei ou do ato normativo objeto da ação até seu julgamento final".

O decisório será publicado no Diário Oficial, em dez dias, e o julgamento da ação deverá ocorrer no prazo de cento e oitenta dias, sob pena de a medida cautelar perder sua eficácia (parágrafo único do art. 21).

VII – Julgamento final

A decisão da ação declaratória de constitucionalidade (tal como a da ação direta de inconstitucionalidade) é irrecorrível, sujeitando-se apenas aos embargos de declaração, e não enseja ação rescisória (Lei 9.868/1999, art. 26). Seus efeitos são *erga omnes* e *ex tunc*, e vinculantes para os demais órgãos do Poder Judiciário e para a Administração Pública (CF, art. 102, § 2º; Lei 9.868/1999, art. 28).

A Lei 9.868/1999 não cuidou da possível modulação dos efeitos temporais da decisão da ação declaratória de constitucionalidade, mesmo porque não se cuida especificamente de subtrair norma legal de sua natural vigência. O reconhecimento de sua constitucionalidade, portanto, não afeta em princípio as situações jurídicas preexistentes. O STF, no entanto, tem reconhecido que podem ocorrer condições especiais em que a controvérsia justificadora da ação declaratória tenha ensejado, em grande escala, a consolidação de situações incompatíveis com a declaração de constitucionalidade afinal declarada, situações essas que a segurança jurídica recomendaria preservar. Daí a aplicabilidade excepcional da modulação também nas ações de declaração de constitucionalidade[215].

550-E. Ação de descumprimento de preceito fundamental (ADPF)

O objetivo da arguição (ou ação) de descumprimento de preceito fundamental já foi indicado no item 550-A. Essa ação de controle constitucional concentrado está prevista no § 1º do art. 102 da CF e o respectivo procedimento consta da Lei 9.882/1999.

A legitimação ativa é a mesma da ação direta de inconstitucionalidade (art. 2º, I, da Lei 9.882). Igual orientação deve-se observar também no tocante à legitimação passiva: cabe, pois, ao órgão ou autoridade a que se atribui a ofensa ao preceito fundamental.

O procedimento, em linhas gerais, não é muito diferente daquele aplicável à ADI (Lei nº 9.882, arts. 3º e ss.) (v., *retro*, o item 550-B), inclusive no cabimento de medida liminar (art. 5º e §§). Destaca-se a necessidade de a petição inicial identificar com precisão os atos impugnados, não se aceitando pedidos deduzidos de maneira vaga e genérica, em busca de decisão judicial de conteúdo "incerto, indeterminado e ambíguo". Segundo o STF, nessa modalidade de ação constitucional, "não cabe ao Estado-Juiz, diante de pedido formulado de maneira ambígua, sub-rogar-se no papel reservado ao autor da demanda para, atuando como verdadeiro substituto

---

[215] STF, Pleno, ADI 3.756 ED/DF, Rel. Min. Carlos Britto, ac. 24.10.2007, *DJe* 23.11.2007; STF, Pleno, ADI 4.167 ED/DF, Rel. Min. Joaquim Barbosa, ac. 27.02.2013, *DJe* 09.10.2013. São casos em que gastos com remuneração de funcionários públicos teriam sido efetuados em patamar superior ao resultante da interpretação adotada na decisão final da ação. O efeito *ex nunc*, por isso, seria conveniente para evitar surpresa aos jurisdicionados e problemas orçamentários.

processual, eleger qual será o provimento judicial mais adequado aos interesses do requerente". Além da precisão dos atos atacados, cabe à parte autora "instruir o pedido com as provas da violação do preceito fundamental".[216]

A decisão final depende do quórum presencial de pelo menos dois terços dos membros do STF, e a deliberação pode ser tomada por maioria simples (art. 8º) e será irrecorrível, não se submetendo à ação rescisória (art. 12). O seu descumprimento desafia reclamação (art. 13).

É por via da ADPF que o STF tem resolvido casos de grande repercussão, como, *v.g.*, o da possibilidade de interrupção da gestação na hipótese de anencefalia do feto, o do reconhecimento das uniões estáveis homoafetivas, o da terceirização em matéria trabalhista etc.[217]

Os efeitos do julgamento da ADPF, no plano subjetivo, são *erga omnes* e vinculantes para os demais órgãos do Poder Público (art. 10, § 3º). São, pois, os mesmos da ADI e da ADC, sendo passíveis de modulação pelo STF (art. 11).

550-F. Ação direta interventiva (AI)

I - Conceito e objetivo

A ação constitucional interventiva é o remédio judicial que autoriza a intervenção da União nos Estados e no Distrito Federal, para preservação da soberania nacional, do pacto federativo e dos princípios constitucionais sobre os quais se erige o Estado Democrático de Direito[218]. Seus fundamentos encontram-se nos arts. 34 e 36 da CF.

II - Natureza

Não se trata, ao contrário da ADI e da ADC, de um processo objetivo, e sim de um processo subjetivo, no qual se apresenta como objeto um conflito federativo entre a União e um ente federado. A decisão, portanto, não é meramente declaratória: é *mandamental*, se acolhe o pedido, determinando a intervenção, e *proibitiva*, se o pedido é dado como improcedente, caso em que a União fica impedida de realizar a intervenção pretendida[219].

III - Legitimação

A legitimação ativa é privativa do Procurador-Geral da República, que não age como representante judicial da União, mas como defensor da ordem jurídica (CF, art. 127), no caso, do equilíbrio federativo[220].

Cabe a legitimação passiva ao ente federado acusado de inobservância de princípio constitucional previsto no art. 34 da CF. Sua representação será feita, em juízo, pelo respectivo Procurador-Geral (art. 132 da CF).

---

[216] Para a Suprema Corte, considera-se manifestamente inepta a petição inicial da ADPF que: "(i) não identificar com precisão os atos impugnados, (ii) não se fazer acompanhar das provas necessárias à comprovação da violação dos preceitos fundamentais invocados (iii) tampouco esclarecer o teor da medida judicial pretendida (Lei nº 9.882/99, art. 3º, I a IV, e CPC, art. 322 e 324)" (STF, Pleno, ADPF 686/DF, Rel. Min. Rosa Weber, ac. 19.10.2021, *DJe* 27.10.2021).

[217] BARROSO, Luís Roberto. *O controle de constitucionalidade no direito brasileiro*. 8. ed. São Paulo: Saraiva, 2019, p. 395.

[218] STF, IF 591-9/BA, Rel. Min. Celso de Mello, *DJU* 16.09.1998, p. 42.

[219] BARROSO, Luís Roberto. *O controle de constitucionalidade no direito brasileiro*. 8. ed. São Paulo: Saraiva, 2019, p. 414-415.

[220] BARROSO, Luís Roberto. *O controle de constitucionalidade no direito brasileiro*. 8. ed. São Paulo: Saraiva, 2019, p. 407. MORAES, Alexandre de. *Jurisdição constitucional e tribunais constitucionais*. São Paulo: Atlas, 2000, p. 248.

IV – Procedimento

O procedimento da AI é regulado pela Lei nº 12.562/2011 e subsidiariamente pelo RISTF (arts. 175, parágrafo único; 350, IV e ss.).

Funcionará como relator o Presidente do STF (RISTF, art. 352). Serão ouvidos em dez dias, os órgãos responsáveis pelo ato questionado e, sucessivamente, o Advogado-Geral da União e o Procurador-Geral da República (Lei nº 12.562/2011, art. 6º).

Ao relator é reconhecido o poder de indeferir liminarmente a petição inicial, quando incabível a representação interventiva, ou quando faltar algum dos requisitos da Lei nº 12.562, ou for inepta (art. 4º, *caput*). Desse indeferimento cabe agravo, no prazo de cinco dias (art. 4º, parágrafo único).

Admitida a ação interventiva, se for necessário, o relator promoverá diligências instrutórias adicionais, realizará audiência pública e ouvirá *amicus curiae* (art. 7º), redigindo, em seguida o relatório, com cópia para todos os Ministros (art. 8º).

A sessão de julgamento se realizará com a presença mínima de oito Ministros (art. 9º), e a decisão dependerá da manifestação mínima de seis Ministros (art. 10).

A decisão da AI é irrecorrível e não se sujeita à ação rescisória (art. 12).

Fluxograma nº 50 – Ação popular (Lei nº 4.717, de 29.06.1965)[221]

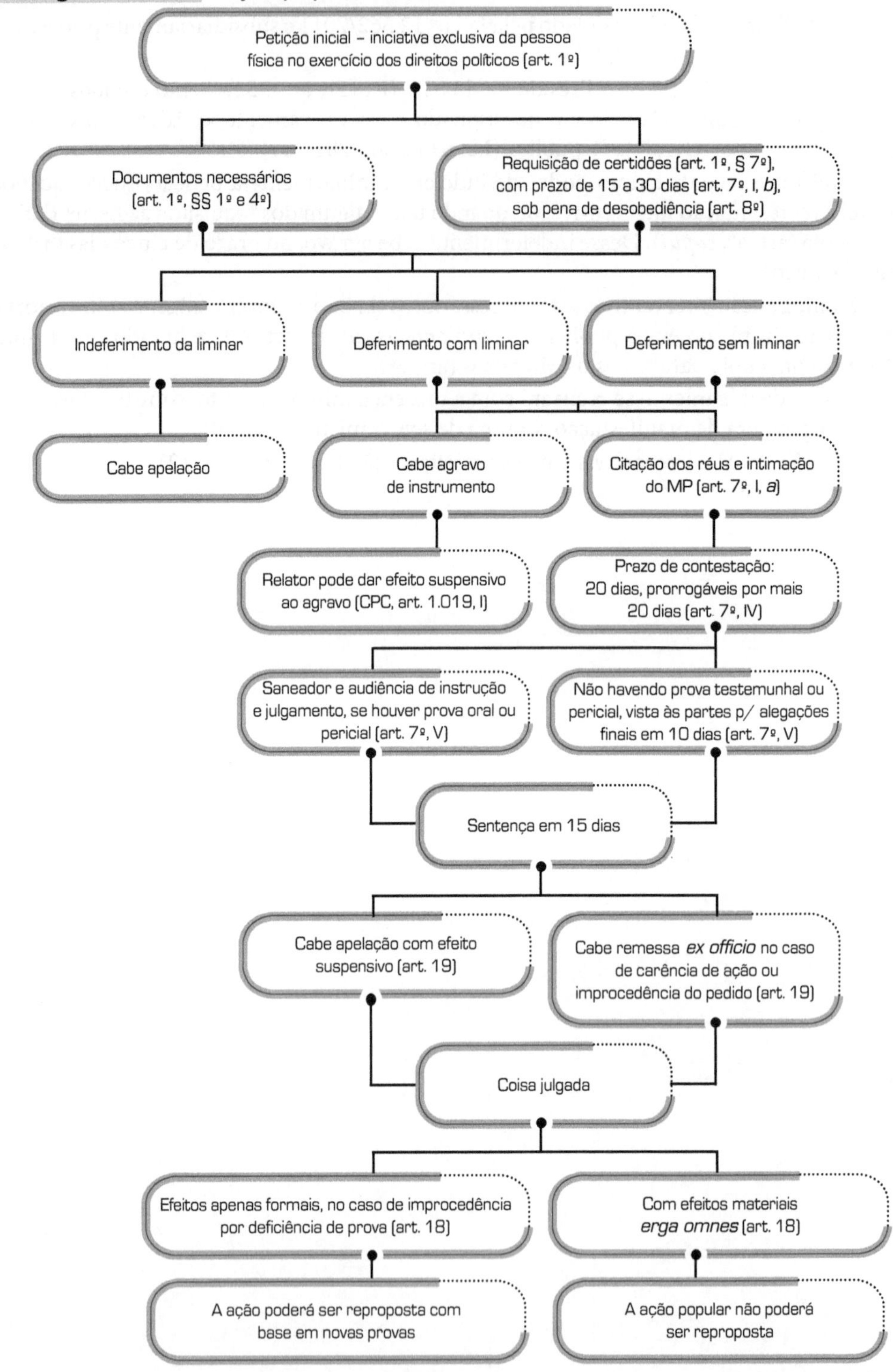

221 A ação popular, em linhas gerais, segue o procedimento comum (Lei nº 4.717/1965, art. 7º, *caput*).

Capítulo XXXIII
AÇÕES COLETIVAS

§ 69. AÇÃO CIVIL PÚBLICA E OUTRAS AÇÕES COLETIVAS

551. Histórico

Caracterizam-se as *ações coletivas* pela circunstância de atuar o autor não em defesa de um direito próprio, mas em busca de uma tutela que beneficia toda a comunidade ou grandes grupos, aos quais compete realmente a titularidade do direito material invocado.

O surgimento das ações coletivas é fruto da superação, no plano jurídico-institucional, do individualismo exacerbado pela concepção liberal que o Iluminismo e as grandes revoluções do final do século XVIII impuseram à civilização ocidental. O século XX descobriu que a ordem jurídica não podia continuar disciplinando a vida em sociedade à luz de considerações que focalizassem o indivíduo solitário e isolado, com capacidade para decidir soberanamente seu destino. A imagem que se passou a ter do sujeito de direito, em sua fundamentalidade, é a "da pessoa humana dotada de um valor próprio, mas inserido por vínculos e compromissos, na comunidade em que vive".[1]

Essa visão destacou não apenas o "homem social", pois o próprio "grupo" impôs-se à valoração jurídica. Primeiro realçou-se o papel conferido a associações, sindicatos e outros organismos para ensejar o melhor exercício das franquias individuais e coletivas. Depois, reconheceram-se direitos subjetivos que, a par dos *individuais*, eram atribuídos diretamente ao *grupo* e, que, por isso mesmo, teriam de ser qualificados como *coletivos*, e, como tais, haveriam de ser exercidos e protegidos.

Por meio da *ação popular* concebeu-se, entre nós, o primeiro procedimento judicial de tutela de *direitos coletivos*. Por seu intermédio qualquer cidadão foi legitimado a pleitear em juízo contra atos ilícitos de autoridade pública, lesivos ao patrimônio público (Constituição de 1934, art. 113, nº 38).

A ampliação da tutela jurisdicional, para introduzir as autênticas *ações coletivas*, ou *de grupo*, no direito processual pátrio, ocorreu com a instituição da *ação civil pública* por meio da Lei Complementar nº 40, de 14.12.1981, e da Lei nº 7.347, de 24.07.1985. A partir de então, o campo de manifestação dos direitos coletivos ou difusos deixou de ser apenas o de atuação dos agentes do Poder Público, como se passava ao tempo da ação popular. A defesa coletiva tornou-se possível contra quem quer que cometesse ofensa aos interesses coletivos ou difusos, fosse um administrador público ou algum particular.

No tocante à ação civil pública por dano a interesse coletivo, por exemplo, no caso de reparação por degradação ambiental, a demanda pode se voltar tanto contra o agente causador direto do evento danoso como contra qualquer outro que de alguma forma tenha dele participado, ainda que indiretamente, como o preponente pelo ato do preposto, ou o proprietário

---

1 TROCKER, Nicolò. *Processo civile e costituzione*. Milano: Giuffrè, 1974, p. 197.

da carga perigosa transportada por terceiro. Essa amplitude da legitimação passiva, no entanto, limita-se à pretensão ressarcitória própria das ações de responsabilidade civil. Não se estende, segundo a jurisprudência do STJ, às demandas pertinentes à aplicação de sanções (multas) administrativas ou penais. Para estas, o que prevalece não é a lógica da responsabilidade objetiva da esfera civil de reparação dos danos causados, mas sim a teoria da culpa, ou seja, as penas só devem ser aplicadas a quem, de fato, transgrediu a lei ambiental, mediante demonstração de seu elemento subjetivo, bem como do nexo causal entre a conduta do agente e o dano.[2]

Relativamente aos danos ambientais – que geram condenação a cumprir obrigação de fazer ou a de não fazer cumulada com a de indenizar (Súmula 629/STJ) –, reconhece-se a natureza de obrigação *propter rem*, permitindo-se que a cobrança seja feita tanto do proprietário ou possuidor atual, como dos anteriores, em conjunto ou separadamente, à escolha do credor (Súmula 623/STJ).

552. Direito material coletivo e direito processual coletivo

O fato de a Lei nº 7.347/1985 ter instituído uma ação especial para defesa dos direitos coletivos ou difusos não quer dizer que todos os interesses de grupo automaticamente passaram a contar com a tutela jurisdicional da *ação civil pública*.

Tanto como os interesses individuais, os interesses difusos para alcançarem, *in concreto*, a tutela processual, têm de atingir a categoria de direito previsto em norma de natureza material. A lei processual não é, por si, fonte de direitos subjetivos materiais, mas apenas instrumento de proteção e realização daqueles previstos pelas normas de natureza material.

Tratando das ações coletivas, ensina Cappelletti que o que se protege, nesse novo tipo de processo civil, é "o interesse difuso, *na medida em que a lei substantiva* o transforma em direito", direito que "não é privado, nem público; nem completamente privado, nem completamente público".[3]

Segundo o mestre italiano, a evolução da tutela jurídica dos interesses difusos, tal como se dá, aliás, com os interesses individuais, envolve dois momentos sucessivos, encadeados de maneira lógica e necessária:

(a) num primeiro estágio, normas constitucionais e infraconstitucionais tomam o rumo de defender os interesses difusos (ou, mais precisamente, alguns deles) e, assim, surgem "leis de direito substancial que protegem o consumidor, o ambiente, as minorias raciais, *civil rights*, direitos civis etc.";[4]

(b) no segundo estágio, sente-se a necessidade de alterar o sistema tradicional de tutela processual, criando-se ações adequadas aos interesses difusos transformados em direitos pelas leis materiais.[5]

Nessa perspectiva, a Lei nº 7.347/1985 insere-se na preocupação de proteger processualmente os direitos difusos ou coletivos já definidos entre nós, ou que venham a ser definidos, por outros diplomas legais, tanto ordinários como constitucionais. Vale, portanto, a advertência do STF: trata-se de lei, em sua quase totalidade, de conteúdo normativo de natureza *processual*.[6] Daí que a definição e caracterização dos direitos difusos ou coletivos não serão encontrados na Lei da Ação Civil Pública, mas terão de ser buscadas em outras fontes junto ao direito material.[7]

---

2 STJ, 1ª Seção, EREsp 1.318.051/RJ, Rel. Min. Mauro Campbell Marques, ac. 08.05.2019, *DJe* 12.06.2019.

3 CAPPELLETTI, Mauro. Tutela dos interesses difusos. *Ajuris*, v. 33, p. 174.

4 CAPPELLETTI, Mauro. Tutela dos interesses difusos. *Ajuris*, v. 33, p. 172.

5 CAPPELLETTI, Mauro. Tutela dos interesses difusos. *Ajuris*, v. 33, p. 174.

6 STF, Pleno, A 35/RJ, Rel. Min. Sydney Sanches, ac. 02.12.1987, *DJU* 01.12.1989, p. 17.759, *RTJ* 130/485-497.

7 MEIRELLES, Hely Lopes. *Mandado de segurança*. 31. ed. São Paulo: Malheiros, 2008, p. 122-123.

553. Configuração dos direitos materiais tuteláveis pela ação civil pública

A Lei nº 7.347/1985, como já se afirmou, limitou-se a disciplinar processualmente a ação civil pública que, segundo sua previsão, seria genericamente aplicável nas causas sobre responsabilidade por danos morais e patrimoniais causados *(i)* ao meio ambiente, *(ii)* ao consumidor, *(iii)* a bens e direitos de valor artístico, estético, histórico, turístico, paisagístico, *(iv)* a qualquer outro interesse difuso ou coletivo, *(v)* por infração da ordem econômica; *(vi)* à ordem urbanística, *(vii)* à honra e à dignidade de grupos raciais, étnicos ou religiosos, *(viii)* ao patrimônio público e social (art. 1º).

No plano material há abundante legislação acerca do meio ambiente, do patrimônio histórico e cultural, das reservas florestais, paisagísticas, e da repressão às ofensas à ordem econômica popular.[8]

A mais importante inovação legislativa, a propósito das matérias tratáveis nas ações coletivas, veio por meio do Código de Defesa do Consumidor (Lei nº 8.078, de 11.09.1990), já que, além de definir materialmente os direitos coletivos ou difusos nascidos das relações de consumo, incluiu entre os casos de ação coletiva os "direitos individuais homogêneos" (art. 81, parágrafo único, III).

Com isto, a partir da lei consumerista, criou-se, na verdade, uma nova *ação coletiva*, uma vez que na estrutura legal da *ação civil pública* não figuram senão os *direitos difusos ou coletivos*, que obviamente não compreendem *direitos individuais*, ainda que homogêneos.[9]

554. Objeto da ação civil pública

Entre os direitos coletivos, difusos ou individuais homogêneos, tuteláveis por meio da ação civil pública, instalou-se controvérsia em torno de alguns, cujo objeto seria incompatível com a função processual da ação regulada pela Lei nº 7.347/1985.

O primeiro deles seria o que versa sobre obrigações tributárias. A jurisprudência do Supremo Tribunal Federal tomou posição no sentido de não ser cabível ao Ministério Público

---

[8] "No Brasil, desde a promulgação da Lei 7.913/1989, há a ação civil pública para responsabilidade por danos causados aos investidores do mercado de valores mobiliários" (PRADO, Viviane Muller et al. A inefetividade dos mecanismos coletivos de proteção dos investidores no mercado de valores mobiliários brasileiro. *Revista de Processo*, São Paulo, v. 306, p. 269, ago./2020. Cf. ZAVASCKI, Teori Albino. Tutela jurisdicional dos acionistas e investidores do mercado de valores mobiliários. *Gênesis – Revista de Direito Processual Civil*, Curitiba, v. 3, n. 9, p. 580-586, jul.-set./1998. A Lei nº 7.853/1989, arts. 3º a 5º, dispõe sobre a ação civil pública para proteção de interesses coletivos ou difusos de pessoas com deficiência. A Lei nº 8.069/1990, arts. 208 a 224, dispõe sobre a ação civil pública para proteção de interesses difusos e coletivos de crianças e adolescentes (cF. LARANJA, Anselmo Laghi. Jurisdição da infância e juventude: o juiz participativo. *Revista Forense*, v. 406, p. 3 e ss.). A Lei nº 10.741/2003 regula a ação civil pública para defesa dos interesses difusos, coletivos e individuais homogêneos dos idosos (art. 78 e ss.). Cabe a ação civil pública para obrigar o Poder Público a realizar obras de saneamento básico (STJ, 2ª T., REsp 1.366.331, Rel. Min. Humberto Martins, ac. 16.12.2014, *DJe* 19.12.2014), bem como determinar a implementação de políticas públicas definidas pela própria Constituição (STF, 2ª T., RE 410.715-AgRg, Rel. Min. Celso de Mello, ac. 22.11.2005, *DJU* 03.02.2006). Cf. ainda, FRANCO, Fábio Luís et al. Ação civil pública como instrumento de controle das políticas públicas. *Revista de Processo*, São Paulo, v. 135, p. 34 e ss., maio/2006; GRINOVER, Ada Pellegrini. Novas tendências em matéria de ações coletivas nos países de *civil law*. *Revista de Processo*, v. 157, p. 147 e ss.; TEPEDINO, Gustavo. A questão ambiental, o MP e as ações civis públicas. *Revista Forense*, v. 342, p. 87 e ss.

[9] Várias medidas de esclarecimento a cargo do fornecedor nas operações de consumo foram instituídas pela Lei nº 12.741, de 08.12.2012, arts. 1º e 2º, e pelas alterações que ela introduziu no art. 6º, III, da Lei nº 8.078/1990 (CDC). A importância das inovações repercute sobre as ações singulares e coletivas, já que de sua eventual inobservância decorrerão, além de sanções administrativas, responsabilidades de natureza civil e penal (Lei nº 12.741/2012, art. 5º c/c art. 56 do CDC).

defender interesses individuais homogêneos relacionados com matéria tributária,[10] no que foi seguido pelo Superior Tribunal de Justiça.[11] Tampouco as associações de defesa do consumidor poderiam fazê-lo.[12] O tema acha-se superado pela introdução do parágrafo único do art. 1º da Lei nº 7.347, levada a efeito pela Medida Provisória nº 2.180-35, cuja disposição tem o seguinte teor: "Não será cabível ação civil pública para veicular pretensões que envolvam tributos, contribuições previdenciárias, o Fundo de Garantia do Tempo de Serviço - FGTS ou outros fundos de natureza institucional cujos beneficiários podem ser individualmente determinados".

Outra questão polêmica era da arguição de inconstitucionalidade de lei como causa de pedir nas ações coletivas da Lei nº 7.347 e do Código de Defesa do Consumidor. Argumentava-se que a eficácia *erga omnes* da sentença, *in casu*, acabaria por invadir a área constitucional reservada à ação direta de inconstitucionalidade, que é privativa do Supremo Tribunal Federal.[13] Depois de alguma tergiversação, todavia, a jurisprudência, tanto no STF[14] como no STJ,[15] firmou-se pela viabilidade do exame da inconstitucionalidade no bojo da ação coletiva, desde que a arguição se apresente como causa de pedir e não como objeto único do pedido.[16]

Objeto de grande controvérsia tem sido o uso da ação civil pública como instrumento de intervenção do Poder Judiciário no desempenho de políticas públicas. O tema foi enfrentado, com seriedade, pelo STJ, no julgamento de ação da espécie em que o Ministério Público pleiteara interdição da circulação de máquinas agrícolas e veículos pesados pelo perímetro urbano de uma pequena cidade de Goiás. Em síntese, o aresto assentou o seguinte:

> "(...) 6. O STJ tem orientação no sentido de que 'Ao Poder Judiciário não é vedado debater o mérito administrativo. Se a Administração deixar de se valer da regulação para promover políticas públicas, proteger hipossuficientes, garantir a otimização do funcionamento do serviço concedido ou mesmo assegurar o 'funcionamento em condições de excelência tanto para o fornecedor/produtor como principalmente para o consumidor/usuário', haverá vício ou flagrante ilegalidade a justificar a intervenção judicial' (REsp 1.176.552/PR, Rel. Ministro Herman Benjamin, Segunda Turma, julgado em 22/2/2011, *DJe* 14/9/2011).
>
> (...)
>
> 8. O inciso I do art. 1º e o art. 3º da Lei 7.347/1985 são claros em afirmar que a Ação Civil Pública é meio processual adequado para discutir temas afetos à ordem

---

10 STF, Pleno, RE 213.631/MG, Rel. Min. Ilmar Galvão, ac. 09.12.1999, *DJU* 07.04.2000, p. 69, *RTJ* 173/288.

11 STJ, Corte Especial, Ag. Rg. na Pet. 1.093/RS, Rel. Min. Nilson Naves, ac. 24.10.2002, *DJU* 16.12.2002, p. 223, *RSTJ* 166/21.

12 STF, 2ª T., Ag. Rg. no AI 382.298/RS, Rel. Min. Gilmar Mendes, ac. 04.05.2004, *DJU* 28.05.2004, p. 53.

13 Não pode a ação civil pública ser utilizada como meio de se declarar a inconstitucionalidade de lei municipal, nem mesmo para declaração incidental (STJ, 1ª T., REsp 197.826/SP, Rel. Min. Milton Luiz Pereira, ac. 24.04.2001, *DJU* 04.02.2002, p. 295; STJ, 2ª T., REsp 229.526/PR, Rel. Min. Peçanha Martins, ac. 25.09.2001, *DJU* 04.02.2002, p. 323).

14 STF, Pleno, Rcl. 600/SP, Rel. Min. Néri da Silveira, ac. 03.09.1997, *DJU* 05.12.2003, p. 19.

15 STJ, 1ª Seção, Emb. Div. no REsp 303.174/DF, Rel. Min. Franciulli Netto, ac. 25.06.2003, *DJU* 01.09.2003, p. 213.

16 "A declaração incidental de inconstitucionalidade na ação civil pública não faz coisa julgada material, pois se trata de controle difuso de constitucionalidade, sujeito ao crivo do Supremo Tribunal Federal, via recurso extraordinário, sendo insubsistente, portanto, a tese de que tal sistemática teria os mesmos efeitos da ação declaratória de inconstitucionalidade" (STJ, 1ª Seção, Emb. Div. no REsp 305.150/DF, Rel. Min. Eliana Calmon, ac. 11.05.2005, *DJU* 30.05.2005, p. 201).

urbanística e obter provimento jurisdicional condenatório de obrigação de fazer. Assim, a ação deve prosseguir".[17]

Com os argumentos acima, o STJ afastou a arguição de carência de ação, determinando o prosseguimento da ação civil pública rumo ao julgamento de mérito. Levou em conta a notícia constante dos autos de que "as investigações ministeriais a respeito do problema se iniciaram a partir de abaixo-assinado subscrito por 2.094 (dois mil e noventa e quatro) cidadãos residentes naquele Município, o que representa um universo de mais de 15% da população local, consoante pesquisa efetivada no sítio oficial do Instituto Brasileiro de Geografia e Estatística - IBGE. (12.513 habitantes no ano de 2013)". A relevância da ação proposta pelo Ministério Público foi deduzida da indicação feita na petição inicial de que, na pequena cidade, "o intenso trânsito de caminhões e máquinas agrícolas no perímetro urbano tem causado inúmeros acidentes fatais, além de problemas de saúde decorrentes de poeira e poluição sonora, por exemplo". Invocou-se o precedente do REsp 725.257/MG, no qual aquela Corte já tinha reconhecido a adequação da ação civil pública para veicular tema afeto à segurança no trânsito.[18]

A propósito das condições dos presídios, o Tribunal de Justiça de Minas Gerais reconheceu que "a busca pela consecução do bem-estar da comunidade carcerária e da melhoria do serviço afetado à segurança pública, por ter natureza de direito coletivo, pode ser postulada pelo Ministério Público através do manejo da correspondente ação civil pública"[19].

Ressalvou, porém, o aresto do Tribunal mineiro que, "constitucionalmente explicitadas as atribuições atribuídas a cada um dos Poderes da República, a intervenção jurisdicional no ato discricionário da Administração somente se mostra autorizada quando constatada renitente omissão ou verificada flagrante ilegalidade, sob pena de ofensa ao princípio da separação dos poderes". No caso julgado, a conclusão do acórdão foi a seguinte:

> "Por representar providência afeta ao mérito da gestão administrativa, é vedada prolação judicial de ordem de fechamento definitivo e construção de nova cadeia pública, haja vista a discricionariedade ínsita à manutenção do sistema penitenciário estadual. Improcedente a pretensão, também devem ser revogadas as adjacentes medidas de efetivação do provimento reformado, dada a prejudicialidade constatada. Recurso provido".[20]

Interessante acórdão do STF admitiu a possibilidade de cabimento da ação civil pública contra execução de sentença de ação de desapropriação, mesmo depois de ultrapassado o prazo decadencial da ação rescisória. É que, no caso dos autos, a sentença expropriatória, para aquela Alta Corte, não teria feito coisa julgada sobre a questão dominial discutida na fase de execução. Assim, se fundamentou o decisório:

---

[17] STJ, 2ª T., REsp 1.294.451/GO, Rel. Min. Herman Benjamin, ac. 01.09.2016, *DJe* 06.10.2016. Constou do acórdão que: "Na mesma direção, no sentido da adequação da Ação Civil Pública como meio próprio de se buscar a implementação de políticas públicas com relevante repercussão social: REsp 1.367.549/MG, Rel. Ministro Humberto Martins, Segunda Turma, *DJe* 8/9/2014; AgRg no AREsp 50.151/RJ, Rel. Ministro Benedito Gonçalves, Primeira Turma, *DJe* 16/10/2013; REsp 743.678/SP, Rel. Ministro Mauro Campbell Marques, Segunda Turma, *DJe* 28/9/2009; REsp 1.041.197/MS, Rel. Ministro Humberto Martins, Segunda Turma, *DJe* 16/9/2009; REsp 429.570/GO, Segunda Turma, Rel. Ministra Eliana Calmon, *DJ* 22/3/2004; REsp 725.257/MG, Rel. Ministro José Delgado, Primeira Turma, *DJ* 14/5/2007".

[18] STJ, 1ª T., REsp 725.257/MG, Rel. Min. José Delgado, ac. 10.04.2007, *DJU* 14.05.2007, p. 252.

[19] TJMG, 6ª C. Civ., Ap. 1.0295.13.001992-6/003, Rel. Des. Claret de Moraes, ac. 01.12.2015, *DJe* 11.12.2015, *RT*, v. 981, p. 550-551.

[20] TJMG, 6ª C. Civ., Ap. 1.0295.13.001992-6/003, *cit.*

"1. Possibilidade de propositura de ação civil pública, pelo Ministério Público, para discutir a titularidade de imóvel objeto de ação de desapropriação, em que já formada coisa julgada. 2. Inexistência de coisa julgada sobre o domínio na ação de desapropriação, de modo que tal princípio constitucional não é desrespeitado, em face do ajuizamento de ação civil pública pelo Ministério Público, com o propósito de reconhecer a propriedade da União sobre terras localizadas em faixa de fronteira. Inaplicabilidade do prazo bienal para ajuizamento de ação rescisória".[21]

555. Ações coletivas possíveis após o CDC

Diante da inovação criada pelo Código de Defesa do Consumidor, o horizonte das ações coletivas ampliou-se para além dos limites estabelecidos pela Lei da Ação Civil Pública (Lei nº 7.347/1985). Desde então, três são os tipos de ações coletivas existentes entre nós:[22]

(a) as relativas a direitos *coletivos*;
(b) as pertinentes a direitos *difusos*; e
(c) as referentes a direitos *individuais homogêneos.*

Os direitos coletivos e difusos, embora definidos separadamente pelo CDC, têm em comum sua *transindividualidade* e *indivisibilidade*. Pertencem ao grupo e não podem ser exercidos e defendidos senão pelo grupo ou em seu benefício.

I – Direitos individuais homogêneos

Quando a lei consumerista cuida da proteção coletiva dos direitos individuais homogêneos, não está atribuindo a eles, só por isso, a categoria de direitos coletivos ou difusos. Apenas por política processual lhes confere, no âmbito das relações de consumo, um remédio que possibilite, por economia processual, tratá-las cumulativamente num só processo. Essa ação especial, portanto, segundo entendimento dominante, não pode ser confundida com a *ação civil pública* da Lei nº 7.347/1985, que tutela os verdadeiros direitos coletivos ou difusos, inclusive os dessa categoria originados de relações de consumo. Nessa perspectiva, é equivocado tanto tratar os direitos individuais homogêneos como espécie de direitos coletivos ou difusos como pretender que a ação civil pública seja destinada a resolver os conflitos em torno dos direitos individuais homogêneos.

Adverte Teori Albino Zavascki que "o legislador brasileiro criou mecanismos próprios para defesa dos chamados 'direitos individuais homogêneos', *distintos e essencialmente inconfundíveis*, dos que se prestam à defesa dos direitos difusos e coletivos".[23]

---

[21] STF, Pleno, RE 1010819 / PR, Rel. p/ac. Min. Alexandre de Moraes, ac. 26.05.2021, *DJe* 29.09.2021. A tese fixada pelo STF foi assim enunciada: "I – O trânsito em julgado de sentença condenatória proferida em sede de ação desapropriatória não obsta a propositura de Ação Civil Pública em defesa do patrimônio público, para discutir a dominialidade do bem expropriado, ainda que já se tenha expirado o prazo para a Ação Rescisória; II – Em sede de Ação de Desapropriação, os honorários sucumbenciais só serão devidos caso haja devido pagamento da indenização aos expropriados".

[22] GRECO FILHO, Vicente. *Direito processual civil brasileiro*. 16. ed. São Paulo: Saraiva, 2003, v. III, n. 87, p. 335.

[23] ZAVASCKI, Teori Albino. Defesa de direitos coletivos e defesa coletiva de direitos. *Revista Forense*, v. 329, p. 148, jan.-fev.-mar. 1995.

Assim é que o Título III do Código, que trata "da defesa do consumidor[24] em juízo", estabelece neste tópico distinções importantes entre a configuração processual da defesa dos direitos coletivos e difusos dos consumidores e da defesa dos seus direitos individuais, traçando-lhes regimes *próprios* e *diferenciados*.[25]

II – Direitos difusos e coletivos

No sistema jurídico pátrio, a tutela dos interesses difusos e coletivos no âmbito das relações de consumo se faz por instrumento próprio, qual seja, a *ação civil pública* (Lei nº 7.347/1985), mormente quando promovida pelo Ministério Público. Trata-se de mecanismo moldado à natureza dos direitos e interesses a que se destina tutelar – ou seja, os difusos e coletivos.

Diante da destinação expressa que lhe foi dada pelo legislador e pelas próprias características com que foi concebida, a ação civil pública é talhada para defesa de direitos coletivos *lato sensu*, e "não para defender coletivamente direitos subjetivos individuais, que têm, para isso, seus próprios mecanismos processuais".[26]

Logo, vedada seria a utilização do instrumento específico de defesa dos interesses e direitos difusos e coletivos para veicular pretensão destinada à tutela de direitos individuais homogêneos.

À proteção desta categoria de direitos destinou o legislador outros mecanismos de defesa coletiva, a saber: o *Mandado de Segurança Coletivo* (art. 5º, LXX, da CF) e a *Ação Civil Coletiva*, prevista nos arts. 91 a 100 do Código de Proteção e Defesa do Consumidor (Lei nº 8.078/1990).[27]

No âmbito da proteção aos direitos coletivos de consumidores, há regras específicas e indisponíveis, elencadas em capítulo próprio do Código do Consumidor. E só em relação a elas poder-se-ia cogitar de uso da ação civil pública da Lei nº 7.347/1985.

A legitimação extraordinária concedida às pessoas do art. 82 do Código do Consumidor, em se tratando de tutela dos direitos individuais homogêneos, não é ampla, sendo, tão somente, "restrita à ação coletiva de responsabilidade por danos individualmente sofridos por consumidores".[28] Isto, porém, não haveria de ser feito por meio da ação civil pública, como já se afirmou.

Entretanto, com a superveniente homogeneização procedimental das ações coletivas, deixou de ser relevante a distinção entre ação civil pública e ação coletiva de consumo, reduzida que foi apenas ao plano terminológico.

III – Procedimento único

Vê-se, pois, que, originariamente, no ordenamento pátrio impossível era destinar-se os instrumentos de defesa dos direitos coletivos *lato sensu* à tutela de direitos individuais homogêneos e vice-versa. Com efeito, não se poderia veicular em sede de ação civil pública

---

[24] Para a interpretação do conceito de consumidor, a jurisprudência pátria adota a teoria subjetiva (ou finalista). Em situações excepcionais, o STJ tem mitigado o rigor dessa teoria "para autorizar a incidência do CDC nas hipóteses em que a parte (pessoa física ou jurídica), embora não seja propriamente destinatária final do produto ou do serviço, apresenta-se em situação de vulnerabilidade ou submetida a prática abusiva" (AgRg no REsp 1.413.939/SC, 4ª T., Rel. Min. Antonio Carlos Ferreira, ac. 24.03.2015, *DJe* 30.03.2015).

[25] ZAVASCKI, Teori Albino. Defesa de direitos coletivos e defesa coletiva de direitos. *Revista Forense*, v. 329, p. 155, jan.-fev.-mar. 1995.

[26] ZAVASCKI, Teori Albino. Defesa de direitos coletivos e defesa coletiva de direitos. *Revista Forense*, v. 329, p. 151, jan.-fev.-mar. 1995.

[27] Cf. BITTAR, Carlos Alberto. *Direitos do consumidor*. Rio de Janeiro: Forense Universitária, 1990, p. 90-95; Teori Albino. Defesa de direitos coletivos e defesa coletiva de direitos. *Revista Forense*, v. 329, p. 151, jan.-fev.-mar. 1995, entre outros.

[28] ZAVASCKI, Teori Albino. Defesa de direitos coletivos e defesa coletiva de direitos. *Revista Forense*, v. 329, p. 156, jan.-fev.-mar. 1995.

– talhada para defesa dos direitos difusos e coletivos – pretensão voltada para a proteção de direitos individuais homogêneos; ou, ainda, aviar ação civil coletiva – destinada à defesa de direitos individuais homogêneos – para postular a tutela de direitos coletivos ou difusos.

Em suma, não se poderia confundir *defesa de direitos coletivos* (objeto da ação civil pública) com *defesa coletiva de direitos* (realizável pela ação coletiva de consumo em prol dos titulares de direitos individuais homogêneos).

Embora essa distinção de substância dos objetos da ação civil pública e da ação coletiva de defesa dos consumidores tenha sido feita originariamente pela doutrina, veio a perder significado, do ponto de vista processual, diante da circunstância de ter a Lei nº 8.078/1990 mandado aplicar genericamente "à defesa dos direitos e interesses difusos, coletivos e individuais, no que for cabível, os dispositivos do Título III da Lei que instituiu o Código de Defesa do Consumidor" (art. 21 acrescentado à Lei nº 7.347/1985 pelo art. 117 do CDC). Assim, uniformizou-se o procedimento observável, tanto quanto possível, de todas as ações coletivas, sejam elas manejadas na área da ação civil pública (Lei nº 7.347) ou da ação coletiva dos consumidores (Lei nº 8.078 do CDC).[29] Nas inovações do CDC, que instituíram um regime procedimental único para as ações coletivas, englobando as consumeristas e as civis públicas, estabeleceu-se aquilo que se convencionou chamar de um *microssistema*. Em outras palavras: "tornou-se recorrente em nossa doutrina, especialmente devido à relação expressa estabelecida entre o art. 21 da Lei nº 7.347/1985 e o art. 90 do Código de Defesa do Consumidor, a noção de que os diplomas deveriam ser lidos de maneira *simbiótica*"[30]. Nesse microssistema, a jurisprudência incluiu, também, a ação popular, regulada pela Lei nº 4.717/1965[31].

A partir da uniformização procedimental definida pela jurisprudência, a doutrina sentiu-se autorizada a ensaiar a revisão da tese, até então predominante, de inexistência de direito coletivo material no âmbito dos direitos individuais homogêneos, e sim mero critério processual de defesa coletiva de direitos divisíveis e individualizáveis.

Nessa nova linha de pensamento, *o coletivo, in casu*, também se apresenta como qualificativo dos interesses individuais homogêneos, aproximando-se, de certa forma, dos típicos direitos coletivos ou difusos. Explica Talamini que "não basta haver uma pluralidade de indivíduos, titulares de pretensões homogêneas", para que se justifique a movimentação da ação civil pública. Segundo o autor, "é preciso mais: a suposta lesão ou ameaça deve ter a potencialidade de atingir um número significativo de indivíduos".[32]

Um imóvel pertencente a um condomínio de duas ou três pessoas, por exemplo, quando sofrer dano derivado de ato ilícito, não poderá ser objeto de defesa pelo Ministério Público em ação coletiva. Mesmo diante de interesses homogêneos titularizados por mais de um proprietário, faltaria *o interesse coletivo* capaz de justificar a *tutela processual coletiva*.

---

[29] "Conforme comando inserto no art. 21 da Lei nº 7.347/1985, é possível a aplicação subsidiária do Código de Defesa do Consumidor às ações coletivas ainda que não versem sobre relação de consumo" (STJ, 5ª T., AgRg no REsp 486.919/RS, Rel. Min. Felix Fischer, ac. 05.02.2004, *DJU* 08.03.2004, p. 318).

[30] ARENHART, Sérgio Cruz; OSNA, Gustavo. Agravo de instrumento em ações coletivas- Ampla recorribilidade? Revista de Processo, São Paulo, v. 338, p. 195, abr. 2023. Para Marcelo Abelha, "a Lei 7.347/85 possui uma ligação visceral com o Título III do CDC, de forma que não se consegue estudar um sem o outro, e, não raramente, dispositivos de um são completados pelo outro e vice-versa" (RODRIGUES, Marcelo Abelha. Ação Civil Pública. In: DIDIER JR., Fredie (org.). Ações constitucionais. 5.ed. Salvador: JusPodivm, 2011, p. 359-360.

[31] STJ, 2ª T., REsp 1.925.492/RJ, Rel. Min. Herman Benjamin, ac. 04.05.2021, *DJe* 01.07.2021; STJ, 1ª T., AgInt no REsp 1.733.540/DF, Rel. Min. Gurgel de Faria, ac. 25.11.2019, *DJe* 04.12.2019.

[32] TALAMINI, Eduardo. Direitos individuais homogêneos e seu substrato coletivo: ação coletiva e os mecanismos previstos no Código de Processo Civil de 2015. *Revista de Processo*, v. 241, p. 349, mar. 2015.

Não é preciso, nessa ordem de ideias, que os interessados sejam de número indeterminado. Deve, porém, a *origem comum* dos direitos homogêneos ser adequada à justificação de uma meta transindividual, que autorize uma "condenação genérica", reveladora de "uma utilidade processual indivisível", a qual, na lição de Alcides Muñoz da Cunha, atue "em favor de todas as vítimas ou sucessores, em virtude de danos que têm origem comum".[33]

Admitido que a ação coletiva não pode reduzir-se a algo como um litisconsórcio especial, a indivisibilidade da pretensão coletiva perdura até a sentença genérica que a soluciona. Somente na fase de liquidação e execução é que o objeto da causa se mostrará divisível, para todos os fins de direito, material e processual. "Enquanto se buscar a condenação genérica, entretanto, estar-se-á buscando um *bem indivisível* para uma multiplicidade de vítimas com interesses convergentes na obtenção desta condenação."[34]

Na sociedade de massas, a ação coletiva de tutela dos direitos individuais homogêneos em sua integralidade, e especificamente no mecanismo do art. 100 do CDC (liquidação e execução coletiva), é a resposta que o ordenamento processual dá a uma demanda, uma necessidade, que provém do direito material. "Na sociedade de massas - conclui Talamini - é um valor jurídico material relevante - consubstanciado em *interesse difuso* titularizado pela coletividade - *coibir condutas ilícitas geradoras de lesões multitudinárias*."[35] É por isso que, mesmo sendo vários os prejudicados pelo dano de origem comum, nem sempre se haverá de cogitar de ação civil pública, se não configurado o interesse difuso voltado "à coibição e dissuasão da formação de conflitos de massa", sem cuja presença não se estabelece a "necessidade da tutela coletiva".[36]

IV - Edital para conhecimento de terceiros interessados

Nas ações coletivas para defesa de direitos individuais homogêneos (CDC, art. 91), será publicado edital no diário oficial, a fim de que os interessados, querendo, possam intervir no processo como litisconsortes facultativos (CDC, art. 94). Não possuindo esses terceiros legitimação para a ação coletiva, sua intervenção na realidade terá a natureza de assistência simples, mesmo porque a sentença em demandas da espécie é genérica (CDC, art. 95), e, por isso mesmo, não se destina ao acertamento do direito individualizado de cada possível cointeressado. Só após a sentença coletiva é que cada vítima do dano em sua esfera pessoal poderá pretender certificação judicial de seu eventual enquadramento nos efeitos da ação coletiva de defesa de direitos individuais homogêneos, por meio do procedimento liquidatório complexo previsto nos arts. 97 e 98 do CDC.

Por isso, a eventual não divulgação do edital do art. 94 do CDC não acarreta nulidade do processo e tampouco da sentença genérica coletiva. É que, da omissão nenhum prejuízo resulta para os titulares dos interesses individuais homogêneos. Com efeito, se a sentença for de procedência da demanda coletiva, seus efeitos benéficos atingirão a todos, independentemente de sua intervenção, ou não, no processo; e se for de improcedência, a coisa julgada não atingirá a esfera individual dos interessados; e desse modo não estarão impedidos de reclamar seus direitos pessoais em ação comum singular (CDC, art. 103, III, e § 2º).[37]

---

[33] CUNHA, Alcides Muñoz da. A evolução das ações coletivas no Brasil. *Revista de Processo*, v. 77, p. 233, jan. 1995.

[34] CUNHA, Alcides Muñoz da. A evolução das ações coletivas no Brasil. *Revista de Processo*, v. 77, p. 233-234, jan. 1995.

[35] TALAMINI, Eduardo. Direitos individuais homogêneos e seu substrato coletivo: ação coletiva e os mecanismos previstos no Código de Processo Civil de 2015. *Revista de Processo*, v. 241, p. 347, mar. 2015.

[36] TALAMINI, Eduardo. Direitos individuais homogêneos e seu substrato coletivo: ação coletiva e os mecanismos previstos no Código de Processo Civil de 2015. *Revista de Processo*, v. 241, p. 349, mar. 2015.

[37] Cf. nosso Código de Processo Civil anotado, notas à Lei nº 7.347/1985.

556. Legitimação

A legitimação ativa para a ação civil pública é, naturalmente, do Ministério Público, a quem compete realizar o inquérito civil para apurar dados necessários à propositura da causa (Lei nº 7.347/1985, art. 8º, § 1º), e a quem cabe receber informações, de qualquer interessado ou das autoridades judiciárias, para ensejar a propositura da ação em foco (arts. 6º e 7º).

A lei, contudo, atribui legitimação concorrente a outras entidades, pessoas jurídicas estatais, autárquicas e paraestatais, bem como associações destinadas à proteção do meio ambiente ou à defesa do consumidor para promover a ação civil pública (art. 5º).[38] Na ordem prática não há preferência alguma entre os diversos legitimados.

Ainda a propósito da legitimação do Ministério Público, para a ação civil pública, a jurisprudência do STF e do STJ a negam, ao fundamento de que o parágrafo único do art. 1º da Lei nº 7.347/1985 veta a possibilidade do uso da referida ação para veicular pretensões que envolvam tributos. "Nesse contexto é inviável o ajuizamento de ação civil pública pelo Ministério Público para discutir a relação jurídico-tributária"[39]. A restrição, todavia, não se estende a ação civil pública em defesa de direitos relacionados ao FGTS, tendo em conta a expressiva envergadura social desse Fundo, como proclamou o STF com repercussão geral, por meio da seguinte tese: "O *Ministério Público* tem *legitimidade* para a propositura de *ação civil pública* em defesa de direitos sociais relacionados ao FGTS"[40].

Uma nova legitimação para a ação civil pública foi instituída pelo art. 88-A, acrescentado pela Lei nº 13.806/2019 à lei que define a Política Nacional de Cooperativismo (Lei nº 5.764/1971). Segundo esse dispositivo legal, "a cooperativa poderá ser dotada de legitimidade extraordinária autônoma concorrente para agir como substituta processual em defesa dos direitos coletivos de seus associados quando a causa de pedir versar sobre atos de interesse direto dos associados que tenham relação com as operações de mercado da cooperativa, desde que isso seja previsto em seu estatuto e haja, de forma expressa, autorização manifestada individualmente pelo associado ou por meio de assembleia geral que delibere sobre a propositura da medida judicial".

No caso das associações, a posição atual do STJ é no sentido de que a sua atuação pode se dar de duas maneiras: "na ação coletiva ordinária, como representante processual, com base no art. 5º, XXI, da CF/1988; e na ação civil pública, como substituta processual, nos termos do Código de Defesa do Consumidor e da Lei da Ação Civil Pública". Como representante, ela "atua em nome e no interesse dos associados, de modo que há necessidade de apresentar autorização prévia para essa atuação, ficando os efeitos da sentença circunscritos aos representados". Se se tratar de "substituição processual, há defesa dos interesses comuns do grupo de substituídos, não havendo, portanto, necessidade de autorização expressa e pontual dos seus membros para

---

[38] No caso da associação, a Lei nº 7.347/1985 impõe dos requisitos para conferir-lhe a legitimação: *(a)* deve estar constituída há pelo menos um ano, nos termos da lei civil; *(b)* entre suas finalidades institucionais deve figurar a proteção ao meio ambiente, ao consumidor, à ordem econômica, à livre concorrência, ou ao patrimônio artístico, estético, histórico e paisagístico (art. 5º, I e II). Há possibilidade de o juiz dispensar o primeiro requisito, nas condições do § 4º do citado artigo.

[39] STJ, 1ª Seção, EREsp 1.428.611/SE, Rel. Min. Francisco Falcão, ac. 09.02.2022, *DJe* 29.03.2022. O tema já foi apreciado na Corte Especial do STJ (AgRg na Pet 1.093/RS, Rel. Min. Nilson Naves, ac. 24.10.2002, *DJU* 16.12.2002, p. 223) e consta também do tema 645 do STF: "O Ministério Público não possui legitimidade ativa ad causam para, em ação civil pública, deduzir em juízo pretensão de natureza tributária em defesa dos contribuintes, que vise questionar a constitucionalidade/legalidade de tributo" (STF, Pleno, ARE 694294 RG/MG, Rel. Min, Luiz Fux, ac. 25.04.2013, *DJe* 17.05.2013 – Repercussão Geral).

[40] STF, Pleno, RE 643.978/SE, Rel. Min, Alexandre de Moraes, ac. 09.10.2019, *DJe* 25.10.2019 – Repercussão Geral – Tema 850).

a sua atuação em juízo".[41] Nessa última hipótese, "possuem legitimidade para a liquidação e execução da sentença todos os beneficiados pela procedência do pedido, independentemente de serem filiados à associação promovente".[42] Se a ação coletiva for intentada contra a União, Estado, Município, ou suas autarquias e fundações, será obrigatória a instrução da petição inicial com a relação nominal dos associados da entidade autora a serem beneficiados, com os respectivos endereços (Lei nº 9.494, art. 2º-A, parágrafo único). Já se decidiu, porém, que se ação foi proposta por associação veiculando tutela genérica para todos os consumidores de determinado produto, dentro do território de um Estado, e a sentença decidiu a lide coletiva com a dimensão proposta pela autora, descabe, na fase de liquidação/execução, a alteração do seu alcance, "sob pena de vulneração da coisa julgada". Sendo assim, não terá aplicação ao caso a limitação contida no art. 2º-A, *caput*, da Lei nº 9.494/1997.[43]

A jurisprudência predominante do STJ é no sentido de que as associações, na qualidade de substitutos processuais, detêm legitimidade para atuar judicialmente na defesa dos interesses coletivos de toda a categoria que representam, por isso a coisa julgada advinda da ação coletiva deve alcançar todas as pessoas da categoria, legitimando-as para a propositura individual da execução de sentença. Esse entendimento, entretanto, é passível de modificação em face do posicionamento do STF, que discutiu a matéria em sede de repercussão geral. Assentou a Corte constitucional que as entidades associativas se limitam a promover demandas apenas em favor de seus associados. Em decorrência, "as balizas subjetivas do título judicial, formalizado em ação proposta por associação, é definida pela representação no processo de conhecimento, presente a autorização expressa dos associados e a lista destes juntada à inicial".[44] Permite, outrossim, a lei a formação de litisconsórcio ao Poder Público e a outras associações legitimadas nos termos do art. 5º, *caput*, com qualquer das partes (Lei nº 7.347, art. 5º, § 2º). No entanto, entende o STJ que a formação de litisconsórcio ativo facultativo entre o Ministério Público Estadual e o Federal depende da demonstração de alguma razão específica que justifique a presença de ambos no processo. O fundamento invocado foi o de que o litisconsórcio não justificado pode contrariar o princípio da economia processual, acarretando maior demora na marcha do processo pela necessidade de intimação pessoal de cada membro do Ministério Público, com prazo específico para manifestação.[45]

Reconhece a jurisprudência, em determinados casos, a legitimação ativa da Defensoria Pública para a propositura da ação civil pública. É o que, por exemplo, dá-se quando em jogo a defesa de necessitados, não só no sentido de carentes de recursos econômicos, mas também os hipossuficientes jurídicos, como os idosos. Nesse sentido, o STJ reconheceu a possibilidade de ação civil pública pela Defensoria Pública, relacionada com interesses dos idosos em face de

---

[41] STJ, 2ª Seção, REsp 1.325.857/RS, Rel. Min. Luis Felipe Salomão, ac. 30.11.2021, *DJe* 01.02.2022.

[42] STJ, 2ª Seção, REsp 1.362.022/SP, Rel. Min. Raul Araújo, j. 28.04.2021, *DJe* 24.05.2021.

[43] STJ, Corte Especial, REsp 1.243.887/PR, Rel. Min. Luis Felipe Salomão, ac. 19.10.2011, *DJe* 12.12.2011; STJ, 3ª T., REsp 651.037/PR, Rel. Min. Nancy Andrighi, ac. 05.08.2004, *DJU* 13.09.2004, p. 241.

[44] "Representação. Associados. Artigo 5º, inciso XXI, da Constituição Federal. Alcance. O disposto no artigo 5º, inciso XXI, da Carta da República encerra representação específica, não alcançando previsão genérica do estatuto da associação a revelar a defesa dos interesses dos associados" (STF, Pleno, RE 573.232/SC, Rel. Min. Min. Ricardo Lewandowski, Rel. p/ ac. Min. Marco Aurélio, ac. 14.05.2014, *DJe* 19.09.2014). Em julgamento posterior, o STJ decidiu rever posicionamento anterior, admitindo que a "sentença coletiva, prolatada em ação de rito ordinário, só pode beneficiar os associados, pois, nessa hipótese, a associação age em representação, e não em substituição processual da categoria" (STJ, 4ª T., REsp 1.374.678/RJ, Rel. Luis Felipe Salomão, ac. 23.06.2015, *DJe* 04.08.2015).

[45] STJ, 3ª T., REsp 1.254.428/MG, Rel. Min. João Otávio de Noronha, ac. 02.06.2016, *DJe* 10.06.2016.

plano de saúde.[46] É que, por preceito constitucional, "a família, a sociedade e o Estado têm o dever de amparar as pessoas idosas, assegurando sua participação na comunidade, defendendo sua dignidade e bem-estar e garantindo-lhes o direito à vida" (CF, art. 230, *caput*).[47]

O Ministério Público, não sendo autor, funcionará sempre como fiscal da lei (art. 5º, § 1º).[48] Pode, ainda, estabelecer-se litisconsórcio facultativo entre Ministérios Públicos da União, do Distrito Federal e dos Estados (§ 5º).

A legitimação passiva da ação civil pública é ampla, compreendendo pessoas físicas ou jurídicas, de direito público ou privado, ou seja, qualquer pessoa a que se impute, *in concreto*, responsabilidade por ofensa aos bens coletivos mencionados no art. 1º da Lei nº 7.347/1985.

556.1. Substituição da entidade autora no curso do processo

Reconhece a jurisprudência que, ocorrendo a dissolução da associação autora da ação coletiva, ou verificada sua ilegitimidade ativa para a causa, é possível admitir sua sucessão por outra entidade da mesma natureza tida por legítima, mediante interpretação extensiva dos arts. 9º da Lei nº 4.717/1965, e 5º, § 3º, da Lei nº 7.347/1985.[49]

556.2. Conexão e continência

Uma vez que a lei atribui legitimação concorrente a algumas entidades para a defesa de direitos coletivos, é possível que mais de um ente credenciado ajuíze ação relativa a um mesmo interesse comum. Nesses casos, poderá haverá *conexão* ou *continência*. São conexas duas ou mais ações quando "lhes for comum o pedido ou a *causa de pedir*" (CPC, art. 55). Já a continência é uma conexão de maior amplitude, porque envolve todos os elementos das duas ações – partes, pedido e causa de pedir –, mas o pedido é mais amplo numa delas (art. 56).

Se se tratar de *conexão*, as ações devem ser reunidas para julgamento conjunto (art. 58 do CPC). Se a reunião não for possível, em razão da diversidade de competência ou de estágio de evolução dos procedimentos já em curso, a solução será suspender o processo que estiver mais

---

[46] "(...) 4. 'A expressão *necessitados* (art. 134, *caput*, da Constituição), que qualifica, orienta e enobrece a atuação da Defensoria Pública, deve ser entendida, no campo da Ação Civil Pública, em sentido amplo, de modo a incluir, ao lado dos estritamente carentes de recursos financeiros – os miseráveis e pobres –, os hipervulneráveis (isto é, os socialmente estigmatizados ou excluídos, as crianças, os idosos, as gerações futuras), enfim todos aqueles que, como indivíduo ou classe, por conta de sua real debilidade perante abusos ou arbítrio dos detentores de poder econômico ou político, 'necessitem' da mão benevolente e solidarista do Estado para sua proteção, mesmo que contra o próprio Estado'... (REsp 1.264.116/RS, Rel. Ministro Herman Benjamin, Segunda Turma, julgado em 18/10/2011, *DJe* 13/04/2012). 6. Embargos de divergência acolhidos para, reformando o acórdão embargado, restabelecer o julgamento dos embargos infringentes prolatado pelo Terceiro Grupo Cível do Tribunal de Justiça do Estado do Rio Grande do Sul, que reconhecera a legitimidade da Defensoria Pública para ajuizar a ação civil pública em questão" (STJ, Corte Especial, EREsp 1.192.577/RS, Rel. Min. Laurita Vaz, ac. 21.10.2015, *DJe* 13.11.2015).

[47] Na mesma linha do STJ, o STF também já concluiu que a Defensoria Pública tem legitimidade para propor ação civil pública, na defesa de interesses difusos, coletivos ou individuais homogêneos, julgando improcedente o pedido de declaração de inconstitucionalidade formulado contra o art. 5º, II, da Lei nº 7.347/1985, alterado pela Lei nº 11.448/2007, para prever a referida legitimação (STF, Pleno, ADI 3.943/DF, Rel. Min. Cármen Lúcia, ac. 07.05.2015, *DJe* 06.08.2015).

[48] "Proposta a ação pelo Ministério Público, não há necessidade de oficiar outro órgão da mesma instituição como fiscal da lei" (STJ, 2ª T., AgRg no AI 95.537/SP, Rel. Min. Hélio Mosimann, ac. 22.08.1996, *DJU* 16.09.1996, p. 33.727).

[49] "(...) A assunção do polo ativo por outro colegitimado deve ser aceita, por aplicação analógica dos arts. 9º da Lei 4.717/65 e 5º, § 3º, da Lei 7.347/85, na hipótese de dissolução da associação autora original, por aplicação dos princípios da interpretação pragmática e da primazia do julgamento de mérito" (STJ, 3ª T., REsp 1.800.726/MG, Rel. Min. Nancy Andrighi, ac. 02.04.2019, *DJe* 04.04.2019).

afastado do momento de sentenciamento ou daquele que estiver na dependência de questão prejudicial a ser enfrenada na outra demanda conexa (art. 313, V, *a*).

Em relação à *continência*, os efeitos nem sempre serão os mesmos. Há que se verificar qual ação foi proposta primeiro: *(i)* se a precedência for da ação continente, o processo relativo à ação contida será extinto sem resolução de mérito (art. 57, 1ª parte). É que existirá litispendência parcial entre elas, de modo que a ação menor incorrerá na hipótese de extinção prevista no art. 485, V; *(ii)* se a ação de pedido menor (a contida) for a que primeiro se ajuizou, a reunião das ações será obrigatória (art. 57, *in fine*).

556.3. Litispendência

A litispendência gera a proibição do ajuizamento de uma segunda ação, idêntica à que se encontra pendente de julgamento. Só há litispendência quando, na realidade, "se reproduz ação anteriormente ajuizada" (CPC, art. 337, § 1º), de maneira que as duas possam ser vistas como idênticas. Duas ações serão idênticas quando possuírem "as mesmas partes, a mesma causa de pedir e o mesmo pedido" (CPC, art. 337, § 2º).

Em casos de ação coletiva, em que os legitimados agem em substituição processual, "a parte que figura no processo não se confunde com os interessados, isto é, com as pessoas que serão beneficiadas com a decisão definitiva proferida na demanda, estas sim relevantes para identificação da litispendência e da coisa julgada". Essa circunstância ocorre justamente em razão da "natureza da legitimação extraordinária, concorrente e disjuntiva nas ações coletivas, nas quais os legitimados, em nome próprio, atuam na defesa de direito alheio".[50] Por isso que a identidade de parte em situação como esta deve ser analisada sob o ponto de vista do titular do direito que está sendo discutido, e não da pessoa que o defende.[51]

A jurisprudência é tranquila no sentido de que, para a configuração de litispendência em casos tais, o que importa é a *identidade dos resultados práticos* pretendidos pelos legitimados extraordinários, uma vez ser idêntico o direito pleiteado em favor do substituído.[52]

Havendo litispendência, o resultado prático será a extinção da ação mais nova, permanecendo aquela ajuizada em primeiro lugar, a fim de evitar a prolação de sentenças sobre a mesma matéria que sejam contraditórias.

---

[50] Trechos do acórdão do STJ, 3ª T., EDcl nos EmbExeMS 6.864/DF, Rel. Min. Ribeiro Dantas, ac. 09.12.2020, *DJe* 15.12.2020.

[51] "Resta saber se é possível afirmar a existência de litispendência entre duas ações coletivas. Ao que nos parece, no que estamos ancorados em opinião de juristas de peso, como o professor Arruda Alvim, a despeito de os legitimados não serem precisamente os mesmos, mas tendo em vista a idêntica função que exercem no processo, levando o mesmo conflito de interesse ao juízo e com fundamento na mesma causa de pedir, haverão de ser considerados, juridicamente, como a mesma parte. Daí se falar, à luz dessas considerações, em litispendência entre duas ações coletivas, desde que se esteja em defesa do mesmo direito" (ALVIM, Eduardo Arruda. Coisa julgada e litispendência no anteprojeto de Código Brasileiro de Processos Coletivos. In: GRINOVER, Ada Pellegrini; MENDES, Aluisio Gonçalves de castro; WATANABE, Kazuo (coord.). *Direito processual coletivo e o anteprojeto de Código Brasileiro de Processos Coletivos*. São Paulo: Ed. RT, 2007, p. 188).

[52] "Entretanto, no âmbito da tutela coletiva de direitos individuais, as demandas são identificadas com base em uma narrativa única que funciona como modelo ao qual se submetem todas as ocorrências individualizadas semelhantes, cuja pretensão deve ser entendida a partir dos fatos relacionados pelo substituto processual. Como decorrência, haverá litispendência quando o pedido e a causa de pedir de duas ou mais demandas conduzirem ao mesmo resultado prático" (STJ, 3ª Seção, AgRg nos EmbExeMS 3.901/DF, Rel. Min. Rogerio Schietti Cruz, ac. 14.11.2018, *DJe* 21.11.2018). "O ajuizamento de demandas objetivando o mesmo resultado prático caracteriza litispendência e coisa julgada" (TJSP, 10ª Câmara de Direito Público, Apelação Cível 0035782-60.2010.8.26.0053, Rel. Des. Teresa Ramos Marques, ac. 19.10.2020, Data de Registro: 19.10.2020).

556-A. Legitimação de pessoa jurídica de direito público

A Lei nº 7.347/1985, art. 5º, III, confere às pessoas jurídicas de direito público (União, Estados, Distrito Federal e Municípios) legitimação ampla para promover a ação civil pública, nos limites do respectivo art. 1º (com a redação da Lei nº 12.529/2011), nos quais se incluem os danos ao consumidor (inciso II).

Quando se trata, porém, de defesa dos consumidores, a Lei nº 8.078/1990 (CDC) prevê que a ação coletiva pode tanto proteger direitos difusos e coletivos, como direitos individuais homogêneos (art. 81, parágrafo único). Mas, no tocante aos direitos individuais homogêneos, a tutela por ação coletiva pressupõe esteja em jogo o interesse coletivo. Ou seja:

> "3. O traço que caracteriza o direito individual homogêneo como coletivo – alterando sua disponibilidade – é a eventual presença de interesse social qualificado em sua tutela, correspondente à transcendência da esfera de interesses puramente particulares pelo comprometimento de bens, institutos ou valores jurídicos superiores, cuja preservação importa à comunidade como um todo."[53]

Para a jurisprudência do STJ, "a qualidade moral e técnica necessária para a configuração da pertinência temática e da representatividade adequada tem íntima relação com o respeito das garantias processuais das pessoas substituídas, a legitimidade do provimento jurisdicional com eficácia ampla e a própria instrumentalização da demanda coletiva, evitando o ajuizamento de ações temerárias, sem fundamento razoável, ou propostas por motivos simplesmente políticos ou emulatórios".[54]

Diante de decisão recorrida, de segundo grau, que negara ao Município legitimidade para questionar por ação civil pública a cobrança da tarifa bancária de "renovação de cadastro", o STJ decidiu que o caso não repercutia, como afirmado na decisão recorrida, apenas sobre o grupo restrito dos servidores públicos. Em razão disso, não julgou correto falar-se em falta de competência do Município para defesa de direitos individuais homogêneos, por suposta falta de representativa adequada ou de pertinência temática. Ao prover o recurso especial, aquela Corte Superior aduziu, no mesmo especial, o seguinte:

> "8. Ainda que tenha sido mencionada como causa de pedir e pedido a cobrança da tarifa de "renovação de cadastro" de servidores municipais, é certo que o direito vindicado possui dimensão que extrapola a esfera de interesses puramente particulares dos citados servidores, o que é suficiente para o reconhecimento da legitimidade do ente político para essa primeira fase da tutela coletiva de interesses individuais homogêneos."

557. Ação coletiva por meio de associação

As associações são legitimadas para ações coletivas em circunstâncias diversas:

(a) podem defender, em ação civil pública, direitos difusos ou coletivos (Lei nº 7.347/1985, art. 5º, V);

(b) podem defender direitos individuais homogêneos de seus associados, de forma genérica (CDC, arts. 82, IV, e 91);

---

[53] STJ, 3ª T., REsp 1.509.586/SC, Rel. Min. Nancy Andrighi, ac. 15.05.2018, *DJe* 18.05.2018.

[54] STJ, 3ª T., REsp 1.509.586/SC, Rel. Min. Nancy Andrighi, ac. 15.05.2018, *DJe* 18.05/2018.

(c) podem, ainda, em ação comum, propor ação em defesa de seus associados, representando-os na forma do art. 5º, XXI, da Constituição, sem sujeitar-se ao regime procedimental do CDC.

I – Defesa dos direitos coletivos e dos individuais homogêneos

Nos dois primeiros casos, ocorre ação coletiva, em que os possíveis direitos individuais ofendidos são apenas genericamente beneficiados pela sentença de procedência do pleito patrocinado pela associação, como substituta processual. Cabe a cada consumidor ou interessado promover a liquidação e execução do prejuízo individual enquadrável na força da condenação genérica. A execução poderá, também, ser movida coletivamente pela associação, mas, já então, o caso será de representação, devendo cada interessado conferir-lhe poderes para a defesa de sua situação individual. É nesse sentido que o art. 95 do CDC qualifica como genérica a condenação obtida em ação coletiva de defesa de direitos individuais homogêneos. A ação de cognição desenvolve-se sob o regime de substituição processual, e, na fase de execução, submete-se ao de representação.

Observe-se que, sendo o direito defendido difuso ou coletivo, não há dúvida de que a ação intentada pela associação beneficia genericamente toda a comunidade interessada e não apenas seus associados, mesmo porque o direito tutelado é indivisível. Mas, quando se trata de direitos individuais homogêneos, a associação constitucionalmente só se legitima a defender os interesses de seus próprios filiados (CF, art. 5º, XXI), conforme jurisprudência atual do STF e do STJ.

Mas sua atuação também é autorizada pelos arts. 81, 82 e 91 do CDC, na qualidade de *substituta processual*. Nessa hipótese, "há defesa dos interesses comuns do grupo de substituídos, não havendo, portanto, necessidade de autorização expressa e pontual dos seus membros para a sua atuação em juízo".[55] Destarte, "possuem legitimidade para a liquidação e execução da sentença todos os beneficiados pela procedência do pedido, independentemente de serem filiados à associação promovente".[56]

As Cortes Superiores assim solucionaram a questão acerca da amplitude da defesa de direitos individuais homogêneos pelas associações.

II – Defesa coletiva de direitos dos associados

Na terceira situação, a atividade da associação é, desde a origem, enquadrada na figura processual da representação, pois como literalmente se prevê no art. 5º, XXI, da Constituição, as entidades associativas só representam seus filiados em juízo "quando expressamente autorizadas". Quando, então, a associação já ingressa em juízo como representante de seus filiados, e o faz para reclamar direitos individuais deles, desde logo identificados e líquidos, não há de se exigir nova representação para legitimá-la a promover o subsequente cumprimento da sentença ou a liquidação da condenação acaso obtida de forma ilíquida.

O permissivo constitucional, *in casu*, não é de uma ação coletiva como aquela regulada pelo CDC; é, na verdade, de uma ação singular, com vários titulares previamente definidos, todos representados pela associação. O efeito prático, querido pela regra constitucional, é apenas o de simplificar o procedimento, tornando a entidade associativa sujeito ativo da demanda, para eliminar os inconvenientes do litisconsórcio tradicional. Daí que não se hão de aplicar as normas de liquidação e habilitação individuais cogitadas pelos arts. 94 a 98 do CDC. A sentença, sendo líquida quanto à pretensão de cada associado representado pela entidade autora, terá

---

55 STJ, 2ª Seção, REsp 1.325.857/RS, Rel. Min. Luis Felipe Salomão, ac. 30.11.2021, *DJe* 01.02.2022.

56 STJ, 2ª Seção, REsp 1.362.022/SP, Rel. Min. Raul Araújo, j. 28.04.2021, *DJe* 24.05.2021.

o respectivo cumprimento promovido pela mesma entidade, não havendo que se cogitar de credores sujeitos a habilitação, nem de créditos genéricos pendentes de liquidação.

Enfim, a associação, nos moldes do art. 5º, XXI, da Constituição (e não do art. 91 do CDC), não age por legitimação apenas legal. Representa os associados porque estes lhe delegaram a representação que, em última análise, se desempenha no processo. Não se trata (diversamente do regime das ações coletivas do CDC) de simples imposição legal, mas de representação consentida pela ordem jurídica e autorizada pelos representados. Tendo a associação representação plena para o foro, habilitada se acha para obter a condenação, bem como para promover a competente execução, sem depender de novo ato de legitimação dos associados.

O entendimento exposto – advirta-se – vale para a ação comum intentada por associação, na defesa de interesses individuais perfeitamente identificados e individualizados desde a propositura da demanda (CF, art. 5º, XXI). Se a pretensão deduzida pela associação é genérica, não só quantitativamente, mas também subjetivamente, o grupo de interessados se apresenta aberto e não definido com precisão, de sorte que a ação realmente será coletiva e se sujeitará ao regime processual tratado pelo CDC, para a tutela dos direitos individuais homogêneos, especialmente no que toca à disciplina dos arts. 95, 97 e 98. A substituição processual se completa com a obtenção de sentença genérica, e a execução terá de se processar, segundo o interesse individual de cada associado, conforme o regime de representação,[57] caso não queira o próprio credor promover pessoalmente o cumprimento da sentença na parte que lhe diz respeito.

Todavia, para o STF, nessa modalidade de demanda coletiva, a eficácia da coisa julgada somente alcança os filiados, da associação autora, "residentes no âmbito da jurisdição do órgão julgador, que o fossem em momento anterior ou até a data da propositura da demanda, constantes da relação jurídica juntada à inicial do processo de conhecimento"[58].

III – A associação e a ação civil pública

Para que seja legitimada a propor a ação civil pública, é necessário que a associação tenha sido constituída há, pelo menos, um ano (Lei nº 7.347/1985, art. 5º, V, *a*), nos termos da lei civil (CC, arts. 45 e 53). É exigido ainda que se inclua, entre suas finalidades institucionais, a proteção ao patrimônio público e social, ao meio ambiente, ao consumidor, à ordem econômica, à livre concorrência, aos direitos de grupos raciais, étnicos ou religiosos ou ao patrimônio artístico, estético, histórico, turístico e paisagístico (Lei nº 7.347/1985, art. 5º, V, *b*).

Entre os casos em que não se legitima a associação a defender direitos individuais homogêneos de seus filiados figura a ação civil pública que visa condenar seguradoras a indenizar vítimas acobertadas pelo DPVAT, por não se divisar na espécie relação contratual e tampouco relação de consumo.[59]

558. Ações coletivas promovidas por sindicatos

Assegura a Constituição, ainda, outra legitimação para as ações coletivas aos sindicatos, a quem é conferida, *ex lege*, a defesa dos direitos e interesses coletivos ou individuais da categoria, inclusive em questões judiciais ou administrativas (CF, art. 8º, III). As entidades

---

[57] STJ, 3ª T., REsp 880.385/SP, Rel. Min. Nancy Andrighi, ac. 02.09.2008, *DJe* 16.09.2008. Em matéria, porém, de ação coletiva promovida por entidade sindical, a jurisprudência do STF e do STJ firmou-se no sentido de que, tanto na fase de conhecimento, como na de liquidação ou de cumprimento da sentença, a atuação do sindicato se dá na qualidade de substituto processual, e não de representante dos titulares de direitos individuais homogêneos (ver, adiante, o item nº 556).

[58] STF, Pleno, RE 612.043/PR, Rel. Min. Marco Aurélio, ac. 10.05.2017, *DJe* 06.10.2017.

[59] STJ, 2ª Seção, REsp 1.091.756/MG, Rel. p/ac. Min. Marco Aurélio Bellizze, ac. 13.12.2017, *DJe* 05.02.2018.

sindicais, portanto, têm legitimidade ativa para demandar em juízo a tutela de direitos subjetivos individuais homogêneos dos integrantes da categoria, desde que "guardem relação de potencialidade com os fins institucionais do sindicato demandante".[60]

O sindicato, quando patrocina a defesa de direitos individuais homogêneos da categoria, atua como substituto processual, em busca de sentença genérica, nos moldes do art. 95 do CDC (Lei nº 8.078/1990), "sem qualquer juízo a respeito da situação particular dos substituídos". Por isso, dispensável é, nas ações coletivas sindicais, "a autorização individual dos substituídos".[61]

I – Representação ou substituição processual?

Obtida a condenação genérica por obra do sindicato, cabe a cada um dos substituídos demandar as vantagens individuais, se não forem satisfeitas espontaneamente. Para esse fim, isolada ou conjuntamente, será proposta ação de execução da sentença coletiva. Se preferida a via coletiva, a execução será sob a forma de *representação* ou de *substituição processual*? Já se decidiu na 1ª Turma do STJ que a *substituição* exercida pelo sindicato prevaleceria apenas até a sentença e que, na fase de execução, o regime processual passaria a ser o de *representação*. Teria, por isso, o órgão sindical de comprovar a outorga dos exequentes e de liquidar os valores que individualmente correspondam a cada representado.[62]

Em decisão da Corte Especial, porém, o STJ consagrou o entendimento de que a passagem da fase cognitiva para a de cumprimento da sentença não altera o regime de atuação processual do sindicato, que continua sendo o de substituição processual e não o de representação. Esse regime tem raízes constitucionais, e no art. 8º, III, da Constituição Federal, que o embasa, não se encontra ressalva capaz de autorizar a distinção da forma de atuação sindical no estágio anterior e no posterior à sentença. Desnecessária, portanto, a autorização dos filiados para que a execução coletiva tenha curso. Isto, porém, não afasta a necessidade lógica de que, no cumprimento da sentença, a entidade promovente da execução coletiva tenha de individualizar os credores substituídos e os valores dos respectivos créditos.[63]

II – Execução da sentença em ações ajuizadas pelo sindicato: requisitos

Com efeito, para ter acesso à execução, não basta invocar a sentença condenatória genérica. A situação individual de cada exequente, isto é, o fato constitutivo do direito subjetivo de cada interessado, tem de ser demonstrado na fase de cumprimento do julgado coletivo.[64] Os valores e os sujeitos da execução devem ser quantificados e identificados, ao mesmo tempo em que se procede à certificação das situações fático-jurídicas individuais. A execução coletiva, por meio da entidade sindical, depende de:

(*a*) existência da sentença condenatória coletiva;

(*b*) prova da situação individual enquadrável na conjuntura reconhecida pela sentença genérica;

(*c*) mensuração do direito subjetivo de cada exequente, realizada no procedimento preparatório da liquidação da sentença.

---

[60] STJ, 1ª T., REsp 766.134/DF, Rel. Min. Francisco Falcão, ac. 15.05.2008, *DJe* 27.08.2008 (voto vencedor do Min. Teori Zavascki).

[61] STJ, 1ª T., REsp 766.134/DF, Rel. Min. Francisco Falcão, ac. 15.05.2008, *DJe* 27.08.2008.

[62] STJ, 1ª T., REsp 766.134/DF, Rel. Min. Francisco Falcão, ac. 15.05.2008, *DJe* 27.08.2008.

[63] STJ, Corte Especial, EREsp 760.840/RS, Rel. Min. Nancy Andrighi, ac. 04.11.2009, *DJe* 12.05.2010, Precedentes citados: STF, Pleno, RE 213.111/SP, Rel. Min. Joaquim Barbosa, ac. 12.06.2006, *DJe* 23.08.2007; STJ, 6ª T., REsp 1.082.891/RN, Rel. Min. Jane Silva (Des.ª convocada, TJMG), dec. Monocrática, *DJe* 24.09.2008.

[64] STJ, 1ª T., REsp 766.134/DF, Rel. Min. Francisco Falcão, ac. 15.05.2008, *DJe* 27.08.2008.

Também o STF, depois de idas e vindas, consolidou sua jurisprudência no sentido de que, tanto na fase de conhecimento, como na de liquidação ou de cumprimento da sentença proferida em ações em que se discutam direitos individuais homogêneos, a atuação do sindicato se dá na qualidade de substituto processual, sem necessidade de prévia autorização dos trabalhadores.[65]

Suscitada a repercussão geral da questão, o Pleno do STF não só a reconheceu por unanimidade, como no mérito reafirmou, por maioria, a jurisprudência dominante naquela Corte "no sentido da ampla legitimidade extraordinária dos sindicatos para defender em juízo os direitos e interesses coletivos ou individuais dos integrantes da categoria que representam, inclusive nas liquidações e execuções de sentença, independentemente de autorização dos substituídos".[66]

559. O Ministério Público e a tutela coletiva dos direitos individuais homogêneos

Com o advento do Código de Defesa do Consumidor, indagaram doutrina e jurisprudência se estaria o Ministério Público legitimado à defesa em juízo dos interesses individuais do consumidor isolado ou de pequenos grupos determinados de consumidores vítimas de um dano de origem comum.

Dispõe o art. 127 da Constituição Federal de 1988, *verbis*:

> "O Ministério Público é instituição permanente, essencial à função jurisdicional do Estado, incumbindo-lhe a defesa da ordem jurídica, do regime democrático e dos interesses sociais e *individuais indisponíveis*".

Observa-se, pois, que a Carta Magna fez menção exclusivamente a *direitos individuais indisponíveis* como de possível defesa por parte do Ministério Público. Portanto, a sua legitimação somente se verifica quando houver a malversação de tal categoria de direitos, entendida como sendo "aqueles dos quais diz a palavra não se puder dispor, porque integrados na personalidade humana".[67]

A restrição imposta pelo legislador constituinte justifica-se na medida em que ao Ministério Público é vedada a prática da advocacia (art. 128, § 5.º, "b"). Advogar outra coisa não é senão promover a defesa de direitos individuais, particularmente os disponíveis.

É à luz do art. 127, pois, que se deve interpretar o art. 81, parágrafo único, III, do Código de Defesa do Consumidor, que autoriza o Ministério Público a promover a defesa coletiva dos interesses individuais homogêneos. Assim sendo, tem-se que somente em se tratando de direito individual homogêneo *indisponível* estará o Ministério Público legitimado à propositura da ação coletiva de consumo, jamais a ação civil pública.

Nesse sentido, é a orientação da melhor doutrina que tem como seu representante Hugo de Brito Machado:

---

[65] STF, Pleno, RE 193.503/SP, Rel. Min. Carlos Velloso, ac. 12.06.2006, *DJU* 24.08.2007, p. 56; STF, STF, Pleno, RE 193.503/SP, Rel. Min. Carlos Velloso, ac. 12.06.2006, *DJU* 24.08.2007, p. 194; *STF*, RE 208.983/SC; Rel. p/ ac. Min. Joaquim Barbosa, ac. 12.06.2006, *DJU* 24.08.2007, p. 197; STF, RE 210.029/RS, Rel. p/ ac. Min. Joaquim Barbosa, ac. 12.06.2006, *DJU* 17.08.2007, p. 197; STF, RE 213.111/SP, Rel. p/ ac. Min. Joaquim Barbosa, ac. 12.06.2006, *DJU* 24.08.2007, p. 56.

[66] STF, Pleno, RE 883.642 RG/AL, Rel. Min. Ricardo Lewandowski, ac. 18.06.2015, *DJe* 26.06.2015.

[67] CORRÊA, Oscar Dias. *A Constituição de 1988* – contribuição crítica. Rio de Janeiro: Forense Universitária, 1991, p. 170.

"Não se pode admitir a defesa, pelo Ministério Público, de um direito individual disponível, ao argumento de que se trata de um direito homogêneo. Como já dissemos, isso implicaria admitir a prática da advocacia pelo Ministério Público".[68]

Com efeito, "vedado, como é, aos membros do Ministério Público o exercício da advocacia, e sendo atribuição sua apenas a defesa dos interesses sociais e *individuais indisponíveis, não tem o* parquet *legitimidade para promover ações na defesa de interesses individuais disponíveis*".[69] Diversa não tem sido a orientação preconizada pelos Tribunais, em especial pelo *Superior Tribunal de Justiça*.[70]

Todavia, pode haver hipótese em que, num só ato, dois são os interesses lesados: um de natureza divisível, individual, subjetiva, cuja defesa cabe ao próprio lesado; e outro, de caráter indivisível, coletivo e difuso, de interesse social, cuja proteção se impõe ao Ministério Público. São, *v.g.*, indivisíveis os interesses atinentes à saúde, à educação, ao transporte coletivo etc., porque uma vez ignorados geram grandes transtornos para a sociedade. O Ministério Público, então, estaria legitimado não pelo simples fato de haver uma soma de interesses individuais, mas sim pelo fato de a lesão a um direito subjetivo desse tipo causar repercussões prejudiciais a toda coletividade. Seria, então, o interesse social, como direito difuso, que estaria sendo protegido e tutelado pelo Ministério Público, e não apenas os direitos individuais homogêneos dos diversos prejudicados de *per si*. Nesse sentido, o STF assentou, por exemplo, que "o Ministério Público tem legitimidade para promover ação civil pública cujo fundamento seja a ilegalidade de reajuste de mensalidades escolares" (STF, Súmula nº 643).

Interesse social, conforme ensina Rodolfo de Camargo Mancuso, "é o interesse que reflete o que esta sociedade entende por 'bem comum'; o anseio de proteção à *res publica*; a tutela daqueles valores e bens mais elevados, os quais essa sociedade, espontaneamente, *escolheu* como sendo os mais relevantes. Tomando-se o adjetivo 'coletivo' num sentido amplo, poder-se-ia dizer que o interesse social equivale ao *exercício coletivo do interesse coletivo*".[71]

Não é pelo simples fato de serem tratados numa dimensão coletiva que os direitos individuais assumem relevância social. Alerta Teori Albino Zavascki que os "direitos individuais só devem ser considerados como de interesse social quando sua lesão tiver alcance mais amplo que o da simples soma das lesões individuais, por comprometer também valores comunitários especialmente privilegiados pelo ordenamento jurídico".[72]

O Ministério Público não está legitimado a defender o interesse de pequenos grupos de consumidores, porque neste caso não estará afetado interesse da sociedade como um todo, mas apenas de parcela determinada dessa. É necessário que a lesão sofrida pelos titulares de direito subjetivo configure um interesse social. Isto é, que desta situação decorra, a um só tempo, direitos individuais homogêneos e interesse social, de natureza difusa. Em outros termos, a defesa de

---

[68] MACHADO, Hugo de Brito. Aspectos da competência do Ministério Público e atividade política. *Revista dos Tribunais*, v. 698, p. 27-28, dez. 1993.

[69] MACHADO, Hugo de Brito. Aspectos da competência do Ministério Público e atividade política. *Revista dos Tribunais*, v. 698, p. 30, dez. 1993.

[70] "Ação Civil Pública. Direitos Individuais *Disponíveis*. ICMS. Ilegitimidade do *Ministério Público*. A legitimidade do *Ministério Público* é para cuidar de *interesses* sociais difusos ou coletivos e não para patrocinar direitos individuais privados e *disponíveis*" (STJ, 1ª T., REsp 248.281/SP, Rel. Min. Garcia Vieira, ac. 02.05.2000, *DJU* 29.05.2000, p. 127). No mesmo sentido: STJ, 1ª Seção, EREsp 181.892/SP, Rel. Min. Garcia Vieira, ac. 10.04.2000, *DJU* 08.05.2000, p. 54.

[71] MANCUSO, Rodolfo de Camargo. *Interesses difusos*. 5. ed. São Paulo: Ed. RT, 2000, p. 27.

[72] ZAVASCKI, Teori Albino. Defesa de direitos coletivos e defesa coletiva de direitos. *Revista Forense*, v. 329, p. 159, jan.-fev.-mar. 1995.

interesse de um grupo determinado convém à sociedade como um todo, quando a violação de direitos individuais ofende também o direito da coletividade. Nesta hipótese confere-se ao Ministério Público legitimidade para agir exatamente porque busca a tutela do interesse de dimensão coletiva ou difusa. A proteção dos interesses individuais homogêneos se faz, portanto, por via reflexa. De outro modo, não se pode entender o interesse social.[73]

A maioria da doutrina é assente na necessidade de que haja a presença do interesse social na tutela do interesse individual homogêneo por parte do Ministério Público. A definição do que seja interesse social é que se mostra carregada de avaliação subjetiva, quando, na verdade, dever-se-iam adotar critérios objetivos, como ilustra no já citado aresto do STF o Ministro Sepúlveda Pertence.[74]

O Ministério Público, portanto, não está institucionalmente concebido como defensor de direitos individuais homogêneos, mas apenas dos que correspondam a "interesses sociais" (CF, art. 127). Os "interesses individuais" somente entram na esfera de atuação do *Parquet* quando sejam "indisponíveis",[75] jamais quando disponíveis.

De maneira geral, os direitos do consumidor assumem feitio coletivo, com repercussão social, razão pela qual a jurisprudência inclina-se por reconhecer, com maior amplitude, a legitimidade do Ministério Público para a ação coletiva em sua defesa, até mesmo quando se trate de direitos individuais homogêneos.[76] O STJ, por sua vez, já sumulou sua jurisprudência, no sentido de que "o Ministério Público tem legitimidade ativa para atuar na defesa de direitos difusos, coletivos e individuais homogêneos dos consumidores, ainda que decorrentes da prestação de serviço público" (Súmula 601/STJ).

Não se pode admitir, todavia, que o Ministério Público use sua titularidade da ação civil pública (coletiva por natureza) para promovê-la em ação singular na defesa individual e isolada

---

[73] A propósito, o Supremo Tribunal Federal no julgamento do RE 213.631, em voto da lavra do Em. Ministro Sepúlveda Pertence, salientou que não se pode dizer que "qualquer feixe de pretensões individuais homogêneas, seja qual for o seu objeto, possa ser tema de tutela jurisdicional coletiva por iniciativa do Ministério Público" (STF, Pleno, RE 213.631/MG, Rel. Min. Ilmar Galvão, ac. 09.12.1999, *DJU* 07.04.2000, p. 69, *RTJ* 173/305). Destacou o Em. Ministro "não bastar, à legitimidade ao Ministério Público no particular, a homogeneidade de quaisquer interesses individuais de um número significativo de sujeitos" (STF, Pleno, RE 213.631/MG, Rel. Min. Ilmar Galvão, ac. 09.12.1999, *DJU* 07.04.2000*RTJ* 173/305). Cita o ilustre Ministro inúmeros doutrinadores que adotam o mesmo entendimento, dentre eles Kazuo Watanabe, J. C. Barbosa Moreira, Teori A. Zavascki, Rodolfo C. Mancuso, Lúcia V. Figueiredo e Hugo N. Mazzilli.

[74] "Creio, assim, que afora o caso de previsão legal expressa a afirmação do *interesse social* para o fim cogitado há de partir da identificação do seu assentamento nos pilares da ordem social projetada pela Constituição e na sua correspondência à persecução dos objetivos fundamentais da República, nela consagrados. (...) A Constituição ainda aponta como metas da República 'construir uma sociedade livre, justa e solidária' e 'erradicar a pobreza e a marginalização e reduzir as desigualdades sociais e regionais'" (STF, Pleno, RE 213.631/MG, Rel. Min. Ilmar Galvão, ac. 09.12.1999, *DJU* 07.04.2000, *RTJ* 173/309). Naquele julgamento, concluiu o Ministro Sepúlveda Pertence acompanhando o voto do Min. Relator Ilmar Galvão que, por exemplo: "Não se me afigura sustentável que essa legitimação extraordinária do MP se possa prodigalizar, em nome do interesse social, para a defesa de qualquer resistência coletiva à tributação" (STF, Pleno, RE 213.631/MG, Rel. Min. Ilmar Galvão, ac. 09.12.1999, *DJU* 07.04.2000, *RTJ* 173/309).

[75] STF, Pleno, RE 213.631/MG, Rel. Min. Ilmar Galvão, ac. 09.12.1999, *DJU* 07.04.2000, *RTJ* 173/309.

[76] "A legitimidade do Ministério Público para a defesa de direitos individuais homogêneos nas relações de consumo já foi reconhecida em diversas oportunidades por esta Corte" (STF, 2ª T., AgRg no AI 438.703/MG, Rel. Min. Ellen Gracie, ac. 28.03.2006, *DJU* 05.05.2006, p. 27). No mesmo sentido: STF, 1ª T., AgRg no RE 424.048/SC, Rel. Min. Sepúlveda Pertence, ac. 25.10.2005, *DJU* 25.11.2005, p. 11; STJ, 3ª T., REsp 308.486/MG, Rel. Min. Menezes Direito, ac. 24.06.2002, *DJU* 02.09.2002, p. 183; STJ, 3ª T., REsp 332.331/SP, Rel. Min. Castro Filho, ac. 26.11.2002, *DJU* 19.02.2002, p. 361.

de determinado consumidor.[77] A substituição processual ocorre sempre como exceção aberta pela lei (CPC/2015, art. 18). A que se dá na ação civil pública é necessariamente coletiva. Pode até existir substituição processual exercitável pelo Ministério Público em relação a indivíduo apartado de qualquer coletividade, mas isto dependerá de previsão em lei especial.[78] Fora dessas situações excepcionais, o Ministério Público é carecedor de ação individual em defesa de consumidor.[79]

Eis alguns casos de ação coletiva em que os tribunais reconhecem legitimidade ao Ministério Público para demandar em defesa de direitos individuais homogêneos:

(*a*) temas relacionados às mensalidades escolares;[80]

(*b*) nulidade de cláusula de compra e venda de imóveis e imposição às empresas imobiliárias de não mais inseri-la em contratos futuros;[81]

(*c*) defesa de trabalhadores de minas, submetidos a condições insalubres, acarretando danos à saúde;[82]

(*d*) combate aos danos físicos suportados por empregados em virtude de lesões por esforço repetitivo – LER;[83]

(*e*) defesa dos direitos de trabalhadores subaquáticos à jornada semanal de seis horas diárias;[84]

(*f*) repressão aos contratos de adesão de compra e venda de imóveis e incorporação que estipulavam cláusulas de correção monetária em desacordo com a legislação;[85]

(*g*) declaração de nulidade de cláusulas abusivas constantes de contratos de abertura de crédito, firmados entre bancos e seus correntistas;[86]

(*h*) repressão à cobrança ilegal de taxas de administração aos inquilinos pelas imobiliárias;[87]

---

[77] "Falece legitimidade ativa ao Ministério Público para propor ação ordinária, como substituto processual, no sentido de defender interesse individual de determinada pessoa a exame médico, mormente quando existe, na localidade, Defensoria Pública" (STJ, 1ª T., REsp 740.850/RS, Rel. Min. José Delgado, ac. 21.03.2006, *DJU* 03.04.2006, p. 259; *RJTJRGS* 256/32).

[78] É, *v.g.*, o caso da ação de investigação de paternidade regulada pela Lei nº 8.560, de 29.12.1992.

[79] "(...) só em casos específicos é que [o MP] atua em favor do representado ou substituído. (...) o artigo 25, IV, *a*, da Lei 8.625/93, (...) dispõe, apenas, acerca de sua legitimidade para propor ações civis públicas" [ações coletivas] (STJ, 1ª T., REsp 740.850/RS, Rel. Min. José Delgado, ac. 21.03.2006, *DJU* 03.04.2006, *RJTJRGS* 256/32). Inadmissível, pois, basear-se em tal legitimidade, fora do campo das ações coletivas, e em ação confessadamente individual. Isso ocorrendo, o caso, como acentuou o STJ, no acórdão, é de carência de ação por ilegitimidade ativa do Ministério Público, nos termos do art. 267, VI, do CPC [de 1973, art. 485, IV, do CPC/2015]. A jurisprudência atual do STJ, no entanto, tende ao reconhecimento de que pode o MP usar a ação civil pública para defesa de direito individual, desde que *indisponível* (STJ, 1ª S., EREsp 819.010/SP, Rel. p/ac. Min. Teori Albino Zavascki, ac. 13.02.2008, *DJe* 29.09.2008; STJ, 2ª T., REsp 716.712/RS, Rel. Min. Herman Benjamin, ac. 15.09.2009, *DJe* 08.02.2010; STJ, 4ª T., REsp 589.612/RJ, Rel. p/ ac. Honildo Amaral de Mello Castro, ac. 15.09.2009, *DJe* 01.03.2010.

[80] Súmula 643 do STF.

[81] STJ, 3ª T., AgRg no REsp 280.505/MG, Rel. Min. Nancy Andrighi, ac. 12.11.2001, *DJU* 18.02.2002, p. 413.

[82] STJ, 3ª T., REsp 58.682/MG, Rel. Min. Carlos Alberto Menezes Direito, ac. 08.10.1996, *DJU* 16.12.1996, p. 50.864.

[83] STJ, 3ª T., REsp 207.336/SP, Rel. Min. Antônio de Pádua Ribeiro, ac. 05.12.2000, *DJU* 11.06.2001, p. 200.

[84] STF, Pleno, RE 163.231/SP, Rel. Min. Maurício Corrêa, ac. 26.02.1997, *DJU* 29.06.2001, p. 55.

[85] STJ, 4ª T., REsp 168.859/RJ, Rel. Min. Ruy Rosado de Aguiar, ac. 06.05.1999, *DJU* 23.08.1999, p. 129.

[86] STJ, 4ª T., REsp 292.636/RJ, Rel. Min. Barros Monteiro, ac. 11.06.2002, *DJU* 16.09.2002, p. 190.

[87] STJ, 3ª T., REsp 200.827/SP, Rel. Min. Carlos Alberto Menezes Direito, ac. 26.08.2002, *DJU* 09.12.2002, p. 339.

(i) proteção do direito ao salário mínimo dos servidores municipais;[88]

(j) defesa dos consumidores de defesa de telefonia, com exigência de equipamento para especificar, na fatura, as chamadas telefônicas interurbanas;[89]

(k) combate à majoração ilegal dos prêmios de seguro saúde;[90]

(l) proteção dos segurados de benefícios previdenciários;[91]

(m) proteção dos usuários de energia elétrica.[92]

559-A. Tutela pelo Ministério Público de direitos individuais indisponíveis

A propósito de demandas de saúde com beneficiários individualizados, o STJ traçou rumos importantes, em regime de recursos repetitivos, para a definição da legitimidade da atuação do Ministério Público. Foram assentados os seguintes entendimentos:[93]

(a) "A fronteira para se discernir a legitimidade do órgão ministerial diz respeito à disponibilidade, ou não, dos direitos individuais vindicados. É que, tratando-se de direitos individuais disponíveis e uma vez não havendo uma lei específica autorizando, de forma excepcional, a atuação do Ministério Público (como no caso da Lei n. 8.560/1992), não se pode falar em legitimidade de sua atuação. Todavia, se se tratar de direitos ou interesses indisponíveis, a legitimidade ministerial já decorreria da redação do próprio art. 1º da Lei n. 8.625/1993 (Lei Orgânica Nacional do Ministério Público)".

(b) "Com efeito, a disciplina do direito à saúde encontra na jurisprudência pátria a correspondência com o próprio direito à vida, de forma que a característica da indisponibilidade do direito já decorreria dessa premissa firmada".

(c) Na atribuição de legitimação ao *Parquet* para ação individualizada, na espécie, "inexiste violação dos dispositivos dos arts. 1º, V, e 21 da Lei n. 7.347/1985, bem como do art. 6º do CPC/1973, uma vez que a atuação do Ministério Público, em demandas de saúde, assim como nas relativas à dignidade da pessoa humana, tem assento na indisponibilidade do direito individual, com fundamento no art. 1º da Lei n. 8.625/1993 (Lei Orgânica Nacional do Ministério Público)".

(d) Enfim, a tese jurídica firmada pelo STJ foi assim enunciada: "*O Ministério Público é parte legítima para pleitear tratamento médico ou entrega de medicamentos nas demandas de saúde propostas contra os entes federativos, mesmo quando se tratar de feitos contendo beneficiários individualizados, porque se refere a direitos individuais indisponíveis, na forma do art. 1º da Lei n. 8.625/1993 (Lei Orgânica Nacional do Ministério Público).*" (g.n.).

Observou, outrossim, o acórdão referido que a atuação do Ministério Público em defesa individualizada de interesse de menor "já se encontra legitimada com base nesse único aspecto de direito".

---

[88] STJ, 5ª, REsp 95.347/SE, Rel. Min. Edson Vidigal, ac. 24.11.1998, *DJU* 01.02.1999, p. 221.

[89] STJ, 2ª T., REsp 162.026/MG, Rel. Min. Peçanha Martins, ac. 20.06.2002, *DJU* 11.11.2002, p. 171.

[90] STJ, 4ª, REsp 177.965/PR, Rel. Min. Ruy Rosado de Aguiar, ac. 18.05.1999, *DJU* 23.08.1999, p. 130.

[91] STJ, 5ª, REsp 1.142.630/PR, Rel. Min. Laurita Vaz, ac. 07.12.2010, *DJe* 01.02.2011.

[92] STJ, 1ª, REsp 1.010.130/MG, Rel. Min. Luiz Fux, ac. 09.11.2010, *DJe* 24.11.2010.

[93] STJ, Primeira Seção, REsp 1.682.836/SP – Recurso Repetitivo (Tema 766), Rel. Min. Og Fernandes, ac. 25.04.2018, *DJe* 30.04.2018.

559-B. Custeio da perícia na ação civil pública movida pelo Ministério Público

Questiona-se sobre quem deve suportar o custeio dos honorários do perito, nas ações cíveis promovidas pelo Ministério Público. A controvérsia, todavia, está superada em face do posicionamento firme do STJ, adotado em julgamento sob regime de recurso repetitivo:

> "1. A Primeira Seção do STJ pacificou o entendimento de que o adiantamento dos honorários periciais, nas ações civis públicas em que o Ministério Público é o autor, cabe à Fazenda Pública a que se acha vinculado o *Parquet*, não se podendo exigir que o órgão ministerial arque com tais custos, visto que é isento por lei, mas também não se pode transferir ao réu o encargo de financiar ações contra ele movidas. Aplicação, por analogia, do teor da Súmula 232/STJ; 'A Fazenda Pública, quando parte no processo, fica sujeita à exigência do depósito prévio dos honorários do perito'. 2. Agravo interno não provido".[94]

560. Inquérito civil

I – Função

Dentre as funções institucionais conferidas pela Constituição ao Ministério Público figuram a promoção do *inquérito civil e da ação civil pública*, nos limites da lei, e sempre na tutela dos interesses difusos e coletivos indisponíveis (CF, art. 129, III). Aquele prepara o exercício da ação coletiva, quando manejada pelo Ministério Público. Sua previsão originária foi feita pela Lei nº 7.347/1985 (art. 8º, § 1º), antes de ser consagrado pela Constituição de 1988.

Dois pontos são intrigantes em relação ao inquérito civil: sua função e sua natureza. É fora de dúvida que sua finalidade é apurar fatos que, teoricamente, possam justificar uma ação civil pública a ser ajuizada pelo Ministério Público. Só o Ministério Público pode instaurá-lo, não os demais legitimados concorrentes para a ação coletiva.[95] Não se trata, outrossim, de medida preparatória obrigatória. Muitas vezes, o MP disporá de elementos para instruir sua demanda sem necessidade de passar pelo inquérito civil. Constitui, pois, um instrumento de atuação do Ministério Público; não um pressuposto indeclinável de sua atuação no campo da ação civil pública.

II – Natureza

Quanto à sua natureza, ensina a doutrina especializada que "o inquérito civil é um procedimento administrativo investigatório, de caráter inquisitivo, instaurado e presidido pelo Ministério Público.[96] Graças aos dados nele apurados, o Ministério Público colhe elementos de convicção com os quais certifica ser, ou não, a hipótese de cabimento de alguma ação civil pública. Assemelha-se, em certa forma, ao inquérito policial, em face da ação penal pública.[97]

Não sendo voltado a criar ou extinguir direitos, nem a impor sanções, tampouco a decidir conflitos, não se lhe pode atribuir o caráter de um processo. Não passa de um simples procedimento. Daí não se lhe poder exigir o desempenho do contraditório, da mesma

---

[94] STJ, 1ª T., AgInt nos EDcl no REsp 1.565.610/SC, Rel. Min. Benedito Gonçalves, ac. 23.09.2019, *DJe* 25.09.2019. Cf., também: STJ, 1ª Seção, REsp 1.253.844/SC, recurso repetitivo, Rel. Min. Mauro Campbell Marques, ac. 13.03.2013, *DJe* 17.10.2013.

[95] ALMEIDA, Gregório Assagra de. *Manual das ações constitucionais*. Belo Horizonte: Del Rey, 2007, p. 224.

[96] MAZZILLI, Hugo Nigro. O inquérito civil e o poder investigatório do Ministério Público. In: MILARÉ, Edis (coord.). *A ação civil pública após 20 anos*: efetividade e desafios. São Paulo: Ed. RT, 2005, p. 224.

[97] ALMEIDA, Gregório Assagra de. *Manual das ações constitucionais*. Belo Horizonte: Del Rey, 2007, p. 224.

forma como se passa com o inquérito policial. Descabe aplicar-lhe a regra do art. 5º, LV, da Constituição.[98] Muitas vezes, no entanto, o bom desempenho da tarefa investigatória exigirá do Ministério Público a oitiva do investigado e de testemunhas que este indique, bem como a juntada de arrazoados e documentos também produzidos por ele.[99] Tudo isso, lembra Hugo Nigro Mazzilli, "pode ser mais que útil, até mesmo necessário.[100]

III - Instauração e procedimento

A instauração do inquérito civil faz-se por meio de portaria que há de apontar qual o fato ou quais os fatos constituirão o objeto da investigação. Embora não haja necessidade de descer a minúcias na descrição, não se pode molestar o investigado de maneira tão vaga, que não permita um mínimo de controle da invasão cometida em sua esfera jurídica. Os atos administrativos, quaisquer que sejam, exigem transparência suficiente para permitir a separação da conduta lícita da abusiva, por parte dos agentes públicos.[101]

> "O inquérito civil, como procedimento administrativo que é, submete-se basicamente a três fases: a) *instauração*, que se dará por portaria ou por despacho do órgão do Ministério Público com representações recebidas; b) *instrução*, que se realiza com a apuração dos fatos, em contraditório ou não, conforme já mencionados; e c) *conclusão*, que se dá com a apresentação de relatório conclusivo pelo órgão de execução que preside o inquérito civil".[102]

560-A. Ação civil pública e políticas públicas

Atualmente, não se recusa, pelo menos em termos absolutos, a possibilidade de o Poder Judiciário interferir na consecução de metas de políticas públicas, principalmente quando provocado por ações de iniciativa do Ministério Público. A propósito, o STJ tem orientação no sentido de que "ao Poder Judiciário não é vedado debater o mérito administrativo. Se a Administração deixar de se valer da regulação para promover políticas públicas, proteger hipossuficientes, garantir a otimização do funcionamento do serviço concedido ou mesmo assegurar o 'funcionamento em condições de excelência tanto para o fornecedor/produtor como

---

98 ALMEIDA, Gregório Assagra de. *Manual das ações constitucionais*. Belo Horizonte: Del Rey, 2007, p. 225.

99 MORAES, Voltaire de Lima. Questões tópicas na ação civil pública. *In:* MILARÉ, Edis (coord.). *A ação civil pública após 20 anos*: efetividade e desafios. São Paulo: Ed. RT, 2005, p. 608.

100 MAZZILLI, Hugo Nigro. O inquérito civil e o poder investigatório do Ministério Público. In: MILARÉ, Edis (coord.). *A ação civil pública após 20 anos*: efetividade e desafios. São Paulo: Ed. RT, 2005, p. 234. Como, até mesmo no inquérito policial, podem surgir momentos de violência e coação ilegal, não se pode, de plano, afastar o contraditório, mas haverá, isto sim, de ser assegurada, nas circunstâncias do caso concreto, a ampla defesa ao investigado (STJ, 6ª T., HC 69.405/SP, Rel. Min. Nelson Naves, ac. 23.10.2007, *DJU* 25.02.2008 p. 362). "Todavia, nada impede que o órgão de execução do Ministério Público, diante das situações do caso concreto, avalie a conveniência e oportunidade de conceder o contraditório em sede de inquérito civil, principalmente quando puder verificar que o contraditório não inviabilizará a apuração dos fatos e ainda conferirá maior legitimidade à prova a ser colhida" (ALMEIDA, Gregório Assagra de. *Manual das ações constitucionais*. Belo Horizonte: Del Rey, 2007, p. 224-225).

101 "Se, porém, a portaria inicial do inquérito civil não deve mesmo deter-se em pormenores despiciendos, ao contrário, porém, deve ser, na medida do possível, suficientemente precisa e minuciosa no que diga respeito à descrição dos *elementos básicos que integrem o fato ilícito,* objeto da investigação" (MAZZILLI, Hugo Nigro. O inquérito civil e o poder investigatório do Ministério Público. In: MILARÉ, Edis (coord.). *A ação civil pública após 20 anos*: efetividade e desafios. São Paulo: Ed. RT, 2005, p. 229).

102 ALMEIDA, Gregório Assagra de. *Manual das ações constitucionais*. Belo Horizonte: Del Rey, 2007, p. 225-226.

principalmente para o consumidor/usuário', haverá vício ou flagrante ilegalidade a justificar a intervenção judicial".[103]

No mesmo sentido, reiteradamente, tem aquela Corte decidido no sentido da "adequação da Ação Civil Pública como meio próprio de se buscar a implementação de políticas públicas com relevante repercussão social".[104] Por exemplo, a Segunda Turma assentou que "o inciso I do art. 1º e o art. 3º da Lei nº 7.347/1985 são claros em afirmar que a Ação Civil Pública é meio processual adequado para discutir temas afetos à ordem urbanística e obter provimento jurisdicional condenatório de obrigação de fazer. Assim, a ação deve prosseguir".[105] O caso decidido versava sobre o cabimento de ação civil pública, aforada pelo Ministério Público, visando à proibição de tráfico de veículos pesados no perímetro urbano da cidade.

Um problema sério gerado pela interferência do Poder Judiciário no terreno das políticas públicas é o da inexequibilidade, ou da difícil execução, das sentenças que impõem prestações de fazer à Administração. É que não depende apenas da vontade dos administradores o cumprimento da condenação, nos moldes e prazos fixados na respectiva sentença. Os projetos, recursos e contratações necessários às obras e serviços públicos sujeitam-se necessariamente a trâmites burocráticos complicados e demorados. Por isso, o procedimento executivo judicial ordinário é impotente e frustrante, na espécie, já que, em regra, os comandos judiciais simplesmente não se transformam em realidade.

Condenações a construir estradas, presídios, escolas, creches, ou a ampliar instalações e serviços, não podem ser cumpridas sem respeitar previsões orçamentárias, licitações públicas e disponibilidade de recursos, dentro das prioridades naturais da gestão pública.[106] O papel do magistrado, na espécie, é completamente diverso daquele desempenhado ordinariamente na execução forçada. Seu comportamento, na verdade, deverá ser o de "um gerente de procedimento, pautado sob o prisma de uma decisão que deverá ser construída, progressivamente, durante a execução".[107]

---

[103] STJ, 2ª T., REsp 1.176.552/PR, Rel. Min. Herman Benjamin, ac. 22.02.2011, *DJe* 14.09.2011.

[104] STJ, 2ª T., REsp 1.367.549/MG, Rel. Min. Humberto Martins, ac. 02.09.2014, *DJe* 08.09.2014; STJ, 1ª T., AgRg no AREsp 50.151/RJ, Rel. Min. Benedito Gonçalves, ac. 03.10.2013, *DJe* 16.10.2013; STJ, 2ª T., REsp 743.678/SP, Rel. Min. Mauro Campbell Marques, ac. 15.09.2009, *DJe* 28.09.2009; STJ, 2ª T., REsp 1.041.197/MS, Rel. Min. Humberto Martins, ac. 25.08.2009, *DJe* 16.09.2009; STJ, 2ª T., REsp 429.570/GO, Rel. Min. Eliana Calmon, ac. 11.11.2003, *DJU* 22.03.2004; STJ, 1ª T., REsp 725.257/MG, Rel. Min. José Delgado, ac. 10.04.2007, *DJU* 14.05.2007.

[105] STJ, 2ª T., REsp 1.294.451/GO, Rel. Min. Herman Benjamin, ac. 01.09.2016, *DJe* 06.10.2016.

[106] "O exemplo de processo estrutural, por excelência, é aquele voltado à implantação de políticas públicas que envolvam direitos coletivos de interesse público: não cumpre, com efeito, de forma devida a função jurisdicional o juiz que, isoladamente, em um solilóquio jurisdicional impõe à administração pública a obrigação de prestar um determinado serviço público sem conhecer, por exemplo, as receitas orçamentárias do ente público ou que não acompanha a efetiva implementação da medida de modo a alterar a execução imposta às necessidades concretas e atuais, conforme o caso" (LUCON, Paulo Henrique dos Santos. Fundamentos de processo estrutural. *In:* JAYME, Fernando; *et al* (coords.). *Inovações e modificações do Código de Processo Civil: avanços, desafios e perspectivas*. Belo Horizonte: Del Rey, 2017, p. 12).

[107] ALMENDRA, ALMENDRA, Matheus Leite. Limites e critérios para a execução de decisão estruturante no processo para solução de conflitos de interesse público. *Revista de Processo*, n. 309, p. 119. São Paulo, nov. 2020. Costuma-se adotar com exemplo de correta observância do processo estrutural o caso denominado "Ação Civil Pública do carvão", resolvido pela Justiça Federal de Criciúma – SC: a recuperação e/ou indenização de danos ambientais por mineração em cerca de 6.000 hectares, se deu por um procedimento executivo desdobrado em três fases: *(i)*, a primeira se destinou à apuração de como seria possível, tecnicamente, efetuar a recuperação da área degradada, qual seria a extensão dessa área e como seria feita a fiscalização da recuperação; *(ii)*, na segunda fase, o Ministério Público (autor da ação) se encarregou de submeter ao crivo de sua assessoria técnica todos os projetos coletados ao longo do processo, e de formalizar os procedimentos a serem observados ao longo da execução de sentença da ACP; *(iii)* por

Por isso, é preciso que, de conformidade com o princípio fundamental do processo ordenado e desenvolvido em cooperação entre todos os sujeitos do processo, a condenação e a execução das ações que interferem em políticas públicas sejam deliberadas de forma estrutural: oportunidade, dimensões, técnica de planejamento e orçamento de custos haverão de ser definidos em estrita cooperação entre o juiz da execução e os órgãos administrativos competentes. Em outros termos, o que viabiliza o cumprimento da sentença deverá ser fruto desse esforço comum e leal, sob pena de continuarmos a conviver com a inexequibilidade desmoralizadora das condenações da Administração Pública.[108]

O fundamento dessa nova postura judicial executiva, além do princípio cooperativo adotado pelo art. 6º, estaria assentado na norma do art. 536, ambos do CPC, especialmente na previsão do último dispositivo que autoriza o juiz a determinar "as *medidas necessárias* à satisfação do exequente", seja na efetivação da "tutela específica" da obrigação de fazer, seja na "obtenção de tutela pelo resultado prático equivalente".[109]

Lembra Edilson Vitorelli, no melhor estudo realizado no Brasil sobre o tema, que foi no direito norte-americano que se forjou e implantou a técnica do processo estrutural (*structural litigation*), especialmente para as ações judiciais de interesse público (*public low litigation*), de que emanam ordens judiciais que impõem obrigações de fazer ou não fazer (*injunctions*), no plano da realização de direitos fundamentais (*civil rights injunctions*). Mas não é só a circunstância

---

fim, na terceira fase tiveram início especificamente os atos projetados pela assessoria técnica do MP; nessa altura criou-se, também, um grupo de assessoramento técnico do juízo, cuja principal função era a de propor estratégias, métodos e técnicas para implementar a recuperação ambiental ordenada pela sentença exequenda. Trata-se de um projeto muito complexo, cuja consecução demanda longo tempo, e que vem sendo implantado paulatinamente, por anos e anos, com a participação e controle de todos os interessados inseridos no processo estrutural da respectiva ACP (cf. ALMENDRA, Matheus Leite. Limites e critérios para a execução de decisão estruturante no processo para solução de conflitos de interesse público. *Revista de Processo*, n. 309, p. 120-121. São Paulo, nov. 2020).

108 Na execução de julgado em torno de políticas públicas, deve-se observar um planejamento e um gerenciamento: "As medidas executivas devem ser negociadas e implementadas em conjunto entre interessados e Poder Público – e a presença deste é indispensável, porque tem o domínio da técnica e a chave do cofre. O juiz deve acompanhar a execução de tais medidas, valendo-se de um administrador, o Gerente da Execução, para lhe auxiliar e tomar a linha de frente na condução dos trabalhos. Se ficar constatado que determinada ação não surtiu os efeitos desejados, outra será pensada, planejada e executada"; tudo dentro de um procedimento de natureza experimentalista, através do qual "o juiz e os interessados agirão como um tomador de contas das ações do Poder Público" (SABINO, Marco Antônio da Costa. Políticas públicas, Judiciário e saúde: limites, excessos e remédios – tese de doutoramento perante a Faculdade de Direito da USP, São Paulo, 2014, p. 404; *apud* ALMENDRA, Matheus Leite. Limites e critérios para a execução de decisão estruturante no processo para solução de conflitos de interesse público. *Revista de Processo*, n. 309, p. 118. São Paulo, nov. 2020. Também Berizonce recomenda, para esse tipo de execução estrutural, a institucionalização de "um verdadeiro processo de aprendizagem e de reconstrução contínua de experimentação – 'experimentalista'" (BERIZONCE, Roberto. Los conflictos de interés público. *In:* GRINOVER, Ada Pellegrini, *et al* (coords.). O processo para solução de conflitos de interesse público. Salvador: JusPodivm, 2017, p. 267-268).

109 Eduardo José da Fonseca Costa, a propósito, expõe, em excelente artigo doutrinário, a proposta de superação do modelo de execução como *sanção* por um modelo de execução *negociada*, no que tange às execuções de fazer envolvendo prestações de fazer no âmbito das políticas públicas (A "execução negociada" de políticas públicas em juízo. *Revista de Processo*, São Paulo, v. 212, p. 25-56, out. 2012. No mesmo sentido: THEODORO JÚNIOR, Humberto; NUNES, Dierle; BAHIA, Alexandre Melo Franco. Litigância de interesse público e execução comparticipada de políticas públicas. *Revista de Processo*, v. 224, p. 121-152; BAHIA, Alexandre Melo Franco de Moraes; NUNES, Leonardo Silva; COTA, Samuel Paiva. Das ações coletivas aos processos estruturais: as formas de tutela diferenciada dos direitos fundamentais. *In*: NUNES, Dierle et al. (Orgs.). *Processo coletivo, desenvolvimento sustentável e tutela diferenciada dos direitos fundamentais*. Porto Alegre: Ed. Fi, 2019, p. 15-38).

de referir-se o processo a direito fundamental que leva o processo a seguir a técnica estrutural, é preciso, para tanto, que as ordens judiciais tenham o objetivo de reformar instituições em profundidade (*structural injunctins*).[110]

As características mais marcantes do processo estrutural mani-festam-se na fase de implementação da sentença, embora já na fase cognitiva se devam observar cautelas adequadas à técnica de composição estrutural da demanda coletiva. Por isso, Vitorelli, advertindo para a elevada complexidade da execução estrutural, que pode ser praticada por múltiplos caminhos, sem que haja prévia e expressa definição legal de escolha, preconiza duas grandes providências operacionais:

(a) subjetivamente, é natural que se busque fazer a execução de *forma negociada*, com a participação e colaboração do de-mandado, e até de variados atores, mesmo que alguns nem sequer tenham integrado o processo na fase de conhecimento;[111]

(b) objetivamente, é de toda conveniência em muitos casos, que a execução se divida em fases, de modo a viabilizar o gradual cumprimento das determinações judiciais e a avaliação de seus efeitos, não apenas da perspectiva do juiz, mas dos demais sujeitos impactados.[112]

Fiéis às origens norte-americanas do processo estrutural, há aqueles que restringem essa categoria apenas às ações coletivas que visam a reformulação de uma estrutura (uma instituição, uma política ou um programa), cujo mau funcionamento é a causa do litígio.[113] No entanto, mesmo quem assim entende reconhece que, embora não havendo substancialmente um litígio estrutural no sentido estrito original, é possível que, de modo atípico, as medidas estruturais sejam aplicadas à execução de sentenças coletivas pronunciadas em torno de questões cuja resolução exige provimentos injuntivos enquadráveis na técnica executiva própria dos processos estruturais. Assim, para os fins processuais, especialmente os executivos, não é relevante a qualificação substancial da ação em estrutural ou não, se a execução da sentença coletiva, por sua alta complexidade, é daquelas que devem ser divididas em fases e demandam a cooperação do executado ou a participação de diversos atores. É o que se passa, por exemplo, em implementação de sentença de recuperação ambiental, cujo cumprimento pode se dividir em fases, envolvendo atividades negociais complexas, de modo a demonstrar que, em tal contexto, somente a técnica de ação estrutural, com seus vários desdobramentos, é capaz de proporcionar condições de funcionalidade real.[114] Foi o caso, também, das medidas reparatórias e restauradoras dos

---

[110] "Assim, a referência ao processo coletivo estrutural (*structural litigation*) é aplicável aos casos em que a pretensão coletiva não é apenas de imposição de um comportamento, mas a realização de uma alteração estrutural em uma organização, com o objetivo de potencializar o comportamento desejado no futuro" (VITORELLI, Edilson. *Processo civil estrutural*: teoria e prática. Salvador: JusPodivm, 2020, p. 71).

[111] "Isso porque a efetividade das mudanças pode estar ligada ao comportamento de pessoas que, conquanto não sejam destinatárias da ordem, são colateralmente atingidas por ela ou ocupam posições capazes de bloquear, total ou parcialmente, os resultados esperados" (VITORELLI, Edilson. *Processo civil estrutural*: teoria e prática. Salvador: JusPodivm, 2020, p. 72).

[112] "A reavaliação dos resultados das etapas cumpridas permite o planejamento mais adequado das subsequentes, evitando custos desnecessários e efeitos colaterais indesejáveis" (VITORELLI, Edilson. *Processo civil estrutural*: teoria e prática. Salvador: JusPodivm, 2020, p. 72).

[113] VITORELLI, Edilson. *Processo civil estrutural*: teoria e prática. Salvador: JusPodivm, 2020, p. 74: nessa perspectiva, "*o que torna uma execução estrutural é o seu objetivo, não a sua metodologia*" (g.n.).

[114] ARENHART, Sérgio Cruz. Processos estruturais no Brasil: reflexões a partir do caso da ACP do Carvão. In: GRINOVER, Ada Pellegrini et al. *O processo para solução de conflitos de interesse público*. Salvador: JusPodivm, 2017, p. 487.

interesses patrimoniais e culturais pleiteadas em favor dos índios Krenak, vítimas do rompimento da Barragem do Fundão: o litígio não seria enquadrável substancialmente na categoria de ação estrutural, mas, sem dúvida, teve processualmente as características estruturais (isto é, visou o estabelecimento de um programa de saúde, a ser organizado e cumprido com a participação dos indígenas; de um programa de medidas estruturais e culturais; e de um plano de ação com prazo máximo de seis meses, tudo a ser elaborado conjuntamente com os Krenak etc.).[115]

O certo é que – conforme destacou o Min. Roberto Barroso – "o juiz, por vocação e treinamento, normalmente está preparado para realizar a justiça do caso concreto, *i.e.*, a microjustiça. Nem sempre ele dispõe das informações, do tempo e mesmo do conhecimento específico para instruir políticas públicas e avaliar o impacto de determinadas decisões que digam respeito a questões técnicas e extrajudiciais complexas. E mais, quando decide o caso concreto, o juiz fatalmente ignora outras necessidades relevantes e a imposição inexorável de gerenciar recursos escassos para o atendimento a demandas ilimitadas, *i.e.*, a macrojustiça".[116] Aliás, "o que recorrentemente acontece, em reformas estruturais, é que o juiz, conquanto seja o condutor do processo, é quem menos entende do objeto do debate", principalmente em razão dos aspectos técnicos que a implementação do decisório envolve.[117] Daí a imprescindibilidade de uma adequada execução estrutural, como já restou delineada, sem embargo das notórias dificuldades que a cultura arraigada de tutela limitada ao caso concreto ainda continua oferecendo à importante inovação trazida pelo processo coletivo no âmbito das políticas públicas.[118]

560-B. Negócio jurídico processual em ação civil pública

Os legitimados à ação civil pública e às ações coletivas em geral, mormente nos casos de tutela de direitos individuais homogêneos (mas não apenas destes), atuam em juízo na qualidade de substitutos processuais. Nessa situação, "não são titulares do direito material discutido em juízo, razão pela qual não podem dispensar direitos ou obrigações, nem renunciar a direitos, que são requisitos essenciais para a configuração de concessões mútuas, relacionadas à transação".[119] A disponibilidade negocial, na espécie, deve limitar-se, consoante jurisprudência do STJ, da seguinte maneira:

(*a*) "a disponibilidade que o legitimado coletivo possui e exercita por meio do acordo é restrita ao aspecto processual do procedimento judicial, não alcançando o conteúdo material da lide";

(*b*) a propósito de acordo entre autor coletivo e réu, que leve à hipótese de desistência de recurso, a respectiva homologação "pode produzir o efeito processual de impedir a discussão do tema em outras ações coletivas por outros colegitimados, ante a configuração de coisa julgada material";

(*c*) sobre a desistência recursal, "a assunção do polo ativo por outro colegitimado deve ser aceita, por aplicação analógica dos arts. 9º da Lei 4.717/65 e 5º, § 3º, da Lei 7.347/85,

---

[115] VITORELLI, , Edilson. *Processo civil estrutural*: teoria e prática. Salvador: JusPodivm, 2020, p. 68.

[116] STF, RE 566.471, voto do Min. Roberto Barroso, j. 11.03.2020.

[117] VITORELLI, , Edilson. *Processo civil estrutural*: teoria e prática. Salvador: JusPodivm, 2020, p. 397.

[118] É importante registrar que o STJ, em acórdão paradigmático, reconheceu não apenas a legitimidade, mas a efetiva necessidade de utilização, em ação civil pública, do processo estrutural para tratar de litígio complexo envolvendo política pública (STJ, 2ª T., REsp 1.733.412/SP, Rel. Min. Og Fernandes, ac. 17.09.2019, *DJe* 20.09.2019).

[119] STJ, 3ª T., REsp 1.656.874/SP, Rel. Min. Nancy Andrighi, ac. 13.11.2018, *DJe* 22.11.2018.

na hipótese de desistência do recurso pelo substituto processual, por aplicação dos princípios da interpretação pragmática e da primazia do julgamento de mérito".[120]

561. Competência

A ação civil pública deve correr no foro do local em que se deu o dano (Lei nº 7.347/1985, art. 2º).[121] Havendo interesse da União, suas autarquias e empresas públicas, a competência passará para a Justiça Federal (CF, art. 109, I), mesmo que no local da verificação do dano inexista vara da Justiça Federal.[122]

Em se tratando de ação coletiva acerca de dano a consumidores, o entendimento prevalente do STJ é no sentido de que, tendo a lesão ocorrido em mais de uma comarca, a competência, conforme o caso, será do foro da capital do Estado ou do Distrito Federal. Se o âmbito do dano abranger mais de um Estado, ter-se-á a concorrência dos foros da capital estadual e do Distrito Federal. Não haverá exclusividade do foro do Distrito Federal, portanto, para o julgamento de ação civil pública de âmbito nacional. O caso foi definido pelo STJ como de "competências territoriais concorrentes".[123]

Ajuizadas separadamente ações civis públicas de objeto comum, na Justiça Federal e na Estadual, uma vez configurada entre elas a continência, devem ser todas elas reunidas na Justiça Federal, conforme entendimento jurisprudencial consolidado (Súmula nº 489 do STJ).

Ocorrendo litisconsórcio passivo que envolva entidades públicas e entidades privadas, a competência será atraída para a Justiça Federal, se alguma pessoa jurídica de direito público envolvida for a União, autarquia ou empresa pública federais. Entretanto, na fase de cumprimento individual da sentença coletiva, optando o credor por exercer a pretensão executiva apenas contra litisconsorte passivo sujeito à competência da Justiça Estadual, caberá fazê-lo perante esta, e não no foro federal. Nesse sentido é reiterado o pronunciamento da jurisprudência.[124]

---

[120] STJ, 3ª T., REsp 1.656.874/SP, Rel. Min. Nancy Andrighi, ac. 13.11.2018, *DJe* 22.11.2018.

[121] O STJ reconheceu a legitimidade do Ministério Público Federal para ajuizar ação civil pública ambiental em bem não pertencente à União. Decidiu que não existe competência exclusiva de um ente da federação para promover medidas de proteção ambiental (STJ, 2ª T., REsp 1.479.316/SE, Rel. Min. Humberto Martins, ac. 20.08.2015, *DJe* 01.09.2015). "Não é porque a degradação ambiental se deu em imóvel privado ou afeta *res communis ominium* que se afasta, *ipso facto*, o interesse do MPF" (STJ, 2ª T., REsp 1.057.878/RS, Rel. Min. Herman Benjamin, ac. 26.05.2009, *DJe* 21.08.2009).

[122] STF, Pleno, RE 228.955/RS, Rel. Min. Ilmar Galvão, ac. 10.02.2000, *DJU* 24.03.2001, p. 70, *RTJ* 172/992.

[123] STJ, 2ª Seção, CC 17.533/DF, Rel. Min. Menezes Direito, ac. 13.09.2000, *DJU* 30.10.2000, p. 120. No mesmo sentido: STJ, 2ª T., REsp 218.492/ES, Rel. Min. Francisco Peçanha Martins, ac. 02.10.2001, *DJU* 18.02.2002, p. 287, *RT* 799/192; STJ, 2ª Seção, CC 26.842/DF, Rel. p/ ac. Min. César Asfor Rocha, ac. 10.10.2001, *DJU* 05.08.2002, p. 194, *RSTJ* 160/217; STJ, 2ª T., REsp 218.492/ES, Rel. Min. Peçanha Martins, ac. 02.10.2001, *DJU* 18.02.2002, p. 287, *RT* 799/192.

[124] "Conforme entendimento do Superior Tribunal de Justiça STJ e deste Tribunal Regional Federal da 1ª Região, nos casos de ação de cumprimento de sentença individual, derivada de ação coletiva, tendo a parte optado por ajuizá-la somente em face do Banco do Brasil S.A., um dos devedores solidários da ação originária, a competência para julgar a ação é da Justiça Estadual. Precedentes: STJ: AgInt no REsp n. 2.059.420/MT, relator Ministro Ricardo Villas Bôas Cueva, Terceira Turma, julgado em 11/3/2024, *DJe* de 18/3/2024; AgInt no AREsp n. 2.076.758/DF, relatora Ministra Nancy Andrighi, Terceira Turma, julgado em 3/4/2023, *DJe* de 10/4/2023; AgInt no AREsp 1.309.643/RS, Rel. Ministro Luis Felipe Salomão, Quarta Turma, *DJe* de 2.5.2019. TRF 1ª Região: EDAG 1014884-80.2022.4.01.0000, Desembargadora Federal Daniele Maranhão Costa, TRF1 – Quinta Turma, PJe 20/08/2023 PAG" (TRF-1ª Região, AGTAG 1040545-27.2023.4.01.0000 10405452720234010000, Rel. Des. Rosana Noya Alves Weibel Kaufmann, j. 02.08.2024, *PJe* 02.08.2024, *Revista Síntese Direito Civil e Processual Civil*, n. 151, p. 149-150).

562. Procedimento

A Lei nº 7.347/1985 não criou um procedimento específico para a Ação Civil Pública, de modo que o seu processamento deve, em princípio, seguir o rito comum traçado pelo Código de Processo Civil. As peculiaridades da lei especial dizem respeito a temas como os da liminar, da competência, da legitimação de parte, da coisa julgada e da execução.

Cumpre ressaltar, ser cabível a designação de audiência de conciliação ou de mediação na ação civil pública, porque mesmo versando sobre direitos difusos ou coletivos (bens indisponíveis), a autocomposição não está afastada, visto que a solução negocial via *termo de ajuste de conduta* é expressamente autorizada pelo art. 5º, § 6º, da Lei nº 7.347/1985.[125] O CPC/2015 não afasta a audiência em questão apenas pelo fato de a demanda versar sobre bens ou direitos indisponíveis. O que leva à sua não realização é a circunstância de ser *inadmissível a autocomposição* (art. 334, § 4º, II, do CPC/2015). E isto não se passa com as ações coletivas.

562.1. Regime especial das despesas com as provas necessárias na ação civil pública

Estatui o art. 18 da Lei nº 7.347/1985 (redação dada pela Lei nº 8.078/1990) que, nas ações civis públicas, "não haverá adiantamento de custas, emolumentos, honorários periciais e quaisquer outras despesas, nem condenação da associação autora, salvo comprovada má-fé, em honorários de advogado, custas e despesas processuais". Trata-se de regramento diferente daquele constante do art. 82 do CPC/2015 e que deve prevalecer, porquanto estabelecido por legislação especial.

Assim, quando a ação da espécie for promovida pelo Ministério Público, não será possível exigir dele o adiantamento de honorários periciais. A orientação traçada pelo STJ, em regime de recurso repetitivo, é no sentido seguinte:

> "Não é possível se exigir do Ministério Público o adiantamento de honorários periciais em ações civis públicas. Ocorre que a referida isenção conferida ao Ministério Público em relação ao adiantamento dos honorários periciais não pode obrigar que o perito exerça seu ofício gratuitamente, tampouco transferir ao réu o encargo de financiar ações contra ele movidas. Dessa forma, considera-se aplicável, por analogia, a Súmula n. 232 desta Corte Superior ('A Fazenda Pública, quando parte no processo, fica sujeita à exigência do depósito prévio dos honorários do perito'), a determinar que a Fazenda Pública ao qual se acha vinculado o *Parquet* arque com tais despesas".[126]

563. Liminar

O art. 12 da Lei nº 7.347/1985 prevê a possibilidade de medida liminar na ação civil pública (art. 12, *caput*). Admite, também, que, a requerimento de pessoa jurídica de direito público interessada, o Presidente do Tribunal com competência recursal para o processo possa suspender a execução da liminar, cabendo de sua decisão agravo para a turma julgadora (art. 12, § 1º), no prazo de quinze dias (CPC/2015, art. 1.070).[127]

---

[125] MAZZILLI, Hugo Nigro. *A defesa dos interesses difusos em juízo*: meio ambiente, consumidor, patrimônio cultural, patrimônio público e outros interesses. 21. ed. São Paulo: Saraiva, 2008, p. 394-395; DIDIER JÚNIOR, Fredie; ZANETI JR., Hermes. *Curso de direito processual civil*. 3. ed. Salvador: JusPodivm, 2008, p. 330.

[126] STJ, 1ª Seção, REsp 1.253.844/SC, recurso repetitivo (tema 510), Rel. Min. Mauro Campbell Marques, ac. 13.03.2013, *DJe* 17.10.2013.

[127] Pelo art. 1.070 do CPC vigente: "É de 15 (quinze) dias o prazo para a interposição de qualquer agravo, previsto em lei ou em regimento interno de tribunal, contra decisão de relator ou outra decisão unipessoal proferida em tribunal".

Se o prejudicado pela liminar não for pessoa jurídica de direito público, não terá acesso à suspensão pelo Presidente do Tribunal. Poderá, no entanto, usar o agravo, na forma retida ou de instrumento, conforme o caso, porque o deferimento de liminar configura, sem dúvida, decisão interlocutória.

563-A. Remessa necessária

Sem embargo de a Lei nº 7.347/1985 não ter previsto a remessa necessária, a jurisprudência do STJ firmou-se no sentido de ser esse reexame *ex officio* na ação civil pública, visto que a Lei nº 4.717/1965, art. 19, impõe na ação popular, a qual, por sua vez, tutela direitos e interesses similares aos protegidos pela ação civil pública.[128]

A mesma analogia, no entanto, é negada pelo STJ quando o caso é de ação coletiva manejada em tutela de direitos individuais homogêneos, dado que estes são distintos dos direitos transindividuais presentes tanto na ação popular, como na ação civil pública. Assim, as razões que justificaram a extensão da remessa necessária prevista para a ação popular até a ação civil pública – ou seja, a transindividualidade e a relevância para a coletividade como um todo – não são observadas em litígios que versem exclusivamente sobre direitos individuais homogêneos, os quais são apenas acidentalmente coletivos. Isso porque a coletivização dos direitos individuais homogêneos tem um sentido meramente instrumental, com a finalidade de permitir uma tutela mais efetiva em juízo, carecendo de uma razão essencial ou ontológica para essa classificação. Sendo assim, não se deve admitir o "cabimento da remessa necessária [nas ações coletivas sobre direitos individuais homogêneos], tal como prevista no art. 19 da Lei nº 4.717/65".[129]

563-B. Verba advocatícia sucumbencial

É pacífico o entendimento do Superior Tribunal de Justiça de que, em ação civil pública ou na ação coletiva disciplinada pelo Código de Defesa do Consumidor, não cabe condenação da parte vencida ao pagamento de honorários advocatícios em favor do Ministério Público (ou de entidade de direito público que tenha atuado como litisconsorte ativa).

Assenta-se tal orientação jurisprudencial na necessidade de observar-se o princípio da simetria que norteia a atuação das partes no bojo do processo.[130] Com efeito, se, nas ações da espécie, descabe a condenação em honorários advocatícios quando o Ministério Público é vencido na demanda por ele ajuizada,[131] salvo o caso de comprovada má-fé,[132] é razoável que o mesmo ocorra com a parte demandada, quando sucumbente.[133]

Quando, porém, se tratar de execuções individuais da sentença proferida em ações coletivas, serão devidos os "honorários advocatícios pela Fazenda Pública, ainda que não embargadas" (Súmula nº 345/STJ).

---

[128] STJ, 2ª T., REsp 1.108.542/SC, Rel. Min. Castro Meira, ac. 19.05.2009, *DJe* 29.05.2009.

[129] STJ, 3ª T., REsp 1.374.232/ES, Rel. Min. Nancy Andrighi, ac. 26.09.2017, *DJe* 02.10.2017.

[130] STJ, 3ª T., REsp 1.718.535/RS, Rel. Min. Marco Aurélio Bellizze, ac. 27.11.2018, *DJe* 06.12.2018; STJ, 2ª T., AgInt no AREsp 828.525/SP, Rel. Min. Assusete Magalhães, ac. 05.04.2018, *DJe* 12.04.2018.

[131] STJ, 1ª T., REsp 164.462/SP, Rel. Min. Demócrito Reinaldo, ac. 05.05.1998, *DJU* 15.06.1998, p. 66, *RT* v. 756, p. 198. Nesse caso, os ônus sucumbenciais serão suportados pela Fazenda Pública (STJ, 2ª T., REsp 26.140/SP, Rel. Min. Antônio de Pádua Ribeiro, ac. 11.10.1995, *DJU* 11.12.1995, p. 43.198).

[132] STJ, 1ª T., REsp 261.593/RS, Rel. Min. Garcia Vieira, ac. 25.09.2000, *DJU* 30.10.2000, p. 129.

[133] STJ, 3ª T., REsp 1.718.535/RS, Rel. Min. Marco Aurélio Bellizze, ac. 27.11.2018, *DJe* 06.12.2018. No mesmo sentido: STJ, 2ª T., REsp 1.723.590/RJ, Rel. Min. Herman Benjamin, ac. 08.05.2018, *DJe* 26.11.2018; STJ, 2ª T., AgInt no AREsp 828.525/SP, Rel. Min. Assusete Magalhães, ac. 05.04.2018, *DJe* 12.04.2018.

Questão controvertida durante muito tempo referia-se à condenação da Fazenda Pública em ação coletiva, de forma global e única. Diante da possibilidade de cada credor individual executar separadamente seu crédito, chegou-se a admitir que também o advogado único pudesse fracionar a sua verba na proporção do crédito principal de cada litisconsorte. Todavia, o problema, finalmente, veio a ser definido pelo plenário do STF, com a adoção da tese de que "nas causas em que a Fazenda Pública for condenada ao pagamento da verba honorária de forma global, é vedado o fracionamento de crédito único, consistente no valor total dos honorários advocatícios devidos, proporcionalmente à fração de cada litisconsorte, sob pena de afronta ao art. 100, § 8º, da Constituição".[134]

563-C. Cabimento da imposição de astreinte

Versando a ação civil pública sobre descumprimento de obrigação de fazer, inclusive por parte do Poder Público, é perfeitamente admitida a aplicação da multa por retardamento do cumprimento da sentença.

Em causa relativa a reforma de prédio tombado, decidiu o STJ que "a *obrigatoriedade, como regra, da cominação* de *astreinte* no campo da Ação Civil Pública justifica-se inteiramente, sobretudo pela natureza jurídica proeminente dos sujeitos, dos direitos e dos bens protegidos em questão, além do próprio conteúdo e extensão subjetiva do provimento judicial".[135]

564. Coisa julgada

A coisa julgada nas ações em que se tutelam direitos difusos ou coletivos caracteriza-se por sua eficácia *erga omnes*, e isto se passa tanto nas ações populares como nas ações civis públicas. É, aliás, um dos motivos pelos quais a doutrina chega à conclusão de que ambas são apenas espécies do mesmo gênero. Outro traço comum é a não formação da coisa julgada nas rejeições dessas ações, quando o julgamento negativo se baseia na falta ou insuficiência de prova.[136]

Nas ações populares ou civis públicas cujo objeto seja direito *difuso* ou *coletivo* propriamente dito, não há concorrência entre direitos de grupo e direitos individuais, porque o que se tutela é um direito transindividual e indivisível entre os membros da comunidade. Nenhum indivíduo pessoalmente pode reclamar para si o bem comum a todos. Só uma ação coletiva, movida no interesse de todo o grupo, pode tutelá-lo. Conexamente, no entanto, podem coexistir a lesão ao direito coletivo (transindividual) e o prejuízo pessoal de certos membros da coletividade (lesão reflexa de direito individual). Nesse caso, surgem os direitos individuais homogêneos, se vários forem aqueles que pessoalmente sofrerem prejuízos, que tanto podem ser tutelados singular como coletivamente.

---

[134] STF, Pleno, RE 919793 AgR-ED-EDv/RS, Rel. Min. Dias Toffoli, ac. 07.02.2019, *DJe* 26.06.2019: "Embargos de divergência providos para determinar que a execução dos honorários advocatícios se dê de forma una e indivisa".

[135] STJ, 2ª T., REsp 1.723.590/RJ, Rel. Min. Herman Benjamin, ac. 08.05.2018, *DJe* 26.11.2018. "É que, no processo civil coletivo, afora a autoridade formal da decisão judicial, o legislador quer garantir, de modo estrito, a eficácia imediata e plena da tutela material de interesses supraindividuais, muitos deles centrais à dignidade da pessoa humana, ao patrimônio público e às gerações futuras. Não se trata, então, de providência excepcional, mesmo contra o Estado. Equivocado enxergar o cabimento de tal remédio processual apenas em face de resistência prospectiva (isto é, após a decisão judicial), pois o que dispara e legitima sua aplicação é a presunção de resistência futura com base em juízo retrospectivo, à luz da conduta pretérita do réu (2ª T., REsp 1.723.590/RJ, Rel. Min. Herman Benjamin, ac. 08.05.2018, *DJe* 26.11.2018).

[136] SANTOS, Ernane Fidelis dos. *Ação popular e ações de interesse coletivo*. Relatório para o Congresso de Roma, 2002, *apud* THEODORO JÚNIOR, Humberto. Relatório geral luso-americano. *Revista Iberoamericana de Derecho Procesal*, Buenos Aires, n. 2, p. 125, nota 81, 2002.

No caso, porém, da tutela dos interesses individuais homogêneos, não há mais direito do grupo. A ação coletiva se forma por conveniência prática, já que os direitos são diretamente tutelados no interesse dos indivíduos.[137] Os efeitos positivos da demanda beneficiam todos os titulares de situação jurídica igual à deduzida em juízo; mas nenhum deles está obrigado a aceitar a tutela coletiva e, não tendo figurado no processo, não tem, no direito brasileiro, que sofrer os prejuízos do insucesso da causa.[138]

Em regra, os benefícios se expandem além dos sujeitos presentes no processo, não os prejuízos. A relação entre a coisa julgada na ação coletiva e os interesses individuais homogêneos dos membros da coletividade representada na causa, segundo o direito positivo brasileiro, pode ser assim sintetizada:

(a) Se a ação coletiva é *rejeitada*, seja por insuficiência de prova ou não, os particulares não serão alcançados pela coisa julgada que se manifestará apenas entre os legitimados para a ação coletiva; poderão os particulares exercitar suas ações individuais para buscar ressarcimento para os danos pessoalmente suportados (Lei nº 8.078, art. 103, § 3º); apenas serão prejudicados os "interesses individuais" dos que efetivamente figuraram no processo coletivo (art. 94 c/c art. 103, § 2º).

(b) Se a ação coletiva é julgada *procedente*, os particulares deverão valer-se da *coisa julgada*, ficando dispensados de nova ação individual condenatória; apenas terão de liquidar o montante de seus prejuízos individuais em procedimento de *liquidação de sentença* (Lei nº 8.078, arts. 97 e 100). A exemplo do que se passa com a sentença penal condenatória, também a sentença de procedência da ação civil coletiva representa para as vítimas uma coisa julgada acerca da *causa petendi* da pretensão indenizatória.[139] Dá-se o "transporte, à ação individual, da sentença coletiva favorável", ampliando a Lei "o objeto da ação coletiva" para nele incluir a indenização de danos sofridos individualmente.[140]

Há um caso, porém, em que os benefícios da coisa julgada *erga omnes* deixam de operar; é o que se passa com a vítima do dano comum que, diante da ação coletiva, se abstém de suspender sua ação individual nos trinta dias seguintes à ciência da causa comum. A concorrência entre ação coletiva e ações individuais não é vedada pela lei. Mas a pessoa que quiser se beneficiar dos efeitos da coisa julgada da ação coletiva terá de requerer, oportunamente, a suspensão da demanda individual (CDC, art. 104).

No entanto, para que prevaleça a interdição do art. 104 do CDC, que exclui o autor da ação individual dos benefícios da ação coletiva, é necessário – na orientação do STJ – que a parte ré dê ciência de tal ação aos interessados, "momento no qual começa a correr o prazo de trinta dias para a parte autora postular a suspensão do feito individual". Por isso, "à míngua

---

137 Não se deve ignorar, todavia, que, mesmo tratando-se de direitos individuais homogêneos, há sempre que justificar a ação coletiva pelo interesse social em evitar ou repelir o dano multitudinário.

138 Consideram-se, no direito brasileiro, diferentes os objetos da ação coletiva e da ação singular, embora ambas se relacionem com o mesmo evento. "O réu (da ação coletiva) pode ser demandado, por exemplo, para abster-se de poluir e vencer a demanda (reconhecimento de não poluir), sem que se obste que o particular pleiteie indenização pela poluição que lhe causou prejuízos. Causas completamente diversas" (SANTOS, Ernane Fidelis dos. *Ação popular e ações de interesse coletivo*. Relatório para o Congresso de Roma, 2002, *apud* THEODORO JÚNIOR, Humberto. Relatório geral luso-americano. *Revista Iberoamericana de Derecho Procesal*, Buenos Aires, n. 2, p. 125, nota 81, 2002).

139 GRINOVER, Ada Pellegrini. *A marcha do processo*. Rio de Janeiro: Forense Universitária, 2000.

140 SAAD, Eduardo Gabriel. *Comentário ao Código de Defesa do Consumidor*. 2. ed. São Paulo: LTr, 1997, n. 282, p. 608.

da ciência inequívoca, não há como recusar à parte autora [da ação individual] a extensão dos efeitos *erga omnes* decorrentes da coisa julgada na Ação Coletiva".[141]

Situação especial é a da ação coletiva movida por associação em defesa de interesses dos seus associados. Segundo entendimento fixado pelo STF, com força vinculante, "a eficácia subjetiva da coisa julgada formada a partir de ação coletiva, de rito ordinário, ajuizada por associação civil na defesa de interesses dos associados, somente alcança os filiados, residentes no âmbito da jurisdição do órgão julgador, que o fossem em momento anterior ou até a data da propositura da demanda, constantes da relação jurídica juntada à inicial do processo de conhecimento"[142].

No entanto, reconheceu o STJ que se acha consolidado o entendimento de que a sentença proferida na ação civil pública que condenou determinado banco ao pagamento de diferenças decorrentes de expurgos inflacionários sob caderneta de poupança é aplicável indistintamente a todos os detentores de caderneta de poupança da mesma instituição financeira, independentemente de sua residência ou domicílio dentro da circunscrição territorial do juízo da condenação. Decidiu mais que, na particularidade da causa, a sentença não fica limitada apenas aos poupadores integrantes da associação (IDEC) promotora da ação coletiva, de sorte que os referidos poupadores terão legitimidade para o cumprimento individual da sentença coletiva. Tudo isso se assentou com base na coisa julgada que se formou nos limites amplos do pedido, tal como formulado pela associação autora.[143]

Deve-se distinguir, também, o caso de ações que envolvam danos nacionais ou regionais, já que a seu respeito a competência do juiz da capital do Estado ou do Distrito Federal estende-se ao território de toda a região ou de todo o País (CDC, art. 93, II). Sendo assim, a coisa julgada estender-se-á não de acordo com a circunscrição definida pela organização judiciária, mas conforme a competência do juízo decorrente do art. 93 do CDC, medida pelo alcance do dano objeto da causa.[144]

É bom destacar que o enunciado do art. 16 da Lei nº 7.347/1985, que restringia os efeitos *erga omnes* da sentença pronunciada em ação civil pública aos limites da competência territorial do órgão prolator, nos casos de danos regionais ou nacionais, foi declarado inconstitucional pelo STF, em tema de repercussão geral (Tema nº 1.075), com a fixação da seguinte tese:

> "I – É inconstitucional a redação do art. 16 da Lei 7.347/1985, alterada pela Lei 9.494/1997, sendo repristinada sua redação original;[145] II – Em se tratando de ação civil pública de efeitos nacionais ou regionais, a competência deve observar o art. 93, II, da Lei 8.078/1990 (Código de Defesa do Consumidor); III – Ajuizadas múltiplas

---

141 STJ, 1ª T., REsp 1.593.142/DF, Rel. Min. Napoleão Nunes Maia Filho, ac. 07.06.2016, *DJe* 21.06.2016.

142 STF, Pleno, RE 612.043/PR, Rel. Min. Marco Aurélio, ac. 10.05.2017, *DJe* 06.10.2017.

143 STJ, 3ª T., AgInt no AREsp 955.960/PR, Rel. Min. Marco Aurélio Bellizze, ac. 10.12.2018, *DJe* 19.12.2018. Em qualidade de solução de recursos repetitivos, também a Corte Especial do STJ decidiu que a força da sentença coletiva não fica circunscrita a lindes geográficos, "mas aos limites objetivos e subjetivos do que foi decidido, levando-se em conta, para tanto, sempre a extensão do dano e a qualidade dos interesses metaindividuais postos em juízo (arts. 468, 472 e 474, CPC e 93 e 103, CDC) (...). Por isso descabe a alteração do seu alcance em sede de liquidação/execução individual, sob pena de vulneração da coisa julgada. Assim, não se aplica ao caso a limitação contida no art. 2º-A, *caput*, da Lei 9.494/97" (STJ, Corte Especial, REsp 1.243.887/PR- Recurso repetitivo (temas 480 e 481), Rel. Min. Luis Felipe Salomão, ac. 19.10.2011, *DJe* 12.12.2011).

144 MAZZILLI, Hugo Nigro. A coisa julgada no processo coletivo em face do art. 16 da Lei 7.347/1985 e dos arts. 94 e 103 da Lei 8.078/1990. *Revista dos Tribunais*, São Paulo, v. 998, p. 627, dez. 2018.

145 "Art. 16. A sentença civil fará coisa julgada *erga omnes*, exceto se a ação for julgada improcedente por deficiência de provas, hipótese em que qualquer legitimado poderá intentar outra ação com idêntico fundamento, valendo-se de nova prova" (texto original da Lei nº 7.347/1985).

ações civis públicas de âmbito nacional ou regional e fixada a competência nos termos do item II, firma-se a prevenção do juízo que primeiro conheceu de uma delas, para o julgamento de todas as demandas conexas".[146]

Em suma, é definitivo o entendimento de que não se mede a eficácia da sentença pelos limites do território jurisdicionado pelo juiz, mas pela extensão do dano acerca do qual legalmente lhe foi atribuída competência para apreciar e julgar, nos moldes do art. 93, II, do CDC.[147]

564.1. Cientificação dos beneficiários individuais da sentença coletiva

O CDC cogita da publicação de edital, logo após a propositura da ação, dando notícia aos diversos interessados no objeto da ação coletiva aforada em defesa de direitos individuais homogêneos, possibilitando-lhes a intervenção no processo (art. 94).

O referido art. 94 reporta-se à abertura do procedimento cognitivo, autorizando os titulares dos direitos individuais a participarem da formação do provimento condenatório coletivo como litisconsortes. Nada impede – e, aliás, tudo recomenda – que se proceda a uma igual divulgação editalícia após a sentença de procedência da demanda.

A propósito, já decidiu o STJ que "na liquidação de ação civil pública deve o juiz buscar o resultado prático assegurado na sentença, determinando todas as providências legais que entender necessárias para a satisfação do direito dos beneficiários da demanda". Por isso, em causa dessa natureza, assentou que "não é *extra petita* e não ofende o princípio da demanda a decisão que determina a divulgação da sentença através da internet e de jornais locais de grande circulação, para que os poupadores beneficiados com o ressarcimento dos expurgos inflacionários em contas-poupança decorrentes de planos econômicos governamentais tomem ciência do *decisum* e providenciem a execução do julgado".[148]

Alertou, ainda, o aresto do STJ que o edital pode ser divulgado pela rede mundial de computadores (*internet*), meio reconhecido como idôneo e mais eficaz que a antiga e custosa publicação pela imprensa. Reconheceu, por fim, que a obrigação imposta à parte de publicar o ajuizamento da ação coletiva (art. 94 do CDC), para conhecimento dos consumidores interessados, não tem a natureza de encargo personalíssimo ou infungível. O próprio Poder Judiciário, em tais ações, acha-se autorizado "a publicar – por sua iniciativa – o edital com o resultado da sentença genérica somente na rede mundial de computadores, nos termos do disposto no art. 257, II e III, do CPC/2015, pelo prazo de 60 (sessenta dias), fluindo da data da publicação única, excluída a determinação para divulgar o *decisum* nos jornais locais de grande circulação".[149]

565. Execução

O objetivo da ação civil pública pode ser a condenação ao pagamento de certa soma de dinheiro, ou ao cumprimento de uma obrigação de fazer e não fazer (Lei nº 7.347/1985, art. 3º). A regra, diante dos direitos coletivos ou difusos, é a reparação *in natura*, ou seja, por meio das

---

[146] STF, Pleno, RE 1.101.937/SP- repercussão geral, Rel. Min. Alexandre de Moraes, ac. 08.04.2021, *DJe* 14.06.2021.

[147] "Art. 93. Ressalvada a competência da Justiça Federal, é competente para a causa a justiça local: (...) II – no foro da Capital do Estado ou no do Distrito Federal, para os danos de âmbito nacional ou regional, aplicando-se as regras do Código de Processo Civil aos casos de competência concorrente".

[148] STJ, 3ª T., REsp 1.285.437/MS, Rel. Min. Moura Ribeiro, ac. 23.05.2017, *DJe* 02.06.2017.

[149] STJ, 3ª T., REsp 1.285.437/MS, Rel. Min. Moura Ribeiro, ac. 23.05.2017, *DJe* 02.06.2017.

obras ou medidas tendentes a eliminar o dano aos bens da comunidade. Deve o responsável, portanto, restaurar, agindo de forma positiva ou negativa, os bens lesados. A condenação a uma indenização em dinheiro somente acontecerá quando o dano for irreversível.

Para a execução das obrigações de fazer e não fazer, o juiz adotará as medidas preconizadas pelos arts. 84 do CDC, 21 da Lei nº 7.347/1985 e 497 do CPC/2015. Com isso, é possível conferir à tutela o caráter mandamental, que justifica o emprego de medidas coercitivas, inclusive a multa por atraso no cumprimento da sentença.[150]

Nas condenações pecuniárias, a execução seguirá o procedimento das obrigações de quantia certa, mas o produto não será recolhido pelo exequente; reverterá a um fundo próprio, cujo montante possa ser empregado em restauração dos bens lesados (Lei nº 7.347, art. 13).

A legitimação natural para a execução é do autor da ação civil pública. Quando este, entretanto, for uma associação e se mantiver inerte por mais de sessenta dias após o trânsito em julgado, o Ministério Público ou outros entes legitimados previstos no art. 5º poderão tomar a iniciativa da execução da sentença (Lei nº 7.347, art. 15).

No caso de danos a direitos individuais homogêneos, a condenação ao respectivo ressarcimento será genérica (CDC, art. 95). Ter-se-á de proceder à liquidação para definir o prejuízo de cada consumidor que se habilitar. Tal procedimento liquidatório poderá ser promovido pela entidade autora da ação ou pelas vítimas e seus sucessores (CDC, art. 98), bem como por outros legitimados que, eventualmente, não tenham participado do processo condenatório. A execução, assim, será também coletiva.[151]

É possível, outrossim, a execução individual, no interesse exclusivo de uma vítima, a par da execução coletiva a benefício de todos os interessados (CDC, art. 98, *caput*). A execução é da competência do juízo da liquidação ou da ação condenatória, quando se trata de execução individual; e do juízo da condenação, quando coletiva a execução (CDC, art. 98, § 2º).

As regras do art. 98, todavia, não excluem outras que, a benefício do consumidor, constam do CDC. Assim, o foro da condenação pode ser afastado pelo foro do domicílio do beneficiário, por aplicação da regra tutelar que permite ao consumidor ajuizar no seu próprio foro as demandas individuais relativas à responsabilidade do fornecedor (CDC, art. 101, I).

Com efeito, ao tratar da execução singular da sentença coletiva, o CDC estabeleceu dois foros: o da condenação e o da liquidação (art. 98, § 2º, I). Sendo assim, o juízo da causa não pode ser visto como absoluto para a execução, já que a lei prevê que o cumprimento de sentença também possa ocorrer no juízo da liquidação. Ora, a liquidação, *in casu*, representa uma *ação* individual subsequente à condenação genérica coletiva, sujeitando-se à regra do art.

---

[150] LUCON, Paulo Henrique dos Santos. *In* MARCATO, Antônio Carlos (coord.). *Código de Processo Civil Interpretado*. São Paulo: Atlas, 2004, p. 1.870-1.871, nota 16; BUENO, Cassio Scarpinella. *In* MARCATO, Antônio Carlos (coord.). *Código de Processo Civil Interpretado*. São Paulo: Atlas, 2004, p. 1.406, nota 17.

[151] Em se tratando de direitos individuais homogêneos, o normal será a liquidação e execução promovidas pelas vítimas do dano, individualmente, já que os substitutos processuais, em regra, não disporão de elementos para individualizar os créditos exequíveis. A execução coletiva é também possível quando a liquidação dos direitos individuais homogêneos já tiver sido promovida pelos próprios titulares ou sucessores (STJ, 4ª T., REsp 869.583/DF, Rel. Min. Luis Felipe Salomão, ac. 05.06.2012, *DJe* 05.09.2012, *RT* 928/502-503). Portanto, não há dúvida de que, por exemplo, os sindicatos, como substitutos processuais, têm legitimidade para atuar "tanto nos feitos cognitivos, quanto nas liquidações, como, ainda, nas execuções" (STJ, 2ª T., REsp 1.225.034/RJ, Rel. Min. Eliana Calmon, ac. 16.10.2012, *DJe* 22.10.2012; STJ, 1ª T., AgRg no Ag 1.399.632/PR, Rel. Min. Arnaldo Esteves Lima, ac. 04.12.2012, *DJe* 10.12.2012). Mas, os entes públicos previstos no art. 82 do CDC carecem de legitimidade para liquidar a sentença genérica, antes da iniciativa dos titulares dos direitos individuais homogêneos, dada a disponibilidade de tais direitos pelos interessados (STJ, 4ª T., REsp 869.583/DF, Rel. Min. Luis Felipe Salomão, ac. 05.06.2012, *DJe* 05.09.2012).

101, I, do CDC, onde se acha facultada a propositura da ação individual no foro do autor (*i.e.*, do consumidor).

Daí a interpretação jurisprudencial do que "a analogia com o art. 101, I, do CDC e a integração desta regra com a contida no art. 98, § 2º, I, do mesmo diploma legal garantem ao consumidor a prerrogativa processual do ajuizamento da execução individual derivada de decisão proferida no julgamento de ação coletiva no foro de seu domicílio".[152] É tese que também prevalece na doutrina.[153]

565.1. Prescrição da execução individual da sentença coletiva

Em acórdão proferido pelo STJ em regime de recurso repetitivo, ficou assentada a tese de que a prescrição da execução individual da sentença coletiva conta-se do trânsito em julgado desta, independentemente da publicação do edital para conhecimento de terceiros interessados previsto no art. 94 da Lei nº 8.078/1990 (CDC). Reconheceu-se que tal divulgação refere-se à eventual participação de interessados na fase de cognição da ação coletiva. Quanto à sentença, nenhuma regra especial foi estabelecida para definir prazo de aforamento de execução individual. Daí a conclusão do STJ no sentido de que o marco inicial do prazo prescricional aplicável às execuções individuais se confunde com o próprio trânsito em julgado da sentença coletiva. Observa o aresto que a regra inserida no texto original do CDC (art. 96) que cogitava de divulgação da sentença coletiva por edital foi objeto de veto presidencial, tornando descabida a tentativa de aplicação analógica da regra do art. 94 do CDC, posteriormente ao trânsito em julgado.[154]

Por outro lado, também em regime de recursos repetitivos, restou afirmado em outro aresto do STJ que, "no âmbito do Direito Privado, é de cinco anos o prazo prescricional para ajuizamento da execução individual em pedido de cumprimento de sentença proferida em Ação Civil Pública".[155] O decisório contou, outrossim, o prazo prescricional a partir da data do trânsito em julgado da sentença coletiva, tal como posteriormente veio a fazer a Primeira Seção no REsp 1.388.000/PR, já referido. Firme, portanto, é a jurisprudência daquela Alta Corte no sentido de contar a prescrição para a execução individual a partir do trânsito em julgado da sentença coletiva.

Questão interessante relacionada com a prescrição da pretensão individual de liquidar e executar a sentença da ação coletiva de tutela de direitos individuais homogêneos foi definida pela Corte Especial do STJ[156], ocasião em que se fixou o seguinte entendimento:

---

[152] STJ, 3ª T., REsp 1.098.242/GO, Rel. Min. Nancy Andrighi, ac. 21.10.2010, *DJe* 28.10.2010. "Não se pode obrigar os beneficiários de sentença coletiva a liquidá-la e executá-la no foro em que a ação coletiva fora processada julgada, sob pena de inviabilizar a tutela dos seus direitos" (STJ, 2ª T., REsp 1.112.292/GO, Rel. Min. Castro Meira, ac. 21.09.2010, *DJe* 04.10.2010. No mesmo sentido: STJ, 3ª Seção, CC 96.682/RJ, Rel. Min. Arnaldo Esteves Lima, ac. 10.02.2010, *DJe* 23.03.2010; STJ, 3ª T., AgRg no Ag 633.994/PR, Rel. Min. Vasco Della Giustina, ac. 08.06.2010, *DJe* 24.06.2010; STJ, 3ª T., AgRg no REsp 755.429/PR, Rel. Min. Sidnei Beneti, ac. 17.12.2009, *DJe* 18.12.2009).

[153] GRINOVER, Ada Pellegrini *et al. Código brasileiro de defesa do consumidor*: comentado pelos autores do anteprojeto. 7. ed. Rio de Janeiro: Forense Universitária, 2004, p. 891; BENJAMIN, Antônio Herman; MARQUES, Claudia Lima; MIRAGEM Bruno. *Comentários ao Código de Defesa do Consumidor.* São Paulo: RT, 2006, p. 1.098-1.097.

[154] STJ, 1ª Seção, REsp 1.388.000/PR, Rel. p/ ac. Min. Og Fernandes, ac. 26.08.2015, *DJe* 12.04.2016.

[155] STJ, 2ª Seção, REsp 1.273.643/PR, Rel. Min. Sidnei Beneti, ac. 27.02.2013, *DJe* 04.04.2013.

[156] STJ, Corte Especial, REsp 1.758.708/MS, Rel. Min. Nancy Andrighi, ac. 20.04.2022, *DJe* 11.05.2022.

(a) "Uma vez concluída a fase de conhecimento, o interesse coletivo, que autoriza o Ministério Público a propor a ação civil pública na defesa de direitos individuais homogêneos, enquanto legitimado extraordinário, cede lugar, num primeiro momento, ao interesse estritamente individual e disponível, cuja liquidação não pode ser perseguida pela instituição, senão pelos próprios titulares";

(b) "Num segundo momento, depois de passado um ano sem a habilitação dos interessados em número compatível com a gravidade do dano, a legislação autoriza a liquidação coletiva – e, em consequência, a respectiva execução – pelo *Parquet*, voltada à quantificação da reparação fluida, porque desse cenário exsurge, novamente, o interesse público na perseguição do efetivo ressarcimento dos prejuízos globalmente causados pelo réu, a fim de evitar o enriquecimento sem causa do fornecedor que atentou contra as normas jurídicas de caráter público, lesando os consumidores";

(c) "Consequência direta da conclusão de que não cabe ao Ministério Público promover a liquidação da sentença coletiva para satisfazer, um a um, os interesses individuais disponíveis das vítimas ou seus sucessores, por se tratar de pretensão não amparada no CDC e que foge às atribuições institucionais do *Parquet*, é reconhecer que esse requerimento – acaso seja feito – não é apto a interromper a prescrição para o exercício da respectiva pretensão pelos verdadeiros titulares do direito tutelado".

Em suma, aquela Corte Superior assentou que a liquidação da sentença coletiva em ação relativa a direitos individuais homogêneos não tem o condão de interromper o prazo prescricional para o exercício da pretensão individual de liquidação e execução pelas vítimas e seus sucessores[157].

565.2. Alienação do imóvel objeto de tutela ao meio ambiente

Interessante entendimento foi adotado pelo STJ em caso de ação civil pública cuja sentença condenara o proprietário de imóvel a demolir casa edificada em área de preservação permanente (manguezal e margem de curso d'água), a remover os escombros resultantes e recuperar a vegetação nativa. Diante do fato superveniente da venda do imóvel, o acórdão assentou o seguinte:

> *"(...) 2. O imóvel em questão foi alienado. Entretanto, a alienação promovida em momento posterior à propositura da Ação Civil Pública pela empreendedora não tem o condão de alterar os efeitos subjetivos da coisa julgada, conforme disposto no art. 42, § 3º, do CPC, pois é dever do adquirente revestir-se das cautelas necessárias quanto às demandas existentes sobre o bem litigioso. Em razão do exposto, o não cumprimento da determinação contida no art. 167, I, 21, da Lei 6.015/73, o qual afirma a necessidade de averbação das citações de ações reais ou pessoais reipersecutórias relativas a imóveis não altera a conclusão do presente julgado.*

---

[157] "9. Em homenagem à segurança jurídica e ao interesse social que envolve a questão, e diante da existência de julgados anteriores desta Corte, nos quais se reconheceu a interrupção da prescrição em hipóteses análogas à destes autos, gerando nos jurisdicionados uma expectativa legítima nesse sentido, faz-se a modulação dos efeitos desta decisão, com base no § 3º do art. 927 do CPC/15, para decretar a eficácia prospectiva do novo entendimento, atingindo apenas as situações futuras, ou seja, as ações civis públicas cuja sentença seja posterior à publicação deste acórdão. 10. Convém alertar que a liquidação das futuras sentenças coletivas, exaradas nas ações civis públicas propostas pelo Ministério Público e relativas a direitos individuais homogêneos, deverão ser promovidas pelas respectivas vítimas e seus sucessores, independentemente da eventual atuação do *Parquet*, sob pena de se sujeitarem os beneficiados à decretação da prescrição" (STJ, Corte Especial, REsp 1.758.708/MS, Rel. Min. Nancy Andrighi, ac. 20.04.2022, *DJe* 11.05.2022).

3. Cumpre asseverar que a possibilidade do terceiro ter adquirido o imóvel de boa-fé não é capaz, por si só, de afastar a aplicação do art. 42, § 3º, do CPC; para que fosse afastada, seria necessário que, quando da alienação do imóvel, não houvesse sido interposta a presente ação civil pública. O que não é o caso.

4. Por fim, cumpre esclarecer que, em tema de direito ambiental, não se admite a incidência da teoria do fato consumado. Precedentes."[158]

566. Execução coletiva por meio de sindicato ou associação

Nos casos de direitos individuais homogêneos, tanto os titulares do crédito reconhecido em sentença condenatória, como a entidade que os substituiu processualmente, têm legitimidade para promover a liquidação do julgado e o subsequente cumprimento forçado do título judicial coletivo.

Há, porém, uma distinção a se fazer:

(a) se se trata de sindicato, a execução coletiva pode ser intentada em favor de qualquer membro da categoria representada pelo órgão sindical, seja associado ou não; não há nem mesmo necessidade de autorização dos trabalhadores, porque o âmbito da substituição processual decorre da própria função atribuída aos sindicatos pela Constituição: "defesa dos direitos e interesses coletivos ou individuais da *categoria*" (CF, art. 8.º, III).[159] A execução coletiva, por meio do sindicato, todavia, requer a indicação nominal, pelo substituto processual, das pessoas em favor das quais o cumprimento da sentença é promovido, com a explicitação do valor devido a cada uma delas;[160]

(b) quando a ação coletiva houver sido promovida por associação, a substituição processual, em matéria de direitos individuais homogêneos, limita-se aos seus filiados (CF, art. 5º, XXI).[161] A Lei nº 9.494/1997, art. 2.º-A (introduzido pela Medida Provisória nº 2.180-35/2001), não deixa dúvida de que a ação de caráter coletivo é proposta pela entidade associativa "na defesa dos interesses e direitos dos seus associados", e o efeito da sentença abrange os *substituídos* (filiados) "que tenham, na data da propositura da ação, domicílio no âmbito da competência territorial do órgão prolator". Daí que a execução coletiva promovida pela associação "abrangerá apenas os substituídos [*i.e.*, os seus associados] que tenham, na data da propositura da ação, domicílio no âmbito da competência territorial do órgão prolator", na exata conformidade com "os termos do art. 2.º-A da Lei 9.494/1997".[162] É claro, outrossim, que não será possível o início da execução pela associação sem que sejam identificados os credores dos direitos individuais exequendos (associados que satisfaçam os requisitos do art. 2.º-A da Lei nº 9.494/1997), bem como apontados os valores líquidos que correspondam a cada um deles.

---

158 STJ, 2ª T., AgRg no REsp 1.491.027/PB, Rel. Min. Humberto Martins, ac. 13.10.2015, *DJe* 20.10.2015.

159 STF, Pleno: RE 193.503/SP, RE 193.579/SP, RE 208.983/SC, RE 211.874/RS, RE 213.111/SP. Em todos esses julgados, o Relator originário era o Min. Carlos Veloso e o Relator para o acórdão foi o Min. Joaquim Barbosa; todos os processos foram julgados em 12.06.2006 e publicados no *DJe* de 24.08.2007.

160 STJ, Corte Especial, EREsp 760.840/RS, Rel. Min. Nancy Andrighi, ac. 04.11.2009, *DJe* 14.12.2009.

161 SILVA, José Afonso da. *Curso de direito constitucional positivo*. 15. ed. São Paulo: Malheiros, 1998, p. 264; BASTOS, Celso Ribeiro. *Comentários à Constituição do Brasil*. São Paulo: Saraiva, 1989, v. II, p. 111 e 113; GRECO FILHO, Vicente. *Comentários ao Código de Defesa do Consumidor*. São Paulo: Saraiva, 1991, p. 352; MACHADO, Hugo de Brito. *Mandado de segurança em matéria tributária*. 2. ed. São Paulo: Ed. RT, 1995, n. 4.2.4.4, p. 73.

162 STJ, 5ª T., AgRg no Ag 1.012.591/PE, Rel. Min. Arnaldo Esteves Lima, ac. 04.12.2009, *DJe* 01.02.2010; STJ, 6ª T., AgRg no REsp 972.765/PE, Rel. Min. Paulo Gallotti, ac. 18.06.2009, *DJe* 10.08.2009; STJ, 5ª T., AgRg no REsp 1.173.524/DF, Rel. Min. Jorge Mussi, ac. 23.11.2010, *DJe* 13.12.2010.

566.1. Cumprimento de sentença coletiva: o fluid recovery *e as associações*

O art. 100 do CDC, estabelece que "decorrido o prazo de um ano sem habilitação de interessados em número compatível com a gravidade do dano, poderão os legitimados do art. 82 promover a liquidação e execução da indenização devida". Trata-se não de agir em nome de cada um dos titulares dos direitos individuais homogêneos, mas de reclamar uma reparação fluida (*fluid recovery*), de sentido coletivo, diante das dificuldades de indenizar todos os lesados individuais, ou pelo menos um número significativo deles.

Parte-se da ideia de que "o dano globalmente causado pode ser considerável, mas de pouca ou nenhuma importância o prejuízo sofrido por cada consumidor lesado. Foi para casos como esses que o *caput* do art. 100 previu a *fluid recovery*",[163] cujo proveito reverte-se ao fundo criado pela Lei nº 7.347/1985.

Essa execução global, cuja iniciativa compete aos legitimados do art. 82 do CDC, não pode ser endereçada imediatamente ao fundo da LACP, pois é residual no sistema do direito coletivo brasileiro. Só pode ser intentada em benefício do referido fundo se não houver habilitantes individuais em número compatível com a gravidade do dano.[164]

566-A. Conversão da ação de improbidade administrativa em ação civil pública (Lei nº 14.320/2021)

A jurisprudência do STJ firmou-se no sentido de ser cabível a propositura de ação civil pública fundada na prática de ato de improbidade administrativa, tendo em conta a natureza difusa do interesse tutelado. Por outro lado, a demanda de repressão à improbidade administrativa, através da ação civil pública, ensejaria a cumulação de pedidos de natureza condenatória, declaratória e constitutiva, "porque sustentada nas disposições da Lei 8.429/92" (Lei da Ação de Improbidade Administrativa).[165]

Por conseguinte, o STJ firmou a seguinte tese: "Na ação civil pública por ato de improbidade administrativa é possível o *prosseguimento da demanda para pleitear o ressarcimento do dano ao erário* (g.n.), ainda que sejam declaradas prescritas as demais sanções previstas no art. 12 da Lei 8.429/92".[166]

Sedimentou-se, assim, naquele Tribunal, o reconhecimento de uma fungibilidade entre a ação típica de improbidade administrativa e a ação civil pública, de maneira que, inviabilizada a punição administrativa ou penal, não haveria necessidade de ajuizamento de ação específica para a busca de ressarcimento ao erário. A ação de improbidade já ajuizada continuaria sendo o remédio processual adequado para tal pretensão.[167]

---

[163] GRINOVER, Ada Pelegrini; WATANABE, Kazuo; NERY JÚNIOR, Nelson. *Código brasileiro de defesa do consumidor.* Comentado pelos autores do Anteprojeto. 10. ed., Rio de Janeiro: Forense, 2011, v. II, p. 163.

[164] GRINOVER, Ada Pelegrini; WATANABE, Kazuo; NERY JÚNIOR, Nelson. *Código brasileiro de defesa do consumidor.* Comentado pelos autores do Anteprojeto. 10. ed., Rio de Janeiro: Forense, 2011, v. II, p. 163. "Os sujeitos previstos no rol do art. 82 do CDC têm legitimidade subsidiária para a liquidação e execução da sentença coletiva, na forma dos arts. 97 e 98 do CDC, caso não haja habilitação por parte dos beneficiários ou haja em número incompatível com a gravidade do dano, nos termos do art. 100 do CDC" (STJ, 3ª T., REsp. 1.955.899/PR, Rel. Min. Nancy Andrighi, ac. 15.03.2022, *DJe* 21.03.2022).

[165] STJ, 2ª T., REsp 1.516.178/SP, Rel. Min. Humberto Martins, ac. 23.06.2015, *DJe* 30.06.2015.

[166] STJ, 1ª Seção, REsp 1.899.407/DF e REsp 1.901.271/MT, recursos repetitivos, Rel. Min. Assusete Magalhães, ac. 22.09.2021, *DJe* 13.10.2021.

[167] JORGE, Flávio Cheim. A conversão da ação de improbidade administrativa em ação civil pública. *Revista de Processo*, São Paulo, v. 345, nov. 2023, p. 272. Cf., nesse sentido: STJ, 1ª T., REsp 757.595/MG, Rel. Min. Luiz Fux, ac. 04.03.2008, *DJe* 30.04.2008; STJ, 2ª T., REsp 1.660.381/SP, Rel. Min. Herman Benjamin, ac. 21.08.2018, *DJe* 26.11.2018.

Todavia, a Lei nº 14.320/2021, que alterou profundamente a Lei de Improbidade Administrativa, adotou – com o novo art. 17, § 16, introduzido na LIA de 1992 – não a fungibilidade entre esta e a ação civil pública, mas sim a possibilidade de *conversão* da ação de improbidade em ação civil pública, quando inexistirem *todos os requisitos* necessários para a imposição das sanções instituídas pela Lei nº 8.429/1992 (LIA).

A necessidade de uma conversão em outra ação sujeita a um novo procedimento, quando não se acha adequadamente configurada a hipótese de punibilidade das infrações disciplinadas pela LIA, evidencia a impropriedade da ação de improbidade administrativa para funcionar isoladamente como instrumento limitado à tutela de ressarcimento de dano ao erário.[168]

A conversão em foco deve, portanto, ser vista como uma "troca" ou "substituição" da ação de improbidade pela ação civil pública, motivada por natureza jurídica ou de dúvida objetiva, entre uma e outra ação. Ao contrário, a conversão funda-se na certeza de que o caso pendente não se enquadra no âmbito da ação de improbidade, e a autorização dada pela lei para que a ação de improbidade (incabível) se converta na ação civil pública "tem por fundamento exclusivo o aproveitamento dos atos processuais" e apenas se inspira nos princípios da instrumentalidade das formas e da economia processual.[169]

Sendo diversos os requisitos de punibilidade dos atos de improbidade e os de ressarcibilidade ao erário, como a exigência de imputação dolosa, em certas circunstâncias, exigida na configuração do ato punível a título de infração à LIA, e a possibilidade de o dano ressarcível se fundar em conduta apenas culposa, segundo a legislação civil ou administrativa, pode eventualmente conduzir a necessidade de reabertura da fase probatória, para assegurar o devido processo legal, no que diz respeito à garantia do contraditório e ampla defesa.[170]

Terreno em que se manifesta profunda diversidade de regime, entre a ação de improbidade e a ação civil pública puramente ressarcitória, é o da prescrição:

> "Isso porque, como visto, tratando-se de ato de improbidade administrativa, doloso por natureza, a ação de ressarcimento de danos ao erário é *imprescritível*. De outra parte, não tendo esta natureza, a ação indenizatória deve ser ajuizada no prazo prescricional de 5 (cinco) anos.
>
> Assim, para que a ação de improbidade administrativa, fundada em culpa ou dolo genérico possa ser convertida em ação civil pública, deve ser respeitado o prazo prescricional de 5 (cinco) anos, isto é, o mesmo exigido para o ajuizamento desta última demanda.
>
> Nesse caso, se o autor utilizar o prazo prescricional de 8 anos, estipulado para a ação de improbidade administrativa, a *conversão restará prejudicada*, devendo esta demanda, quanto aos pedidos sancionatórios, ser julgada improcedente, e quanto ao pedido ressarcitório, ser extinta, com resolução de mérito, em razão da prescrição".[171]

---

[168] A conversão de uma ação em outra permite o aproveitamento de atos processuais já praticados no curso da demanda primitiva, mas não o aproveitamento de um procedimento irregular como o regular exigido pela lei (cf. JORGE, Flávio Cheim. A conversão da ação de improbidade administrativa em ação civil pública. *Revista de Processo*, São Paulo, v. 345, nov. 2023, p. 278-279).

[169] JORGE, Flávio Cheim. A conversão da ação de improbidade administrativa em ação civil pública. *Revista de Processo*, São Paulo, v. 345, nov. 2023, p. 279.

[170] "Essa conversão, contudo, deve ser precedida de análise acurada, de modo que sejam respeitados os princípios do contraditório e da ampla defesa. A observação acima é pertinente, pois a ação de improbidade administrativa e a ação civil pública possuem naturezas distintas e sofrem influência diversa quanto à intensidade das garantias do devido processo legal" (JORGE, Flávio Cheim. A conversão da ação de improbidade administrativa em ação civil pública. *Revista de Processo*, São Paulo, v. 345, nov. 2023, p. 281).

[171] JORGE, Flávio Cheim. A conversão da ação de improbidade administrativa em ação civil pública. *Revista de Processo*, São Paulo, v. 345, nov. 2023, p. 281-282.

Fluxograma nº 51 – Ação civil pública (Lei nº 7.347, de 24.07.1985)

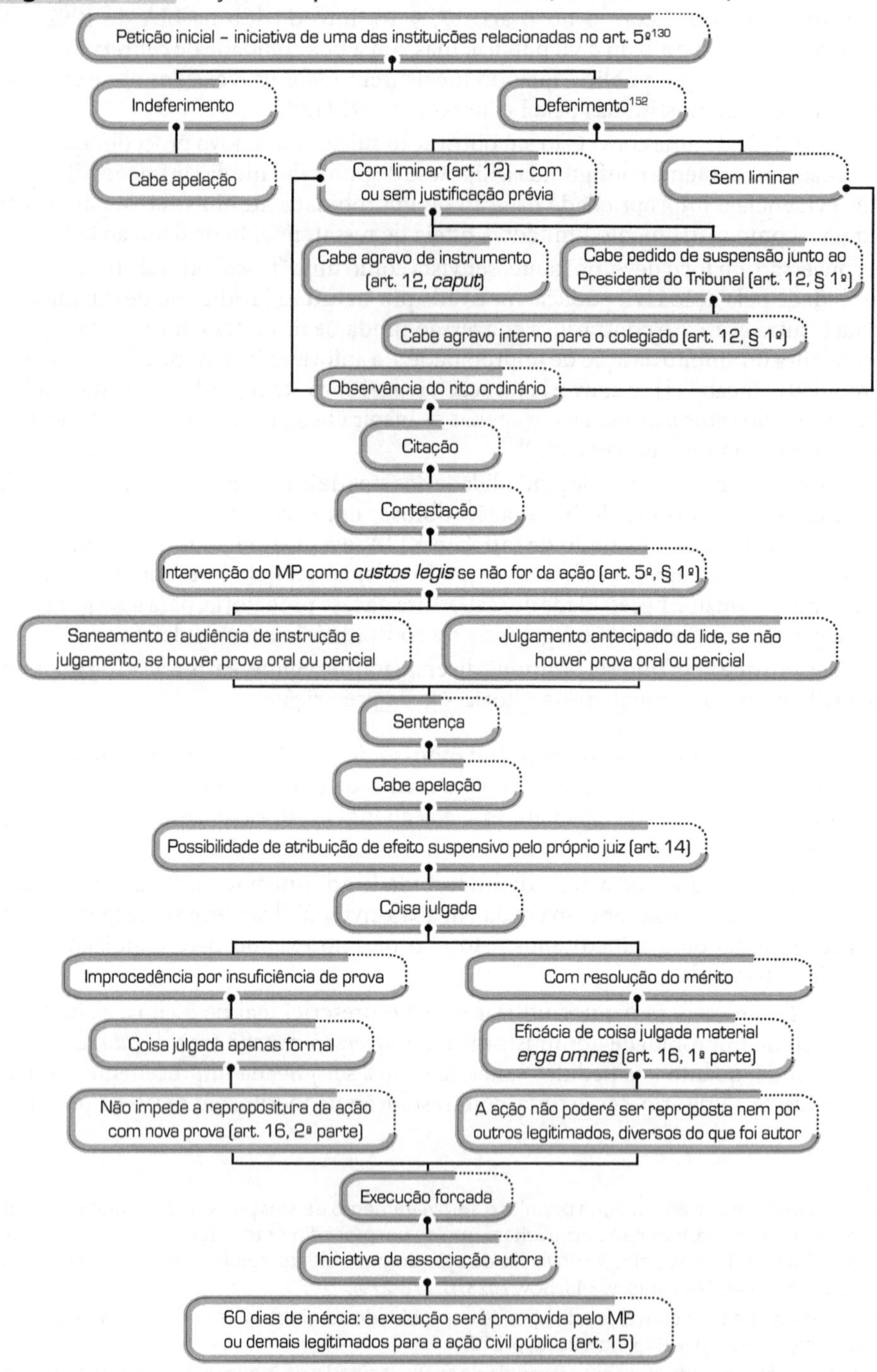

172 Em linhas gerais, a ação civil pública seguirá o rito comum com as alterações da Lei nº 7.347/1985.

173 É possível o estabelecimento de litisconsórcio ativo entre diversos legitimados, de forma originária (art. 5º, § 5º) ou por habilitação superveniente (art. 5º, § 2º). Ocorrendo desistência da ação ou abandono da causa, é possível a assunção do processo pelo MP ou outro legitimado (art. 5º, § 3º).

174 Nas ações de tutela de direitos individuais homogêneos o CDC prevê um edital para conhecimento de terceiros interessados, permitindo-lhes a intervenção na ação coletiva (cf. item 555).

Capítulo XXXIV
AÇÕES LOCATÍCIAS

§ 70. GENERALIDADES

567. Dos procedimentos e suas disposições gerais

Em seu Título II, a Lei nº 8.245, de 18.10.1991, instituiu regras procedimentais específicas para quatro ações de utilização mais frequente nas relações entre locador e locatário, ou seja, a ação de despejo, a de consignação em pagamento de aluguel, a revisional de aluguel e a renovatória de locação.

A sistemática observada pela Lei do Inquilinato (Lei nº 8.245/1991) foi a de destacar um capítulo para *disposições gerais* aplicáveis a todas as quatro ações locatícias e destinar um capítulo especial para o procedimento específico de cada uma daquelas ações.

Como preceitos comuns, dentro do prisma legal, estipularam-se normas inovadoras do sistema do Código de Processo Civil, no pertinente a férias forenses, competência, valor da causa, citação e recursos.

Essas disposições gerais, porém, não incidirão sobre as ações relativas e contratos locatícios que, por força do parágrafo único do art. 1º da Lei do Inquilinato, continuam reguladas pelo Código Civil e por leis especiais, e que são as referentes a: *(i)* imóveis de propriedade da União, dos Estados e dos Municípios, de suas autarquias e fundações públicas; *(ii)* vagas autônomas de garagem ou de espaços para estacionamento de veículos; *(iii)* espaços destinados à publicidade; *(iv)* apart-hotéis, hotéis-residências ou equiparados; *(v)* arrendamento mercantil. A estas locações aplicam-se os procedimentos do Código de Processo Civil, sem as inovações da Lei do Inquilinato (Lei nº 8.245, art. 58).

Aplicam-se, porém, as disposições da Lei do Inquilinato às relações entre lojistas e empreendedores de *shopping center*, caso em que devem prevalecer as condições livremente pactuadas nos contratos da espécie, não havendo espaço para incidência das regras da legislação consumerista (Lei nº 8.245, art. 54).[1]

568. Tramitação durante as férias forenses

Antes da Lei nº 8.245, somente as ações locatícias disciplinadas pela Lei de Luvas (renovatória e revisional) tinham curso durante o recesso das férias forenses (Decreto nº 24.150/1934, art. 35 c/c art. 174, III, do CPC/1973).

Com o advento da atual Lei do Inquilinato, todos os procedimentos que ela disciplinou (*i.e.*, ações de despejo, de consignação, revisionais e renovatórias) tramitarão durante as férias

---

[1] "A Lei do Inquilinato aplica-se aos contratos de locação de espaço em *shopping center*" (STJ, 3ª Seção, EREsp 331.365/MG, Rel. Min. Hamilton Carvalhido, ac. 26.03.2008, *DJe* 06.08.2008). No mesmo sentido: STJ, 4ª T., AgRg em AREsp 12.044/SP, Rel. Min. Marco Buzzi, ac. 21.08.2012, *DJe* 27.08.2012; TJMG, 15ª C.Civ., Ap. Civ. 1.0024.04.458556-0/001, Rel. Des. Tibúrcio Marques, *DJe* 01.07.2009; *Rev. Magister de Dir. Ambiental*, n. 24, p. 159.

coletivas e não se suspenderão pela superveniência delas (Lei nº 8.245, art. 58, I; CPC/2015, art. 215, III).[2] Somente sofrerão o efeito suspensivo das férias forenses aqueles feitos locatícios estranhos à regulamentação da Lei nº 8.245 (art. 1º, parágrafo único).

Nos casos em que a ação de despejo é cumulada com a cobrança de aluguéis, o prazo recursal se suspende durante o recesso forense. O STJ, todavia, tem decidido que, na espécie, apenas o prazo do recurso se suspende durante as férias forenses ou o recesso, não o processo como um todo, ao argumento de que o art. 58, I, da Lei do Inquilinato, que trata das ações locatícias que correm em férias, só pode ser interpretado restritivamente. Como regra excepcional, não pode incidir senão sobre as hipóteses nela expressamente previstas.[3]

569. Competência do *forum rei sitae*

As ações referentes ao vínculo *ex locato* são ações pessoais e, no regime do Código de Processo Civil, estavam sujeitas às regras comuns da competência do foro do domicílio do réu (CPC/2015, art. 46).

Sobre o tema, a Lei nº 8.245 inovou ao dispor que o foro competente para conhecer e julgar ditas ações é o da *situação do imóvel*, salvo a estipulação de foro de eleição no contrato (art. 58, II).[4] Aplica-se aqui o princípio da especialidade, assim como o da autonomia privada.

A regra legal, portanto, contém uma *competência relativa*, que pode ser afastada por acordo das partes, expresso ou tácito. Haverá acordo expresso quando constar de cláusula do contrato locatício ou de documento à parte firmado pelos contratantes, prevendo, em qualquer das hipóteses, a sujeição voluntária a foro diverso do da situação do imóvel (CPC/2015, arts. 62 e 63). Dar-se-á a derrogação tácita da competência do foro do imóvel quando, proposta a ação locatícia em juízo diverso, o demandado deixar de alegar a incompetência em preliminar de contestação (CPC/2015, art. 65). Em tal conjuntura, não será lícito ao juiz, sem provocação do réu, declinar da competência para o da situação do imóvel, porque a lei confere unicamente à parte a titularidade do direito de afastar o juiz relativamente incompetente. A jurisprudência atual, liderada pelo Superior Tribunal de Justiça, é categórica: "Segundo assente em doutrina e jurisprudência não pode o juiz reconhecer, de ofício, a incompetência relativa".[5]

570. Valor da causa

À falta de regras específicas, reinava, antes da atual Lei do Inquilinato, grande dissídio jurisprudencial acerca do valor das ações locatícias, especialmente a renovatória e a revisional. Havia julgados que preconizavam, por exemplo, como valor da renovatória a soma total dos aluguéis do contrato, tomando-se como base o valor da época do ajuizamento da causa, enquanto outros se serviam do valor novo a vigorar no início do contrato renovando e, ainda, outros recomendavam o parâmetro do aluguel oferecido para o período da renovação. Por sua vez, o Código de Processo Civil de 1973 não contribuiu para eliminar a controvérsia, visto que a

---

2 "Art. 215. Processam-se durante as férias forenses, onde as houver, e não se suspendem pela superveniência delas: (...) III – os processos que a lei determinar".

3 STJ, 3ª T., REsp 1.414.092/PR, Rel. Min. Paulo de Tarso Sanseverino, ac. 01.03.2016, *DJe* 09.03.2016.

4 Interessante observar que a jurisprudência do STJ entende que "em ação de despejo movida pelo proprietário locador, a retomada da posse direta do imóvel locado à sociedade empresária em recuperação judicial, com base nas previsões da lei específica (a Lei do Inquilinato n. 8.245/91), não se submete à competência do Juízo universal da recuperação. O credor proprietário de imóvel, quanto à retomada do bem, não está sujeito aos efeitos da recuperação judicial (Lei nº 11.101/2005, art. 49, § 3º)" (STJ, 2ª Seção, CC 123.116/SP, Rel. Min. Raul Araújo, ac. 14.08.2014, *DJe* 03.11.2014).

5 Súmula nº 33/STJ.

única regra sobre o valor de ação em tema de contrato mandava simplesmente adotar como valor da causa o do contrato cuja existência, validade, cumprimento, modificação ou rescisão fossem disputados (art. 259, V). O CPC/2015 repetiu a mesma regra, no art. 292, II, deixando de estabelecer regras específicas para as ações previstas na Lei do Inquilinato.

A Lei nº 8.245 teve a preocupação de eliminar as dúvidas reinantes e, para tanto, dispôs, de maneira muito clara, que nas ações locatícias o valor da causa corresponderá a doze meses de aluguel pelo montante em vigor na data do ajuizamento (art. 58, III). Generalizou-se, destarte, o critério recomendado pela Súmula nº 449 do Supremo Tribunal Federal para as ações de consignação em pagamento de aluguéis, que, doravante, prevalecerá, também para o despejo, a revisional e a renovatória.

Para Sylvio Capanema de Souza, entretanto, em caso de ação de despejo por falta de pagamento, cumulada com cobrança de aluguéis, aplicar-se-á a regra geral do art. 292, VI, do CPC, ou seja, a soma dos pedidos cumulados.[6] Por outro lado, tratando-se de discussão relativa à locação para temporada, o valor da causa terá de ser equivalente a 3 meses de aluguel, uma vez que não faz sentido a relação contratual ter duração menor, mas o valor da causa corresponder a 12 meses de aluguel.[7]

Há, ainda, uma exceção aberta pelo próprio art. 58, III: trata-se da ação de despejo com base em extinção do contrato de trabalho (art. 47, II), para a qual se determinou que o valor da causa deverá ser equivalente a três salários do empregado-inquilino vigentes na ocasião do ajuizamento. Como o contrato de trabalho já se extinguiu, tanto que a lei cogita da extinção dele como fundamento do despejo, claro é que o valor do salário a prevalecer será o da última remuneração percebida pelo empregado.

571. Atos de comunicação processual

O art. 58, IV, da nova Lei do Inquilinato contém grande progresso em termos de comunicação processual, incorporando às ações locatícias a citação postal, e autorizando até mesmo, em alguns casos, o uso dos modernos processos de intercâmbio magnético, como o telex e o fac-símile, além daqueles que o Código de Processo Civil prevê para o atual processo eletrônico.

Com relação à via postal, a regra inovadora é a de que, havendo autorização no contrato locatício, as citações, intimações e notificações serão feitas "mediante correspondência com aviso de recebimento". O avanço do procedimento de intercâmbio foi grande, ao tempo da Lei nº 8.245/1991, pois não se exigiu sequer que o aviso de recepção da correspondência fosse pessoalmente firmado pelo destinatário. Mas, por outro lado, a adoção do novo sistema de comunicação processual ficou subordinado a uma prévia autorização por cláusula do contrato locatício. À falta de tal previsão convencional, os atos em tela continuariam a ser praticados dentro dos mecanismos do Código de Processo Civil (ver sobre o tema os §§ 49 a 51 do nosso v. I). Ressalte-se, porém, que, com a implantação do atual processo eletrônico, as intimações pelos meios nele previstos independem de autorização contratual, de modo que o regime de comunicação processual do Código de 2015 e legislação complementar avançou muito além do estatuído pela legislação do inquilinato. E deve prevalecer no âmbito das ações locatícias, como aliás prevê o art. 58, IV, *in fine*, da Lei nº 8.245/1991.

---

6 SOUZA, Sylvio Capanema de. *A Lei do Inquilinato comentada artigo por artigo*. 12. ed. Rio de Janeiro: Forense, 2021, p. 305.

7 PEREIRA, José Horácio Cintra Gonçalves. Comentário ao art. 58. *In*: BUSHATSKY, Jaques; ELIAS FILHO, Rubens Carmo (coords.). *Locação ponto a ponto*: comentários à Lei n. 8.245/91. São Paulo: Editora Iasp, 2020, p. 493-494.

Em se tratando de empresas (pessoas jurídicas ou firmas individuais), a Lei do Inquilinato admite que os atos de citação, intimação ou notificação possam ser feitos também por via de telex ou fac-símile. É claro, todavia, que caberá à parte interessada demonstrar que a mensagem magnética realmente chegou ao destino, o que, aliás, é fácil de se apurar pelos dados que o próprio aparelho de telex ou fax registra. Também aqui, o uso das vias magnéticas de comunicação dependerá de previsão em cláusula do contrato locatício, mas poderá dar-se até mesmo entre empresas que não possuam aparelhos próprios de fax ou telex, hipótese em que se recorrerá aos serviços públicos da Empresa de Correios e Telégrafos.[8]

As notificações pré-processuais, ou admonitórias, não estão sujeitas a maiores formalidades e podem ser feitas, em qualquer caso, por via extrajudicial (carta entregue em mãos ou remetida pelo Cartório de Títulos e Documentos). A única forma exigida, *in casu*, é a escrita, de modo a não se reconhecer eficácia à notificação verbal (Lei nº 8.245, arts. 6º e 57).[9]

572. Ausência de efeito suspensivo da apelação nas ações locatícias

Dentro do sistema do Código de Processo Civil, a apelação, salvo as exceções expressas do art. 1.012, § 1º, é sempre recebida no efeito devolutivo e suspensivo, de modo a impedir a execução da sentença enquanto não se julgar o recurso interposto (art. 1.012, § 2º). A execução provisória é, outrossim, a que se permite, na pendência da apelação, quando a lei excepcionalmente a priva do efeito suspensivo, a qual se processa por meio de carta de sentença.

A Lei nº 8.245 eliminou expressamente o efeito suspensivo de todas as apelações locatícias, sem exceção (art. 58, V).[10] Com isso, desestimulou-se, por completo, a chicana que transformava o recurso num expediente fácil de impedir por longo tempo a retomada do imóvel locado, mesmo quando evidente se mostrava a completa ausência de fundamento sério na apelação. É que, agora, mesmo recorrendo, o inquilino não conseguirá impedir a execução do despejo.

Haverá, por certo, possíveis casos de extrema injustiça e ilegalidade contra direitos do inquilino que não poderão ser coibidos por via da apelação, tal como prevista na disciplina especial da Lei do Inquilinato. Para esses eventos de incomum abuso de autoridade e de flagrante violação de direito da parte, poder-se-á recorrer ao expediente previsto no art. 1.012, § 4º, do CPC/2015, que permite ao relator da apelação determinar a suspensão da eficácia da sentença, nas hipóteses em que ela tem efeito apenas devolutivo, diante das particularidades da causa, demonstrando o apelante a probabilidade de provimento do recurso, evidenciada pela relevância de sua fundamentação, e havendo risco de dano grave ou de difícil reparação (sobre o tema, ver item nº 767, II, do nosso v. I).

É bom lembrar que, no caso de improcedência, a ação renovatória, no regime da Lei nº 8.245, não permitia a execução provisória, porque o prazo só era contado após o trânsito em julgado da sentença. Essa anomalia desapareceu com o novo texto do art. 74, dado pela Lei nº 12.112/2009, que passou a determinar a expedição do mandado de despejo logo após a sentença de negativa à renovação.

---

8 SLAIBI FILHO, Nagib. *Comentários à nova Lei do Inquilinato*. 3. ed. Rio de Janeiro: Forense, 1992, p. 266.

9 "A notificação premonitória não perde a eficácia pelo fato de ação de despejo não ser proposta no prazo do art. 806 do Código Processo Civil" (2º TACivSP, Súmula nº 23 do TJSP).

10 "O recurso de apelação que ataca sentença proferida em ação de despejo, ainda que cumulada com ação de cobrança de débitos atrasados, deve ser recebido somente no efeito devolutivo. Inteligência do art. 58, V, da Lei 8.245/91. Precedentes" (STJ, 5ª T., AgRg no Ag. 922.156/SP, Rel. Min. Arnaldo Esteves Lima, ac. 18.03.2008, *DJe* 19.05.2008). No mesmo sentido: STJ, 4ª T., AgRg no AREsp 646.890/SP, Rel. Min. Raul Araújo, ac. 24.03.2015, *DJe* 24.04.2015.

Por fim, em caso de ação de despejo cumulada com cobrança dos encargos locatícios, há discussão quanto à possibilidade de se suspender os efeitos da sentença em relação à cobrança, executando-se provisoriamente apenas o despejo. Luiz Antonio Scavone Júnior, embora destacando a existência de julgados do TJSP que estendem o efeito suspensivo também ao despejo, ressalta que a melhor orientação é a cisão de efeitos do recurso, permitindo a execução provisória do mandado de despejo.[11] Assiste-lhe inteira razão. Entendimento dominante na doutrina e jurisprudência atual é no sentido de que, nos casos de sentença com vários capítulos, tratando de questões de natureza diversa, umas sujeitas a duplo efeito e outras apenas ao efeito devolutivo, incide o princípio da unirrecorribilidade, mas não o da unidade de efeito, podendo este ser diferente para cada um dos capítulos impugnados.[12]

O que em suma prevalece na atual sistemática do CPC/2015, a propósito de sentenças com múltiplos capítulos, pode ser assim enunciado: *(a)* a apelação única poderá, na hipótese, impedir o cumprimento provisório do que a sentença decidir sobre tema sujeito ao efeito suspensivo previsto no art. 1.012, *caput*; e, ao mesmo tempo, *(b)* poderá permitir o efeito imediato do capítulo do julgado que esteja enquadrado em alguma das hipóteses do § 1º do mesmo artigo.

572-A. Cobrança de aluguéis e encargos da locação

O locador, que tenha ajustado a locação por escrito, dispõe de título executivo extrajudicial para cobrar o aluguel, bem como os encargos acessórios, como taxas e despesas de condomínio (CPC, art. 784, VIII). À falta de prova documental, a cobrança terá de ser feita por meio de ação condenatória, segundo o procedimento comum.

Ao sublocador também é franqueado o processo de execução frente aos subinquilinos e a executividade abrange tanto as locações urbanas como as rurais, tanto as residenciais e não residenciais como as comerciais simples e as protegidas por direito à renovação compulsória, desde que a sublocação tenha sido igualmente pactuada por escrito.

Nos casos de aluguel administrado por imobiliárias, a legitimidade para a execução é do próprio locador, pois é este e não o administrador o credor a que a lei confere o título executivo.[13] Não há na espécie substituição processual, mas apenas mandato outorgado pelo locador à imobiliária.

Se o débito do locatário é pago pelo fiador, ocorre sua sub-rogação nos direitos do locador, que poderão ser exercitados regressivamente contra o afiançado, observando-se a mesma ação que o senhorio tinha contra o inquilino (CC, art. 349). Nesse caso, a pretensão regressiva sujeitar-se-á à mesma prescrição prevista para a ação de cobrança originária do locador contra o locatário, isto é, o prazo prescricional será de três anos, nos exatos termos do art. 206, § 3º, I, do CC. Contar-se-á, no entanto, a partir da data do pagamento efetuado pelo fiador, e não do vencimento dos aluguéis, em decorrência do princípio da *actio nata*.[14]

---

11 SCAVONE JR., Luiz Antonio. *Direito imobiliário:* teoria e prática. 15. ed. Rio de Janeiro: Forense, 2020, p. 1.303.

12 A corrente que defendia a extensão do efeito suspensivo à totalidade da apelação foi repelida pelo STJ: "A apelação interposta contra sentença que julga simultaneamente ações conexas, terá os seus efeitos cindidos, cabendo apenas o efeito suspensivo no que circunscreve à ação na qual a lei permite tal benefício" (STJ, 4ª T., AgRg no REsp 707.365/SP, Rel. Min. Cesar Asfor Rocha, ac. 27.09.2005, *DJU* 13.02.2006, p. 823).

13 "A administradora de imóveis não é parte legítima para ajuizar ação de execução de créditos referentes a contrato de locação, pois é apenas representante do proprietário, e não substituta processual" (STJ, 3ª T., REsp 1.252.620/SC, Rel. Min. Nancy Andrighi, ac. 19.06.2012, *DJe* 25.06.2012).

14 STJ, 3ª T., REsp 1.432.999/SP, Rel. Marco Aurélio Bellizze, ac. 16.05.2017, *DJe* 25.05.2017.

Para o STJ é legítima a ação de cobrança, pelo condomínio, de taxas condominiais, no caso de imóvel locado, tanto do proprietário como do locatário, por tratar-se de obrigação *propter rem*. É que assim qualificadas as despesas condominiais "são de responsabilidade daquele que detém a qualidade de proprietário da unidade imobiliária, ou ainda pelo titular de um dos aspectos da propriedade, tais como a posse, o gozo, a fruição, desde que esse tenha estabelecido relação jurídica direta com o condomínio".[15-16]

---

15 STJ, 3ª T., REsp 1.704.498/SP, Rel. Min. Nancy Andrighi, ac. 17.04.2018, *DJe* 24.04.2018. Consta do acórdão que: "Na hipótese sob julgamento, a primeira recorrida, não obstante não seja a proprietária do ponto comercial, é arrendatária do mesmo, exercendo a posse direta sobre o imóvel. Inclusive, é quem usufrui dos serviços prestados pelo Condomínio, não sendo razoável que não possa ser demandada para o pagamento de despesas condominiais inadimplidas".

16 "3. É admissível a penhora de imóvel, em regime de copropriedade, quando é utilizado com exclusividade, como moradia pela família de um dos coproprietários, o qual foi condenado a pagar alugueres devidos em favor do coproprietário que não usufrui do imóvel, eis que o aluguel por uso exclusivo do bem configura-se como obrigação *propter rem* e, assim, enquadra-se nas exceções previstas no art. 3º, IV, da Lei 8.009/1990 para afastar a impenhorabilidade do bem de família. Precedente" (STJ, 3ª T., REsp 1.990.495/DF, Rel. Min. Nancy Andrighi, ac. 15.08.2023, *DJe* 22.08.2023).

§ 71. AÇÃO DE DESPEJO

573. Natureza

A posse do locatário sobre o objeto do contrato é temporária e, portanto, marcada pela obrigação de restituir tão logo cesse a relação *ex locato*. A lei concede ao senhorio, por isso, a ação de despejo, como o remédio processual adequado para recuperar a posse do imóvel locado, quando o inquilino descumpre a obrigação de devolvê-lo no momento devido.

Nem sempre é necessário o uso da ação judicial para pôr fim ao direito do locatário sobre o imóvel locado. Apontam-se entre as causas extintivas do contrato de locação: *(i)* o negócio jurídico resolutório (distrato); *(ii)* a denúncia unilateral, nos casos em que a lei a admite. A denúncia unilateral da locação é autorizada ao inquilino pelo art. 4º da Lei nº 8.245/1991, nos seguintes termos: "(...) Com exceção ao que estipula o § 2º do art. 54-A, o locatário, todavia, poderá devolvê-lo [prédio locado], pagando a multa pactuada, proporcional ao período de cumprimento do contrato, ou, na sua falta, a que for judicialmente estipulada" (redação dada pela Lei nº 12.744, de 19.12.2012, *DOU* 20.12.2012). A exceção aludida diz respeito à multa a ser paga pelo locatário na hipótese de a restituição do imóvel não residencial, antes do termo da locação, referir-se ao contrato em que a construção ou reforma substancial é ajustada segundo especificação do próprio locatário, como condição da relação *ex locato*. A diferença de regime consiste em sujeitar-se o locatário denunciante a cumprir a multa convencionada a qual, porém, não poderá exceder "a soma dos valores dos aluguéis a receber até o termo final da locação" (art. 54-A, § 2º, da Lei nº 8.245/1991, instituído pela Lei nº 12.744/2012); *(iii)* a resolução por inadimplemento; *(iv)* a anulação, nos casos de vícios ou defeitos do negócio jurídico; *(v)* a expiração do prazo contratual; *(vi)* a alienação do prédio, quando não houver eficácia do contrato contra terceiros.[17] Mas, descumprido o dever de restituir o imóvel, a ação do locador para reavê-lo é a de *despejo*, "seja qual for o fundamento do término da locação" (Lei nº 8.245, art. 5º).[18]

Analisando-se as hipóteses de cessação do vínculo contratual locatício, verifica-se que às vezes sua extinção é fato anterior à ação judicial e outras vezes é consequência da sentença que acolhe a demanda do locador. Assim, se o contrato, por exemplo, é por prazo certo, sua extinção se dá pela ocorrência do termo. A ação de despejo, então, será meio de recuperar a posse do imóvel injustamente retido pelo inquilino, porque já não mais lhe assiste a faculdade contratual de exercer a posse sobre o bem locado. Quando, porém, se alega que o despejo tem como fundamento o descumprimento de obrigação do inquilino, o que se quer, com a ação, é primeiro desconstituir o vínculo contratual e, em seguida, retomar o bem locado.

No primeiro caso, a ação é *reipersecutória* e predominantemente *executiva*. Cobra-se a devolução do imóvel porque o contrato já se extinguiu antes do ingresso do locador em juízo. No tocante à cessação da relação locatícia, a eficácia da sentença será *meramente declaratória*, no sentido de reconhecer que o autor realmente tinha o direito de considerar extinto o contrato desde o seu vencimento ou desde a ocasião em que o denunciou. Quanto à *saída compulsiva do locatário* do imóvel é que a sentença terá força *condenatória*.[19]

---

[17] SOUZA, Sylvio Capanema de. *A nova Lei do Inquilinato*. Rio de Janeiro: Forense, 1979, p. 41.

[18] Até mesmo após a arrematação judicial do imóvel locado, o desalojamento do inquilino, pelo arrematante, só será praticável pela ação de despejo, por "incabível a imissão de posse" na espécie (STJ, 3ª T., REsp 265.254/SP, Rel. Min. Menezes Direito, ac. 30.05.2001, *DJU* 20.08.2001. p. 461).

[19] VARELA, Antunes. *O novo regime da locação de imóveis para fins residenciais*. Rio de Janeiro: Forense, 1978, n. 6, p. 20.

No segundo caso, a relação contratual subsiste enquanto a sentença não a resolver. A função da sentença, destarte, é, antes de tudo, *constitutiva* e, consequentemente, *condenatória*, no pertinente à restituição do imóvel.

Porém, em todos os casos, a sentença de despejo será sempre *executiva*, pois o juiz não apenas condenará o locatário a restituir o imóvel, mas desde logo determinará a expedição do mandado *de evacuando*, independentemente da instauração da execução forçada em processo separado.

574. A força executiva do procedimento

A especialização do procedimento da ação de despejo situa-se na fase inicial (purga da mora, nos casos de falta de pagamento, e desocupação liminar, em algumas hipóteses) e na fase executiva (expedição imediata de mandato de execução). Entre a contestação e o julgamento, porém, o rito a observar é o comum das ações cognitivas.

A grande peculiaridade dessa ação é, na verdade, sua natureza de ação executiva. Nela, a execução é *fase*, e não *actio iudicati*, como destaca Pontes de Miranda.[20] Por isso, "o juiz, ao julgar procedente a ação de despejo", não se limitará a condenar o locatário a devolver a coisa retida, mas, desde logo, fixará o prazo para a desocupação do prédio (Lei nº 8.245, art. 63). E a execução se concentrará na notificação do réu e dos habitantes do imóvel, para que o desocupem no prazo assinado, sob pena de despejo (art. 63). Findo o prazo, proceder-se-á diretamente ao despejo do prédio, com emprego de força e arrombamento, se necessário (Lei nº 8.245/1991, art. 65, *caput*).

Essa estrutura procedimental, como se vê, quebra a dicotomia tradicional de ação de acertamento e ação de execução de sentença. Aqui a sentença proferida não é ato de encerramento da relação processual cognitiva, não se apresenta nem só como *declaratória* nem só como *constitutiva*, nem tampouco como apenas *condenatória*. "Sua natureza, sem dúvida alguma, é *executiva*, produzindo seus efeitos, independentemente de nova ação. Ao julgar procedente a ação e decretar o despejo, não há propriamente uma condenação, a não ser quanto a custas, honorários ou multa. O que se determina é a retirada do réu do imóvel, e sua devolução ao autor".[21] E isso é justamente o pedido do autor, constitutivo do objeto do processo utilizado para pôr fim objetivamente à relação *ex locato*.

O despejo, em si, é ato executivo, mas ato que decorre naturalmente da força da sentença, independentemente de manipulação de qualquer *actio iudicati*, e se exterioriza como simples ato de uma relação processual que não se extinguiu na sentença, mas que permanece viva e ativa enquanto não se der completa satisfação ao direito subjetivo do autor, para cuja tutela se formou o processo.

A primeira consequência prática desse procedimento unitário é que todos os incidentes que a *actio iudicati* enseja simplesmente inexistem no cumprimento da sentença de despejo. Assim, por exemplo, não há os embargos do devedor, nem outro remédio equivalente, e tudo aquilo que se poderia questionar na oposição à *actio iudicati* normal haverá de ser tratado na contestação, dentro da fase postulatória da causa, sob pena de preclusão.

Por isso mesmo, se o inquilino opôs direito de retenção por benfeitorias em sua resposta e se essa defesa dilatória foi acolhida na sentença, a retomada não se processará enquanto não satisfeita essa condição do julgado. Mas, "se o locatário não alegou na contestação as benfeitorias, precluiu o direito de retenção".[22]

---

20 PONTES DE MIRANDA, Francisco Cavalcanti. *Tratado das ações*. São Paulo: Ed. RT, 1978, t. VII, p. 336.

21 SOUZA, Sylvio Capanema de. *A nova Lei do Inquilinato*. Rio de Janeiro: Forense, 1979, p. 41.

22 PONTES DE MIRANDA, Francisco Cavalcanti. *Tratado das ações*. São Paulo: Ed. RT, 1978, t. VII, p. 337; cf. nossa obra THEODORO JR., Humberto. *A execução de sentença e a garantia do devido processo legal*. Rio de Janeiro: Aide, 1987, p. 157-158.

575. A liminar na ação de despejo

A Lei do Inquilinato atribui à ação de despejo o *rito ordinário* (Lei nº 8.245, art. 59). Impôs, porém, algumas modificações estruturais, que se acham disciplinadas nos arts. 59 a 66 da Lei nº 8.245/1991. A primeira delas consiste na autorização de medida liminar de desocupação do imóvel, a exemplo do que ocorre com as ações possessórias (CPC/2015, art. 562).

Não se trata de tutela cautelar, porque a lei não a condiciona aos requisitos normais da tutela preventiva, ou seja, o *periculum in mora* e o *fumus boni iuris*. Aqui, o que se faz é a antecipação provisória da medida satisfativa que se busca no próprio processo principal. A liminar, nesses casos, tem muito mais de execução provisória do que de medida cautelar. O legislador, por política de economia processual e de celeridade da tutela ao possível direito subjetivo do autor, concede-lhe *in limine litis* medida satisfativa que normalmente só deveria ocorrer após a sentença final. Trata-se, pois, de autêntica antecipação de tutela satisfativa.

A liminar da ação de despejo não depende, por isso, da comprovação dos requisitos do art. 300 do CPC. A Lei nº 8.245 subordina sua concessão à ocorrência de ação fundada numa das motivações enumeradas em seu art. 59, § 1º. Logo, não é o risco de perda da eficácia do processo principal que justifica a medida liminar. A medida é concedida apenas em razão da *causa petendi* de mérito, que a lei considera como suficientemente relevante para permitir medida satisfativa provisória antes do definitivo acertamento do litígio.

Os casos de liminar, segundo a nova Lei do Inquilinato, são os de ação de despejo, cujo fundamento exclusivo seja um dos seguintes:

(a) *descumprimento de mútuo acordo de extinção da locação* (art. 9º, I), desde que: *(i)* tenha sido celebrado por escrito, com assinatura das partes e de duas testemunhas; e *(ii)* tenha sido ajustado o prazo mínimo de seis meses para a desocupação, contado da assinatura do instrumento;

(b) *extinção do contrato de trabalho* (art. 59, § 1º), quando o fundamento da locação estiver vinculado a relação empregatícia e esta tiver sido extinta, conforme prova documental idônea, ou de acordo com prova oral colhida em audiência preliminar (art. 47, II);

(c) *término do prazo da locação para temporada* (art. 59, § 1º, III), desde que a ação de despejo seja proposta nos trinta dias seguintes ao vencimento do contrato; após dito prazo decadencial, a ação de retomada será possível, mas não haverá mais possibilidade de liminar;

(d) *morte do locatário sem deixar sucessor legítimo na locação* (art. 59, § 1º, IV); a liminar será cabível se a locação for residencial e se o locatário falecido não tiver deixado cônjuge sobrevivente ou companheiro nem, sucessivamente, herdeiros necessários ou pessoas que vivam em dependência econômica do *de cujus*, com residência no imóvel locado (art. 11, I);

(e) *permanência do sublocatário* no imóvel depois de extinta a locação (art. 59, § 1º, V);

(f) *retomada do imóvel para reparações urgentes* (art. 9º, IV, c/c art. 59, VI, acrescido pela Lei nº 12.112/2009);

(g) *falta de apresentação, no prazo da notificação, de nova garantia* para manter a segurança inaugural do contrato (art. 40, parágrafo único, c/c art. 59, VII, acrescido pela Lei nº 12.112/2009);

(h) *término do prazo da locação não residencial*, devendo a ação de despejo ser proposta nos trinta dias do termo, ou da notificação de retomada, por denúncia vazia (art. 59, VIII);

(i) *falta de pagamento de aluguel e acessórios*, no caso de contrato desprovido de garantia, seja por não ter sido contratada, seja por extinção ou exoneração dela, independentemente de motivo (art. 59, IX, acrescido pela Lei nº 12.112/2009).

Nesta última hipótese, a liminar poderá ser elidida pela purga da mora, no prazo de quinze dias concedidos para desocupação voluntária (art. 59, § 3º), acrescido pela Lei nº 12.112/2009).

A liminar da ação de despejo não é deferível de ofício pelo juiz. Depende de requerimento do locador, formulado na petição inicial, a exemplo do que se passa nas ações de mandado de segurança e nas possessórias de força nova. Trata-se de um incidente facultativo que deve ser provocado e suscitado na abertura do processo, antes mesmo da angularização da relação processual.

Em todas as hipóteses de liminar, previstas no § 1º do art. 59, é possível o deferimento da medida independentemente de citação prévia do demandado. Mas sempre estará o locador obrigado a prestar caução de valor equivalente a três meses de aluguel, para obter a expedição do respectivo mandado.

Deferida a liminar, citar-se-á o réu para contestar a ação, segundo o rito comum. A medida provisória, porém, não será sumariamente executada, pois a lei exige que se faça preliminarmente sua intimação para desocupar o imóvel em quinze dias (art. 59, § 1º). Somente após a exaustão de dito prazo é que se promoverá a desocupação forçada (art. 65). Ressalvam-se apenas aqueles casos em que a execução provisória é prevista sem a exigência de caução (art. 9º c/c art. 64, *caput*, na redação da Lei nº 12.112/2009). É que a efetivação das tutelas provisórias se faz com observância das regras próprias da execução provisória (CPC, art. 297, parágrafo único).

Não há uma contestação da ação e outra da medida liminar, já que esta não configura uma ação cautelar, mas simples ato integrante da própria ação de despejo. Como objeto de decisão interlocutória, o deferimento da liminar desafia agravo, sem efeito suspensivo (CPC, art. 1.015, I).

576. Legitimação

A ação de despejo é cabível ao *locador* ou a quem o sucedeu.[23] Não é preciso provar domínio nem qualquer outro direito real sobre o prédio cuja retomada se busca. A posse foi transmitida ao inquilino a título contratual e quem a transmitiu tem o direito de recuperá-la se o contrato não mais o obriga. Não importa se é proprietário ou não.[24]

Em caso de pluralidade de locadores, não há necessidade de formação de litisconsórcio ativo necessário, uma vez que a própria lei de locações prevê a solidariedade como regra (art. 2º[25]). Ademais, segundo entendimento do STJ, a aceitação do litisconsórcio ativo necessário deve ocorrer "apenas em situações excepcionalíssimas, em razão da potencial ofensa ao direito constitucional de ação e de acesso à justiça". Destarte, "não há razão para que se inclua entre essas situações excepcionais para a formação do litisconsórcio ativo necessário o pedido de despejo por encerramento do contrato de locação".[26]

Do lado passivo, a ação volta-se contra o *locatário* e quem mais em seu nome se ache no prédio. Assim, se o locatário morreu e seus herdeiros se acham no prédio, contra eles será intentado o despejo. Mas, se o locatário cedeu o uso do imóvel a sublocatários, não perde sua

---

23 Importante destacar que o STJ já entendeu que o comprador de imóvel locado não tem direito a proceder à denúncia do contrato, requerendo, portanto, o despejo do inquilino, sob a alegação de que o contrato de locação não teria sido objeto de averbação na matrícula do imóvel, se tivera inequívoco conhecimento da locação, no momento da compra e venda, e concordara em respeitar seus termos (STJ, 3ª T., REsp 1.269.476/SP, Rel. Min. Nancy Andrighi, ac. 05.02.2013, *DJe* 19.02.2013).

24 PONTES DE MIRANDA, Francisco Cavalcanti. *Tratado das ações*. São Paulo: Ed. RT, 1978, t. VII, p. 323. "Ainda que não proprietário, o locador tem legitimidade para propor ação de despejo de imóvel não residencial" – 2º TACivSP – Súmula nº 17.

25 "Art. 2º Havendo mais de um locador ou mais de um locatário, entende-se que são solidários se o contrário não se estipulou".

26 STJ, 3ª T., REsp 1.737.476/SP, Rel. Min. Nancy Andrighi, ac. 04.02.2020, *DJe* 06.02.2020.

legitimação passiva para a causa, porque a sublocação, tal como a própria locação, não exclui a posse indireta do transmitente (CC, art. 1.197). Na hipótese de mais de um locatário, o STJ entende necessária a participação de todos eles, em litisconsórcio passivo necessário, "a fim de que os efeitos da sentença alcancem a todos os coobrigados".[27] Havendo cumulação do despejo com cobrança dos aluguéis em atraso, tornar-se-á possível o litisconsórcio passivo envolvendo o locatário e o fiador (Lei nº 8.245, art. 62, I, com a redação da Lei nº 12.112/2009).

Há, porém, alguns casos especiais de despejo em que a legitimação ativa fica, por lei, condicionada à titularidade do domínio, ou, pelo menos, de compromisso registrado (Lei nº 8.245, art. 60).

577. Documentação da petição inicial

Havendo contrato de locação escrito, deverá o respectivo instrumento acompanhar a petição inicial da ação de despejo. A falta de prova documental, contudo, não impede o uso da ação de despejo, visto que o próprio contrato locatício não é solene e prescinde de tal meio de prova para produzir sua eficácia obrigacional.

Nos casos das ações fundadas no inciso IV do art. 9º, no inciso IV do art. 47 e no inciso II do art. 53 da Lei nº 8.245/1991, a petição inicial deverá ser, também, instruída com prova da propriedade do imóvel ou do compromisso registrado (art. 60 da Lei nº 8.245/1991). São hipóteses em que a retomada depende de requisitos legais que ultrapassam a condição de locador e pressupõem-se a propriedade ou, pelo menos, o direito real limitado derivado do compromisso devidamente inscrito no Registro de Imóveis. Ditas exigências aplicam-se às retomadas: *(i)* para realização de reparações urgentes determinadas pelo Poder Público (art. 9º, IV); *(ii)* para demolição e edificação ou para obras que aumentem a área construída (art. 47, IV); *(iii)* para demolição, edificação ou reforma que aumente a área útil de imóveis utilizados por hospitais, repartições públicas, unidades sanitárias oficiais, asilos, estabelecimentos de saúde e de ensino (art. 53, II).

578. Concordância do locatário com a pretensão do locador

A Lei do Inquilinato prevê alguns casos em que a ação de despejo pode ter seu desfecho abreviado por meio de concordância do locatário com a desocupação do imóvel postulada pelo locador (art. 61). Essa manifestação de aquiescência deverá ocorrer no prazo da contestação e provocará o imediato acolhimento do pedido de despejo pelo juiz, com a fixação do prazo de seis meses para a desocupação, a contar da citação, e a imposição ao réu da responsabilidade pelas custas e honorários advocatícios de vinte por centro sobre o valor da causa. Se, porém, o locatário desocupar o imóvel dentro do prazo fixado, a lei o considerará isento dos encargos da sucumbência. Vencida a dilação, sem que a desocupação voluntária se dê, o juiz determinará a imediata expedição do mandado de despejo, independentemente de qualquer outra intimação do locatário (art. 61).

Essa forma de abreviar a ação de despejo com isenção dos ônus processuais para o réu só é cabível nas locações residenciais e nas seguintes hipóteses de retomada: *(i)* por denúncia vazia, nas locações prorrogadas por prazo indeterminado, a que alude o § 2º do art. 46; *(ii)* para uso próprio do locador, de seu cônjuge ou companheiro, ou para uso residencial de ascendente ou descendente (art. 47, III); *(iii)* para demolição e edificação ou realização de obras que aumentem a área construída (art. 47, IV).

---

27 STJ, 6ª T., REsp 165.280/RJ, Rel. Min. Vicente Leal, ac. 15.03.2001, *DJU* 09.04.2001, p. 389.

Não exige a Lei do Inquilinato que a manifestação de aquiescência do locatário seja por escrito. A sua revelia, portanto, é suficiente para configurar a concordância tácita e, por conseguinte, para autorizar a aplicação da sistemática disciplinada pelo art. 61.[28]

A concordância do locatário é irrevogável, vale dizer, não se admite o posterior arrependimento.[29]

579. Denúncia vazia

Permanecendo o locatário no imóvel, sem oposição do proprietário, a locação se renova, por prazo indeterminado, mantidas as demais cláusulas e condições do contrato. Nessa hipótese, o locador poderá denunciar o contrato a qualquer tempo, sem necessidade de apresentar qualquer justificativa, mas deverá conceder o prazo de trinta dias para desocupação – é a denominada *denúncia vazia* (art. 46, §§ 1º e 2º). Nesse caso, a ação de despejo deverá ser precedida de notificação, para que a denúncia, ao término de trinta dias, provoque a extinção da locação e legitime a retomada do imóvel pelo locador.

Nos casos em que a lei permite a retomada por denúncia vazia, a discussão entre as partes fica praticamente limitada às questões processuais, como a legitimidade de parte, a preexistência de notificação válida etc. No mérito, quase não há o que discutir, posto que a jurisprudência já assentou que "na ação de despejo por denúncia vazia é inadmissível discussão sobre sinceridade do pedido";[30] e que, na mesma ação, "a retomada é deferida pela só conveniência de locador, sendo dispensável, a propósito, audiência de instrução e julgamento".[31]

Nas locações não residenciais, a denúncia vazia por vencimento do termo contratual ou do prazo de notificação, quando necessário, permite ao locador a retomada do imóvel em medida liminar de antecipação de tutela, prestada caução de três meses de aluguel (Lei nº 8.245, art. 59, § 1º).

580. Denúncia cheia

Se a locação residencial for ajustada verbalmente ou por escrito, mas com prazo inferior a trinta meses, a renovação será automática e obrigatória ao final do período, podendo o imóvel ser retomado pelo locador apenas em situações específicas, elencadas nos incisos do art. 47.[32] É a chamada *denúncia cheia*.

---

28 SLAIBI FILHO, Nagib. *Comentários à nova Lei do Inquilinato*. 3. ed. Rio de Janeiro: Forense, 1992, p. 290.

29 SOUZA, Sylvio Capanema de. *A Lei do Inquilinato comentada artigo por artigo*. 12. ed. Rio de Janeiro: Forense, 2021, p. 336. Trata-se, segundo Gilson Delgado Miranda, de hipótese de preclusão, com incidência do art. 200 do CPC (MIRANDA, Gilson Delgado. Comentário ao art. 61. *In:* BUSHATSKY, Jaques; ELIAS FILHO, Rubens Carmo (coords.). *Locação ponto a ponto*: comentários à Lei n. 8.245/91. São Paulo: Editora Iasp, 2020, p. 520).

30 2º TACivSP, Súmula nº 21 do TJSP.

31 2º TACivSP, Súmula nº 21 do TJSP.

32 "Art. 47. Quando ajustada verbalmente ou por escrito e como prazo inferior a trinta meses, findo o prazo estabelecido, a locação prorroga-se automaticamente, por prazo indeterminado, somente podendo ser retomado o imóvel: I – nos casos do art. 9º; II – em decorrência de extinção do contrato de trabalho, se a ocupação do imóvel pelo locatário relacionada com o seu emprego; III – se for pedido para uso próprio, de seu cônjuge ou companheiro, ou para uso residencial de ascendente ou descendente que não disponha, assim como seu cônjuge ou companheiro, de imóvel residencial próprio; IV – se for pedido para demolição e edificação licenciada ou para a realização de obras aprovadas pelo Poder Público, que aumentem a área construída, em, no mínimo, vinte por cento ou, se o imóvel for destinado a exploração de hotel ou pensão, em cinquenta por cento; V – se a vigência ininterrupta da locação ultrapassar cinco anos".

Nessas hipóteses em que a lei exige motivação para a retomada, a instrução da causa consiste na coleta de elementos de prova que demonstrem os fatos jurídicos enquadráveis nos permissivos legais. O ônus da prova, naturalmente, toca ao senhorio, pois se trata de demonstrar o fato constitutivo do direito exercitado em juízo. Nos casos de retomada para uso próprio, está assente na jurisprudência que a sinceridade do retomante se presume, tanto na locação residencial como na comercial, não havendo, pois, obrigação para o autor de provar a necessidade do imóvel.[33] Ao locatário, porém, cabe afastar a presunção mediante prova convincente da insinceridade do autor.

---

[33] STF, Súmula nº 410.

Fluxograma nº 52 – Ação de despejo (Lei nº 8.245, de 18.10.1991)[34-35][36]

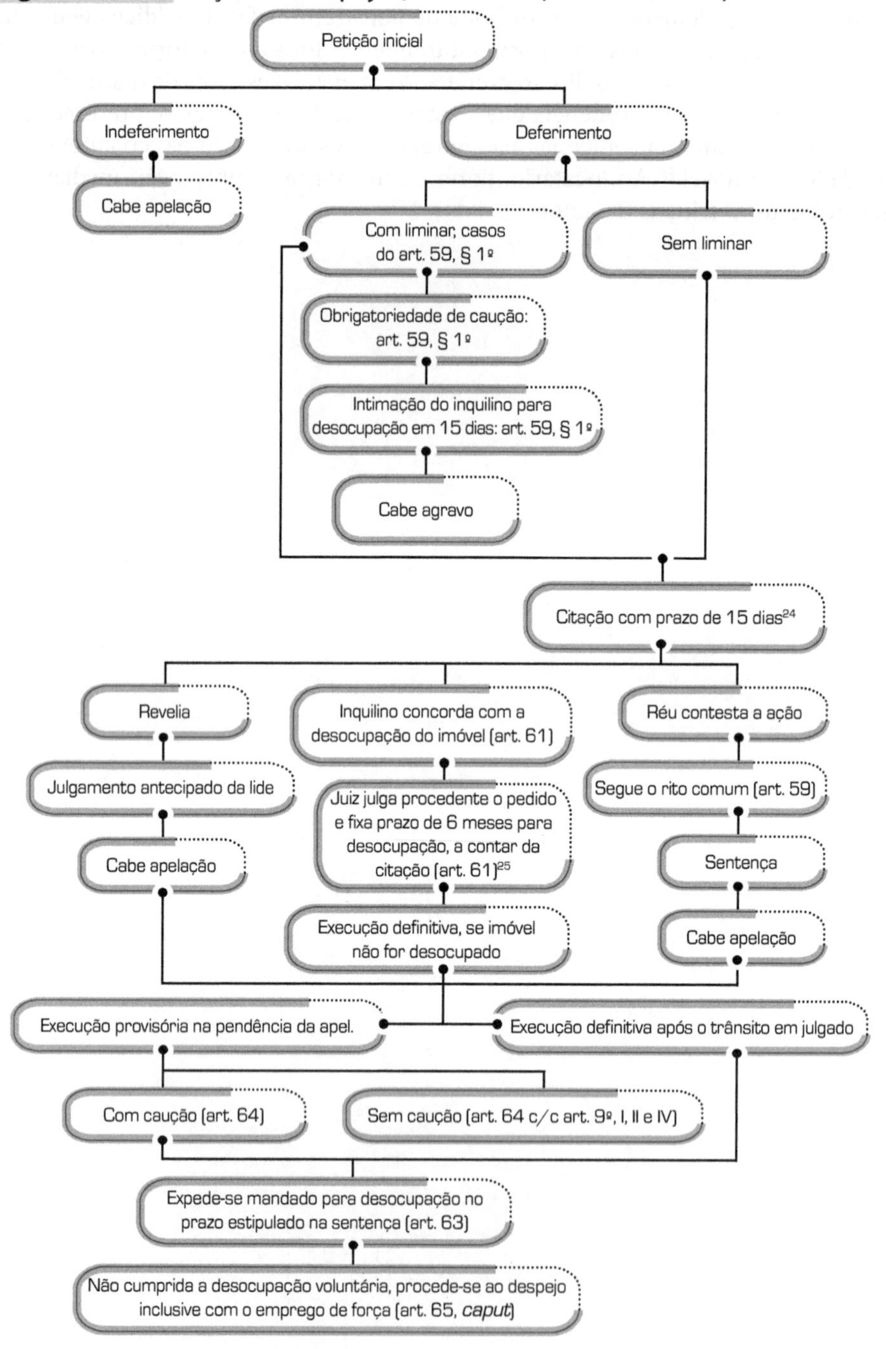

[34] A ação de despejo segue o procedimento comum (Lei nº 8.245/1991, art. 59); e não se suspende nas férias forenses (art. 58, I).

[35] A citação, desde que haja previsão contratual, poderá ser feita por correspondência com AR ou por telex ou fax (art. 58, IV).

[36] Ocorrendo a desocupação dentro do prazo de seis meses, o réu ficará isento dos encargos da sucumbência (art. 61, 2ª parte).

§ 72. AÇÃO DE DESPEJO POR FALTA DE PAGAMENTO

581. Cabimento

O principal dever contratual do inquilino é o de pagar pontualmente o aluguel ajustado. O descumprimento dessa obrigação cria para o locador o direito de resolver a locação e recuperar a posse do imóvel cedido ao locatário, tal como, aliás, se passa com todos os contratos bilaterais (CC, art. 475). A ação de despejo fundada em falta de pagamento do aluguel é, pois, um procedimento de natureza constitutiva, já que tem por objetivo a sentença que irá desconstituir o vínculo obrigacional estabelecido entre inquilino e senhorio. Dois dados caracterizam a especialidade do procedimento do despejo por falta de pagamento: *(a)* a citação é, em primeiro lugar, para purgar a mora, ou seja, para efetuar o pagamento de aluguéis e encargos em atraso;[37] e *(b)* a possibilidade, prevista pelo art. 59, IX, da Lei nº 8.245 (inovado pela Lei nº 12.112/2009), de desocupação liminar do imóvel, desde que a locação não tenha garantia ou que tenha ocorrido exoneração do fiador (o que é possível nos termos do art. 40, X, da mesma Lei).

Segundo a tradição de nosso direito positivo, a ação de despejo, na espécie, sempre foi exclusivamente constitutiva e reipersecutória, de sorte a não permitir fossem cumuladas, num só processo, a pretensão de retomar o imóvel e a de cobrar prestações vencidas. A Lei nº 8.245 inovou acerca do objeto da ação de despejo por falta de pagamento, de maneira que se tornou legalmente admitida a cumulação dos pedidos de rescisão da locação e de cobrança dos aluguéis e acessórios vencidos (art. 62, I).

Por outro lado, a atual Lei do Inquilinato deixou claro que não só a falta de pagamento do aluguel autoriza o manejo das ações, mas, também, a dos encargos do inquilino, como despesas condominiais, impostos etc., desde que previstas contratualmente como acessórios do aluguel (art. 62).[38]

Admite o STJ pretensão reconvencional em ação de despejo por falta de pagamentos de débitos locatícios cumulada com pedido de despejo, com o objetivo visado pelo inquilino de obter indenização por benfeitorias úteis realizadas no imóvel locado. Em tal caso, entendeu-se que "a pretensão da indenização por benfeitorias é decorrência lógica da procedência do pedido de resolução do contrato, cujo resultado prático é o retorno das partes ao estado anterior". Decidiu-se, mais ainda, que "o prazo prescricional do pedido de indenização por benfeitorias tem início com o trânsito em julgado do acórdão da ação de rescisão do contrato".[39]

Entretanto, a retenção por benfeitorias é indevida quando há expressa previsão contratual excluindo esse direito.[40]

---

37 BENETI, Sidnei. Comentários aos artigos 62 a 66. *In*: BUSHATSKY, Jaques; ELIAS FILHO, Rubens Carmo (coords.). *Locação ponto a ponto*: comentários à Lei n. 8.245/91. São Paulo: Editora Iasp, 2020, p. 530.

38 Admite o STJ pretensão reconvencional em ação de despejo por falta de pagamentos de débitos locatícios cumulada com pedido de despejo, com o objetivo visado pelo inquilino de obter indenização por benfeitorias úteis realizadas no imóvel locado. Em tal caso, entendeu-se que "a pretensão da indenização por benfeitorias é decorrência lógica da procedência do pedido de resolução do contrato, cujo resultado prático é o retorno das partes ao estado anterior". Decidiu-se, mais ainda, que "o prazo prescricional do pedido de indenização por benfeitorias tem início com o trânsito em julgado do acórdão da ação de rescisão do contrato" (STJ, 3ª T., REsp 1.791.837/DF, Rel. Min. Nancy Andrighi, ac. 17.11.2020, *DJe* 19.11.2020).

39 STJ, 3ª T., REsp 1.791.837/DF, Rel. Min. Nancy Andrighi, ac. 17.11.2020, *DJe* 19.11.2020. O STJ já admitiu, ainda, o pedido de retenção em sede de reconvenção: "presente o vínculo a conectar o fundamento da defesa com a pretensão reconvinte, consistente no contrato locativo, possível a propositura da reconvenção em ação de despejo" (STJ, 5ª T., REsp 1.036.003/SP, Rel. Min. Jorge Mussi, ac. 26.05.2009, *DJe* 03.08.2009).

40 TJPR, 12ª Câmara Cível, Ap. 0034319-72.2016.8.16.0014, Rel. Des. Ivanise Maria Tratz Martins, ac. 22.03.2018, *DJ* 26.03.2018.

582. Consequência da cumulação de pedidos

O pedido de despejo e o de cobrança de aluguéis apresentam notória diversidade de natureza processual. O primeiro visa a um provimento final de entrega forçada de coisa certa, enquanto o segundo tende a uma execução de quantia certa. Disso decorre que, uma vez acolhida a demanda cumulativa, abrir-se-ão dois procedimentos executivos distintos: um para concretizar a pretensão reipersecutória, que se cumprirá por meio da expedição do mandado de despejo; e outro para realizar coativamente a responsabilidade patrimonial do devedor pelas prestações inadimplidas, cujo processamento se dará pelas regras comuns da execução por quantia certa (CPC/2015, arts. 824 e ss.).

Há quem entenda que a ação de cobrança de aluguéis e encargos, não estando prevista no art. 58 da nova Lei do Inquilinato, não se beneficiaria das regras excepcionais introduzidas por aquele dispositivo legal na sistemática procedimental das ações locatícias, em temas como o da competência, do valor da causa, das comunicações processuais e efeito dos recursos, não obstante tenha sido exercitada juntamente com o despejo.[41]

Data venia, não vejo razão para desmembrar o pedido de cobrança de aluguel, para atribuir-lhe um regime procedimental distinto daquele previsto para a ação de despejo. A Lei nº 8.245 dispôs, em caráter geral, que a ação de despejo estaria sujeita às regras especiais ditadas por seu art. 58. Em seguida, ao disciplinar o procedimento especial da ação de despejo, dispôs, de forma explícita, que no bojo da causa seria lícito ao senhorio cumular o *pedido de despejo* com o de *cobrança de aluguel*. A intenção do legislador não foi outra senão a de conferir à pretensão de cobrar aluguéis o caráter de parte do procedimento único da ação de despejo. Logo, a ação não deixa de ser de despejo pela circunstância de ter sido utilizada pelo autor a faculdade legal de cobrar em seu bojo as prestações vencidas. E se a ação é de despejo a ela devem aplicar-se todos os predicamentos do art. 58, pouco importando se a pretensão *de evacuando* tenha sido formulada isoladamente ou acrescida da cobrança de aluguéis.

Não me parece aceitável que o intuito do legislador tenha sido complicar a situação dos litigantes pela cumulação de despejo com cobrança de aluguéis. Seu propósito evidente foi o de economia processual, que, na espécie, só se completa se se admitir que o procedimento é único e, por isso mesmo, subordinado a uma única disciplina normativa.

A Lei nº 12.112/2009 introduziu algumas novidades no texto do art. 62 da Lei do Inquilinato, explicitando que:

(a) a ação de despejo por falta de pagamento se aplica tanto ao aluguel contratual como ao *aluguel provisório* e às *diferenças do aluguel* apuradas em ações renovatórias e revisionais;

(b) a ação pode versar sobre *(i)* aluguéis; *(ii)* aluguéis e acessórios; ou *(iii)* somente acessórios;

(c) a purga da mora pode ser promovida tanto pelo inquilino como pelo fiador.

Ocorrida a cumulação, a citação terá conteúdo distinto em relação a cada um dos litisconsortes passivos:

(a) o locatário será citado para responder ao pedido de rescisão do contrato; e

(b) o locatário e o fiador, para responderem ao pedido de cobrança (art. 62, I, com a redação da Lei nº 12.112). Nesse caso, poderá haver purga da mora no prazo de 15

---

41 Cf. SLAIBI FILHO, Nagib. *Comentários à nova Lei do Inquilinato*. 3. ed. Rio de Janeiro: Forense, 1992, p. 295.

dias, contado da citação (art. 62, II). Não realizada a emenda da mora, o prazo de contestação, a prevalecer o procedimento comum, somente começaria a correr após a audiência de conciliação, salvo se tiver havido dispensa de sua realização (CPC, art. 335).[42] Acontece que a ação principal na espécie é a de despejo por falta de pagamento, a qual segue em sua abertura um procedimento especial em que não há lugar para a referida audiência. O procedimento comum, portanto, só prevaleceria após eventual contestação, quando então já teria sido ultrapassada a fase da audiência de conciliação, para a qual o despacho da inicial não teria convocado as partes. Assim, só há um prazo estipulado para a resposta do réu, que é o de 15 dias para purgar a mora, ou, se for de seu interesse, contestar a ação (art. 62, II), conforme reconhecem a doutrina[43] e a jurisprudência[44] dominantes. Vale dizer: conjugando-se o disposto no art. 62, II, da Lei do Inquilinato, com a regra geral do art. 231, I e II, do CPC/2015, o prazo de 15 dias para contestar a ação de despejo por falta de pagamento, haja ou não cumulação com a cobrança dos aluguéis inadimplidos, será contado sempre a partir da juntada aos autos do mandado citatório devidamente cumprido, ou do aviso de recebimento quando a citação tiver sido efetuada pelo correio.

583. Purga da mora

Em nossa legislação do inquilinato tem sido uma tradição a de permitir ao inquilino a emenda da mora, mesmo depois de ajuizada ação de despejo por falta de pagamento (Lei

[42] Conforme destacado por Luiz Antonio Scavone Junior, em que pese a Lei do Inquilinato "ser anterior ao CPC de 2015, é especial e, como tal, nos limites da especialidade, deve ser atendida conforme mandamento insculpido no § 2º do art. 1.046 do Código de Processo Civil, segundo o qual 'permanecem em vigor as disposições especiais dos procedimentos regulados em outras leis, aos quais se aplicará supletivamente este Código'. Sendo assim, o réu será citado para purgar a mora no prazo de 15 (quinze) dias conforme determina o inciso II do art. 62 da Lei 8.245/1991. Contudo, se decidir contestar, deverá aguardar a audiência de conciliação (CPC, art. 334) juntando o depósito daquilo que entende devido com a contestação apresentada nos termos e no prazo do art. 335 do Código de Processo Civil" (SCAVONE JR., Luiz Antonio. *Direito imobiliário:* teoria e prática. 15. ed. Rio de Janeiro: Forense, 2020, p. 1.481). Melhor, a nosso ver, a lição de Sylvio Capanema de Souza, para quem o rito especial da ação de despejo por falta de pagamento não é compatível, por sua singularidade, com a designação inicial de uma liminar audiência de conciliação (SOUZA, Sylvio Capanema de. *A Lei do Inquilinato comentada artigo por artigo.* 12. ed. Rio de Janeiro: Forense, 2021, p. 358-359).

[43] No caso do rito especial do despejo por falta de pagamento, a não previsão da audiência de conciliação não corresponde a simples omissão da lei inquilinaria, "e sim [decorre] de um sistema rígido, que não admite prolongar o processo, e que pugna pela sua celeridade" (SOUZA, Sylvio Capanema de. *A Lei do Inquilinato comentada artigo por artigo.* 12. ed. Rio de Janeiro: Forense, 2021, p. 358).

[44] "Locação. Imóvel. Finalidade não residencial. Ação de despejo por falta de pagamento cumulada com pedido de cobrança e rescisão de contrato. Decisão de primeiro grau que, em despacho inicial, designa audiência de conciliação, determina a citação e observa que fluirá da audiência o prazo para purgar a mora ou contestar. Agravo interposto pelos autores. Acolhimento. Prazo para contestar ou purgar a mora, na ação de despejo por falta de pagamento, que é de 15 dias, contados da citação e não admite prorrogação Impossibilidade de o prazo começar a fluir apenas a partir da audiência de tentativa de conciliação. Dilação não permitida. Determinação de citação à luz do disposto no artigo 62 da Lei nº 8.245/91, com cancelamento da realização da audiência. Recurso provido" (TJSP, 29ª Câm. de Dir. Privado, Agravo de Instrumento 2152649-57.2016.8.26.0000, Rel. Des. Carlos Henrique Miguel Trevisan, j. 17.08.2016, data de publicação 18.08.2016). Para o STJ, embora o art. 62, II, fale em prazo de 15 dias contados da citação, dito prazo na sistemática do CPC há de fluir do momento em que o ato complexo da citação se aperfeiçoa dentro do processo. Ou seja: "na ação de despejo, o prazo de 15 (quinze) dias para purgação da mora [que é o mesmo para contestação da ação] deve ser contado a partir da juntada aos autos do mandado de citação/aviso de recebimento devidamente cumprido" (STJ, 3ª T., REsp 1.624.005/DF, Rel. Min. Ricardo Villas Bôas Cueva, ac. 25.10.2016, *DJe* 09.11.2016). É exatamente o que dispõe o art. 231, I e II, do CPC/2015.

nº 1.300/1950, art. 15, I; Lei nº 4.494/1964, art. 11; Lei nº 6.649/1979, art. 36). A inovação pretendida pela atual Lei de Inquilinato consistiu em estabelecer um procedimento que seja mais célere para solucionar o incidente da purga da mora. Não há mais necessidade de marcar-se uma data especial para que o locatário ofereça solenemente a prestação ao locador, em juízo, procedendo-se, em seguida, ao respectivo depósito judicial, caso o último se recuse a recebê-la (Lei nº 6.649/1979, art. 36, § 1º). Com a Lei nº 8.245, revista pela Lei nº 12.112, o procedimento da purga da mora foi ainda mais agilizado: para evitar a rescisão da locação e o consequente despejo, o locatário e o fiador devem efetuar o depósito judicial do valor atualizado do débito, sem depender de prévia autorização judicial, fazendo-o dentro dos quinze dias reservados para a contestação da ação (Lei nº 8.245/1991, art. 62, II, com a redação dada pela Lei nº 12.112).[45]

A própria parte fará o cálculo do valor atualizado dos aluguéis, acessórios, multa, juros, custas e honorários de advogado (10% sobre o total do débito, se não houver disposição diversa no contrato). Não há mais de se aguardar o despacho do juiz autorizando o depósito dentro de um prazo contado a partir da respectiva intimação. O interessado, ao apresentar o pedido de purga da mora, para elidir a ação de despejo, já deverá apresentar, concomitantemente, o comprovante do depósito à ordem judicial.

Somente após concretizado o depósito é que o autor será ouvido. Se concordar, o processo será imediatamente extinto. Se houver discordância quanto ao valor do depósito, o juiz abrirá oportunidade ao locatário para complementar o depósito em dez dias, contados da intimação.[46] Feita a complementação, extinguir-se-á o processo, com quitação das prestações. Não ocorrendo o depósito complementar, a ação prosseguirá para ser julgada pelo mérito, ficando, desde logo, assegurado ao autor o levantamento das importâncias depositadas (art. 62, IV).

A complementação do depósito insuficiente só é prevista para o caso em que o locatário não tenha contestado a obrigação, qualificando como indevida a diferença. A contestação, na espécie, corresponde a ato do demandado incompatível com a vontade de purgar a mora, ao menos em relação aos valores questionados em face da pretensão do locador.[47]

Não havendo a complementação do valor, o pedido de rescisão prosseguirá pela diferença, podendo o locador levantar a quantia incontroversa depositada (Lei nº 8.245/1991, art. 62, IV). Durante a tramitação do processo e até a sentença,[48] o locatário deverá depositar em juízo mensalmente os aluguéis que se vencerem, cujo valor poderá ser levantado pelo locador (art.

---

45 "Na ação de despejo, o prazo de 15 (quinze) dias para purgação da mora deve ser contado a partir da juntada aos autos do mandado de citação/aviso de recebimento devidamente cumprido" (STJ, 3ª T., REsp 1.624.005/DF, Rel. Min. Ricardo Villas Bôas Cueva, ac. 25.10.2016, *DJe* 09.11.2016).

46 A intimação, para complementação do depósito, "poderá ser dirigida ao locatário ou diretamente ao patrono este, por carta ou publicação no órgão oficial, a requerimento do locador" (Lei nº 8.245/1991, art. 62, III, com a redação da Lei nº 12.112/2009).

47 "A contestação de parte do débito na ação de despejo por falta de pagamento é incompatível com a intimação do locatário para fins de complementação do depósito, nos moldes do art. 62, III, da Lei nº 8.245/1991, em relação às parcelas tidas por ele como indevidas" (STJ, REsp 1.624.005/DF, Rel. Min. Ricardo Villas Bôas Cueva, ac. 25.10.2016, *DJe* 09.11.2016).

48 "Como se vê, embora a lei não o diga expressamente, tal como o faz quando disciplina o procedimento da ação consignatória, também aqui, na de despejo por falta de pagamento, os depósitos dos aluguéis que se vencem no curso da lide só serão admitidos até que se prolate a sentença de primeiro grau" (SOUZA, Sylvio Capanema de. *A Lei do Inquilinato comentada artigo por artigo.* 12. ed. Rio de Janeiro: Forense, 2021, p. 355). Após a sentença, ou o locador dá início à execução do débito, incluindo os aluguéis que se vencerem depois (se a decisão for de procedência), ou o locatário faz o depósito judicial por meio de ação consignatória própria, já que não é permitido fazer os pagamentos no Tribunal (SOUZA, Sylvio Capanema de. *A Lei do Inquilinato comentada artigo por artigo.* 12. ed. Rio de Janeiro: Forense, 2021, p. 355).

62, V). Ao final, se o juiz entender que o depósito foi integral, extinguirá o processo, mantendo-se a locação. Se, contudo, a purga da mora tiver sido inferior ao devido, decretará o despejo.

A purga da mora deve compreender o depósito de todos os aluguéis e acessórios que se venceram até a data da sua efetivação, além da multa contratual, se houver, os juros de mora, as custas e a verba advocatícia, cujo montante será de dez por cento sobre o valor da causa, se do contrato locatício não constar disposição diversa (art. 62, II, *a* e *d*).

A Lei nº 8.245 não disciplinou, *in casu*, correção monetária, mas segundo a regra geral hoje pertinente a importâncias exigíveis em juízo, é de se fazer a atualização do débito, na purga da mora, mesmo sem previsão contratual, e por aplicação da sistemática da Lei nº 6.899/1981. Aliás, ao falar o art. 62, II, da Lei nº 8.245 em "pagamento do débito atualizado", está se referindo não apenas aos juros e acessórios provocados pela mora, mas a todas as formas de atualização, inclusive, pois, a correção monetária.

Ressalte-se, por outro lado, a incompatibilidade que há entre a pretensão de purgar a mora e a de contestar a ação. Já houve época em que o tema era objeto de discussão doutrinária e jurisprudencial. A controvérsia, hoje, está completamente superada por obra do STJ:

> "É assente na jurisprudência deste Superior Tribunal de Justiça que a opção pela purgação da mora, na ação de despejo por falta de pagamento, é incompatível com a contestação do débito ou a revisão de cláusulas contratuais, nos moldes do artigo 62 da Lei nº 8.245/1991, em relação às parcelas tidas como indevidas".[49]

Sobre essa matéria, ver adiante o item 585.

584. Reiteração abusiva da purga da mora

A Lei do Inquilinato, atualizada pela Lei nº 12.112, de maneira muito clara, dispõe que "não se admitirá a emenda da mora se o locatário já houver utilizado essa faculdade nos 24 (vinte e quatro) meses imediatamente anteriores à propositura da ação" (Lei nº 8.245/1991, art. 62, parágrafo único). Para a contagem regressiva do prazo de vinte e quatro meses toma-se como ponto de partida não a data em que o locatário requereu a nova purgação da mora, mas a da propositura da ação de despejo (CPC/2015, art. 312). Dessa maneira, não permite a lei que no lapso de dois anos antes do ajuizamento do despejo por falta de pagamento tenha o réu requerido igual providência em outra ação igual entre as mesmas partes e sobre o mesmo contrato.

585. Purga da mora e contestação

Em face da ação de despejo por falta de pagamento, ao locatário se abre uma alternativa para elidir a pretensão do locador: ou purga a mora, ou contesta o pedido do locador, demonstrando sua ilicitude.

Antiga jurisprudência divisava uma incompatibilidade lógica entre as duas opções, de sorte que o demandado não poderia cumular as duas defesas. Se o cálculo do aluguel cobrado pelo autor estiver correto, nada mais lhe restará do que efetuar o respectivo depósito judicial, se pretender evitar o despejo. Se o considerar incorreto, poderá proceder à contestação,

---

[49] STJ, 4ª T., AgInt no AgInt no AREsp 425.767/RJ, Rel. Min. Maria Isabel Gallotti, ac. 11.09.2018, *DJe* 18.09.2018. Em doutrina: "Tanto o locatário quanto o fiador podem purgar a mora. Mas, após longa dissenção jurisprudencial, firmou-se que, se o fizerem, não podem também contestar" (BENETI, Sidnei. Comentários aos artigos 62 a 66. *In*: BUSHATSKY, Jaques; ELIAS FILHO, Rubens Carmo (coords.). *Locação ponto a ponto*: comentários à Lei n. 8.245/91. São Paulo: Editora Iasp, 2020, p. 533).

independentemente de depósito judicial, porquanto é entendimento tranquilo da jurisprudência que "a exigência de aluguel em excesso ou já pago anteriormente acarreta a improcedência da ação de despejo por falta de pagamento".[50]

A jurisprudência do STJ, a certa altura, considerava essa incompatibilidade como vigorante apenas "em princípio", pois nem sempre haveria uma total repugnância entre as duas medidas. Assim, se fosse possível decompor o valor exigido em verbas bem distintas e a discordância se limitasse a uma delas, seria viável o depósito das incontroversas, e admissível seria a contestação sobre as outras.[51] Mais recentemente, porém, o entendimento daquela Corte se firmou no sentido de que "na ação de despejo por falta de pagamento, não é admissível cumular o oferecimento de contestação com pedido de purgação da mora, motivo pelo qual não se faz obrigatório o depósito dos valores tidos por incontroversos".[52]

Em doutrina, entretanto, a tese defendida por Sylvio Capanema de Souza sempre foi de que somente no caso de alegação de inexistência de débito algum é que não teria sentido cogitar-se concomitantemente de purga da mora e contestação. Nos casos de divergência limitada a alguma parcela do total reclamado pelo locador, não haveria, para o renomado autor, empecilho a que o depósito se desse pelo valor reconhecido pelo locatário e que a diferença ficasse dependente de solução judicial, para definir-se na sentença se seria ou não decretado o despejo.[53]

Afigura-se-nos razoável o aludido entendimento doutrinário, se se pensa que, pela Lei nº 8.245, sendo considerado incompleto o depósito oferecido pelo réu, permitida é sua complementação em dez dias (art. 62, III).

Ora, se a lei admite que, mesmo incompleto o depósito em relação à pretensão do autor, a ação deve prosseguir com base na controvérsia instalada em torno da diferença, não seria irrazoável pensar que a lei não exclui a possibilidade de requerimento de purga da mora por valor inferior àquele reclamado na inicial; nem impede o demandado de submeter à decisão judicial defesa fundada em excesso na exigência do locador. No entanto, não se pode ignorar a posição final do STJ a propósito da matéria, já exposta no item 3.3, *retro*. Assim, é de se pensar que a diferença de que fala o art. 62, III, e que pode ser completada pelo locatário em 10 dias, após a impugnação do depósito pelo locador, não deve ser entendida como relacionada com parcela controvertida, mas apenas com algum equívoco do cálculo inicialmente elaborado pelo réu, com o propósito de purgar a mora, sem contestar a pretensão do autor.

585-A. Insuficiência do depósito para a eficaz purga da mora

Efetuado pelo réu o depósito destinado à purga da mora, o autor será ouvido, podendo aceitá-lo ou impugná-lo por insuficiente; nesse último caso, é facultado ao locatário complementar o depósito em 10 dias (art. 62, III). Observe-se que o dispositivo não cogita de questionamento do réu ao cálculo do débito constante da petição inicial, pois seu objetivo teria sido purgar a

---

[50] CALDAS, Gilberto. *Nova Lei do Inquilinato comentada*. São Paulo: Ediprax Jurídica, s/d, p. 147.

[51] STJ, 6ª T., REsp 292.973/SP, Rel. Min. Hamilton Carvalhido, ac. 18.12.2002, *DJU* 04.08.2003, p. 446; STJ, 6ª T., REsp 290.473/SP, Rel. Min. Vicente Leal, ac. 25.09.2001, *DJU* 15.10.2001, p. 307, *RSTJ* 149/529.

[52] STJ, 5ª T., REsp 655.286/RJ, Rel. Min. Felix Fischer, ac. 04.08.2005, *DJU* 26.09.2005, p. 440. No mesmo sentido: STJ, 5ª T., REsp 625.832/SP, Rel. Min. Laurita Vaz, ac. 15.10.2009, *DJe* 09.11.2009.

[53] SOUZA, Sylvio Capanema de. *A Lei do Inquilinato comentada*. 5. ed. Rio de Janeiro: GZ Editora, 2009, p. 278. O entendimento do Prof. Sylvio Capanema de Souza foi acatado pelo STJ, 6ª T, no REsp 290.473/SP, Rel. Min. Vicente Leal, ac. 25.09.2001, *DJU* 15.10.2001, p. 307, *RSTJ* 149/529. Também no 2º TACivSP havia decisões de que, no caso de arguição de excesso no valor reclamado pelo locador, o locatário deveria depositar os valores incontroversos, "prosseguindo-se a discussão apenas sobre os valores controvertidos" (3ª Câm., Ap. c/ Rev. 408.578, Rel. Francisco de Barros; 7ª Câm., Ap. c/ Rev. 381.767, Rel. Demóstenes Braga, *in* VENOSA, Silvio de Salvo. *Lei do Inquilinato comentada*. 5. ed. São Paulo: Atlas, 2001, p. 278).

mora e não contestar o valor cobrado pelo locador. Se tal tivesse sido sua intenção, não teria requerido a purga da mora e, desde logo, teria contestado a ação. Daí ensinar Scavone Júnior que "a insuficiência de depósito a que alude a lei não é relativa às quantias discriminadas na inicial, mas de parcelas que se vencerem após a propositura da ação, que não constavam da necessária discriminação da inicial. Nesse sentido, depositado valor inferior ao que consta na exordial, sofrerá o despejo".[54]

Esse posicionamento doutrinário merece acolhida, porque, segundo previsão do art. 62, II, a purga da mora deve compreender não só os valores levantados na petição inicial, mas também a sua atualização que incluirá: "a) os aluguéis e acessórios da locação que vencerem até a sua efetivação; b) as multas ou penalidades contratuais, quando exigíveis; c) os juros de mora; d) as custas e os honorários do advogado do locador, fixados em dez por cento sobre o montante devido, se do contrato não constar disposição diversa". Logo, a divergência que pode surgir somente deverá referir-se a essa complementação se se leva em conta que, ao propor a purga da mora, o réu está reconhecendo a procedência do pedido do autor e a ausência do intento de contestá-lo.

Funda-se em tais razões a firme jurisprudência atual do STJ que não admite a cumulação do pedido de purga da mora com o oferecimento de contestação. Se o réu não concorda com o valor apontado pelo autor na inicial, o que lhe cabe é contestar a ação, ato que, nas circunstâncias, independe de depósito da parcela reconhecida. Uma vez produzida a contestação, o depósito do débito reconhecido poderá ser efetuado, não com a natureza de purga da mora, mas sim como medida cautelar para evitar o agravamento das consequências da mora caso sua defesa afinal seja desacolhida pela sentença de mérito.

Em tal perspectiva, é totalmente incompatível a contestação de parte do débito cobrado pelo autor, com a permissão de intimação do locatário para fins de complementação do depósito insuficiente, nos moldes do art. 62, III, da Lei nº 8.245/1991, "em relação às parcelas tidas por ele como indevidas".[55]

---

[54] SCAVONE JR., Luiz Antonio. *Direito imobiliário:* teoria e prática. 18. ed. Rio de Janeiro: Forense, 2022, p. 1.549. Segundo o autor, "posta assim a questão, se o réu discordar dos valores, não poderá simplesmente depositar para purgar a mora. Nesse caso, deverá contestar a ação, depositando o valor que entende devido e, se não tiver razão, sofrerá o despejo".

[55] STJ, 3ª T., REsp 1.624.005/DF, Rel. Min. Ricardo Villas Bôas Cueva, ac. 25.10.2016, *DJe* 09.11.2016. No mesmo sentido: STJ, 5ª T., REsp 625.832/SP, Rel. Min. Laurita Vaz, ac. 15.10.2009, *DJe* 09.11.2009.

Fluxograma nº 53 – Ação de despejo por falta de pagamento (Lei nº 8.245, de 18.10.1991, art. 62)

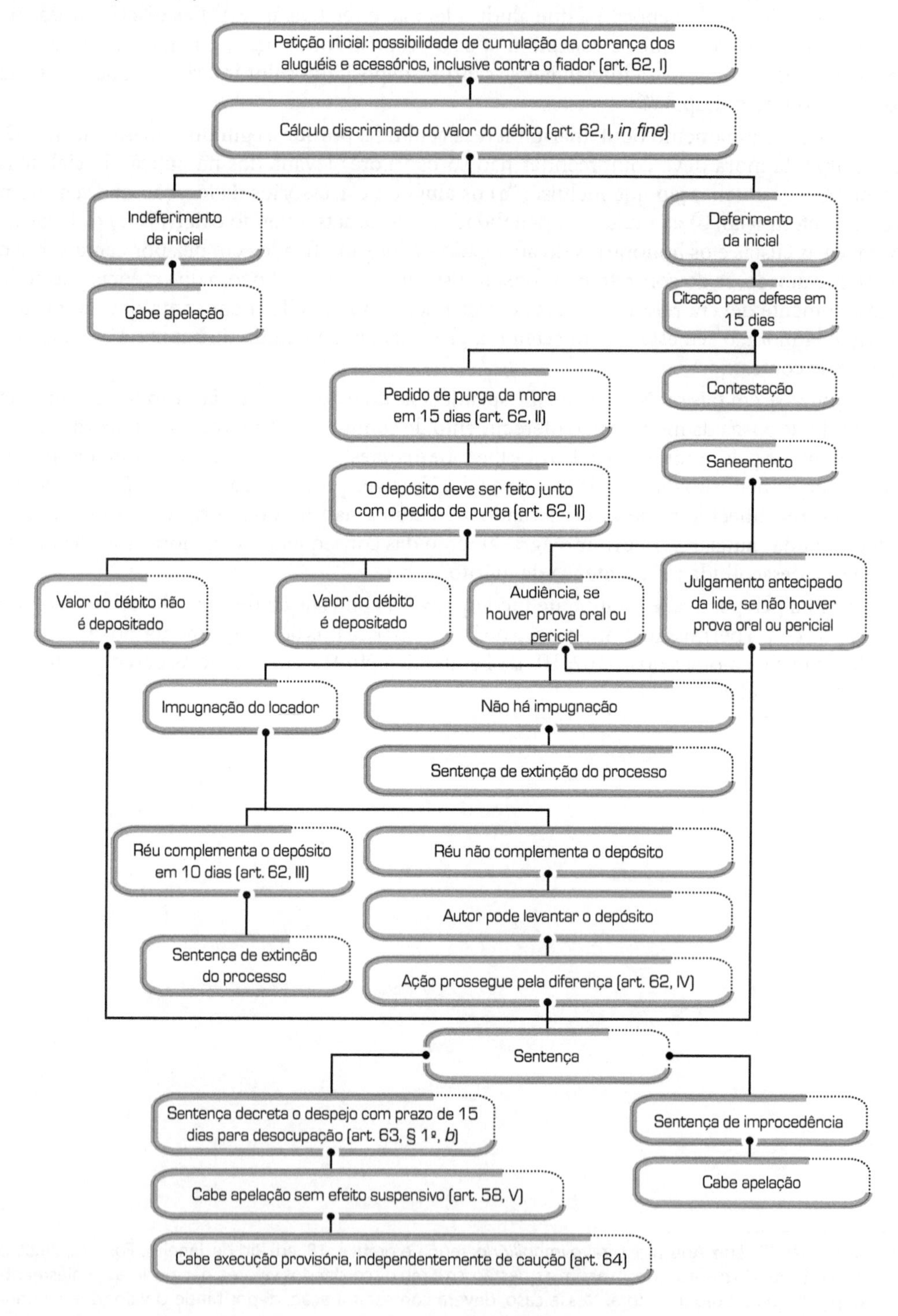

---

[56] Sobre o procedimento da execução do despejo, ver o fluxograma nº 52.

§ 73. EXECUÇÃO DA SENTENÇA DE DESPEJO

586. Desocupação voluntária

Toda sentença de despejo deve fixar um prazo para desocupação voluntária do imóvel, cuja contagem se fará a partir da data da notificação do locatário para que cumpra o julgado (Lei nº 8.245/1991, art. 65). Somente quando inocorrer a sujeição espontânea do réu ao comando da sentença é que se lançará mão dos meios de coerção física para expulsá-lo do imóvel.

O prazo de desocupação é fixado pela lei em trinta dias, sem deixar margem de arbítrio ao juiz para ampliá-lo ou reduzi-lo (Lei nº 8.245/1991, art. 63, *caput*). A própria Lei do Inquilinato, porém, prevê que dito prazo será reduzido, necessariamente, para quinze dias (art. 63, § 1º), nas seguintes hipóteses: *(i)* quando entre a citação e a sentença de primeira instância houver decorrido mais de quatro meses; ou *(ii)* quando o despejo houver sido decretado com fundamento no art. 9º ou no § 2º do art. 46 da Lei nº 8.245/1991, ou seja:

(a) mútuo acordo;
(b) infração legal ou contratual;
(c) falta de pagamento do aluguel e encargos;
(d) denúncia vazia em contrato de prazo certo, superior a trinta meses, prorrogado por tempo indeterminado;
(e) realização de reparações urgentes, determinadas pelo Poder Público.

Há, outrossim, dois casos em que a Lei nº 8.245 prevê ampliação do prazo do art. 63, *caput*: *(i)* tratando-se de prédio locado a estabelecimento de ensino autorizado e fiscalizado pelo Poder Público, o prazo mínimo será de seis meses e o máximo de um ano, cabendo ao juiz dispor de modo que a desocupação coincida com o período de férias escolares (art. 63, § 2º); *(ii)* se o imóvel locado estiver ocupado por hospital, repartição pública, unidade sanitária oficial, asilo e estabelecimento de saúde e de ensino autorizado e fiscalizado pelo Poder Público, e se o despejo for decretado com fundamento o inciso IV do art. 9º (realização de reparações urgentes determinadas pelo Poder Público) ou no inciso II do art. 53 (retomada para demolição, edificação, licenciada ou reforma), casos em que o prazo de desocupação será de um ano. Se, porém, entre a citação e a sentença de primeira instância houver decorrido mais de um ano, dito prazo será de apenas seis meses (art. 63, § 3º).

587. Execução forçada

A execução forçada do despejo será *definitiva*, se intentada após o trânsito em julgado da sentença, ou *provisória*, se movida durante a tramitação da apelação sem efeito suspensivo. Como a execução provisória passou a ser regra nas ações locatícias (Lei nº 8.245/1991, art. 58, V), cabe ao juiz, ao proferir a sentença de despejo, fixar o valor da caução a ser prestada pelo locador, caso deseje executar o despejo antes do julgamento do eventual recurso manejado pelo locatário (art. 63, § 4º).

A execução, seja definitiva ou provisória, é imediata e se processa como incidente ou parcela da própria ação de despejo, sem que haja necessidade de abertura de uma completa execução para entrega de coisa certa. Trata-se de ação especial unitária, em que os atos de cognição e execução se realizam numa única relação processual (ação executiva *lato sensu*). A consequência imediata é que não há citação executiva nem possibilidade de manejo de embargos à execução. Toda defesa do inquilino, mesmo a pertinente ao eventual direito de retenção por benfeitorias, tem de ser manifestada na fase de contestação ao pedido de despejo.

Há, porém, uma notificação obrigatória após a sentença, com a concessão de prazo dentro do qual se permite a desocupação voluntária do imóvel. Apenas após exaustão do prazo concedido torna-se lícito o emprego da coação judicial para expulsar o inquilino, caso em que a lei autoriza a utilização de força policial e permite até mesmo o arrombamento, se necessário (art. 65). Não são, no entanto, necessários dois mandados diferentes, um para a notificação e outro para o despejo. A sentença que acolher o pedido de despejo já conteria a determinação da expedição do mandado de despejo. No próprio mandado estará contido o prazo para desocupação voluntária (art. 63, com a redação da Lei nº 12.112). Um só mandado credenciará o oficial a intimar para a desocupação voluntária e praticar os atos de remoção forçada do inquilino, se isto se fizer necessário.

Na efetivação do despejo compulsório, a lei determina que os móveis e utensílios encontrados no imóvel sejam entregues a depositário, se não ocorrer a retirada deles pelo inquilino (art. 65, § 1º).

Por medida de solidariedade humana e respeito à dor moral enfrentada pelos moradores, não permite a lei que o despejo seja executado nos trinta dias seguintes à morte do cônjuge, ascendente, descendente ou irmão de qualquer das pessoas que habitem o imóvel locado (art. 65, § 2º). Considerou-se tão relevante a hipótese, que se erigiu à condição de crime a inobservância da interdição ao despejo durante o referido luto (art. 44, IV).

588. Execução em caso de despejo cumulado com cobrança de aluguel

Quando o locador houver cumulado o pedido de despejo com o de cobrança de aluguéis e encargos (Lei nº 8.245/1991, art. 62, I), sendo procedentes ambas as pretensões, haverá duas execuções distintas a realizar: a de retomada do imóvel e a dos valores em débito. Cada uma tem seu procedimento próprio e autônomo. Por isso, não depende a execução por quantia certa (aluguéis e encargos) da prévia desocupação do imóvel (art. 62, IV).

Entre os encargos, porque responde o locatário na ruptura do contrato, por causa a ele imputável, figura a cláusula penal ajustada entre as partes ou a que for estipulada na sentença.

O art. 4º da Lei de Locações prevê a possibilidade de o inquilino denunciar o contrato, devolvendo o imóvel antes de findo o prazo convencionado, pagando, porém, multa proporcional ao período de cumprimento do contrato, ou, na sua falta, a que for judicialmente estipulada. É o que se chama de cláusula penal compensatória.

Controverte-se sobre ser a cláusula penal compensatória devida somente em caso de restituição voluntária do imóvel pelo locatário, ou se também teria cabimento na devolução do imóvel decorrente de decisão judicial que decreta o despejo; e, nesse último caso, se o fiador responderia solidariamente pelo pagamento da referida multa. A controvérsia foi solucionada pelo STJ:

> "3. A multa compensatória também é devida em caso de devolução do imóvel locado determinada em ordem judicial de despejo.
>
> 4. Na hipótese de não ter havido extinção ou exoneração da garantia prestada, a responsabilidade pelo pagamento da multa compensatória também recai sobre fiador".[57]

589. Execução provisória e caução

Há duas circunstâncias em que o despejo se processa em caráter provisório: *(i)* quando se defere a desocupação liminar (Lei nº 8.245/1991, art. 59, § 1º), na abertura do processo; e

---

[57] STJ, 3ª T., REsp 1.906.869/SP, Rel. Min. Ricardo Villas Bôas Cueva, ac. 14.06.2022, *DJe* 17.06.2022.

(ii) quando se interpõe apelação da sentença de mérito que decreta o despejo, recurso a que a lei nega eficácia suspensiva (art. 58, V).

Em ambas as situações o locador, salvo as exceções do art. 64, está obrigado a prestar caução, se deseja, por sua conta e risco, desalojar o inquilino, sem o acertamento definitivo da lide. O valor da caução é disciplinado pela lei, de maneira diferente, numa e noutra hipótese: *(i)* no caso de liminar, o seu valor é o correspondente a três meses de aluguel, sem previsão de caução fidejussória (art. 59, § 1º); *(ii)* no caso de execução provisória de sentença, a caução será arbitrada pelo juiz entre o equivalente no mínimo a seis meses e no máximo a doze meses de aluguel, no valor da época da prestação da caução (art. 64, *caput*). Para essa caução, a lei prevê a possibilidade de ser real ou fidejussória, dispensando-se processo apartado para seu cálculo e permitindo que tudo seja apurado e efetivado nos próprios autos da execução provisória (art. 64, § 1º).

Embora provisória a execução, o despejo será irreversível. Se a sentença foi reformada, em grau de recurso, o direito do inquilino não será o de recuperar a posse do imóvel, mas de ser indenizado por perdas e danos, com base na caução existente (art. 64, § 2º).

A execução provisória independerá de caução (art. 64, *caput*), nos casos de despejo fundado em: *(i)* desfazimento da locação por mútuo acordo (art. 9º, I); *(ii)* infração legal ou contratual (art. 9º, II); *(iii)* reparações urgentes determinadas pelo Poder Público (art. 9º, IV).

590. Abandono do imóvel pelo locatário

A Lei nº 8.245 autoriza imissão do senhorio na posse, no caso de abandono do prédio pelo inquilino durante a tramitação da ação de despejo. A providência se dará por ato e deliberação do próprio senhorio, que assim poderá agir por conta própria, antes ou depois da citação inicial, sem necessidade de prévia anuência judicial (art. 66).[58]

Mas, para que a medida seja lícita, é indispensável que o abandono esteja bem caracterizado, tanto objetiva como subjetivamente, não bastando, por exemplo, a ausência pessoal do inquilino, nem a provisória remoção de seus bens e pertences, se há intenção de conservar a posse do imóvel. O abandono exige a evidenciação do ânimo inequívoco de retirar-se do prédio, desocupando-o completamente, em caráter definitivo.[59]

Verificado o abandono do imóvel ou a entrega das chaves pelo locatário, o processo será extinto sem apreciação do mérito, se o fato antecedeu ao ajuizamento da demanda, e isso ocorrerá, em regra, sem imposição ao demandado dos encargos da sucumbência. Pode-se, porém, aplicar à matéria de sucumbência na ação de despejo extinta antes da citação a teoria da causalidade, que nem sempre conduz a imputação dos honorários advocatícios ao réu, mas que admite que tal possa acontecer quando ele, de fato, houver dado causa à instauração do processo. Por outro lado, se o locador foi afoito ao ajuizar a demanda, agindo sem verificar a atitude posta em marcha pelo inquilino, não se configurará causa autorizadora da exigência, pelo autor, das verbas sucumbenciais.[60]

---

[58] CALDAS, Gilberto. *Nova Lei do Inquilinato comentada.* São Paulo: Ediprax Jurídica, s/d, p. 152; SLAIBI FILHO, Nagib. *Comentários à nova Lei do Inquilinato.* 3. ed. Rio de Janeiro: Forense, 1992, n. 32.5, p. 331. "Nos termos do art. 66 da Lei de Locações, é viável a expedição de mandado de imissão na posse sem a prévia citação do locatário" (STJ, 3ª T., AgRg em AREsp 315.449/RJ, Rel. Min. João Otávio de Noronha, ac. 13.08.2013, *DJe* 23.08.2013).

[59] SOUZA, Sylvio Capanema de. *A Lei do Inquilinato comentada.* 5. ed. Rio de Janeiro: GZ Editora, 2009, p. 239; POPP, Carlyle. *Comentários à nova Lei do Inquilinato.* 2. ed. Curitiba: Juruá, 1992, p. 200.

[60] "No processo civil, para se aferir qual das partes litigantes arcará com o pagamento dos honorários advocatícios e das custas processuais, deve-se atentar não somente à sucumbência, mas também ao princípio da causalidade, segundo o qual a parte que deu causa à instauração do processo deve suportar

Se, entretanto, o ato do réu se der durante o curso do processo, representará reconhecimento tácito da procedência da demanda, caso em que deverá a extinção ser decretada com resolução do mérito, e aplicação dos ônus da sucumbência ao inquilino, mesmo que se torne desnecessário o mandado de despejo. Abandonado o imóvel depois do ajuizamento da ação de despejo, mas antes da citação, a ordem judicial de imissão na posse poderá de imediato ser pronunciada, não havendo necessidade de aguardar a realização da *in ius vocatio.*[61]

A imissão na posse de que cuida o art. 66 da Lei do Inquilinato não põe fim ao processo, quando o pedido de despejo tiver sido cumulado com o de cobrança de aluguéis, hipótese em que a marcha processual prosseguirá rumo à sentença de mérito a respeito dessa parcela da demanda.

Proferida a sentença de acolhida do despejo, a desocupação voluntária do imóvel, com a entrega das chaves, sem qualquer ressalva, equivale a ato incompatível com a intenção de recorrer, inviabilizando, assim, a concomitante ou sucessiva interposição da apelação.[62] Formalizada, porém, a respectiva ressalva, a entrega das chaves não inviabiliza o manejo do competente recurso.[63]

---

as despesas dele decorrentes" (STJ, 4ª T., REsp 1.160.483/RS, Rel. Min. Luis Felipe Salomão, j. 10.06.2014, *DJe* 01.08.2014).

[61] STJ, 3ª T., AgRg no AREsp 315.449/RJ, Rel. Min. João Otávio de Noronha, ac. 13.08.2013, *DJe* 23.08.2013.

[62] STJ, 5ª T., REsp 238.197/SP, Rel. Min. Edson Vidigal, ac. 16.05.2000, *DJU* 19.06.2000, p. 192.

[63] STJ, 5ª T., REsp 59.444/SP, Rel. Min. Gilson Dipp, ac. 01.06.1999, *DJU* 28.06.1999, p. 132.

§ 74. AÇÃO DE CONSIGNAÇÃO DE ALUGUEL E ACESSÓRIOS DA LOCAÇÃO

591. Cabimento

Prevê a Lei nº 8.245, em relação aos débitos contratuais do locatário, o uso da ação de consignação em pagamento nos casos de recusa de recebimento pelo locador e demais hipóteses de admissibilidade legal dessa modalidade indireta de liberação do devedor.

O procedimento da ação em questão encontra sua disciplina normal nos arts. 539 a 549 do Código de Processo Civil. A Lei do Inquilinato, porém, criou, para as obrigações locatícias, algumas inovações, de maneira que se tem em boa parte um novo procedimento da consignatória, se o débito a solver tiver como origem a relação *ex locato*. Daí falar a Lei do Inquilinato em "ação de consignação de aluguel e acessórios da locação". É, na verdade, um novo *nomen iuris* para um novo *procedimento especial*, como a seguir veremos.

Os casos, porém, de admissibilidade do pagamento por depósito judicial não foram modificados pela Lei nº 8.245. São os mesmos da legislação ordinária (CC, art. 335). Apenas se acrescentou a hipótese especial do art. 24 da Lei do Inquilinato, onde se prevê um depósito *sui generis* de aluguéis, pelos inquilinos, para a eventualidade de moradias coletivas multifamiliares que se achem em condições precárias, declaradas pelo Poder Público. Tais depósitos liberam os inquilinos do débito locatício e só podem ser levantados pelo senhorio após regularização do imóvel (art. 24, § 1º).

591-A. Competência

Prevalece para ação locatícia de consignação a regra especial do art. 58, II, da Lei do Inquilinato, segundo a qual o foro competente será o do lugar do imóvel locado, salvo se existir foro de eleição (ver, *retro*, o item 1.5).

Tratando-se de competência relativa, a propositura em foro diverso ensejará prorrogação se o demandado não alegar a incompetência em preliminar da contestação (arts. 337, II, e 65, *caput*, do CPC/2015).[64]

592. Legitimação

I - Ativa

Quem tem legitimidade para pagar tem também para consignar. Nada impede, portanto, que, além do locatário, um terceiro interessado, como o fiador ou o sublocatário, possa lançar mão da consignatória.[65]

II - Passiva

Como a ninguém é dado litigar pessoalmente na defesa de interesse alheio, não pode a consignatória ser proposta senão contra o próprio locador. Se eventual mandatário ou gestor puder receber a citação por autorização da lei (CPC/2015, art. 242), ou por ter poderes especiais para tanto (CPC, art. 105), não agirá, entretanto, como parte e sim em nome do locador, único detentor da situação jurídica para ocupar a posição de sujeito passivo da relação processual. Simples administrador do prédio, que firma o contrato de locação em nome do proprietário,

---

[64] AMORIM, José Roberto Neves. *In*: BUSHATSKY, Jaques; ELIAS FILHO, Rubens Carmo (coords.). *Locação ponto a ponto*: comentários à Lei n. 8.245/91. São Paulo: Editora Iasp, 2020, p. 577.

[65] POPP, Carlyle. *Comentários à nova Lei do Inquilinato*. 2. ed. Curitiba: Juruá, 1992, p. 203.

por isso mesmo, não deve ser transformado em réu da consignatória, pois, à evidência, não lhe cabe a posição de titular do crédito locatício.[66]

Reconhece-se, porém, a existência de opiniões na jurisprudência e doutrina que defendem a legitimidade da simples administradora do imóvel para ser ré na ação de consignação de aluguel.[67] Esse, no entanto, não é o nosso entendimento, nem aquele preconizado pela jurisprudência do STJ.

593. Pressupostos

A consignatória pressupõe, via de regra, mora do credor, ou impossibilidade de pagamento direto ao sujeito ativo da relação obrigacional. Se a dívida, pelos termos do contrato locatício, é *portable*, ou seja, devem os aluguéis ser pagos no endereço do credor, cabe ao autor da ação de consignação o ônus da prova de que realmente ofereceu a prestação, tendo havido injusta recusa do *accipiens* (CPC/2015, art. 373, I).

Se, no entanto, o débito é *querable*, o que se deduz pela falta de convenção prevendo pagamento no endereço do locador, a este cabe o dever de procurar a prestação no endereço do locatário (art. 327 do Código Civil e art. 23, I, da Lei nº 8.245). Nesse caso, o inquilino pode propor a ação sem ter de provar a oferta e a recusa do pagamento, pois ao senhorio é que competia buscar a prestação em presença do devedor. Ao réu é que toca demonstrar que compareceu para receber, sem lograr sucesso.

594. Procedimento

O procedimento previsto no art. 67 da Lei nº 8.245 não faz remissão alguma ao rito da consignação em pagamento regulado pelo Código de Processo Civil. Introduz várias inovações à sistemática do Código, mas não apresenta um *iter* procedimental completo, motivo pelo qual os preceitos da legislação codificada terão de ser utilizados como fonte subsidiária ou complementar, especialmente aqueles dos arts. 539 a 549 do Estatuto Processual Civil.

Nos tópicos seguintes destacaremos as principais novidades instituídas pela Lei nº 8.245 para o processamento da consignação de aluguéis e demais encargos do contrato locatício.

595. Petição inicial

A petição inicial da consignatória conterá os requisitos comuns do art. 319 do Código de Processo Civil e especificará quais são os *aluguéis* e os *acessórios* da locação com indicação dos respectivos *valores* (Lei nº 8.245, art. 67, I). Além disso, deverá o locatário indicar o motivo pelo qual foi obrigado a consignar em pagamento os aluguéis, vale dizer, a razão da negativa do locador em receber o valor.

596. Depósito judicial

Deferida a citação do réu, o autor será intimado a depositar em vinte e quatro horas o valor da obrigação apontado na inicial. A falta desse depósito implicará imediata extinção do processo, sem julgamento do mérito (Lei nº 8.245/1991, art. 67, II). Convém lembrar que, na consignação regulada pelo CPC/2015, o prazo de depósito é de cinco dias (art. 542, I).

---

[66] Cf., *retro*, item nº 19; POPP, Carlyle. *Comentários à nova Lei do Inquilinato*. 2. ed. Curitiba: Juruá, 1992, p. 202; STJ, 6ª T., REsp 77.404/SP, Rel. Min. Paulo Gallotti, ac. 21.08.2001, *DJU* 07.10.2002, p. 306; STJ, 5ª T., REsp 253.155/RS, Rel. Min. Gilson Dipp, ac. 29.06.2000, *DJU* 21.08.2000, p. 169; STJ, 5ª T., REsp 664.654/RJ, Rel. Min. Arnaldo Esteves Lima, ac. 12.09.2006, *DJU* 09.10.2006, p. 344.

[67] SLAIBI FILHO, Nagib. *Comentários à nova Lei do Inquilinato*. 3. ed. Rio de Janeiro: Forense, 1992, n. 33.3.2, p. 337; TJRS, 1ª CC., Ap. 194037206, Rel. Juiz Arno Werlang, ac. 03.05.1994, *JTARGS* 90/204.

Observe-se que, em se tratando de ato de processo já em andamento, a intimação do autor para efetuar o depósito se dará na pessoa de seu advogado.[68] Sendo, outrossim, o prazo da Lei nº 8.245 estipulado por horas, sua contagem se dará minuto a minuto, segundo a regra do art. 132, § 4º, do CC/2002. Efetuada a intimação pela imprensa, excluído o dia do começo e incluído o dia final, o prazo extinguir-se-á no fim do expediente forense do dia útil seguinte, mesmo quando não se tenha atingido o termo das 24 horas.[69]

O despacho que ordena a citação não dispensa a necessidade de uma intimação específica do autor para efetuar o depósito requerido na petição inicial, cuja prática é pressuposto de prosseguimento válido do processo, e que, por isso, não ocorrendo no prazo legal, acarreta a extinção do processo sem julgamento de mérito, como dispõe o art. 62, II.[70] Mas, se não houve a intimação, o depósito efetuado após a contestação não pode ser considerado intempestivo nem justificar a extinção do processo, desde que o recolhimento tenha se dado nas 24 horas após a ciência da alegação do réu de não cumprimento do questionado pressuposto processual.[71]

597. Prestações vincendas

Nas obrigações de prestações sucessivas, a ação consignatória compreenderá não apenas as vencidas na data da inicial, mas abrangerá todas que se venceram enquanto não julgada a ação em primeira instância. O direito de depositar as prestações supervenientes não depende de pedido expresso na inicial. Decorre de autorização da própria lei, mas tem duração temporal limitada, pois, uma vez proferida a sentença, não será mais possível efetuar depósito numa consignatória já julgada, como, aliás, dispõe claramente o inciso III do art. 67 da nova Lei do Inquilinato. A diferença com o CPC/2015 está em que este determina que os depósitos sucessivos sejam efetuados até cinco dias contados de cada vencimento (art. 541), enquanto a Lei do Inquilinato ordena que isto se faça nos respectivos vencimentos (art. 67, III).

598. Revelia

Se não há contestação, ou se o locador aquiesce em receber as prestações depositadas, o pedido do locatário será desde logo julgado procedente, com a competente declaração de quitação. Ao locador se imputará a responsabilidade pelas custas e honorários advocatícios de 20% sobre o valor dos depósitos (Lei nº 8.245, art. 67, IV). Há aqui outra inovação da Lei do Inquilinato, pois o critério a respeito da base de cálculo e do percentual fixo de honorários inexiste no sistema da consignatória do Código de Processo Civil.

599. Contestação

Sem inovar o que consta do Código de Processo Civil, a Lei nº 8.245 restringe o tema da contestação à consignatória a uma das seguintes objeções de ordem fática (art. 67, V): *(i)* não ter havido recusa ou mora em receber a quantia devida; *(ii)* ter sido justa a recusa; *(iii)* não ter sido efetuado o depósito no prazo ou no lugar do pagamento; *(iv)* não ter sido o depósito integral.[72]

---

[68] SCAVONE JR., Luiz Antonio. *Direito imobiliário:* teoria e prática. 18. ed. Rio de Janeiro: Forense, 2022, p. 1.654.

[69] SCAVONE JR., Luiz Antonio. *Direito imobiliário:* teoria e prática. 18. ed. Rio de Janeiro: Forense, 2022, p. 1.654.

[70] STJ, 6ª T., REsp 103.716/MG, Rel. Min. Fernando Gonçalves, ac. 02.06.1997, *DJU* 23.06.1997, p. 29.203.

[71] 2º TACivSP, 5ª Câm., Ap. 288.476, Rel. Juiz Sebastião Amorim, ac. 04.09.1991, *apud* SCAVONE JR., Luiz Antonio. *Direito imobiliário:* teoria e prática. 18. ed. Rio de Janeiro: Forense, 2022, p. 1.655.

[72] O prazo para contestação é de 15 dias, por aplicação subsidiária do art. 335 do CPC/2015 (STJ, 6ª T., REsp 63.409/SP, Rel. Min. Vicente Leal, ac. 17.05.2001, *DJU* 18.06.2001, p. 198). Será contado da juntada do mandado citatório dos autos (CPC/2015, art. 231, II).

O mesmo dispositivo da Lei do Inquilinato prevê que qualquer *defesa de direito* pertinente à pretensão do autor poderá ser deduzida pelo réu em sua contestação, regra que não consta do CPC.

600. Reconvenção

A Lei nº 8.245 elimina qualquer dúvida que ainda pudesse existir acerca do cabimento da reconvenção na ação de consignação em pagamento. O inciso VI do art. 67 declara, expressamente, que ao locador é permitido lançar mão da reconvenção, *in casu*, para postular, entre outras coisas, o seguinte: *(i)* despejo do autor da consignatória; *(ii)* cobrança dos valores objeto da consignatória ou da diferença do depósito inicial, quando não for integral.

Quanto à cobrança reconvencional, a lei a restringe às prestações versadas na ação consignatória e não a quaisquer outras acaso exigíveis entre as partes. Houve, sem dúvida, preocupação de economia processual, de modo a impedir que na improcedência da consignatória o locatário levantasse os depósitos feitos e o locador tivesse de propor outra ação para cobrar aqueles mesmos valores.

Contestação e reconvenção, a partir do CPC/2015, devem ser elaboradas na mesma petição (art. 343).[73]

601. Complementação do depósito após a contestação

O Código de Processo Civil permite ao réu da consignatória a complementação do depósito inicial, nos termos do seu art. 545, *caput*. A sistemática foi mantida pela Lei nº 8.245, mas com sensíveis inovações. Eis como se resolverá o incidente na consignatória de aluguéis e acessórios (art. 67, VII): *(i)* intimado da contestação em que se alega insuficiência do depósito, o autor terá *cinco dias* (prazo menor que o do art. 545 do CPC/2015) para complementá-lo; *(ii)* deverá, porém, recolher a diferença com um acréscimo de dez por cento (penalidade que inexiste no CPC/2015); *(iii)* mesmo saindo vitorioso na obtenção de quitação do débito, o autor ficará sujeito a pagar todas as custas do processo bem como honorários advocatícios de vinte por cento sobre o valor dos depósitos (não há igual previsão no CPC/2015).

Apesar de o art. 67, VII, mencionar textualmente o autor-reconvindo como o que se sujeita à sua disciplina, claro é que sua aplicação será feita ao autor da consignatória, haja ou não reconvenção.[74]

602. Levantamento do depósito

O parágrafo único do art. 67 da Lei nº 8.245 inovou, a seu tempo, ao permitir que o réu pudesse levantar a qualquer momento as importâncias depositadas sobre as quais não pendia controvérsia. O regime codificado, a partir da Lei nº 8.951/1994, consagrou também a mesma faculdade (CPC/2015, art. 545, § 1º) (v., *retro*, nº 36).

A regra legal em comentário aplica-se tanto ao depósito inicial como ao de prestações supervenientes, depositadas incidentalmente no curso da consignatória.

---

[73] O inciso VIII do art. 67 da Lei do Inquilinato prevê que, "havendo, na reconvenção, cumulação dos pedidos de rescisão da locação e cobrança dos valores objeto da consignatória, a execução desta somente poderá ter início após obtida a desocupação do imóvel, caso ambos tenham sido acolhidos". Sylvio Capanema de Souza, com razão, qualifica essa exigência de aguardar a desocupação do imóvel para executar os aluguéis, como infeliz e colidente com o art. 62, VI, já que tal dispositivo expressamente autoriza, nas mesmas condições, a execução do débito "antes da desocupação do imóvel" (SOUZA, Sylvio Capanema de. *A Lei do Inquilinato comentada artigo por artigo*. 12. ed. Rio de Janeiro: Forense, 2021, p. 402).

[74] SLAIBI FILHO, Nagib. *Comentários à nova Lei do Inquilinato*. 3. ed. Rio de Janeiro: Forense, 1992, p. 346; POPP, Carlyle. *Comentários à nova Lei do Inquilinato*. 2. ed. Curitiba: Juruá, 1992, p. 210.

Fluxograma nº 54 – Ação de consignação de aluguel e acessórios da locação (Lei nº 8.245/1991, art. 67)

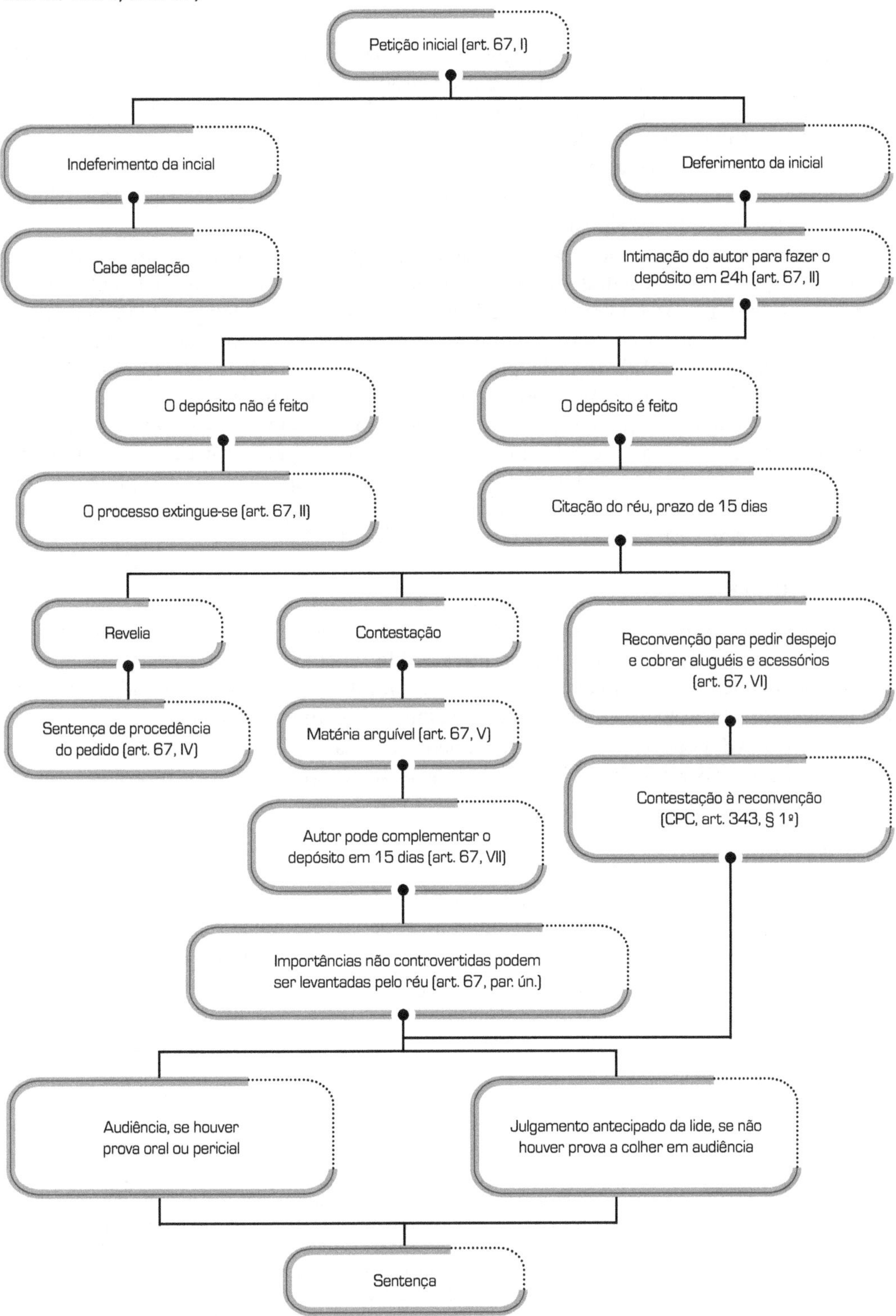

§ 75. AÇÃO REVISIONAL DE ALUGUEL

603. Cabimento

A revisão do preço defasado de aluguel, no sistema atual da Lei do Inquilinato, não é mais objeto de disciplina isolada para alguns tipos de locação. Todo e qualquer contrato alcançado pelo regime da Lei nº 8.245 se sujeita à ação revisional, nos termos do seu art. 19, que assim dispõe: "Não havendo acordo, o locador ou o locatário, após três anos de vigência do contrato ou do acordo anteriormente realizado, poderão pedir revisão judicial do aluguel, a fim de ajustá-lo ao preço de mercado". A correção compreenderá tanto a majoração quanto a redução do aluguel, conforme tenha sido a oscilação do mercado.[75]

A forma processual de atuar a revisão autorizada pelo art. 19 da Lei do Inquilinato está disciplinada pelos arts. 68 a 70 do mesmo diploma normativo. E será a mesma, tanto para as locações residenciais como para as não residenciais. O pressuposto temporal também será o prazo único de três anos decorridos do contrato ou do acordo de atualização anterior, em todo e qualquer contrato (art. 19). Todavia, por força da Lei nº 12.744/2012, que inseriu o § 1º ao art. 54-A da Lei de Inquilinato, ficou assegurada a liberdade de ajustar-se a renúncia ao direito de revisão dos aluguéis durante o prazo de vigência do contrato de locação não residencial de imóvel urbano, no qual o locador procede à prévia aquisição, construção ou substancial reforma, por si mesmo ou por terceiros, do imóvel então especificado pelo pretendente à locação (locação *built to suit*). Trata-se, todavia, de regra excepcional aplicável tão somente à modalidade locatícia especificada pelo referido § 1º do art. 54-A.

604. Natureza

Trata-se de ação de natureza *constitutiva*, pois o que se alcança com a sentença de acolhimento do pedido do autor é uma alteração do vínculo obrigacional vigente entre as partes. Independentemente do consenso entre os contratantes, o provimento judicial imporá um novo preço à locação existente, para compatibilizá-la com o mercado.

A ação está dotada pela Lei nº 8.245, também, da força *condenatória*, pois, uma vez fixado por sentença o novo valor do aluguel, as diferenças serão executáveis nos próprios autos da ação revisional (art. 69, § 2º).

605. Legitimação

A ação revisional poderá partir indistintamente da iniciativa do locador ou do locatário, como se depreende do texto do art. 19. O inquilino pode, por exemplo, considerar que o aluguel está defasado porque atingiu um preço superior ao do mercado, enquanto o senhorio pode, como é mais frequente, pretender que o aluguel precisa ser majorado para atingir o nível do mercado. Trata-se, pois, de uma espécie de ação dúplice, onde cada um dos interessados pode eventualmente assumir qualquer das posições da relação processual.

---

[75] A inflação normalmente acarreta o aumento do valor locatício, motivo pelo qual a ação revisional é, na maioria dos casos, de iniciativa do locador. Não é raro, porém, nas locações comerciais a desvalorização do aluguel em virtude de situações como o fechamento de via de acesso ao imóvel em razão de obra pública, ou mesmo de perda da importância econômica da região com sérias repercussões sobre o negócio explorado pelo inquilino e sobre os preços de aluguel na zona. "Nessas situações, o valor de mercado do aluguel tende a cair e surge o interesse do locatário à propositura da revisional" (VENOSA, Sílvio de Salvo. *Lei do Inquilinato comentada*. 10. ed. São Paulo: Atlas, 2010, p. 327). O objetivo, então, da revisional intentada pelo inquilino será a redução do aluguel para compatibilizá-lo com as cotações do mercado.

Havendo fiança, deverá o garante ser citado, pois, à falta de tal diligência, a sentença que majorar o aluguel não será exequível contra ele, consoante pacífico entendimento do STJ.[76]

Nos casos de sublocação, a legitimação para a revisional toca igualmente ao sublocador e ao sublocatário. Falecido o primitivo contratante, a ação poderá ser promovida ou suportada pelos eventuais herdeiros e sucessores.[77]

606. Procedimento

Prevê a Lei nº 8.245, art. 68, que a ação revisional seguirá o rito sumário regulado pelos arts. 275 a 281 do CPC/73. Ocorre que este procedimento foi abolido pelo CPC/2015, que estatuiu disposições transitórias a respeito do tema. Assim: *(i)* as regras relativas ao procedimento sumário previstas no CPC/1973 (arts. 275 a 281) continuarão a ser aplicadas às ações revisionais de aluguel propostas e não sentenciadas até o início da vigência da nova codificação (CPC/2015, art. 1.046, § 1º); e *(ii)* as causas ajuizadas após a vigência do CPC/2015 seguirão o procedimento comum, com as modificações previstas na Lei de Inquilinato (CPC/2015, art. 1.049, parágrafo único).

À disciplina codificada, a Lei nº 8.245 introduziu algumas inovações, que levam em conta as peculiaridades da pretensão revisional e que visam a dar maior singeleza e celeridade ao procedimento, como as que dizem respeito aos requisitos da petição inicial e à possibilidade de arbitramento de um aluguel provisório (art. 68, I e II). Essas regras, portanto, deverão ser seguidas a todas as ações revisionais, tenham elas sido ajuizadas antes ou depois da vigência do CPC/2015.

Passando a prevalecer o procedimento comum, para as ações revisionais, o juiz designará audiência de mediação ou de conciliação (CPC/2015, art. 334), e, se as partes não se conciliarem, o prazo de oferecimento de defesa do réu iniciar-se-á a contar da data da audiência, ou da última sessão de conciliação, quando qualquer parte não comparecer ou, comparecendo, não houver autocomposição (CPC/2015, art. 335, I).

O art. 68 da Lei nº 8.245 prevê, tal como o CPC/2015, que a citação para a ação revisional compreenderá a convocação do réu para uma audiência de *conciliação* (inc. II). Previa, ainda, o dispositivo, a possibilidade de, na mesma audiência, frustrada a conciliação, ser apresentada a contestação e deferida prova pericial, designando-se, desde logo, audiência de instrução e julgamento (inc. IV). Essa sistemática, no entanto, não pode prevalecer no regime do novo Código, já que este manda observar, na espécie, o procedimento comum (CPC/2015, art. 1.049, parágrafo único). Assim, só depois de encerrada a audiência de conciliação é que começará a correr o prazo para a contestação. A deliberação sobre as provas cabíveis, inclusive perícia, no procedimento comum, só pode acontecer depois da resposta do réu, ou seja, na fase de saneamento e organização do processo, como se prevê no art. 357 do CPC/2015. Daí por que fica prejudicada a regra do art. 68 da Lei nº 8.245, no tocante ao problema ora enfocado.

No despacho saneador, sendo deferida a realização de perícia, o juiz estabelecerá, desde logo, calendário para sua realização, designando, inclusive, a audiência de instrução e julgamento,

---

[76] "É pacífico nesta Casa o entendimento de que é indispensável a citação dos fiadores em ação revisional de aluguel, a fim de que eles possam ser responsabilizados pelos valores que por ela foram acrescidos ao originalmente contratado" (STJ, 6ª T., AgRg nos EDcl no REsp 421.028/SP, Rel. Min. Maria Thereza de Assis Moura, ac. 15.05.2008, *DJe* 02.06.2008). No mesmo sentido: IBRAHIM, Tassia Ruschel; TAVARES, Maicon Ramos. *In*: BUSHATSKY, Jaques; ELIAS FILHO, Rubens Carmo (coords.). *Locação ponto a ponto*: comentários à Lei n. 8.245/91. São Paulo: Editora Iasp, 2020, p. 587.

[77] IBRAHIM, Tassia Ruschel; TAVARES, Maicon Ramos. *In*: BUSHATSKY, Jaques; ELIAS FILHO, Rubens Carmo (coords.). *Locação ponto a ponto*: comentários à Lei n. 8.245/91. São Paulo: Editora Iasp, 2020, p. 587.

de modo a que as partes e o perito fiquem cientes de que a prova técnica deverá ser concluída em tempo que não impeça a realização da referida audiência.

607. Petição inicial

O autor proporá a ação revisional em petição inicial que, além dos requisitos exigidos pelo art. 276 do CPC/1973 e pelo art. 319 do Código de Processo Civil, deverá indicar o *valor do aluguel* cuja fixação é pretendida (Lei nº 8.245, art. 68, I). Não pode, pois, deduzir-se em juízo um pedido vago de apuração de valor atualizado do aluguel. A petição inicial obrigatoriamente terá de explicitar qual é o preço que o autor considera compatível com as cotações de mercado no momento do ingresso em juízo, seja para aumentar, seja para reduzir o valor contratual vigorante e que se considera defasado.

O valor pedido na inicial seria, a nosso ver, o limite da sentença, posto que a lei não permite que o juiz conceda ao autor vantagem maior ou diferente daquela postulada na peça inaugural do processo (CPC/2015, art. 492). Naturalmente, no clima de inflação que tem vivido o Brasil, não se poderia ignorar a depreciação da moeda entre o aforamento da revisional e o momento do arbitramento judicial, pelo que a aplicação de dita variação inevitável sobre a estimativa inicial não se poderia considerar como modificação do pedido. Aliás, a correção monetária atualmente acha-se perenizada como integrante do direito das obrigações segundo o Código Civil de 2002 (arts. 317 e 395).

Urge levar em conta, todavia, a posição que acabou sendo adotada pelo STJ, segundo a qual "não configura julgamento *ultra petita* a fixação de aluguel em valor superior ao pleiteado pela parte na ação revisional, pois a quantia requerida é meramente estimativa, a depender de laudo pericial e da fixação pelo juiz".[78]

608. Aluguel provisório

In limine litis, o juiz, ao despachar a inicial da ação revisional, fixará, se houver pedido do autor, o valor do aluguel provisório a vigorar enquanto se aguarda o julgamento definitivo da causa (Lei nº 8.245, art. 68, II). Para esse arbitramento provisório não depende o magistrado de se valer de perícia.[79] A base da estimativa serão os dados fornecidos pelo autor com a petição inicial, como esclarece o dispositivo legal ora em cogitação. Se o réu já estiver presente no processo e fornecer elementos que possam influir na estimativa do aluguel provisório, o juiz também os considerará para o respectivo arbitramento (art. 68, II, da Lei nº 8.245 com acréscimo da Lei nº 12.112).

O inciso II do art. 68, em sua redação primitiva, falava em fixação do aluguel provisório em valor "não excedente a oitenta por cento do pedido". O limite era facilmente compreensível quando o pedido era de majoração do aluguel postulada pelo locador. Era, porém, de difícil aplicação quando o pleito versava sobre pedido de redução formulado pelo inquilino. Para superar a dificuldade prática, a nova redação do inc. II do art. 68 traçou dois critérios distintos a serem observados pelo arbitramento judicial: *(i)* se a ação for intentada pelo locador, naturalmente visando majorar o aluguel vigente, o *provisório* não poderá exceder a 80% do *novo valor* pretendido na revisão; *(ii)* se a ação for promovida pelo locatário, cujo propósito óbvio é o de reduzir o preço da locação, o aluguel *provisório* não poderá ser inferior a 80% do *aluguel vigente*.

---

[78] STJ, 4ª T., AgInt no AREsp 1.449.843/PR, Rel. Min. Raul Araújo, ac. 03.09.2019, *DJe* 19.09.2019. No mesmo sentido: STJ, 4ª T., AgRg no AREsp 751.831/RJ, Rel. Min. Maria Isabel Gallotti, ac. 05.11.2015, *DJe* 12.11.2015; STJ, 5ª T., REsp 168.553/DF, Rel. Min. José Arnaldo da Fonseca, ac. 16.06.1998, *DJU* 03.08.1998, p. 308.

[79] STJ, 5ª T., REsp 29.063/SP, Rel. Min. Jesus Costa Lima, ac. 08.02.1995, *DJU* 06.03.1995, p. 4.377.

A vigência do aluguel provisório começará na data da citação. E não há razão para se pretender que o novo aluguel, por sua provisoriedade, não autorizaria o despejo do inquilino, no caso de falta de pagamento.[80] Se obrigação de pagá-lo encontra base na lei, não pode, à evidência, ficar o titular de dito crédito privado do meio de sancioná-lo judicialmente. Na verdade, o aluguel provisório, enquanto vigorar, apresentar-se-á, juridicamente, como dívida líquida, certa e exigível, pelo que não poderá, no caso de inadimplemento, deixar de autorizar a execução por quantia certa assim como o despejo por falta de pagamento.[81] A reforma do art. 62 da Lei do Inquilinato, efetuada pela Lei nº 12.112, não deixa mais dúvida sobre o cabimento do despejo por falta de pagamento não só dos aluguéis definitivos como dos *provisórios* e das *diferenças* de aluguéis, decorrentes de arbitramento judicial.

Embora fixado com base em pedido e dados unilaterais do autor, o aluguel provisório se submete à possibilidade de revisão, por iniciativa do réu. O incidente poderá ser instaurado, mesmo fora da contestação, mas antes da audiência, e não prejudicará a contestação. Para tanto, caberá ao réu apresentar os elementos em que funda a pretensão de rever o aluguel provisório (art. 68, III).

A fixação inicial e as modificações ulteriores do aluguel provisório configuram decisões interlocutórias, que, por isso, desafiam agravo, sem efeito suspensivo (CPC/2015, art. 995). Se o réu pedir o reexame do aluguel provisório antes da audiência, esse pedido interromperá o prazo para o agravo, desde que, naturalmente, não se tenha ainda vencido (Lei nº 8.245, art. 68, V, acrescido pela Lei nº 12.112).

Se o pedido de reexame é acolhido e novo aluguel provisório é fixado, a decisão será recorrível em si própria, mesmo que a parte não tenha agravado do primitivo arbitramento. O agravo já então não será contra a decisão primeira, mas contra a que refixou o aluguel provisório. É relevante notar que a lei conferiu ao réu o direito a postular a revisão, *antes da audiência*, sem prejuízo da contestação (art. 68, III), no pressuposto de que o primitivo aluguel tenha sido fixado unilateralmente, *i.e.*, sem a participação daquele que ora pleiteia o reexame. Não há, entretanto, empecilho a que o pleito e a solução referente ao aluguel provisório ocorram depois de já integrado o réu ao processo pela citação. A tal hipótese, porém, não se aplica, naturalmente, o efeito interruptivo cogitado no novo inciso V do art. 68.

O arbitramento provisório sujeita-se, outrossim, a correções, segundo as épocas pactuadas no contrato, ou previstas em lei (art. 68, § 2º).

É bom lembrar que, não distinguindo a lei, é possível o arbitramento de aluguel provisório tanto nos casos de redução como nos de majoração do preço vigente.

609. Contestação

A contestação do réu apresentada no prazo de quinze dias após a audiência de conciliação[82] pode conter a rejeição total do pedido do autor e pode também conter uma contraproposta de revisão em bases diferentes das pretendidas na petição inicial (Lei nº 8.245, art. 68, IV).

Havendo a contraproposta, o juiz tentará a solução conciliatória, entre os limites apontados na inicial e na contestação. Mas, mesmo sem a contraproposta, caberá ao magistrado procurar o

---

[80] SLAIBI FILHO, Nagib. *Comentários à nova Lei do Inquilinato*. 3. ed. Rio de Janeiro: Forense, 1992, n. 34.3.3.1, p. 355.

[81] POPP, Carlyle. *Comentários à nova Lei do Inquilinato*. 2. ed. Curitiba: Juruá, 1992, p. 213.

[82] Não há mais contestação em audiência, visto que a ação revisional após a extinção do procedimento sumário passou a seguir o procedimento comum (SCAVONE JR., Luiz Antonio. *Direito imobiliário:* teoria e prática. 18. ed. Rio de Janeiro: Forense, 2022, p. 1.670). Conta-se o prazo de contestação, segundo o art. 335, II, do CPC, quando as partes estiverem de acordo com a não realização da audiência de conciliação.

acordo entre as partes, antes de passar à instrução da causa. Chegando as partes a um consenso, o juiz homologará o acordo e porá fim ao processo, com resolução de mérito (CPC/2015, art. 487, III, *b*).

Se não alcançar o acordo, a prova decisiva para a ação revisional é quase sempre a pericial, para cuja realização o juiz encerrará a audiência de conciliação, designando, desde logo, outra audiência para instrução e julgamento (Lei nº 8.245/1991, art. 68, IV). Para evitar a procrastinação desnecessária e inconveniente, a nomeação do perito deverá ser feita no próprio ato de suspensão da audiência, momento em que as partes serão intimadas a formular quesitos e indicar assistentes.

A perícia poderá ser dispensada, a critério do juiz, nos casos de revelia e de discussão em torno apenas de prova documental já produzida com a inicial e a contestação e para cujo deslinde não seja necessário o recurso à prova técnica (hipótese que se deve reconhecer como rara).

609-A. Reconvenção

Seguindo a ação revisional o procedimento comum, pode o réu, além de apresentar contraproposta, incluir reconvenção em sua contestação, nos termos do art. 343 do CPC. Todavia, para pretender revisão em termos diversos da pretensão do autor, o demandado não precisa propor ação reconvencional, podendo fazê-lo como arguição da própria contestação. A reconvenção será útil quando o réu pretender exigir do autor prestações outras, que, embora conexas, não se enquadram na temática específica da revisional, como a cobrança de aluguéis inadimplidos, no todo ou em parte, a resolução do contrato descumprido, a imposição de multa contratual ou a reparação de perdas e danos etc.

Na sistemática do atual CPC, a reconvenção não é feita em petição autônoma, é proposta na própria contestação, da qual formará um capítulo. É, porém, mera irregularidade formal a reconvenção elaborada em peça separada, não comprometendo a validade do ato, desde que se observe a simultaneidade com a contestação. O distanciamento temporal entre as duas respostas do réu acarreta-lhe os efeitos da preclusão consumativa, no entender do STJ.[83]

Sobre conceito, natureza, pressupostos, conteúdo e procedimento da ação reconvencional, ver, no v. I deste *Curso*, 65ª edição, os itens 606 a 612.

610. Sentença

O arbitramento da sentença retroagirá à citação, de sorte que, havendo diferenças a pagar, ou a restituir, o respectivo pagamento será com correção monetária. A exigibilidade dessas diferenças, porém, somente ocorrerá a partir do trânsito em julgado (Lei nº 8.245, art. 69).

Se o pedido for julgado improcedente, o autor responderá pelo ressarcimento dos danos acarretados ao réu, se houver aluguel provisório. As diferenças haverão de ser repostas com juros e correção monetária.

Uma vez que o recurso contra a sentença da revisional não tem efeito suspensivo, após o julgamento de primeiro grau entra em vigor imediatamente o que nele houver sido fixado. Vale dizer, os aluguéis daí em diante devidos serão os da sentença, e não mais os provisórios.

Como já se afirmou, não pode a sentença da revisional reduzir o aluguel a importância menor do que a pleiteada pelo locatário nem majorá-lo além do postulado pelo locador, na petição inicial, sob pena de violar o mandamento dos arts. 141 e 492 do CPC. Quanto à periodicidade dos reajustes do aluguel, é bom lembrar que a sentença da revisional não fica

---

[83] STJ, 3ª T., REsp 1.634.076/PE, Rel. Min. Nancy Andrighi, ac. 06.04.2017, *DJe* 10.04.2017.

adstrita às cláusulas do contrato, podendo, conforme as circunstâncias, adotar periodicidade diferente e outro indexador para os reajustamentos futuros do aluguel revisado (Lei nº 8.245, art. 69, § 1º). Essas inovações, contudo, dependem de pedido do locador ou sublocador, como esclarece o aludido dispositivo legal.

Pode acontecer que, após a revisão do aluguel, o prazo contratual se vença e fique sujeito à prorrogação por tempo determinado, até que afinal a relação locatícia se extinga. Não pode, o inquilino, a pretexto de que o aluguel revisto se prendeu ao tempo certo de duração do contrato, fugir do valor fixado na sentença. Para o STJ, "o valor revisado do aluguel substitui por completo o originalmente pactuado, sendo assim exigido desde a citação da parte requerida até o termo final do contrato, considerado este não apenas o expressamente avençado como tal, mas, sim, a data da efetiva desocupação do imóvel no caso de eventual prorrogação do contrato por prazo indeterminado (art. 56, parágrafo único, da Lei nº 8.245/1991)".[84]

610.1. Critérios a observar no arbitramento judicial de novo aluguel

Segundo o art. 19 da Lei 8.245/1991, ao locador ou locatário é lícito pedir a revisão judicial do aluguel, "a fim de ajustá-lo ao preço de mercado". As controvérsias a respeito desse ajustamento surgem, com frequência, quando o imóvel tenha, durante a locação, recebido acréscimos e melhoramentos, ora feitos por iniciativa do proprietário, ora por obra do locatário. O cálculo do novo aluguel computará ou não o aumento de valor decorrente de tais acréscimos? Influirá nessa computação o fato terem sido custeados por um ou outro contratante?

O STJ, apreciando essas questões, ressaltou que a autonomia negocial pode ser decisiva na respectiva solução, *in verbis*:

> "A interpretação desse dispositivo [art. 19 da Lei do Inquilinato] não se limita aos elementos externos do contrato, tais como o desenvolvimento da região em que se localiza o imóvel ou os fatos da natureza que venham a atingir a localidade com maior frequência. Para a preservação do equilíbrio contratual por intervenção judicial, é imprescindível levar em conta todas as circunstâncias capazes de afetar o preço de mercado imobiliário, inclusive, socorrendo-se de auxílio pericial quando necessário" (voto da Relatora).[85]

Daí o assentamento das seguintes e importantes teses:

(a) "(...) 4. A ação revisional é resguardada para as hipóteses em que não há acordo entre locador e locatário sobre o valor do aluguel. Por exercício da autonomia privada das partes contratantes, nada impede que: i) os gastos relativos a acessão sejam descontados do valor do aluguel por determinado tempo; ii) a acessão seja realizada por investimento exclusivo de uma das partes com a correspondente indenização ao final do contrato, seja pelo locador, seja pelo locatário; iii) a acessão seja custeada por apenas uma parte, renunciando-se a indenização correspondente ao investimento.

---

[84] STJ, 3ª T., REsp 1.566.231/PE, Rel. Min. Ricardo Villas Bôas Cueva, ac. 01.03.2016, *DJe* 07.03.2016.

[85] STJ, Corte Especial, EREsp 1.411.420/DF, Rel. Min. Nancy Andrighi, ac. 03.06.2020, *DJe* 27.08.2020: "A hipótese de que apenas quando o investimento é realizado por conta e risco do locador estaria autorizada a majoração do aluguel, em verdade, limita sobremaneira as relações privadas de locação e acaba por deslocar a lógica que subjaz esses contratos no que diz respeito à vinculação do valor do imóvel ao correspondente preço do aluguel" (voto vencedor da Relatora).

(*b*) 5. Contudo, ausente consenso entre as partes, em sede de ação revisional de locação comercial, o novo aluguel deve refletir o valor patrimonial do imóvel locado, inclusive decorrente de benfeitorias e acessões nele realizadas pelo locatário, pois estas incorporam-se ao domínio do locador, proprietário do bem".[86]

611. Verbas de sucumbência

Segundo se tem assentado na jurisprudência, "não se pode falar em sucumbência de uma das partes em ação revisional, pois esta é mero acertamento de aluguel, no qual não há vencido nem vencedor. Assim, a verba sucumbencial deve ser dividida por igual entre as partes".[87]

A tese é correta apenas para o caso em que a ação desenvolve como puro veículo de acertamento do *quantum* do aluguel, isto é, quando as partes estão acordes quanto ao cabimento da revisão e apenas não chegam à fixação consensual do novo preço da locação. Se, contudo, a lide revelada na litiscontestação se endereça ao fato de ter, ou não, o autor o direito à revisão, a sentença não poderá deixar de tratar como sucumbente, para todos os efeitos, aquela parte cuja posição vier a ser rejeitada na composição final do litígio. Em tal hipótese, parece-nos indiscutível o cabimento da imposição das custas e honorários de advogado à parte derrotada (CPC/2015, arts. 82 e 85). É, aliás, *mutatis mutandis*, o que se passa com a regulamentação legal da sucumbência nas ações de divisão (art. 89 do CPC).

A jurisprudência do STJ, todavia, considera sucumbente o réu que, na ação revisional de aluguel, formula pretensão de valor rejeitada pela sentença, que, afinal, acolhe a proposta do autor. Sujeitar-se-á, portanto, o demandado vencido às despesas do processo e aos honorários do advogado do autor.[88] *Mutatis mutandis*, o mesmo acontecerá contra o autor quando a proposta do réu for a acolhida pela sentença, em toda extensão.

Tendo as duas partes formulado pretensões a aluguéis de valores certos, mas diferentes, e tendo a sentença arbitrado valor intermediário, já se decidiu que seria sucumbente aquela cuja proposta mais se distanciou do arbitramento judicial. Assim, deveria responder pelos

---

[86] STJ, Corte Especial, EREsp 1.411.420/DF, Rel. Min. Nancy Andrighi, ac. 03.06.2020, *DJe* 27.08.2020: "De acordo com o art. 35 da Lei 8.245/1991 (Lei do Inquilinato), 'Salvo expressa disposição contratual em contrário, as benfeitorias necessárias introduzidas pelo locatário, ainda que não autorizadas pelo locador, bem como as úteis, desde que autorizadas, serão indenizáveis e permitem o exercício do direito de retenção.' O mesmo regime é estabelecido no art. 1.255 do Código Civil em relação àquele que 'edifica em terreno alheio', prevendo a norma que, 'se procedeu de boa-fé, terá direito à indenização'. Essas normas, que têm como base fundamental o princípio que veda o enriquecimento sem causa (CC, art. 884), não regulam o caso sob exame. Suas disposições se dirigem ao final da relação locatícia, quando os acréscimos feitos pelo locatário sobre o imóvel serão indenizados pelo locador, que foi enriquecido. O que se tem no caso não é isso, mas a ampliação das utilidades retiradas do imóvel, fato que enriquece, ou tende a enriquecer, o locatário. Embora tenha pago por isso, não se pode dizer que o locatário tem a propriedade dessas novas utilidades, que são do locador. O que perde o locador nesse contexto é a possibilidade de auferir da coisa todos os frutos que poderia. Essa situação também é protegida pela vedação ao enriquecimento sem causa" (voto vencedor do Min. Herman Benjamin).

[87] 2º TACivSP, Ap. 282.310-9/00, Rel. Juiz Quaglia Barbosa, ac. 11.03.1991, *Revista Forense*, v. 315, p. 153. Admitindo a sucumbência: STJ, 4ª T., REsp 6.094/SP, Rel. Min. Sálvio de Figueiredo, ac. 20.11.1990, *DJU* 17.12.1990, p. 15.385; STJ, 3ª T., REsp 20.114/RJ, Rel. Min. Nilson Naves, ac. 25.05.1992, *DJU* 15.06.1992, p. 9.266; STJ, 5ª T., REsp 63.413/SP, Rel. Min. José Arnaldo da Fonseca, ac. 22.10.1996, *DJU* 02.12.1996, p. 47.697.

[88] STJ, 3ª T., REsp 20.144/RJ, Rel. Min. Nilson Naves, ac. 25.05.1992, *DJU* 15.06.1992, p. 9.266; STJ, 5ª T., REsp 63.413/SP, Rel. Min. José Arnaldo da Fonseca, ac. 22.10.1996, *DJU* 02.12.1996, p. 47.697.

honorários sucumbenciais calculados sobre a diferença entre o que propôs e o que prevaleceu na sentença, tomando como base doze mensalidades (Lei nº 8.245, art. 58, III).[89]

612. Execução de sentença

Qualquer que seja a diferença, a maior ou a menor, resultante da revisão judicial, a respectiva execução se processará nos autos da própria revisional, após o trânsito em julgado da decisão que fixar o novo aluguel (Lei nº 8.245, art. 69, § 2º). A forma procedimental será a da execução de título judicial por quantia certa. E, como a lei não distingue, caberá a mesma execução tanto no caso de aluguel pago a maior como a menor, de sorte que o credor exequente pode ser o locador ou locatário, conforme o caso.

O caráter provisório do arbitramento do novo valor do aluguel, é bom dizer, não priva a decisão de certeza, liquidez e exigibilidade imediata, em razão da natureza do próprio decisório.[90]

613. Acordo de desocupação

É comum na experiência do foro o acordo entre inquilino e senhorio, no curso de ação locatícia, para pôr fim à relação *ex locato* e marcar um prazo ou uma data para a desocupação do imóvel.

Disciplinando a hipótese, o art. 70 da Lei do Inquilinato prevê que é lícito o acordo sobre desocupação dentro dos trâmites da ação revisional, caso em que o juiz o homologará, propiciando sua oportuna execução "mediante expedição de mandado de despejo". Isto quer dizer que, se o acordo não for cumprido, a execução se fará por mandado judicial equivalente ao da ação de despejo.

Semelhante acordo poderá ser efetuado, com os mesmos efeitos, em qualquer outra ação locatícia, como a de despejo, a consignatória e a renovatória.

---

89 Segundo TACivSP, 5ª Câm., Ap. 537.213, Rel. Juiz Dyrceu Cintra, ac. 09.12.1998, citado e referendado por Scavone Jr. (*Direito imobiliário:* teoria e prática. 18. ed. Rio de Janeiro: Forense, 2022, p. 1.676). No mesmo sentido: BARROS, Francisco Carlos Rocha de. *Comentários à Lei do Inquilinato*. 2.ed. São Paulo: Saraiva, 1997, p. 552.

90 "O arbitramento do aluguel provisório faz nascer, num primeiro momento, a obrigação do locatário de pagá-lo no vencimento, a partir da citação, e, por conseguinte, o direito do locador de exigi-lo, tão logo constatada eventual mora. E a fixação do aluguel definitivo em quantia inferior à do aluguel provisório, num segundo momento, faz surgir para o locatário o direito à repetição do indébito, relativamente às parcelas pagas depois da citação, ou à compensação da diferença com os aluguéis vincendos" (STJ, 3ª T., REsp 1.714.393/SP, Rel. Min. Nancy Andrighi, ac. 133.08.2019, *DJe* 15.08.2019).

Fluxograma nº 55 – Ação revisional de aluguel (Lei nº 8.245/1991, arts. 68 a 70)

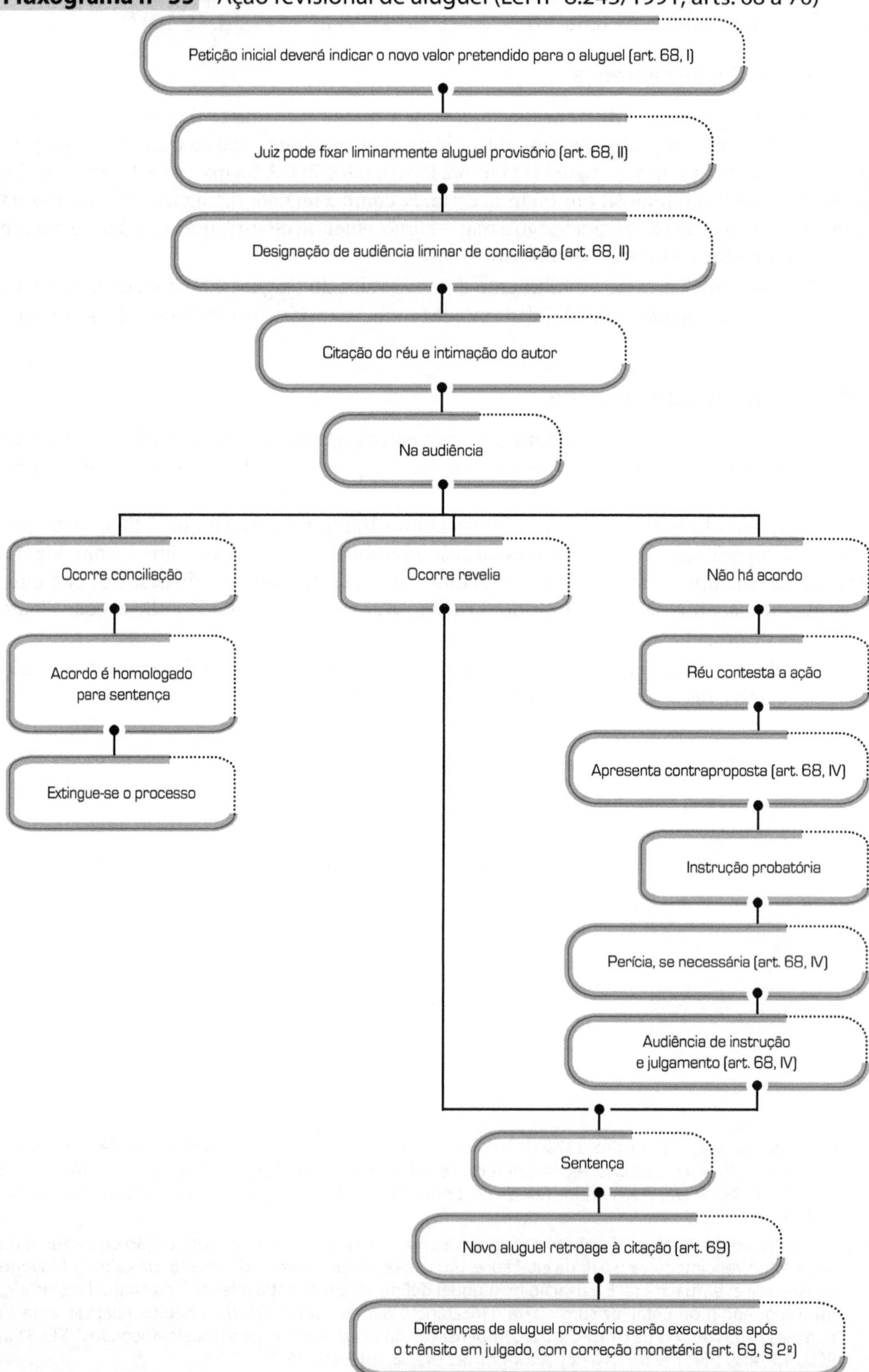

§ 76. AÇÃO RENOVATÓRIA

614. Cabimento

O art. 51 da atual Lei do Inquilinato, a exemplo do que antes ocorria com a velha Lei de Luvas (Decreto nº 24.150/1934), outorga ao locatário do imóvel destinado ao comércio, assim como à indústria e às sociedades civis com fins lucrativos, o direito à renovação do contrato de locação, por igual prazo, desde que satisfeitos os requisitos enumerados em seus incisos I a III.

Como bem destacado em acórdão do STJ, a finalidade dessa ação é proteger o fundo de comércio, ou, mais amplamente, o fundo empresarial, e evitar o locupletamento ilícito do locador pelo aproveitamento da valorização do imóvel obtida por meio de esforços do locatário.[91]

614-A. Requisitos da renovatória

Ao locador toca, nessa conjuntura, uma obrigação de fazer, ou seja, obrigação de contratar que provém diretamente da lei, mas que se exterioriza da mesma maneira e com os mesmos efeitos da obrigação convencional de contratar (*pactum de contrahendo*). A satisfação desse direito do locatário ordinariamente deve ser realizada por ato negocial ajustado entre ele e o locador. Se, porém, as partes não entram em acordo, para a celebração do contrato para o novo período de locação, a lei assegura ao locatário um remédio processual, por meio do qual se obtém a sentença que decretará a renovação do contrato locatício, substituindo o ato negocial frustrado.

A ação com que se tutela o direito assegurado pelo art. 51 da Lei nº 8.245 é a *ação renovatória*, cujo procedimento se acha disciplinado pelos arts. 71 a 75 da mesma Lei, mas que, do ponto de vista puramente processual, se processa segundo o rito do procedimento comum estabelecido pelo CPC.

O uso proveitoso da renovatória, nos termos da regulamentação ora em exame, pressupõe que o locatário empresário atenda a três requisitos fundamentais (além, é claro, da destinação comercial ou empresarial do imóvel locado): *(i)* o contrato a renovar deve ter sido celebrado por escrito e com prazo determinado (art. 51, I); *(ii)* o prazo mínimo do contrato a renovar ou a soma dos prazos ininterruptos dos contratos escritos deve ser de cinco anos (art. 51, II);[92] *(iii)* o locatário deve estar explorando seu comércio, no mesmo ramo, pelo prazo mínimo e ininterrupto de três anos (art. 51, III).

Comprovado pela instrução processual que o locatário atende a todos os requisitos *supra*, a sentença não só imporá o novo vínculo locatício ao senhorio, como definirá seus termos básicos (preço, garantias, periodicidade de reajustes etc.). Falhando qualquer um dos requisitos do art. 51, improcedente será o pedido renovatório e, se o locador houver pedido, a sentença deverá decretar a retomada do imóvel em seu favor. Na ausência do pedido em questão, a locação prosseguirá entre as partes como contrato comum de prazo indeterminado, sujeito a denúncia vazia, nos termos do art. 6º.

615. Natureza jurídica

O pedido formulado pelo autor da ação renovatória (locatário) é o de que seja imposto ao réu (locador) a renovação do contrato de locação para fins comerciais, criando-se, então,

---

[91] "Se, de um lado, a ação renovatória constitui o mais poderoso instrumento de proteção do fundo empresarial; de outro lado, também concretiza a intenção do legislador de evitar o locupletamento do locador, inibindo o intento de se aproveitar da valorização do imóvel resultante dos esforços empreendidos pelo locatário no exercício da atividade empresarial" (STJ, 3ª T., REsp 1.790.074/SP, Rel. Min. Nancy Andrighi, ac. 25.06.2019, *DJe* 28.06.2019).

[92] A Lei nº 8.245 tomou posição clara contra a possibilidade da *acessio temporis* de contratos escritos com intervalo de locações verbais.

por ato judicial, uma nova relação jurídica obrigacional entre as partes, independentemente do consenso não alcançado pelos interessados.

Trata-se, pois, de ação que veicula *pretensão constitutiva*, mas que contém, em boa dose, também prestação jurisdicional *condenatória*, pois, no caso de procedência do pedido, a sentença que fixa novo aluguel autoriza execução forçada das diferenças nos próprios autos da renovatória (Lei nº 8.245, art. 73). E, quando se der a rejeição do pedido do autor, a sentença, desde logo, poderá acolher o pedido do réu contestante para impor ao vencido a condenação a desocupar o imóvel (art. 74).

616. Legitimação

A ação renovatória tem como objeto o contrato de locação, de sorte que as partes da relação contratual deverão ser as partes da relação processual, pois sobre os direitos e obrigações de ambos é que irá incidir a sentença.

A legitimação ativa é do locatário e a passiva, do locador. Também o sublocatário pode figurar como autor da renovatória. Aliás, quando a sublocação é total (*i.e.*, compreende a integralidade do imóvel locado), o direito à renovação passa a ser exclusivo do sublocatário (Lei nº 8.245, art. 51, § 1º). Quando isto se der, a legitimação ativa da ação será apenas do sublocatário, a quem passará a pertencer a titularidade da relação *ex locato* no novo período da locação concedida pela sentença. O vínculo obrigacional, que antes se estabelecera entre inquilino e subinquilino, com a renovatória passará a se posicionar entre este o locador. O locatário primitivo será desalojado da relação negocial, mesmo porque em se tratando de criar compulsoriamente uma nova locação em homenagem ao fundo de comércio formado com o prédio, não teria sentido conceder a renovação a quem cedeu o imóvel totalmente a outrem.[93] Daí que, ao ser renovada a locação por ação judicial, o vínculo jurídico passará a ser travado única e exclusivamente entre o locador e o titular do fundo de comércio (o sublocatário). Por isso, a Lei diz que, na espécie, "o proprietário ficará diretamente obrigado à renovação" (art. 71, parágrafo único).

A Lei, no entanto, determina que no polo passivo da relação processual figure o sublocador ao lado do locador, em litisconsórcio, justamente porque irá se discutir um vínculo obrigacional que nasceu de negócio jurídico estabelecido entre o autor e o primeiro locatário (art. 71, parágrafo único).

Na hipótese de sublocação apenas parcial, o sublocatário exercerá a renovatória apenas perante o sublocador, se o prazo remanescente da locação for suficiente para comportar o tempo de vigência da renovação. Caso contrário, terá de demandar, em litisconsórcio passivo, com o sublocador e o locador (art. 71, parágrafo único).

Outros legitimados supervenientes ao exercício da renovatória são os cessionários do contrato locatício e os sucessores *causa mortis* nos direitos do locatário (art. 51, § 1º).[94] Claro é

---

[93] "As distribuidoras de derivados de petróleo, quando sublocam totalmente os imóveis a terceiros, não têm legitimidade para propor ação renovatória, embora dotem os estabelecimentos revendedores dos implementos necessários à comercialização dos seus produtos, ou os orientem e fiscalizem, ainda que lhes propiciando financiamentos e cuidando dos investimentos publicitários" (2º TACivSP, Ap. 288.158/3-00, Rel. Juiz Remolo Palermo, ac. 09.04.1991, *COAD-ADV*, Bol. 33/91, n. 55.246, p. 522).

[94] A ação renovatória pode ser proposta contra o espólio do locador. Mas se ocorrer o julgamento da partilha no curso do processo, com registro do imóvel em nome de um herdeiro certo, "a citação deve ser renovada para chamar à lide aquele a quem foi deferido o bem objeto da controvérsia" (STJ, 3ª T., REsp 7.639/SP, Rel. Min. Waldemar Zveiter, ac. 25.03.1991, *DJU* 29.04.1991, p. 5.266). Tendo o locador prometido a venda a terceiro, a legitimação passiva para a ação renovatória permanece com o primitivo locador, enquanto o compromisso não for registrado no competente Registro Imobiliário (STJ, 5ª T., AgRg no AI 951.566/SP, Rel. Min. Arnaldo Esteves, ac. 27.03.2008, *DJe* 12.05.2008). "*In casu*, deve-se afastar a incidência do art. 8º da Lei do Inquilinato, haja vista que, ante a ausência da denúncia, houve a imediata concordância com a locação, passando o adquirente à condição de locador. Precedente deste e. STJ" (STJ, 5ª T., AgRg no REsp 1.109.671/AM, Rel. Min. Felix Fischer, ac. 02.02.2010, *DJe* 01.03.2010).

que nas hipóteses em cogitação, o exercício da ação pelo sublocatário e pelo cessionário pressupõe ato jurídico praticado em favor de ditos interessados com eficácia oponível ao locador. Isto é, o ato translatício dos direitos do inquilino tem de ser regularmente praticado, de maneira a ser, pela lei, operante também em face do locador.

Cabe a legitimação ativa também à sociedade à qual o inquilino houver destinado o imóvel, com autorização contratual, desde que o locatário faça parte da empresa e a esta passe a pertencer o fundo de comércio. Em tal situação, a ação renovatória poderá ser intentada seja pelo inquilino primitivo, seja pela sociedade (art. 51, § 2º).

Se a locação houver sido ajustada em favor da pessoa jurídica que venha a ser mais tarde dissolvida por morte de sócio, permite a lei que a renovatória seja exercida pelo sócio sobrevivente, como sub-rogado, desde que tenha continuado na exploração do mesmo ramo (art. 51, § 3º).

Equipara-se ao titular de fundo de comércio, para legitimar ao uso da renovatória, o locatário que explore o ramo industrial, bem como a sociedade civil com fim lucrativo, regularmente constituída (art. 51, § 4º). É por isso que, atualmente, prefere-se falar, na espécie, em fundo empresarial, quando se cogita da tutela dispensada através da ação renovatória.

A jurisprudência do STJ legitima à ação renovatória a concessionária do serviço de telefonia, que loca imóvel para a instalação de antena ("estação de rádio-base"). O argumento pretoriano é de que "as ERBs são estruturas essenciais ao exercício da atividade de prestação de serviço de telefonia celular"; e que "o cabimento da ação renovatória não está adstrito ao imóvel para onde converge a clientela, mas se irradia para todos os imóveis locados com o fim de promover o pleno desenvolvimento da atividade empresarial, porque, ao fim e ao cabo, contribuem para a manutenção ou crescimento da clientela".[95]

617. Procedimento

A nova Lei do Inquilinato, ao disciplinar a ação renovatória, não o fez de maneira exaustiva. Limitou-se a apontar alguns requisitos e alguns detalhes procedimentais esparsos. Seu regime processual, destarte, terá de ser complementado pelas regras gerais do Código de Processo Civil. Assim, não tendo a Lei nº 8.245 criado um procedimento especial, a ação de renovação da locação comercial terá de sujeitar-se ao *procedimento comum*, *i.e.*, (CPC/2015, art. 318), com as inovações instituídas pela atual legislação do inquilinato.

617-A. Prazo para ajuizamento da ação

Dispõe o art. 51, § 5º, que o locatário, para fazer jus à renovação, deverá ajuizar a ação no interregno de um ano, no máximo, até seis meses, no mínimo, anteriores à data da finalização do prazo do contrato em vigor. Trata-se de prazo decadencial, que não se prorroga, interrompe ou suspende.

Portanto, ajuizada a ação no prazo legal, pouco importa a data da citação: "assim, basta ao locatário, para esquivar-se da decadência, ajuizar a ação no prazo legal, pouco importando a data da citação do réu".[96]

---

[95] STJ, 3ª T., REsp 1.790.074/SP, Rel. Min. Nancy Andrighi, ac. 25.06.2019, *DJe* 28.06.2019.

[96] STJ, 5ª T., REsp 122.408/SP, Rel. Min. Jorge Scartezzini, ac. 21.09.1999, *DJU* 06.12.1999, p. 107. No mesmo sentido: "Este eg. Superior Tribunal de Justiça possui entendimento no sentido de que se considera proposta a ação renovatória, nos termos do art. 51, § 5º, da Lei do Inquilinato combinado com o art. 263, do CPC, com o ingresso em juízo do pedido bastando, portanto, protocolizar no foro competente, para afastar a decadência" (STJ, 5ª T., AgRg no REsp 866.672/MG, Rel. Min. Gilson Dipp, ac. 19.06.2007, *DJU* 06.08.2007, p. 670).

Contudo, para Sérgio Shimura, em caso de emenda da inicial, "já dentro do último semestre anterior ao término da locação, aí, sim, incide a decadência".[97]

618. Petição inicial

Para preencher as exigências especiais do direito à renovação da locação comercial, o autor da ação renovatória deverá ingressar em juízo juntando à petição inicial prova documental (Lei nº 8.245, art. 51) capaz de demonstrar: *(i)* que existe contrato escrito e com prazo determinado entre as partes; *(ii)* que o prazo do contrato a renovar ou a soma dos prazos ininterruptos dos contratos sucessivos respeita o mínimo de cinco anos; e *(iii)* que o locatário está na exploração do mesmo ramo de comércio pelo prazo mínimo de três anos, sem interrupção.

Além de comprovar o atendimento às exigências do art. 51, a inicial terá de ser instruída com os seguintes documentos: *(i)* prova do exato cumprimento do contrato em curso (art. 71, II); *(ii)* prova da quitação dos impostos e taxas que incidiram sobre o imóvel e cujo pagamento incumbia ao locatário (art. 71, III); *(iii)* prova de que o fiador indicado aceita os encargos da fiança, bem como da autorização do cônjuge, se se tratar de pessoa casada (art. 71, VI); *(iv)* prova da sucessão ou cessão na relação *ex locato*, se for o caso (art. 71, VII).

A respeito do *exato cumprimento do contrato*, é bom ressaltar que o direito do locatário à renovação compulsória, como exceção à liberdade natural do titular da propriedade, não se justifica apenas pelo fato de ter o inquilino cumprido as obrigações emergentes do contrato renovando. A lei só lhe confere semelhante faculdade se houver prova do "exato cumprimento do contrato", como mui claramente destaca o inciso II do art. 71 da Lei nº 8.245, e como já exigia a antiga Lei de Luvas (art. 5º, *b*).

A discussão que mais frequentemente se passa, a propósito, é a que tem como objeto a falta de seguro do imóvel e o uso do direito de purgação da mora em ação de despejo por falta de pagamento. Claro é que, se o locatário assumiu o dever de manter o imóvel acobertado contra os riscos a que se acha exposto, notadamente, o de incêndio, configura grave infração contratual a omissão dessa cautela inerente ao ramo empresarial. Quem assim se comporta à evidência não faz jus à renovação forçada do contrato locatício.[98]

Quanto à purga da mora em ação de despejo por falta de pagamento, se é certo que tem o condão de eliminar os efeitos do retardamento sobre a faculdade de rescindir o contrato, elidindo a pretensão de retomada prematura do imóvel, não menos certo é que, quando o devedor incorre em mora, pratica falta contratual culposa (CC, art. 396) que o torna responsável pela indenização de todos os prejuízos acarretados ao credor (CC, art. 395). Logo, está ínsita na ideia de mora o comportamento irregular ou faltoso do devedor. E se a emenda elimina a lesão causada ao credor não muda a natureza da infração cometida.

Por conseguinte, a purgação da mora implica cumprimento da obrigação contratual do locatário, mas não demonstra ter havido "o exato cumprimento do contrato". Cumprimento houve, mas tardio e em desconformidade com as cláusulas do negócio jurídico. Daí que o inquilino que se valeu, no curso da locação, da faculdade legal de purgar mora em ação de despejo terá conseguido, àquele tempo, impedir a rescisão do contrato, mas não terá como

---

[97] SHIMURA, Sérgio. Ação renovatória. *In:* BRUSCHI, Gilberto Gomes; COUTO, Mônica Bonetti; SILVA, Ruth Maria Junqueira de A. Pereira e; PEREIRA, Thomaz Henrique Junqueira de A. Pereira. *Direito processual empresarial:* estudos em homenagem a Manoel de Queiroz Pereira Calças. Rio de Janeiro: Elsevier, 2012, p. 926.

[98] FRANCO, J. Nascimento; GONDO, Nisske. *Ação renovatória e ação revisional de aluguel.* 7. ed. São Paulo: Ed. RT, 1990, n. 100, p. 129-131; STJ, 4ª T., AgInt no AREsp 1.300.827/SP, Rel. Min. Antônio Carlos Ferreira, ac. 29.06.2020, *DJe* 01.07.2020.

satisfazer, mais tarde, a exigência do inciso II do art. 71 da Lei nº 8.245, para fundamentar a pretensão à renovação judicial do contrato.[99]

Em suma, a petição inicial da renovatória deve ser instruída com os documentos comprobatórios de que todas as prestações a cargo do locatário foram *bem e fielmente cumpridas*, tanto no que diz respeito ao seu objeto como ao tempo e modo previstos no cocontrato.[100]

Quanto à quitação dos impostos, taxas e contribuições do imóvel, assumidos contratualmente pelo inquilino, havia na antiga Lei de Luvas (Decreto nº 24.150/1934) um dispositivo que só o considerava em mora depois que o senhorio o notificasse a cumprir o encargo respectivo, assinando-lhe, para tanto, o prazo de dez dias (art. 3º, § 5º).[101] A Lei do Inquilinato (Lei nº 8.245/1991) não repete semelhante regra. Logo, não poderá o locatário justificar, na renovatória, o fiel cumprimento do contrato, a pretexto de não ter pago em dia os tributos, por falta de notificação do locador. Haverá, porém, hipóteses em que a sonegação dos avisos ou talões por parte do locador poderá criar embaraços ao cumprimento do encargo contratual, cabendo ao juiz levar em conta as particularidades de cada caso concreto para aferir se houve, ou não, a culposa violação do dever do locatário.[102] Aliás, como regra geral, "na verificação da mora do locatário no pagamento de tributos e encargos, o juiz terá em vista o princípio geral de direito, segundo o qual ela não existe sem culpa do devedor".[103]

Além das provas documentais, a petição inicial deverá conter em seu texto: *(i)* indicação clara e precisa das condições oferecidas para a renovação da locação (art. 71, IV); *(ii)* indicação de fiador, quando houver no contrato a renovar (art. 71, V).

As condições a serem explicitadas pelo autor devem compreender, principalmente, o prazo de renovação e o valor mensal do novo aluguel, bem como sua forma de reajustamento periódico.[104]

A respeito do fiador, a exigência legal só incide quando o contrato anterior já se achava sujeito a semelhante tipo de garantia. Em tal hipótese, a petição inicial terá de identificar o fiador oferecido mediante nome ou denominação social, número de inscrição no Ministério da

---

99 BESSONE, Darcy. *Renovação de locação*. 2. ed. São Paulo: Saraiva, 1990, n. 62, p. 102; FRANCO, J. Nascimento; GONDO, Nisske. *Ação renovatória e ação revisional de aluguel*. 7. ed. São Paulo: Ed. RT, 1990, n. 93, p. 124-125; ALVIM, Agostinho. *Aspectos da locação predial*. 2. ed. São Paulo: Ed. Jur. Universitária, 1966, p. 159; RODRIGUES, Silvio. *Da locação predial*. São Paulo: Saraiva, 1979, p. 127; POPP, Carlyle. *Comentários à nova Lei do Inquilinato*. 2. ed. Curitiba: Juruá, 1992, p. 218-219. Em sentido contrário: ANDRADE, Luís Antônio de. A propósito do cinquentenário da "Lei de Luvas". *Revista dos Tribunais*, v. 592, fev. 1985, p. 266; BUZAID, Alfredo. *Da ação renovatória*. 2. ed. São Paulo: Saraiva, 1981, v. I, p. 331; SLAIBI FILHO, Nagib. *Comentários à nova Lei do Inquilinato*. 3. ed. Rio de Janeiro: Forense, 1992, p. 372, n. 6.

100 "De um modo geral, as infrações contratuais leves não autorizam a rescisão do contrato, nem constituem causas impeditivas da sua renovação" (FRANCO, J. Nascimento; GONDO, Nisske. *Ação renovatória e ação revisional de aluguel*. 7. ed. São Paulo: Ed. RT, 1990, n. 104, p. 136; BESSONE, Darcy. *Renovação de locação*. 2. ed. São Paulo: Saraiva, 1990, n. 62, p. 101). No mesmo sentido Alfredo Buzaid anota que "a jurisprudência vem admitindo que as pequenas infrações não impedem a renovação, especialmente quando elas não prejudicam o proprietário" (BUZAID, Alfredo. *Da ação renovatória*. 2. ed. São Paulo: Saraiva, 1981, p. 322, nota 2).

101 BUZAID, Alfredo. *Da ação renovatória*. 3. Ed. São Paulo: Saraiva, 1988, v. I, n. 179, p. 324-325; FRANCO, J. Nascimento; J. Nascimento; GONDO, Nisske. *Ação renovatória e ação revisional de aluguel*. 7. Ed. São Paulo: Ed. RT, 1990, n. 94, p. 116.

102 SLAIBI FILHO, Nagib. *Comentários à nova Lei do Inquilinato*. 3. Ed. Rio de Janeiro: Forense, 1992, p. 373, nota 7.

103 FRANCO, J. Nascimento; GONDO, Nisske. *Ação renovatória e ação revisional de aluguel*. 7. Ed. São Paulo: Ed. RT, 1990, n. 101, p. 133.

104 "O contrato de locação não deve ser renovado por prazo superior a cinco anos (Súmula nº 178 do STF), mas nada impõe ou recomenda que o seja necessariamente, nos casos de *accessio temporis*, pelo mesmo prazo do último contrato escrito" (STJ, 4ª T., REsp 7.653/SP, Rel. Min. Athos Carneiro, ac. 23.10.1991, *DJU* 09.12.1991, p. 18.035, *RT* 693/252). No mesmo sentido da Súmula nº 178: STJ, 5ª T., REsp 267.129/RJ, Rel. Min. José Arnaldo, ac. 05.10.2000, *DJU* 06.11.2000, p. 222.

Economia, Fazenda e Planejamento (CNPJ ou CPF), endereço, e, tratando-se de pessoa natural, a nacionalidade, o estado civil, a profissão e o número da carteira de identidade (art. 71, V).

O mais importante, porém, a propósito do fiador, seja pessoa física ou jurídica, é a documentação comprobatória da sua idoneidade financeira, que deve compreender certidões negativas (ações, protestos etc.), assim como comprovantes de patrimônio compatível com o valor da garantia a prestar (capital social, certidões do registro imobiliário etc.). Incide aqui a regra do art. 825 do Código Civil: "Quando alguém houver de oferecer fiador, o credor não pode ser obrigado a aceitá-lo, se não for pessoa idônea, domiciliada no município, onde tenha de prestar a fiança, e não possua bens suficientes para cumprir a obrigação". É, pois, a matéria dessa regra do Código Civil que poderá fundamentar a rejeição do fiador pelo locador.

Peça importante, em qualquer caso, é a anuência da pessoa indicada como fiador, que obviamente não pode faltar, o mesmo ocorrendo com a do respectivo cônjuge, se se tratar de fiador pessoa natural casada. Na nova versão do inc. V do art. 71 da Lei nº 8.245, dada pela Lei nº 12.112, a orientação da exigência de comprovação da idoneidade financeira do fiador para a renovação da locação ampliou-se. A medida deve ser cumprida pelo locatário, "mesmo que não haja alteração do fiador", como deixa claro o novo texto do dispositivo reformulado. A razão é que a situação econômico-financeira de qualquer pessoa é dinâmica, tanto para evoluir como involuir, de modo que quem ontem oferecia condições de garantir satisfatoriamente o preço da locação hoje já não mais se revele idôneo para esse fim.[105]

A falta ou deficiência do cumprimento da documentação necessária da inicial, todavia, não conduz ao seu imediato indeferimento. Incumbirá ao juiz ordenar, antes, a diligência saneadora prevista no art. 321 do Código de Processo Civil de 2015, de modo que somente ocorrerá a extinção do processo por inépcia da petição inicial, se a diligência não for cumprida pelo autor no prazo legal de quinze dias (parágrafo único do referido artigo).

619. A defesa do locador

Permite o art. 74 da Lei nº 8.245 que o locador, na contestação, peça a desocupação do imóvel, nos casos em que lhe socorre o direito à retomada (Lei nº 8.245, art. 52), hipótese em que a sentença fixará o prazo para a saída do locatário e será executada como de despejo.

Vê-se, então, que a estrutura legal do procedimento é a de uma *ação dúplice*, onde ambas as partes podem assumir pretensões ativas, formulando pedidos uma contra a outra, sem necessidade de lançar mão, o réu, da reconvenção. Ao contrário da contestação simples, em que o réu apenas oferece resistência ao pedido do autor, a contestação da ação dúplice permite ao demandado contra-atacar, de maneira a não apenas repelir o pedido da parte contrária como também formular pedido novo contra o autor. Não há, na renovatória, portanto, necessidade de o locador propor reconvenção para reclamar a retomada do imóvel, cabendo-lhe exercitar dita pretensão no bojo da própria contestação.

Não creio, porém, que o magistrado possa indeferir a reconvenção desnecessariamente proposta com tal objetivo. Ocorreria, na espécie, simples erro de forma, e por defeito procedimental não se anula o processo, mas apenas se procede à sua adaptação à forma adequada (CPC/2015, art. 283).

A propósito do conteúdo da contestação, o art. 72 da Lei nº 8.245 prevê que ao locador é possível arguir contra a ação do locatário qualquer tema de direito que se contraponha à pretensão deduzida na inicial da renovatória, e que exclua sua viabilidade, seja na ordem de preliminares processuais, seja no que toca ao mérito do vínculo jurídico material.

---

[105] STJ, 3ª T., REsp 1582214/SP, Rel. Min. Nancy Andrighi, ac. 23.04.2019, *DJe* 26.04.2019.

Quanto à matéria fática, a defesa do demandado deverá ficar adstrita a um dos temas seguintes: *(i)* não preencher o autor os requisitos estabelecidos na Lei do Inquilinato para o exercício da renovatória (art. 72, I); *(ii)* não atender, a proposta do locatário, ao valor locativo real do imóvel na época da renovação, excluída a valorização trazida por aquele ao ponto ou lugar (art. 72, II); *(iii)* ter proposta de terceiro para a locação, em condições melhores (art. 72, III); *(iv)* não estar obrigado a renovar a locação (arts. 52, I e II, e 72, IV).

Ao locador socorre ainda o direito à retomada do bem quando, *(i)* por determinação do Poder Público, tiver que realizar no imóvel obras que importarem na sua radical transformação, ou para fazer modificações de tal natureza que aumente o valor do negócio ou da propriedade; e *(ii)* o imóvel vier a ser utilizado por ele próprio ou para transferência de fundo de comércio existente há mais de um ano, sendo detentor da maioria do capital o locador, seu cônjuge, ascendente ou descendente. Nessas hipóteses, a sentença fixará o prazo para a saída do locatário e será executada como despejo (art. 74).

620. Defesa baseada na ausência dos pressupostos legais (art. 72, I)

A controvérsia acerca do preenchimento dos requisitos legais da renovação implica carrear o ônus da prova ao autor, visto tratar-se de fatos constitutivos de seu direito (CPC/2015, art. 373, I). Ao réu cabe alegar qual teria sido o pressuposto do direito à renovação descumprido pelo locatário, arrolando os fatos em que a defesa se apoia. A contestação, com efeito, não pode ser vaga ou por negação geral, mas terá de manifestar-se, com precisão, sobre os fatos arrolados na petição inicial, pois se presumem verdadeiros os fatos não impugnados, conforme a regra do art. 341 do Código de Processo Civil.

620-A. Retomada por inadimplemento do locatário (art. 71, II c/c art. 72, I)

A Lei do Inquilinato somente assegura ao locatário a renovação compulsória do contrato se provar o "exato cumprimento do contrato em curso" (art. 71, II). Destarte, a exceção à liberdade natural do titular da propriedade (prorrogação forçada da locação) não se justifica apenas pelo fato de ter o inquilino cumprido as obrigações emergentes do contrato renovando.[106] É indispensável que tenha ocorrido o seu "exato cumprimento".

Nesse contexto, a petição inicial da renovatória deve ser instruída com os documentos comprobatórios de que todas as prestações a cargo do locatário foram bem e fielmente cumpridas, tanto no que diz respeito ao seu objeto como ao tempo e modo previstos no contrato.[107] O cumprimento do contrato deve ser examinado à luz de sua finalidade e cláusulas.[108]

---

[106] "Sendo a renovação compulsória do contrato um direito do locatário, não poderá ele exercê-lo, se estiver inadimplente, quanto às obrigações que recaem sobre seus ombros" (SOUZA, Sylvio Capanema de. *A Lei do Inquilinato Comentada artigo por artigo.* 12 ed. Rio de Janeiro: Forense, 2021, p. 450). Para o autor incide, na espécie, "a regra do art. 476, do Código Civil", qual seja, a exceção do contrato não cumprido.

[107] Além do pagamento do aluguel, o locatário assume outras obrigações, tais como: "usar o imóvel com zelo de proprietário; respeitar posturas municipais; o direito de vizinhança; a convenção condominial, se o imóvel estiver situado em condomínio; dar ao imóvel a utilização contratada; abster-se de sublocar o imóvel, se isso for vedado; contratar o seguro contra incêndio, e assim por diante" (ZARIF, Cláudio Cintra; FERNANDES, Luís Eduardo Simardi; MELLO, Rogério Licastro Torres de. *Ações locatícias.* Rio de Janeiro: Forense, 2010, p. 243-244).

[108] VENOSA, Sílvio de Salvo. *Lei do Inquilinato comentada artigo por artigo.* 12. ed. Rio de Janeiro: Forense, 2021, p. 342.

Sem essa comprovação, o locatário não faz jus à renovação compulsória.[109] A jurisprudência é tranquila:

> "Ação renovatória de contrato de locação. Não preenchimento dos requisitos legais. Existência de infração contratual por parte do locatário. Descabimento do pedido renovatório. Não preenchimento dos requisitos do art. 71, da Lei Federal 8.245/91. Elementos dos autos que revelam a ocorrência de infração contratual por parte do locatário (art. 9º, III, c.c. art. 71, III, da lei do inquilinato): existência de débitos de IPTU".[110]

Nesse contexto em que o locatário descumpre as obrigações do contrato a ser renovado, ao locador é dado retomar o imóvel, pois não se mostra razoável obrigar o locador a permanecer vinculado ao mau inquilino, que não cumpre as obrigações contratuais.[111]

621. Defesa baseada no valor real da locação (art. 72, II)

A defesa de não ser justo o valor locativo proposto pelo autor não conduz necessariamente à improcedência do pedido de renovação. Para que isso se dê é indispensável que o locatário insista no valor proposto e recuse qualquer elevação de seu *quantum*, vindo posteriormente a prova pericial a demonstrar a insuficiência da proposta do locatário. Se aceito o arbitramento judicial, é irrelevante a circunstância de a proposta inicial ter sido menor.

Aliás, o § 1º do art. 72 da Lei nº 8.245 esclarece que, sempre que o locador arguir a insuficiência da proposta contida na inicial, incumbir-lhe-á apresentar na contestação, sob forma de contraproposta, "as condições de locação que repute compatíveis com o valor locativo real e atual do imóvel".

Diante da contraproposta, ao autor será possível uma das três seguintes atitudes: *(i) aceitar a contraproposta*, caso em que o juiz poderá desde logo julgar a ação, deferindo a renovação, se nenhum outro obstáculo estiver pendente de solução; *(ii) discordar da contraproposta e pedir o arbitramento judicial*, caso em que o feito prosseguirá e será decidido à luz da prova, especialmente da perícia, deferindo-se a renovação, se não houver outro óbice, pelo valor fixado pela sentença; *(iii) discordar da contraproposta e insistir na proposta inicial*, caso em que o sucesso da renovação ficará na dependência de a prova demonstrar a correção, ou não, da proposta do autor, matéria que, mais uma vez, dependerá de prova adequada, com destaque para a perícia.

Na avaliação do valor locativo real do imóvel, deverá ser excluída a parte correspondente à valorização trazida pelo próprio inquilino ao ponto comercial, para evitar um locupletamento injusto do locador (art. 72, II).

---

[109] Luiz Fux, ao discorrer sobre a contestação na ação renovatória, explica que não preenche os requisitos da lei o locatário que "não explora o imóvel, que não tem os cinco anos, que *não cumpre com exatidão o contrato*, etc." (g.n.) (FUX, Luiz. *Locações*: processo e procedimentos. Rio de Janeiro: Edições Trabalhistas, 1992, p. 318).

[110] TJSP, 26ª Câmara de Direito Privado, Apelação Cível 0007881-19.2004.8.26.0477, Rel. Des. Antônio Nascimento, ac. 30.07.2015, *DJe* 30.07.2015.

[111] "Como se costuma afirmar, o direito à renovação é uma garantia do locatário comerciante, mas não pode ser fonte de suplício ao locador" (ZARIF, Cláudio Cintra; FERNANDES, Luís Eduardo Simardi; MELLO, Rogério Licastro Torres de. *Ações locatícias*. Rio de Janeiro: Forense, 2010, p. 242).

622. Defesa baseada em melhor proposta de terceiro (art. 72, III)

A defesa pode se basear, ainda, na existência de melhor proposta de terceiro para a locação. O locador não pode ser forçado a aceitar condições menos vantajosas, apenas para proteger o fundo de comércio do locatário.[112] Com efeito, na lição de Luiz Fux,

> "a seriedade da questão só encontra limites na proteção do direito do locador de escolher a melhor proposta de terceiro, máxime porque, nesse campo, a oferta e a procura são parâmetros ordinários. Também não seria crível sacrificar-se o domino em prol do inquilino".[113]

Para se defender, com apoio no inciso III do art. 72 da Lei nº 8.245, o locador não pode vagamente afirmar que há melhor proposta de terceiro para a locação. Essa defesa exige dele a juntada, com a contestação, de documento firmado pelo terceiro interessado, com duas testemunhas, onde se façam, com precisão, os seguintes esclarecimentos (art. 72, § 2º): *(i)* individualização do proponente; *(ii)* indicação clara e precisa do ramo de atividade a ser explorado, que não poderá ser o mesmo do locatário. A proposta, para afetar o direito à renovação do locatário, há de ser séria, real, efetiva, "embasando de justiça e legalidade a decisão de não renovar".[114]

Claro, ainda, que, para prevalecer a proposta do terceiro sobre a do inquilino, terão de ser conhecidos todos os termos e condições básicas da nova locação, os quais evidenciarão sua supremacia sobre a renovação requerida na inicial. Por isso, o documento de que cogita o § 2º do art. 72 terá de explicitar, obrigatoriamente: *(i)* o prazo de locação proposta, pelo terceiro, que jamais poderá ser inferior ao pretendido pelo inquilino; *(ii)* discriminação completa das demais condições da locação, principalmente sobre a periodicidade de reajustes e indexador a ser utilizado; *(iii)* comprovação da capacidade financeira para sustentar a proposta.[115]

Contestada a ação com base em melhor proposta de estranho, não cabe ao juiz, desde logo, repelir a pretensão renovatória do antigo inquilino, pois terá de submeter a resposta do locador ao autor da demanda e a este caberá a faculdade de, em réplica, alterar a proposta feita na inicial, para igualá-la à do terceiro interessado. Havendo dita equiparação, deferir-se-á, ao autor, a renovação (art. 72, § 2º, *in fine*). Em condições de paridade, a preferência, portanto, é do inquilino.

623. Retomada para construção ou reconstrução (art. 72, IV c/c art. 52, I)

Uma das hipóteses de retomada que a lei permite, como defesa na ação renovatória, é a que se relaciona com a necessidade de realizar obras determinadas pelo Poder Público, no imóvel locado, que irão importar em sua radical transformação. O mesmo se passa com obras de iniciativa do próprio locador, desde que representem "modificações de tal natureza que aumente o valor do negócio ou da propriedade" (Lei nº 8.245/1991, art. 52, I).

---

[112] "Se o direito à renovatória é uma garantia do locatário, que desenvolveu o fundo de comércio e vem cumprindo fielmente o contrato, não pode ser, de outro lado, *fonte de injusto prejuízo ao locador*. Como decorrência do seu direito de propriedade, *a lei garante a ele o direito de locar o imóvel a terceiro, se este oferecer melhor proposta que aquela apresentada pelo locatário*" (g.n.) (ZARIF, Cláudio Cintra; FERNANDES, Luís Eduardo Simardi; MELLO, Rogério Licastro Torres de. *Ações locatícias*. Rio de Janeiro: Forense, 2010, p. 269).

[113] FUX, Luiz. *Locações*: processo e procedimentos. Rio de Janeiro: Edições Trabalhistas, 1992, p. 319.

[114] FUX, Luiz. *Locações*: processo e procedimentos. Rio de Janeiro: Edições Trabalhistas, 1992, p. 319.

[115] POPP, Carlyle. *Comentários à nova Lei do Inquilinato*. 2. ed. Curitiba: Juruá, 1992, p. 225.

A contestação, nessas hipóteses, terá que, necessariamente, ser instruída com a documentação que, conforme o caso: *(i)* comprove a determinação do Poder Público; ou *(ii)* contenha o relatório pormenorizado das obras a serem realizadas, com a estimativa de valorização que sofrerá o imóvel (documento que terá de ser assinado por engenheiro devidamente habilitado).

Na segunda hipótese não é obrigatório que a obra já esteja previamente licenciada pela Administração Pública, nem muito menos que sua realização seja fruto de imposição do Poder Público. O que determina o cabimento da retomada é a comprovação de aumento da capacidade econômica da exploração do imóvel pelo locador.

624. Retomada para uso próprio (art. 72, IV c/c art. 52, II)

O art. 52, II, da Lei nº 8.245/1991 prevê que o locador não estará obrigado a renovar o contrato quando pretender utilizar o imóvel por ele próprio, ou para transferência de fundo de comércio, de cujo capital seja detentor, em maioria, o locador, seu cônjuge, ascendente ou descendente. A retomada, nessa hipótese, é corolário do seu direito de propriedade, limitado pela lei de locações.[116]

Segundo Sylvio Capanema de Souza, o espírito da lei, ao determinar a detenção, pelo locador, da maioria do capital social da sociedade em favor da qual se pretende transferir o imóvel, "é que a retomada interesse não só ao locador como à própria sociedade beneficiária",[117] talvez como tentativa de evitar a utilização arbitrária e abusiva do direito.

No caso de uso próprio (art. 52, II, 1ª parte), a jurisprudência se consolidou no sentido de que do locador não se exige a prova de sinceridade na retomada, pois esta se presume. Mas, em se tratando de presunção relativa, ao locatário é possível ilidi-la por prova em contrário (Súmula 485 do STF).[118] Não bastam, pois, meras presunções ou acusações genéricas.

Para permitir o direito de defesa e para não transformar a retomada para uso próprio em denúncia vazia, tem o locador o ônus de especificar convenientemente o fim em que será aplicado o imóvel, que não haverá de ser obrigatoriamente o comércio.

Se, porém, a retomada visar ao uso de sociedade de que faça parte o locador, ou se destinar a cônjuge, ascendente ou descendente seu, a defesa somente será viável se existir há mais de um ano o fundo de comércio a ser transferido para o imóvel (art. 52, II, 2ª parte).

Em caso de retomada para uso próprio, não será devida indenização ao locatário, a menos que o pedido não seja sincero, vale dizer, se o locador não der ao imóvel "o destino declarado na retomada, ou seja, realizando as obras pretendidas, que terão de ser pelo menos iniciadas, ou nele se instalando".[119]

Em qualquer hipótese, a retomada prevista no inciso II do art. 52 nunca poderá se referir ao uso do mesmo ramo do locatário. A única exceção a essa regra ocorrerá quando a locação

---

[116] VENOSA, Sílvio de Salvo. *Lei do Inquilinato comentada*: doutrina e prática. 10. ed. São Paulo: Atlas, 2010, p. 238.

[117] SOUZA, Sylvio Capanema de. *A Lei do Inquilinato comentada artigo por artigo.* 12. ed. Rio de Janeiro: Forense, 2021, p. 269.

[118] STF, Súmula nº 485. Na contestação da ação renovatória, quando o locador pretenda a retomada para uso próprio, deve indicar o ramo de atividade a ser por ele explorado no imóvel. Trata-se de medida correlacionada com a garantia do contraditório, já que sem esse dado não teria o locatário possibilidade de se defender contra a pretensão relativa de sinceridade que milita em favor do senhorio (STJ, 5ª T., REsp 260.485/SP, Rel. Min. Félix Fischer, ac. 08.08.2000, *DJU* 04.09.2000, p. 190).

[119] SOUZA, Sylvio Capanema de. *A Lei do Inquilinato comentada artigo por artigo.* 12. ed. Rio de Janeiro: Forense, 2021, p. 274. "O locatário terá direito a indenização do parágrafo terceiro no caso de desvio de uso. *Não há indenização tão só pela retomada.* Essa indenização só pode ser apurada em processo de conhecimento autônomo, uma vez que o desvio se verificará *a posteriori*, três meses a contar da entrega do imóvel" (g.n.) (VENOSA, Sílvio de Salvo. *Lei do Inquilinato comentada*: doutrina e prática. 10. ed. São Paulo: Atlas, 2010, p. 40-241).

tiver envolvido não apenas o imóvel, mas o próprio fundo de comércio com as instalações e pertences (art. 52, § 1º).

624-A. Retomada para o exercício da mesma atividade do locatário: hipótese de uso próprio ou melhor oferta de terceiro (art. 52, § 1º)

Não é estranha à Lei do Inquilinato a locação do imóvel com todas as suas instalações e pertences, como um bem único e complexo. Nesses casos, o imóvel é destinado a um ramo de atividade específico, justamente em razão das suas características especiais, tal como ocorre com teatros, cinemas, hotéis, hospitais, escolas etc.[120] A construção, nessas situações, é voltada para a exploração de determinada atividade comercial, sendo impossível – ou muito difícil – a sua utilização para outro ramo de negócio, sem que se façam obras e investimentos elevados. Não se mostra, pois, razoável exigir que o locador realize tais intervenções no imóvel, para alterar sua destinação natural.[121]

Nessas hipóteses, admite-se, excepcionalmente, a retomada do imóvel, pelo proprietário, para exploração da mesma atividade do locatário (Súmula 481[122] do STF). Nesse sentido, farto o entendimento jurisprudencial:

(a) "É cabível, nos termos do art. 52, § 1º, da Lei 8.245/91, a retomada de imóvel para exploração da mesma atividade do inquilino se esse imóvel, por suas características físicas, só se possa destinar a um certo ramo de atividade e desse modo seja dado em locação. Sejam exemplos: postos de gasolina, teatros, cinemas, hotéis e outros, em que se revela a impossibilidade de modificar a sua finalidade ou é muito onerosa essa alteração".[123]

(b) "(...) O que a proibição contida no art. 52, II, e parágrafo 1º da Lei 8.245/91 busca evitar é o enriquecimento ilícito pela utilização do comércio já desenvolvido no local, o que não se evidencia em face das particularidades de determinadas atividades, como hotéis, cinemas, garagens, postos de combustíveis, atividades que por envolverem instalações específicas, pressupõe-se a sua exploração em ramo da mesma atividade do locatário".[124]

---

[120] "Essa hipótese de a locação envolver o fundo de comércio se dá quando o imóvel *já é preparado, montado, projetado para a exploração de determinada atividade.* (...) não seria razoável, numa hipótese como essa, *impedir que o locador retomante continuasse na exploração do mesmo ramo, pois é o destino para o qual o imóvel está preparado*" (g.n.) (ZARIF, Cláudio Cintra; FERNANDES, Luís Eduardo Simardi; MELLO, Rogério Licastro Torres de. *Ações locatícias*. Rio de Janeiro: Forense, 2010, p. 234-235).

[121] "Entendimento diferente poderia impor ao locador fazer alterações ou reformas no imóvel, inclusive com remoção de instalações e equipamentos de elevada monta, para lhe dar outro uso, com todos os transtornos e prejuízos daí decorrentes. Tal, por certo, não seria razoável, e, talvez, economicamente inviável" (ZARIF, Cláudio Cintra; FERNANDES, Luís Eduardo Simardi; MELLO, Rogério Licastro Torres de. *Ações locatícias*. Rio de Janeiro: Forense, 2010, p. 236).

[122] "Se a locação compreende, além do imóvel, fundo de comércio, com instalações e pertences, como no caso de teatros, cinemas e hotéis, não se aplicam ao retomante as restrições do art. 8º, 'e', parágrafo único, do Decreto 24150, de 20/4/1934".

[123] STJ, 5ª T., REsp 418.464/PR, Rel. Min. José Arnaldo da Fonseca, ac. 25.06.2002, *DJU* 26.08.2002, p. 300. No mesmo sentido: STJ, 5ª T., REsp 94.605/SP, Rel. Min. Cid Flaquer Scartezzini, ac. 04.11.1997, *DJU* 15.12.1997, p. 66.480; "*Em sede de locação comercial,* a exceção que veda o pedido de retomada do imóvel para exploração da mesma atividade comercial do locatário *não se aplica aos que possuem instalações destinadas a ramos de negócios específicos, como os hotéis, teatros, cinemas, postos de gasolina, nos exatos termos do disposto na Súmula nº 481-STF*" (STJ, 6ª T., REsp 195.710/PR, Rel. Min. Vicente Leal, ac. 09.03.1999, *DJU* 12.04.1999, p. 217).

[124] STJ, 4ª T., AREsp 445.944/PR, decisão monocrática, Rel. Min. Maria Isabel Gallotti, ac. 31.03.2017. No mesmo sentido: TJMG, 15ª Câmara Cível, Apelação 1.0647.05.053732-1/002, Rel. Des. Bitencourt Marcondes, ac. 21.02.2008, *DJe* 11.03.2008.

Com efeito, ao alugar referidos imóveis, "o locatário já estará ciente da possibilidade de vir o locador a retomá-los, e, neste caso, para a continuação do exercício da atividade única a que ele se presta, em razão de suas instalações e equipamentos".[125]

Da mesma forma, ao prever a retomada pelo locador para uso próprio, o § 1º do art. 52 prevê que o impedimento para que o bem seja destinado ao uso do mesmo ramo do locatário não se aplica "se a locação também envolvia o fundo de comércio, com as instalações e pertences". Isso porque, se a locação engloba o fundo de comércio, o locatário se aproveita do ponto criado pelo locador, havendo o inquilino "apenas se beneficiado, ao alugar o imóvel, desse elemento importante para a atividade empresarial".[126] Dessa forma, sendo o fundo de comércio – elemento principal protegido pela renovatória – do locador, não há razão para que seja ele impedido de continuar a usufrui-lo, para a mesma atividade, depois de retomado o bem.

Muito embora a lei de locação estabeleça essa exceção – possibilidade de destinação do imóvel à mesma atividade do locatário – apenas para os casos de retomada para uso próprio, obviamente é aplicável também à retomada em razão de melhor proposta de terceiro, sempre que a situação fática for a mesma. Vale dizer, se a locação envolver o próprio fundo empresarial, o terceiro que alugar o imóvel poderá utilizá-lo para a mesma finalidade do locatário anterior, sem que isso represente concorrência desleal:

> "Com efeito, se o locatário, autor da ação renovatória, contratou com o locador não apenas a locação do prédio mas também a do fundo empresarial, anteriormente formado pelo arrendador, é evidente que, nesse caso, ocorrendo a retomada em decorrência de melhor proposta de terceiro, poderá este último desenvolver no imóvel o mesmo ramo de atividade do precedente locatário, porque não se poderá falar, aqui, em concorrência desleal, uma vez que o aludido fundo empresarial – cuja proteção é o fundamento maior da renovatória – não foi constituído pelo inquilino atingido pela retomada".[127]

Para José Carlos de Moraes Salles, essa exceção também se aplicará "quando o imóvel houver sido construído para fim determinado" – como cinema, hotel, posto de gasolina –, porque "nesses casos é a própria destinação do prédio que fundamenta a utilização, pelo terceiro, no mesmo ramo de atividade do locatário anterior".[128]

625. Aluguel provisório

A Lei nº 8.245 criou para ação renovatória uma medida provisória equivalente à prevista para a ação revisional, cuja finalidade é defender as partes contra a morosidade do processo. Com efeito, o § 4º do art. 72 autoriza o locador ou sublocador a pedir a fixação de *aluguel provisório.*

A medida provisória deverá ser requerida na contestação da ação renovatória e terá vigência a partir do primeiro mês após o vencimento do contrato em vias de renovação e deverá sofrer as atualizações na periodicidade prevista no contrato e pelo índice escolhido.[129] Seu deferimento

---

[125] SOUZA, Sylvio Capanema de. *A Lei do Inquilinato comentada artigo por artigo.* 12. ed. Rio de Janeiro: Forense, 2021, p. 270.

[126] SALLES, José Carlos de Moraes. *Ação renovatória de locação empresarial.* São Paulo: Ed. RT, 1994, p. 308.

[127] SALLES, José Carlos de Moraes. *Ação renovatória de locação empresarial.* São Paulo: Ed. RT, 1994, p. 176.

[128] SALLES, José Carlos de Moraes. *Ação renovatória de locação empresarial.* São Paulo: Ed. RT, 1994, p. 177. No mesmo sentido: FRANCO, J. Nascimento; GONDO, Nisske. *Ação renovatória e ação revisional de aluguel.* 7. ed. 2. tir. São Paulo: Ed. RT, 1991, p. 189; AGUIAR, José Carlos Pestana de. *Nova lei das locações comentada.* São Paulo: Lumen Juris, 1992, p. 157-164.

[129] Embora a lei estabeleça que o pedido deve ser feito em contestação, Sylvio Capanema de Souza admite que o locador requeira o arbitramento do aluguel provisório posteriormente, porque: "é que a ação

dependerá de prova documental, ainda que sumária e superficial, produzida com a resposta do locador, capaz de evidenciar a defasagem entre o aluguel vigente e o preço do mercado. O *quantum* do aluguel provisório não poderá, outrossim, ultrapassar a vinte por cento do valor pedido pelo locador, na contestação, como sendo o justo preço para a renovação. Aplica-se aqui tudo o que se expôs *supra* no tópico relativo ao aluguel provisório arbitrado na ação revisional.

626. Sentença

A exemplo do que se prevê para a ação revisional, o art. 72, § 5º, da Lei do Inquilinato autoriza o juiz a estabelecer, na sentença que acolhe o pedido de renovação da locação, não apenas o valor do aluguel a vigorar no novo pedido, como também a modificar a periodicidade dos reajustamentos e o índice aplicável aos mesmos reajustamentos do aluguel.[130]

O valor do aluguel mensal a ser fixado "há de refletir o valor de mercado, apurado segundo a resultante da aplicação dos métodos evolutivo (rentabilidade) e comparativo, de largo reconhecimento técnico".[131]

Em relação à renovatória de espaço em *shopping center*, o STJ já decidiu não ser possível a alteração do percentual ajustado pelas partes a título de remuneração variável. Isso porque:

> "6. No contrato de locação de espaço em *shopping center*, para a fixação do locativo, são ponderadas as características especiais do empreendimento e que o diferencia dos demais, como a disponibilidade e facilidade de estacionamento, a segurança do local, a oferta de produtos e serviços, opções de lazer, entre outros. Ou seja, há uma série de fatores que influenciam na fixação da remuneração mensal e que são alheios ao valor de mercado.
>
> 7. Frente às singularidades que diferenciam tais contratos, o art. 54 da Lei nº 8.245/91 assegura a prevalência dos princípios da autonomia da vontade e do *pacta sunt servanda*. Nesse sentido, alteração do aluguel percentual em sede de ação renovatória de locação de espaço em shopping center somente é viável caso demonstrado pela parte postulante – locatário ou locador – o desequilíbrio econômico superveniente resultante de evento imprevisível (arts. 317 e 479 do CC/02). Vale dizer, a dissonância entre o locativo percentual contratado e o valor de mercado não autoriza, por si só, a alteração do aluguel, sob pena de o juiz se imiscuir na economia do contrato".[132]

---

renovatória, como se sabe, deverá ser ajuizada no penúltimo semestre de vigência do contrato, sendo difícil, no momento da contestação, prever o comportamento do mercado, mais de seis meses depois, quando deverá entrar em vigor o aluguel provisório. Nada mais prudente, então, que o locador se reserve para reclamar o aluguel provisório mais próximo do término do prazo do contrato renovando, quando já transparente as condições atuais do mercado, evitando-se, assim, que ele logo se defase, tornando inócua a medida" (SOUZA, Sylvio Capanema de. *A Lei do Inquilinato comentada artigo por artigo.* 12. ed. Rio de Janeiro: Forense, 2021, p. 468).

[130] A alteração da periodicidade e dos índices justifica-se pela necessidade de restabelecer "o equilíbrio econômico pretendido pelas partes quando da celebração do contrato" (2º TACivSP, Ap. 251.298-0, Rel. Juiz Narciso Orlandi, ac. 06.02.1990, *Revista Forense*, v. 308, p. 130). Sem embargo de a alteração de periodicidade de reajustamento estar condicionada pelo § 5º do art. 72 da Lei nº 8.245/1991 a pedido do locador, o STJ já decidiu não ser *ultra petita* a alteração determinada por iniciativa do juiz. O argumento foi de que "à lei é dado o dever de, na renovatória, ajustar o aluguel ao preço do mercado" (STJ, 5ª T., REsp 62.680/SP, Rel. Min. José Dantas, ac. 10.03.1997, *DJU* 14.04.1997, p. 12.762, *RSTJ* 96/381).

[131] TJRJ, 2ª Câmara Cível, Ap. 0402019-81.2015.8.19.0001, Rel. Des. Jessé Torres Pereira Júnior, ac. 20.03.2016, *DJe* 22.03.2019.

[132] STJ, 3ª T., REsp 1.947.694/SP, Rel. Min. Nancy Andrighi, ac. 14.09.2021, *DJe* 16.09.2021.

A força da sentença, portanto, é *constitutiva*, quando acolhe a pretensão do inquilino. Impõe ao locador uma nova relação *ex locato*, cujos termos básicos podem não ser os mesmos do contrato anterior. Mas, além desse caráter constitutivo, há também uma grande dosagem de força *condenatória* no deferimento da renovação judicial do contrato de locação para fins comerciais, já que as diferenças entre os aluguéis pagos durante o processo e aqueles que foram finalmente fixados pela sentença podem ser executadas nos próprios autos da ação, devendo ser pagas de uma só vez (art. 73).[133] Há, então, possibilidade de execução provisória tanto da decisão que fixa os aluguéis provisórios como da sentença que fixa os aluguéis definitivos, se houver apelação que, na espécie, não tem efeito suspensivo.

A falta de pagamento do aluguel provisório, no seu devido tempo, configurará mora do locatário e poderá ensejar despejo por falta de pagamento. O novo texto do art. 62, *caput*, da Lei nº 8.245/1991, decorrente da Lei nº 12.112, esclarece bem que o despejo por falta de pagamento tanto pode se apoiar no aluguel definitivo ou provisório como nas diferenças de aluguéis definidas nas ações de revisão ou de renovação do contrato locatício.

A sentença que acolhe o pedido renovatório fixará o prazo de duração da locação renovada compulsoriamente, que em princípio será igual ao do contrato anterior[134]. Pode ser que o contrato primitivo tenha vigorado por longo prazo, muito além do requisito mínimo de cinco anos (Lei nº 8.245/1991, art. 51, II). Isto, porém, não assegura ao inquilino a renovação por prazo igual.

A propósito, o STJ, em jurisprudência que vem sendo mantida desde o regime da antiga Lei de Luvas (Dec. nº 24.150/1934) e se conserva inalterada na vigência da atual Lei do Inquilinato (Lei nº 8.245/1991), consagra a orientação de que o prazo máximo da renovação compulsória do contrato de locação comercial será de cinco anos, ainda quando a vigência da antiga avença locatícia supere esse lapso[135].

Quanto à verba da sucumbência, não há condenação, porque a ação limita-se ao acertamento das condições da renovação contratual. Se a lide se restringe a isto, não há vencedor nem vencido, devendo as custas serem rateadas e aos honorários do advogado de cada parte custeados pelos litigantes, separadamente. Se, todavia, há controvérsia na litiscontestação sobre o direito à renovação ou se a sentença acolhe a proposta de aluguel de uma só das partes, revelando ser temerária a pretensão da outra a aluguel substancialmente diverso, o caso é de verdadeira sucumbência, devendo ser condenado o litigante derrotado às custas e honorários, dentro da sistemática dos arts. 82 e 85 do CPC/2015.[136] Ver, *retro*, o item 6.10, a propósito da sucumbência na ação revisional de aluguel.

---

[133] "A sentença de procedência do pedido renovatória produz efeitos *ex tunc*, isto é, o novo aluguel é devido desde o primeiro dia imediatamente posterior ao fim do contrato primitivo. Fixado o novo valor do aluguel, pode remanescer saldo relativo às diferenças de aluguéis vencidos em favor do locador ou do locatário, a depender de o novo valor ser, respectivamente, maior ou menor do que o original. As diferenças, se existentes, a teor do art. 73 da Lei n. 8.245/1991, serão executadas nos próprios autos da ação renovatória. 4 – O termo inicial dos juros de mora relativos às diferenças dos aluguéis vencidos será (a) ou a data para pagamento fixada na própria sentença transitada em julgado (*mora ex re*) (b) ou a data da intimação do devedor – prevista no art. 523 do CPC/2015 – para pagamento no âmbito da fase de cumprimento de sentença (mora *ex persona*)" (STJ, 3ª T., REsp. 1.929.806/SP, Rel. Min. Nancy Andrighi, ac. 07.12.2021, *DJe* 13.12.2021).

[134] STF, Pleno, RE 75.189-ED-EDV, Rel. Min. Aliomar Baleeiro, ac. 23.10.1974, *DJU* 08.01.1975, p. 71.

[135] STJ, 4ª T., REsp 1.990.552/RS, Rel. Min. Raul Araújo, ac. 17.05.2022, *DJe* 26.05.2022.

[136] "Vencida na ação renovatória, em parte substancial do pedido, à autora incumbe os ônus da sucumbência" (STJ, 3ª T., REsp 12.841/RJ, Rel. Min. Dias Trindade, ac. 17.09.1991, *DJU* 28.10.1991, p. 15.258). "Tratando-se de renovatória adstrita ao arbitramento de aluguel, a lide será considerada de acertamento, devendo as custas e honorários advocatícios serem divididos entre os demandantes" (STJ, 6ª T., REsp 407.432/MG, Rel. Min. Fernando Gonçalves, ac. 18.04.2002, *DJU* 06.05.2002, p. 347). No mesmo sentido: STJ, 5ª T., REsp 79.040/

627. Sentença de retomada

"Não sendo renovada a locação, o juiz determinará a expedição de mandado de despejo, que conterá o prazo de 30 (trinta) dias para a desocupação voluntária, se houver pedido na contestação" (Lei nº 8.245/1991, art. 74, com redação da Lei nº 12.112/2009). A ação renovatória, como já se afirmou, é dúplice, permitindo ao réu contra-atacar o autor na contestação, sem depender de ação reconvencional para recuperar o imóvel.

Ao tempo da Lei de Luvas, havia uma corrente jurisprudencial que entendia somente ser possível a decretação da retomada se a sentença apreciasse o mérito da ação, sendo descabível quando se decretava a carência de ação, extinguindo-se o processo sem julgamento do mérito. A nosso modo de ver, dita orientação nunca teve razão de ser, pois, se se atribui à ação o feito de *actio duplex*, a contestação do demandado será verdadeira reconvenção. E, diante da reconvenção, pouco importa que haja extinção da ação principal sem julgamento de mérito. A lei é expressa em permitir que a reconvenção tenha prosseguimento autônomo mesmo depois de extinta a ação, por matéria de preliminar (CPC/2015, art. 343, § 2º).

Ora, se a reconvenção pode ser julgada pelo mérito depois de extinta a ação principal, sem apreciação do mérito, claro é que o pedido de retomada também podia ser apreciado pelo mérito quando o inquilino fosse declarado carecedor da renovatória. As coisas, porém, ficaram mais claras, ainda, porque o art. 74 da Lei nº 8.245 não faz mais referência alguma à improcedência do pedido de renovação da locação. Diz simplesmente que, "não sendo renovada a locação", será fixado o prazo de desocupação, se na contestação o locador houver manifestado o pedido de retomada. Não importa, então, o motivo pelo qual não se renovou a locação, se de mérito (improcedência) ou de natureza preliminar (carência de ação). Desde que não renovada a locação o juiz terá de examinar, na mesma sentença, a pretensão recuperatória do imóvel veiculada na contestação.

Por outro lado, durante o prazo de desocupação, continuará a vigorar o aluguel provisório arbitrado no curso da renovatória, com seus reajustes posteriores, ou o aluguel apurado na perícia, se inexistir o provisório.[137] É importante, pois, que a sentença de retomada se pronuncie, claramente, sobre a questão dos aluguéis do prazo de desocupação.

628. Execução de sentença

Havia em relação a essa sentença uma quebra do sistema de execução provisória adotada como regra geral para todas as ações locatícias (Lei nº 8.245/1991, art. 58, V). É que, mesmo sem o efeito suspensivo da apelação intentada contra a sentença que defere a retomada por

---

SP, Rel. Min. Edson Vidigal, ac. 27.10.1997, *DJU* 24.11.1997, p. 61.261. Se a renovação vem a ser deferida pelo mesmo valor que o locatário desde o início havia proposto, sem aceitação por parte do locador, este deverá ser havido como sucumbente, para o fim de suportar as custas e honorários advocatícios (STJ, 5ª T., REsp 603.740/RJ, Rel. Min. José Arnaldo Esteves, ac. 05.10.2004, *DJU* 08.11.2004, p. 278).

[137] Desde o tempo do Decreto-lei nº 24.150 que a jurisprudência se fixou no sentido de que, "vencido na ação renovatória, o locatário deve pagar, a partir do término do contrato, o aluguel fixado pela perícia para a hipótese de renovação" (STJ, 4ª T., REsp 5.850/SP, Rel. Min. Barros Monteiro, ac. 30.04.1991, *DJU* 24.06.1991, p. 8.643). Na vigência da Lei atual: STJ, 5ª T., REsp 862638/RJ, Rel. Min. Arnaldo Esteves Lima, ac. 01.04.2008, *DJe* 28.04.2008; STJ, 5ª T., REsp 315.721/SP, Rel. Min. Gilson Dipp, ac. 28.06.2001, *DJU* 27.08.2001, p. 399). Embora não haja uma uniformidade completa acerca do aluguel a ser pago durante o tempo de desocupação, após a denegação da renovatória, o reconhecimento é unânime de que haverá necessidade de atualizá-lo, por não ser justo que, extinto o contrato, continue o locatário a pagar um valor defasado. A melhor solução continua sendo aquela preconizada pela corrente jurisprudencial dominante, e que mereceu acolhida da Corte Especial do STJ, qual seja, "o valor fixado pela perícia para o caso de renovação" (STJ, Corte Especial, EREsp 34.240/RJ, Rel. Min. Pádua Ribeiro, ac. 23.05.1995, *DJU* 21.08.1995, p. 25.342).

consequência do insucesso na renovatória, o certo é que a lei só permitia a contagem do prazo de desocupação após o respectivo trânsito em julgado da sentença (Lei nº 8.245/1991, art. 74). *In casu*, portanto, somente haveria execução definitiva. A anomalia foi corrigida na reforma promovida por meio da Lei nº 12.112. O novo texto do art. 74 não mais vincula a retomada ao trânsito em julgado da sentença de rejeição da renovatória. Tornou-se certo, portanto, que a retomada na ação renovatória segue a regra geral aplicável a todas as ações locatícias, ou seja, sujeita-se tanto a execução definitiva como provisória.

A regulamentação do prazo de retomada constante do art. 74 da Lei do Inquilinato, na versão da Lei nº 12.112/2009, foi qualificada pelo STJ como inovação de *lei processual*, e não de lei material. Assim, para efeito de direito intertemporal, é de aplicação imediata, inclusive aos processos julgados sob o regime anterior. Prevalecem, portanto, o prazo de desocupação (trinta dias) e o termo inicial (prolação da sentença), mesmo no caso de a decisão velha ter adotado expressamente os critérios do texto primitivo do art. 74. No entanto, para que se dê a desocupação em execução provisória, segundo o novo regime estabelecido pela Lei nº 12.112/2009, é "necessária a intimação pessoal da locatária, por meio de mandado de despejo, com prazo de 30 (trinta) dias (Lei nº 8.245/1991, art. 74), para a desocupação do imóvel", como entende o STJ.[138]

Optando o locador por executar a sentença de retomada antes do julgamento do recurso pendente, isto será possível porque desprovido de eficácia suspensiva. Porém, deverá fazê-lo por sua conta e risco e mediante prestação de caução (CPC/2015, art. 520).

Aplica-se a regra própria do despejo praticado em caráter provisório (Lei nº 8.245/1991, art. 64, *caput*), segundo a qual o locador, para executar provisoriamente a retomada, deverá prestar caução no valor não inferior a seis meses nem superior a doze meses do aluguel, atualizado até a data da prestação da caução. Esta, por sua vez, poderá ser real ou fidejussória, conforme previsto no § 1º do mesmo artigo da Lei nº 8.245.

Em relação à cobrança das diferenças de aluguel, sempre se considerou que a sentença da renovatória mostrava-se perfeitamente exequível, em caráter provisório, enquanto estivesse pendente eventual recurso de apelação. A posição do legislador tornou-se mais clara, ainda, após a Lei nº 12.112, que modificou o texto do art. 62 da Lei nº 8.245 para, explicitamente, permitir a ação de despejo tanto por falta de pagamento de aluguel definitivo como provisório, assim como das diferenças de aluguel derivadas das ações revisionais e renovatórias. Quer isto dizer que o senhorio pode não só cobrar os aluguéis provisórios e as diferenças de aluguéis, independentemente do trânsito em julgado, bem como pode retomar o prédio locado se o inquilino não cumprir o novo preço estipulado pela sentença, que tenha sofrido ataque por recurso desprovido de efeito suspensivo. Esse é o regime atual aplicável às ações renovatórias e revisionais.

Para o STJ, "sobre as diferenças entre os valores do aluguel estabelecido no contrato e aquele fixado na renovatória, incidirão juros de mora desde i) a data para pagamento fixada na própria sentença transitada em julgado (mora *ex re*) ou ii) a data da intimação do devedor para pagamento na fase de cumprimento de sentença (mora *ex persona*)". Já na fase de conhecimento, "deve-se fixar como termo inicial dos juros moratórios a data da intimação do devedor para pagamento na fase cumprimento de sentença, em observância ao art. 523 do CPC/2015, haja vista o efeito interpelativo da intimação".[139]

---

[138] STJ, 3ª T., REsp 1.307.530/SP, Rel. Min. Paulo de Tarso Sanseverino, ac. 11.12.2012, *DJe* 11.03.2013.

[139] STJ, 3ª T., REsp 1.888.401/DF, Rel. Min. Marco Aurélio Bellizze, ac. 22.03.2022, *DJe* 05.04.2022.

Também, no caso de decretação de retomada, continuará o locatário a pagar o aluguel provisório corrigido até a efetiva desocupação do prédio, sujeitando-se à execução forçada por quantia certa.

629. Indenização de perdas e danos

Se a retomada for deferida para atender à melhor proposta de locação por terceiro (Lei nº 8.245/1991, art. 72, III), a sentença, desde logo, fixará a indenização devida ao locatário em consequência da não prorrogação do contrato. Em tal caso, a condenação atingirá, solidariamente, o locador e o terceiro proponente (art. 75).

A despeito de a lei tratar de forma genérica a indenização em caso de retomada em razão de melhor proposta de terceiro, a verba não será devida invariavelmente. É essencial que se analise, no caso concreto, se houve, de fato, perda por parte do locatário. Quando a locação engloba o fundo de comércio, por exemplo, o inquilino não sofrerá perdas quanto a esse elemento empresarial, já que terá simplesmente se beneficiado dele durante o contrato. Na espécie, não haverá que se falar em indenização, sob pena de enriquecimento indevido.

Se a finalidade da indenização é justamente o ressarcimento dos prejuízos em razão da perda do lugar e da desvalorização do fundo de comércio (art. 52, § 3º), a verba somente é devida quando o ponto e o fundo pertencerem efetivamente ao locatário. Se, ao contrário, eles já existiam e integraram a locação como um todo, não há o que ser compensado.[140]

Outras hipóteses de condenação a perdas e danos a ser imposta ao locador, por retomada, constam dos incisos do art. 52: *(i)* se, por determinação do Poder Público, tiver que realizar no imóvel obras que importarem na sua radical transformação; ou para fazer modificações de tal natureza que aumente o valor do negócio ou da propriedade; *(ii)* o imóvel vier a ser utilizado por ele próprio ou para transferência de fundo de comércio existente há mais de um ano, sendo detentor da maioria do capital o locador, seu cônjuge, ascendente ou descendente.[141] Não se instituiu, porém, o direito de retenção do imóvel pelas indenizações asseguradas ao locatário.

O locatário fará, ainda, jus à indenização pela não renovação do contrato se *(i)* constatada a insinceridade do pedido, a qual ocorrerá quando *(a)* o locador não der ao imóvel, no prazo de três meses da entrega, o destino alegado; ou *(b)* não iniciar, no mesmo prazo, as obras determinadas pelo Poder Público ou que declarou pretender realizar.

A indenização, nesses casos, ressarcirá os prejuízos e os lucros cessantes que o locatário tiver que arcar com a mudança, perda do lugar e desvalorização do fundo de comércio (art. 52, § 3º).

---

140 "Todavia, pode acontecer que o ponto ou o lugar tenha derivado, simplesmente, da própria localização do imóvel, sem que o locatário nada tenha acrescentado a esse elemento topográfico que pudesse significar aumento de seu valor. Por outro lado, pode suceder que o ponto tenha sido criado pelo locador, havendo o locatário tão somente se beneficiado, ao alugar o imóvel, desse elemento importante para a atividade empresarial. Nessas hipóteses, como é óbvio, parece-nos que não se poderá falar em prejuízo ressarcível, em favor do locatário, pela perda do lugar, porque ele não contribuiu, de nenhum modo, para a formação do ponto ou lugar" (SALLES, José Carlos de Moraes. *Ação renovatória de locação empresarial.* São Paulo: Ed. RT, 1994, p. 308).

141 "Na retomada para construção mais útil, de imóvel sujeito ao Decreto nº 24.150, de 24.04.34, a indenização se limita às despesas de mudança" (STF, Súmula nº 444). É bom registrar, contudo, que a Lei nº 8.245 não prevê mais essa indenização. No caso, porém, de retomada para locação a terceiro, com melhor proposta, a indenização autorizada pela nova lei é mais ampla e deverá compreender não só os prejuízos emergentes, como os lucros cessantes, decorrentes da mudança e da perda do ponto, bem como da desvalorização do fundo de comércio (Lei nº 8.245, art. 52, § 3º).

Fluxograma nº 56 – Ação renovatória (Lei nº 8.245/1991, arts. 71 a 75)

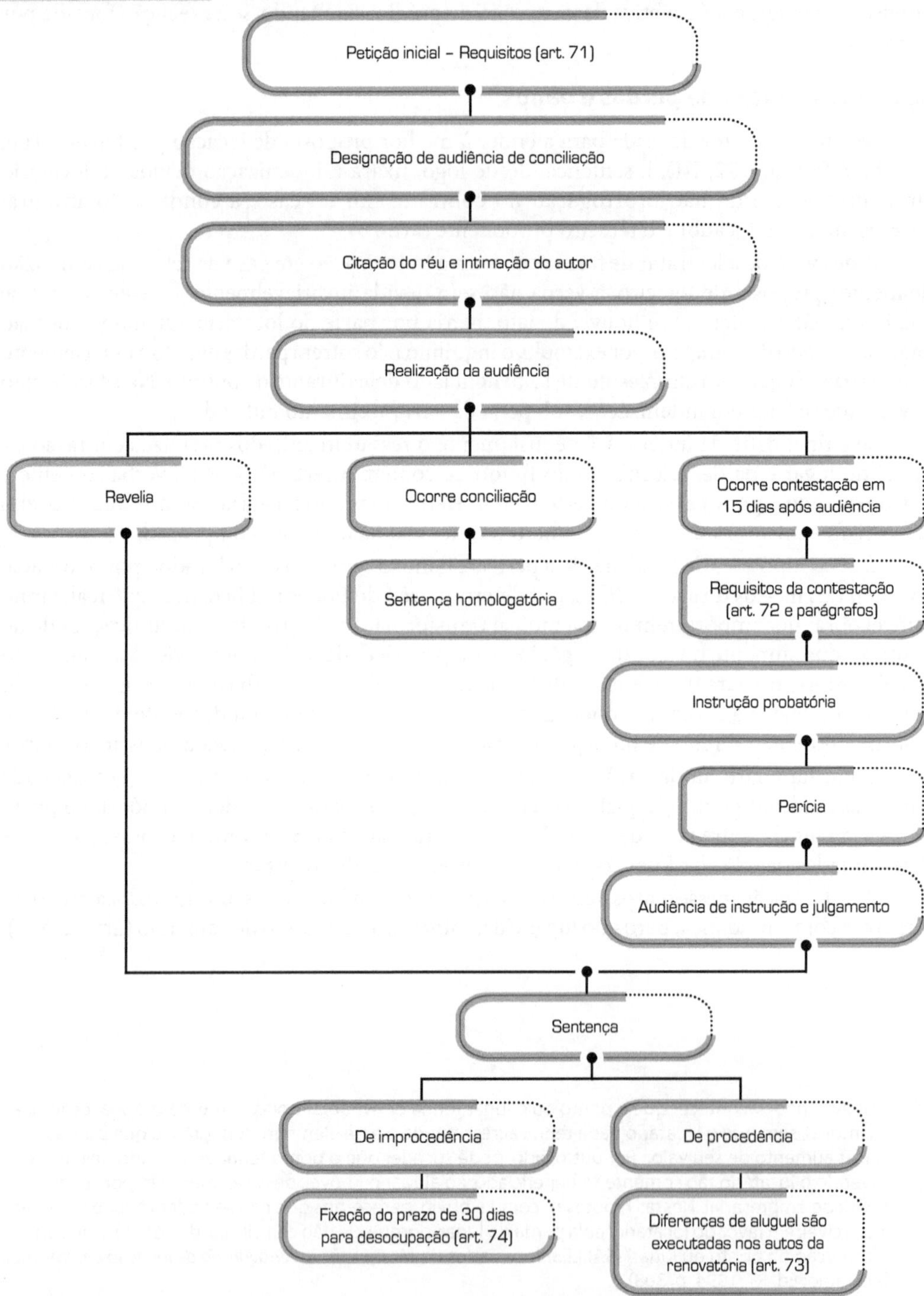

Nota: Os pontos omissos da ação renovatória são preenchidos pelas regras do procedimento comum (CPC/2015, art. 318, parágrafo único).

Capítulo XXXV
AÇÕES DECORRENTES DE *LEASING* E ALIENAÇÃO FIDUCIÁRIA

§ 77. ALIENAÇÃO FIDUCIÁRIA EM GARANTIA

630. Introdução

Por meio de negócio jurídico, a propriedade de uma coisa móvel ou imóvel pode ser transferida para o credor, de forma resolúvel, constituindo-se, dessa maneira, uma garantia real.[1] A posse conserva-se com o devedor, e o domínio é mantido pelo credor até que o débito do alienante seja solvido. Enquanto dura o gravame, o devedor se comporta como possuidor direto e o credor como possuidor indireto.[2] Vigora, portanto, uma propriedade resolúvel, sem posse, para o credor e uma posse com expectativa de reaquisição de domínio (condição suspensiva) para o devedor.[3] Se a dívida é resgatada, resolve-se a propriedade fiduciária do credor e restabelece-se a propriedade plena do devedor. Se ocorre o inadimplemento, surge para o credor o direito de imitir-se na posse que até então se conservava com o devedor, para o fim específico de vender o objeto da garantia, independentemente das exigências próprias das alienações judiciais, aplicando o produto apurado na satisfação de seu crédito. Embora se consolide a posse com o domínio na pessoa do credor fiduciário, não pode ele conservar o bem, sendo obrigado a promover sua alienação.[4]

A introdução desse tipo de negócio jurídico no direito positivo brasileiro deu-se pelo art. 66 da Lei nº 4.728, de 14.07.1965 (Lei do Mercado de Capitais) (artigo posteriormente revogado pela Lei nº 10.931/2004), seguido pelas alterações do Decreto-lei nº 911, de 01.10.1969. Por isso, vinha prevalecendo o entendimento de que seria utilizável apenas nos contratos praticados pelas instituições financeiras, devendo, outrossim, recair somente sobre as coisas corpóreas móveis.

A Lei nº 9.514, de 20.11.1997, ao dispor sobre o Sistema Financeiro Imobiliário, instituiu, no entanto, a alienação fiduciária também das coisas imóveis, em garantia de obrigação própria

---

1 "Considera-se fiduciária a propriedade resolúvel de coisa móvel infungível que o devedor, com escopo de garantia, transfere ao credor" (CC, art. 1.361, *caput*). A garantia assim constituída "decorre da conjugação da transferência da propriedade com o não desapossamento da coisa que era do devedor e que serve de garantia de pagamento, com evidente natureza contratual de tal avença" (DINIZ, Gustavo Saad. A falta de tradição na venda de bem imóvel como obstáculo aos efeitos de contrato sucessivo. *Revista dos Tribunais*, v. 981, p. 498, São Paulo, jul./2017; MOREIRA ALVES, José Carlos. *Da alienação fiduciária em garantia*. 3. ed. Rio de Janeiro: Forense, 1987, p. 45).

2 Código Civil, art. 1.361, § 2º.

3 O negócio fiduciário serve-se de um constituto possessório, que representa uma transferência negocial da posse (tradição ficta ou simbólica), por meio da qual aquele que já possuía o bem como próprio passa a possuí-lo em nome de outrem.

4 "É nula a cláusula que autoriza o proprietário fiduciário a ficar com a coisa alienada em garantia, se a dívida não for paga no vencimento" (CC, art. 1.365, *caput*). Admite-se, porém, a dação em pagamento, por meio de novo negócio jurídico ajustado entre as partes, após o vencimento da dívida (CC, art. 1.365, parágrafo único).

ou de terceiro (art. 22, com a redação da Lei nº 14.711/2023), destinando-se à contratação por qualquer pessoa física ou jurídica, não sendo, portanto, privativa das entidades que operam no SFI (art. 22, § 1º, com a redação da Lei nº 14.711/2023).[5] Outras importantes inovações no procedimento da alienação fiduciária, regulado pelo Decreto-lei nº 911, foram criadas pela Lei nº 10.931, de 02.08.2004, e mais recentemente, pela Lei nº 14.711, de 30.10.2023.

Com o advento, outrossim, do Código Civil de 2002, a alienação fiduciária das coisas móveis também foi generalizada, deixando de ser privilégio das instituições do sistema financeiro (CC, arts. 1.361 a 1.368-B).

A garantia real, na espécie, depende de registro do contrato no Registro de Títulos e Documentos (coisas móveis),[6] ou no Registro de Imóveis,[7] para valer contra terceiro. No caso particular de veículos, o art. 1.361, § 1º, segunda parte, do CC, a constituição do gravame se dá na repartição competente para o licenciamento, fazendo-se a anotação no certificado de registro.[8] A forma da constituição da garantia real, na espécie, reclama escritura, que, todavia, não precisa ser pública, nem mesmo quando o bem gravado seja imóvel.[9]

Uma vez que, no plano de direito obrigacional (e não no plano de direito real), o registro da alienação fiduciária em garantia tem como objetivo estender seus efeitos para terceiros, a ausência de tal medida não retira a validade do ajuste entre os contratantes[10], não permitindo, por exemplo, o arrependimento unilateral do devedor, autorizado pela legislação consumerista para os compromissos de compra e venda comuns[11].

630.1. A propriedade do devedor fiduciante como requisito da constituição da garantia real em favor do credor fiduciário

A propriedade das coisas móveis transfere-se pela *tradição* (entrega pelo alienante do bem negociado ao adquirente). Não basta o contrato, nem a sua transcrição em registro público. Para que a propriedade mobiliária seja juridicamente transferida, é necessária a transmissão da posse da coisa móvel negociada entre as partes contratantes, fato que corresponde ao cumprimento

---

[5] STJ, Súmula nº 586: "A exigência de acordo entre o credor e o devedor na escolha do agente fiduciário aplica-se, exclusivamente, aos contratos não vinculados ao Sistema Financeiro da Habitação – SFH".

[6] Código Civil, art. 1.361, § 1º. Segundo a jurisprudência, "é legítima a celebração de contrato de alienação fiduciária de imóvel como garantia de toda e qualquer obrigação pecuniária, podendo inclusive ser prestada por terceiros, não havendo que se cogitar de desvio de finalidade" (STJ, 4ª T., AgInt no AREsp 1.303.606/MS, Rel. Min. Maria Isabel Gallotti, ac. 20.02.2020, *DJe* 03.03.2020).

[7] Lei nº 9.514/1997, art. 23.

[8] O § 1º, segunda parte, do art. 1.361 do CC, foi declarado constitucional pelo STF (ADI 4.333/DF, Pleno, Rel. Min. Marco Aurélio, ac. 21.10.2015, *DJe* 31.03.2016).

[9] Os atos e contratos referidos nesta Lei ou resultantes da sua aplicação, mesmo aqueles que visem à constituição, transferência, modificação ou renúncia de direitos reais sobre imóveis, poderão ser celebrados por escritura pública ou por instrumento particular com efeitos de escritura pública." (Lei nº 9.514/1997, art. 38, com a redação da Lei nº 11.076/2004. Por meio das inovações legislativas compatibilizaram-se os instrumentos da alienação fiduciária sobre imóveis com as formalidades reclamadas pelo art. 103 do Código Civil (RESTIFFE, Paulo Sérgio. Aspectos gerais e inovações da alienação fiduciária em garantia. *Revista Trinolex*, n. 1, p. 58, dez./2004).

[10] STJ, 2ª Seção, EREsp 1.866.844/SP, Rel. p/ ac. Min. Ricardo Villas Bôas Cueva, ac. 27.09.2023, *DJe* 09.10.2023.

[11] "Admitir a rescisão do contrato de alienação fiduciária de bem imóvel com base nas normas de proteção ao direito do consumidor, ou seja, com a devolução da maior parte dos valores pagos e a retenção de um pequeno percentual a título de ressarcimento de eventuais despesas, seria desvirtuar por completo o instituto, que certamente cairia em desuso, em prejuízo dos próprios consumidores de imóveis, que teriam maior dificuldade de acesso ao crédito e juros mais elevados" (Voto do Relator p/ ac. No STJ, 2ª Seção, EREsp 1.866.844/SP, Rel. p/ ac. Min. Ricardo Villas Bôas Cueva, ac. 27.09.2023, *DJe* 09.10.2023).

da obrigação ajustada no contrato de compra e venda ou outro negócio translatício equivalente (Cód. Civ., art. 1.267).[12]

Quando, porém, a alienação do bem móvel é feita fiduciariamente, entre devedor e credor, para constituição de garantia real de pagamento do débito entre eles existente, a denominada *propriedade fiduciária* é adquirida pelo credor por força do próprio contrato, sem necessidade de tradição efetiva do objeto da garantia para a posse do credor, ou seja: a lei considera transferida contratualmente a posse indireta para o credor fiduciário, tornando-se o devedor, desde então, possuidor indireto (Cód. Civ., art. 1.361, § 2º).[13]

Se, de um lado, o devedor fiduciante transmite a propriedade fiduciária ao credor, sem depender da tradição efetiva da coisa móvel, o certo, porém, é que essa transmissão só será válida quando o devedor for realmente o dono da coisa alienada fiduciariamente em garantia.

Se, como é comum nos negócios a prazo, o vendedor retém a coisa móvel alienada para aguardar o pagamento do preço, torna-se inviável a contratação de financiamento com agente financeiro, antes que a tradição se concretize. É que, sem a entrega do bem ao comprador, este não se torna proprietário, e sem o requisito da propriedade, o interessado não tem condições de constituir validamente a propriedade fiduciária em garantia do financiador, como já decidiu o STJ.[14]

Em situação como essa, a constituição da alienação fiduciária só será válida e eficaz quando no contrato de financiamento participarem tanto o vendedor quanto o comprador, cautela, aliás, geralmente observada pelos agentes financeiros. Sem a presença do atual proprietário (o vendedor, que conserva o bem em sua posse), a contratação da alienação fiduciária não enseja a constituição da propriedade-garantia do financiador, por configurar alienação de propriedade *a non domino*. Vale o contrato de empréstimo, para sustentar a execução da soma mutuada, como título de crédito quirografário, não como de crédito com os privilégios da garantia real próprios da alienação fiduciária.

631. Remédios processuais utilizáveis pelo credor fiduciário (coisas móveis)

Pela sistemática do Decreto-lei nº 911, havia, originalmente, dois procedimentos ao alcance do credor titular da garantia de alienação fiduciária:

(a) a ação de busca e apreensão; e
(b) a execução por quantia certa.

No caso de alienação fiduciária de bem imóvel, a Lei nº 9.514/1997 instituiu um procedimento administrativo desenvolvido perante o Oficial do Registro Imobiliário, para consolidar a posse e o domínio do credor, quando o devedor se torna inadimplente (art. 26 e parágrafos). A Lei nº 14.711/2023, inovando o regime do Decreto-lei nº 911/1969, estabeleceu

---

[12] Diferente é a situação dos bens imóveis, cuja transferência dominial, entre vendedor e comprador, ocorre com o registro do negócio translatício no Registro de Imóveis, sem depender de prévia imissão do adquirente na posse efetiva do imóvel negociado (Cód. Civ., art. 1.245).

[13] "Constitui-se a propriedade fiduciária com o registro do contrato, celebrado por instrumento público ou particular, que lhe serve de título, no Registro de Títulos e Documentos do domicílio do devedor, ou, em se tratando de veículos, na repartição competente para o licenciamento, fazendo-se a anotação no certificado de registro" (Cód. Civ., art. 1.361, § 1º).

[14] "A propriedade fiduciária em garantia, em exceção legal à necessidade de tradição do bem, é transmitida com o registro do contrato de alienação fiduciária. Para tanto, é imprescindível que participe do contrato parte capaz e dotada de pleno domínio sobre o bem objeto da garantia" (STJ, 3ª T., REsp 1.513.190/DF, Rel. Min. Marco Aurélio Bellizze, ac. 28.03.2017, *DJe* 07.04.2017).

também procedimento administrativo similar para alienação fiduciária de bens móveis, a cargo, porém, do Oficial do Registro de Títulos e Documentos (Decreto-lei nº 911, art. 8º-B, *caput*, incluído pela Lei nº 14.711/2023).

A obrigação assegurada por alienação fiduciária pode, ainda, ser garantida por fiança, hipoteca, penhor, caução de títulos, aval e anticrese, tendo, naturalmente, como objeto outros bens que não os do gravame fiduciário. Nesse caso, as diferentes garantias serão excutíveis nos moldes normais da execução por quantia certa.

Embora seja, em regra, o devedor aquele que aliena fiduciariamente, é admissível, também, que a constituição do gravame recaia sobre bem de terceiro garante. A busca e apreensão, quando cabível, será movida contra o garantidor, e não contra o devedor.

Não obstante a possibilidade de várias garantias e de diversas ações postas ao alcance do credor fiduciário, o princípio da menor onerosidade vigente em favor do devedor não permite o exercício concomitante da ação de busca e apreensão e da execução por quantia certa, seja esta intentada contra o devedor ou terceiro garante.[15] É preciso exaurir a primeira ação, ou dela desistir, para passar à segunda modalidade executiva.

Ao credor fiduciário, outrossim, cabe o direito, em caso de inadimplemento contratual, de promover a inscrição do nome dos devedores, inclusive os solidários, em bancos de dados de proteção ao crédito, independentemente de optar pela excussão da garantia ou pela ação de execução.[16]

632. Busca e apreensão

É a ação típica instituída para a execução da garantia real sobre coisas móveis, sob a modalidade de alienação fiduciária. Por seu intermédio o credor consegue consolidar a posse e o domínio sobre o bem gravado. Trata-se de ação especial, com elementos tanto de cognição como de execução, com as seguintes particularidades:

(a) Petição inicial: além dos requisitos do art. 319 do CPC/2015, a inicial da busca e apreensão deve satisfazer mais as exigências que se seguem: *(i)* a coisa gravada deve ser individuada adequadamente; *(ii)* a dívida deve ser descrita com a demonstração de seu montante e vencimento; *(iii)* o contrato de alienação fiduciária,[17] assim como a prova da mora (protesto do título cambiário ou protesto por meio de carta enviada por intermédio do Oficial do Registro de Títulos e Documentos).[18]

Para comprovação da mora, não se exige propriamente uma interpelação, haja vista que o art. 2º, § 2º, do Decreto-lei nº 911/1969 é expresso ao prever que a mora nos contratos de alienação fiduciária decorrerá do simples vencimento do prazo de pagamento e poderá ser comprovada por carta registrada com aviso de recebimento, não exigindo que a assinatura

---

[15] STJ, 4ª T., REsp 576.081/SP, Rel. Min. Luis Felipe Salomão, ac. 25.05.2010, *DJe* 08.06.2010.

[16] STJ, 3ª T., REsp 1.833.824/RS, Rel. Min. Nancy Andrighi, ac. 05.05.2020, *DJe* 11.05.2020.

[17] É necessária a juntada do original do título de crédito (cédula de crédito bancário) a fim de aparelhar ação de busca e apreensão em caso de inadimplemento de financiamento garantido por alienação fiduciária (STJ, 3ª T., REsp 1.946.423/MA, Rel. Min. Nancy Andrighi, ac. 09.11.2021, *DJe* 12.11.2021).

[18] "Permite-se, para a comprovação da mora do devedor, a notificação extrajudicial ou o protesto do título, ainda que levado a efeito mediante edital" (STJ, 4ª T., REsp 576.081/SP, Rel. Min. Luis Felipe Salomão, ac. 25.05.2010, *DJe* 08.06.2010). Entretanto, "o entendimento jurisprudencial deste Superior Tribunal determina que, para realização do protesto do título por edital, devem ser esgotados todos os meios para localizar o devedor, o que no caso não ocorreu" (STJ, 4ª T., REsp 1.473.296/PR, Rel. Min. Luis Felipe Salomão, decisão de 26.03.2015, *DJe* 07.04.20015). No mesmo sentido: STJ, 4ª T., Ag.Rg. no Ag. 955.688/RS, Rel. Min. João Otávio de Noronha, ac. 07.10.2008, *DJe* 03.11.2008; STJ, 3ª T., Ag.Rg. no Ag. 992.301/RS, Rel. Min. Sidnei Beneti, ac. 11.09.2008, *DJe* 11.09.2008.

constante do referido aviso seja a do próprio destinatário. Segundo entendimento do STJ em Recursos Repetitivos, é suficiente que o envio da notificação extrajudicial ao devedor se dê para o endereço indicado no contrato, dispensando-se a prova do recebimento, quer seja pelo destinatário, quer por terceiro.[19] Ainda na visão do STJ, admite-se que a notificação extrajudicial possa ser efetuada por meio do correio eletrônico, desde que "indicado no contrato de alienação fiduciária e seja comprovado seu efetivo recebimento, uma vez cumpridos os mesmos requisitos exigidos da carta registrada com aviso de recebimento".[20]

(b) Liminar: estando em ordem a petição inicial, a busca e apreensão é liminarmente deferida, por meio de decisão interlocutória, a ser executada antes mesmo da citação do réu. Contra essa decisão, o recurso interponível é o agravo, seja o caso de concessão ou não da liminar.

Cumprida a liminar, e passados cinco dias, opera-se a consolidação da propriedade e da posse plena e exclusiva do bem no patrimônio do credor fiduciário (Decreto-lei nº 911, art. 3º, § 1º, com a redação da Lei nº 10.931/2004). Essa consolidação, que irá permitir ao credor a venda do bem gravado, sem prévia autorização judicial (art. 2º), não mais depende de sentença, opera *ipso iure*, como puro efeito da execução da liminar de busca e apreensão.

Indaga-se, para o fim de contagem, se os cinco dias necessários à consolidação da propriedade, seriam um prazo processual ou material. O entendimento do STJ é o seguinte:

> "9. Como o pedido da ação de busca e apreensão é (i) reipersecutório e (ii) declaratório da consolidação da propriedade (seja pela procedência, seja pela perda de objeto), o pagamento da integralidade da dívida, previsto no art. 3º, § 2º, do Decreto-Lei 911/69 é ato jurídico não processual, pois não se relaciona a ato que deve ser praticado no, em razão do ou para o processo, haja vista não interferir na relação processual ou mesmo na sucessão de fases do procedimento da ação de busca e apreensão. 10. O prazo para pagamento art. 3º, § 2º, do Decreto-Lei 911/69 deve ser considerado de direito material, não se sujeitando, assim, à contagem em dias úteis, prevista no art. 219, *caput*, do CPC/15".[21]

(c) Citação: cumpre-se depois da efetivação da busca e apreensão, assinando-se prazo de 15 dias para resposta do demandado (Lei nº 10.931, de 02.08.2004; Decreto-lei nº 911, art. 3º).[22] A Lei fala em contestação do fiduciante "em quinze dias da execução da liminar", mas é lógico que tal prazo só comece a fluir da citação que obrigatoriamente se segue à medida constritiva. É que a regra do art. 3º, § 3º, do Decreto-lei nº 911 tem de ser interpretada em conjunto com o disposto no art. 241, II, do CPC/1973, mantido pelo art. 231, II, do CPC/2015. Desse modo, o

---

[19] STJ, 2ª Seção, REsp 1.951.662/RS e REsp 1.951.888/RS, Recursos repetitivos, Rel. p/ ac. Min. João Otávio de Noronha, ac. 09.08.2023, *DJe* 20.10.2023.

[20] STJ, 4ª T., REsp 2.087.485/RS, Rel. Min. Antônio Carlos Ferreira, ac. 23.04.2024, *DJe* 02.05.2024.

[21] STJ, 3ª T., REsp 1.770.863/PR, Rel. Min. Nancy Andrighi, ac. 09.06.2020, *DJe* 15.06.2020. Para o acórdão, "o pedido reipersecutório da ação de busca e apreensão deve ser, pois, julgado procedente, em razão da consolidação da propriedade no nome da credora recorrente, ocorrida na citada data em que o prazo para pagamento veio a termo, sem a prática do ato de direito material correspondente".

[22] "A citação do réu, na ação de busca e apreensão, somente é feita posteriormente ao cumprimento da medida liminar. Não encontrado o bem, não se fala em citação (art. 3º e § 1º do Decreto-lei nº 911/1969)" (STJ, 3ª T., REsp 195.094/SP, Rel. Min. Humberto Gomes de Barros, ac. 28.06.2004, *DJU* 02.08.2004, p. 360, *RSTJ* 183/240-241). Frustrada, porém, a busca e apreensão, poderá o credor requerer nos mesmos autos sua conversão em ação executiva, caso em que a citação se realizará nos moldes próprios dessa ação especial (Decreto-lei nº 911/1969, art. 4º, com a redação da Lei nº 13.043/2014).

prazo de resposta, quando a citação é efetuada por mandado, deve ser contado a partir de sua juntada aos autos, e não do momento extra autos em que a liminar se cumpriu.[23]

Mas a defesa do devedor fiduciante inadimplente só é cabível depois de efetuada a apreensão do bem alienado fiduciariamente, conforme jurisprudência do STJ. Assim, o prazo para contestação apenas se abre com o cumprimento da medida liminar de busca e apreensão. Nessa perspectiva, não há dúvida, para o referido entendimento jurisprudencial, de que a legislação especial foi estruturada com um procedimento especial que prevê, em primeiro momento, a recuperação do bem e, em uma segunda etapa, a possibilidade de purgação da mora e a análise da defesa. Portanto, o prazo que se conta, em regra, da juntada do mandado, mas do mandado regularmente cumprido, no que diz respeito à busca e apreensão liminar.[24]

(d) Defesa: no mérito, o réu poderá alegar: *(i)* pagamento do débito; ou *(ii)* cumprimento de todas as obrigações contratuais (inexistência, portanto, de inadimplemento para justificar a busca e apreensão). Na verdade, dentro desse âmbito de resposta, cabe qualquer defesa que possa justificar o não pagamento, ou sua inexigibilidade (inclusive falsidade, nulidade, e qualquer razão jurídica para afastar a inexigibilidade). Naturalmente, também pode haver defesa com base em preliminar (falta de pressupostos processuais ou condições da ação).

Em suma: "com o advento da Lei nº 10.931/2004, tornou-se pleno o juízo de cognição da ação de busca e apreensão fundada em propriedade fiduciária", restando autorizado "o exercício, pelo réu, de ampla defesa, seja direta ou indireta".[25]

Segundo jurisprudência do STJ, é, ainda, cabível opor reconvenção à ação de busca e apreensão, para, por exemplo, pleitear a revisão do contrato, bem como a devolução de quantias paga a maior.[26]

(e) Purga da mora: era admissível ao devedor escapar da busca e apreensão, no sistema do Decreto-lei nº 911/1969, recolhendo apenas as prestações vencidas, mas isto só se permitia caso já tivessem sido pagos pelo menos 40% da dívida. Pela nova sistemática implantada pela Lei nº 10.931/2004, não existe mais a antiga purga da mora. Não cabe na ação de busca e apreensão a apelidada teoria do adimplemento substancial, para impedir a consolidação da propriedade e posse do credor fiduciante, já que não se trata de ação de resolução contratual, mas sim de ação de cumprimento do contrato.[27] O devedor executado só escapa da busca e apreensão pagando o valor integral do saldo do contrato, e isto haverá de acontecer nos primeiros cinco dias após a execução da liminar.[28] A exigência da lei nova, no entanto, não deve ser aplicada à purgação

---

[23] "Em ação de busca e apreensão de bem alienado fiduciariamente, o termo inicial para contagem do prazo de 15 dias para o oferecimento de resposta pelo devedor fiduciante é a data de juntada aos autos do mandado de citação devidamente cumprido, e não a data da execução da medida liminar" (STJ, 3ª, REsp 1.321.052/MG, Rel. Min. Ricardo Villas Bôas Cueva, ac. 16.08.2016, *DJe* 26.08.2016).

[24] Na ação de busca e apreensão de que trata o Decreto-lei nº 911/1969, a análise da contestação somente deve ocorrer após a execução da Liminar (STJ, 2ª Seção, REsp 1.892.589/MG, recurso repetitivo, Rel. p/ ac. Min. Ricardo Villas Bôas Cueva, ac. 16.09.2021, *DJe* 04.11.2021 – Tema 1.040).

[25] STJ, 4ª T., REsp 872.427/SP, Rel. Min. Hélio Quaglia Barbosa, ac. 12.12.2006, *DJU* 05.02.2007, p. 259. Segundo o acórdão, são cabíveis "contestação, exceções e reconvenção na ação de busca e apreensão decorrente de contrato de alienação fiduciária".

[26] STJ, 3ª T., AgRg no REsp 1.028.453/RJ, Rel. Min. Vasco Della Giustina, ac. 23.11.2010, *DJe* 09.12.2010; STJ, 3ª T., REsp 801.374/RJ, Rel. Min. Nancy Andrighi, ac. 06.04.2006, *DJU* 02.05.2006, p. 327; STJ, 4ª T., REsp 872.427/SP, Rel. Min. Hélio Quaglia Barbosa, ac. 12.12.2006, *DJU* 05.02.2007, p. 259; STJ, 2ª Seção, REsp 1.061.530/RS, Rel. Min. Nancy Andrighi, ac. 22.10.2008, *DJe* 10.03.2009.

[27] STJ, 2ª Seção, REsp 1.622.555/MG, Rel. p/ac. Min. Marco Aurélio Bellizze, ac. 22.02.2017, *DJe* 16.03.2017.

[28] Há controvérsia na jurisprudência posterior à Lei nº 10.931/2004 sobre a possibilidade, ou não, de purga da mora limitada apenas às prestações vencidas (cf. acórdãos na *Rev. Magister de Direito Civil e Proc. Civ.*, v. 29, p. 141, mar.-abr./2009). No STJ, porém, está consolidado o entendimento de que a Súmula nº 284/STJ, a respeito da purga da mora apenas das prestações vencidas, "não mais subsiste em virtude da Lei

requerida ainda na vigência da norma antiga, visto que o tema da mora e sua emenda pertencem ao direito material e não ao processual. O efeito imediato, que alcança os processos em curso, diz respeito apenas às normas processuais. O direito material já exercido não pode ser afetado por eficácia retroativa de lei superveniente. É indiferente que o deferimento do depósito tenha ocorrido já na vigência da lei nova, se a pretensão tiver sido exercida antes dela.[29]

(f) Instrução probatória: normalmente a instrução da busca e apreensão se contenta com documentos. Não se exclui, todavia, o cabimento de outras provas, conforme o teor da controvérsia estabelecida (testemunhas, perícia etc.).

(g) Sentença: o julgado declara (acerta) o inadimplemento e consolida, definitivamente, a posse e propriedade do credor (efeito constitutivo), para todos os fins de direito, especialmente para permitir que, eliminada a resolubilidade da propriedade fiduciária do credor, possa o produto da venda do bem gravado servir para satisfação do crédito inadimplido pelo devedor. Confirma, portanto, a legitimidade e eficácia da liminar, praticada antes da citação (*inaudita altera parte*).

A responsabilidade sobre a verba de honorários advocatícios sucumbenciais será definida pela sentença, segundo as regras comuns do art. 85. (Cf., nosso *Curso*, vol. I, item 211, XI).

(h) Recurso: da sentença cabe apelação sem efeito suspensivo (Decreto-lei nº 911, art. 3º, § 5º). A venda do bem da garantia não depende do trânsito em julgado da sentença, e pode acontecer até mesmo antes do julgamento de mérito, por força apenas da liminar.[30]

No entanto, se afinal a demanda for julgada improcedente, por não se reconhecer razão ao credor para acionar o devedor fiduciante, poderá ser o autor, no caso de já ter vendido o objeto da garantia, submetido a multa (Decreto-lei nº 911, art. 3º, § 6º).[31] A alienação consumada antes da sentença manter-se-á irreversível, cabendo ao promovente reparar perdas e danos em favor do demandado, sem prejuízo da multa.[32]

---

nº 10.931/04", que alterou o art. 3º, § 3º, do Decreto-lei nº 911/1969. "Sob a nova sistemática legal, após decorrido o prazo de 5 (cinco) dias, contados da execução liminar, a propriedade do bem fica consolidada com o credor fiduciário cabendo ao devedor efetuar o pagamento da integralidade do débito remanescente para fins de obter a restituição do bem livre de ônus" (STJ 3ª T., AgRg no REsp 1.151.061/MS, Rel. Min. Ricardo Villas Bôas Cueva, ac. 09.04.2013, *DJe* 12.04.2013. No mesmo sentido: STJ 3ª T., AgRg no REsp 1.183.477/DF, Rel. Min. Vasco Della Giustina, ac. 03.05.2011, *DJe* 10.05.2011; STJ, 4ª T., AgRg no Ag 772.797/DF, Rel. Min. Hélio Quaglia Barbosa, ac. 19.06.2007, *DJe* 06.08.2007).

29 "A alteração da lei quanto aos requisitos da purgação da mora não pode impedir o deferimento do pedido já formulado pela parte, com observância das exigências fixadas na lei anterior" (STJ, 3ª T., REsp 904.752/MG, Rel. Min. Nancy Andrighi, ac. 20.10.2009, *DJe* 11.11.2009).

30 Em circunstâncias especiais, o juiz pode impor a exigência de caução, para execução provisória da venda do bem gravado (SANTOS, Ernane Fidélis dos. *Manual de direito processual civil*. 9. ed. São Paulo: Ed. RT, 2003, v. III, p. 319).

31 "Nos termos do art. 3º, § 6º, do Decreto-lei nº 911/1969, a sentença que decretar a 'improcedência da ação' de busca e apreensão condenará o credor fiduciário ao pagamento de multa, em favor do devedor fiduciante, equivalente a 50% do valor originalmente financiado, caso o bem apreendido já tenha sido alienado" (STJ, 4ª T., AgInt no AREsp 981.558/RS, Rel. Min. Luis Felipe Salomão, ac. 23.10.2018, *DJe* 29.10.2018). Essa multa, porém, está prevista pela lei para o caso de *improcedência da ação de busca e apreensão*, e não para outros casos de extinção do processo. Sendo, pois, extinto o processo sem resolução do mérito, mostra-se descabida a imposição da pena (STJ, 3ª T., REsp 1.165.903/RS, Rel. Min. Sidnei Beneti, ac. 01.04.2014, *DJe* 25.06.2014; STJ, 3ª T., AgRg nos EDcl no REsp 1.487.095/PR, Rel. Min. Moura Ribeiro, ac. 25.10.2016, *DJe* 08.11.2016).

32 Em acórdão mantido pelo STJ, o TJRS decidiu que, "transitada em julgado a sentença de improcedência, o efeito natural e imediato é a ineficácia da medida liminar que autorizava a apreensão do veículo, impondo ao credor a obrigação de restituição do bem ao devedor, independentemente da existência de saldo devedor do contrato. Todavia, havendo alienação extrajudicial do veículo para terceiro, a instituição financeira deverá ressarcir o valor equivalente ao preço médio de um veículo de mesmo modelo com

A Lei nº 10.931 conferiu maiores poderes ao credor, no que respeita a efetividade da busca e apreensão, mas em contrapartida agravou sua responsabilidade para a hipótese de impossibilidade, na improcedência da ação, de restituir o bem gravado ao devedor fiduciário vitorioso. A pena do § 6º do art. 3º do Decreto-lei nº 911 destina-se "a recompor os prejuízos materiais causados pelo credor fiduciário em razão de busca e apreensão injustamente proposta contra o devedor fiduciante".[33]

Se, porém, o veículo indevidamente alienado valia, no mercado, mais do que o montante da multa, é claro que o devedor fiduciante teria suportado prejuízo que nem sempre será recomposto por inteiro, se a única sanção aplicada fora do § 6º do art. 3º do Decreto-lei nº 911. Tendo em conta que a reparação do ilícito deve ser integral, caberá ao credor fiduciário ir além do pagamento da multa, complementando-a, de modo a ressarcir todas as perdas e danos apurados no processo. Dessa indenização ampla serão deduzidas as eventuais parcelas do preço da venda do veículo restituídas ao devedor, se for o caso. Limitando-se, todavia, à aplicação da multa legal, não se há de cogitar de reduzi-la, a pretexto de restituição de parcela do preço apurado na alienação do bem gravado. Em se tratando de sanção legal, admite-se a ampliação, mas nunca a redução.

(i) Venda do bem apreendido: faz-se por iniciativa do próprio credor, que aplica o preço apurado na satisfação de seu crédito, pondo o saldo, se houver, à disposição do devedor.[34]

Pode o contrato estipular que a venda se processará judicialmente. Não havendo, porém, cláusula a respeito, a alienação é extrajudicial, e independe de avaliação (Decreto-lei nº 911, art. 2º, *caput*). Se o produto da venda não for suficiente para cobrir todo o débito exequendo, ao credor caberá prestar contas, antes de executar o saldo existente, conforme entendem alguns acórdãos,[35] e tornou explícito a Lei nº 13.043/2014 que alterou o art. 2º do Decreto-lei nº 911.[36] Sendo judicial a venda, não há necessidade de prestação de contas, e o saldo, se houver, será imediatamente exequível.

(j) O crédito garantido por alienação fiduciária é qualificado como extraconcursal nos casos de falência ou recuperação judicial[37], mas apenas nos limites da coisa gravada ou do respectivo valor (Lei nº 11.101/2005, art. 49, § 3º).

---

base na Tabela FIPE, conforme adotado pelo perito judicial" (STJ, 4ª T., AgInt no AREsp 981.558/RS, Rel. Min. Luis Felipe Salomão, ac. 23.10.2018, *DJe* 29.10.2018, voto do Relator).

[33] STJ, 3ª T., AgRg nos EDcl no REsp 1.487.095/PR, Rel. Min. Moura Ribeiro, ac. 25.10.2016, *DJe* 08.11.2016.

[34] "Na ação de busca e apreensão não podem ser impostas restrições ou condições para a alienação do veículo automotor depois da consolidação da sua propriedade no patrimônio do credor fiduciário, consoante a inteligência dos arts. 2º e 3º, §§ 1º e 2º, do Decreto-Lei 911/69" (Súmula 29/TJDFT).

[35] Segundo entendimento esposado pelo STJ, a venda extrajudicial do bem, sem participação do devedor e do seu fiador, "a obrigação de pagamento do saldo é pessoal do devedor, desaparecendo a garantia da fiança" (STJ, 2ª S., EREsp 49.086/MG, Rel. Min. Ruy Rosado de Aguiar, ac. 25.06.1997, *DJU* 10.11.1997, p. 57.695. No mesmo sentido: STJ, 3ª T., REsp 844.778/SP, Rel. Min. Nancy Andrighi, ac. 08.03.2007, *DJU* 26.03.2007, p. 240; STJ, 4ª T., REsp 254.408/MG, Rel. Min. Barros Monteiro, ac. 01.03.2001, *DJU* 04.06.2001, p. 158). Esclarecedor, porém, da posição do STJ foi o seguinte aresto: "A venda extrajudicial do bem alienado fiduciariamente não leva, por si só, à extinção da responsabilidade dos garantes pelo pagamento do saldo devedor remanescente. Indispensável, entretanto, que o credor dê a eles prévia ciência de que vai alienar o bem, por determinado preço" (STJ, 3ª T., REsp 178.255/PR, Rel. Min. Eduardo Ribeiro, ac. 29.06.2000, *DJU* 28.08.2000, p. 76).

[36] O interesse que justifica a prestação de contas "decorre do comando normativo que exige destinação específica do *quantum* e a entrega de eventual saldo ao devedor. Após a entrada em vigor da Lei nº 13.043/2014, que alterou o art. 2º do Decreto-lei nº 911/1969, a obrigação de prestar contas ficou expressamente consignada" (STJ, 4ª T., REsp 1.687.525/SP, Rel. Min. Antônio Carlos Ferreira, ac. 05.10.2017, *DJe* 09.10.2017).

[37] STJ, 3ª T., AgInt no AREsp 1.127.032/RJ, Rel. Min. Marco Aurélio Bellizze, ac. 12.12.2017, *DJe* 02.02.2018; STJ, 2ª Seção, EDcl no AgInt no CC 145.379/SP, Rel. Min. Moura Ribeiro, ac. 14.03.2018, *DJe* 20.03.2018.

632.1. Consequências da improcedência da ação de busca e apreensão

A autorização legal para que o credor fiduciário venda, por sua própria iniciativa, o bem alienado para se pagar do crédito insatisfeito pelo fiduciante pode gerar problema, principalmente quando o ato de disposição aconteça antes do encerramento definitivo do processo judicial de busca e apreensão. Na jurisprudência do STJ prevalece o entendimento de que o credor que se propõe a vender o bem onerado, sem aguardar a sentença definitiva em seu favor, assume o risco de ter de ressarcir os prejuízos do devedor, na eventualidade de o resultado final da demanda lhe ser desfavorável.

Sobre a indenização a ser prestada, a orientação da referida Corte Judiciária, para a hipótese de alienação fiduciária de veículos, é a de que "a composição do prejuízo do devedor fiduciante deve traduzir-se no valor de mercado do veículo no momento de sua apreensão indevida (valor do veículo na Tabela FIPE à época da ocorrência da busca e apreensão)".[38]

632.2. Alcance da sentença de mérito na ação de busca e apreensão

A sentença que acolhe a ação especial de busca e apreensão da coisa gravada de alienação fiduciária limita-se a promover a consolidação da posse e domínio do credor sobre o questionado bem. "O contrato de alienação fiduciária em garantia de bem móvel não se extingue somente por força da consolidação da propriedade em nome do credor fiduciário".[39] É com base nele que o credor exercitará a execução judicial ou extrajudicial de seu crédito. E, assim, satisfeito todo o seu crédito, extinto estará o contrato pelo pagamento efetivo/cc, art. 304.

Não é lícito, portanto, ao juiz valer-se da ação de busca e apreensão para, fora do objeto litigioso, decretar a extinção do contrato de alienação fiduciária, sob pena de pronunciar sentença nula.[40]

632.3. A alienação fiduciária de veículo e registro no órgão de trânsito

Prevê a lei que a alienação fiduciária, no caso de veículo, será registrada no órgão controlador do trânsito e constará no certificado de registro do veículo. Tal registro, no entanto, não constitui requisito para a propositura da ação de busca e apreensão, uma vez que se trata apenas de condição de eficácia da garantia perante terceiros e não entre os contratantes.[41]

Diferente é a situação do veículo objeto da alienação fiduciária que permanece registrado em nome do terceiro que o alienou mediante financiamento ao atual devedor: se o contrato não foi registrado no órgão de trânsito competente, a busca e apreensão só se viabilizará se a credora fiduciária comprovar a tradição do veículo ao devedor fiduciante. É que, faltando a comprovação registral da alienação, não haverá prova da posse do devedor e, consequentemente, da tradição do veículo entre vendedor e comprador, sem a qual a propriedade não se transfere entre os contratantes. Daí a necessidade de que a petição inicial da busca e apreensão seja, em tal circunstância, instruída com a prova da tradição, "isso porque, a alienação fiduciária somente tem eficácia entre as partes contratantes (comprador e financiador) a partir do momento em

---

38 STJ, 3ª T., REsp 1.742.897/PR, Rel. Min. Nancy Andrighi, ac. 08.09.2020, *DJe* 16.09.2020.

39 STJ, 3ª T., REsp 1.779.751/DF, Rel. Min. Ricardo Villas Bôas Cueva, ac. 16.06.2020, *DJe* 19.06.2020.

40 "(...) 4. O julgamento extra petita está configurado quando o magistrado concede prestação jurisdicional diversa da pleiteada na inicial. 5. Na hipótese, à míngua do pedido de rescisão do contrato de alienação fiduciária, a sentença que reconhece extinta a relação contratual é extra petita" (STJ, 3ª T., REsp 1.779.751/DF, Rel. Min. Ricardo Villas Bôas Cueva, ac. 16.06.2020, *DJe* 19.06.2020).

41 STJ, 3ª T., REsp 2.095.740/DF, Rel. Min. Nancy Andrighi, ac. 06.02.2024, *DJe* 09.02.2024.

que o devedor se torna proprietário do bem, o que ocorre com a tradição (arts. 1.267 e 1.361, § 3º, do CC)".[42]

Embora o registro da alienação fiduciária não seja, em regra, condição da ação de busca e apreensão, torna-se necessária, na sua falta, a comprovação pelo credor da posse do veículo pelo devedor fiduciante.

632.4. Busca e apreensão e prescrição da ação de cobrança

Segundo entendimento do STJ, a prescrição da pretensão exercitável pela ação de cobrança do crédito garantido por alienação fiduciária não afeta o direito do credor fiduciário se valer da ação de busca e apreensão do bem gravado que, por direito real, já se encontra integrado a seu patrimônio. Eis o que ficou assentado por aquela Corte Superior:

> "1. O exame sobre a ocorrência do fenômeno prescricional deve ser realizado de modo estanque, à luz dos pedidos formulados na petição inicial, e não se contamina pelo objetivo último do autor da demanda – no caso, a recuperação do crédito inadimplido por meio distinto da ação de cobrança. 1.1. De fato, a busca pela satisfação de um crédito pode ser feita por meio de instrumentos processuais diversos, cada um deles sujeito a prazo prescricional específico. 1.2. Se prescrita a pretensão de cobrança de dívida civil, todavia existindo no ordenamento outro instrumento jurídico-processual com equivalente resultado, cujo exercício não tenha sido atingido pelo fenômeno prescricional, descabe subtrair do credor o direito à perseguição de seu crédito por qualquer outro meio, sob pena de estender os efeitos da prescrição para o próprio direito subjetivo. 1.3. No caso sob exame, o pedido é de busca e apreensão de bens alienados fiduciariamente, e como tal deve ser analisado. Segundo o art. 3º, § 8º, do Decreto-Lei n. 911/1969, a busca e apreensão prevista no dispositivo constitui processo autônomo e independente de qualquer procedimento posterior. Inaplicável, dessarte, a regra do art. 206, § 5º, I, do CC/2002, visto não se tratar, este caso, de demanda que visa à 'cobrança de dívidas líquidas constantes de instrumento público ou particular'. 2. Na alienação fiduciária, a propriedade da coisa é transmitida ao credor, que outrossim se investe na posse indireta do bem. Em caso de descumprimento das obrigações contratuais, pode o fiduciário optar pelo ajuizamento de ação de cobrança – ou de execução, se aparelhado de título executivo – ou, à sua escolha, a busca e apreensão do bem dado em garantia. Nessa última hipótese, assim o faz na qualidade de proprietário, exercendo uma das prerrogativas que lhe outorga o art. 1.228 da lei civil, qual seja 'o direito de reavê-la [a coisa] do poder de quem quer que injustamente a possua ou detenha'. 3. Diversamente do que ocorre no campo tributário (CTN, art. 156, V), na esfera civil a prescrição nem sequer implica extinção da obrigação – não constitui, efetivamente, qualquer das hipóteses previstas no Título I, Livro I, da Parte Especial do CC/2002 (arts.304 e ss.). Somente a pretensão é fulminada (CC/2002, art. 189), subsistindo a obrigação".[43]

633. Legitimação ativa para a ação de busca e apreensão

O Código Civil ampliou a possibilidade da contratação da alienação fiduciária em garantia para além do mercado financeiro, de modo que credores não bancários também se acham legitimados a contratar essa modalidade de garantia em seus negócios privados.

---

42 STJ, 3ª T., REsp 2.095.740/DF, Rel. Min. Nancy Andrighi, ac. 06.02.2024, *DJe* 09.02.2024.

43 STJ, 4ª T., REsp 1.503.485/CE, Rel. Min. Antonio Carlos Ferreira, ac. 04.06.2024, *DJe* 13.06.2024.

No entanto, a busca e apreensão, nos moldes do Decreto-lei nº 911/1969 é ação especial com destinação legal limitada exclusivamente aos credores que sejam "instituições financeiras", ou entidades públicas credoras de "obrigações fiscais ou previdenciárias" (art. 8º-A, incluído pela Lei nº 10.931/2004).

Daí entender a jurisprudência que "é vedada a utilização do rito processual da busca e apreensão, tal qual disciplinado pelo Decreto-lei nº 911/1969, ao credor fiduciário que não revista a condição de instituição financeira *lato sensu* ou de pessoa jurídica de direito público titular de créditos fiscais e previdenciários".[44]

Dessa forma, é irrecusável que a pessoa jurídica ou física não enquadrada no conceito de instituição financeira pode garantir seus créditos mediante pacto de alienação fiduciária, sob o amparo do Código Civil (arts. 1.361 a 1.368-B). A exigibilidade de tais créditos em juízo, no entanto, haverá de ser feita pelas vias ordinárias (de conhecimento ou de execução, conforme o caso), mas nunca pelo procedimento especial do Decreto-lei nº 911/1969.

634. Ação de depósito

A Lei nº 10.931/2004 suprimiu o dispositivo do Decreto-lei nº 911/1969, que atribuía ao devedor alienante a responsabilidade legal de depositário em relação ao objeto da garantia fiduciária. Não obstante, subsistia o dispositivo do Decreto-lei nº 911 que autorizava ação de depósito contra o devedor, caso se frustrasse a ação de busca e apreensão (art. 4º). Entretanto, a Lei nº 13.043/2014 alterou o dispositivo, excluindo a possibilidade de conversão do pedido de busca e apreensão em ação de depósito.

Incumbe ao Oficial de Justiça, encarregado do cumprimento do mandado de busca e apreensão, certificar, na espécie, que não encontrou os bens gravados. Diante dessa constatação oficial de desvio da garantia, o credor pode requerer apenas a conversão da busca e apreensão em ação executiva (Decreto-lei nº 911, art. 4º, redação dada pela Lei nº 13.043/2014).

Discutia-se na jurisprudência, à época em que se permitia a conversão em ação de depósito, o cabimento da prisão civil por descumprimento da sentença. O STF a entendia possível, enquanto o STJ não a vinha deferindo. Após a Lei nº 10.931/2004, tornou-se induvidosa a recusa à prisão civil, já que o novo estatuto legal aboliu a declaração que anteriormente qualificava o devedor fiduciário como depositário legal. Finalmente, o STF reviu sua posição para, nos termos do Pacto dos Direitos Humanos de São José da Costa Rica, reconhecer o descabimento, em qualquer caso, da prisão civil do depositário infiel.[45] Talvez seja pela supressão da prisão civil que o interesse do credor pela ação de depósito desapareceu e, com isso, o art. 4º do Decreto-lei nº 911/1969 foi alterado.

635. Ação de execução

O contrato de alienação fiduciária, nos moldes do Decreto-lei nº 911/1969, é título executivo extrajudicial, para sustentar execução por quantia certa, em relação ao saldo devedor do empréstimo (art. 5º, *caput*).[46] O procedimento é o comum dessa modalidade de execução forçada (CPC/2015, arts. 824 e ss.).

---

[44] STJ, 4ª T., REsp 1.101.375/RS, Min. Luis Felipe Salomão, ac. 04.06.2013, *DJe* 01.07.2013. "A organização da sociedade civil de interesse público – OSCIP –, mesmo ligada ao Programa Nacional de Microcrédito Produtivo Orientado – PNMPO, não pode ser classificada ou equiparada à instituição financeira, carecendo, portanto, de legitimidade ativa para requerer busca e apreensão de bens com fulcro no Decreto-lei nº 911/1969" (STJ, 3ª T., REsp 1.311.071/SC, Rel. Min. Ricardo Villas Bôas Cueva, ac. 21.03.2017, *DJe* 24.03.2017).

[45] Súmula Vinculante nº 25; STF, Pleno, RE 349.703/RS, Rel. Min. Carlos Britto, ac. 03.12.2008, *DJe* 05.06.2009.

[46] O STJ já decidiu que não se submetem aos efeitos da recuperação judicial os créditos garantidos por alienação fiduciária (STJ, 2ª Seção, CC 131.656/PE, Rel. Min. Maria Isabel Gallotti, ac. 08.10.2014, *DJe* 20.10.2014).

A penhora poderá atingir qualquer bem do devedor, inclusive os gravados em garantia. Estes devem ser excutidos preferencialmente.

Para lançar mão do procedimento executivo, não se exige a frustração prévia da busca e apreensão. O credor pode optar, de início, pela execução (em lugar da busca e apreensão).[47] Esta opção, porém, não libera a garantia real representada pela alienação fiduciária. Nem se pode fazer tramitar simultaneamente a busca e apreensão e execução por quantia certa. Se o credor optou, inicialmente, pela busca e apreensão, inviabiliza-se o posterior manejo da execução em paralelo.[48]

Se a execução for contra terceiros garantes (prestadores de garantia por dívida de outrem), provocará, afinal, a sub-rogação em favor dos coobrigados em todos os direitos e ações que antes cabiam ao credor fiduciário (Decreto-lei nº 911/1969). Aquele que suportar a satisfação do crédito exequendo poderá prosseguir contra o devedor principal nos próprios autos em que o pagamento ocorreu. Não haverá necessidade de instaurar uma nova execução para exercitar o direito derivado da sub-rogação legal. O sub-rogado, segundo o art. 778, § 1º, IV, do CPC/2015, tem legitimidade para iniciar ou prosseguir a execução.

635-A. Conversão da busca e apreensão em execução: valor exequível

No sistema anterior à Lei nº 13.043/2014, o art. 4º do Decreto-lei nº 911/1969 só cogitava de conversão da ação de busca e apreensão frustrada em ação de depósito. Firmou-se, àquele tempo, a jurisprudência do STJ no sentido de que, após a ação de depósito, o eventual prosseguimento com a cobrança da dívida "dava-se com relação ao menor valor entre o valor de mercado do bem oferecido em garantia e o valor do depósito apurado".

Reconhece a mesma Corte, porém, que a situação alterou-se após a Lei nº 13.043 ter dado outra redação ao referido art. 4º do Decreto-lei nº 911. Agora, proclama o STJ que, "não realizada a busca e apreensão e a consequente venda extrajudicial do bem, remanesce a existência de título executivo hábil a dar ensejo à busca pela satisfação integral do crédito". Aliás, nem mesmo está obrigado o credor a passar pela ação de busca e apreensão, já que o art. 5º do Decreto-lei nº 911 lhe assegura a possibilidade de recorrer à ação executiva, seja de forma direta, seja pela conversão, nos termos do art. 4º, do aludido Decreto-lei nº 911, caso em que "serão penhorados, a critério do autor da ação, bens do devedor quantos bastem para assegurar a execução". Isto, para a jurisprudência referida, denota a intenção de conferir proteção ao valor estampado no próprio título executivo.[49]

Ademais, a corroborar o posicionamento do STJ já exposto, "registra-se que o próprio art. 3º do DL 911/69, prevê que, após cumprida a liminar de busca e apreensão, o bem só poderá ser restituído livre de ônus ao devedor fiduciante, na hipótese de este pagar a integralidade da dívida pendente". Não tem, portanto, cabimento insistir na tese antiga de que a ação de

---

[47] "(...) 5. Nos termos expressos do art. 5º do DL 911/69, é facultado ao credor fiduciário, na hipótese de inadimplemento ou mora no cumprimento das obrigações contratuais pelo devedor, optar pela excussão da garantia ou pela ação de execução" (STJ, 3ª T., REsp 1.833.824/RS, Rel. Min. Nancy Andrighi, ac. 05.05.2020, *DJe* 11.05.2020).

[48] "Alienação fiduciária. Busca e apreensão. Não pode o credor promover concomitantemente a ação de busca com apreensão de bens e o processo de execução de nota promissória também dada em garantia" (STJ, 4ª T., EREsp 316.047/SP, Rel. Min. Ruy Rosado de Aguiar, ac. 27.06.2002, *DJU* 16.09.2002, p. 190). "A propositura da ação de busca e apreensão exclui o emprego da execução, em face do que estatui o art. 5º do Decreto Lei nº 911, de 01.10.1969" (STJ, 4ª T., REsp 210.622/SC, Rel. Min. Barros Monteiro, ac. 11.11.2003, *DJU* 16.02.2004, p. 255). No mesmo sentido: STJ, 3ª T., REsp 450.990/PR, Rel. Min. Menezes Direito, ac. 26.06.2003, *DJU* 01.09.2003, p. 280.

[49] STJ, 3ª T., REsp 1.814.200/DF, Rel. Min. Nancy Andrighi, ac. 18.02.2020, *DJe* 20.02.2020.

execução, na espécie, representaria busca apenas do equivalente em dinheiro do bem gravado, com a pesada consequência de exigir do credor fiduciário o manejo de uma nova ação para cobrança do saldo acaso remanescente.

O que, pois, se deduz das inovações introduzidas pela Lei nº 13.043/2014, no texto do Decreto-lei nº 911/1969 é que a execução do crédito garantido por alienação fiduciária nada tem a ver com o valor do bem gravado, mas, sim, com o montante do crédito constante do respectivo título obrigacional. Executa-se o valor completo (principal e acessórios), que corresponda às prestações vencidas e vincendas ajustadas no contrato de financiamento acobertado pelos bens dados em alienação fiduciária em garantia.[50]

635-B. Procedimento extrajudicial criado pela Lei nº 14.711/2023 aplicável à alienação fiduciária de bens móveis

A Lei nº 14.711/2023 trouxe as seguintes alterações em relação à alienação fiduciária em garantia de bens móveis, regulada pelo Decreto-lei nº 911/1969:

(a) Criou um *procedimento extrajudicial* para que o credor promova a consolidação da propriedade do bem alienado em garantia, a ser realizado perante o competente cartório de registro de títulos e documentos[51]. Trata-se de uma *opção* a ser feita pelo credor, após a comprovação da mora do devedor[52], caso "haja previsão expressa no contrato em cláusula em destaque" (Decreto-lei nº 911/1969, art. 8º-B, *caput,* incluído pela Lei nº 14.711/2023).

(b) O procedimento pode ser requerido perante o cartório de registro de títulos e documentos do domicílio do devedor ou da localização do bem da celebração do contrato (§ 1º).

(c) Feito o requerimento pelo credor, juntamente com a comprovação da mora, o devedor será notificado pelo oficial de registro para: (i) pagar voluntariamente a dívida no prazo de 20 (vinte) dias, sob pena de consolidação da propriedade; e, (ii) apresentar, se for o caso, documentos comprobatórios de que a cobrança é total ou parcialmente indevida, devendo, nesse caso, declarar o valor que entender correto e pagá-lo no prazo de 20 dias (§§ 2º e 4º).

(d) A notificação será feita preferencialmente por meio eletrônico, ao endereço indicado em contrato pelo devedor fiduciário, conforme convênio das serventias (§§ 6º e 10). Se o oficial de registro de títulos e documentos não receber a confirmação do recebimento da notificação eletrônica em até 3 (três) dias úteis, contados do recebimento, deverá notificar o devedor por via postal ao endereço indicado em contrato, com aviso de recebimento. Nessa hipótese, não é necessário que a assinatura constante do aviso

---

50 STJ, 3ª T., REsp 1.814.200/DF, Rel. Min. Nancy Andrighi, ac. 18.02.2020, *Dje* 20.02.2020.

51 De acordo com o art. 8º-E do Decreto-lei nº 911/1969 (acrescido pela Lei nº 14.711/2023), se a alienação fiduciária recair sobre veículos automotores, o credor poderá, alternativamente, promover esse procedimento de execução extrajudicial perante os órgãos executivos de trânsito dos Estados, observadas as competências previstas no § 1º do art. 1.361 do Código Civil, ou seja: registro de títulos e documentos, para os bens móveis em geral, e departamentos estaduais de trânsito, para os veículos automotores. A última escolha é facultativa para o credor, de modo que qualquer que seja o bem gravado o procedimento administrativo poderá correr pelo registro de títulos e documentos.

52 A mora do devedor, nos termos do Decreto-Lei nº 911/1969, "decorrerá do simples vencimento do prazo para pagamento e poderá ser comprovada por carta registrada com aviso de recebimento, não se exigindo que a assinatura constante do referido aviso seja a do próprio destinatário" (art. 2º, § 2º).

de recebimento seja a do próprio destinatário, desde que o endereço seja o indicado no cadastro (§ 7º).

(e) A notificação deverá conter, no mínimo, as informações elencadas no § 13 do art. 8º-B, quais sejam: (i) cópia do contrato referente à dívida; (ii) valor total da dívida de acordo com a possível data de pagamento; (iii) planilha com detalhamento da evolução da dívida; (iv) boleto bancário, dados bancários ou outra indicação de meio de pagamento, inclusive a faculdade de pagamento direto no competente cartório de registro de títulos e documentos; (v) dados do credor, especialmente nome, número de inscrição no Cadastro de Pessoas Físicas (CPF) ou no Cadastro Nacional da Pessoa Jurídica (CNPJ), telefone e outros canais de contato; (vi) forma de entrega ou disponibilização voluntárias do bem no caso de inadimplemento; (vii) advertências referentes ao disposto nos §§ 2º, 4º, 8º e 10 do art. 8º-B.

(f) Se o oficial, analisando os documentos apresentados pelo devedor no sentido de que a dívida é total ou parcialmente indevida, constatar o seu direito, não poderá prosseguir no procedimento (§ 3º).

(g) A escolha pelo procedimento extrajudicial não retira do credor o direito de cobrar a dívida ou o saldo remanescente via judicial, caso reste infrutífera a via administrativa (§ 5º).

(h) Se o devedor pagar a dívida, o contrato de alienação fiduciária em garantia ficará convalescido (§ 8º), naturalmente se o inadimplemento se referir apenas a algumas prestações, pois se o contrato estiver totalmente vencido não haverá razão para julgá-lo convalescido. O pagamento, nessas condições, será causa de extinção do contrato e da própria alienação fiduciária.

(i) Se, contudo, o devedor não quitar o débito, o oficial averbará a consolidação da propriedade fiduciária ou, no caso de bens cuja alienação fiduciária tenha sido registrada apenas em outro órgão, comunicará a este para a devida averbação (§ 9º).

635-C. Entrega voluntária do bem objeto da alienação fiduciária

A Lei nº 14.711/2023, ao instituir o procedimento extrajudicial perante o cartório de registro de títulos e documentos, trouxe uma grande inovação ao prever que, não havendo o pagamento voluntário no prazo de 20 dias, estipulado na notificação (Decreto-lei nº 911/1969, art. 8º, § 2º, acrescido pela Lei nº 14.711/2023), o devedor, no mesmo prazo e com a devida ciência do cartório de registro de títulos e documentos, deverá entregar ou disponibilizar voluntariamente a coisa ao credor para venda extrajudicial, sob pena de sujeitar-se ao pagamento de multa de 5% do valor da dívida; entrega essa que será feita contra recibo escrito por parte do credor (Decreto-lei nº 911/1969, art. 8º-B, § 11, acrescido pela Lei nº 14.711/2023).

Consolidada, dessa maneira a propriedade, o credor poderá vender o bem a terceiros, independentemente de leilão, hasta pública, avaliação prévia ou qualquer outra medida judicial ou extrajudicial, nos termos do art. 2º do Decreto-lei nº 911 (Decreto-lei nº 911/1969, art. 8º-C, incluído pela Lei nº 14.711/2023.

635-D. Utilização abusiva do procedimento extrajudicial

Caso seja a cobrança extrajudicial considerada indevida, o credor ficará sujeito ao pagamento (i) de multa em favor do devedor fiduciante, equivalente a 50% do valor originalmente financiado, devidamente atualizado; e (ii) de indenização por perdas e danos, nos termos dos §§ 6º e 7º do art. 3º do Decreto-lei nº 911/1969) (art. 8º-D, incluído pela Lei nº 14.711/2023).

635-E. Autotutela executiva na realização do crédito garantido por alienação fiduciária

Nosso ordenamento jurídico consagra o regime da *autotutela executiva* na realização do crédito garantido por alienação fiduciária, autorizando-a por ato do próprio credor, praticado extrajudicialmente. A legislação a respeito é antiga e tem sido aplicada de longa data, com bons resultados. A Lei nº 14.711/2023 segue e amplia a mesma orientação, na reforma do Decreto-lei nº 911/1969. Não se pode, de forma alguma, questionar a constitucionalidade e a legitimidade desse sistema executivo, apenas por ser operado fora da justiça estatal, mesmo porque não existe no ordenamento jurídico em vigor o princípio geral de que a expropriação executiva somente possa ser realizada pelo Poder Judiciário. Ao contrário, por tradição secular, desde o Código Comercial de 1850, por exemplo, se permite ao credor pignoratício vender particularmente, por sua própria iniciativa, a coisa empenhada, para se pagar do crédito inadimplido pelo devedor. Basta para tanto que a medida satisfativa tenha sido autorizada contratualmente (Cód. Com., art. 275). E, ainda hoje, a regra é mantida pelo Código Civil de 2002.[53]

O que nunca se permitiu foi o *pacto comissório* consistente na convenção autorizadora da apropriação da garantia real pelo credor, para se pagar com o próprio bem constitutivo da garantia. Mas, pela lei e pelo contrato, é perfeitamente legítima a autorização dada ao credor para vender o objeto da garantia e usar o preço apurado para resgatar a dívida garantida, restituindo ao devedor o que sobejar após a satisfação de seu crédito.

Denomina-se *autotutela executiva*[54] esse mecanismo jurídico, às vezes instituído pela lei, e sempre passível de convenção legitimada pela *autonomia privada*[55] e pelo reconhecimento inconteste do *negócio jurídico processual* (CPC/2015, art. 190), bem como em função do estímulo legal à composição consensual dos litígios inserido entre as normas fundamentais do CPC/2015 (art. 3º, §§ 2º e 3º), as quais alcançam, sem dúvida, não apenas o processo cognitivo, mas também, e necessariamente, o processo de execução.

O contrato de alienação fiduciária em garantia contém, por força da própria lei, a autorização para a autotutela executiva, que o credor exerce por meio da venda extrajudicial do bem garantidor da dívida, no caso de inadimplemento pelo devedor. A consolidação da posse e domínio do credor sobre o objeto da garantia ocorre ordinariamente por intermédio da ação sumária de busca e apreensão. Pode também ocorrer por meio da entrega voluntária efetuada

---

[53] "O credor pignoratício tem direito: (...) a promover a execução judicial, ou a *venda amigável*, se lhe permitir expressamente o contrato (...)" (Cód. Civ., art. 1.433, IV; e assim já era ao tempo do art. 774, III, do Código de 1916).

[54] "Em face da irreversível crise de funcionalidade dos processos judiciais de execução forçada, deve-se recomendar ver com menos suspeita e maior simpatia não só os modelos legalmente disciplinados de autotutela executiva (...), mas também novos tipos de despesa privada, especialmente se originados do preventivo consenso do devedor" (BONGIORNO, Girolamo. *Profili sistematici e prospettiva dell'esecuzione forzata in autotutela. Rivista Trimestrale di Diritto* e *Procedura Civile*. Milano: Giuffrè Editore, anno XLII, 1988, n. 2, p. 481) (trad. livre, de nossa autoria).

[55] "Remédios executórios são aqueles que realizam o conteúdo do direito no seu originário conteúdo. *Autotutela executória* é a aplicação extrajudicial de tais remédios", segundo Bianca. Ou seja: "nos típicos casos de autotutela executória o credor consegue a satisfação de seu interesse exercitando um poder em confronto com o devedor inadimplente, e realiza, assim, o conteúdo da relação obrigacional, que para todos os efeitos será considerada adimplida" (BIANCA, Cesare Massimo di. *Enciclopedia del diritto*. Milano: Giuffrè, 2000, v. IV). No estágio atual do direito – como adverte Lepore –, pode-se reconhecer que hoje não mais se deve considerar como excepcionais as formas de autotutela executiva, tantos são os exemplos que se encontram no interior do Código Civil e na legislação especial, de maneira conspícua (LEPORE, Andrea. Autotutela e autonomia negoziale. Napoli: Edizione Scientifiche (?) Italiane, 2019, p. 19-20).

pelo devedor fiduciário. De posse do bem, o credor (proprietário fiduciário), e não havendo disposição contratual em contrário, "poderá vender a coisa a terceiros, independentemente de leilão, hasta pública, avaliação prévia ou qualquer outra medida judicial ou extrajudicial (...)". Feito isto, deverá aplicar "o preço da venda no pagamento de seu crédito e das despesas decorrentes e entregar ao devedor o saldo apurado, se houver, com a devida prestação de contas".[56]

A constitucionalidade da autotutela satisfativa, por meio da busca e apreensão do bem gravado de alienação fiduciária em garantia (Decreto-lei nº 911/1969, art. 3º), já foi declarada conforme a Constituição, pelo STF[57]. E a sua prática por meio de procedimento administrativo, desde que autorizada em cláusula do contrato de alienação fiduciária de bem móvel, acha-se legitimada pela reforma do Decreto-lei nº 911/1969 (art. 8º-B, *caput*, acrescido pela Lei nº 14.711/2023).

635-F. Prestação de contas

Já há algum tempo, a jurisprudência vinha reconhecendo que o credor fiduciário se sujeitava ao dever de prestar conta após a venda extrajudicial do bem garantidor de seu crédito. Com o advento da Lei nº 13.043/2014, o dispositivo constante do art. 2º, *caput*, do Decreto-lei nº 911/1969 foi alterado para incluir expressamente a obrigatoriedade de tal prestação de contas[58].

Se, portanto, o credor não apresenta as necessárias contas, em tempo e forma adequados, tem o devedor legitimidade para exigi-las judicialmente, segundo o procedimento dos arts. 550 e ss. do CPC. Justifica-se a ação pelo fato de exercer o credor, na espécie, a administração de interesse de terceiro, principalmente após a Lei nº 13.043, que, como visto, tornou obrigatória a medida, de modo a eliminar qualquer dúvida que pudesse pairar sobre a matéria[59].

636. Execução da alienação fiduciária de bem imóvel

I – Regime substancial

A alienação fiduciária de imóvel rege-se por lei especial. A disciplina do Código Civil incide apenas subsidiariamente, ou seja, "naquilo que não for incompatível com a legislação especial" (CC, art. 1.368-A), que, na espécie, é a Lei nº 9.514, de 20.11.1997, editada para regular o Sistema de Financiamento Imobiliário, cujo texto sofreu várias alterações por força das Leis nº 11.481, de 31 de maio de 2007; nº 14.620, de 13 de julho de 2023, e nº 14.711, de 30 de outubro de 2023.

Consiste a alienação fiduciária regulada pela Lei 9.514/97 no negócio jurídico pelo qual o devedor, ou fiduciante, com o escopo de garantia de obrigação própria ou de terceiro, contrata a transferência ao credor, ou fiduciário, da propriedade resolúvel de coisa imóvel (art. 22, *caput*,

---

[56] STJ, 3ª T., REsp 1.866.230/SP, Rel. Min. Nancy Andrighi, ac. 22.09.2020, *DJe* 28.09.2020: "Assiste ao devedor fiduciário o direito à prestação de contas, dada a venda extrajudicial do bem, porém tal pretensão deve ser perquirida pela via adequada, qual seja, a ação de exigir/prestar contas". Naturalmente, se as contas extrajudiciais não forem adequadamente prestadas e aceitas, de maneira amigável.

[57] STF, Pleno, RE 382.928/MG, Rel. p/ac. Min. Alexandre de Moraes, ac. 22.09.2020, Dje 13.10.2020.

[58] Decreto-lei nº 911/1969: "Art. 2o No caso de inadimplemento ou mora nas obrigações contratuais garantidas mediante alienação fiduciária, o proprietário fiduciário ou credor poderá vender a coisa a terceiros, independentemente de leilão, hasta pública, avaliação prévia ou qualquer outra medida judicial ou extrajudicial, salvo disposição expressa em contrário prevista no contrato, devendo aplicar o preço da venda no pagamento de seu crédito e das despesas decorrentes e entregar ao devedor o saldo apurado, se houver, com a devida prestação de contas. (Redação dada pela Lei nº 13.043, de 2014)".

[59] STJ, 4ª T., REsp 1.742.102/MG, Rel. Min. Marco Buzzi, ac. 23.03.2023, *DJe* 04.04.2023.

alterado pela Lei nº 14.711)[60]. Pode ser contratada por pessoa física ou jurídica, não sendo privativa das entidades que operam no SFI, podendo ter como objeto, além da propriedade plena: I – bens enfitêuticos, hipótese em que será exigível o pagamento do laudêmio, se houver a consolidação do domínio útil no fiduciário; II – o direito de uso especial para fins de moradia; III – o direito real de uso, desde que suscetível de alienação; e IV – a propriedade superficiária (§ 1º, incisos I a IV, incluídos pela Lei nº 11.481/2007); V – os direitos oriundos da imissão provisória na posse, quando concedida à União, aos Estados, ao Distrito Federal, aos Municípios ou às suas entidades delegadas, e a respectiva cessão e promessa de cessão; VI – os bens que, não constituindo partes integrantes do imóvel, destinam-se, de modo duradouro, ao uso ou ao serviço deste (incisos V e VI, incluídos pela Lei nº 14.620, de 2023).

II – Inovações introduzidas pelas Leis nº 11.481/2007, nº 14.620/2023 e nº 14.711/2023

Por meio dos §§ 2º a 10, acrescidos ao art. 22 da Lei nº 9.514/1997, estabeleceram-se novas regras, merecendo destaque a possibilidade de alienação fiduciária de duração temporária (§ 2º) e de multiplicidade de contratação de alienação fiduciária sobre o mesmo imóvel (§§ 3º, 4º, 8º e 10); a ocorrência de pagamento com sub-rogação (§ 5º) e de vencimento antecipado (§§ 6º, 7º e 9º). Eis como as inovações foram dispostas:

(a) Os direitos de garantia instituídos nas hipóteses dos incisos III e IV do § 1º deste artigo ficam limitados à duração da concessão ou direito de superfície, caso tenham sido transferidos por período determinado (§ 2º);

(b) A Lei nº 14.711/2023 deixa clara a possibilidade de várias contratações de alienação fiduciária sobre o mesmo imóvel, de modo a coexistirem a propriedade originária e a superveniente. Como não podem coexistir plenamente as duas propriedades, a superveniente é suscetível de registro no registro de imóveis desde a data de sua celebração, tornando-se eficaz, porém, somente a partir do cancelamento da propriedade fiduciária anteriormente constituída (§ 3º);

(c) Havendo alienações fiduciárias sucessivas da propriedade superveniente, as anteriores terão prioridade em relação às posteriores na excussão da garantia, observado que, no caso de excussão do imóvel pelo credor fiduciário anterior com alienação a terceiros, os direitos dos credores fiduciários posteriores sub-rogam-se no preço obtido, cancelando-se os registros das respectivas alienações fiduciárias (§ 4º);

(d) O credor fiduciário que pagar a dívida do devedor fiduciante comum ficará sub-rogado no crédito e na propriedade fiduciária em garantia, nos termos do inciso I do *caput* do art. 346 do Código Civil (§ 5º);

(e) O inadimplemento de quaisquer das obrigações garantidas pela propriedade fiduciária faculta ao credor declarar vencidas as demais obrigações de que for titular garantidas pelo mesmo imóvel, inclusive quando a titularidade decorrer do disposto no art. 31 da Lei 9.514/97 (§ 6º), ou seja, "o fiador ou terceiro interessado que pagar a dívida ficará sub-rogado, de pleno direito, no crédito e na propriedade fiduciária" (art. 31);

---

[60] "O contrato que serve de título ao negócio fiduciário conterá: I – o valor da dívida, sua estimação ou seu valor máximo; II – o prazo e as condições de reposição do empréstimo ou do crédito do fiduciário; III – a taxa de juros e os encargos incidentes; IV – a cláusula de constituição da propriedade fiduciária, com a descrição do imóvel objeto da alienação fiduciária e a indicação do título e modo de aquisição; V – a cláusula que assegure ao fiduciante a livre utilização, por sua conta e risco, do imóvel objeto da alienação fiduciária, exceto a hipótese de inadimplência; VI – a indicação, para efeito de venda em público leilão, do valor do imóvel e dos critérios para a respectiva revisão; VII – a cláusula que disponha sobre os procedimentos de que tratam os arts. 26-A, 27 e 27-A desta Lei" (art. 24 da lei 9.514 com as alterações da Lei nº 14.711/2023).

(f) O disposto no § 6º, a respeito do vencimento antecipado, aplica-se à hipótese prevista no § 3º deste artigo (§ 7º), ou seja, o caso de alienação fiduciária da propriedade superveniente;

(g) O instrumento constitutivo da alienação fiduciária na forma do § 3º (relativa à propriedade superveniente) deve conter cláusula com a previsão de que trata o § 6º do art. 22, relativa ao vencimento antecipado (§ 8º);

(h) Na hipótese de o fiduciário optar por exercer a faculdade de antecipar o vencimento que trata o § 6º deste artigo, deverá informá-lo na intimação de que trata o § 1º do art. 26 desta Lei nº 9.514/1997, ou seja, no ato da constituição em mora (§ 9º);

(i) O disposto no § 3º do art. 49 da Lei nº 11.101, de 9 de fevereiro de 2005, beneficia todos os credores fiduciários, mesmo aqueles decorrentes da alienação fiduciária da propriedade superveniente (§ 10)[61].

III – Constituição da propriedade fiduciária

Constitui-se a propriedade fiduciária de coisa imóvel mediante registro, no competente Registro de Imóveis, do contrato que lhe serve de título (art. 23, *caput*). E dessa constituição decorre o desdobramento da posse, tornando-se o fiduciante possuidor direto e o fiduciário possuidor indireto da coisa imóvel (art. 23, § 1º, incluído pela Lei nº 14.620/2023)[62]. Mesmo com esse desdobramento, continuará o devedor fiduciante a arcar com o custo do pagamento do Imposto sobre a Propriedade Predial e Territorial Urbana (IPTU) incidente sobre o bem e das taxas condominiais existentes (art. 23, § 2º, incluído pela Lei nº 14.620/2023).

A instituição da alienação fiduciária sobre bem imóvel correspondente a gravá-la de direito real e, como tal, reclama a anuência conjugal como condição de validade (Cód. Civ., art. 1.647, I). A regra se estende aos consortes conviventes em união estável (Cód. Civ., arts. 1.723 e 1.725). A propósito, decidiu o STJ que:

> "Em regra, é indispensável a autorização de ambos os conviventes quando se pretender alienar ou gravar de ônus real bens imóveis adquiridos na constância da união estável, sob pena de absoluta invalidade do negócio jurídico".[63]

Ressalva-se dessa invalidade, porém, "a hipótese do terceiro de boa-fé que não tinha, e nem tampouco poderia ter, ciência do vínculo mantido entre os conviventes, caso em que o negócio jurídico celebrado por um deles deverá ser considerado inteiramente válido, cabendo ao outro o ajuizamento de ação pretendendo perdas e danos".[64-65]

---

[61] O § 3º, do art. 49, da Lei nº 11.101/2005 prevê que o credor fiduciário de bens móveis ou imóveis não se submeterá aos efeitos da recuperação judicial, prevalecendo os direitos de propriedade sobre a coisa e as condições contratuais, observada a legislação respectiva. Em outros termos, a recuperação judicial não impede o credor fiduciário de executar seu crédito. Não se permitirá, contudo, durante o prazo estipulado na Lei de Falências (art. 6º, § 4º), a venda ou a retirada do estabelecimento do devedor dos bens de capital essenciais a sua atividade empresarial.

[62] No caso de alienações fiduciárias sucessivas, o efeito real previsto no art. 23, § 1º, relativo à alienação superveniente só ocorre a partir do cancelamento da anterior.

[63] STJ, 3ª T., REsp 1.663.440/RS, Rel. Min. Nancy Andrighi, ac. 16.06.2020, *DJe* 30.06.2020.

[64] STJ, 3ª T., REsp 1.663.440/RS, Rel. Min. Nancy Andrighi, ac. 16.06.2020, *DJe* 30.06.2020.

[65] No caso resolvido pelo STJ, a conclusão a que se chegou foi a seguinte: "hipótese em que, todavia, não se cogita de boa ou de má-fé das partes ou do terceiro, mas, ao revés, de desídia e de negligência da credora fiduciária (que, ciente da união estável mantida após a entrada em vigor do art. 226, §3º, da Constituição Federal, e das Leis nº 8.971/1994 e 9.278/1996, não se acautelou e não exigiu a autorização convivencial) e de enriquecimento sem causa da ex-convivente do devedor fiduciante (que tinha ciência das tratati-

IV – Extensão da alienação fiduciária de imóvel nas operações bancárias

No âmbito do Sistema Financeiro Nacional, o art. 9º-A da Lei nº 13.476/2017, acrescido pela Lei nº 14.711/2023, criou um sistema especial de extensão da alienação fiduciária de coisa imóvel, pela qual a propriedade fiduciária já constituída possa ser utilizada como garantia de operações de crédito novas e autônomas de qualquer natureza, desde que: I – sejam contratadas as operações com o credor titular da propriedade fiduciária; e II – inexista obrigação contratada com credor diverso garantida pelo mesmo imóvel, inclusive na forma prevista no § 3º do art. 22 da Lei nº 9.514, de 20 de novembro de 1997. Além do mais, a extensão da alienação fiduciária não poderá exceder ao prazo final de pagamento e ao valor garantido constantes do título da garantia origina (Lei nº 13.476, art. 9º-B, § 4º, incluído pela Lei nº 14.711/2023).

Essas operações de crédito garantidas pela mesma alienação fiduciária apenas poderão, em regra, ser transferidas conjuntamente, a qualquer título, preservada a unicidade do credor (art. 9º-A, § 2º, da Lei nº 13.476). Porém, em negócios interbancários, ficam permitidas a extensão da alienação fiduciária e a transferência da operação ou do título de crédito para instituição financeira diversa, desde que a instituição credora da alienação fiduciária estendida ou adquirente do crédito, conforme o caso, seja: I – integrante do mesmo sistema de crédito cooperativo da instituição financeira credora da operação original; e II – garantidora fidejussória da operação de crédito original (art. 9º-A, § 3º).

A extensão deverá ser averbada no cartório de registro de imóveis competente, ordenada em prioridade das obrigações garantidas, após a primeira, pelo tempo da averbação (art. 9º-B da mesma Lei). Será também averbada a liquidação de quaisquer das operações de crédito garantidas (art. 9º-C, parágrafo único).

O vencimento antecipado de todas as operações objeto da extensão da alienação fiduciária, por iniciativa do credor fiduciário, é assegurado pelo art. 9º-D, da Lei nº 13.476, quando ocorrem o inadimplemento e a ausência de purga da mora, em relação a quaisquer das operações de créditos garantidas, independentemente de seu valor, hipótese em que a totalidade da dívida se tornará exigível. Mas a efetividade dessa opção do credor depende de o vencimento antecipado de todas as operações vinculadas à mesma garantia constar de cominação inserida na intimação de constituição do fiduciante em mora (Lei nº 9.514, art. 26, § 1º, e Lei nº 13.476, art. 9º-D, § 2º).

V – Resolução da propriedade fiduciária do imóvel (Lei nº 9.514/1997, art. 25)

O pagamento da dívida e seus encargos resolve a propriedade fiduciária do imóvel, conforme disposto no art. 25, *caput*, da Lei nº 9.514/1997, cabendo ao fiduciário fornecer no prazo de trinta dias o termo de quitação ao devedor ou ao terceiro fiduciante (§ 1º do aludido art. 25, na redação da Lei nº 14.711/2023). Sujeita-se o credor à multa de 0,5% ao mês sobre o valor do contrato, quando deixar de fornecer referido termo, no prazo devido (§ 1º-A, do mesmo art. 25, incluído pela Lei nº 14.711/2023).

Procederá o oficial do Registro de Imóveis ao cancelamento do registro da propriedade fiduciária, à vista do termo de quitação (§ 2º do art. 25 da Lei 9.514/1997).

VI – Regime processual

As regras processuais traçadas pelo Decreto-lei nº 911, de 01.10.1969, relativas à alienação fiduciária de bens móveis, não têm aplicação no caso dos imóveis, cuja execução se dá por via administrativa, totalmente regulada pela legislação específica.

---

vas havidas entre ele e a credora e que recebeu o imóvel, integralmente, por ocasião da dissolução da união estável e partilha de bens), impondo-se solução distinta, no sentido de consolidar integralmente a propriedade do imóvel em favor da credora, mas resguardar a meação da ex-convivente que não anuiu com o negócio jurídico, a quem caberá a metade do produto da alienação do bem".

Nos termos da Lei nº 9.514/1997 e suas alterações, a inadimplência do devedor fiduciante, no caso de garantia constituída sobre imóvel, conduz à consolidação da propriedade no credor fiduciário (art. 27, *caput*). Essa consolidação, todavia, não depende de ação judicial de busca e apreensão, diversamente do que se passa com os bens móveis. Processa-se, administrativamente (art. 26), da seguinte maneira:

(a) o credor endereça um requerimento diretamente ao Oficial do Registro de Imóveis, onde a garantia está registrada[66];

(b) o Oficial intima o devedor ou o terceiro fiduciante para, em quinze dias, efetuar o pagamento das prestações vencidas e aquelas que vencerem até a data do pagamento, os juros convencionais, as penalidades e os encargos contratuais, inclusive os tributos, as contribuições condominiais imputáveis ao imóvel e as despesas de cobrança e de intimação (art. 26, § 1º, com redação dada pela Lei nº 14.711/2023);

(c) o contrato poderá estabelecer o prazo de carência, após o qual será expedida a intimação (art. 26, § 2º), e quando não houver tal previsão contratual, esse prazo será de quinze dias (art. 26, § 2º-A);

(d) a intimação é pessoal, ao devedor ou ao terceiro fiduciante (art. 26, § 3º),[67] mas pode ser por edital,[68] quando o devedor ou o terceiro fiduciante encontra-se em local ignorado, incerto ou inacessível (publica-se a convocação editalícia por três dias em jornal de maior circulação local ou em Comarca de fácil acesso, se o local não dispuser de imprensa diária) (art. 26, § 4º).[69] Nos condomínios edilícios ou outras espécies de conjuntos imobiliários com controle de acesso, a intimação poderá ser feita ao funcionário da portaria responsável pelo recebimento de correspondência (art. 26,

---

66 "Na hipótese de haver imóveis localizados em mais de uma circunscrição imobiliária em garantia da mesma dívida, a intimação para purgação da mora poderá ser requerida a qualquer um dos registradores competentes e, uma vez realizada, importa em cumprimento do requisito de intimação em todos os procedimentos de excussão, desde que informe a totalidade da dívida e dos imóveis passíveis de consolidação de propriedade" (art. 26, § 1º-A, incluído pela Lei nº 14.711, de 2023).

67 O devedor ou o terceiro fiduciante "serão cientificados de que, se a mora não for purgada no prazo legal, a propriedade será consolidada no patrimônio do credor e o imóvel será levado a leilão", nos termos do citado § 3º. Tal intimação, que normalmente é feita pelo oficial do Registro de Imóveis, de acordo com o mesmo dispositivo, poderá ser promovida a pedido daquele oficial, por oficial de registro de títulos e documentos da comarca da situação do imóvel ou do domicílio de quem deva recebê-la, ou, ainda, pelo correio, com aviso de recebimento, situação em que se aplica, no que couber, o disposto no art. 160 da Lei nº 6.015, de 31 de dezembro de 1973 (Lei de Registros Públicos).

68 "Se o devedor fiduciante se escusa, por diversas vezes, de receber as intimações para purgar a mora em seu endereço comercial, conforme expressamente indicado no contrato de alienação fiduciária de imóvel, induzindo os Correios a erro ao indicar possível mudança de domicílio que nunca existiu, não há óbice à sua intimação por edital" (STJ, 4ª T., REsp 1.733.777/SP, Rel. Min. Isabel Gallotti, ac. 17.10.2023, *DJe* 23.10.2023).

69 Lei nº 9.514/1997 com os acréscimos da Lei nº 14.711/2023: "Art. 26 (...) § 4º-A É responsabilidade do devedor e, se for o caso, do terceiro fiduciante informar ao credor fiduciário sobre a alteração de seu domicílio. § 4º-B Presume-se que o devedor e, se for o caso, o terceiro fiduciante encontram-se em lugar ignorado quando não forem encontrados no local do imóvel dado em garantia nem no endereço que tenham fornecido por último, observado que, na hipótese de o devedor ter fornecido contato eletrônico no contrato, é imprescindível o envio da intimação por essa via com, no mínimo, 15 (quinze) dias de antecedência da realização de intimação edilícia. § 4º-C Para fins do disposto no § 4º deste artigo, considera-se lugar inacessível: I – aquele em que o funcionário responsável pelo recebimento de correspondência se recuse a atender a pessoa encarregada pela intimação; ou II – aquele em que não haja funcionário responsável pelo recebimento de correspondência para atender a pessoa encarregada pela intimação".

§ 3º-B). Até mesmo a intimação com hora certa, nos moldes dos arts. 252, 253 e 254 do CPC é permitida pelo art. 26, § 3º-A;

(e) não ocorrendo a purga da mora, o Oficial do Registro de Imóveis, promoverá a averbação, na matrícula do imóvel, da consolidação da propriedade em nome do fiduciário, à vista da prova do pagamento por este, do imposto de transmissão *inter vivos* e, se for o caso, do laudêmio (art. 26, § 7º);

(f) após a consolidação, o credor providenciará o leilão público, no prazo de sessenta dias contado da data do registro da consolidação da propriedade em nome do fiduciário para a venda do imóvel (art. 27, *caput*)[70], que poderá se dar judicialmente ou extrajudicialmente.[71] Observar-se-ão duas licitações, se necessário: a primeira, em que se respeitará o preço mínimo do contrato; e uma segunda (se frustrada a primeira), por maior oferta (art. 27, § 1º).[72] Observar-se-á, porém, a vedação de alienação a preço vil, que, consoante jurisprudência do STJ, sem dúvida, é aplicável à execução extrajudicial de imóvel alienado fiduciariamente, seja em leilão ou em alienação por iniciativa particular;[73]

(g) serão comunicados ao devedor e ao terceiro fiduciante (se for o caso) as datas, horários e locais designados para o 1º e o 2º leilão, por meio de correspondência dirigida aos endereços constantes do contrato, inclusive ao endereço eletrônico (Lei nº 9.514, art. 27, § 2º-A, com a redação da Lei nº 14.711/2023);[74]

(h) a Lei não permite ao credor fiduciário ficar com o imóvel, em razão apenas do inadimplemento do devedor fiduciante (CC, art. 1.365). Não lhe veda, entretanto, licitar no leilão, permitindo-lhe adquiri-lo mediante dação em pagamento, após o vencimento da dívida (CC, art. 1.365, parágrafo único);

(i) se o leilão se frustrar nas duas licitações, consolidar-se-á, definitivamente, a propriedade do credor fiduciário, que ficará liberado do dever de insistir na venda da garantia e da obrigação de que trata o § 4º[75] (art. 27, § 5º, com redação dada pela Lei nº 14.711/2023);

(j) ao credor cabe o direito à reintegração de posse, uma vez ocorrida a consolidação em seu favor, pelo procedimento cumprido perante o Oficial do Registro de Imóveis.

---

70 "Os leilões e a publicação dos respectivos editais poderão ser realizados por meio eletrônico" (art. 27, § 10, incluído pela Lei nº 14.620, de 2023).

71 O art. 27 da Lei nº 9.514/1997 prevê o leilão público do imóvel gravado, sem explicitar a via em que será praticado. De acordo com a norma do art. 1.368-A do Código Civil, é de observar-se, subsidiariamente, a regra geral constante do art. 1.364 daquele Código, onde se autoriza a venda do bem alienado fiduciariamente por meio de leilão promovido pelo credor, judicial ou extrajudicialmente.

72 "Para fins do disposto nos §§ 1º e 2º deste artigo, as datas, os horários e os locais dos leilões serão comunicados ao devedor e, se for o caso, ao terceiro fiduciante, por meio de correspondência dirigida aos endereços constantes do contrato, inclusive ao endereço eletrônico" (art. 27, § 2º-A, com redação dada pela Lei nº 14.711, de 2023).

73 STJ, 3ª T., REsp 2.096.465/SP, Rel. Ricardo Villas Bôas Cueva, ac. 14.05.2024, *DJe* 16.05.2024.

74 "... 2. Em se tratando de contrato com garantia de alienação fiduciária de imóvel, até 12/07/2017, quando entrou em vigor a Lei 13.465/2017, não era necessária a intimação do devedor fiduciante da data da realização do leilão, haja vista que, no momento da realização do ato, o bem já não mais pertencia ao devedor fiduciante. 3. Apenas a partir da Lei 13.465/2017, tornou-se necessária a intimação do devedor fiduciante da data do leilão, devido à expressa determinação legal. 4. No caso, como o procedimento de execução extrajudicial é anterior à data de entrada em vigor da Lei 13.645/2017, não há que se falar em nulidade devido à falta de intimação dos devedores da data de realização do leilão" (STJ, 4ª T., REsp 1.733.777/SP, Rel. Min. Isabel Gallotti, ac. 17.10.2023, *DJe* 23.10.2023).

75 Nos 5 (cinco) dias que se seguirem à venda do imóvel no leilão, o credor entregará ao fiduciante a importância que sobejar ao valor da dívida e encargos (art. 27, § 4º, da Lei nº 9.514).

Essa reintegração processar-se-á por meio de ação possessória, com liminar (art. 30), sempre que o devedor não desocupar voluntariamente o imóvel gravado, no prazo de sessenta dias;

(k) com a consolidação da propriedade em favor do fiduciário, resolve-se o contrato, tornando-se ilegítima a continuidade da posse do devedor fiduciante, e configurado o direito à imediata reintegração em favor do fiduciário, independentemente da realização do competente leilão;[76]

(l) ao adquirente do imóvel em leilão público realizado extrajudicialmente cabe igual direito à reintegração de posse por via de ação possessória (melhor seria falar em imissão na posse) (art. 30, *caput*);

(m) se a venda for em leilão judicial, não precisa o arrematante de usar a ação possessória: haverá simples expedição, em seu favor, de mandado de imissão na posse (ver, no vol. III, o item nº 402).

É importante lembrar, por fim, que o Supremo Tribunal Federal, em coerência com o que já assentara a respeito da execução extrajudicial das garantias de alienação fiduciária de coisas móveis (Decreto-lei nº 911/1969) e de hipoteca dos financiamentos da casa própria (Decreto-lei nº 70/1966), fixou em regime de repercussão geral tese segundo à qual também "é constitucional o procedimento da Lei nº 9.514/1997 para a execução extrajudicial da cláusula de alienação fiduciária em garantia, haja vista sua compatibilidade com as garantias processuais previstas na Constituição Federal".[77]

VII – Inaplicabilidade do Código de Defesa do Consumidor

Em precedente vinculante, o STJ fixou a seguinte tese relacionada com a resolução do contrato assegurado por alienação fiduciária de imóvel:

> "Em contrato de compra e venda de imóvel com garantia de alienação fiduciária devidamente registrado em cartório, a resolução do pacto, na hipótese de inadimplemento do devedor, devidamente constituído em mora, deverá observar a forma prevista na Lei nº 9.514/97, por se tratar de legislação específica, afastando-se, por conseguinte, a aplicação do Código de Defesa do Consumidor".[78]

---

[76] "... 6. O único requisito previsto no art. 30 da Lei nº 9.514/1997 para a ação de reintegração de posse é a consolidação da propriedade em nome do credor fiduciário, não sendo possível extrair do referido dispositivo legal qualquer indicação de que a referida ação não poderia ser ajuizada antes da realização dos leilões, notadamente porque já caracterizado o esbulho possessório desde a consolidação da propriedade. 7. No âmbito da alienação fiduciária de bem imóvel, após o inadimplemento e a constituição em mora do devedor, é lícito o ajuizamento de ação de reintegração de posse independentemente de prévia realização do leilão público do bem" (STJ, 3ª T., REsp 2.092.980/PA, Rel. Min. Nancy Andrighi, ac. 20.02.2024, *DJe* 27.02.2024).

[77] STF, Pleno, RE 860.631/SP, Rel. Min. Luiz Fux, ac. 26.10.2023, *DJe* 14.02.2024. Constou dos fundamentos do acórdão: "3. A execução extrajudicial nos contratos de mútuo com alienação fiduciária de imóvel, prevista na Lei 9.514/1997, é compatível com as garantias constitucionais, destacando-se inexistir afronta ao princípio da inafastabilidade da jurisdição e do acesso à justiça (art. 5º, inciso XXXV, da CF/88) e do juiz natural (art. 5º, LIII, CF/88), posto que se assegura às partes, a qualquer momento, a possibilidade de controle de legalidade do procedimento executório na via judicial. 4. Inexiste, igualmente, violação aos princípios do devido processo legal, do contraditório e da ampla defesa (art. 5º, LIV e LV, da CF/88), tendo em vista que o procedimento extrajudicial que confere executoriedade ao contrato de financiamento imobiliário é devidamente regulamentado pela legislação de regência, não se tratando de procedimento aleatório ou autoconduzido pelo próprio credor".

[78] STJ, 2ª Seção, REsp 1.891.498/SP, Rel. Min. Marco Buzzi, ac. 26.10.2022, *DJe* 19.12.2022.

Assentada tal premissa, duas conclusões se impõem:

(*a*) o procedimento a ser observado é, na espécie, o extrajudicial previsto na Lei 9.514/1997, cujo curso se desenvolve perante o oficial do Registro Imobiliário em que a garantia real se acha registrada;

(*b*) para que a excussão se dê nos moldes especiais da Lei 9.514/1997, é indispensável que a alienação fiduciária se ache devidamente registrada no Registro de Imóveis competente. Isso porque os direitos reais sobre imóveis constituídos ou transmitidos por atos entre vivos só se adquirem com o registro no Cartório de Registro de Imóveis dos referidos títulos (CC, art. 1.227).

636.1. Purga da mora na execução de imóvel alienado fiduciariamente

O STJ vinha admitindo a purga da mora nos contratos de empréstimo com pacto adjeto de alienação fiduciária de bem imóvel em garantia, até a data da assinatura do auto de arrematação, aplicando-se, analogicamente, o art. 34 do Decreto-lei nº 70/1966, a pretexto de que a lei específica da alienação fiduciária imobiliária (Lei nº 9.514/1997) não estabelece data-limite para a purga da mora.[79] Voz abalizada, na doutrina especializada, censurava, no entanto, o entendimento daquela Alta Corte, com inteira procedência, opondo os seguintes argumentos:[80]

(*a*) Não é certo que haja lacuna na Lei nº 9.514/1997 quanto ao prazo dado ao devedor fiduciante para a purga da mora na execução da alienação fiduciária de imóvel. A Lei em questão não só fixa prazo para dita purgação (art. 26, § 1º), como para a transmissão da propriedade ao credor fiduciário, caso não ocorra a emenda da mora (art. 26, § 7º). Assim, são estas normas que devem ser aplicadas no caso *sub examine*, e não as do Decreto-lei nº 70/1966.[81]

(*b*) A inaplicabilidade do Decreto-lei nº 70/1966, na espécie, deve-se não somente à inexistência de lacuna na Lei nº 9.514/1997, mas é também evidenciada pela manifesta incompatibilidade entre as normas sobre execução hipotecária e o regime jurídico da propriedade fiduciária em garantia. "A eficácia de cada uma dessas normas procedimentais é limitada pelas singularidades de cada uma dessas modalidades de garantia".

(*c*) No caso da execução extrajudicial de crédito hipotecário, a permissão da purga da mora até a consumação do leilão (Decreto-lei nº 70/1966, art. 34) é cabível, assim como a remição é compatível com a execução judicial da hipoteca, "porque o executado conserva consigo a propriedade do bem gravado até aquele momento".

---

[79] STJ, 3ª T., REsp 1.433.031/DF, Rel. Min. Nancy Andrighi, ac. 03.06.2014, *DJe* 18.06.2014; STJ, 3ª T., REsp 1.462.210/RS, Rel. Min. Ricardo Villas Bôas Cueva, ac. 18.11.2014, *DJe* 25.11.2014; STJ, 3ª T., REsp 1.518.085/RS, Rel. Min. Marco Aurélio Bellizze, ac. 12.05.2015, *DJe* 20.05.2015; STJ 3ª T., AgInt no REsp 1.567.195/SP, Rel. Min. Paulo de Tarso Sanseverino, ac. 13.06.2017, *DJe* 30.06.2017.

[80] CHALHUB, Melhim Namem. Limites da prerrogativa de purgação da mora nos contratos de mútuo com pacto adjeto de alienação fiduciária, *Revista de direito imobiliário*, São Paulo, v. 39, n. 80, p. 101-124, jan.-jun. 2016.

[81] "Havendo norma legal acerca do assunto submetido ao juiz, não poderá ele deixar de aplicá-la e recorrer a outras fontes de direito. *Não existindo norma daquela categoria* [*i.e.*, lei específica], o art. [126 do CPC/1973] dispõe que o juiz recorrerá à *analogia*, aos costumes e aos princípios gerais do direito" (BARBI, Celso Agrícola. *Comentários ao Código de Processo Civil.* 5.ed. Rio de Janeiro: Forense, 1988, v. I, n. 683, p. 518-519). Ofende, portanto, o princípio da legalidade deixar de aplicar lei adequada ao caso, substituindo-a por outra a pretexto de analogia. Sem que tenha sido regularmente declarada inconstitucional ou tenha sido revogada pelo processo legislativo, nenhuma lei pode deixar de ser aplicada pelo juiz, através de manobras interpretativas que façam prevalecer o entendimento do julgador sobre o do legislador (THEODORO JÚNIOR, Humberto. *Curso de direito processual civil.* 58. ed. Rio de Janeiro: Forense, 2017, v. I, n. 52, p. 90).

(*d*) A medida, entretanto, não é adequada à execução fiduciária de imóvel "porque nesta o bem é excluído do patrimônio do devedor fiduciante e incorporado ao do fiduciário *antes de iniciar-se o procedimento de realização da garantia*, de modo que, no momento da oferta do imóvel em leilão já não há mais o suporte contratual que viabiliza a continuidade do vínculo, que é, afinal, o efeito principal da purgação da mora".

(*e*) "As normas sobre execução de crédito hipotecário e fiduciário instituídas pelo Decreto-lei nº 70/1966 e pela Lei nº 9.514/1997 foram formuladas para atender às especificidades dos direitos reais de garantia a eles vinculados e, por isso, como adverte Carlos Maximiliano, têm 'alcance limitado, aplicáveis apenas às relações especiais para as quais foram prescritas'".

Daí a conclusão irrepreensível de Chalhub, no sentido de que, "a aplicação do art. 34 do Decreto-lei nº 70/1966 às 'operações de financiamento imobiliário em geral' *restringe-se às execuções de crédito hipotecário, e não são passíveis de aplicação na execução do crédito fiduciário* por absoluta incompatibilidade entre esses dois procedimentos, devendo ser observado o § 1º do art. 26 da Lei nº 9.514/1997 não somente porque essa é norma que fixa a data-limite para a purgação especificamente na execução fiduciária, mas, também, porque após essa data-limite a propriedade já terá sido incorporada ao patrimônio do credor fiduciário, não havendo como operar-se o convalescimento do contrato com a continuidade do vínculo do direito real de garantia fiduciária, porque este se extinguiu por força da não purgação da mora no prazo fixado no § 1º do art. 26 da Lei 9.514/1997".

De fato, o Decreto-lei nº 70/1996, regulador da execução extrajudicial da hipoteca constituída em garantia dos financiamentos do SFH, não tem como ser aplicado para justificar intempestiva pretensão do devedor fiduciante de purgar a mora em execução de débito garantido por alienação fiduciária, depois de já consolidada a propriedade no patrimônio do credor fiduciário.

Adveio, todavia, a Lei nº 13.465/2017, que introduziu várias alterações no art. 27, e seus §§, da Lei nº 9.514/1997, Lei especial que define o procedimento da execução extrajudicial da garantia constituída por meio de alienação fiduciária de imóvel. De acordo com o novo texto do § 1º do referido art. 27, uma vez frustrado o primeiro leilão, um segundo será realizado em 15 dias. E, conforme o § 2º-B, acrescido pela Lei nº 13.465, até a data de realização do segundo leilão, passou a ser assegurado ao devedor fiduciante "o direito de preferência" para comprar o imóvel levado à hasta pública, por preço igual ao valor da dívida, acrescido de todos encargos e despesas da execução, além de tributos e contribuições condominiais dispendidos pelo credor fiduciário. Caber-lhe-á, ainda, suportar o valor dos encargos tributários e despesas exigíveis em razão da nova aquisição do imóvel leiloado, inclusive custas e emolumentos.

Essa recuperação da propriedade do imóvel pelo devedor, de tal sorte, não se dará por meio de uma purgação da mora, medida juridicamente inviável depois que a propriedade do imóvel já houver se consolidado definitivamente no patrimônio do credor. O que a inovação legal realmente criou foi o estabelecimento de condições capazes de assegurar ao devedor a possibilidade de comprar (de volta) o imóvel antes de consumar-se o segundo leilão, com preferência sobre terceiros.[82] Para exercer esse direito potestativo, não terá ele de submeter-se

[82] A Lei nº 13.465/2017 encontrou um sistema juridicamente adequado para harmonizar os interesses do credor fiduciário com os do devedor fiduciante, superando a equivocada jurisprudência do STJ, que impunha uma tardia e incabível purga da mora, como meio de o devedor preservar o imóvel alienado fiduciariamente. O credor que já se tornara proprietário pleno do imóvel, tinha o dever legal de vendê-lo em leilão, para resgatar o financiamento. Nada mais razoável que a preferência para a compra seja concedida ao devedor, antigo dono do imóvel gravado.

à licitação. Bastará pagar ou depositar os valores indicados pelo novo § 2º-B, do art. 27 da Lei nº 9.514, antes que alguém o arremate no leilão.

Estando a alienação sendo promovida sob procedimento administrativo, a pretensão de compra preferencial será manifestada perante o registrador competente. Se o leilão estiver sendo efetuado judicialmente, o requerimento será endereçado ao juiz do processo.

Diante da inovação ocorrida no texto da Lei nº 9.514/1997 por meio da Lei nº 13.465/2017, o STJ reviu seu antigo posicionamento, para reconhecer que não mais se haveria de cogitar de purga da mora até a assinatura do auto de arrematação nos casos de execução do contrato de alienação fiduciária de imóveis, nos seguintes termos:

> "(...) 6. Sobrevindo a Lei nº 13.465, de 11/07/2017, que introduziu no art. 27 da Lei nº 9.514/1997 o § 2º-B, não se cogita mais da aplicação subsidiária do Decreto-Lei nº 70/1966, uma vez que, consolidada a propriedade fiduciária em nome do credor fiduciário, descabe ao devedor fiduciante a purgação da mora, sendo-lhe garantido apenas o exercício do direito de preferência na aquisição do bem imóvel objeto de propriedade fiduciária. 7. Desse modo: i) antes da entrada em vigor da Lei nº 13.465/2017, nas situações em que já consolidada a propriedade e purgada a mora nos termos do art. 34 do Decreto-Lei nº 70/1966 (ato jurídico perfeito), impõe-se o desfazimento do ato de consolidação, com a consequente retomada do contrato de financiamento imobiliário; ii) a partir da entrada em vigor da lei nova, nas situações em que consolidada a propriedade, mas não purgada a mora, é assegurado ao devedor fiduciante tão somente o exercício do direito de preferência previsto no § 2º-B do art. 27 da Lei nº 9.514/1997. 8. O prazo de 30 (trinta) dias para a promoção do leilão extrajudicial contido no art. 27 da Lei nº 9.514/1997, por não se referir ao exercício de um direito potestativo do credor fiduciário, mas à observância de uma imposição legal - inerente ao próprio rito de execução extrajudicial da garantia –, não é decadencial, de forma que a sua extrapolação não extingue a obrigação de alienar o bem imóvel nem restaura o status quo ante das partes, acarretando apenas mera irregularidade, a impedir tão somente o agravamento da situação do fiduciante decorrente da demora imputável exclusivamente ao fiduciário".[83]

Em suma: o § 2º do art. 26-A da Lei nº 9.514/1997 (acrescido pela Lei nº 13.465/2017 e alterado pela Lei nº 14.711/2023) deixou claro que a purga da mora, que convalida o contrato de alienação fiduciária, mediante pagamento apenas das prestações vencidas e despesas efetivadas pelo fiduciário, só é possível "até a data da averbação da consolidação da propriedade fiduciária"[84]. Quer isto dizer que, uma vez efetuada a averbação e consolidada a propriedade

---

[83] STJ, 3ª T., REsp 1.649.595/RS, Rel. Min. Marco Aurélio Bellizze, ac. 13.10.2020, *DJe* 16.10.2020. Essa jurisprudência do STJ consolidou-se no julgamento da 2ª Seção no REsp 1.942.898/SP, Rel. Min. Ricardo Villas Bôas Cueva, ac. 23.08.2023, *DJe* 13.09.2023.

[84] "4. Após a edição da Lei nº 13.465, de 11/7/2017, que incluiu o § 2º-B no art. 27 da Lei nº 9.514/1997, assegurando o direito de preferência ao devedor fiduciante na aquisição do imóvel objeto de garantia fiduciária, a ser exercido após a consolidação da propriedade e até a data em que realizado o segundo leilão, a Terceira Turma do STJ, no julgamento do Resp 1.649.595/RS, em 13/10/2020, se posicionou no sentido de que, 'com a entrada em vigor da nova lei, não mais se admite a purgação da mora após a consolidação da propriedade em favor do fiduciário', mas sim o exercício do direito de preferência para adquirir o imóvel objeto da propriedade fiduciária, previsto no mencionado art. 27, § 2º-B, da Lei nº 9.514/1997" (STJ, 3ª T., REsp 2.007.941/MG, Rel. Min. Nancy Andrighi, ac. 14.02.2023, *DJe* 16.02.2023).

do credor fiduciário, ao fiduciante só resta o direito de recomprar o imóvel, com preferência nos moldes do § 2º-B do art. 27 da citada Lei nº 9.514 (com a redação da Lei nº 14.711/2023)[85].

636.2. Despesas condominiais e tributos incidentes sobre o imóvel alienado fiduciariamente

Dispõe o art. 27, § 8º, da Lei nº 9.514/1997 que o fiduciante responde pelo pagamento dos impostos, taxas, contribuições condominiais[86] e quaisquer outros encargos que recaiam ou venham a recair sobre o imóvel, cuja posse tenha sido transferida para o fiduciário, até a data em que este vier a ser imitido na posse.

De acordo com art. 1.368-B do CC/2002, o credor fiduciário que se tornar proprietário pleno do bem, por efeito de realização da garantia, mediante consolidação da propriedade, adjudicação, dação ou outra forma pela qual lhe tenha sido transmitida a propriedade plena, passa a responder pelo pagamento dos referidos tributos e encargos, inclusive despesas condominiais incidentes sobre o bem objeto da garantia, *a partir da data em que vier a ser imitido na posse direta do bem*. Daí ter decidido o STJ que, na espécie, não há que falar em responsabilidade solidária entre os devedores fiduciários e o credor imitido na propriedade do bem. O credor fiduciário, então, só responde pelas despesas condominiais incidentes a partir de quando consolidou sua propriedade plena, segundo as disposições claras citadas da Lei nº 9.514 e do CC/2002.[87]

Da mesma forma, o credor fiduciário, "antes da consolidação da propriedade e da imissão na posse no imóvel objeto da alienação fiduciária, não pode ser considerado sujeito passivo do IPTU".[88]

É certo que, como direito real imobiliário, a propriedade fiduciária se constitui por meio de assento no Registro de Imóveis (Lei nº 9.514/1997, art. 23). Entretanto, a ausência dessa medida, que impede a oponibilidade do negócio a terceiros, não afeta a validade do contrato entre as partes que o ajustaram. Nessa ordem de ideias, decidiu o STJ que, por se tratar de contrato bilateral, com a assunção de obrigações recíprocas, também deve ser reconhecido o direito de o credor fiduciário utilizar os meios contratuais de execução da garantia em caso

---

[85] Embora o devedor fiduciante, após a consolidação da propriedade do credor fiduciário, tenha o direito de recompra do imóvel gravado com preferência, isso não lhe dá a faculdade de adquirir, também com preferência, ativo objeto de venda da carteira de crédito de banco falido, com o fim de obter extinção do saldo da respectiva dívida por compensação. Decidiu o STJ, a propósito, que a alienação da carteira de crédito em que figure o remanescente da dívida de contrato de alienação fiduciária, não se enquadra no art. 27, § 2º-B, da Lei 9.514/1997, não havendo entre os dois negócios "semelhança fática que autorize a aplicação da analogia para reconhecer o direito de preferência dos emitentes da cédula" em que se ajustou a alienação fiduciária de imóvel (STJ, 4ª T., REsp 2.035.515/SP, Rel. Min. Antônio Carlos Ferreira, ac. 07.03.2023, *DJe* 13.03.2023).

[86] "3. Em execução por dívida condominial movida pelo condomínio edilício é possível a penhora do próprio imóvel que dá origem ao débito, ainda que esteja alienado fiduciariamente, tendo em vista a natureza da dívida condominial, nos termos do art. 1.345 do Código Civil de 2002" (STJ, 4ª T., REsp 2.059.278/SC, Rel. Min. Marco Buzzi, ac. 23.05.2023, *DJe* 12.09.2023).

[87] STJ, 3ª T., REsp 1.731.735/SP, Rel. Min. Nancy Andrighi, ac. 13.11.2018, *DJe* 22.11.2018.

[88] STJ, 1ª T., AREsp 1.796.224/SP, Rel. Min. Gurgel de Faria, ac. 16.11.2021, *DJe* 09.12.2021.

de inadimplência do devedor fiduciante, mesmo na hipótese em que a avença não tenha sido levada a registro[89].

Ressalta-se, porém, ainda segundo a orientação do STJ, que o registro, conquanto despiciendo para conferir eficácia ao contrato de alienação fiduciária entre os contratantes, é necessário para que o credor fiduciário possa promover a alienação extrajudicial do imóvel gravado. É que essa medida executiva pressupõe a consolidação da propriedade definitiva em nome do credor, à qual, por seu turno, se opera por meio de procedimento administrativo realizado por meio do Registro de Imóveis (Lei nº 9.514/1997, art. 26).

Assim, nos termos do entendimento seguido pelo STJ, duas conclusões se impõem[90]: a) "ausência de registro do contrato que serve de título à propriedade fiduciária no competente Registro de Imóveis não confere ao devedor fiduciante o direito de promover a rescisão da avença por meio diverso daquele contratualmente previsto"; b) "tampouco impede o credor fiduciário de, após a efetivação do registro, promover a alienação do bem em leilão para só então entregar eventual saldo remanescente ao adquirente do imóvel, descontados os valores da dívida e das demais despesas efetivamente comprovadas".

636.3. O leilão, suas particularidades e seus efeitos

A consolidação da propriedade não é feita de forma livre e definitiva, mas é condicionada à obrigação de vender o imóvel excutido no prazo de sessenta dias (art. 27, *caput*, da Lei nº 9.514) por meio de leilão público, que pode ser judicial ou extrajudicial (art. 26-A, § 5º) e que pode se dar em duas etapas: *(a)* no primeiro leilão observar-se-á como preço mínimo o valor do imóvel indicado no contrato de alienação fiduciária (arts. 24, VI, e 27, § 1º); *(b)* no segundo leilão, será aceito o maior lance oferecido, desde que seja igual ou superior ao valor integral da dívida garantida pela alienação fiduciária, das despesas, inclusive emolumentos cartorários, dos prêmios de seguro, dos encargos legais, inclusive tributos, e das contribuições condominiais (art. 27, § 2º, primeira parte; e art. 26-A, § 3º); *(c)* caso não haja lance que alcance referido valor, pode o credor fiduciário aceitar, a seu exclusivo critério, lance que corresponda a, pelo menos, metade do valor de avaliação do bem (art. 27, § 2º, *in fine*).[91]

Tratando-se de alienação fiduciária de financiamento para aquisição ou construção de imóvel residencial do devedor,[92] vigora regra especial, segundo a qual, não havendo no segundo leilão lance que atenda ao referencial mínimo para arrematação (art. 26-A, § 3º), a dívida será considerada extinta, com recíproca quitação, hipótese em que o credor ficará investido da livre disponibilidade (art. 26-A, § 4º, incluído pela Lei nº 14.711, de 2023). Vale dizer que o credor fiduciário ficará, então, exonerado da obrigação de alienar o imóvel. Ressalte-se que é diferente a frustração do leilão nas operações imobiliárias em geral, ou seja, as não integrantes do sistema habitacional (art. 27, § 5º-A, incluído pela Lei nº 14.711/2023).

Dispõe, outrossim, o § 5º do mesmo art. 26-A que a extinção da dívida no excedente ao referencial mínimo para arrematação configura condição resolutiva inerente à dívida e, por isso, aplica-se tanto às hipóteses de leilão extrajudicial como àquelas em que o credor

---

[89] STJ, 2ª Seção, EREsp 1.866.844/SP, Rel. p/ ac. Min. Ricardo Villas Bôas Cueva, ac. 27.09.2023, *DJe* 09.10.2023.

[90] STJ, 2ª Seção, EREsp 1.866.844/SP, Rel. p/ ac. Min. Ricardo Villas Bôas Cueva, ac. 27.09.2023, *DJe* 09.10.2023.

[91] Os leilões decorrentes de financiamentos para aquisição ou construção de imóvel residencial do devedor, exceto as operações do sistema de consórcio de que trata a Lei nº 11.795, de 8 de outubro de 2008, estão sujeitos às normas especiais estabelecidas neste artigo (art. 26-A, *caput*, da Lei nº 9.514/1997, com a redação dada pela Lei nº 14.711/2023).

[92] Estão excluídas desse sistema diferenciado de quitação as operações de aquisição da casa própria no sistema de consórcio (Lei nº 11.795/2008) (art. 26-A, *caput, in fine*).

tenha preferido o uso da via judicial para executar a dívida (art. 26-A, § 5º, incluído pela Lei nº 14.711, de 2023).

Ao devedor, e, se for o caso, ao terceiro fiduciante, serão sempre comunicados as datas, os horários e os locais dos leilões por meio de correspondência dirigida aos endereços constantes do contrato, inclusive ao endereço eletrônico (art. 27, § 2º-A, redação dada pela Lei nº 14.711/2023).

Consumada a venda do imóvel no leilão, o credor, no prazo de cinco dias, deverá entregar ao fiduciante a importância que sobejar ao valor do débito, deduzidas as despesas e os encargos legais, assim como o valor das benfeitorias indenizáveis, se for o caso (art. 27, § 4º).

Não sendo o produto do leilão suficiente para o pagamento integral da dívida e encargos, nem ocorrendo a hipótese do § 4º do art. 26-A (financiamento para aquisição da casa própria), o devedor continuará responsável pelo pagamento do saldo remanescente, que poderá ser cobrado por meio de ação de execução (art. 27, 5º-A, incluído pela Lei nº 14.711/2023).

636-A. Taxa de ocupação

Quando o imóvel gravado de alienação fiduciária é levado à arrematação e o devedor fiduciante ainda o conservar em sua posse, fica sujeito ao pagamento da *taxa de ocupação*[93] prevista pela Lei nº 9.514/1997, art. 37-A (com redação da Lei nº 14.711/2023), o qual determina sua base de cálculo e sua exigibilidade que vai da data da consolidação da propriedade fiduciária no patrimônio do credor fiduciário, até a data em que este ou seu sucessor vier a ser imitido na posse do imóvel. Resta definir quem é o legitimado a cobrá-la, se é o credor fiduciário ou o arrematante. Esse problema foi definido pelo STJ, no REsp 1.622.102:[94]

(*a*) "(...) 'A *mens legis*, ao determinar e disciplinar a fixação da taxa de ocupação, tem por objetivo compensar o novo proprietário em razão do tempo em que se vê privado da posse do bem adquirido, cabendo ao antigo devedor fiduciante, sob pena de evidente enriquecimento sem causa, desembolsar o valor correspondente ao período no qual, mesmo sem título legítimo, ainda usufrui do imóvel' (REsp 1328656/GO, Rel. Ministro Marco Buzzi, Quarta Turma, *DJe* 18/09/2012)".

(*b*) "A legitimidade ativa para a ação de cobrança da taxa de ocupação é, nos termos do art. 37-A da Lei n. 9.514/1997, do credor fiduciário ou do arrematante do bem dado em garantia fiduciária, a depender do momento em que proposta a demanda e o período de sua abrangência".

(*c*) "Ajuizada a ação de cobrança em momento anterior à arrematação do bem, é o credor fiduciário o legitimado para a cobrança da taxa referida. Por outro lado, proposta em momento em que já havida a arrematação, é do arrematante a legitimidade ativa da ação de cobrança da taxa de ocupação".

Assim, tanto o credor fiduciário como o arrematante têm legitimidade para exigir o pagamento da taxa de ocupação, mas a do primeiro se mantém apenas até o momento da arrematação do imóvel. A partir daí, surge a legitimação do arrematante, sucessor do fiduciário na propriedade do bem leiloado, cujo interesse se sobressai sobre o do fiduciário.

O devedor fiduciante mantém a posse e usufruição do imóvel enquanto perdura hígida a alienação fiduciária em garantia. Nessa conjuntura, pode legitimamente celebrar contrato de locação com terceiro, pois a lei lhe confere, "enquanto adimplente, a livre utilização por sua

---

[93] A taxa de ocupação foi fixada pelo art. 37-A, por mês ou fração, em 1% do valor do imóvel.

[94] STJ, 4ª T., REsp 1.622.102/SP, Rel. Min. Luis Felipe Salomão, ac. 15.09.2016, *DJe* 11.10.2016.

conta e risco do imóvel objeto da alienação fiduciária"[95]. Se o alienante fiduciário se torna inadimplente e a propriedade plena se consolida na pessoa do credor fiduciário, ocorre a sua sub-rogação na posição de locador antes exercitada pelo devedor fiduciante. Lícito, portanto, lhe será denunciar a locação com prazo de trinta dias, se não houver anuído por escrito ao contrato locatício, prazo que se amplia para noventa dias, quando ajustado (Lei nº 9.514/1997, art. 27, § 7º, na redação da Lei nº 10.931/2004). Enquanto não cessada a locação, o credor sub-rogado pode exigir do locatário as prestações contratuais próprias da relação *ex locato*. Não lhe cabe, porém, exigir do inquilino a *taxa de ocupação*, prevista no art. 37-A da Lei nº 9.514/1997, por não fazer ele parte da relação jurídica que fundamenta a cobrança da taxa em questão[96].

636-B. Inoponibilidade, ao comprador do imóvel, da hipoteca, ou da alienação fiduciária contratadas pelo construtor junto ao financiador da obra

O problema da hipoteca do prédio em construção gerou muita apreensão e insegurança aos promissários compradores das unidades habitacionais, nos casos de inadimplemento do contrato de financiamento bancário da construção, pactuado pelo construtor. É que, não obstante ter pagado regularmente todas as prestações do compromisso de compra e venda, os adquirentes, com frequência, se viam sujeitos a perder sua unidade por execução do empréstimo contraído pelo construtor, com garantia de hipoteca constituída sobre o terreno e a edificação.

Diante da necessidade de defender os direitos do consumidor (promissário comprador), o STJ consolidou na Súmula n. 308 sua jurisprudência sobre a matéria, fixando a tese de que a hipoteca firmada entre o construtor e o agente financeiro, anterior ou posterior à celebração da promessa de compra e venda, não tem eficácia perante os adquirentes das unidades do edifício.

Resolvido o problema da hipoteca, outro similar adveio: os financiamentos passaram a ser feitos não mais sob garantia de hipoteca, mas de alienação fiduciária do imóvel em construção. A solução encontrada pela jurisprudência não foi diferente daquela elaborada para a hipoteca, e que foi assim fundamentada pelo STJ:

> "(...) 4. De acordo com a Súmula 308/STJ, a hipoteca firmada entre a construtora e o agente financeiro, anterior ou posterior à celebração da promessa de compra e venda, não tem eficácia perante os adquirentes do imóvel.
>
> 5. A Súmula 308/STJ, apesar de aludir, em termos gerais, à ineficácia da hipoteca perante o promitente comprador, o que se verifica, por meio da análise contextualizada do enunciado, é que ele traduz hipótese de aplicação circunstanciada da boa-fé objetiva ao direito real de hipoteca.
>
> 6. Dessume-se, destarte, que a intenção da Súmula 308/STJ é a de proteger, propriamente, o adquirente de boa-fé que cumpriu o contrato de compra e venda do imóvel e quitou o preço ajustado, até mesmo porque este possui legítima expectativa de que a construtora cumprirá com as suas obrigações perante o financiador, quitando as parcelas do financiamento e, desse modo, tornando livre de ônus o bem negociado.
>
> 7. Para tanto, partindo-se da conclusão acerca do real propósito da orientação firmada por esta Corte – e que deu origem ao enunciado sumular em questão –, tem-se que as diferenças estabelecidas entre a figura da hipoteca e a da alienação fiduciária

---

[95] STJ, 4ª T., REsp 1.966.030/SP, Rel. Min. Antônio Carlos Ferreira, ac. 23.11.2021, *DJe* 30.11.2021.

[96] STJ, 4ª T., REsp 1.966.030/SP, Rel. Min. Antônio Carlos Ferreira, ac. 23.11.2021, *DJe* 30.11.2021.

não são suficientes a afastar a sua aplicação nessa última hipótese, admitindo-se, via de consequência, a sua aplicação por analogia".[97]

Em suma: o promissário comprador que cumpriu todas as obrigações contratuais e já pagou o preço da unidade adquirida durante a obra não pode ser prejudicado pelo ato do construtor que acaso não adimpliu o financiamento contratado para custear a construção, mesmo que o empréstimo tenha sido ajustado sob garantia de hipoteca ou de alienação fiduciária do imóvel em que se realizou a edificação.

636-C. Recuperação judicial e falência do devedor alienante

Os procedimentos de recuperação judicial e falência do devedor alienante não interferem no regime jurídico material e processual do credor fiduciário. Dispõe, a propósito, o Decreto-lei nº 911/1969, o seguinte:

(a) o pedido de recuperação judicial ou extrajudicial pelo devedor nos termos da Lei nº 11.101, de 09.02.2005, não impede a distribuição e a busca e apreensão do bem alienado fiduciariamente em garantia (art. 6º-A do Decreto-lei nº 911 – incluído pela Lei nº 13.043, de 13.11.2014);

(b) na falência do devedor alienante, fica assegurado ao credor ou proprietário fiduciário o direito de pedir, na forma prevista na lei, a restituição do bem alienado fiduciariamente (art. 7º do Decreto-lei nº 911).[98]

Arrecadado na falência o bem objeto de alienação fiduciária, o direito do credor é o de restituição *in natura*. Se já tiver ocorrido a sua alienação pelo síndico, a restituição se dará pelo valor correspondente ao apurado na venda respectiva.[99] Recuperado o bem gravado, ou o correspondente valor, cessa o privilégio do credor fiduciário de se pagar fora do concurso universal de credores. Remanescendo saldo insatisfeito, não poderá prosseguir na execução individual, para excutir outros bens da massa. Terá de se sujeitar, quanto ao eventual saldo, ao regime concursal, como credor quirografário, seja na falência, seja na recuperação judicial.[100] "A extraconcursalidade do crédito está diretamente ligada [apenas] à propriedade fiduciária".[101]

Quanto à recuperação judicial, há previsão expressa na própria Lei nº 11.101/2005 de que o crédito do proprietário fiduciário de bens móveis ou imóveis "não se submeterá aos efeitos da recuperação judicial e prevalecerão os direitos de propriedade sobre a coisa" (art. 49, § 3º). O dispositivo legal, todavia, ressalva que não será permitida a venda ou a retirada dos bens do

---

[97] STJ, 3ª T., REsp 1.576.164/DF, Rel. Min. Nancy Andrighi, ac. 14.05.2019, *DJe* 23.05.2019.

[98] "Os credores fiduciários estão excluídos dos efeitos da recuperação judicial somente em relação ao montante alcançado pelos bens alienados em garantia" (STJ, 3ª T., REsp 1.953.180/SP, Rel. Min. Ricardo Villas Bôas Cueva, ac. 25.11.2021, *DJe* 01.12.2021). Não podem, em execução extraconcursal, ser expropriados bens do avalista ou do devedor fiduciante, em regime de recuperação judicial, além daqueles atingidos pela alienação fiduciária em garantia, "pois devem servir ao pagamento de todos os credores" (STJ, 3ª T., REsp 1.953.180/SP, Rel. Min. Ricardo Villas Bôas Cueva, ac. 25.11.2021, *DJe* 01.12.2021), ou seja: não podem ser penhorados em execução singular, pelo credor fiduciário, bens não integrantes da alienação fiduciária.

[99] STJ, 4ª T., REsp 1.302.734 /RS, Rel. Min. Luis Felipe Salomão, ac. 03.03.2015, *DJe* 16.03.2015.

[100] SACRAMONE, Marcelo Barbosa. *Comentários à Lei de Recuperação de Empresas e Falência*. 2. ed. São Paulo: Saraiva, 2021, p. 255; AYOUB, Luiz Roberto; CAVALI, Cássio. *A construção jurisprudencial da recuperação judicial de empresas*. Rio de Janeiro: Forense, 2013, p. 82.

[101] STJ, 3ª T., REsp 1.953.180/SP, Rel. Min. Ricardo Villas Bôas Cueva, ac. 25.11.2021, *DJe* 01.12.2021 (voto do Relator).

estabelecimento do devedor durante o prazo de 180 dias do deferimento do processamento da recuperação, se se tratar de bem de capital essencial a sua atividade empresarial. Esse prazo consta da previsão do § 4º do art. 6º da Lei nº 11.101/2005, aplicável genericamente a todas as execuções em curso contra o devedor.[102]

Se, entretanto, não se trata de bem qualificável como essencial à atividade do devedor fiduciante, é perfeitamente possível sua retirada e alienação pelo credor fiduciário, a qualquer tempo, mesmo durante o período de suspensão de que fala o referido § 4º do art. 6º da Lei de Recuperação Judicial e Falência.[103]

Ainda que seja na hipótese de bens essenciais à atividade empresarial, o credor fiduciário se submete apenas à suspensão temporária (180 dias) da venda e retirada dos bens gravados do estabelecimento do devedor, não ficando impedido, após aquele lapso, de dar sequência normal à execução de seus direitos de proprietário fiduciário.[104] Vale dizer: o regime de recuperação judicial não permite o adiamento *sine die* da execução da garantia fiduciária, ainda que o objeto recaia sobre bens essenciais.[105]

Outra decisão importante do STJ foi a de considerar o prazo de 180 dias do art. 6º, § 4º, da Lei nº 11.101/2005, como de natureza material, de maneira que deverá ser contado de forma contínua e não por dias úteis como se procede em relação aos prazos de natureza processual.[106] Aliás, o § 1º, inciso I, acrescido ao art. 189 da Lei nº 11.101/2005 pela Lei nº 14.112/2020, dispõe em caráter genérico que todos os prazos da Lei de Recuperação Judicial e Falência, ou que dela decorram, serão contados em dias corridos – como já vinha entendendo o STJ.

Mais duas questões interessantes sobre alienação fiduciária e recuperação judicial foram solucionadas pela jurisprudência do STJ:

(a) Garantia de alienação fiduciária de imóvel de terceiro

O credor titular da posição de proprietário de bens móveis ou imóveis "não se submeterá aos efeitos da recuperação judicial" (Lei nº 11.101/2005, art. 49, § 3º), ou seja, continuará com a faculdade de executar livremente a garantia, nos moldes da legislação própria. É irrelevante, para o afastamento do crédito do regime da recuperação judicial, que o bem alienado fiduciariamente seja oriundo do patrimônio do devedor ou de terceiro-garante[107].

(b) Cessão fiduciária de direito de crédito

---

[102] A Lei nº 14.112/2020 alterou o § 4º do art. 6º da Lei nº 11.101/2005 para prever que o prazo de 180 dias da suspensão das execuções ali tratado pode ser prorrogado por igual período uma única vez em caráter excepcional, desde que o devedor não haja concorrido com a superação do lapso temporal.

[103] STJ, 2ª Seção, CC 153.473/PR, Rel. p/ ac. Min. Luis Felipe Salomão, ac. 09.05.2018, *DJe* 26.06.2018; STJ, 3ª T., REsp 1.758.746/GO, Rel. Min. Marco Aurélio Bellizze, ac. 25.09.2018, *DJe* 01.10.2018.

[104] TJSP, Grupo de Câmaras Reservadas de Direito Empresarial, Enunciado III publicado em 14.04.2019, disponível em [www.conjur.com.br/al/tj-sp-publica-quatro-novos-enunciados.pdf]. Acesso em 14.06.2019: "Escoado o prazo de suspensão de que trata o § 4º, do art. 6º da Lei nº 11.101/05 (*stay period*), as medidas de expropriação pelo credor titular da propriedade fiduciária de bens móveis ou imóveis (...) poderão ser retomadas, ainda que os bens a serem executados sejam essenciais à atividade empresarial" (cf. FIGUEIREDO, Fábio Vieira et al. Alienação fiduciária e recuperação judicial: reflexões e atualizações. *Revista dos Tribunais*, v. 1.014, p. 122).

[105] Des. Francisco Loureiro, manifestação na justificativa do referido Enunciado III das Câmaras Reservadas de Direito Empresarial do TJSP (*RT* 1.014/122).

[106] STJ, 3ª T., REsp 1.698.283/GO, Rel. Min. Marco Aurélio Bellizze, ac. 21.05.2019, 24.05.2019.

[107] "O afastamento dos créditos de titulares de posição de proprietário fiduciário dos efeitos da recuperação judicial da devedora independe da identificação pessoal do fiduciante ou do fiduciário com o bem imóvel ofertado em garantia ou com a própria recuperanda" (STJ, 3ª T., REsp 1.938.706/SP, Rel. Min. Nancy Andrighi, ac. 14.09.2021, *DJe* 16.09.2021).

Os contratos gravados com garantia fiduciária não se submetem ao regime da recuperação judicial da devedora, pois se trata de bens ou valores extraconcursais, conforme previsto no art. 49, § 3º, da Lei nº 11.101/2005. Essa exclusão prevalece, estando ou não registrada a cessão fiduciária em cartório. É que "a ausência de registro, que é requisito apenas para a preservação de direito de terceiros, não constitui requisito para perfectibilizar a garantia".[108]

Como assentou o STJ, "os direitos cedidos fiduciariamente integram o patrimônio do credor fiduciário e não da empresa em recuperação. No caso de cessão fiduciária de recebíveis, dada a especificidade da legislação de regência, até mesmo a posse direta do bem dado em garantia, bem como todos os direitos e ações a ele concernentes, são transferidos ao credor fiduciário tão logo contratada a garantia. A necessidade de registro se destina a salvaguardar eventuais direitos de terceiros, vale dizer, no caso de recebíveis, direitos que possam ser alegados pelos devedores da empresa em soerguimento, e não pelos seus credores, aos quais é indiferente o destino de bem que não integra o patrimônio sujeito à recuperação"[109].

636-D. Inaplicação do direito de arrependimento do compromisso de compra e venda de imóvel, com restituição de prestações pagas

Nos casos de compromisso de compra e venda de imóvel residencial tem-se reconhecido ao promissário comprador o direito de pedir a resolução do contrato, com restituição parcial das prestações pagas, quando se veja em dificuldade de cumprir a avença (Lei nº 4.591/64, art. 67-A, incluído pela Lei nº 13.786/2018).

A situação é diferente quando se trata de aquisição de imóvel garantida mediante alienação fiduciária em garantia e o desinteresse do comprador não se funde em falta culposa do vendedor. Em semelhante conjuntura o entendimento do STJ é de que não cabe resolução por puro desinteresse de uma das partes, mesmo que não se ache em mora, pelos seguintes fundamentos:

(a) "A efetividade da alienação fiduciária de bens imóveis decorre da contundência dimanada da propriedade resolúvel em benefício do credor com a possibilidade de realização extrajudicial do seu crédito".

(b) "O inadimplemento, referido pelas disposições dos arts. 26 e 27 da Lei nº 9.514/97, não pode ser interpretado restritivamente a mera não realização do pagamento no tempo, modo e lugar convencionados (mora), devendo ser entendido, também, como o comportamento contrário a manutenção do contrato ou ao direito do credor fiduciário".

(c) "O pedido de resolução do contrato de compra e venda com pacto de alienação fiduciária em garantia por desinteresse do adquirente, mesmo que ainda não tenha havido mora no pagamento das prestações, configura quebra antecipada do contrato ('antecipatory breach'), decorrendo daí a possibilidade de aplicação do disposto nos 26 e 27 da Lei 9.514/97 para a satisfação da dívida garantida".[110]

É importante observar que na alienação fiduciária em garantia o credor já se torna judicialmente proprietário do objeto da garantia. Por isso, resistindo o devedor ao cumprimento da dívida, o credor não depende sequer de processo executivo para realizar seu crédito.

---

[108] STJ, 2ª Seção, REsp 1.629.470/MS, Rel. Min. Maria Isabel Gallotti, ac. 30.11.2021, *DJe* 17.12.2021. Cf. Lei nº 4.728/1995, art. 66-B, na redação da Lei nº 10.931/2004.

[109] STJ, 2ª Seção, REsp 1.629.470/MS, Rel. Min. Maria Isabel Gallotti, ac. 30.11.2021, *DJe* 17.12.2021 (voto da Relatora).

[110] STJ, 3ª T., REsp 1.867.209/SP, Rel. Min. Paulo de Tarso Sanseverino, ac. 08.09.2020, *DJe* 30.09.2020.

Simplesmente estará autorizado por lei a proceder a venda extrajudicial do bem alienado fiduciariamente, como proprietário dele que é. Não há lugar para o devedor arrepender-se da transferência fiduciária da propriedade, cuja resolução somente acontecerá após o pagamento integral do débito garantido.

Diversa é a situação do contrato de compra e venda de imóvel por instrumento particular com previsão de garantia de alienação fiduciária não levado a registro, caso em que não se aplica o regime do art. 23 da Lei nº 9.514, ou seja, a obrigação do adquirente de aguardar o procedimento da venda extrajudicial do bem gravado, para só então, receber eventuais diferenças do vendedor.[111] Mesmo porque, sem o registro, a propriedade fiduciária nem sequer chega a constituir-se, para justificar a incidência da Lei nº 9.514.[112]

636-E. Opção entre a execução especial da Lei nº 9.514/1997 e a execução de título extrajudicial

Embora o credor fiduciário conte com o procedimento especial do art. 27 da Lei nº 9.514/1997 para executar administrativamente o imóvel objeto de alienação fiduciária em garantia, não está impedido de optar pela execução de título extrajudicial, nos moldes dos arts. 824 e ss. do CPC (execução por quantia certa).

Para tanto, bastará que a dívida esteja lastreada em título de obrigação líquida, certa e exigível (CPC, art. 783) como, por exemplo, a cédula de crédito bancário, a qual, por si só, lhe assegura o acesso à execução judicial por quantia certa, regulada pelo CPC (art. 784, XII, c/c Lei nº 10.931/2004, art. 28).

O interesse do credor fiduciário em utilizar a via judicial, na espécie, além de resultar da garantia constitucional de acesso à Justiça estatal (CF, art. 5º, XXXV), justifica-se também pela conveniência de evitar a controvérsia de ser ou não permitida a exigência pela execução judicial do eventual saldo devedor remanescente quando o produto obtido com o leilão extrajudicial do bem alienado fiduciariamente for insuficiente para o resgate integral da obrigação.

Em suma, está assente na jurisprudência do STJ que, ao credor fiduciário amparado pela Lei nº 9.514/1997, é facultado executar a integralidade de seu crédito judicialmente, desde que documentado em título dotado dos atributos necessários para a execução por quantia certa, regulada pelo Código de Processo Civil[113].

636-F. Execução por agente de garantia

O art. 853-A, *caput*, do Código Civil, acrescentado pela Lei nº 14.711/2023, admite que qualquer garantia (logo, também a alienação fiduciária em garantia) pode ser executada por

---

[111] No procedimento extrajudicial de execução da garantia de alienação fiduciária imobiliária, segundo os arts. 26 e 27 da Lei nº 9.514/1997, se assegura a restituição das parcelas pagas, no que o produto do leiloamento do bem ultrapassar o débito do comprador. A devolução dos valores a que este faça jus, entretanto, será feita "somente após a venda do bem imóvel em leilão público, com o pagamento da dívida restante" (TJSP, 25ª Câm. de Dir. Priv., Ap. Civ. 1054657-63.2018.8.26.0576, Rel. Des. Airton Pinheiro de Castro, ac. 05.03.2021, data da publicação 05.03.2021).

[112] "(...) 4. No regime especial da Lei nº 9.514/97, o registro do contrato tem natureza constitutiva, sem o qual a propriedade fiduciária e a garantia dela decorrente não se perfazem. 5. Na ausência de registro do contrato que serve de título à propriedade fiduciária no competente Registro de Imóveis, como determina o art. 23 da Lei 9.514/97, não é exigível do adquirente que se submeta ao procedimento de venda extrajudicial do bem para só então receber eventuais diferenças do vendedor" (STJ, 3ª T., REsp 1.835.598/SP, Rel. Min. Nancy Andrighi, ac. 09.02.2021, *DJe* 17.02.2021).

[113] STJ, 3ª T., REsp 1.965.973/SP, Rel. Min. Ricardo Villas Bôas Cueva, ac. 15.02.2022, *DJe* 22.02.2022.

agente de garantia designado pelos credores, o qual atuará em nome próprio e em benefício dos credores, judicial e extrajudicialmente (853-A, § 1º).

A figura do agente de garantia foi concebida dentro de um Capítulo novo do Código Civil destinado a regular um contrato típico, também novo, a que se atribuiu o nome de "Contrato de Administração Fiduciária de Garantias" (Capítulo XXI, acrescido pela Lei nº 14.711/2023 ao Título VI – Das várias espécies de contrato). Dentro dessa disciplina legal, o agente de garantia contratado pelos credores assume poderes não limitados apenas à execução das garantias, mas que vão desde sua constituição, gestão, registro, até a realização dos créditos garantidos, pelas vias negociais ou, se necessário, pelas vias executivas, tanto judiciais como extrajudiciais (CC, art. 853-A, *caput* e § 1º). Processualmente, portanto, trata-se de um substituto processual que atua em juízo em nome próprio, mas em benefício dos credores. Materialmente, o agente de garantia tem "dever fiduciário em relação aos credores da obrigação garantida e responderá perante os credores por todos os seus atos" (art. 853-A, § 2º). Após receber o valor do produto da realização da garantia, o agente de garantia disporá do prazo de 10 (dez) dias úteis para efetuar o pagamento aos credores (art. 853-A, § 6º).

636-G. O sistema de financiamento da moradia popular e a garantia de alienação fiduciária

Não há, segundo entendimento do STJ, previsão legal que estabeleça a ilegalidade da cláusula de alienação fiduciária nas aquisições de imóveis para moradia popular. Pelo contrário, o art. 26-A da Lei nº 9.514/1997 expressamente autoriza o emprego dessa modalidade de garantia nos contratos de financiamento habitacional.

Por sua vez, a mesma lei estabelece as consequências da execução da garantia, no caso de inadimplemento contratual, sendo a principal delas a possibilidade de consolidação da propriedade em nome do credor fiduciário, seguida de leilão público (Lei nº 9.514/1997, art. 27).

Portanto – assentou o STJ –, não só é possível manter a cláusula de alienação fiduciária, até mesmo nos contratos pactuados por empresa pública estadual criada para executar a política habitacional, como também é admissível o leilão público dos imóveis financiados, nos moldes da referida Lei nº 9.514, quando se der a execução da garantia.[114]

---

[114] STJ, 1ª T., AREsp 1.776.983/SP, Rel. Min. Gurgel de Faria, ac. 19.09.2023, *DJe* 20.10.2023.

Fluxograma nº 57 – Ação de busca e apreensão (alienação fiduciária de coisas móveis) (Decreto-lei nº 911/1969)

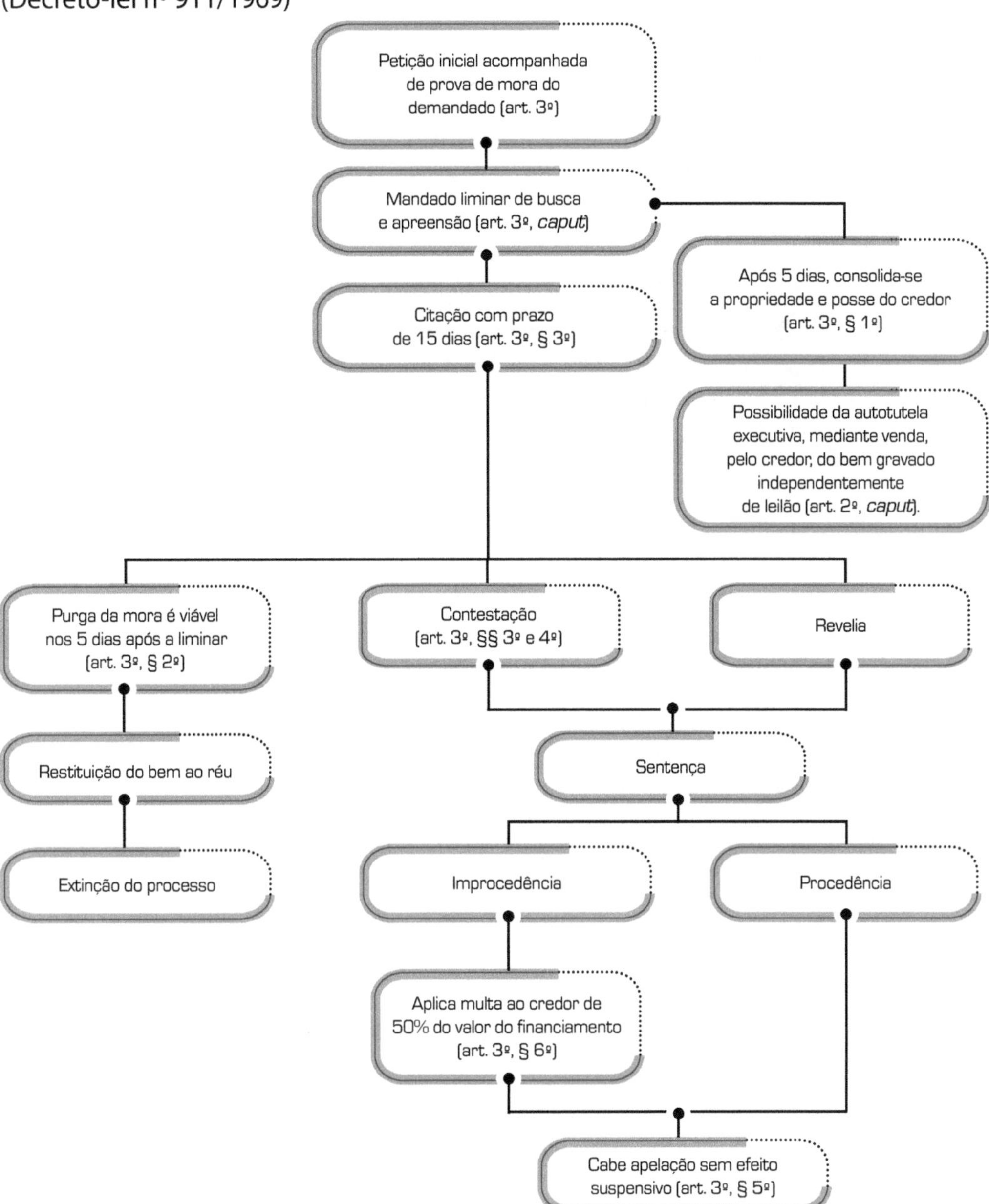

Fluxograma nº 58 – Alienação fiduciária em garantia (coisas móveis). Ação executiva (Decreto-lei nº 911/1969, art. 5º)

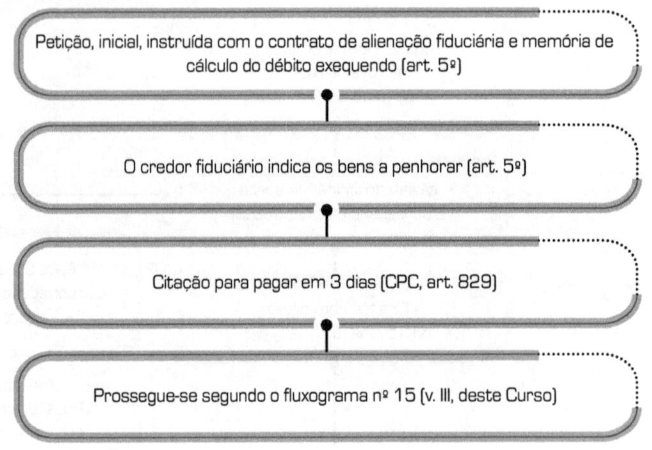

Fluxograma nº 59 – Alienação fiduciária em garantia (bens imóveis). Execução administrativa (Lei nº 9.514/1997, arts. 22 a 33)

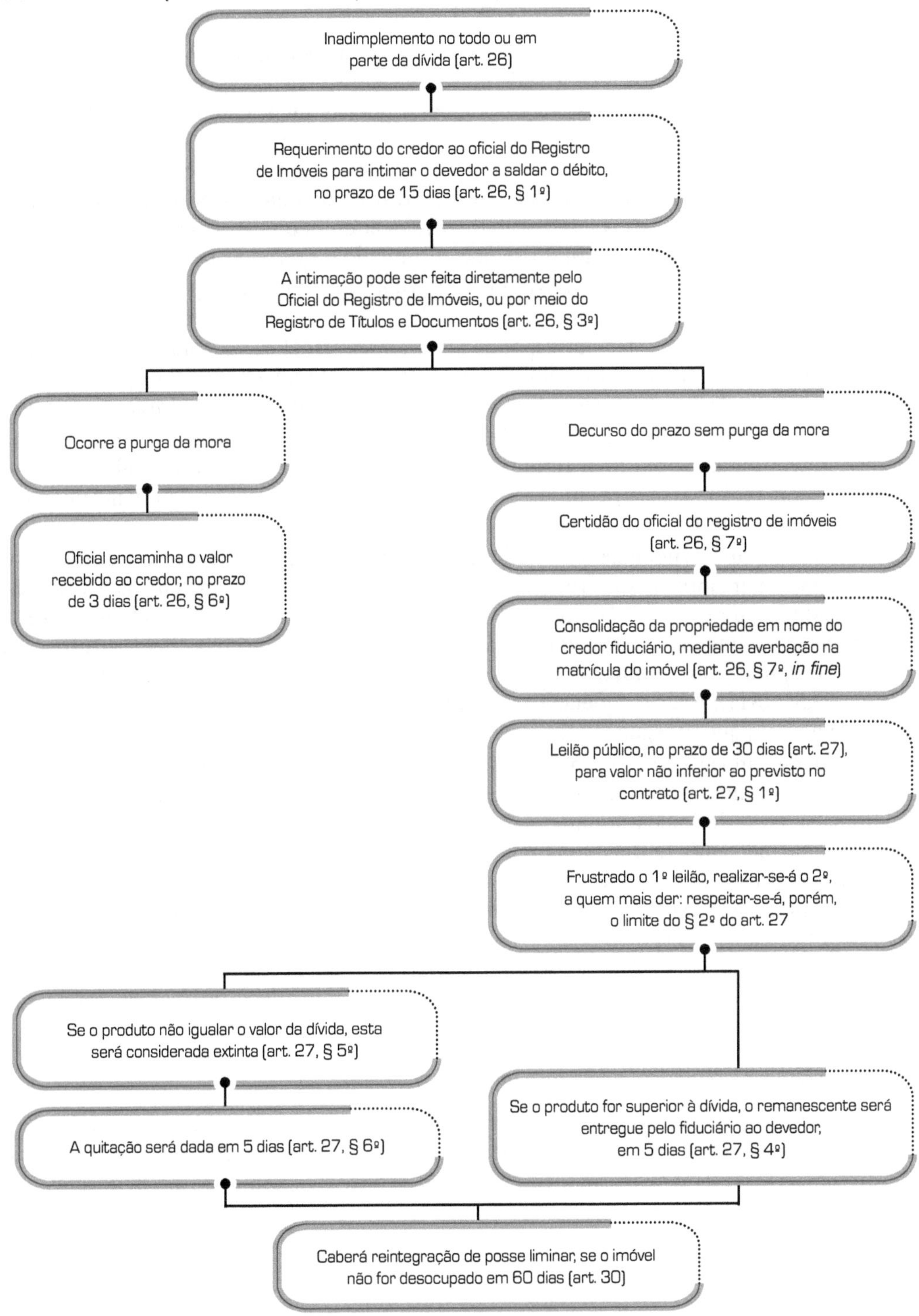

Nota: O procedimento executivo perante o oficial do Registro de Imóveis será dispensado, se entre fiduciante e fiduciário se ajeitar uma dação em pagamento (art. 26, § 8º).

§ 78. ARRENDAMENTO MERCANTIL (*LEASING*)

637. Noção de arrendamento mercantil

No campo das atividades empresariais, o contrato de arrendamento mercantil, ou *leasing*, representa um negócio jurídico de grande presença e considerável expressão econômica. Na história desse contrato, registram-se várias práticas negociais que acabaram por gerar distintas modalidades de *leasing*. Dentre todas, no entanto, nota-se um perfil comum, capaz de individuar um tipo básico de arrendamento mercantil. Pode-se, nessa perspectiva, conceituar-se como *leasing* "o contrato pelo qual uma empresa, desejando utilizar determinado equipamento, ou certo imóvel, consegue que uma instituição financeira adquira o referido bem, alugando-o ao interessado por prazo certo, admitindo-se que, terminado o prazo locativo, o locatário possa optar entre a devolução do bem, a renovação da locação, ou a compra pelo preço residual fixado no momento inicial do contrato".[115]

A modalidade em questão corresponde ao tipo mais usual no mercado, o denominado *leasing* financeiro. Pode, todavia, o contrato ser ajustado também entre o fabricante, ou dono do objeto, e o arrendatário (*self leasing*), negócio hoje menos utilizado que o *leasing* financeiro.

Na realidade, retendo o domínio sobre o bem arrendado, o arrendador tem nele uma garantia do contrato, até seu final cumprimento. Na sua modalidade mais usual, tem-se no *leasing* uma operação financeira em que se dá uma "simbiose da locação, do financiamento e da venda", como observa Arnoldo Wald.[116]

Consoante jurisprudência sumulada do STJ, "no caso de reintegração de posse em arrendamento mercantil financeiro, quando a soma da importância antecipada a título de Valor Residual Garantido (VRG) com o valor da venda do bem ultrapassar o total do VRG previsto contratualmente, o arrendatário terá direito de receber a respectiva diferença, cabendo, porém, se estipulado no contrato, o prévio desconto de outras despesas ou encargos pactuados" (Súmula nº 564/STJ). A jurisprudência que conduziu à formulação da súmula em questão está analisada no item que se segue.

Enquanto prevaleceu a plena liberdade de contratação dos encargos financeiros das operações de arrendamento mercantil, a Resolução CMN nº 2.303/1996 considerava lícita a denominada "tarifa de liquidação antecipada" ajustada nos contratos de concessão de crédito e de arrendamento mercantil. Entretanto, com o advento da Resolução nº 3.516/2007, o CMN vedou às instituições financeiras e às sociedades de arrendamento mercantil a cobrança daquela tarifa, de forma expressa e categórica. A jurisprudência do STJ, porém, preserva a validade dos ajustes anteriores à Resolução 3.516, ou seja: "para as operações de crédito e arrendamento mercantil contratadas antes de 10/12/2007 podem ser cobradas tarifas pela liquidação antecipada no momento em que for efetivada a liquidação, desde que a cobrança dessa tarifa esteja claramente identificada no extrato de conferência".[117]

637.1. Descaracterização do contrato de leasing

Para o STJ, "é possível a descaracterização do contrato de arrendamento mercantil (*leasing*) se o prazo de vigência do acordo celebrado não respeitar a vigência mínima estabelecida de acordo com a vida útil do bem arrendado". Observe-se que, "nos termos do art. 8º do anexo da

---

[115] MANCUSO, Rodolfo de Camargo. *Leasing*. 2. ed. São Paulo: Ed. RT, 1999, p. 27; WALD, Arnoldo. A introdução do *leasing* no Brasil. *Revista dos Tribunais*, n. 415, p. 10, maio 1970.

[116] WALD, Arnoldo. A introdução do *leasing* no Brasil. *Revista dos Tribunais*, n. 415, p. 10, maio 1970.

[117] STJ, 2ª Seção, REsp 1.392.449/DF, Rel. Min. Marco Buzzi, ac. 24.05.2017, *DJe* 02.06.2017.

Resolução n. 2.309/96 e art. 23 da Lei n. 6.099/74, o prazo mínimo de vigência do contrato de arrendamento mercantil financeiro é de (i) dois anos, quando se tratar de bem com vida útil igual ou inferior a cinco anos, e (ii) de três anos, se o bem arrendado tiver vida útil superior a cinco anos".[118]

Assentadas essas premissas, aquela Corte Superior confirmou aresto do TJMT que reconhecera ter o bem arrendado (pá de escavadeira) vida útil superior a cinco anos, e, por isso, descaracterizou o contrato de arrendamento mercantil, uma vez que o prazo avençado fora muito inferior, ou seja 24 meses, infringindo, portanto, os dispositivos legais suprarreferidos.

638. Ações decorrentes do *leasing*

Não há procedimentos especiais criados diretamente para os litígios derivados do arrendamento mercantil. As causas mais frequentes, na experiência do foro, são:

(a) Por iniciativa do arrendatário: a ação de consignação em pagamento, segundo o rito previsto nos arts. 539 e seguintes do CPC/2015, é admissível quando o arrendatário quer exercer a opção de compra e encontra resistência da parte do arrendador.

A mesma ação é manejável quando o credor se recusa a receber de volta o bem arrendado, ao final do ajuste, se ao arrendatário não interessa nem a opção de compra nem a de renovação do arrendamento. Cabe, ainda, a ação de consignação em pagamento, por iniciativa do arrendatário, nas hipóteses comuns de recusa de aceitação de parcelas periódicas do preço e acessórios do arrendamento.

Outra ação pode ser intentada pelo arrendatário, quando o contrato de *leasing* é desfeito, sem que a opção de compra tenha sido exercitada, e haja valor residual adiantado (VRG) em poder do arrendante. É comum nos arrendamentos mercantis o adiantamento parcelado da importância que o arrendatário deveria cobrir, para completar o preço de compra, para a hipótese de, ao final do contrato, optar por adquirir o bem arrendado. Vindo o contrato a ser desfeito, por qualquer razão de direito, não é lícito ao arrendante reter o valor residual recebido em garantia de uma opção que não mais será exercida. Havendo resistência a tal devolução, caberá ao arrendatário uma ação de restituição, que se processará pelas vias comuns do processo de conhecimento.[119]

(b) Por iniciativa do arrendador: no caso de inadimplemento por parte do arrendatário, o credor pode, em primeiro lugar, mover ação de reintegração de posse, porque a retenção do bem em desacordo com as obrigações contratuais configura esbulho, remediável por ação possessória, sem necessidade de pleitear, previamente, a rescisão do contrato.[120] A jurisprudência do STJ, todavia, levando em conta a natureza do contrato e os objetivos do arrendamento mercantil, onde se destaca a opção de compra em favor do arrendatário, tem assegurado "a

---

[118] STJ, 2ª T., REsp 1.569.840/MT, Rel. Min. Francisco Falcão, ac. 16.08.2018, *DJe* 27.08.2018.

[119] Já decidiu o STJ que essa ação de restituição do VRG não é uma ação de enriquecimento sem causa, mas de restituição de valores contratuais depositados durante a vigência do *leasing*. Trata-se, portanto, de ação processual derivada de obrigação contratual, cujo prazo de prescrição, à falta de estipulação especial da lei, é o geral de dez anos, previsto no art. 205 do Código Civil (STJ, 3ª T., REsp 1.174.760/PR, Rel. Min. Nancy Andrighi, ac. 01.12.2011, *DJe* 09.12.2011).

[120] "A ação de reintegração de posse é a via processual que a lei concede ao credor para o desfazimento do contrato de *leasing* pelo descumprimento do devedor" (STJ, 4ª T., REsp 150.099/MG, Rel. Min. Ruy Rosado de Aguiar, ac. 05.03.1999, *DJU* 08.06.1998, p. 123, *in* RIZZARDO, Arnaldo. *Leasing*. 4. Ed. São Paulo: Ed. RT, 2000, p. 199). É cabível a liminar, desde que a mora esteja comprovada e não haja controvérsia acerca do saldo devedor (STJ, 3ª T., REsp 126.743/SC, Rel. Min. Waldemar Zveiter, ac. 19.11.1998, *DJU* 22.02.1999, p. 103, *in* RIZZARDO, Arnaldo. *Leasing*. 4. Ed. São Paulo: Ed. RT, 2000, p. 191).

possibilidade de purgação da mora", que "preserva os interesses de ambas as partes e mantém a comutabilidade contratual".[121]

Está não apenas assegurado pela jurisprudência o cabimento da purga da mora, como também a necessidade de que, para a resolução do contrato de *leasing*, haja notificação prévia para constituir o arrendatário em mora, a exemplo do que se passa com o contrato de alienação fiduciária. O tema consta de jurisprudência que já foi sumulada com o seguinte enunciado: "No contrato de arrendamento mercantil (*leasing*), ainda que haja cláusula resolutiva expressa, é necessária a notificação prévia do arrendatário para constituí-lo em mora" (STJ, Súmula nº 369).

No tocante à purga da mora nas ações relativas ao arrendamento mercantil, o STJ vinha reconhecendo, pacificamente, sua possibilidade nos termos do Código Civil, já que a lei própria não continha previsão a respeito (Lei nº 6.099/1974). Com isso, o devedor inadimplente poderia se libertar da reintegração de posse, pagando as prestações em atraso com os acréscimos da mora.[122]

Acontece que, com a Lei nº 13.043/2014, o quadro do direito positivo sofreu profunda mudança, afetando diretamente a situação do inadimplente de contrato de *leasing*; com efeito, referida lei acrescentou o § 15 ao art. 3º do Decreto-lei nº 911/1969, mandando aplicar, "no caso de reintegração de posse de *veículos* referente às operações de *arrendamento mercantil*", o mesmo regime da busca e apreensão dos bens alienados fiduciariamente.

Desde então, a purga da mora (limitada às prestações vencidas), que já não se permitia no âmbito da alienação fiduciária, desde a Lei nº 10.931/2004,[123] deixou de ser admitida também nas reintegrações de posse de veículos objeto de arrendamento mercantil. Assim, seja na alienação fiduciária, seja no arrendamento mercantil de veículos automotores, uma vez apreendido judicialmente o bem gravado por inadimplemento, o devedor tem cinco dias para pagar a *integralidade da dívida*, sob pena de consolidarem-se a posse e propriedade do credor.[124]

Uma ressalva de direito intertemporal, todavia, foi feita pelo STJ: a purga da mora, no caso de arrendamento mercantil, era regida pelo Código Civil (art. 401, I), e não pelo Decreto-lei nº 911/69 (art. 3º) – lei especial não suscetível de aplicação analógica, na espécie. Sendo assim, a purga limitada às prestações vencidas, por parte do arrendatário mercantil, só deixou de ser cabível a partir da Lei nº 13.043/2014, ou seja, desde que a lei específica se estabeleceu também para o arrendamento mercantil, de modo a afastá-lo do regime geral do Código Civil, para submetê-lo ao sistema do Decreto-lei nº 911/1969, em matéria de inadimplemento.[125]

O ajuizamento da ação reintegratória sem a observância da interpelação constitutiva de mora acarreta a extinção do processo, sem julgamento do mérito da causa, por falta de condição de procedibilidade (CPC/2015, art. 485, VI).[126]

Sob outro prisma, pode não interessar ao arrendador a recuperação do objeto. Mantendo o contrato, poderá cobrar as prestações contratuais o que, de ordinário, será possível fazer por

---

[121] STJ, 4ª T., REsp 9.219/MG, Rel. Min. Athos Gusmão Carneiro, ac. 19.06.1991, *DJU* 23.09.1991, p. 13.086. Essa orientação do STJ é considerada por Rodolfo Camargo Mancuso como "a melhor exegese" (*Leasing*. 2. ed. São Paulo: Ed. RT, 1999, p. 233).

[122] STJ, 3ª T., REsp 228.625/SP, Rel. Min. Castro Filho, ac. 16.12.2003, *DJU* 16.02.2004, p. 241; STJ, 4ª T., AgRg no REsp 329.936/SP, Rel. Min. Cesar Asfor Rocha, ac. 05.12.2002, *DJU* 12.05.2003, p. 305.

[123] STJ, 2ª Seção, REsp 1.418.593/MS – regime repetitivo, Rel. Min. Luis Felipe Salomão, ac. 14.05.2014, *DJe* 27.05.2014.

[124] STJ, 3ª T., REsp 1.507.239/SP, Rel. Min. Marco Aurélio Bellizze, ac. 05.03.2015, *DJe* 11.03.2015.

[125] STJ, 4ª T., REsp 1.381.832/PR, Rel. Min. Maria Isabel Gallotti, ac. 05.11.2015, *DJe* 24.11.2015.

[126] STJ, 2ª Seção, EREsp 162.185/SP, Rel. Min. Aldir Passarinho Jr., ac. 13.09.2006, *DJU* 06.11.2006, p. 300.

meio de execução por quantia certa, se o ajuste satisfizer as exigências do art. 784, II e III, do CPC/2015 (título executivo extrajudicial).[127]

Convém reafirmar que, na operação denominada "*leasing* financeiro", o bem arrendado funciona como garantia do financiamento concedido para aquisição do bem dado em arrendamento mercantil. Dessa forma, há sempre a cláusula que prevê uma parcela denominada "valor residual garantido – VRG". Além do aluguel, o arrendatário recolherá o VRG, para que o financiamento, afinal, seja resgatado por inteiro. Ao agente financeiro, portanto, não cabe simplesmente apropriar-se do bem gravado e do VRG depositado pelo arrendatário, quando se procede à execução do financiamento, por inadimplemento do débito dele decorrente.

O bem gravado, portanto, será vendido, judicial ou extrajudicialmente, e o produto aplicado no resgate do financiamento, cujo montante corresponde à soma dos aluguéis ajustados com o "valor residual garantido". Por isso, "quando o produto da soma do VRG quitado com o valor da venda do bem for maior que o total pactuado como VRG na contratação, será direito do arrendatário receber a diferença, cabendo, porém, se estipulado no contrato, o prévio desconto de outras despesas ou encargos contratuais".[128]

Entendia-se, antes da Lei nº 13.043/2014, que, na linha do que se passava na ação de reintegração de posse, não haveria razão para impedir a purga da mora. Por conseguinte, não se aceitava, na mora parcial do contrato de arrendamento, a exigência de todas as prestações vencidas e vincendas ou a atuação da cláusula resolutória expressa.[129] Atualmente, porém, o regime inovado do direito positivo, como já visto, é o mesmo do Decreto-lei nº 911/1969, tornando vencida a resistência antes oposta pela doutrina e jurisprudência, à extensão do sistema da alienação fiduciária ao arrendamento mercantil.

Na eventualidade de o contrato de *leasing* não cumprir todas as exigências para enquadrar-se na figura de título executivo extrajudicial, o credor terá de usar o processo de conhecimento para cobrar do arrendatário as prestações inadimplidas. O mesmo acontecerá no caso de pretensão do arrendador a ressarcimento de danos decorrentes de violação do contrato cometida pelo arrendatário, inclusive danos materiais ocorridos, por sua culpa, na coisa arrendada. O procedimento, *in casu*, será o comum (ordinário ou sumário, conforme o valor da causa).[130]

---

[127] RIZZARDO, Arnaldo. *Leasing*. 4. Ed. São Paulo: Ed. RT, 2000, p. 191.

[128] Tese consolidada para os efeitos do art. 543-C do CPC/1973 [art. 1.036 do CPC/2015]: STJ, 2ª Seção, REsp 1.099.212/RJ, Rel. p/ ac. Min. Ricardo Villas Bôas Cueva, ac. 27.02.2013, *DJe* 04.04.2013.

[129] Mesmo no silêncio da Lei nº 6.099 sobre a purga da mora e diante da permissão à cláusula resolutória expressa, fortes razões, no entender de Arnaldo Rizzardo, justificam o direito do devedor de emendar sua mora, enquanto dispuser de tempo para contestar a lide: "A purgação é um favor que a lei concede ao devedor, permitindo-lhe neutralizar o direito do credor atinente à rescisão do contrato" (*Leasing*. 4. ed. São Paulo: Ed. RT, 2000, p. 196). Lembra o autor que, no *leasing*, a natureza jurídica do contrato não se limita a um simples arrendamento, pois o negócio envolve também uma compra e venda, pelo que não se há de negar ao comprador, tal como se passa na venda com reserva de domínio, o direito de realizar "todos os pagamentos necessários à convalidação do contrato" (RIZZARDO, Arnaldo. *Leasing*. 4. ed. São Paulo: Ed. RT, 2000, p. 197).

[130] Segundo a jurisprudência, o obstáculo que comumente impede a configuração do contrato de arrendamento mercantil como título executivo é o mesmo reconhecível em relação ao contrato de abertura de crédito. O valor do saldo devedor seria definido por documentos do credor – os extratos da conta – o que comprometeria o requisito da certeza e liquidez da obrigação. "Nessas hipóteses, todavia, a jurisprudência do STJ já se pacificou no sentido do cabimento da ação monitória para promover a respectiva cobrança (Súmula 284/STJ)" (STJ, 3ª T., REsp 631.192/MG, Rel. Min. Nancy Andrighi, ac. 16.05.2006, *DJU* 30.06.2006, p. 215). No mesmo sentido: STJ, 4ª T., REsp 267.840/MG, Rel. Min. Barros Monteiro, ac. 05.10.2000, *DJU* 27.11.2000, p. 172; STJ, 3ª T., REsp 343.589/DF, Rel. Min. Menezes Direito, ac. 27.06.2002, *DJU* 09.09.2002, p. 224).

É viável, outrossim, a cumulação de várias ações num só processo, como reintegração de posse, resolução do contrato, cobrança de prestações e acessórios, além de indenização de perdas e danos, observando-se o procedimento ordinário.

Embora a literalidade da lei assegure ao credor a faculdade de pedir a resolução do contrato, diante do inadimplemento não purgado em tempo hábil, o STJ tem entendido que, já tendo ocorrido *adimplemento substancial*, há de se evitar a ruptura total do *leasing*. Em respeito à boa-fé e à função social do contrato, pode-se considerar, em determinadas circunstâncias, desequilibrada solução radical, podendo preservar a avença e aplicar-se meio menos gravoso e "proporcionalmente mais adequado à persecução do crédito remanescente, como, por exemplo, a execução do título".[131]

638.1. Despesas com o depósito do bem arrendado

Após a apreensão do bem, durante o procedimento da reintegração de posse, enquanto não acontece ou a efetiva entrega ao arrendante, as despesas de manutenção e guarda em imóvel privado são encargos *propter rem*, de responsabilidade do dono, ou seja, o arrendante mercantil. É claro que este poderá recobrá-las do arrendatário, a título de despesas processuais. O depositário particular, entretanto, não fica sujeito a aguardar a conclusão do cumprimento da sentença para receber o que lhe é devido.[132]

Impõe-se a distinção do caso em que o veículo é apreendido, antes da retomada pelo arrendante, por infração de trânsito, cometida pelo arrendatário. Nessa hipótese, o arrendante não responde pelo depósito no pátio do DETRAN, porque, no momento da apreensão, ele é equiparado ao proprietário (enquanto em vigor o contrato).[133]

638-A. Arrendamento mercantil e usucapião pelo devedor arrendatário

A existência de contrato de arrendamento mercantil do bem móvel impede a aquisição de sua propriedade pela usucapião, em vista da precariedade da posse exercida pelo devedor arrendatário. Contudo, verificada a prescrição da dívida, inexiste óbice legal para prescrição aquisitiva. Mas a situação muda de figura se, vencido o contrato, o credor arrendante permanece inerte, deixando de cobrar o saldo devedor por prazo superior ao da prescrição.

Aí, sim, a posse do arrendatário desvinculando-se do *leasing*, pode ensejar-lhe a aquisição da propriedade pela usucapião extraordinária, que, na espécie, independe de justo título e boa-fé, empecilhos que originariamente obstavam a prescrição aquisitiva,[134] aperfeiçoável, no caso de coisa móvel no de cinco anos (CC, art. 1.261).

É bom notar que, sendo o crédito derivado do arrendamento mercantil, obrigação líquida, constante de instrumento público ou particular, sujeita-se à prescrição quinquenal do art. 206, § 5º, I, do Código Civil. Daí porque, permanecendo o veículo arrendado na posse do arrendatário sem oposição do arrendante por mais de cinco anos, configurável será a usucapião, nos moldes do art. 1.261 do Código Civil. É que, diante da longa inércia do credor, após o vencimento do contrato,

---

[131] O STJ aplicou essa solução alternativa a um caso em que o contrato previa 36 prestações para solução do financiamento, das quais o devedor já havia resgatado 31 (STJ, 4ª T., REsp 1.051.270/RS, Rel. Min. Luis Felipe Salomão, ac. 04.08.2011, *DJe* 30.08.2011).

[132] STJ, 1ª Seção, REsp 1.114.406/SP, Rel. Min. Hamilton Carvalhido, ac. 27.04.2011, *DJe* 09.05.2011; STJ, 3ª T., REsp 1.828.147/SP, Rel. Min. Nancy Andrighi, ac. 20.02.2020, *DJe* 26.02.2020.

[133] STJ, 1ª Seção, REsp 1.114.406/SP, Rel. Min. Hamilton Carvalhido, ac. 27.04.2011, *DJe* 09.05.2011, recurso repetitivo.

[134] STJ, 4ª T., REsp 1.528.626/RS, rel. Min. Raul Araújo, ac. 17.12.2019, *DJe* 16.03.2020.

tornaram-se irrelevantes os obstáculos inicialmente estabelecidos pelo *leasing* ao aperfeiçoamento da usucapião sobre o veículo conservado na posse do devedor com ânimo de dono.

639. Aspecto tributário

Consta da Súmula Vinculante nº 31 do STF que é inconstitucional a exigência de imposto sobre serviço de qualquer natureza – ISS em relação as operações de locação de bens móveis. Aquela Corte, no entanto, faz distinção entre as modalidades de arrendamento mercantil para submetê-las ou não ao aludido regime tributário.

No julgamento dos RE 547.245/SC e 592.905/SC, decidiu-se quanto ao caráter jurídico do contrato de arrendamento mercantil, que ele seria contrato autônomo que compreenderia três modalidades: *(i)* o *leasing* operacional; *(ii)* o *leasing* financeiro e *(iii)* o chamado *lease-back* (Resolução nº 2.309/1996 do Bacen, arts. 5º, 6º e 23, e Lei nº 6.099/1974, art. 9º, na redação dada pela Lei nº 7.132/1983). Asseverou-se que, no primeiro caso, haveria locação, e, nos outros dois, serviço. Ressaltou-se que o *leasing* financeiro seria modalidade clássica ou pura de *leasing* e, na prática, a mais utilizada, sendo a espécie tratada nos recursos examinados. Esclareceu-se que, nessa modalidade, a arrendadora adquire bens de um fabricante ou fornecedor e entrega seu uso e gozo ao arrendatário, mediante pagamento de uma contraprestação periódica, ao final da locação abrindo-se a este a possibilidade de devolver o bem à arrendadora, renovar a locação ou adquiri-lo pelo preço residual combinado no contrato. Observou-se que preponderaria, no *leasing* financeiro, portanto, o caráter de financiamento e nele a arrendadora, que desempenha função de locadora, surgiria como intermediária entre o fornecedor e arrendatário. Após salientar que a lei complementar não define o que é serviço, mas apenas o declara, para os fins do inciso III do art. 156 da CF, concluiu-se que, no arrendamento mercantil (*leasing* financeiro) – contrato autônomo que não é contrato misto, cujo núcleo é o financiamento e não uma prestação de dar –, por ser financiamento serviço, poderia sobre ele incidir o ISS, resultando irrelevante a existência de uma compra.[135]

---

[135] STF, Pleno, RE 547.245/SC e RE 592.905, Rel. Min. Eros Grau, ac. 02.12.2009, *DJe* 05.03.2010.

Fluxograma nº 60 – Arrendamento mercantil (*leasing*)

I - Ação de consignação em pagamento: observar o fluxograma nº 1

II - Ação de reintegração de posse: observar o fluxograma nº 5, como acréscimo da possibilidade de purga da mora, na fase de contestação

III - Ação executiva para haver o saldo devedor: (se ao credor não interessar a recuperação da coisa negociada)
Observar o fluxograma nº 15 (v. III)

Bibliografia

ABBOUD, Georges. *Processo constitucional brasileiro*. 5. ed. São Paulo: Ed. RT, 2021.

ABREU, Célia Barbosa. *Curatela e interdição civil*. Rio de Janeiro: Lumen Juris, 2005.

AGUIAR JÚNIOR, Ruy Rosado de. Embargos de terceiro. *Revista dos Tribunais*, São Paulo, v. 636, out. 1988.

ALMEIDA, Luciano Robles de. Modulação de efeitos de precedentes: conceitos e distinções. *Revista de Processo*, São Paulo, v. 322, dez. 2021.

AMADEO, Rodolfo da Costa Manso Real. Comentários aos arts. 674 a 681. In: TUCCI, José Rogério Cruz e et al. (coords.). *Código de Processo Civil anotado*. 2. ed. Rio de Janeiro: GZ Editora, 2017.

ALCALÁ-ZAMORA Y CASTILLO, Niceto. *Proceso, autocomposición y autodefensa*. 2. ed. México: UNAM, 1970.

ALMEIDA, Gregório Assagra de. *Manual das ações constitucionais*. Belo Horizonte: Del Rey, 2007.

ALMEIDA, Gregório Assagra de; CIANCI, Mirna; QUARTIERI, Rita. *Mandado de segurança*. São Paulo: Saraiva, 2011.

ALSINA, Hugo. *Tratado teórico-práctico de derecho procesal civil y comercial*. Buenos Aires: Ediar, 1941. v. III.

ALVES, Francisco Glauber Pessoa. Os 10 anos do Código Civil de 2002 e suas repercussões no direito processual civil. *Revista de Processo*, São Paulo, v. 221, jul. 2013.

ALVIM, Agostinho. *Aspectos da locação predial*. 2. ed. São Paulo: Ed. Jur. Universitária, 1966.

ALVIM, Agostinho. *Da inexecução das obrigações e suas consequências*. 3. ed. Rio de Janeiro: Ed. Jur. Universitária, 1965.

ALVIM, J. E., Carreira. *Ação de dissolução parcial de sociedade:* de acordo com o novo CPC e legislação posterior. Curitiba: Juruá, 2020.

AMARAL, Guilherme Rizzo. *Comentários às alterações do novo CPC*. São Paulo: Ed. RT, 2015.

AMARAL SANTOS, Moacyr. *Ações cominatórias no direito brasileiro*. 4. ed. São Paulo: Max Limonad, 1969. v. I e II.

AMARAL SANTOS, Moacyr. *Comentários ao Código de Processo Civil*. 7. ed. Rio de Janeiro: Forense, 1994. v. IV.

AMARAL SANTOS, Moacyr. *Primeiras linhas de direito processual civil*. 3. ed. São Paulo: Max Limonad, 1971. v. II.

AMARAL SANTOS, Moacyr. *Primeiras linhas de direito processual civil*. 7. ed. São Paulo: Saraiva, 1980.

AMERICANO, Jorge. *Comentários ao Código de Processo Civil do Brasil*. 2. ed. São Paulo: Saraiva, 1959. v. II e III.

AMORIM, José Roberto Neves. *In*: BUSHATSKY, Jaques; ELIAS FILHO, Rubens Carmo (coords.). *Locação ponto a ponto*: comentários à Lei n. 8.245/91. São Paulo: Editora Iasp, 2020.

AMORIM, Sebastião; OLIVEIRA, Euclides de. *Inventário e partilha*. 20. ed. São Paulo: LEUD, 2006.

Anais do V Encontro dos Tribunais de Alçada do Brasil (Cíveis), Rio de Janeiro, 1982.

ANDRADE, Luís Antônio de. A propósito do cinquentenário da "Lei de Luvas". *Revista dos Tribunais*, São Paulo, v. 592, fev. 1985.

APRIGLIANO, Ricardo. *Ordem Pública e processo:* o tratamento das questões de ordem pública no direito processual civil. São Paulo: Atlas, 2011.

ARAÚJO, Fábio Caldas de. *Curso de processo civil*: procedimentos especiais. São Paulo: Malheiros, 2018. t. III.

ARENHART, Sérgio Cruz. Processos estruturais no Brasil: reflexões a partir do caso da ACP do Carvão. In: GRINOVER, Ada Pellegrini et al. *O processo para solução de conflitos de interesse público*. Salvador: JusPodivm, 2017.

ARENHART, Sérgio Cruz; OSNA, Gustavo. Agravo de instrumento em ações coletivas – Ampla recorribilidade? *Revista de Processo*, São Paulo, v. 338, abr. 2023.

ARRUDA ALVIM, Angélica; et al. (coords.). *Comentários ao Código de Processo Civil*. 2. ed. São Paulo: Saraiva, 2017.

ARRUDA ALVIM, Eduardo. *Mandado de segurança*. 2. ed. Rio de Janeiro: GZ Editora, 2010.

ARRUDA ALVIM, José Manoel. *Código de Processo Civil comentado*. São Paulo: Ed. RT, 1975. v. II.

ARRUDA ALVIM, José Manoel. *Tratado de direito processual civil*. 2. ed. São Paulo: Ed. RT, 1990. v. I.

ARRUDA ALVIM, José Manoel. *Manual de direito processual civil*. São Paulo: Ed. RT, 1978, v. II.

ARRUDA ALVIM, José Manoel; ASSIS, Araken de; ALVIM, Eduardo Arruda. *Comentários ao Código de Processo Civil*. Rio de Janeiro: GZ Editora, 2012.

ARSUFFI, Arthur Ferrari; TAKEISHI, Guilherme Toshihiro; MENEZES, Isabella Simão. Notas sobre produção antecipada da prova e arbitragem: uma visão crítica do recente posicionamento do STJ. *Revista de Processo*, São Paulo, v. 345, nov. 2023.

ARZUA, Guido. *Posse, o direito e o processo*. 2. ed. São Paulo: Ed. RT, 1978.

ASCENSÃO, José Oliveira. *Direito autoral*. Rio de Janeiro: Forense, 1980.

ASSIS, Araken de. *Processo civil brasileiro*. São Paulo: Ed. RT, 2015, v. III.

ASSIS, Araken de. *Manual da execução*. 19. ed. São Paulo: Ed. RT, 2017.

ASSIS MOURA, Mário de. *Prática das demarcações e divisões*. São Paulo: Saraiva, 1930.

AUBRY, C.; RAU, C. *Cours de droit civil français*. 6. ed. Paris: Librairie Marchal & Billard, 1935. t. II.

AYOUB, Luiz Roberto; CAVALI, Cássio. *A construção jurisprudencial da recuperação judicial de empresas*. Rio de Janeiro: Forense, 2013.

AZEVEDO MARQUES, J. M. *A ação possessória no Código Civil brasileiro*. São Paulo: Jacintho Ribeiro, 1923.

BAHIA, Alexandre Melo Franco de Moraes; NUNES, Leonardo Silva; COTA, Samuel Paiva. Das ações coletivas aos processos estruturais: as formas de tutela diferenciada dos direitos fundamentais. In: NUNES, Dierle et al. (Org.). *Processo coletivo, desenvolvimento sustentável e tutela diferenciada dos direitos fundamentais*. Porto Alegre: Ed. Fi, 2019.

BAPTISTA, Luiz Olavo. Constituição e arbitragem: dever de revelação, devido processo legal. *Revista Magister de Direito Civil e Processual Civil*, Porto Alegre, n. 66, maio-jun. 2015.

BAPTISTA DA SILVA, Ovídio A. *As ações cautelares e o novo processo civil*. 2. Ed. Rio de Janeiro: Forense, 1974.

BAPTISTA DA SILVA, Ovídio A. *Comentários ao Código de Processo Civil.* São Paulo: RT, 2000. V. 13.

BAPTISTA DA SILVA, Ovídio A. *Juizado de pequenas causas.* Porto Alegre: Lejur, 1985.

BARBI, Celso Agrícola. *Comentários ao Código de Processo Civil.* Rio de Janeiro: Forense, 1975. V. I.

BARBI, Celso Agrícola. *Comentários ao Código de Processo Civil.* 2. Ed. Rio de Janeiro: Forense, 1981. V. I.

BARBI, Celso Agrícola. *Comentários ao Código de Processo Civil.* 5. Ed. Rio de Janeiro: Forense, 1988. V. I.

BARBI, Celso Agrícola. *Do mandado de segurança.* 7. Ed. Rio de Janeiro: Forense, 1993.

BARBI, Celso Agrícola. *Do mandado de segurança.* 10. Ed. Rio de Janeiro: Forense, 2002.

BARBOSA MOREIRA, José Carlos. *Comentários ao Código de Processo Civil.* 4. Ed. Rio de Janeiro: Forense, 1981. V. V.

BARBOSA MOREIRA, José Carlos. Legitimidade para a ação de nunciação de obra nova em tema de limitações administrativas do direito de construir. *Revista Brasileira de Direito Processual,* Uberaba, n. 31, jan. 1982.

BARBOSA MOREIRA, José Carlos. Mandado de injunção. *Revista de Processo,* São Paulo, n. 56, out.-dez. 1989.

BARBOSA MOREIRA, José Carlos. *O novo processo civil brasileiro.* 8. Ed. Rio de Janeiro: Forense, 1988.

BARBOSA MOREIRA, José Carlos. *Temas de processo civil.* São Paulo: Saraiva, 1989.

BARIONI, Rodrigo. *Comentários ao Código de Processo Civil.* São Paulo: Saraiva, 2020. V. XI.

BARROS, Francisco Carlos Rocha de. *Comentários à Lei do Inquilinato.* 2. ed. São Paulo: Saraiva, 1997.

BARROS, Hamilton de Moraes e. Aspectos dos procedimentos especiais. *Revista Forense,* v. 247, jul. 1974.

BARROS, Hamilton de Moraes e. *Comentários ao Código de Processo Civil.* 2. Ed. Rio de Janeiro: Forense, 1977. V. IX.

BARROS, Hamilton de Moraes e. *Comentários ao Código de Processo Civil.* 2. Ed. Rio de Janeiro: Forense, 1980. V. IX.

BARROSO, Luis Roberto. *O controle de constitucionalidade no direito brasileiro.* 8. ed. São Paulo: Saraiva, 2019.

BARROSO, Luís Roberto. *O direito constitucional e a efetividade de suas normas*: limites e possibilidades da Constituição brasileira. 9. Ed. Rio de Janeiro: Renovar, 2009.

BASTOS, Celso Ribeiro. *Comentários à Constituição do Brasil.* São Paulo: Saraiva, 1989. V. II.

BEDAQUE, José Roberto dos Santos. *Direito e processo*: influência do direito material sobre o processo. 6. Ed. São Paulo: Malheiros, 2011.

BENEDUZI, Renato Resende. Desconsideração da personalidade jurídica e arbitragem. *Revista de Processo,* São Paulo, v. 290, abr. 2019.

BENETI, Sidnei. Comentários aos artigos 62 a 66. *In*: BUSHATSKY, Jaques; ELIAS FILHO, Rubens Carmo (coords.). *Locação ponto a ponto*: comentários à Lei n. 8.245/91. São Paulo: Editora Iasp, 2020.

BENJAMIN, Antônio Herman; MARQUES, Cláudia Lima; MIRAGEM, Bruno. *Comentários ao Código de Defesa do Consumidor.* São Paulo: Ed. RT, 2006.

BERMUDES, Sérgio. O mandado de injunção. *Revista dos Tribunais,* São Paulo, v. 642, abr. 1989.

BERNHEIM-VAN de CASTEELE, Laure. *Les principes fondamentaux de l'arbitrage*. Bruxelles: Ed. E. Bruylant, 2012.

BESSONE, Darcy. *Renovação de locação*. 2. Ed. São Paulo: Saraiva, 1990.

BEVILÁQUA, Clóvis. *Código Civil dos Estados Unidos do Brasil comentado*. 12. Ed. Rio de Janeiro: F. Alves, 1959. V. I.

BEVILÁQUA, Clóvis. *Direito das coisas*. 4. Ed. Rio de Janeiro: Forense, 1956. V. I e II.

BIONE, Massimo. Regolamento di confini (diritto vigente). *Novissimo Digesto Italiano*. Torino: UTET, 1965.

BITTAR, Carlos Alberto. *Direitos do consumidor*. Rio de Janeiro: Forense Universitária, 1990.

BITTENCOURT, Edgard de Moura. *Concubinato*. 2. Ed. São Paulo: LEUD, 1980.

BOCZAR, Ana Clara Amaral Arantes; LONDE, Carlos Rogério de Oliveira; CHAGAS, Daniela Bolivar Moreira; ASSUMPÇÃO, Letícia Franco Maculan. *Usucapião extrajudicial: questões notariais, registrais e tributárias*. 4. ed. Leme: Ed. Mizuno, 2023.

BORGES, Marcos Afonso. Ação de divisão de terras, verbete. *Digesto de processo*. Rio de Janeiro: Forense, 1980. v. I.

BORGES, Marcos Afonso. *Comentários ao Código de Processo Civil*. São Paulo: LEUD, 1977. v. IV.

BORSELLI, Edgardo. Oppozione di Terzo (Diritto Processuale Civile), verbete. *Novissimo Digesto Italiano*. Torino: UTET, 1965. v. 11.

BORTOLAI, Edson Cossac. *Da ação de prestação de contas*. 2. ed. São Paulo: Saraiva, 1984.

BUENO, Cassio Scarpinella. *A nova Lei do Mandado de Segurança*. São Paulo: Saraiva, 2009.

BUENO, Cassio Scarpinella. Comentários. In: MARCATO, Antônio Carlos (Coord.). *Código de Processo Civil interpretado*. São Paulo: Atlas, 2004.

BUENO, Cassio Scarpinella. *Mandado de segurança*. 2. ed. São Paulo: Saraiva, 2006.

BUENO, Cassio Scarpinella. *Manual de direito processual civil*. São Paulo: Saraiva, 2015.

BUENO, Cassio Scarpinella. *Manual de direito processual civil*. 4. ed. São Paulo: Saraiva, 2018.

BUZAID, Alfredo. *Da ação renovatória*. 2. ed. São Paulo: Saraiva, 1981. v. I.

CAHALI, Claudia Elizabete Schwerz. In: WAMBIER, Teresa Arruda Alvim; DIDIER JR., Fredie; TALAMINI, Eduardo; DANTAS, Bruno (Coord.). *Breves comentários ao novo Código de Processo Civil*. São Paulo: Ed. RT, 2015.

CAHALI, Francisco José; TEODORO, Viviane Rosolia. Transmissão da cláusula arbitral às seguradoras em caso de sub-rogação e a Sentença Estrangeira Contestada 14.930 (2015/0302344-0). *Revista dos Tribunais*, São Paulo, v. 1.040, jun. 2022.

CAHALI, Yussef Said. *Divórcio e separação*. 3. ed. São Paulo: Ed. RT, 1983.

CAHALI, Yussef Said. *Posse e propriedade* (vários autores). São Paulo: Saraiva, 1987.

CALDAS, Gilberto. *Nova lei do inquilinato comentada*. São Paulo: Ediprax Jurídica, [s.d.].

CALMON DE PASSOS, José Joaquim. *Mandado de segurança coletivo, mandado de injunção,* habeas data *(Constituição e processo)*. Rio de Janeiro: Forense, 1989.

CÂMARA, Alexandre Freitas. *Manual do mandado de segurança*. São Paulo: Atlas, 2013.

CÂMARA LEAL, Antônio Luiz. *Comentários ao Código de Processo Civil*. Rio de Janeiro: Forense, 1940. v. V.

CAMPOS, João Vicente. Notas 20, 22 e 24. In: SIMAS, Hugo. *Comentários ao Código de Processo Civil*, 2. ed. v. VIII, t. II.

CAPPELLETTI, Mauro. O problema de reforma do processo civil nas sociedades contemporâneas. In: GRINOVER, Ada Pellegrini et al. *O processo civil contemporâneo*. Curitiba: Juruá, 1994.

CAPPELLETTI, Mauro. Tutela dos interesses difusos. *Ajuris*, Porto Alegre, n. 33, mar. 1985.

CARBONAR, Dante Olavo Frazon. Avaria Grossa: Teoria e prática. *Revista de Processo*, São Paulo, v. 269, jul. 2017.

CARDOSO, Oscar Valente. Motivação "per relationem" inversa nos juizados especiais cíveis. *Revista Dialética de Direito Processual*, São Paulo, n. 144, mar. 2015.

CARMONA, Carlos Alberto. *Arbitragem e processo*. 2. ed. São Paulo: Atlas, 2004.

CARMONA, Carlos Alberto. *Arbitragem e processo*: um comentário à Lei nº 9.307/96. São Paulo: Malheiros, 1998.

CARMONA, Carlos Alberto. *Arbitragem e processo:* um comentário à Lei nº 9.307/96. 3. ed. São Paulo: Atlas, 2009.

CARNEIRO, Athos Gusmão. Mandado de segurança, assistência e *amicus curia*. *Revista Forense*, Rio de Janeiro, v. 371, jan.-fev. 2004.

CARNEIRO, Paulo Cézar Pinheiro. *Comentários ao Código de Processo Civil.* Rio de Janeiro: Forense, 2006. v. IX, t. II.

CARNEIRO, Paulo Cézar Pinheiro; PINHO, Humberto Dalla Bernardina de. *Novo Código de Processo Civil anotado e comparado*. Rio de Janeiro: Forense, 2015.

CARNELUTTI, Francesco. *Diritto e processo*. Napoli: Morano, 1958.

CARNELUTTI, Francesco. *Instituciones del proceso civil*. 2. ed. Buenos Aires: EJEA, 1973. v. I.

CARNELUTTI, Francesco. *Sistema del diritto processuale civile*. Padova: CEDAM, 1936. v. I.

CARRAZZA, Roque. *Curso de direito constitucional tributário*. 28. ed. São Paulo: Malheiros, 2012.

CARREIRA ALVIM, J. E. *Ação monitória*. Curitiba: Juruá, 1995.

CARREIRA ALVIM, J. E. *Ação monitória e temas polêmicos da reforma processual*. 3. ed. Belo Horizonte: Del Rey, 1999.

CARREIRA ALVIM, J. E. *Direito arbitral interno brasileiro*. Tese de doutorado, Faculdade de Direito da Universidade Federal de Minas Gerais, Belo Horizonte, 1999.

CARREIRA ALVIM, J. E. *Juizados Especiais Federais*. Rio de Janeiro: Forense, 2002.

CARREIRA ALVIM, J. E. *Tratado geral da arbitragem*. Belo Horizonte: Mandamentos, 2000.

CARVALHO BARROS, André Borges de. Os efeitos do Estatuto da Pessoa com Deficiência no sistema brasileiro de incapacidade civil. *Revista dos Tribunais*, São Paulo, v. 988, fev. 2018.

CARVALHO DE MENDONÇA, J. X. *Tratado de direito comercial brasileiro*. 5. ed. Rio de Janeiro: F. Bastos, 1954. v. III.

CARVALHO, Luiz Paulo Vieira. *Direito das sucessões*. 4. ed. São Paulo: Atlas, 2019.

CARVALHO SANTOS, J. M. *Código Civil brasileiro interpretado*. 7. ed. Rio de Janeiro: F. Bastos, 1958. v. XII.

CARVALHO SANTOS, J. M. *Código Civil brasileiro interpretado*. 7. ed. Rio de Janeiro: F. Bastos, 1958. v. IX.

CARVALHO SANTOS, J. M. *Código Civil brasileiro interpretado*. 8. ed. Rio de Janeiro: F. Bastos, 1958. v. VIII e X.

CASTRO, Carlos Roberto Siqueira. *O devido processo legal e os princípios da razoabilidade e da proporcionalidade*. 5. ed. Rio de Janeiro: Forense, 2010.

CASTRO FILHO, José Olympio de. *Comentários ao Código de Processo Civil*. 2. ed. Rio de Janeiro: Forense, 1980. v. X.

CASTRO JÚNIOR, Osvaldo Agripino de. *Direito marítimo, regulação e desenvolvimento*. Belo Horizonte: Fórum, 2011.

CAVALCANTE, Mantovanni Colares. *Mandado de segurança*. São Paulo: Dialética, 2002.

CERQUEIRA, Luís Otávio Sequeira de. In: WAMBIER, Teresa Arruda Alvim et al. *Breves comentários ao novo Código de Processo Civil*. São Paulo: Ed. RT, 2015.

CERQUEIRA, Társis Silva de. A nova face do procedimento comum do novo Código de Processo Civil diante dos procedimentos especiais: uma proposta de interpretação do art. 327, § 2°, em combinação com o art. 1.049, parágrafo único, ambos do CPC. *Revista de Processo*, São Paulo, v. 273, nov. 2017.

CHALHUB, Melhim Namem. Limites da prerrogativa de purgação da mora nos contratos de mútuo com pacto adjeto de alienação fiduciária. *Revista de Direito Imobiliário*, São Paulo, v. 39, n. 80, jan.-jun. 2016.

CHIOVENDA, Giuseppe. *Instituições de direito processual civil*. Trad. J. Guimarães Menegale. 3. ed. São Paulo: Saraiva, 1969. v. III.

CIANCI, Mirna; QUARTIERI, Rita; ALMEIDA, Gregório Assagra de. *Mandado de segurança*. São Paulo: Saraiva, 2011.

CLÈVE, Clèmerson Merlin. *A fiscalização abstrata de constitucionalidade no direito brasileiro*. São Paulo: Ed. RT, livro eletrônico, 2022.

CÓDIGO Filipino ou Ordenações do Reino de Portugal. 14. ed. Rio de Janeiro: Tipografia do Instituto Filomático, 1870.

COLOMBO, Manuela Correia Botelho. Medidas de urgência no processo arbitral brasileiro. *Revista de Processo*, São Paulo, v. 183, maio 2010.

COMEL, Denise. Citada por ZARIF, Cláudio Cintra. Das ações de família. In: WAMBIER, Teresa Arruda Alvim et al. *Breves comentários ao novo Código de Processo Civil*. São Paulo: Ed. RT, 2015.

CORRÊA, Oscar Dias. *A Constituição de 1988* – contribuição crítica. Rio de Janeiro: Forense Universitária, 1991.

COSTA, Eduardo José da Fonseca. A "execução negociada" de políticas públicas em juízo. *Revista de Processo*, São Paulo, v. 212, out. 2012.

COUTO E SILVA, Clóvis. *Comentários ao Código de Processo Civil*. São Paulo: Ed. RT, 1977. v. XI, t. I.

COUTO E SILVA, Clóvis. *Comentários ao Código de Processo Civil*. São Paulo: Ed. RT, 1982. v. 11, t. II.

COUTO, Marcelo de Rezende Campos Marinho. *Usucapião extrajudicial: doutrina, jurisprudência*. Salvador: JusPodivm, 2021.

CRAMER, Ronaldo. In: WAMBIER, Teresa Arruda Alvim; DIDIER JR., Fredie; TALAMINI, Eduardo; DANTAS, Bruno (Coord.). *Breves comentários ao novo Código de Processo Civil*. São Paulo: Ed. RT, 2015.

CRUZ, Alcides. *Demarcação e divisão de terras*. Ed. especial. Porto Alegre: Ajuris, 1979.

CUNHA, Alcides Muñoz da. A evolução das ações coletivas no Brasil. *Revista de Processo*, São Paulo, v. 77, jan. 1995.

CUNHA CAMPOS, Ronaldo Benedicto. *Limites objetivos da coisa julgada*. São Paulo: LEUD, [s.d.].

CUNHA CAMPOS, Ronaldo Benedicto. O art. 923 do Código de Processo Civil. *RJTAMG*, v. 8, jan.-jun. 1978.

CURY, Augusto Jorge. Capacidade civil das pessoas com deficiência e ação de interdição: uma proposta de sistematização. *Revista dos Tribunais*, São Paulo, v. 999, jan. 2019.

DECCACHE, Antônio Carlos Fernandes. *Cláusula de arbitragem nos contratos comerciais internacionais*: seus requisitos de forma e a jurisprudência do STJ. São Paulo: Atlas, 2015.

DECOMAIN, Pedro Roberto. Incapacidade civil, interdição e tomada de decisão assistida: estatuto da pessoa com deficiência e o novo CPC. *Revista Dialética de Direito Processual*, São Paulo, n. 15, out. 2015.

DELLÊ, Felipe. O objeto do processo constitucional: estudos sobre os princípios da demanda, dispositivo e da congruência no controle de constitucionalidade. *Revista de Processo*, São Paulo, v. 343, set. 2023.

DEL PRÁ, Carlos Gustavo Rodrigues. O princípio do máximo rendimento: *amicus curiae* e audiências públicas. *Revista de Processo*, São Paulo, v. 224, out. 2013.

DE LUCCA, Newton; MONTEIRO, Rogério; SANTOS, J. A. Penalva; SANTOS, Paulo Penalva. *Comentários ao Código Civil brasileiro*: do direito de empresas. ALVIM, Arruda; ALVIM, Theresa (Coord.). Rio de Janeiro: Forense, 2005. v. IX.

DE PAGE, Henri. *Traité élémentaire de droit civil belge*. Bruxelles: Établissements Émile Bruylant, 1941. t. V, 2ª parte.

DI PIETRO, Maria Sylvia Zanella. *Direito administrativo*. 27. ed. São Paulo: Atlas, 2014.

DIAS, Jean Carlos. O mandado de segurança preventivo e a lei em tese. *Revista Dialética de Direito Processual Civil*, São Paulo, n. 115, out. 2012.

DIAS, Maria Berenice. A citação do devedor de alimentos no novo CPC. *Juris Plenum*, n. 72, nov. 2016.

DIDIER JR., Fredie. A arbitragem no novo Código de Processo civil (versão da Câmara dos Deputados - Dep. Paulo Teixeira). *Revista do Tribunal Superior do Trabalho*, v. 79, n. 4, out.-dez. 2013. Disponível em: <http://aplicacao.tst.jus.br/dspace/handle/1939/55987>. Acesso em: 31 ago. 2015.

DIDIER JR., Fredie. Comentário ao art. 732. In: WAMBIER, Teresa Arruda Alvim *et al*. *Breves comentários ao novo Código de Processo Civil*. São Paulo: Ed. RT, 2015.

DIDIER JR., Fredie. Da interdição. In: WAMBIER, Teresa Arruda Alvim et al. *Breves comentários ao novo Código de Processo Civil*. São Paulo: Ed. RT, 2015.

DIDIER JR., Fredie. *Editorial 187: Estatuto da Pessoa com Deficiência, Código de Processo Civil de 2015 e Código Civil: uma primeira reflexão*. Disponível em: <http://www.frediedidier.com.br/>. Acesso em: 17 ago. 2015.

DIDIER JR., Fredie; ZANETI JR., Hermes. *Curso de direito processual civil*. 3. ed. Salvador: JusPodivm, 2008.

DIDIER JR., Fredie; CABRAL, António do Passo; CUNHA, Leonardo Carneiro da. *Por uma nova teoria dos procedimentos especiais:* dos procedimentos às técnicas. 2. ed. Salvador: JusPodivm, 2021.

DINAMARCO, Cândido Rangel. A arbitragem na teoria geral do processo. São Paulo: Malheiros, 2013.

DINAMARCO, Cândido Rangel. *A instrumentalidade do processo*. São Paulo: Ed. RT, 1987.

DINAMARCO, Cândido Rangel. *A instrumentalidade do processo*. 15. ed. São Paulo: Malheiros, 2013.

DINAMARCO, Cândido Rangel. *A reforma do Código de Processo Civil*. 5. ed. São Paulo: Malheiros, 2004.

DINAMARCO, Cândido Rangel. *Direito processual civil*. São Paulo: Bushatsky, 1975.

DINAMARCO, Cândido Rangel. *Fundamentos do processo civil moderno*. 2. ed. São Paulo: Ed. RT, 1986.

DINAMARCO, Cândido Rangel. *Fundamentos do processo civil moderno*. 6. ed. São Paulo: Malheiros, 2010, t. II.

DINAMARCO, Cândido Rangel. *Litisconsórcio*. São Paulo: Ed. RT, 1984.

DINAMARCO, Cândido Rangel. *Manual das pequenas causas*. São Paulo: Ed. RT, 1986.

DINIZ, Gustavo Saad. A falta de tradição na venda de bem imóvel como obstáculo aos efeitos de contrato sucessivo. *Revista dos Tribunais*, São Paulo, v. 981, jul. 2017.

DINIZ, Maria Helena. *Dicionário jurídico*. São Paulo: Saraiva, 1998. v. 3.

DONIZETTI, Elpídio. *Novo Código de Processo Civil comparado*: CPC/73 para NCPC e NCPC para CPC/73: contém legenda das modificações. São Paulo: Atlas, 2015.

EBNER, Vittorio; FILADORO, Camillo. *Manuale del procedimento d'ingiunzione*. Milano: Pirola Editore, 1985.

ENNECCERUS, Ludwig; THEODOR, Kipp; WOLFF, Martin. *Tratado de derecho civil*. 2. ed. Barcelona: Bosch, 1951. v. I, t. III, e v. II.

FABRÍCIO, Adroaldo Furtado. *Comentários ao Código de Processo Civil*. 2. ed. Rio de Janeiro: Forense, 1984. v. VIII, t. III.

FABRÍCIO, Adroaldo Furtado. *Comentários ao Código de Processo Civil*. 8. ed. Rio de Janeiro: Forense, 2001. v. VIII, t. III.

FADEL, Sérgio Sahione. *Código de Processo Civil Comentado*. Rio de Janeiro: J. Konfino, 1974. v. IV.

FARIA MOTTA, J. A. *Condomínio e vizinhança*. São Paulo: Saraiva, 1942.

FARIAS, Cristiano Chaves de; ROSENVALD, Nelson. *Curso de direito civil* - sucessões. São Paulo: Atlas, 2015, v. 7.

FARIAS, Cristiano Chaves de; VEIGA, Melissa Ourives. A concretização dos direitos da pessoa com deficiência e o reconhecimento da possibilidade das diretivas antecipadas como exercício da sua autonomia privada. *In*: BRAGA NETO, Felipe Peixoto; SILVA, Michael César; THIBAU, Vinícius Lott (Coord.). *O direito privado e o novo Código de Processo Civil*: repercussões, diálogos e tendências. Belo Horizonte: Fórum, 2018.

FAZZALARI, Elio. *Istituzioni di diritto processuale*. 8. ed. Padova: Cedam, 1996.

FAZZALARI, Elio. *La giuridizione volontaria*. Padova: Cedam, 1953.

FÉRES, Marcelo Andrade. *Sociedade em comum*: disciplina jurídica e institutos afins. São Paulo: Saraiva, 2011.

FERNANDES, Micaela Barros Barcelos. Curatela do idoso e do portador de deficiência adquirida na ordem brasileira. *Revista dos Tribunais*, São Paulo, v. 999, jan. 2019.

FERRAZ, Sérgio. *Mandado de segurança*. São Paulo: Malheiros, 2006.

FIGUEIRA JÚNIOR, Joel Dias. *Comentários à Lei dos Juizados Especiais Cíveis e Criminais*. São Paulo: Ed. RT, 1995.

FIGUEIRA JÚNIOR, Joel Dias. *Juizados Especiais Estaduais Cíveis e Criminais*. 7. ed. São Paulo: Ed. RT, 2011.

FIGUEIREDO, Fábio Vieira et al. Alienação fiduciária e recuperação judicial: reflexões e atualizações. *Revista dos Tribunais*, São Paulo, v. 1.014, abr. 2020.

FONSECA, João Francisco Naves da. *O processo do mandado de injunção*. São Paulo: Saraiva, 2016.

FORNACIARI JÚNIOR, Clito. Partilha judicial. Via adequada à desconstituição. *Revista dos Tribunais*, São Paulo, v. 551, set. 1981.

FRAGA, Affonso. *Instituições do processo civil do Brasil*. São Paulo: Saraiva, 1940. t. II.

FRAGA, Affonso. *Theoria e prática na divisão e demarcação das terras particulares*. 4. ed. São Paulo: Saraiva, 1936.

FRANÇA, Limongi (Coord.). *Enciclopédia Saraiva do Direito*. São Paulo: Saraiva, 1978. v. 9.

FRANCO, Fábio Luís; et al. Ação civil pública como instrumento de controle das políticas públicas. *Revista de Processo*, São Paulo, n. 135, maio 2006.

FRANCO, J. Nascimento; GONDO, Nisske. *Ação renovatória e ação revisional de aluguel*. 5. ed. São Paulo: Ed. RT, 1987.

FRANCO, J. Nascimento; GONDO, Nisske. *Ação renovatória e ação revisional de aluguel*. 7. ed. São Paulo: Ed. RT, 1990.

FRANCO, J. Nascimento; GONDO, Nisske. *Ação renovatória e ação revisional de aluguel*. 7. ed. 2. tir. São Paulo: Ed. RT, 1991.

FREIRE, Maria Berenice Dias. Considerações sobre o arrolamento em face da Lei nº 7.019, de 31.08.82. *Ajuris*, Porto Alegre, n. 28, jul. 1983.

FULGÊNCIO, Tito. *Da posse e das ações possessórias*. 2. ed. São Paulo: Saraiva, 1927.

FULGÊNCIO, Tito. *Da posse e das ações possessórias*. 5. ed. Rio de Janeiro: Forense, 1978. v. I.

FULGÊNCIO, Tito. *Direito real de hipoteca*. 2. ed. Rio de Janeiro: Forense, 1960.

FUX, Luiz. *Locações*: processo e procedimentos. Rio de Janeiro: Edições Trabalhistas, 1992.

GAGLIANO, Pablo Stolze; PAMPLONA FILHO, Rodolfo. *Novo curso de direito civil - Parte geral*. 19. ed. São Paulo: Saraiva, 2017.

GAJARDONI, Fernando da Fonseca; GOMES JÚNIOR, Luiz Manoel. Breves anotações sobre a competência nos Juizados da Fazenda Pública: a função social do Sistema dos Juizados. *Revista de Processo*, São Paulo, v. 273, nov. 2017.

GAMA, Guilherme Calmon Nogueira da. Reconhecimento extrajudicial da usucapião e o novo Código de Processo Civil. *Revista de Processo*, São Paulo, v. 259, set. 2016.

GARCEZ NETO, Martinho. "Consignação", verbete. *Repertório Enciclopédico do Direito Brasileiro*, de Carvalho Santos. Rio de Janeiro: Borsói, [s.d.]. v. XI.

GARSONET, E.; CESAR BRU, Ch. *Traité de procédure*. 3. ed. Paris: Sirey, 1938. t. I, n. 408 e 430.

GARSONET, E.; CESAR BRU, Ch. *Traité de procédure*. 3. ed. Paris: Sirey, 1938. t. II, n. 420, t. III.

GASPERIN, Carlos Eduardo Makoul; ARAÚJO, Juliana Furtado Costa. Modulação dos efeitos temporais das decisões do Supremo Tribunal Federal e os créditos tributários não definitivamente constituídos. *Revista de Processo,* São Paulo, v. 342, ago. 2023.

GODINHO, Robson Renaut. *Comentários ao Código de Processo Civil*. São Paulo: Saraiva, 2018. v. XIV.

GOMES, Orlando. *Direito de família*. Rio de Janeiro: Forense, 1968.

GOMES, Orlando. *Direitos reais*. Rio de Janeiro: Forense, 1958.

GOMES, Orlando. *Direitos reais*. 7. ed. Rio de Janeiro: Forense, 1980.

GOMES, Orlando. *Sucessões*. Rio de Janeiro: Forense, 1970.

GONÇALVES, Luis da Cunha. *Tratado de direito civil*. 2. ed. São Paulo: Max Limonad, [s.d.]. v. III, t. II.

GOUVEIA FILHO, Roberto P. Campos. Da homologação do penhor legal. In: WAMBIER, Teresa Arruda Alvim *et al.* (Coord.). *Breves comentários ao novo Código de Processo Civil*. São Paulo: Ed. RT, 2015.

GOUVEIA FILHO, Roberto P. Campos.; DI SPIRITO, Marco Paulo Denucci. Sobre negócio jurídico de espraiamento sentencial. *Revista Brasileira de Direito Processual*, Belo Horizonte, n. 100, out.-dez. 2017.

GRAU, Eros Roberto. Da arbitrabilidade de litígios envolvendo sociedades de economia mista e da interpretação da cláusula compromissória. *Revista de Direito Bancário, do Mercado de Capitais e da Arbitragem*, São Paulo, n. 18, out.-dez. 2002.

GRECO FILHO, Vicente. *Comentários ao Código de Defesa do Consumidor.* São Paulo: Saraiva, 1991.

GRECO FILHO, Vicente. *Comentários ao procedimento sumário, ao agravo e à ação monitória.* São Paulo: Saraiva, 1996.

GRECO FILHO, Vicente. *Direito processual civil brasileiro.* São Paulo: Saraiva, 1985. v. III.

GRECO FILHO, Vicente. *Direito processual civil brasileiro.* 16. ed. São Paulo: Saraiva, 2003. v. III.

GRECO, Leonardo. Comentários aos arts. 719 a 730. In: WAMBIER, Teresa Arruda Alvim et al. *Breves comentários ao novo Código de Processo Civil.* São Paulo: Ed. RT, 2015.

GRECO, Leonardo. *Instituições de processo civil.* 3. ed. rev., ampl. e atual. Rio de Janeiro: Forense, 2015. v. II.

GRECO, Leonardo. In: WAMBIER, Teresa Arruda Alvim et al (coords.). *Breves comentários ao novo Código de Processo Civil.* 3. ed. São Paulo: Ed. RT, 2016.

GRINOVER, Ada Pellegrini. *A marcha do processo.* Rio de Janeiro: Forense Universitária, 2000.

GRINOVER, Ada Pellegrini. Aspectos constitucionais dos juizados de pequenas causas. In: WATANABE, Kazuo (Coord.). *Juizado Especial de Pequenas Causas.* São Paulo: Ed. RT, 1985.

GRINOVER, Ada Pellegrini. *Código Brasileiro de Defesa do Consumidor*: comentado pelos autores do anteprojeto. 7. ed. Rio de Janeiro: Forense Universitária, 2004.

GRINOVER, Ada Pelegrini; WATANABE, Kazuo; NERY JÚNIOR, Nelson. *Código brasileiro de defesa do consumidor*. Comentado pelos autores do Anteprojeto. 10. ed., Rio de Janeiro: Forense, 2011, v. II.

GRINOVER, Ada Pellegrini. *Direito processual civil.* São Paulo: Bushatsky, 1974.

GRINOVER, Ada Pellegrini. *Ensaio sobre a processualidade:* fundamentos para uma nova teoria geral do processo. Brasília: Gazeta Jurídica, 2016.

GRINOVER, Ada Pellegrini. Novas tendências em matéria de ações coletivas nos países de *civil law. Revista de Processo*, São Paulo, n. 157, mar. 2008.

GUEDES, Jefferson Carús. *Comentários ao Código de Processo Civil.* 2. ed. São Paulo: Ed. RT, 2015. v. XI.

GUIMARÃES, Luís Machado. *Comentários ao Código de Processo Civil.* Rio de Janeiro: Forense, 1942. v. IV.

IBRAHIM, Tassia Ruschel; TAVARES, Maicon Ramos. *In*: BUSHATSKY, Jaques; ELIAS FILHO, Rubens Carmo (coords.). *Locação ponto a ponto*: comentários à Lei n. 8.245/91. São Paulo: Editora Iasp, 2020.

JORGE, Flávio Cheim. A conversão da ação de improbidade administrativa em ação civil pública. *Revista de Processo*, São Paulo, v. 345, nov. 2023.

KOEHLER, Frederico Augusto Leopoldino. O incidente de resolução das demandas repetitivas e os juizados especiais. In: WAMBIER, Teresa Arruda Alvim. *Revista de Processo*, São Paulo, ano 39, v. 237, nov. 2014.

LAGRASTA NETO, Caetano. Juizado especial de pequenas causas e direito civil comparado. *In*: WATANABE, Kazuo (Coord.). *Juizado Especial de Pequenas Causas.* São Paulo: Ed. RT, 1985.

LAMY, Eduardo de Avelar. Embargos de terceiro. In: WAMBIER, Teresa Arruda Alvim et al. *Breves comentários ao novo* Código de *Processo Civil.* São Paulo: Ed. RT, 2015.

LAMY FILHO, Alfredo; PEDREIRA, José Luiz Bulhões. *Direito das companhias.* 2. ed. Rio de Janeiro: Forense, 2017.

LARANJA, Anselmo Laghi. *Jurisdição da infância e juventude:* o Juiz participativo. Revista Forense, Rio de Janeiro, v. 406, nov.-dez. 2009.

LEITÃO, José Ribeiro. *Direito processual civil.* Rio de Janeiro: Forense, 1980.

LEMES, Selma Ferreira. A arbitragem com Justiça do Consentimento e a vinculação de terceiros. Grupos societários e econômicos e grupos de contratos. Análise da lei brasileira de arbitragem. *In:* WALD, Arnoldo; LEMES, Selma Ferreira (coords.) *25 anos da Lei de Arbitragem* (1996-2021). São Paulo: Ed. RT, 2021.

LEMOS, Selma Ferreira. As peculiaridades e os efeitos jurídicos da cláusula escalonada: mediação ou conciliação e arbitragem. *In*: FERRAZ, Rafaella; MUNIZ, Joaquim de Paiva (Coord.). *Arbitragem doméstica e internacional.* Rio de Janeiro: Forense, 2008.

LEONARDI, Felipe Raminelli. Comentário ao REsp 1.335.619/SP. Parâmetro interpretativo para cláusula eletiva de critério para apuração de haveres em contrato de sociedade limitada. *Revista dos Tribunais*, São Paulo, v. 956, ano 104, jun. 2015.

LIEBMAN, Enrico Tullio. *Eficácia e autoridade da sentença.* 2. ed. Rio de Janeiro: Forense, 1981.

LIEBMAN, Enrico Tullio. *Manual de direito processual civil.* Rio de Janeiro: Forense, 1984. v. I.

LIEBMAN, Enrico Tullio. *Problemi del processo civile.* Napoli: Morano, [s.d.].

LIEBMAN, Enrico Tullio. *Processo de execução.* 3. ed. São Paulo: Saraiva, 1968.

LIMA, Alcides de Mendonça. *Comentários ao Código de Processo Civil.* São Paulo: Ed. RT, 1982. v. XII.

LIMA, Alcides de Mendonça. Jurisdição voluntária. *Revista de Processo*, São Paulo, n. 17, jan.-mar. 1980.

LIMA, Alexandre Delfino de Amorim. *Código de Processo Civil brasileiro comentado.* São Paulo: Saraiva, 1941. v. 2.

LIMA, Alexandre Delfino de Amorim. *Código de Processo Civil do Brasil comentado.* 2. ed. São Paulo: 1959. v. II.

LIMA, Euzébio de Queiroz. *Conceito de domínio e posse segundo o Código Civil brasileiro.* Rio de Janeiro: Officinas Graphicas do Jornal do Brasil, 1917.

LINS, Edmundo Pereira. Ensaio sobre a posse. *Revista da Faculdade Livre de Direito do Estado de Minas Gerais*, v. IX, 1914.

LOBÃO, Manuel de Almeida e Sousa. *Tratado practico de todas as ações summarias.* Lisboa: Imprensa Nacional, 1886. t. I.

LÔBO, Paulo. *Direito civil*: famílias. 14. ed. São Paulo: Saraiva, 2024. v. 5.

LOPES DA COSTA, Alfredo Araújo. *Administração Pública e a ordem jurídica privada.* Belo Horizonte: Bernardo Álvares, 1961.

LOPES DA COSTA, Alfredo Araújo. *Demarcação, divisão e tapumes.* Belo Horizonte: Bernardo Álvares, 1963.

LOPES DA COSTA, Alfredo Araújo. *Direito processual civil brasileiro.* 2. ed. Rio de Janeiro: Forense, 1959. v. IV.

LUCENA, João Paulo. *Comentários ao Código de Processo Civil.* São Paulo: Ed. RT, 2000. v. 15.

LUCON, Paulo Henrique dos Santos; SILVA, João Paulo Hecker da. Dissolução parcial de sociedade anônima fechada. In: YARSHELL, Fábio Luiz; PEREIRA, Guilherme Setoguti J. (Coord.). *Processo societário.* São Paulo: Ed. Quartier Latin, 2012.

LUCON, Paulo Henrique dos Santos.Comentários. In: MARCATO, Antônio Carlos (Coord.). *Código de Processo Civil interpretado.* São Paulo: Atlas, 2004.

MACHADO, Hugo de Brito. Aspectos da competência do Ministério Público e atividade política. *Revista dos Tribunais*, São Paulo, v. 698, dez. 1993.

MACHADO, Hugo de Brito. *Mandado de segurança em matéria tributária.* 2. ed. São Paulo: Ed. RT, 1995.

MACHADO, Marcelo Pacheco. *Comentários ao Código de Processo Civil.* São Paulo: Saraiva, 2017. v. XIII.

MADALENO, Rolf. *Curso de direito de família*. Rio de Janeiro: Forense, 2008.

MAGALHÃES, Athos Aquino de. *Theoria e prática do direito de demarcar e da ação de demarcação*. Rio de Janeiro: Ed. Livraria do Brasil, [s.d.].

MALACHINI, Edson Ribas. A Constituição Federal e a legislação concorrente dos Estados e do Distrito Federal em matéria de procedimentos. *Revista Forense*, Rio de Janeiro, v. 324, out.-nov.-dez. 1993.

MANCUSO, Rodolfo de Camargo. *Interesses difusos*. 5. ed. São Paulo: Ed. RT, 2000.

MANCUSO, Rodolfo de Camargo. *Leasing*. 2. ed. São Paulo: Ed. RT, 1999.

MANDRIOLI, Crisanto. *Corso di diritto processuale civile*. Torino: G. Giappichelli Editore, 1993.

MANDRIOLI, Crisanto. *Corso di diritto processuale civile*. 8. ed. Torino: Giappichelli Editore, 1992. v. III.

MARCATO, Antônio Carlos. *Ação de consignação em pagamento*. São Paulo: Ed. RT, 1985.

MARCATO, Antônio Carlos. *O processo monitório brasileiro*. São Paulo: Malheiros, 1998.

MARCATO, Antônio Carlos. *Procedimentos especiais*. São Paulo: Ed. RT, 1986.

MARCATO, Antônio Carlos. *Procedimentos especiais*. 16. ed. São Paulo: Atlas, 2016.

MARCHINI, Gustavo Daniel; PAGAVI, Luiz Augusto Gaioski; MEDINA, José Miguel Garcia. Ação monitória, revelia e honorários sucumbenciais: uma leitura sistemática do Código de Processo Civil em matéria de inércia e revelia do réu nas ações monitórias. *Revista dos Tribunais*, São Paulo, v. 1.056, p. 188, out. 2023.

MARINONI, Luiz Guilherme. *Novo Código de Processo Civil comentado*. São Paulo: RT, 2017.

MARINONI, Luiz Guilherme; ARENHART, Sérgio Cruz; MITIDIERO, Daniel. *Curso de processo civil*. São Paulo: Ed. RT, 2015. v. 3.

MARQUES, José Frederico. *Ensaio sobre jurisdição voluntária*. 2. ed. São Paulo: Saraiva, 1959.

MARQUES, José Frederico. *Instituições de direito processual civil*. Rio de Janeiro: Forense, 1958. v. II.

MARQUES, José Frederico. *Manual de direito processual civil*. São Paulo: Saraiva, 1974. v. I.

MARQUES, José Frederico. *Manual de direito processual civil*. São Paulo: Saraiva, 1976, v. III.

MARTINS, Eliane Maria Octaviano. Avarias marítimas: legislação aplicável, pressupostos e responsabilidade atinentes às avarias grossas ou comuns. *In*: CASTRO JÚNIOR, Osvaldo Agripino de (Coord.). *Direito marítimo made in Brazil*. São Paulo: Lex Editora, 2007.

MARTINS, Pedro Antônio Batista. Anotações sobre a arbitragem no Brasil e o Projeto de Lei do Senado nº 78/92. *Revista Forense*, v. 332, out.-nov.-dez. 1995.

MARTINS, Pedro Antônio Batista. Da ausência de poderes coercitivos e cautelares. In: LEMES, Selena Ferreira *et al.* (Coord.). *Aspectos fundamentais da Lei de Arbitragem*. Rio de Janeiro: Forense, 1999.

MARTINS, Tancredo; MARTINS, Octávio. *Divisões e demarcações*: commentarios ao decreto 2012, leis posteriores e disposições do Codigo Civil referentes a divisão e demarcação de terras particulares: formulario das acções de divisão e demarcação. Uberaba: Alcides Taveira, 1917.

MAXIMILIANO, Carlos. *Condomínio*. 5. ed. Rio de Janeiro: F. Bastos, 1961.

MAXIMILIANO, Carlos. *Direito das sucessões*. 4. ed. Rio de Janeiro: F. Bastos, 1958. v. III.

MAZEAUD, Henri; MAZEAUD, Jean; MAZEAUD, León. *Lecciones de derecho civil*. Buenos Aires: EJEA, 1969. v. IV, parte II.

MAZEAUD, Henri; MAZEAUD, Jean; MAZEAUD, León. *Lecciones de derecho civil*. Buenos. Aires: EJEA, 1965. Parte IV, v. IV.

MAZZEI, Rodrigo. *Ensaio sobre o inventário sucessório*. Salvador: Ed. JusPodivm, 2022.

MAZZEI, Rodrigo; CHAGAS, Bárbara Seccato Ruis. Breve diálogo entre os negócios jurídicos processuais e a arbitragem. *Revista de Processo*, São Paulo, ano 39, v. 237, nov. 2014.

MAZZEI, Rodrigo; RIZK, Werner Braun. In: WAMBIER, Teresa Arruda Alvim; DIDIER JR., Fredie; TALAMINI, Eduardo; DANTAS, Bruno. *Breves comentários ao novo Código de Processo Civil*. São Paulo: Ed. RT, 2015.

MAZZEI, Rodrigo; GONÇALVES, Tiago Figueiredo; DELBONI, João Rafael Zanotti Frizzera. Litisconsórcio passivo necessário na ação de dissolução parcial de sociedade: AgInt- EDcl--AREsp 639.591/RJ e REsp 1.731.464/SP. *Revista Síntese – Direito Civil e Processual Civil*, São Paulo, n. 136, mar.-abr. 2022.

MAZZILLI, Hugo Nigro. A coisa julgada no processo coletivo em face do art. 16 da Lei 7.347/1985 e dos arts. 94 e 103 da Lei 8.078/1990. *Revista dos Tribunais*, São Paulo, v. 998, dez. 2018.

MAZZILLI, Hugo Nigro. *A defesa dos interesses difusos em juízo*: meio ambiente, consumidor, patrimônio cultural, patrimônio público e outros interesses. 21. ed. São Paulo: Saraiva, 2008.

MAZZILLI, Hugo Nigro. O inquérito civil e o poder investigatório do Ministério Público. In: MILARÉ, Edis (Coord.). *A ação civil pública após 20 anos*: efetividade e desafios. São Paulo: Ed. RT, 2005.

MEDINA, José Miguel Garcia. *Código de Processo Civil comentado*. São Paulo: RT, 2020.

MEDINA, José Miguel Garcia. *Direito processual civil moderno*. São Paulo: Ed. RT, 2015.

MEDINA, José Miguel Garcia. *Novo Código de Processo Civil comentado*. São Paulo: Ed. RT, 2015.

MEDINA, José Miguel Garcia; ARAÚJO, Fábio Caldas de. *Código Civil Comentado*. 4. ed. São Paulo: RT, 2021.

MEDINA, José Miguel Garcia; ARAÚJO, Fábio Caldas de; GAJARDONI, Fernando da Fonseca. *Procedimentos cautelares e especiais*. São Paulo: Ed. RT, 2009.

MEDINA, José Miguel Garcia; ARAÚJO, Fábio Caldas de; GAJARDONI, Fernando da Fonseca. *Mandado de segurança individual e coletivo*. São Paulo: Ed. RT, 2009.

MEIRELLES, Hely Lopes. *Direito de construir*. 3. ed. São Paulo: Ed. RT, 1979.

MEIRELLES, Hely Lopes. *Mandado de segurança*. 31. ed. São Paulo: Malheiros, 2008.

MEIRELLES, Hely Lopes. *Mandado de segurança, ação popular, ação civil pública, mandado de injunção, "habeas data"*. 21. ed. São Paulo: Malheiros, 1999.

MENEZES, Rodrigo Octávio de Langgaard. *Divisão e demarcação de terras particulares*. 3. ed. Rio de Janeiro: Francisco Alves, 1913.

MICHELI, Gian Antonio. *Curso de derecho procesal civil*. Buenos Aires: EJEA, 1970. v. III.

MILAGRES, Marcelo de Oliveira. Tutela provisória e a liminar possessória. In: BRAGA NETTO, Felipe Peixoto; SILVA, Michael César; THIBAU, Vinícius Lott (Coord.). *O direito privado no novo Código de Processo Civil*: repercussões, diálogos e tendências. Belo Horizonte: Fórum, 2018.

MILARÉ, Edis (Coord.). *A ação civil pública após 20 anos*: efetividade e desafios. São Paulo: Ed. RT, 2005.

MIRANDA, Darcy Arruda. *A Lei do Divórcio interpretada*. São Paulo: Saraiva, 1978.

MIRANDA, Gilson Delgado. Comentário ao art. 61. *In:* BUSHATSKY, Jaques; ELIAS FILHO, Rubens Carmo (coords.). *Locação ponto a ponto*: comentários à Lei n. 8.245/91. São Paulo: Editora Iasp, 2020.

MIRANDA, Jorge. *Manual de direito constitucional*. 2. ed. Coimbra: Coimbra Editora, 2005, t. VI.

MIRANDA FILHO, Juventino Gomes de. O fenômeno da irradiação da posse. *Julgados TAMG*, n. 28.

MONTENEGRO FILHO, Misael. *Código de Processo Civil comentado e interpretado*. São Paulo: Atlas, 2008.

MORAES, Alexandre de. *Direito constitucional*. São Paulo: Atlas, 2001.

MORAES, Alexandre de. *Direito constitucional*. 33. ed. São Paulo: Atlas, 2017.

MORAES, Alexandre de. *Jurisdição constitucional e tribunais constitucionais*. São Paulo: Atlas, 2000.

MORAES, Voltaire de Lima. Questões tópicas na ação civil pública. In: MILARÉ, Edis (Coord.). *A ação civil pública após 20 anos*: efetividade e desafios. São Paulo: Ed. RT, 2005.

MORATO, Francisco. *Da prescrição nas ações divisórias*. 2. ed. São Paulo: Saraiva, 1944.

MORATO, Francisco. *Da alienação fiduciária em garantia*. 3. ed. Rio de Janeiro: Forense, 1987.

MOREIRA ALVES, José Carlos. *Direito romano*. 2. ed. Rio de Janeiro: Forense, 1985. v. I.

MOREIRA ALVES, José Carlos. *Posse*. Rio de Janeiro: Forense, 1985. v. I.

MORELLI, Daniel Nobre. Ação popular: rito processual. *Revista Dialética de Direito Processual*, São Paulo, n. 121, abr. 2013.

MORTARA, Lodovico. *Commentario del Codice e delle leggi di procedura civile*. 3. ed. Milano: Francesco Vallardi, [s.d.].

NEGRÃO, Theotônio. *Código Civil e legislação civil em vigor*. 18. ed. São Paulo: Ed. RT, 1988.

NEGRÃO, Theotônio; GOUVÊA, José Roberto F.; BONDIOLI, Luis Guilherme A.; FONSECA, João Francisco N. da. *Código Civil e legislação em vigor*. 41. ed. São Paulo: Saraiva, 2023.

NEGRÃO, Theotônio. *Código de Processo Civil e legislação processual em vigor*. 17. ed. São Paulo: Ed. RT, 1987.

NEGRÃO, Theotônio. *Código de Processo Civil e legislação processual em vigor*. 18. ed. São Paulo: Ed. RT, 1988.

NEGRÃO, Theotônio et al. *Código de Processo Civil*. 52. ed. São Paulo: Saraiva, 2021.

NEGRÃO, Theotônio; GOUVÊA, José Roberto F. *Código de Processo Civil e legislação processual em vigor*. 38. ed. São Paulo: Saraiva, 2006.

NEGRÃO, Theotônio; GOUVÊA, José Roberto F.; BONDIOLI, Luis Guilherme A.; FONSECA, João Francisco N. da. *Código de Processo Civil e legislação processual em vigor*. 43. ed. São Paulo: Saraiva, 2011.

NEGRÃO, Theotônio; GOUVÊA, José Roberto F.; BONDIOLI, Luis Guilherme A.; FONSECA, João Francisco N. da. *Código de Processo Civil e legislação processual em vigor*. 44. ed. São Paulo: Saraiva, 2012.

NEGRÃO, Theotônio; GOUVÊA, José Roberto F.; BONDIOLI, Luis Guilherme A.; FONSECA, João Francisco N. da. *Código de Processo Civil*. 45. ed. São Paulo: Saraiva: 2013.

NERY JR., Nelson; NERY, Rosa Maria de Andrade. *Código de Processo Civil comentado*. 16.ed. São Paulo: RT, 2016.

NERY JUNIOR, Nelson; NERY, Rosa Maria de Andrade. *Código Civil comentado e legislação extravagante*. 9. ed. São Paulo: Ed. RT, 2006.

NERY JUNIOR, Nelson; NERY, Rosa Maria de Andrade. *Código de Processo Civil comentado*. 3. ed. São Paulo: Ed. RT, 1997.

NERY JUNIOR, Nelson; NERY, Rosa Maria de Andrade. *Código de Processo Civil comentado*. 16. ed. São Paulo: Ed. RT, 2016.

NERY JÚNIOR, Nelson; NERY, Rosa Maria de Andrade. *Código de Processo Civil comentado*. 19. ed. São Paulo: Ed. RT, 2020.

NERY JUNIOR, Nelson; NERY, Rosa Maria de Andrade. *Comentários ao Código de Processo Civil*. São Paulo: Ed. RT, 2015.

NERY JUNIOR, Nelson; NERY, Rosa Maria de Andrade. *Constituição Federal comentada e legislação constitucional*. 2. ed. São Paulo: Ed. RT, 2009.

NEVES, Murilo Sechieri Costa. O parcelamento legal previsto no art. 916 do CPC. In: ASSIS, Araken de; BRUSCHI, Gilberto Gomes (coords.). *Processo de execução e cumprimento de sentença*. 2. ed. São Paulo: Ed. RT, 2022, v. 1.

NOGUEIRA, Luiz Fernando Valladão. A execução de alimentos no novo Código de Processo Civil. *Revista IBDFAM*, v. 7, jan.-fev. 2015.

NEVES, Daniel Amorim Assumpção. *Novo Código de Processo Civil comentado*. Salvador: JusPodivm, 2016.

NONATO, Orosimbo. *Curso de obrigações*. Rio de Janeiro: Forense, 1971. 3ª parte.

NUNES DA SILVA, João Gabriel. Procedimentos especiais: ação de dissolução parcial de sociedade. In: THEODORO JÚNIOR, Humberto; OLIVEIRA, Fernanda Alvim Ribeiro da; REZENDE, Ester Camila Gomes Norato (Coord.). *Primeiras lições sobre o novo direito processual civil brasileiro*. Rio de Janeiro: Forense, 2015.

OLIVEIRA, V. Itabaiana de. *Tratado de direito das sucessões*. 4. ed. São Paulo: Max Limonad, 1952. v. I e III.

OLIVEIRA, Wilson de. *Inventário e partilhas*. São Paulo: Saraiva, 1975.

OLIVEIRA JR., Waldemar Mariz de. *Substituição processual*. São Paulo: Ed. RT, 1971.

OLIVEIRA LIMA, Oscar. *Divisões, demarcações, tapumes*. 2. ed. Belo Horizonte: Oscar Nicolai, 1956.

ORTIZ, Carlos Alberto. Embargos de terceiro. *Revista de Processo*, São Paulo, n. 29, jan.-mar. 1983.

ORTOLANI, Helen Barbosa. *Mandado de injunção*: o desenvolvimento do instituto. 2010. Dissertação (Mestrado) – Faculdade de Direito da USP, São Paulo, 2010.

PACHECO, José da Silva. *O mandado de segurança e outras ações constitucionais típicas*. 4. ed. São Paulo: Ed. RT, 2002.

PACHIKOSKI, Silvia Rodrigues. A cláusula escalonada. *In:* ROCHA, Caio Cesar Vieira; SALOMÃO, Luís Felipe (orgs.). *Arbitragem e mediação: a reforma da legislação brasileira*. 2. ed. Rio de Janeiro: Forense, 2017.

PALACIO, Lino. *Manual de derecho procesal civil*. 4. ed. Buenos Aires: Abeledo-Perrot, 1977. v. II.

PAULA, Alexandre de. *Código de Processo Civil anotado*. São Paulo: Ed. RT, 1976. v. IV.

PAULA, Alexandre de. *Código de Processo Civil anotado*. 3. ed. São Paulo: Ed. RT, 1986. v. IV.

PAULA, Alexandre de. *Código de Processo Civil anotado*. 7. ed. São Paulo: RT, 1998. v. IV.

PAULA, Alexandre de. *O processo civil à luz da jurisprudência*. Nova série. Rio de Janeiro: Forense, 1982. v. III.

PAULA, Alexandre de. *O processo civil à luz da jurisprudência*. Nova série. Rio de Janeiro: Forense, 1985. v. VIII.

PEIXOTO, Ravi. Aspectos controvertidos da ação de exigir contas: uma visão a partir do Novo Código de Processo Civil. *Revista Dialética de Direito Processual*, n. 151, p. 115, out. 2015.

PEREIRA, Caio Mário da Silva. *Condomínio e incorporações*. 3. ed. Rio de Janeiro: Forense, 1976.

PEREIRA, Caio Mário da Silva. *Instituições de direito civil*. 2. ed. Rio de Janeiro: Forense, 1982.

PEREIRA, Caio Mário da Silva. *Instituições de direito civil*. 3. ed. Rio de Janeiro: Forense, 1980. v. VI.

PEREIRA, Caio Mário da Silva. *Instituições de direito civil*. 4. ed. Rio de Janeiro: Forense, 1981. v. IV.

PEREIRA, Caio Mário da Silva. *Instituições de direito civil*. 4. ed. Rio de Janeiro: Forense, 1981. v. V.

PEREIRA, Caio Mário da Silva. *Instituições de direito civil*. 4. ed. Rio de Janeiro: Forense, 1974. v. IV.

PEREIRA, Caio Mário da Silva. *Instituições de direito civil*. 5. ed. Rio de Janeiro: Forense, 1981, v. III.

PEREIRA, Caio Mário da Silva. *Instituições de direito civil*: direito de família. Atual. por Tânia da Silva Pereira. Rio de Janeiro: Forense, 2004. v. 5.

PEREIRA, José Horácio Cintra Gonçalves. Comentários ao art. 954 do CPC. In: MARCATO, Antônio Carlos. *Código de Processo Civil interpretado*. São Paulo: Atlas, 2004.

PEREIRA, José Horácio Cintra Gonçalves. Comentário ao art. 58. *In*: BUSHATSKY, Jaques; ELIAS FILHO, Rubens Carmo (coords.). *Locação ponto a ponto*: comentários à Lei n. 8.245/91. São Paulo: Editora Iasp, 2020.

PEREIRA, Lafayette Rodrigues. *Direito das coisas*. 6. ed. Rio de Janeiro: F. Bastos, 1956.

PEREIRA E SOUZA, Joaquim José Caetano. *Primeiras linhas sobre o processo civil*, anotadas por Teixeira de Freitas. 9. ed. Rio de Janeiro: Garnier, 1907.

PIMENTEL, Alexandre Freire. In: WAMBIER, Teresa Arruda Alvim; DIDIER JR., Fredie; TALAMINI, Eduardo; DANTAS, Bruno (Coord.). *Breves comentários ao novo Código de Processo Civil*. São Paulo: Ed. RT, 2015.

PIMENTEL, Álvaro Mendes. *Da cláusula compromissória no direito brasileiro*. Rio de Janeiro: Jornal do Commercio, 1934.

PINTO FILHO, Francisco Bilac M. O segredo de Estado e as limitações ao *habeas data*. *Revista dos Tribunais*, São Paulo, v. 805, nov. 2002.

PIOVESAN, Flávia; CHADDAD, Maria Cecília Cury. Mandado de injunção: desafios e perspectivas. *In:* MARTINS, Ives Gandra da Silva; JOBIM, Eduardo (Coord.). *O processo na Constituição*. São Paulo: Quartier Latin, 2008.

PLANIOL, Marcel; RIPERT, Jorge. *Tratado práctico de derecho civil francés*. Habana: Cultural, 1959. v. III e IV.

PLANIOL, Marcel; RIPERT, Jorge. *Tratado práctico de derecho civil francês*. Habana: Cultural, 1952. v. IV.

PONTES DE MIRANDA, Francisco Cavalcanti. *Comentários ao Código de Processo Civil*. Rio de Janeiro: Forense, 1959.

PONTES DE MIRANDA, Francisco Cavalcanti. *Comentários ao Código de Processo Civil*. 2. ed. Rio de Janeiro: Forense, 1959. t. IX.

PONTES DE MIRANDA, Francisco Cavalcanti. *Comentários ao Código de Processo Civil*. Rio de Janeiro: Forense, 1974. t. II.

PONTES DE MIRANDA, Francisco Cavalcanti. *Comentários ao Código de Processo Civil*. 2. ed. Rio de Janeiro: Forense, 1979. t. II.

PONTES DE MIRANDA, Francisco Cavalcanti. *Comentários ao Código de Processo Civil*. Rio de Janeiro: Forense, 1975. t. VII.

PONTES DE MIRANDA, Francisco Cavalcanti. *Comentários ao Código de Processo Civil*. Rio de Janeiro: Forense, 1977. t. XIII.

PONTES DE MIRANDA, Francisco Cavalcanti. *Comentários ao Código de Processo Civil*. Rio de Janeiro: Forense, 1977. t. XIV.

PONTES DE MIRANDA, Francisco Cavalcanti. *Comentários ao Código de Processo Civil*. 2. ed. Rio de Janeiro: Forense, 1977. t. XVI.

PONTES DE MIRANDA, Francisco Cavalcanti. *Tratado da ação rescisória*. 5. ed. Rio de Janeiro: Forense, 1976.

PONTES DE MIRANDA, Francisco Cavalcanti. *Tratado das ações*. São Paulo: Ed. RT, 1976. t. VI.

PONTES DE MIRANDA, Francisco Cavalcanti. *Tratado das ações*. São Paulo: Ed. RT, 1978. t. VII.

PONTES DE MIRANDA, Francisco Cavalcanti. *Tratado de direito privado*. 2. ed. Rio de Janeiro: Borsoi, 1954. t. X.

PONTES DE MIRANDA, Francisco Cavalcanti. *Tratado de direito privado*. 2. ed. Rio de Janeiro: Borsói, [s.d.]. t. 10.

PONTES DE MIRANDA, Francisco Cavalcanti. *Tratado de direito privado*. 2. ed. Rio de Janeiro: Borsói, [s.d.]. t. 20.

PONTES DE MIRANDA, Francisco Cavalcanti. *Tratado de direito privado*. 2. ed. Rio de Janeiro: Borsói, 1969. t. 60.

PONTES DE MIRANDA, Francisco Cavalcanti. *Tratado de direito privado*. 2. ed. Campinas: Bookseller, 2000. t. X.

PONTES DE MIRANDA, Francisco Cavalcanti. *Tratado de direito privado*. Atual. por Luiz Edson Fachin. São Paulo: Ed. RT, 2012. t. X.

PONTES DE MIRANDA, Francisco Cavalcanti. *Tratado de direito privado*. Parte especial: sociedades. Atual. por Alfredo de Assis Gonçalves Neto. São Paulo: Ed. RT, 2012. t. XLIX.

PONTES DE MIRANDA, Francisco Cavalcanti. *Tratado de direito privado*. Parte especial. Direito de família. Direito parental. Direito protectivo. Atual. por Rosa Maria de Andrade Nery. São Paulo: Ed. RT, 2012. t. IX.

PONTES DE MIRANDA, Francisco Cavalcanti. *Tratado de direito privado*: direito das obrigações, contrato de transporte, contrato de seguro. Atual. por Bruno Miragem. São Paulo: Ed. RT, 2012. t. XLV.

POPP, Carlyle. *Comentários à nova Lei do Inquilinato*. 2. ed. Curitiba: Juruá, 1992.

PRADO, Viviane Muller et al. A inefetividade dos mecanismos coletivos de proteção dos investidores no mercado de valores mobiliários brasileiro. *Revista de Processo*, São Paulo, v. 306, ago. 2020.

PRATA, Edson Gonçalves. *Comentários ao Código de Processo Civil*. Rio de Janeiro: Forense, 1978. v. VII.

PRATA, Edson. *Digesto de Processo*. Rio de Janeiro: Forense, 1980, v. I.

PRATA, Edson Gonçalves. *Embargos de terceiro*. São Paulo: LEUD, 1978. v. 15 e 18.

PRATA, Edson Gonçalves. *Embargos de terceiro*. São Paulo: LEUD, 1984.

PRATA, Edson Gonçalves. *Embargos de terceiro*. São Paulo: LEUD, 1987.

PRATA, Edson Gonçalves. *Repertório de jurisprudência do Código de Processo Civil*. São Paulo: LEUD, 1978. v. 15 e 18.

PRIETO-CASTRO Y FERRANDIZ, Leonardo. *Derecho concursal, procedimentos sucessores, jurisdicción volontaria, medidas cautelares*. Madrid: Editorial Tecnos, 1974.

PUNZI, Carmine. Le nuove frontiere dell'arbitrato. *Rivista di Diritto Processuale*, anno LXX, seconda sirie, n. 1, gennaio-febbraio 2015.

QUARTIERI, Rita; CIANCI, Mirna; ALMEIDA, Gregório Assagra de. *Mandado de segurança*. São Paulo: Saraiva, 2011.

QUEIROZ NEVES, Fernando C. Mandado de segurança preventivo. In: ARRUDA ALVIM. Eduardo et al. (Coord.). *O novo mandado de segurança*. Belo Horizonte: Fórum, 2010.

QUEIROZ, Pedro Gomes de. O procedimento especial das ações de família e a mediação no projeto do novo Código de Processo Civil. *Revista Jurídica LEX*, São Paulo, n. 60, nov.-dez. 2012.

RAMOS, Elival da Silva. Mandado de injunção e separação dos Poderes. *In:* MENDES, Gilmar Ferreira *et al.* (Coord.). *Mandado de injunção*: estudos sobre sua regulamentação. São Paulo: Saraiva, 2013.

REDENTI, Enrico. *Derecho procesal civil*. Buenos Aires: EJEA, 1957. v. III.

REDENTI, Enrico. *Diritto processuale civile*. 2. ed. Milano: Giuffrè, 1954. v. III.

REIS, José Alberto dos. *Processos especiais*. Coimbra: Coimbra Editora, 1982, v. I.

RESTIFFE, Paulo Sérgio. Aspectos gerais e inovações da alienação fiduciária em garantia. *Revista Trinolex.Com*, n. 1, dez. 2004.

REZENDE, Astolfo. *Manual do Código Civil* (Paulo Lacerda). Rio de Janeiro: Jacinto Ribeiro, 1918. v. VII.

RIBAS, Antonio Joaquim. *Consolidação das leis do processo civil*. Rio de Janeiro: Dias da Silva Junior, 1879. v. II.

RICCI, Edoardo. La funzione giudicante degli arbitri e l'efficacia del lodo (Un grand arrêt della Corte Costituzionale). *Rivista di Diritto* Processuale, 2002.

RIZZARDO, Arnoldo. *Leasing*. 4. ed. São Paulo: Ed. RT, 2000.

ROCCO, Ugo. "Rendimento dei conti", verbete. *Novissimo Digesto Italiano*. Torino: UTET, 1968. v. 15.

RODRIGUES, Marcelo Abelha. Ação Civil Pública. In: DIDIER JR., Fredie (org.). *Ações constitucionais*. 5. ed. Salvador: JusPodivm, 2011.

RODRIGUES, Ruy Fernando Zoch. In: ARRUDA ALVIM, Angélica et al. (coords.). *Comentários ao Código de Processo Civil*. 2. ed. São Paulo: Saraiva, 2017.

RODRIGUES, Silvio. *Da locação predial*. São Paulo: Saraiva, 1979.

RODRIGUES, Silvio. *Direito civil*. 10. ed. São Paulo: Saraiva, 1980, v. V.

RODRIGUES, Silvio. *Direito civil*. 13. ed. São Paulo: Saraiva, 1987, v. VI.

RODRIGUES, Silvio. *O divórcio e a lei que o regulamenta*. São Paulo: Saraiva, 1978.

RODRIGUES, Silvio. Verbete "Testamento-II". *Enciclopédia Saraiva de Direito*, v. 73.

ROSENVALD, Nelson. O novo perfil da curatela: interseções entre a LBI e o CPC. In: BRAGA NETO, Felipe Peixoto; SILVA, Michael César; THIBAU, Vinícius Lott (Coord.). *O direito privado e o novo Código de Processo Civil*: repercussões, diálogos e tendências. Belo Horizonte: Fórum, 2018.

RUGGIERO, Roberto de. *Instituições de direito civil*. São Paulo: Saraiva, 1958. v. VIII.

SAAD, Eduardo Gabriel. *Comentário ao Código de Defesa do Consumidor*. 2. ed. São Paulo: LTr, 1997.

SACCO NETO, Fernando. In: WAMBIER, Teresa Arruda Alvim; DIDIER JR., Fredie; TALAMINI, Eduardo; DANTAS, Bruno (Coord.). *Breves comentários ao novo Código de Processo Civil*. São Paulo: Ed. RT, 2015.

SACRAMONE, Marcelo Barbosa. *Comentários à Lei de Recuperação de Empresas e Falência*. 2. ed. São Paulo: Saraiva, 2021.

SAHYOUN, Najla Pinterich; SAHYOUN, Nacoul Badoui. A responsabilidade civil do apoiador na tomada de decisão apoiada. *Revista dos Tribunais*, São Paulo, v. 997, nov. 2018.

SALLES, José Carlos de Moraes. *Ação renovatória de locação empresarial*. São Paulo: Ed. RT, 1994.

SAMPAIO, Pedro. *Comentários ao Código de Processo Civil*. Rio de Janeiro: Forense, 1978. v. 6.

SAMPAIO, Pedro. *Comentários ao Código de Processo Civil*. 2. ed. Rio de Janeiro: Forense, 1986. v. VI.

SAMPAIO, Pedro. *Divórcio e separação judicial*. Rio de Janeiro: Forense, 1978.

SANTOS, Ernane Fidélis dos. *Dos procedimentos especiais do Código de Processo Civil*. 3. ed. Rio de Janeiro: Forense, 1999. v. 6.

SANTOS, Ernane Fidélis dos. *Manual de direito processual civil*. São Paulo: Saraiva, 1988. v. IV.

SANTOS, Ernane Fidélis dos. *Manual de direito processual civil*. 9. ed. São Paulo: Saraiva, 2003. v. III.

SANTOS, Ernane Fidélis dos. *Manual de direito processual civil*. 11. ed. São Paulo: Saraiva, 2007.

SANTOS, Ernane Fidélis dos. *Procedimentos especiais*. 2. ed. São Paulo: LEUD, 1976.

SANTOS, Ulderico Pires dos. *Teoria e prática da ação rescisória*. Rio de Janeiro: Forense, 1978.

SATTA, Salvatore. *Commentario al codice di procedura civile*. Milano: Francesco Vallardi, 1971. v. IV.

SATTA, Salvatore. *Direito processual civil*. Trad. bras. da 7. ed. de Padova. Rio de Janeiro: Borsói, 1973. v. II.

SAVIGNY, Fréderic Charles de. *Traité de la possession em droit romain*. 4. ed. Paris: Pedone-Lauriel, 1893.

SCAFF, Fernando Facury; SANTOS, Lucas Cardoso. Federalismo e acesso à justiça: a legitimação das entidades de classe no controle concentrado de constitucionalidade. *Revista de Processo*, São Paulo, v. 348, fev. 2024.

SCAVONE JR., Luiz Antonio. *Direito imobiliário*: teoria e prática. 15. ed. Rio de Janeiro: Forense, 2020.

SCAVONE JR., Luiz Antonio. *Direito imobiliário*: teoria e prática. 18. ed. Rio de Janeiro: Forense, 2022.

SCHMITT, Francine Sgnaolin. A improvisação da dança procedimental. *Revista dos Tribunais*, São Paulo, v. 1.066, ago. 2024.

SCHÖNKE, Adolf. *Derecho procesal civil*. 5. ed. Barcelona: Bosch, 1950.

SCHÖNKE, Adolf. *Mandado de injunção e* habeas data. São Paulo: Ed. RT, 1989.

SESTER, Peter Christian. *Comentários à Lei de Arbitragem e à legislação extravagante*. São Paulo: Quartier Latin, 2020.

SHIMURA, Sérgio. Ação renovatória. *In*: BRUSCHI, Gilberto Gomes; COUTO, Mônica Bonetti; SILVA, Ruth Maria Junqueira de A. Pereira e; PEREIRA, Thomaz Henrique Junqueira de A. Pereira. *Direito processual empresarial*: estudos em homenagem a Manoel de Queiroz Pereira Calças. Rio de Janeiro: Elsevier, 2012.

SICA, Heitor Vitor Mendonça. *Comentários ao Código de Processo Civil*. 2. ed. São Paulo: Ed. RT, 2018.

SILVA FILHO, Nelson Cavalcante e. Análise das disposições do novo Código de Processo Civil. In: SARRO, Luís Antônio Giampaulo (Coord.). *Novo Código de Processo Civil*: principais alterações do sistema processual civil. São Paulo: Rideel, 2014.

SILVA FILHO, Nelson Cavalcante e. O projeto do novo Código de Processo Civil e o direito marítimo. *Revista de Processo*, São Paulo, v. 203, jan. 2012.

SILVA, José Afonso da. *Curso de direito constitucional positivo*. 9. ed. São Paulo: Malheiros, 1992.

SILVA, José Afonso da. *Curso de direito constitucional positivo*. 15. ed. São Paulo: Malheiros, 1998.

SILVA, Ricardo Alexandre da; LAMY, Eduardo. *Comentários ao Código de Processo Civil*. 2. ed. São Paulo: Ed. RT, 2018, v. IX.

SILVA, Thaís Maia. A Súmula 195 do STJ e a ampliação cognitiva dos embargos de terceiro no Código de Processo Civil de 2015. *Revista de Processo*, São Paulo, v. 305, jul. 2020.

SIMAS, Hugo. *Comentários ao Código de Processo Civil*. 2. Ed. Rio de Janeiro: Forense, 1962. V. VIII, t. II.

SLAIBI FILHO, Nagib. *Ação declaratória de constitucionalidade*. 2. Ed. Rio de Janeiro: Forense, 1998.

SLAIBI FILHO, Nagib. *Comentários à nova Lei do Inquilinato*. 3. Ed. Rio de Janeiro: Forense, 1992.

SODRÉ, Eduardo. Comentários ao art. 712. In: WAMBIER, Teresa Arruda Alvim; DIDIER JR., Fredie; TALAMINI, Eduardo; DANTAS, Bruno. *Breves comentários ao novo Código de Processo Civil*. São Paulo: Ed. RT, 2015.

SOLER, Jonathas Lima. A quebra da *affectio societatis* na exclusão de sócios e dissolução parcial de sociedades. *Revista dos Tribunais, São Paulo*, v. 957, jul. 2015.

SOLLERO, Márcio. Considerações em torno da posse. *RJTAMG*, Belo Horizonte, v. 13, 1981.

SOUZA, Sebastião de. *Dos processos especiais*. Rio de Janeiro: Forense, 1957.

SOUZA, Sylvio Capanema de. *A Lei do Inquilinato comentada*. 5. ed. Rio de Janeiro: GZ Editora, 2009.

SOUZA, Sylvio Capanema de. *A Lei do Inquilinato comentada artigo por artigo*. 12. ed. Rio de Janeiro: Forense, 2021.

SOUZA, Sylvio Capanema de. *A nova Lei do Inquilinato*. Rio de Janeiro: Forense, 1979.

TALAMINI, Eduardo. Direitos individuais homogêneos e seu substrato coletivo: ação coletiva e os mecanismos previstos no Código de Processo Civil de 2015. *Revista de Processo*, São Paulo, v. 241, mar. 2015.

TALAMINI, Eduardo. Fundamentação da sentença arbitral e devido processo. *Revista de Processo*, São Paulo, v. 344, out. 2023.

TALAMINI, Eduardo. *Tutela monitória*. São Paulo: Ed. RT, 1997.

TAVARES, André Ramos. O cabimento do mandado de injunção: a omissão inconstitucional e suas espécies. *In:* MENDES, Gilmar Ferreira *et al.* (Org.). São Paulo: Saraiva, 2013.

TEIXEIRA, Bruno Barreto de A. Cartas arbitrais como instrumento de cooperação jurídica entre tribunais arbitrais regidos pela lei estrangeira e o Poder Judiciário brasileiro. *Revista brasileira de arbitragem*, São Paulo, n. 73, jan.-mar. 2022.

TEIXEIRA, Guilherme Freire de Barros. A assistência e a nova Lei do Mandado de Segurança. *Revista de Processo*, São Paulo, n. 183, maio 2010.

TEIXEIRA, Sálvio de Figueiredo. *Código de Processo Civil*. 2. ed. Rio de Janeiro: Forense, 1980.

TEIXEIRA, Sálvio de Figueiredo. *Código de Processo Civil anotado*. 3. ed. Rio de Janeiro: Forense, 1986.

TELLES, J. H. Corrêa. *Digesto portuguez*. Lisboa: Liv. Classica, Livro I, Tit. XVI, Secção I, § 6º, 1909.

TENÓRIO, Oscar. *Direito internacional privado*. Rio de Janeiro: F. Bastos, 1949.

TEPEDINO, Gustavo. A questão ambiental, o MP e as ações civis públicas. *Revista Forense*, Rio de Janeiro, v. 342, abr.-jun. 1998.

TESHEINER, José Maria Rosa. *Jurisdição voluntária*. Rio de Janeiro: Aide, 1992.

TESHEINER, José Maria Rosa. Procedimentos de jurisdição voluntária segundo o novo Código Civil. *Revista Jurídica*, São Paulo, n. 307, maio 2003.

THEODORO JÚNIOR, Humberto. *A insolvência civil*. Rio de Janeiro: Forense, 1980.

THEODORO JÚNIOR, Humberto. *A execução de sentença e a garantia do devido processo legal*. Rio de Janeiro: AIDE, 1987.

THEODORO JÚNIOR, Humberto. *A posse (notas de aulas)*. Vitória: TJES/AMAGES, 1986.

THEODORO JÚNIOR, Humberto. "Ainda a polêmica sobre a distinção entre a 'jurisdição contenciosa' e a 'jurisdição voluntária': espécies de um mesmo gênero ou entidades substancialmente distintas". *Revista de Processo*, São Paulo, v. 198, ago. 2011.

THEODORO JÚNIOR, Humberto. Arbitragem e terceiros. Litisconsórcio fora do pacto arbitral. Outras intervenções de terceiros. *Revista Forense*, Rio de Janeiro, v. 362, ago. 2002.

THEODORO JÚNIOR, Humberto. As tutelas de urgência no velho e no novo CPC. In: SARRO, Luís Antônio Giampaulo. *Novo Código de Processo Civil*: principais alterações do sistema processual civil. São Paulo: Rideel, 2014.

THEODORO JÚNIOR, Humberto. *Curso de direito processual civil*. 4. ed. Rio de Janeiro: Forense, 1988. v. II.

THEODORO JÚNIOR, Humberto. *Curso de direito processual civil*. 17. ed. Rio de Janeiro: Forense, 1995. v. I.

THEODORO JÚNIOR, Humberto. *Curso de direito processual civil*. 54. ed. Rio de Janeiro: Forense, 2013. v. I.

THEODORO JÚNIOR, Humberto. *Curso de direito processual civil*. 46. ed. Rio de Janeiro: Forense, 2014. v. III.

THEODORO JÚNIOR, Humberto. *Curso de direito processual civil*. 57. ed. Rio de Janeiro: Forense, 2016. v. I.

THEODORO JÚNIOR, Humberto. *Curso de direito processual civil*. 58. ed. Rio de Janeiro: Forense, 2017. v. I.

THEODORO JÚNIOR, Humberto. *Lei do mandado de segurança comentada artigo por artigo*. Rio de Janeiro: Forense, 2014.

THEODORO JÚNIOR, Humberto. Nulidade, inexistência e rescindibilidade das sentenças. *Revista de Processo*, São Paulo, n. 19, jul.-set. 1980.

THEODORO JÚNIOR, Humberto. *O cumprimento da sentença e a garantia do devido processo legal*. 3. ed. Belo Horizonte: Mandamentos, 2007.

THEODORO JÚNIOR, Humberto. *Posse e propriedade*. São Paulo: LEUD, 1986.

THEODORO JÚNIOR, Humberto. *Processo cautelar*. 10. ed. São Paulo: LEUD, 1988.

THEODORO JÚNIOR, Humberto. *Processo de execução*. 12. ed. São Paulo: LEUD, 1987.

THEODORO JÚNIOR, Humberto. Relatório Geral Luso-Americano. *Revista Iberoamericana de Derecho Procesal*, Buenos Aires, v. 1, n. 2, 2002.

THEODORO JÚNIOR, Humberto. *Terras particulares, demarcação, divisão, tapumes*. 2. ed. São Paulo: Saraiva, 1986.

THEODORO JÚNIOR, Humberto. *Terras particulares, demarcação, divisão, tapumes*. 5. ed. São Paulo: Saraiva, 2009.

THEODORO JÚNIOR, Humberto. *Títulos de crédito e outros títulos executivos*. São Paulo: Saraiva, 1986.

THEODORO JÚNIOR, Humberto; NUNES, Dierle; BAHIA, Alexandre Melo Franco. Litigância de interesse público e execução com participada de políticas públicas. *Revista de Processo*, São Paulo, v. 224, out. 2013.

THEODORO JÚNIOR, Humberto; TEIXEIRA, Wendel de Brito Lemos. Prescrição da pretensão de petição de herança, *Revista dos Tribunais*, São Paulo, ano 110, v. 1.026, abr. 2021.

TIBÚRCIO, Carmen; PIRES, Thiago Magalhães. Arbitragem envolvendo a Administração Pública: Notas sobre as alterações introduzidas pela Lei 13.129/2005, *Revista de Processo*, São Paulo, v. 254, abr. 2016.

TORNAGHI, Hélio. *Comentários ao Código de Processo Civil*. São Paulo: Ed. RT, 1974. v. I.

TOVAR, Leonardo Zehuri. O pedido de suspensão de segurança: uma sucinta sistematização. *Revista de Processo*, São Paulo, n. 224, out. 2013.

TROCKER, Nicolò. *Processo civile e costituzione*. Griuffrè: Milano, 1974.

TUCCI, José Rogério Cruz e et al (coords.). *Código de Processo Civil anotado*. 2. ed. Rio de Janeiro: GZ Editora, 2017.

VALLET DE GOYTISOLO, Juan B. *Estudios sobre derecho de coisas*. Madrid: Montecorvo, 1973.

VARELA, Antunes. *O novo regime da locação de imóveis para fins residenciais*. Rio de Janeiro: Forense, 1978.

VASCONCELOS, Ronaldo. Da ação monitória. In: WAMBIER, Teresa Arruda Alvim; DIDIER JR., Fredie; TALAMINI, Eduardo; DANTAS, Bruno. *Breves comentários ao novo Código de Processo Civil*. São Paulo: Ed. RT, 2015.

VAUGHN, Gustavo Favero. Impugnação ao cumprimento de sentença arbitral. Relação entre demanda arbitral e demanda judicial. Impossibilidade de coexistência de decisões conflitantes ou contraditórias. *Revista dos Tribunais*, São Paulo, v. 1057, ano 112, nov. 2023.

VAUGHN, Gustavo Favero; ABBOUD, Georges. Princípios constitucionais do processo arbitral. *Revista de Processo*, São Paulo, v. 327, maio 2022.

VELLOSO, Carlos Mário da Silva. *Temas de direito público*. Belo Horizonte: Del Rey, 1994.

VELOSO, Zeno. *Lei nº 11.441, de 04.01.2007* – aspectos práticos da separação, divórcio, inventário e partilha consensuais. Belém: Anoreg/PA, 2008.

VELOSO, Zeno. *Separação, extinção de união estável, divórcio, inventário e partilha consensuais – de acordo com o novo CPC*. Belém: ANOREG/PA, 2016.

VENOSA, Silvio de Salvo. *Direito civil*. Direito das sucessões. 8. ed. São Paulo: Atlas, 2008.

VENOSA, Silvio de Salvo. *Lei do Inquilinato comentada*. 5. ed. São Paulo: Atlas, 2001.

VENOSA, Sílvio de Salvo. *Lei do Inquilinato comentada*. 10. ed. São Paulo: Atlas, 2010.

VITORELLI, Edilson. *Processo civil estrutural:* teoria e prática. Salvador: JusPodivm, 2020.

VON TUHR, Andreas. *Derecho civil*. Buenos Aires: Depalma, 1946. v. I, t. I.

WALD, Arnoldo. A introdução do *leasing* no Brasil. *Revista dos Tribunais*, São Paulo, v. 415, maio 1970.

WALD, Arnoldo. *Curso de direito civil brasileiro* – direito das coisas. 3. ed. São Paulo: Sugestões Literárias, 1973.

WALD, Arnoldo. *Curso de direito civil brasileiro* – obrigações e contratos. 5. ed. São Paulo: Ed. RT, 1979.

WAMBIER, Luiz Rodrigues; TALAMINI, Eduardo. *Curso avançado de processo civil*. São Paulo: Ed. RT, 2014.

WAMBIER, Teresa Arruda Alvim; CONCEIÇÃO, Maria Lúcia Lins; RIBEIRO, Leonardo Ferres da Silva; MELLO, Rogerio Licastro Torres. *Primeiros comentários ao novo Código de Processo Civil* – artigo por artigo. São Paulo: Ed. RT, 2015.

WATANABE, Kazuo. Filosofia e características básicas do juizado especial de pequenas causas. In: WATANABE, Kazuo (Coord.). *Juizado Especial de Pequenas Causas*. São Paulo: Ed. RT, 1985.

WEILL, Alex. *Droit civil* – les biens. 2. ed. Paris: Précis Dalloz, 1974.

WHITAKER, Firmino. *Terras*: divisão e demarcação. 2. ed. São Paulo: Imprenta, 1920.

WLADECK, Felipe Scripes. *Impugnação da sentença arbitral*. Salvador: Juspodivm, 2014.

ZANETI JR., Hermes. In: CABRAL, António do Passo; CRAMER, Ronaldo (coords.) *Comentários ao novo Código de Processo Civil*. Rio de Janeiro: Forense, 2016.

ZARIF, Cláudio Cintra; FERNANDES, Luís Eduardo Simardi; MELLO, Rogério Licastro Torres de. *Ações locatícias*. Rio de Janeiro: Forense, 2010.

ZAVASCKI, Teori Albino. *Antecipação da tutela*. 4. ed. São Paulo: Saraiva, 2005.

ZAVASCKI, Teori Albino. Defesa de direitos coletivos e defesa coletiva de direitos. *Revista Forense*, Rio de Janeiro, v. 329, jan.-fev.-mar. 1995.

ZAVASCKI, Teori Albino. Tutela jurisdicional dos acionistas e investidores do mercado de valores mobiliários. Gênesis – *Revista de Direito Processual Civil*, Curitiba, v. 3, n. 9, jul.-set. 1998.

Índice dos Fluxogramas

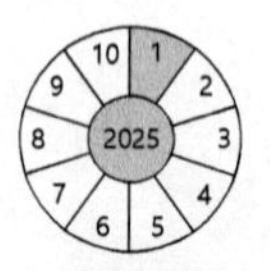
2025
1
2
3
4
5
6
7
8
9
10